Seit Jahrhunderten verwendet man auf Gestüten oder in Zuchtgebieten bestimmte Zeichen, welche dem Fohlen oder dem jungen Pferd bei der Aufnahme in das Zuchtregister am Hals, am Oberschenkel oder in der Sattellage mit einem glühenden Eisen auf die Haut gebrannt werden. Diese Brandzeichen bleiben während des ganzen Lebens erhalten und sind sichere Merkmale zur Erkennung der Herkunft des Pferdes.

Viele der alten Brandzeichen tragen Kronen, sei es, weil es sich um Gestütsbrände gekrönter Häupter, um Zuchtbrände von Fürstentümern oder Königreichen handelt, sei es, weil die Züchter den Adel des Pferdes gebührend würdigen wollen. Dem Titel unseres Buches entsprechend haben wir aus einer großen Zahl von Zeichen 126 «gekrönte» Brände zusammengestellt.

1 Graf Basinow in Ulm
2 Mecklenburg-Schwerinsches Landgestüt Redvienen
3 Lippe-Detmoldsches Sennergestüt Lopshorn
4 Von preußischen Hauptbeschälern und Landstuten gefallene Pferde
5 Fürstliches Gestüt Lippe-Detmold
6 Von brandenburgischen Beschälern und Landstuten gefallene Pferde
7 und 8 Von im Königreich Sachsen befindlichen Landbeschälern und Landstuten gefallene Pferde; altes und neues Zeichen
9 Graf von Pless zu Ivenack
10 Graf Moltke auf Walda
11 Fürst Corolath
12 Von Oertzen
13 Herzogthum Sachsen
14 Baron Daniel zu Datos
15 Graf Lazarus Joseph Teleky
16 Königreich Hannover
17 Groß-Herzoglich Sachsisches Weimarsches Gestüt Allstaedt
18 Anhalt Dessau
19 Fürst Trautmannsdorff zu Kamenitz
20 Fürst Colloredo Mansfeld zu Oposschna
21 Alexius von Daniel zu Frata
22 Stephan von Ujfalvi zu Katsko
23 Johann von Ugron zu Zaja
24 Siegmund von Katona zu Berkes
25 Baron Paul Toroazkaÿ zu Szt.-Kyraly
26 Baron Nicol. Wesselenÿi zu Sibo
27 Baron Alois Bansÿ zu Bagos
28 Baron Joseph Bruckenthal zu Skerei
29 Preuß. Privatgestüt des Oberamtmann Hassort; von königlichen Beschälern gefallene Zucht
30 Baron Joseph Nataczy zu Kerestes
31 Baron Emerich Radak zu Magyar Benyc
32 Baron Kemenÿ
33 Baron Georg Banfÿ zu Valaszut
34 Baron Daniel Banfÿ
35 Baron Joseph Bornemisza zu Gorgeny
36 Baron Joseph Barnemisza zu Gorgeny
37 Baron Leopold Bornemisza zu Abafaja
38 Baron Joseph Nicolaus Josika zu Szurdok
39 Graf Ladisl. Toldalagÿ's Witwe zu Sulelmed
40 Fürst Esterhazÿ zu Ozora
41 Graf Michael Tölekÿ jun. zu Szt. Peter
42 Graf Samuel Tölekÿ
43 Graf Joseph Haller zu Weißkirchen
44 Graf von Schlieben, Sanditten
45 K. K. Hofgestüt Kladrub
46 K. K. Militärgestüt Nemoschitz
47 K. K. Militärgestüt Offiach
48 Lithauische Landgestüte zu Insterburg, Gudwallen und Rastenburg
49 Westpreußisches Landgestüt zu Marienwerder
50 Posensches Landgestüt zu Zirke
51 Niederschlesisches Landgestüt zu Leubus
52 Sächsisches Landgestüt zu Lindenau
53 Brandenburgsches Landgestüt bei Neustadt a. D.
54 Westfälisches Landgestüt zu Warendorf
55 Rheinisches Landgestüt zu Wickrath
56 Hauptgestüt Vessra in Thüringen
57 Bobda
58 Gutsbesitzer Maul, Gr. Waldeck
59 Von Knobloch, Bärwalde
60 Von Jungschulz-Robern, Lambgarden
61 Baron von Schrötter, Botkeim
62 Baron von Braun, Neiken
63 Baron v. d. Goltz, Cardehnen
64 Von Hoffmann zu Pyragynen
65 Baron von Goetz, Cordehnen
66 Baron von Keidel, Gelgodischken
67 Graf Dolma, Schlodin
68 Graf von Kaiserling, Rautenburg
69 Von Sanden, Toussainen
70 Graf Lehndorf, Steinort
71 Bikarillye
72 Gräfin Dönhof, Friedrichsstein
73 Lieut. von Sahmen, Springlaken
74 General von Kraft, Berken
75 Szt. Tamáspuszte
76 Válaszút
77 Bonczhida
78 Bábolna
79 Tiszakürt
80 Arpádhalom
81 Puszta Hortobágy
82 Füzes Gyarmat
83 Tarsolya-tanya
84 Berecz-Surány
85 Fernbach Szállás
86 Vacs
87 Dárda, Mutterstutenbrand
88 Baranya Sellye
89 Devecser
90 Kemenes Puszta
91 Fogaras
92 Szill-Szanács
93 Hathalom
94 Kisbér
95 Emilia major
96 Sárospatak
97 Radautz
98 Nagy Komlós
99 Féltorony
100 Hochwald
101 Bánlak
102 Schlesisches Stutbuch; Kaltblutbrand
103 Kanzlerhof
104 Stepperg
105 Sachsen
106 Lopshorn
107 Nagy Mágocs
108 Gödöllö
109 Goražda
110 Puszta Hortobágy, Josef Polgári
111 Solt und Tomaj Puszta
112 Magy Komlós
113 Ruma
114 Sár Szt. Miklós
115 Pferdestammbuch Westfalen
116 Puszta Szer
117 Pankota
118 Ercsi
119 Verband Hessischer Pferdezüchter, Eintragungsbrand für Hauptstammbuchstuten; gültig bis 1965
120 Arabergestüt Achental; gültig
121 Rheinisches Pferdestammbuch, Eintragungsbrand für Islandponys; gültig
122 Rheinisches Pferdestammbuch, Warmblut; gültig von 1955 bis 1966
123 Hauptgestüt Zweibrücken, Fohlenbrand; gültig bis 1959
124 Westfälisches Pferdestammbuch, Warmblut, Eintragungsbrand für Hauptstammbuchstuten; gültig
125 Prämierungsbrand für Hauptprämienhengste in Oldenburg
126 Pony- und Kleinpferdezüchter Schleswig-Holstein/Hamburg, Eintragungsbrand für Hauptstammbuchstuten auf linkem Hinterschenkel, Staatsprämienbrand auf linker Halsseite: gültig

KÖNIG

Monique und
Hans D. Dossenbach

Pferd

Bechtermünz Verlag

DANK

Die Entstehung dieses Buches war nur durch die Mitarbeit zahlreicher Leute und Institutionen möglich. Ihnen allen möchten wir unseren herzlichsten Dank aussprechen, auch jenen, deren Namen hier nicht erwähnt sind.

Ganz besonderer Dank gebührt dem Verlagsleiter, Dr. Kurt Weibel, für sein Verständnis, für sein Vertrauen und für die tiefe Zuneigung, die er unserer Arbeit entgegengebracht hat — und selbstverständlich für seine wertvolle aktive Mitarbeit. Ebensolchen Dank unserem Freund, dem Buchhersteller Robert Buchmüller, für die enge, sicher nicht immer einfache, dennoch äußerst angenehme und absolut unschätzbare Mitarbeit.

Die grafischen Darstellungen zu diesem Buch wurden von Claude Kuhn-Klein erstellt — zum Teil unter erschwerten Bedingungen.

Die wissenschaftlichen Zeichnungen schuf Elisabeth Zellweger-Schroer. Fredy Knie jun. vom Schweizerischen Nationalzirkus Knie arbeitete mit einem Lipizzanerhengst während längerer Zeit und unter erheblichem Risiko im Freien, damit das Porträt für das Titelbild fotografiert werden konnte.

Christine Stückelberger ritt auf Granat mehrmals das vollständige Programm Grand Prix de Dressage zur fotografischen Aufnahme aller Lektionen.

Für weitere spezielle fotografische Aufnahmen stellten sich Susi und Emil Hegetschweiler, Jacky Uhl, Ernst Brütsch und Jörgen Albertsen mit ihren Pferden und Ponys zur Verfügung.

Besonders wertvolle beratende und unterstützende Funktion hatten Thomas Frei und Dr. Hanspeter Meier, deren unendliche Geduld und Hilfsbereitschaft spezieller Erwähnung bedürfen, Dr. Hans Ulrich Staub, Dr. Michael Läuchli, Hansueli Schmutz, Chris

Genehmigte Lizenzausgabe für
Weltbild Verlag GmbH, Augsburg 2000
Copyright © 1983 und 1991
by Hallwag Verlag, Bern
Umschlag und Gestaltung: Robert Buchmüller, Hans D. Dossenbach
Gesamtherstellung: Neue Stalling, Oldenburg
Printed in Germany
ISBN 3-8289-1568-X

Gonzenbach, Arnim Basche, das Direktorium für Vollblutzucht und Rennen in Köln, der Schweizerische Rennsportverband in Luzern, die Universitäts-Pferdekliniken in Bern und Zürich, das Zoologische Museum der Universität Zürich, das Museum of Natural History in New York, zahlreiche Zucht- und Sportverbände sowie Gestütsleiter und Pferdebesitzer in aller Welt.

Zusätzliche Texte oder Textunterlagen wurden von folgenden Fachleuten verfaßt: Thomas Frei (Fahrsport), Jörg Albertsen (Military), Robert Sallmann (Geschichte des Fahrens), Annemarie Gebs (Voltigieren), Ursula Künzli (Reittherapie), Paul Weier (Figurenreiten).

Fredy Bachofner stellte uns seine wundervolle Sammlung antiker Spiel- und Karussellpferde zur Verfügung, die von Christian Künzi fotografiert wurde.

Robert Sallmann überließ uns seine wertvolle Sammlung alter Darstellungen von Kutschen und anderen Fahrzeugen zur Reproduktion.

Von Dr. Hanspeter Meier erhielten wir zum selben Zweck eine Sammlung von Briefmarken mit Pferdemotiven. Bei der Auswahl stand uns das Briefmarkenhaus Zumstein in Bern zur Verfügung. Die große Zahl der Fotografen, Bildagenturen, Archive, Museen und Bibliotheken, die uns Fotos und Reproduktionen historischen Materials zur Verfügung stellten, sind im einzelnen im Bildnachweis aufgeführt. Auch ihnen allen herzlichen Dank insbesondere für die große Geduld, die, bedingt durch die lange Produktionszeit, erforderlich war.

Und besten Dank an die Firma MINOLTA-Schweiz in Dietikon, die sich seit Jahren darum bemüht, unsere fotografische Ausrüstung auf dem neuesten technischen Stand zu halten und deren Geräte wesentlich zur Qualität der Fotografien in diesem Buch beigetragen haben.

H. D. D.

Seit man Münzen prägt, hat man zu ihrem Schmuck immer wieder Pferdemotive gewählt. Ein deutlicher Ausdruck der Wertschätzung und Dankbarkeit, die viele Völker dem Pferd entgegengebracht haben.

1. Kelten-Goldmünze aus dem Jura, 22 mm
2. Marger-Goldmünze, 15 mm
3. Philipp II. von Makedonien im Streitwagen, 18 mm
4. Münze der armocanischen Venetier
5. Marger-Goldmünze
6. Münze der Parisier
7. Osismier-Münze
8. Elusaten-Silbermünze, 18 mm
9. Philipp II. von Makedonien, Silbermünze, 23 mm
10. Vermutlich Atrebaten-Münze
11. Keltische Münze
12. Vermutlich Bajocassen-Münze
13. Keltische Münze
14. Parisier-Goldmünze, 20 mm
15. Uneller-Goldmünze
16. Redoner-Goldmünze, 20 mm
17. Keltische Münze
18. Marger-Goldmünze

Inhalt

1. Teil

Das Pferd in der Zoologie

11	Vorwort	44	**Der Körper des Pferdes**
15	**Entwicklungsgeschichte**	46	Exterieur, Muskulatur, Organe und Skelett
16	Die Verwandten	58	Die Zähne
18	Die Urpferde und die Forscher	60	Die Beine
20	Stammbaum der Pferdefamilie	62	Abzeichen
22	Die Entwicklung des Pferdes	64	Über die Haarfarben
28	Die lebenden Wildeinhufer	66	Haarfarben
30	Die ersten Pferderassen	72	**Bewegung**
32	Ponys	74	Gangart
36	Kaltblutpferde	78	**Vom Verhalten der Pferde**
38	Warmblutpferde	80	Über Stalldrang und Rangordnung
42	Das Arabische Vollblut		
43	Das Englische Vollblut	82	**Die Fortpflanzung**
		84	Die Paarung
		88	Die trächtige Stute
		90	Ein Fohlen entsteht
		92	Ein Fohlen kommt zur Welt
		94	Vom Fohlen zum Pferd

2. Teil

Pferd und Mensch in der Geschichte

	20 000 bis 10 000 v. Chr.		300 v. Chr. bis 900 n. Chr.		1500 bis 1700
98	Das Pferd und die Jäger der Eiszeit	126	Das Pferd in China	156	Die Türkenkriege
	3000 bis 1000 v. Chr.		475 bis 700		1712 bis 1786
102	Die ersten Pferdezüchter	130	Die Germanen	158	Friedrich der Große
	3000 bis 1000 v. Chr.		600 bis 800		1769 bis 1821
104	Die Neolithiker in der Sahara	132	Mohammed und das Araberpferd	160	Napoleon
	2000 bis 1000 v. Chr.		800 bis 1000		1500 bis 1900
106	Die Ägypter	134	Die Wikinger	164	Indianer und Pferde
	900 bis 600 v. Chr.		1066		1776 bis 1900
108	Die Assyrer	136	Die Normannen in England	166	Die US-Kavallerie
	Um 2000 vor Chr. bis 393 n. Chr.		1000 bis 1600		1867 bis 1890
110	Die Griechen	138	Das Rittertum	168	Die großen Viehtrecks
	600 bis 300 v. Chr.		1203 bis 1259		1914 bis 1918 und 1939 bis 1945
114	Die Perser	142	Die Mongolen	170	Pferde im Ersten und im Zweiten Weltkrieg
	356 bis 323 v. Chr.		1350 bis 1600		
116	Alexander der Große	144	Das Pferd in der Renaissance	172	Spielzeugpferde
	800 bis 300 v. Chr.		1492 bis 1600	174	Der Sattel im Laufe der Jahrhunderte
118	Die Etrusker	146	Die Konquistadoren in der Neuen Welt		
	700 bis 200 v. Chr.		1580 bis 1750	178	Vom Hufbeschlag
120	Die Skythen	148	Das Pferd in der Barockzeit	180	Von Karren und Kutschen
	Um 300 v. Chr.		1555 bis 1622	182	Wagentypen
122	Die Kelten	150	Antonius de Pluvinel	188	Das Pferd auf Briefmarken
	300 v. Chr. bis 475 n. Chr.				
124	Die Römer				

3. TEIL

PFERD UND
MENSCH
IN DER
GEGENWART

192	Arbeitspferde in der Gegenwart	224	**DER RENNSPORT**	302	**DER DRESSURSPORT**
		226	Die Anfänge in England	304	Reitkunst im Viereck
194	**REITSPIELE**	232	Die letzten Jahrzehnte in England	306	Travers, Pirouette, Piaffe, Passage
196	Figurenreiten	236	Champions der Gegenwart	308	Berühmtheiten im Dressursattel
198	Voltigieren	238	Die großen Hengstlinien	310	Grand Prix
200	Polo und Pato	244	Epsom	316	Die Olympiasieger
202	Gymkhana	246	Ascot		
204	Rodeo	248	Rennsport in Irland	322	**DER SPRINGSPORT**
208	Die Spiele der Gauchos	250	Rennsport in Frankreich	324	Die Anfänge und die italienische Schule
210	Fantasia	256	Rennsport in Deutschland	326	Das Springpferd
214	Buzkashi	264	Rennsport in den USA	328	Berühmtheiten im Springsattel
216	Reitspiele in Rußland	274	Rennsport in Australien und Neuseeland	330	Der Springparcours
		276	Rennsport in Japan	332	Die Olympiasieger
218	**JAGD ZU PFERDE**	278	Rennfarben		
220	Jagd in der Vergangenheit	284	Hindernisrennen	338	**DIE MILITARY**
222	Jagd in der Gegenwart	286	Anfänge der Jagdrennen	340	Von der Kavallerieremonte zum Sportpferd
		288	Aintree	342	Military-Hindernisse
		294	Trabrennen	344	Berühmtheiten im Militarysattel
		298	Das Trabergeschirr	346	Der erste Tag
				348	Der zweite Tag
				350	Querfeldein
				356	Der dritte Tag
				358	Die Olympiasieger

364	**DER FAHRSPORT**	386	**HOHE SCHULE**		**4. TEIL**
366	Das Fahren	388	Die Spanische		
368	Anspannungsarten		Hofreitschule	426	**HIPPOLOGISCHES**
370	Die englische	390	Die Kavallerieschule		**LEXIKON**
	Anspannung		von Saumur	440	Register
371	Die ungarische	392	Pferde im Zirkus	447	Literaturverzeichnis
	Anspannung			448	Bildquellennachweis
372	Die russische	394	**FREIZEIT**		
	Anspannung		**MIT PFERDEN**		
373	Gala und Halbgala	396	Robusthaltung		
373	Die amerikanische	398	Über Reitstile		
	Anspannung	400	Wanderreiten		
374	Die gewerbliche	402	Distanzreiten		
	Anspannung	404	Das größte Rennen		
376	Die Gespannkontrolle		aller Zeiten		
	Dressur	406	Das Pferd im Dienste		
378	Marathon		des Patienten		
380	Das Hindernisfahren		und des Behinderten		
382	Die Geländestrecke				
	an der Weltmeister-	408	**DIE LETZTEN**		
	schaft 1980		**REITERVÖLKER**		
383	Zum Abschluß	410	Afghanen		
	das Hindernisfahren	412	Reiter und Pferde		
384	Die bisherigen		in Afrika		
	Welt- und Europameister	416	Steppenreiter		
		418	Cowboys		
		422	Gauchos		
		424	Reiter in Island		

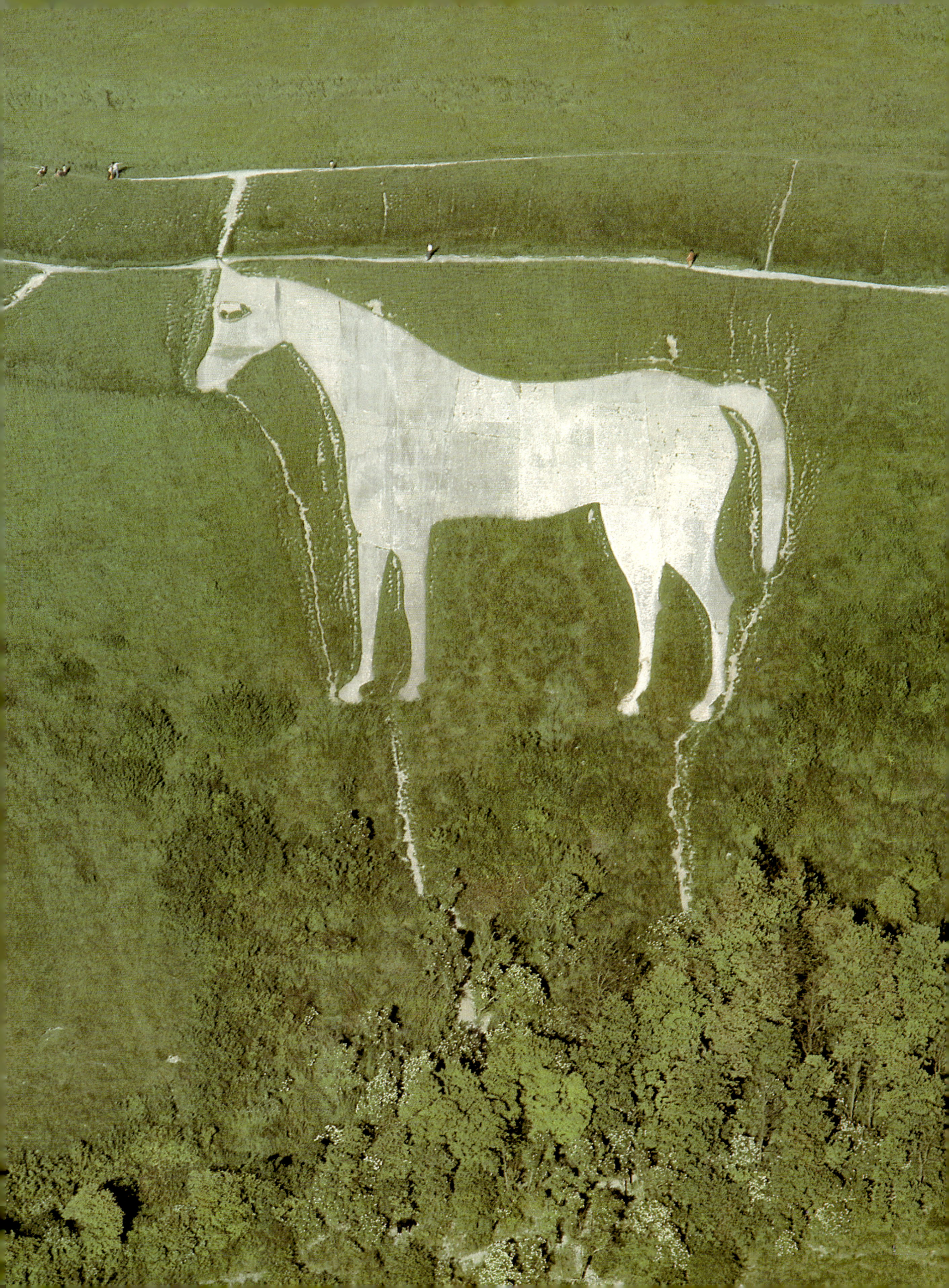

Vorwort des Herausgebers

Der König erscheint in Geschichte und Märchen als ein prächtiger, magischer Mittelpunkt des Daseins. Als ein solches magisches Zentrum wird in diesem Buch das Pferd angesehen — König Pferd!

«König Pferd» richtet sich an alle, die Pferde lieben, in ihnen etwas Besonderes, Erstaunliches, Bewundernswertes sehen und die sich ein Leben ohne Pferde nicht denken mögen. Alles, was für Pferdefreunde zu wissen wichtig ist, wird so dargestellt, daß sie es mit Freude und Lust zur Kenntnis nehmen. Das Buch hat vieles mit einem versammelten, königlichen Vollblut gemeinsam. Es wurde mit derselben Sorgfalt entwickelt, mit der ein Pferd auf einen Concours vorbereitet wird — keine Kleinigkeit ist da zu klein, um nicht beachtet, bedacht und diskutiert zu werden. Und der Konsequenz im Aufbau der Arbeit wird ganz besondere Aufmerksamkeit geschenkt. Schwärmerei hat keinen Platz. Die Liebe zeigt sich vielmehr in einer möglichst exakten, strengen, nüchternen Beurteilung der sachlichen Gegebenheiten.

Pferdefreunde haben ein feines Sensorium für die inneren und die äußeren Qualitäten eines Tieres. Wir sind überzeugt, daß auch dieses Buch, das wie ein guter Renner über drei Jahre gewachsen ist, ihre hohen Erwartungen erfüllen wird.

Dr. Kurt Weibel

Das Westbury-Pferd, 1778 angelegt, ca. 50 Meter lang und 49 Meter hoch. Der Bildgrund ist ein Steilhang der Bratton Downs in Wiltshire, acht Kilometer von dem Dorf Westbury (GB) entfernt. Das Pferd hat eine frühere Darstellung ersetzt, deren Form, Alter und Ursprung unbekannt sind.

1. Teil

Das Pferd in der Zoologie

14

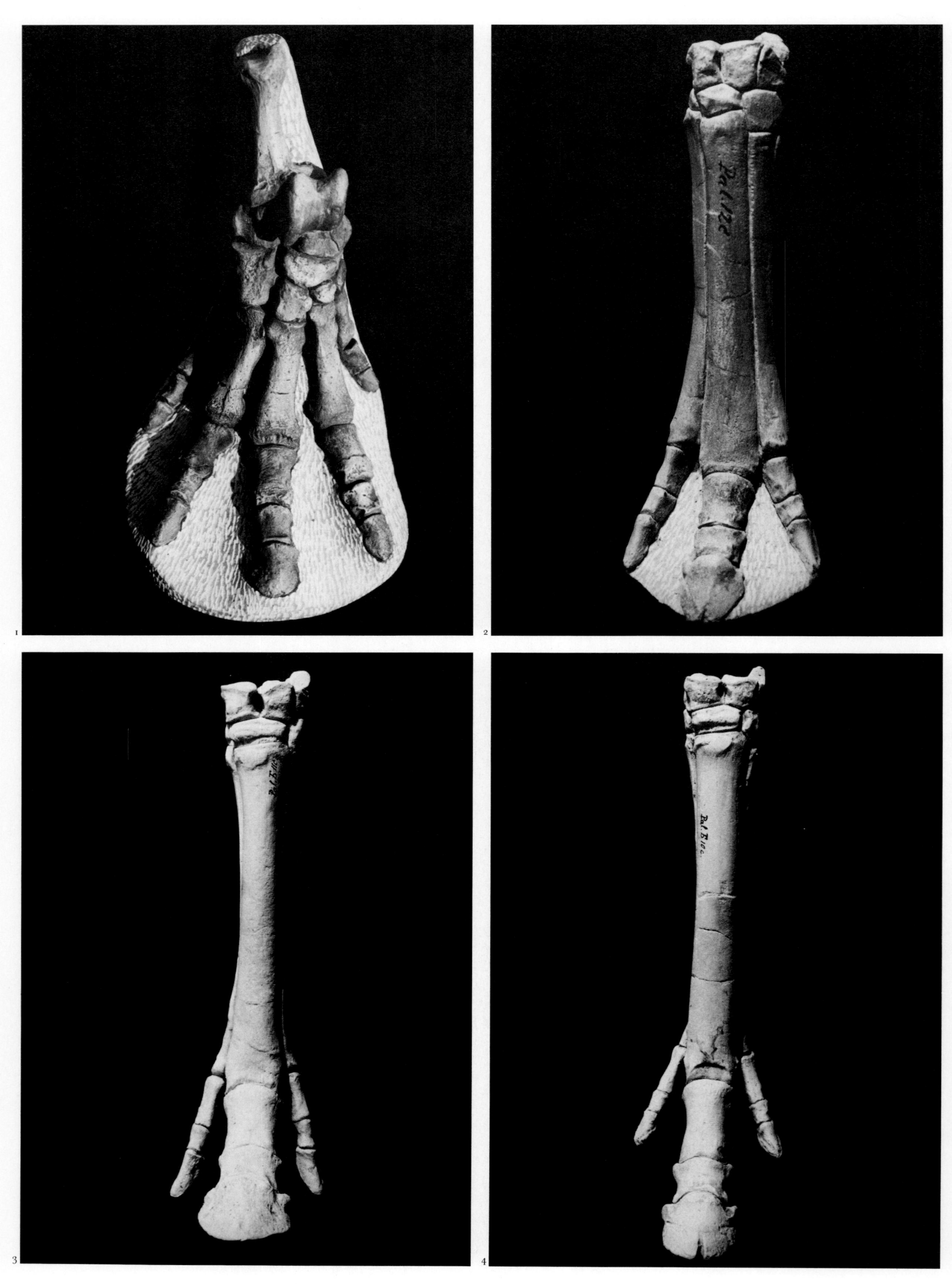

Von keinem anderen Säugetierstamm ist die Entwicklungsgeschichte so gut durch Knochenfunde belegt wie von den Pferdeverwandten. Hier sind ein paar besonders eindrucksvolle Beispiele aus der Fossilienkette zu sehen, die nahezu lückenlos bis ins Eozän zurückreicht und zu jenem berühmten, nur hasengroßen, mit mehreren Zehen ausgestatteten Tier namens Hyracotherium oder Eohippus führt.

1 Hinterfuß des Condylarthren Phenacodus, gefunden in Wyoming. Condylarthren waren die typischen, zahlreich vorkommenden Säugetiere des Paleozäns (vor 65 bis 50 Millionen Jahren). Aus einer der Condylarthra-Arten entstand etwa im Eozän (vor 50 bis 35 Millionen Jahren) das Hyracotherium, bekannter unter der Bezeichnung Eohippus: die älteste Pferdeform, die man heute kennt.

2 Vorderfuß von Mesohippus, aus dem Oligozän (vor 35 bis 25 Millionen Jahren), gefunden in South Dakota.

3 Vorderfuß von Merychippus, aus dem Miozän (vor 25 bis 10 Millionen Jahren), gefunden in Colorado.

4 Vorderfuß von Hyppohippus, der im Miozän (vor 25 bis 10 Millionen Jahren) und im frühen Pliozän (vor 10 bis 7 Millionen Jahren) lebte. Fundort Colorado.

5 Schädel und Kieferteile des Hyracotherium, des berühmten «Pferdchens der Morgenröte». Es lebte im Eozän (vor 50 bis 35 Millionen Jahren). Fundort England.

6 Schädel von Mesohippus aus dem Oligozän, gefunden in South Dakota.

7 Backenzähne der linken Oberkieferhälfte von Hyracotherium, Mesohippus, Anchitherium, Hipparion und Equus.

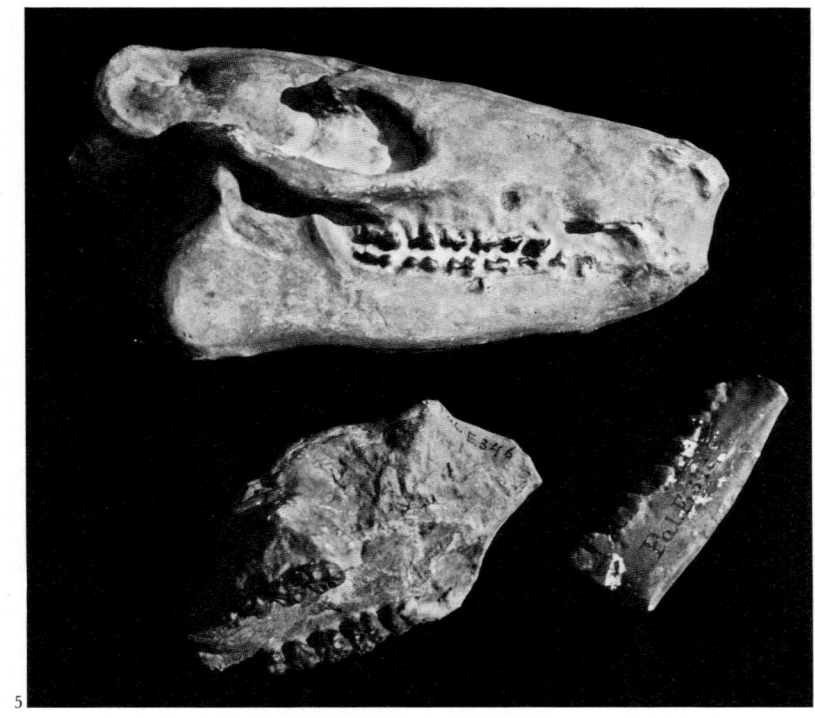

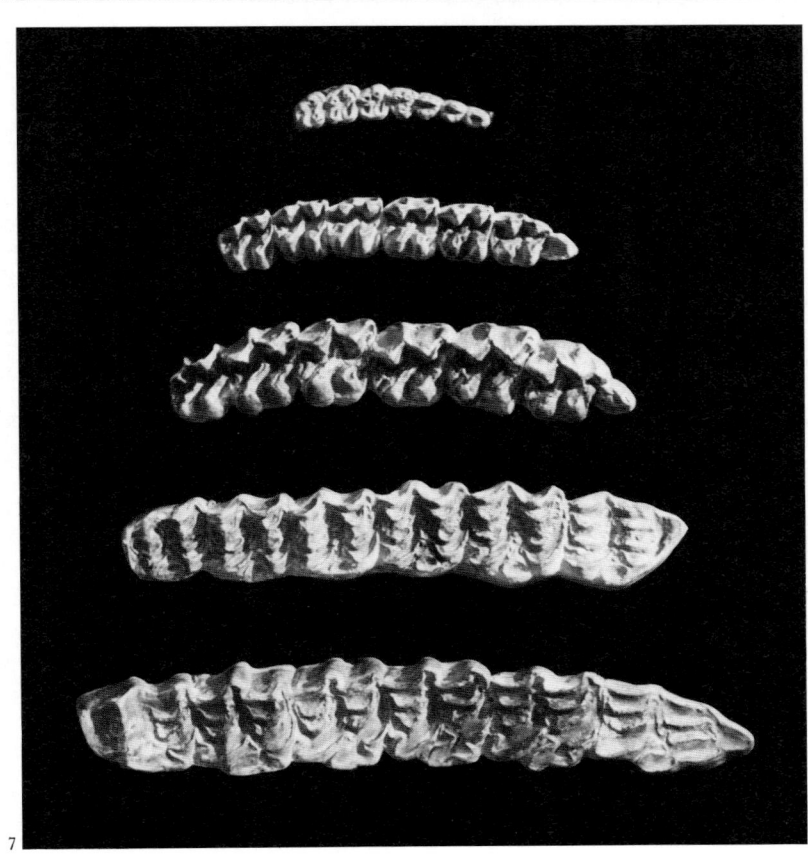

ENTWICKLUNGS-GESCHICHTE

Am 1. Juli 1858 hielt ein Forscher namens Charles Darwin vor einem Kongreß von Wissenschaftern in London einen Vortrag über die Entwicklungsgeschichte des Lebens. Er entwickelte eine Theorie, die ein Weltbild in Frage stellte. Die Reaktion der Öffentlichkeit war überraschend — sie blieb nämlich fast völlig aus. Offensichtlich erweckte die Evolutionstheorie dennoch einiges Interesse. Ein Jahr nach dem Vortrag erschien ein Buch, das die Resultate von über zwanzig Jahren Forschungsarbeit Darwins zusammenfaßte: «Die Entstehung der Arten durch natürliche Auslese oder die Erhaltung der begünstigten Rassen im Kampf ums Dasein.» Die erste Auflage von 1250 Exemplaren war am Abend des Erscheinungstages ausverkauft. Das Buch löste weltweit einen Schock aus. Darwin wurde von seiten der Wissenschaft und der Kirche erbittert angegriffen.

Die Anerkennung war jedoch nur eine Frage der Zeit. Gegen die Beweisführung gab es kein stichhaltiges Argument, was schließlich, rund hundert Jahre danach, sogar der Vatikan eingestehen mußte. Heute zweifelt längst kein anerkannter Naturwissenschafter mehr an der Evolution, aus der letztlich auch der Mensch hervorgegangen ist.

Paläontologen in aller Welt haben inzwischen unzählige Knochen ausgestorbener Tiere vermessen, geordnet und beschrieben. Aneinandergereihte Skelette oder Teile davon lassen uns die Ahnenreihen verschiedener Tierarten oder -familien erkennen und zeigen uns, wie aus einfachen Urformen im Laufe vieler Jahrmillionen die Lebewesen der Gegenwart entstanden sind.

Die Ahnenkette unserer Pferde ist dabei eines der Musterbeispiele der Evolutionstheorie. Sie ist die vollständigste aller Säugetier-Ahnenreihen, die der Wissenschaft heute bekannt sind, und sie reicht ohne erhebliche Lücken rund 50 Millionen Jahre zurück bis ins Eozän zu jenem berühmten, nur hasengroßen, mit mehreren Zehen ausgestatteten Tier namens Hyracotherium oder Eohippus.

Paleozän vor etwa 65 bis 50 Millionen Jahren	Eozän vor etwa 50 bis 38 Millionen Jahren	Oligozän vor etwa 38 bis 26 Millionen Jahren	Miozän vor etwa 26 bis 7 Millionen Jahren
Condylarthra	Isectolophidae	Palaeotheridae	
	Lophiodontidae	Helaletidae	
	Hyrachyidae	Hyracodontidae	Amynodontidae
		Brontotheriidae	

Pliozän vor etwa 7 bis 2 Millionen Jahren | Pleistozän vor etwa 2 Millionen bis 10 500 Jahren | Holozän vor 10 500 Jahren bis heute

Pferdeartige

Pferd

Tapirartige

Tapir

Rhinozerosartige

Nashorn

DIE VERWANDTEN

Auf unserer Darstellung sind die nächsten Verwandten des Pferdes zusammengefaßt, und zwar die wichtigsten ausgestorbenen Formen wie auch die zwei heute noch lebenden Gruppen.
Die Tapire sehen noch heute praktisch gleich aus wie im Eozän. Mit ihren vier Vorder- und drei Hinterzehen und auch der übrigen Körperstruktur sind sie dem ältesten Urpferd, dem Eohippus oder Hyracotherium, sehr ähnlich, wenn auch bedeutend größer und durch eine rüsselartig verlängerte Nase gekennzeichnet. Noch heute bewohnen die Tapire, von denen es vier Arten gibt, in Südamerika und Asien vegetationsreiche Sümpfe wie schon vor Urzeiten. Im Eozän gab es zahlreiche Ur-nashörner in Nordamerika, wie die Pferde aber starben sie hier später aus, während sie in Asien, Afrika und Europa viele Formen entwickeln konnten. Die Eiszeit bedeutete das Ende der Nashörner in Europa. Heute leben noch zwei Arten in Afrika und drei in Asien, wobei die asiatischen kurz vor dem Aussterben stehen.

Chalicotherien

17

Die Urpferde und die Forscher

Überreste eines Tieres zu finden, das vor Jahrmillionen gelebt hat — ist das nicht ein kleines Wunder? Fast jedes Landtier liegt, wenn es gestorben ist, auf der Erdoberfläche, wird von Aasfressern auseinandergerissen, von Fäulnisbakterien zersetzt, und die Knochen zerfallen unter den Einflüssen der Witterung zu Staub. Aber es kann doch geschehen, wenn auch nur selten, daß ein sterbendes Tier im Schlammboden versinkt und daß nun sein Skelett darin über ganze Erdzeitalter hinweg konserviert wird. Und noch seltener stößt jemand, dem die Bedeutung seines Fundes zumindest einigermaßen bewußt ist, auf ein solches fossiles Knochengerüst oder auf Teile davon. Daher klaffen in der Entwicklungsgeschichte vieler Tierstämme große Lücken, und die Evolutionsforscher sind auf Mutmaßungen angewiesen. Um so mehr erstaunt und erfreut es, daß gerade der Stammbaum der Pferdefamilie mit einer Fossilienkette belegt werden kann, die vollständiger ist als bei jedem anderen Säugetierstamm. Dank dem unermüdlichen Sammeleifer — und dem Glück — zahlreicher Forscher können wir heute die Entstehungsgeschichte unserer Pferde über rund 50 Millionen Jahre zurückverfolgen.

Im Jahr 1838 fand ein gewisser William Colchester am Fluß Deben in Suffolk, England, als er Lehm zur Herstellung von Ziegeln holte, einen Zahn. Was ihn veranlaßte, ihn nicht gleich wieder wegzuwerfen, sondern einem Wissenschafter zu übergeben, ist unbekannt. Weder der Tonstecher noch der Forscher waren sich der Bedeutung des unscheinbaren Fundes bewußt. Handelte es sich doch, wie wir nun wissen, um einen Überrest der ältesten Pferdeform.

Ein Jahr später entdeckte der Naturforscher William Richardson in Kent zwischen versteinerten Pflanzen einen noch weitgehend erhaltenen Schädel. Richard Owen, der den Fund untersuchte, nannte das dazugehörige Tier Hyracotherium, «schlieferähnliches Tier» (Schliefer sind in acht Arten über Afrika und Vorderasien verbreitete Säugetiere, die mit Murmeltieren Ähnlichkeit haben, jedoch zu den sogenannten Fast-Huftieren ‹Paenungulata› gehören und stammesgeschichtlich die nächsten Verwandten der Elefanten darstellen). Man kann ihm das nicht verübeln, denn der Schädel war nicht viel größer als derjenige eines Hasen, und die darin steckenden Zähne waren klein und höckerig und hatten keinerlei Ähnlichkeit mit den großen Mahlzähnen von Pferden. Dieses Tier einen Ahnen des Pferdes zu nennen, wäre zum damaligen Zeitpunkt absurd erschienen. Erstens gab es damals noch viel zuwenig Funde späterer Pferdeformen, die einen Zusammenhang zwischen dem kleinen Blätterfresser und dem heutigen Pferd hätten erkennen lassen. Zweitens spukte die Theorie von der Entwicklungsgeschichte der Lebewesen erst in den Köpfen einiger weniger Forscher, und der Großteil der Wissenschafter, wenn

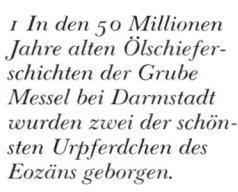

1 In den 50 Millionen Jahre alten Ölschieferschichten der Grube Messel bei Darmstadt wurden zwei der schönsten Urpferdchen des Eozäns geborgen.

2 Charles Darwin (1809 bis 1882) veröffentlichte 1859 sein Hauptwerk über die Entstehung der Arten. Mit seinen in zwanzig Jahren gesammelten Beweisen vermochte er bald fast alle namhaften Naturwissenschafter von seiner Evolutionstheorie zu überzeugen.

3 Thomas Henry Huxley (1825 bis 1895) war Darwins engster Freund und stellte nach seinen Vermutungen vier fossile Pferdeformen aus Europa zu einer ersten Ahnenreihe zusammen.

4 Wladimir Kowalewsky (1842 bis 1883), ein russischer Paläontologe, erforschte Zusammenhänge unter europäischen Fossilpferden.

5 Der Amerikaner Joseph Leidy (1823 bis 1891) war ein bedeutender Paläontologe, dessen 1869 erschienenes Werk ein Klassiker unter den Fossilienbüchern wurde. Er beschrieb eine große Zahl ausgestorbener Pferdeformen.

6 Othniel Charles Marsh (1831 bis 1899) war der hervorragendste Erforscher fossiler Pferde. Schon 1879 hatte er eine Ahnenreihe in geologischer Folge zusammengestellt, welche sich, trotz der damals bestehenden Lücken, heute noch als weitgehend richtig erweist.

7 Edward Drinker Cope (1840 bis 1897) war der große Rivale von Marsh, ohne aber dessen Leistungen erreichen zu können. Zu seinen wichtigsten Erfolgen gehörte die Entdeckung, daß das in Europa gefundene Hyracotherium, die älteste bekannte Pferdeform, mit dem amerikanischen Eohippus identisch ist.

8 Henry Fairfield Osborn (1857 bis 1935) war Konservator am American Museum of Natural History in New York. Er ordnete dort die riesige Zahl von Fossilpferden zur besten Sammlung dieser Art, die es überhaupt gibt.

9 William Diller Matthew (1871 bis 1930) beschrieb aufgrund der von Osborn geordneten Sammlung die Entwicklungsgeschichte der Pferde in einer Form, die bis heute nur noch in Details modifiziert werden mußte.

10 William Berryman Scott (1858 bis 1947), Professor an der Princeton University, machte sich einen Namen durch seine umfassenden Arbeiten über ausgestorbene Säugetiere Amerikas.

er sie überhaupt zur Kenntnis nahm, bewertete sie als lächerliche Spinnerei. Allerdings sollte es nur noch zwanzig Jahre dauern, bis Charles Darwin sein Werk über die Entstehung der Arten veröffentlichte und damit eine Erschütterung des Weltbildes bewirkte. Seine Beweisführung war so zwingend, daß er in verhältnismäßig kurzer Zeit die meisten Naturwissenschafter von der Richtigkeit seiner Theorie zu überzeugen vermochte. Aber es dauerte nochmals beinahe zwei Jahrzehnte, bis das in England entdeckte Hyracotherium als das «Pferd der Morgenröte», als der älteste Ahne unserer Pferde erkannt wurde. Hunderte von Sammlern und Forschern mußten dazu Tausende fossiler Knochen bergen und aufs gründlichste untersuchen.

Einen ersten Zusammenhang zwischen fossilen Pferdeformen erkannte wiederum ein Engländer, Thomas Henry Huxley, der berühmteste Verfechter von Darwins Evolutionstheorie — er war, nebenbei bemerkt, der Großvater des 1975 verstorbenen berühmten Zoologen Julian Huxley und des Schriftstellers Aldous Huxley. Er stellte vier in Europa gefundene fossile Tiere in eine Reihe, nämlich Paläotherium aus dem Paläozän und Eozän, Anchitherium aus dem Oligozän und Miozän, Hipparion aus dem Pliozän und einen ausgestorbenen Equus aus dem Pleistozän.

Diese Darstellung veranlaßte den russischen Paläontologen Wladimir Kowalewsky zu jahrelangen intensiven Forschungsarbeiten an fossilen Säugetierknochen. Und Kowalewsky erkannte als erster die Verwandtschaft des kleinen Hyracotherium mit den Pferden, ohne es aber an den Anfang der Reihe zu stellen.

In der von Huxley aufgestellten und von Kowalewsky bestätigten Ahnenreihe klafften noch Lücken. Der Grund dafür wurde bald darauf klar: der Hauptstamm der Pferde hat sich nicht in der Alten Welt, sondern in Nordamerika entwickelt. Die in Europa gefundenen Pferdeahnen waren, bis auf Equus, Seitenzweige und starben nach einer gewissen Zeit aus.

Unter den amerikanischen Forschern tat sich Joseph Leidy als erster hervor. In seinem 1869 veröffentlichten großen Fossilienbuch stellte er unter anderem eine ganze Anzahl ausgestorbener Pferdeformen vor. Leidy verfügte über großes Wissen, einen bemerkenswerten Fleiß und erfreuliche Exaktheit, doch fehlte es ihm offenbar an Genie und Kühnheit, seine Urpferde zu einer Ahnenreihe zusammenzustellen.

Gleichzeitig war aber bereits der bedeutendste Erforscher fossiler Pferde tätig, der Amerikaner Othniel Charles Marsh. Der Professor für Paläontologie an der Yale University beschäftigte zahlreiche Sammler und hielt sich selbst mehrmals an den wichtigsten Fundorten in den südwestlichen USA auf. Er fand noch weitere, Leidy unbekannte Formen und stellte eine Ahnenreihe zusammen, die er schon 1874 als «gradlinig und jede wichtige Form enthaltend» bezeichnete. Dieser Schluß war zwar noch etwas voreilig, aber immerhin war es Marsh selbst, der in den folgenden Jahren seiner Reihe noch einige weitere wichtige Formen beifügen konnte.

1871 und 1872 wurden in Nordamerika Überreste einer Form aus dem früheren Eozän gefunden. Marshs großer Rivale, Edward Drinker Cope, untersuchte diese Fossilien und bezeichnete sie als Eohippus. Erst 1876 erhielt Marsh die Gebeine und stellte sie richtigerweise an die erste Stelle seiner Ahnenreihe. Erst einige Jahre später entdeckte wiederum Cope, daß sein Eohippus genau das gleiche Tier war wie das Hyracotherium, das 40 Jahre zuvor in England entdeckt und beschrieben worden war. Der Name Eohippus (Pferd des Eozäns) wurde damit ungültig, da dieses Tier bereits als Hyracotherium in der wissenschaftlichen Nomenklatur aufgenommen war. Im populären Sprachgebrauch blieb Eohippus allerdings bestehen.

In den hundert Jahren seit Marshs bedeutsamer Tätigkeit sind auf allen Kontinenten (außer in Australien, wo es nie Pferde gab) zahlreiche fossile Pferdeskelette gefunden worden. Es hat sich herausgestellt, daß die Entwicklung wesentlich weniger geradlinig und einfach vor sich gegangen war, als Marsh sie gesehen hatte. Man ist zur Überzeugung gelangt, daß aus dem winzigen Hyracotherium eine ganze Reihe von Stammeslinien entstanden sind. Als Hauptstamm gelten heute die Anchitherien, die bereits im Miozän ohne weitere Nachkommen ausgestorben sind. Die einzige Stammeslinie, die sich bis in die Gegenwart behaupten konnte, eben die der Unpaarhufer oder Einhufer, ist nach heutiger Ansicht nur ein kleiner Nebenzweig — auch wenn er auf die Geschichte der Menschheit einen größeren Einfluß ausübte als alle anderen höheren Lebewesen.

Paleozän Eozän Oligozän

DER STAMMBAUM DER PFERDEFAMILIE

| Condylarth | Hyracotherium (Eohippus) | Orohippus | Epihippus | Mesohippus | Miohipp... |

Palaeotherium

Anchithe...

Anchithe...

20

| Holozän | Pliozän | Pleistozän | Miozän |

Parahippus — Merychippus — Pliophippus — Equus
Calippus
Nannipus
Archaeohippus
Neohipparion
Hypohippus — Megahippus — Hipparion
Hypohippus — Hipparion
Hippidion — Equus
Equus

Südamerika
Nordamerika
Alte Welt

21

Oligozän		Miozän
Orohippus	Epihippus	Mesohippus

Die Entwicklung des Pferdes

Unsere Darstellung gibt einen Überblick über die Entwicklung des Pferdes und einiger spezieller, für die Evolutionsforschung besonders interessanter Körperteile. Leere Felder bedeuten, daß diese Teile der Wissenschaft noch unbekannt oder noch nicht zu rekonstruieren sind.

Die oberste Reihe zeigt den jeweiligen Umriß des Tieres, wie man ihn sich aufgrund des Skelettes vorstellt. Gezeigt wird eine neutrale Färbung, denn über tatsächliche Farben und Zeichnungen dieser Tiere weiß man nichts.

Die zweite Reihe zeigt die Entwicklung des Skelettes. Hier wird die Verwandlung vom geduckten Buschschlüpfer zum leichtfüßigen, mit mächtigem Brustkorb ausgestatteten Fluchttier der offenen Landschaft sehr deutlich.

Bei der Entwicklung des Schädels, in der dritten Reihe dargestellt, fällt die Veränderung der Proportionen auf. Beim *Hyracotherium* ist der sogenannte Gesichtsschädel, der Teil zwischen Augenhöhle und Vorderende, etwa gleich lang wie der Hirnschädel, der Teil hinter dem Auge. Bei *Equus* jedoch ist der Gesichtsschädel rund zweimal so lang wie der Hirnschädel. Diese Proportionenverschiebung hängt vor allem mit der Entwicklung des mächtigen Gebisses zusammen, die sich aus dem Wechsel von zarter Blätternahrung zu rohfaserreicher Grasnahrung ergab.

Die vierte Reihe zeigt die Entwicklung der Mahlfläche bei einem Backenzahn oben rechts. Der Zahn als Detail des Pferdekörpers ist durch die Evolutionsforscher besonders erfolgreich untersucht worden. Von einem Glied der Entwicklungsreihe des Pferdes, vom Epihippus aus dem späten Eozän, kennt man kaum mehr als die Zähne, weil diese der Zersetzung am besten widerstehen. Ganze Schädel oder nur annähernd vollständige Skelette dieses Tieres hat man noch nicht gefunden. Daher ist auch eine Rekonstruktion des Schädels oder des ganzen Tieres nicht möglich.

Am Fuß des Pferdes, in der untersten Reihe, wird die Entwicklung zum schnellen Lauftier am deutlichsten. Der mehrzehige Fuß mit großer Auflagefläche wurde zu einem einzehigen Fuß mit hartem, kleinem Huf.

Paleozän — Condylarth

Eozän — Hyracotherium

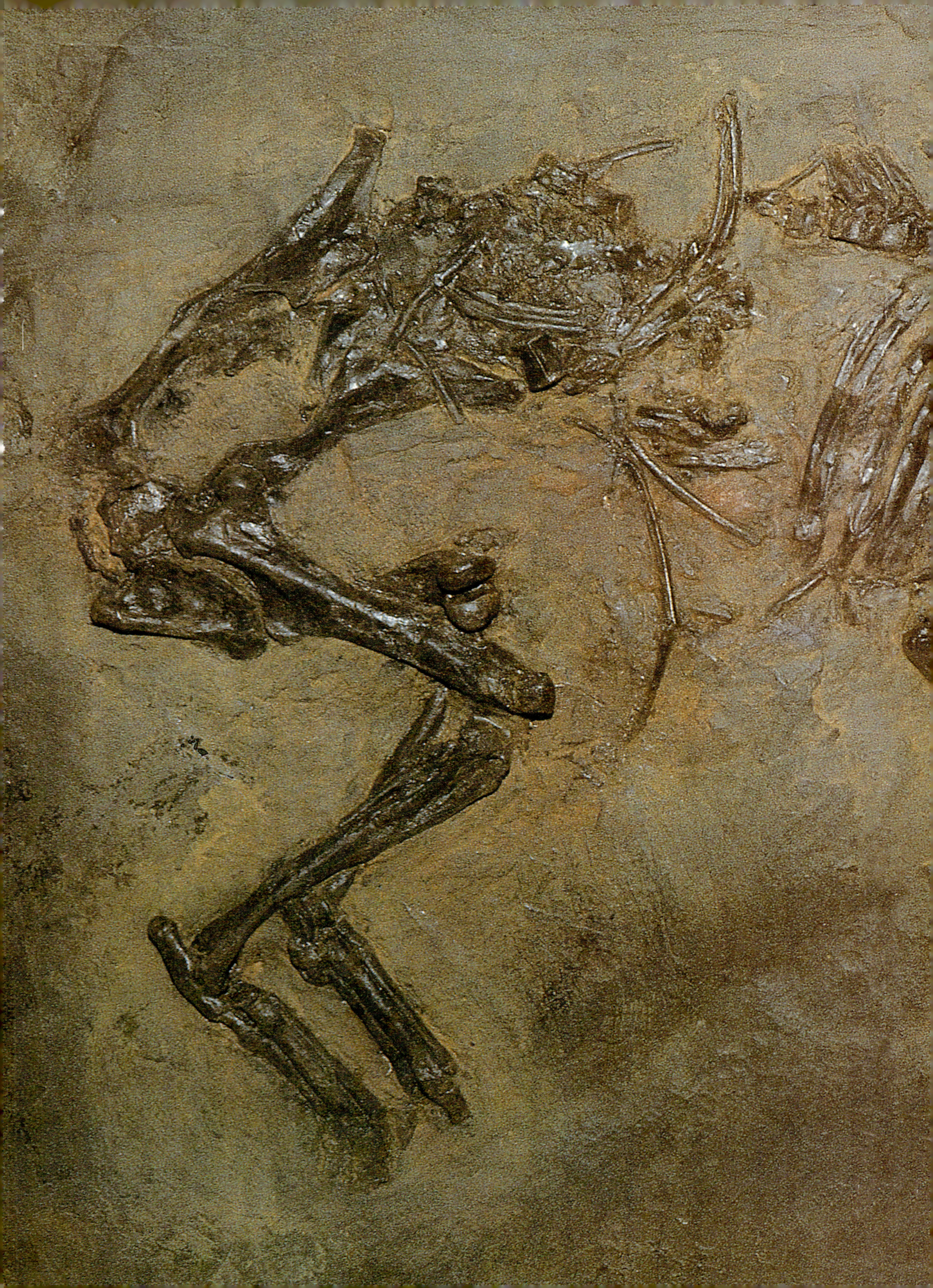

Die lebenden Wildeinhufer

Wir wissen über die Geschichte der Pferdefamilie bis zurück in die Ursümpfe des Früheozäns, zu einem Pferdeahnen namens Hyracotherium, erstaunlich genau und eingehend Bescheid. Auf der anderen Seite stehen wir noch immer vor Rätseln, wenn wir nach den direkten Vorfahren der heute noch lebenden Wildeinhufer suchen. Verschiedene Plesippusarten, die man in früheiszeitlichen Schichten Nordamerikas, Europas und Asiens gefunden hat, weisen Ähnlichkeiten mit Eseln, Halbeseln und Zebras auf, aber nicht genügend, um sie eindeutig als Vorfahren dieser Tiere einzustufen. Auch unter den ausgestorbenen amerikanischen Equusarten gibt es Tiere, welche Gemeinsamkeiten mit den heute noch lebenden Halbeseln oder Asiatischen Wildeseln aufweisen, ohne daß man sie sicher als deren Ahnen bezeichnen kann.

Mit Bestimmtheit weiß man aber, daß die Blütezeit der Einhufer längst vorbei ist und daß die wenigen Equidenarten, welche die Eiszeit überlebt haben, nur noch einen kläglichen Überrest der einstigen Formenfülle darstellen.

Sechs Wildeinhuferarten oder Equiden konnten bis in die Gegenwart überleben: Wildpferd, Grevyzebra, Steppenzebra und Bergzebra, der Afrikanische Wildesel und der Asiatische Wildesel. Die äußerlichen Unterschiede zwischen diesen Arten sind zum Teil recht groß. Ebenso kann ihr Verhalten sehr verschiedenartig sein. Und dennoch sind diese Arten so nahe miteinander verwandt, daß man sie beliebig kreuzen kann. Das unterschiedliche Verhalten läßt solche Kreuzungen zwar in der Natur wohl nie zu, doch in Gefangenschaft hat man Pferde mit Zebras und Zebras mit Ponys gekreuzt, und die Kreuzungsprodukte von Pferden und Eseln, die Maultiere und Maulesel, waren während Jahrtausenden sehr wichtige Nutztiere und werden in gewissen Gebieten heute noch gezüchtet. Allerdings können sich diese Bastarde normalerweise nicht mehr weiter fortpflanzen, sie sind bis auf seltene Ausnahmen unfruchtbar.

Unter den Autoren von Pferdebüchern herrscht fast durchwegs die Meinung, das Przewalskipferd sei der alleinige Stammvater unserer Hauspferde. Diese sicher falsche Ansicht kommt wohl daher, daß im populären Sprachgebrauch nur eine geographische Rasse oder Unterart des Wildpferdes Przewalskipferd heißt, nämlich das östliche Steppenwildpferd, das als einzige Wildpferderasse bis heute überlebt hat. Als Equus przewalskii werden aber auch andere Wildpferdeformen und auch unsere Hauspferde wissenschaftlich bezeichnet. So heißt das bereits in der Eiszeit ausgestorbene Urpony Equus przewalskii gracilis, der im 18. Jahrhundert ausgerottete Waldtarpan Equus przewalskii silvaticus, der Steppentarpan Equus przewalskii gmelini, das Przewalskipferd Equus przewalskii przewalskii und das Hauspferd Equus przewalskii caballus. Es ist sicher, daß unsere Hauspferde nicht allein vom Przewalskipferd abstammen, sondern daß auch die Tarpane und schon früher ausgestorbene Wildformen ihre Ahnen waren.

Drei Formen von echten Wildpferden haben bis in die jüngere Zeit überlebt. Der recht kleine, besonders leicht gebaute Waldtarpan lebte früher weit verbreitet in den Waldgebieten Europas, war aber schon im Mittelalter aus dem westlichen Europa verschwunden. In Osteuropa wurden die letzten freilebenden Herden um das Ende des 18. Jahrhunderts vernichtet. Ein polnischer Fürst namens Zamojski, der sich um die Erhaltung des Waldtarpans bemühte, hielt jedoch auf seinen Ländereien eine Anzahl dieser Tiere. Als im Winter 1808 seine Heuvorräte nicht ausreichten, verteilte er diese Pferde unter die Bauern in der Gegend, die sie zähmten und auch weiterzüchteten. Leider wurden dieser Zucht Hauspferderassen beigemischt. Immerhin sind die oft nur ponygroßen polnischen Koniks bis heute dem Tarpan sehr ähnlich geblieben.

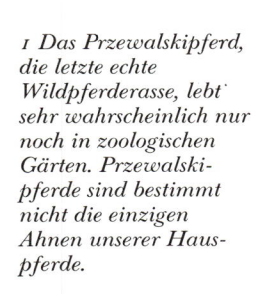

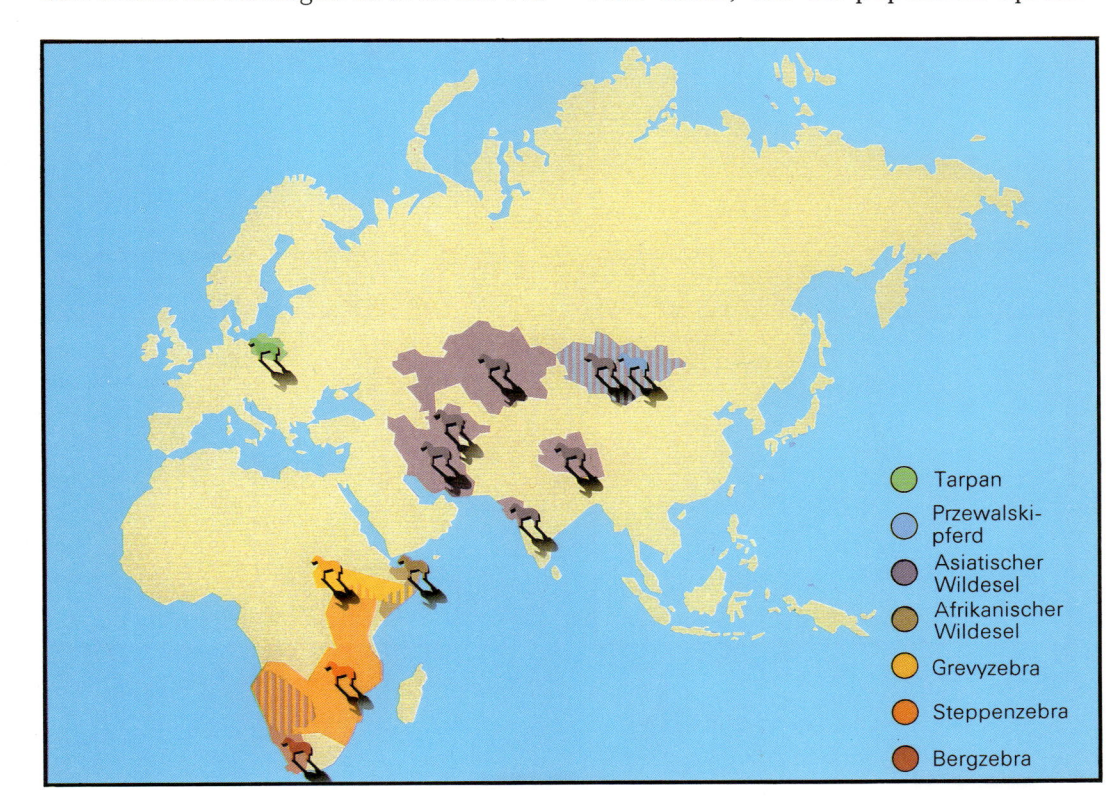

1 Das Przewalskipferd, die letzte echte Wildpferderasse, lebt sehr wahrscheinlich nur noch in zoologischen Gärten. Przewalskipferde sind bestimmt nicht die einzigen Ahnen unserer Hauspferde.

2 Reinblütige Tarpane gibt es nicht mehr. Aus dem Tarpan möglichst ähnlichen Pferden hat man eine Rasse gezüchtet, die wohl aussieht wie der ausgerottete Waldtarpan, aber eben doch kein echter Tarpan ist. Dieser Hengst wurde im Popielno-Reservat in Nordpolen fotografiert.

- Tarpan
- Przewalskipferd
- Asiatischer Wildesel
- Afrikanischer Wildesel
- Grevyzebra
- Steppenzebra
- Bergzebra

Pliozän

Miohippus　　　　　　　　　Parahippus　　　　　　　　　Merychippus

Pleistozän | Holozän

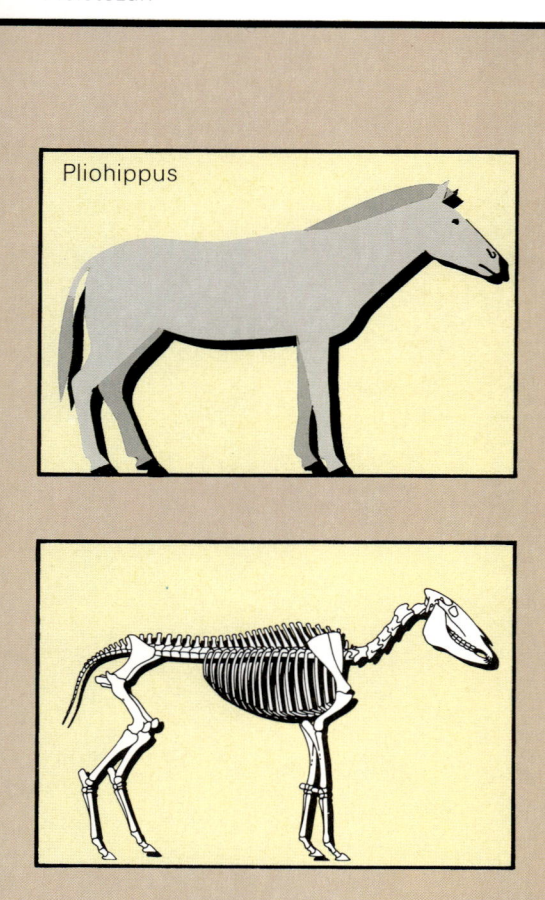

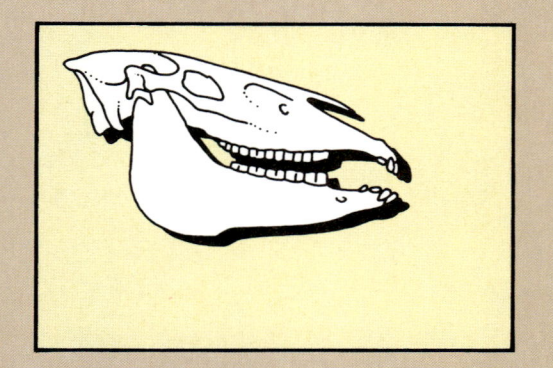

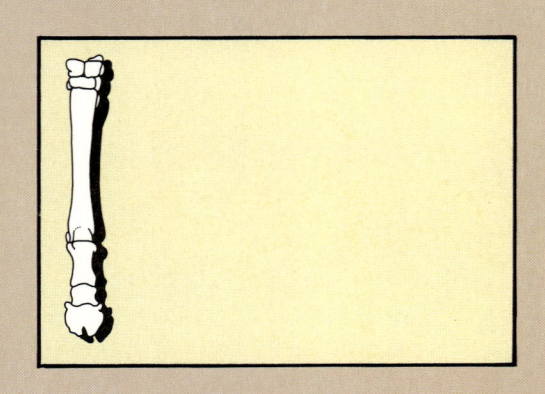

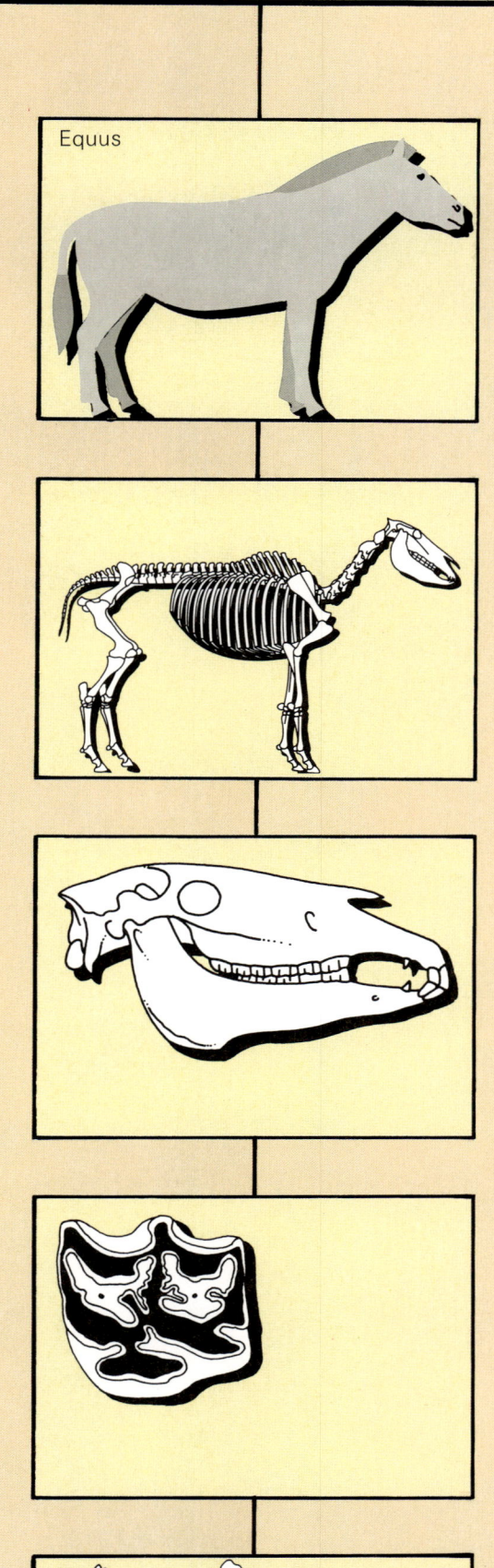

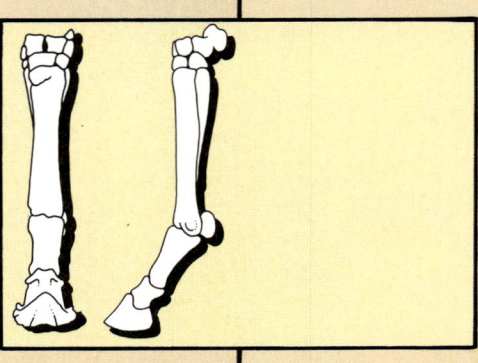

Pliohippus

Equus

*Außenseiten:
Im Ölschiefer der Grube Messel bei Darmstadt fanden Mitarbeiter des Senckenberg-Institutes vor wenigen Jahren eines der schönsten Urpferdchen aus dem Eozän. Das nur etwa 50 cm messende Fossil erhielt den Namen Propalaeotherium messelense.*

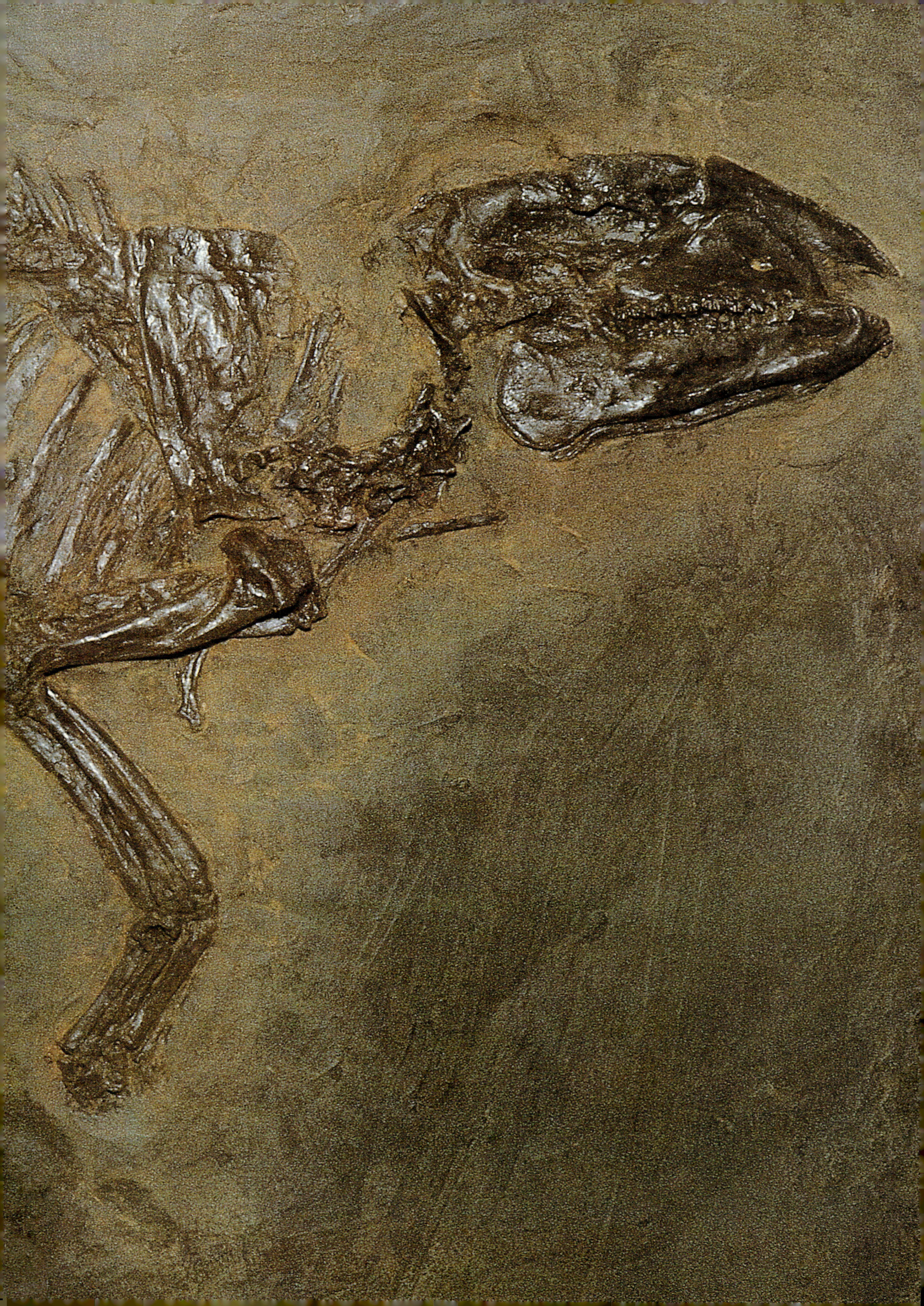

3 Mit etwa 140 cm Widerristhöhe ist das feingestreifte Grevyzebra der größte lebende Wildeinhufer.

4 Der einzige noch recht häufige Wildeinhufer ist das Steppenzebra, von dem es noch mehrere hunderttausend Exemplare gibt.

5 Beinahe ausgerottet wurde das Südafrikanische Bergzebra.

6 Der Somali-Wildesel, die einzige Unterart des Afrikanischen Wildesels, von der es noch ein paar hundert Tiere gibt, fällt durch seine Zebrastreifen an den Beinen auf.

7 Äußerst bedroht ist der Onager aus dem nördlichen Iran, eine der asiatischen Wildesel- oder Pferdeeselrassen.

In den vergangenen Jahrzehnten versuchte man eine sogenannte Rückzüchtung. Die aus dem Experiment hervorgegangenen Tiere kann man in verschiedenen Zoos und in zwei polnischen Reservaten bewundern, wo sie Tarpane genannt werden. Echte, reinblütige Tarpane sind sie natürlich nicht.

Der größere und kräftiger gebaute Steppentarpan war in den Steppen Südrußlands zu Hause. Auch er ist für immer verschwunden. Die letzten Steppentarpane starben im 19. Jahrhundert.

In der Gegenwart lebt nur noch eine Wildpferderasse, das Przewalskipferd aus den Steppen- und Wüstengebieten östlich des Urals. Die letzten freilebenden Tiere dieser Form sah man in den unzugänglichsten Gebieten der Wüste Gobi, wo sie wahrscheinlich heute auch verschwunden sind. Immerhin überlebten einige Dutzend Exemplare in zoologischen Gärten. Um sie vor dem Aussterben zu retten, stellte man Zuchtgruppen zusammen und begann ein internationales Zuchtbuch zu führen. Bis heute ist der Gesamtbestand der Przewalskipferde von etwa 50 auf rund 250 Tiere angestiegen.

Die größte lebende Wildeinhuferart ist das Grevyzebra (Equus grevyi). Es unterscheidet sich von den anderen Zebraarten deutlich durch die viel feinere Streifenzeichnung und die Ohren, die fast so groß sind wie bei den Eseln. Das Grevyzebra lebt in Steppen-, Busch- und Halbwüstengebieten von Nordkenia, Äthiopien und Somalia und im Südsudan, ist aber fast überall schon sehr selten.

Unter den Wildeinhufern konnte sich nur das Steppenzebra (Equus quagga) bis heute in größerer Zahl erhalten. In Ostafrika gibt es noch riesige Herden, allein in der Serengetisteppe noch rund 180 000 Tiere. Zwei südafrikanische Unterarten des Steppenzebras wurden um die Jahrhundertwende ausgerottet.

Das Bergzebra (Equus zebra) lebt in bergigen Gebieten des westlichen Südafrika. Zwei Unterarten sind bekannt, beide heute selten, von der einen existieren nur noch wenige Dutzend Tiere.

Ebenso bedroht ist der Afrikanische Wildesel (Equus asinus), der Stammvater aller Hauseselrassen. Wildesel wurden schon viel früher domestiziert als Wildpferde, nämlich vor etwa 6000 Jahren, und zwar wahrscheinlich zuerst im unteren Niltal. Man unterscheidet drei Unterarten. Der Nordafrikanische Wildesel wurde als erster ausgerottet. Nubische Wildesel hat man seit Jahrzehnten keine mehr gesehen, weshalb man sie auch für ausgestorben halten muß. Und Somali-Wildesel leben nur noch einige hundert.

Merkmale von Eseln und Pferden hat der Asiatische Wildesel (Equus hemionus), weshalb er auch Halbesel oder Pferdeesel genannt wird. Eine der sieben Unterarten ist schon längere Zeit ausgestorben, alle anderen sind von der Ausrottung bedroht.

Unter Geschichtsforschern herrscht allgemein die Ansicht, daß der Asiatische Wildesel von alten Kulturvölkern des Zweistromlandes domestiziert wurde. Es gibt auch Darstellungen von eselähnlichen, eingespannten Tieren. Seltsamerweise sind aber Asiatische Wildesel, im Gegensatz zu den Afrikanischen, im Zoo selbst nach einer Zucht über mehrere Generationen hinweg noch so wild und ungebärdig, daß man sie unmöglich zum Ziehen oder Tragen abrichten könnte.

8 Aus der Paarung von Pferden oder Ponys mit Eseln entstehen Maultiere (Pferdemutter) oder Maulesel (Eselmutter). Diese Bastarde sind normalerweise nicht fruchtbar. Daß es Ausnahmen gibt, zeigt diese Esel-Pony-Mischlingsstute, die ein Fohlen führt.

9 Auch Zebras und Pferde lassen sich zu unfruchtbaren «Zebroiden» kreuzen. Hier ist das Kreuzungsergebnis aus einem Grevyzebra und einem Welshpony zu sehen.

Unten: Wanderwege prähistorischer Pferde von Nordamerika nach Asien, Europa und Afrika. Durch die Isolierung einzelner Populationen über lange Zeiträume entstanden verschiedene geografische Pferderassen oder Unterarten. Die Karte basiert nur zum Teil auf Vermutungen, im großen und ganzen aber auf gesicherten Funden.

Gletscherlandschaften, nordische Tundren, Moore und Heiden waren die Heimat des kleinen Urponys und des massigen Urkaltblüters.

Weniger spezialisiert war der Waldtyp, der im europäischen Waldtarpan bis ins 18. Jahrhundert überlebt hat und wesentlichen Einfluß auf unsere Warmblutpferdezucht hatte.

DIE ERSTEN PFERDERASSEN

Über die Beringbrücke, eine früher bestehende feste Landverbindung zwischen Alaska und Sibirien in der Gegend der heutigen Beringsee, wanderten während Jahrmillionen Urformen der Pferde aus ihrer nordamerikanischen Heimat in die Alte Welt. Auch die letzten Einhufer der Gattung Equus benützten diesen Weg. Und während ihre Verwandten in Nordamerika auf rätselhafte Weise vor etwa 10 000 Jahren ausstarben, verbreiteten sie sich über Asien, Europa und Afrika und entwickelten sich zu den heute bekannten Formen der Zebras, Esel und Wildpferde.

Das größte Verbreitungsgebiet hatten unter den Wildequiden wahrscheinlich die eigentlichen Pferde. Während der Eiszeit waren sie in weiten Teilen

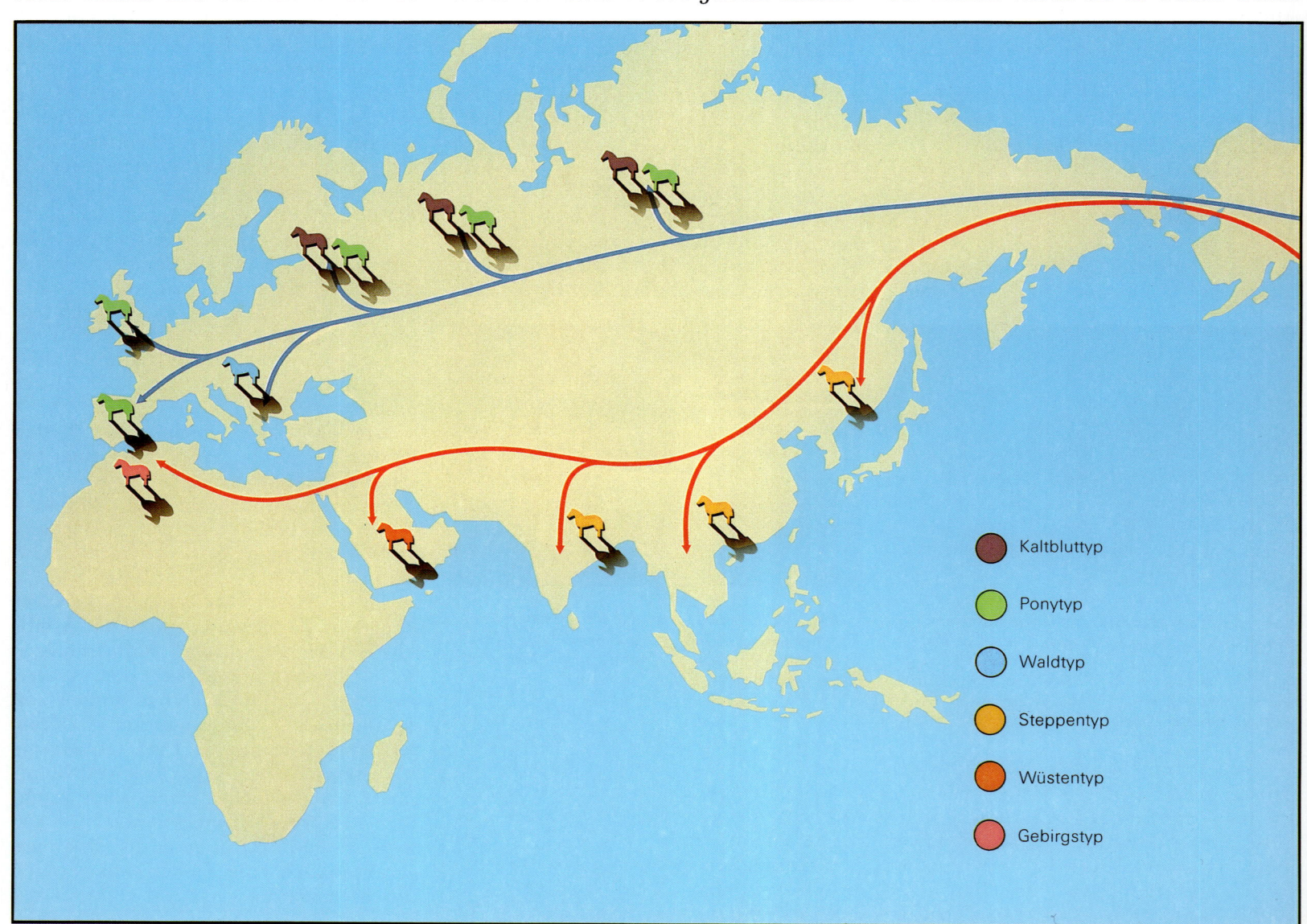

- Kaltbluttyp
- Ponytyp
- Waldtyp
- Steppentyp
- Wüstentyp
- Gebirgstyp

In kargen Gebirgslandschaften Nordafrikas entwickelte sich ein recht leichtes, langbeiniges Pferd mit markantem Ramskopf, der «Vater» der barocken Prunkpferderassen.

Ein feingliederiger, ganz auf Schnelligkeit gebauter Typ entstand in den Wüstengebieten des südwestlichen Asiens. Man könnte ihn Urvollblüter oder Uraraber nennen.

Ebenfalls keine hohe Spezialisierung erforderte das Leben in Steppengebieten. Dennoch gab es deutlich unterscheidbare Steppentypen, wie zum Beispiel den grauen, kleinköpfigen und recht leicht gebauten Steppentarpan und das braungelbliche, klobigere, schwerköpfigere Przewalskipferd (Bild) oder Östliche Steppenwildpferd.

Europas und Asiens und auch in Afrika zu Hause. Sie lebten unter den verschiedensten Bedingungen, in Moor- und Tundrenlandschaften, in Wäldern, Gebirgen, Steppen und wüstenähnlichen Regionen. Klima, Vegetation und Bodenbeschaffenheit prägten ihren Körperbau und ihren Charakter. Durch die Anpassung an bestimmte Bedingungen entstanden im Laufe vieler Generationen verschiedene Pferdetypen oder geographische Unterarten, besonders wo Populationen isoliert lebten und kein Genaustausch mehr stattfinden konnte.

Es gab mindestens vier deutlich unterscheidbare Haupttypen sowie zahlreiche Zwischenformen. In den nordischen Mooren, Tundren und Gletscherlandschaften fristete ein kleines, kräftiges Pferdchen ein karges Dasein. Dieses Urpony hatte einen geräumigen Rumpf, der robusten Verdauungsorganen Platz bot, und kraftvolle Kauwerkzeuge mit langen, für starke Abnutzung geschaffenen Zähnen. Damit konnte es sich auch von holzigen Kräutern, von Flechten und Baumrinden ernähren. Zweifellos hatte es ein derbes, fettiges Fell und üppige Mähnen- und Schweifhaare. Von dieser Form, von den Wissenschaftern Equus przewalskii gracilis genannt, stammen die nordischen Ponys ab. Die meisten dieser Hauponyrassen entstanden allerdings unter dem Einfluß von Fremdblut, ohne aber ihre wesentlichen Merkmale zu verlieren. Lediglich das Exmoorpony im Südwesten Englands ist seit der Eiszeit fast rein erhalten geblieben.

Neben diesem beweglichen kleinen gab es im Norden ein großes, massiges Pferd mit schwerem Kopf. Es war ebenfalls zur Aufnahme großer Mengen nährstoffarmer Nahrung eingerichtet. Gewisse Unterformen erreichten eine Widerristhöhe von etwa 180 Zentimetern. Dieser Equus przewalskii robustus war offenbar der Stammvater der Kaltblutrassen, wobei auch diese alle mehr oder weniger stark von anderen Hauspferderassen beeinflußt wurden, zum Teil sogar von Arabern. Der ursprüngliche Typ ist wohl am ehesten noch im alten, schweren Schlag des norwegischen Fjordpferdes erhalten, das ja auch bis heute die Wildfarbe behalten hat.

In gebirgigen Gegenden Nordwestafrikas entstand ein verhältnismäßig großes, recht leichtes Pferd, das als auffallendes Merkmal einen langen Kopf mit vorgewölbtem Nasenprofil und einen großen Abstand zwischen Nüstern und Augen hatte. Aus diesem Typ der Wüstengebirge erwuchs offenbar das Berberpferd, das sich durch große Härte und Trittsicherheit auszeichnet. Mit den islamischen Eroberern gelangten diese Berber, teilweise beeinflußt von den Arabern, nach Südwesteuropa und begründeten dort die Zucht des erhabenen Andalusischen Pferdes, das in der Barockzeit in fast ganz Europa sehr begehrt war. In den Adelsgestüten jener Zeit entstanden auf der Basis der Andalusier so berühmte Rassen wie Neapolitaner, Lipizzaner, Frederiksborger, Knabstruper und Kladruber. Von denselben Pferden stammen auch die amerikanischen Mustangs und damit die Westernpferderassen ab.

In den weiten, kargen Wüsten Südwestasiens schließlich entwickelte sich eine vierte Grundform, ein kleines, feingliederiges, schon fast gazellenhaft anmutendes Pferdchen. Die Gräser, die in seinem Lebensraum gediehen, waren zwar nicht üppig, aber nahrhaft, und sie erforderten weder besonders große, lange Zähne noch sehr umfangreiche Verdauungsorgane. In der offenen Landschaft gab es kaum Verstecke, und der beste Schutz vor feindlichen Raubtieren war stets rasende Flucht. Ein explosives Temperament sorgte für blitzschnelle Reaktionen bei auftauchender Gefahr. Ein weiter Brustkorb bot Raum für leistungsfähige Lungen und ein starkes Herz. Mehr als bei jeder anderen Pferdeform war bei diesem Wüstentyp alles auf Schnelligkeit ausgerichtet. Und das Erbe dieser Tiere findet man im hochedlen Wüstenaraber, ohne den unsere Warmblutpferdezucht undenkbar wäre.

Häufiger als diese vier Haupttypen wurden freilich Zwischenformen domestiziert, Tiere, die sich weniger extremen Lebensbedingungen anzupassen hatten, die daher weniger hoch spezialisiert und auch über viel größere Gebiete verbreitet waren. So begründete das Przewalskipferd, ein Steppentyp, der zwischen Kaltblut- und Wüstentyp steht, zahlreiche asiatische Pferderassen und ist vor allem in vielen Mongolenponys heute noch deutlich erhalten. Dieses letzte der noch lebenden Wildpferde ist bestimmt nicht der Stammvater aller Hauspferde, wie oft behauptet wird. Nebst verschiedenen Urpferdeformen spielten die über Mittel- und Osteuropa verbreiteten Tarpane eine besonders wichtige Rolle bei der Entstehung der Hauspferde. Diese Wald- und Steppenpferde dienten als Grundlage warmblütiger Pferderassen in Europa und in Vorderasien. Wahrscheinlich waren sie die ersten domstizierten Pferde überhaupt.

Ponys

Zumindest in Mitteleuropa stellen sich die meisten Leute unter der Bezeichnung Pony ein stämmiges, kurzbeiniges, Pferdchen mit üppigem Mähnen- und Schweifhaar vor, eben ein Shetland. Begegnen sie aber einem Connemarapony oder einem Mazedonier, so fragen sie sich, ob das nun kleine Pferde sind oder großgeratene Ponys, die wie Pferde aussehen. Ein Haflinger anderseits wird allgemein als kleines Pferd taxiert, und in Wirklichkeit ist er das auch. Laut einer internationalen Regelung allerdings gilt heute jedes Pferd mit einer Stockmaß-Widerristhöhe von weniger als 148 cm als ein Pony. Das Problem ist damit im Sportbetrieb gelöst, aber die Frage, was denn nun wirklich ein Pony sei, ist nicht beantwortet. Haflinger und Fjordponys stehen im Ponymaß, sind aber vom Typ her Kaltblutpferde. Mazedonier, Camarguepferde, Mustangs und viele andere sind Warmblüter, werden aber ihrer geringen Größe wegen ebenfalls den Ponys zugeordnet. Mancher echte Wüstenaraber wird nicht über 148 cm groß und ist dennoch alles andere als ein Pony. Anderseits nennen viele Cowboys, Polospieler usw. ihre Reittiere Ponys, obschon es sich meistens eindeutig um Pferde handelt. Viele Anhänger von Isländern wiederum sprechen von Islandpferden, aber gerade diese Tiere sind typische Ponys.

Zoologisch gesehen ist ein Pony ein bestimmter Typ, der sich, vom eiszeitlichen Urpony herkommend, im englischen Exmoorpony heute noch fast rein erhalten hat, außerdem bei den sogenannten Nordponyrassen. Echte Ponys haben einen geräumigen Rumpf mit sehr leistungsfähigen Verdauungsorganen, die auch karge und schwer aufzuschließende Nahrung noch verwerten können. Zur Vorbereitung dieser Nahrung dienen auch besonders große, auf starke Abnützung eingerichtete Mahlzähne. Das derbe, fettige Fell mit dem üppigen Mähnen- und Schweifhaar schützt vor feuchter Witterung und wächst im Herbst zu einem fast bärenartigen Winterpelz. Die Beine sind verhältnismäßig kurz und kräftig und nicht für hohe Schnelligkeit, aber für ausdauerndes, zügiges Wandern auch im unwegsamen Gelände geeignet.

Bis nach dem Zweiten Weltkrieg gab es in Mitteleuropa nur verhältnismäßig wenige Ponys. Es waren hauptsächlich Shetlands. Erst vor etwa zwanzig Jahren wurde hier die Verwendung größerer Ponys für Erwachsene hauptsächlich als Wanderreittiere allmählich bekannt. Inzwischen hat diese Alternative zum klassischen, europäischen Reiten auf Großpferden einen ungeahnten Aufschwung genommen. Zuerst dominierten die ausgezeichneten Ponys aus Island. Besonders tragstarke Rassen lieferten dann Norwegen mit dem falbfarbenen Fjordpony und der Tirol mit dem blondschöpfigen Haflinger. Ponys in den verschiedensten Typen und Größen kamen von den Britischen Inseln, dem klassischen Ponyland. Die international beliebtesten von ihnen sind die besonders hübschen und sanftmütigen Wels-Ponys.

Normalerweise sind Ponys bedeutend widerstandsfähiger und anspruchsloser als Großpferde. Ihr Unterhalt ist etwa drei- bis fünfmal billiger. Darüber hinaus aber machen das gelassene Temperament, die große Trittsicherheit, der natürliche Vorwärtsdrang im Schritt, die Ausdauer und die unverwüstliche Gesundheit sehr viele Ponys zu absolut idealen Wanderreittieren.

Acchetta (1)
Mindestens seit 2000 Jahren, seit der Besiedlung durch die Numider, hat Sardinien seine eigenen Ponys. Die etwa 120 bis 130 cm großen Tiere sind drahtig gebaut und vom Typ her viel eher kleine Pferde als Ponys; sie sind ungeheuer zäh, anspruchslos und praktisch für alles zu gebrauchen. Trotz ihrer Qualitäten sind sie über die Landesgrenzen hinaus kaum bekannt. Neben dem kleinen Acchetta gibt es in Sardinien den im Typ ähnlichen, um 150 cm hohen Acchettone, der in der italienischen Armee besonders beliebt war.

Ariègepony (2)
Am Nordhang der Pyrenäen, im südfranzösischen Departement Ariège, gibt es schon seit sehr langer Zeit eine interessante, kaum bekannte Gebirgsponyrasse. Die lebhaften, schwarzen, äußerst genügsamen Ponys werden als Saum- und Zugtiere verwendet und eignen sich ebenso gut zum Reiten. Die Zuchttiere leben in halbwilden Herden. Die Herkunft dieser Rasse ist unbekannt. Manche Fachleute glauben an eine nahe Verwandtschaft mit den Shetlandponys. Ariègeponys werden seit langem rein gezüchtet und sind seit über dreißig Jahren in einem Zuchtbuch registriert.

Assateaguepony (3)
Bei der Insel Assateague vor der Küste Virginias in den USA fand man das Wrack eines spanischen Schiffes aus dem 16. oder 17. Jahrhundert. Wie die meisten spanischen Schiffe, die damals nach Amerika fuhren, hatte wahrscheinlich auch dieses Pferde an Bord, und vermutlich konnte sich eine Anzahl dieser Tiere auf die nahe Insel retten, wo sie verwilderten. Heute leben etwa 120 Ponys wild auf der Insel. Jährlich werden die überzähligen Junghengste gefangen, schwimmend über den Kanal zur bewohnten Nachbarinsel Chincoteague getrieben und dort versteigert.

Bosnier (4)
In Jugoslawien gibt es heute noch rund eine Million Pferde. Fast die Hälfte davon sind Bosnische Gebirgsponys. Von den Bergbauern und von der Armee, wo sie vor allem als zähe, trittsichere Saumtiere benützt werden, sind sie heute noch geschätzt. Einige tausend von ihnen kamen in den letzten Jahren nach Westeuropa und haben sich dank des gutartigen Charakters, der Lebhaftigkeit und Unverwüstlichkeit als gute Freizeitpferde erwiesen.

Camarguepony (5)
Wie alle über zahlreiche Generationen verwildert lebenden Pferde sind auch die berühmten Schimmel in den Sümpfen des Rhonedeltas im Laufe der Zeit kleiner und damit widerstandsfähiger geworden. Vermutlich stammen sie von nordafrikanischen Berberpferden ab, heute sind sie 130 bis 145 cm hohe Ponys. Noch immer sind sie die hervorragenden Hüteponys der Kampfstierhirten. Daneben dienen sie dem Reitvergnügen der Touristen und werden als ausgezeichnete Freizeitpferde verkauft.

Chinapony (6)
In China gibt es eine große Zahl von Ponyrassen, -typen und -schlägen, von denen viele nicht rein gezüchtet werden. Ihr Ursprung ist großenteils auf die wenig edlen, drahtigen Mongolenponys und damit auf das Przewalskipferd zurückzuführen, und daher sind die meisten kaum als schön zu bezeichnen, verfügen aber über große Härte, robuste Gesundheit und Anspruchslosigkeit, besonders weil sie auch meistens im Freien gehalten werden.

Connemarapony (7)
Aus Irland kommen nicht nur erstklassige Turnierpferde, sondern auch Ponys, die zum Allerbesten gehören. Die meisten dieser Ponys gedeihen halbwild in der kargen Landschaft Connemaras im Nordwesten der Insel. Ihre Herkunft geht nicht auf die britischen Moorponys zurück, sondern auf die Reittiere der Kelten, die im 4. Jahrhundert v. Chr. die Britischen Inseln besiedelten. Die etwa 130 bis 140 cm hohen Connemaraponys zeichnen sich durch Willigkeit, gute Rittigkeit, oft aber

durch ein ganz hervorragendes Springvermögen aus.

Costeno (8)
Aus spanischen Pferden, die hauptsächlich im 16. und 17. Jahrhundert nach Peru kamen, entstand im Laufe zahlreicher Generationen ein unverwüstlicher Ponyschlag. Diese Costenos, die hauptsächlich den Indios in den Anden in 3000 bis 4000 Meter Höhe als Hüteponys und Tragtiere dienen, zeichnen sich durch große Ausdauer, Trittsicherheit und erstaunliche Tragkraft aus. Unter den äußerst harten Lebensbedingungen wurden auch diese Tiere kleiner und haben meistens ein Stockmaß von nur etwa 130 cm.

Dalespony
Kaum über die Landesgrenze hinaus bekannt ist das englische Dalespony. Es ist meistens von schwarzer Farbe, und wegen seines deutlichen Kaltbluteinschlags und dem Stockmaß von etwa 140 bis 148 cm vermittelt es kaum den Eindruck eines Ponys. Der heutige Zuchtbestand von nur wenig über 100 Tieren befindet sich fast ausschließlich in Nordengland. Früher war das Dalespony vor allem als Tragtier von rohem Blei und als vielseitiges, anspruchsloses Armeepferd weit verbreitet.

Dartmoorpony (9)
In den kargen Mooren von Cornwall in Südwestengland leben noch die meisten Dartmoorponys beinahe wild. Sie wurden früher häufig mit den kleinen Shetländern gekreuzt, weil man für die Arbeit in den Bergwerksstollen möglichst niedrige, aber kraftvolle Ponys wollte. Heute sind die Dartmoors um 120 cm hoch. Regelmäßig werden Fohlen aus den Herden gefangen und versteigert. Viele Fachleute halten diese Ponys dank ihres ausgezeichneten Charakters für die besten Kinderreittiere.

Dülmener (10)
Im Merfelder Bruch in Nordrhein-Westfalen lebt seit 1850 unter der Obhut der Herzöge von Croy eine Herde von etwa 200 halbwilden Ponys, die «Dülmener Wildpferde» genannt werden. Diesen etwa 120 bis 135 cm hohen Tieren wurden verschiedentlich wildpferdähnliche Hengste zur Blutauffrischung zugeführt, z. B. englische Exmoorponys, polnische Koniks, Huzulen aus den Karpaten und Ponys aus den Pyrenäen. Die meisten Dartmoorponys sehen heute etwa wie Exmoorponys oder wie die tarpanähnlichen Koniks aus. Die Junghengste werden jährlich im Mai versteigert.

Exmoorpony (11)
Das Exmoorpony stammt offenbar in direkter Linie vom eiszeitlichen Urpony ab, konnte sich bis heute fast rein erhalten und gilt daher als die urtümlichste aller Hauspferderassen. Diese Ponys leben beinahe völlig sich selbst überlassen in den wilden Moorgebieten von Devon und Somerset im Südwesten Englands. Die charakterlich sehr guten Ponys mit den fleißigen, fördernden Bewegungen geben gute Kinderponys ab und werden in ihrer Heimat auch von Erwachsenen im Moor auf der Jagd geritten, obschon sie nur um 122 cm hoch sind.

Falabellapony (12)
Auf der Ranch der Familie Falabella in Argentinien entstand vor etwa 100 Jahren durch sorgfältige Zuchtauswahl auf der Basis von Shetlandponys die kleinste Pferderasse der Welt. Die meisten Falabellaponys sind keine 65 cm hoch. Einen praktischen Wert haben diese Minipferdchen nicht, denn sie können kaum als Kinderponys eingeritten werden. Ihre Zucht, die sich dennoch in viele Länder verbreitet hat, ist eine reine Liebhaberei.

Fellpony
Ähnlich dem Dalespony, sind die ebenfalls großen, meist schwarzen Fellponys trotz ihrer hervorragenden Qualitäten mit ihren kaum 400 Zuchttieren sehr selten geworden. Früher wurden sie, hauptsächlich als Tragtiere, fleißig gezüchtet. Ihre Hauptaufgabe war, in Tragkörben das Blei, jeweils etwa 100 kg, von den Minen etwa 400 km weit in die Industriestädte an der Küste Nordenglands zu tragen. Ihre Herkunft ist umstritten. Vom Typ her

33

sind sie keine Moorponys; sie stammen aber wahrscheinlich auch nicht von den Keltenponys ab wie die Welsh- und Connemaraponys, denn sie sehen aus wie kleingeratene Friesenpferde.

Fjordponys (13)
Wahrscheinlich stammen die norwegischen Fjordponys von den drahtigen Wikingerponys ab, welche auch die Isländerrasse begründeten. Die norwegischen Bauern indessen züchteten daraus ein muskelbepacktes Kleinpferd mit deutlichem Kaltbluteinfluß, 130 bis 145 cm hoch und 400 bis 500 kg schwer und ausgezeichnet geeignet für alle Landwirtschaftsarbeiten. Typisch für alle Fjordponys ist die Falbfarbe, und zu den Rassenmerkmalen gehört die geschnittene Stehmähne. In den letzten zwanzig Jahren wurde ein leichterer Reittyp gezüchtet.

Fjord-Huzule (14)
In der Tschechoslowakei ist man seit einigen Jahren bemüht, eine neue Ponyrasse heranzuzüchten. Man hat dazu Huzulenponys aus den Karpaten mit den norwegischen Fjordponys gekreuzt. Das Ergebnis ist ein Pony, das größer und kraftvoller ist als das alte Gebirgspony, aber leichter und beweglicher als das Fjordpony und das über ausgezeichnete Qualitäten verfügt.

Galiceno
Der Ursprung dieses mexikanischen Ponys soll auf Pferde aus Galicien zurückgehen, sicher aber sind spanische Pferde die Stammeltern. Die nicht sehr harmonisch gebauten, etwa 135 bis 145 cm hohen Ponys sind lebhaft, erstaunlich schnell und von gutem Charakter. Sie werden seit etwa 30 Jahren auch in den USA gezüchtet, wo man sich durch Reinzucht und strenge Auslese um die Verbesserung des Exterieurs bemüht.

Garranopony
Obschon es von diesen etwa 115 bis 135 cm hohen Ponys noch rund 40 000 Stück gibt und obschon sie über gute Qualitäten verfügen und preisgünstig zu kaufen wären, ist diese Rasse über die Grenzen Portugals hinaus kaum bekannt. Die meisten dieser auch Minhoponys genannten Tiere leben halbwild im nördlichen Teil des Landes. Sie werden als Reit-, Zug- und Tragtiere verwendet und sind dank ihrer Härte und Ausdauer auch bei der Armee sehr beliebt.

Gotländer (15)
Auf der bewaldeten Insel Gotland in Schweden konnte sich anscheinend eine Population der inzwischen ausgestorbenen Wildponys halten. Eine Herde dieser Tiere lebt noch heute fast völlig sich selbst überlassen dort. In Schweden wird aber dieses «Skogruss» auch fleißig als Freizeitpony gezüchtet. Es ist 112 bis 132 cm hoch, lebhaft und gelehrig, hat fleißige, weitausgreifende Bewegungen und gilt als eines der besten Kinderponys. Es wird bereits in verschiedenen Ländern nachgezüchtet, hauptsächlich in den USA.

Haflinger (16)
In den Tiroler Alpen gab es seit langem kleine Bergpferde, die gelegentlich mit schweren Noriker-Kaltbluthengsten gedeckt wurden. Der kraftvolle, lebhafte, um 140 cm hohe, im Kaltbluttyp stehende, aber verhältnismäßig leichte und bewegliche Haflinger, wie wir ihn heute kennen, wurde um 1873 wesentlich von einem Araberhengst beeinflußt. Heute ist der Haflinger eines der beliebtesten Freizeitponys und wird in über zwanzig Ländern gezüchtet. Typisch ist die Fuchsfarbe mit dem hellen, oft fast weißen Langhaar.

Highlandpony
Vermutlich keltischer Abstammung ist das schottische Highlandpony oder Garron, das aber seit etwa 500 Jahren mit Clydesdales, Arabern und anderen Rassen vermischt wurde. Mit durchschnittlich 145 cm Stockmaß und bis etwa 450 kg Gewicht ist es das größte und kraftvollste aller britischen Ponys und vermag auch schwere Reiter oder den Jäger mitsamt dem erbeuteten Hirsch mühelos und trittsicher durch wildes Gelände zu tragen. Auf den Inseln westlich vor Schottland gibt es einen etwa 10 cm kleineren Typ dieser Rasse.

Huzule (17)
Was für die Menschen auf Island das Islandpony war, bedeutete für die Bewohner der Karpaten während Jahrhunderten das harte, unermüdliche Gebirgspony. Noch heute ist der um 130 cm hohe Huzule in manchen Gebieten unentbehrlich, besonders als Saumtier, aber auch unter dem Sattel oder vor dem Wagen. Das wichtigste Zuchtgebiet liegt heute in Rumänien; weitere Zuchten sind in Polen, Österreich und der Tschechoslowakei. Auch in anderen Ländern, sogar in dem an eigenen Ponys so reichen England, gibt er Huzulenzuchten.

Indianerpony (18)
Die Ponys der nordamerikanischen Indianer sind Abkömmlinge spanischer Pferde, die vor allem im 16. und 17. Jahrhundert nach Amerika kamen. Die im Durchschnitt um 135 cm hohen Ponys sind häufig gescheckt oder gefleckt, weil die Indianer immer eine besondere Vorliebe für bunte Pferde hatten. Wie die nahe verwandten wildlebenden Mustangs, zeichnen sich diese Ponys durch Zähigkeit, Genügsamkeit, Ausdauer und erstaunliche Schnelligkeit aus.

Islandpony (19)
Vor gut 1000 Jahren besiedelten norwegische Wikinger die abgelegene Insel Island im hohen Norden. Auf ihren offenen Schiffen brachten sie Schafe, Rinder und Ponys mit. Noch heute sind die äußerst harten Reittiere in der wilden Lava- und Gletscherlandschaft im Inneren der Insel das wichtigste Transportmittel. Über 1000 Jahre lang wurden sie rein gezüchtet, weil aus Furcht vor Seuchen keine neuen Ponys oder Pferde mehr eingeführt werden durften. Heute sind die ebenso eigenwilligen wie liebenswürdigen Isländer in vielen Ländern die beliebtesten Freizeitpferde.

Mazedonier (20)
Unverwüstliche Gesundheit, zähe Ausdauer, grosse Trittsicherheit und ein freundlicher Charakter sind die Hauptmerkmale dieser wenig bekannten Gebirgspferdchen aus Südjugoslawien. Manche Fachleute führen die Herkunft dieser Ponys auf das thessalische Pferd aus der griechischen Antike zurück. Unverkennbar ist der orientalische Einfluß. Um die in ihrem Ursprungsland allmählich verkümmernde Rasse zu erhalten, wurden eine Anzahl Mazedonier in die Schweiz eingeführt, wo man sie weiterzüchtet.

New-Forest-Pony (21)
In einem großen Waldgebiet südlich von London, im New Forest, gab es schon vor 1000 Jahren wildlebende Ponys, als König Rufus hier jagte. Der ursprünglich dem Exmoorpony ähnliche Schlag wurde von verschiedenen Rassen, vor allem von Arabern und Englischen Vollblütern, stark beeinflußt. Die New-Forest-Ponys werden seit einigen Jahrzehnten zwar rein gezüchtet, doch sind sie noch recht verschiedenartig in Typ und Größe. Fast allen gemeinsam ist aber ein hervorragender Charakter.

POA (22 und 23)
Mit dem POA, dem «Pony of the Americas», haben die Amerikaner ein Reittier für Kinder und Jugendliche, um das wir sie nur beneiden können, und zwar durchaus nicht nur wegen der aparten Farben. Die im Durchschnitt 130 cm hohen Ponys gelten als sehr willig und anhänglich, anspruchslos, hart und ausdauernd und verfügen über weitausgreifende, fördernde Bewegungen in allen Gangarten. Von gefleckten spanischen Pferden züchteten die Nez-Percé-Indianer in Idaho systematisch die Appaloosarasse, die heute mit über 150 000 eingetragenen Exemplaren ihre große Beliebtheit beweist. Das Bestreben, ein Kinderpony von gleicher Art zu züchten, gelang den Amerikanern vollkommen. Sie verwendeten dazu Appaloosas und feingliederige amerikanische Shetlandponys. Die zierlichen, aber dennoch erstaunlich kräftigen Ponys gibt es in sieben verschiedenen Fleckenzeich-

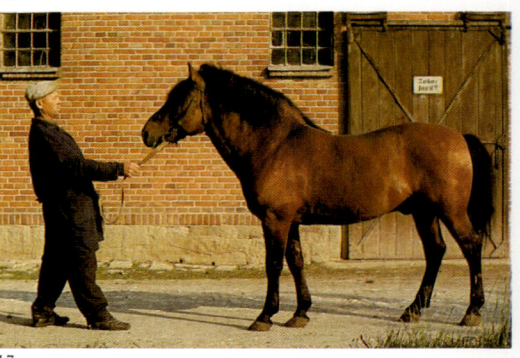

13

14

15

16

17

18

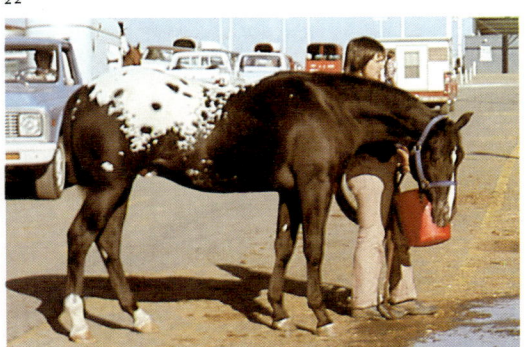

nungen, von denen hier ein Grauschimmel mit Schabracke (22) und ein Rapp-Schabrackenscheck (23) zu sehen sind.

Shetlandpony
(24, 25 und Einleitungsbild)
Auf den kargen, sturmgepeitschten Shetlandinseln gibt es schon seit über 2000 Jahren kleine Ponys, die den Bauern stets wertvolle Helfer waren. Vor einem halben Jahrhundert traten diese Pferdchen als Kinderponys einen unvergleichlichen Siegeszug in alle Welt an. Die sehr liebenswerten, wenn auch oft recht eigenwilligen Shetties sind erstaunlich beweglich und sehr gelehrig. Wegen ihrer geringen Größe (um 100 cm) werden sie leider oft verhätschelt, doch sollten sie unbedingt das ganze Jahr im Freien leben, um ihre robuste Gesundheit bewahren zu können. Neben Shetländern in den üblichen Farben (24) werden gelegentlich auch Shetties im Tigerscheckenmuster gezüchtet (25).

Tigerscheckpony (26)
Ponys in verschiedenen Größen werden in England schon seit langem und heute auch in anderen Ländern mit dem auffallenden Tigerfleckenmuster gezüchtet. Im Gegensatz zum amerikanischen POA, das vom Typ her ein Kleinpferd ist, sind die Tigerschecken typische Ponys.

Welshponys
(27 bis 29)
Neben den Shetties und Isländern erfreuen sich die Welshponys in aller Welt größter Popularität. Ihr Ursprung geht auf die schnellen, drahtigen, aber kräftigen Ponys der Kelten zurück, die sich im grünen Hügelland von Wales niedergelassen hatten. Die Ponys wurden oft mit anderen Rassen gekreuzt, und vor allem ist der Arabereinfluß in vielen Welshponys klar zu erkennen. Sie können 100 cm hoch, aber auch pferdegroß sein und werden daher in verschiedene Kategorien, sogenannte Sektionen, aufgeteilt: Sektion A (27) ist der ursprünglichste Typ, das Welsh Mountain Pony, wird bis 122 cm hoch, ist kräftig, aber feingliedrig und hat einen zierlichen Araberkopf. Das Sektion-B-Pony (28) ist vom selben Typ, wird aber bis 137 cm hoch. Gleich groß, aber deutlich massiger und kraftvoller ist das Sektion-C-Pony. Als Sektion D gilt der Welsh Cob, der vom Typ her ein kraftvolles, kompakt gebautes kleines Pferd ist, bis etwa 158 cm hoch wird und daher oft nicht mehr zu den Ponys, sondern zu den Pferden gehört. Sektion-K-Ponys schließlich (29) sind Tiere, die in ihren Abstammungspapieren einen oder auch mehrere Araber aufweisen (bis höchstens 75 % Araberblut). Auch sie können dadurch über 148 cm hoch werden und damit das Pferdemaß erreichen.

Zwerghackney (30)
Der Hackney ist eine alte englische Pferderasse mit besonderer Eignung zum Kutschenpferd. Aus der Kreuzung eines Hackneyhengstes mit einer nicht näher bekannten Ponystute entstand der um 130 cm hohe Zwerghackney, der fast ausschließlich als extravagantes Schaupony vor dem leichten Wagen geht.

KALTBLUTPFERDE

Die Bezeichnung Kaltblut ist nicht gerade glücklich gewählt, denn die Körpertemperatur dieser Rassen ist die gleiche wie bei den Warmblütern. Sie gibt höchstens einen Hinweis auf das ruhige, gelassene, kühle Temperament, das eines der typischen Rassenmerkmale ist. Charakteristisch sind ferner der mittelschwere bis sehr schwere Körperbau, die kräftigen Beine mit den großen Hufen, die oft von langen Haaren, dem «Köten- oder Fesselbehang», bedeckt sind, sodann der kurze, sehr starke Hals, der oft schwer und klobig wirkende, häufig aber dennoch sehr ausdrucksvolle Kopf und die der Länge nach eingebuchtete, «gespaltene» Kruppe.

Das bedeutendste Land für Kaltblutzucht war unbestritten Frankreich, wo gleich eine ganze Reihe so hervorragender Rassen entstand wie etwa Percheron, Boulonnais, Ardenner, Bretone usw. Ebenfalls weltweit begehrt waren die mächtigen Belgier, die viele andere Rassen beeinflußten und zum Beispiel bei der Entstehung der heute noch blühenden russischen Kaltblutzucht eine große Rolle spielten. Besonders beliebt waren auch die englischen Shire Horses, die größten aller Pferde, deren Hengste bis über zwei Meter Stockmaß erreichen können.

Noch bis vor wenigen Jahrzehnten beherrschten die Kaltblüter die Pferdezuchtszene. Ihre Bestände machten in manchen Ländern etwa 80 Prozent der gesamten Pferdebestände aus. Mit dem gewaltigen Aufschwung der Mechanisierung nach dem Zweiten Weltkrieg wurden sie in den meisten Kulturstaaten fast überflüssig und verschwanden bis auf geringe Restbestände.

Ardenner (1)
Besonders zahlreich und auch von besonders guter Qualität sind die Kaltblutrassen, die in Frankreich entstanden sind, und die meisten von ihnen hatten einen bedeutenden Einfluß auf die Kaltblutzucht in aller Welt. Eine dieser einst sehr wichtigen Rassen ist der in den Ardennen entstandene Kaltblüter, der mit etwa 800 kg Gewicht zu den mittelschweren Rassen gehört.

Belgier (2)
Mit etwa 175 cm Widerristhöhe und bis über 1000 kg Gewicht ist der Belgier eines der mächtigsten Pferde überhaupt. Diese zum Zug schwerster Lasten geeigneten Tiere sind meistens Füchse oder Rotschimmel, selten auch Falben.

Boulonnais
Diese sehr alte, mittelschwere, in der Gegend von Boulogne entstandene Rasse wird in einem kleineren, beweglicheren, um 160 cm hohen und 600 kg schweren und in einem großen, um 170 cm hohen und um 800 kg schweren Typ gezüchtet.

Bretone (3)
In der Bretagne wird ein vielseitiger und robuster Kaltblüter in drei Typen gezüchtet: im großen, über 160 cm hohen und über 550 kg schweren Typ, im etwas leichteren, um 150 cm hohen Gebirgstyp und im ebenfalls um 150 cm hohen Postier, der durch Nordfolktraber-Einkreuzung lebhafter und gängiger wurde.

Clydesdale (4 und Einleitungsbild)
Dieser besonders eindrucksvolle, kräftige, aber nicht schwerfällige, oft um 170 cm hohe Kaltblüter, der im 18. Jahrhundert in Schottland entstanden ist, erfreut sich heute besonders in den USA, in Australien, Neuseeland und Südafrika recht zahlreicher Liebhaber.

Comtois
Als typischer Bergkaltblüter ist der Comtois ein verhältnismäßig leichtes Zugpferd von 150 bis 160 cm Höhe. Er ist sehr harmonisch gebaut und hat einen besonders charaktervollen Kopf. Seine Zucht kommt leider wahrscheinlich bald völlig zum Erliegen.

Dölepferd
Dieser kleine, leichte Kaltblüter ist heute noch ein unentbehrlicher, häufiger Helfer in Norwegens Land- und Forstwirtschaft und macht über die Hälfte des gesamten norwegischen Pferdebestandes aus.

Freiberger (5)
Ein recht leichter, 153 bis 162 cm hoher Kaltblüter aus dem Schweizer Jura, der sich auch in der Armee hervorragend bewährt hat. Der Versuch, etwa wie beim Haflinger die Reiteigenschaften zu verbessern — durch Arabereinkreuzung —, hat bisher noch nicht

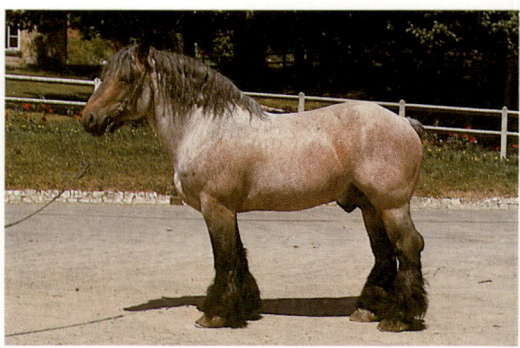

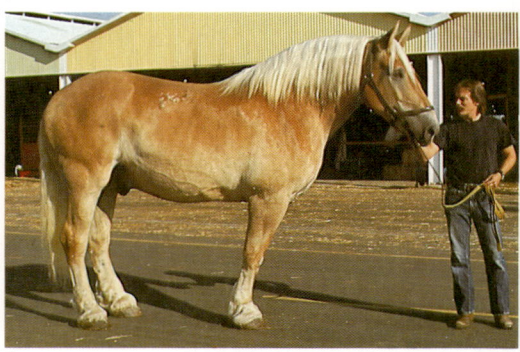

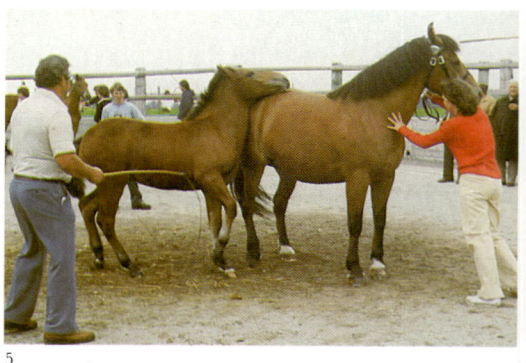

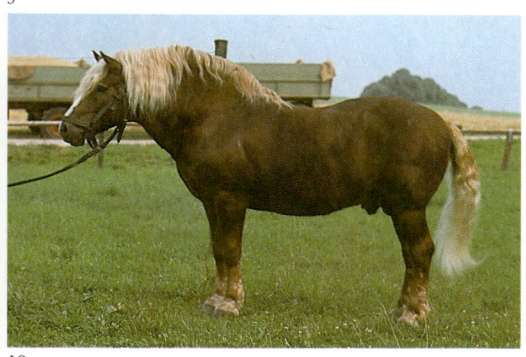

den gewünschten Erfolg gehabt.

Jütländer (6)
Die sehr alte Kaltblutrasse aus Süddänemark ist besonders kraftvoll und schwer gebaut. Typisch für die Rasse sind Dunkelfüchse mit hellem Langhaar.

Moulassier
Dieser recht träge und wenig schöne Kaltblüter wurde seit jeher und heute noch hauptsächlich zur Maultierzucht verwendet. Etwa drei Viertel der Stuten werden mit großen Poitou-Eselshengsten gedeckt, woraus besonders kräftige, begehrte Maultiere entstehen.

Niederländisches Kaltblut
Aus den alten, niederländischen Kaltblutschlägen, die mit verschiedenen Rassen gekreuzt wurden, entstand in unserem Jahrhundert, vor allem unter Einfluß von Belgierhengsten, ein einheitlicher, rund 160 cm hoher und bis gegen 1000 kg schwerer Kaltblüter.

Nordschwede
Durch anspruchsvolle Zuchtprüfungen ist aus dem alten schwedischen Landschlag ein verhältnismäßig sehr leichter und beweglicher Kaltblüter entstanden, ein sehr genügsames Pferd mit einwandfreiem Charakter und raumgreifenden Gängen.

Noriker (7)
Auch süddeutsches Kaltblut, Pinzgauer oder Oberländer, je nach Zuchtgebiet. Diese harmonische, mittelschwere Rasse entstand aus den uralten Arbeitspferden des römischen Noricum und ist in den Berggebieten Bayerns, Württembergs und Österreichs heute noch recht oft anzutreffen.

Percheron (8)
Der mächtige, bis 1000 kg schwere, meist schimmelfarbene Percheron verrät im kleinen, sehr ansprechenden Kopf und in der im Verhältnis zur Masse guten Gängigkeit deutlich Arabereinfluß.

Rheinisch-Deutsches Kaltblut
Der alte Schlag war früher den französischen und belgischen Kaltblütern deutlich unterlegen, wurde aber gegen Ende des letzten Jahrhunderts durch systematische Einkreuzung von Belgierhengsten wesentlich verbessert.

Russisches Kaltblut (9)
Dieses stämmige, mit 143 bis 152 cm Stockmaß recht kleine, sehr zugstarke und anspruchslose Pferd entstand vor etwa 100 Jahren unter Belgier-, Ardenner- und Orlowtrabereinfluß in der Ukraine. Wie überall in den Oststaaten, spielt auch dieses Arbeitspferd noch eine große Rolle.

Schleswiger
Der Schleswiger entstand auf derselben Zuchtbasis wie der benachbarte Jütländer Süddänemarks und entspricht diesem in Typ und Eignung.

Schwarzwälder (10)
Wahrscheinlich aus dem alten Noriker entstanden, aber kleiner, leichter und beweglicher. In der Land- und vor allem in der Forstwirtschaft des Hochschwarzwaldes heute noch unentbehrlich. Fuchsfarben mit hellem Langhaar.

Schweden-Ardenner (11)
Dieser gut mittelschwere Kaltblüter ist vor rund 100 Jahren aus eingeführten Ardennern entstanden. Er macht heute noch etwa die Hälfte des gesamten schwedischen Pferdebestandes aus und dürfte damit der häufigste Kaltblüter Westeuropas sein.

Shire Horse (12)
Das ehemalige Ritterroß der Engländer ist meistens zwischen 170 und 180 cm groß, gelegentlich aber sogar über 2 m hoch und bis 1300 kg schwer und damit die größte Pferderasse der Welt. Wirkt mächtig, aber nicht schwerfällig.

Sowjetisches Kaltblut (13)
Dieses schwere, mittelgroße Kaltblut ist erst vor etwa 40 Jahren unter starkem Einfluß von Hengsten verschiedener westlicher Kaltblutrassen entstanden und spielt heute eine wichtige Rolle in der Landwirtschaft.

Suffolk Punch (14)
Ein auffallend kurzbeiniges, massiges, abgerundetes, stets fuchsfarbenes Kaltblutpferd aus der englischen Grafschaft Suffolk, das, im Gegensatz zum Shire Horse, als ausgezeichneter Futterverwerter gilt.

Trait du Nord
Mächtiges, sehr kraftvolles, bis über 900 kg schweres Zugpferd Nordfrankreichs, das bis in die jüngste Zeit von Belgiern beeinflußt wurde.

Westfriese
Dieses seit sehr langer Zeit in Friesland gezüchtete, fast stets rappfarbene Pferd sieht aus wie ein kräftiges Warmblut und zeigt die typischen Kaltblutmerkmale erst bei genauerem Hinsehen. Es wird häufig am Zweiradwagen und zum Reiten verwendet.

Woronesch
Ähnlich dem Westfriesen wirkt dieser vor rund 200 Jahren in Rußland entstandene Kaltblüter viel eher wie ein Warmblüter. Bei einem Stockmaß von 150 bis 165 cm wiegt er nur etwa 500 kg.

Warmblutpferde

Wir wissen heute, daß die über 300 Hauspferderassen der Gegenwart nicht von einer einzigen Pferdeform, dem Przewalskipferd, abstammen, wie man lange angenommen hat, sondern daß mindestens vier deutlich unterscheidbare geografische Pferderassen sowie verschiedene Zwischenformen die Ahnen unserer Hauspferde sind. Es gab also gewissermaßen ein Urpony, einen Urkaltblüter, einen Urvollblüter und verschiedene Urwarmblüter. Diese Grundtypen haben sich während der Domestizierung nicht nur durch verschiedene Zucht- und Haltungsmethoden verändert, sondern wurden auch immer wieder untereinander vermischt.

Besonders schwer definierbar ist der Begriff Warmblut. Als Warmblutpferde werden die Angehörigen sämtlicher Rassen und Schläge bezeichnet außer den Ponys und Kaltblütern, also auch die Vollblüter. Ebenfalls Warmblüter sind die sogenannten Halbblüter, Pferde also, deren einer Elternteil, meistens der Vater, ein Englischer oder Arabischer Vollblüter ist. Das Kreuzungsprodukt eines Englischen und eines Arabischen Vollblüters ist kein Vollblüter, sondern ein Warmblüter. Sehr viele Ponys sind so stark von Großpferderassen, vor allem von Arabern und Englischen Vollblütern beeinflußt, daß sie vom Typ her viel eher Warmblüter sind als Ponys — aber hier hilft uns bei der Bestimmung die international festgelegte Stockmaßgrenze.

Heute versteht man unter dem Begriff Warmblut aber auch einen ganz bestimmten Typ von Pferd, einen edel gezogenen, das heißt ziemlich bis sehr deutlich vom Englischen Vollblut beeinflußten Schlag, der den Anforderungen des modernen Reitsportes entspricht. Dieses Zuchtziel wird heute im größten Teil der Zuchten von Schweden bis Italien und von Spanien bis Rußland angestrebt, und so ist im Laufe der letzten Jahrzehnte ein Pferdeschlag entstanden, den man das Europäische Warmblut nennen könnte. Auch einem Fachmann ist es daher heute kaum oder nicht mehr möglich, etwa einen französischen Anglo-Normannen, ein Hessisches, Schwedisches oder Ungarisches Warmblut ohne weiteres voneinander zu unterscheiden.

Besonders erfolgreich in der Zucht moderner Warmblüter ist Deutschland, vor allem mit dem Hannoveraner und dem sehr nahe verwandten Holsteiner, großen, verhältnismäßig schweren, aber doch recht edlen Rassen, die sich vor allem durch eine enorme Springbegabung auszeichnen. Sehr ansprechend in der Erscheinung ist das edle, deutlich an den Trakehner erinnernde, vielseitige Württemberger Warmblut. Ebenfalls im internationalen Spitzensport erfolgreich ist der französische Anglo-Normanne, der in verschiedenen Ländern, darunter in der Schweiz, nachgezüchtet wird. Vielseitig talentiert ist auch das Schwedische Warmblut, doch seine spezielle Begabung liegt offenbar in der Dressur. Vom Irischen Hunter sagt man in Deutschland, oft mit deutlich spöttischem Unterton, er gehöre ja nicht einmal einer richtigen Rasse an — was auch tatsächlich stimmt. Er entsteht fast immer aus der Kreuzung einer Draught- oder Hunterstute mit einem Vollbluthengst und ist damit ein Halbblut, genaugenommen also ein Bastard. Das hindert den Irischen Hunter aber nicht, das erfolgreichste Springpferd der Welt zu sein.

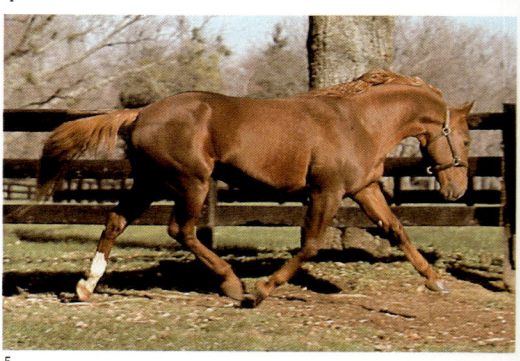

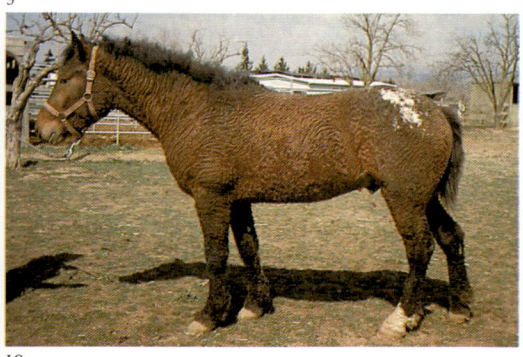

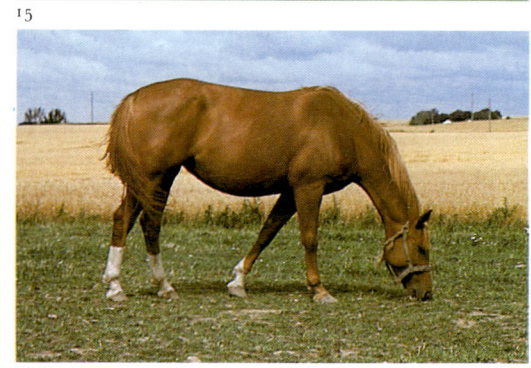

Achal Tekkiner (1)
Ein hochedles, sehr schnelles und ausdauerndes Reitpferd aus Turkmenistan, oft mit auffallendem Metallglanz im Haar.

Albino (2)
Im Gegensatz zum Schimmel werden Albinos weiß geboren. Keine Rasse, sondern ein Farbschlag.

Altèr Real (3)
Bildschönes portugiesisches Pferd mit besonderer Begabung zur Hohen Schule.

American Saddle Horse (4)
Früher Gebrauchsreitpferd, heute Show Horse, dem unnatürliche Schaugänge beigebracht werden.

Amerikanischer Standardtraber (5)
Die schnellste Traberrasse wird als Normal- (Diagonal-) und als Paßtraber gezüchtet.

Andalusier (6)
Unter starkem Einfluß von Berbern und Arabern entstandene Rasse, welche zu den begehrtesten in Europa gehörte.

Anglo-Araber (7)
In Frankreich, Polen und Ungarn aus der Kreuzung von Arabern und Englischen Vollblütern entstandene Rasse.

Anglo-Argentino
Aus argentinischen Criollos und Englischen Vollblütern entstandene, schnelle Reitpferde.

Anglo-Normanne (8)
Aus Normannen und englischen Pferden entstandene Sportpferde, auch als Arbeitstyp gezüchtet.

Appaloosa (9)
Aus Indianerzucht stammende, in verschiedenen Zeichnungsmustern gezüchtete, sehr ausdauernde Reitpferde.

Bayerisches Warmblut
Reitpferd im gegenwärtig gewünschten, sportlichen Typ.

Bashkir Curly (10)
Amerikanische Rasse unbekannten Ursprungs mit auffallend gelocktem Haarkleid.

Berber
Elegantes, schnelles und sehr ausdauerndes Reitpferd aus Nordafrika.

Brandenburger
Dem Hannoveraner ähnliches, sportliches, modernes Reitpferd.

Buckskin (11)
Farbschlag (Wildfarbe) der amerikanischen Westernpferde, gelten als besonders hart.

Budjonny
Modernes, vielseitiges Reitpferd aus der Sowjetunion.

Cleveland Bay (12)
Englische, vor allem als Kutschenpferd begehrte Rasse.

Criollo (13)
Von spanischen und portugiesischen Pferden abstammende, kleine, harte und ausdauernde Rasse Südamerikas.

Donpferd (14)
Das harte Reitpferd der Donkosaken.

Einsiedler
Die seit rund tausend Jahren im schweizerischen Klostergestüt Einsiedeln gezüchteten Pferde stehen heute im modernen Anglo-Normannen-Typ.

Europäischer Traber (15)
Aus russischen, französischen und amerikanischen Trabern entstandene Traberrasse.

Finnischer Klepper
Ausgezeichnetes kleines, vielseitiges Pferd in Finnland.

Französischer Traber
Vor allem aus Normannen und Englischen Vollblütern entstandene, hervorragende Traberrasse.

Frederiksborger (16)
Einst barockes Paradepferd, heute meistens ein modernes, sportliches Reitpferd.

Furioso-North Star (17)
Edle ungarische Warmblutrasse mit zwei Englischen Vollblütern als Stammvätern.

Gelderländer
Besonders als Wagenpferd geeignetes, einem leichten Kaltblut ähnliches Pferd aus Holland.

Gidran (18)
Die ungarische Anglo-Araber-Rasse.

Groninger
Ursprünglich Wagenpferd, heute Sportpferd aus Holland.

39

Hackney *(19)*
Extravagantes Kutschenpferd mit hoher Knieaktion, die leider meistens mit tierquälerischen Mitteln «verbessert» wird.

Hannoveraner *(20)*
Großrahmiges Sportpferd, bekannt durch enormes Springvermögen.

Hessisches Warmblut
Etwa dem Hannoveraner oder Trakehner entsprechendes, sportliches Reitpferd.

Holsteiner *(21)*
Ausgezeichnetes, modernes, sportliches Reitpferd, z. B. weltberühmt durch Granat unter Christine Stückelberger.

Hunter *(22)*
In England und Irland meistens aus Warmblutstuten und Vollbluthengsten entstehende Reitpferde, oft mit erstklassigen Sporteigenschaften.

Irish Draught *(23)*
Kraftvolles, schweres, vor allem als Arbeitspferd und zur Zucht von Huntern geeignetes Warmblutpferd.

Kabardiner *(24)*
Kleines, sehr hartes Reit- und Packpferd aus dem Kaukasus.

Karabagh
Edles, feuriges Reitpferd aus dem aserbeidschanischen Teil des Kaukasus.

Karabaier *(25)*
Eine im Zugpferdtyp, Allroundtyp und Reittyp gezüchtete Rasse aus den Bergen südlich des Aralsees.

Kladruber *(26)*
Erhabenes, barockes Kutschenpferd, kleiner Restbestand in der Tschechoslowakei.

Knabstruper *(27)*
Prunkpferd im Tigerscheckenkleid, am dänischen Königshof gezüchtet, heute selten.

Kustanaier
Ursprünglich Steppenrasse, mit Arabern und Englischen Vollblütern deutlich veredelt.

Lipizzaner *(28)*
Paradepferd aus der Barockzeit, berühmt durch die Spanische Hofreitschule und den Zirkus. Meistens Schimmel.

Lokaier
Kleines, unverwüstliches Reit- und Packpferd vom Aralsee.

Lusitano
Alte, dem etwas größeren und weniger feinen Andalusier ähnliche, besonders als Schulpferd geeignete Rasse aus Portugal.

Malopolska
Der polnische Anglo-Araber.

Mecklenburger
Warmblüter aus der DDR, entspricht dem Hannoveraner.

Missouri Fox Trotter *(29)*
Kleines, hübsches, kompaktes Pferd mit natürlicher Anlage zu speziellen Gangartenvariationen.

Morgan Horse *(30)*
Kleines, schnelles Pferd mit ausgezeichneten Reitqualitäten, beeinflußte nebst anderen Rassen den amerikanischen Traber wesentlich.

Mustang *(31)*
Im amerikanischen Westen verwilderte Pferde spanischen Ursprungs.

Neukirgise
Aus der Kreuzung von Steppenpferden mit Donpferden und Vollblütern entstandenes edles Reitpferd.

Niederländisches Warmblut
Modernes, vielseitiges, sportliches Reitpferd mit ausgezeichneten Qualitäten.

Nonius *(32)*
Ungarische Rasse in einem lebhafteren Reittyp und einem größeren Wagentyp.

Oldenburger
Ursprünglich als erhabener Karossier gezüchtet, heute ein modernes Reitpferd.

Orlowtraber
Im 18. Jahrhundert entstandene russische Traberrasse.

Ostbulgare
Edles, modernes Sportpferd, mit Anlagen zu großen Leistungen.

Ostfriesen *(33)*
Ursprünglich eines der begehrtesten Ritterpferde, später ein imposanter Karossier, heute vielseitiges Reitpferd.

40

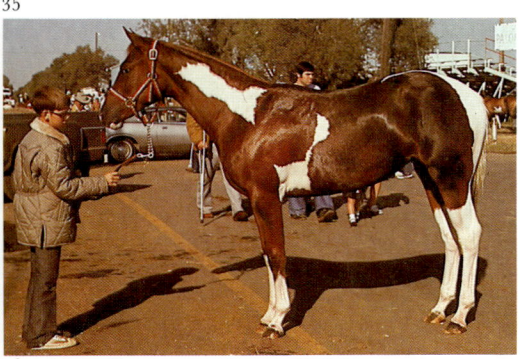

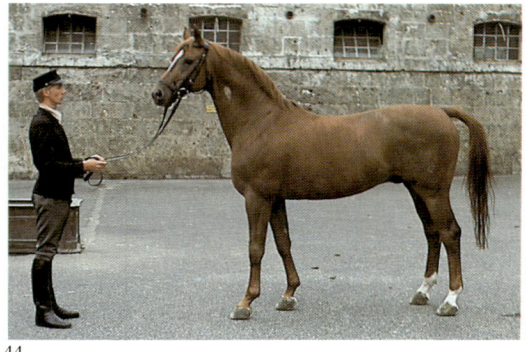

Paint Horse *(34)*
Geflecktes amerikanisches Pferd, stets im Typ des Quarter Horse oder des Englischen Vollblutes, nicht zu verwechseln mit dem Pinto.

Palomino *(35)*
Dem Araber ähnliches Westernpferd mit golden glänzendem Fell und flachsblondem bis silberweißem Langhaar.

Paso
Hauptsächlich in Peru und Kolumbien gezüchtete edle kleine Pferde mit natürlicher Anlage zum Paßgang.

Pinto *(36)*
Gescheckte amerikanische Westernpferde spanischen Ursprungs, eher klein, hart, ausdauernd, schnell, anspruchslos.

Quarter Horse *(37)*
Recht kurzbeiniges, muskelbepacktes, sehr schnelles und wendiges Pferd, beliebte amerikanische Rasse mit über 1 Million eingetragener Exemplare.

Schwedisches Warmblut *(38)*
Edles, zu höchsten sportlichen Leistungen fähiges Reitpferd.

Shygya *(39)*
Edles, dem Araber sehr nahe stehendes Pferd aus Ungarn.

Tennessee Walking Horse *(40)*
Ursprünglich Plantagenpferd, heute meist Schaupferd, dem mit tierquälerischen Mitteln unnatürliche Gänge beigebracht werden.

Tersker Warmblut
In der Sowjetunion in drei Typen gezüchtete Rasse.

Trakehner *(41)*
Hochedles, im preußischen Hauptgestüt Trakehnen entstandenes, heute in verschiedenen Ländern nachgezüchtetes Reitpferd.

Waler
Modernes, zu großen sportlichen Leistungen fähiges Reitpferd aus Australien.

Welsh Cob
Der größte Typ der Wels Ponys (siehe dort), aber meistens über 148 cm hoch und damit in der Pferdegröße.

Westfale
Heute praktisch ein Hannoveraner, der in Westfalen gezüchtet wird.

Wielkopolska *(43)*
Aus dem Trakehner entstandene polnische Pferderasse.

Württemberger *(44)*
Sehr edles Reitpferd, oft mit deutlichem Trakehnereinschlag.

Yorkshire Coach Horse
Elegantes, viel Vollbluteinfluß verratendes Kutschen- und Reitpferd, das viele andere Rassen verbessern half.

Zweibrücker
Reitpferd, aus englischen Halbblütern und Anglo-Normannen unter Arabereinfluß entstanden.

41

Links: Ein Wüstenaraberhengst aus dem weltberühmten ägyptischen Staatsgestüt El Zahraa. Dieses 1908 gegründete Gestüt, das nach dem Zweiten Weltkrieg von Grund auf neu organisiert werden mußte, verfügt heute über rund 250 rein gezogene Araber. Die meisten der etwa 65 Deckhengste stammen aus dem arabischen Hochland, dem uralten Zuchtgebiet der besten Araber. Die in El Zahraa gezüchteten Pferde stehen dem Typ des alten Original-Wüstenarabers noch sehr nahe, obschon sie natürlich durch die weniger harten Aufzuchtbedingungen an Leistungsfähigkeit verlieren.

Rechts: Junge Englische Vollblüter bei der Morgenarbeit in Newmarket in England, im Herzen der Vollblutpferdezucht.

DAS ARABISCHE VOLLBLUT

Für viele Leute ist der Araber der Inbegriff des Pferdes überhaupt. Außer Zweifel steht jedenfalls, daß die Warmblutpferdezucht der ganzen Welt ohne den Araber völlig undenkbar wäre. Die meisten Warmblutrassen und auch viele Pony- und sogar Kaltblutrassen wurden schon seit Jahrhunderten mehr oder weniger stark durch Arabereinkreuzung verbessert, das heißt vor allem gängiger, lebhafter, schneller, ausdauernder, aber auch umgänglicher und schließlich schöner gemacht. Anderseits spielten orientalische Pferde bei der Entstehung des Englischen Vollblutes die Hauptrolle, und dieses gab der ganzen modernen Reitpferdezucht die wesentlichen Impulse.

Der Araber ist das wichtigste Pferd in der Geschichte der Pferdezucht. Daß er gleichzeitig das schönste ist, ist ein glücklicher Zufall. Die Beduinen im Nedschd, im arabischen Hochland, in deren Händen während vieler Jahrhunderte die Zucht dieser wundervollen Rasse lag, konnten es sich bestimmt nicht leisten, auf Schönheit zu züchten. Hier zählte nur die Leistung: Härte, Ausdauer, Schnelligkeit, Anspruchslosigkeit, Ergebenheit bis zur totalen Erschöpfung. Um die einzigartige Leistungsfähigkeit ihrer Tiere zu erhalten, betrieben die Beduinen nicht nur eine erbarmungslose Zuchtauslese, sondern züchteten auch nach Blutlinien und achteten dabei mit Fanatismus auf größte Reinheit. In aller Selbstverständlichkeit nahm ein Züchter einen tagelangen Ritt auf seiner Stute in Kauf, um zum Bedecken den richtigen Hengst zu haben. Und jeder Züchter hatte die Ahnenlinien seiner Pferde im Kopf.

Der Ursprung der Araberrasse ist nicht klar belegbar. Wie aus sehr vielen Darstellungen hervorgeht, hatten die Assyrer, die Perser und vor allem die Ägypter der Pharaonenzeit (siehe geschichtlichen Teil, Seiten 106 bis 109) teilweise sehr feingliederige, graziöse, edel wirkende Pferde. Man darf als sicher annehmen, daß dieser leichte, schnelle Pferdetyp nicht erst in menschlicher Obhut entstanden ist, sondern bereits in der Wildpferdeform dieser wüstenähnlichen Gegenden angelegt war, als geografische Rasse geformt durch die extremen Lebensbedingungen. Aus solchen Pferden gingen die verschiedenen Rassen und Schläge hervor, die heute unter dem Sammelbegriff Orientalen bekannt sind. Und zu diesen Orientalen wiederum gehört die Rasse der Arabischen Halbinsel, deren edelste und beste Vertreter stets im wilden Hochland zu finden waren.

Daß alle reinblütigen Araber auf die sieben bzw. fünf Lieblingsstuten Mohammeds zurückgehen, ist eine hübsche, oft erzählte Legende, aber eben eine Legende. Daß aber der Prophet mit außergewöhnlichem Weitblick und einmaliger Begabung durch strenge, teilweise im Koran festgelegte Gebote eine neue, entscheidende Entwicklung in der Araberzucht einleitete, steht fest (siehe Mohammed, Seiten 132/133). Die Verbreitung des Islams brachte auch das Araberpferd auf dem weiten Weg über ganz Nordafrika bis nach Südwesteuropa.

In späteren Jahrhunderten wurden arabische Pferde von Händlern aus der ganzen Welt gesucht, gekauft und exportiert. Inzwischen gibt es Zuchten auf allen Kontinenten. Allein in den USA gibt es über 50 000 Pferde der Araberrasse, zum großen Teil Tiere, deren Vorfahren ausschließlich auf Wüstenaraber zurückgehen und die deshalb die Bezeichnung Vollblutaraber tragen dürfen.

Der reingezogene Araber wird in drei sogenannten Biotypen gezüchtet: *Kuhaylan* ist der männliche, kraftvolle, besonders viel Härte versprechende Typ; *Saqlawi* ist der feminine, besonders feine und anmutige Typ; *Muniqi* schließlich ist der besonders schnelle, langgestreckte und etwas eckige Typ, der vor allem für Flachrennen gezüchtet wird. In diesen drei Typen sind eine große Zahl von Stämmen und Familien vereint. So gibt es beispielsweise allein vom Kuhaylan 105 Zuchtfamilien.

Es gibt kein Pferd, das einem guten Vollblutaraber, insbesondere einem Kuhaylan oder Saqlawi, an Schönheit, Adel, Harmonie und Ausstrahlung gleichkommt, und keine Rasse, die ebenso Feuer mit Sanftmut, Härte mit Anhänglichkeit und Leistungsbereitschaft so vollendet vereint.

Das Englische Vollblut

Es gibt nur eine Rasse, die man an Bedeutung mit dem Araberpferd vergleichen kann: das Englische Vollblut. Die Rasse verdankt ihre außergewöhnlichen Eigenschaften nicht den Anforderungen der Umwelt und der Menschen wie die Pferde der arabischen Nomaden, sondern der Spielleidenschaft und dem großen Talent zur Haustierzucht, das den Briten angeboren ist.

Pferderennen sind in England ein uraltes Vergnügen. Schon vor etwa 700 Jahren, vielleicht sogar noch früher begannen die Briten, in Rennen bewährte Ponyhengste und -stuten zu paaren und damit gezielt auf Schnelligkeit zu züchten. Etwa vom 15. Jahrhundert an kamen immer häufiger orientalische Pferde auf die britischen Inseln und wurden mit den Ponys gekreuzt. Eine Anzahl Stuten, die aus solchen Kreuzungen hervorgegangen waren und von denen wahrscheinlich bereits die meisten mehr orientalisches Pferdeblut als britisches Ponyblut in sich hatten, bildeten die weibliche Grundlage der um 1700 beginnenden eigentlichen Vollblutzucht. Die Stammväter der Zucht waren drei orientalische Hengste: *Godolphin Barb,* auch Godolphin Arabian genannt, ein Berber aus Tunis, *Byerley Turk,* ein Orientale, möglicherweise ein echter Araber, aus der Türkei, und *Darley Arabian,* wahrscheinlich ein reingezogener Wüstenaraber besten Blutes. Alle reinen Englischen Vollblüter der Erde — es dürften heute um 700 000 sein — gehen auf die paar Dutzend Stammstuten und die drei Orientalenhengste zurück, die meisten auf Darley Arabian. In fast allen Ländern müssen die in den Stutbüchern eingetragenen Vollblüter eine lückenlose Ahnenreihe im «General Stud Book» aufweisen, das erstmals im Jahre 1793 in England erschien und seither in unregelmäßigen Abständen herausgegeben wird. Doch auf die Geschichte der Vollblutzucht, die ja in direktem Zusammenhang mit der Entwicklung des modernen Rennsports steht, soll im Kapitel über den Rennsport (ab Seite 224) näher eingegangen werden.

Die Zuchtauswahl beim Englischen Vollblut hing seit jeher von der Rennleistung ab. Von ganz seltenen Ausnahmen abgesehen, muß jedes Pferd auf der Rennbahn eine gewisse Leistung erbringen, bevor es zur Zucht eingesetzt wird. Ausnahmen bilden Pferde, die aus irgendeinem Grund keine Rennen bestreiten können, obwohl deren Vorfahren sich auf der Bahn auszeichneten. Diese Zuchtauswahl hat selbstverständlich den Körperbau und das Temperament dieser Pferde geprägt.

Obschon, wie früher beim Araber, nie auf Schönheit gezüchtet wurde, sind die Englischen Vollblüter ausgesprochen schöne Pferde. Sie sind sehr elegant, schlank, hochbeinig, feingliedrig, im Gesamteindruck harmonisch und von höchstem Adel. Der Kopf ist fein und markant modelliert und meistens eher klein. Die Augen sind groß, aufmerksam und ausdrucksvoll. Das Nasenprofil ist gerade oder etwas eingebuchtet, aber nicht so ausgeprägt eingesenkt wie bei vielen Arabern (Hechtkopf, Araberknick). Der Hals ist lang und schlank, aber dennoch muskulös, und er ist tadellos aufgesetzt. Die Schulter ist sehr schräg gelagert und erlaubt ein freies, weites Ausgreifen der Vorderbeine. Die Brust ist weit und sehr tief und bietet äußerst leistungsfähigen Atmungs- und Kreislauforganen Platz. Der straffe, mittellange Rücken endet in einer langen, abfallenden Kruppe mit kräftigen Muskeln, im Gegensatz zur geraden, recht kurzen Araberkruppe mit dem hochangesetzten Schweif. Die Beine mit den verhältnismäßig kurzen Röhren sind trocken und außerordentlich widerstandsfähig. Das Fell ist seidig und fein, meist braun oder dunkelbraun, aber auch von anderer Farbe, aber nie gescheckt.

Das nicht selten überschäumende, ja explosive Temperament erfordert normalerweise einen guten bis sehr erfahrenen Reiter, doch gibt es auch viele Vollblüter, die außerordentlich sanft und fügsam und kinderleicht zu reiten sind.

Das Englische Vollblut ist das Rennpferd par excellence und auf Mittelstrecken unschlagbar. Es kann aber auch als Spring- und vor allem als Militarypferd absolute Spitzenleistungen erbringen. Seine größte Bedeutung jedoch hat es als der seit vielen Jahrzehnten wichtigste Veredler anderer Pferderassen, und es hat den Typ des modernen, vielseitigen, weltweit gezüchteten Warmblutpferdes entscheidend geprägt.

Der Körper des Pferdes

Es gibt wohl kaum ein Pferd, das man als häßlich bezeichnen könnte. Und es gibt kaum jemanden, dem der Anblick eines Pferdes nichts bedeutet. Mögen auch nur Pferdenarren geradezu ins Schwärmen geraten, wenn sie vom Adel des Kopfes, von der erhabenen Wölbung des Halses, von der klaren Trockenheit des Fundamentes bei einem Pferd sprechen — auch beim Laien wird der Anblick eines gesunden, sich frei bewegenden Pferdes das ästhetische Empfinden berühren. Nicht nur feurige Vollblüter und edle Warmblüter sind schön, auch Kaltblüter in ihrer monumentalen Ausstrahlung, auch Ponys in ihrer Urwüchsigkeit und ihrem ganz eigenen Charme vermögen zu begeistern.

Erst das Eingreifen des Menschen kann Pferde entstellen — sinnloses Scheren von Mähnen- und Schweifhaar, «Schönheitsoperationen», die ein senkrechtes Hochstellen der Schweifrübe zur Folge haben, tierquälerische Eingriffe zur Herausbildung bestimmter Gangarten und was der geschmacklosen Praktiken mehr sind.

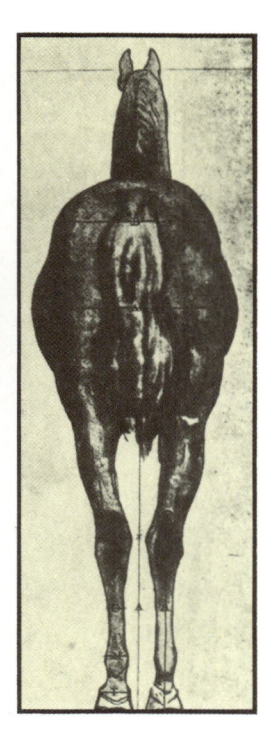

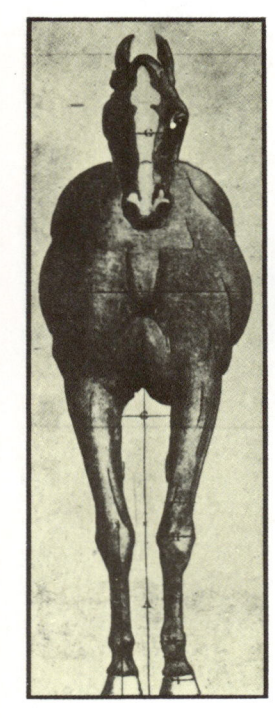

Vollendet auf hohe Schnelligkeit und große Ausdauer gebaut: Eclipse. Nach dem Tod dieses wohl bedeutendsten Englischen Vollblüters aller Zeiten im Jahre 1789 vermaß der Anatom Charles Vials de St. Bel dessen Körper und verfertigte danach diese grafische Darstellung.

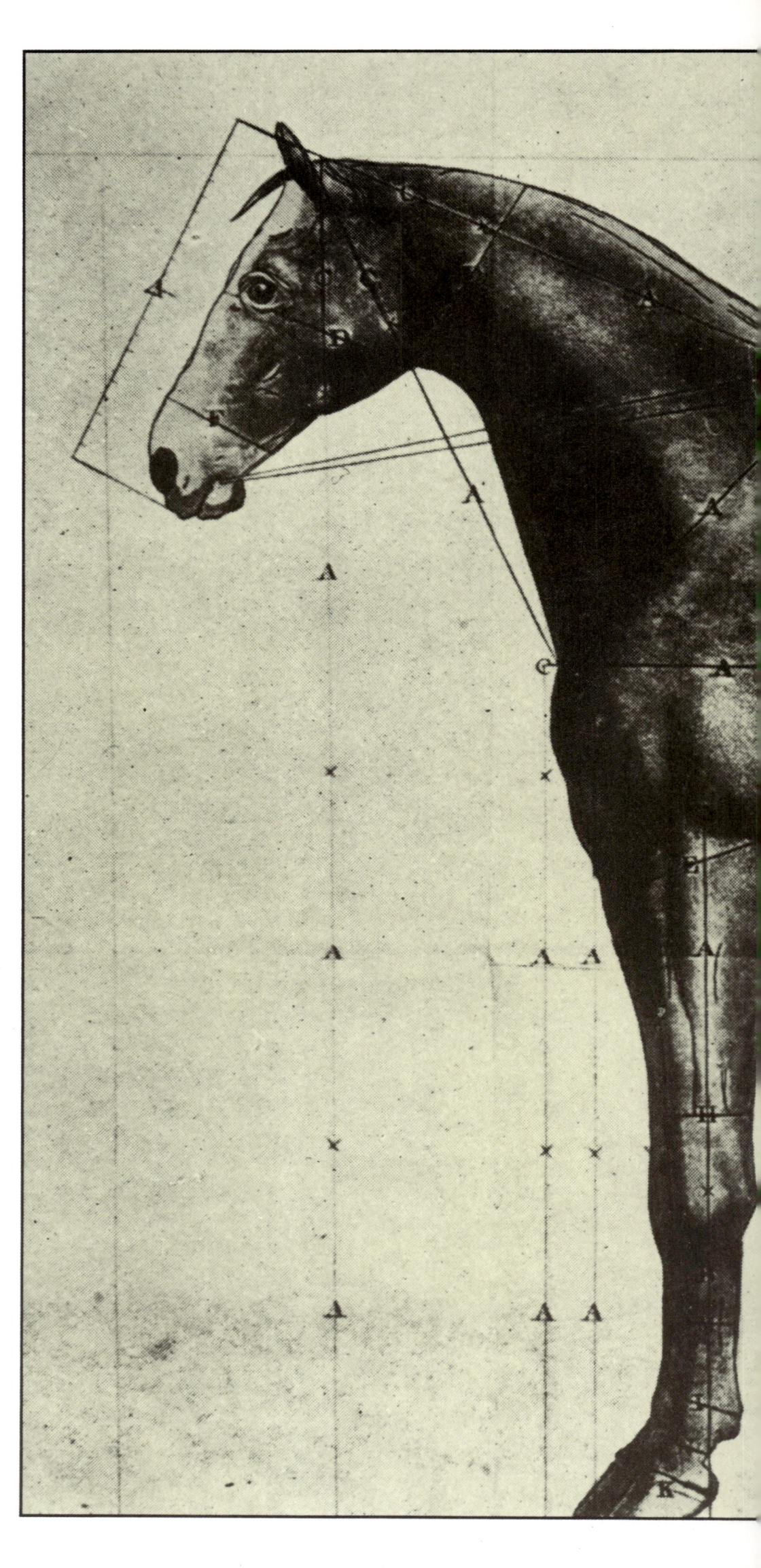

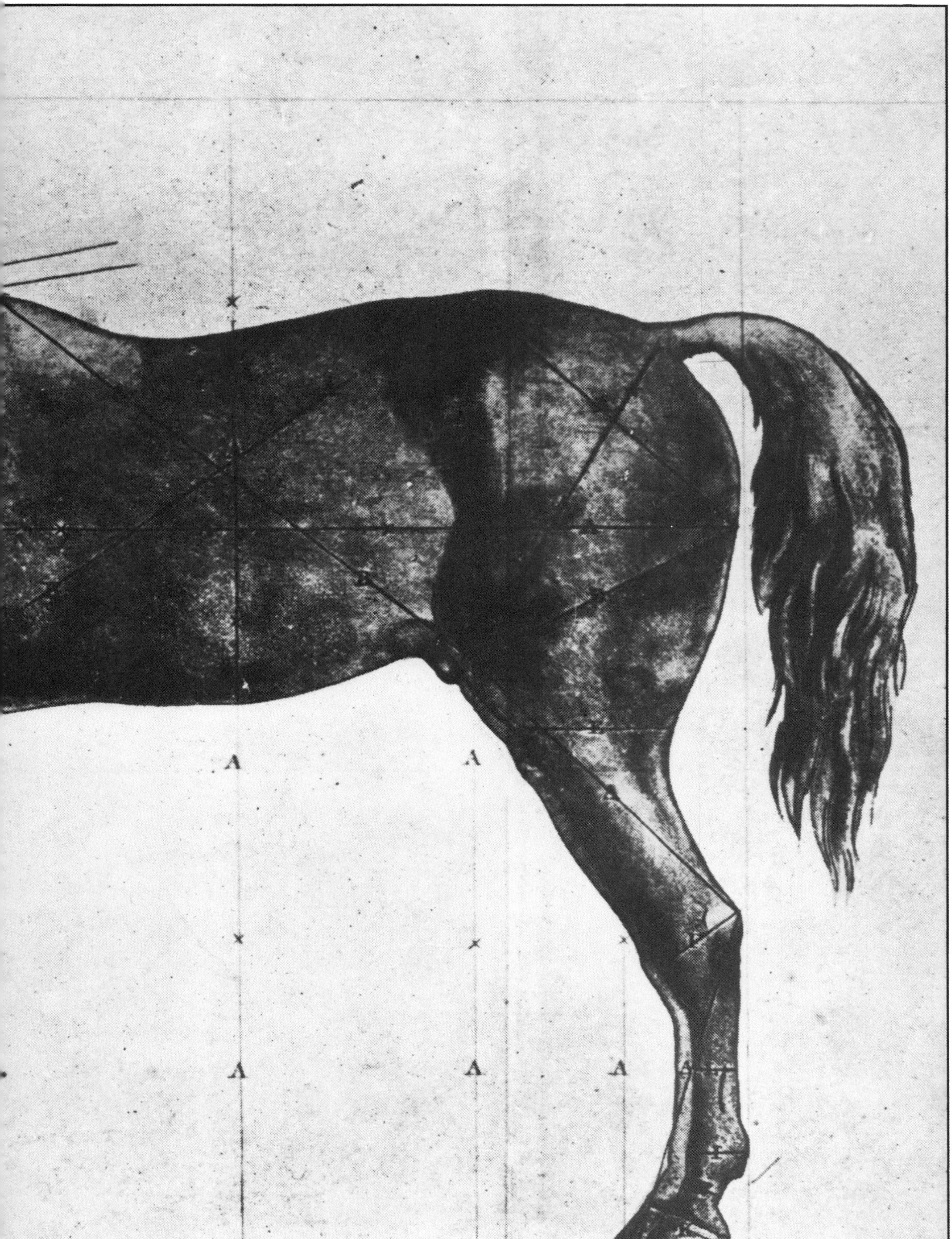

Exterieur, Muskulatur, Organe, Skelett

Der Körper jedes Tieres ist weitgehend den jeweiligen Lebensumständen angepaßt: der Landschaftsstruktur, dem Klima, der Art der Fortbewegung und der Ernährung.

Ganz besonders geprägt wird der Körper durch den Bewegungsapparat, zumal wenn die Bewegung eine so wichtige Rolle spielt wie bei einem ausgesprochenen Flucht- und Wandertier. Bei allen Rassen, die von Steppen- und Wüstenpferden abstammen, ist der Bewegungsapparat bis ins letzte auf Schnelligkeit ausgerichtet. Die Beine sind lang, schlank, sehnig und haben kleine, harte Hufe mit sehr geringer Auflagefläche. Die kraftvolle und entsprechend schwere Muskulatur, die der Fortbewegung dient, ist dicht an den Rumpf gepackt und überträgt die Kraft mittels Sehnen auf die Gliedmaßen. Der Kopf ist langgestreckt und verhältnismäßig fein, der Hals lang und sehr geeignet zur Erhaltung des Gleichgewichtes, solange das Pferd ihn frei tragen kann. Der Rumpf ist recht schlank, denn die nährstoffreichen Gräser erfordern keinen übermäßig großen Verdauungsapparat.

Die Brust ist tief und breit und bietet einem hochleistungsfähigen Herzen und großen Lungen Raum.

Die von Urponys und nördlichen Tundrenpferden abstammenden Rassen sind weit weniger für große Schnelligkeit gebaut. Sie sind insgesamt kompakter und allein schon dadurch widerstandsfähiger gegen Kälte. Der Rumpf ist bedeutend geräumiger und enthält umfangreichere Verdauungsorgane zur Aufschließung der besonders rohfaserreichen, nährstoffarmen Nahrung. Der Kopf wirkt schwerer, vor allem wegen des im Verhältnis größeren Gebisses. Die Beine sind eher kurz und stämmig und haben mittelgroße bis sehr große Hufe. Sie sind dazu geeignet, den recht schweren Körper zu tragen und ihn in gemächlichem bis mittelschnellem Tempo, aber mit sehr großer Ausdauer fortzubewegen.

Als reine Pflanzenfresser haben alle Pferde einen Verdauungsapparat, der vergleichsweise weit größer und leistungsfähiger ist als bei Fleischfressern. So ist bei einem Hauspferd durchschnittlicher Größe der gesamte Darm bis fast 40 Meter lang. Allein der Blinddarm — der ja bei Pflanzenfressern durchaus kein «Blinddarm» ist, sondern sehr aktiv bei der Verdauung mitwirkt — mißt etwa einen Meter. Der besonders voluminöse Grimmdarm, der dem Blinddarm angeschlossen ist, hat ein Fassungsvermögen von durchschnittlich etwa 80, gelegentlich bis über 130 Litern.

Auf der Flucht wird nicht nur der Muskulatur und dem Skelett des Fortbewegungsapparates eine riesige Leistung abverlangt, sondern auch Herz und Lunge. Bei einem Warmblutwallach durchschnittlicher Größe wiegt das Herz etwa drei Kilogramm, bei einem Hengst etwas mehr, bei einer Stute etwas weniger.

Die Lunge, die dem Körper auch bei höchster Leistung noch genügend Sauerstoff zuführen muß, hat für den Gasaustausch eine enorme innere Oberfläche zur Verfügung, nämlich rund 2500 Quadratmeter (beim Warmblutpferd). Bei Rindern ist diese Alveolaroberfläche nur etwa 650, beim Menschen 90 bis 150 Quadratmeter groß.

Von den Sinnesorganen sind die Augen des Pferdes bedeutend besser als die des Hundes, aber weit weniger wichtig als beim Menschen. Sie sind vor allem für das Erkennen von Bewegungen auf größere Entfernung eingerichtet. Durch den seitlichen Sitz der Augen am Kopf ist zwar das plastische Sehen eingeschränkt, dafür vermag das Pferd nahezu den ganzen Horizont zu überblicken, ohne den Kopf wenden zu müssen. Wichtiger als der Gesichtssinn ist das Gehör, die bedeutendste Rolle aber spielt der Geruchssinn.

Das Exterieur

Dem Fachmann kann das Exterieur weitgehend über die Leistungsfähigkeit und Verwendbarkeit des Pferdes Aufschluß geben.

1 Ohren
2 Genick
3 Hals
4 Mähnenkamm und Mähne
5 Widerrist (an diesem Punkt wird die Höhe des Pferdes, meistens mit dem Stockmaß, selten der Körperwölbung entlang mit dem Bandmaß gemessen)
6 Rücken
7 Lende
8 Kruppe
9 Schweifansatz
10 Schweifrübe
11 Schweif
12 Oberschenkel
13 Knie
14 Unterschenkel oder Hose
15 Sprunggelenk oder Hinterfußwurzelgelenk mit Fersenhöcker
16 Röhre (der Umfang der Röhre oder des Röhrbeins ist aufschlußreich für die Widerstandsfähigkeit der Beine)
17 Fesselkopf
18 Köthe mit Köthenbehang (zum Teil, vor allem bei Kaltblütern, sehr üppige Behaarung der Fesselgegend)
19 Fessel und Hufkrone
20 Huf
21 Rumpf
22 Unterbrust (an diesem Punkt wird der Brustumfang gemessen)
23 Röhre oder Schienbein
24 Vorderfußwurzelgelenk (oft fälschlich als Knie bezeichnet)
25 Vorarm
26 Ellbogenhöcker
27 Vorderbrust oder Bug
28 Schulter (Länge und Lage des Schulterblattes sind mitbestimmend für die Vorwärtsbewegung der Vorderbeine und damit für die Galoppierfähigkeit des Pferdes)
29 Ganasche oder Backe
30 Kinngrube
31 Kinn
32 Unterlippe
33 Oberlippe
34 Nüstern
35 Nasenrücken
36 Auge
37 Stirn und Stirnschopf

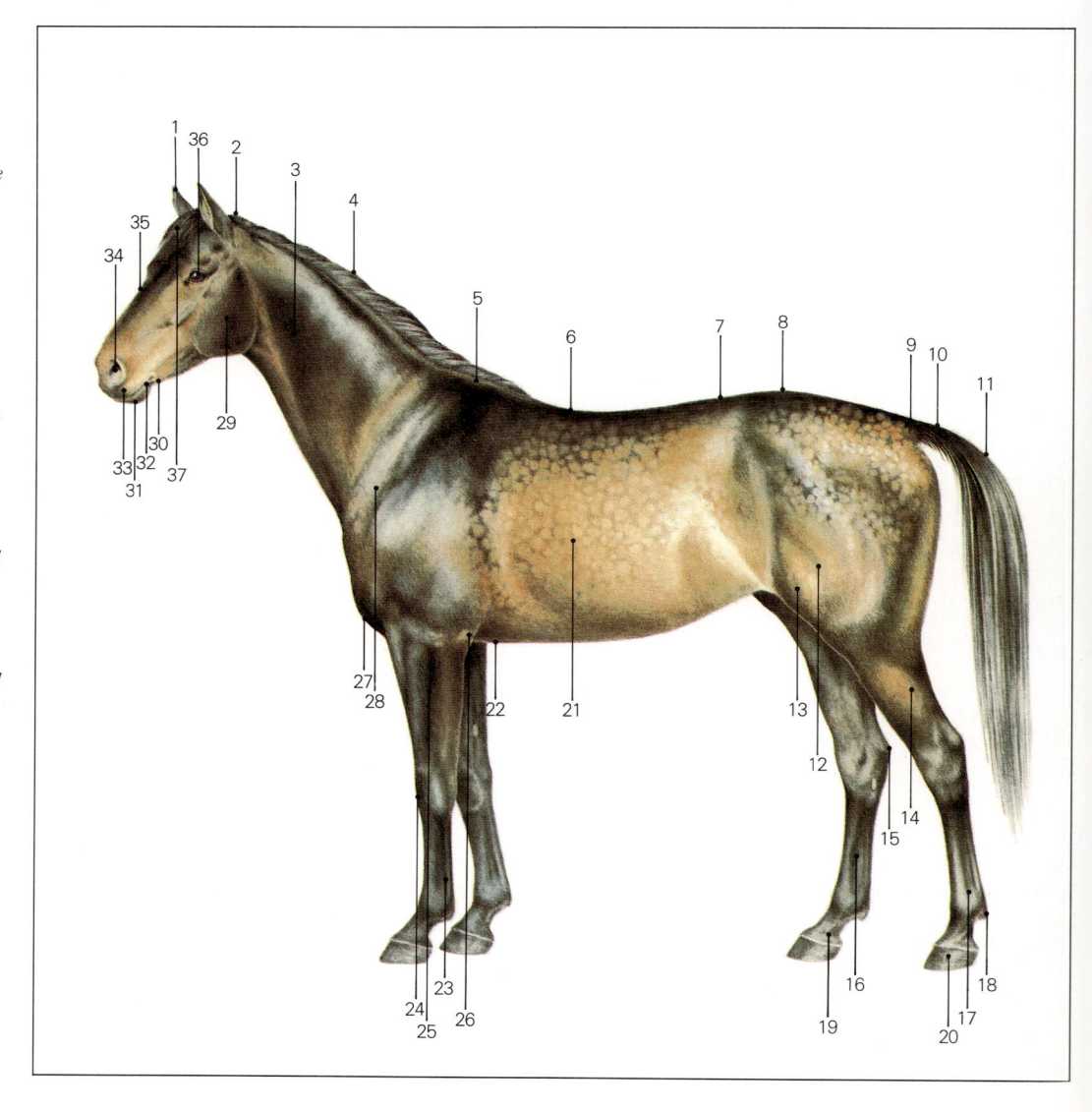

Die Muskulatur

Nach Entfernung der Haut und der Hautmuskulatur erscheint die oberflächliche Muskulatur des Skelettes. Sie ist beim Pferd sehr kräftig, besonders im Bereich der Gliedmaßen. Ganze Muskelpartien sind allein für das passive Tragen des immerhin rund 500 Kilogramm schweren, bei gewissen Kaltblütern bis über eine Tonne wiegenden Pferdekörpers angelegt. Aber natürlich ist noch bedeutend mehr Muskelkraft erforderlich, diesen Körper auf eine Geschwindigkeit von 45 bis über 60 Stundenkilometer zu bringen und mit nur etwas weniger Tempo über große Distanzen zu befördern.

1. Niederzieher des Ohres
2. Riemenmuskel
3. Halsportion des unteren gezahnten Muskels
4. Halsportion des Kapuzenmuskels
5. Brustportion des Kapuzenmuskels
6. breiter Rückenmuskel
7. äußerer Zwischenrippenmuskel
8. oberer gezahnter Muskel
9. Spanner der breiten Faszie
10. Gesäßfaszie
11. oberflächlicher Gesäßmuskel
12. halbsehniger Muskel
13. zweiköpfiger Oberschenkelmuskel
14. gemeinsame Strecksehne
15. seitlicher Zehenstrecker
16. Achillessehne
17. oberflächliche Beugesehne
18. tiefe Beugesehne
19. oberes Gleichbeinband
20. gemeinsame Strecksehne
21. äußerer schiefer Bauchmuskel
22. oberes Gleichbeinband
23. tiefe Beugesehne
24. oberflächliche Beugesehne
25. innerer Ellbogenmuskel
26. innerer Speichenmuskel
27. seitliche Strecksehne
28. gemeinsame Strecksehne
29. seitlicher Zehenstrecker
30. äußerer Ellbogenmuskel
31. gemeinsamer Zehenstrecker
32. äußerer Speichenmuskel
33. Armmuskel
34. oberflächlicher Brustmuskel
35. oberer Grätenmuskel
36. Halshautmuskel
37. Brustbein-Unterkiefer-Muskel
38. Oberarm-Kopf-Muskel
39. Schulter-Zungenbein-Muskel
40. äußerer Kaumuskel
41. Backenmuskel
42. Jochbogenmuskel
43. Lippenschließmuskel
44. Kiefernasenmuskel
45. Heber der Oberlippe
46. Nasenlippenheber
47. Schildspanner
48. Deltamuskel

Innere Organe

Am geöffneten Pferdekörper fallen einerseits der sehr voluminöse Verdauungstrakt des Pflanzenfressers, andererseits der geräumige Brustkorb auf, der dem großen Herzen und den zwei verhältnismäßig riesigen Lungenflügeln Platz bietet. Im Vergleich zu Wiederkäuern haben Pferde einen kleinen Magen, denn der Gärungsprozeß, welcher die rohfaserreiche Nahrung aufschließt, findet nicht wie bei den Wiederkäuern im Magen, sondern im Dickdarm statt. Der Dickdarm setzt sich aus Blinddarm, Grimmdarm und Enddarm zusammen.
Unsere Darstellung zeigt die linksseitigen Organe einer Stute.

1. Gehirn
2. Schlundkopf
3. linker Leberlappen
4. Magen
5. Milz
6. linke Niere
7. Enddarm
8. linkes Gebärmutterhorn mit Eierstock
9. Mastdarm
10. Harnblase
11. Scheide
12. Dünndarm
13. untere linke Längslage des Grimmdarmes
14. obere linke Längslage des Grimmdarmes
15. obere Querlage des Grimmdarmes
16. Mittelfell
17. linke Herzkammer
18. rechte Herzkammer
19. Luftröhre
20. Speiseröhre
21. Kehlkopf

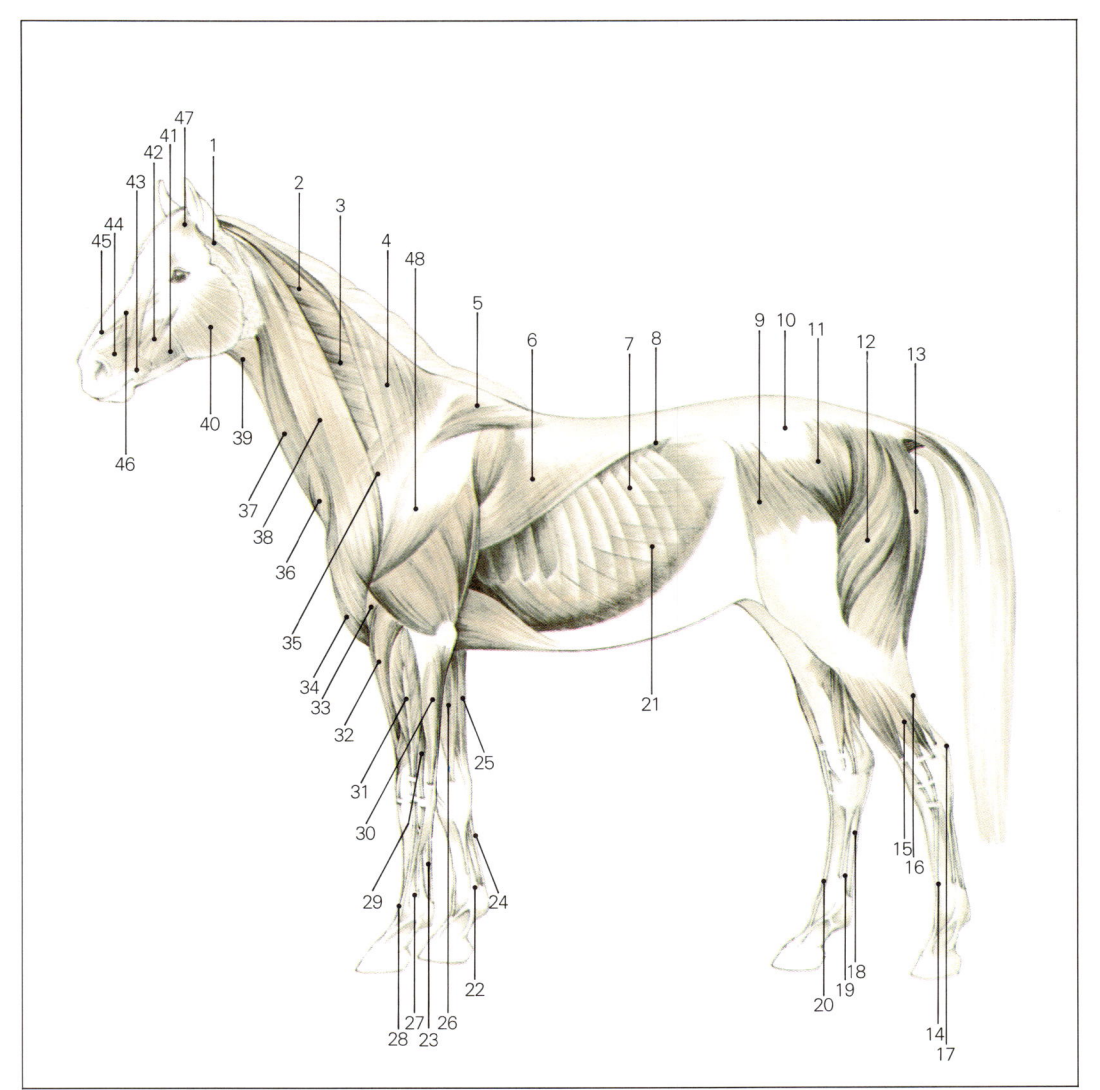

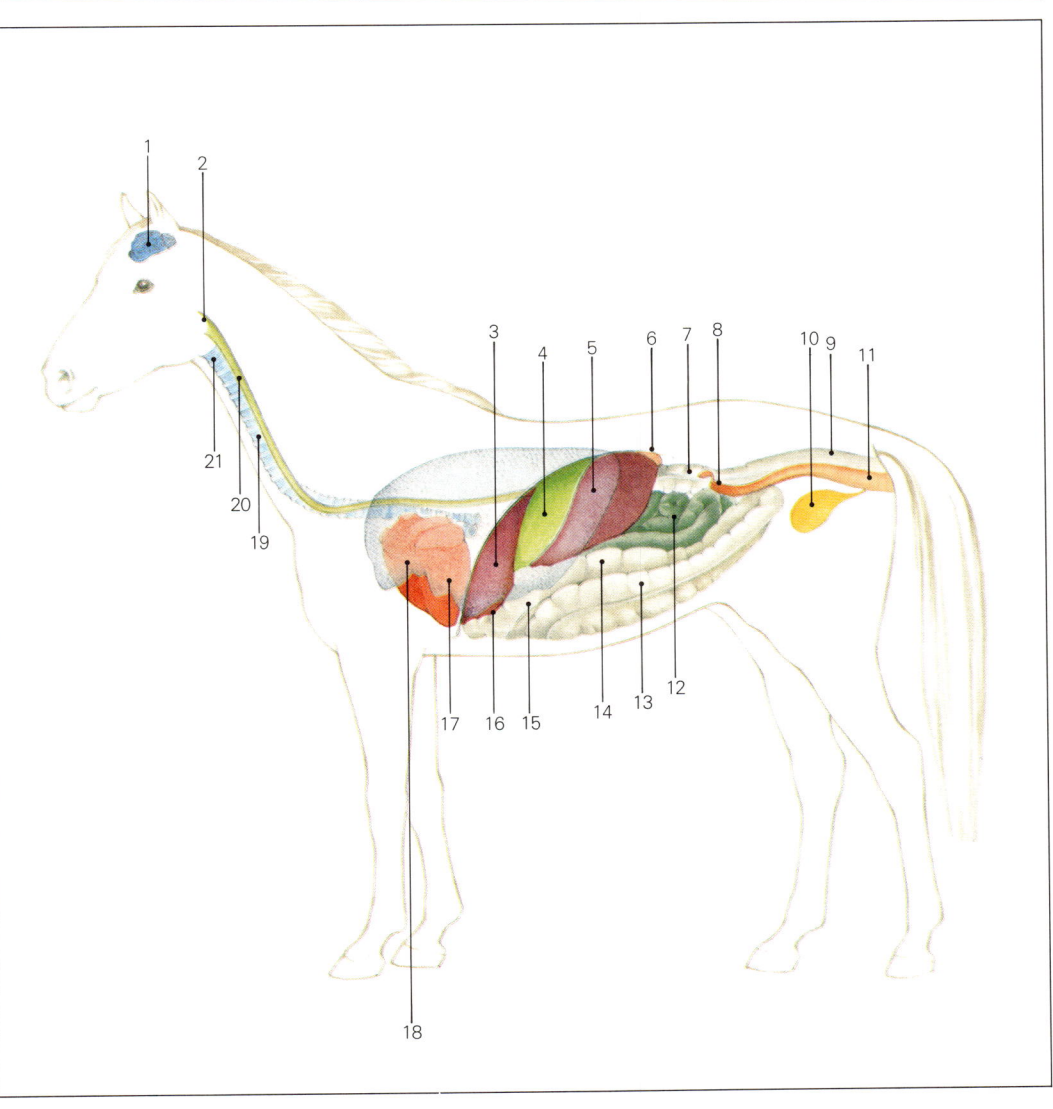

47

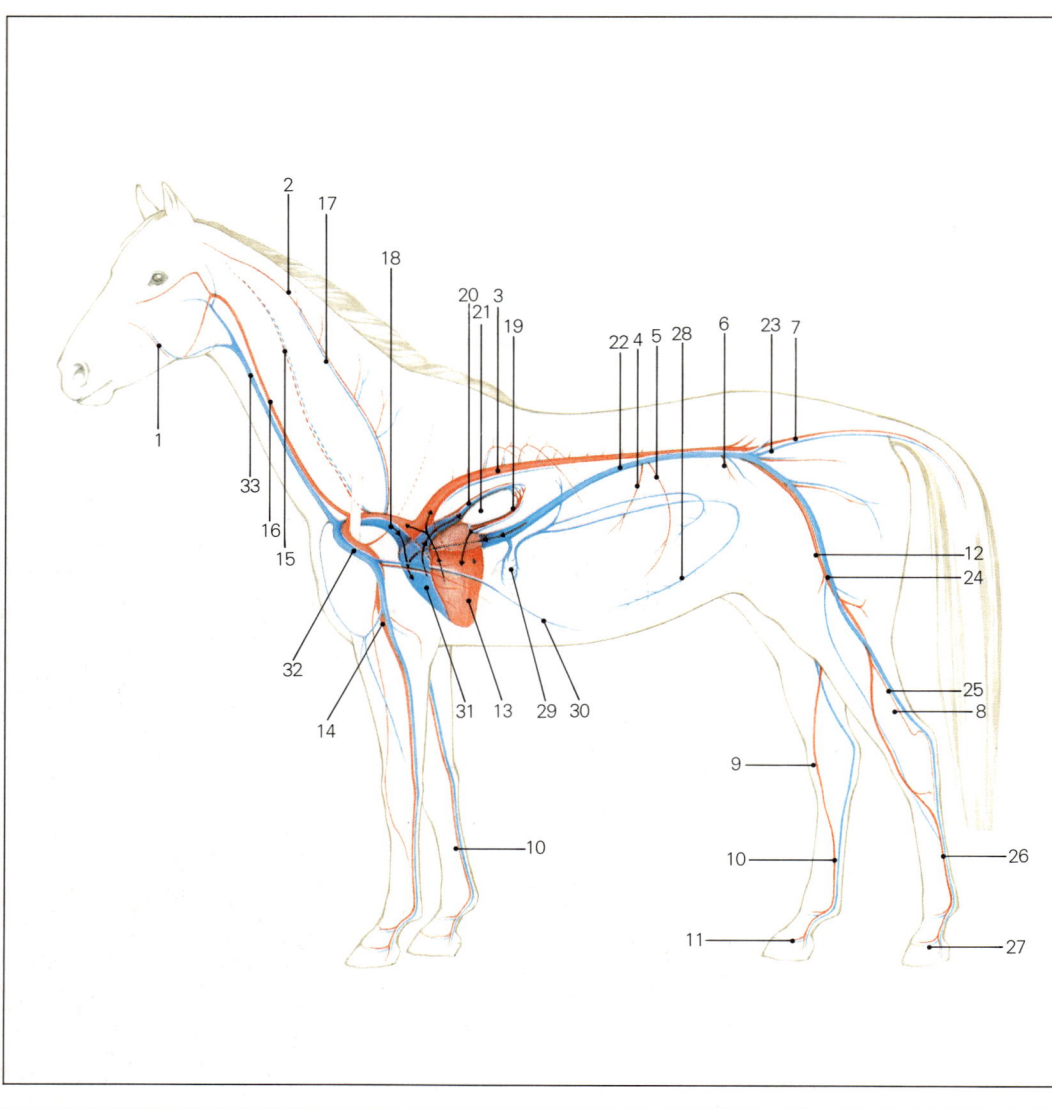

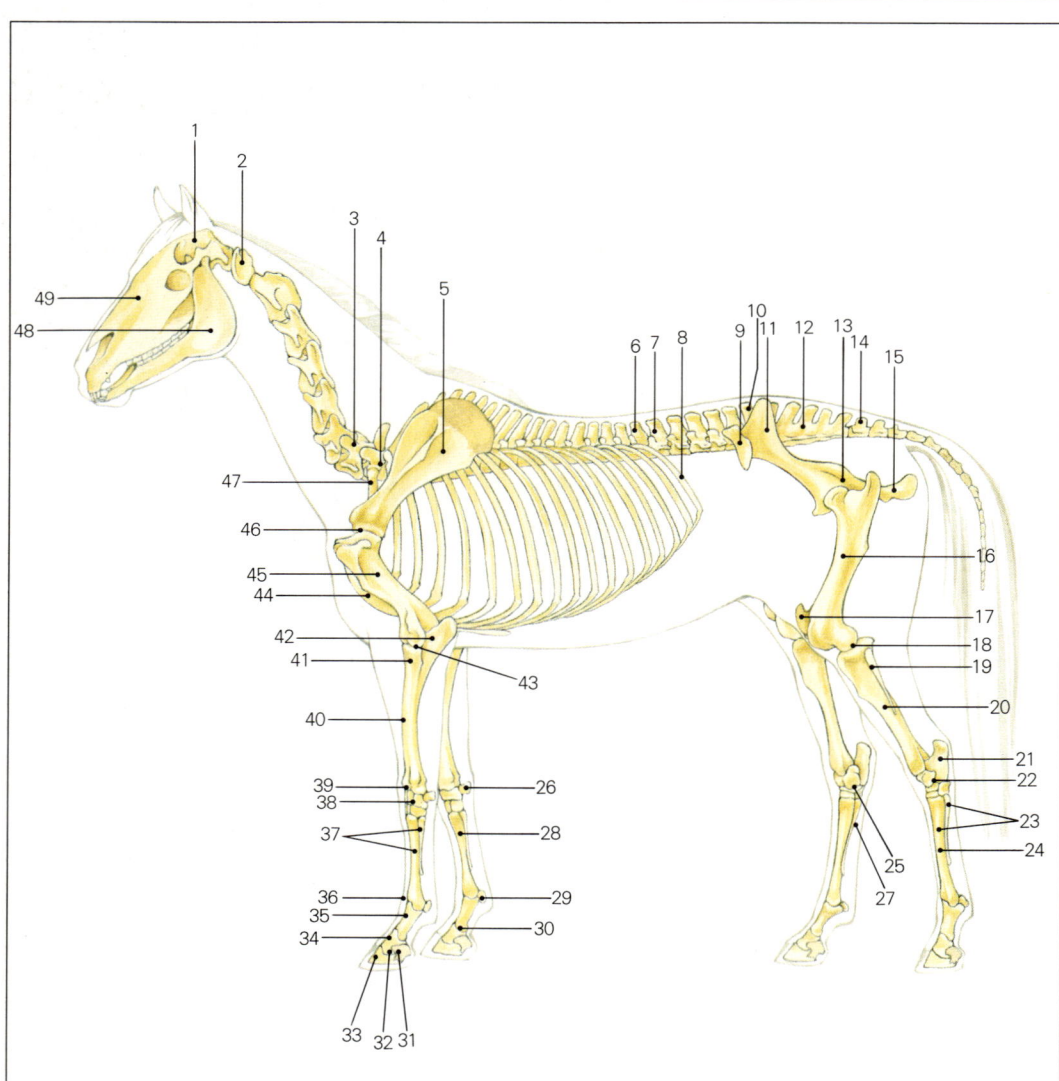

DIE WICHTIGSTEN BLUTBAHNEN

Das besonders leistungsstarke Herz, das im Durchschnitt etwa 2,85 Kilogramm wiegt, bei Vollblutpferden sogar über 5 Kilogramm schwer sein kann, vermag auch bei hoher und lange dauernder Beanspruchung den Körper mit Blut zu versorgen.
Die Arterien (1 bis 18) sind in roter, die Venen (19 bis 36) in blauer Farbe dargestellt.

ARTERIEN

1 Gesichtsarterie
2 Halsarterie
3 Aorta
4 Bauchschlagader für Milz, Magen und Leber
5 vordere Gekrösearterie für Dünndarm und vorderen Dickdarm
6 hintere Gekrösearterie für hinteren Dickdarm
7 Schwanzarterie
8 hintere Schienbeinarterie
9 vordere Schienbeinarterie
10 Hauptmittelfußarterie
11 Zehenarterie
12 Schenkelarterie
13 linke Herzkammer
14 Achselarterie
15 Halswirbelarterie
16 Halsschlagader

VENEN

17 Halsvene
18 vordere Hohlvene
19 Lungenvene (sauerstoffarm)
20 Lungenarterie (sauerstoffreich)
21 Lungenkreislauf
22 hintere Hohlvene
23 Kreuzvene
24 Oberschenkelvene
25 Unterschenkelvene
26 Mittelfußvene
27 Zehenvene
28 Darmvenen
29 Lebervene (Pfortader)
30 Brustwandvene
31 rechte Herzkammer
32 Achselvene
33 Jugularvene (Drosselvene)

DAS SKELETT

Am Knochenbau des Pferdes fallen der große Schädel, bedingt durch den äußerst leistungsfähigen Kauapparat, der lange Hals, das starke Rückenskelett sowie die sehr kräftige Schulter- und Hüftpartie auf. Das stärker gewinkelte Hebelwerk der Hinterbeine muß stark genug sein, im Galopp das ganze Körpergewicht des Pferdes nach vorn zu schleudern, während die Vordergliedmaßen und Schultern diesen Körper wieder auffangen und tragen müssen. Einzigartig spezialisiert ist das Fußskelett, bei dem nur noch die mittlere Zehe den Boden berührt, während alle übrigen Zehen im Laufe der Evolution völlig verkümmert sind. Unter anderem machte die dadurch entstandene geringe Auflagefläche der Füße das Pferd zu einem der schnellsten Landtiere.

1 Hirnschädel
2 1. Halswirbel
3 7. Halswirbel
4 1. Brustwirbel
5 Schulterblatt
6 18. Brustwirbel
7 1. Lendenwirbel
8 18. Rippe
9 Hüfthöcker
10 6. Lendenwirbel
11 Becken
12 Kreuzbein
13 Hüftgelenk
14 1. Schwanzwirbel
15 Sitzbeinhöcker
16 Oberschenkelbein
17 Kniescheibe
18 Kniegelenk
19 Wadenbein
20 Schienbein
21 Fersenbein
22 Sprunggelenk oder Hinterfußwurzelgelenk
23 Hintermittelfußknochen
24 Röhrbein
25 Sprunggelenk oder Hinterfußwurzelgelenk
26 Erbsenbein
27 Griffelbein
28 Röhrbein oder Hauptmittelfußknochen
29 Sesambein
30 Krongelenk
31 Hufknorpel
32 Hufgelenk
33 Hufbein
34 Kronbein
35 Fesselbein
36 Fesselgelenk
37 Vordermittelfußknochen
38 Vorderfußwurzelknochen
39 Vorderfußwurzelgelenk
40 Unterarm
41 Speiche
42 Elle
43 Ellbogengelenk
44 Brustbein
45 Oberarm
46 Schultergelenk, Buggelenk
47 1. Rippe
48 Unterkiefer
49 Gesichtsschädel mit Oberkiefer

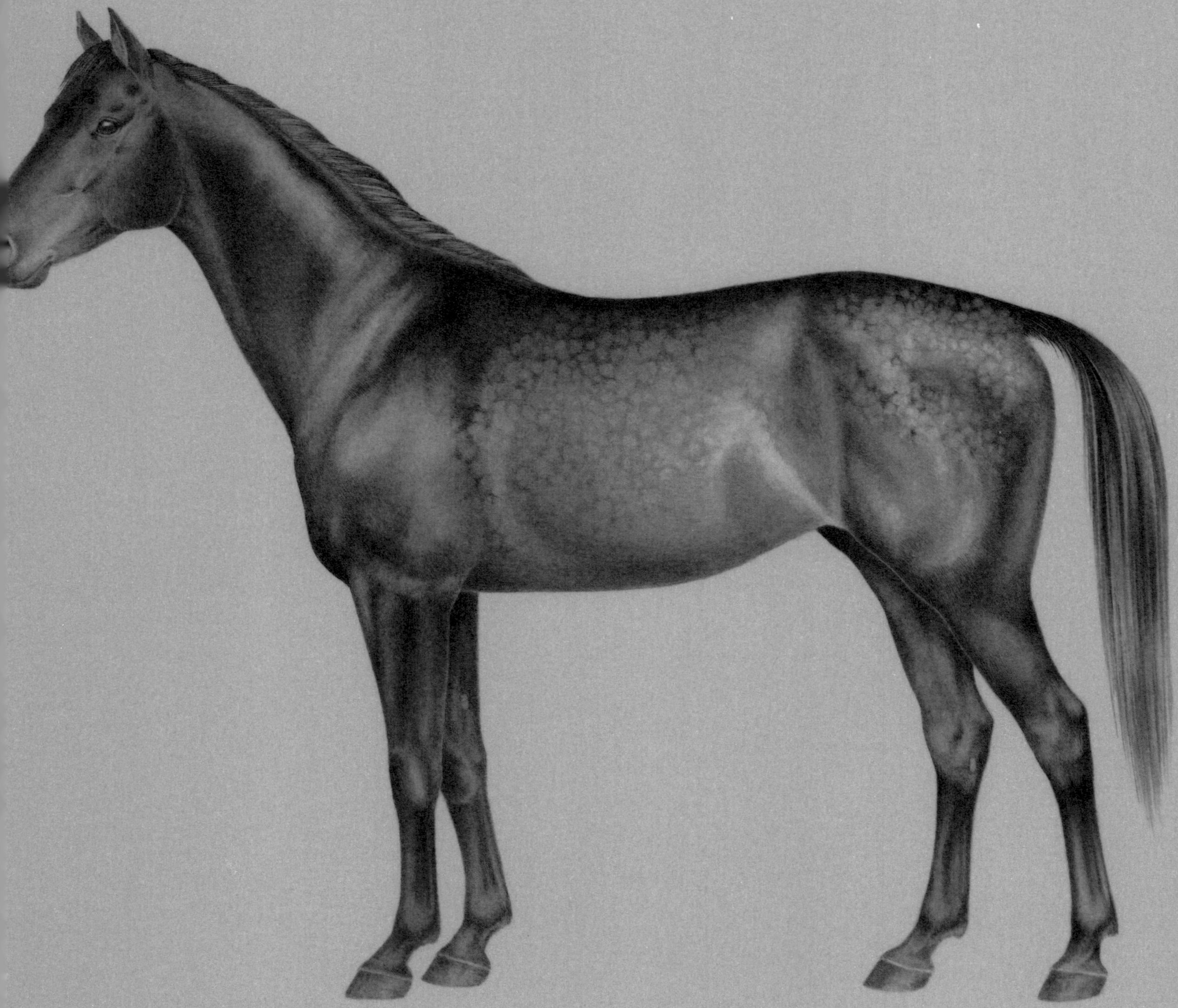

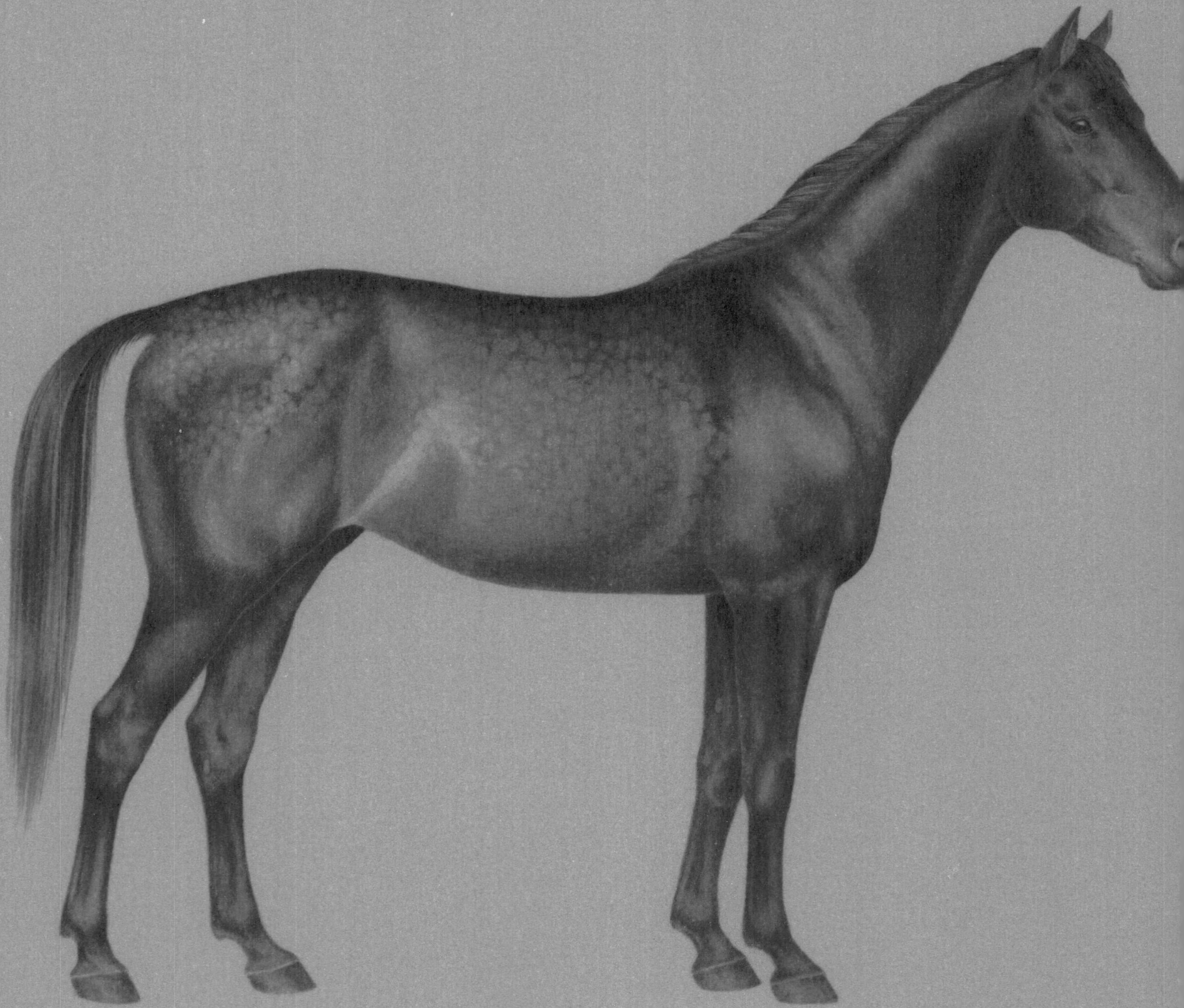

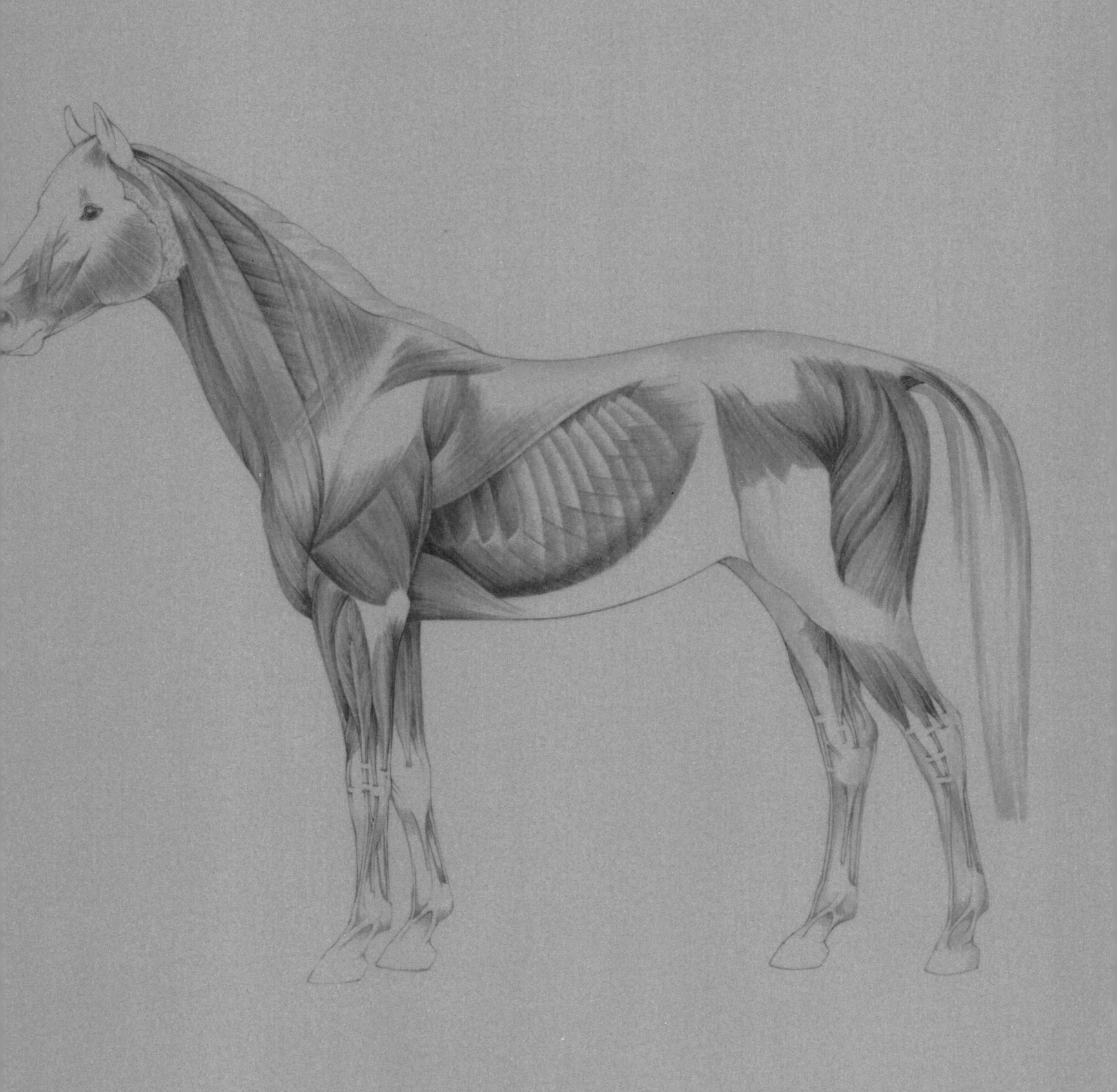

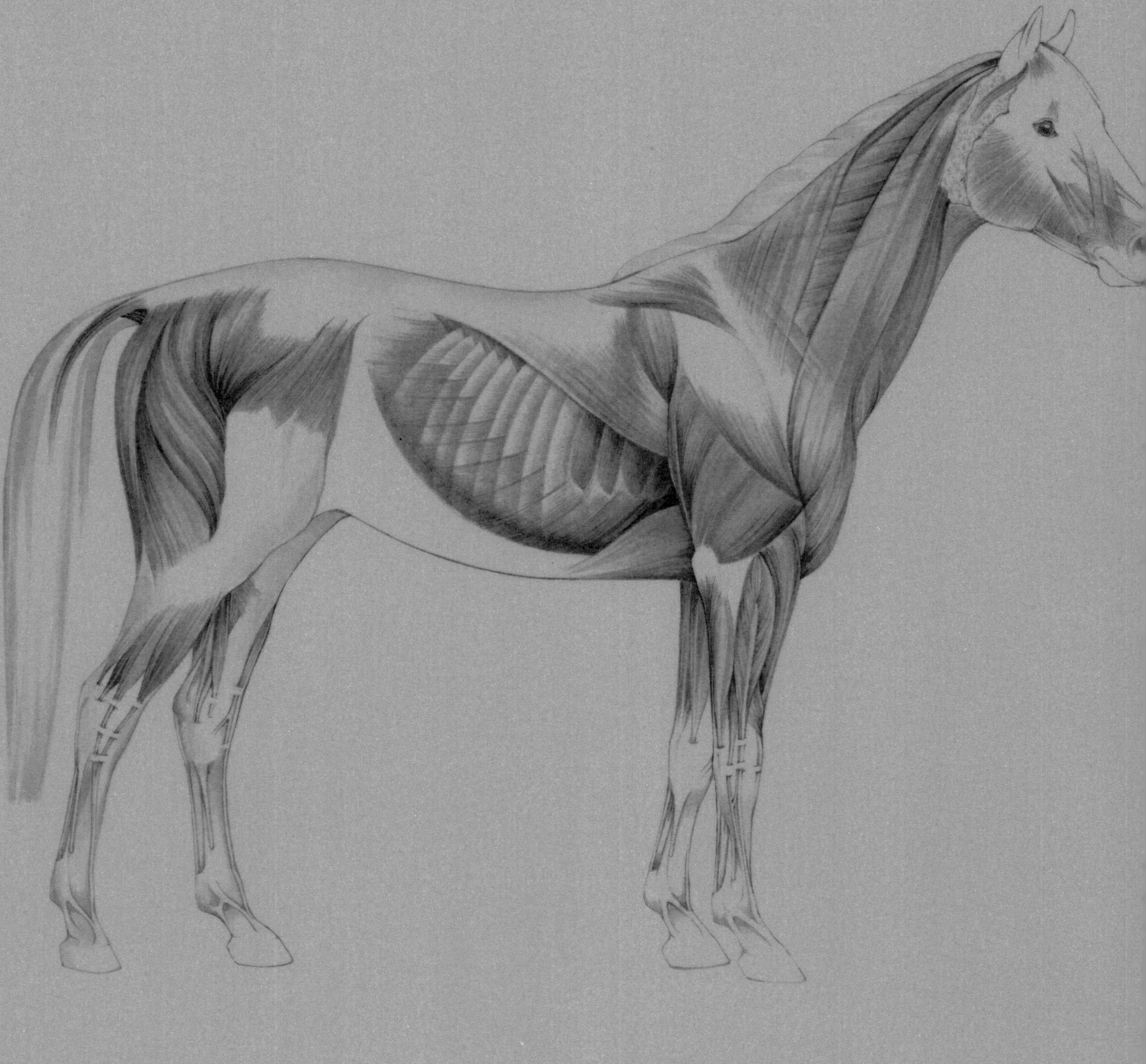

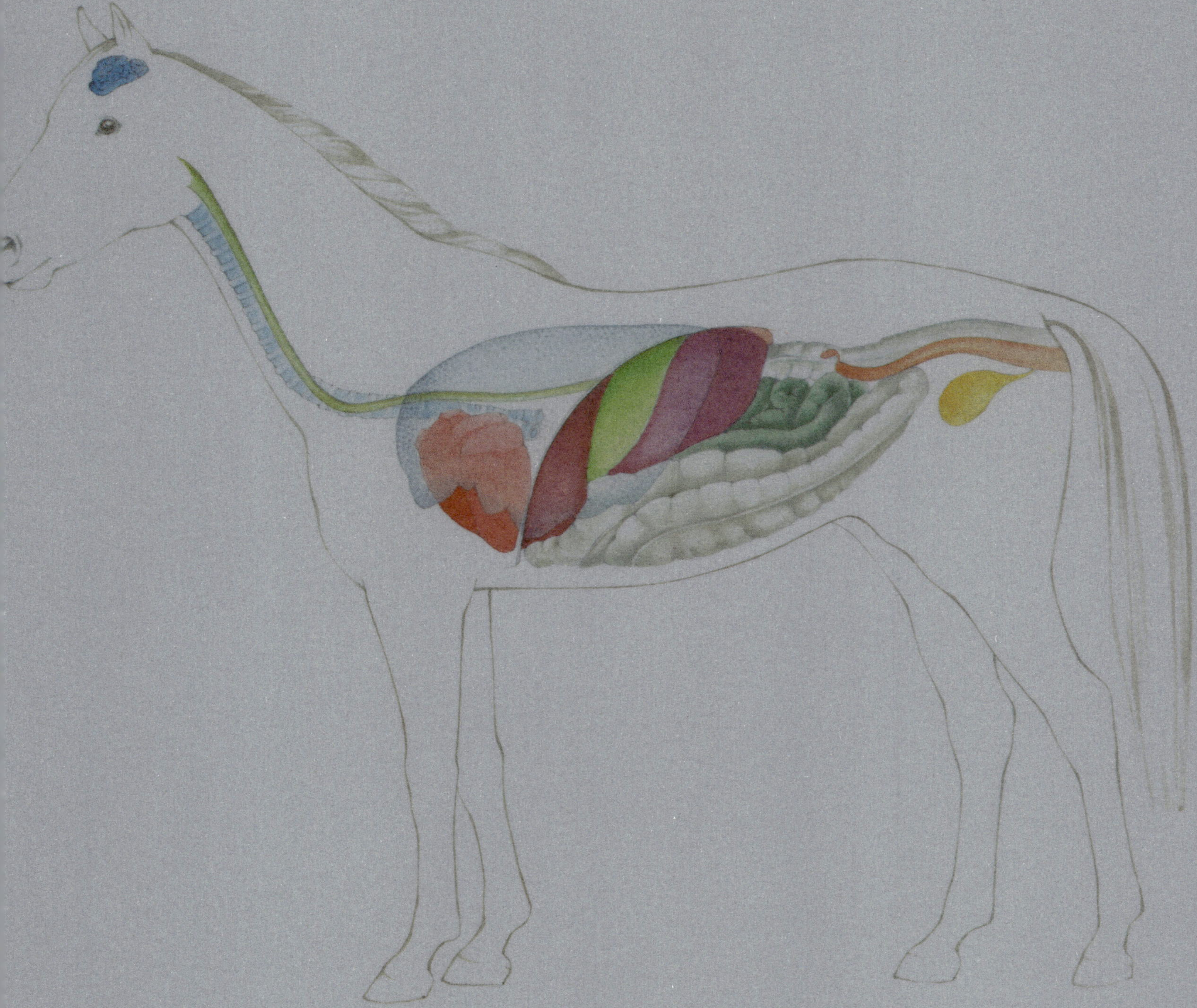

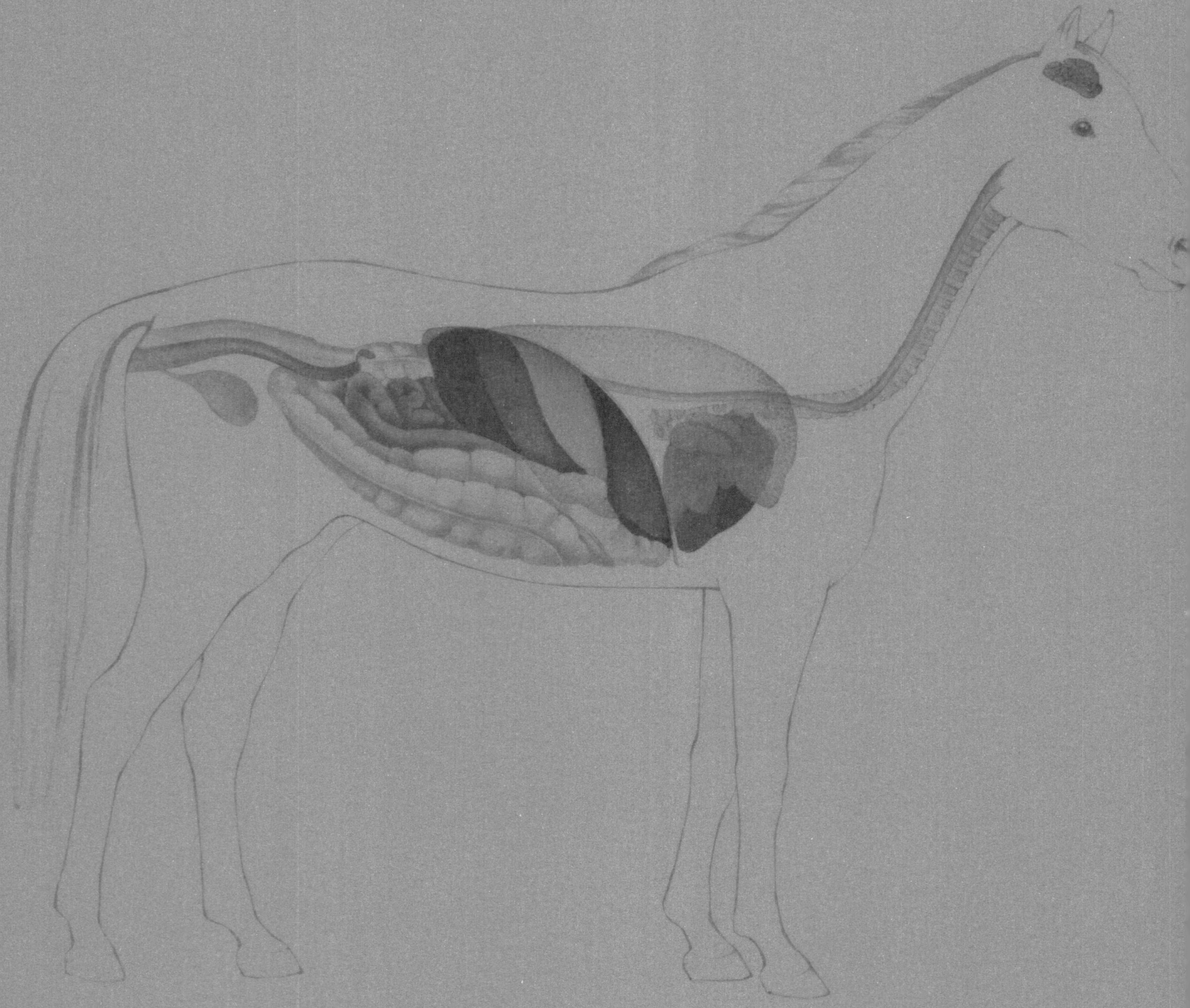

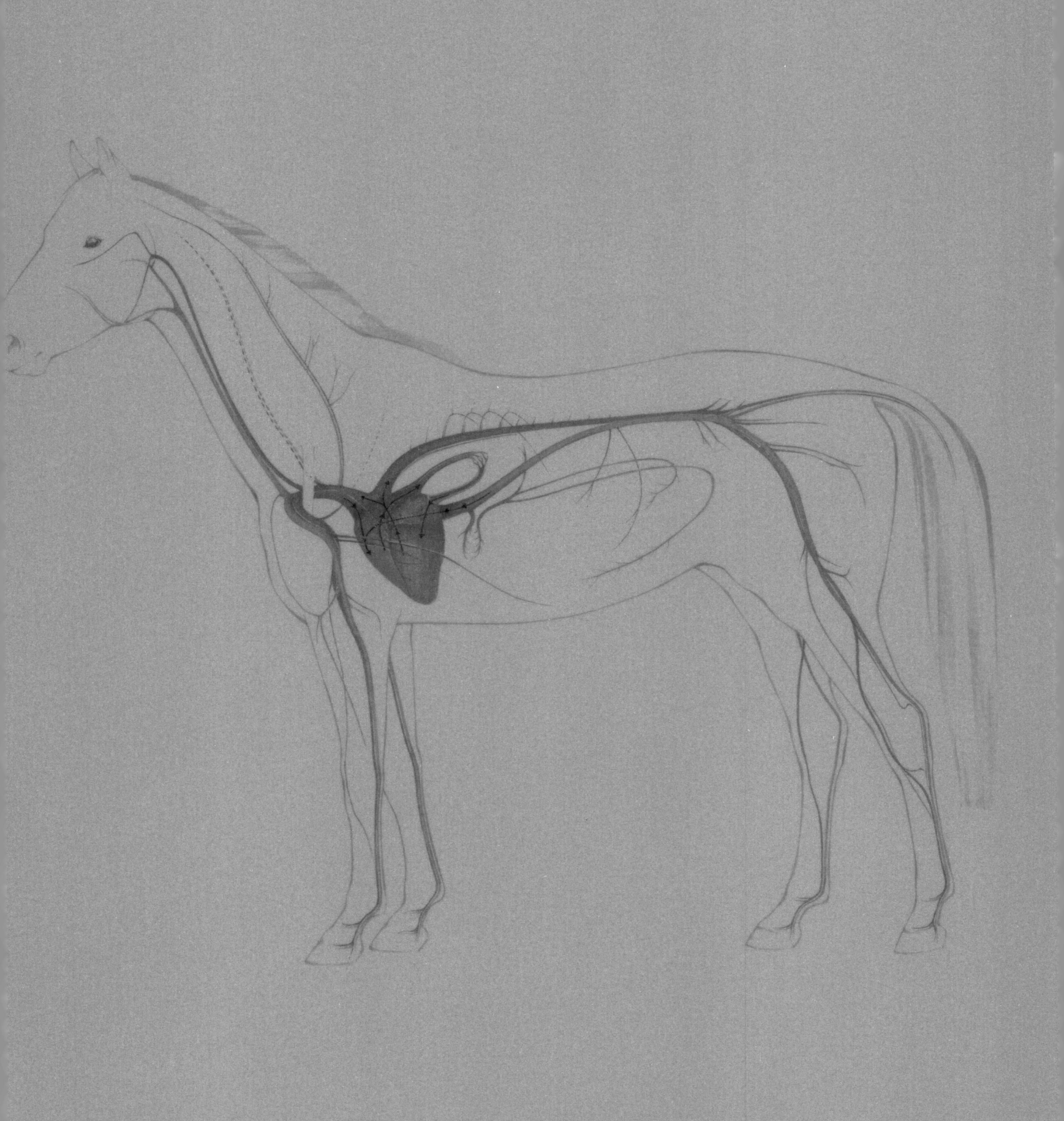

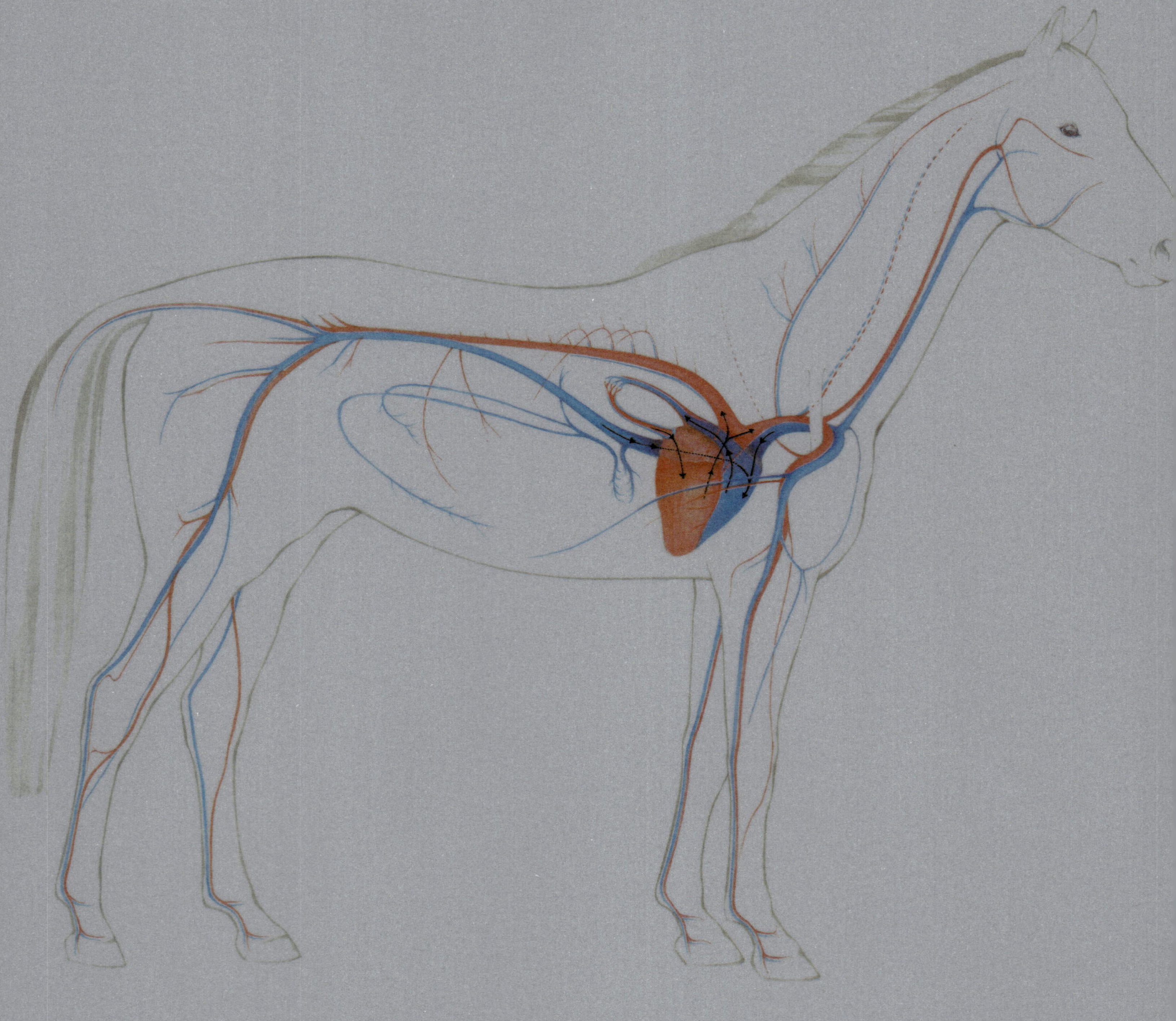

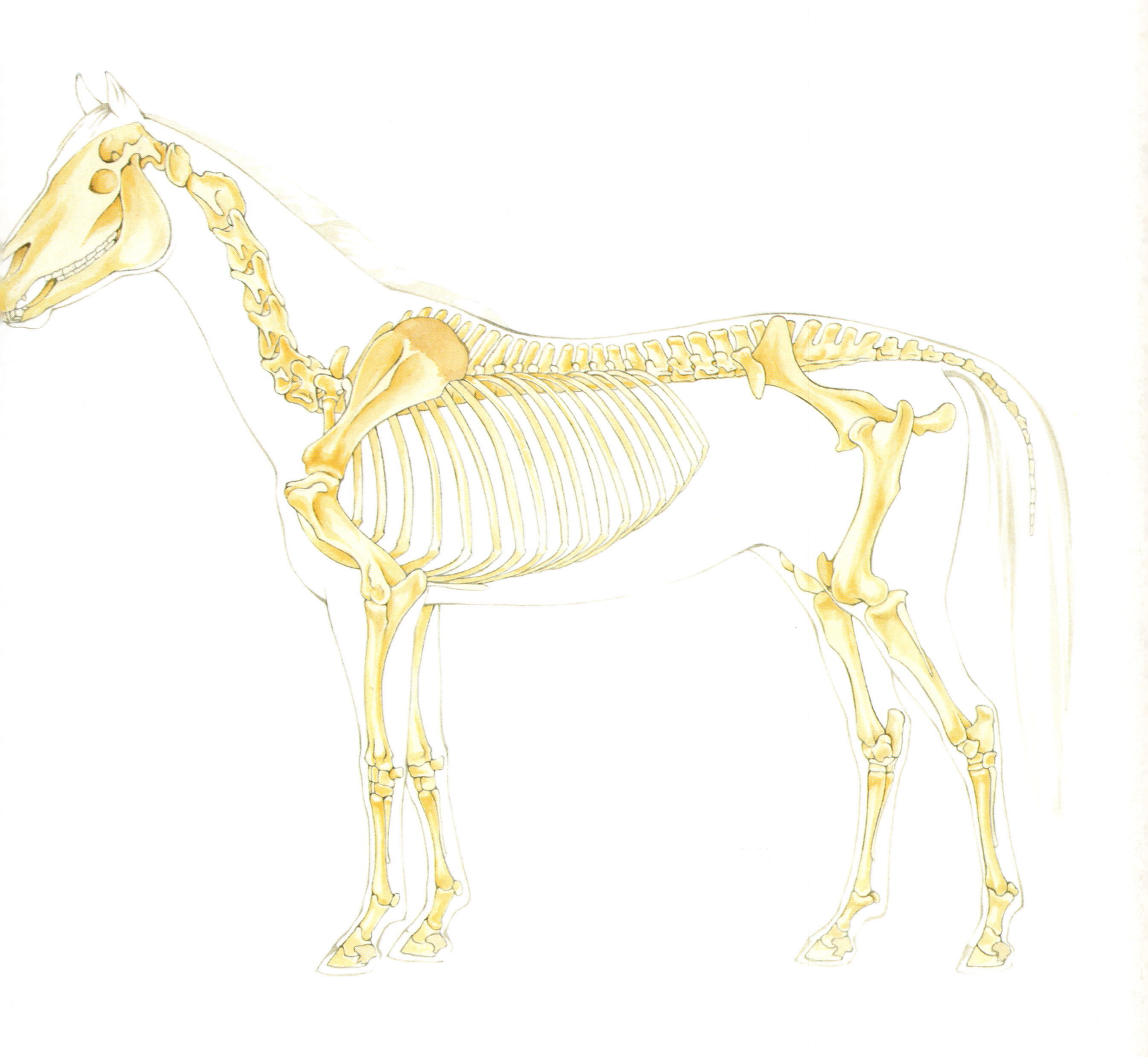

Die Zähne

Eohippus ernährte sich von Blättern, Kräutern und Früchten, daneben wahrscheinlich auch von verschiedenen Kleintieren. Wir können dies mit großer Sicherheit annehmen, denn das Urpferdchen des Eozäns hatte ein Gebiß, das genau auf Nahrung dieser Art eingerichtet war. Die Backenzähne waren höckerig und klein und nicht für starke Abnützung vorgesehen, während die Eckzähne noch recht groß waren. Dementsprechend war der vordere Teil des Schädels, der sogenannte Gesichtsschädel, verhältnismäßig kurz.

Die Umstellung von dieser leicht aufzuschließenden Nahrung auf rohfaserreiche Gräser und derbe, holzige Kräuter erforderte die Entwicklung eines sehr viel leistungsfähigeren Kauapparates. Beim Betrachten eines Pferdeschädels fällt sofort auf, daß der obere Teil, der sogenannte Hirnschädel, geradezu winzig ist gegenüber dem Gesichtsschädel. Vor allem der Unterkiefer wirkt mächtig. Er bietet den sehr großen Kaumuskeln Ansatzflächen. Vor allem aber enthält er, wie auch der Oberkiefer, Raum für außergewöhnlich große Backenzähne. In jedem Kieferteil stecken sechs voll ausgebildete Backenzähne in tiefen Zahnfächern. Gelegentlich gibt es im Oberkiefer vor diesen Zähnen noch einen winzig kleinen, sogenannten Lückezahn, ein rudimentäres Überbleibsel ausgestorbener Pferdeformen. Er trägt die Bezeichnung vorderer Backenzahn oder Prämolar Nr. 1, kurz P 1. Die nächsten drei Backenzähne sind die Prämolaren 2 bis 4, die restlichen drei

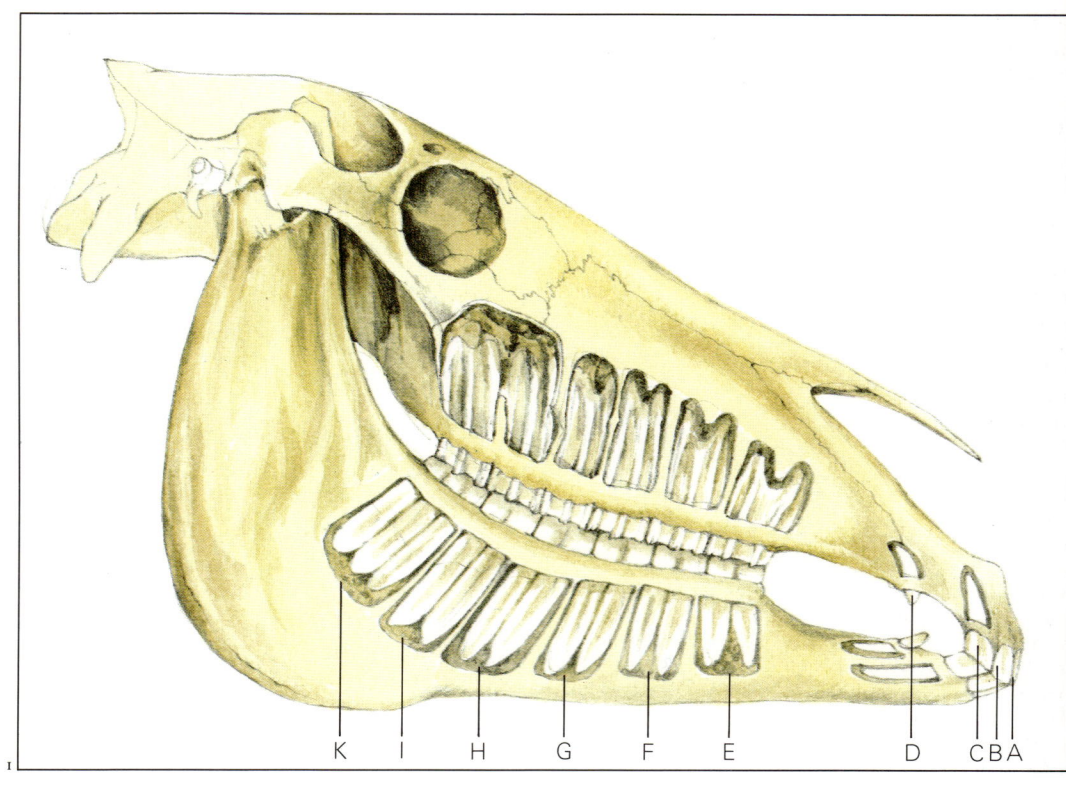

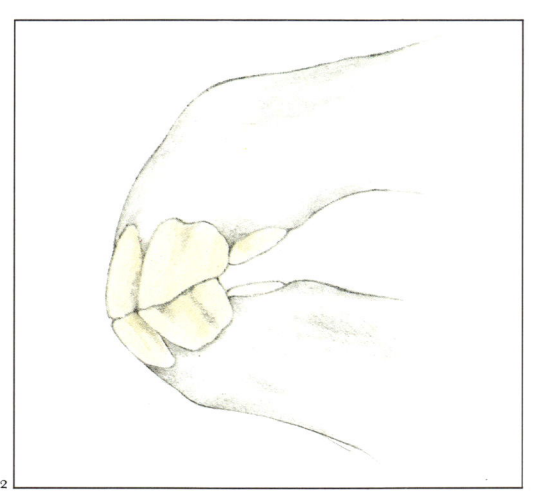

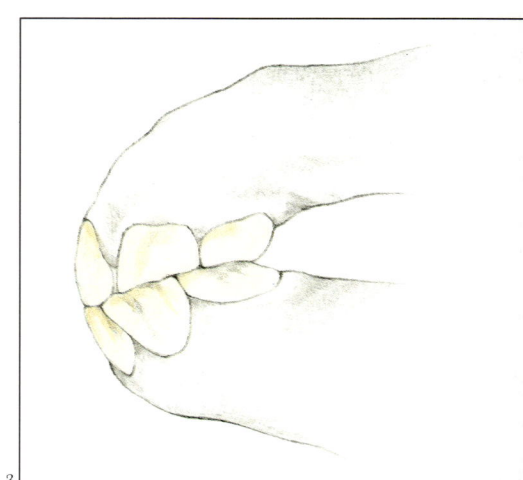

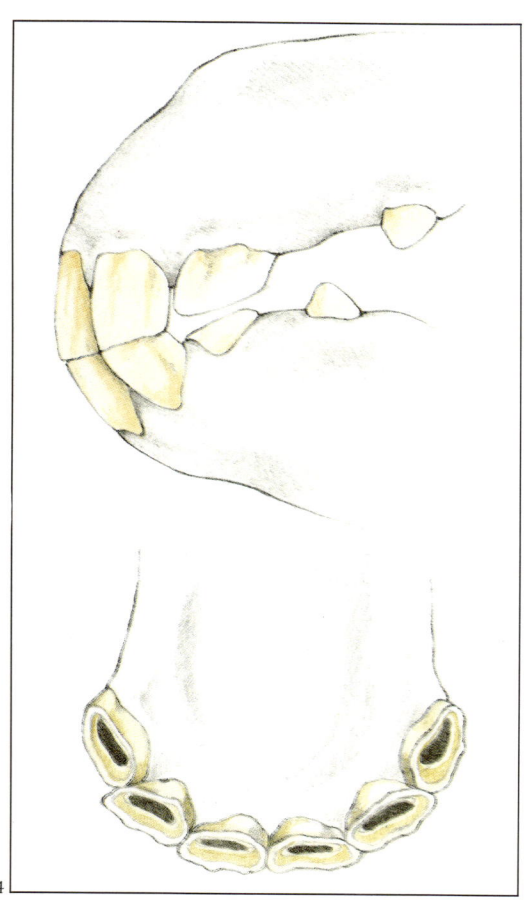

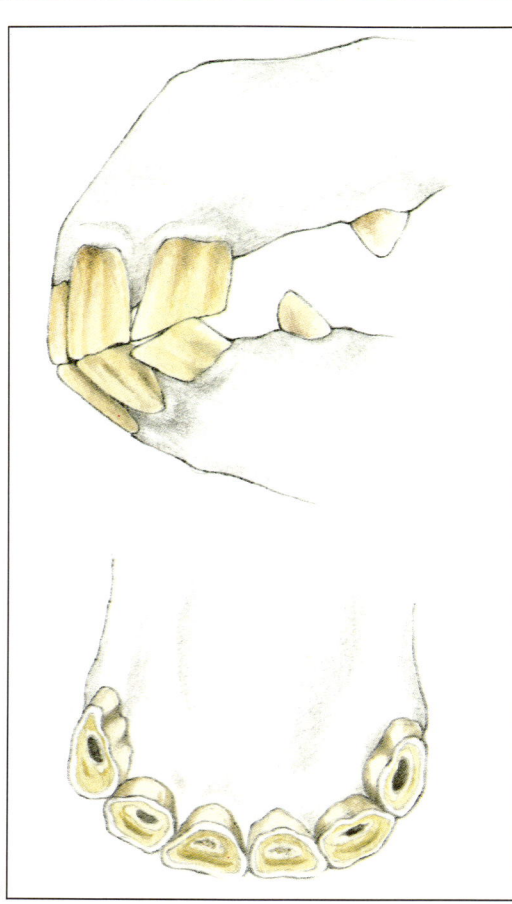

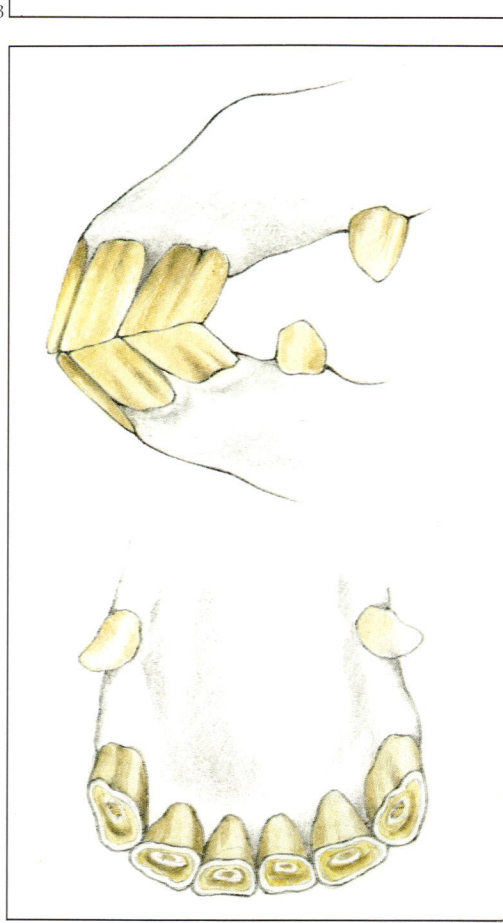

1 Am Knochenbau des Pferdekopfes fällt vor allem der mächtige Kauapparat neben dem winzigen Hirnschädel auf. Die Fächer, in welchen die Zahnwurzeln stecken, sind auf unserer Darstellung geöffnet, um die enorme Größe der Backenzähne zu zeigen. A bis C sind die Schneidezähne oder Incisivi, und zwar A die Zange, B der Mittelzahn und C der Eckschneidezahn. D ist der Eckzahn oder Hakenzahn, der bei männlichen Pferden kräftig ausgebildet, bei Stuten aber winzig klein und meistens gar nicht sichtbar ist. E bis G sind die vorderen Backenzähne oder Prämolaren, H bis K die hinteren Backenzähne oder Molaren.

2 Die Schneidezähne des Milchgebisses bei einem etwa 8 Monate alten Fohlen.

3 Schneidezähne bei einem etwa 16 Monate alten Fohlen. Das Milchgebiß ist fertig.

4 Seitenansicht der Schneidezähne und Eckzähne (Hengst oder Wallach) sowie Aufsicht der Schneidezähne (Stute) mit 4 bis 5 Jahren. Die Zähne stehen steil aufeinander, die Kauflächen sind flachoval, die als dunkle Marken in den Kauflächen zu sehenden Schmelzeinstülpungen, die sogenannten Kunden, sind lang und schmal.

5 Mit 7 bis 8 Jahren sind die Kauflächen breitoval, die Kunden wesentlich kürzer. (Oben Hengst, unten Stute)

6 Mit etwa 12 Jahren haben die Kauflächen eine rundliche, die Kunden eine ovale Form. (Hengst)

7 Mit etwa 17 Jahren sind die Kauflächen etwa dreieckig, die Kunden rundlich. (Oben Hengst, unten Stute)

8 Mit etwa 20 Jahren sind die Eckschneidezähne wieder ähnlich oval wie mit 8 Jahren. Von der Seite gesehen bilden die Schneidezähne jetzt einen Winkel von etwa 90 Grad. (Hengst)

9 Es gibt eine ganze Reihe von Zahnfehlern, z. B. schlecht aufeinanderpassende Schneidezähne. Dadurch wird die Nahrungsaufnahme beeinträchtigt. Links sehen wir ein sogenanntes Koppergebiß. Rechts sind Spitzzähne dargestellt.

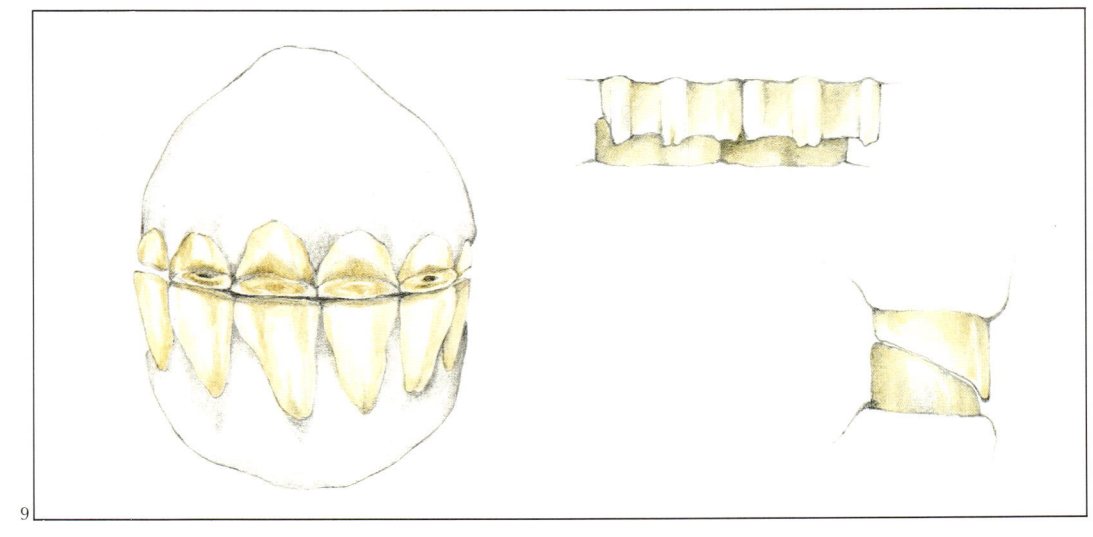

heißen hintere Backenzähne oder Molaren 1 bis 3. Beim Milchgebiß fehlen die Molaren.

Die mächtigen Backenzähne haben Schmelzfalten, -einstülpungen und -leisten, deren Kanten besonders hart sind, wodurch eine raspelartig rauhe Kaufläche entsteht, die eine sehr feine Zerkleinerung auch hölzerner Nahrung ermöglicht. Normalerweise werden diese Zähne gleichmäßig abgenützt. Einmal ausgebildet, wachsen die Zähne nicht mehr, aber die Zahnfächer werden allmählich von unten her mit Knochensubstanz aufgefüllt, wodurch die Zähne etwa im Maße ihrer Abnützung nachgeschoben werden.

Vor den Backenzähnen, nach einer größeren Lücke, in welche die Gebißstange plaziert wird, steht der Eckzahn, auch Hakenzahn oder Caninus (C) genannt. Er ist bei den Stuten sehr klein und bricht meistens gar nicht durch das Zahnfleisch durch. Bei männlichen Pferden wächst er zu einem recht großen, kegelförmigen Gebilde heran. Vor dem Eckzahn sind in jeder Kieferhälfte drei Schneidezähne oder Incisivi. Der vorderste wird Zange oder I 1 genannt, der zweite ist der Mittelzahn oder I 2, der äußerste heißt Eckschneidezahn oder I 3. In jedem Kieferteil gibt es daher ein Dauergebiß aus 10 (gelegentlich im Oberkiefer 11) Zähnen, insgesamt also 40 bzw. 42 Zähne.

Die Schneidezähne haben die Aufgabe, das mit den sehr beweglichen Lippen zusammengeraffte Futter abzuschneiden oder zu rupfen. Daneben benützt sie das Pferd zur Pflege der eigenen Haut wie auch zur sozialen Körperpflege, bei welcher die Pferde einander gegenseitig vor allem in der Widerristgegend und auf der Kruppe die Haut beknabbern. Schließlich stellen sie Waffen dar, allerdings bedeutend weniger wirksame als die Hufe. Fachleute können am Zustand der Schneidezähne das ungefähre Alter eines Pferdes erkennen. Freilich gehört dazu einige Erfahrung, und manchem, der mit anscheinend geübtem Griff ein Pferdemaul öffnet, nützt das nicht viel, außer daß es fachmännisch wirkt und vielleicht den «Roßtäuscher» verunsichert.

Die Schneidezähne passen beim normalen, sogenannten Zangengebiß genau aufeinander und nützen sich gegenseitig ab. Beim jüngeren Pferd ist die Kaufläche flachoval. Mit zunehmendem Alter wird sie breiter und schließlich etwa dreieckig. In der Kaufläche gibt es eine Schmelzeinstülpung, als dunklere Markierung deutlich zu erkennen und bekannt als «Kunde». Auch diese Kunden verändern durch die Abnützung ihre Form in einer bestimmten Gesetzmäßigkeit. Außerdem stehen bei jüngeren Pferden die Schneidezähne steil aufeinander, während sie später schräg nach vorn gestellt werden.

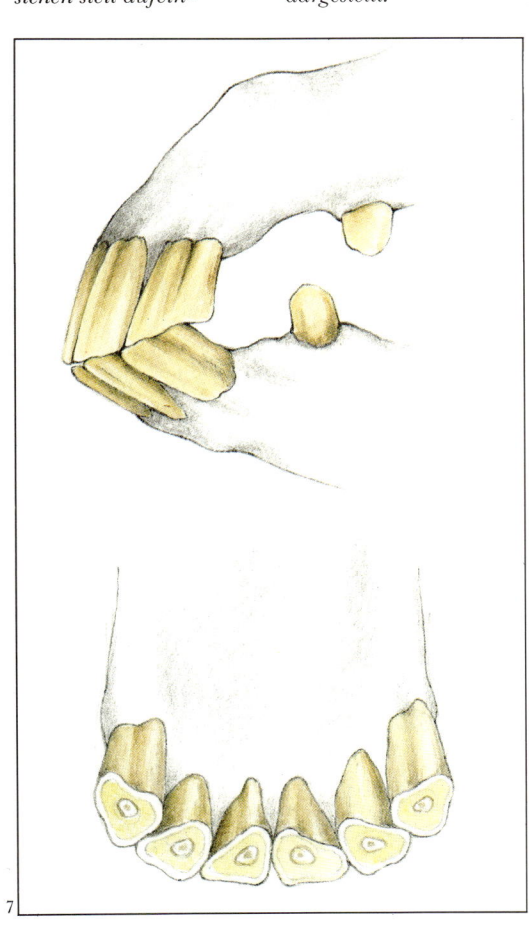

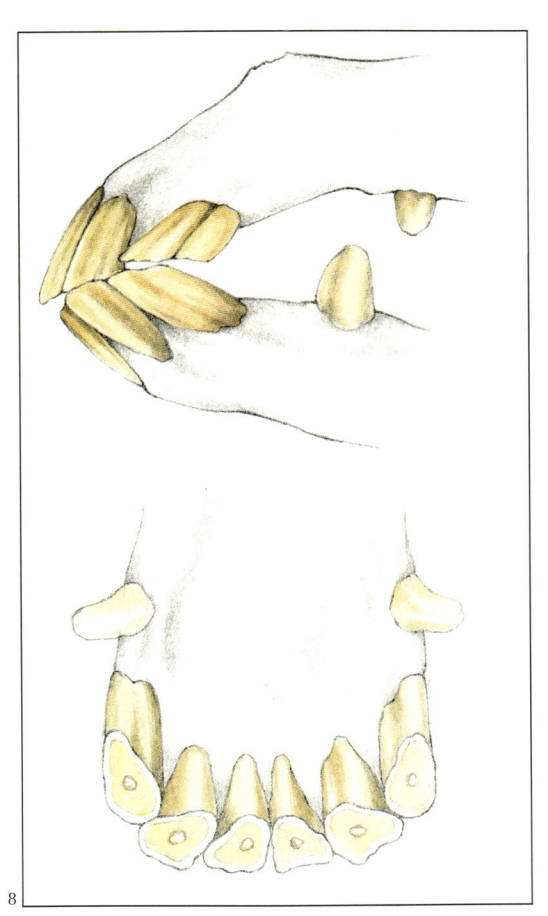

Die Beine

Bereits eine geringfügige Beinverletzung kann ein Pferd mindestens vorübergehend unbrauchbar machen. Die Pferde haben von Natur aus außergewöhnlich widerstandsfähige Gliedmaßen, die auch in wilder Flucht durch unebenes, selbst steiniges Gelände eigentlich selten ernsthaft verletzt werden. Glücklicherweise, denn auch ein nur leicht behindertes Fluchttier wird von Raubtieren oft sofort als leichter zu erjagende Beute erkannt und hat dann kaum noch eine Überlebenschance.

Bei der Zuchtauswahl von Hauspferden wird normalerweise großer Wert auf kräftige, korrekt gestellte Beine gelegt. Dennoch sind Beinverletzungen die häufigsten Ursachen, daß Reit- und Wagenpferde in jungen Jahren geschlachtet werden müssen. Das hat mehrere Gründe.

Durch gezielte Zucht und «günstige» Aufzuchtbedingungen sind die Hauspferde im Durchschnitt etwa 30 bis 40 Zentimeter höher als Wildpferde. Ihre Beine sind im Verhältnis bedeutend länger. Das ermöglicht ausholendere, schwungvollere Gänge, höhere Geschwindigkeiten und ein größeres Springvermögen. Es macht außerdem die Erscheinung eleganter. Anderseits aber sind längere Beine gemäß dem Gesetz der Hebelwirkung höherer Belastung ausgesetzt und allein schon dadurch verletzungsanfälliger. Es ist typisch, daß es bei den Cowboy- oder Gauchopferden trotz oft sehr harter Beanspruchung nur selten Beinverletzungen gibt, denn diese Tiere sind bedeutend kurzbeiniger (meistens nur um 135 bis 145 Zentimeter hoch) als die sportlichen Warmblutpferde und Vollblüter. Allerdings müssen sie auch nicht springen.

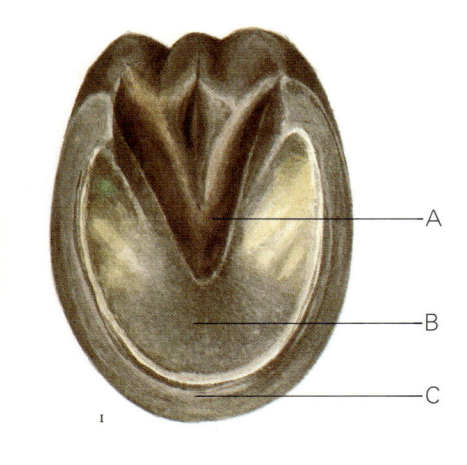

Zu der bereits höheren Empfindlichkeit kommt nun noch die Last des Reiters. Natürlich belastet sie die Gliedmaßen am extremsten beim Springen, und hier wiederum bedeutend mehr beim Aufsetzen nach dem Sprung als beim Abspringen, besonders bei Tiefsprüngen, bei denen die Landestelle tiefer liegt als die Absprungstelle. Aber auch an den Beinen von Dressurpferden treten viel häufiger Verletzungen und Erkrankungen auf, als oft angenommen wird. Die sehr oft stark versammelten Gangarten in der klassischen oder der sportlichen Dressur belasten Gelenke und Sehnen viel stärker als selbst ausgedehnte Geländeritte mit freier Bewegungsentfaltung. Weitere Ursachen von Lahmheiten, die zu chronischen Erkrankungen führen können, sind lange Strecken auf hartem Straßenbelag, insbesondere wenn diese im Trab zurückgelegt werden. Solchen Verletzungen sind vor allem Wagenpferde ausgesetzt.

Um von Beinerkrankungen verschont zu werden, muß man beim Kauf eines Pferdes und selbstverständlich auch bei der Zuchtauswahl auf eine möglichst korrekte Stellung der Gliedmaßen achten. Von der Seite gesehen soll das Vorderbein genau senkrecht stehen, das heißt, eine senkrecht gezogene Linie verläuft von der Mitte des Ellbogengelenkes an mitten durch den Unterarm, das Vorderfußwurzelgelenk (oft fälschlich Knie genannt), die Röhre und das Fesselgelenk und kommt unmittelbar hinter dem Huf auf den Boden. Beim Hinterbein führt die senkrechte Linie vom Hüftgelenk durch das Sprung- und Fesselgelenk und wiederum direkt hinter den Huf, während das Kniegelenk durch die Winkelung von Ober- und Unterschenkel weiter vorn liegt. Von vorn und hinten gesehen sollen die Beine senkrecht parallel zueinander stehen und die Fesseln und Hufe gerade nach vorn ausgerichtet sein. Alle von diesen Richtlinien abweichenden Stellungen bewirken eine größere oder ungleichmäßige Belastung bestimmter Gelenke oder Sehnen und da-

1 A Hufstrahl,
B Hufsohle,
C Tragband

2 A Kronenrand,
B Hufwand, C Ballen

3 A gemeinsame Strecksehne,
B oberflächliche Beugesehne,
C tiefe Beugesehne,
D Fesselringband,
E Ballen- und Strahlpolster, F Hufbein

4 A Röhrbein,
B Sesambein,
C Fesselbein,
D Kronbein,
E Hufknorpel,
F Strahlbein

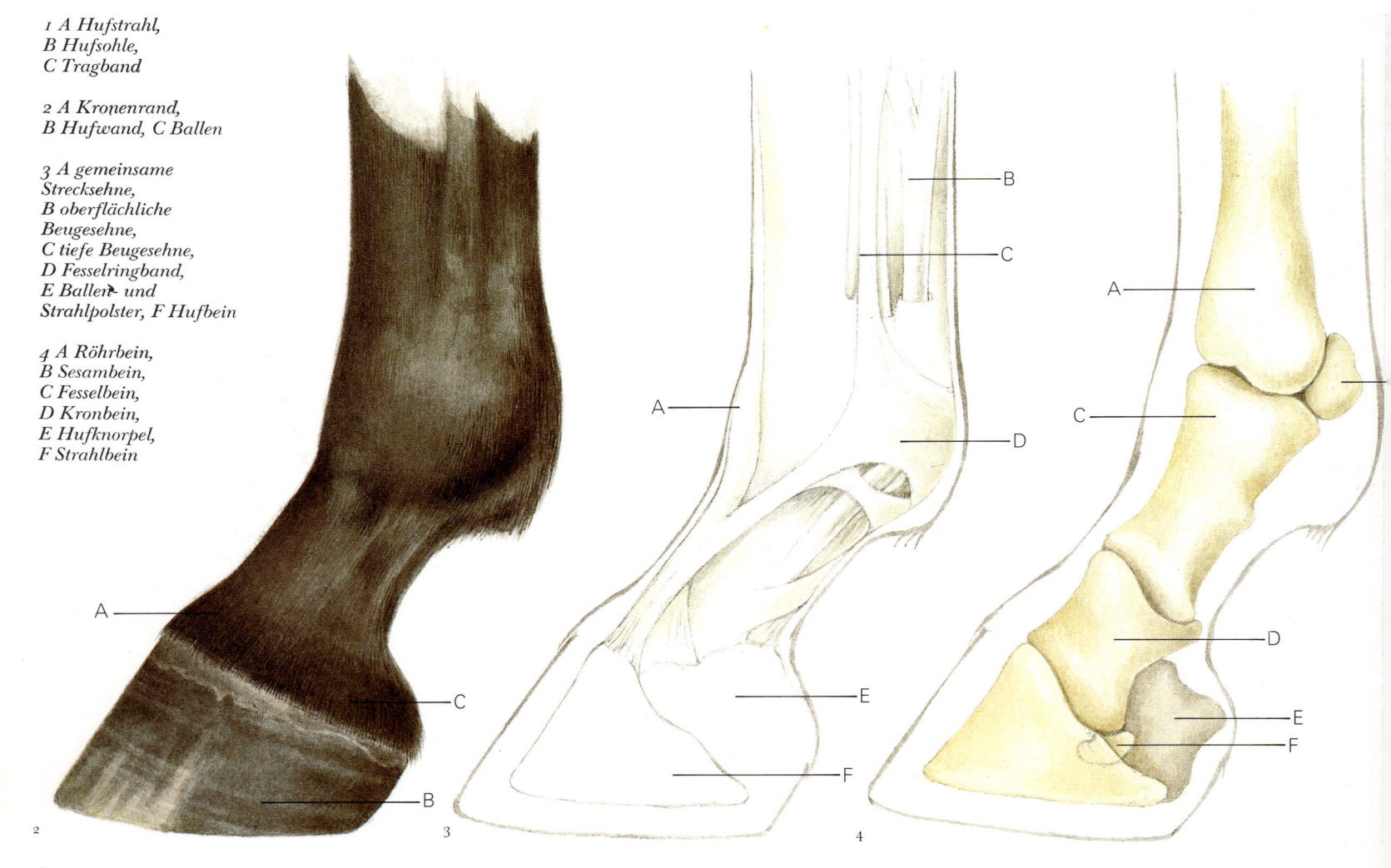

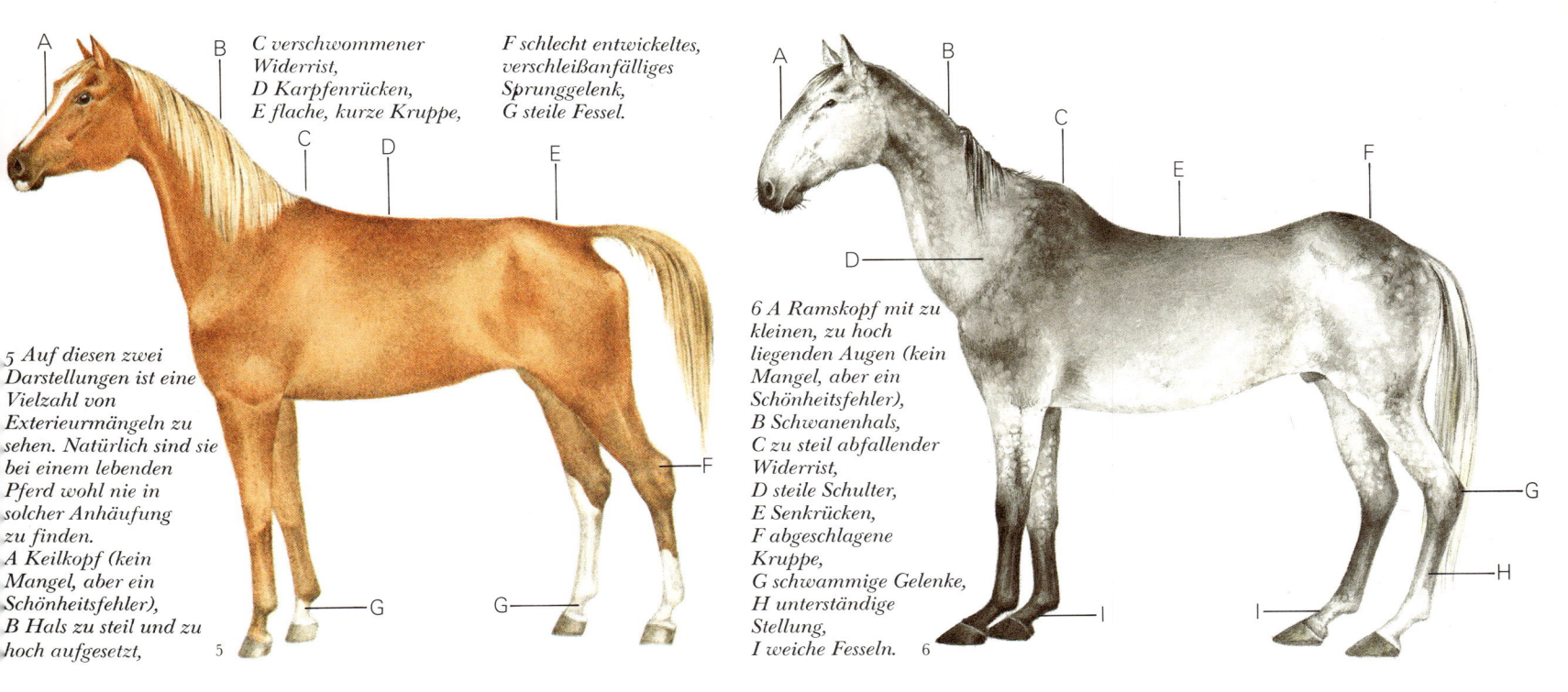

5 Auf diesen zwei Darstellungen ist eine Vielzahl von Exterieurmängeln zu sehen. Natürlich sind sie bei einem lebenden Pferd wohl nie in solcher Anhäufung zu finden. A Keilkopf (kein Mangel, aber ein Schönheitsfehler), B Hals zu steil und zu hoch aufgesetzt, C verschwommener Widerrist, D Karpfenrücken, E flache, kurze Kruppe, F schlecht entwickeltes, verschleißanfälliges Sprunggelenk, G steile Fessel.

6 A Ramskopf mit zu kleinen, zu hoch liegenden Augen (kein Mangel, aber ein Schönheitsfehler), B Schwanenhals, C zu steil abfallender Widerrist, D steile Schulter, E Senkrücken, F abgeschlagene Kruppe, G schwammige Gelenke, H unterständige Stellung, I weiche Fesseln.

mit eine höhere Gefahr. Allerdings sind nicht alle Stellungsfehler gleich bedenklich, und natürlich spielt auch das Ausmaß des Fehlers eine Rolle. Manche Unkorrektheiten fallen erst beim Hochleistungssport ins Gewicht. Von geringem oder überhaupt keinem Nachteil hat sich beispielsweise eine kuhhessige, also X-beinige Stellung der Hinterbeine erwiesen, jedenfalls solange solche Pferde nicht im Spitzensport eingesetzt werden. Diese Stellung ist häufig bei Gebirgs- und Nordponys, und es gibt Fachleute, die behaupten, kuhhessige Ponys seien trittsicherer. Das liegt aber wahrscheinlich eher im Erbgut der Rasse und den einzelnen Tieren als an der Kuhhessigkeit.

Die Verletzungs- bzw. Erkrankungsmöglichkeiten der Gliedmaßen sind sehr vielfältig. Schäden an den Knochen sind zum Beispiel Knochenauftreibungen oder Überbeine, welche durch Knochenhautentzündungen entstehen können. Je nach ihrem Standort können sie nur Schönheitsfehler sein oder auch zu schweren Beeinträchtigungen der Leistungsfähigkeit führen. Spat nennt man eine Verknöcherungserscheinung am Sprunggelenk, die während des Verknöcherungsvorganges sehr schmerzhaft ist. Sie tritt vor allem bei Dressurpferden und Trabern auf. Beinbrüche bei Pferden sind nicht unheilbar, wie man oft annimmt, aber die Behandlung ist so schwierig, daß man meistens davon absieht. Die Heilung dauert mindestens vier Monate und ist nur möglich, wenn das Bein absolut ruhiggestellt ist. Das bereitet große technische Schwierigkeiten und ist für das Bewegungstier Pferd natürlich eine Tortur.

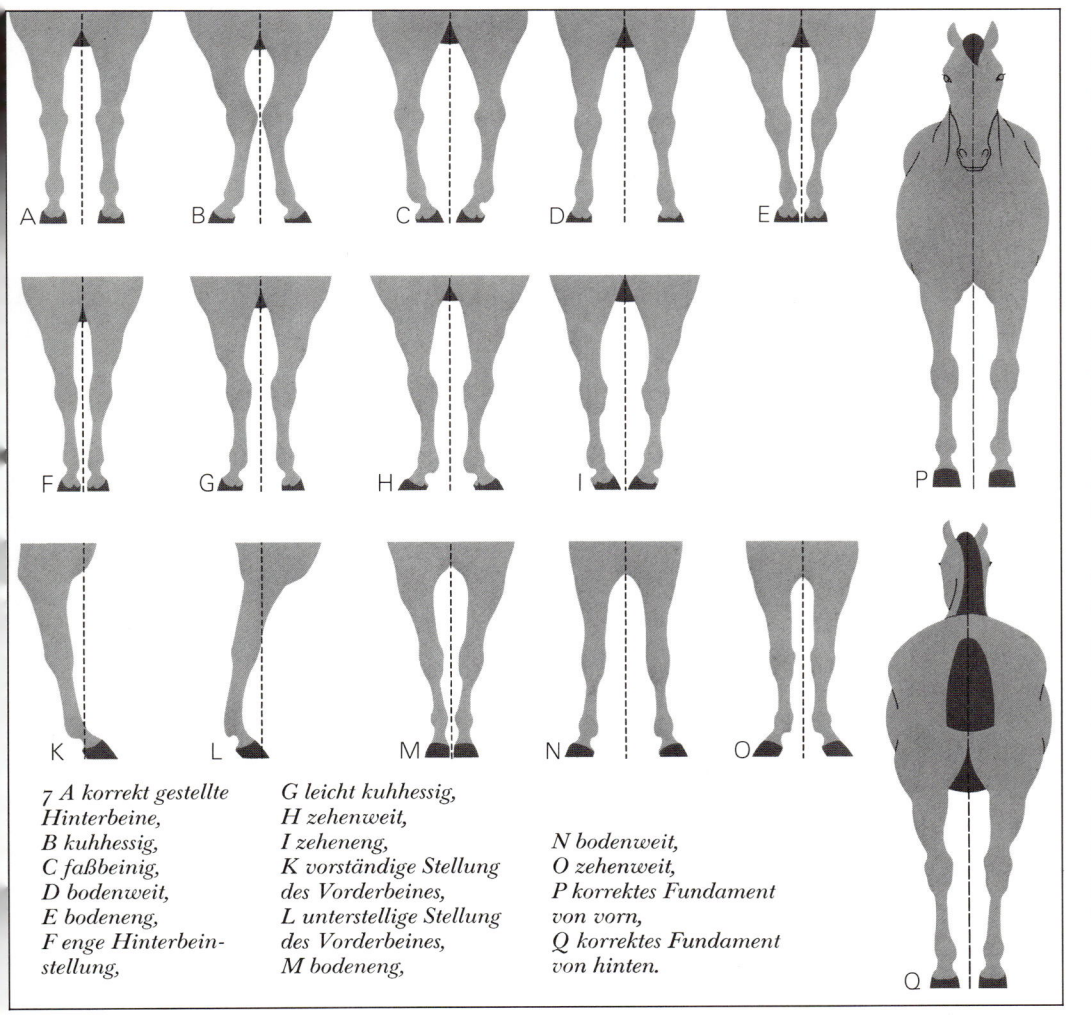

Weit häufiger als Knochenkrankheiten sind Sehnenschäden, und zwar hauptsächlich an den Beugesehnen. Bei stunden- oder tagelang anhaltender Überbelastung kommt es zu Sehnenüberdehnungen, die oft erst Stunden später durch Anschwellungen, Erwärmung der Sehne oder Lahmheit festzustellen sind. Dieser Schaden kann meistens völlig geheilt werden. Bedeutend schwieriger oder mindestens langwieriger ist die Heilung von Sehnenzerrungen, welche durch plötzliches Überbelasten der Sehnen entstehen und zu sofortigem Lahmen führen. Schwer oder gar nicht heilbar ist eine Sehnenzerreißung, die sich ebenfalls durch plötzliche Überbeanspruchung ergeben kann.

Schließlich können auch am Huf eine ganze Menge von Verletzungen oder Erkrankungen entstehen. Unsachgemäßer Beschlag oder unsorgfältiges Nachschneiden der Hufe bei unbeschlagenen Pferden führen etwa zu schwerwiegenden Veränderungen. Eingetretene Fremdkörper oder andere Verletzungen, Erkrankungen, die durch mangelnde Pflege entstehen, oder angeborene Hufffehler können Pferde vorübergehend oder für alle Zeiten nutzlos machen.

7 A korrekt gestellte Hinterbeine, B kuhhessig, C faßbeinig, D bodenweit, E bodeneng, F enge Hinterbeinstellung, G leicht kuhhessig, H zehenweit, I zehneng, K vorständige Stellung des Vorderbeines, L unterstellige Stellung des Vorderbeines, M bodeneng, N bodenweit, O zehenweit, P korrektes Fundament von vorn, Q korrektes Fundament von hinten.

61

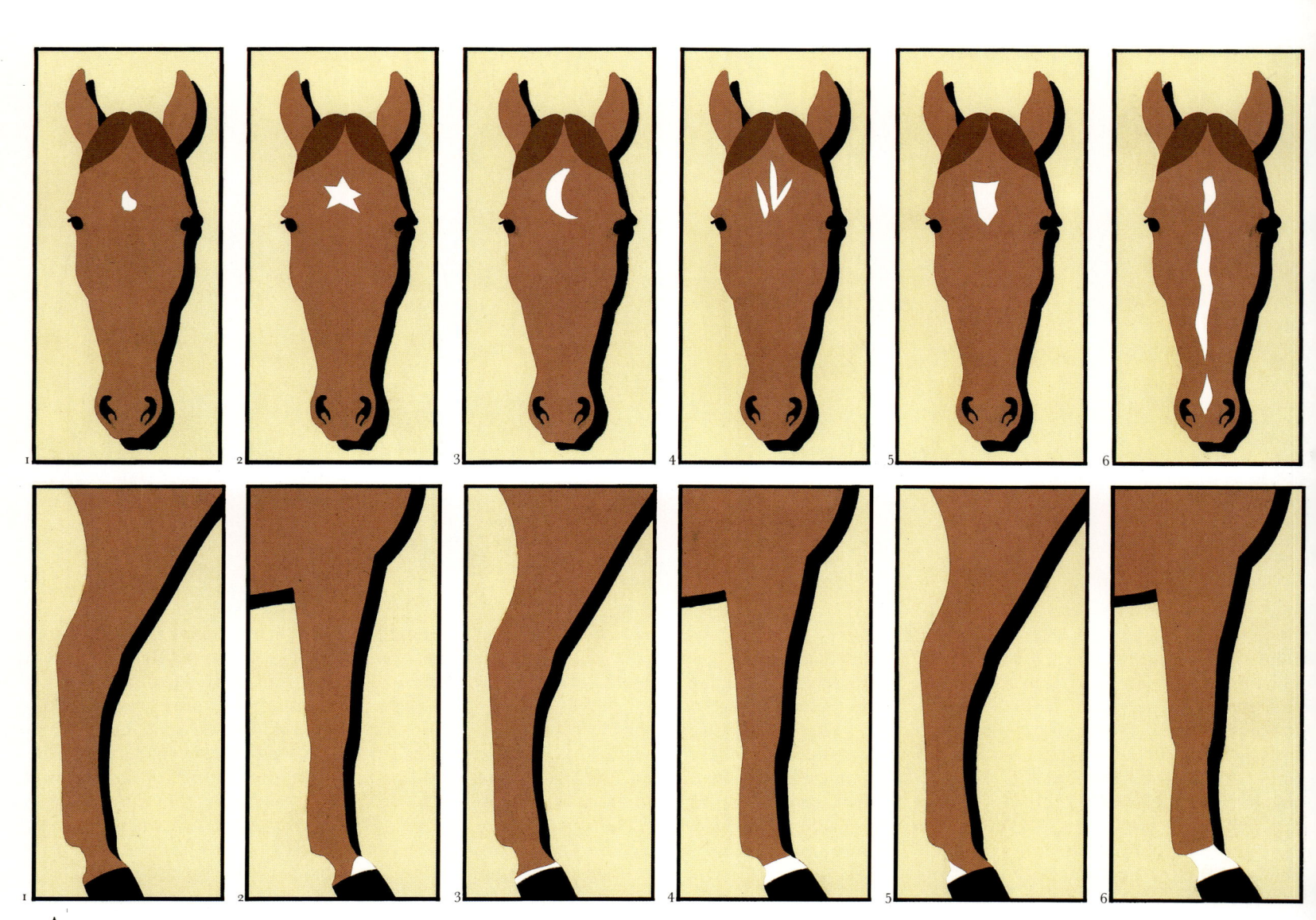

ABZEICHEN

Abzeichen nennt man jene weißen Haarstellen, die am Kopf und an den Beinen, gelegentlich auch an anderen Körperstellen zu sehen sind. Diese Flecken sind bereits bei der Geburt vorhanden und bleiben zeitlebens erhalten. Die Abzeichen an Kopf und Beinen sind wichtige Merkmale zur Identifizierung von Pferden und werden daher im Fohlenschein, im Pferdepaß, im Abstammungsnachweis usw. eingetragen. Nur äußerst selten kommt es vor, daß zwei Pferde eine annähernd gleiche Kombination von Abzeichen und erst noch dieselbe Haarfarbe aufweisen und daher verwechselt werden können. Allerdings gibt es viele Pferde, die keine Abzeichen tragen. Hier helfen Brandzeichen als Identitätsmerkmale, insbesondere Nummernbrände. Die meisten Brände werden am Hinter- oder Vorderschenkel, in der Sattellage oder am Hals angebracht. Sichere Erkennungsmerkmale sind vor allem Nummernbrände an der Innenseite der Unterlippe, wie man sie etwa bei Vollblütern in Amerika anbringt.

Es gibt auch Pferde mit Abzeichen am Rumpf, vor allem in der Bauchgegend. Sie kommen oft vor bei den mächtigen Clydesdales aus Schottland. Haben die weißen Flecken aber eine größere Ausdehnung, spricht man nicht von Abzeichen, sondern von einer Scheckenzeichnung.

Sehr oft wachsen auf Wundnarben weiße Haare und können bleibende Flecken bilden. Sie sind besonders häufig in der Widerristgegend, wo sie von schlecht sitzenden oder unsachgemäß aufgelegten Sätteln herrühren. Natürlich sind diese Satteldrücke und auch andere Narbenflecken keine Abzeichen.

Abzeichen gibt es bei Rappen, Dunkelbraunen, Braunen, Füchsen, stichelhaarigen und palominofarbenen Pferden wie z. B. Shirehorse. Bei einigen Rassen sieht man sie fast an jedem Pferd, bei anderen seltener und bei wieder anderen wie den Suffolk Punches überhaupt nie.

Abzeichen wie auch Scheckenzeichnungen sind immer ein sicheres Zeichen

1 Typisch für die schottischen Clydesdales sind viele Abzeichen an Kopf und Beinen sowie oft, was sonst selten ist, weiße Abzeichen am Rumpf.

2 Größere, über den ganzen Körper verteilte Flecken nennt man nicht Abzeichen, sondern eine Scheckenzeichnung. Sie ist bei einigen Rassen häufig, bei anderen kommt sie nie vor. Äußerst selten ist sie bei den Anglo-Arabern. Hier ist eine solche Ausnahme aus dem polnischen Gestüt Janow Podlaski zu sehen.

3 Auch beim sogenannten Tigerscheckenkleid spricht man nicht von Abzeichen. Das Bild zeigt einen dänischen Knabstruperhengst mit einem Fohlen. Hier ist die Zeichnung ein wichtiges Rassenmerkmal.

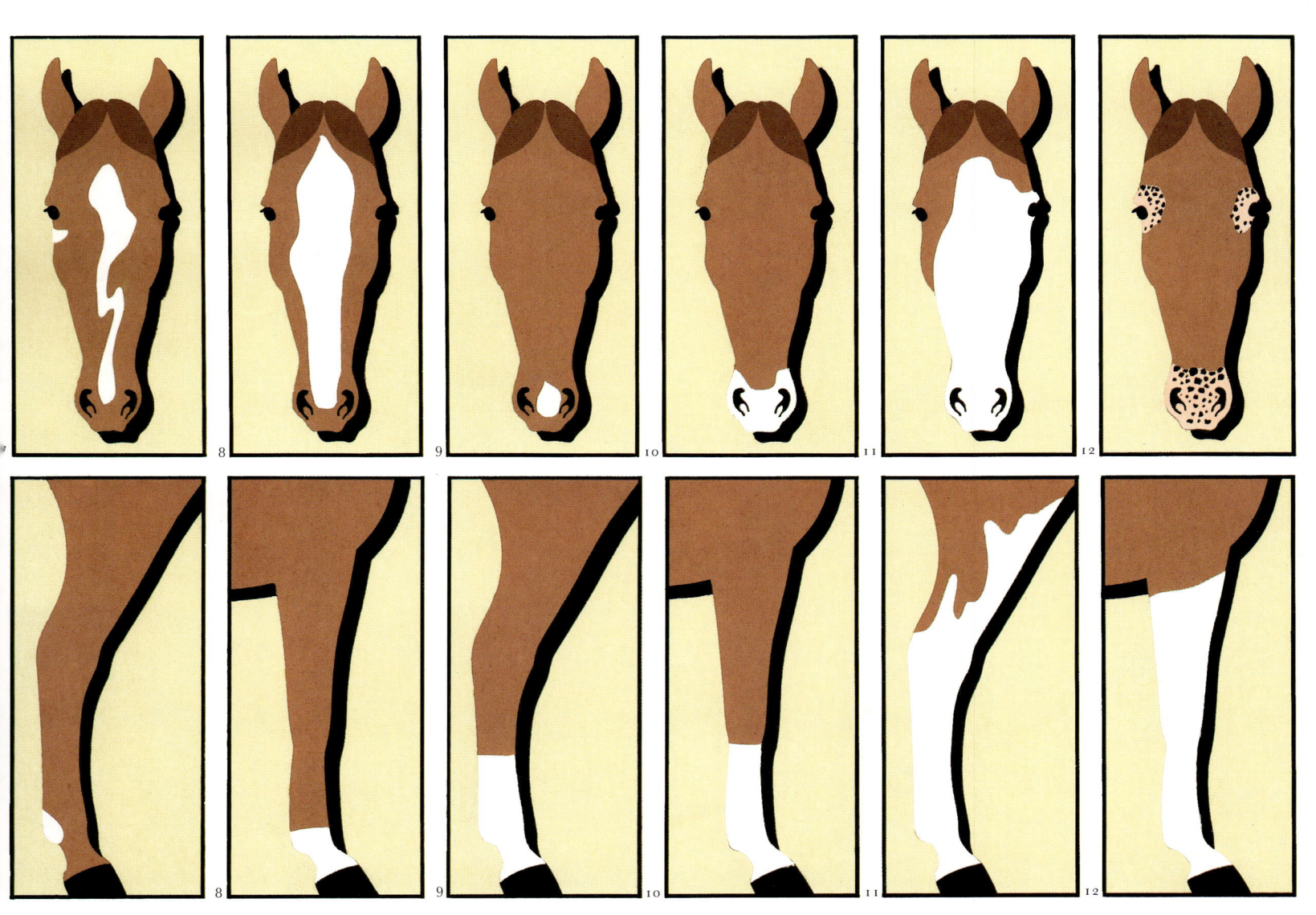

dafür, daß es sich bei ihren Trägern um Hauspferde handelt oder um Tiere, die sich schon mit Hauspferden vermischt haben. Bei Wildpferden sind sie unbekannt. Wildpferde tragen immer eine Tarnfärbung ohne auffällige Flecken. Die Farbe des Przewalskipferdes, der einzigen überlebenden echten Wildpferderasse, ist hellbraungelblich bis graugelblich, wobei die kurze Stehmähne, der Schweif und die unteren Teile der Beine fast schwarz sind und sich dem Rücken entlang ein dunkler Aalstrich zieht. Typisch ist außerdem ein helles «Mehlmaul». Bei Wildpferden und Hauspferden mit dieser Falbfarbe sieht man oft auch oben an den Beinen einige mehr oder weniger deutliche, quer verlaufende «Zebrastreifen». Die ausgestorbenen Tarpane und ihre noch lebenden nahen Verwandten waren und sind sogenannte «Mausfalben» mit mausgrauem Fell, schwarzem Langhaar, schwarzen Stiefeln und ausgeprägtem Aalstrich auf dem Rücken. Die nordischen Urponys waren offenbar Braune, denn die ihnen sehr nahe stehenden, fast reinblütig erhaltenen Exmoorponys in England tragen ein braunes Fell mit schwarzem Langhaar und schwarzer Stiefelung. Charakteristisch ist auch hier ein sandfarbenes Mehlmaul und eine ebensolche Färbung um die Augen und an den Innenseiten der Beine.

Einige steinzeitliche Höhlenmalereien in Südwesteuropa zeigen Pferde, die mit zahlreichen dunklen Flecken übersät sind. Die wilden Vorbilder für diese Darstellungen waren aber mit größter Wahrscheinlichkeit keine Tigerschecken, also Weiße mit Flecken, sondern braune Pferde mit einer etwas dunkleren Fleckenzeichnung, einer sogenannten «Apfelung».

Leider wissen wir nichts über die Fellfarben jener Wildpferde der Halbwüsten und Wüsten, aus denen die orientalischen Pferde und mit ihnen die Araber entstanden sind. Sie waren es nämlich offenbar, welche die Buntheit unter unsere Hauspferde brachten. Ob diese Pferde bereits in der Wildform zur Schimmelfarbe und zu Flecken neigten, ist unbekannt, aber sicher waren bei den arabischen Pferden schon sehr früh Schimmelfarbe und Abzeichen häufig. Viele Fachleute nehmen an, daß bei allen anderen frühen Hauspferdeformen erst mit dem Einkreuzen orientalischer Pferde weiße Abzeichen, Fleckenzeichnungen und die Schimmelfarbe auftraten, daß also die Orientalen die Abzeichen «erfunden» haben.

Obere Reihe: Hier ist eine kleine Auswahl der unzähligen Formen und Größen der Abzeichen am Kopf zu sehen, zu denen es auch eine sehr große Zahl verschiedener Bezeichnungen gibt. 1 Flocke, 2 Stern, 3 Mond, 4 Blume, 5 große Flocke, 6 schmale unterbrochene Blesse, 7 schmale unregelmäßige Blesse, 8 breite durchgehende Blesse, 9 Schnippe, 10 Milchmaul, 11 Laterne, 12 Krötenmaul mit unregelmäßig pigmentierten Augenringen.

Untere Reihe: Eine Auswahl der Abzeichen an den Beinen. 1 ohne Abzeichen, 2 gekrönt, 3 gesäumt, 4 halb gefesselt, 5 Ballenfleck, 6 gefesselt, 7 Kötenfleck, 8 hoch gefesselt, 9 halb gestiefelt, 10 gestiefelt, 11 unregelmäßig hoch gestiefelt, 12 hoch gestiefelt. Bei größeren Abzeichen an den Füßen sind meistens, aber nicht immer auch die Hufe unpigmentiert, also hell hornfarben.

ÜBER DIE HAARFARBEN

Napoleon ritt nur Schimmel. Mohammed empfahl für besonders schwere Bewährungsproben Dunkelfüchse. Viele Cowboys im amerikanischen Westen schwören, daß Falben die besten Pferde seien, nämlich die härtesten, ausderndsten, am besten für die Rinderarbeit veranlagten. Das mag sogar in einem gewissen Maße zutreffen, aber nicht weil falbfarbene Pferde von Natur aus besser sind als andersfarbige, sondern weil Cowboys selbstverständlich auf Leistung züchten, unter gleichwertigen Zuchttieren aber Falben bevorzugen und somit die Leistungszucht der falbfarbenen Pferde fördern.

Ein eigentliches Qualitätszeichen aber ist die Farbe nie. Ein Schimmel kann genauso gut sein wie ein Rappe oder ein Brauner. Die Farbe kann bestenfalls verraten, daß ein Pferd nicht reinrassig ist. Cleveland Bays zum Beispiel sind immer Braune, Suffolk Punches immer Füchse, Ariège-Ponys immer Rappen. Hat ein Pferd dieser Rassen eine andere Farbe, ist es nicht rein gezogen. Bei den meisten Rassen sind Schecken von der Zucht ausgeschlossen, und sie bringen nur noch Schecken hervor, wenn ein rassenfremdes Tier eingekreuzt wird. Ein geschecker «Vollblüter» ist also nie ein reiner Vollblüter (und damit natürlich überhaupt kein Vollblüter, sondern ein Halbblüter), was aber nicht bedeuten muß, daß er schlechter ist.

Immer mehr Züchter befassen sich mit der Zucht von Pferden oder Ponys bestimmter Farben. In vielen Fällen ist es möglich, nach einigen Generationen Tiere zu erhalten, die ihre Farbe konstant weitervererben, wie es die braunen Cleveland Bays oder die falbfarbenen Fjordponys tun. Bei manchen Farben aber scheint dies unmöglich zu sein. Es gibt Schimmel, die rein züchten, und andere, deren Fohlen zu einem Viertel andersfarbig sind. Die Fjordponys züchten zwar rein, die meisten anderen Falben aber nicht. Die meisten Füchse, Braunen und die sogenannten cremefarbenen Albinos züchten rein, während viele weiße Albinos nicht rein züchten. Ich kenne einen Fuchshengst aus amerikanischer Zucht, der fast auf jeder Stute, egal welcher Farbe, geschecke Fohlen produziert.

Jedes Pferd und jedes andere Tier (auch der Mensch) hat einen doppelten Satz von Erbanlagen oder Genen. Bei der Befruchtung erhält das Fohlen von jedem Elternteil einen Satz und damit alle Erbanlagen von Vater und Mutter. Alle treten bei einer der folgenden Generationen wieder in Erscheinung, und zwar in einem bestimmten, im voraus zu berechnenden Zahlenverhältnis nach dem sogenannten Mendelschen Gesetz. Einen Teil der Erbfaktoren bezeichnet man als «dominant», was bedeutet, daß diese bereits in der ersten Generation wieder auftreten, während sich die «rezessiven» Elemente erst in einer späteren Generation durchsetzen können.

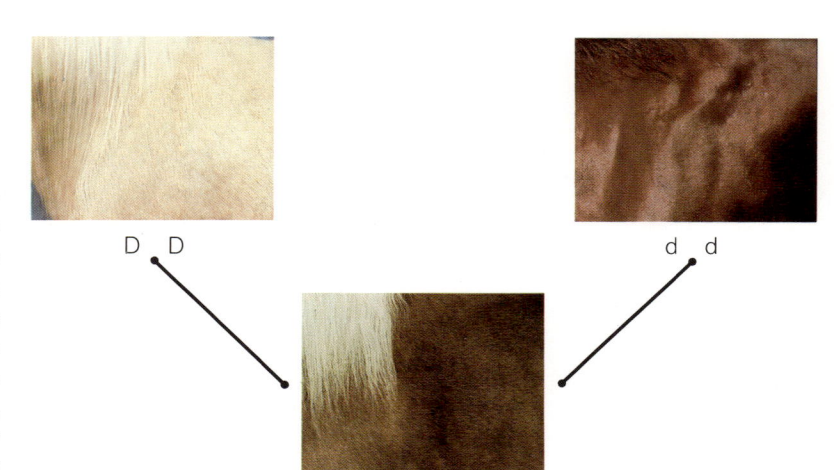

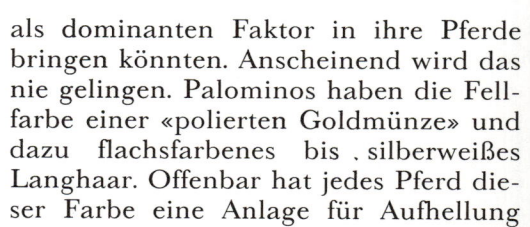

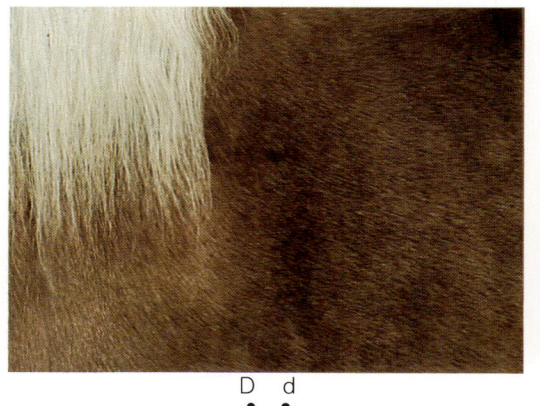

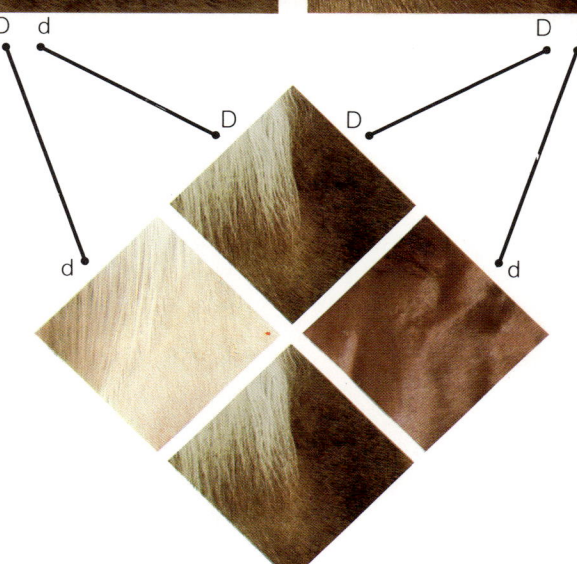

Links: Paart man Cremefarbe mit Fuchsfarbe, erhält man die begehrte Palominofarbe.
Unten: Aus der Paarung Palomino mit Palomino gehen 50 Prozent Palominos, 25 Prozent cremefarbene Albinos und 25 Prozent Füchse hervor.

Sind nun die Farbanlagen als dominante Faktoren in den Erbsätzen eines Pferdepaares vorhanden, werden die Fohlen die Farbe der Eltern tragen und diese auch an ihre direkten Nachkommen weitervererben. Sind die Anlagen rezessiv, kommen sie erst bei Enkeln, Urenkeln oder noch später wieder zum Tragen.

Obschon jeder versierte Farbzüchter diese Gesetzmäßigkeiten kennt, gelingt es ihm durchaus nicht immer, einen Stamm herauszuzüchten, der eine bestimmte Farbe konstant vererbt. Die Palominozüchter beispielsweise zerbrechen sich seit Jahrzehnten den Kopf darüber, wie sie die wundervolle Farbe als dominanten Faktor in ihre Pferde bringen könnten. Anscheinend wird das nie gelingen. Palominos haben die Fellfarbe einer «polierten Goldmünze» und dazu flachsfarbenes bis silberweißes Langhaar. Offenbar hat jedes Pferd dieser Farbe eine Anlage für Aufhellung und eine Anlage, die keine Aufhellung bewirkt. In der Zucht bedeutet das, daß im Durchschnitt die Hälfte der Fohlen von Palominoeltern Palominos werden, ein Viertel jedoch die Aufhellung in Fell sowie Mähne und Schweif erhält und damit zu cremefarbenen Albinos wird, der restliche Viertel gar keine Aufhellung erhält und daher die Fuchsfarbe trägt. Unsere schematische Darstellung soll dieses Phänomen verdeutlichen. (Zum Zeitpunkt, wo ich diese Zeilen schreibe, bin ich sehr gespannt, welche Farbe das Fohlen meiner palominofarbenen Stute, die im vergangenen Jahr einen Palominohengst besucht hat, aufweisen wird.)

Rechts: Es gibt Braune, zum Beispiel die Cleveland Bays, welche die Farbe konstant weitervererben.

Unten: Bei Rassen, die in verschiedenen Farben gezüchtet werden, produzieren zwei braune Elternteile nach einer bestimmten Gesetzmäßigkeit Braune, Füchse und Rappen.

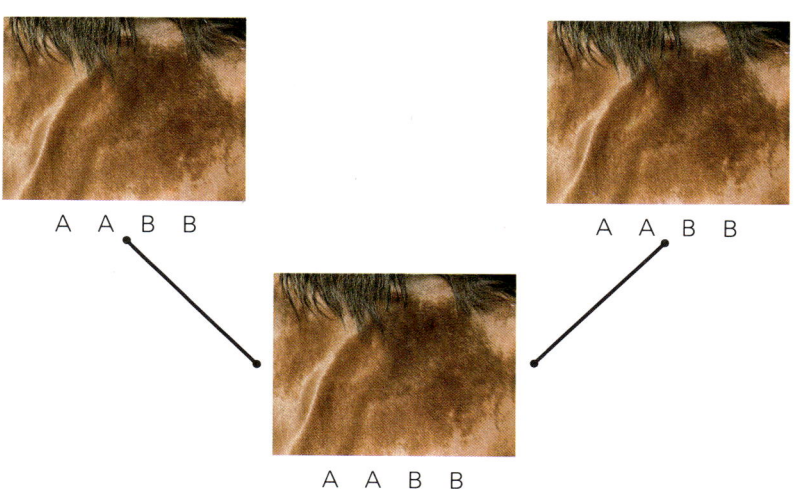

Kompliziert ist auch die Vererbung der Scheckenzeichnung. Das Scheckenmuster ist nicht das Ergebnis der Vermischung zweier verschiedenen Erbanlagen, wie oft angenommen wird, sondern eine Anlage an sich. Wenn man also einen Schimmel mit einem andersfarbigen Pferd kreuzt, wird man nie einen Schecken erhalten, wenn es bei den Ahnen nicht schon Schecken gab. Die meisten gescheckten Fohlen haben wenigstens einen gescheckten Elternteil. Aus fast allen Paarungen zweier gescheckter Pferde gehen Schecken hervor, aber hie und da gibt es auch einfarbige Fohlen — die aber mit Sicherheit in späteren Generationen wieder Schecken produzieren werden.

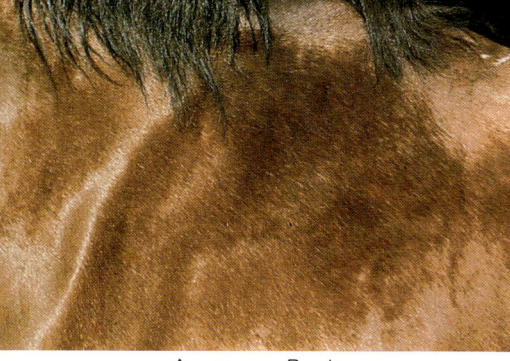

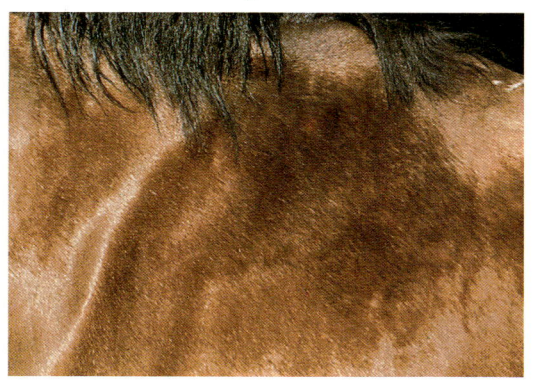

Bunte Pferde waren in Europa noch in der Barockzeit begehrt und unter den Tieren spanischer Abstammung auch häufig, aber später kamen sie aus der Mode. Es schickte sich nicht, auf einem so auffälligen Pferd zu reiten. Heute jedoch gewinnen auch verschiedenfarbige Pferde wieder zunehmend Liebhaber.

Unzählige Schecken kamen mit den spanischen Schiffen in die Neue Welt. Bei den Indianern waren sie besonders begehrt, aber lediglich von einem Stamm ist bekannt, daß er Pferde mit ganz besonderen Zeichnungsmustern systematisch züchtete. Es waren die vor allem vom Fischfang lebenden und daher seßhaften Nez Perce in Idaho und Oregon. Sie züchteten die Rasse der Appaloosapferde, die mit der Niederlage des Stammes in alle Winde zerstreut wurden und fast für immer verschwunden wären. Glücklicherweise wurde auf Restbeständen eine neue Zucht aufgebaut, und heute bilden die Appaloosas mit einem Bestand von gegen 200 000 eingetragenen Exemplaren die drittstärkste Pferderasse Nordamerikas.

Heute unterscheidet man beim Appaloosa sieben Zeichnungsmuster: Der *Leopard Pattern* oder Volltigerschecke ist weiß und überall mit runden, etwa zwei bis acht Zentimeter großen, schwarzen oder braunen Flecken übersät. In einer anderen Variante ist nur die hintere Partie des sonst weißen Körpers gefleckt. Der *Few Spotted Leopard* ist ebenfalls von Geburt an weiß, hat aber nur ganz wenige dunkle Flecken und im Idealfall dunkle Schweif- und Mähnenhaare, dunkle Ohren mit weißen Spitzen und dunkle Stellen an den Beingelenken. Der *Blanket Pattern* oder Schabrackenscheck ist schwarz bis fuchsfarben oder grau, weist über dem Rumpf, mindestens über Kruppe oder Nierenpartie, eine weiße Decke auf, in der Leopardflecken erwünscht, aber nicht erforderlich sind. Im zweiten Fall nennt man ihn *White Blanket*. Der *Marbleized Roan Pattern* oder Marmorscheck hat am ganzen Körper, oft mit Ausnahme des Kopfes, zwischen den dunklen Haaren zahlreiche weiße Haare (stichelhaarig) sowie oft Schattenzeichnungen oder dunkle Leopardflecken. Der seltene *Snowflake Pattern* oder Schneeflockenscheck zeigt auf dunkler Grundfarbe am ganzen Körper mehr oder weniger deutliche weiße Flecken. Der *Frost Pattern, Spotted Hip* oder Frostscheck hat eine dunkle Grundfarbe mit einer unklaren, rauhreifähnlichen weißen Zeichnung oder weiße Flecken über der Kruppe.

In den gleichen Zeichnungsmustern werden die *Ponys of the Americas* (POA) gezüchtet (siehe Ponyrassen Seite 35).

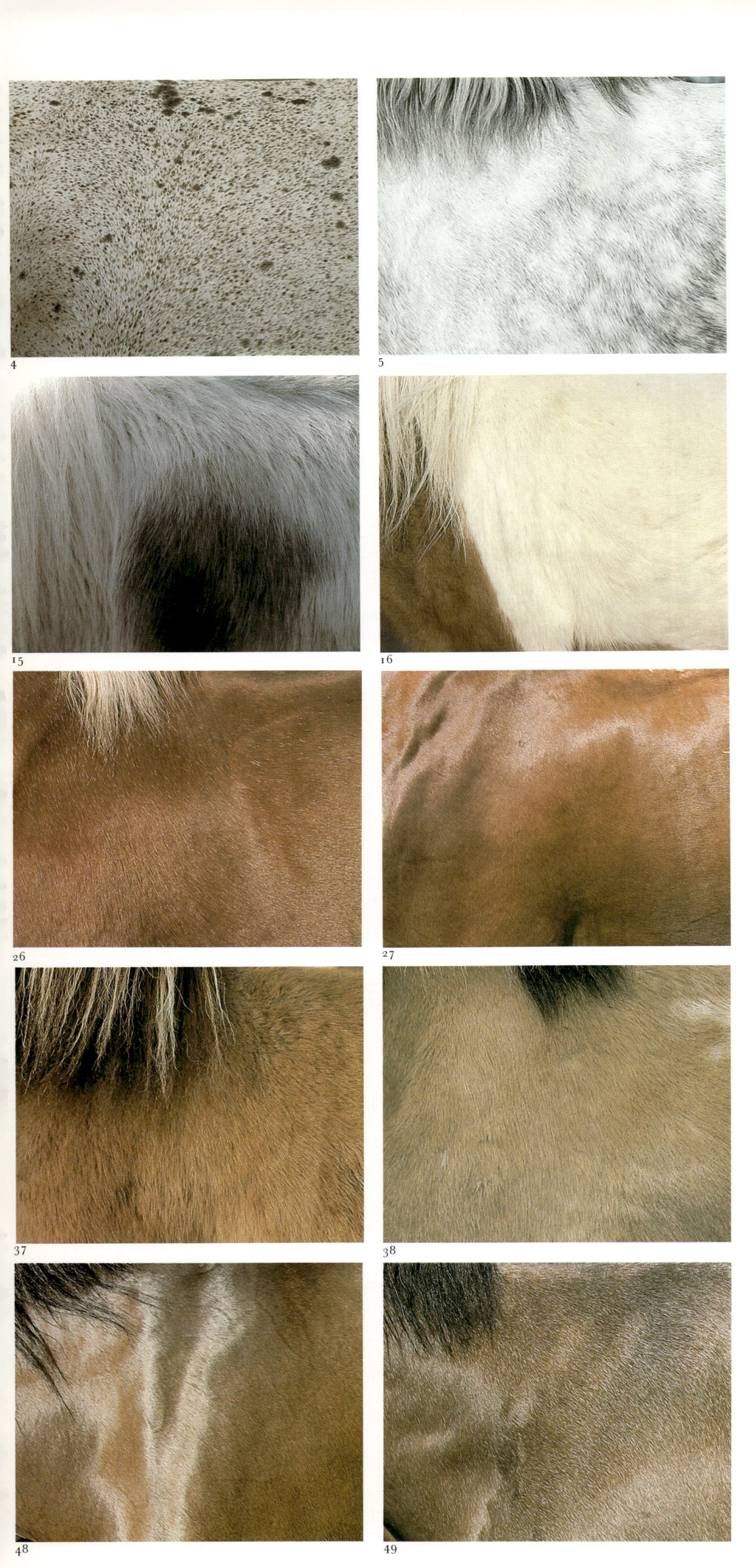

HAARFARBEN

Eine präzise Klassifizierung der Haarfarben des Pferdes ist nicht möglich, weil es zwischen Weiß und Schwarz eine fast unendliche Zahl von Farbschattierungen und außerdem eine Menge Zeichnungsmuster gibt. Man unterscheidet aber eine Reihe recht gut definierbarer Standardfarben und -zeichnungen.

Albinos sind weiße oder fast weiße Pferde, die bereits mit dieser Farbe zur Welt kommen. Echte Albinos produzieren überhaupt keine Farbpigmente und haben daher weiße Haare, eine rosarote Haut und rote Augen. Albinos gibt es unter den verschiedensten Tierarten, in reiner Form aber fast nie bei Pferden, denn die als Albinos bekannten Pferde haben gewöhnlich braune, hellbraune oder blaue Augen («Glasaugen»). *Schimmel* werden schwarz oder dunkelbraun geboren und bekommen mit zunehmendem Alter immer mehr weiße Haare. Sie können fast rein weiß werden. *Gris* oder Stichelhaarige haben im braunen, rötlichen oder schwarzen Fell eine große Zahl einzelner weißer Haare. *Falben* nennt man Pferde mit gelbbräunlichem bis mausgrauem Fell (Mausfalbe), schwarzem Langhaar, schwarzen Stiefeln und einem dunklen Aalstrich auf dem Rücken. Füchse sind rotbraun bis goldbraun oder braun, wobei das Langhaar immer dieselbe Farbe hat wie das Fell oder heller ist. *Braune* können im Fell die verschiedensten Brauntöne haben, zeichnen sich aber immer durch schwarzes Langhaar und schwarze Stiefel aus. *Dunkelbraune* sind fast oder ganz schwarz, aber immer etwa zimtfarbig hell um das Maul (Mehlmaul), um die Augen, am Bauch und an den Innenseiten der Beine. *Rappen* sind schwarz oder fast schwarz. *Schecken* sind großflächig und Tigerschecken tupfenartig gefleckt. *Blanket pattern* nennt man sie, wenn sie etwa von der Schulter an rückwärts die Fleckenzeichnung tragen, vorn aber einfarbig braun oder schwarz sind. *Snowflake pattern* sind dunkelbraune oder schwarze Pferde mit einigen weißen Flecken über der Kruppe. *Marbleized pattern* ist die Bezeichnung für Braunstichelhaarige mit vereinzelten weißen Flecken.

1 Albino,
2 Schimmel,
3 und 4 Fliegenschimmel,
5 und 6 Apfelschimmel,
7 und 8 Graue (aus ihnen werden in den meisten Fällen später Schimmel),
9 bis 11 Stichelhaarige oder Gris,
12 Volltigerschecke,
13 Schabrackentigerschecke,
14 Marmorschecke,
15 bis 18 Schecken,
19 Crèmealbino,
20 Isabell oder Paliminofarbener,
21 bis 35 Füchse in verschiedensten Varianten,
36 bis 40 Falben,
41 bis 52 Braune,
53 bis 55 Rappen.

1

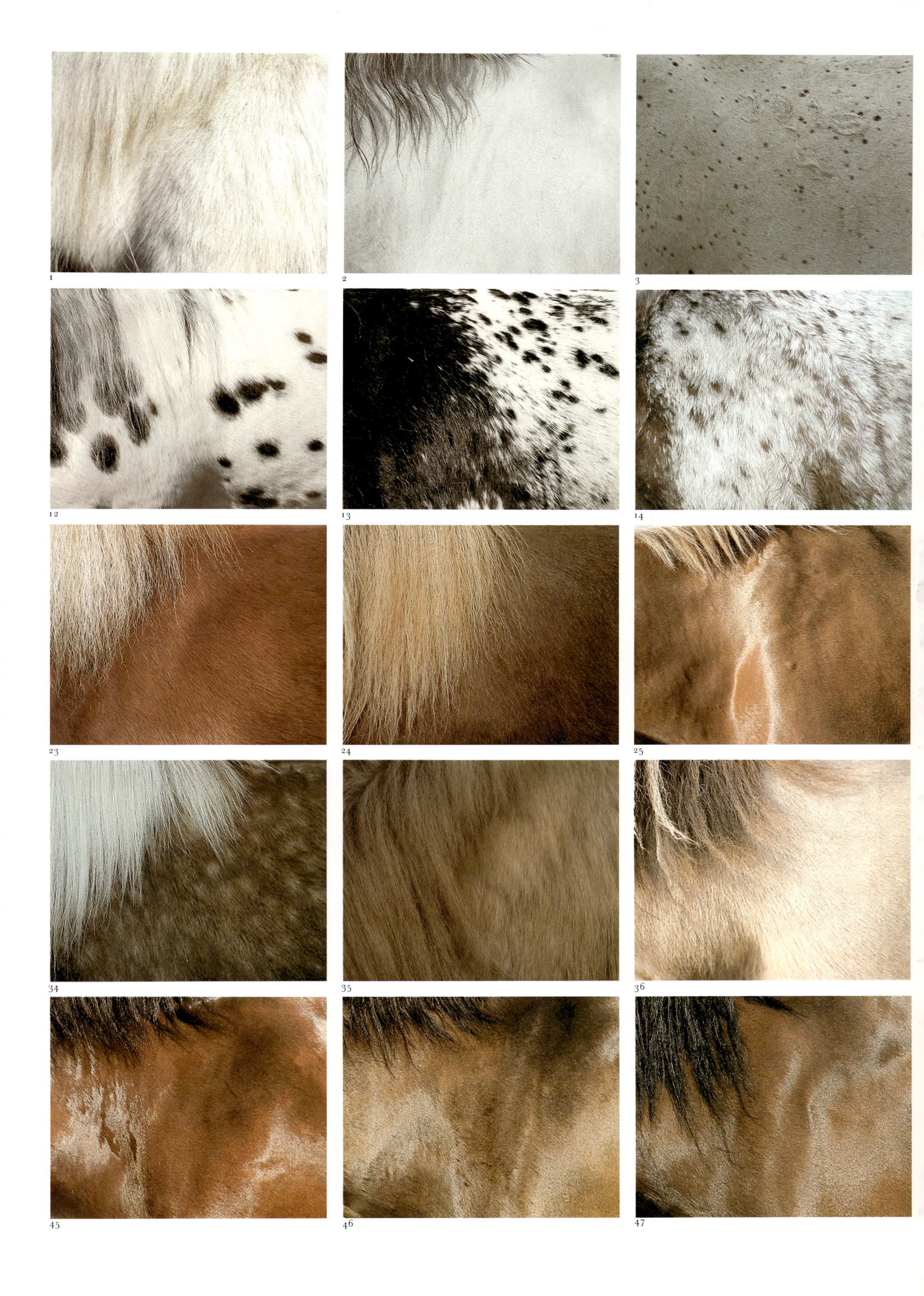

2

3

12

13

14

23

24

25

34

35

36

45

46

47

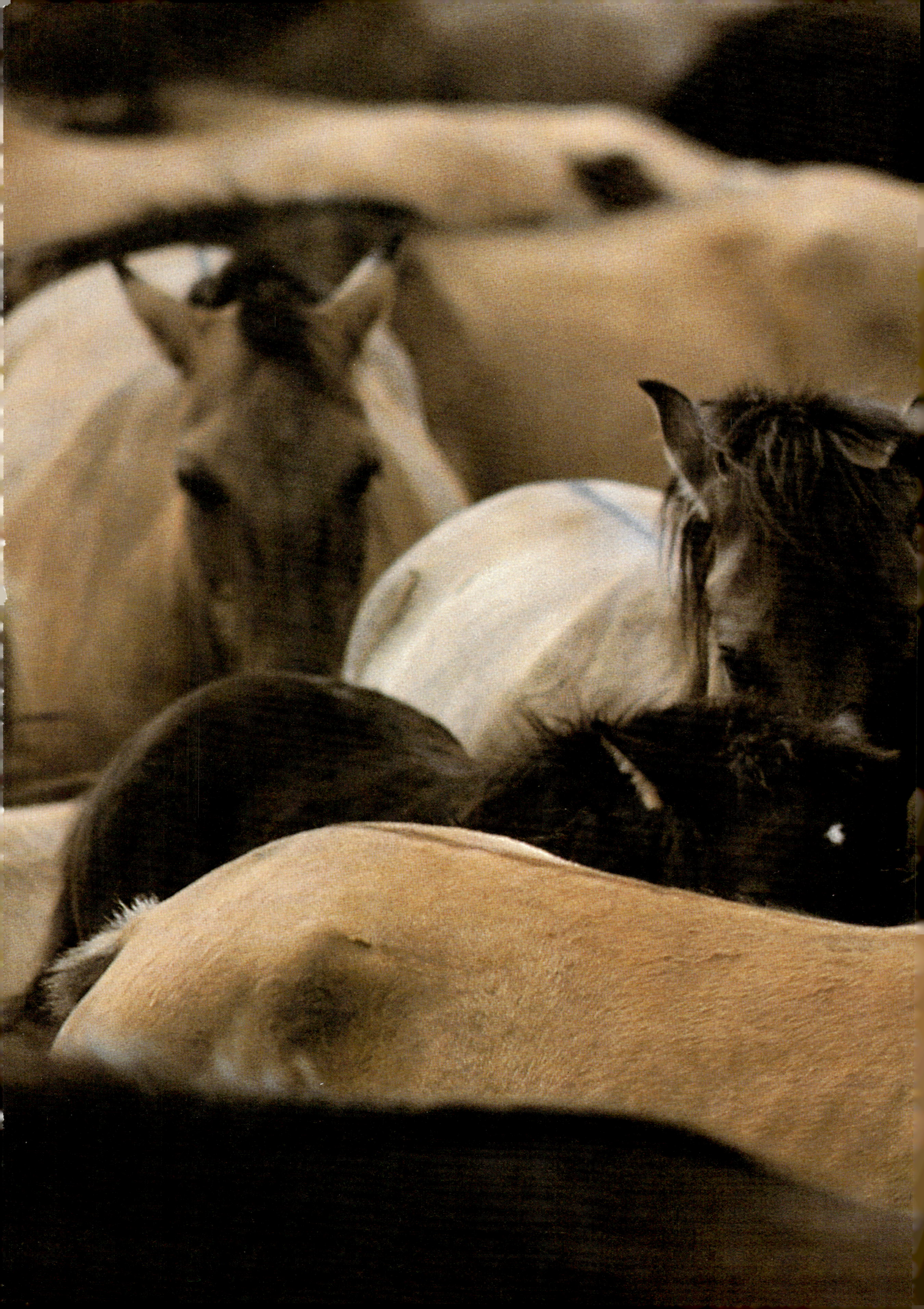

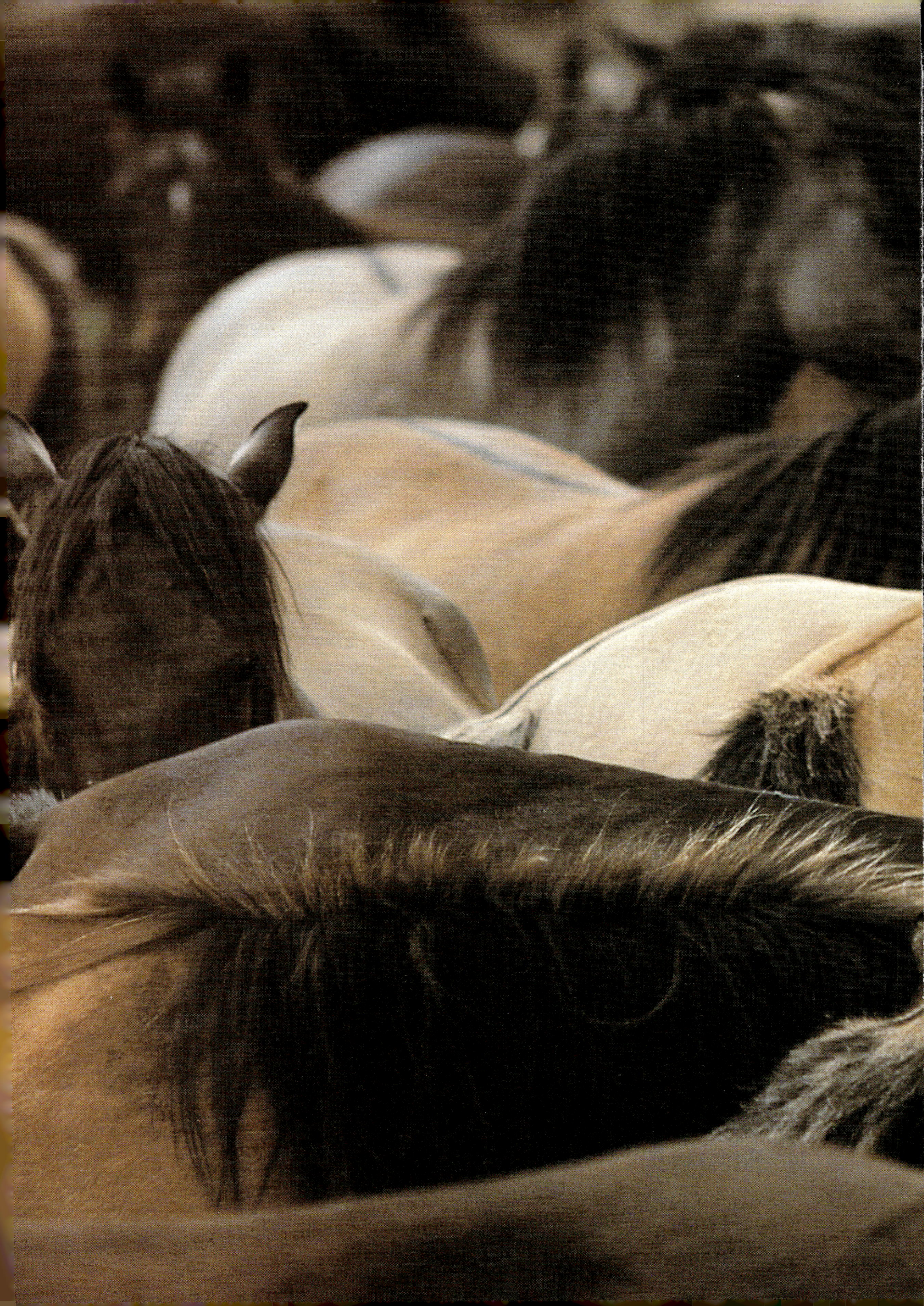

9 10 11

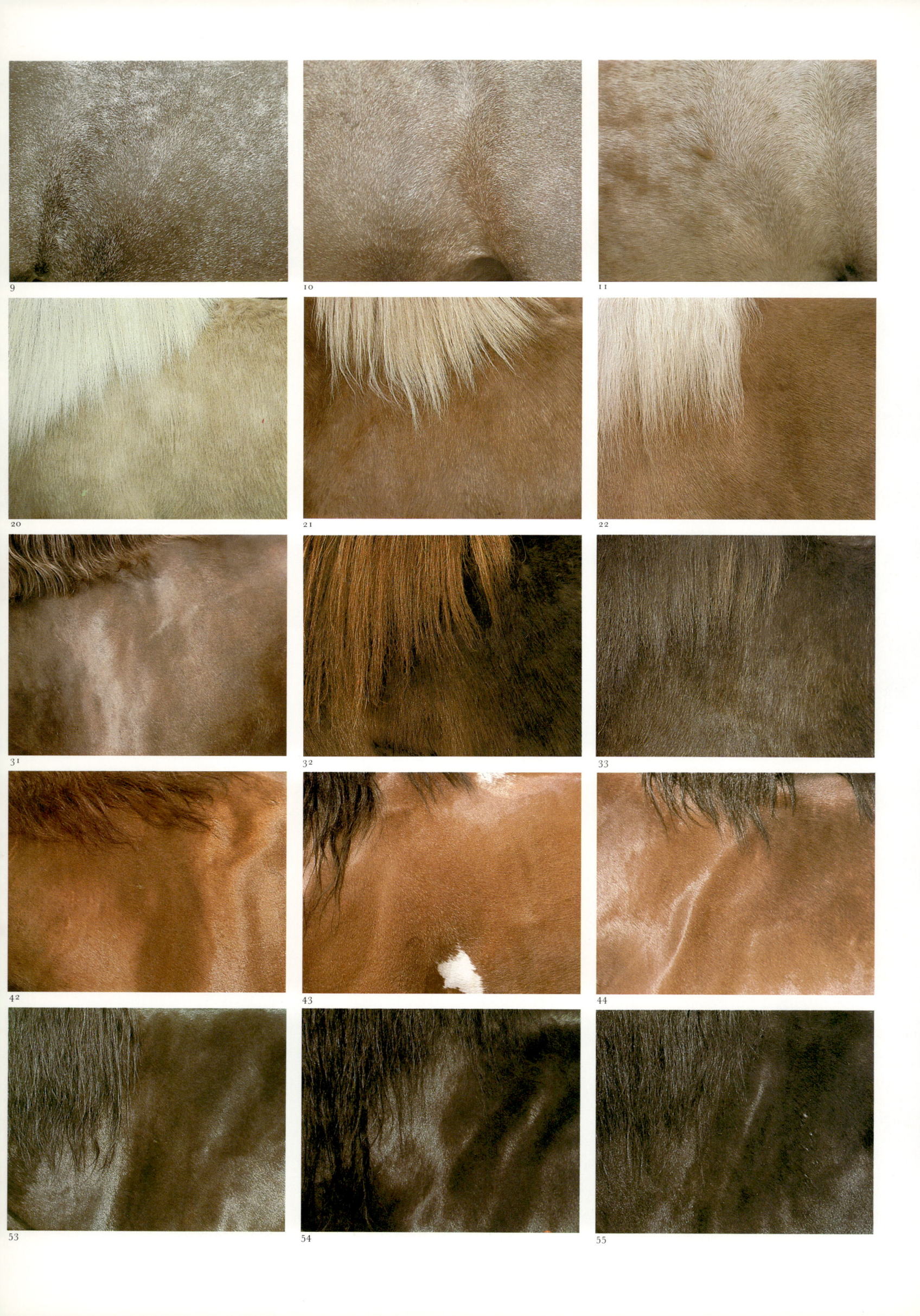

20 21 22

31 32 33

42 43 44

53 54 55

6

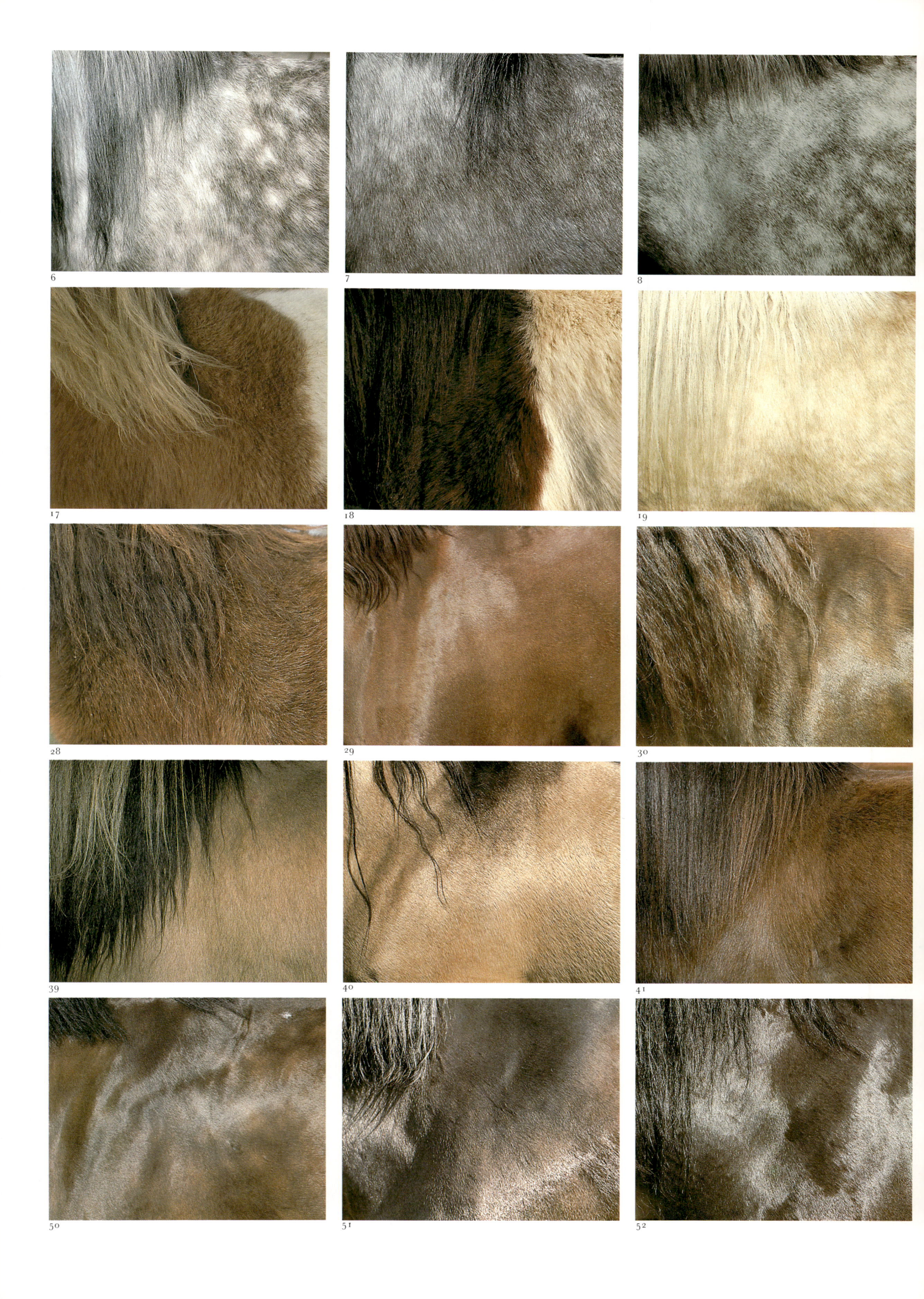

7

8

17

18

19

28

29

30

39

40

41

50

51

52

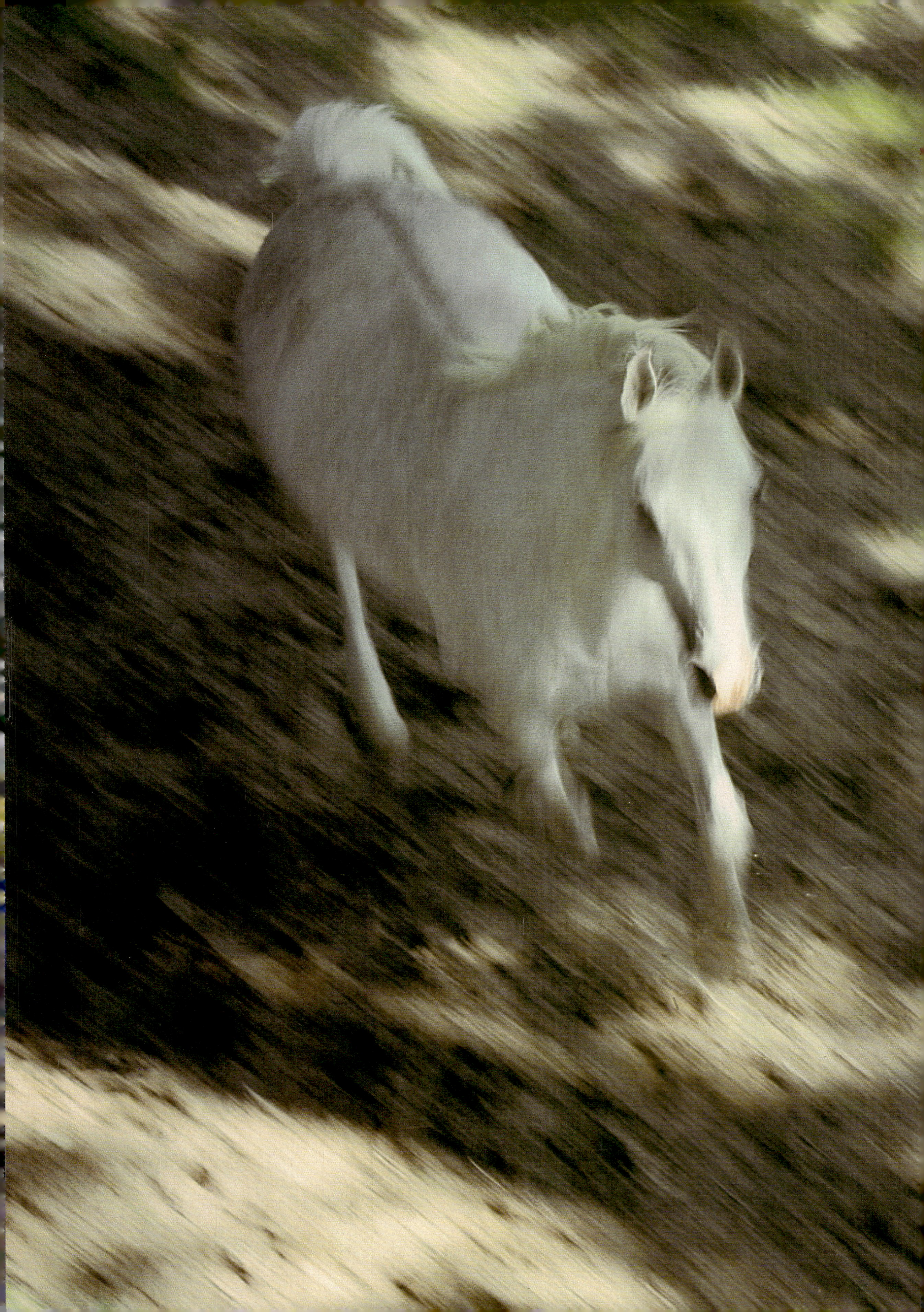

Bewegung

Das Pferd lebt ganz nur in Bewegung. Wenn es reglos dasteht, mag ihm monumentale Schönheit eignen, doch erst in der Bewegung entfaltet das Pferd seinen unvergleichlichen Adel, die elementare Kraft und tänzerische Anmut.

Seit das Pferd vor Jahrmillionen sein Buschschlüpferdasein aufgegeben und den Schutz üppiger Sumpfvegetation verlassen hat, um in offenem Grasland zu leben, ist es auf hohe Beweglichkeit angewiesen. Sein unbändiger Expansionsdrang, der es von seiner nordamerikanischen Urheimat nach Asien, Europa und Afrika wandern ließ, weist auf angeborene Bewegungsfreude. Wirkungsvolle Waffen sind ihm keine erwachsen. Das Pferd ist zwar im Besitz von Zähnen, die notfalls zupacken können, und durch gezielte Schläge seiner Hufe vermag es, wenn es Glück hat, den einen oder anderen Feind außer Gefecht zu setzen. Seine wirkungsvollsten Mittel gegen Angreifer jedoch sind Schnelligkeit und Ausdauer, augenblickliches Davonpreschen beim Auftauchen einer Gefahr und die Fähigkeit, stundenlang in raschem Tempo flüchten zu können.

Die ganze Entwicklung der Pferdefamilie arbeitete auf dieses Ziel hin. Immer deutlicher war der Körperbau auf Schnelligkeit ausgerichtet, bis die Evolution in einem schon fast gazellenhaften Tier gipfelte, das die Wurzeln zum Stamm des Arabischen Vollblutes legte.

Die Bewegungsfähigkeit hat die ganze Anatomie des Pferdes geprägt. Die Körperproportionen sind von den Nüstern bis zur Schwanzspitze ausgewogen und gestatten eine mühelose Bewahrung des Gleichgewichtes in der freien Bewegung. Kraftvolle, dicht am Körper konzentrierte Muskelpakete liefern eine enorme Schubkraft. Ein mächtiger Brustkorb bietet den im Verhältnis riesigen Lungen Raum, die das Blut mit den für Hochleistungen erforderlichen Mengen Sauerstoff versorgen können. Und als augenfälligstes Merkmal des Schnelläufers präsentieren sich vier lange, sehnige und daher leichte Beine mit der sehr kleinen Auflagefläche der Hufe.

Als Zweibeiner haben wir Menschen nur eine Grundgangart, eine simple Links-rechts-links-rechts-Folge des Auffußens. Der Unterschied zwischen Gehen und Laufen besteht lediglich darin, daß bei höherem Tempo nach jedem Schritt beide Füße für einen mehr oder weniger langen Augenblick in der Luft sind.

Mit seinen vier Beinen hat das Pferd bedeutend mehr Möglichkeiten. Es kann seine Füße in verschiedenartiger Reihenfolge heben und aufsetzen. Es gibt Fachleute, die von nicht weniger als zwölf Gangarten des Pferdes sprechen. In Wirklichkeit gibt es nur vier Grundgangarten: Schritt, Trab, Galopp und Paß. Alles andere sind Variationen aus diesen vier Gangarten, ob sie nun Tölt, Amble, Rack, Running Walk, Stepping Pace, Broken Amble, Single Foot, Fox-trot oder sonstwie heißen. Auf den folgenden vier Seiten sind die vier Grundgangarten dargestellt und beschrieben, außerdem der Tölt, eine Schrittgangart, die mit der Islandpony-Reiterei eine weite Verbreitung gefunden hat, und der Jog und Lope, in der Westernreiterei gebräuchliche Gangarten. Diese beiden zusätzlichen Variationen wurden bei Reitervölkern entwickelt, die nicht selten große Distanzen zurücklegen müssen. Sie entsprechen im Tempo einem Trab, sind aber für den Reiter viel bequemer.

Wohl die meisten übrigen, vor allem in Nordamerika entstandenen Gangarten-Variationen sind Schaugänge, die wenig oder gar keinen praktischen Sinn haben. Sie müssen den Pferden in mühsamen Lektionen beigebracht werden, oft mit zweifelhaften oder gar offensichtlich brutalen Methoden. Beim Tennessee Walking Horse zum Beispiel ist eine möglichst hohe «Knieaktion» erwünscht; das bedeutet, daß das Pferd das angewinkelte Vorderbein bei jedem Schritt extrem hoch anheben muß. Um das zu erreichen, werden die Vorderfüße mit dicken Klötzen beschwert, und eine lose um die Fessel gelegte Kette schlägt bei jedem Schritt schmerzhaft auf den Hufkronenrand. Dieselben und weitere, nicht weniger gemeine Mittel werden auch bei Hackneys, Saddle Horses usw. eingesetzt. Solche Schaugänge als schön zu bezeichnen ist Geschmacksache. Mit der vollendeten Harmonie des sich natürlich und frei bewegenden Pferdes haben sie nichts mehr zu tun.

SCHRITT

Der Schritt ist die langsamste und gebräuchlichste Gangart des Pferdes. Die schweren Kaltblüter werden nicht umsonst «Schrittpferde» genannt, obschon manche von ihnen über ein recht gutes Trabvermögen verfügen, während ihr Galopp, wegen ihrer Massigkeit, immer schwerfällig wirkt.

Der Schritt ist eine Viertaktgangart. Der Klangabstand zwischen den einzelnen Schritten ist sehr regelmäßig. Die

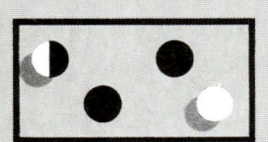

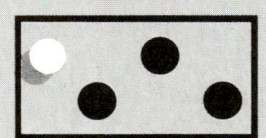

TRAB

Der Trab ist eine mittelschnelle Gangart, in der sich das Pferd in zügigem Tempo über sehr große Distanzen fortbewegen kann. Die Hufschlagfolge ist vorn-rechts und hinten-links, vorn-links und hinten-rechts usw. Das diagonale Beinpaar setzt dabei so knapp hintereinander auf, daß praktisch nur ein Schlag pro Beinpaar zu hören ist. In seltenen Fällen erfolgt das Auffußen exakt gleichzeitig. Nach dem Schlag

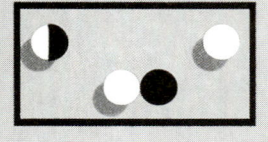

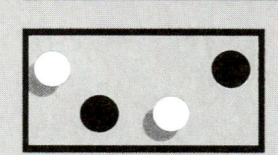

GALOPP

Der Galopp ist die schnellste Gangart. Wildlebende Pferde galoppieren fast nur bei unmittelbarer Gefahr oder im Rahmen ihres Fortpflanzungsverhaltens. Die Pferde, die aus den nordischen Tundren-, Moor- und Gletscherlandschaften stammen, haben ein weniger ausgeprägtes Galoppiervermögen als ihre Verwandten aus den südlichen Steppen- und Wüstengebieten.

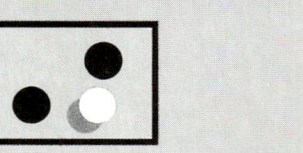

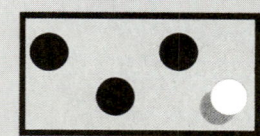

Fußfolge dabei ist rechts-vorn, links-hinten, links-vorn, rechts-hinten. usw. Im normalen Schritt sind immer zwei oder drei Füße gleichzeitig auf dem Boden.

Beim nach Dressur gerittenen Pferd unterscheidet man zwischen dem «versammelten Schritt», bei dem die Hinterfüße hinter den Spuren der Vorderfüße aufsetzen, dem «Mittelschritt», bei welchem die Hinterhufe nur wenig über die Vorderhufspuren greifen, und dem weit ausholenden «starken Schritt», bei dem die Hinterfüße weit vor den Trittsiegeln der Vorderfüße aufsetzen.

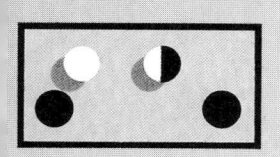

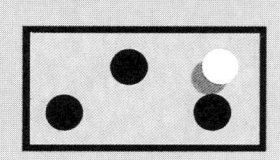

Für die Aufnahmen dieser drei Bewegungsabläufe stellte sich uns freundlicherweise die Dressur-Olympiasiegerin 1976 und Dressurweltmeisterin 1978, Christine Stückelberger, zur Verfügung.

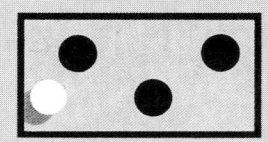

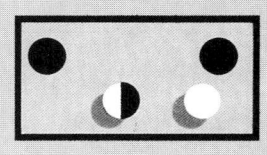

jedes Beinpaares folgt eine kurze Pause, in der sich alle vier Beine in der Luft befinden, in der sogenannten Schwebephase.

Verschiedene Pferderassen neigen von Natur aus zu weitausholenden Trabbewegungen und fallen erst in hohem Tempo in Galopp. Zu diesen Rassen gehören beispielsweise der alte englische Norfolk Trotter und der holländische Hardtraver. Solche Pferde dienten als Grundlage für die verschiedenen Traberrassen, die meistens vor dem Sulky, dem leichten Zweiradwagen, an einigen Orten aber auch unter dem Sattel in Trabrennen eingesetzt werden.

Im Dressurreiten unterscheidet man zwischen dem kurzen «versammelten Trab», dem etwas schwungvolleren «Arbeitstrab», dem zügigen «Mitteltrab» und dem schnellen, möglichst raumgreifenden «starken Trab».

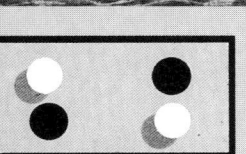

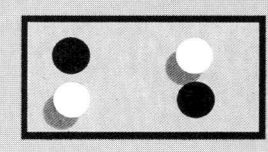

Der Galopp hat einen Dreischlagrhythmus. Man hört dabei drei Schläge in gleichmäßiger Folge, darauf folgt eine kurze Pause in der Schwebephase. Im Gegensatz zu den anderen Gangarten ist der Galopp unsymmetrisch. Man spricht daher von Linksgalopp, wenn das Pferd zuerst mit dem linken Vorderfuß aufsetzt, oder umgekehrt von einem Rechtsgalopp. Von Natur aus springt das Pferd bei schnellen Richtungsänderungen mühelos vom Links- in den Rechtsgalopp um und umgekehrt. Um unter dem Reiter rasche Galoppwechsel ausführen zu können, muß es von diesem durch richtige Gewichtsverlagerung unterstützt werden.

Die Fußfolge (im Linksgalopp) ist vorn-links, hinten-rechts, hinten-links und vorn-rechts fast gleichzeitig und praktisch nur als ein Schlag hörbar.

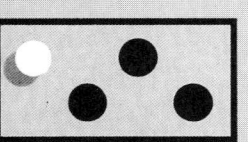

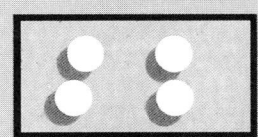

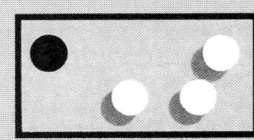

75

Pass

Verschiedene Tierarten sind Paßgänger, zum Beispiel Kamele. Ihre Schrittfolge hat keinen diagonalen Ablauf, sondern lautet links-vorn und links-hinten, rechts-vorn und rechts-hinten usw.

Der Paß gehört bei gewissen Pferderassen und auch bei Einzeltieren anderer Rassen zu den natürlichen Gangarten. Die meisten dieser Pferde gehen aber im Schritt normal, also

Tölt

Der Tölt war im Mittelalter und in der Barockzeit sehr bekannt, und die «Zelter», die diese Gangart beherrschten, waren hochbegehrt. Bei uns geriet der Tölt in Vergessenheit, doch in Island und in verschiedenen anderen Ländern blieb er, weil er für den Reiter ausserordentlich bequem ist, bestehen. Aus Island ist diese Gangart bei uns in den letzten Jahrzehnten wieder bekanntgeworden.

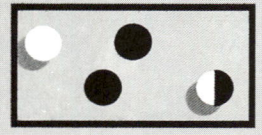

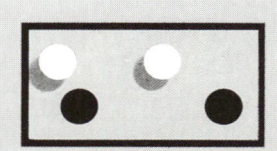

Jog und Lope

Als ein Reiter, der oft Strecken zurücklegen mußte und manchmal noch muß, die für einen richtigen Galopp zu groß und für einen gewöhnlichen Trab zu unbequem wären, suchte der Cowboy des amerikanischen Westens nach idealen «Arbeitsgangarten». Das Ergebnis sind Jog und Lope.

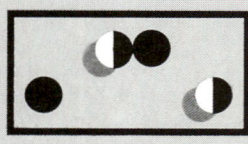

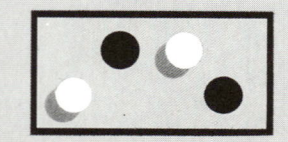

Der Jog (Bildfolge) ist ein langsamer Trab, der im Takt leicht gebrochen ist. Das diagonale Beinpaar setzt also nicht

mit diagonaler Fußfolge, und fallen erst etwa im Trabtempo in den Paß. Bei einem Paß im Schrittempo kann der Rhythmus, ebenso wie im Schritt, ein Viertakt sein. Der Paß im Trabtempo hat einen Zweitaktschlag, weil hier, wie im Trab, zwei Füße praktisch gleichzeitig aufschlagen, nämlich links-vorn und links-hinten, rechts-vorn und rechts-hinten. Dazwischen liegt, ebenfalls wie im Trab, eine Schwebephase.

Zwischen dem Schrittpaß und dem Trabpaß liegt der Stepping Pace, der auf unserer Bildfolge zu sehen ist.

Zu den natürlichen Paßgängern gehören die peruanischen Pasopferde (Farbfoto), die einen sehr schnellen gebrochenen (Stepping) Paß gehen können. Die amerikanischen Traber (Standardbred) trennt man in Trotter, die normal traben, und in Pacers, die im Paß traben und etwas schneller sind.

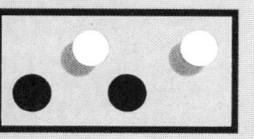

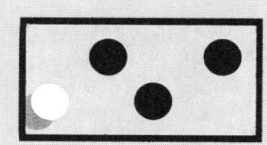

Alle Pferde mit Paßgangveranlagung haben auch die Anlagen zum Tölt, denn der Tölt ist, vereinfacht ausgedrückt, eine Variante zwischen Paß und normalem Schritt. Während in reinem Paß und Trab gleichzeitig zwei Füße aufsetzen und daher ein Zweitakt zu hören ist, ist der Klang des Schrittes ein unregelmäßiger Viertakt. Charakteristisch beim Tölt ist, daß der Hals sehr hoch getragen wird, so daß der Unterhals oft vorgewölbt erscheint. Durch diese Stellung wird der Rücken völlig entspannt, schwingt kaum mit den Bewegungen der Vorder- und der Hinterbeine und bietet, ähnlich dem Paß, dem Reiter einen äußerst bequemen Sitz in gutem Trabtempo. Durch die schnelle Schrittfolge ist der Tölt aber für das Pferd anstrengender als ein gleichermaßen fördernder Trab oder Galopp.

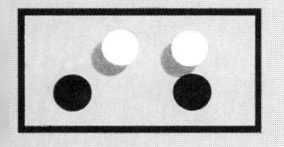

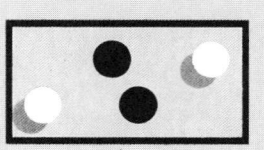

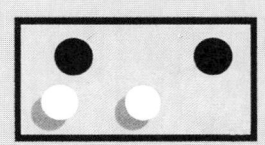

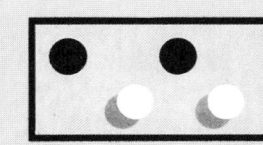

wie im normalen Trab gleichzeitig auf, sondern kurz nacheinander, wodurch statt eines Zweitaktes ein ungleichmäßiger Viertakt zu hören ist.

Der Lope ist ein sehr langsamer Galopp. Vom normalen Galopp unterscheidet er sich aber dadurch, daß das dritte und das vierte Bein nicht praktisch gleichzeitig, sondern deutlich nacheinander aufsetzen, so daß aus dem ungleichmäßigen Dreitakt ein Viertakt mit Pause nach dem vierten Schlag entsteht. Beide Gangarten-Variationen müssen dem Pferd beigebracht werden. Das ausgebildete Pferd geht in beiden Variationen außerordentlich locker, so daß sie vom Reiter bequem ausgesessen werden können. Gleichzeitig sind sie aber auch für das Pferd angenehm und können über lange Strecken mühelos beibehalten werden.

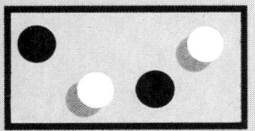

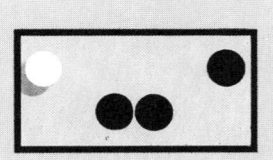

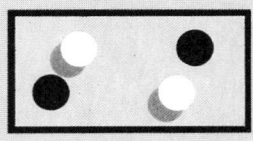

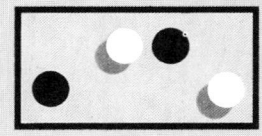

77

Vom Verhalten der Pferde

Vor 50 Millionen Jahren war das Tier, dessen Evolution zum Pferd führen sollte, ein Bewohner feuchter, von üppigem Pflanzenwuchs bestandener Gebiete. Es führte ein verborgenes Dasein, als Einzelgänger oder in kleinen Familiengruppen.

Trockenere Klimaperioden führten in Nordamerika, Europa und Nordasien dazu, daß riesige Sumpfgebiete allmählich austrockneten und zu Savannen, Prärien, Tundren oder Wüsten wurden. Ähnlich wie der nahe verwandte Tapir hätte sich nun auch das Urpferd in die tropischen und subtropischen Sümpfe Mittel- und Südamerikas und Südasiens zurückziehen können, aber im Eohippus schlummerten andere genetische Anlagen. Das Pferd hatte den Drang, zu wandern, seinen Lebensraum auszuweiten, und es hatte die Fähigkeit, sich veränderten Bedingungen anzupassen. Im Laufe unzähliger Generationen wurde es zum Bewohner weitgehend offener Landschaften. Dieser Wechsel war nur möglich, indem sich sein Körper von den Zähnen bis zu den Zehenspitzen auf die neuen Erfordernisse ausrichtete, und dank bedeutender Veränderungen im Verhalten. Als verhältnismäßig wehrloser Einzelgänger hätte das Pferd trotz seiner wachsenden Schnelligkeit im Laufen in der offenen Landschaft kaum Überlebenschancen gehabt. Nur im Herdenverband konnte ständig ein Teil der Tiere in Alarmbereitschaft sein und bei einer auftauchenden Gefahr die Flucht auslösen. Das Gemeinschaftsleben aber erforderte die Entwicklung eines ausgeprägten Sozialverhaltens, und dieses macht das besondere Wesen des Pferdes aus. Allein die Kenntnis dieses Verhaltensmusters macht uns einen erfolgreichen Umgang mit Pferden möglich.

Der Hengstkampf spielt eine wichtige Rolle im Verhaltensschema. Er garantiert, daß nur gesunde, starke Hengste Stuten erobern und decken können, und gewährleistet damit die Erhaltung einer gesunden Sippe.

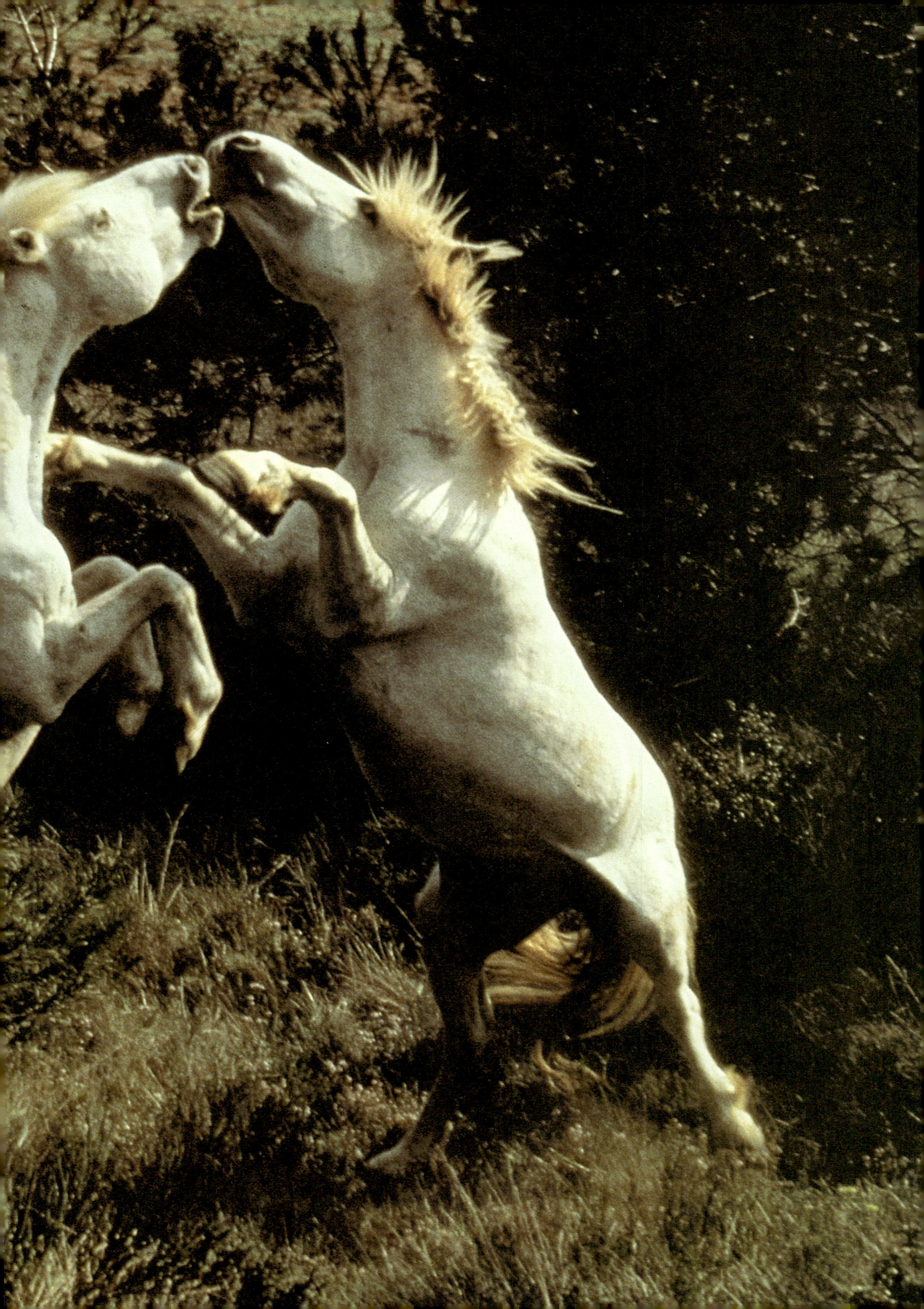

ÜBER STALLDRANG UND RANGORDNUNG

Welcher Reiter hatte nicht schon seine liebe Mühe, ein einzelnes Pferd vom Stall wegzubringen. Und wer hat nicht schon erlebt, wie sein Pferd nach langem, anstrengendem Ritt auf dem Heimweg plötzlich keine Ermüdungserscheinungen mehr zeigte und nur mit viel Kraft von einem gestreckten Galopp nach Hause abzuhalten war. Dieses Verhalten, als «Stalldrang» bekannt, ist nicht nur bei Pferden zu beobachten, die mit Artgenossen zusammenleben, sondern auch bei allein in einem Stall gehaltenen Tieren. Das führt zum voreiligen Schluß, daß das Pferd seinen Stall liebt. In Wirklichkeit ist der Stall nichts anderes als ein — sehr unvollkommener — Herdenersatz.

Wir wissen, daß das Pferd ein ausgeprägtes Herdentier ist. Sobald es allein ist, fühlt es sich schutzlos und fürchtet sich. Das ist ein tief verwurzelter Instinkt, denn in der Wildnis wäre das Pferd ohne ständig wachsame Artgenossen seinen Feinden ausgeliefert. Es hat daher den unwiderstehlichen Drang zur Herde. Hier fühlt es sich geborgen.

Die Erfahrung lehrt nun aber das Stallpferd, daß ihm auch seine Boxe oder sein Stand Schutz bietet. Hier gibt es kaum ungewohnte Geräusche oder überraschende Eindrücke. Außerhalb des Stalles aber ergeben sich immer wieder unerwartete, erschreckende Ereignisse. Verkehrslärm, ein flüchtendes Reh, ein auffliegender Fetzen Papier, ein Rascheln im Laub können panikartige Angst auslösen. Daher fühlt sich das Pferd im Stall sicher und geborgen, ähnlich wie bei einer Herde. Das bedeutet aber keineswegs, daß es hier auch glücklich ist.

Ein allein gehaltenes Pferd, besonders wenn es nicht täglich mehrere Stunden beschäftigt wird, stumpft ab. Aus Langeweile beginnt es Holzteile zu benagen, andauernd zu scharren, Luft zu schlucken (wozu es eine besondere Technik entwickelt, Koppen genannt), mit dem Kopf hin und her zu pendeln usw. Vielleicht wird es auch zum aggressiven Beißer oder Schläger. In unserer Unwissenheit oder Arroganz nennen

1 Das «lachende Pferd» ist in Wirklichkeit ein gähnendes Pferd. Übrigens wirkt auch bei Pferden das Gähnen ansteckend.

2 Pferde können stehend schlafen. Bei wildlebenden Pferden liegen nur die Jüngeren während längeren Zeitabschnitten, alte selten oder nie.

3 In jeder Herde muß man immer wieder die Rangordnung festigen, zum Beispiel, indem man rangniedrigere Artgenossen nebenbei in die Schulter, Flanke, Kruppe oder Schwanzwurzel kneift.

4 Zu den spielerischen Drohgebärden bei Junghengsten gehört das Vorwölben der Oberlippe.

5 Flehmen nennt man diese Gebärde, unter welcher vor allem Hengste, aber auch Stuten und Fohlen besonders interessante Duftstoffe aufnehmen.

6 Ein häufig praktiziertes Sozialverhalten: das gegenseitige Fellknabbern.

7 Ausgeprägte Drohmimik: zurückgelegte Ohren, zusammengekniffene Augen, Nüstern und Maulwinkel bei vorgestrecktem Kopf und Hals.

wir dann solche Verhaltensstörungen «Untugenden» und stempeln die milieugeschädigten Tiere zu «Verbrechern».

Ein Pferd sollte also unbedingt in Gesellschaft von Artgenossen leben, um sein «seelisches Gleichgewicht» bewahren zu können. Eine Gesellschaft, auch eine Pferdeherde, kann eine gewisse Ordnung nicht entbehren. Diese Ordnung wird ermöglicht durch das angeborene Sozialverhalten. Wenn wir eine Herde wildlebender Pferde beobachten, werden wir nach einiger Zeit bemerken, daß wir nicht einen ungeordneten Haufen vor uns haben, sondern eine Gesellschaft mit präzisen Regeln und Gewohnheiten. Wir werden entdecken, daß es eine Leitstute gibt, welche die Herde führt und gegen die sich kein anderes Herdenmitglied aufzulehnen wagt. Sie ist das ranghöchste Tier. Sie geht an der Spitze, wenn der Verband von den Weidegründen zur Tränkestelle oder zum Ruheplatz wechselt, immer auf denselben ausgetretenen Pfaden, zur selben Tageszeit und in exaktem Gänsemarsch. Sie trinkt als erste an der Wasserstelle, nimmt anstandslos die besten Futterstellen in Anspruch, ist aber auch besonders wachsam und instinktsicher und gewährleistet damit ihren Artgenossen guten Schutz.

Aber auch innerhalb der Herde gibt es keine Gleichheit, sondern eine strenge Rangordnung. Sie hängt durchaus nicht nur mit der körperlichen Kraft der einzelnen Individuen zusammen, sondern auch mit deren Selbstbewußtsein. Rangstreitigkeiten arten daher normalerweise auch nicht in Kämpfe aus, sondern bleiben kleine Auseinandersetzungen, bei denen das energische Auftreten mehr zählt als die Wirkung eines Bisses oder Hufschlages.

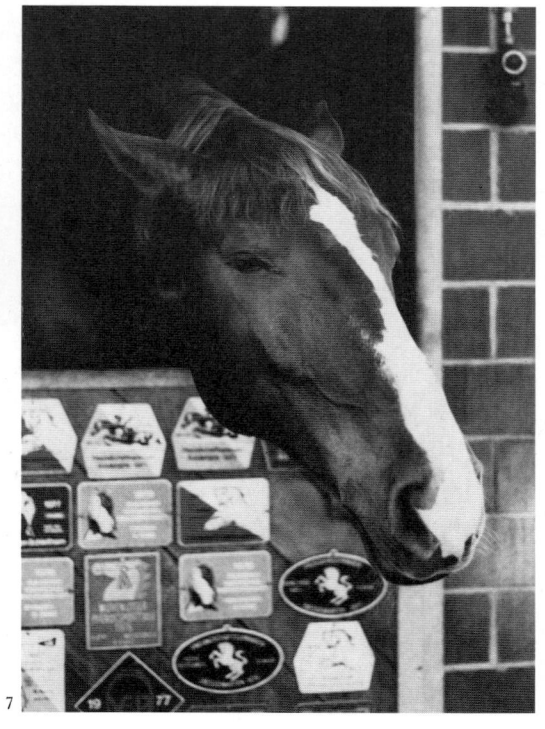

Dieses Rangordnungsverhalten ist von enormer Bedeutung für das Zusammenleben des Menschen mit dem Pferd. Wäre die Rangordnung allein das Ergebnis von Kraftakten, hätten wir keine Chance, aus einem Pferd je ein brauchbares Haustier zu machen. Das zahme Pferd betrachtet uns gewissermaßen als Artgenossen, als Mitglied der Herde. Durch selbstsicheres, notfalls auch einmal energisches Auftreten sind wir in der Lage, die Rolle des ranghöheren «Pferdes» zu spielen. Das ist das ganze Geheimnis des richtigen Umganges mit Pferden.

Jeder erfahrene Reiter weiß, daß es charakterlich sehr verschiedenartige Pferde gibt. Das hängt zum Teil mit den Eigenschaften bestimmter Rassen zusammen. Viele Ponys können ausserordentlich eigenwillig sein und erfordern mehr Einfühlungsvermögen als die meisten Großpferde. Araber anderseits sind normalerweise überaus willig und fügsam, sogar die Hengste, obschon sie zu den intelligentesten Pferden gehören und meistens ausgesprochene Persönlichkeiten sind. Der Charakter ist aber durchaus nicht nur rassebedingt. Ein Individuum, das von Nautr aus einen ranghohen Platz in der Herde hätte, läßt sich auch von uns nicht so einfach beherrschen. Hat es seinen Reiter aber einmal als den Ranghöheren akzeptiert, dann ist es ein Pferd, das durch dick und dünn mit uns geht. Ein leicht beeinflußbares, von Natur aus rangniedriges Pferd stellt wenig Probleme im Umgang, neigt aber dafür auch zu größerer Furchtsamkeit.

Die Ordnung im Herdenverband erfordert natürlich Verständigungsmöglichkeiten, eine «Sprache». Sie besteht aus einer Anzahl von mimischen und akustischen Ausdrücken. Diese sind zum Teil abweisend, zum Teil anziehend. Sie können sehr nuanciert sein. Das Wiehern beispielsweise kann von freudiger Erregung bis zu tiefster Verzweiflung eine ganze Skala von Empfindungen ausdrücken. Daneben gibt es besänftigende, beruhigende, lockende, abweisende, furchteinflößende oder Angriffslust ausdrückende Laute. Wichtiger noch als die akustischen Ausdrücke ist das Inventar der Mimik, vom freundlichen «Begrüßungsgesicht» über eitel wirkendes Imponiergehabe bis zu den Drohgebärden, die notfalls mit Bissen und Schlägen unterstrichen werden.

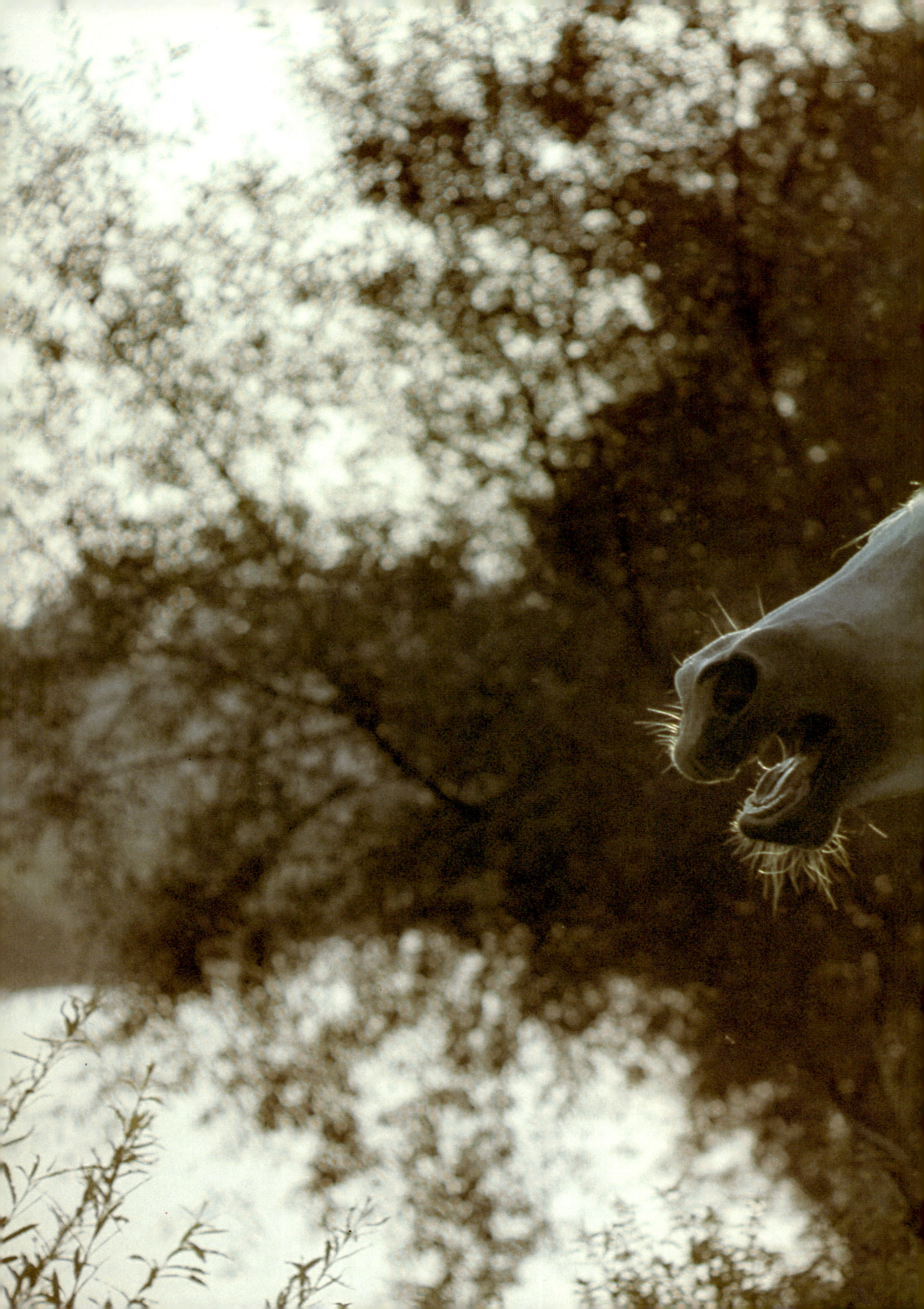

DIE FORTPFLANZUNG

Während der Paarungszeit geht es bei wildlebenden Pferden stürmisch zu. Wochenlang kommt der Hengst kaum zur Ruhe. Ständig umtrabt er seine kleine Herde, seinen Harem aus meistens fünf bis zehn Stuten, die Jungtiere des letzten Jahres und die neugeborenen Fohlen. Denn nun gilt es, nicht nur die Herde vor Raubtieren zu schützen, sondern die jeweils rund zehn Tage nach dem Abfohlen paarungslustigen Stuten zusammenzuhalten und fremde Hengste zu vertreiben. Und es gilt, mit untrüglichem Instinkt, geleitet hauptsächlich durch den scharfen Geruchssinn, bei jeder Stute den genau richtigen Zeitpunkt für die Paarung herauszufinden, den Höhepunkt der sogenannten Rosse, denn nur während sehr kurzer Zeit ist die Befruchtung möglich. Ist eine Stute bereit, wirbt der Hengst um sie in einer wundervollen Manier. Mit schmetterndem Wiehern lockt er sie. Den Hals hochgewölbt, die Nüstern geweitet, nähert er sich in federndem, kadenziertem Trab, umtänzelt sie, kneift sie mit den Zähnen, beschnuppert sie und bäumt sich schließlich auf zum Paarungsakt.

Auf Gestüten, wo Pferde unter menschlicher Obhut gezüchtet werden, ist kaum etwas davon zu sehen. Gewöhnlich wird der Hengst getrennt von den Stuten gehalten. Den richtigen Zeitpunkt der Paarung versucht der Züchter festzustellen. Die Stute wird festgehalten, nicht selten werden ihr sogar die Hinterbeine gefesselt und die Oberlippe in eine Nasenbremse gelegt, und der Hengst wird ebenfalls während des ganzen Aktes an einer Führleine gehalten. Ohne daß das Paar Gelegenheit hatte, sich kennenzulernen, was im natürlichen Verhalten eine wichtige Rolle spielt, ist die Paarung nur noch ein mechanischer Vorgang, die Hochzeit mit allem Drum und Dran ist zu einer Vergewaltigung geworden. Das Ergebnis sind verhaltensgestörte Pferde und Befruchtungsraten, die nicht selten bei nur 50 bis 60 Prozent liegen. Bei Pferden, die frei in der Herde leben, bei denen sich Partnerwahl, Werbung und Paarung vom Menschen ungestört abspielen, werden über 95 Prozent der Stuten trächtig.

Die Paarung

Die natürliche Paarungszeit der Pferde ist der Frühling. Sie beginnt etwa Anfang Mai, erreicht im Juni ihren Höhepunkt und dauert bis etwa Ende Juli. Auf Wildgestüten, wo die Stutenherden in weiten Gehegen mit dem Hengst frei laufen können, finden alle Paarungen in dieser Zeit statt. Es ist einleuchtend, daß diese Jahreszeit die günstigste ist. Wenn gut elf Monate später die Fohlen zur Welt kommen, gibt es frisches, eiweißreiches Gras in Hülle und Fülle, und die ersten Lebensmonate fallen in die klimatisch angenehmste Zeit.

Eine kleine Drüse, die direkt unter dem Gehirn liegt und Hypophyse oder Hirnanhangdrüse genannt wird, sorgt unter anderem dafür, daß die Paarungen in natürlichen Verhältnissen zur richtigen Jahreszeit stattfinden. Diese Drüse reagiert deutlich auf Licht, das, durch die Augen aufgenommen, einen Einfluß auf einen bestimmten Teil des Gehirnes und von dort auf die Hirnanhangdrüse ausübt. Das zunehmende Sonnenlicht im Frühjahr veranlaßt die Drüse, in vermehrtem Maße ein Hormon mit der Bezeichnung FSH zu produzieren und auszuschütten. Mit dem Blut gelangt dieses Hormon bei der Stute zu den Eierstöcken und regt einige der mikroskopisch kleinen Eier zum Wachstum an. Einige Tage später gibt die Drüse ein anderes Hormon ab, LH genannt, welches die Eier sich vom Eierstock lösen läßt. Man nennt diesen Vorgang Eisprung oder Follikelsprung. Unmittelbar danach ist die Stute befruchtungsfähig.

Dieselben zwei Hormone werden auch in der Hypophyse des Hengstes produziert, und auch hier im Frühling in stark vermehrtem Maße. Das FSH regt beim Hengst Bildung und Wachstum der Samenzellen oder Spermien an, während das LH, über ein weiteres Hormon, den Geschlechtstrieb weckt.

Außer dem Licht üben auch andere Faktoren einen Einfluß auf die Hormonproduktion aus, zum Beispiel die Zunahme der Temperatur, der reichere Eiweißgehalt des Futters usw. Außerdem entstehen die Geschlechtshormone durchaus nicht nur im Frühling, sondern während des ganzen Jahres, in den Frühlingsmonaten aber in besonders großen Mengen. Während des ganzen Jahres wachsen in bestimmten Abständen, normalerweise alle 21 Tage, auf den Eierstöcken der Stute Eier heran und lösen sich, und eine dadurch paarungsbereite Stute kann auch im Dezember den Geschlechtstrieb des Hengstes auslösen, hauptsächlich durch den speziellen Geruch, den sie in dieser Zeit verströmt. Außerhalb der natürlichen Paarungszeit ist aber die Entwicklung der Eier oft unregelmäßig, der Eisprung und damit die Befruchtungsfähigkeit kann während längerer Zeit ausbleiben, und der Hengst produziert weniger Samenzellen und zeigt einen weniger starken Geschlechtstrieb.

Man kann jedoch die Hormonproduktion künstlich beeinflussen, und man hat dies schon getan, als von Hormonen noch nichts bekannt war, am frühesten wahrscheinlich in der Kanarienvogelzucht und in der Legehühnerhaltung. Dasselbe wird aber auch in der englischen Rennpferdezucht unternommen. Weil die natürliche Geburtszeit der Fohlen genau in die Saison der Flachrennen fiel, verschob der englische Jockey Club ab dem Jahr 1823 die Geburtszeit auf Anfang Januar. Um dennoch gute Befruchtungsraten zu erreichen, werden die Boxen beheizt, elektrisches Licht verlängert den Tag, und reiche Eiweißzugaben täuschen die Qualität des Frühlingsgrases vor. Das Ergebnis ist recht erstaunlich und bezeugt das hohe fachliche Können englischer Pferdezüchter: rund 70 Prozent der Stuten werden trächtig. Diese Rate liegt zwar weit unter derjenigen wildlebender oder auf Wildgestüten gehaltener Pferde, aber um etwa 10 bis 20 Prozent höher als in den meisten Ländern mit konventioneller Pferdezucht, obschon dort im Frühling gedeckt wird.

Zum natürlichen Fortpflanzungsverhalten der Pferde gehört das eindrucksvolle Ritual der Werbung. Bei frei laufenden Pferden beginnt der Hengst schon mehrere Tage vor dem Befruchtungstermin die Gunst der Stute zu erobern. Zu diesem Verhalten gehört ein Imponiergehabe, das man in ähnlicher Form auch bei der Begegnung zweier Hengste beobachten kann. Aber auch Zärtlichkeitsbezeugungen spielen eine wichtige Rolle. Manche Stuten verhalten sich dabei fast völlig passiv, andere drängen sich dem Hengst geradezu auf.

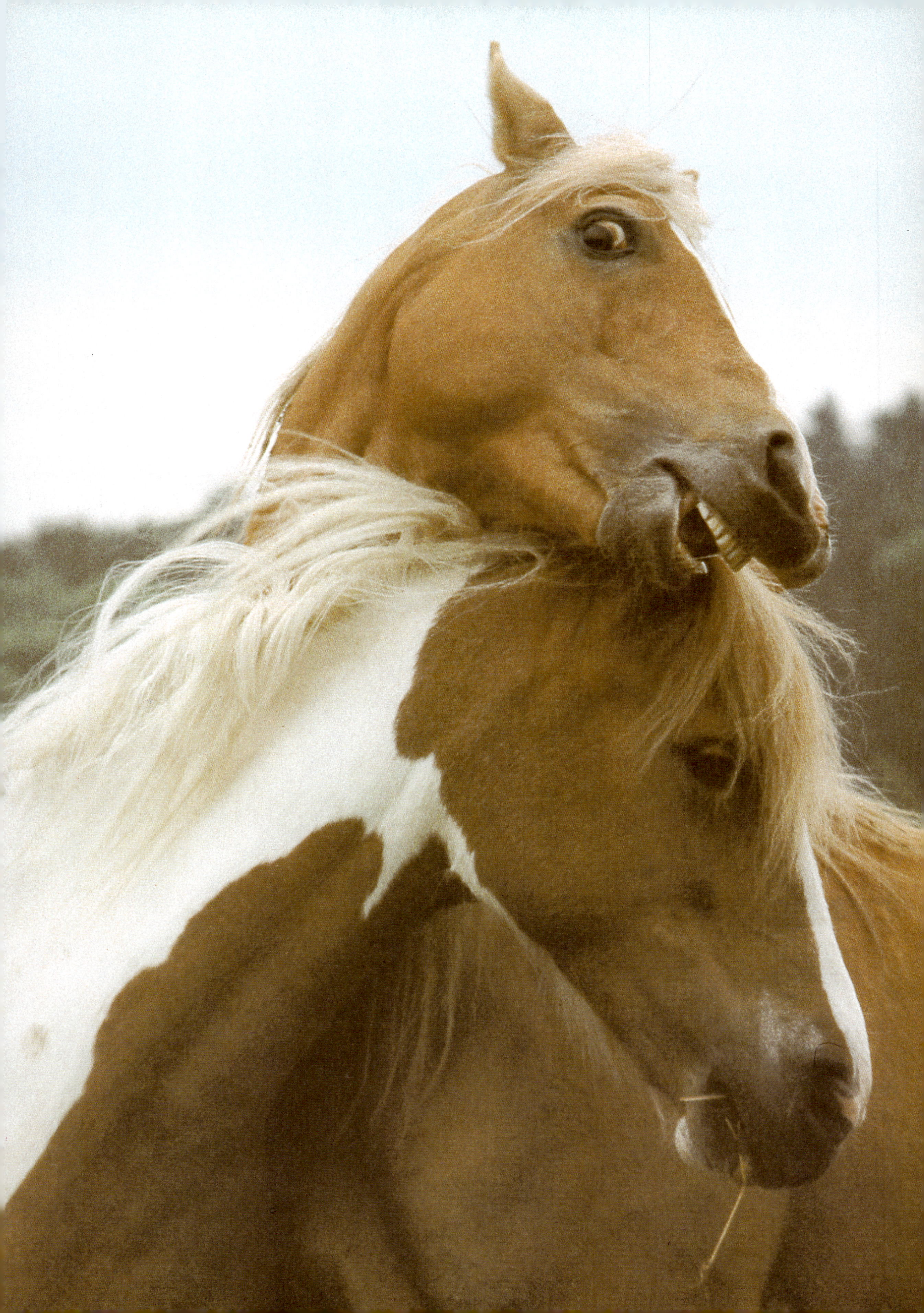

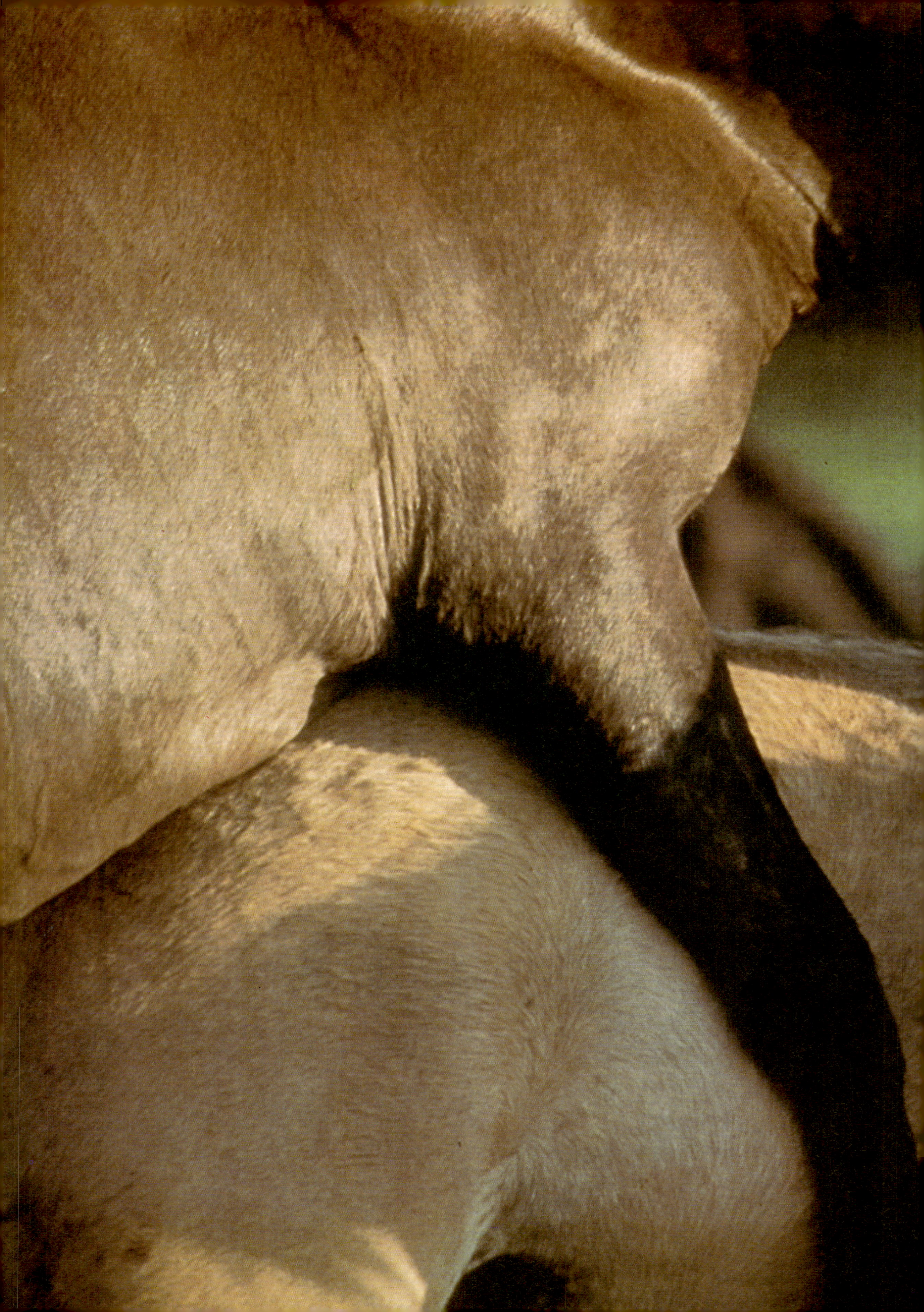

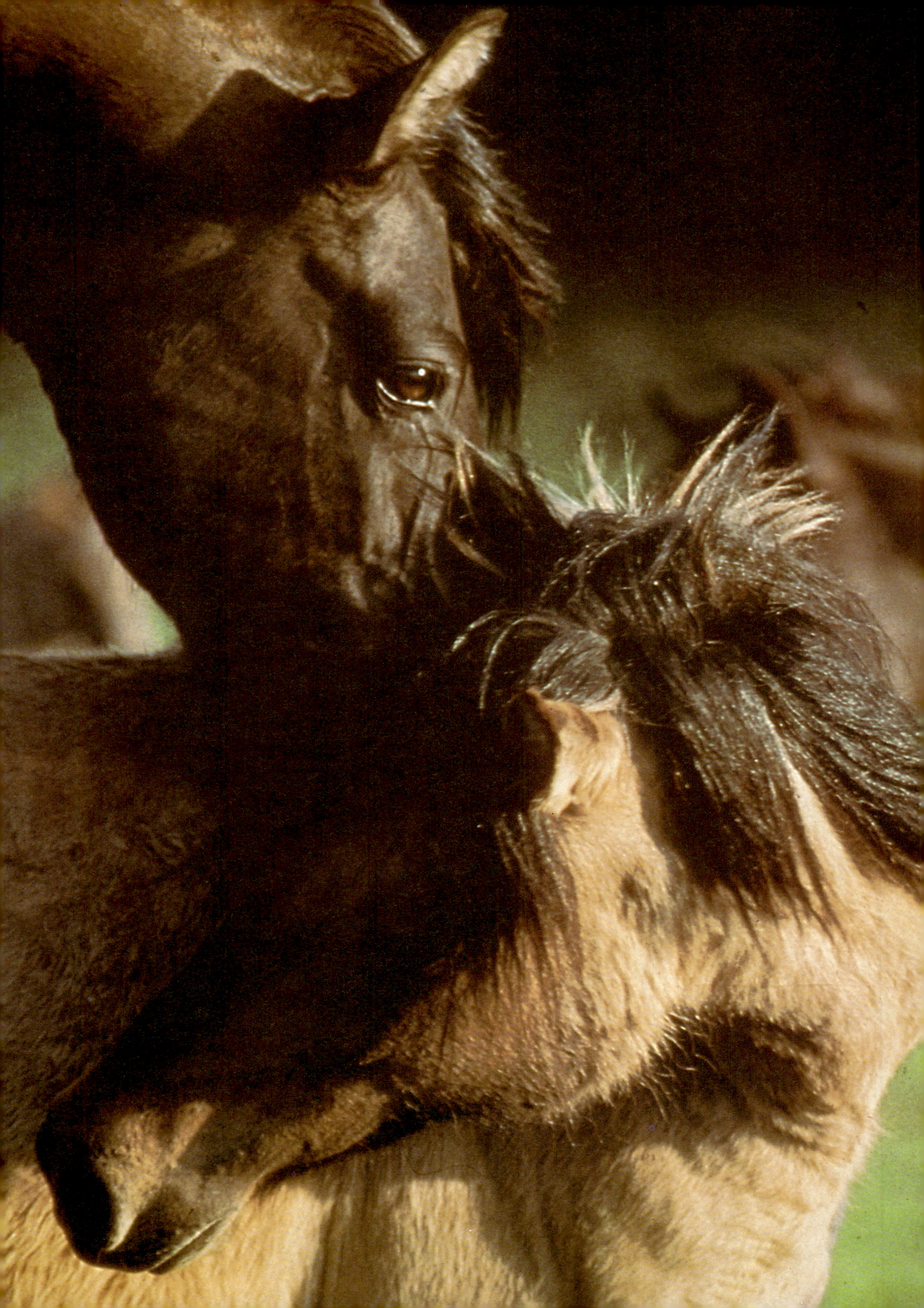

Die trächtige Stute

Wenn bei der Stute drei Wochen nach dem Deckakt keine Rosse festzustellen ist, kann man annehmen, daß sie «aufgenommen» hat, daß also eine Eizelle befruchtet wurde und sich der Embryo in der Entwicklung befindet. Es gibt aber Stuten, die keinerlei Anzeichen einer Rosse zeigen, obschon sie nicht trächtig sind. In wahrscheinlich den meisten dieser Fälle ist zwar ein Ei befruchtet worden, die Frucht aber frühzeitig abgestorben, und ihre Überreste in der Gebärmutter verhindern eine neue Paarungsbereitschaft. Auf der anderen Seite gibt es Stuten, die trotz der Trächtigkeit wieder rossig werden. Man spricht in diesem Fall von einer tauben oder Schein-Rosse. Trotz den äußeren Anzeichen einer Rosse lehnen solche Stuten in der Regel den Hengst ab.

Selbstverständlich möchte der Züchter gerne möglichst frühzeitig wissen, ob eine Stute trächtig ist, um sie vielleicht noch einmal decken zu lassen. Ein guter Pferdepfleger kann die Trächtigkeit schon bald und mit erstaunlicher Sicherheit am veränderten Verhalten der Stute feststellen. Meistens werden trächtige Stuten zurückhaltend bis ablehnend gegenüber Menschen und Artgenossen. Sie werden auch futterneidischer, vorsichtiger und träger und zeigen größere Freßlust. Allerdings sind diese Veränderungen gewöhnlich nur durch sehr sorgfältiges Beobachten zu erkennen.

Der Tierarzt jedoch hat verschiedene Methoden, um die Trächtigkeit festzustellen. Er kann durch den Enddarm die Gebärmutter abtasten und dabei vier bis fünf Wochen, gelegentlich sogar schon drei Wochen nach der Paarung Veränderungen erkennen, welche auf das Vorhandensein einer Frucht schließen lassen.

Zwischen dem 40. und 100. Tag nach der Paarung befinden sich im Blut der Stute beträchtliche Mengen eines Hormones mit der Bezeichnung PMSG. In dieser Zeit kann man der Stute eine Blutprobe entnehmen und sie im Labor untersuchen lassen. Schon seit einigen Jahrzehnten ist dafür der «Mäusetest» bekannt. Man spritzt dabei einige Tropfen des Stutenblutes in ein noch unreifes Mäuseweibchen und kann zwei Tage später an den inneren Geschlechtsorganen der getöteten Maus Veränderungen feststellen, sofern die Stute trächtig ist. Inzwischen gibt es zum Nachweis von PMSG im Blut auch das sogenannte immunologische Verfahren, bei dem keine Mäuse mehr gebraucht werden. Vom 100. Tag an kann der Urintest durchgeführt werden. Von dieser Zeit an läßt sich im Urin trächtiger Stuten eine deutliche Anreicherung eines östrogenähnlichen Hormones feststellen.

Normalerweise kann man etwa sieben Monate nach der Paarung an der Rundung des Bauches die Trächtigkeit feststellen, aber bei manchen Stuten, vor allem bei Ponys, fällt dieser Zustand nicht einmal nach elf Monaten, kurz vor dem Werfen, auf. Schon mehr als ein Ponybesitzer hatte keine Ahnung von der Trächtigkeit einer Stute, bis eines Morgens das Fohlen neben ihr stand.

Etwa nach sechs Monaten braucht man keinen Tierarzt mehr für den Test. Jetzt kann man die Bewegungen des Fohlens fühlen, wenn man die Hand an den Bauch der Stute legt. Besonders nach dem Tränken der Stute mit kaltem Wasser entfaltet das Fohlen eine lebhafte Aktivität. Etwa einen Monat später kann man auch allmählich sehen, wie der Leibesumfang zunimmt. Allerdings haben Stuten, die schon zahlreiche Fohlen ausgetragen haben, so ausgeweitete Bäuche, daß die Trächtigkeit kaum noch auffällt. Ebensowenig bei manchen Ponystuten mit runden Heubäuchen. Es ist daher gar nicht so selten, daß der Käufer eines Ponys an einem Morgen völlig überraschend auch noch ein Fohlen im Stall stehen hat.

Pferdezüchter, Reiter und Veterinäre sind sich durchaus nicht darüber einig, welche Leistungen man von einer trächtigen Stute noch fordern darf. Für den Bauern, der das Pferd zur Arbeit in der Landwirtschaft brauchte, stand dieses Problem wohl kaum je zur Debatte. Seine Stuten, trächtig oder nicht, zogen im Sommer die Erntewagen, im Herbst den Pflug und im Winter die Baumstämme, und bis unmittelbar vor dem Abfohlen und kurz danach schon wieder wurden sie bei der Frühjahrsbestellung der Felder eingesetzt, was dann freilich eine verhältnismäßig leichte Arbeit war. Das alles brachte normalerweise keinen Schaden.

Sicher ist es vernünftig, mit einer trächtigen Stute keine Rennen zu laufen, schwere Distanzritte zu absolvieren oder gar an Springprüfungen teilzunehmen. Tägliches Bewegen unter dem Sattel oder im Geschirr, ohne daß dabei das Pferd überanstrengt wird, ist sicher nur bekömmlich. Und ohne Zweifel ist es besser, der Stute die Bewegungsfreiheit von Offenstall und Auslauf zu gewähren und sie auch im Winter im Freien zu lassen, als sie in einem warmen Stall anzubinden. Die Kälte schadet ihr und dem zukünftigen Fohlen nichts, wenn ein trockener, windgeschützter Unterstand zur Verfügung steht.

Bei pferdegerechter Haltung ist die Gefahr des «Verwerfens» oder «Verfohlens» gering, wenn auch nicht ausgeschlossen, selbst bei sorgfältigster Pflege. Wahrscheinlich über zehn Prozent aller Embryos oder Feten werden, bereits tot oder noch lebend, vor dem 300. Trächtigkeitstag aus dem Körper ausgestoßen. Selbst wenn sie schon weit entwickelt sind und ihr Herz kräftig schlägt, haben sie keine Überlebenschance, vor allem weil die Lunge noch zuwenig ausgebildet ist. Eine genaue Zahl der sogenannten Aborte läßt sich nicht ermitteln, weil ein Teil davon vor dem 40. Trächtigkeitstag stattfindet, zu einer Zeit also, in der noch keine sichere Trächtigkeitsdiagnose möglich ist. Der ausgestoßene Embryo ist dabei noch so winzig, daß er im Stroh oder auf der Weide meistens übersehen wird.

Fohlen, die zwischen dem 300. und 325. Trächtigkeitstag zur Welt kommen, sind Frühgeburten, die bei richtiger Pflege überleben können.

Ein unglücklicher Sturz, ein heftiger Schlag gegen den Bauch oder auch eine Kolik können die Ursachen eines Abortes sein. Häufiger ist der Grund eine Infektion durch Bakterien, zum Beispiel durch Streptokokken, Kolibakterien oder Staphylokokken. Die meisten Aborte sind aber wahrscheinlich auf Virusinfektionen zurückzuführen, und zwar auf den equinen Herpesvirus I, der früher als Rhinopneumonitisvirus bezeichnet wurde und normalerweise eine Erkrankung der Atemwege verursacht. Glücklicherweise läßt sich dieser «Virusabort» durch Schutzimpfungen weitgehend vermeiden.

Nicht selten ist die Ursache des Verwerfens eine Zwillingsträchtigkeit. Bei etwa einer von hundert Paarungen werden zwei Eier befruchtet und beginnen sich zu entwickeln. Vermutlich ist normalerweise die Gebärmutter eines weiblichen Pferdes einfach zu klein, um zwei Feten bis zum Ende des Entwicklungsstadiums zu beherbergen. Meistens sterben Zwillinge etwa in der halben Trächtigkeitszeit ab und werden ausgestoßen.

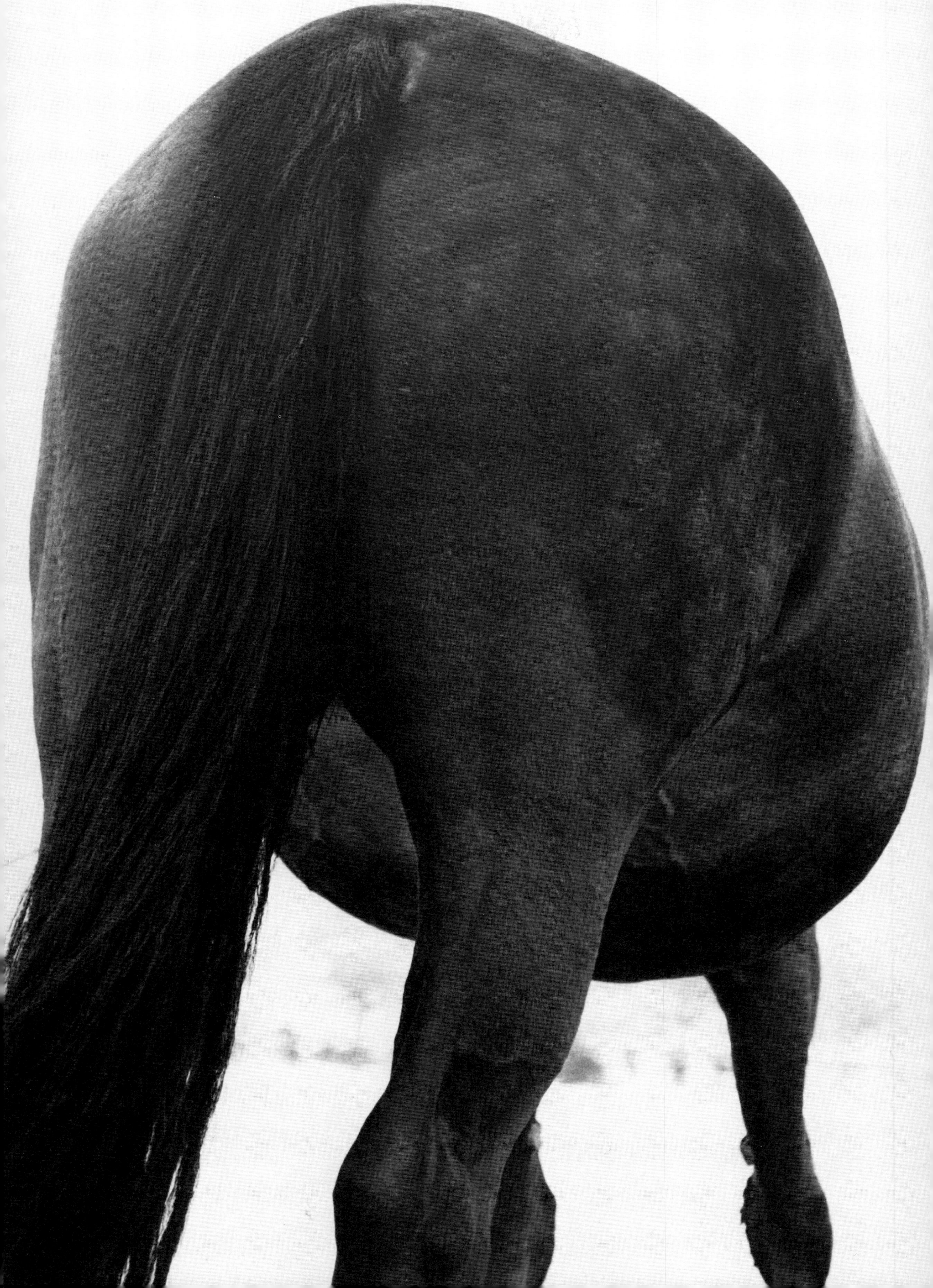

Zwei Monate

Vier Monate

Sechs Monate

Zwei Monate nach der Befruchtung: Der Fet mißt vom Scheitel bis zum Steiß 5 bis 7,5 Zentimeter.
Nach vier Monaten: Länge 12 bis 22 Zentimeter. Erste Härchen an Ober- und Unterlippe.
Nach sechs Monaten: Länge 35 bis 60 Zentimeter. Härchen an Lippen, Nüstern, Augenbrauen und Lidern.
Nach sieben Monaten: Länge 35 bis 70 Zentimeter. Erste Härchen an der Schwanzspitze.
Nach acht Monaten: Länge 50 bis 80 Zentimeter. Mähne beginnt zu wachsen. Erste Haare an Ohrmuscheln, Rücken und Gliedmaßenenden.
Nach neun Monaten: Länge 60 bis 90 Zentimeter. Dünne, kurze Körperbehaarung außer am Bauch und an den Schenkelinnenseiten.

Die Situation der Behaarung ist für den Fachmann ein wichtiges Erkennungsmerkmal für das Alter fehl- oder frühgeborener Fohlen.

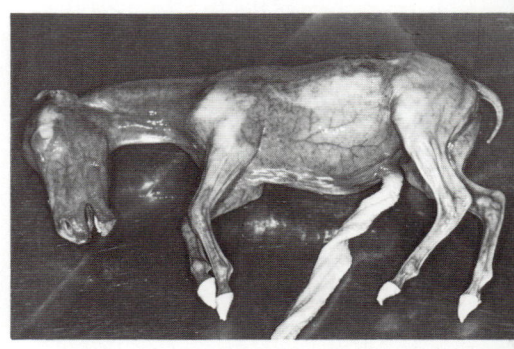

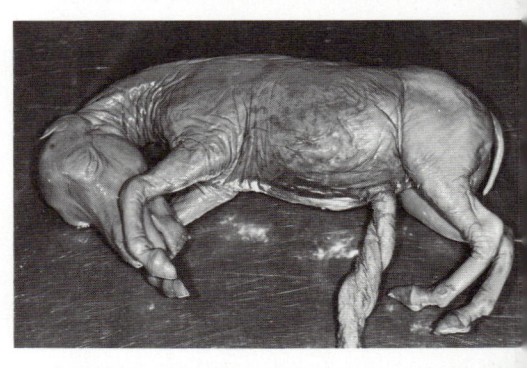

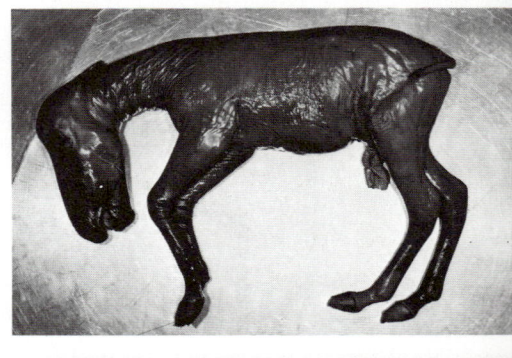

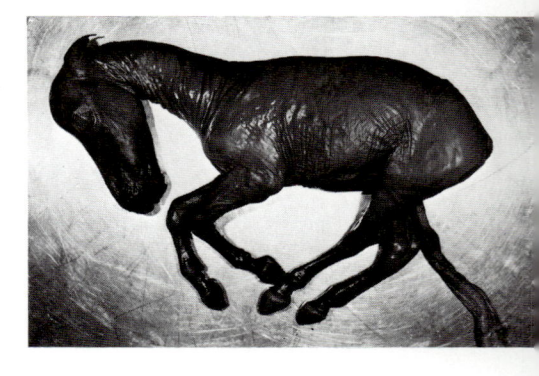

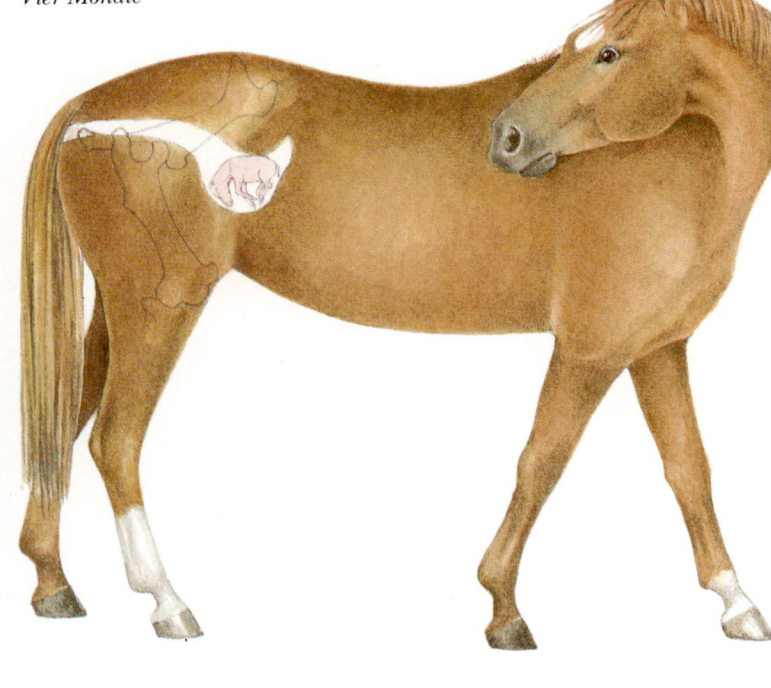

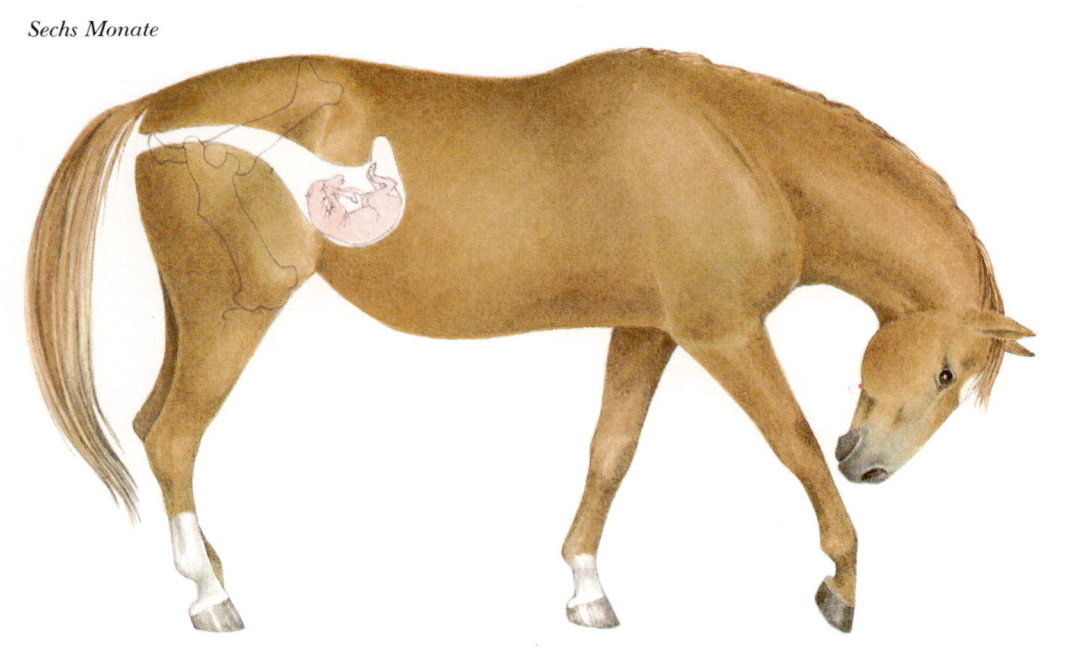

Ein Fohlen entsteht

Unsichtbar für unsere Augen, in der warmen Geborgenheit des Stutenleibes, spielt sich nach der Paarung das wundervollste Ereignis ab: ein neues Lebewesen entsteht. Von den Milliarden von Samenzellen hat eine einzige die Eizelle befruchtet, und diese beginnt sich jetzt zu teilen. Aus einer Zelle entstehen in sehr rascher Folge zuerst zwei, dann vier, dann acht, sechzehn, zweiunddreißig usw. Diese immer zahlreicher werdenden Zellen trennen sich dabei aber nicht, sondern sie bleiben miteinander verwachsen und bilden allmählich den Körper des zukünftigen Fohlens. Schon zwanzig Tage nach der Befruchtung ist aus dem Ei ein aus Millionen Zellen bestehendes, knapp zwei Zentimeter langes Lebewesen mit vier winzigen Beinchen und einem großen Kopf entstanden, ein Fet, wie jeder Säugetierkeimling genannt wird.

Um am Leben bleiben und wachsen zu können, muß das zukünftige Fohlen Nahrung und den lebenswichtigen Sauerstoff erhalten. In der Gebärmutter der Stute entsteht dafür ein spezielles Organ, die Plazenta oder der Mutterkuchen. Die Nabelschnur verbindet den Fet mit der Plazenta. Durch die drei Kanäle, aus denen die Nabelschnur besteht, fließt das Blut hin und her. Die Plazenta wiederum verbindet sich eng mit der Gebärmutterwand, und zahlreiche kleine Äderchen haben Verbindung mit dem Blutkreislauf der Mutter. Von der Stute gelangt also Blut über die Plazenta und durch die Nabelschnur in den Körper des Fohlens und wieder zurück in den Kreislauf der Mutter. So erhält das Fohlen Nährstoffe und Sauerstoff, und in umgekehrter Richtung werden Abfallprodukte wie Harn und Kohlensäure abtransportiert.

Bereits im zweiten Trächtigkeitsmonat ist der Fet als winziges Pferdchen erkennbar, und schon im dritten Monat, wenn der Keimling eine Länge von sieben bis vierzehn Zentimetern erreicht hat, sieht man klar die Hufe und sogar die Zitzen. Im vierten Monat wachsen auf den Lippen die ersten Härchen. Gleichzeitig sind auch bereits die äußeren Geschlechtsmerkmale zu erkennen. Inzwischen ist die Plazenta schon weit entwickelt und beginnt an der Gebärmutterwand zu haften. Vom sechsten Monat an sind sämtliche Organe fertig angelegt. Durchschnittlich 340 Tage nach der Befruchtung ist das Fohlen bereit, geboren zu werden.

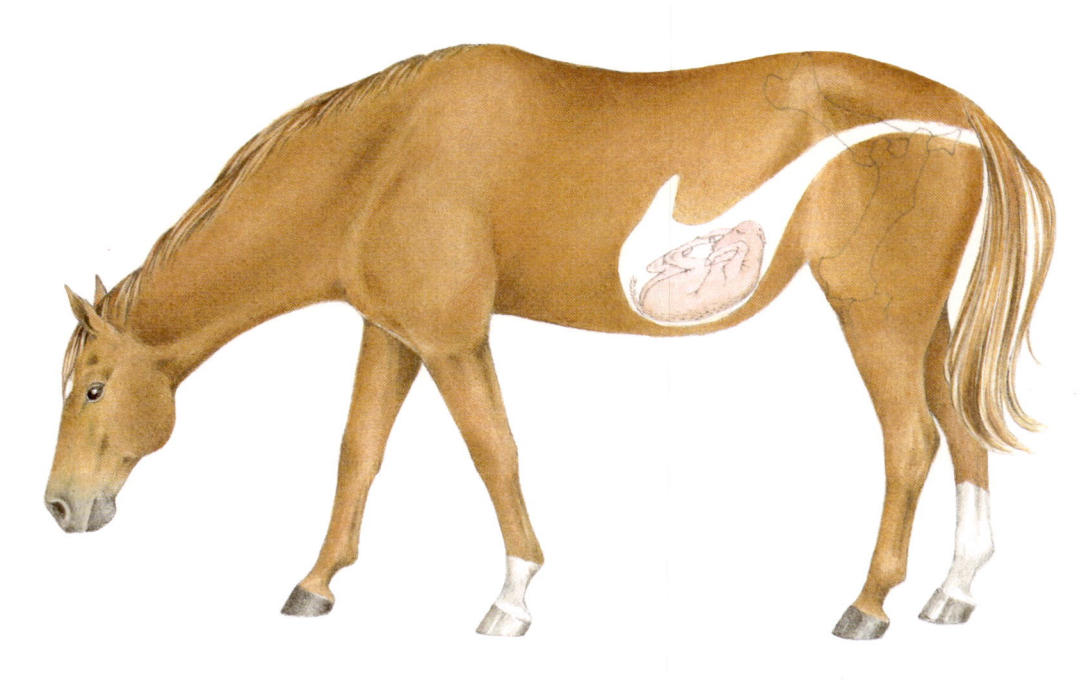

Acht Monate

Zehn Monate

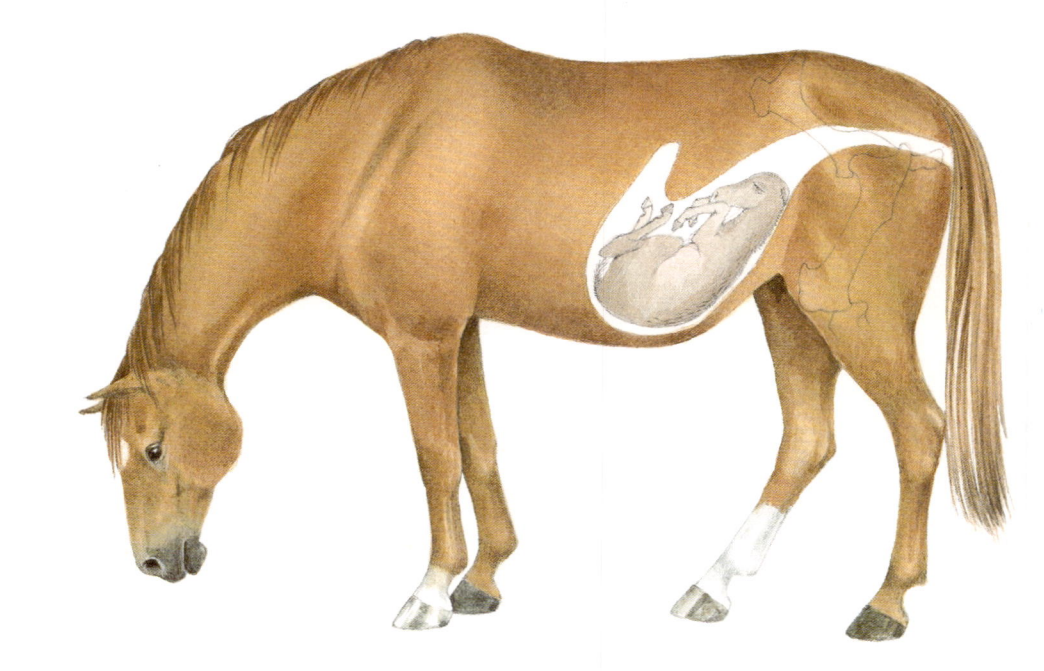

340 Tage. Das Fohlen wiegt jetzt 30 bis 60 Kilogramm und mißt 75 bis 145 Zentimeter. Kurz vor der Geburt dreht es sich von seiner Rückenlage auf den Bauch und streckt die Vorderbeine.

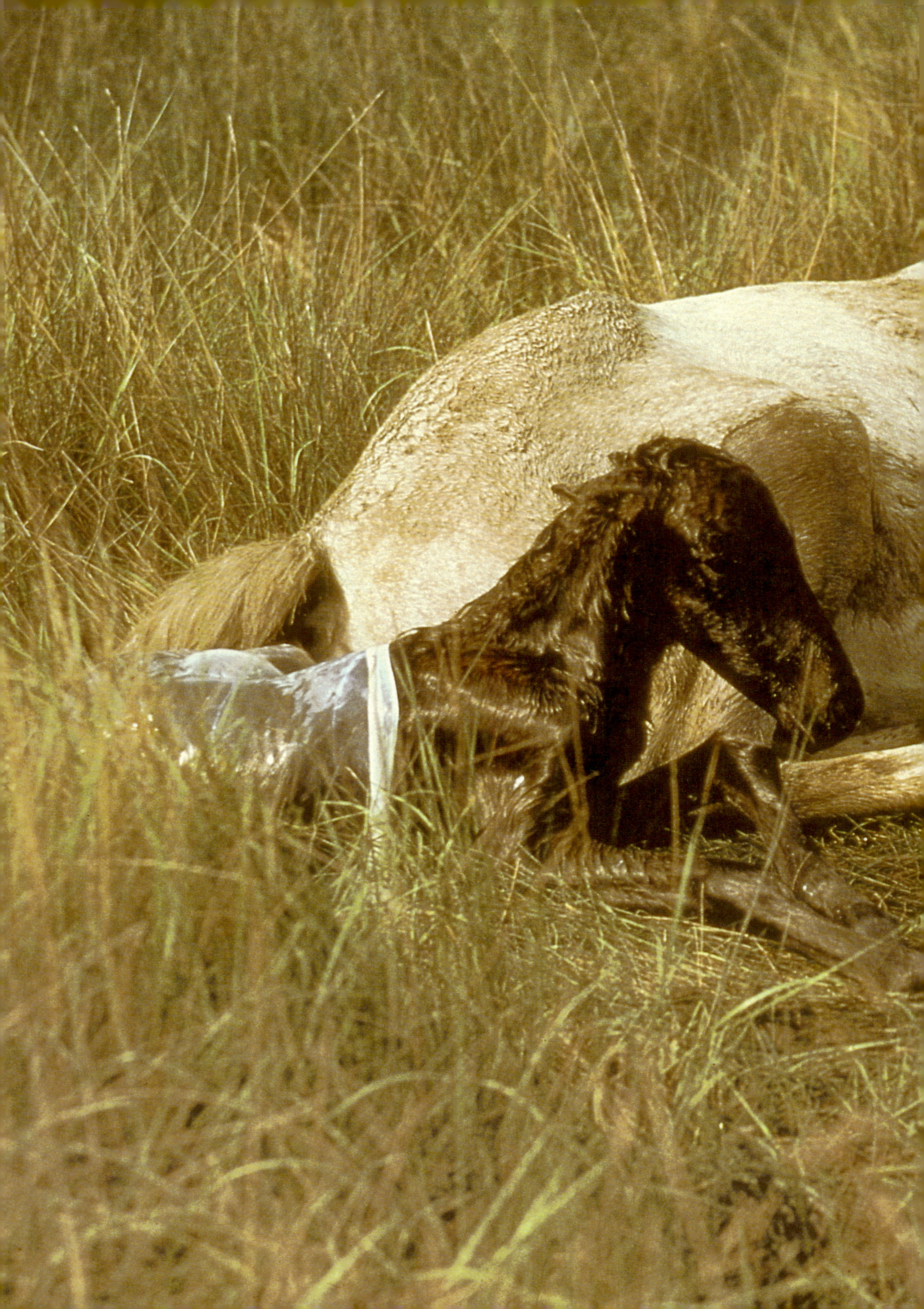

Ein Fohlen kommt zur Welt

Wenn am Ende der Trächtigkeitsdauer aus den Zitzen der Stute dicke, gelbliche Milchtropfen hervortreten, sogenannte Harztropfen, kann man innerhalb eines Tages das Fohlen erwarten. Einige Stunden vor dem großen Augenblick setzen die Geburtswehen ein. Die Stute beginnt unruhig herumzuwandern und zu schwitzen, besonders über der Nierenpartie. Oft beleckt sie jetzt auch ihr Fell — ihr Instinkt, das neugeborene Fohlen abzulecken, erwacht bereits. Als letztes Zeichen für die bevorstehende Geburt «bricht das Wasser»: aus der Geschlechtsöffnung ergießt sich schwallartig eine normalerweise klare Flüssigkeit, das Fruchtwasser.

Im Körper der Stute zieht sich während der Vorbereitungsphase die Gebärmutter, in welcher sich das Fohlen entwickelt hat, immer wieder und in zunehmendem Maße zusammen. Diese Kontraktionen verursachen die Wehen und haben zur Folge, daß die Eihäute platzen und ein Teil der darin enthaltenen Flüssigkeit austritt. Damit beginnt die eigentliche Geburtsphase. Sie dauert normalerweise etwa 20 Minuten, kann bei leichtgebärenden Stuten aber schon nach fünf Minuten beendet sein und sollte nie über eine Stunde dauern. Kurz nach dem Brechen des Wassers legt sich die Stute auf den Boden. Fast alle Pferdemütter bringen ihre Fohlen auf der Seite liegend zur Welt. Jetzt zieht sich außer der Gebärmutterwand auch die Bauchmuskulatur in kurzen Abständen zusammen, die Preßwehen beginnen. Dadurch wird das Fohlen nach hinten in den Geburtskanal und anschließend aus dem Mutterleib gepreßt. Umhüllt von den weißlichen Eihäuten, erscheinen zuerst die Vorderfüße, dann der vorgestreckte, zwischen den Beinen liegende Kopf. Damit ist der schwierigste Teil vorbei. Schultern und Brustkorb gleiten schon viel leichter durch die enge Öffnung, und der Rest des Fohlens ist nach wenigen Augenblicken da.

Schon während der Brustkorb sichtbar wird, beginnt das Fohlen nach Luft zu schnappen, und etwa eine Minute später atmet es ziemlich regelmäßig. Der Sauerstoffgehalt seines Blutes steigt dadurch rasch an und gibt dem Neugeborenen die Energie, die es zum Eintritt in diesen neuen Lebensabschnitt braucht.

90 Prozent aller Fohlen kommen nachts zwischen 19 Uhr und 7 Uhr zur Welt, die meisten davon zwischen 21 Uhr und 2 Uhr.

Vom Fohlen zum Pferd

Als typische wehrlose Fluchttiere der offenen Landschaft kommen Pferdekinder in einem bereits sehr hohen Entwicklungsstadium zur Welt. Wildlebende Pferde müssen schon kurz nach der Geburt der Herde folgen oder notfalls schnell flüchten können. Diese Fähigkeiten sind trotz jahrtausendelanger Domestikation praktisch voll erhalten geblieben.

Zwei bis drei Minuten nach der Geburt hebt das gesunde Fohlen erstmals den Kopf, richtet sich auf die Brust auf und zieht die Hinterbeine unter den Körper. Gleichzeitig beginnen Augen und Ohren zu funktionieren, und es kann schon leise wiehern. Schon wenig später beginnen die ersten Aufstehversuche. Zuerst richtet es seine ausgestreckten Vorderbeine auf, erhebt sich dann auf die Hinterbeine — und liegt meistens schon wieder am Boden. Sehr schnell aber wird seine Haltung sicherer, und nach einer Stunde kann es stehen bleiben. Ein Fohlen, das nach zwei Stunden noch nicht stehen kann, ist krank oder zu schwach entwickelt.

Sobald das Pferdekind steht, beginnt es den Körper der Mutter zu erforschen. Meistens beginnt es bei den Vorderbeinen, sucht dann schnüffelnd und stupsend der Flanke entlang und findet schließlich die Milchzitzen, meistens innerhalb der ersten zwei Lebensstunden.

Die erste Milch der Stute wird Kolostrum oder Biestmilch genannt und ist für das Fohlen von großer Wichtigkeit. Außer den Nährstoffen enthält sie nämlich eine Menge sogenannter Antikörper oder Immunstoffe, die das Fohlen, ähnlich wie Impfstoffe, weitgehend vor Infektionskrankheiten schützen.

Beim gesunden Fohlen paßt sich der ganze Organismus den völlig neuen Anforderungen außerhalb des Mutterleibes innerhalb von 24 Stunden an. Das Neugeborene vermag seine Körpertemperatur von etwa 37,6 Grad zu halten, auch wenn die Außentemperatur auf den Gefrierpunkt oder sogar darunter sinkt.

Nach dem hastigen Atmen in den ersten Lebensminuten wird es bald die normale Frequenz von 30 bis 40 Atemzügen und einen Puls von etwa 100 in der Minute haben. Innerhalb von höchstens zwei Tagen muß es seinen ersten Kot absetzen, das sogenannte Darmpech, das sich vor der Geburt im Darm des Fohlens angesammelt hat.

Bei der Geburt ist das Fell des Fohlens naß von der Fruchtflüssigkeit, die es umgeben hat. Geruch und Geschmack dieser Flüssigkeit spielen eine wichtige Rolle für die Stute beim Kennenlernen ihres Kindes. Wenige Minuten nachdem die Stute das Fohlen erstmals berochen und beleckt hat, würde sie kein anderes Fohlen mehr annehmen. Ausnahmen sind sogenannte Ammenstuten, denen man verwaiste Fohlen zur Aufzucht anvertrauen kann.

Während der ersten Lebenstage duldet die Stute kein anderes Pferd in der Nähe. Sie lebt zwar weiterhin im Schutz der Herde, bewahrt aber durch abweisendes Verhalten stets eine gewisse Distanz zu den Artgenossen. Erst wenn das Fohlen den Geruch, die Farbe, die typischen Bewegungen und den Klang der Stimme seiner Mutter sicher kennengelernt hat, wird der Kontakt mit der Herde wieder enger.

Zwischen der Stute und dem Fohlen besteht inzwischen eine sehr innige Beziehung. Auch wenn sich das Fohlen bald einmal spielend mit seinesgleichen entfernt oder wenn die Mutter grasend vom schlafenden Jungen wegtrottet, ist der Kontakt notfalls sofort wiederhergestellt. Glaubt die Mutter, Anzeichen einer Gefahr zu erkennen, ruft sie mit hellem Wiehern nach dem Kleinen, und dieses läuft unverzüglich herbei. Glaubt sich das Pferdekind verlassen und schreit angstvoll und schrill nach der Mutter, zeigt sie sofort mit tief kollerndem, beruhigendem Ruf, wo sie zu finden ist.

Unter natürlichen Bedingungen saugt das Fohlen fast ein Jahr lang bei der Mutter. Erwartet die Stute kein neues Fohlen, kann das Junge auch noch im zweiten, ja bis ins dritte Jahr

1 Erst wenn nach einigen Lebenstagen die Mutter-Kind-Beziehung gefestigt ist, duldet die Stute andere Herdengenossen in unmittelbarer Nähe des Fohlens.

2 Das gesunde Fohlen saugt erstmals innerhalb der ersten zwei Lebensstunden. Während etwa drei Monaten ist die Muttermilch die Hauptnahrung, doch saugt es normalerweise fast ein Jahr lang.

3 Schon früh nimmt das Fohlen mit anderen Herdengenossen Kontakt auf und begründet normalerweise nach einigen Monaten mit einem Altersgenossen eine engere Freundschaftsbeziehung.

4 Fohlen wie auch erwachsene Pferde stehen zuerst mit den Vorderbeinen, dann mit den Hinterbeinen auf — Kühe machen es umgekehrt.

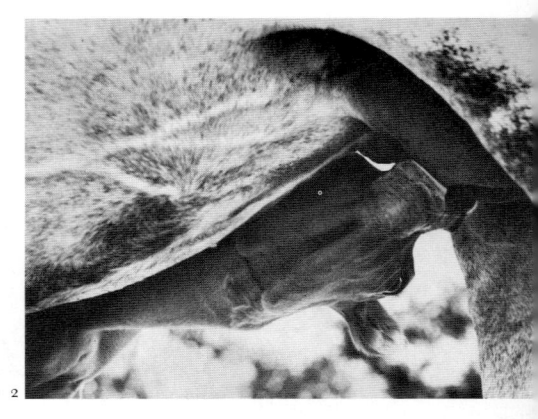

5 bis 8 Junghengste bilden in der Natur eigene Rudel und werden auch auf Gestüten gesondert aufgezogen. Hier bereiten sie sich jahrelang spielerisch auf die Kämpfe vor, die ihnen dann bevorstehen, wenn sie Stuten erobern und eine eigene Haremsfamilie gründen wollen. Solche Hengstkämpfe werden zwar oft sehr erbittert geführt, aber dennoch kommt es nur selten zu ernsten Verletzungen.

saugen. Aber bereits in den ersten Lebenstagen beginnt es an Gräsern zu knabbern, und nach etwa drei Monaten ist das Euter nicht mehr die Hauptnahrungsquelle. In den ersten Lebenswochen trinkt es große Mengen Milch, je nach Größe der Rasse etwa 8 bis 20 Liter täglich. Diese Menge wird in kleine Portionen aufgeteilt, denn Pferde haben einen verhältnismäßig kleinen Magen. Ein junges Saugfohlen sucht das Euter der Mutter etwa 40- bis 50mal innert 24 Stunden auf. Auch das Tempo, in dem das Fohlen in den ersten Lebenswochen wächst, ist erstaunlich. Nach knapp zwei Monaten ist es doppelt so schwer wie bei der Geburt. Später vermindert sich das Wachstum deutlich. Seine Widerristhöhe nimmt in den ersten drei Lebensmonaten etwa gleich viel zu wie in den darauffolgenden neun Monaten. Nach einem Jahr hat es etwa 80 Prozent seiner endgültigen Körperhöhe erreicht, nach drei Jahren wird es kaum mehr höher, obschon das Wachstum der Knochen erst etwa im fünften Altersjahr abgeschlossen ist, bei spätreifen Rassen (z. B. Nordponys) noch später.

Kurz bevor die Stute ein neues Fohlen bekommt, vertreibt die Mutter den Jährling aus ihrer unmittelbaren Umgebung, sie «schlägt ihn ab». Die Trennung von der Mutter fällt ihm nicht allzuschwer, denn die gegenseitige Beziehung ist inzwischen recht locker geworden. Normalerweise hat das Fohlen dafür mit einem gleichaltrigen Herdengenossen eine freundschaftliche Verbindung entwickelt.

In der konventionellen Pferdezucht werden allzuoft viele natürliche Vorgänge ignoriert. So werden auf den meisten Gestüten die Fohlen bereits mit etwa sechs Monaten «abgesetzt». Sie brauchen nun zwar die Muttermilch nicht mehr, auch wenn sie noch lange saugen würden; und als Haustiere können sie auch auf den Schutz der Mutter verzichten, psychisch sind sie aber noch nicht auf die Trennung eingestellt, und diese bedeutet für Stute und Fohlen in jedem Fall eine seelische Tortur.

2. Teil

Pferd und Mensch in der Geschichte

Gleichzeitige Ereignisse

Um 20 000 v. Chr. Der Cromagnon-Mensch, eine biologische Vorstufe zum geschichtlichen Menschen, unterscheidet sich von früheren Menschen unter anderem durch das deutlich entwickelte Kinn und die Ausbildung der Stirnhöhle. Er ist in weiten Teilen Europas und in Nordafrika zu Hause.

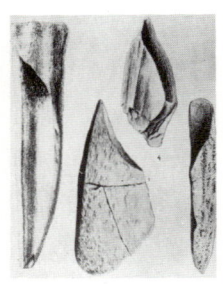

Zur Herstellung der bereits vielfältigen Waffen und Werkzeuge wie Messer, Beile, Pfeil-, Speer- und Harpunenspitzen, Schaber, Nadeln, Stichel werden nebst verschiedenen Steinen auch Horn und Elfenbein verwendet.

Erste Anfänge der Töpferei. Erste Anfänge des Anbaus von Pflanzen. Außerdem Jagd, Fischfang und Pflanzensammeln.

20 000 bis 10 000 v. Chr.

Das Pferd und die Jäger der Eiszeit

Seit der Mensch aus seinem tierischen Traumdasein erwacht und sich seiner selbst, seines Werdens und Vergehens bewußt geworden ist, begleitet ihn das Pferd. Bereits in seinen frühesten Versuchen, sich schöpferisch auszudrücken, finden sich Darstellungen von Pferden, ebenso allerdings auch von anderen Tieren, wie Rens, Auerochsen, Mammuten, Bären usw., von allem jagdbaren Wild, das seinen Hunger stillte.

Noch vor weniger als zweihundert Jahren neigten Altertumsforscher zur Auffassung, die Geschichte der Menschheit habe mit den Griechen und Römern begonnen. Erst vor gut hundert Jahren wurde man mit den weit älteren Kulturen Ägyptens näher vertraut, und erst um 1900 belegten Ausgrabungen, daß es in Mesopotamien schon vor 9000 Jahren zivilisierte Völker gegeben hat.

In der Mitte des letzten Jahrhunderts hatten zwei Höhlenforscher in Frankreich, Edouard Lartet und Edouard Piette, bereits eine große Zahl von Knochen- und Steinritzzeichnungen und von Skulpturen ausgegraben — aber niemand wußte, daß es sich dabei um Kunstwerke aus der Eiszeit handelte, die schon 20 000 bis 10 000 v. Chr. entstanden waren.

Die Franzosen waren bereits seit 15 Jahren am Graben, als im Jahre 1879 Marcellino de Sautuola in Nordspanien in der Höhle von Altamira die ersten farbigen Felsbilder fand. In einer Veröffentlichung bezeichnete er sie spürsinnig als vorgeschichtliche Gemälde. 1880 wurde in Lissabon ein Kongreß für Prähistoriker einberufen. Das internationale Kollegium bezeichnete einstimmig die Malereien von

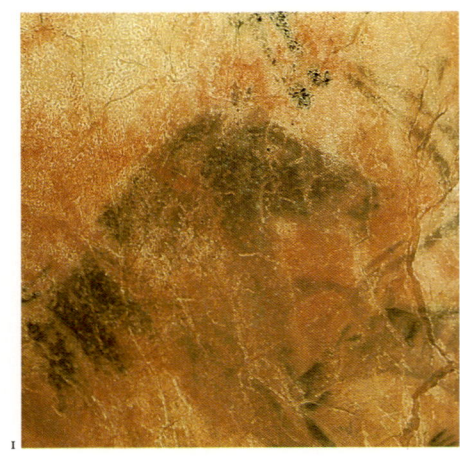

1 Ein Pferdekopf in den Höhlen von Asturias in Spanien. Oben links sind die Hinterbeine eines Pferdes mit deutlicher Zebrastreifung zu sehen. Dieses Merkmal findet man bei Steppenwildpferden wie auch bei manchen falbfarbenen Hauspferden.

2 Pferd und andere Jagdtiere in der Höhle von Lascaux in der Dordogne, 20 000 bis 15 000 v. Chr. Diese erst 1940 entdeckte Höhle ist die großartigste Stätte mit eiszeitlichen Felsbildern, die man bis heute kennt.

3 Ebenfalls aus Lascaux ist diese Pferdedarstellung.

4 Im «Salon Noir» in Niaux, Ariège, ist 1906 dieses 20 000 bis 15 000 Jahre alte Bild eines Pferdes gefunden worden. Es unterscheidet sich im Typ deutlich von den Tieren auf den Bildern 2 und 3 und läßt den Schluß zu, daß die eiszeitlichen Jäger verschiedene Rassen kannten.

5 Umriß eines Pferdekopfes aus Asturias, Spanien. Fast alle der rund 130 Fundstellen mit eiszeitlichen Kunstwerken liegen in Spanien und Frankreich, nur vereinzelte in Portugal, Italien, Deutschland und der Sowjetunion.

Nächste Doppelseite 15 000 bis 10 000 Jahre alte Darstellung aus Pech Merle.

Zwischen 15 000 und 10 000 v. Chr.

Der Wolf wird als erstes Tier domestiziert. Außer Höhlen werden überdachte Gruben und einfache Hütten bewohnt. Herstellung von Öl- und Fettlampen aus gebranntem Ton. Der weiterentwickelte Cromagnon-Mensch breitet sich weiter über Europa und bis nach Vorderasien aus.

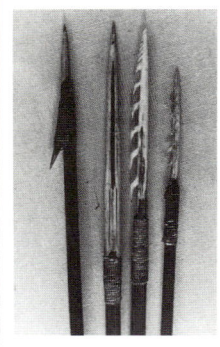

Pfeilspitzen aus Hirschhorn.

Entwicklung der Bauernkultur bringt größere Seßhaftigkeit. Erste Getreide sind Gerste, Weizen und Hirse.

Bilder von hohem künstlerischem Wert entstehen, die vor allem Glück auf der Jagd beschwören sollen. So wurde in der Vallortaschlucht in Ostspanien eine Gruppe von Jägern dargestellt.

Altamira als nicht prähistorischen Ursprungs.

In den folgenden zwei Jahrzehnten fanden Forscher bei Grabungen nach Steinwerkzeugen in südfranzösischen Höhlen weitere Felsbilder, veröffentlichten aber nichts darüber, um sich nicht vor den großen Gelehrten lächerlich zu machen.

Erst 1902 konnten die zwei Franzosen Emile Cartailhac und Henri Breuil beweisen, daß es Höhlenmalereien gab, die über 10 000 Jahre alt waren. Nach der Erforschung verschiedener Höhlen in Frankreich besannen sie sich auch auf Altamira und fanden dort den größten bis dahin bekannten Reichtum an Felsmalereien.

Hunderte von mehr oder weniger glücklichen Forschern aus aller Welt waren inzwischen an der Arbeit, an gut 130 Stellen ergaben sich Funde, fast alle in Frankreich und Spanien, und etwa 4000 Felsbilder und ebenso viele Kleinkunstwerke aus der Eiszeit sind heute bekannt. Darunter gibt es wundervolle Kunstwerke, und zu den schönsten gehören zahlreiche Bilder von Pferden.

Mit der Entdeckung, daß Menschen schon vor Jahrtausenden nicht nur Waffen und Werkzeuge hergestellt, sondern auch Bilder gemalt haben, tauchte auch die Frage nach dem Sinn dieser Tätigkeit auf. Die ersten Vermutungen, wonach diese Darstellungen Dekorationen der Wohnstätten sein sollten, erwiesen sich bald als falsch. In den Höhlen, die mit Bildern geschmückt sind, haben nie Menschen gewohnt. Man fand hier nie Überreste von Feuerstellen oder Schlaflagern. Diese Höhlen müssen Kultstätten gewesen sein, in denen die Götter beschwört wurden. Im Gegensatz zu den Wohnhöhlen liegen sie meistens auch an verborgenen, oft schwer zugänglichen Orten. Diese Bilder dürften somit die ersten Zeugnisse einer Religion sein.

Die Menschen jener Zeit lebten von der Jagd. Die meisten Tiere, die sie erlegten, waren viel schneller als sie, und viele waren sehr wehrhaft. Die Jäger brauchten scharfe Instinkte, gesammelte Erfahrungen und Waffen, aber darüber hinaus brauchten sie auch Glück, und man darf wohl annehmen, daß sie die Vorstellung von Glück mit einer Gottheit verbanden, vielleicht mit einer Art Herrscher über die Tiere, den sie um Hilfe baten. Und daß sich die Geisteswelt jener Menschen fast ausschließlich um die Jagd drehte, ist verständlich. Daher zeigen auch fast alle Darstellungen jagdbare Tiere oder Jäger.

Wer die Kunst durch die Jahrtausende weiterverfolgt, der wird immer wieder auf religiöse Inhalte stoßen. Von Ägypten bis zu den indianischen Hochkulturen Süd- und Mittelamerikas, vom frühen China bis nach Griechenland hatte die Kunst eine kultische Grundlage. L'art pour l'art, die Kunst um ihrer selbst willen, gibt es erst in der neueren Zeit.

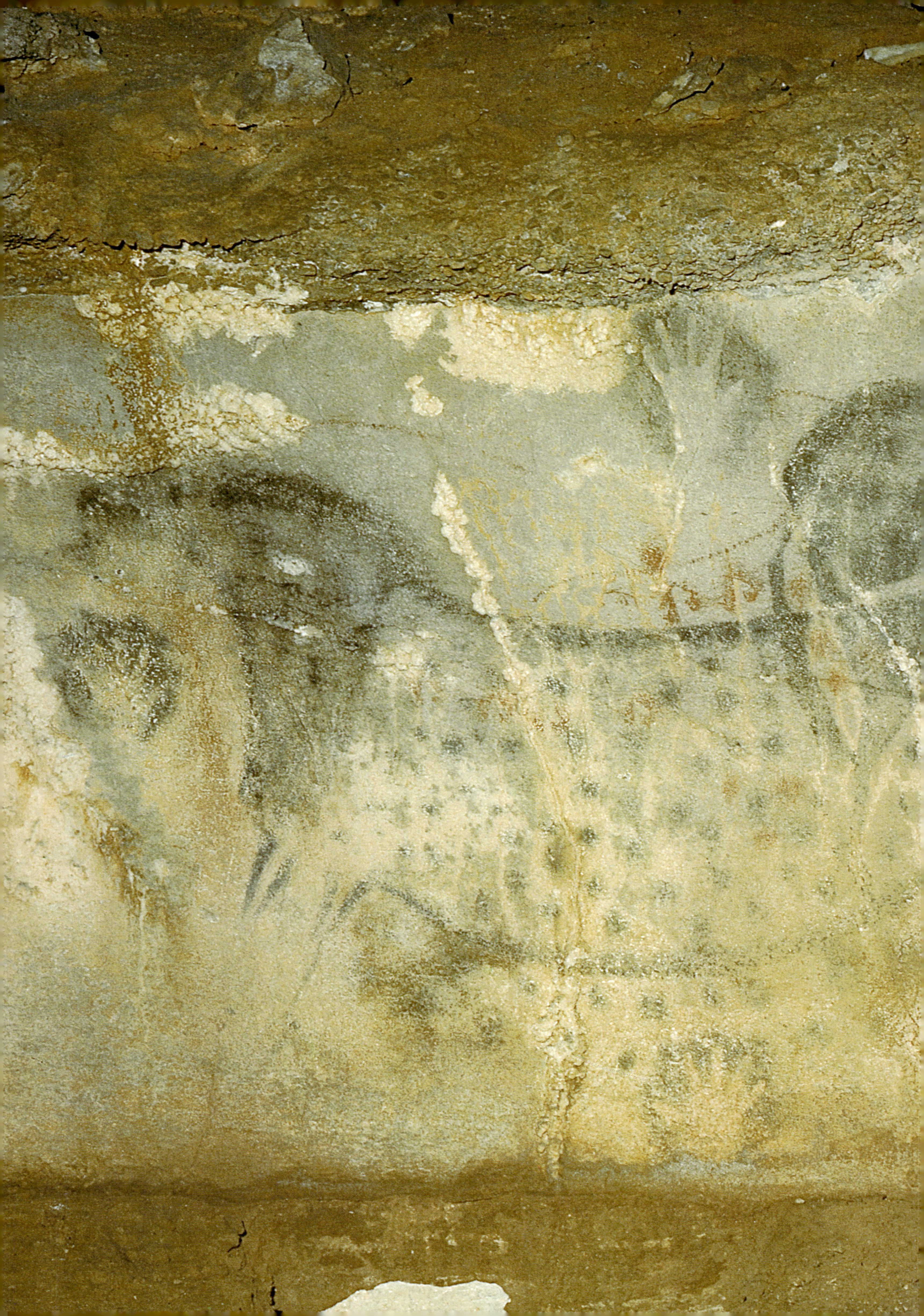

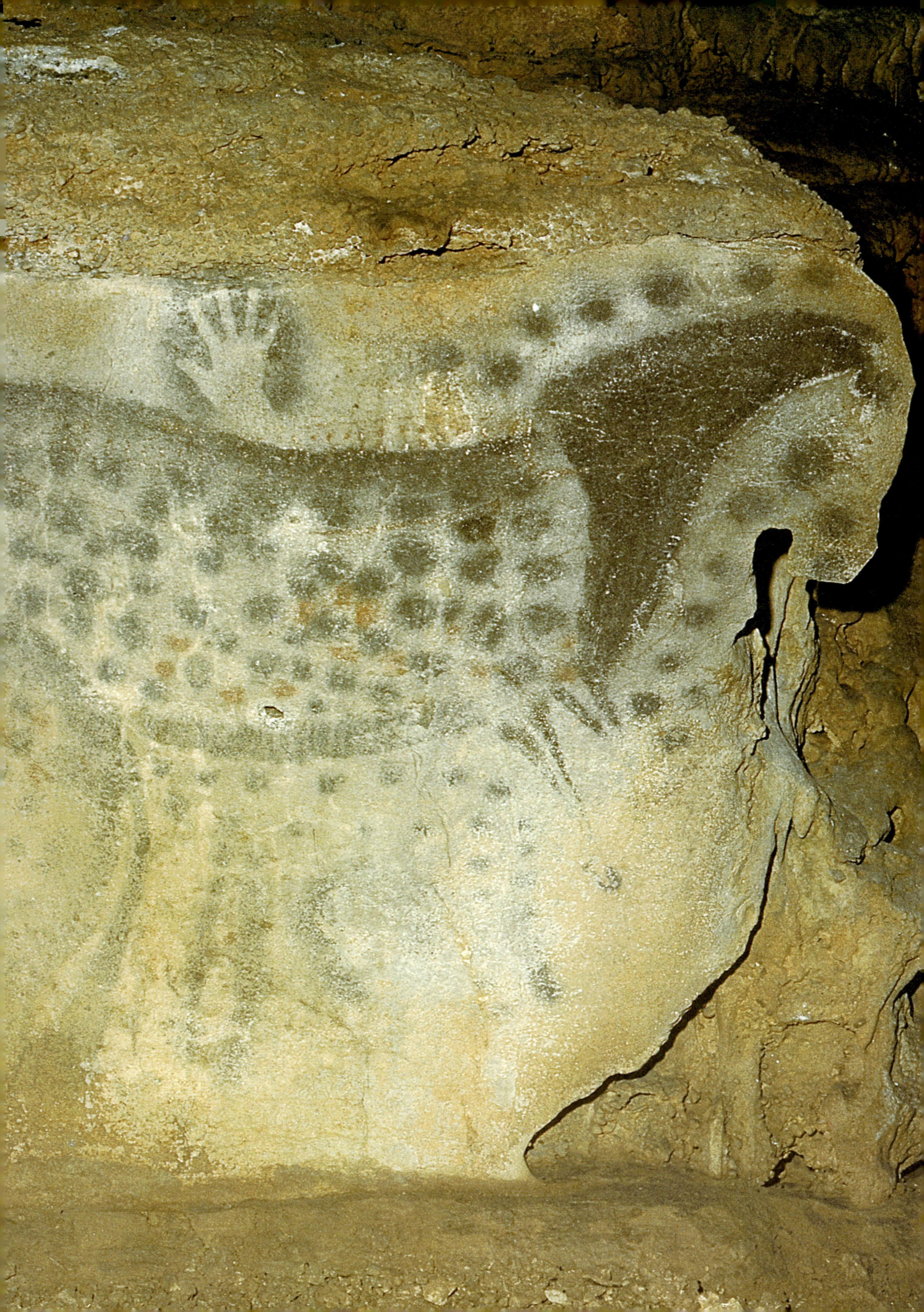

Gleichzeitige Ereignisse

3000 bis 2500 v. Chr.
Südost- und später auch Mitteleuropa werden von Ägypten und Mesopotamien aus kulturell beeinflußt. Die Hieroglyphenschrift wird erfunden.
Auf Kreta werden frühminoische Keramiken hergestellt. Bei Gizeh wird die Cheopspyramide gebaut (um 2850 v. Chr). Erste Blüte des ägyptischen Pharaonenreiches.

Um 2500 v. Chr.
Nomadenstämme aus dem Ural dringen in Südosteuropa ein. Das Pharaonenreich beginnt unter König Onnos zu verfallen.

Um 2400 v. Chr.
Die Sumerer erobern Babylon und Elam.
Das Speichenrad, eine Verbesserung des Scheibenrades, wird erfunden.

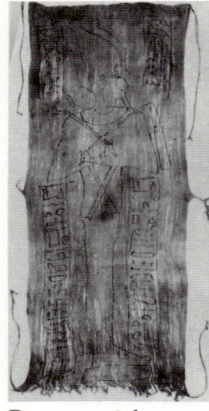

Papyruszeichnung des alljährlich wiederauferstehenden Vegetationsgottes Osiris.

Um 2000 v. Chr.
In der mittelminoischen Zeit wird auf Kreta eine Linearschrift entwickelt. Kreta exportiert Wein, Öl und Getreide und importiert Waren aus Ägypten.

Links: Ein Nomadenlager im afghanischen Bergland. So ähnlich dürfte es schon vor bald 4000 Jahren in den Lagern der eurasischen Steppenreiter ausgesehen haben. Bei ihnen wurde das Pferd zum Haustier.

Unten: Sumerische Tontafeln mit eingeritzten Schriftzeichen erzählen von den ersten Pferdezüchtern, welche mit Streitwagen aus ihren Steppen ausbrachen und Nachbarvölker überfielen.

3000 bis 1000 v. Chr.

DIE ERSTEN PFERDEZÜCHTER

Zwischen 3000 und 2000 v. Chr. wurden die ersten Pferde gezähmt und gezüchtet. Genauer läßt es sich leider nicht bestimmen. Ziemlich sicher aber gehörten die ersten Pferdezüchter einem Nomadenvolk der indogermanischen Sprachengruppe an, bewohnten die eurasische Steppe, das riesige Grasland nördlich des Kaukasus und hielten bereits seit längerer Zeit Rinder. Lange vor dem Pferd waren auch Wölfe, Schafe, Ziegen und Lamas domestiziert worden.

Wahrscheinlich wurden die ersten Pferde als Milch- und Fleischtiere gehalten. Ob sie zuerst geritten oder vor Wagen gespannt wurden, ist eine alte Streitfrage unter den Hippologen. Das Rad war schon einige Zeit zuvor, wahrscheinlich in Mesopotamien, erfunden worden, und es gab Karren, die mit Rindern bespannt wurden. Es ist aber durchaus möglich, daß die wandernden Hirten Pferde mit Gepäck beluden und sich selbst von Pferden tragen ließen.

Mit Sicherheit wissen wir nur, daß diese Nomaden um 1800 v. Chr. Pferde vor Streitwagen spannten und damit über eine neue, enorm wirksame Kriegswaffe verfügten.

Bei Gizeh entsteht die Sphinx. Im Hintergrund die gut 800 Jahre ältere Cheopspyramide.

Um 1760 v. Chr. Erneuter Zerfall in Ägypten.

Um 1550 v. Chr. Beginn des «Neuen Reiches» in Ägypten.

Um 1500 v. Chr. In Nordeuropa schaffen Germanen kunstvolle Bronzearbeiten. Griechenland übernimmt von Ägypten den Gebrauch des pferdebespannten Streitwagens.

Um 1400 v. Chr. Zerfall der kretischen Kultur. Zahlreiche künstlerische Elemente werden auf dem griechischen Festland in die mykenische Kunst übernommen. Reiche Entfaltung der Kunst in China.

Um 1300 v. Chr. Grosse Blüte des Tempelbaues in Ägypten.

Um 1270 v. Chr. Die Israeliten verlassen Ägypten und ziehen mit Moses und Aron durch die Wüste.

Um 1200 v. Chr. Zwischen Trojanern und Achäern findet der «Trojanische Krieg» statt.

Gleichzeitige Ereignisse

Um 3000 v. Chr.
Ende der Nachsteinzeit und Beginn der Metallzeit in Europa. In Griechenland zwingen aristokratisch-kriegerische Führer den Bauernvölkern ihre Ordnung auf. Kupferverarbeitung im Vorderen Orient.

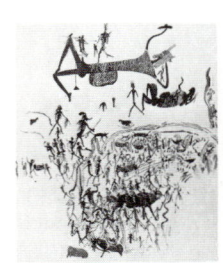

Felsmalerei, wahrscheinlich von kultischer Bedeutung, in Südrhodesien.

Um 2800 v. Chr.
Memphis wird Mittelpunkt des ägyptischen Reiches. Städtebildung und Entwicklung einer Zeichenschrift in Mesopotamien.

Flachreliefbilder am Tempeltor von Philae in Ägypten.

Oliven-, Wein- und Feigenanbau auf Kreta. Herstellung ähnlicher Steingefäße wie in Ägypten.
Aus dem Totenkult entwickelt sich in Ägypten der Bau riesiger Grabmonumente.

1 Darstellung eines Wagenlenkers mit vierspeichigem Wagen und zwei Pferden in der Grotte de Peinture im Wadi Djérat in Algerien.

2 In rotem Ocker gemalte Pferde und Rinder, in Jabbaren, Tassili n'Ajjer in Algerien.

3 Im Tadrart Acacous in Teshuinat in der libyschen Wüste findet sich dieser Vierspeichenwagen mit korbartigem Aufbau für den Lenker.

3000 bis 1000 v. Chr.

Die Neolithiker in der Sahara

In der Sahara gibt es eine Anzahl von Felsbildern, die den Prähistoriker wie den Hippologen vor bis heute ungelöste Rätsel stellen: Es sind Darstellungen von pferdebespannten Zweiradwagen mit Wagenlenkern. Nach der Datierung der Forscher stammen sie aus der Jungsteinzeit, dem Neolithikum, einem Zeitabschnitt, der etwa um 4000 v. Chr. begann und um 1600 v. Chr. endete. Außer diesen Zeichnungen gibt es keine Hinweise auf die Existenz von Gespannfahrern in so früher Zeit in der Sahara. Auch nicht das kleinste Stück Eisen von einem solchen Wagen hat man bis heute gefunden. Anderseits verraten die Details dieser Malereien und Gravuren, daß ihre Schöpfer den Wagen nicht nur vom Hörensagen gekannt haben. Und mit großer Wahrscheinlichkeit handelt es sich bei den eingespannten Tieren um Pferde und nicht etwa um Esel.

Aber wie kamen denn diese Gespanne hierher? Wann waren sie hier? Warum verschwanden sie wieder? Niemand vermag diese Fragen befriedigend zu beantworten.

Es gibt Vermutungen, wonach Einwanderer aus Ägypten Pferde und Wagen mitgebracht haben; denn zwischen gewissen Neolithikern in der Sahara und den Menschen Ägyptens besteht eine nahe ethnologische Verwandtschaft.

Man weiß heute, daß die Sahara während der Jungsteinzeit noch sehr viel fruchtbarer war als heute und daß sie Jägern wie Viehzüchtern gute Existenzmöglichkeiten bot. Etwa um 3000 v. Chr., vielleicht aber auch schon ein oder zwei Jahrtausende früher, wanderten Völkergruppen verschiedener Kulturen von den Randzonen ins Innere der Sahara und siedelten sich dort an. Die frühesten Saharabewohner waren offenbar ausschließlich Jäger, kannten aber bereits verschiedene Nutzpflanzen, die zum Teil zur Nahrung dienten, zum Teil zur Herstellung von Heilmitteln, Farben usw. verwendet wurden. Fischer bauten aus Schilfbündeln Boote und brachten mit Elfenbein- und Holzangeln wie auch mit Harpunen ihre Beute ein. Später gab es viele Hirtenstämme, die Buckelrinder züchteten. Man weiß dies alles aufgrund von Geräten und Waffen, die man ausgegraben hat, aber auch dank einer großen Fülle verschiedener Felsmalereien und -gravuren. Nirgends findet sich indes ein Hinweis, daß Neolithiker in der Sahara Ackerbau betrieben haben. Es gibt keine Gerätschaften zur Bodenbearbeitung, und es gibt keine Zeichnungen, die Menschen beim Umgraben der Erde zeigen, während dieses Motiv in der ägyptischen Ikonographie aus jener Zeit häufig erscheint. Das spricht gegen die Theorie, daß die Pferde, die es in der Jungsteinzeit offenbar in der Sahara gab, aus Ägypten kamen, denn sonst wäre wohl auch die Technik des Ackerbaus eingeführt worden. Das Rätsel scheint unlösbar zu sein.

Um 2600 v. Chr.
Beginn der Bronze-
bearbeitung auf
Kreta.

Um 2300 v. Chr.
Beginn der Shun-
Dynastie in China.
Verbreitung der
Viehzucht und des
Ackerbaus, vor
allem des Reis-
anbaues.
In der Dynastie
von Akkad Keil-
schrift auf Ton-
tafeln.

Um 2000 v. Chr.
Großkönigreiche
in Indien.
Siedlungen aus
sogenannten Lang-
häusern am Nie-
derrhein.

Um 1800 v. Chr.
Festungsähnliche
Zyklopenbauten
für die politischen
Gemeinschaften in
Mykene und
Tiryns, Griechen-
land.
Handel über die
sogenannte Bern-
steinstraße von
Griechenland bis
nach Nordeuropa.
Steinhäuserbau
in Europa.

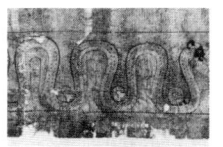

Papyrus der Heut-
towe, Tochter des
Payouzem, mit
Schlangendarstel-
lung, ägyptischer
Königsgräberfund.

Um 1400 v. Chr.
Entstehung der
zwei riesigen
Skulpturen des
Königs Ameno-
phis III bei Theben
in Ägypten, der
sogenannten Mem-
nonsäulen.

Hohe Kulturblüte
während der Shang-
Dynastie in China
(1500 – 1100
v. Chr.)

Gleichzeitige Ereignisse

Um 2000 v. Chr. Auf Kreta beginnt die mittelminoische Periode. Hethiter kommen aus dem Schwarzmeergebiet nach Anatolien.

Um 1800 v. Chr. Ummauerte Siedlungen in Griechenland (Zyklopenbauten).

In England entsteht die rätselhafte Kultstätte von Stonehenge, ein vermutlich von Mittelmeerkulturen beeinflußter Tempelbau.

Um 1750 v. Chr. Der Königspalast in Knossos auf Kreta wird mit feinen Wandmalereien geschmückt.

Um 1550 v. Chr. Knossos wird nach verheerenden Erdbeben wiederaufgebaut. Hohe Kulturstufe der spätminoischen Periode.

Um 1520 v. Chr. Streitwagentaktik kommt von Ägypten nach Griechenland.

1500 bis 1100 v. Chr. Shang-Dynastie in China mit hoher Kultur, Symbolschrift, Seidenzucht, Bronzekunst.

Um 1450 v. Chr. Mittelmykenische Periode in Griechenland, Unterwerfung des minoischen Reiches und Zerstörung von Knossos.

2000 bis 1000 v. Chr.

DIE ÄGYPTER

Die älteste Hochkultur der Geschichte begann ums Jahr 3000 v. Chr. mit der Gründung des Ober- und des Unterägyptischen Reiches, die unter den Königen der Thinitenzeit zusammengeschlossen wurden. Das «alte Reich», das von etwa 2635 bis 2135 v. Chr. dauerte, erlebte die erste hohe Blütezeit, von welcher noch heute unter anderem die großen Pyramiden zeugen. Nach einem Zusammenbruch des kulturellen und wirtschaftlichen Lebens begann um 2040 v. Chr. mit dem «mittleren Reich» ein neuer Aufschwung. Wiederum entstanden monumentale Bauwerke, Nekropolen mit großartigen Gemälden und Reliefs, die, den Göttern und Toten gewidmet, fast alle kultische Bedeutung hatten. Musik und Literatur erfuhren eine bedeutende Entwicklung. Grundlage des Reichtums war die große Fruchtbarkeit des Landes, und um die üppigen Getreidefelder wurden die Ägypter von ihren Nachbarvölkern beneidet. Das ägyptische Heer jedoch kannte während Jahrhunderten keine ernste Gefahr — bis das Pferd kam.

Unaufhaltsam, jeden Gegner wie Spreu vor sich her treibend, überrannten die Heerscharen der Hyksos mit ihren von Pferden gezogenen zweirädrigen Kampfwagen Syrien und Palästina und erstürmten um 1650 v. Chr. das ägyptische Reich. Ihre Heerführer machten sich zu den Königen des Landes, und es dauerte hundert Jahre, bis die Ägypter die Eindringlinge wieder vertreiben konnten. Sie schlugen nun den Gegner mit derselben Waffe, die einst ihr Verhängnis geworden war: mit dem pferdebespannten Kriegswagen.

Damit hatte im Reich der Pharaonen eine Kulturepoche begonnen, in welcher das Pferd eine große Rolle spielen sollte. In Reliefs und Malereien wurde es verehrt, und aus den Darstellungen kann man schließen, daß dieses Tier zu den edelsten aller zu jener Zeit gezüchteten gehörte.

Man kannte noch kein Kopfzeug. Die Pferde vor den Streitwagen trugen etwa um die Mitte des Halses eine Art Manschette, an welcher die Leinen befestigt waren. Durch Zug auf den Leinen entstand ein Druck auf dem Hals, der die Pferde zu einer langsameren Gangart oder zum Halten veranlaßte. Diese

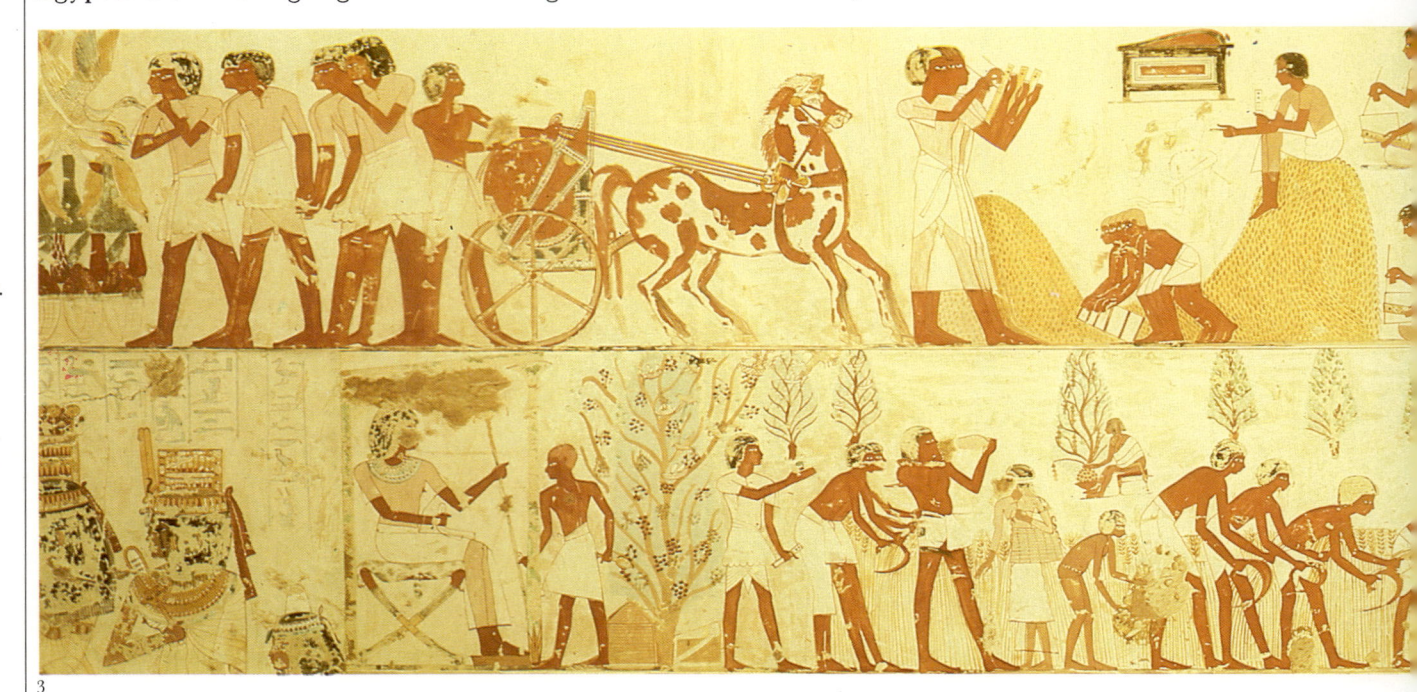

1 Darstellung eines ägyptischen Königs als Flachrelief am Tempel von Karnak. Dieser größte altägyptische Tempelkomplex war durch die berühmte Allee der Widdersphinxe mit dem Haremstempel Luxor verbunden.

2 Tutanchamun auf seinem Kriegswagen. Die zwei feinen, sehr edel wirkenden Pferde sind reich geschmückt. Tutanchamun war König von etwa 1347 bis 1336 v. Chr. Er wurde in den vergangenen Jahrzehnten weltberühmt durch die Prachtausstattung seines Grabes, das 1922 fast völlig unversehrt im «Tal der Könige» entdeckt wurde.

3 Wandbild in einer Grabkammer, um 1400 v. Chr. Etwa aus der selben Zeit stammt ein Relief vom Grab des Haremhab, das als die älteste Darstellung eines Reiters auf einem Pferd gilt. Bei den älteren Darstellungen sind die Reittiere im allgemeinen nicht eindeutig als Pferde zu erkennen, oder sie sind unverkennbar asiatische Wildesel.

4 In Ägypten wurden nicht nur tote Könige konserviert, sondern auch Tiere. Auch Pferde. Diese Pferdemumie wurde um 1500 v. Chr. präpariert.

5 Darstellung der Schlacht von Kadesch an einem Tempel von Ramses II.

Methode war bereits bei den früher domestizierten asiatischen Wildeseln angewendet worden. Es gibt Theorien, wonach die Hyksos bereits ein einfaches, ungebrochenes Stangengebiß gekannt haben sollen. Wahrscheinlich ist dies aber nicht, denn sonst hätten es die Ägypter wohl übernommen. Die frühen ägyptischen Wagenfahrer benützten ein Zaumzeug mit einem tiefsitzenden Nasenriemen, welcher beim Leinenzug auf den Nasenknorpel drückte und die Atmung beeinträchtigte; keine feine, aber sicher eine wirksame Methode.

Etwa im 14. Jahrhundert v. Chr. waren in Ägypten Gebisse mit durchgehenden Stangen in Gebrauch. Wenig später tauchten auch gebrochene Mundstücke auf, mit denen dank dem Gelenk eine bedeutend präzisere Einwirkung möglich war. An jeder Seite des Gebisses gab es ein längliches Backenstück, das ein Durchrutschen des Gebisses durch das Pferdemaul bei zu starkem einseitigem Zügelzug verhinderte. Diese Backenstücke waren gewöhnlich mit einigen Stacheln versehen, die sich bei stärkerem Zug in die Backen des Pferdes bohrten. In groben Händen mußten solche Gebisse zu Marterinstrumenten werden. Ob das gebrochene Gebiß von den Ägyptern erfunden wurde, ist allerdings fraglich. Zur gleichen Zeit gab es den genau gleichen Gebißtyp auch in Indien, in Luristan und bei den Skythen.

Um 1400 v. Chr. Spätmykenische Periode mit Einfluß bis nach Mitteleuropa.

Um 1360 v. Chr. Unter Assurballit entsteht die assyrische Weltmonarchie.

1290 bis 1223 v. Chr. Pharao Ramses II.

Um 1270 v. Chr. Der Assyrerkönig Samanassar I. unterwirft Mesopotamien. Die Israeliten verlassen Ägypten, wandern mit Moses und Aron durch die Wüste. Am Berg Sinai verkündet Moses die «Zehn Gebote».

Um 1250 v. Chr. Berittene Krieger lösen allmählich die Streitwagentechnik ab.

Um 1180 v. Chr. Bemaltes Flachrelief mit gefangenen Libyern zur Illustration der erfolgreichen Abwehrkämpfe der Ägypter unter Ramses III.

Um 1100 v. Chr. Durch einen Ringwall geschützte Hütten bilden den ursprünglichen Kern der Stadt Rom. Die Germanen verbreiten sich von Skandinavien nach Mitteleuropa. Beginn der Eisenzeit in Europa.

107

Gleichzeitige Ereignisse

900 v. Chr.
Athen wird Hauptstadt von Attika.

Um 800 v. Chr.
Die Hethiter erschaffen riesige Steinplastiken und erleben eine neue Blütezeit ihrer Kultur.

Die großen griechischen Epen «Ilias» und «Odyssee» sollen von dem sagenhaften, blinden Dichter Homer verfaßt worden sein.

776 v. Chr.
In Griechenland finden erstmals die Olympischen Spiele statt, die danach alle vier Jahre wiederholt werden.

Um 750 v. Chr.
In Mittel- und Südosteuropa Latène- oder Früheisenzeit der Kelten und Illyrier.

683 v. Chr.
Abschaffung des Königtums und Gründung der Demokratie in Athen. Etwa zur selben Zeit entsteht der geometrische Kunststil.

900 bis 600 v. Chr.

DIE ASSYRER

Vor 5000 Jahren war Assyrien ein fruchtbares, blühendes Land zwischen dem Tigris und dem Hochland von Ararat, von Semiten besiedelt. Um 2300 v. Chr. wurde es von Akkad beherrscht, später von Ur und schließlich von Babylon, von König Hammurabi, von dem sich das assyrische Volk aber befreien und unabhängig machen konnte. Im 13. Jahrhundert v. Chr. verfügten die Assyrer bereits über eine schlagkräftige Militärmacht und eroberten das benachbarte Babylonien. Aber erst unter Salmanassar III. (858 bis 824 v. Chr.), Tiglatpileser III. (745 bis 727 v. Chr.) und Assurbanipal (669 bis etwa 627 v. Chr.) entwickelte sich Assyrien zu einem Großreich, das vom Taunusgebirge bis nach Palästina und zeitweise über einen großen Teil Ägyptens sowie vom Mittelmeer bis zum Persischen Golf reichte.

Bei der Eroberung und Besetzung neuer Gebiete war den Assyrern kein Mittel zu brutal. Vor allem entwickelten sie ein raffiniertes System, die Eigenständigkeit der unterworfenen Völker zu zerstören, indem sie nur die Bauern an Ort und Stelle ließen, die gebildete politische und gesellschaftliche Oberschicht aber in die entferntesten Winkel deportierten. Das Reich war in zahlreiche, von assyrischen Beamten verwaltete Provinzen eingeteilt.

Ihre militärische Überlegenheit verdankten die Assyrer, wie schon vergangene Großmächte, den Pferden, vor allem aber einer völlig neuen Kriegstechnik mit Pferden: sie «erfanden» die Kavallerie.

Allerdings scheint es, daß die Assyrer erst spät die Bedeutung des Pferdes im strategischen Ein-

1 Assyrische Krieger bei der Pferdepflege. Bereits zur Zeit Salmanassars III. gab es auf Tontafeln eine detaillierte Vorschrift über Pflege und Training von Kriegspferden.

2 Assyrer beim Einfangen von Einhufern. Dabei dürfte es sich kaum um Pferde, sondern um Wildesel handeln, die ebenfalls nicht sehr lange Ohren haben, im Gegensatz zu den Pferden aber Quastenschwänze, wie sie an den dargestellten Tieren zu sehen sind.

3 Die Assyrer setzten offenbar als erste Kriegsmacht neben ihren Streitwagen auch berittene Bogenschützen ein.

satz erkannten. Zur Zeit ihrer Auseinandersetzungen mit Hammurabi hatten sie offenbar noch keine nennenswerten Streitwagentruppen einzusetzen und schon gar keine berittenen Soldaten, und dies gut 500 Jahre nach der Erfindung des pferdebespannten Kriegswagens. Sicher verfügten sie schon über gezähmte asiatische Wildesel oder Halbesel, und vielleicht züchteten sie damit auch Maultiere, die damals ebenfalls seit einigen hundert Jahren bekannt waren.

Aus hippologischer Sicht interessant wurden die Assyrer eigentlich erst nach 900 v. Chr.

4 Reiter zur Zeit Assurnipals II. auf der Löwenjagd. Zu dieser Zeit hatten die Assyrer einen guten, tiefen Sitz mit festanliegenden Schenkeln entwickelt.

5 Tiglatpileser III. auf seinem Kriegswagen.

6 und 7 Streitwagenfahrer und Bogenschützen zur Zeit Salmanassars III. Die Reitkunst steckte damals offensichtlich noch in den Kinderschuhen, denn die Reiter saßen fast auf der Kruppe der Pferde und waren bemüht, sich mit den Unterschenkeln und Fersen an den Pferden festzuklammern.

Im Bericht von einer Schlacht des grausamen Assurnasirpal II. gegen den König von Nairi in der Nähe des Vansees ist von Truppen berittener Krieger die Rede, und zwar, soweit bekannt, erstmals in der Geschichte. Auf sehr vielen Darstellungen, vor allem berühmten Reliefs der nun folgenden Zeit, sieht man berittene Krieger und Jäger.

Die Bilder aus der Epoche Salmanassars III. vermögen uns allerdings nicht von einer großen Reitkunst der Assyrer zu überzeugen. Die Leute sitzen wie auf Eseln, nämlich fast hinten auf der Kruppe, haben die Beine stark angewinkelt und klammern sich offenbar mit den Unterschenkeln und Füßen an ihren Reittieren fest. Außerdem wurde anscheinend jedes Pferd eines Bogenschützen von einem berittenen Begleiter geführt — verständlicherweise, denn mit diesem Sitz kann niemand ein Pferd durch Gewichtsverlagerung und Schenkelhilfen lenken, und die Bogenschützen brauchten beide Hände zum Schießen! Aber selbst bei solchen Mängeln waren berittene Truppen beweglicher als Streitwagenverbände, zumal ja auch die Fahrkunst durchaus noch nicht vollendet war.

Das Bild der «Kavallerie» hatte sich bereits zur Zeit Tiglatpilesers III. deutlich verändert. Auch hier saßen zwar die Reiter noch weit hinten, aber die Beine waren jetzt fast gestreckt, der Sitz tief, und die Tiere konnten mit den Schenkeln gelenkt werden. Viele Krieger ritten noch auf blanken Rücken, andere auf geschmückten Decken, die mit Brust- und Schweifriemen befestigt waren.

Die Pferde auf den assyrischen Reliefs haben wenig Ähnlichkeit mit östlichen Steppenwildpferden oder mit den Przewalskipferden, sie wirken vielmehr schlank, harmonisch und edel, den Pferden der Ägypter ähnlich, doch scheinen sie bereits größer, vielleicht um 140 Zentimeter hoch, gewachsen zu sein.

Während Jahrhunderten vermochten die Assyrer ihre Nachbarvölker in Angst und Schrecken zu versetzen, aber schließlich blieben sie nicht die einzigen, welche nebst den Streitwagen auch Reitpferde für militärische Auseinandersetzungen verwendeten, und nicht die einzigen, die gute, schnelle Pferde züchten konnten. Zur Zeit Assurnasirpals II. wurden die Chaldäer und Aramäer, die Araber, die Ägypter, Elamiten und Meder zu immer bedrohlicheren Gegnern. Mit Assurbanipals Tod war das Schicksal des assyrischen Großreiches endgültig entschieden. 615 v. Chr. wurde die Hauptstadt Assur zerstört, 612 Ninive vernichtet.

Um 650 v. Chr. Die wandernden Kelten erreichen mit ihren Pferden und ihrem Vieh in Nordfrankreich den Atlantik.

Skythen stoßen aus Kleinasien nach Südrußland vor.

Verfeinerung der griechischen Instrumentalmusik durch Kithara und lydische Flöte.

Die Göttin Neith aus der ägyptischen Spätzeit.

Um 600 v. Chr. Die griechische Dichterin Sappho von Lesbos schreibt Liebeslieder.

In Rom werden das Kapitol, das Forum, die servianische Befestigungsmauer und ein riesiges unterirdisches Abwassersystem gebaut.

GLEICHZEITIGE EREIGNISSE

Um 2000 v. Chr.
Aufschwung der Wissenschaften in China und Ägypten (Medizin, Mathematik, Theologie).

Um 1800 v. Chr.
Klassische Periode der Kunst in Ägypten. Felsengräber-Architektur löst Pyramidenbau ab.

Um 1700 v. Chr.
Die Hyksos erobern Unterägypten, übernehmen Kunst, Kultur und Staatsverwaltung der Ägypter.

1580 v. Chr.
Amosis I. vertreibt die Hyksos aus Ägypten mit Hilfe mykenisch-griechischer Söldner.

1550 v. Chr.
Beginn des Neuen Reiches in Ägypten, das bis 1085 v. Chr. dauert. Streitwagentaktik.

Unter Tutanchamun lebt um 1330 v. Chr. wieder der alte Götterglaube auf.

Um 1300 v. Chr.
Blütezeit des Tempelbaus in Ägypten.

Um 1150 v. Chr.
Tiglatpileser I. erweitert das assyrische Reich bis ans Schwarze Meer und bis ans Mittelmeer. In Assur entsteht der Tiglatpileser-Königspalast.

Um 1030 v. Chr.
Nach der Zeit der Richter in Israel beginnt mit König Saul die Zeit der Könige.

Um 1000 v. Chr.
Der zweite israelische König David besiegt die Philister, erobert Jerusalem und unterwirft das Ostjordanland.

Um 950 v. Chr.
König Salomo, Davids Sohn, begründet weise Rechtsordnung. In Italien beginnen sich die Etrusker auszubreiten.

700 v. Chr. bis 395 n. Chr.

DIE GRIECHEN

Etwa um 1700 v. Chr. wanderten arische Stämme, Achäer, in Griechenland ein, und zwischen 1400 und 1300 gründeten sie griechische Siedlungen auf Kreta, Rhodos und Zypern. Außer daß sie handwerklich und künstlerisch außerordentlich begabt waren (mykenische Periode), ließ noch kaum etwas erahnen, daß sich dieses Volk in seiner Kultur einmal weit über alles bisher Dagewesene hinausschwingen würde.

Um 700 v. Chr. wurde diese Entwicklung plötzlich sehr deutlich. Das Königtum wurde abgeschafft, und es entstanden die ersten «Demokratien» mit gleichen Rechten für alle Bürger, neben denen es allerdings zahlreiche Sklaven, Zugewanderte usw. gab, die rechtlos waren. Aus dieser Zeit sind die großen griechischen Epen überliefert, *Ilias*, der Bericht vom Trojanischen Krieg, und *Odyssee*, die Darstellung der abenteuerlichen Heimkehr des Helden Odysseus aus Troja nach Ithaka. Allgemein gelten diese Werke als Dichtungen des blinden Homer, vielleicht sind sie aber auch schon älter und wurden erst in dieser Zeit aufgezeichnet, und nach anderen Theorien hat Homer gar nie existiert. Es gab aber Männer wie Heraklit, Thales und Anaximander, welche nach der Bedeutung des Menschen zu forschen begannen: die ersten Philosophen.

Nachdem Griechenland 27 v. Chr. zur römischen Provinz geworden war, erlebte es in seiner Kunst noch einmal eine große Blüte. Mit der Einverleibung ins Byzantinische Reich im Jahre 395 verlor es aber endgültig seine Bedeutung.

Der pferdebespannte Streitwagen kam etwa um 1500 v. Chr. nach Griechenland. Eine entscheidende Rolle hat er aber dort nie gespielt, denn die gebirgige Landschaft des Festlandes war für Fahrzeuge ebensowenig geeignet wie die Inselwelt der Ägäis.

Eine bemerkenswerte Kavallerie scheint es in den griechischen Kriegsverbänden erst um 700 v. Chr. gegeben zu haben, als sich auf Euböa die Städte Eretria und Chalkis um den Besitz der fruchtbaren letantischen Ebene stritten. Doch selbst noch 200 Jahre später, in den heftigen Kriegen gegen die Perser, die über hervorragende Pferde und Reitersoldaten verfügten, maßen die Griechen einer Kavallerie

1 Kopf aus dem Quadrigagespann der Mondgöttin Selene.

2 Diese Bronzestatuette aus Olympia diente wahrscheinlich als Weihegeschenk.

3 Rund 2900 Jahre alt ist diese wunderschöne Terrakottaarbeit: ein Dreiergespann auf einer Pyxis im geometrischen Stil.

offenbar wenig Bedeutung bei. Selbst als die Perser bei ihrem Versuch, an der Küste von Marathon an Land zu gehen, geschlagen und auf ihre Schiffe zurückgetrieben worden waren, schickte man mit der Siegesbotschaft nicht einen Reiter, sondern einen Meldeläufer nach dem über 40 Kilometer entfernten Athen. Dieser «Marathonlauf» wurde später zu einem Begriff in sportlichen Wettkämpfen.

Erst unter Alexander dem Großen (356 bis 323 v. Chr.) wurde die griechische Kavallerie zur wirklich entscheidenden Truppe (vgl. S. 114/115).

Im kulturellen Leben spielte das Pferd in Griechenland eine sehr viel größere Rolle als je zuvor in irgendeinem anderen Land. Die Verehrung, die ihm die Griechen entgegenbrachten, spiegelt sich in reichstem Maße in der Kunst und in der Sagenwelt. Der Sonnengott Helios steigt mit einem Vierergespann am östlichen Firmament empor, und die Pferde Lampos und Phaeton ziehen Eos, die Göttin der Morgenröte, daher. Auch der Mondwagen ihrer Schwester, der Göttin Selene, ist mit Pferden bespannt. Pegasus heißt das geflügelte Pferd, das Blitz und Donner des allmächtigen Gottes Zeus daherträgt. Das Gespann des Kriegsgottes Ares, von dessen Söhnen Phobos und Deimos gelenkt, erweckt Angst und Schrecken. Pluton entführt Persephone mit einem Pferdegespann in die Unterwelt. Herakles reitet bei der Eroberung von Elis den göttlichen, von Poseidon stammenden Hengst Arion. Weintrunkene Götter jedoch, wie etwa Bakchos und Hephaistos, sieht man oft auf Eseln oder Maultieren dargestellt.

Während Maultiere in vielen anderen Ländern hochgeschätzt waren und mancherorts sogar von Adeligen als Reittiere vorgezogen wurden, züchtete man sie in Griechenland fast ausschließlich zur Verrichtung ordinärer Arbeiten, welche man offenbar keinem Pferd zumuten wollte. Immerhin gab es in den Olympischen Spielen auch vereinzelt Rennen für Maultiere im Zweier- und Viergespann.

Pferderennen als vergnügliche Wettstreite, vor dem Wagen und unter dem Reiter, sind wohl so alt wie das Fahren und Reiten überhaupt. Aber erst bei den Griechen entwickelten sich daraus große, wohlorganisierte Veranstaltungen in den Hippodromen, den eigens zu diesem Zweck gebauten Anlagen, und sicher kann man sagen, daß die eigentliche Geschichte des Pferderennsportes in Griechenland begann.

Schon im Epos Ilias ist ausführlich von Wagenrennen die

7 Dieser Ausschnitt aus einer kykladischen Reliefamphore aus dem 7. Jahrhundert v. Chr. zeigt das sagenhafte «Trojanische Pferd».

8 Aus Zypern aus dem 7. Jahrhundert v. Chr. stammt dieses spätgeometrische Terrakottavotivbild, Pferd und Reiter darstellend.

4 Auf dieser rotfigurigen Amphore schenkt ein Mädchen dem Reiter vor dem Rennen Wein ein.

5 Zweiergespanne (Bigas) auf einem Mischkrug im geometrischen Stil aus der Mitte des 8. Jahrhunderts v. Chr.

6 Dieser attische Volutenkrater, um 570 v. Chr. entstanden, ist ein Meisterwerk des schwarzfigurigen Malstils. Das zum Mischen von Wein und Wasser dienende, 66 Zentimeter hohe Gefäß ist mit einem überreichen, miniaturenhaften Bilderschmuck versehen.

Um 880 v. Chr. König Assurnipal II. von Assyrien wird in großartigen Reliefs als Krieger und Löwenjäger in pferdebespannten Wagen dargestellt.

Um 800 v. Chr. Karthago wird gegründet.

776 v. Chr. Erste Olympische Spiele in Griechenland.

Um 753 v. Chr. Sagenhafte Gründung Roms durch Romulus und Remus (als Siedlung bestand Rom schon längere Zeit).

Um 750 v. Chr. Beginn der Früheisenzeit bei den Kelten in Europa.

Um 740 v. Chr. König Tiglatpileser III. begründet das assyrische Großreich dank erster gut organisierter Kavallerie und schwerer Kriegswagen. Neue Blütezeit der assyrisch-babylonischen Kunst und Kultur.

Um 720 v. Chr. Assyrer erobern Israel.

Um 680 v. Chr. Der assyrische König Assarhaddon erobert Ägypten und schließt Pakt mit den Skythen. Sein Nachfolger Assurbanipal (669 bis etwa 627 v. Chr.) verliert Ägypten wieder.
In der assyrischen Großstadt Ninive (um 120 000 Einwohner) wird die berühmte Tontafelbibliothek aufgebaut mit geschichtlichen Urkunden und assyrischer und sumerischer Dichtung.

Um 650 v. Chr. Die Kelten erreichen Gallien und wandern in Spanien ein, wo sie sich mit den Iberern vermischen (Keltiberer).

III

627 v. Chr.
König Assurbanipal von Assyrien stirbt, in der Folge zerfällt das Reich.

624 v. Chr.
Der griechische Philosoph Thales von Milet wird geboren.

Um 600 v. Chr.
Blütezeit griechischer Musik. Die Lyra (Musikinstrument) verbreitet sich. Die Dichterin Sappho von Lesbos schreibt ihre Liebeslieder.
Die Römer übernehmen von den Griechen in Süditalien das Alphabet. Frühperiode der Hallstattkultur.

587 v. Chr.
Nebukadnezar schlägt die Ägypter in Syrien, zerstört Jerusalem und zwingt die Juden in die Babylonische Gefangenschaft.

496 v. Chr.
Der griechische Mathematiker Pythagoras stirbt.

Um 450 v. Chr.
Aufschwung der Tempelbaukunst in Indien. Griechen führen aus Ägypten Papyrus zum Schreiben ein.

Um 400 v. Chr.
Höhepunkt der klassischen Zeit Griechenlands. In der europäischen Latènekultur kennt man die Töpferscheibe und stellt Eisenwerkzeuge her.

399 v. Chr.
Sokrates stirbt.

396 v. Chr.
Kelten dringen über die Alpen in Norditalien ein. Griechen erfinden Steinwurfmaschine.

Um 340 v. Chr.
Latènekultur breitet sich über ganz Mittel- und Westeuropa aus.

Rede, und die taktischen Ratschläge, die Nestor dem Antilochus erteilt, zeugen bereits von einiger Erfahrung in diesem Sport, in welchem Fahrtechnik und Tricks ebenso wichtig waren wie schnelle, ausdauernde Pferde.

Es gab also schon sehr früh und in verschiedenen Teilen Griechenlands Rennen, aber erst bei den 25. religiösen Spielen, die im Tempelbezirk von Olympia abgehalten wurden, gab es nebst den gymnastischen Übungen auch ein Pferderennen für Quadrigas, für Vierergespanne vor Zweiradwagen. Gewonnen wurde es vom Stutengespann Pagondas aus Theben, und zwar nicht, weil es schneller, sondern weil es gehorsamer gewesen sein soll als die Hengstgespanne der Gegner. Das war im Jahr 680 v. Chr.

Erst acht Olympiaden oder 32 Jahre später gab es die ersten Rennen unter dem Reiter, auf dem blanken Pferderücken.

Die Bahnen der Hippodrome (außer in Olympia wurden solche auch in Delphi, Korinth und Pylos gebaut) waren langrechteckig oder langoval und waren mit Wendepfosten markiert. Das Oval von Olympia maß rund 740 Meter. In Wagenrennen und in gerittenen Rennen mußte die Strecke zwölfmal zurückgelegt werden, die Rennen gingen also über eine Distanz von rund neun Kilometern. 396 v. Chr. wurden außerdem auch Rennen für Junghengste im Vierergespann und unter dem Reiter über kurze Distanzen eingeführt.

Unter den vielen großen Namen, die an den olympischen Pferderennen teilnahmen, ist auch Philip II. von Makedonien zu finden. Während der Spiele im Jahre 356 v. Chr. wurde Philip an einem Tag durch drei Botschaften beglückt: Sein Heer hatte Potidaea genommen, seine Frau hatte ihm einen Sohn geboren (den späteren Alexander den Großen), und seine Quadriga hatte das Wagenrennen gewonnen. Die dritte Nachricht soll ihn, wenn man der Geschichtsschreibung glauben darf, weitaus am meisten erfreut haben! Alexander nahm nie an den Spielen teil. Zur Begründung soll er gesagt haben, er messe sich nur mit Königen.

Nach der Zeitenwende, unter der Herrschaft der Römer, nahmen die religiösen Spiele allmählich den Charakter von Zirkusvorführungen an. Kaiser Nero, selbst siegreich in vielen Rennen, führte unter anderem Rennen für Zehnergespanne ein, aber auch Wettbewerbe für Zitherspieler, Gaukler ...

Unter Theodosius I. wurden im Jahre 393 n. Chr. die Olympischen Spiele verboten. Erst etwa 1500 Jahre später, 1896, wurden sie wiederbelebt.

1 Die Quadriga des Apollo.

5—12 Ausschnitte aus dem Parthenonfries. In den Jahren 448 bis 432 v. Chr. entstand in Athen eines der großartigsten Werke, die je von Menschenhand geschaffen wurden: der Parthenontempel der Architekten Iktinos und Kallikrates. So erstaunlich wie der Tempel selbst, ist der Fries, mit dem er geschmückt ist. Die Relieffiguren, zu einem großen Teil Pferde, geritten und ungeritten, stammen aus der Hand des Bildhauers Phidias und seiner Schüler. Sie zeugen von einer vollendeten Bildhauerkunst und vermitteln zugleich — was für den Hippologen besonders interessant ist — einen klaren Eindruck vom hohen Stand der Reitkunst in der griechischen Antike, und zwar bereits vor der Zeit des großen Xenophon. Die Pferde sind klar versammelt und hoch aufgerichtet, die Reiter sitzen meisterhaft auf den blanken Pferderücken, dicht hinter dem Widerrist, tief «im» Pferd und in vollkommener Gelöstheit. Die Oberschenkel sind zum Körper nur wenig angewinkelt, die Unterschenkel hängen locker herunter. Nicht selten sehen Hippologen in diesen Darstellungen ein falsches Größenverhältnis von Reiter und Pferd. Sicher aber waren damals die Pferde der Griechen bedeutend kleiner als etwa unsere heutigen europäischen Warmblüter.

In Griechenland haben aber nicht nur die Pferderennen ihren Ursprung, sondern auch die klassische Kunst des Reitens und die Pferdeliteratur. Es gibt zwar schon aus der Zeit der Assyrer schriftliche Anweisungen zur Haltung, Pflege und Fütterung von Armeepferden, eingeritzt in Tontafeln, aber umfassende hippologische Werke entstanden erst in Griechenland, etwa seit 400 v. Chr. Nicht sehr bekannt ist das Buch des Atheners Simon, der berufsmäßig Pferde und Reiter

2—4 Außer gerittenen und ungerittenen Pferden finden sich auch Zentauren auf dem Fries. Möglicherweise entstanden diese sagenhaften mythischen Wesen in der Phantasie der frühen Griechen aus ersten Begegnungen mit einfallenden Steppenreitern. Auch amerikanische Indianer hielten die ersten Reiter für Götterwesen, halb Mensch, halb Pferd. Der Parthenonfries befindet sich heute fast vollständig im Britischen Museum in London.

ausbildete. Obschon dieses Buch nur noch in Bruchstücken erhalten ist, geht daraus hervor, daß Simon ein ausgezeichneter Kenner der Pferdeanatomie war. Xenophon (etwa 430 bis 355 v. Chr.) indessen wurde durch seine Werke der wohl berühmteste Hippologe überhaupt. Von seinen Büchern über Pferdezucht, Jagd und Reitkunst enthält vor allem *Peri hippikes* alle wichtigen Grundlagen für den psychologisch richtigen Umgang mit Pferden. Xenophon gilt als der Schöpfer der klassischen Dressur, die mit dem Untergang des alten Griechenland in Vergessenheit geriet und erst in der Renaissance in Italien wieder zu blühen begann.

Um 300 v. Chr.
Bemerkenswerte Bildhauerkunst in Indien, oft hellenistisch beeinflußt.

218 v. Chr.
Hannibal zieht über die Pyrenäen und durch Gallien mit 50 000 Fußsoldaten, 9000 Reitern und 37 Kriegselefanten. Danach verlustreicher Übergang über die Alpen nach Oberitalien.

Um 210 v. Chr.
Fertigstellung der Chinesischen Mauer.

146 v. Chr.
Untergang Karthagos durch die Römer.

100 v. Chr.
bis Zeitenwende Großartige römische Baukunst (Theater, Tempel, Städte) stark griechisch beeinflußt.

27 v. Chr.
Das Zeitalter der römischen Kaiser hat begonnen. Das Römische Reich dehnt sich vom Roten Meer bis zum Atlantik und nordwärts bis nach England aus.

6 n. Chr.
Vermutetes Geburtsjahr des Jesus von Nazareth.

70 bis 90 n. Chr.
Das Kolosseum von Rom wird erbaut.

Um 200 n. Chr.
Blütezeit mittelamerikanischer Kulturen mit großdimensionierten Tempelpyramiden.

Um 300 n. Chr.
Entscheidende Ausbreitung des Christentums.

375 n. Chr.
Die Hunnen brechen in Europa ein und lösen die germanische Völkerwanderung aus.

Gleichzeitige Ereignisse

Um 600 v. Chr.
Beginn des Baus monumentaler Steintempel in Griechenland, zum Beispiel Erstbau des Parthenon. Junghallstattzeit im Salzkammergut.

587 v. Chr.
Nebukadnezar besiegt in Syrien die Ägypter und zerstört anschließend Jerusalem.

550 v. Chr.
Gründung des Peloponnesischen Bundes in Sparta.

Um 540 v. Chr.
Der griechische Philosoph Pythagoras (580 bis 496 v. Chr.) verbindet Mystizismus und Mathematik.

Um 530 v. Chr.
Bau des Poseidontempels in Paestum.

Um 500 v. Chr.
Erste große Tempel- und Hügelgrabbauten der Etrusker, vorwiegend aus Holz.

489 v. Chr.
Die etruskische Plastik der Wölfin wird auf dem römischen Kapitol aufgestellt.

Um 470 v. Chr.
Die berühmten etruskischen Grabgemälde in Tarquinia (Tomba del Barone) entstehen.

539 bis 330 v. Chr.

DIE PERSER

Während die Griechen in ihren Städten auf dem Balkan, in Süditalien und in Kleinasien Kunst und Kultur zu nie gekannter Blüte brachten, entstand in Asien ein Reich von nie gekannter Größe. Die Meder, die ein gutes halbes Jahrhundert zuvor den Assyrern den Todesstoß versetzt hatten, wurden unter dem Perserkönig Cyrus den stammesverwandten Persern angegliedert. Im Jahre 539 v. Chr. eroberte Cyrus Babylon, das in der Folge zum Handelszentrum des Reiches werden sollte. Lydien und die kleinasiatischen Städte Griechenlands wurden unterworfen, und unter dem Regime von Cyrus' Sohn Cambyses wurde auch Ägypten einverleibt. Die größte Ausdehnung erreichte Persien unter Darius I., dem dritten Perserkönig, der von 522 bis 486 v. Chr. regierte. Er herrschte über ein Reich, das vom Indus bis zum Balkan, von Armenien bis nach Ägypten reichte. Eine außerordentlich geschickte Regierungskunst, die den unterworfenen Völkern sehr viel freie Eigenständigkeit einräumte, ließ das Riesenreich weitgehend reibungslos funktionieren.

Einzig die Skythen, die Reiterhorden im Norden, fielen immer wieder überraschend in das Land ein und kehrten beutebeladen zurück, bevor man ihnen selbst größeren Schaden zufügen konnte. König Darius beschloß daher, die Skythen in ihrer südrussischen Heimat zu schlagen.

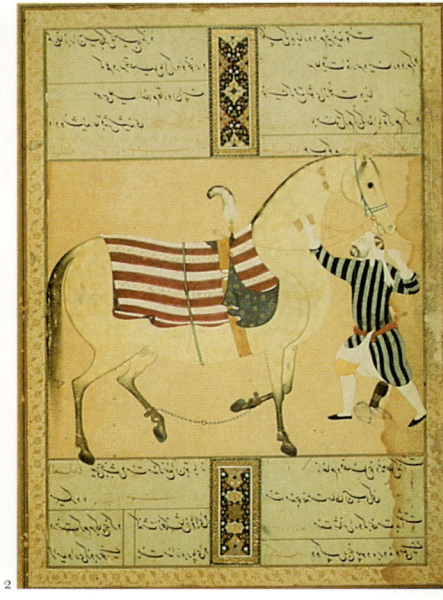

Er zog mit einem großen Heer los, überquerte den Bosporus, später in Bulgarien die Donau, und zog weiter nordwärts, konnte aber die Skythen nie zu einer eigentlichen, entscheidenden Schlacht zwingen. Immer wieder tauchten überraschend Skythenverbände an schwachen Stellen von Darius' Heer auf, schnitten Nachzüglern oder einer Vorhut den Weg ab, vernichteten sie und verschwanden gleich wieder im

1 Die zwei Wagenpferde dieses persischen Kriegers sind noch vom alten, sehr kleinen, den ägyptischen Pferden ähnlichen Schlag. Relief in Persepolis, der von Darius I. um 518 v. Chr. gegründeten Residenzstadt.

2 Pferdepfleger, persische Miniatur.

3 Auf dieser persischen Miniatur fällt die Buntheit der Pferde auf.

4 Schale in Minai-Email-Technik mit einer berittenen Falknerin.

5 Seitenstück einer Pferdetrense aus Luristan, um 1000 v. Chr.

6 Relief am Felsengrab von Naqsh e Rustam bei Persepolis.

7 Jagdszenen, persische Miniatur.

460 v. Chr. Hippokrates, der «Vater der Heilkunde», in Griechenland geboren.

Um 450 v. Chr. Größte Blüte der klassischen Epoche in Griechenland. Beginn der Latènezeit im nördlichen Europa.

Der Grieche Xenophon begründet die Kunst der «klassischen Dressur», die in ihren Grundelementen bis heute Gültigkeit hat.

399 v. Chr. Der griechische Philosoph Sokrates stirbt.

Um 380 v. Chr. Starke Ausbreitung der Kelten in Europa und Wanderungen bis nach Kleinasien. Besiedlung von Irland etwa ab 376 v. Chr.

Um 350 v. Chr. Bau des Mausoleums für König Mausolos von Karien. Gilt als eines der «Sieben Weltwunder».

347 v. Chr. Der Sokrates-Schüler Platon stirbt.

323 v. Chr. Alexander der Große stirbt.

Staub, den die Hufe ihrer zähen Pferdchen aufwirbelten. Das Fußvolk war machtlos gegen die Steppenreiter, und die persische Reiterei war zu klein, zu schlecht organisiert und vor allem zu unbeweglich für erfolgreiche Angriffe gegen die Skythen. Darius blieb nur ein ruhmloser Rückzug übrig.

Sein Mißgeschick hatte zur Folge, daß sich die kleinasiatischen Griechen mit Hilfe der europäischen Griechen befreien wollten. Darius beschloß daher, auch das europäische Griechenland zu unterwerfen. Mit seiner Flotte eroberte er eine Insel nach der anderen, und im Jahre 490 v. Chr. unternahm er den Hauptangriff auf Athen. Dabei wurde er völlig überraschend vernichtend geschlagen. Zehn Jahre später zog Darius' Sohn und Nachfolger Xerxes mit dem größten Heer, das es je gegeben haben soll, aus, um Griechenland zu erobern. Aber selbst diese gewaltige Übermacht vermochten die Griechen schließlich zurückzuschlagen.

Die persische Bedrohung aber blieb bestehen, bis rund 150 Jahre später der Makedonier Alexander der Große auszog, das persische Großreich zu erobern. Die entscheidende Waffe bei seinem beispiellosen Kriegszug war die erste straff organisierte und hervorragend ausgebildete, taktisch äußerst geschickt eingesetzte Kavallerie.

Eigentlich ist es verwunderlich, daß die Perser Alexander nicht eine bessere Reiterei entgegenzusetzen vermochten. An Pferden mangelte es dem persischen Heer zu diesem Zeitpunkt keineswegs, und zweifellos waren die Tiere von guter Qualität: hart, ausdauernd und sehr schnell. Persische Hengste waren weiterum begehrt. Zweihundert Jahre zuvor, als die Blütezeit Persiens begann, wurden hier, wahrscheinlich dank geschickter Zuchtauslese, bedeutend größere und stärkere Pferde gezüchtet, als die Ägypter und Assyrer besaßen. Die Reitkunst indessen scheint sich in Persien nur wenig weiterentwickelt zu haben. Die alten Darstellungen zeigen fast durchwegs Pferde mit schlecht sitzenden Trensenzäumungen, die nicht von sehr viel hippologischem Verständnis zeugen. Persische Trensen aus jener Zeit haben als Maulstücke oft scharfkantige Platten oder Stachelwalzen, mit denen man sicher ein Pferd am Durchbrennen hindern, kaum aber zu einem willigen Reittier erziehen konnte. Außerdem saßen die Perser normalerweise auf Satteldecken, anscheinend sogar oft auf mehreren übereinandergelegten. Allein schon dadurch konnten sie bei weitem nicht den sicheren Sitz haben wie etwa die Griechen, die mit nacktem Gesäß auf dem blanken Pferderücken saßen, ja förmlich klebten.

115

Gleichzeitige Ereignisse

356 v. Chr.
Philipp II. erobert Amphipolis, Pydna und Poteidaia und beherrscht damit auch das ostmakedonische Küstenland.

355 bis 346 v. Chr.
2. Heiliger (Phokischer) Krieg. Im Kampf um das delphische Heiligtum schlagen die Phoker Theben. Dieses bittet Philipp um Unterstützung, worauf Phokis zerstört wird.

347 v. Chr.
Platon, Schüler Sokrates' und Begründer des philosophischen Idealismus, stirbt in Athen.

345 v. Chr.
Eroberungsversuche der Perser am Magadhareich im Industal scheitern.

344 v. Chr.
Philipp vergrößert das Makedonische Reich durch Unterwerfung der Illyrer und Dardauen im Norden und Anschluß von Euböa und Thessalien im Süden.

1 Büste, Alexander den Großen darstellend, im Louvre in Paris.

2 Ausschnitt aus dem berühmten Mosaik aus Pompeji, das Alexander in der Schlacht von Issos darstellt und heute im Nationalmuseum von Neapel zu bewundern ist.

356 bis 323 v. Chr.

ALEXANDER DER GROSSE

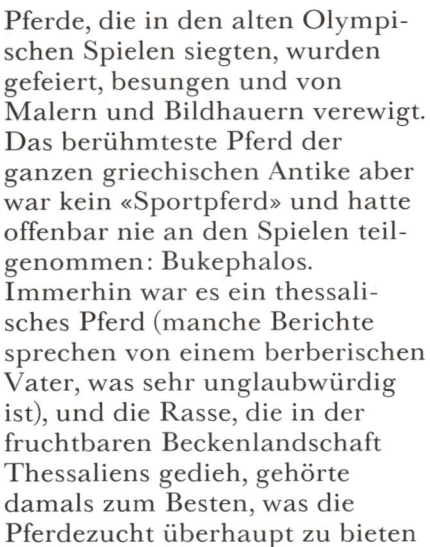

Pferde, die in den alten Olympischen Spielen siegten, wurden gefeiert, besungen und von Malern und Bildhauern verewigt. Das berühmteste Pferd der ganzen griechischen Antike aber war kein «Sportpferd» und hatte offenbar nie an den Spielen teilgenommen: Bukephalos. Immerhin war es ein thessalisches Pferd (manche Berichte sprechen von einem berberischen Vater, was sehr unglaubwürdig ist), und die Rasse, die in der fruchtbaren Beckenlandschaft Thessaliens gedieh, gehörte damals zum Besten, was die Pferdezucht überhaupt zu bieten hatte. Und zweifellos war Bukephalos auch unter den Thessaliern ein außergewöhnliches Tier, denn sein Züchter trug es keinem Geringeren als dem König selbst zum Kauf an — und verlangte dafür den wahrhaft königlichen Preis von 13 Talenten Gold.

Plutarch schildert die Geschichte dieses Pferdkaufes. Der Rapphengst mit dem weißen Stern auf der Stirne (auf einigen Gemälden und Miniaturen ist er als Schimmel oder gar als fuchsfarbenes Einhorn mit Pfauenschwanz dargestellt) wurde Philipp II., dem König der Makedonier, vorgeführt. Verschiedene sehr erfahrene Reiter aus dem königlichen Stall versuchten den wilden Hengst zu bändigen und zu besteigen, jedoch ohne Erfolg. Als der König den Rappen als unbrauchbar wegzuführen befahl, rief sein Sohn Alexander, damals zwölf Jahre alt: «Welch herrliches Tier geht hier verloren durch Unerfahrenheit!» Verärgert ließ Philipp den Jungen selbst dem Hengst gegenübertreten. Alexander sprach ruhig auf das Pferd ein, erfaßte die Zügel und wendete das Tier der Sonne zu, denn er hatte bemerkt, daß es vor dem eigenen Schatten scheute. Danach schwang er sich auf den Rücken des Hengstes, galoppierte davon, trabte zurück und brachte ihn vor seinem Vater wieder zum Stehen. Der König soll daraufhin seinen Sohn in die Arme geschlossen und gesagt haben: «Suche dir das Königreich, das du verdienst, Makedonien ist zu klein für dich.»

Während 18 Jahren war Bukephalos der ständige Begleiter Alexanders. Auf dem Rücken des Hengstes eroberte der junge Herrscher das größte

3 Ebenfalls im Nationalmuseum von Neapel befindet sich diese in Bronze gegossene Skulptur Alexanders des Großen auf seinem Hengst Bukephalos. Dieses Pferd trug Alexander durch sämtliche großen Schlachten und starb im Alter von etwa 21 Jahren. Ihm zu Ehren gründete Alexander die Stadt Bukephala.

4 König Philipp II. von Makedonien, Alexanders Vater, auf einer griechischen Münze. Philipp entwickelte in seinem Heer als erster Feldherr eine ganz auf Attacke ausgerichtete, straff organisierte Kavallerie.

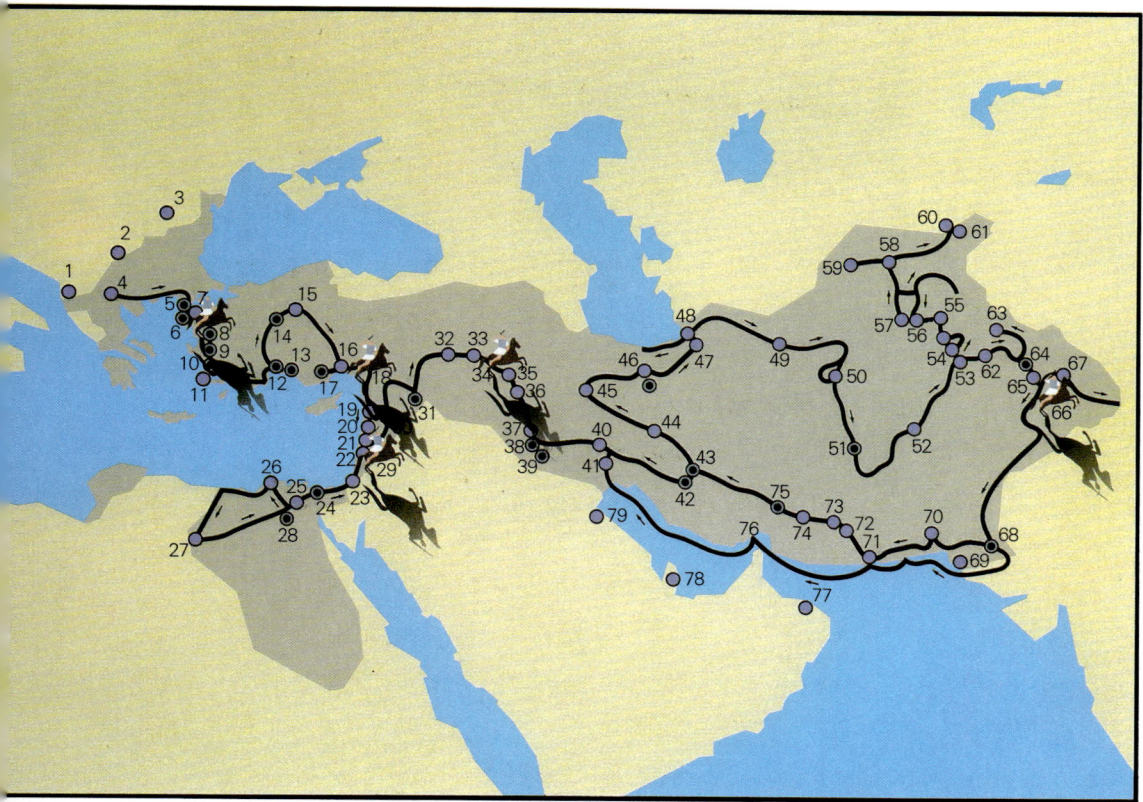

Auf der Karte sind die Feldzüge Alexanders des Großen dargestellt. Der Eroberer verließ seine Geburtsstadt Pella 334 v. Chr., anfänglich, um sich in Persien für die Zerstörungen in Griechenland zu rächen. Er besiegte im Mai 334 ein Heer des Dareios III. am Granikos, im November 333 ein noch weit stärkeres bei Issos, 332 zog er als Befreier in Ägypten ein, gründete Alexandria, 331 schlug er Dareios endgültig bei Gaugamela und zog als Herrscher über das großpersische Reich in Babylon ein. Der letzte große Feldzug führte ihn 327 bis 325 nach Nordwestindien.

343 bis 340 v. Chr.
Aristoteles, bedeutendster Philosoph seiner Zeit, ist Lehrer und Erzieher des jungen Alexander.

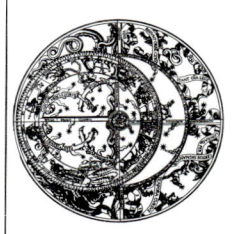

342 v. Chr.
Indische Wissenschafter erkennen den astronomischen Tierkreis und erreichen einen hohen Stand in der Medizin.

Um 340 v. Chr.
Keltische Latènekultur ist über West- und Mitteleuropa ausgebreitet.

340 bis 338 v. Chr.
Die latinischen Städte kämpfen um Gleichberechtigung mit Rom im Latinerkrieg. Rom siegt bei Sinuessa, Latinerbund wird aufgelöst und der römische Machtbereich wesentlich erweitert.

Um 339 v. Chr.
Der indische Dichter Vyasa faßt die berühmten alten Heldensagen in 100 000 Doppelversen zusammen.

Um 337 v. Chr.
In der indischen Bildhauerkunst machen sich hellenische Einflüsse bemerkbar.

Die heutigen Städtenamen sind kursiv gesetzt

1 *Tirana*
2 *Sofia*
3 *Bukarest*
4 Pella
5 Sestos
6 Troja
7 Granikos
8 Sardes
9 Ephesos
10 Milet
11 *Bodrum*
12 Aspendos
13 Side
14 Gordion
15 *Ankara*
16 Tarsos
17 Soloi
18 Issos
19 *Dschubeil* (Byblos)
20 *Beirut*
21 *Saidi* (Sidon)
22 *Sur* (Tyros)
23 Gaza
24 Pelusion
25 *Kairo*
26 Alexandria
27 Oase Siwa
28 Memphis
29 *Damaskus*
30 *Homs*
31 Thapsakos
32 *Nisibis*
33 *Mosul*
34 Gaugamela
35 *Erbil* (Arbela)
36 *Kirkuk*
37 *Bagdad*
38 Opis
39 *Babylon*
40 *Schusch* (Susa)
41 *Ahwas*
42 Persepolis
43 Pasargadä
44 Isfahan (Aspadana)
45 Hamadan (Ekbatana)
46 Teheran
47 Damghan (Hekatompylos)
48 Gorgan (Zadrakarta)
49 Meschhed
50 Herat
51 Prophthasis
52 Kandahar (Alexandreia Arachoton)
53 Kabul
54 Istalif
55 Kundus (Drapsaka)
56 Mazar-i-Sharif
57 Balkh (Baktra)
58 Samarkand (Marakanda)
59 Leninabad
60 Alexandreia Eschate
61 Dschelalabad
62 Dir
63 Taxila
64 Rawalpindi
65 Bukephala
66 Dschammu
67 Pattala
68 Karatschi
69 Bela
70 Gwadar
71 Irans Hähr (Pura)
72 Bampur
73 Bazmān
74 Alexandria
75 Harmozia
76 Maskat
77 Doha
78 Kuwait

Reich, das die Welt bis dahin gesehen hatte. Nicht umsonst nennt man Bukephalos das bedeutendste Pferd der Geschichte.

König Philipp, der den Ehrgeiz hatte, Herrscher über ganz Griechenland zu werden, verfügte über ein Heer, dessen Schlachtordnung eine bisher nie gekannte Vollkommenheit hatte. Seine Infanterie war ganz auf Verteidigung ausgerichtet. Die Leute wurden dicht nebeneinander in bis zu 16 Reihen aufgestellt in einer sogenannten Phalanx und waren mit Sarissen bewaffnet, etwa dreieinhalb Meter langen Lanzen, die nicht wie in anderen Heeren geworfen, sondern in den Gegner gestoßen wurden. Das Hauptmerkmal des Heeres aber war die Reiterei, die unter Philipp erstmals zu einer sehr manövrierfähigen, ganz auf Attacke ausgebildeten Kavallerie wurde.

Zur entscheidenden Schlacht gegen die verbündeten Griechen kam es im Jahre 338 v. Chr. bei Chaironeia in Mittelgriechenland. Die Griechen griffen mit einer Übermacht von etwa 5000 Mann im Morgengrauen die makedonische Phalanx an, die überraschenderweise schon bald von König Philipp zum Rückzug aufgefordert wurde. Doch die schon triumphierenden Griechen wurden plötzlich von der Seite von der 2000 Mann starken Kavallerie angegriffen, an deren Spitze der erst achtzehnjährige Alexander ritt. Wenige Stunden später war das griechische Heer zerschlagen.

Zwei Jahre später wurde König Philipp ermordet. Innerhalb eines Jahres gelang es Alexander, in seinem nun ganz Griechenland umfassenden Königreich Ruhe und Ordnung zu schaffen. Mit 21 Jahren eröffnete der junge König den Krieg gegen die Perser, den alten, mächtigen und bisher unbesiegten Feind. Damit begann sein Asienfeldzug, der zwölf Jahre dauern sollte. Mit einem straff disziplinierten Heer von 32 000 Infanteristen und 5000 hervorragend ausgebildeten Kavalleristen stieß er am Granikos auf 20 000 Fußsoldaten und 20 000 Reiter des persischen Herrschers Dareios III. (Darius) und besiegte sie. In der Schlacht von Issos im Frühjahr 33 v. Chr. siegte Alexander über rund 500 000 persische Soldaten, und in der entscheidenden Schlacht bei Gaugamela soll Dareios gar eine Million Fußsoldaten und 40 000 Reiter erfolglos gegen Alexander aufgestellt haben.

Noch in der letzten großen Schlacht am Fluß Hydaspes (Dschihlam) im Jahre 326 v. Chr. ritt Alexander seinen Bukephalos, doch wenig später starb das Pferd, von Wunden bedeckt, über 21 Jahre alt.

Drei Jahre später erkrankte Alexander, der Großkönig von Asien, wahrscheinlich an Malaria. Er verschied am Abend des 11. Juni 323 v. Chr. im Alter von 33 Jahren.

GLEICHZEITIGE EREIGNISSE	800 bis 300 v. Chr.

DIE ETRUSKER

Um 800 v. Chr. Reiterfigur aus Ton, Grabbeigabe aus der Zeit der We-Dynastie in China. Grabbeigaben waren bei den meisten Kulturvölkern des Altertums üblich.

776 v. Chr. Erste Olympische Spiele in Griechenland.

Um 750 v. Chr. Früheisenzeit in Mittel- und Südosteuropa.

Um 740 v. Chr. Tiglatpileser III. unterwirft Babylonien und gründet das Assyrische Großreich. Kriegserfolge mit schweren Kriegswagen und ersten berittenen Bogenschützen.

Um 625 v. Chr. Kelten erreichen in Gallien den Atlantik und wandern auf die Iberische Halbinsel ein.

Um 600 v. Chr. Begründung der ersten römischen Kolonien.

551 v. Chr. Sittenlehrer Konfuzius in China geboren.

Um 530 v. Chr. Großpersien reicht von den Küsten Kleinasiens bis zum Indus.

Schwarzfiguriger Stil der griechischen Tongefäßmalerei breitet sich aus.

Die Herkunft der Etrusker ist bis heute ungewiß. Daß ihre Schrift derjenigen der Griechen ähnlich war, läßt sich aus etwa 10 000 Inschriften erkennen, doch über den Ursprung ihrer Sprache sind sich die Gelehrten nicht einig. Nach Auffassung verschiedener Forscher könnte eine Verwandtschaft mit der hethitischen Sprache bestehen. Es wird angenommen, daß die Etrusker vor über 3000 Jahren aus Kleinasien in die Gegend der heutigen Toskana eingewandert sind. Ob sie bereits aus ihrer ursprünglichen Heimat Pferde mitgebracht haben, ist nicht gesichert. Später aber hat das Pferd in ihrem kulturellen Leben eine sehr bedeutende Rolle gespielt.

Von Norditalien aus pflegten die Etrusker schon früh Beziehungen zu Mitteleuropa. Von dort übernahmen sie wahrscheinlich im 9. Jahrhundert v. Chr. die Kenntnis der Metallbearbeitung. Dank ihrer großen schöpferischen Fähigkeiten, der reichen Kupfer- und Zinnvorkommen und der Fruchtbarkeit ihrer italienischen Heimat entwickelte sich eine hohe Kultur mit blühenden Siedlungen und Städten. Ihre Bevölkerung wuchs, und schließlich erstreckte sich das Reich Etrurien von der Poebene im Norden bis nach Kampanien im Süden.

Der südlichste Teil Italiens jener Zeit war griechische Kolonie. Schon etwa im 8. Jahrhundert v. Chr. zogen die etruskischen Städte griechische Händler und Künstler an, und die hellenische Kunst begann auf die Kultur der Etrusker einen großen Einfluß auszuüben. Abertausende von Amphoren, Trinkschalen und anderen reichbemalten Tongefäßen kamen aus Griechenland nach Etrurien.

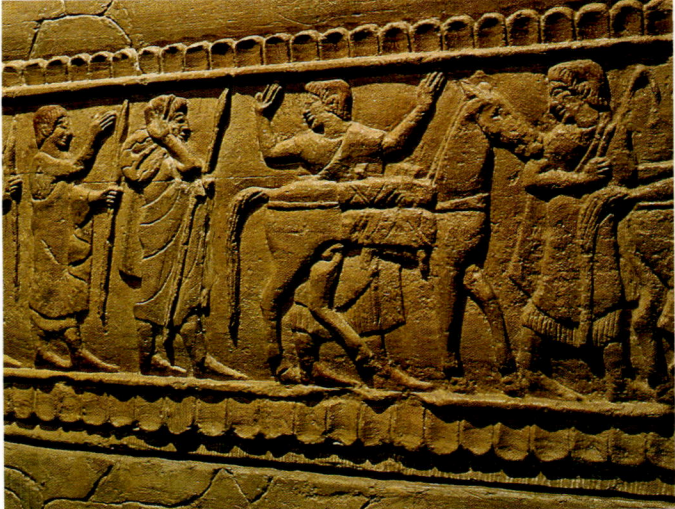

1 Auf dem Ausschnitt aus einem Steinsarkophag sind von der Schlacht heimkehrende Krieger zu sehen. Das Werk befindet sich im Museo Archeologico in Perugia.

3 Im Museo Archeologico in Neapel ist diese Darstellung eines Wagenrennens ausgestellt.

4 + 5 Grabkammer-Wandmalerei aus der etruskischen Tomba del Barone in Tarquinia.

2 Dieser Ton-Askos mit Stierkopf und Reiterfigur zeigt den orientalischen Einfluß in der etruskischen Kunst. Der Fund aus dem Benacci-Grab in Bologna steht heute im Museo Civico in Bologna.

Der griechische Kunststil wurde aufgenommen, orientalische Einflüsse kamen dazu, und so entwickelten sich die einfachen heimischen Stile zur typischen, kraftvollen, außerordentlich ansprechenden etruskischen Kunst.

Falls die Etrusker vor ihrem fruchtbaren Kontakt mit den Griechen bereits Pferde besessen haben sollten, waren diese Tiere nicht von großer Bedeutung. Erst unter dem Eindruck der griechischen Kultur begann in Etrurien die Pferdezucht und die Reit- und Fahrkunst zu blühen. Die Pferde, welche der etruskischen Zucht die entscheidenden Impulse gaben, stammten vermutlich von der Süd- und Ostküste Siziliens, wo die Griechen gute, große Gestüte unterhielten. Die etruskischen Darstellungen lassen erkennen, daß es sich um leichte, feingliederige Pferde mit schön aufgesetzten Hälsen und recht kurzen, edlen Köpfen handelte. Das Stockmaß dieser Pferde dürfte etwa 140 Zentimeter betragen haben. Sie waren damit um etwa eine Handbreit höher als die üblichen Reittiere der asiatischen Völker. Es gibt etruskische Ritzzeichnungen von Pferden, die aussehen wie hochedle Wüstenaraber, und auch wenn die Künstler einige schöpferische Freiheit angewandt haben mögen, darf man wohl grundsätzlich annehmen, daß die Etrusker schöne und temperamentvolle, feine Pferde besessen haben.

Nach dem Vorbild der Griechen veranstalteten die Etrusker auch Wagenrennen. Beim Reiten saßen sie auf dem blanken Pferderücken, dicht hinter dem Widerrist, die Beine nur wenig angewinkelt, und hatten so einen offensichtlich guten, tiefen Sitz. Orientalische Reiter verwendeten zur selben Zeit zum Teil Decken, die das Sitzen zwar bequemer, aber auch unsicherer machten. Die Skythen in Südrußland indessen entwickelten etwa 500 bis 300 v. Chr. Sättel, die aus mehreren Lederschichten bestanden, mit einem Bauchgurt befestigt wurden und schließlich mit einer ganz entscheidenden Erfindung ausgestattet waren: mit am Sattel befestigten Steigbügeln.

In den etruskischen Heeren gab es berittene Truppen. Über ihre taktischen Einsätze ist kaum etwas bekannt, wahrscheinlich weil sie nie sehr wichtig waren. Eine um so größere Rolle spielte das Pferd in der Kunst, insbesondere im Zusammenhang mit den Bestattungssitten. Um etwa 700 v. Chr. kamen die Etrusker allmählich vom Brauch der rituellen Totenverbrennung ab und beerdigten ihre Verstorbenen. Grabbeigaben, hauptsächlich Terrakottafiguren und Malereien, sollten das Leben im Jenseits verschönern. Für die Reichen wurden besonders prachtvolle, in Fels angelegte Grabkammern geschaffen. Die Wände dieser Gräber wurden oft ringsum mit Bildern geschmückt, die zu den großartigsten etruskischen Kunstwerken gehören. Die Toten sollten auch im Jenseits nicht auf die Herrlichkeiten des Erdenlebens verzichten müssen, und so waren Tänzer und Musikanten, Jagdmotive, erotische Szenen und Festlichkeiten jeglicher Art und vor allem immer wieder Pferde, mit und ohne Reiter, vor dem Kriegs- und Rennwagen, die beliebtesten Motive.

Obschon zwischen den zwei großen Mächten in Italien, Etruskern und Griechen, ein blühender Handel und fruchtbarer Kulturaustausch stattfand, begann sich schon im 5. Jahrhundert eine Rivalität abzuzeichnen, die allmählich zu kriegerischen Auseinandersetzungen führte. Gleichzeitig begann Rom an Macht zu gewinnen und Druck auf die Etrusker auszuüben. An der Nordgrenze kam es außerdem immer häufiger zu blutigen Zwisten mit den Ligurern, die den Golf von Genua beherrschten, mit den Venetern im Podeltagebiet und mit barbarischen Bergbauernstämmen. Im 4. Jahrhundert war die Macht der Etrusker gebrochen, im 3. Jahrhundert v. Chr. gab es kein Etrurien mehr.

Um 500 v. Chr. Bedeutende Kultbauten der Maya in Yucatan entstehen.

Weihrelief für Aleximachos, spätgriechische Reliefkunst.

490 v. Chr. Angriff der Perser wird von den Griechen in der Schlacht von Marathon abgewehrt. Läufer von Marathon überbringt Siegesbotschaft.

Die Wölfin wird zum Wahrzeichen Roms. Etruskische Bronzeplastik.

460 v. Chr. Hippokrates, Begründer der Heilkunst in Griechenland, wird geboren.

Um 450 v. Chr. Teilung der indischen Bevölkerung in vier Kasten (Gesellschaftsschichten).

Um 430 v. Chr. Der Parthenonfries an der Athener Akropolis wird geschaffen. In dem 160 m langen Relief sind unter anderem Pferde in klassischen Dressurfiguren dargestellt: Piaffe, Levade, Passage.

410 v. Chr. Diogenes, griechischer Philosoph, geboren.

399 v. Chr. Sokrates, griechischer Weiser, gestorben.

Um 390 v. Chr. Töpferscheibe und Eisenwerkzeuge in der keltischen Latènekultur. Kelten dringen in Norditalien ein.

323 v. Chr. Alexander der Große stirbt.

GLEICHZEITIGE EREIGNISSE

Um 700 v. Chr.
Griechen besiedeln Unteritalien.

683 v. Chr.
Beginn der Demokratie in Griechenland.

669 bis etwa 627 v. Chr.
Assurbanipal König von Assyrien.

Um 600 v. Chr.
Bau des Marduktempels in Babylon. In der europäischen Hallstattkultur Häusersiedlungen, Grabhügel mit Stein- und Holzkammern, aus Bronze werden Waffen, Schmuckringe, Pinzetten und Rasiermesser hergestellt. Rot und schwarz bemalte Keramikgefäße.

500 v. Chr.
Griechischer Philosoph Pythagoras geboren.

Um 560 v. Chr.
Gautama Buddha verkündet seine Religionslehre.

518 v. Chr.
Dareios gründet die persische Hauptstadt Persepolis

496 v. Chr.
Griechischer Dichter Sophokles geboren.

700 bis 200 v. Chr.

DIE SKYTHEN

Die Skythen kannten keine Schrift, und beinahe alles, was wir heute über dieses erste historisch erfaßte Reiternomadenvolk aus den eurasischen Steppen wissen, verdanken wir den «gebildeten» Nachbarn, vor allem den Griechen, sowie den inzwischen berühmt gewordenen Häuptlingsgräberfunden.

Wahrscheinlich stammte das Iranisch sprechende Reitervolk aus Mittelasien und wanderte etwa im 8. Jahrhundert v. Chr. in die Steppen nördlich des Schwarzen Meeres ein. Um 700 v. Chr. drangen die Skythen in Kleinasien ein, danach erreichten sie die Grenzen Griechenlands, und später traten sie sogar für kürzere Zeit in Mitteleuropa auf. Mit Griechenland pflegten sie während Jahrhunderten eine Kultur- und Handelsbeziehung. Die im westlichen Teil ihres weiten Ausbreitungsgebietes lebenden Skythen begannen im 5. Jahrhundert v. Chr. Städte zu gründen und seßhaft zu werden, in den östlichen Steppen blieben sie Nomaden. Vom 3. Jahrhundert v. Chr. an verloren sie durch die ihnen ethnologisch verwandten Sarmaten, später auch durch Hunnen und Goten, ihre Eigenständigkeit.

Die Skythen waren Reiter durch und durch. Aber obschon sie Nomaden und mit ihren Pferdeherden fast ständig unterwegs waren, gab es unter ihnen ausgezeichnete Handwerker. In den Tumuli oder Kurganen, wie die Häuptlingsgräber aus dem 6. bis 3. Jahrhundert v. Chr. genannt werden, fanden sich zahlreiche Gegenstände aus Gold, Silber, Bronze, Knochen, Holz und Keramik, die einen hochentwickelten Kunststil verraten. Er ist als *skythischer Tierstil* bekannt. Zweifellos hatte diese Kunst einen direkten Zusammenhang mit kultischen Gewohnheiten der Skythen, denn nur um des ästhetischen Genusses willen hätten diese Nomaden sicher keinen so großen Aufwand betrieben.

Handwerkliches Geschick beweisen die Skythen aber ebensosehr in der Herstellung praktischer Dinge. Während die Perser und zum Teil auch die Griechen Satteldecken auf die Rücken ihrer Pferde legten, entwickelten die Skythen ein doppeltes, etwa 60 Zentimeter langes Lederkissen, das mit Haaren fest ausgestopft und am hinteren Ende leicht hochgezogen, mit einem Bauchgurt auf dem Pferderücken befestigt wurde. Diesen Gegenstand darf man wohl als Sattel bezeichnen, auch wenn es darin noch keinen festen Sattelbaum gab. Diese ersten Sättel gewährleisteten bereits eine recht gute Gewichtsverteilung auf dem Pferderücken und für den Reiter einen bequemeren und vor allem bedeutend sichereren Sitz. Es gibt sogar einige Hinweise, wonach die Skythen am Sattelgurt befestigte Lederschlaufen als Steigbügel benützt haben

1 Ein etwa 5 mal 5 cm großer Gewandschmuck aus Gold mit dem Pegasusmotiv, griechische Arbeit. Obschon sie selber gute Kunsthandwerker waren, ließen die Skythen zahlreiche Stücke von Griechen anfertigen.

2 Vermutlich ein Wagen für Totenzeremonien. Die üblichen Gebrauchswagen waren stabiler gebaut und besser zu lenken. Diesen Wagen fand man zusammen mit vier Pferdeskeletten in einem Grab.

könnten, was bedeuten würde, daß sie und nicht, wie allgemein angenommen, die Hunnen die Steigbügel erfunden haben.

Auf ihren Kriegszügen trugen die Skythen ein etwa 60 Zentimeter langes Kurzschwert, doch in ihren gefürchteten, schnellen Überraschungsattacken, bei denen sie mit hingeworfenen Zügeln den Reihen ihrer Feinde entlanggaloppierten, bedienten sie sich fast ausschließlich des Pfeilbogens. Die kurzen, doppelt geschweiften Bogen waren mehrschichtig, bestanden aus Holz und Horn und sollen eine Reichweite von über 400 Metern gehabt haben.

Über die Begräbnissitten der Skythen gibt uns der griechische Historiker Herodot eine eindrucksvolle Schilderung. Daraus geht hervor, daß dem toten Häuptling die Leibhöhle geöffnet, gesäubert und mit Zypressenzapfen, Weihrauch, Petersilien- und Anissamen gefüllt, dann wieder zugenäht und der Leichnam schließlich mit Wachs überzogen wurde. Nun brachte man den Toten auf einem Wagen von einem Stamm zum anderen, und die Stammesangehörigen bezeugten ihre Trauer, indem sie sich die Haare und ein Stück Ohr abschnitten und sich an der linken Hand, am Arm, an der Nase und an der Stirn verletzten. Lag der Häuptling endlich in seinem Grab, wurden eine seiner Frauen, sein Koch, sein Mundschenk, ein Reitknecht und etwa ein Dutzend Pferde erwürgt und zusammen mit goldenen Bechern und anderen Gegenständen ebenfalls in die Grabstätte gelegt. Über dem Grab schichtete man einen großen Erdhügel auf. Erst ein Jahr danach aber fand die große Opferung statt, bei der 50 Diener des Häuptlings und 50 Pferde erdrosselt wurden. Den Pferden wurden Pfähle der Länge nach durch den Leib gerammt, und dann wurden die toten Tiere rings um den Grabhügel aufgestellt und im Boden verankert. Die Diener, ebenfalls durch in den Körper gesteckte Pfähle gestützt, wurden auf den Pferderücken befestigt. Die toten Pferde wurden gezäumt, die Zügel an Pflöcken festgebunden, und die stummen Reiter hielten nun Totenwache.

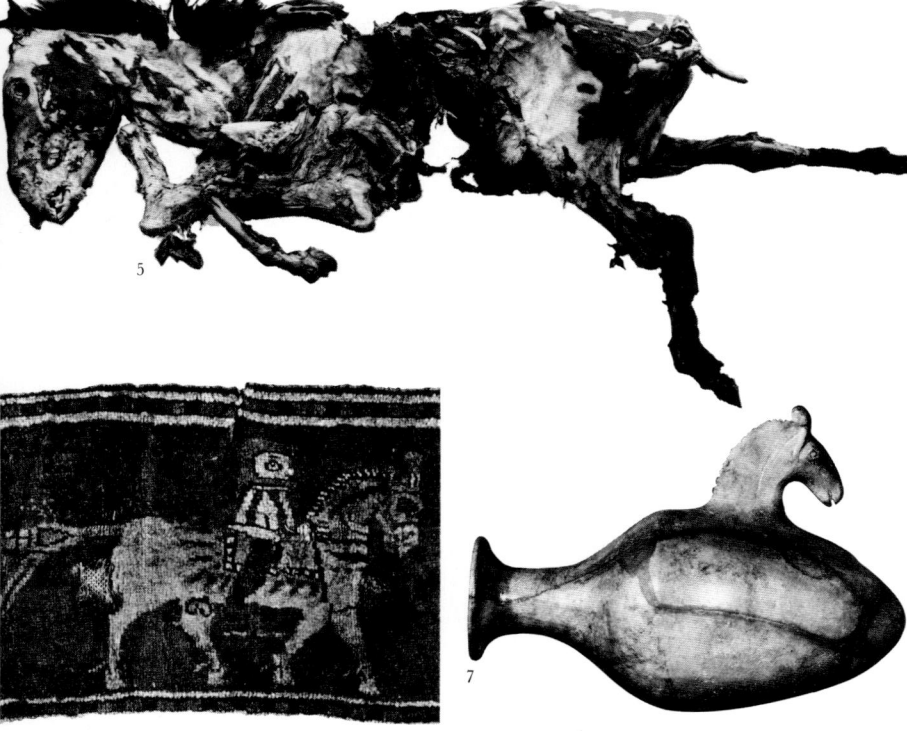

3 Gürtelplatte aus dem Ordosgebiet aus dem 8. bis 7. Jahrhundert v. Chr.

4 Ein goldener Kamm aus dem 5. Jahrhundert v. Chr., gefunden beim Dnjepr. Die Skythen besaßen sehr viele Schmuck- und Gebrauchsgegenstände aus Gold, die sie auch den Toten mitgaben. Darum wurden die meisten ihrer Gräber geplündert.

5 Mumie eines skythischen Pferdes von Pazyryk.

6 Ausschnitt aus einem skythischen Teppich. Anscheinend erfanden die Skythen jene spezielle Knüpftechnik, durch welche später die Perserteppiche berühmt wurden.

7 Etwa 30 cm hohes Tongefäß, Grabbeigabe für den Skythenführer Mingetschauer, 1933 gefunden in Aserbeidschan.

---

490 v. Chr. Schlacht von Marathon zwischen Persern und Griechen.

477 v. Chr. Ägäische Städte verbünden sich mit Athen gegen die Perser im 1. Attischen Seebund.

464 v. Chr. Sparta wird durch Erdbeben zerstört.

460 v. Chr. Hippokrates, «Vater der Heilkunde», in Griechenland geboren.

Um 450 v. Chr. In der Blütezeit der klassischen Epoche wird in Athen der Parthenon gebaut, der für viele Fachleute als «höchste Vollendung der Baukunst» gilt.

Um 410 v. Chr. Griechischer Philosoph Diogenes geboren.

Um 380 v. Chr. Hervorragende Bildhauerkunst durch die Schule von Praxiteles und Skopas in Athen.

376 v. Chr. Kelten siedeln sich in Irland an.

Um 280 v. Chr. Tonflaschen und geprägte Münzen in der Latènekultur.

221 bis 210 v. Chr. Die Chinesische Mauer wird gebaut.

GLEICHZEITIGE EREIGNISSE

Aphrodite von Knidos des Bildhauers Praxiteles, eine der bedeutendsten spätklassischen Plastiken Griechenlands.

323 v. Chr.
Nach dem Tod Alexanders des Großen vertreiben die Athener die Makedonier.

Um 320 v. Chr.
Die griechische Malerei wechselt vom spätklassischen zum hellenistischen Stil. Vertreibung der Makedonier aus Indien. In Indien werden Tempeltänzerinnen in religiöse Handlungen einbezogen.

Indischer Guptapfeiler.

Um 315 v. Chr.
Der makedonische Herrscher Kassandros heiratet die Schwester Alexanders des Großen und gründet Thessalonike (Saloniki) und Kassandreia. Später läßt er die Witwe und den Sohn Alexanders hinrichten.

Um 300 v. Chr.

DIE KELTEN

Von allen vorchristlichen Reitervölkern stehen uns wohl die Kelten am nächsten, denn ihre Nachfahren bewahrten eine fast einzigartige Passion für Pferde, und heute noch sind die Produkte ihrer Zucht in aller Welt hochgeschätzt: Ponys und Cobs aus Wales und Connemara, Jagdpferde aus Irland.

Etwa 3000 Jahre läßt sich die Geschichte der Kelten zurückverfolgen. Die ältesten Funde, die auf etwa 1000 v. Chr. datiert werden, entdeckte man in Süddeutschland. Woher diese Reiter kamen, ist nicht belegbar, aber sie gehören zur indogermanischen Sprachengruppe, und es ist durchaus denkbar, daß sie von Nomaden der eurasischen Steppen abstammen, vielleicht sogar direkte Nachfahren der ersten Pferdezüchter sind, die bekanntlich um 1800 v. Chr. aus ihrer Heimat ausbrachen und mit pferdebespannten Streitwagen ihre Nachbarvölker überfielen.

Ein Gräberfeld der Kelten bei Hallstatt in Oberösterreich mit über 2000 Urnengräbern, in denen zahlreiche Totenbeigaben gefunden wurden, gab einer ganzen Kulturepoche ihren Namen: der Hallstattzeit (etwa 1000 bis 500 v. Chr.). Die Hallstattkultur der Kelten mit ihrem geometrischen Kunststil erstreckte sich über einen breiten Streifen nördlich der Alpen und hatte Ausläufer bis nach Spanien (Keltiberer). Im Donaugebiet gehörten die Illyrer dieser Kultur an. In der Hallstattkultur begann nebst der Bronzebearbeitung die Herstellung von Eisen.

Ähnlich unklar wie die Herkunft der Kelten ist uns der Ursprung ihrer Pferde. Sicher ist nur, daß die großgewachsenen Kelten im allgemeinen kleine, kräftige, dabei wendige und schnelle Pferdchen ritten, die kaum über 140 Zentimeter Stockmaß hatten. Größere Pferde gab es zu jener Zeit noch fast nirgends. Es ist anzunehmen, daß die ersten Kelten auf einer Mischform der Przewalskipferdes und des Steppentarpans im süddeutschen Raum einwanderten. Wahrscheinlich erbeuteten sie bereits auf ihrer Wanderung reine Steppentarpane und später in Mitteleuropa Waldtarpane. Zur Zeit ihrer größten Blüte, um 300 v. Chr., war wohl kaum noch Przewalskipferdeblut in den Adern ihrer Ponys, die damals deutlich vom gefälligen Tarpantyp waren. Die Connemaraponys im äußersten Nordwesten Irlands sind wohl die noch am ursprünglichsten erhaltenen Nachfahren der Keltenponys, obschon auch sie von fremden Einflüssen nicht verschont blieben. Aber sie entsprechen doch in Typ und Charakter weitgehend den Tarpanen, auch wenn sie selten die Mausfalb-Wildfarbe tragen.

Unsere gängige Vorstellung, daß ein Kriegspferd (oder auch einfach ein Reitpferd) gar nicht groß genug sein könne, widerlegen die Kelten ebenso gründlich wie die letzten heute noch lebenden Reitervölker, von den Mongolen bis zu den Gauchos, deren Reittiere kaum über 140 Zentimeter hoch sind. Zwar trugen die Kelten keine schweren Panzerungen, sondern nur zum Teil Brustharnische aus Ketten und Bronzehelme mit getrie-

1 Keltischer Bronzebeschlag in Form eines Pferdekopfes.

2 Die keltische Pferdegöttin Epona, die im Tempelbezirk von Altbach gefunden wurde.

3 und 4 Kunstvoll verzierte Bronzebeschläge.

5 Mundstücke mit farbigen Emailverzierungen.

benen Figuren oder Hörnern, kämpften aber auch völlig nackt. Oft saßen sie zu zweien auf dem Pony! Der in Sizilien geborene griechische Geschichtsschreiber Diodorus beschrieb die Kelten auf ihren Kriegszügen in Italien. Damals (387 v. Chr. besetzten sie Rom!) kämpften sie nicht mehr nach der Art ihrer vermutlichen Vorfahren, der Steppenreiter, sondern hatten eine neue, sehr eigene Strategie entwickelt. Mit wilden Gesängen, vielstimmigem Geschrei und mißtönenden Hornstößen schüchterten sie zuerst ihre Gegner ein und entfesselten ihre eigene Kampfeswut. Dann stürmten Reiter und Fußvolk vor gegen den Feind, während sich gleichzeitig an den Flanken die Kampfwagen in Bewegung setzten. Im Gegensatz zu den Streitwagen der Steppenkrieger wie auch der Babylonier, Ägypter, Griechen und Römer waren die Keltenwagen nicht zwei-, sondern vierrädrig. Sie waren gewöhnlich von zwei

6 Ein erst neulich am Neuenburgerseee in der Schweiz gefundenes Skelett eines keltischen Ponys aus der Latènezeit (500 v. Chr. bis Christi Geburt). Die Pferde der Kelten waren wahrscheinlich tarpanähnliche, kaum über 140 cm hohe Ponys.

7 Ein Bronze-Ritualbeil aus dem Gräberfeld bei Hallstatt in Oberösterreich.

8 Bronzepferdchen aus Obraňy in der Tschechoslowakei.

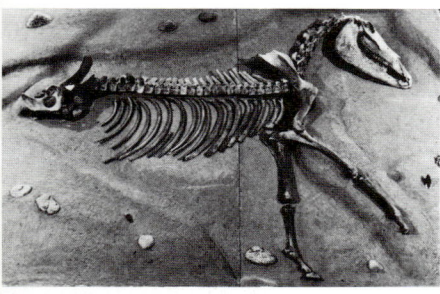

Soldaten besetzt, von denen der eine die Pferde lenkte, der andere die Wurfspeere in die feindlichen Reihen schleuderte. Waren die Speere weg, sprang der Krieger vom Wagen und kämpfte mit Schwert oder Lanze (Lancia ist ein keltisches Wort) weiter, während der Lenker den Wagen wendete und für eine eventuelle Flucht bereithielt. Wenn die Reiter zu zweien auf den Ponys saßen, lenkte einer, während der andere Speere warf. Danach sprangen beide ab, pflockten das Pony an und kämpften zu Fuß weiter. Zu den keltischen Kriegsbräuchen gehörte übrigens, nach Diodorus, den Feinden die Köpfe abzuschlagen und sie zu Hause wie Trophäen über die Haustür zu hängen. Nicht umsonst nannten die Römer diese Krieger «Furor Celticus».

Allgemein wird angenommen, daß die Kelten das Hufeisen erfanden. Leider gibt es dafür keinerlei Beweise. Die ältesten, an ihren äußeren Enden wellenförmigen Hufeisen werden zwar «Kelteneisen» genannt, doch sind sie wahrscheinlich erst etliche Jahrhunderte nach Christi Geburt und nicht von den Kelten angefertigt worden. Offenbar machten aber die Kelten eine andere bedeutende Erfindung: das Kettengebiß. Am oberen Ende der Seitenstücke der Trensenstange war eine Kette befestigt, die in die Kinngrube des Pferdes paßte. Der Zügel war am unteren Ende der Seitenstücke befestigt. Zog der Reiter am Zügel, wirkte die Trensenstange nicht mehr auf die Maulwinkel wie bisher, sondern durch den Halt der Kette auf die untere Kinnlade. Der Kopf des Pferdes wurde dadurch, wie beim Kandarengebiß, nicht nach oben, sondern nach unten gedrängt und konnte sich daher nicht der Zügeleinwirkung entziehen. Stachelbesetzte Folterinstrumente von Zäumungen wurden damit überflüssig — auch wenn das nicht heißt, daß sie nicht mehr verwendet wurden.

Ihre größte Blüte erreichten die Kelten um 300 v. Chr. Damals gab es Kelten, darunter Gallier und Galater, von Kleinasien bis Spanien und von Großbritannien bis Italien. In den darauffolgenden Jahrhunderten wurden sie zurückgedrängt oder überschichtet und konnten sich nur in der Bretagne, in Wales, Schottland und Irland behaupten, zum Teil bis heute.

Um 300 v. Chr. Ein ausgezeichnet erhaltener keltischer Töpferofen, der 1932 in Deutschland gefunden wurde.

Um 295 v. Chr. Im dritten Samnitenkrieg besiegen die Römer die verbündeten Samniter, Etrusker und Gallier.

Zwei Tonurnen und Bronzearmringe aus einem Keltengrab in Deutschland.

286 v. Chr. An der Hafeneinfahrt von Rhodos wird die 34 Meter hohe Erzfigur des Sonnengottes Helios aufgestellt. Dieser «Koloß von Rhodos» gilt als eines der «Sieben Weltwunder».

Riesiger Basaltkopf aus Tabasco, Mexiko.

Um 280 v. Chr. Münzenherstellung in der zweiten Latènekultur in Mitteleuropa.

GLEICHZEITIGE EREIGNISSE

Um 280 v. Chr.
In Alexandria entsteht ein Kulturzentrum, in welchem sich Wissenschafter verschiedenster Bereiche zusammenfinden und eine große Bibliothek eingerichtet wird.

Um 270 v. Chr.
In China zerfällt mit dem Ende der Tschou-Dynastie die Einheit.

Um 260 v. Chr.
Die Gallier erobern Oberitalien.

Um 250 v. Chr.
Erste monumentale Buddha-Tempel-Anlagen in Indien.

Um 220 v. Chr.
Bau der Chinesischen Mauer.

Um 175 v. Chr.
Bau des Olympieion in Athen.

Um 100 v. Chr.
Beginn der 3. Latènezeit.

Um 50 n. Chr.
Köln wird gegründet.

Um 70 n. Chr.
In China wird das Papier erfunden.

Aus der römischen Villenstadt Pompeji, ein «Mosaik mit Meerestieren». Beim Ausbruch des Vesuvs im Jahre 79 wurde Pompeji unter Lava und Vulkanasche begraben.

---

300 v. Chr. bis 475 n. Chr.

DIE RÖMER

Das Jahr 753 v. Chr. ist Ausgangspunkt der römischen Zeitrechnung. In diesem Jahr soll Romulus, der Sohn des Kriegsgottes Mars, die Stadt Rom gegründet haben. Doch dieser Romulus, der zusammen mit seinem Zwillingsbruder Remus als Säugling auf dem Tiber ausgesetzt, jedoch von einer Wölfin gefunden und aufgezogen worden sein soll, ist eine Erfindung der römischen Geschichtsschreiber des 1. Jahrhunderts v. Chr. Zum Römischen Reich gehörten damals, als endlich auch die Karthager geschlagen waren, alle Länder rund um das Mittelmeer, und die Chronisten waren sich daher einig, daß ein solches Riesenreich nur mit Hilfe der Götter entstanden sein konnte.

In Wirklichkeit wanderten Italiker, Stämme, die zur indoeuropäischen Völkerfamilie gehörten, zwischen 1500 und 1000 v. Chr. auf dem Stiefel ein und ließen sich in dessen südwestlichem Teil nieder. Auf einer Hügelgruppe am Unterlauf des Tiber entstanden Latinersiedlungen. Um 600 v. Chr. unterwarfen die Etrusker, die damals zusammen mit den Griechen die italienische Halbinsel beherrschten, die Latinerdörfer, umgaben sie mit einer Stadtmauer und begründeten damit die Stadt Rom. Hundert Jahre später vertrieben die Römer ihre Unterdrücker aus der Stadt und gründeten eine Republik.

Etrusker und Griechen waren den Römern künstlerisch und kulturell weit überlegen. Die Römer jedoch waren praktischer, organisatorisch viel tüchtiger und entfalteten einen ungeheuren Expansionswillen. Bald nach Christi Geburt hatte das Römische Weltreich seine größte Ausdehnung erreicht. Es erstreckte sich von Großbritannien über ganz Europa südwestlich von Rhein und Donau, über Nordafrika und Vorderasien bis zum Partherreich, dem heutigen Iran.

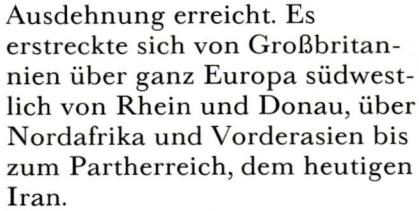

Der Zerfall Roms begann um 260 n. Chr., als die Alemannen in Oberitalien einfielen, und der

---

1 Proserpina wird von Pluton auf einer Quadriga entführt. Das berühmte Wandgemälde befindet sich in der Tomba Nasoni an der Via Flaminia bei Rom.

2 Die um 170 n. Chr. entstandene Reiterstatue des Marc Aurel, die vor dem Kapitol in Rom steht.

3 Das Thermenmuseum zu Rom birgt diesen marmornen Schlachtsarkophag aus dem 3. Jahrhundert.

4 Zur Ausrüstung der Kavalleriepferde gehörten Kopfschutzmasken aus Metall.

5 Sehr häufig spielte das Pferd eine Rolle als dekoratives Element: hier am bronzenen Seitenstück einer Couch.

6 und 7 Mosaik-Reiterdarstellungen. Die bäuerlichen und kriegerischen Römer lernten erst durch die Etrusker und Griechen die Kunst kennen und schätzen, raubten überall deren Kunstwerke und ließen sich durch versklavte griechische Künstler und Handwerker ausbilden.

8 Ungefähr aus dem 4. Jahrhundert v. Chr. stammt das geflügelte Zweiergespann aus Terrakotta, das zu einem Relief am Tempel Ara della Regina gehört und heute im Nationalmuseum von Tarquinia zu sehen ist.

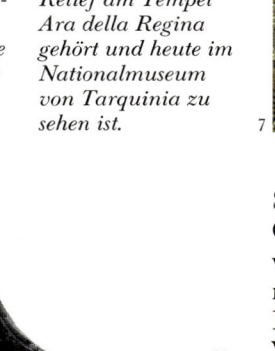

In den Kriegszügen und Schlachten der tausendjährigen Geschichte Roms haben Pferde wohl eine gewichtige, aber doch nicht eine ganz so dominante Rolle gespielt wie bei anderen Völkern, auch wenn das römische Heer beispielsweise um 200 v. Chr. über etwa 20 000 Kavalleristen verfügt haben soll. Offenbar war daran nicht etwa eine nachlässige Ausbildung schuld, denn schon früh in der römischen Geschichte wurde auf militärisches Exerzieren — auch bei der Reiterei — großer Wert gelegt. Berühmt als Ausbildungsort für die Kavallerie war das Marsfeld, das «campus martius» im nördlichen Teil Roms, eine dem Kriegsgott Mars geweihte heilige Stätte. Künftige Soldaten übten hier das Auf- und Absteigen an hölzernen Pferden. Dieser heute verhältnismäßig problemlose Vorgang hatte damals seine Tücken, denn es gab noch keine Steigbügel. Allerdings hatten zu jener Zeit die meisten Pferde noch ein Stockmaß von weniger als 150 Zentimetern. Fortgeschrittene Kavalleristen übten sich am «palus», einem hölzernen Pfahl, den sie vom Pferd aus mit Schlag- und Stichwaffen bearbeiteten.

Das Marsfeld war auch Schauplatz der Equirria, eines jährlich stattfindenden Wettkampfes mit Kriegspferden zu Ehren des Mars. Bei den Wagenrennen soll dabei jeweils das rechte Außenpferd des Siegergespannes von einem Priester dem Kriegsgott geopfert worden sein.

Hatten die Pferde zu den Kriegserfolgen der Römer nicht sehr viel beigetragen, so spielten sie dafür bei den Festlichkeiten eine große Rolle, und Festtage gab es die Menge, nicht selten über hundert im Jahr. Es gab Triumphzüge für siegreiche Feldherren und für Kaiser mit aufwendig ausgestatteten Gespannen, deren Pracht und Größe man sich heute kaum mehr vorstellen kann.

Nach griechischem Vorbild hatte Rom eine ganze Anzahl von Rennbahnen, vor allem für Wagenrennen, für Zweier-, Dreier- oder Viererespanne (Bigas, Trigas, Quadrigas). Die größte dieser Bahnen war mit 600 Meter Länge und 150 Meter Breite im «circus maximus», umgeben von Plätzen für 200 000 Zuschauer. Die Wagenrennen waren halsbrecherische Schauspiele, denen mancher noch unerfahrene Fahrer zum Opfer fiel. Die siegreichsten Fahrer wurden gefeiert wie große Feldherren. Der berühmteste dieser Fahrer war Diokles, dessen Karriere um 130 n. Chr. begann und 24 Jahre dauerte. Er soll in dieser Zeit von 4257 Rennen 1462 gewonnen haben.

Untergang des Reiches war endgültig besiegelt, als die Germanen 476 den letzten Kaiser absetzten, Romulus Augustus, einen noch unmündigen Knaben.

Um 100 n. Chr. Die Goten dringen nach Süden vor.

114 n. Chr. Die germanische Völkerwanderung beginnt.

Um 200 n. Chr. Zerfall der Han-Dynastie in China und Aufteilung in die «Drei Reiche».

241 n. Chr. Der persische Herrscher Shapur I. zerstört das Kushana-Reich, das sich über Nordindien und Afghanistan erstreckt hat.

Um 250 n. Chr. Christliche Zeit in Ägypten. Das Bild zeigt eine St.-Georg-Darstellung aus dieser Zeit.

Um 278 n. Chr. Beginn des Weinanbaus am Rhein.

303 n. Chr. Christenverfolgung durch Diocletian.

317 n. Chr. Beginn der östlichen Jin-Dynastie in China.

365 n. Chr. Kämpfe der Alemannen gegen die Gallier.

385 n. Chr. Beginn der nördlichen Wei-Dynastie in China.

445 n. Chr. Attila wird König der Hunnen.

Gleichzeitige Ereignisse

300 bis 100 v. Chr.
Zweite Latènekultur in Europa.

264 bis 241 v. Chr.
Erster Punischer Krieg.

218 bis 201 v. Chr.
Zweiter Punischer Krieg.

171 bis 168 v. Chr.
Dritter Makedonischer Krieg.

149 bis 146 v. Chr.
Dritter Punischer Krieg und Untergang Karthagos.

135 bis 131 v. Chr.
Blutiger, erfolgloser Sklavenaufstand in Sizilien. (Etwa einen Drittel der gesamten Bevölkerung Italiens machen zu dieser Zeit die Sklaven aus, die unter unmenschlichen Bedingungen leben.)

Um 50 v. Chr.
Bau des Aquäduktes (Wasserleitung) Pont du Gard bei Nîmes.

100 v. Chr. bis Zeitenwende
Dritte Latènekultur. Die Germanen dringen in Deutschland vor.

44 v. Chr.
Der römische Kaiser Julius Cäsar wird ermordet.

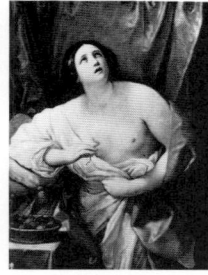

30 v. Chr.
Die ägyptische Königin Kleopatra tötet sich durch Schlangenbiß.

---

300 v. Chr. bis 900 n. Chr.

Das Pferd in China

Zur Zeit von Qin Shihuang Di, dem «ersten Kaiser von China» (259 bis 210 v. Chr.), waren Millionen von Chinesen damit beschäftigt, eine Verteidigungsanlage gegen die kriegerischen und beutehungrigen benachbarten Steppenreiter zu errichten. Aus Steinquadern und Tonziegeln bauten sie eine Mauer, unterbrochen von zahlreichen zweistöckigen Wehrtürmen, die sich schließlich über eine Distanz von etwa 2500 Kilometern erstreckte. Sie hatte eine Höhe von neun bis zwölf Metern und war unten etwa zehn und oben sieben Meter breit. Diese «Chinesische Mauer», das gewaltigste Bauwerk der Erde, diente als Verbindungsstraße und trennte klar das kultivierte China von der barbarischen Welt der Steppenvölker. Ihren eigentlichen Zweck vermochte sie aber oft nur unzureichend zu erfüllen: immer wieder fanden die Hunnen Durchgänge für blutige Raubzüge nach China. Die einzige wirklich wirksame Waffe dagegen war eine eigene, bewegliche, straff organisierte Reiterei. Eine Voraussetzung dafür war aber auch die Vereinigung der zerstrittenen Reiche innerhalb Chinas, die erst 220 v. Chr. mit dem Beginn der Ts'in-Dynastie verwirklicht wurde.

Schon während der Shang-Dynastie (ca. 1450 bis 1050 v. Chr.), mit der die eigentliche historische Zeit begann, gab es in China Pferde. Zusammen mit dem Streitwagen waren sie von Zentralasien auch in das kulturell bereits hochstehende Land eingeführt worden und dienten in den zahlreichen Kriegen. Während rund 1000 Jahren blieb aber das Pferd im Kriegseinsatz ein Zugtier, berittene Truppen gab es in China kaum oder gar nicht. Als um etwa 300 v. Chr. die Einfälle der Hunnen immer verheerender wurden, sahen die Chinesen ein, daß auch sie eine Kavallerie brauchten. Ihre Bemühungen auf diesem Gebiet waren allerdings vorderhand nicht sehr erfolgreich. Erst mußte sich die Wirksamkeit der großen Mauer wirklich als unzureichend erweisen. Mit dem Beginn der Han-Dynastie um 202 v. Chr. setzte das Training von Reitpferden und Reitersoldaten im großen Stil ein, und unter Kaiser Wu-ti (141 bis 87 v. Chr.) wurde die chinesische

---

1 Pferdekopf einer Tomb-Figur aus der Tang-Zeit (618 bis 906). Der edle, rassige Kopf erscheint in den meisten chinesischen Darstellungen. Er zeigt deutlich den Einfluß, den Hengste aus dem Vorderen Orient auf die ursprünglich aus der Mongolei stammenden Ponys hatten. Vor allem um 100 v. Chr. soll eine größere Zahl edler Hengste von Persien nach China gebracht worden sein.

2 Darstellungen eines Pferdes und einer Raubkatze auf Silber-Gürtelschnallen aus dem Ordosgebiet, ein Kunstwerk aus dem 3. bis 2. Jahrhundert v. Chr.

3 Auf dieser Seidenmalerei warten Diener mit dem gesattelten Pferd auf die Reiter.

4 und 5 Pferdekopf und chinesischer Kavallerist. Die chinesischen Künstler haben ihre Pferde mit Vorliebe aus Ton gebildet, als Grabbeigaben für verstorbene Herrscher. Viele dieser Figuren sind mehrfarbig glasiert, und besonders in der Tang-Dynastie zeugen sie von großer Kunstfertigkeit und Liebe zum Detail.

6 Das «fliegende Pferd» aus der Han-Zeit (202 bis 220) gilt als eine der schönsten Bronze-Pferdestatuetten überhaupt.

7 Gesatteltes Pferd aus der Tang-Zeit (618 bis 906). Einige Gräber aus dieser Dynastie wurden erst in jüngster Zeit gefunden, so das Mausoleum des Kronprinzen Yide, das um 706 entstand und 1971 entdeckt wurde. In den Seitennischen des etwa 100 Meter langen Ganges, der zur Grabkammer führt, waren dichtgedrängt zahlreiche Pferde aufgestellt. Allein in einer Nische zählte man 119 Pferde mit und ohne Reiter in verschiedenen Stellungen.

Nächste Doppelseite: Darstellung auf einer Querrolle: Mandschurenkaiser mit Gefolge auf der Vogeljagd.

Kavallerie zu einer gefürchteten Einheit. Von ihren Feinden übernahmen die Chinesen das Reiten, den Sattel, den zweifach gewölbten Pfeilbogen und weite Reithosen anstelle der knöchellangen Gewänder. Und allem Anschein nach schauten sie den Hunnen die wohl wichtigste hippologische Errungenschaft seit der Erfindung der Trense ab: den Steigbügel.

Wesentlich wurde in dieser Zeit auch die Zucht verbessert. Bis anhin waren die chinesischen Pferde hauptsächlich Nachkommen mongolischer Ponys gewesen, drahtige, harte und anspruchslose Tiere, die aber nicht sehr schnell waren und denen Feuer und Adel fehlten. Aber die Chinesen wußten von den «himmlischen Pferden» des Vorderen Orients und schickten Expeditionen nach Persien, die Hengste kauften und nach China brachten. Der Einfluß dieser orientalischen Hengste war enorm. Das geht allein schon aus den zahlreichen künstlerischen Darstellungen hervor, welche sehr harmonische Tiere mit feinen Köpfen und langen, schön gewölbten Hälsen zeigen. Außerdem wurde der Hauptteil der Pferdezucht aus den feuchten Niederungen nach Nordwesten in die trockenen Steppen mit Kalksteinboden verlegt, und die Remonten erhielten nebst dem Grünfutter nun auch Getreide.

Mit seiner wachsenden Bedeutung wurde das Pferd in China auch zu einem der beliebtesten Gegenstände für Künstler. Besonders häufig und mannigfaltig findet man es in Form von Keramikfiguren als Grabbeigaben in der Tang-Dynastie (618 bis 906). Während der Shang- und der Zhou-Zeit (etwa 1450 bis 221 v. Chr.) wurden große Persönlichkeiten zusammen mit verschiedenen Besitztümern, darunter auch Dienern und Tieren, bestattet. Um etwa 500 v. Chr. wurde auf die Opferung von Tieren und Menschen allmählich verzichtet, und statt dessen wurden den Verstorbenen Figuren aus Holz, Ton oder Bronze mitgegeben. Reichtum und Kunstfertigkeit dieser Grabbeigaben, unter denen die Pferde zu den wichtigsten gehörten, fanden in der Tang-Zeit ihren Höhepunkt. Aus dieser Zeit gibt es Gräber mit Hunderten von Pferden, mit und ohne Reiter.

---

54 bis 68 n. Chr.
Nero Kaiser von Rom.

80 n. Chr.
Das Kolosseum von Rom wird fertiggestellt.

Um 114
Größte Ausdehnung des Römischen Reiches. Die germanische Völkerwanderung beginnt.

359
Teilung des Römischen Reiches in West- und Ostrom.

Ab 360
Immer erbittertere Kämpfe Roms gegen Westgoten und Alemannen.

410
Westgoten erstürmen unter Alarich Rom.

445
Attila wird König der Hunnen.

450
Hunnensturm in Indien.

475
Untergang des Römischen Reiches.

571 bis 632
Prophet Mohammed.

711
Araber erstürmen die Iberische Halbinsel und werden erst in Frankreich durch den Frankenkönig Karl Martell (714 bis 741) aufgehalten und über die Pyrenäen zurückgedrängt.

768 bis 814
Karl der Große.

Um 800
Blütezeit der arabischen Wissenschaften.

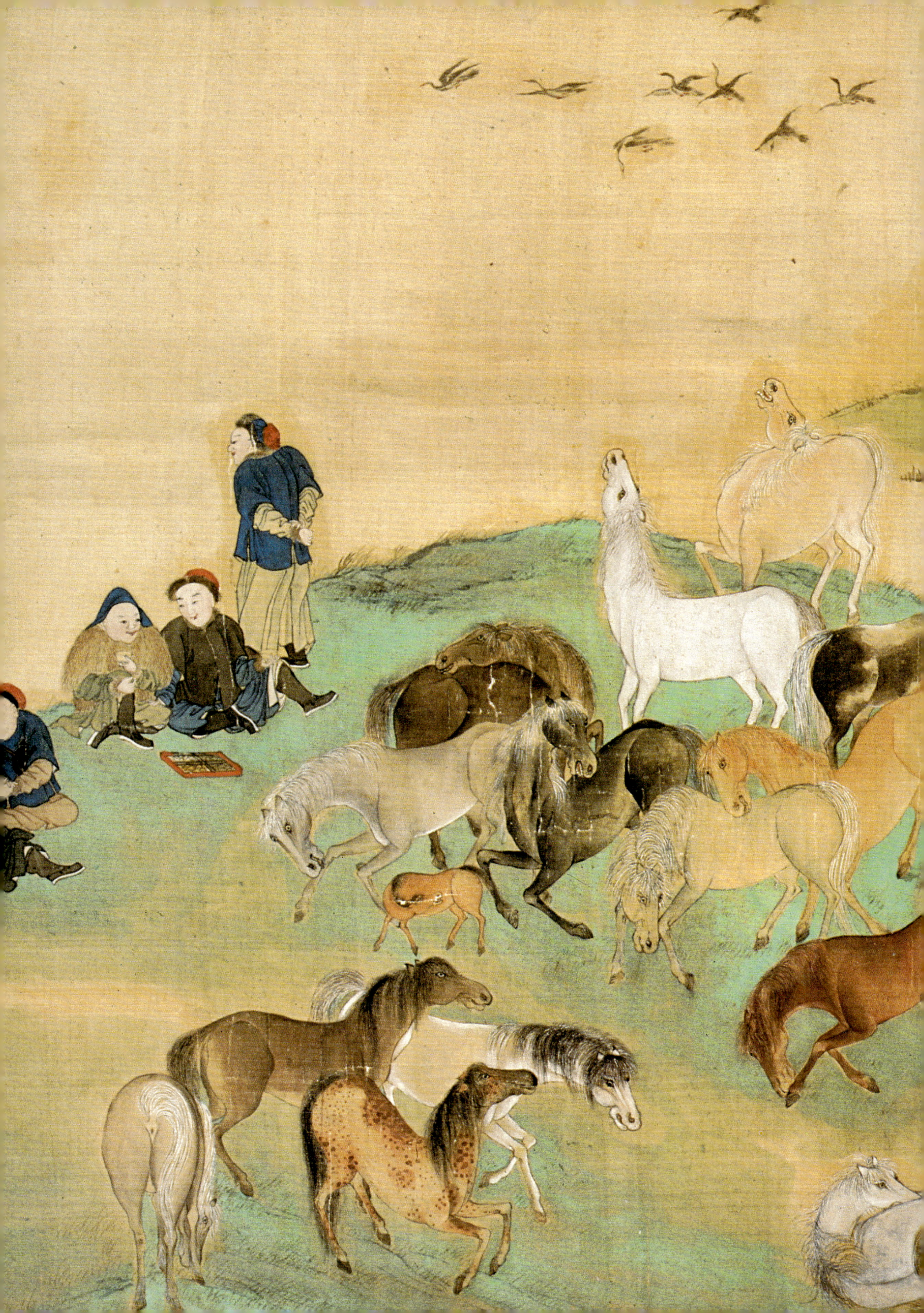

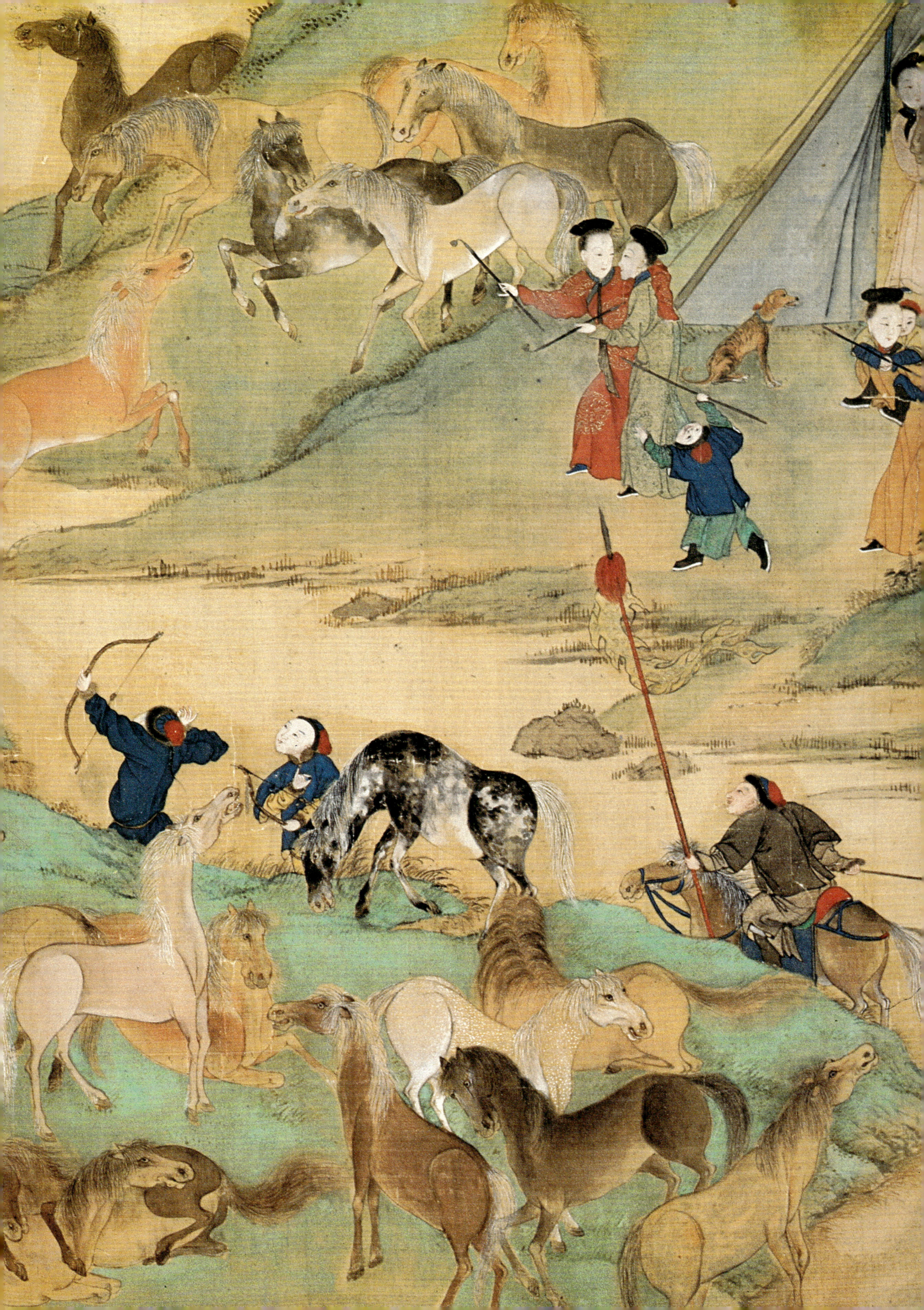

GLEICHZEITIGE EREIGNISSE

Höhlentempel in Kyungjoo mit Buddhafigur.

400 bis 900
Klassische Zeit der Mayakultur.

Um 500
Das Judentum dringt in Arabien ein.
Während der Blütezeit der Baukunst in Indochina entstehen vor allem herrliche Tempelanlagen.

Tempel auf dem Hügel von Phnom, welcher der Hauptstadt von Kambodscha den Namen gegeben hat.

Um 590
Vordringen der Slawen auf dem Balkan.

Um 600
Der Dom von Monza wird gebaut.

607
Bau der Pagode des Buddhistenklosters Horyuji bei Nara in Japan, nach klassischem chinesischem Vorbild.

---

403 bis 553

DIE GERMANEN

Der Ursprung der Germanen läßt sich bis etwa 1500 v. Chr. zurückverfolgen. Die zur indogermanischen Sprachgruppe gehörenden und mit den Kelten und Italikern wohl am nächsten verwandten Stämme siedelten damals westlich des Ostseebeckens. Allmählich griffen sie nach allen Richtungen aus und bildeten neue Völkergruppen wie Nordgermanen oder Skandinavier, Westgermanen mit Angeln und Sachsen und Ostgermanen mit Goten und Wandalen.

Um 403 n. Chr. begannen die Germanen einen bedeutenden Einfluß auf die Geschichte auszuüben, als westgotische Heerscharen über die Alpen südwärts fluteten und das Römische Reich empfindlich trafen. Das Ende des großen Machteinflusses der Germanen kündigte sich aber schon 150 Jahre später an, als die Herrschaft der Ostgoten in Italien zerbrach.

Verschiedene germanische Stämme können als Reitervölker bezeichnet werden und hatten offensichtlich eine enge Beziehung zu Pferden. Eine Menge germanischer Ortsnamen weist darauf hin, und in den Heldensagen spielen die Reittiere der Walküren eine wichtige Rolle und feiern durch Brunhildes Hengst Grane in Wagners «Ring des Nibelungen» gewissermaßen eine Auferstehung. Über die Anfänge der Reiterei bei den Germanen ist kaum etwas bekannt. Nicht weniger Unklarheit herrscht über die Herkunft ihrer Pferde. Es sollen kleine, kraftvolle und massige Tiere gewesen sein. Wahrscheinlich waren es Tarpanabkömmlinge. Seltsam ist allerdings, daß alle den Göttern geweihten Pferde der nordischen Mythologie von weißer Farbe sind, ebenso wie das Feldzeichen der Germanen einen galoppierenden Schimmel darstellt. Demzufolge müßte orientalisches Blut in den Adern der Germanenpferde geflossen sein, denn üblicherweise kommt die Schimmelfarbe nur bei Rassen vor, die irgendwann einmal mit Orientalen in Berührung kamen.

Die Germanen, nicht umsonst auch als Barbaren bekannt, waren gewiß aus anderem Holz geschnitzt als etwa die Griechen, die schon lange vor der Zeitenwende eine hohe Schule des Reitens entwickelten, aus dem Reiten eine Kunst machten. Die Germanen waren Naturreiter, als solche aber so gut, daß sie im römischen Heer als Söldner hoch geschätzt waren. Cäsar verfügte während einiger Zeit über eine germanische Elite-Reitertruppe, die als «alauda» (Lerche) berühmt war. Offenbar verstanden es die Germanen besonders gut, ihren Pferden Gehorsam beizubringen. Sie sollen zum Beispiel oft während der Schlacht abgestiegen sein und zu Fuß weitergekämpft haben, während die Pferde unerschütterlich an Ort und Stelle verharrten und auf die Rückkehr ihrer Reiter warteten. Nur die Kelten wurden von Cäsar als Reiter noch höher geschätzt.

Im Dienst der Römer, wohl beeinflußt von den ausgezeichnet reitenden Karthagern und Numidern sowie auch von der griechischen Reitkunst, verfeinerten die Germanen allmählich ihren Stil und übten sich da und dort in artistischen Spielereien. Sie entwickelten offenbar auch erste Formen von Turnieren. Der Geschichtsschreiber Prokopius, der den oströmischen Feldherrn Belisar begleitete, berichtet, daß der Gotenkönig Totila im Jahre 552 vor der Schlacht von Taginae seinem Heer Kunststücke vorführte, sein Pferd zierliche Wendungen machen ließ, in voller Karriere den Speer in die Luft warf, ihn wieder auffing und wie ein Künstler der Reitbahn voltigierte. Diese Art von Darbietungen, die bei den Goten wahrscheinlich von vielen Reitern geübt wurden, stand wohl irgendwo zwischen klassischer Reitschulmanier und der natürlichen, oft verwegenen Brillanz von Naturreitern wie etwa der Kosaken und Gauchos.

1 Longobardische Reliefplatte, wahrscheinlich aus dem 8. Jahrhundert.

2 Aus dem 7. Jahrhundert stammt der Reiterstein von Hornhausen. Das Pferd des sächsischen Barons, um das es sich bei der Darstellung handeln soll, ist etwa einen halben Meter zu hoch dargestellt, denn auch die Germanenpferde waren kaum über 1,40 Meter hoch.

3 Der berühmteste germanische Kultgegenstand ist der Sonnenwagen von Trundholm im dänischen Seeland. Er soll aus dem 14. vorchristlichen Jahrhundert stammen.

4 Reiter mit zwei Hunden auf einem upplandischen Bildstein mit Runenschrift aus Schweden.

Bei weitem nicht alle germanischen Stämme hatten die gleiche Passion für Pferde. Reiten gehörte vor allem zur Rastlosigkeit der kriegerischen Völkergruppen, Vandalen, Alanen, Goten und Sueven. Aber gerade sie gingen alle unter in den Stürmen der Völkerwanderungszeit, verschwanden irgendwo in Südeuropa oder Afrika. Die seßhaften aber, die Angeln und Sachsen, die Langobarden und Franken, hatten nicht dieselbe Beziehung zum Pferd.

622 Mohammed flüchtet vor seinen Gegnern von Mekka nach Medina.

630 Mohammed zieht siegreich in Mekka ein.

632 Mohammed stirbt, doch seine Anhänger sind bereit für den «Heiligen Krieg».

637 Araber erobern Jerusalem.

639 Araber erobern Ägypten.

640 Araber erobern Persien.

668 Araber erobern Nordafrika.

Um 700 Blütezeit des Tempelbaus in Indien.

Die Säulenhalle des Dilwara-Dschain-Tempels.

Gleichzeitige Ereignisse

613
Die fränkische Königin Brunhilde wird auf Veranlassung Chlotars II. von einem wilden Pferd zu Tode geschleift. Chlotar wird Frankenkönig.

623
Die Slawen lösen sich aus der fränkischen Herrschaft und gründen Slawenreich.

629
Chlotars Sohn Dagobert I. wird Frankenkönig.

631
Dagobert I. verliert Krieg gegen die Slawen in Böhmen.

639
Tod Dagoberts und Spaltung des Frankenreiches in Neustrien-Burgund und Austrarien.

Um 640
Großbrand zerstört die Bibliothek von Alexandria.

649
Rekkaswinth wird König der Westgoten (bis 672).

661
Unter Ebroin wird das Frankenreich wieder gewaltsam vereinigt.

Um 670
Die Mohammedaner spalten sich in Schiiten und Sunniten.

672 bis 680
Wamba wird König der Westgoten.

Um 675
Aus Schwefel, Harz und Naphta bereiten die Byzantiner ein Material, das auch bei Berührung mit dem Wasser weiterbrennt. Sie können damit die Belagerungsflotte der Araber in die Flucht jagen.

600 bis 800

Mohammed und das Araberpferd

Obschon von den Gebieten der ersten Hochkulturen nicht weit entfernt, blieb die arabische Halbinsel durch die Jahrtausende unberührt von der Weltgeschichte. In den wilden, äußerst kargen Hochlandwüsten lebten Beduinen, die Schafe züchteten und Kamele als Reit- und Tragtiere benützten. Die Beduinenscheiche besaßen schon früh auch Pferde, doch über die Art dieser Tiere und über ihre Zucht vor Mohammeds Zeit weiß man so gut wie gar nichts. Eine Vielzahl von Legenden, die in den schwarzen Nomadenzelten von Generation zu Generation überliefert wurden, helfen uns kaum weiter auf der Suche nach den Wurzeln des Araberpferdes. Sicher ist nur, daß um 600 n. Chr. niemand ahnte, daß nur wenige Jahrzehnte später Araber und arabische Pferde größte Bedeutung erlangen würden.

Ein arabischer Händler, der auf seinen Reisen den Glauben der Juden und Christen kennengelernt hatte, fühlte sich zum letzten und größten Propheten berufen und verkündete seinem Volk den Islam, die «Ergebung in den Willen Gottes». In seiner Heimatstadt Mekka wollte man allerdings anfangs nichts von den Lehren dieses Mohammed wissen und vertrieb ihn mit der Schar seiner Anhänger. Dies geschah 622, dem Jahr, mit welchem die Zeitrechnung der mohammedanischen Araber beginnt. Von Medina aus führte Mohammed Jahre hindurch Krieg gegen die Mekkaner. Und während dieser Zeit erkannte er mit genialer Klarheit, daß es zwei Waffen gab, die besser waren als alle anderen: religiöser Fanatismus und gute Pferde. Er versprach seinen Anhängern, daß der Himmel jedem gewiß sei, der im Kampf um den Glauben, im «Heiligen Krieg», sein Leben ließ. Und er brachte, ausgestattet mit seinem fabelhaften Verstand für Pferdezucht, eine Rasse von einzigartiger Qualität hervor: das Arabische Vollblut.

Die Legende erzählt, daß Mohammed eine Herde von Pferden sieben Tage dursten ließ. Als er die Koppel öffnete, stürmten die Tiere zum Wasser. Doch da ließ der Prophet zum Kampf blasen. Fünf Stuten wendeten unverzüglich und eilten zu Mohammed, ohne ihren Durst gelöscht zu haben. Von diesen Stuten des Propheten sollen alle reinen Araberpferde abstammen. Das Körnchen Wahrheit liegt wohl darin, daß Mohammed eine sorgfältige Zuchtauswahl und eine absolut konsequente Reinzucht der Blutlinien verlangte. Mohammed verknüpfte die Pferdezucht eng mit der Religion und verankerte die Zucht- und Umgangsvorschriften in seinen Offenbarungen, aus denen nach seinem Tod das heilige Buch der Mohammedaner wurde, der Koran. Hier steht zum Beispiel, daß der böse Geist in kein Zelt zu treten wage, in dem sich ein Pferd reinen Blutes aufhalte, oder: «Für jedes Gerstenkorn, das du dem Pferd gibst, vergibt dir Allah eine Sünde.»

Bald nach Mohammeds Tod im Jahre 632 waren die Araber bereit für den «Heiligen Krieg», zu dem der Prophet aufgerufen hatte. Ihre Pferde waren schneller, härter und ausdauernder als alle anderen, ihr religiöser Fanatismus machte sie beinahe unschlagbar. In einem der erstaunlichsten Siegeszüge der Weltgeschichte eroberten sie in kurzer Zeit Syrien, Palästina und Ägypten, die unter oströmischer Herrschaft standen. Eine einzige Schlacht genügte, das Sassanidenreich zusammenbrechen zu lassen. Und schon donnerten die Hufe der Araberpferde über Persien hinaus durch Afghanistan nach Indien, Tibet und Turkestan. Nordafrika wurde überrannt, die Berber wurden unterworfen, über die Meerenge von Gibraltar kamen die islamischen Reiterscharen nach Europa und eroberten die Iberische Halbinsel, das Reich der Westgoten. Erst in Frankreich, bei Tours und Poitiers, vermochte das schwergepanzerte Heer Karl Martells die Araber aufzuhalten und über die Pyrenäen zurückzudrängen. Doch an einigen Punkten Südfrankreichs und im größten Teil Spaniens blieben die Araber noch Jahrhunderte als Herrscher. Sie hinterließen den europäischen Sprachen eine ganze Anzahl von Wörtern, die einiges über ihren Wissensstand verraten: Algebra, Chemie, Zenit, Elixier, Alkohol usw. Und sie hinterließen das Erbe ihrer einzigartigen Pferde, deren Blut heute in beinahe allen Pferderassen der Welt fließt.

1 Islamischer Reiter. Um 950 entstandene arabische Darstellung auf Papyrus.

2 bis 4 Die Anwesenheit der Araber in Europa hatte auf die Pferdezucht einen maßgebenden Einfluß. Durch starke Einkreuzung arabischer (2) und berberischer Pferde entstanden die edlen Andalusier in Südspanien (3) und die Neapolitaner (4), die ihrerseits alle bedeutenden barocken Pferderassen begründeten. Die Darstellungen entstammen einem 1748 erschienenen Buch von Baron von Eisenberg.

5 Die Himmelfahrt Mohammeds auf dem Burag. In der islamischen Religion ist das Abbilden Heiliger verboten, daher ist Mohammed ohne Gesicht dargestellt.

680
Der fränkische Herrscher Ebroin wird ermordet. Friedensschluß zwischen Langobarden und Byzanz.

688
Pippin II. wird Herrscher über das ganze Frankenreich.

710
Roderich wird letzter König der Westgoten.

711
Roderich fällt bei Jerez de la Frontera, Andalusien, gegen die Araber unter Tarik. Ende des Westgotenreiches.

714 bis 741
Der Sohn Pippins, Karl Martell, wird Frankenkönig.

741
Karl Martell verteilt das Frankenreich vor seinem Tod an seine Söhne Pippin III. und Karlmann.

Um 750
Eindringen des Islam und Ende des Christentums in China.
In China spielt die Aristokratie Polo. Blütezeit der chinesischen Malerei.

Karl der Große, der Sohn Pippins III., wird Frankenkönig und ist von 771 bis 814 Alleinherrscher des Frankenreiches.

133

GLEICHZEITIGE EREIGNISSE

Um 800
Die letzte nordgermanische Völkerbewegung beginnt. Karl der Große erhält die erste mechanische Wasseruhr mit Stundeneinteilung zum Geschenk.
Blüte der Karolinger Buchmalerei.

814
Tod Karls des Großen, Nachfolger wird sein Sohn Ludwig der Fromme.

840
Ludwig stirbt.

841
Ludwigs Sohn Lothar will die Alleinherrschaft über das Kaiserreich, wird aber in der Schlacht bei Fontenaz von seinen Brüdern Karl (der Kahle) und Ludwig (der Deutsche) geschlagen.

843
Mit dem Vertrag zu Verdun teilen Lothar, Ludwig und Karl das Kaiserreich und schaffen damit die Voraussetzung für die Entstehung des deutschen und des französischen Reiches.

Um 850
Das aus dem indisch-persischen Raum stammende Schachspiel wird durch die Araber nach Europa gebracht.

855
Lothar I. stirbt. Sein (mittleres) Reich wird unter den Söhnen Ludwig und Lothar II. geteilt.

700 bis 1100

DIE WIKINGER

Waren die Araber geborene Reiter, so floß in den Adern der Wikinger Seefahrerblut. Doch die einen wie die anderen waren aufgeschlossen genug, sich neue Errungenschaften anzueignen. Schon bald nach ihrem Aufbruch zum «Heiligen Krieg» hatten die Araber eine Flotte mit Stützpunkt auf Zypern, mit der sie, mit Ausnahme der Ägäis und der Adria, das ganze Mittelmeer beherrschten. Und ebenso selbstverständlich eigneten sich die Wikinger Pferde an, als die Zeit dafür reif war, und verstanden bald auch mit ihnen umzugehen.

Berühmt wurden die nordgermanischen Wikinger oder Normannen aber vor allem durch ihre einzigartigen Schiffe. Diese waren so hervorragend konstruiert, daß sie auf Flüssen ebenso gute Dienste leisteten wie auf dem offenen Meer. Sie waren offen, etwa 20 Meter lang, zum Segeln und Rudern eingerichtet und boten rund 50 Mann Platz, wurden aber auch zum Transport von Schafen, Rindern, Ponys oder Pferden verwendet. Auf ihre Entdeckungsreisen und Eroberungszüge nahmen die Wikinger aus Skandinavien Ponys aus eigener Zucht mit, zähe, drahtige, etwa 1,30 Meter hohe Tiere. Wann immer sie aber zusätzlich Reittiere brauchten und solche vorhanden waren, nahmen sie sie als Beute. Im Jahre 866 zum Beispiel sollen Wikinger alle Ställe und Weiden im östlichen England geplündert haben.

Die Wikinger waren für ihre Grausamkeit bekannt und ähnlich gefürchtet wie die Reiterhorden des Dschingis-Khan oder die Hunnen unter der «Gottesgeißel» Attila. Ihre Eroberungszüge begannen um das Jahr 700 mit der Besetzung der Shetland- und der Orkneyinseln im Norden Großbritanniens. 150 Jahre später begannen sie England und Irland, wenig danach die Küstenstriche Nordwesteuropas zu plündern. Mit ihren Schiffen befuhren sie die Flüsse und verwüsteten zahlreiche größere Ortschaften, zum Beispiel Hamburg, Paris und Rouen. Um 1000 beherrschten sie ganz Irland, von 1016 bis 1042 ganz England. Die Normandie hatten sie inzwischen endgültig erobert und ließen sich auch dort nieder.

Zwei Ereignisse sind auch hippologisch von besonderem Interesse. Um 900 beluden zahlreiche Wikinger in Norwegen ihre Schiffe, um ihrem tyrannischen König zu entgehen. Mindestens ein Teil dieser Auswanderer segelte zuerst nach Schottland und von dort nach Island, die anderen erreichten die nordische Vulkaninsel ohne Zwischenaufenthalt. So oder so war die Strecke offenen Meeres an die 850 Kilometer weit, und zweifellos war die Reise mörderisch und verlustreich. Obschon

1 bis 7 Auf der Insel Lewis westlich von Schottland wurden diese von Wikingern aus Walroß-Elfenbein geschnitzten berittenen Krieger gefunden.

8 bis 13 Zahllose Runensteine zeigen, daß die Wikinger nicht nur zu Schiffen, sondern auch zu Pferden ein fast religiöses Verhältnis hatten.

14 Die Reiterfigur aus gebranntem Ton gibt einen Hinweis auf die geringe Größe der Germanenponys.

15 und 16 In Skandinavien gefundene Steigbügel und Sporen aus der Zeit der großen Wikinger-Eroberungszüge.

17 Eines der größten bekannten Meisterwerke wikingischer Schiffsbaukunst: das Osebergschiff. Wie zahlreiche andere Schiffe wurde es den Göttern geopfert. Man fand es in einer großen Totenkammer aus Holz, zusammen mit den Gebeinen einer Fürstin, eines geopferten Dieners und verschiedener Tiere.

18 Ebenfalls aus dem Osebergfund stammt dieser Wagen, die vielleicht bemerkenswerteste Entdeckung nordischer Altertumskunde. Das mit geschnitzten Sagenszenen reich verzierte Fahrzeug diente kultischen Zwecken.

Islands Boden äußerst karg war und kaum Ackerbau ermöglichte, ließen sich die Wikinger hier nieder und begannen mit der Aufzucht von Rindern und Schafen und dem Fang von Fischen und Seevögeln. Dank ihrer Ponys konnten sie in die wilden Vulkan- und Gletscherlandschaften eindringen, und heute noch ist im Inneren der Insel das Pony das einzige Verkehrsmittel.

Als sich um 930 die erste Siedlerwelle niedergelassen hatte, wurde eine Volksversammlung einberufen, das Allthing, das nun jährlich stattfinden sollte. Diese politische Veranstaltung wurde von kultischen wie auch unterhaltenden Bräuchen begleitet, unter denen sich die Hengstkämpfe besonderer Beliebtheit erfreuten. Nicht selten sollen dabei Ponys übel zugerichtet, gelegentlich sogar getötet worden sein, und oft sollen sich anschließend die aufgebrachten Besitzer, zum Vergnügen der Anwesenden, ähnlich erbittert in die Haare geraten sein wie ihre Tiere.

Neben den eigenen, germanischen Ponys brachten die Wikinger vermutlich von den Britischen Inseln einheimische Moorponys und keltische Ponys mit nach Island. Um das Jahr 1000 beschloß das Allthing, keine weiteren Pferde oder Ponys mehr auf die Insel einzuführen, aus Furcht vor gefährlichen Pferdekrankheiten, welche die Existenz der Inselbewohner bedroht hätten. Dieses Gesetz ist bis heute in Kraft. Seit rund 1000 Jahren wurden daher die Islandponys rein gezüchtet — und sie sind so gut, daß es in der Tat überflüssig wäre, andere Pferde einzuführen. Heute leben, nach verschiedenen Schätzungen, etwa 40 000 bis 65 000 Ponys auf Island, neben rund 200 000 Menschen.

Das zweite Ereignis ist sensationeller, wenn auch von nicht so nachhaltiger Wirkung. Im Jahr 986 etwa brachen von Island aus Wikinger unter der Führung von Erik dem Roten zu einer neuen Entdeckungsfahrt auf und gelangten nach Grönland. Von 25 Schiffen gingen dabei elf mit Mann und Maus verloren. Vier Jahre später segelte ein Teil der Flotte weiter und gelangte nach Nordamerika — ein halbes Jahrtausend vor dem «Entdecker» Kolumbus. Das ist schon seit längerem bekannt, aber erst in jüngster Zeit hat man Begräbnisstätten gefunden, die von Wikingern stammen und wo Skelette von Pferden und Menschen nebeneinanderlagen. Tatsächlich ließen sich die Wikinger vor ihrer Bekehrung zum Christentum zusammen mit ihren Pferden bestatten. Und demzufolge haben nicht die Spanier, sondern die Wikinger die ersten Hauspferde nach Amerika gebracht. Allerdings scheinen diese dort ebenso wieder verschwunden zu sein wie die Wikinger selbst.

869
Lothar II. stirbt.

876
Ludwig der Deutsche stirbt. Landteilung unter den Söhnen Karlmann, Ludwig III. und Karl III.
Ludwig III. besiegt Karl den Kahlen in der Schlacht um Ostlothringen. Karl stirbt auf der Flucht über die Alpen.

885
Karl III. bringt nochmals fast das gesamte Fränkische Reich unter seine kaiserliche Herrschaft.

886
Das Reitervolk der Magyaren unter Arpad kommt aus dem Uralgebiet ins heutige Ungarn.

Um 900
Lebhafte Entwicklung des Ackerbaus in Europa. Rodung großer Gebiete, Dreifelderwirtschaft und Düngung. Hafer und Roggen für Brot, Gerste für Bier, wenig Weizen, viel Erbsen, Bohnen und Linsen. Wein- und Obstbau hauptsächlich in Klöstern. Bau zahlreicher wasserbetriebener Mühlen nach römischem Vorbild.

915 bis 955
Zahlreiche verheerende Einfälle und Raubzüge der Ungarn über Mittel- und Teile Westeuropas bis zur entscheidenden Schlacht auf dem Lechfeld bei Augsburg.

919 bis 936
Heinrich I. deutscher König

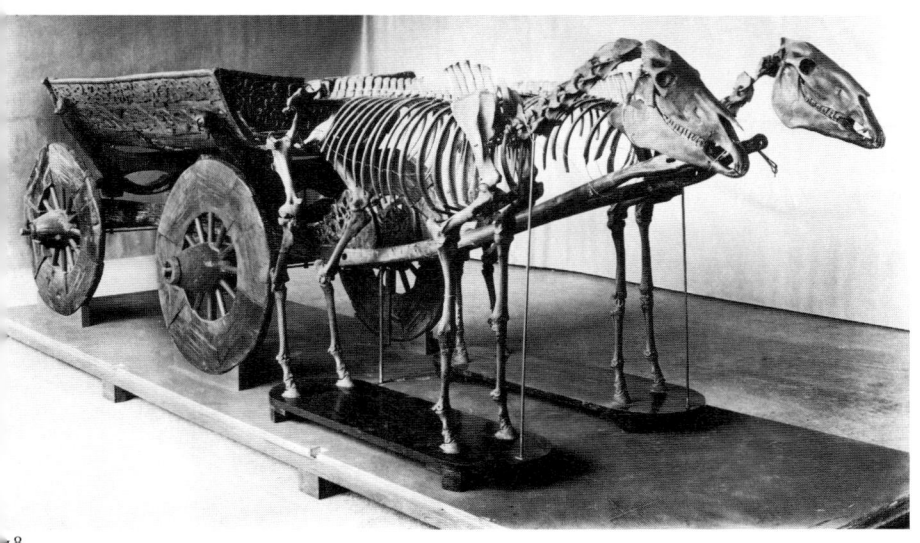

Gleichzeitige Ereignisse

Der norwegische König Harald Hardradi versucht den englischen Thron zu erobern, wird aber von den Angelsachsen unter König Harald von Kent bei Stamfordbridge getötet.

Der christliche Abodritenfürst Gottschalk in Deutschland wird von Heiden erschlagen.

Die Bistümer Mecklenburg (Bild: Neubrandenburger Tor von Mecklenburg), Ratzeburg und Hamburg werden zerstört.

1066

Die Normannen in England

Im Jahre 1066 fielen die Normannen in England ein und schlugen die Truppen Haralds, des Königs der Angelsachsen, bei Hastings. Harald soll in der Schlacht von Wilhelm von der Normandie selber getötet worden sein. Es folgte eine normannische Feudalherrschaft in England.

Dieses Ereignis war Anlaß zu einem einzigartigen Stickkunstwerk, zum Wandteppich der Kathedrale von Bayeux.

Auf einem Leinenstreifen von etwa 50 Zentimetern Höhe und 70 Metern Länge sind die Szenen des Eroberungszuges dargestellt und in lateinischer Sprache kommentiert. Die Stickarbeit umfaßt 626 Menschen, 202 Pferde, 55 Hunde, 505 andere Tiere, 37 Gebäude, 41 Schiffe und 49 Bäume, insgesamt 1515 Figuren. Wer diesen Wandbehang vor über 900 Jahren entworfen hat, ist unbekannt, ja, man weiß nicht einmal, ob die Sticker Engländer oder Normannen waren.

Bagdad ist zum Zentrum der islamischen Religion und Kultur geworden.

In London wird der Tower gebaut.

137

GLEICHZEITIGE EREIGNISSE

Um 1000
Bau schmuckreicher Schiwatempel in Indien.

Tanzender Schiwa, Indien.

1004
Beginn des Inkareiches.

1066
Landung der Normannen in England und erfolgreiche Schlacht bei Hastings.

1096 bis 1099
Erster Kreuzzug.

Um 1125
Besiedlung der Osterinseln (heute Chile) von Polynesien aus. Geheimnisvolle Riesenköpfe aus Tuffstein werden geschaffen.

Bau der Westminster-Abtei in London.

1147 bis 1148
Zweiter Kreuzzug.

Tanzende Apsaras am Bayoutempel in Angkor aus dem 12. Jahrhundert.

1000 bis 1600

DAS RITTERTUM

Obschon zwischen der Standesbezeichnung «Ritter» und der Tätigkeit des «Reitens» ein direkter sprachlicher Zusammenhang besteht und man sich nur schwer einen Ritter ohne Roß vorstellen kann, waren die gepanzerten Kavalleristen des Mittelalters alles andere als hervorragende Reiter, zumindest im Sinne der klassischen Reitkunst. Je schwerer ihre Harnische wurden, desto begrenzter war ihre Bewegungsfähigkeit. Ein Ritter mit einem Ganzmetallpanzer, wie er im vorgeschrittenen Mittelalter üblich war, war zu feinen Schenkelhilfen gar nicht mehr in der Lage, zumal auch sein Sattel ein monströses, etwa 25 Kilo schweres Gebilde war. Er lenkte und parierte sein Pferd durch Gewichtsverlagerung und mit Hilfe von Sporen und Kandaren, die in ihrer Wirkung gleichermaßen Marterinstrumente waren. Allerdings wurden mit dem Rittertum auch die Pferde nicht «rittiger». Mit der Weiterentwicklung der Metallrüstung, die sich ja allmählich auch auf das geplagte Pferd ausdehnte, brauchte man unweigerlich größere, stärkere Pferde. Immerhin mußte ein Reittier bis über 150 Kilogramm tragen. Die Zucht mächtiger, kaltblütiger Pferde erlebte vor allem im nördlichen Frankreich, in Flandern und England eine große Blüte. Zweifellos waren viele Ritterrosse imposante Pferdegestalten, aber Adel, Feuer, Stahl und Sensibilität, die Eigenschaften also, die das wirklich gute Reitpferd ausmachen, fehlten ihnen weitgehend.

1 Metallpanzer eines berittenen italienischen Kriegers, ein erstaunliches Zeugnis der Metallbearbeitung aus dem 15. Jahrhundert.

2 Turnierszene. Wandbild von H. Schäufelein in Tratzberg, Tirol.

Zu Beginn des Mittelalters waren Ritter keine Adeligen, sondern gewöhnliche Krieger zu Pferd. Erst allmählich bildete sich der adelige Berufskriegerstand heraus. Um mit dem Ritterschlag in den Ritterstand aufgenommen zu werden, mußte der Knappe eine strenge Standeserziehung nachweisen — und bereit sein, sich auf halsbrecherische Turniere einzulassen. Diese als Spektakel so beliebten Reitspiele jener Zeit hatten ihren Ursprung in kriegerischen Übungen, die von manchen Regenten fleißig veranstaltet wurden. Besonders Karl II. (der Kahle, 823 bis 877), westfränkischer König und während seiner letzten zwei Lebensjahre römischer Kaiser, soll häufig Manöver veranstaltet haben, in denen riesige Formationen Scheinangriffe ritten. Gewöhnlich mußten dabei zwei Abteilungen aufeinander losstürmen. Kurz vor dem Zusammenstoß mußte dann eine Abteilung wenden, sich womöglich teilen und durch geschicktes Umreiten der Gegenpartei in die Flanke fallen.

Einige hundert Jahre später hatten diese kriegerischen Spiele notgedrungen viel von ihrer

3 Die «Rennbahn» auf dem Roßmarkt in Frankfurt. Die Reitspiele, die hier durchgeführt wurden, hatten sehr wenig mit Rennen zu tun, auch wenn das beliebteste davon das «Ritterliche Köpfe Rennen» hieß.

4 und 5 Der junge König Ludwig XIII. beim Auftritt zum Turnier und beim Üben des Schwertzweikampfes mit seinem berühmten Reitlehrer Antonius de Pluvinel. Die meisterhaften Kupferstiche stammen von Crispin de Passe (siehe auch Seiten 150 bis 155).

6 Der Graue Friedrich von Leiningen. Miniatur aus der Manessischen Liederhandschrift.

7 Rüstung eines deutschen Ritters um 1498, nach einer Zeichnung von Albrecht Dürer.

Beweglichkeit verloren. Helme und Kettenhemden oder Lederhemden mit aufgenähten Metallschuppen waren schweren Ganzmetallrüstungen gewichen, und die recht leichten, schnellen Reitpferde, auf denen beispielsweise noch die Normannen 1066 die Schlacht bei Hastings schlugen (Wandteppich von Bayeux, S. 136/137), waren durch massige und wegen der Ausrüstung in ihrer Bewegung behinderte Rosse ersetzt.

Ob das Turnier eine französische oder germanische Erfindung ist, ist ebenso umstritten wie die Frage, ob ein Turnierpferd ein sorgfältig ausgebildetes und kunstvoll gerittenes Tier war oder nicht. Die ältesten uns bekannten schriftlich niedergelegten Turnierregeln stammen jedenfalls von einem Franzosen, Geoffroy de Preully, einem Ritter, der im Jahre 1066 bei einem Turnier ums Leben kam. Im Prinzip bestand ein Turnier darin, daß zwei Reiter auf parallel verlaufenden, durch eine halbhohe Abschrankung getrennten Bahnen aufeinander losritten, wobei jeder versuchte, den Gegner mit einer langen Lanze aus dem Sattel zu heben. Ein möglichst sicherer Sitz im sehr tief gebauten Sattel war daher von Vorteil, kunstvolles Reiten dagegen kaum erforderlich, wie ja auch ein Pferd schnell lernt, sich in seinem schwerfälligen Galopp gradlinig fortzubewegen. Was man sicher brauchte, war Mut. Denn gefährlich war ein Turnier immer, nicht nur zu de Preullys Zeiten, als es noch keine Ganzmetallrüstungen gab. Die Lanze, auch wenn sie stumpf war, konnte ebenso lebensgefährliche Verletzungen verursachen wie der Sturz des in seiner Beweglichkeit stark behinderten Ritters. Manche der zahlreichen Turnierformen waren geradezu mörderisch. So sollen zum Beispiel 1241 bei einem einzigen Turnier im niederrheinischen Neuss nicht weniger als sechzig Ritter getötet worden sein. Ein gut Teil davon sei allerdings «im Staub erstickt oder von den Pferden zertrampelt» worden.

1147 Baubeginn des (schiefen) Turmes von Pisa.

1189 Dritter Kreuzzug.

1206 Dschingis-Khan beginnt die mongolischen Eroberungszüge.

Um 1270 Der Venetianer Marco Polo bereist Asien.

1291 Gründung der Schweizer Eidgenossenschaft.

1348 bis 1352 Pest tötet rund ein Drittel (25 Millionen) der europäischen Bevölkerung.

1431 bis 1525 Kultur der Azteken.

1450 Johann Gutenberg erfindet die Buchdruckerkunst.

1452 bis 1519 Leonardo da Vinci, Universalgenie.

1471 bis 1528 Albrecht Dürer, deutscher Maler und Grafiker.

1475 bis 1564 Michelangelo Buonarroti, italienischer Bildhauer und Maler.

1483 Reformator Martin Luther geboren. Raffael Santi, italienischer Maler, geboren.

1492 Christoph Kolumbus entdeckt Amerika.

1532 Pizarro vernichtet Inkakultur.

1555 Antonius de Pluvinel geboren.

1592 William Cavendish geboren. Shakespeare schreibt «Richard III.».

Acht Darstellungen aus dem «Turnierbuch» des Kaisers Maximilian I. Kolorierte Zeichnungen von Hans Burkmair, 1473 bis 1531.

141

GLEICHZEITIGE EREIGNISSE

Chichen Itza, Kulttempel der Maya auf Yucatan.

Um 1200
Manco-Capac wird Inkakönig.
Ende der frühgotischen Kunst.

1212
Friedrich II. wird deutscher König.

1220
Heinrich, Sohn Friedrichs II., wird deutscher König.

1221
Wien erhält das Stadtrecht.

1226
Franz von Assisi gründet den Franziskaner-Bettelorden.

1228
Fünfter Kreuzzug.

1236
Die christliche Reconquista in Spanien erobert Córdoba von den Arabern zurück.

1203 bis 1259

DIE MONGOLEN

Im Nordosten der riesigen eurasischen Steppe gab es ein kleines türkisches Nomadenvolk, welches plötzlich sein mehr oder weniger friedliches Hirtendasein aufgab, aus den Weidegründen aufbrach und innerhalb einer unglaublich kurzen Zeit das größte Weltreich eroberte, das es in der Geschichte der Menschheit je gegeben hat: die Mongolen.

Bereits im 12. Jahrhundert hatte sich dieses Volk eine Anzahl Nachbarstämme unterworfen, aber seine eigentliche Bedeutung begann erst im Jahre 1203, als sich Temüdschin (1162—1227) zum alleinigen Herrscher des Mongolenreiches machte. Er wurde berühmt als Dschingis-Khan. Nach ihm vermochten noch drei Nachfolger das Reich als Einheit zu halten, aber nach dem Tode von Dschingis-Khans Enkel Möngkö im Jahre 1259 begann der Machtbereich rasch zu zerfallen.

Zur Zeit seiner größten Ausdehnung erstreckte sich das Reich der Mongolen von der Nordwestküste des Pazifik bis zur Oder und zur Adria, vom Baikalsee bis nach Vietnam. Verschiedene Nomadenvölker hatten China schon früher schwer zugesetzt, aber nur den Mongolen gelang es, sich dieses riesige Land völlig zu unterwerfen.

Die meisten großen Kriegszüge und Eroberungen wären ohne das Pferd undenkbar gewesen. Wahrscheinlich hat es aber nie, außer wohl noch bei den Hunnen, eine so absolut zentrale Rolle gespielt. Fußvolk gab es im mongolischen Heer überhaupt nicht, jeder Soldat war Reiter. Während der Feldzüge ernährten sich die Mongolen größtenteils von Lebensmitteln, welche die Pferde lieferten. Die Stuten wurden gemolken, die Milch in Lederschläuchen zu saurem Quark eingedickt und später so gegessen oder mit Wasser verdünnt getrunken. Regelmäßig wurden den Pferden kleinere Mengen von Blut abgezapft, genau so wie die Massaihirten in Ostafrika ihren Buckelrindern heute noch Blut entnehmen. Und schließlich wurden auch Pferde geschlachtet. Das Fleisch wurde in Salzwasser getränkt, in großen Stücken unter dem Sattel mürbe geritten und diente, in Lederbeuteln aufbewahrt, als lange haltbarer Vorrat, der allerdings mit der Zeit entsetzlich stank.

Diese Ernährungsweise und die Gewohnheit, häufig das Pferd zu wechseln, erforderten natürlich eine beachtliche Zahl von Reittieren. Tatsächlich soll jeder Soldat etwa 18 bis 20 Pferde besessen haben. Zeitweise bestand das mongolische Heer aus über 200 000 Kriegern und verfügte über schätzungsweise vier bis fünf Millionen Pferde, genauer Ponys, eine Masse, die heute kaum mehr vorstellbar ist.

Abgesehen von den erbeuteten Pferden anderer Schläge oder Rassen, waren die Reittiere der Mongolen drahtige, äußerst zähe, meist nur um 130 Zentimeter hohe Steppenponys. Trotz aller sprichwörtlichen Härte und der im Verhältnis zur Größe

1 Chinesische Tonfigur eines mongolischen Steppenreiters.

2 Diese chinesische Malerei zeigt einen mongolischen Pferdehirten. Seine Tiere sind freilich nicht mongolischer Abstammung, sondern, nach dem Tigerschecken und dem Schneeflockenschecken zu schließen, chinesische Pferde, die schon in früheren Jahrhunderten von Pferden aus dem Vorderen Orient beeinflußt worden waren.

3 Temüdschin, der sich als erster Khan im Jahre 1203 zum Alleinherrscher über das Mongolenreich machte, wurde als einer der erstaunlichsten Eroberer aller Zeiten unter der Bezeichnung Dschingis Khan berühmt.

4 Dschingis Khan auf der Falkenbeize, nach einer chinesischen Seidenmalerei.

5 Mongole beim Pferdeeinfangen mit dem Stangenlasso.

erstaunlichen Kraft ermüdeten sie natürlich schneller als die zum Teil viel größeren und fast doppelt so schweren Pferde mancher ihrer Gegner. Bei ihrer Menge spielte das aber keine Rolle, denn wenn ein Reittier Ermüdungserscheinungen zeigte, wurde es einfach gegen ein frisches ausgewechselt. Die eigentlichen Attacken wurden wohl stets auf ausgeruhten und besonders guten, schnellen und wendigen Ponys geritten, während die Gegner in Ermangelung von Ersatztieren kaum einmal auf wirklich frischen Pferden saßen.

Von den Geschichtsschreibern wird oft behauptet, die Mongolen hätten ihre Erfolge nur ihrer zahlenmäßigen Überlegenheit zu verdanken gehabt. Das ist sicher höchstens teilweise richtig. Viele ihrer Schlachten verraten außerordentliches strategisches Geschick. Und so wild ihre Angriffe auch aussahen, so wenig waren ihre Truppen zügellose Horden. Die mongolische Reiterei war straff organisiert und verfügte über ein hervorragend funktionierendes Kommandosystem. Ihre Kampftechnik war äußerst wirksam. Sie griffen den Feind nicht frontal an und ließen sich nie auf ein Handgemenge ein. Sie ritten, immer wieder abschwenkend, quer zur Front und schossen ihre Pfeile in die Reihen des Feindes, während sie selbst ein nur schwer zu treffendes Zeil bildeten, ähnlich den amerikanischen Prärieindianern. Während aber die Indianer tief im Rücken des Pferdes saßen, meistens ohne Sattel, hatten die Mongolen ihre Steigbügel kurz geschnallt, schwebten im Angriff hoch über dem Sattel und erreichten dadurch eine größere Zielsicherheit.

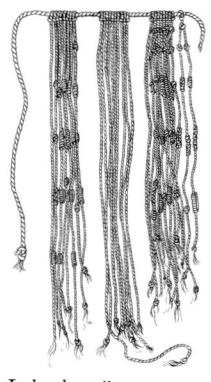

Inka benützen Knotenschnur zur Nachrichtenübermittlung.

Topf aus der frühen Inkazeit.

1242
Die manessische Liederhandschrift mit 7000 Minneliederversen und 138 Miniaturen wird vollendet.

1248 bis 1254
Sechster Kreuzzug.

1256
Gründung der Pariser Sorbonne als Studentenheim.

143

GLEICHZEITIGE EREIGNISSE

Um 1350
Der Buchhandel beginnt sich auszubreiten.

1370
Tenochtitlan, Stadt der Toltekenkultur, gegründet. 1521 wird sie von den Spaniern völlig zerstört.

1382
Mongolen zerstören Moskau.

1386
Baubeginn des Mailänder Doms.

1404
Bürgerkrieg in Frankreich.

Um 1430
Kupferstich (Tiefdruckverfahren) beginnt Holzschnitt zu verdrängen.

1450
Vollendung des Stephansdoms in Wien.

1453
Der Hundertjährige Krieg zwischen England und Frankreich wird beendet.

Um 1475
Größte Ausdehnung des Inkareiches, von Ekuador bis Chile, unter König Huayna Capac.

1350 bis 1600

DAS PFERD IN DER RENAISSANCE

Mit dem Begriff Renaissance ist jene Zeitepoche zwischen Mittelalter und Neuzeit gemeint, in der die versunkene Großartigkeit antiker Kultur und Kunst wiederbelebt wurde. Nach der Düsternis des Mittelalters verbreitete sich der lebensfrohe Stil der Renaissance von Italien aus rasch über den größten Teil Europas. Jahrhunderte hindurch hatte sich die künstlerische Ausdrucksfähigkeit in bescheidenem Rahmen gehalten, nun brach sie wieder mit alter Kraft hervor. Und sicher ist es kein Zufall, daß auch die Kunst des Reitens in dieser Epoche ihre «Renaissance» erlebte.

Die klassische Reitkunst der Griechen, von Xenophon in den ersten bedeutenden hippologischen Werken zusammengefaßt, wurde um 1530 in Neapel wiedererweckt. Durch Zufall erfuhr ein Adliger namens Federico Grisone von Xenophons Werken *Peri Hippikes* und *Hipparchikos,* die kurz zuvor wiederentdeckt worden waren, und studierte sie mit großer Gründlichkeit. Im Jahre 1532 eröffnete er in Neapel eine Reitakademie, in der jungen Adligen der Umgang mit Pferden sowie die wichtigsten Hofmanieren beigebracht wurden. Er war so erfolgreich, daß er nach wenigen Jahren Fürsten- und Königssöhne aus ganz Europa zu seinen Schülern zählte. Er krönte seine Tätigkeit mit dem Werk «Ordini di Cavalcare», das 1550 erschien. Dem Buch war ein Erfolg beschieden, wie es ihn in diesem Maße eigentlich nicht verdiente. Nicht nur, daß Grisone manche Reitanleitungen fast wörtlich von Xenophon übernahm, er äußerte auch vieles, was offenbar gar nicht seiner eigenen Einstellung entsprach. Der Versuch, das Pferd zu verstehen und auf seine Eigenarten einzugehen, anstatt rohe Gewalt anzuwenden, war eines der hervorstechendsten Merkmale griechischer Reitkultur. Simon, ein großes Vorbild Xenophons, drückte es mit folgendem Satz aus: «Du kannst einen Tänzer nicht mit Peitsche und Sporen tanzen lehren». In diesem Sinn und Geist schreibt auch Grisone — doch dann empfiehlt er unversehens bei Widerspenstigkeiten Gewaltmaßnahmen wie «Schläge zwischen die Ohren und auf den Kopf des Pferdes unter Schonung der Augen», die auch das gutmütigste Tier verderben müssen. Außerdem sind in Grisones Werk eine Anzahl von ihm erfundener Gebisse dargestellt, die im Maul jedes Pferdes zu wahren Marterinstrumenten geraten würden.

Dessenungeachtet war Grisones Schule sehr bedeutsam für die Geschichte der klassischen Reitkunst, denn sie breitete sich nun nach einer so langen Zeit der Vergessenheit von Neapel und Rom über Europa aus. Giovanni Pignatelli, einer der begabtesten Grisone-Schüler, wurde beispielsweise Lehrer des Franzosen Antonius de Pluvinel, des gewiß berühmtesten Reitlehrers aller Zeiten (siehe Seiten 150 bis 155).

In der Malerei und Bildhauerei der Renaissance spielten Reiterdarstellungen eine wichtige Rolle, die wohl nur in der nachfolgenden Barockzeit noch übertroffen wurde. Zu den begabtesten Malern auf diesem Gebiet gehörten Benozzo Gozzoli, Andrea Mantegna, Paolo Uccello, Francesco Pesellino und Vittore Pisano. Die mittelalterliche Steifheit der Darstellungen ist lichterfüllter Lebendigkeit gewichen. Und auf den Pferden sitzen nun keine unbeholfenen Reiter mehr, sondern gelöste und ungezwun-

1 Jagdszene von Andrea Mantegna (1431 bis 1506), einem der bedeutendsten Maler der Renaissance. Auffallend sind klarer Realismus, strenge Farbgebung und ausgezeichnete plastische Gestaltung. Als Hofmaler in Mantua schuf er das erste Gruppenporträt und mit der Ausmalung der Camera degli Sposi im Schloß Mantua die erste Raumillusion.

2 «Zug der Heiligen Drei Könige» von Benozzo Gozzoli, in der Kapelle des Palazzo Ricardi zu Florenz. Brillant verdeutlicht dieses Fresko die Lebensfreude der Renaissance.

3 Franz I. von Frankreich (1494 bis 1547) zu Pferde, nach einem Gemälde seines Hofmalers François Clouet (1522 bis 1572). Museum Louvre, Paris.

4 Reiterstatue Graf Eberhard V. (1445 bis 1496) im Hof des Alten Schlosses zu Stuttgart.

5 Entwurf zu einer pferdegezogenen Kriegsmaschine von Leonardo da Vinci (1452 bis 1519). Das Genie da Vinci, als Maler, Bildhauer und Architekt gleichermaßen hochbegabt, war zugleich ein seiner Zeit weit vorauseilender wissenschaftlicher Forscher.

«Mona Lisa» von Leonardo da Vinci (1452 bis 1519).

1483 bis 1546
Martin Luther, deutscher Reformator.

1484 bis 1531
Huldrich Zwingli, Schweizer Reformator.

1506
Christoph Kolumbus stirbt.

1520
Der Maler Raffael Santi stirbt.

1543
Peru und Ekuador kommen unter spanische Verwaltung.

1556
Indien wird unter Herrscher Akbar zu einem Reich vereinigt.

1569
Pieter Breughel der Ältere, flämischer Maler, stirbt.

1572
Erste Erwähnung des «Spainischen Reithsalls» zu Wien.

1577 bis 1640
Peter Paul Rubens, größter niederländischer Maler des Barocks.

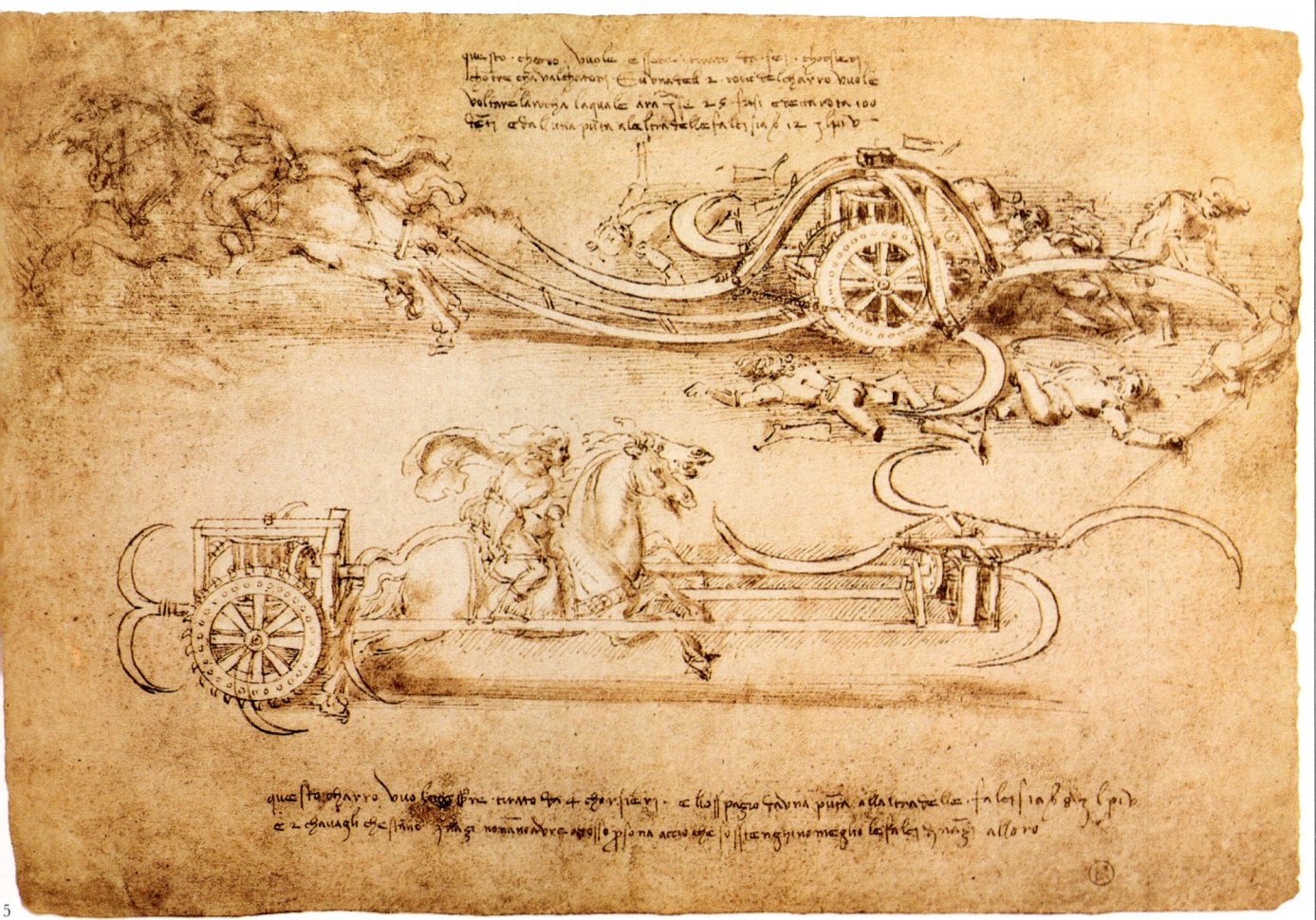

gene Leute, die die Tiere offensichtlich recht gut zu reiten verstehen, sie nicht dauernd im Maul stören und sich im Gleichgewicht halten. Besonders augenfällig wird die «Renaissance» des Reitstiles bei Gozzoli, der mit seinem «Zug der Heiligen drei Könige» in der Kapelle des Palazzo Ricardi eines der großen Kunstwerke der Stadt Florenz geschaffen hat. Wie der Jagdzug auf diesem Fresko, waren auf den meisten Bildern jener Zeit friedliche, oftmals fröhliche Szenen dargestellt. Eine der Ausnahmen unter den Malern war Uccello, der durch seine Schlachtenbilder berühmt wurde. Seine bewegten und figurenreichen Kompositionen verdeutlichen besonders klar die perspektivischen Erkenntnisse der Künstler seiner Zeit.

Eine Merkwürdigkeit fällt bei manchen Standbildern der Renaissance auf: Die Pferde gehen im Paßgang (siehe Gangarten Seite 80). Das gilt beispielsweise für das Grabmal des Paolo Savelli in der Frarikirche von Venedig, für das Standbild des David von Verrocchio von Calleoni und sogar für das berühmte Pferd des Gattamelata (Francesco de Narni) in Padua, von Donatello geschaffen, einem der eifrigsten und erfolgreichsten Nachahmer antiker Bildhauerkunst. Manche Fachleute glauben, die Künstler hätten sich diese Freiheit der Darstellung herausgenommen, um technischen Schwierigkeiten begegnen zu können. Eher trifft aber zu, daß die Bildhauer tatsächlich Paßgänger zum Vorbild hatten. Zu jener Zeit waren nämlich im Paß gehende Pferde sehr begehrt und mindestens in den gehobenen Kreisen auch weit verbreitet. Bei uns ist diese Gangart inzwischen fast völlig in Vergessenheit geraten und erst in jüngerer Zeit von manchen Gangartenliebhabern vor allem bei Ponys aus Island und bei den südamerikanischen Pasopferden wiederentdeckt worden.

145

Gleichzeitige Ereignisse

1498
Ludwig XII. wird König von Frankreich.

1509
Heinrich VIII. wird König von England.

1515
Franz I. wird König von Frankreich.

Das Schloß Chambord, 1509 vollendet, ist eines der prächtigen Loire-Schlösser der französischen Renaissance.

1522
Ritter (Franz von Sickingen, Ulrich von Hutten) erheben sich gegen die geistliche Fürstenmacht.

1528
Der deutsche Maler und Grafiker Albrecht Dürer stirbt.

1529
Ende der Belagerung Wiens durch die Türken.

1530
In Bologna wird Kaiser Karl V. gekrönt.

1547
Heinrich II. wird König von Frankreich

1492 bis 1600

DIE KONQUISTADOREN IN DER NEUEN WELT

Der amerikanische Kontinent ist die Urheimat des Pferdes. Vor ungefähr 10 000 Jahren aber starben dort die Einhufer auf rätselhafte Weise aus. Vielleicht fielen sie einer Seuche zum Opfer. Die Beringstraße, die früher eine Landverbindung zwischen Alaska und Sibirien gebildet hatte, auf welcher Pferde und andere Tiere wie auch asiatische Jäger, die späteren Indianer, von einem Kontinent auf den anderen gewandert waren, war inzwischen vom Meer überflutet, so daß keine neuen Pferde mehr aus der Alten Welt nach Amerika gelangen konnten.

Es gibt neuere Funde in den USA, die den Schluß zulassen, daß wahrscheinlich die Wikinger vor etwa 1000 Jahren Ponys nach Nordamerika gebracht haben. Von ihren Nachkommen ist nichts bekannt, und sicher hatten sie auf die Geschichte Amerikas keinen Einfluß. Vom Mustang spanischer Abstammung jedoch sagt man, er sei das Pferd, das Amerika gemacht habe. Ganz bestimmt wäre die Geschichte Amerikas ohne diese Pferde anders verlaufen.

Bereits Kolumbus brachte Pferde in die Neue Welt. Die Spanier hatten 1492 mit Granada endlich auch die letzte Bastion der Mauren eingenommen, hatten damit deren 800 Jahre dauernde Herrschaft gebrochen und waren nun zu neuen Taten bereit. Isabella von Kastilien wollte den spanischen Machtbereich auf das sagenhafte Indien ausdehnen und beauftragte den genuesischen Seefahrer und Geographen Christoph Kolumbus, den Seeweg nach Indien zu suchen. Kolumbus, überzeugt, daß die Erde eine Kugel sei, fuhr westwärts und erreichte 70 Tage nach seiner Abfahrt die Karibischen Inseln. Er war — übrigens bis zu seinem Tode im Jahre 1505 — sicher, Indien gefunden zu haben, und nannte die Inseln Westindien und deren Bewohner Indianer. Am 6. Dezember 1492 landete Kolumbus auf Haiti und brachte dort die ersten 30 spanischen Pferde an Land.

In den nun folgenden Jahren besetzten die Spanier verschiedene der Karibischen Inseln und auch einige Küstenplätze und brachten dabei wahrscheinlich jedesmal auch Pferde an Land. Der erste eigentliche Eroberungszug auf dem amerikanischen Festland begann aber erst 1519 mit dem Aufbruch des Konquistadoren Hernando Cortez ins Innere von Mexiko. Cortez, der 1511 bei der Besetzung Kubas dabeigewesen war, zerstörte innerhalb von weniger als drei Jahren in blutigen Schlachten die alten Götterreiche der Mayas und Azteken. Er wurde anschließend Gouverneur von Mexiko, das jetzt Neu-Spanien hieß und als spanische Provinz galt. Das Heer des Cortez war erstaunlich klein, es bestand nur aus rund 500 Mann. Und außer dem Konquistadoren und einigen Offizieren waren alles Fußsoldaten, denn als Cortez seinen Eroberungszug begann, verfügte er lediglich über elf Hengste, fünf Stuten und ein Fohlen.

Gelegentlich wird behauptet, die in die Millionen gehende Zahl der Mustangs, die es noch vor weniger als hundert Jahren im amerikanischen Westen gegeben hat, stamme von Cortez' Pferden ab, aber das ist natürlich ein Unsinn. Wohl jedes spanische Schiff, das in den folgenden hundert Jahren in Amerika landete, brachte Pferde mit. Sie sollten in der Neuen Welt als Reit- und Tragtiere dienen, hatten aber bereits während der Überfahrt die Funktion der Deckslast auf den noch leeren Schiffen. Während etwa 60 bis 80 Tagen waren sie auf Deck angebunden oder hingen in breiten Traggurten aufgehängt, großenteils ungeschützt vor Stürmen und Unwettern. Etwa die Hälfte der Pferde soll auf den Transporten eingegangen sein. Diejenigen, welche die Überfahrt überstanden hatten, wurden an ihrem Bestimmungsort oft einfach über

1 Modell eines katalanischen Schiffes aus dem 16. Jahrhundert. Auf Schiffen dieser Art wurden Tausende von Pferden aus Spanien in die Neue Welt transportiert.

2 Christoph Kolumbus entdeckte 1492 Amerika und brachte dabei rund 30 Pferde an Land.

3 Hernando Cortez eroberte 1519 bis 1521 Mexiko.

4 Hernando de Soto zog um 1540 von Florida an den Mississippi. Rund zehn Jahre zuvor hatte er Pizarros Eroberung des Inkareiches unterstützt.

5 Statue des grausamen Eroberers und peruanischen Nationalhelden Franzisco Pizarro (1478 bis 1541) in Lima.

6 Rachedurstige mexikanische Indianer enthaupten spanische Gefangene und werfen die Köpfe vor Cortez' Füße.

Bord gestoßen und mußten schwimmend das vielleicht mehrere hundert Meter entfernte Land erreichen. Trotz der Verluste gelangten so Tausende spanischer Pferde nach Amerika.

Ein anderer erfolgreicher Konquistador war Francisco Pizarro. Er entdeckte 1527 die peruanische Küste und zerstörte zwischen 1531 und 1535 das riesige, blühende Reich der Inkas. Er ging dabei noch grausamer vor als Cortez und gab auch unumwunden zu, daß er nichts anderes als die riesigen Gold- und Silberschätze der Inkas erbeuten wolle. Diese Reichtümer lösten dann allerdings unter den Spaniern selbst blutige Fehden aus, denen Pizarro 1541 in der sechs Jahre zuvor gegründeten Stadt Lima zum Opfer fiel. Die peruanischen Indios erreichten seither nie mehr ihre Eigenständigkeit. Daß zu ihren Haustieren, den seit Jahrtausenden gezüchteten Lamas und Alpakas, durch die Spanier Schafe, Rinder und Pferde kamen, war sicher nur ein schwacher Trost.

Zwei weitere Eroberer zogen um 1540 in den nordamerikanischen Kontinent. Francisco Vasquez Coronado verließ Mexiko mit einem lebenden Fleischvorrat von etwa 300 Rindern, die hier bereits in großem Stil gezüchtet wurden, und zu seinen Leuten gehörte eine Anzahl berittener indianischer Vaqueros, welche dieses Vieh trieben. Diese Indios sollten später zum Vorbild der amerikanischen Cowboys werden. Der «Westernstil», der sich im amerikanischen Westen entwickelt hat, wurde denn auch von der spanischen Reitweise abgeleitet.

Coronados Zeitgenosse Hernando de Soto begann die Suche nach den sagenhaften «Goldenen Städten» von Florida aus. Er führte etwa 200 Reit- und Packpferde mit. Rund zwei Jahre nach seinem Aufbruch gelangte de Soto, todkrank, an den Mississippi. Da die Reise nun auf dem Strom in Booten fortgesetzt werden sollte, wollte de Soto die noch übriggebliebenen 40 Pferde schlachten und ihr Fleisch als Vorrat trocknen lassen. Dabei sollen aber fünf Pferde entkommen sein. Und das war wiederum der Grund zur Legende, daß die riesigen Herden der Mustangs, welche in den folgenden Jahrhunderten auf den Prärien weideten, Nachkommen dieser fünf Pferde gewesen seien.

Spanische Pferde, und zwar wahrscheinlich großenteils Andalusier mit viel Berberblut und einigem Araberblut, entkamen und verwilderten in großer Zahl in Nord- und Südamerika. Aus ihnen entstanden in der Neuen Welt, nebst den Mustangs, eine ganze Anzahl neuer Rassen und Schläge, nämlich die verschiedenen, zum Teil von den Indianern gezüchteten Westernhorses in den USA (außer dem Quarter Horse), die Galiceños in Mexiko, die Criollos und ihre verschiedenen Verwandten in Südamerika, die Paso Finos in Kolumbien, die Costeños und Peruvian Pasos in Peru usw.

1556
Karl V. dankt ab, sein Bruder Ferdinand I. wird Kaiser von Deutschland.

1558
Iwan IV. der Schreckliche unterwirft Livland. Elisabeth I. wird Königin von England.

1562 bis 1598
Hugenottenkriege in Frankreich. Beginn der Sklaventransporte von Afrika nach Amerika.

1564
Maximilian II. wird Kaiser von Deutschland. Der Reformator Johann Calvin stirbt.

1566
Der französische Arzt und Astrologe Nostradamus stirbt.

1576
Tizian, Maler, größter Meister der venezianischen Hochrenaissance, stirbt.

1581
Francis Drake kehrt von abenteuerlichen Piratenfahrten nach England zurück, wo er seine Beute mit Königin Elisabeth teilt.

GLEICHZEITIGE EREIGNISSE

1585 bis 1589
Französischer Bürgerkrieg.

1606 bis 1626
Bau der Peterskirche in Rom.

1611
Gustav II. Adolf wird König von Schweden. Fällt 1632 in der Schlacht bei Lützen, doch seine Soldaten siegen gegen Wallensteins Heer.

1614
Der spanisch-griechische Maler El Greco stirbt.

1615
Cervantes verfaßt «Don Quichote».

1632
Rembrandt malt die «Anatomie».

1643
Ludwig XIV., fünfjährig, wird König von Frankreich.

1580 bis 1750

DAS PFERD IN DER BAROCKZEIT

Die an Prachtentfaltung überreiche Barockzeit brachte einen ganz bestimmten Pferdetyp hervor, der dem Stil und Geschmack der gehobenen Schicht jener Zeit genau entsprach. Es war ein kompaktes, kräftiges, aber dennoch sehr elegant wirkendes Pferd mit auffallend abgerundeten Formen, einem markanten, eher langen Kopf mit vorgewölbtem Nasenprofil, einem starken, hochgetragenen Hals, breiter Brust, wenig Widerrist, geschlossener Lende und runder, kraftvoller Kruppe, eher kurzen, kräftigen, trockenen Beinen und kleinen Hufen, ein Pferd, dessen berberisches Erbe unverkennbar war. Entstanden war der Typ schon zur Maurenzeit in Andalusien, hauptsächlich aus Berbern, doch auch unter dem Einfluß alter spanischer und arabischer Pferde. Schon früh verbreitete es sich nach Portugal, wo daraus der Altér-Real entstand, und nach Neapel. Als es in der Barockzeit unter den Adligen Europas Mode wurde, einander mit prunkvollen Paraden und prächtigen Zirkusspielen zu übertrumpfen, zogen diese Pferde in fast allen Marställen ein. Verschiedene Hofgestüte züchteten auf der Basis von Andalusiern und Neapolitanern eigene Rassen wie den zeitweise nach Farben gezogenen Frederiksborger Dänemarks, den besonders kräftigen, als Kutschpferd geeigneten, als Schimmel und Rappe gezüchteten Kladruber im Gebiet der heutigen Tschechoslowakei und den berühmten Lipizzaner im Karst im heutigen Jugoslawien.

Von diesen einst so begehrten Barockpferden ist fast nichts mehr geblieben. Der Andalusier zeigt heute meist starken Arabereinfluß. Die meisten Frederiksborger sind im Typ moderne Sportpferde. Kladruber und Altér-Real werden nur noch in

1 Ludwig XIV., nach einem Gemälde des Hofmalers Pierre Mignard (le Romain, 1612 bis 1695). Daß der französische König beim Schulreiten ein Gepardenfell anstelle eines Sattels verwendete, ist allerdings kaum anzunehmen.

2 Diego de Silva y Velazquez (ca. 1599 bis 1660) war Spaniens großer Maler der Barockzeit. Das Bild zeigt Philipp IV. auf einem prachtvollen andalusischen Paradehengst des Typs, der im barocken Europa hochbegehrt war.

3 Katharina II., die Große, auf einem Schimmel spanischen Blutes, von ihrem dänischen Hofmaler Vigilius Erichsen porträtiert.

4 So ließ sich William Cavendish, der aus England vertriebene Herzog von Newcastle, auf dem Titelblatt seines Buches über die «Reitkunst» darstellen. Der Stich ist ein Werk des Rubens-Schülers Diepenbecke.

5 Velazquez: Königin Isabella, Gattin Philipps IV. von Spanien.

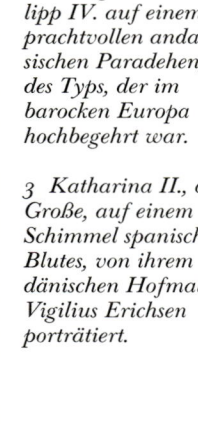

geringer Zahl gezüchtet, und lediglich die Zucht des Lipizzaners hat in Österreich, Jugoslawien, Ungarn und Rumänien noch beachtliche Bestände.

Auch in englischen Marställen standen Barockpferde, auch hier fand die klassische Schule, die sich während der Renaissancezeit von Italien aus verbreitet hatte, ihre Anhänger, aber andere Betätigungen mit Pferden entsprachen der Sport- und Wettbegeisterung der Engländer weit mehr: die Jagd und das Rennen. Und während sich die Züchter auf dem Kontinent um hohe Knieaktion, den «spanischen Tritt», um hochgewölbte Hälse und gedrechselte Rümpfe bemühten, wählten die Briten die Schnellsten zur Zucht und schufen das einzigartige Englische Vollblut. Obschon ein Produkt der Barockzeit, geht diesem Pferd alles Barocke ab.

Die Wiedererweckung der klassischen Reitkunst des antiken Griechenlands durch den Neapolitaner Grisone während der Renaissance hätte in keine günstigere Zeit fallen können. Das ganze kadenzierte Gehabe mit den «Schulen auf und über der Erde» paßte ausgezeichnet zum pompösen Stil des Barocks, welcher der Renaissance folgte. Im Geiste Federico Grisones und seines Nachfolgers Giovanni Pignatelli entstanden in ganz Europa Akademien, in denen der männliche Nachwuchs des Adels geschliffen wurde und das klassische Reiten eine zentrale Rolle spielte. Aus der Vielzahl der Lehrer ragen drei hervor, die sich weit über ihre Zeit hinaus einen Namen machten: Antonius de Pluvinel, William Cavendish, Herzog von Newcastle, und Georg Engelhard von Löhneysen. Zur Dauerhaftigkeit ihres Ruhmes haben die voluminösen Buchwerke dieser drei Erzieher und Reitlehrer wesentlich beigetragen. Unzweifelhaft der Bedeutendste von ihnen war Pluvinel, zu dessen Schülern König Ludwig XIII. gehörte. Seinem Werk, von Crispin de Passe mit großer Meisterschaft illustriert, haben wir die folgenden Seiten gewidmet.

Cavendish war offenbar der einzige Brite, der vor dem 20. Jahrhundert über das Schulreiten schrieb, und seine Reitschule war nicht in England, sondern in Antwerpen. Er erfand sinnreiche Hilfszügel, mit denen er den Pferdehals in jede Stellung biegen konnte, und er war ein so fanatischer Verfechter der kurzen Gänge, daß er nicht nur an Ort, sondern sogar rückwärts galoppierte! Cavendish stellte mit seinen Pferden unglaubliche Dinge an, aber leider fast nur noch solche, die mit den Lehren des Griechen Xenophon kaum mehr etwas zu tun hatten.

Der Schule des Italieners Grisone bedeutend enger verhaftet war der Deutsche Löhneysen, doch zeichnete er sich, wie auch Pluvinel, durch wesentlich humanere Methoden aus. Zur Herstellung seines umfangreichen Hauptwerkes ließ der Stallmeister zu Wolfenbüttel eine eigene Druckerei errichten.

1650
Das Tadsch Mahal in Agra ist nach zwanzigjähriger Bauzeit vollendet.

1658
Der englische Staatsmann Oliver Cromwell stirbt.

1675
Baubeginn am Invalidendom in Paris und an der St.-Pauls-Kathedrale in London.

1710
Die Meißner Porzellanmanufaktur wird gegründet.

1715
G. D. Fahrenheit erfindet das Quecksilberthermometer.

Sala Terrana im Schloß Belvedere in Wien, erbaut von Lukas von Hildebrandt 1721 bis 1723.

1731
Der englische Schriftsteller Daniel Defoe (Robinson Crusoe) stirbt.

1749
Johann Wolfgang Goethe geboren.

Enge Volten im Galopp

Kapriole zwischen den Pilaren

Kapriole am Pfeiler

Kadenzübung um den Pfeiler

1555 bis 1622
Antonius de Pluvinel

Dem Italiener Grisone gebührt zwar die Ehre, die klassische Reitkunst des Griechen Xenophon wiederentdeckt und in seiner Reitakademie zu Neapel zu neuem Leben erweckt zu haben, der Franzose Pluvinel aber war es, der sich als erster deutlich von den Gewaltmethoden der italienischen Schule distanzierte und eine feinere, humane Dressurmethode entwickelte, die in ihren Grundzügen bis heute Gültigkeit hat.

Antoine Pluvinel de la Baume, 1555 in Crest geboren, ließ sich in Grisones Schule durch Giovanni Pignatelli ausbilden und wurde anschließend Stallmeister des Herzogs von Anjou. 1594 gründete er in Paris eine Akademie, wo Edelleute und reiche Bürger in der Kunst des Tanzens, Fechtens und Malens, vor allem aber des Dressurreitens unterrichtet wurden.

Pluvinels berühmtester Schüler war der junge König Ludwig XIII. Der Unterricht des Monarchen veranlaßte den Reitlehrer, sein Werk «L'Instruction du Roi» zu verfassen. Crispin de Passe fertigte dafür eine große Zahl meisterhafter Kupferstiche an. Noch bevor das Buch fertig war, starb Pluvinel, im Jahre 1622, und Passe mußte es aufgrund hinterlassener Notizen vollenden. Es erschien ein Jahr später unter dem Titel «La Maneige Royale». 1626 wurde in Braunschweig eine deutsche Übersetzung mit dem Titel «Die Königliche Reitschuel» herausgebracht. Ein großer Bewunderer Pluvinels, Menon de Charnisay, war jedoch der Auffassung, daß in diesen Ausgaben «der wahre Gedanke des Meisters» nicht gebührend zum Ausdruck käme, arbeitete den Text um und gab das Buch 1628 unter dem Titel «L'Instruction du Roi en l'exercice de monter à cheval» heraus. Aus diesem Text in Vereinigung mit Passes Kupferstichen ent-

stand später eines der bede tendsten Grundwerke der R literatur.

Der Text des Buches be weitgehend aus einem Dial zwischen dem offensichtlich aufnahmebereiten König u dem Reitlehrer. Die human stellung zum Tier, revolutio für die damalige Zeit, komm dabei immer wieder zum A druck. In zwei wesentlichen Grundsätzen unterscheidet Pluvinel klar von den italie schen Meistern: Erstens wi jedes Pferd individuell beha haben, denn er erkennt mit sicherer Einfühlungsgabe, d der Charakter von Pferd zu sehr verschiedenartig sein k «Die einen sind so dumm u feige, daß sie besser für ein Milchfuhrwerk als für die R bahn taugen und Eurer Ma so unwert sind, daß wir nic weiter davon zu sprechen b chen ... Andere sind kräftig feige, und bei denen brauch Verstand ...» Zweitens emp er, niemals grausame Mitte anzuwenden, sondern mit d plinierter Kraft und selbstsicherem Vertrauen auf die nische Überlegenheit des M schen zu bauen. «Besser im mit Güte als mit Strenge .. Geschlagen sollte es nur we wenn sein Ungehorsam du Faulheit verursacht wird.»

Pluvinel gilt als der Neu decker der Pilaren oder Dr pfosten, die in der Reitbahn gestellt sind und zwischen das Pferd festgebunden Fig grundbegriffe ohne Reiter l Pilaren werden noch heute der Spanischen Hofreitschu Wien angewendet. Außerde ersetzte Pluvinel den Holzs mit dem der Gehilfe die Hi beine des Pferdes zu höhere Aktion «anzuregen» hatte, eine kurzstielige Gerte mit Lederklatsche und einem H griff mit einer Metallspitze, der die Kruppe berührt wu

«Le Bonnite», ein barbarisches Pferd

Enge Volten um den Pfeiler

Seitwärtstreten zwischen den Pilaren

Antoine de Pluvinel vor dem König

Levade zwischen den Pilaren

Aufsteigeübung

Übungen zum Strecken der Nachhand

Übung zum Seitwärtstreten

Posteau de l'academie haut de 7 pieds.

Caucßon de cordes.

Selle a la Pluuinelle.
Sattel auf Pluuinelisch Manier.

Façon de la Chambriere ou foüet.
Münster der peÿtschen genandt Camermagt.

Naſbandt von Stricken.

Seule der 7 schuo hoch. Reitschul

M. Merian fecit

Dernier / Letſte } figur 1 partie.

Kapriole

Knie- und Schenkelhaltung

Levade neben der Mauer

Levade

Passage

Courbette-Übung mit Hilfe der Stange

Übung zur Pirouette

Körperhaltung

Übung zur Croupade

Wendungen und Volten

Übung zum Seitwärtstreten

Levade

Unter dem Reiter zwischen den Pilaren

Übung zur Ballotade

Übung zur Pirouette am Pfeiler

Croupade

GLEICHZEITIGE EREIGNISSE

1517
Beginn der Reformation in Deutschland.

1543
Kopernikus, Arzt, Jurist und Astronom, Begründer des heliozentrischen Weltbildes, stirbt.

1564 bis 1642
Der italienische Naturforscher Galileo Galilei.

1602
Niederländer gründen Kolonie in Südafrika.

1603
Franzosen siedeln sich in Kanada an.

1612
Holländer gründen Neu-Amsterdam (New York).

1616
William Shakespeare stirbt.

1512 bis 1683
DIE TÜRKEN

Immer wieder im Laufe seiner Geschichte wurde Europa von brandschatzenden und mordenden Reiterhorden aus dem Osten heimgesucht, von denen die fetthaarigen, walroßschnurrbärtigen, nach saurer Stutenmilch riechenden Soldaten des Mongolen Dschingis-Khan und des Hunnenführers Attila nur gerade die bekanntesten waren. Die letzten dieser alles verheerenden «Gottesgeißeln» waren die Türken. Zwei Dinge machten sie über 150 Jahre hindurch zu überlegenen Gegnern: Sie hatten die bessere Artillerie, und sie hatten vor allem die besseren Pferde.

Schon um 1300 hatten die Osmanen — so wurden die Türken bis 1920 genannt — sich aus dem Seldschukenreich gelöst, sich auszubreiten begonnen und 1356 auf dem Balkan europäischen Boden betreten. Hundert Jahre später gelang es ihnen dank ihrer «modernen» Kanonen, Konstantinopel zu erobern und damit den Untergang des Byzantinischen Reiches herbeizuführen. Um 1512 begann ihr Krieg gegen die Mameluken. Der Sieg, den sie errangen, bedeutete die Herrschaft über Syrien und Ägypten — und damit über die Quelle allerbester Pferde. Schon vorher hatten die Türken ausgezeichnete Reittiere besessen, verhältnismäßig große, hoch im Blut stehende, harte und schnelle Pferde, die offenbar aus Turkestan stammten und zweifellos dem Araberpferd nahe verwandt waren. In Syrien und Ägypten aber kamen die Türken nun an die klassischen Araberstämme heran, das Edelste vom Edlen.

Offenbar waren die Türken nicht nur Reiter, die mit akrobatischer Fertigkeit vom Rücken ihrer Pferde aus kämpften und ihre Feinde mit einem Hagel von Pfeilen eindeckten, sie hatten auch eine außergewöhnlich innige Beziehung zu ihren Tieren. Der Hippologe Buskepius schreibt im 17. Jahrhundert darüber: «Die Sanftmut der türkischen Pferde ist unübertrefflich, ihr Gehorsam ihren Herren und Reitknechten gegüber bemerkenswert. Das ist darauf zurückzuführen, daß die Tiere immer mit großer Güte behandelt werden ... Die jungen Fohlen nehmen sie in ihre Behausungen, reinigen, kämmen und liebkosen sie, als wären es ihre eigenen Kinder ... Sie schlagen sie nie, und die Stallknechte, die sie pflegen, sind ebenso freundlich wie ihre Herren. Diese Behandlung führt natürlich dazu, daß die Tiere sehr anhänglich, folgsam und leicht lenkbar sind ...»

Unter dem Schutz eines Heeres, das über die schnellsten und ausdauerndsten Pferde verfügte, erlebte das Osmanische Reich nun seine höchste Blüte. Mesopotamien im Osten, Arabien und Teile Nordafrikas im Süden und Ungarn im Norden kamen in den Herrschaftsbereich der Osmanen. Erst 1683 wendete sich das Blatt. Umsonst versuchten die Türken, Wien zu erobern. Sie scheiterten vor allem an der westlichen Artillerie, die inzwischen der türkischen technisch deutlich überlegen war. Damit begann der Untergang des Osmanischen Reiches.

1 *Der türkische Großwesir Achmet Pascha, nach einem Kupferstich von Paulus Fürst, um 1665.*

2 *Johann III. Sobieski wurde nach seinem Sieg über die Türken bei Choczin 1674 polnischer König. Neun Jahre später half er bei der Befreiung der belagerten Stadt Wien.*

3 *Bereits 1529 war Wien von Suleiman dem Prächtigen ohne Erfolg belagert worden. (Holzschnitt aus dem Historischen Museum in Wien). Nach dem ebenfalls gescheiterten Belagerungsversuch der Türken im Jahre 1683 setzte der Niedergang des Osmanischen Reiches ein.*

4 *Türkenschlacht auf dem Balkan im Jahre 1577.*

5 *Die Türken liebten es, ihre Pferde prachtvoll herauszuputzen.*

6 *Ein türkischer Speerreiter, nach einem Holzschnitt von Niklas Stever, 1529.*

Pferde aus der türkischen Armee waren bei den westlichen Streitkräften eine heißbegehrte Kriegsbeute. Aber während der endlos scheinenden Türkenherrschaft gelangten nur verhältnismäßig selten arabische, syrische oder turkestanische Hengste in die Hände der Europäer. Während im Westen jedermann, der auch nur ein klein wenig auf sich hielt, ein «Steinpferd» (Hengst) ritt, waren die Reittiere der Türken fast durchwegs Stuten, sehr oft begleitet von ihren Fohlen. Vor allem aber hüteten die Türken ihre Pferde wie ihren Augapfel. Nur gelegentlich verkaufte ein türkischer Händler einen Hengst, und es ist nicht anzunehmen, daß es sich dabei um die allerbesten Tiere handelte. Mit dem allmählichen Niedergang des Osmanischen Reiches aber fielen immer mehr Pferde in die Hände der kaiserlichen Truppen. Außerdem wurde nun beispielsweise Aleppo eine auch für den Westen offene Handelsstadt, und hier standen reichlich orientalische Hengste zum Verkauf, darunter erstklassige Araber aus dem arabischen Hochland.

Schon beinahe tausend Jahre früher waren mit den islamischen Reitern über die Meerenge von Gibraltar arabische und berberische Pferde nach Europa gekommen und hatten hier die Pferdezucht maßgeblich beeinflußt. Von noch größerer Wirkung aber waren die orientalischen Pferde, die durch die Türken in die westliche Welt gelangten. Die sich allgemein wandelnde Kriegstaktik verlangte nicht mehr schwere, mittelalterliche Schlachtrosse, sondern schnelle und bewegliche Reittiere, und um solche zu erhalten, waren Araber und Turkmenen das beste Rezept. In alle Reitpferdezuchten Europas floß daher orientalisches Blut, in besonders konzentrierter Form in die Rennpferdezucht Englands.

Ganz allgemein werden die Stuten, welche die weibliche Grundlage der englischen Vollblutzucht bildeten, als bodenständige Ponys bezeichnet. So verwirrend und schwer faßbar der Ursprung dieser Stuten auch ist, sie scheinen doch alle bereits mehr orientalisches Blut als britisches Ponyblut geführt zu haben. Berberische, arabische und türkische Hengste und Stuten hatten bereits weitgehend in der englischen Pferdezucht gewirkt, als die drei großen Stammhengste «Godolphin Barb», «Byerley Turk» und «Darley Arabian» am Ende des 17. und im 18. Jahrhundert in Aktion traten.

1619
Holländer gründen Batavia auf Java.

1625
Franzosen besiedeln die Antillen.

1630 bis 1650
Tadsch Mahal in Agra wird gebaut.

1638
Der niederländische Maler Pieter Breughel der Jüngere stirbt.

1643
Tasman entdeckt Südneuseeland und die Fidschi-Inseln.

1660
Der spanische Maler Diego Rodriguez Velazquez stirbt.

1661
Baubeginn des Schloßparkes von Versailles.

1664
Die Engländer erobern Neu-Amsterdam (New York).

1669
Der niederländische Maler Rembrandt (Harmensz van Rijn) stirbt.

1685
Venezianische Bombe zerstört den Parthenon, der von den Türken als Pulvermagazin benützt wird.

1686
Kämpfe zwischen Engländern und Franzosen um kanadische Gebiete.

GLEICHZEITIGE EREIGNISSE

1715
Ludwig XV. wird König von Frankreich.

1724
Der deutsche Philosoph Immanuel Kant wird geboren.

1725
Katharina wird Kaiserin von Rußland (bis 1727).

1727
Georg II. wird König von Großbritannien. In Amerika fordern die Quäker die Abschaffung der Sklaverei.

1730
Anna Iwanowna wird russische Kaiserin.

1732
Joseph Haydn geboren.

1740
Maria Theresia wird Königin von Böhmen und Ungarn und Erzherzogin von Österreich.

1741
Elisabeth wird russische Zarin.

1744
Der schwedische Wissenschafter Anders Celsius (Celsius-Temperaturskala) stirbt.

1745
Franz I. wird römisch-deutscher Kaiser.

1712 bis 1786

FRIEDRICH DER GROSSE

«... Seine Majestät befehlen allen Kommandeurs der Kürassierregimenter, daß ihr einziges Arbeiten, Dichten und Trachten dahingehen soll, aus dem gemeinen Mann gute und tüchtige Reiter zu machen.»

Friedrich der Große hatte guten Grund, Instruktionen dieser Art zu erlassen. Als er im Jahre 1740 den preußischen Thron bestieg, fand er eine unbrauchbare Reiterei vor, von der er sagte, sie sei nicht einmal imstande, auf schlechtem Pflaster zu reiten oder sich auf ebenem Gelände in etwas passablerem Tempo zu bewegen. Friedrichs Reformation der Kavallerie trug ihm den Ruf des ersten modernen Reiterführers ein.

Friedrich II., der Große, 1712 in Berlin geboren, litt schwer unter seinem despotischen Vater Friedrich Wilhelm I. und versuchte 1730, nach England zu flüchten. Er wurde verhaftet und in der Festung von Küstrin eingekerkert. Vor seinen Augen wurde sein bester Freund, Leutnant von Katte, hingerichtet. Ein Jahr danach versöhnte sich Friedrich mit seinem Vater. Am 31. Mai 1740, nach dem Tod des Vaters, wurde Friedrich II. König, und während seiner sechsundvierzigjährigen Regierungszeit machte er Preußen zu einer europäischen Großmacht und verhalf seinem Volk gleichzeitig zu mehr Rechten und Bildungsmöglichkeiten und zu größerem Wohlstand. Als König sah

1 Reiterstandbild Friedrich des Großen im Park des Schlosses Sanssouci, der Sommerresidenz des Preußenkönigs, wo er am 17. August 1786 im Alter von 74 Jahren starb.

2 Einzug Friedrichs des Großen in Berlin nach dem Friedensschluß zwischen Österreich und Preußen zu Hubertusburg. Nach einer zeitgenössischen Radierung von J. L. Rugendas.

er sich nie in der Rolle eines Halbgottes, wie es damals üblich war, sondern als Diener seines Volkes.

Noch im Dezember des Jahres seiner Thronbesteigung löste Friedrich den Österreichischen Erbfolgekrieg aus. Bei dieser Gelegenheit wurde es dem Preußenkönig endgültig klar, daß seine Kürassiere der österreichischen Reiterei weit unterlegen waren. Er entdeckte aber auch unter seinen Leuten den Mann, mit dem zusammen er in der Folge die schlagkräftigste Kavallerie seiner Zeit schuf: Friedrich Wilhelm von Seydlitz. Dieser Seydlitz war Kornett unter dem Obersten von Rochow. Er war schon früher durch seine wildverwegenen Eskapaden im Sattel aufgefallen und war Rochow, dem Anhänger klassischer Dressur, ein Dorn im Auge. Daher erhielt er eines Tages den

3 Truppenparade vor Friedrich dem Großen, nach einem zeitgenössischen Kupferstich von D. Chodowiecki.

4 Friedrich in der Schlacht bei Leuthen, wo er am 5. Dezember 1757 einen glänzenden Sieg über die Österreicher erfocht. Genau einen Monat zuvor hatte Friedrich dank seinem Reiterführer Seydlitz eine zahlenmäßig doppelt so große berittene Truppe der Franzosen bei Roßbach in der wohl berühmtesten Schlacht des Siebenjährigen Krieges geschlagen.

5 Ziethen-Husaren der friderizianischen Zeit, nach einem Aquarell aus dem 18. Jahrhundert.

Auftrag, ein Dorf gegen eine hoffnungslos große Übermacht zu halten. Seydlitz verteidigte die Ortschaft außerordentlich geschickt und versuchte erst zuletzt mit wenigen Überlebenden einen Durchbruch zu Pferd. Sein Reittier wurde dabei erschossen, Seydlitz gefangengenommen und in der ungarischen Festung Raab eingesperrt. Doch Rochow triumphierte zu früh. Friedrich hörte von dem Vorfall und ließ Seydlitz gegen einen weit ranghöheren österreichischen Offizier austauschen. Wenig später beförderte er den Kornett direkt zum Rittmeister und ernannte ihn zum Eskadronchef im Trebnitzer Husarenregiment.

Die geringe Leistungsfähigkeit der preußischen Reiterei um 1740 war nicht auf ein mangelhaftes Interesse Friedrich Wilhelms I. an Pferden zurückzuführen, sondern offenbar auf eine falsche, einseitige Ausbildung von Kürassieren, Dragonern und Pferden. Tatsächlich verdoppelte der Vater Friedrichs des Großen den Bestand der Kavallerie und schuf außerdem ein Militärgestüt, das einmal zu den berühmtesten der Welt zählen sollte: Trakehnen. Sechs Jahre hindurch hatten 600 Leute das zukünftige Gestütsgebiet, das rund 24 000 Morgen Land umfaßte, gerodet und entwässert und die ersten Gebäudeanlagen errichtet, bis 1732 die ersten 1100 (!) Pferde ins «Königliche Stutamt Trakehnen» einziehen konnten. Bereits zur Zeit Friedrichs des Großen stellten Pferde aus diesem Gestüt neue, erstaunliche Distanzrekorde auf. Unter anderem mit diesem Gestüt hatte Friedrich Wilhelm I. Wichtiges für die preußische Kavallerie geleistet, aber seine Kürassiere waren Bahnreiter, deren Pferde durch gewölbte Hälse und erhabene Tritte glänzten, von einer Attacke jedoch keine Ahnung hatten. Dies änderte sich sehr bald unter Friedrich dem Großen. Er behielt die Grundausbildung in der Reitbahn zwar bei, verlangte aber vor allem eine harte und umfassende Geländeund Attackenschulung. Mit Seydlitz hatte er einen Reiteroffizier, der wie kaum ein zweiter zu einer solchen Aufgabe geschaffen war. Obschon es beim Geländeexerzieren unter Seydlitz häufig zu Stürzen und nicht selten zu schweren Unfällen kam, war seine Schwadron bald so berühmt, daß sich angehende Kavalleristen drängten, in ihr aufgenommen zu werden.

Schon im Zweiten Schlesischen Krieg begegneten die Österreicher einer verwandelten, sehr respektgebietenden preußischen Reiterei. Kurz nach Ausbruch des Siebenjährigen Krieges, im Jahre 1756, war Seydlitz Kommandeur der gesamten preußischen Kavallerie, einer Einheit, von der selbst Engländer und Franzosen sagten, sie sei zu jener Zeit die weitaus beste gewesen.

1750 Johann Sebastian Bach stirbt.

1752 Der amerikanische Politiker Benjamin Franklin, nebenbei auch Buchdrucker und Physiker, erfindet den Blitzableiter.

1759 Georg Friedrich Händel stirbt. Friedrich Schiller geboren.

1760 Georg III. wird König von Großbritannien.

1762 Peter III. wird russischer Zar. Nach seiner Ermordung sechs Monate später wird Katharina II. (die Große) Zarin.

1765 Joseph II. wird römisch-deutscher Kaiser.

1770 Der Engländer James Cook entdeckt Australien.

1771 Gustav III. wird König von Schweden.

1774 Ludwig XVI. wird König von Frankreich.

1778 François de Voltaire (Bild) und Jean-Jacques Rousseau sterben.

GLEICHZEITIGE EREIGNISSE

1770
James Cook entdeckt Australien.

1776
Benjamin Franklin verfaßt mit Thomas Jefferson und John Adams die Gründungsurkunde der USA.
Bau der Mailänder Scala.

1778
Jean-Jacques Rousseau stirbt.

1784
Friedrich Schiller schreibt «Kabale und Liebe».

1789
George Washington wird erster Präsident der USA.
Französische Revolution, Sturm auf die Bastille am 14. Juli.

1790
Goethe, zurück aus Italien, schreibt «Torquato Tasso».
Benjamin Franklin stirbt.

1769 bis 1821

NAPOLEON

Die ständige Kriegsdrohung im ausgehenden 18. und beginnenden 19. Jahrhundert gab der Pferdezucht in ganz Europa ungeheurem Auftrieb. Die Armeen Österreichs und Preußens, aber auch die Engländer und Russen konnten aus ihren Gestüten den riesigen Bedarf an guten Kavallerieremonten decken. Napoleon aber fand zu Beginn seiner Diktatorenkarriere die Pferdezucht in Frankreich in einem katastrophalen Zustand. Schon während seiner ersten Feldzüge setzte er alles daran, Pferde zu erbeuten. Allein in der Schweiz holten sich Napoleons Soldaten «im Vorbeigehen» einige Zehntausend Pferde. Sie räumten die Ställe der Bauern und kleinen Züchter wie auch das Klostergestüt Einsiedeln «bis auf den letzten Fohlenschwanz» aus. Napoleons Kriegszüge nach Ägypten und Syrien 1798 bis 1799 brachten zwar trotz einiger siegreicher Schlachten keinen strategischen Erfolg, doch gewannen sie der französischen Kavallerie eine große Zahl sehr guter orientalischer Pferde, für die der Feldherr eine besondere Vorliebe hatte.

Das Gestütswesen in Frankreich hatte mit der Revolution ein Ende gefunden. Wie alles, was zum Ancien Régime gehört hatte, ob gut oder schlecht, waren auch die zahlreichen königlichen Gestüte abgeschafft worden. Als Napoleon im November 1799 erster Konsul wurde, ordnete er zuerst die Wiedereröffnung von sieben Gestüten und die intensive Zucht kavallerietauglicher Reitpferde an. In den folgenden Jahren gründete er sechs weitere staatliche Gestüte, 30 Hengstdepots und drei Reitschulen. Die berühmte Kavalleriereitschule von Saumur, 1771 gegründet und mit der Revolution geschlossen, wurde allerdings erst 1815 wiedereröffnet. 1806, zwei Jahre nachdem sich Napoleon zum Kaiser gekrönt hatte, standen in den «Haras Impériaux» rund 1500 Deckhengste. Ein Teil davon waren alte, von den Bauern zurückerworbene Staatshengste, der andere Teil waren Araber aus Ägypten und Syrien.

Napoleons Beziehung zu Pferden war nie sehr persönlich. Daß er durchwegs sehr schöne Tiere ritt, mit besonderer Vorliebe Araber-Schimmelhengste, ist eher auf sein Geltungsbedürfnis als auf Vernarrtheit,

1 Auf dem Weg nach Italien gegen die Österreicher überquerte Napoleon mit seiner Italienarmee überraschend die Alpen am Großen Sankt Bernhard. Gemälde von Jacques-Louis David, 1810.

2 Nach der Niederlage der Preußen bei Jena und Auerstedt zog Napoleon am 27. Oktober 1806 durch das Brandenburger Tor in Berlin ein.

3 Napoleon heiratete am 9. März 1796 Marie-Rose Joséphine Tascher de la Pagerie, die «schöne Joséphine», Witwe des hingerichteten Generals Beauharnais.

7 Schlacht von Preußisch-Eylau gegen die Russen am 8. Februar 1807. Gemälde von J. Gross.

4 Napoleon empfängt Königin Luise in Tilsit.
V. l. n. r.: Napoleon, Zar Alexander I., Königin Luise und Friedrich Wilhelm III. Gemälde von F. L. N. Gosse.

5 Handschrift Napoleons.

6 Nach seiner Scheidung von Joséphine heiratete Napoleon am 1. April 1810 Marie-Louise von Österreich, die ihm am 30. März 1811 seinen einzigen Sohn gebar, Napoleon II., den «König von Rom».

Liebe zu den Pferden zurückzuführen. Das berühmteste Pferd des Kaisers war «Marengo», ein Vollblutaraber mit nur wenig über 140 Zentimeter Stockmaß, wie es für viele Wüstenaraber üblich ist. Marengo war eine Beute aus Abukir in Ägypten. Es wird erzählt, Napoleon habe dieses Pferd während allen seinen Feldzügen seit der Schlacht bei Marengo gegen die Österreicher geritten. Der Hengst wird deshalb auch mit «Bukephalos» Alexanders des Großen gelegentlich in einem Atemzug genannt. In der Tat ritt Napoleon seinen Marengo noch in Waterloo, in seiner letzten Schlacht im Jahre 1815. Der Hengst fiel in die Hände der Engländer, ebenso Napoleons Reisekutsche mit dem kompletten Sechsergespann. Gespann und Marengo wurden daraufhin in London ausgestellt. Die Kutschenpferde wurden in einer öffentlichen Auktion versteigert, die Kutsche kam später in Madame Tussauds Wachsfigurenkabinett, wurde aber 1925 ein Raub der Flammen, die einen großen Teil des Kabinettes zerstörten. Marengo wurde von Generalleutnant J. J. W. Angerstein gekauft, der ihn in seinem Vollblutgestüt in New Barnes aufstellte. Seine Nachkommen versuchten sich offenbar ohne großen Erfolg im Turf. Immerhin ist im Rennkalender von 1831 ein Sohn Marengos beim Frühjahrsmeeting von New Market erwähnt, doch vermochte er im Rennen keinen der ersten drei Plätze zu erringen. Marengo starb 1832 im außergewöhnlich hohen Alter von etwa 35 Jahren. Sein Skelett ist heute noch im National Army Museum in London zu sehen.

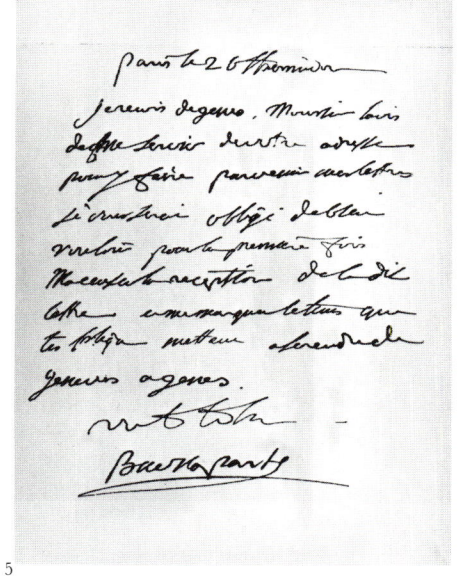

Nebst diesem legendären Hengst besaß Napoleon über 200 persönliche Reitpferde sowie eine große Zahl von Wagenpferden. Etliche davon waren Araber-Schimmelhengste aus Ägypten und Syrien. Wie Marengo waren viele nach berühmten Schlachten benannt: «Pyramid», «Jaffa», «Wagram», «Austerlitz» usw. Einen bedeutenden Einfluß auf die Zucht im Gestüt Zweibrücken, das Napoleon 1806 wiedereröffnet hatte, nahm sein Hengst «Fayoum», der 1811 das Schlachtfeld gegen die Zuchtstätte eintauschen durfte.

Von Napoleons Hengst «Vizir» wird erzählt, er habe seinen Herrn von Paris nach Moskau und wieder zurück getragen. Vielleicht trug «Vizir» den Kaiser während der wichtigsten Schlachten des Rußlandfeldzuges — auf den großen Strecken dazwischen zog Napoleon die Annehmlichkeiten des Reisewagens und im Winter des Schlittens vor.

In rund 60 Schlachten während 20 Jahren sollen mindestens 19 Schimmelhengste unter Napoleon gefallen sein, eine durchaus glaubwürdige Zahl. Die Geschichte all dieser Pferde zurückzuverfolgen ist unmöglich. Sicher ist nur, daß der Araber-Schimmelhengst ein fester Bestandteil der napoleonischen Legende geworden ist.

Die Reihe seiner Siege seit 1796 hatte Napoleon zu einer scheinbar unerschütterlichen Vormachtstellung in Europa verholfen. Erst 1808 wurde der Machtausweitung des Kaiserreiches ein Riegel vorgeschoben, als Napoleon Spanien «befreien» wollte. Gegen den religiösen Fanatismus, mit dem sich die

1791
Das Brandenburger Tor in Berlin wird vollendet.

Um 1791
Francisco José de Goya auf der Höhe seines Schaffens.

1791
Mozart stirbt, nachdem er die «Zauberflöte» geschrieben hat. Die Totenmesse «Requiem» läßt er unvollendet zurück.

1792
Sturm auf die Tuilerien und Gefangennahme des Königs von Frankreich.

1793
König Ludwig XVI. und seine Gattin Marie Antoinette auf dem Schafott hingerichtet. Hauptstadt der USA, Washington, gegründet.

1794
Abschaffung des Sklavenhandels in den französischen Kolonien. Robespierre und 21 seiner Anhänger auf der Guillotine hingerichtet.

1797
John Adams wird 2. Präsident der USA.
Kant schreibt «Metaphysik der Sitten».

1798
Joseph Haydn komponiert «Die Schöpfung».

1793—1800
Bau des Kapitols in Washington.

1799
Naturforscher Alexander von Humboldt auf Südamerika-Expedition.

Um 1800
Empirestil in Frankreich. Bett Napoleons.

1802
Chateaubriand kehrt aus Amerika nach Frankreich zurück.

1 Während des Rückzuges im winterlichen Rußland wurde Napoleons Heer immer wieder von angreifenden Donkosaken überrascht, deren Pferde über eine unverwüstliche Ausdauer zu verfügen schienen.

2 Die Tragödie an der Beresina auf dem Rückzug aus Rußland Ende November 1812, bei der die Grande Armée völlig aufgelöst wurde.

3 In der Schlacht bei Leipzig, 16. bis 19. Oktober 1813, schlugen die Verbündeten Napoleon.

Spanier wehrten, vor allem gegen ihre Partisanentätigkeit, fand er kein wirksames Mittel. Das kostete die Grande Armée rund 300 000 Mann.

In den kommenden vier Jahren konnte Napoleon erneut durch eine Reihe strategischer und diplomatischer Schachzüge seine Machtstellung festigen. Er vermochte seine Idee von der Neuordnung Europas weitgehend durchzusetzen und hatte eigentlich nur noch einen Dorn im Auge: Zar Alexander von Rußland. Um ihn gefügig zu machen, wählte Napoleon seine in bisher fast allen Fällen erfolgreiche Taktik: er wollte dem Gegner durch zwei, drei Schlachten den erforderlichen Respekt einjagen.

Für den Rußlandfeldzug verfügte Napoleon über rund 500 000 Mann, 20 000 pferdebespannte Packwagen und 1000 Kanonen. Seine Kavallerie war mit 43 000 Reitpferden ausgerüstet. Am 24. Juni 1812 begann das Heer den Njemen zu überschreiten. Ende November, nach dem Rückzug und der Flucht über die Beresina, bestand die Grande Armée noch aus 9000 kampffähigen Soldaten. Napoleons Garde war von 30 000 auf 1500 zusammengeschrumpft. Über 30 000 Reitpferde verendeten, der größte Teil an Hunger, Kälte und Erschöpfung. Von den 4000 Pferden der Garde überlebten 737. Die Zugpferde von Packwagen und Artillerie waren fast alle tot.

Die katastrophalen Verluste des Rußlandfeldzuges vermochten Napoleons Größenwahn nicht zu brechen. Am 5. Dezember 1812 war er in aller Eile in Paris eingetroffen, im Mai 1813 führte er bereits wieder zwei siegreiche Schlachten gegen die verbündeten Preußen und Russen. Allein Ostpreußen, ein blühendes Pferdezuchtland, hatte bisher durch die Napoleonischen Kriege 175 000 Pferde verloren.

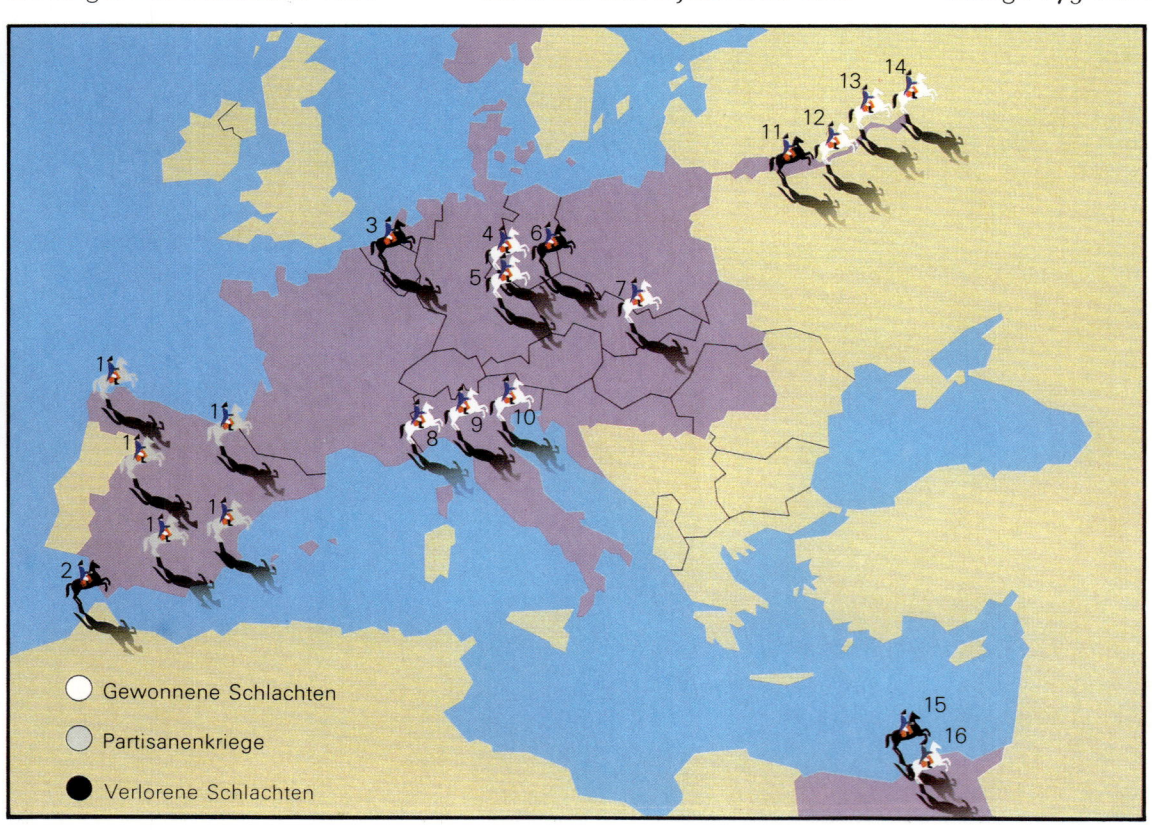

1 Spanien März bis Juli 1808
2 Seeschlacht Trafalgar 21. 10. 1805
3 Waterloo 18. 6. 1815
4 Auerstedt 8. 10. 1806
5 Jena 14. 10. 180
6 Leipzig 16. bis 19. 10. 1813
7 Austerlitz 2. 12. 1805
8 Arcole 17. 11. 17.
9 Mailand 14. 4. 1796
10 Marengo 14. 6. 1800
11 Studianka an der Beresina 28. 11. 1812
12 Smolensk 17. 8. 1812
13 Borodino 7. 9. 1812
14 Moskau 15. 9. 1812
15 Seeschlacht Abukir 1. 8. 1798
16 Kairo 30. 6. 179

○ Gewonnene Schlachten
○ Partisanenkriege
● Verlorene Schlachten

162

4 Napoleon im Kreise seiner Generäle.

der Verlauf der Schlacht gänzlich von der Kavallerie bestimmt. Um die Mittagszeit des schicksalsschweren Tages begann Napoleon seinen Angriff mit einem Sturm auf den Mont St-Jean. Drei Stunden später mußte seine Reiterei vor den erbittert kämpfenden Engländern zurückweichen. Gegen Abend ließ Napoleon erneut angreifen und erzielte anfangs Erfolge gegen die Preußen, verlor aber dann zwei Drittel seiner Leute gegen die Engländer. Inmitten dieses Desasters erschien nun auch noch Blücher mit Verstärkung bei den Engländern, und damit war das Schicksal der Franzosen besiegelt. Rund 45 000 Soldaten und drei Viertel der Pferde blieben tot oder verwundet auf dem Schlachtfeld. Knapp einen Monat später wurde Napoleon auf die Insel Sankt Helena verbannt. Dort starb er am 5. Mai 1821, 52 Jahre alt, wahrscheinlich an Magengeschwüren, vielleicht aber auch an einer Vergiftung.

Noch im Sommer desselben Jahres verbündeten sich Preußen und Russland mit England und Österreich in der Großen Koalition gegen Frankreich. Am Silvestertag desselben Jahres überschritten die Verbündeten den Rhein. Genau drei Monate später eroberten sie Paris. Eine Woche danach dankte Napoleon ab und zog sich auf die Insel Elba zurück. Im März 1815 kehrte er aber erneut nach Paris zurück und suchte noch einmal die Macht an sich zu reißen.

Napoleons letzte Schlacht, Bei Waterloo, am 18. Juni 1815, wird als letzte große Kavallerieschlacht der Geschichte bezeichnet. Unter dem Kommando des Herzogs von Wellington standen rund 13 000 Pferde, die Napoleonische Kavallerie verfügte über 16 000 Reittiere. Obschon die Engländer eine neue Errungenschaft einsetzten, nämlich Raketen, wurde

5 Die letzte Schlacht, Waterloo am 18. Juni 1815, aus der die Engländer mit Unterstützung der Preußen nach 16 Stunden siegreich hervorgingen.

6 Am 15. Juli 1815 wurde Napoleon auf die Insel St. Helena verbannt. Hier diktierte er seinem treuen General Gourgaud die Memoiren.

1803
Friedrich Hölderlin fällt in geistige Umnachtung.

1805
Schiller stirbt.

1806
Arc de Triomphe in Paris erbaut.

1809
Haydn stirbt. James Madison wird 3. Präsident der USA.

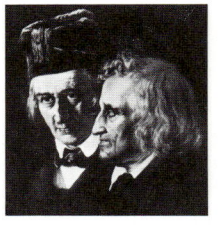

1809
Die «Kinder- und Hausmärchen» der Gebrüder Wilhelm und Jacob Grimm erscheinen. Kleist stirbt durch Selbstmord.

1810—1813
Goya schafft seine «Desastres de la Guerra», 85 Bilder über die Grausamkeit des spanischen Freiheitskrieges gegen Napoleon.

1813
Richard Wagner und Giuseppe Verdi geboren.

1814
George Stephenson baut die erste Dampflokomotive.

GLEICHZEITIGE EREIGNISSE

1499
Der florentinische Reisende Amerigo Vespucci bringt erste Karten von Amerika und nennt den Kontinent America.

1518
Hernando Cortez landet in Mexiko.

1585
Die englische Kolonie Virginia in Nordamerika wird gegründet.

1612
Neu-Amsterdam (New York) wird gegründet.

1643
Connecticut, New Haven, Plymouth und Massachusetts Bay bilden die «Vereinigten Kolonien von Neuengland.»

1664
Engländer nehmen den Holländern Neu-Amsterdam (New York) ab.

1672
Der Engländer Isaac Newton entdeckt die Brechung des Sonnenlichtes in die Spektralfarben durch das Prisma und erfindet das Spiegelteleskop.

1755 bis 1763
Englisch-französischer Kolonialkrieg in Amerika.

1776
Unabhängigkeitserklärung der 3 Kolonien durch den Kongreß von Philadelphia.

1500 bis 1900

INDIANER UND PFERDE

Angekohlte Pferdeknochen in 7000 bis 10 000 Jahre alten Lagerstätten deuten darauf hin, daß die frühen Indianer in Nordamerika noch die prähistorischen Pferde der Neuen Welt gekannt haben. Sie haben sie kaum geritten, wohl aber gejagt und gegessen, genau wie die Europäer der Eiszeit. Auf rätselhafte Weise starben diese Tiere aus, und erst Jahrtausende später, als die Spanier und danach auch andere Europäer Amerika besiedelten, kamen die Indianer wieder mit Pferden in Berührung.

Die im Norden und Osten lebenden und sich vorwiegend von Ackerbau und Fischfang ernährenden friedlichen Stämme kümmerten sich kaum um diese neuen Tiere und kamen nur zögernd oder überhaupt nicht mit ihnen in Berührung. Anders die streitbaren, jagenden und umherziehenden Prärieindianer des Westens. Vor allem von den Apachen sagt man, sie hätten sich so schnell ans Reiten gewöhnt wie junge Enten ans Wasser. Wenig später ritten auch die Navajos, die Pawnees und Komantschen. Mit der Zeit entdeckten auch einige Landbau treibende Stämme den Geschmack der Freiheit, den die Pferde brachten. Zu diesen Bauern gehörten die Schwarzfußindianer. Das Pferd machte sie zu Jägern, die bald keine Dörfer aus Holzhütten mehr bauten, sondern einmal hier, einmal dort ihre Zeltlager errichteten. Die ganze Kultur änderte sich unter dem Einfluß des Pferdes. Es wurde Transportmittel und Statussymbol, Wert- und Kultgegenstand, und wie bei verschiedenen alten Reitervölkern nahmen die Häuptlinge ihre Leibpferde mit ins Grab.

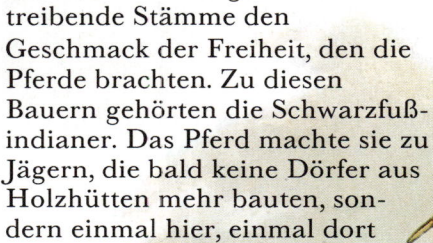

Die Prärieindianer hatten einen großen Bedarf an Pferden, denn sehr schnell entdeckten sie den Wert des Reittieres im Kampf gegen die weißen Eindringlinge und bei der Jagd auf den Bison. Unter den Büffelherden gab es bereits etwa vom 17. Jahrhundert an wildlebende Mustangs in Hülle und Fülle. Mit Lederlassos und viel Geschick fingen die Indianer von diesen Wildlingen hauptsächlich tragende Stuten, denn diese waren weniger schnell und ausdauernd, und gleichzeitig war auch noch ein Fohlen zu erwarten. Berichten zufolge wurden die Mustangs unverzüglich nach dem Einfangen, solange sie noch unter dem Schock dieses Erlebnisses standen, eingebrochen, wobei die Indianer auch hier wieder außergewöhnliches Talent zeigten. Oft schon eine

Navajo-Indianer, von H. B. Möllhausen, 1853. Die Navajos gehörten zusammen mit den Apachen zu den ersten Indianern, die sich spanische Pferde aneigneten. Die meisten Indianer ritten ausgezeichnet auch ohne Sattel, aber wenn sie einen Sattel ergattern konnten, schätzten sie doch dessen Vorteile.

Schwarzfußindianer, nach einem Bild des Schweizers Karl Bodmer (1809 bis 1893), der in Fachkreisen als bedeutendster Indianermaler gilt.

Auf dieser Sioux-Malerei ist die Schlacht am Little Big Horn, Juni 1876, dargestellt, in der Bildmitte der Siouxhäuptling Crazy Horse. Es war die einzige große erfolgreiche Schlacht der Indianer — Sioux und Cheyennes — gegen die US-Kavallerie.

Der Oglala-Sioux Kills Two, von dem dieses Bild stammt, war ein berühmter indianischer Maler.

5 Dieses Bild von Karl Bodmer zeigt den Maler selbst (ganz rechts) und seinen Begleiter Maximilian Prinz zu Wied (zweiter von rechts) bei den Mönnitarri-Indianern bei Fort Clark. Die auf dem Fell des Schimmels aufgemalten Zeichen deuten darauf hin, daß das Pferd in die kultischen Bräuche einbezogen wurde.

Stunde nach dem Fang habe man nun die für alle Zeiten gefügig gemachten Tiere ruhig wegführen können.

Doch bei aller Begabung war diese Methode, zu Reittieren zu kommen, eine strapaziöse Angelegenheit und wurde offenbar meist vermieden, wenn es andere Möglichkeiten gab. Besonders beliebt waren Überfälle auf die spanischen Haziendas im Grenzgebiet. Hier gab es immer eine Anzahl Pferde, die man ohne großen Widerstand der Haziendabesitzer mitnehmen konnte und die mindestens schon zahm, meistens auch bereits eingeritten waren. Die Kolonialregierung sorgte für Nachschub. Sie schickte an die exponierten Siedler Tausende aus Spanien eingeführte Pferde, denn nur so waren diese bereit, im gefährlichen Grenzgebiet zu bleiben.

Die Indianer waren außergewöhnlich talentierte Naturreiter, die auch in den schwierigsten Situationen auf ihren Pferden festgewachsen schienen, obschon sie meistens auf dem blanken Pferderücken oder einer festgegurteten Decke saßen. Das Züchten jedoch entsprach ihrer unsteten Mentalität offenbar nicht. Nur einen einzigen Indianerstamm scheint es gegeben zu haben, der systematisch und mit Erfolg Pferdezucht betrieb: die Nez Perce in Idaho. Wie die meisten Indianer, hatten die im Palouse Valley seßhaften Nez Perce eine Vorliebe für bunte Pferde und wählten zur Zucht Tiere mit bestimmten Fleckenmustern aus, wie sie früher unter den spanischen Pferden recht häufig waren (siehe Kapitel Pferderassen «Appaloosa»). Offensichtlich berücksichtigten sie aber bei der Selektion nicht nur die Schönheit, sondern auch Härte, Schnelligkeit, Ausdauer, Anspruchslosigkeit und Charakter, denn heute noch zeichnet sich die Appaloosarasse, die damals entstand, durch diese Eigenschaften aus. Im Jahr 1877 wurden die Nez Perce von der US-Kavallerie überwältigt, nachdem sie auf ihrer Flucht zu Pferde mit Frauen und Kindern innerhalb von elf Wochen 2500 Kilometer zurückgelegt hatten. Rund 200 Appaloosapferde fielen damals den Weißen in die Hände. Die ebenso schönen wie guten Tiere fanden in der Folge so viele Anhänger, daß ihre Rasse bis heute auf einen Bestand von rund 150 000 Exemplaren angewachsen ist.

1789 George Washington wird erster Präsident der USA, Proklamation der Verfassung.

1793 US-Hauptstadt Washington gegründet.

1797 John Adams wird Präsident der USA.

1801 Thomas Jefferson wird Präsident der USA.

1809 James Madison wird Präsident der USA.

1810 bis 1849 Frédéric Chopin.

1813 bis 1901 Giuseppe Verdi.

1817 James Monroe wird Präsident der USA.

1837 bis 1901 Königin Viktoria von England.

1845 bis 1848 Texas, Oregon, Kalifornien werden US-Bundesstaaten.

1860 Abraham Lincoln wird Präsident der USA.

1866 Andrew Johnson, US-Präsident, hebt die Sklaverei auf.

1897 William MacKinley wird Präsident der USA.

165

GLEICHZEITIGE EREIGNISSE

1791
Wolfgang Amadeus Mozart stirbt.

1804
Der deutsche Philosoph Immanuel Kant stirbt.

1809
Der Komponist Joseph Haydn stirbt.

1812
Der englische Dichter Charles Dickens geboren.

1813
Richard Wagner geboren.

1827
Heinrich Heine schreibt das «Buch der Lieder».

1830
Honoré de Balzac schreibt «Die menschliche Komödie».

1832
Johann Wolfgang von Goethe stirbt.

1849
Edgar Allan Poe stirbt.

1854
Florence Nightingale, englische Krankenschwester, begründet den Kriegssamariterdienst. Gottfried Keller schreibt den «Grünen Heinrich».

1855
D. E. Hughes erfindet den Drucktelegraphen. Weltausstellung in Paris.

1776 bis 1900

DIE US-KAVALLERIE

Die legendäre US-Kavallerie, in weit mehr Filmen verherrlicht als jede andere militärische Einheit aller Zeiten, war nie eine Kavallerie im europäischen Sinn, die mit blanker Waffe Attacken ritt. Zum Grasabschneiden und Holzhacken mochte der Säbel nützlich sein, und Kommandanten benützten ihn, um damit der Mannschaft Zeichen zu geben. Beim Angriff jedoch zog man den Säbel erst in aussichtsloser Lage. Es war sicherer, in einiger Entfernung von der gegnerischen Linie den Sattel zu verlassen und auf den Feind zu schießen, als ihn vom Pferd aus aufspießen zu wollen, wie es in Europa noch lange nach Erfindung der Handfeuerwaffen üblich war. Damit soll jedoch der Ruhm der US-Kavallerie keineswegs geschmälert werden.

Im Unabhängigkeitskrieg (1775 bis 1783), in der Gründungszeit der USA, spielte die Reiterei nur eine untergeordnete Rolle, obschon die großen Distanzen in Nordamerika geradezu nach Pferdesoldaten schrien. George Washington war mit Leib und Seele Infanterist. Er setzte nur eine verhältnismäßig kleine Zahl berittener Soldaten ein, hauptsächlich für Aufklärungs- und Kurierdienste. Manche Kommandanten benützten die ihnen zur Verfügung gestellten Pferde nur für größere Standortwechsel der Truppe, nicht aber für Angriffe. Allerdings fehlte auch die Kavallerieausbildung fast völlig. In Connecticut gab es eine Kavallerietruppe nach europäischem Muster, die Connecticut Light Horses. Sie war größtenteils aus wohlhabenden Bevölkerungsschichten rekrutiert und fühlte sich weit erhaben über das Fußvolk. Nach ihren schneidigen Exerzierübungen überließen sie Stallarbeit und Wachdienst den Infanteristen und suchten das Abenteuer in weiblicher Gesellschaft. Sie gaben indessen in Washingtons Hauptquartier nur eine kurze Vorstellung und wurden dann wieder nach Connecticut geschickt, ohne viel für die Unabhängigkeit der USA getan zu haben.

Im Amerikanisch-Mexikanischen Krieg (1846 bis 1848), in dem die USA von den weit unter-

1 Die letzte Phase der Schlacht am Little Big Horn, bei der die US-Kavallerie eine blutige Niederlage gegen die Indianer erlitt und General Custer fiel (25. Juni 1876). Malerei des Oglala-Sioux Amos Bad Heart Bull.

2 Die Niederlage der Unionstruppen im ersten Jahr des Bürgerkrieges (1861) am Bull Run südwestlich von Washington gegen die größtenteils auf Kentucky Saddle Horses ausgezeichnet berittenen Südstaatler.

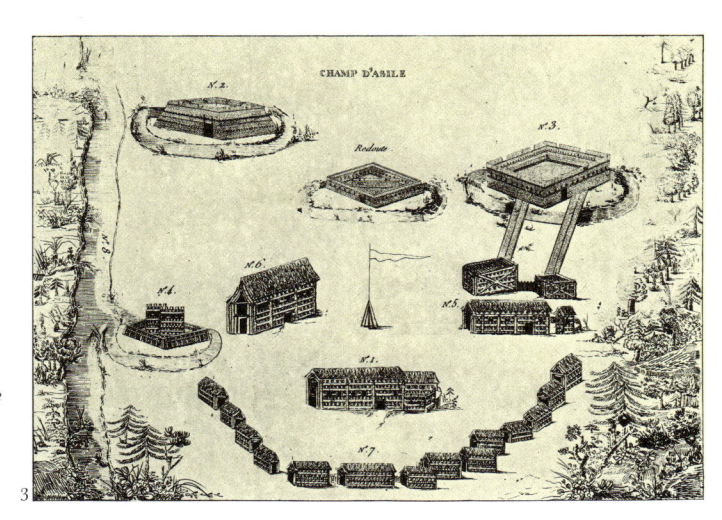

Im Jahre 1818 bauten französische Bonapartisten am Trinity-River im damals noch mexikanischen Texas die Kolonie Champs-d'Asile, mußten diese aber trotz der Verteidigungsanlagen nach einem Jahr aufgeben.

4 Gemälde von Betsy Ross aus dem Jahre 1776, dem Geburtsjahr der USA und der US-Kavallerie.

gegenen Mexikanern mit Neumexiko und Texas ein riesiges Landgebiet erbeuteten, spielte die Kavallerie bereits eine bedeutend wichtigere Rolle. Obschon die USA seit dem Unabhängigkeitskrieg keine größere Auseinandersetzung zu bestehen hatten, waren die berittenen Truppen vergrößert und verbessert worden, vor allem, um die Indianer in Schach zu halten. Um 1837 gab es östlich des Mississippi noch etwa 50 000 Indianer, und ihr Lebensraum und ihre Rechte wurden ständig eingeschränkt. Etwa die gleiche Zahl Indianer war bereits über den Mississippi in die riesigen Ebenen des Westens gezogen, wo etwa 230 000 Prärieindianer lebten. Von etwa einem Dutzend vorgeschobener Stützpunkte aus kontrollierten vornehmlich Dragoner die Indianer. Aber über eine erstaunlich lange Zeit hinweg kam es zu keinen schwereren Zwischenfällen, weil die Indianer den Versprechungen der weißen Vermittler immer wieder Glauben schenkten.

Als der Bürgerkrieg (1861 bis 1865) ausbrach, war die Glanzzeit der Kavallerie in Europa bereits vorbei. Auch in den USA wollten zahlreiche hohe Militärs und Politiker die Reiterei drastisch reduzieren und nur noch für Kurier- und Aufklärungsdienste eingesetzt sehen. Dennoch wurden im Norden während des Bürgerkrieges neben 2144 Infanterieregimentern 272 Kavallerieregimenter aufgestellt, während der Süden über 642 Infanterie- und 137 Kavallerieregimenter verfügte. An vielen der insgesamt über 10 000 Auseinandersetzungen während dieses Krieges hatten die Kavalleristen bedeutenden Anteil.

In der US-Kavallerie wurden Pferde verschiedenster Abstammung, darunter viele gezähmte Mustangs, geritten. Aber schon früh war es eine Rasse, die ganz besonders bevorzugt wurde: das Saddle Horse. Während der Kolonialzeit in Kentucky und Virginia entstanden, gab es zur Zeit des Bürgerkrieges schon so viele Tiere dieser Rasse, daß ein großer Teil der Südstaaten-Kavalleristen damit ausgerüstet werden konnte und daher hervorragend beritten war. Aber der Norden hatte eine Antwort darauf: das Morgan Horse, ein kleines, aber sehr schnelles, hartes und ausdauerndes Pferd. Und manche Experten sagen, das Morgan Horse habe entscheidend am Sieg der Unionstruppen mitgewirkt.

Das Ende des Bürgerkrieges führte zur endgültigen Besiedlung des Westens und damit zum schwärzesten Kapitel in der Geschichte der USA: den Indianerkriegen. Trotz ihrer großen Überzahl und obschon die meisten unvergleichliche Reiter und gefährlich Kämpfer auf äußerst harten Ponys waren, hatten die Indianer auf die Dauer keine Chance, ihr Land erfolgreich gegen die Weißen zu verteidigen. Schuld daran war, daß zwischen den einzelnen Stämmen so gut wie keine Verbindung bestand. Weniger als fünfzig Jahre nach dem Bürgerkrieg gab es keinen einzigen wirklich freien Indianer mehr. Bei der endgültigen Eroberung des Westens war die US-Kavallerie das entscheidende Instrument einer völlig skrupellosen Zivilisierungspolitik. Die wenigsten Soldaten und Offiziere waren fähig, die Situation zu durchschauen, und fügten sich ahnungslos der Order aus Washington.

1859
Der englische Naturforscher Charles Darwin veröffentlicht seine revolutionäre Evolutionstheorie. Der deutsche Naturforscher Alexander von Humboldt stirbt.

1860
Der deutsche Philosoph Arthur Schopenhauer stirbt.

1862
Der US-Präsident Abraham Lincoln setzt sich beim Kongreß für die Freiheit der Neger ein.

1867
F. M. Dostojewskij schreibt «Schuld und Sühne». Karl Marx schreibt «Das Kapital».

1875
Der dänische Dichter H. C. Andersen stirbt.

1876
Mark Twain schreibt «Tom Sawyer».

1879
Der Russe Nikolai Przewalski entdeckt das Przewalskipferd.

1893 bis 1896
Nordpolexpedition von Fridtjof Nansen.

1901
W. C. Röntgen erhält den Nobelpreis für die Entdeckung der Röntgenstrahlen.

167

GLEICHZEITIGE EREIGNISSE

1867
Fedor M. Dostojewskij verfaßt «Schuld und Sühne».

1869
Suezkanal eröffnet.

1879
Nikolai Przewalski entdeckt das Przewalskipferd.
Charles Dickens stirbt.
Alexander Dumas stirbt.

1870–1871
Deutsch-Französischer Krieg.
Gründung des Kleindeutschen Reiches.

1875
Georges Bizet führt «Carmen» auf und stirbt.
Hans Christian Andersen stirbt.

1877
T. A. Edison erfindet den Phonographen.

1879
Peter J. Tschaikowskij schreibt «Eugen Onegin».

1883
Karl Marx stirbt.

1867–1890

DIE GROSSEN VIEHTRECKS

Der Spanier Villalobes brachte im Jahre 1523 die ersten acht Rinder in die Neue Welt, um in Mexiko damit eine Farm zu gründen. Er hatte damit großen Erfolg. Siebzehn Jahre später führte de Coronado auf seiner Expedition zu den sagenhaften «Sieben Goldenen Städten» (die er nie finden sollte) 300 Stück Vieh als lebenden Fleischvorrat mit. Im Hochland des mexikanischen Nordens geriet die Gesellschaft in ein fürchterliches Unwetter, das unter den Rindern eine panikartige Stampede verursachte. Coronados Leute konnten nur einen kleinen Teil des Viehs wiederfinden, der Rest verwilderte.

300 Jahre später wurde die Zahl der wildlebenden Rinder in Texas auf fünf Millionen geschätzt. Um 1850 kamen auf jeden Texaner etwa sechs Rinder, die man bei Bedarf einfach einfangen konnte. Niemand brauchte zu hungern, nur ließ sich der Fleischsegen schwer in bare Münze umsetzen. Der Wert eines schlachtreifen Rindes betrug um drei Dollar, während die Städter an der Ostküste und die hungrigen Goldgräber in Kalifornien 60 bis 80 Dollar dafür bezahlten.

Die Folgerung ergab sich: wenn man Geld machen wollte, mußte man das Vieh dorthin bringen, wo es Mangelware war. Schon zwischen 1850 und 1860 wurden kleine Herden von berittenen Hirten, den ersten «Cowboys», an den Mississippi zum Schiffsverlad und sogar bis Kalifornien getrieben. Die Verluste unterwegs waren hoch, der Profit nicht nennenswert.

Die eigentliche Ära des Cowboys und damit eines der faszinierendsten Kapitel in der Geschichte der USA begann 1866 mit den ersten großen Trecks. Über 250 000 Stück Longhorn-Rinder wurden vom texanischen Süden über den Red River nordwärts getrieben, zum Teil über Strecken von 2000 Kilometern. Bereits 1877 gründete Joe G. McCoy in einer unbesiedelten,

1 Nichts fürchtete der Cowboy so sehr wie eine Stampede. Ein Donnergrollen, Kojotengeheul oder sogar ein Pferdegewieher konnte zur panischen Flucht der halbwilden Longhorn-Rinder führen. Die Herde wieder zur Ruhe zu bringen war für Pferd und Reiter lebensgefährlich und konnte Tage beanspruchen.

2 Das Absondern und Einfangen einzelner Rinder erforderte vom Cowboy Können und vom Pferd aktive Mitarbeit.

3 Die wichtigsten Trails, die von Texas nach Norden in die Cattle Towns an den Bahnstationen führten.

Bundesstaaten
1 California
2 Nevada
3 Oregon
4 Idaho
5 Washington
6 Montana
7 Wyoming
8 North Dakota
9 South Dakota
10 Nebraska
11 Kansas
12 Arizona
13 New Mexico
14 Utah
15 Colorado
16 Oklahoma
17 Texas
18 Arkansas
19 Louisiana
20 Missouri
21 Minnesota
22 Iowa
23 Illinois
24 Wisconsin

Trails
25 Nelson Story Trail
26 Goodnight-Loving Trail
27 Western Trail
28 Chisholm Trail
29 Shawnee Trail

Ortschaften
30 Stanford
31 Virginia City
32 Fort Kearney
33 Buffalo
34 Casper
35 Fort Laramie
36 Cheyenne
37 Fort Leavenworth
38 Chicago
39 Kansas City
40 Sedalia
41 St. Louis
42 Denver
43 Hayes
44 Ellsworth
45 Abilene
46 Dodge City
47 Newton
48 San Francisco
49 Santa Fé
50 Fort Sumner
51 Lincoln
52 Fort Becknap
53 Fort Worth
54 Dallas
55 San Antonio
56 Houston

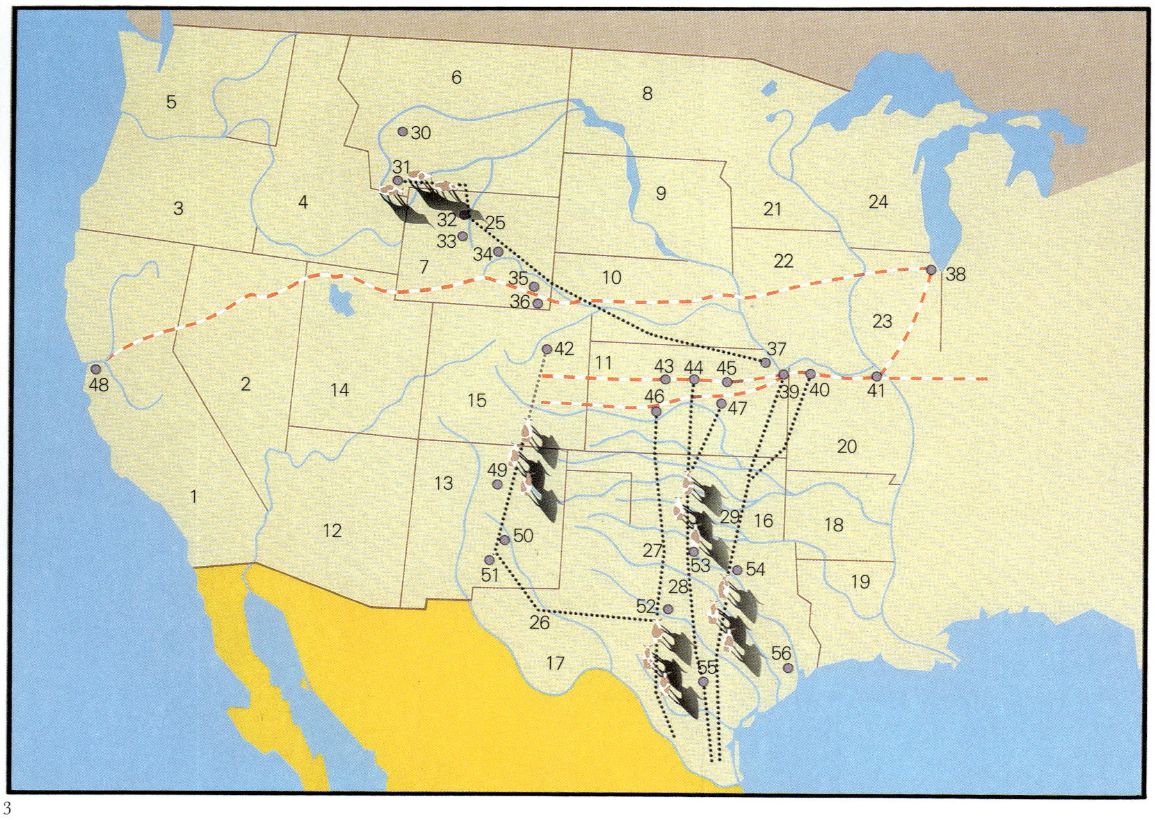

4 Viehbrände aus Texas. Das eingebrannte Zeichen des Viehbesitzers war ein ebenso einfaches wie wirksames Mittel zur Identifizierung der Tiere, deren Herden sich in der ungezäunten «Open Range» oft vermischten.

5 Als stacheldrahtumzäunte Weiden eingeführt wurden, ergaben sich blutige Auseinandersetzungen zwischen den Viehzüchtern.

gras- und wasserreichen Gegend von Kansas Abilene, die erste und berühmteste aller Cattle Towns — Viehstädte. Um den Weitertransport des Viehs von hier aus zu sichern, hatte McCoy mit der Hannibal- und St.-Jo-Eisenbahngesellschaft Verträge abgeschlossen. Noch im selben Jahr wurden 35 000 Rinder aus Texas über den Abilene Trail getrieben.

Mit dem Weiterbau der Bahn nach Westen entstanden neue Routen, auf denen die Cowboys das Vieh der texanischen «Viehkönige» nach Norden und Nordwesten trieben, Chrisholm Trail, Panhandle Trail usw.

Die Arbeit des Cowboys, der bald zur romantischen Heldenfigur, zum Symbol des amerikanischen Westens glorifiziert wurde, war in Wirklichkeit ein äußerst harter und nicht selten lebensgefährlicher Job. Die Herden, gelegentlich über 2000 Tiere, waren monatelang in einer meistens sehr rauhen Landschaft unterwegs. Bis zu 20 Stunden am Tag saßen die Leute im Sattel, wochenlang in denselben Kleidern, bei jedem Wetter Tag und Nacht im Freien. Überfälle von Indianern und vor allem von berufsmäßigen Viehräubern waren nicht selten, und oft genug entschied nicht nur die schnellere Revolverhand, sondern auch das schnellere Pferd über Leben und Tod. Es ist kein Wunder, daß gerade hier Pferderassen entstanden sind, die zu den widerstandsfähigsten und ausdauerndsten überhaupt gehören. Die Zeit der großen Trecks ist um 1890 zu Ende gegangen, die Pferde jedoch sind bis heute unentbehrlich geblieben.

1883
Richard Wagner stirbt.

Um 1885
Blüte des französischen Impressionismus: Degas, Manet, Monet, Renoir.

1886
Gottlieb Daimler, Erfinder des Verbrennungsmotors, baut das erste Auto.

1887—1889
Der Eiffelturm wird gebaut.

1887
«Othello» von Verdi uraufgeführt.

1887
Wilhelm Busch veröffentlicht den «Humoristischen Hausschatz».

1888
Friedrich Nietzsche schreibt «Ecce homo».

1890
Emil von Behring entdeckt das Diphtherieserum.

Gleichzeitige Ereignisse

1914
Franz Marc vollendet das Bild «Turm der Blauen Pferde». Marc fällt 1916.

1914
Mahatma Gandhi beginnt den gewaltlosen Widerstand gegen die Briten zur Befreiung Indiens.

F. Sauerbruch erfindet bewegliche Prothesen.

1917
Graf Zeppelin stirbt.

1918
C. G. Jung veröffentlicht sein Hauptwerk über die Psychoanalyse. Der Komponist Claude Debussy stirbt. Igor Strawinsky schreibt «Die Geschichte vom Soldaten». Max Planck erhält den Nobelpreis für Physik.

1939
Der Psychoanalytiker Sigmund Freud stirbt.

1939
John Steinbeck schreibt «Früchte des Zorns».

1914 bis 1918, 1939 bis 1945
Pferde in den zwei Weltkriegen

Bereits mit der Erfindung des Schießpulvers begann sich das Ende des Kavalleriepferdes abzuzeichnen. War bis dahin die Reiterei dem Fußvolk weit überlegen, so konnten jetzt gute Schützen durchaus eine Kavallerieattacke abwehren, denn für Gewehre waren Pferde große, sehr verletzliche Ziele. Dennoch spielten Pferde sogar noch in den Kriegen unseres Jahrhunderts eine weit größere Rolle, als man annehmen möchte. So waren beispielsweise allein im südafrikanischen Burenkrieg von 1899 bis 1902 über 500 000 Pferde im Einsatz. Keine 150 000 überlebten diesen Krieg.

Unmittelbar nach der Jahrhundertwende machte die Technisierung der Armeen riesige Fortschritte. Transportmittel wurden motorisiert, das automatische Maschinengewehr wurde zur verheerenden Waffe der Infanterie. Nur einige wenige, dem traditionellen Geist der Kavallerie verhaftete Offiziere ließen zu Beginn des Ersten Weltkrieges noch Attacken mit dem blanken Säbel reiten. Ansonsten aber wurde der Kavallerist zum Dragoner, zum berittenen Infanteristen, der sein Pferd zur raschen Standortverlegung und kaum mehr zum Angriff brauchte. Dennoch waren im Jahre 1916, als die ersten Panzer wahres Entsetzen verbreiteten, an allen Fronten noch rund eine Million Reitpferde im Einsatz, mehr als je zuvor in einem Krieg. Darüber hinaus wurden noch Zugpferde in großer Zahl gebraucht. Alle Kanonen beispielsweise wurden noch von Pferden gezogen, die leichteren von je sechs, die schwereren von

1 August 1914: Aus Berlin ausrückende Dragoner.

2 Britische Truppen transportieren Artilleriemunition auf der Straße Ypern – Menin in Belgien während der Schlachten bei Ypern im September 1917.

3 Für Verwundetentransporte in unwegsamem Gelände waren Maultiere unschätzbare Helfer.

4 Gegen Gas als neue entsetzliche Waffe konnten auch die Pferde einigermaßen durch Gasmasken geschützt werden.

5 Der größere Teil der Pferde starb nicht durch Verwundungen, sondern durch Erschöpfung, Hunger, Kälte, Krankheiten oder Parasiten. Nur selten hatte ein Pferd das Glück, wie hier durch ein spezielles Dampfbad von Hautparasiten befreit zu werden.

6 Das gab es auch für Pferde: Tarnanstriche.

7 An der Ostfront: Die deutsche Wehrmacht war nur angeblich voll motorisiert. Nicht weniger als 2,75 Millionen Pferde schickte Hitler in den Krieg.

8 Vor allem Zugpferde waren völlig wehrlos gegen die moderne Kriegstechnik. Das Bild zeigt französische Artilleriepferde nach einem deutschen Angriff.

acht bis zwölf Tieren. Die deutsche Armee hatte im Ersten Weltkrieg insgesamt 1,4 Millionen Pferde aufgeboten. Allein die Engländer verloren während dieses Krieges 256 000 Pferde. Noch weit höher wäre diese Zahl ohne die revolutionäre tierärztliche Organisation der Briten gewesen. Die Engländer hatten sogar Ambulanzfahrzeuge für Pferde, große, von zwei Tieren im Tandem gezogene Zweiradwagen. In den britischen Feldlazaretten für Pferde in Frankreich wurden während der vier Kriegsjahre über 2,5 Millionen Pferde und Maultiere behandelt, 78 Prozent davon wurden geheilt.

Es ist allgemein bekannt, daß bei den Osteuropäern die Pferde noch im Zweiten Weltkrieg eine große Rolle spielten. Der «Don-Quijote-Angriff» polnischer Dragoner gegen deutsche Panzer wurde zur Legende. Die Panzer der Russen waren stets von berittenen Einheiten begleitet, und insgesamt hatte die Rote Armee über 3,5 Millionen Pferde im Einsatz. Doch auch Hitlers Behauptung von einer vollmotorisierten Wehrmacht, die er dem deutschen Volk servierte, waren falsch: Nicht weniger als 2,75 Millionen Pferde zogen für Führer und Vaterland in den Krieg. Und nicht nur für die Menschen, sondern auch für die Pferde wurde der Zweite Weltkrieg zur entsetzlichsten Tragödie. Sie waren der modernen Kriegstechnik völlig hilflos ausgeliefert. Während des rund 2050 Tage dauernden Krieges kamen im Durchschnitt täglich 865 Pferde der deutschen Wehrmacht um. Allein die Schlacht um Stalingrad kostete auf deutscher Seite rund 52 000 Pferden das Leben. Eine etwa gleich große Zahl von Pferden wurde auf Befehl des Hauptquartiers von deutschen Soldaten erschossen, bevor diese nach hoffnungslosem Abwehrkampf im Frühjahr 1944 endlich die Halbinsel Krim räumen durften.

1940
Paul Klee stirbt.

1940
Ernest Hemingway schreibt «Wem die Stunde schlägt».

1940
Die schwedische Dichterin Selma Lagerlöf (Nobelpreis 1909) stirbt.

1941
Bert Brecht schreibt «Mutter Courage».

1942
Stefan Zweig begeht Selbstmord.

1943
Jean-Paul Sartre schreibt «Die Fliegen». Hermann Hesse schreibt «Das Glasperlenspiel». Der russische Komponist Sergej Rachmaninow stirbt.

1944
Der Pferdemaler Hans Bendel arbeitet an seinen Studien zur Anatomie des Pferdes.

Antoine de St-Exupéry, Autor von «Der kleine Prinz», französischer Militärflieger, wird abgeschossen.

1 Spielzeugpferd, England, holzgeschnitzt, bemalt, auf Eisenrädern, 2. Hälfte 19. Jh.

2 Barock-Schaukelpferd, Schweiz, holzgeschnitzt, bemalt, um 1800.

3 Karussellpferd, Wien, holzgeschnitzt, bemalt um 1900.

4 Schaukelpferd, England, auf Standschaukel montiert, holzgeschnitzt, bemalt, Sattel und Zaumzeug aus Leder, 1. Hälfte 19. Jh.

5 Schaukelpferd, Schweiz, holzgeschnitzt, bemalt, 2. Hälfte 19. Jh.

6 Spielzeugpferd, Süddeutschland, holzgeschnitzt, bemalt, 2. Hälfte 19. Jh.

7 Schaukelpferd, Schweiz, holzgeschnitzt, bemalt, 2. Hälfte 19. Jh.

8 Barock-Schaukelpferd, Schweiz, holzgeschnitzt, bemalt, um 1800.

9 Barock-Schaukelpferd, Schweiz, holzgeschnitzt, bemalt, um 1800.

10 Spielzeugpferd, Schweiz, holzgeschnitzt, bemalt, um 1920.

11 Spielzeugpferdchen, Schweiz, holzgeschnitzt, bemalt, auf Eisenrädern, um 1940.

12 Barock-Spielzeugpferd, Österreich, holzgeschnitzt, bemalt, um 1800.

13 Barock-Spielzeugpferd, Österreich, holzgeschnitzt, bemalt, um 1800.

14 Spielzeugpferd, Schweiz, holzgeschnitzt, um 1900.

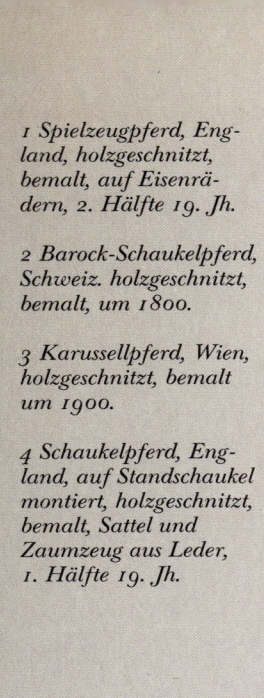

SPIELZEUGPFERDE

Seit Jahrhunderten lassen sie Kinderherzen höher schlagen. Liebevoll wurden sie gestaltet und hergestellt, vom Großvater und vom Vater, von Spielzeugschnitzern und Handwerkern, die dabei nicht selten große künstlerische Begabung bewiesen. Heute sind sie begehrte Sammlerobjekte.

Der Sattel im Laufe der Jahrhunderte

In einem 18 Meter hohen Grabhügel bei Certomlyk am Dnjepr fand man eine Vase, deren Dekoration auch ein gesatteltes Pferd zeigt. Der Sattel ist mit einem Brustgurt befestigt, und an der Sattelseite hängt lose ein Riemen hinunter, der offenbar in einer Lederschlaufe endet. Der Grabhügel ist um 300 v. Chr. entstanden, und damit handelt es sich hierbei wahrscheinlich um die älteste bekannte Darstellung eines Sattels mit Steigbügeln. Gut zweieinhalb Jahrtausende hat es also gedauert, bis der Mensch diese ebenso simple wie geniale Erfindung machte, die seine Sitzsicherheit auf dem Pferderücken ganz enorm erhöhte.

Schon viel früher hatten die Noblen Decken, meist kostbare Arbeiten, auf ihre Pferde legen lassen, um weicher und vom Pferdeschweiß unberührt zu sitzen. Diese rutschende Unterlage war aber weniger sicher, bis man, wahrscheinlich erstmals bei den Assyrern, die Decken mit Bauch- und Brustgurten fixierte. Die Soldaten des Perserkönigs Darius saßen auf solchen Decken und wurden deswegen von ihren griechischen Gegnern als «weichärsig» verspottet. Im übrigen aber kämpften noch zur Zeit der Römer viele Soldaten auf blanken Pferderücken, obschon die Sattlerkunst inzwischen erhebliche Neuerungen erfahren hatte.

Die Skythensättel hatten zwar schon einige Jahrhunderte vor Christi Geburt Steigbügel, bestanden aber ansonsten lediglich aus einigen aufeinandergenähten Lederstücken. Doch waren es anscheinend wiederum die Skythen, die den ebenfalls sehr wichtigen Sattelbaum erfanden. Dieser bestand zuerst aus zwei lederbezogenen, der Form des Pferderückens angepaßten Brettchen, die beiden Seiten des Rückgrates anlagen. Wurde dieses Gebilde mit einem Bauchgurt festgezurrt, konnte es kaum mehr seitlich verrutschen — ein wesentlicher Fortschritt. Offenbar verschwand dann wieder das Holz für längere Zeit aus dem Sattel und wurde durch zwei längliche, flache, mit Roßhaar vollgestopfte Lederkissen ersetzt, die mit dem eigentlichen Sattelleder vernäht waren. Diese recht gute Sattelbasis wurde vor allem in Südrußland Jahrhunderte hindurch verwendet.

Früher oder später hielt dann der Sattelbaum aus Holz bei allen Reitervölkern Einzug. Er ermöglichte auch eine feste, solide Erhöhung des vorderen Sattelendes und des hinteren Sattelrandes, wie sie nun allgemein beliebt wurde. Diese Aufbauten erhöhten ganz bedeutend den Halt des Reiters. Es ist daher nicht verwunderlich, daß sie bei den mittelalterlichen Rittersätteln in ausgeprägter Form gefertigt wurden, denn ein Lanzenkämpfer konnte nicht tief genug im Sattel sitzen.

Ihre größte Blüte erlebte die Sattlerkunst in der Barockzeit. Dem Geschmack jener Zeit entsprechend entstanden wahre Prunkgebilde, an denen allerdings die Reiter sicherlich oft mehr Freude hatten als die Pferde.

Der heute in Europa und international im Pferdesport verbreitete, als «Englischer» bekannte Sattel entstand um 1600 in England als Jagdsattel, doch hatte er damals noch eine etwa doppelt so große Auflagefläche. Dieser Sattel war eine von Grund auf neue Konstruktion, die dann für verschiedene Sportarten modifiziert wurde. Der Westernsattel hingegen, der vor allem in Amerika gebräuchlich ist, sich aber dank der Freizeitreiterei in manchen Ländern wachsender Beliebtheit erfreut, entstand in seiner heutigen Form vor etwa 200 Jahren in Kalifornien und ist im Prinzip ein für die Rinderarbeit abgeänderter Rittersattel.

Links: Tafel XI aus L'Art du Bourrelier et du Sellier. Außer einem gesattelten und gezäumten Pferd sind verschiedene Sättel aus der Zeit um 1750 zu sehen: 2 Stechsattel, 3 Flachsattel, 4 Damensattel, 5 Englischer Sattel, 6 Postsattel, I, II, III und IV älteres Modell eines Stechsattels.

Rechts: Als persisch bezeichneter, möglicherweise aus dem Kaukasus oder Südturkestan stammender Sattel.

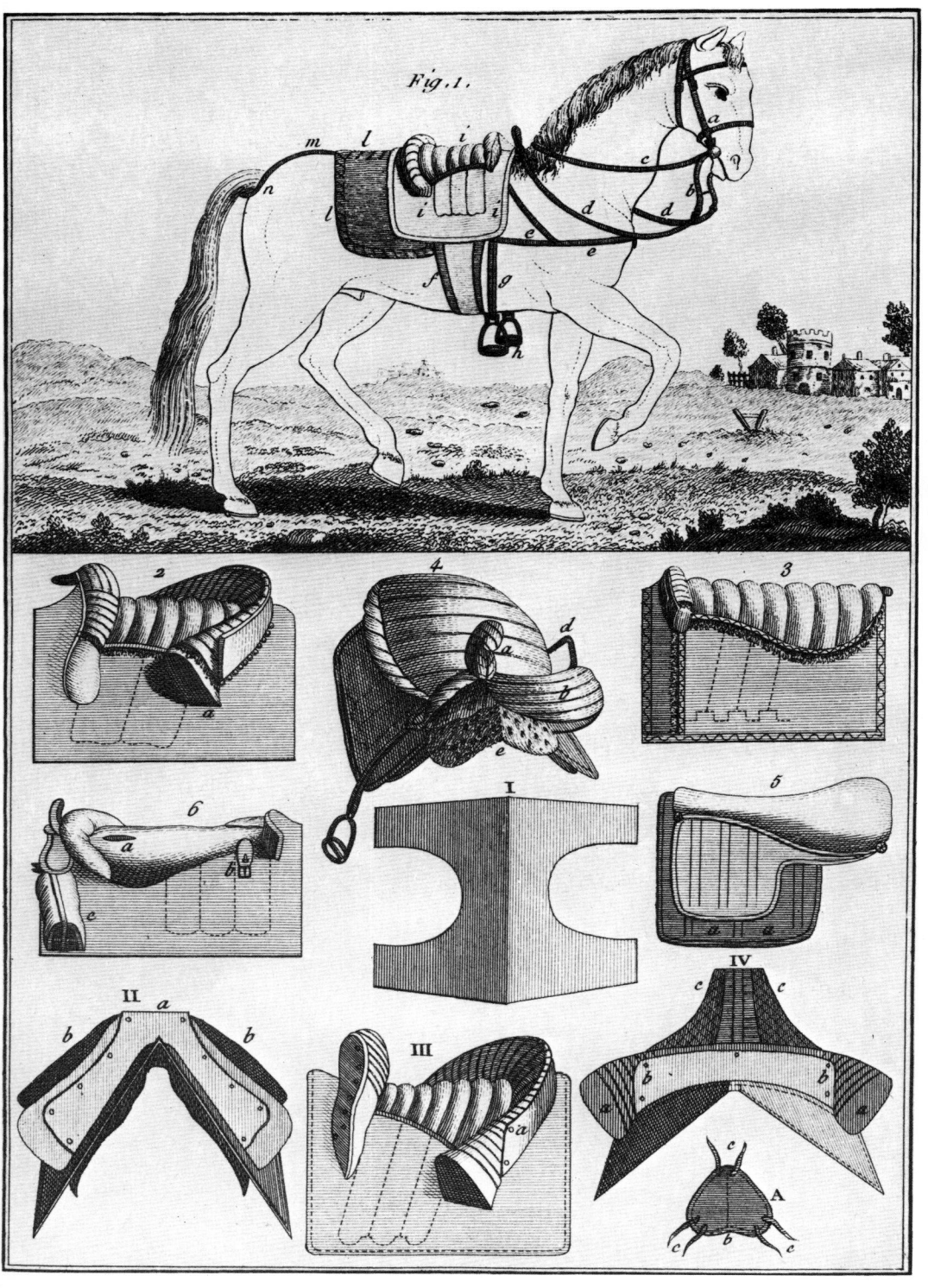

175

Französischer
Rittersattel,
8. Jahrhundert.

Französischer
Rittersattel, um 1000.

Spanischer Sattel,
um 1540,
Variante der damaligen
Rittersättel.

Englischer Sattel, um 1750.

Englischer Offizierssattel,
um 1770, mit nicht mehr auf-,
sondern eingebautem
Hinterzwiesel.

Arabischer Sattel,
18. Jahrhundert.

Sattel aus Niger,
Anfang 20. Jahrhundert,
aus bemaltem Leder.

Turkmenischer
Kosakensattel, Ende
19. Jahrhundert.

Mongolensattel, etwa
4. Jahrhundert. Dieser
Holzunterbau soll mit
dickem Filz bezogen gewesen
sein.

Französischer Damensattel,
Mitte 18. Jahrhundert.

Englischer Damensattel,
sogenannter Hornsattel,
um 1890.

Moderner französischer
Danloux-Springsattel.

176

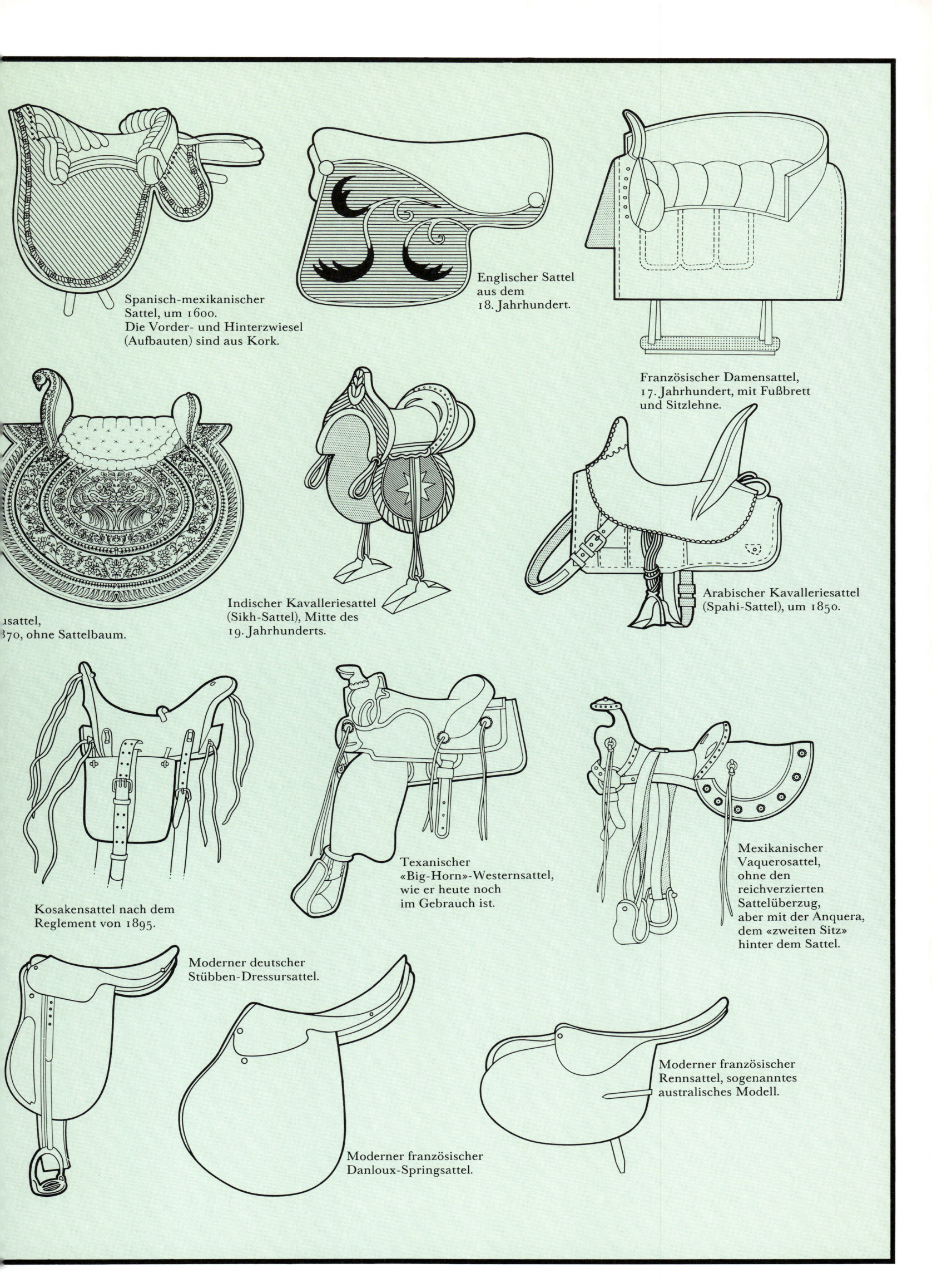

Spanisch-mexikanischer Sattel, um 1600. Die Vorder- und Hinterzwiesel (Aufbauten) sind aus Kork.

Englischer Sattel aus dem 18. Jahrhundert.

Französischer Damensattel, 17. Jahrhundert, mit Fußbrett und Sitzlehne.

Indischer Kavalleriesattel (Sikh-Sattel), Mitte des 19. Jahrhunderts.

Arabischer Kavalleriesattel (Spahi-Sattel), um 1850.

...sattel, ...70, ohne Sattelbaum.

Kosakensattel nach dem Reglement von 1895.

Texanischer «Big-Horn»-Westernsattel, wie er heute noch im Gebrauch ist.

Mexikanischer Vaquerosattel, ohne den reichverzierten Sattelüberzug, aber mit der Anquera, dem «zweiten Sitz» hinter dem Sattel.

Moderner deutscher Stübben-Dressursattel.

Moderner französischer Danloux-Springsattel.

Moderner französischer Rennsattel, sogenanntes australisches Modell.

Vom Hufbeschlag

In der Grabkammer des Merowingers Chilperich I., Frankenkönig von 561 bis 584, wurde ein Nagelhufeisen gefunden. Dieses Objekt legt die Vermutung nahe, daß es zu jener Zeit Hufeisen gab, die mit Nägeln an Pferdehufen befestigt wurden. Als sicherer Beweis kann dieses Eisen allerdings kaum gelten, denn es gibt keine brauchbaren Nachrichten mehr über Nagelhufeisen bis in die Zeit

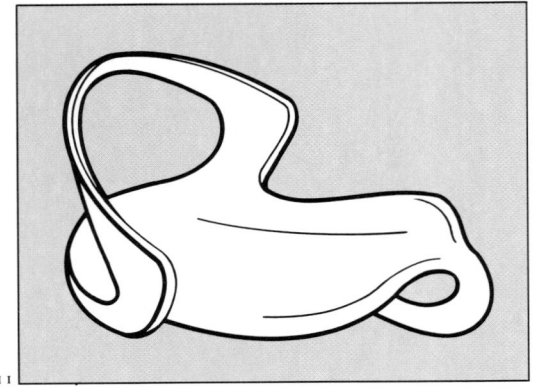

11 bis 13 Hätten die Kelten schon das Hufeisen gekannt, wie oft vermutet wird, so wäre diese Erfindung wahrscheinlich von den Römern übernommen worden. Stattdessen schmiedeten sie Hufschützer, die mit Lederriemen an den Hufen befestigt wurden und als «römische Hipposandalen» bekannt sind.

28 Ambosse

29 Werkzeuge des Hufschmiedes.

30 Der Schmied an der Arbeit.

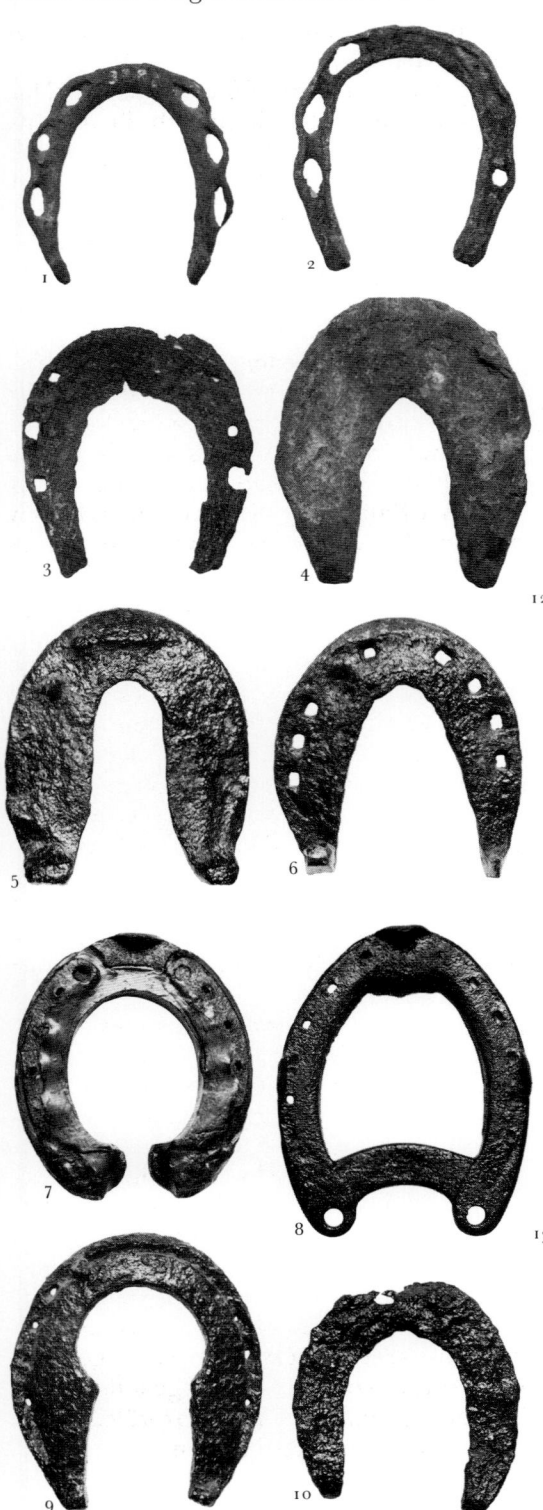

1 und 2 Oft als «Kelteneisen» bezeichnete Wellenhufeisen. Diese wohl älteste Form von Nagelhufeisen stammt aber wahrscheinlich nicht von den Kelten, sondern ist kaum viel älter als tausend Jahre.

3 bis 10 Verschiedene Formen von Hufeisen, wie sie etwa vom 12. bis ins 19. Jahrhundert gebräuchlich waren.

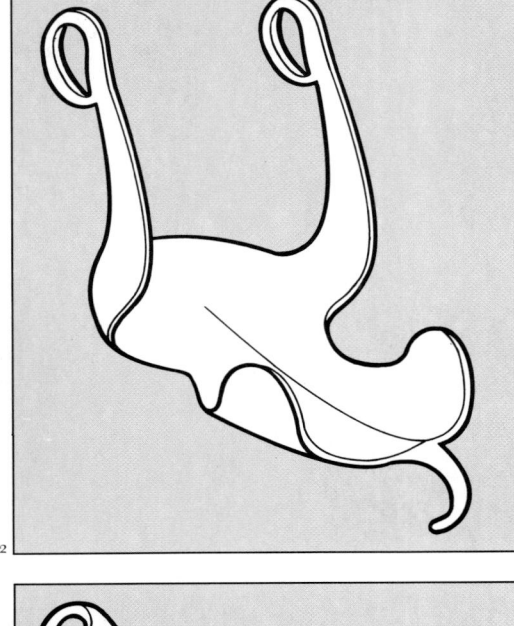

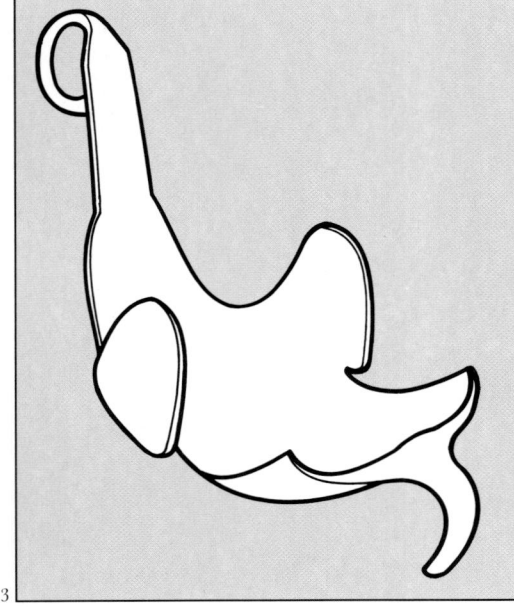

14 Wandgängereisen für Pferde, welche die äußere Rute viel stärker abnützen als die innere.

15 Spateisen: Die spatlahme Stelle wird entlastet, indem man die äußere Rute höher stellt.

16 Streifeisen: Es verhindert das Streifen des Hufes am Fesselkopf des gegenüberstehenden Fußes.

17 Eisen mit verdickten Ruten (Plastikkeilen) für strahlbeinlahme Pferde.

18 Handgeschmiedetes Sporteisen, leichter als normal.

19 Maultiereisen.

20 Handgeschmiedetes Sporteisen mit Steg zum vorübergehenden Entlasten der Trachten.

21 Eisen mit Tolouette für Hufe mit untragfähigen Trachten.

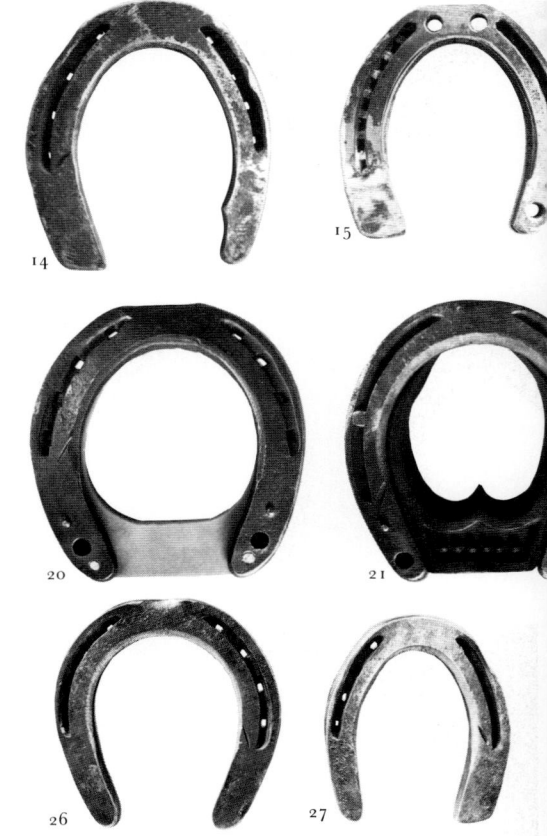

22 Hufgrip: Zwischen Eisen und Huf befestigt, verhindert dieser Kunststoffeinsatz die Schneestollenbildung.

23 Renneisen aus Leichtmetall.

24 Beschlag mit Ledersohle: Er wird verwendet, wenn die Hufsohle zu dünn ist oder um diese vor Verletzungen zu schützen.

25 Ordonnanzeisen mit vier Stollen: Winterbeschlag für Arbeitspferde, Gebirgsbeschlag für Trainpferde (Schweizer Armee).

26 Normales Vordereisen rechts (runde Form).

27 Normales Hintereisen rechts (ovale Form).

31 und 32 Wo Schaugänge mit hoher Knieaktion gefragt sind, beispielsweise bei Hackney-, American-Saddle-Horse- oder Tennessee-Walking-Horse-Vorführungen, wird der Hufbeschlag nicht selten zur Tierquälerei. Die Aufnahmen zeigen den bei Tennessee Walking Horses üblichen Beschlag der Vorderhufe mit schweren Gummiklötzen. Die Ketten um die Fesseln haben die zusätzliche Aufgabe, bei jedem Schritt schmerzhaft auf den empfindlichen, oft sogar wundgemachten Kronenrad zu schlagen und dadurch das Pferd zu noch höherem Anheben der Beine zu bewegen.

um 1000 n. Chr. Zwar hat Eligius, der Schutzheilige der Schmiede, um das Jahr 600 gelebt, aber ob er Hufeisen schmiedete, wissen wir nicht. Außerdem wird in einer Legende erwähnt, daß das Pferd eines Onkels von Mohammed beschlagen war — dies stützt lediglich die Vermutung, daß das Hufeisen im Orient erfunden wurde. Auch die Bezeichnung «Kelteneisen» für die schmalen, alten Hufeisen mit dem gewellten Rand ist offenbar irreführend, denn wahrscheinlich stammen sie nicht von den Kelten und damit aus vorchristlicher Zeit, sondern sind nur etwa tausend Jahre alt.

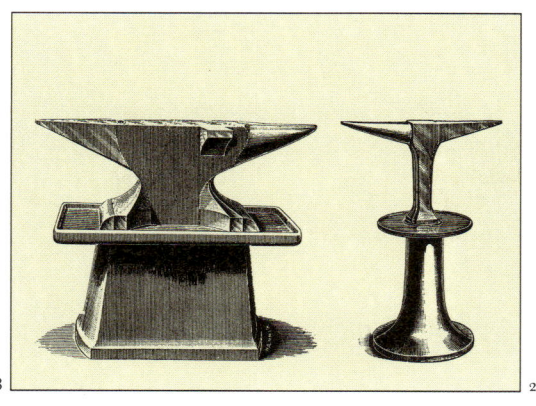

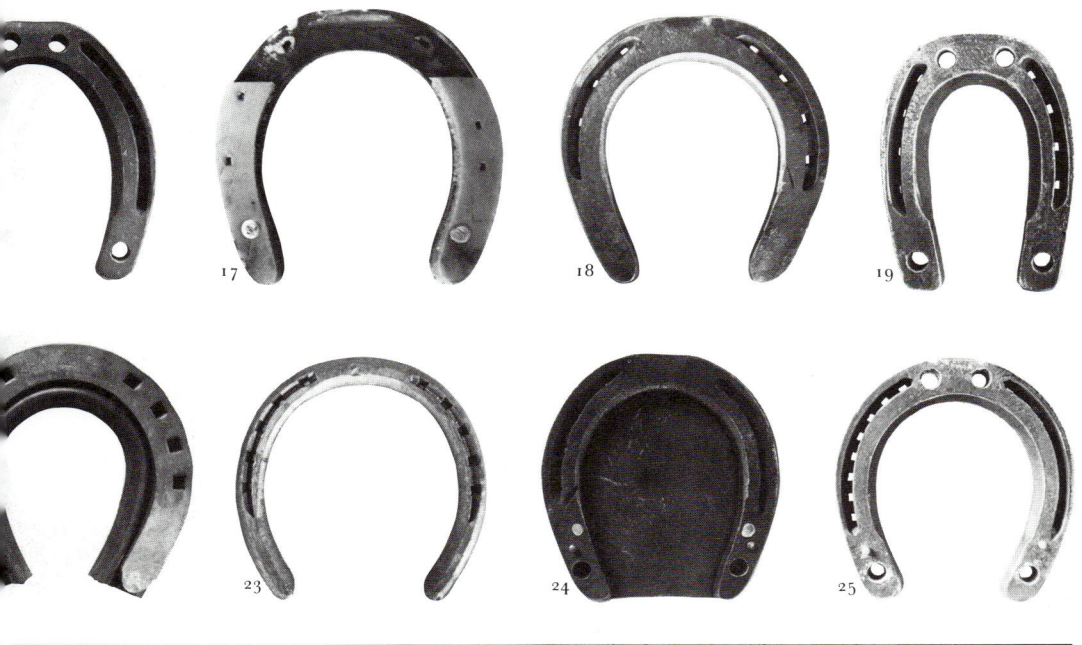

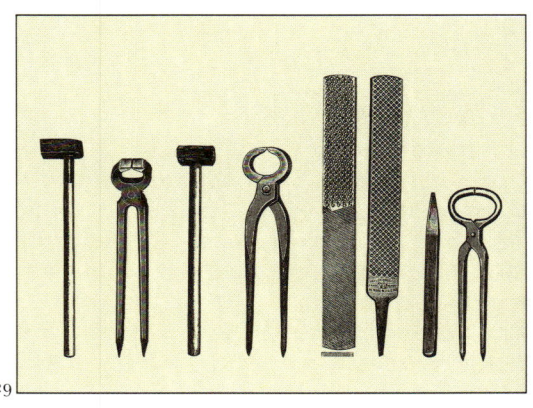

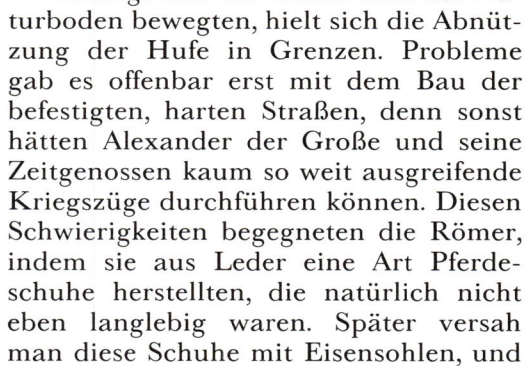

Solange sich die Pferde bloß auf Naturboden bewegten, hielt sich die Abnützung der Hufe in Grenzen. Probleme gab es offenbar erst mit dem Bau der befestigten, harten Straßen, denn sonst hätten Alexander der Große und seine Zeitgenossen kaum so weit ausgreifende Kriegszüge durchführen können. Diesen Schwierigkeiten begegneten die Römer, indem sie aus Leder eine Art Pferdeschuhe herstellten, die natürlich nicht eben langlebig waren. Später versah man diese Schuhe mit Eisensohlen, und schließlich schmiedete man aus Eisen eine Art Sandalen, die mit Lederriemen an den Hufen befestigt wurden. Diese sogenannten Hipposandalen wurden bei den Römern jahrhundertelang verwendet.

Offensichtlich kam das Hufeisen erst in Gebrauch, als es wirklich notwendig wurde, nämlich als ein Netz von Straßen einen immer größeren Teil des Reise- und Transportverkehrs aufnahm. Inzwischen ist die Arbeit des Hufschmiedes schon fast zu einer Wissenschaft geworden und erfordert neben einem Paar kräftiger Fäuste viel Fingerspitzengefühl und exakte Kenntnisse über die Anatomie und den Bewegungsmechanismus des Pferdefußes.

Schon das Beschlagen eines völlig normal gewachsenen Hufes für den normalen Gebrauch hat seine Tücken. Neben dem üblichen Eisen, das die Aufgabe hat, den gesunden Huf vor zu starker Abnützung zu schützen, gibt es Korrektureisen und orthopädische Beschläge, die vom Hufschmied große Fachkenntnis erfordern. Und die Beschläge, die bestimmte Gangarten unterstützen oder auch bis ins Extreme verändern, setzen geradezu eine gewisse Genialität voraus — ungeachtet der Tatsache, daß sie zu tierquälerischen Auswüchsen führen können.

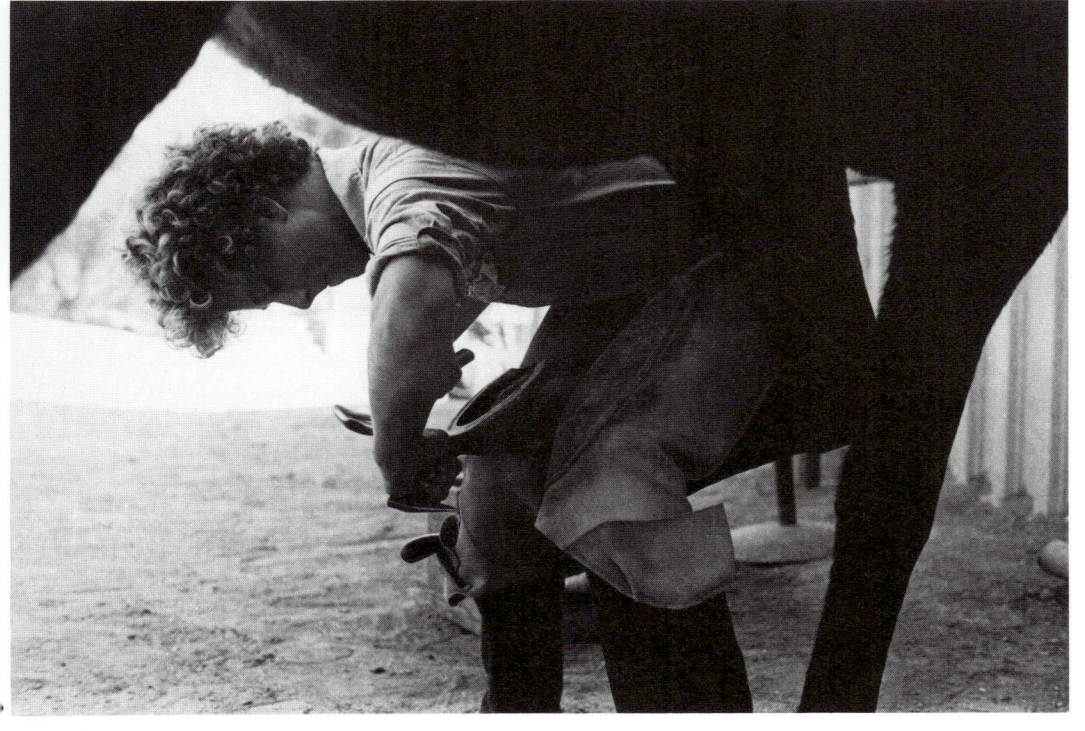

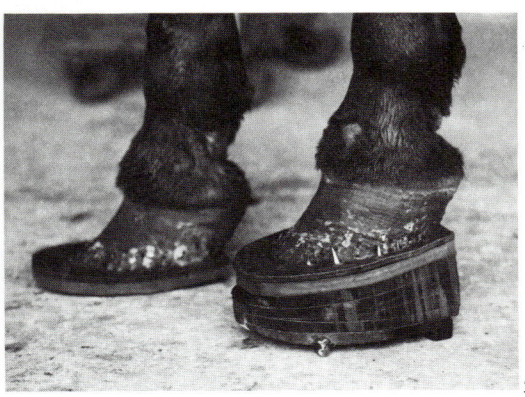

Von Karren und Kutschen

Im ersten Jahrzehnt nach der Jahrhundertwende erreichte das hippomobile Zeitalter seinen Höhepunkt. Gleichzeitig allerdings begann sich auch schon sein Ende abzuzeichnen. Die Technik nahm stürmisch und unaufhaltsam ihren Lauf. Der Benzinmotor war bereit, nach 5000 Jahren das Pferd abzulösen.

Schlittenartige Transportmittel gab es anscheinend schon viele Jahrhunderte vor der Domestizierung des Pferdes. Sie wurden von Rindern, wahrscheinlich auch von Eseln und möglicherweise sogar von Hunden gezogen. Die Erfindung des Rades und damit auch des Wagens jedoch scheint etwa mit der Domestikation des Pferdes zusammenzufallen. Der Vorläufer des Rades, die Walze, wurde von den Ägyptern schon sehr früh zum Transport schwerer Steinblöcke für ihre Monumentalbauten verwendet. Noch zwei oder drei Jahrtausende hat es gedauert, bis um 3000 v. Chr. in Mesopotamien das eigentliche Rad in Form einer Holzscheibe entstand, die auf einer ebenfalls aus Holz gefertigten Achse lief. Aus dem Scheibenrad entstand über das Kreuzrad das viel leichtere und gleichzeitig widerstandsfähigere Speichenrad. In der Bronzezeit, in der das Rad offenbar bei allen Kulturvölkern der Alten Welt bekannt war, begann man Teile des Rades aus Metall zu fertigen. Besonders wichtige Verbesserungen aber, wie etwa die Schmierachse, gab es erst nach dem Mittelalter. Die sogenannte Patentachse, die wartungsfrei in Öl lief, wurde um 1800 erfunden.

Die ersten Wagen waren wahrscheinlich Karren mit zwei großen Rädern. Die frühen vierrädrigen Wagen waren kaum zu lenken, denn sie bestanden aus einem Kasten, an dem die Räder direkt befestigt waren. Den ältesten Wagen dieser Art fand man auf Kreta. Vermutlich wurden solche Fahrzeuge nur für kultische Zeremonien verwendet, wie sie beispielsweise von den Skythen her bekannt sind.

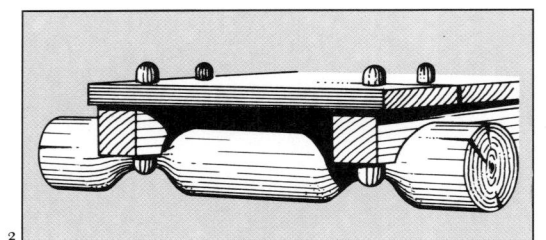

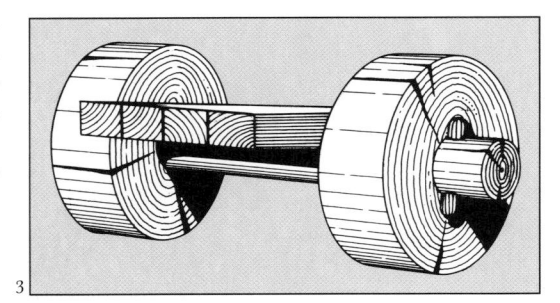

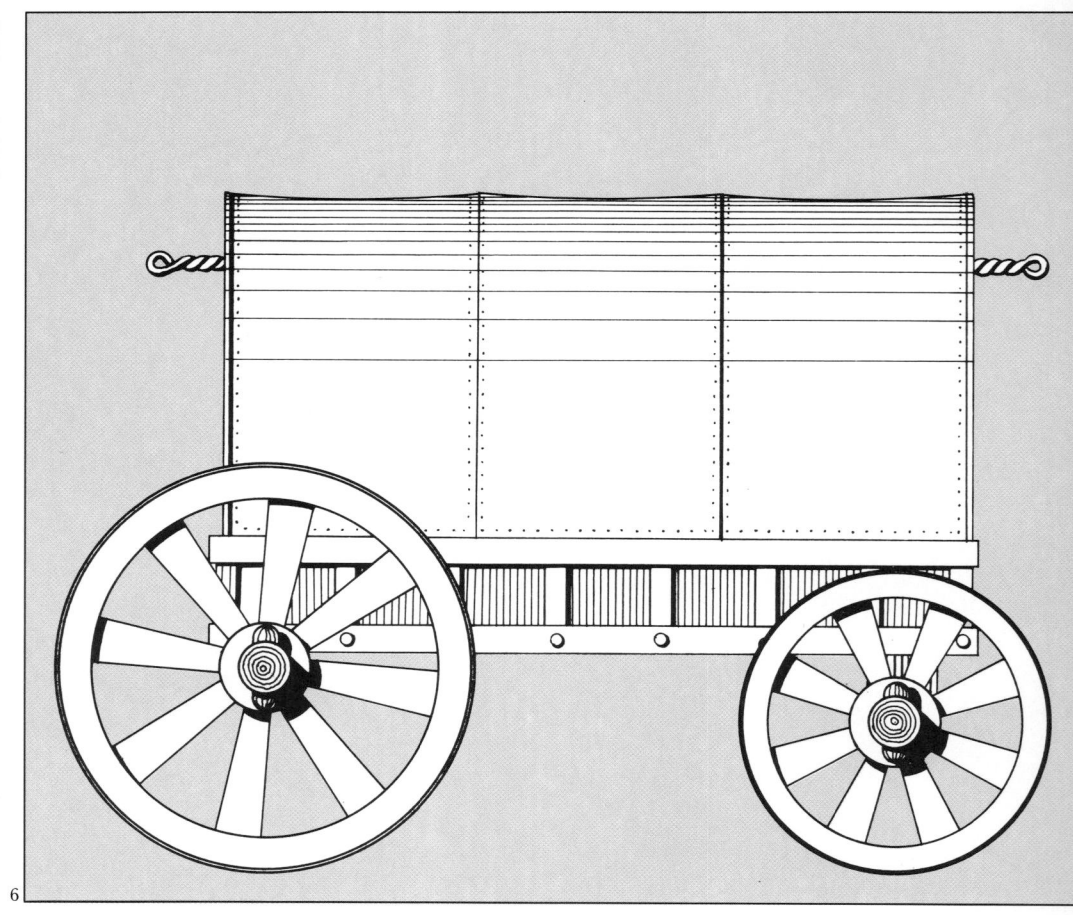

1 Einfachste radlose Konstruktionen, die von Pferden wie auch von anderen Tieren geschleift wurden, sind aus Nordamerika ebenso bekannt wie aus Schweden, Island, der Ukraine usw.

2 und 3 Aus der Walze entstand um 3000 v. Chr. das auf einer Holzachse laufende Scheibenrad.

4 Ein offenbar nur kurze Zeit angewandtes Rad-Konstruktionsprinzip.

5 Jahrtausende hindurch waren alle Gebrauchswagen zweirädrig.

6 Die alten, kaum lenkbaren Vierradwagen dienten fast ausschließlich kultischen Zwecken.

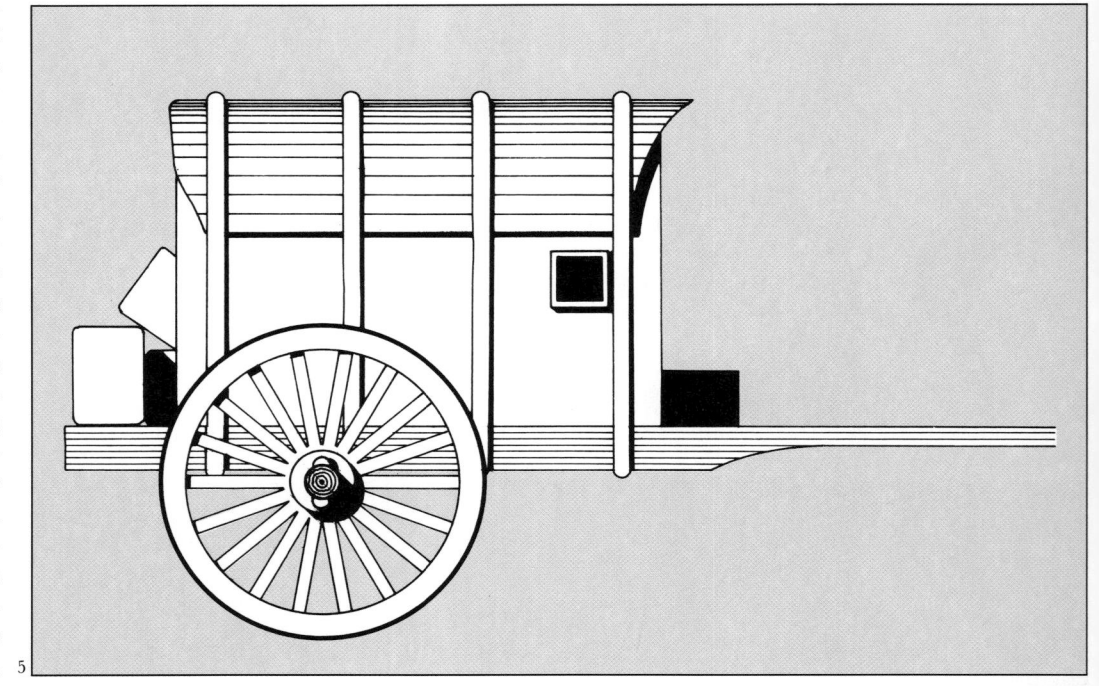

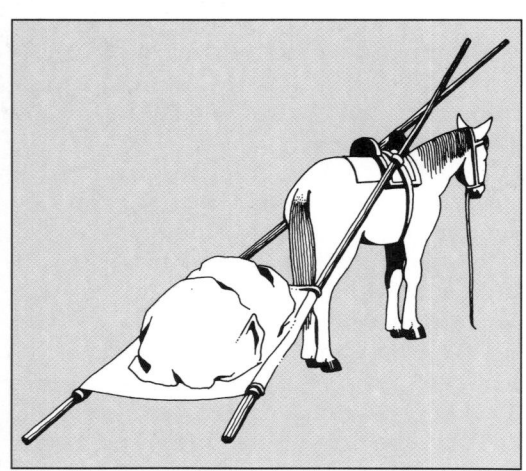

Wichtige Fortschritte kannte der Wagenbau eigentlich erst um das 15. Jahrhundert. Damals kamen Wagenbauer im ungarischen Städtchen Kocz auf die Idee, Vorder- und Hinterachse mit einem Langbaum zu verbinden und den Wagenkasten an vier Lederriemen über diesem Fahrgestell aufzuhängen. Diese erste Art von Federung erhöhte den Fahrkomfort ganz wesentlich. Gleichzeitig machte diese Erfindung den Weg frei für die so wichtige Drehschemellenkung, die den Vierradwagen erst gut lenkbar machte. Die vier senkrecht auf den Achsen stehenden Holzpfosten, an denen die Lederriemen befestigt waren, wurden um 1610 durch C-förmige Federn ersetzt.

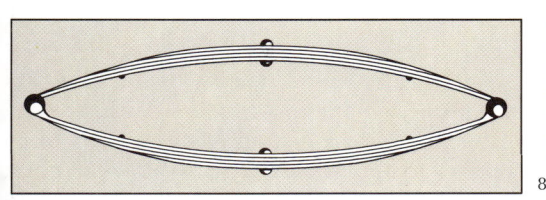

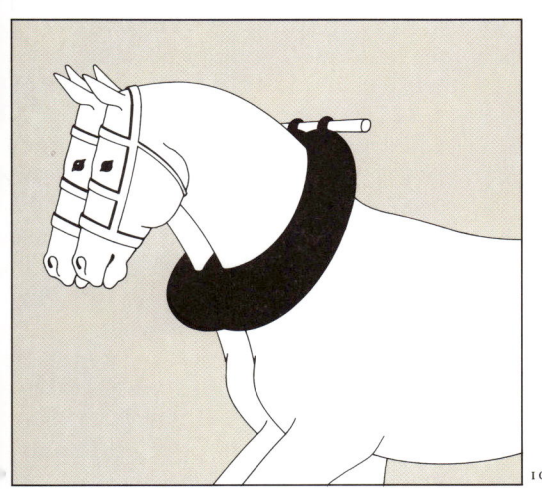

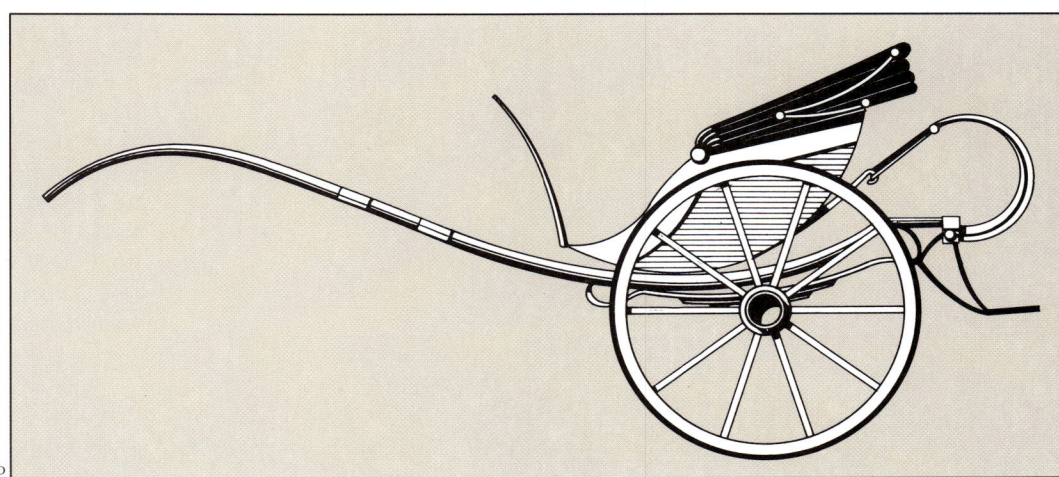

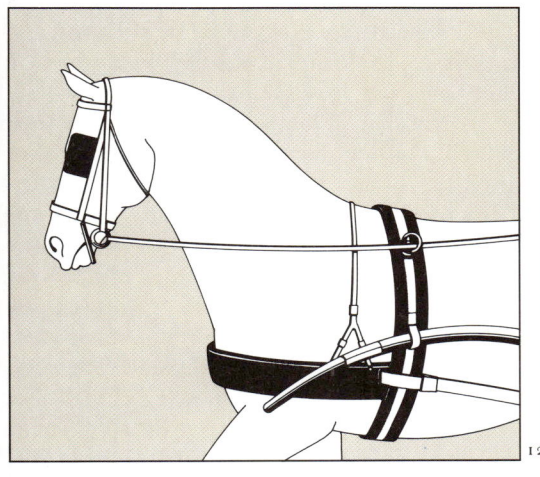

7 Um 1810 wurde die elliptische Feder erfunden.

8 Um 1450 wurde in Kocz wahrscheinlich erstmals der Kasten zwischen vier Holzpfosten an Lederriemen aufgehängt.

9 Über drei Jahrtausende mußten die Pferde die Wagen mit Hilfe eines breiten, wenn auch teilweise gepolsterten Halsriemens ziehen.

10 Um 1610 wurde der Kasten an C-förmigen Stahlfedern aufgehängt.

11 Erst im frühen Mittelalter wurde das Sielen- oder Brustblattgeschirr bekannt, bei dem der Druck auf der Vorderbrust liegt.

12 Die Tataren brachten aus China das Kummetgeschirr nach Europa. Hier wird der Druck auf die Schultern verteilt.

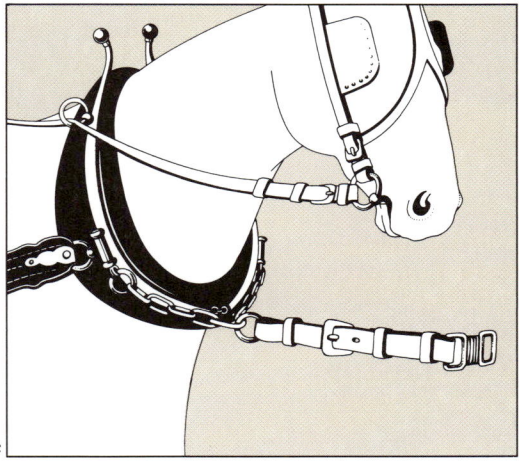

Der nächste große Schritt wurde um 1810 mit der Erfindung der elliptischen Druckfeder getan. Damit war der Weg offen zu einem neuen Konstruktionsprinzip, bei dem der Kasten zum tragenden Element wurde. Der Wagenkonstrukteur hatte damit die Möglichkeit, seine Gefährte zu verfeinern, sie leichter zu bauen und besser zu federn.

Bei ausgesprochen schlechten Straßenverhältnissen allerdings bewährte sich die alte ungarische Idee, der in vier Lederriemen aufgehängte Kasten, besser. Amerikas berühmte *Concord Coach*, die maßgeblich an der Besiedlung des Wilden Westens beteiligt war, war der britischen *Mail Coach*, die sich auf Englands guten Straßen hervorragend bewährte, in den wilden Einöden jenseits des Mississippi weit überlegen.

Um einige Bezeichnungen der Wagentypen, von denen vor allem um die letzte Jahrhundertwende eine verwirrende Vielfalt entstand, herrscht bis heute Unklarheit. So ist beispielsweise der Ursprung der Bezeichnung *Kutsche* immer wieder Gegenstand von Auseinandersetzungen. Das Wort ist in vielen Sprachen zu finden, als *coach* im Englischen, als *coche* im Französischen, als *cochio* im Italienischen. Allgemein nimmt man an, der Name gehe auf das ungarische Städtchen *Kocz* zurück, wo die Lederriemenaufhängung erfunden wurde. Eher gesucht erscheint die Version, die auf das französische *cochon* hinweist, weil die alten, schwerfälligen, gedeckten Vierradwagen sich wie Mutterschweine auf der Straße bewegt hätten. Eindeutig hingegen leiten sich die Bezeichnungen *Karre, Karren, Karosse* vom lateinischen *carrus* her. Auch dieser Name wurde in Abwandlungen in viele Sprachen übernommen.

181

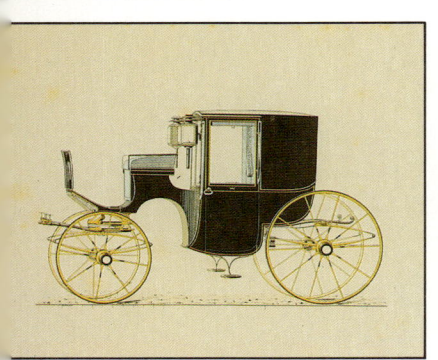

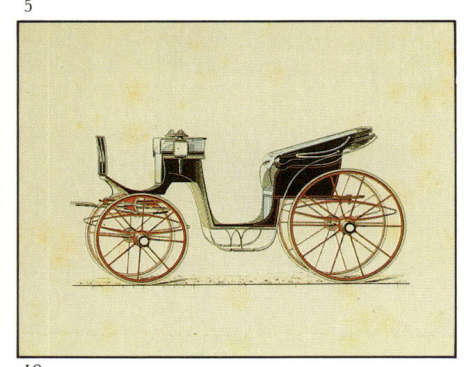

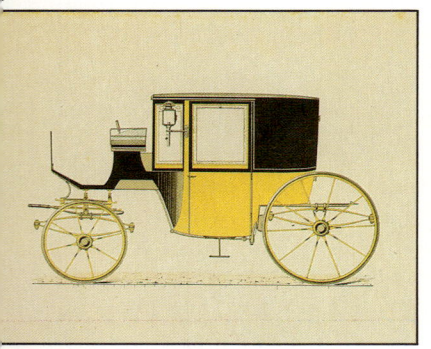

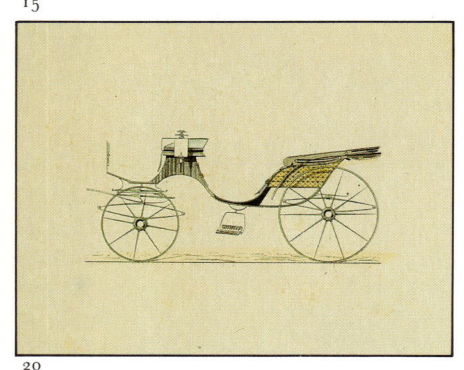

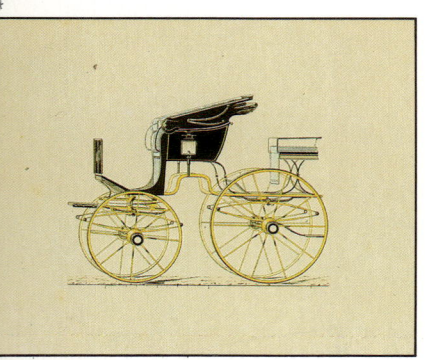

WAGENTYPEN

Die Vielfalt der Wagentypen, die man um die Jahrhundertwende auf unseren Straßen sehen konnte, ist erstaunlich, selbst wenn man sich vergegenwärtigt, daß die Wagenbauer jeden Wagen einzeln herstellten. Nur in Amerika gab es bereits erste Fließbandproduktionen. Der Phantasie des Käufers wie des Handwerkers waren daher kaum Grenzen gesetzt. Bei den städtischen Wagentypen war zwar die Form mehr oder weniger gegeben, und Variationen beschränkten sich hauptsächlich auf die Ausstattung. Bei Sport-, Jagd- und Gebrauchswagen dagegen war die Zahl der Variationen nahezu unbegrenzt.

Jeder Wagentyp hat zwar seine eigene Bezeichnung, aber nicht überall haben diese Bezeichnungen die gleiche Bedeutung, was natürlich zu erheblichen Verwirrungen führen kann. So ist zum Beispiel ein *Landauer* auf der ganzen Welt ein Landauer, eine *Viktoria* dagegen ist in England nicht dasselbe wie in Deutschland. Die Bezeichnung *Berline* bezog sich bei deren Erfindung im Jahre 1660 auf das Fahrgestell, heute ist mit diesem Ausdruck ein Wagen mit einer bestimmten Kastenform gemeint. In der welschen Schweiz heißen alle Zweiradwagen *Tilbury*, der echte Tilbury aber ist ein ganz spezielles Zweiradfahrzeug. Eine fast unendliche Zahl von Typen kann man unter die Bezeichnung *Jagdwagen* oder *Char à bancs* einreihen.

Die vielfältigen Fahrzeugbezeichnungen können auf Städtenamen zurückgehen wie *Berline, Landauer* und *Kutsche*. Sie können ihren Ursprung in der Mythologie haben wie *Phaeton* oder sich auf Personen beziehen wie *Viktoria, Tilbury, Stanhope, Brougham* usw. Man bezeichnet sie wegen ihrer Form als *Tonneau, Chaise, Char à bancs, Coupé* oder wegen ihres Verwendungszweckes als *Dog-Cart* oder *Jagdwagen*.

Große Wagenbauer waren weit über ihre Landesgrenzen hinaus berühmt, und ihre begehrtesten Modelle wurden von weniger Phantasiebegabten kopiert. Dennoch hatte normalerweise jeder Wagen bestimmte Merkmale, die typisch für das Herstellungsland waren. Trotz der unendlichen Vielzahl von Typen vermögen daher passionierte Kutschenkenner oft schnell zu erkennen, wo ein Gefährt gebaut wurde. Beispielsweise waren die Dächer und Seitenwände von Kutschen aus Deutschland in der Regel auffallend stark gewölbt, während sie bei französischen Kutschen nur leicht gebogen und bei englischen flach waren.

Wer etwas auf sich hielt und es sich leisten konnte, hatte natürlich nicht nur einen Wagen in seiner Remise, sondern nach Möglichkeit wenigstens einen eleganten Stadtwagen, eine Reisekutsche und einen Jagdwagen. Zu Zeiten großer wirtschaftlicher Blüte hatten selbst die Frauen der Begüterten ihren eigenen Wagenpark. Es gehörte zum guten Ton, daß man für die Morgenspazierfahrt im Park, für den nachmittäglichen Teebesuch und zur Oper am Abend nicht nur die Kleider, sondern auch den Gegebenheiten entsprechend den Wagen wechselte. Kein Wunder, daß sich in den Katalogen großer Kutschenbauer eine schier unerschöpfliche Fülle von Modellen fand.

1 *Break de chasse*
 2 *Break-Omnibus*
 3 *Omnibus*
 4 *Cab*
 5 *Mylord Couvert*
 6 *Break*
 7 *Omnibus-Break*
 8 *Omnibus*
 9 *Coupé*
10 *Mylord*
11 *Break d'Écurie*
12 *Omnibus*
13 *Omnibus*
14 *Coupé-Mail*
15 *Mylord*
16 *Break-Wagonnette*
17 *Omnibus*
18 *Omnibus
    à capucine*
19 *Coupé-Ambulance*
20 *Mylord*
21 *Break*
22 *Omnibus*
23 *Duc*
24 *Victoria*
25 *Poney-Parc*
26 *Break*
27 *Omnibus
    Char à bancs*
28 *Duc
    à huit ressorts*
29 *Spider*
30 *Poney-Chaise*

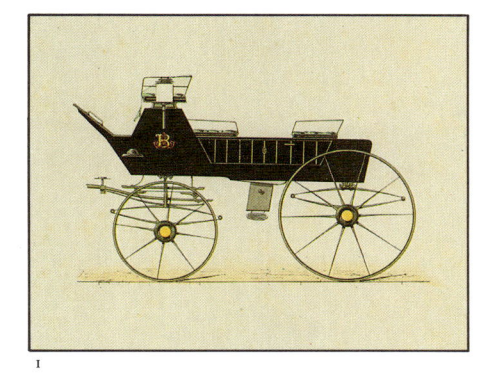

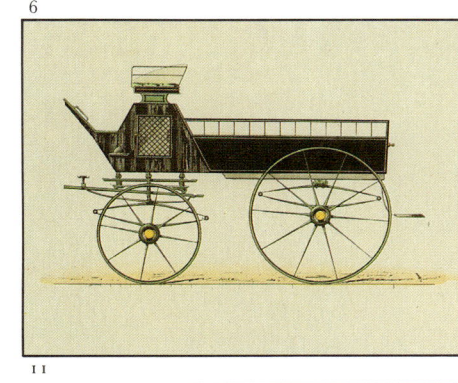

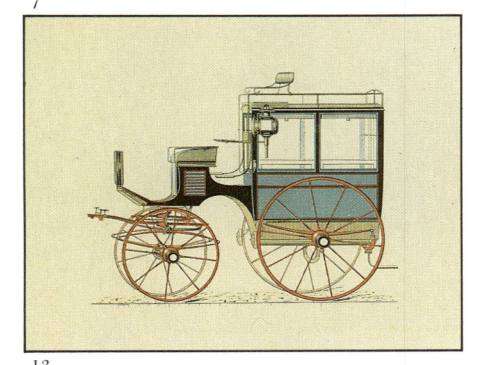

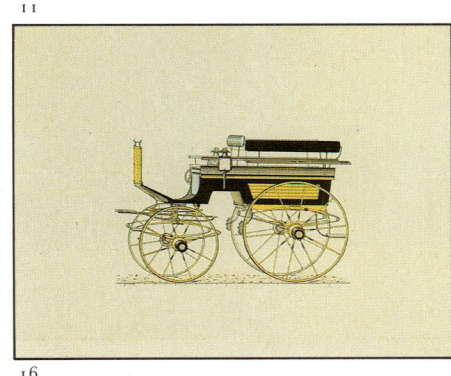

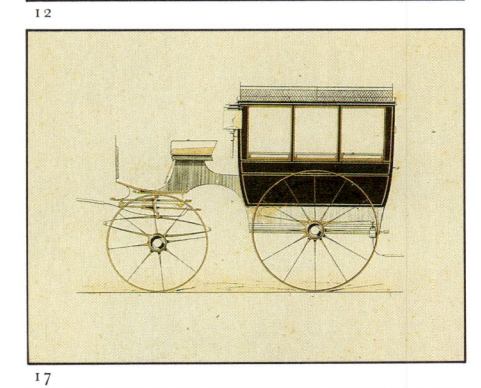

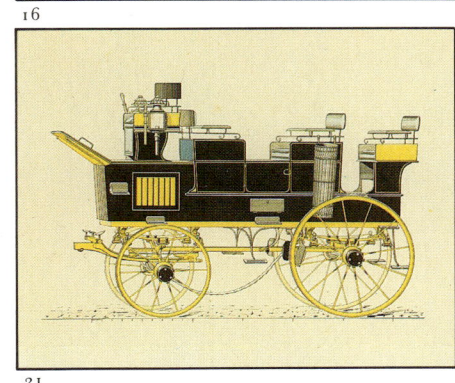

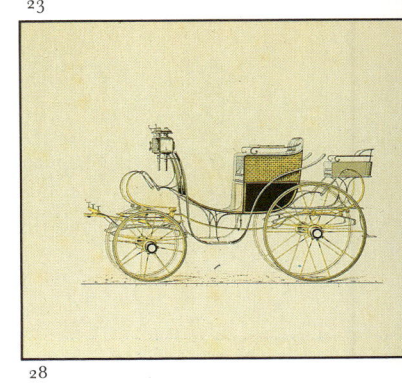

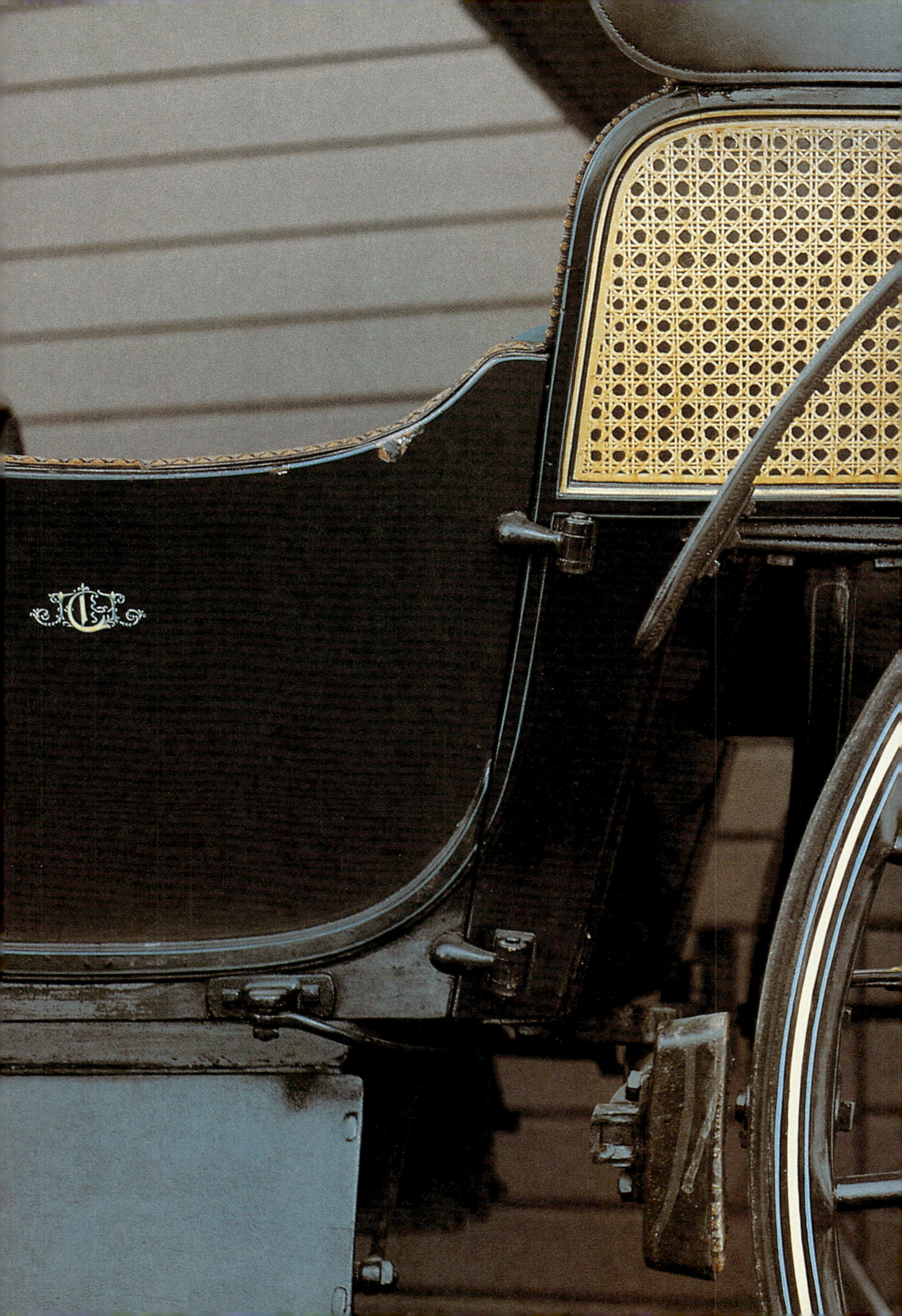

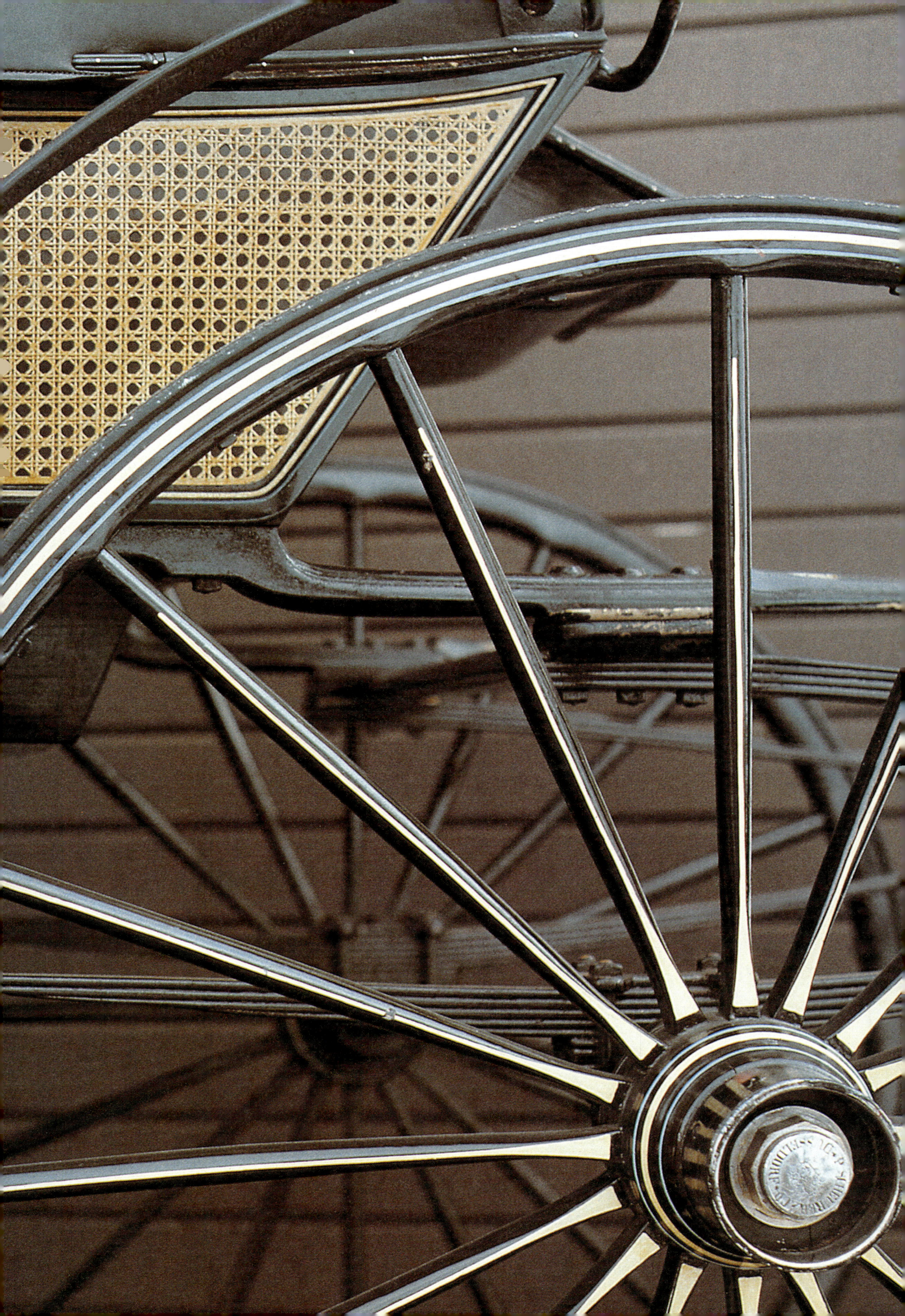

31 *Char à bancs*
32 *Charrette-Tonneau*
33 *Dog-Cart*
34 *Traineau*
35 *Landau*
36 *Phaeton*
37 *Char à bancs américaine*
38 *Char à bancs*
39 *Panier Double Poney*
40 *Dog-Cart*
41 *Calèche*
42 *Landau*
43 *Buggy*
44 *Break*
45 *Char à bancs*
46 *Panier à deux roues*
47 *Dog-Cart*
48 *Landau-Omnibus*
49 *Phaéton*
50 *Buggy à quatre roues*
51 *Vis-à-vis*
52 *Char à bancs*
53 *Tilbury à quatre roues*
54 *Berline à sept glaces*
55 *Landau à cinq glaces*
56 *Phaéton*
57 *Buggy*
58 *Char à bancs Phaéton*
59 *Char à bancs*
60 *Alsacienne*
61 *Cab*
62 *Landau*
63 *Phaéton*
64 *Buggy*
65 *Break-Omnibus*
66 *Sylphide*
67 *Américaine, sièges changeants*
68 *Duc*
69 *Landau à huit ressorts*
70 *Phaéton de dames*
71 *Buggy à quatre roues*
72 *Vis-à-vis*

32 33 34

39 40 41

46 47 48

53 54 55

60 61 62

67 68 69

Das Pferd auf Briefmarken

Die Institution Post ist dank dem Pferd groß geworden. Darum sind Pferde für die Gestalter von Briefmarken ein angemessener, sinnvoller Gegenstand, besonders in Ländern, die sich durch eine lebendige Pferdetradition und durch ihre Pferdezucht auszeichnen.

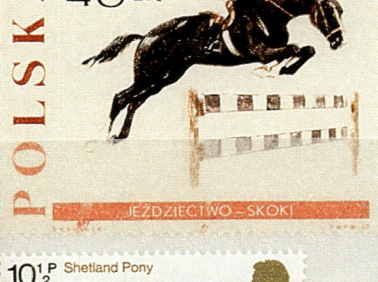

POLSKA
1.10
FÜRSTENTUM LIECHTENSTEIN
REPUBLIQUE DU DAHOMEY
2F
CAVALIERS BARIBA
AUSTRALIA 6c
R.S.P.C.A. Centenary
35 DDR
INTERNATIONALER KONGRESS FÜR PFERDEZUCHT DER SOZIALISTISCHEN STAATEN
ČESKOSLOVENSKO
AUSTRALIA
40 MAGYAR POSTA
2.75L POSTA ROMANA
CENTENARUL CURSELOR DE CAI DIN ROMANIA
40
MAGYAR POSTA
KURUC LOVAS 1710
60f MAGYAR POSTA
BREK ANGIELSKI – WIELOKONNY POJAZD SPORTOWY – PRZEŁOM XIX I XX WIEKU
POLSKA
7 10 ZŁ
ŁAŃCUT
XVII. OLYMPIA ROMA MCMLX
1 Ft
MAGYAR POSTA
140 VÝROČÍ KONĚSPŘEŽNÍ ŽELEZNICE ČESKÉ BUDĚJOVICE–LINEC
60 h
ČESKOSLOVENSKO
München 1972
20c
REPUBLIQUE RWANDAISE
MONGOLIA
МОНГОЛ ШУУДАН
Portugal
1.50
ČESKOSLOVENSKO
1.80 Kčs
Albrecht Dürer 1471-1528
LEGELŐ MÉNES
30 f
MAGYAR POSTA
ČESKOSLOVENSKO
40 h
MUNICH 72
REPUBLIQUE RWANDAISE
PORTUGAL
Monaíocht na hÉireann 1928
ÉIRE 17
80 f
MAGYAR POSTA
AUSTRALIA
1874 UNIVERSAL POSTAL UNION 1949

3. TEIL

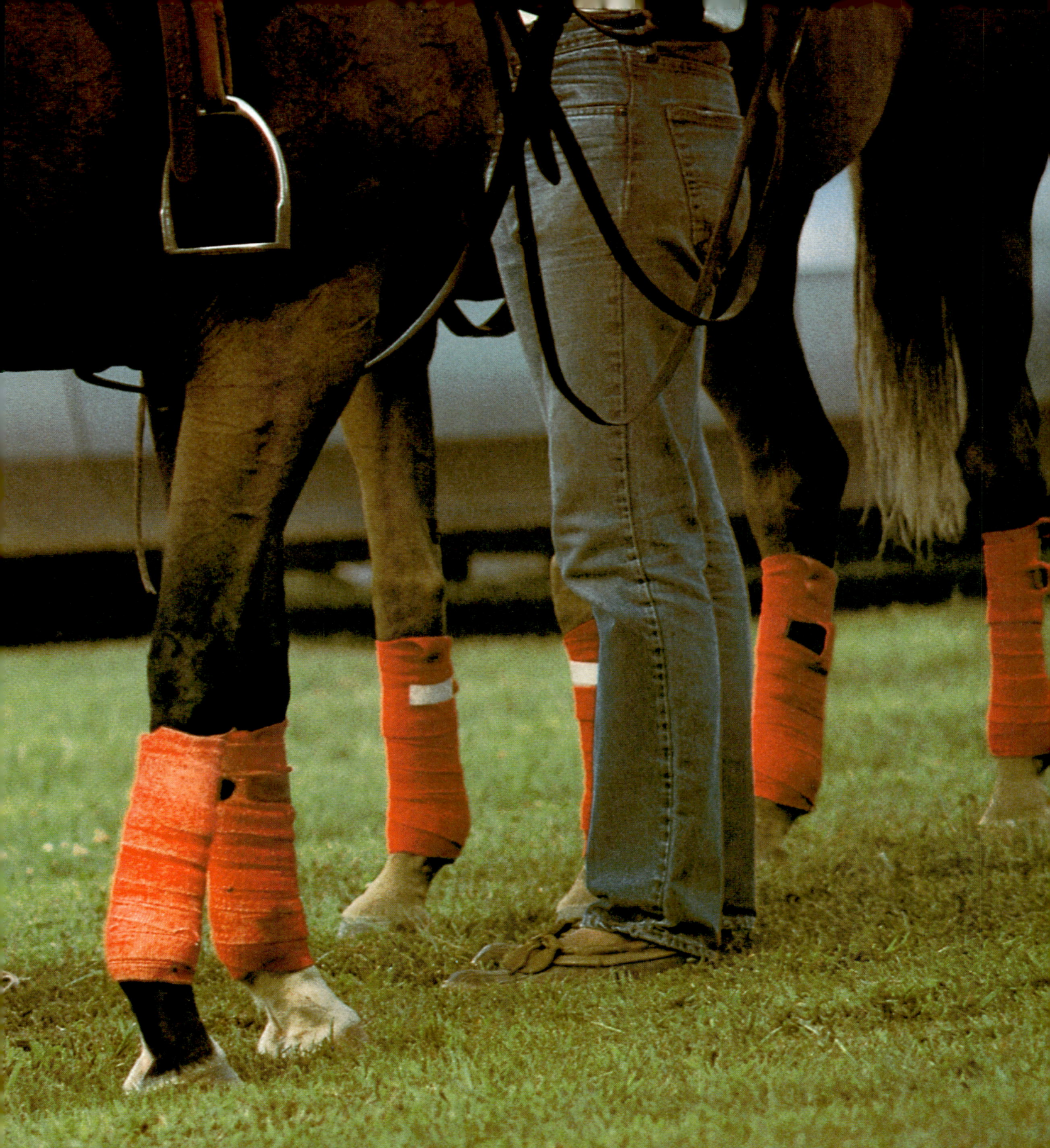

Pferd und Mensch in der Gegenwart

Arbeitspferde in der Gegenwart

In Schweden wurden im Jahre 1940 über 60 000 Schweden-Ardenner-Stuten gedeckt. 1976 zählte man nur noch 1700 Zuchtstuten dieser Kaltblutrasse. Der Bestand war also um über 97 Prozent zurückgegangen. Im Gestüt Saint-Lô in Nordfrankreich, in jenem Gebiet also, das früher das Herz der europäischen Vollblutzucht war, gehören heute von rund 200 Deckhengsten noch etwa 20 der imposanten Percheronrasse an. Von den Gesamtpferdebeständen in Westeuropa nahmen vor 40 Jahren die Kaltblüter 80 bis über 90 Prozent ein, heute sind es oft unter 10 Prozent. Selbst diese Restbestände werden heute zum großen Teil nicht mehr aus einem echten Bedarf heraus, sondern aus Liebhaberei gehalten. Nur in einigen abgelegenen Gegenden, vor allem in Berg- und Waldgebieten, haben die Kaltblüter ihre Rolle als Arbeitstiere noch nicht ausgespielt.

Die Begegnung mit einem Arbeitspferd im Einsatz ist bei uns ein seltenes, Nostalgie weckendes Ereignis geworden. Um so mehr werden wir überrascht, wenn wir in weniger technisierte Länder reisen. In den Ostblockstaaten beispielsweise gehören Arbeitsgespanne noch heute zum üblichen Straßenbild. Nicht nur kleine Bauern, die sich keinen Traktor leisten können, spannen ihr Roß vor Pflug und Wagen, auch auf großen Kolchosen wird man noch lange nicht auf das Zugpferd verzichten können. Es ist daher auch kein Wunder, daß hier die Arbeitspferdezucht noch heute eine wichtigere Rolle spielt als die Sportpferdezucht.

Polen beispielsweise, mit rund drei Millionen Pferden übrigens das an Pferden reichste Land Europas, ist bei uns vor allem bekannt für seine hervorragenden Araber aus dem Gestüt Janow Podlaski, für den edlen Polentrakehner oder Wielkopolska und für den Anglo-Araber oder Malopolska. Diese Rassen sind für den Export nach Westen bedeutungsvoll, im Land selbst aber ist der nur ponygroße, fleißige Konik und das besonders gebirgstüchtige Huzulenpony der Karpaten sehr viel wichtiger. Von den Koniks gibt es in Polen weit mehr als von allen anderen Rassen zusammen.

Etwa eine Million Pferde gibt es in Jugoslawien, und über 80 Prozent davon sind Arbeitspferde. Die bedeutendste Rolle spielt dabei das bosnische Gebirgspferd, von dem es noch über 400 000 Exemplare geben soll. Ähnlich dem Huzulen ist es nur etwa 130 bis 140 Zentimeter hoch, aber äußerst zäh, genügsam und erstaunlich kräftig. Als Saum- und Zugtier ist es noch lange nicht aus den jugoslawischen Bergen wegzudenken. Aber auch der berühmte Lipizzaner, der im ehemaligen kaiserlichen Gestüt Lipica im Karst entstanden

1 In Irland heute noch ein durchaus vertrautes Bild: ein Zugpferd vor dem bäuerlichen, nicht selten noch eisenbereiften Wagen. Sicherlich spielt die sprichwörtliche Beziehung des Iren zum Pferd dabei eine wichtige Rolle, aber so mancher irische Bauer könnte sich einen Traktor gar nicht leisten.

2 In Frankreich ist der Bestand an Kaltblutpferden in den letzten Jahzehnten um etwa 80 Prozent zurückgegangen, aber vor allem im Norden des Landes begegnet man immer wieder noch einem weidenden oder arbeitenden Ardenner, Bretonen, Percheron oder Trait du Nord.

3 In Mitteleuropa nicht mehr vorstellbar, in anderen Regionen, wie hier im türkischen Ostanatolien, noch üblich: Maultiere oder Pferde beim Getreidedreschen.

4 Dorfplatzszene aus alten Zeiten? Nein, ein Bild aus unseren Tagen in einem ungarischen Dorf. In den Oststaaten ist das Pferd in der Landwirtschaft noch immer unentbehrlich.

5 Maultiere beim Ackerbestellen, das gibt es sogar noch in den USA. Angehörige gewisser Sekten verwenden aus religiösen Gründen keine Motoren.

ist, wird hier nicht nur für die klassische Dressur gezüchtet, sondern auch für den Arbeitseinsatz in der Landwirtschaft. Wichtig als Zugpferde sind auch die aus Ungarn stammenden Noniusse.

Um die Jahrhundertwende wurde der Weltbestand der Pferde auf hundert Millionen Exemplare geschätzt. Davon lebten rund ein Drittel, 34 Millionen, allein in Rußland. Heute hat Rußland rund acht Millionen Pferde, und auch hier werden heute vor allem Arbeitspferde gezüchtet. Während in den westlichen Ländern die Kaltblutbestände nach dem Zweiten Weltkrieg rapide sanken, entstanden in der Sowjetunion sogar neue Rassen dieses Typs, und der Anteil der Kaltblüter liegt bei 80 Prozent. Nicht weniger als sechs verschiedene einheimische Kaltblutrassen werden noch fleißig gezüchtet.

Die älteste dürfte der Bitjug sein, der schon um 1700 entstand. Zuchtgrundlage waren bodenständige Stuten aus der Gegend des Flusses Bitjug, die mit Kaltbluthengsten aus den Niederlanden gekreuzt wurden. Diese auf Veranlassung Peters des Großen entstandene, eher leichte und lebhafte Kaltblutrasse fand schon im 18. Jahrhundert eine sehr starke Verbreitung westlich des Urals. Nachdem diese Rasse um die letzte Jahrhundertwende durch verschiedene Zuchtfehler wesentlich an Qualität verloren hatte, erreichte man zwischen den zwei Weltkriegen durch sorgfältige Selektion und unter Einfluß besonders kräftiger Orlowtraberhengste wieder eine ausgezeichnete, leichte, dem Warmblut nahe stehende Kaltblutrasse, die heute als Woroneschpferd bekannt ist.

Vor rund hundert Jahren entstand im Gebiet östlich von Moskau der Wladimirer, der allerdings erst seit 1946 unter diesem Namen als Rasse bekannt ist. Seine besonders große Ausdauer und seine Zugkraft machen ihn zu einem der begehrtesten russischen Arbeitspferde. Eine ganze Reihe westlicher Kaltblutrassen spielten bei seiner Entstehung eine Rolle: Ardenner, Percheron, Suffolk Punch, Clydesdale und Shire Horse.

Bedeutend einfacher war das Rezept für das Russische Kaltblut. Es entstand aus Stuten des Landschlages der Ukraine und belgischen Kaltbluthengsten. Erst vor etwa 40 Jahren wurden die Rassen des größeren, um 800 Kilogramm schweren Sowjetischen Kaltblutes und diejenige des um 150 Zentimeter hohen und 500 Kilogramm schweren, besonders anspruchslosen Belorussischen oder Weißrussischen Kaltblutes gezüchtet.

Einige wenige westeuropäische Länder verfügen allerdings heute noch über bemerkenswerte Arbeitspferdebestände. So werden beispielsweise von insgesamt rund 45 000 Pferden in Norwegen 30 000 Dölepferde noch fast durchwegs als Arbeitspferde gehalten. Außerdem gibt es in Norwegen eine große Zahl hart arbeitender Fjordponys.

Von den etwa 35 000 Pferden Österreichs sind noch etwa 15 000 Noriker. Daneben ist die früher nur kleine Zucht der Haflinger ständig im Wachsen, und der Bestand dieser kleinen, beweglichen, aus dem Tirol stammenden Füchse hat wohl schon den Norikerbestand überholt. Auch die Haflinger stehen in ihrem Heimatland noch großenteils im Arbeitseinsatz, doch ihre Zuchtblüte verdanken sie ihrer guten Eignung als Freizeitpferde.

Selbst in der technisierten Schweiz liegt der Anteil der Kaltblüter bei 65 Prozent des Gesamtbestandes. Die meisten dieser Kaltblüter sind Freiberger (um 150 Zuchthengste), die vor allem in der Westschweiz zu Hause sind. Außer bei den Bauern im Jura sind sie als Packpferde der Armee im Gebirge noch immer gefragt.

193

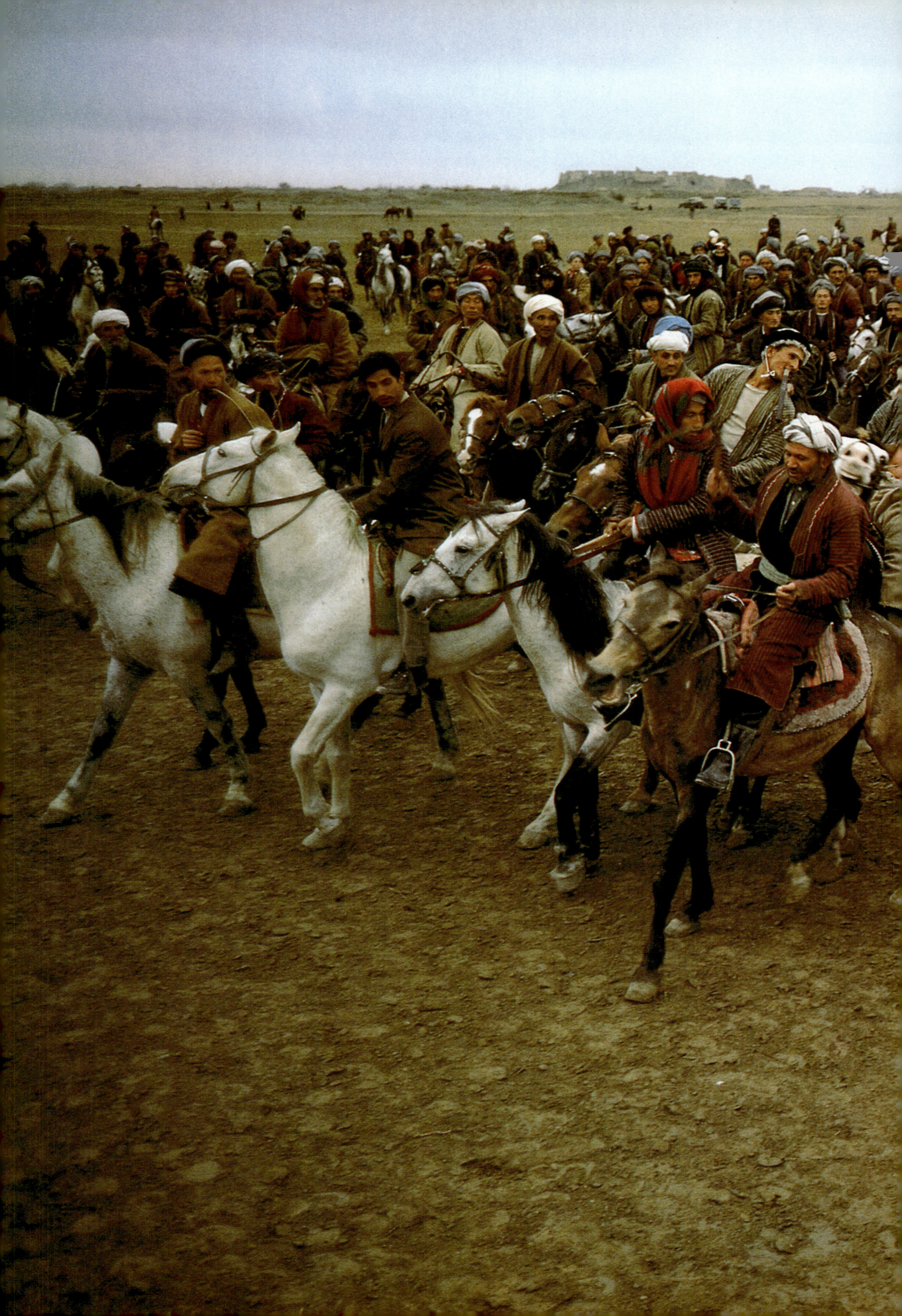

REITSPIELE

«Nun werden die Pferde nach geloseter Ordnung von geputzten Stallknechten in die Schranken hinter das Seil geführt. Sie haben kein Zeug noch sonst eine Bedeckung auf dem Leibe. Man heftet ihnen hier und da Stachelkugeln mit Schnüren an den Leib und bedeckt die Stelle, wo sie spornen sollen, bis zum Augenblicke mit Leder, auch klebt man ihnen große Blätter Rauschgold an (...). Endlich fällt das Seil, und die Pferde rennen los.

Auf dem freien Platze suchen sie noch einander den Vorsprung abzugewinnen, aber wenn sie einmal in den engen Raum zwischen die beiden Reihen Kutschen hineinkommen, wird meist aller Wetteifer vergebens. Ein paar sind gewöhnlich voraus, die alle Kräfte anstrengen. Ungeachtet der gestreuten Puzzolane gibt das Pflaster Feuer, die Mähnen fliegen, das Rauschgold rauscht, und kaum daß man sie erblickt, sind sie vorbei.»

Goethe schilderte in seinem *Römischen Karneval* dieses Reitspiel, den *Corso dei Barberi*. Es ist inzwischen in Vergessenheit geraten, nur noch der Straßenname *Via del Corso* in Rom erinnert daran. Von den verschiedenen Rennen in italienischen Ortschaften, bei denen es jeweils ein «Palio» zu gewinnen gab, ein Stück kostbares Brokat, gibt es nur noch das *Palio di Siena*. Ebenso sind alle anderen Reitspiele in Europa, einst überall verbreitet, bis auf wenige lokale Anlässe verschwunden. Bauernrennen in der Schweiz, Ringstechen in Norddeutschland, Kufenstechen in Österreich, Gymkhanas in England und Irland sind einige dieser folkloristischen Veranstaltungen.

Große Reitspiele, so alt wie das Reiten überhaupt und daher auch so ursprünglich und nicht selten sehr wild, gibt es nur noch dort, wo es auch noch Reitervölker gibt: in den Viehzuchtgebieten Nord- und Südamerikas, in Australien, in der Mongolei und in Turkmenien, in Afghanistan, wo unser Bild entstanden ist, und in wenigen anderen Gebieten der Erde.

...ENREITEN

In der «Ilias», dieser großen Darstellung griechischer Mythologie, findet man die wohl älteste Beschreibung eines Figurenreitens. Bei der Bestattung des Patroklus umkreisen die Reiter die Grabstätte. Kreisreiten ist einer der drei Hauptteile des Figurenreitens; die anderen sind das Evolutionsreiten und das Gegeneinanderreiten.

Das Figurenreiten hat seinen Ursprung, genau wie viele anderen Reitspiele auch, in militärischen Übungen. Jeder Reiter weiß, wie groß die Bedeutung des Reitens auf der Volte für das Pferd in bezug auf Biegung und Wendigkeit ist. Allein das Kreisreiten fördert bereits die Sicherheit des Reiters und die Willigkeit des Pferdes wesentlich.

Das Evolutions- und Manövrierreiten wird auch Trojaspiel genannt, denn es soll in Troja entstanden sein. Ascanius, der Sohn des aus der zerstörten Stadt geflohenen Aeneas, soll die Latiner in dieses Spiel eingeführt haben. 36 Knaben mit drei Führern und drei Stallmeistern wurden von einem Leiter kommandiert. Auf seinen Befehl ritten die Knaben auseinander, bildeten Abteilungen, schwenkten den Lauf, führten Kehrtwendungen aus und drehten wechselnde Kreise. Damals war es also ein Reitspiel der Knaben, ein Manövrieren zu Pferd ohne Waffengebrauch, ein Schauspiel also genau wie unser Figurenreiten. Während der römischen Kaiserzeit hat dieses Trojareiten offenbar eine große Rolle gespielt.

In den meisten Fällen war aber das Figurenreiten ein Teil der militärischen Ausbildung. Es diente dazu, die Evolutionsfertigkeit und die Manövrierfähigkeit der Reiterei zu schulen. Durch das Figurenreiten stellte man die Skelettformen aller Formationen und Bewegungen dar, deren sich die Kavallerie vor dem Feind im Felde und in der Schlacht bedienen mußte. Das war die Schule, die dem Kavalleristen das Verständnis und die Sicherheit für Tempo und Richtung, für Schwenkungen, Intervalle und Abstände, für Ordnung, Schnelligkeit und Zusammenhalt beibrachte. Alle dieser Vorteile sind dem Figurenreiten bis heute erhalten geblieben. Außerdem zwingen die Kommandos den Reiter zur unentwegten Aufmerksamkeit und schärfen dadurch seine Hörfähigkeit. Der beschränkte Platz in der Bahn nötigt ihn zudem zur Berechnung des Raumes und des Tempos, wodurch sein Auge und sein Gefühl geübt werden.

Die Pferde lernen beim Figurenreiten auch die engsten Wendungen schnell auszuführen, ruhig in die verschiedenen Gangarten einzugehen, die

1 Figurenreiten wurde und wird noch heute als Augenweide dem Zirkusbesucher präsentiert. Hier eine Darstellung des Cirque des Champs-Elysées aus dem Jahre 1843.

2 Hauptzweck des Figurenreitens war das Erproben bestimmter Schlachtordnungen, in welchen die Kavallerie den Feind in geschlossener Phalanx anzugehen hatte. Das Gemälde T. Schneiders zeigt die «Schlacht am Weißen Berge bei Prag am 8. November 1620».

3 Portugals «Guarda Nacional Republicana» bei einem Schaureiten.

4 Figurenreiten in höchster Vollendung: Angehörige der Spanischen Hofreitschule, hier in Schönbrunn.

5 Dragoner der Schweizer Armee bei einem imposanten, wenn auch im Augenblick nicht ganz nach Schweizer Präzision verlaufenden Figurenreiten.

Tempi einzuhalten und willig voneinander weg, aufeinander zu und zwischeneinander durch zu gehen. Allmählich geht dies alles ohne Scheuen und Kämpfen vor sich, wird zur Gewohnheit, so daß man nie die «charakterverderbenden, knochenruinierenden Balgereien sieht, wie sie beim Einzelreiter vielfach üblich sind» (O. Fritz).

Dem historischen Figurenreiten lag das Zwölfersystem zugrunde. Die Teilung durch sechs, vier, drei oder zwei erlaubten den Reitern, in Kolonne (hintereinander) oder Linie (nebeneinander) im Achtelbogen, im Viertelbogen, im Halbkreis und im ganzen Kreis zu wenden. So wurden zwei Abteilungen entweder in derselben oder in entgegengesetzter Richtung an der kurzen oder an der langen Wand der Bahn einander gegenübergestellt. In den drei Gangarten hatten die Reiter dann auf rechter oder linker Hand in abwechselnder Tiefen- und Breitenausdehnung geradeaus zu reiten oder jene vier Wendungen und Schwenkungen auszuführen. Dadurch erzielte man Tausende von Variationen mit ein paar einfachen Kommandos.

Das Figurenreiten ist vorzüglich geeignet, den Ausbildungsstand einer Mannschaft und ihrer Pferde zu kontrollieren.

Seine Glanzzeit erlebte das Figurenreiten in der Barockzeit, in der die Prunksucht eine nie gekannte Größe erreichte. Die Kavaliere präsentierten sich in prachtvollen Kostümen auf äußerst versammelten, edlen Pferden spanischen und neapolitanischen Blutes und beherrschten die Figuren mit höchster Gewandtheit und Sicherheit. Auch wenn nun das Zurschaustellen wichtiger wurde als alles andere, blieb der militärische Ursprung erkennbar. Das damals so beliebte Karussellreiten war gewöhnlich nichts anderes als die Darstellung eines idealisierten und elegant geregelten Gefechtes mit seinen Evolutionen, Einzel- und Massenkämpfen. Die Prachtzüge zu Pferde wurden große Mode, und der Adel protzte bei jeder sich bietenden Gelegenheit mit stolzen Rossen und geschliffener Reitfertigkeit.

Zu den berühmtesten Reitschauspielen dieser Art zählt ein Karussell, das von Ludwig XIV. im Jahre 1662 inszeniert wurde. Im Andenken daran trägt der Platz zwischen dem Louvre und den Tuilerien in Paris heute noch den Namen *Place du Carrousel*. Ähnlichen Beifall erntete das «Roßballett», das im Januar 1667 in der kaiserlichen Burg in Wien vorgeführt wurde. Allein die Bezeichnung dieser Vorführung verrät indessen, daß der militärische Charakter weitgehend einem circensischen gewichen war.

Noch einmal wurde das Figurenreiten in den folgenden Jahrhunderten zu einem wichtigen Teil der Ausbildung einer schlagfertigen Reiterei, die aber mit dem Aufkommen wirkungsvoller Handfeuerwaffen und dem Ende der klassischen Kavallerieattacke ihre militärische Bedeutung schließlich verlor. Dessenungeachtet behielt diese Form der Reitausbildung unbestritten ihren Wert. Wer jetzt einmal in einer Quadrille mitgewirkt hat, machte bestimmt die Erfahrung, daß sein Pferd anschließend williger und zuverlässiger auf die Hilfen einging.

197

VOLTIGIEREN

Voltigieren ist Turnen am galoppierenden Pferd. Voltigiert wird zwar schon seit vielen Jahrhunderten, aber immer wieder geriet diese Form des Reitens beinahe in Vergessenheit. Seit etwa 15 Jahren scheint sich wieder einmal eine Renaissance anzubahnen. In Europa und in den USA findet dieser Sport eine ständig wachsende Zahl von Anhängern.

Vom römischen Militärtheoretiker und Pferdezüchter Vegetius wissen wir, daß zur Ausbildung der Kavallerie auf dem Marsfeld bei Rom Voltigierübungen gehörten. Zweifellos förderten sie bei den angehenden Reitern die Balance und das Gefühl für die Bewegungen des Pferdes. Auch in vielen anderen Kavallerieschulen wurde voltigiert. Besonders häufig turnten anscheinend die zukünftigen Berittenen des französischen Heeres vom 16. bis ins 18. Jahrhundert an galoppierenden Pferden. Zur gleichen Zeit wurde das Voltigieren zu einem festen, bis heute beliebten Bestandteil der Zirkusreiterei. Das älteste deutschsprachige Lehrbuch über das Voltigieren, verfaßt von einem J. G. Pascha, kam 1657 auf den Markt. Einen besonderen Grad an Popularität erreichte das Voltigieren als Sport im Jahre 1928, in welchem es zu den olympischen Disziplinen gehörte.

Der jüngste Aufschwung begann in den sechziger Jahren mit der erneuten Durchführung von Meisterschaften. Heute werden regelmäßig nationale und internationale Wettkämpfe durchgeführt. Allein in Deutschland gibt es rund 35 000 Voltigierer. Aber auch in der Schweiz, in Frankreich, England, Dänemark, Holland, Belgien und den USA wird wettkampfmäßig voltigiert.

In den Wettkampfgruppen voltigieren Jugendliche im Alter zwischen sechs und sechzehn Jahren. Ab sechzehn Jahren haben sie die Möglichkeit, sich als Einzelvoltigierer mit anderen zu messen.

Ein Wettkampfteam besteht aus acht Voltigierern, einem Ersatzvoltigierer und dem Trainer. Das Wettkampfprogramm setzt sich zusammen aus der Pflichtaufgabe und der Küraufgabe. Die Pflicht besteht aus sechs Übungen, die von allen acht Teilnehmern auszuführen sind: Grundsitz, Fahne, Mühle, Flanke, Stehen und Schere. Die Kür wird von jeder Gruppe frei zusammengestellt und wird unmittelbar anschließend an die Pflicht gezeigt. Während der Kür dürfen

1 Akrobatik auf dem Pferd gehört zum Repertoire eines jeden Zirkus. Hier ein «Voltigierbild» aus dem frühen 19. Jahrhundert.

2 Voltigieren: eine Jugendsportart, die sich wachsender Beliebtheit erfreut.

3 Das ideale Voltigierpferd ist kompakt, wendig, kraftvoll, eher kurzbeinig, frei von jeder Schreckhaftigkeit und vor allem absolut ausgeglichen im Charakter.

4 Ein wesentlicher Punkt: Pflege und Betreuung des Pferdes gehören zur selbstverständlichen Grundausbildung des Voltigierreiters.

5 bis 10 Einige Voltigierfiguren: Grundsitz, Fahne, Schere, Flanke, Schere, Stehen, natürlich alles auf dem galoppierenden Pferd.

sich nie mehr als drei Voltigierer gleichzeitig auf dem Pferd befinden. Für Pflicht und Kür stehen insgesamt 15 Minuten zur Verfügung.

Der Einzelvoltigierer absolviert ebenfalls zuerst die Pflicht und hat anschließend eine Minute Zeit für freigewählte Einzelübungen.

Der Voltigiersport ist dem Kunstturnen an Geräten sehr nahe verwandt, nur ist das «Gerät» kein regloser Gegenstand, sondern ein Pferd, das sich in einem gleichmäßigen, ruhigen Galopp, an der Longe geführt vom Voltigierlehrer, auf einem Kreis von 13 Metern Durchmesser bewegt. Zahlreich sind bereits die Variationen der Auf- und Absprünge, die bei den Fortgeschrittenen bis hin zum gestreckten Salto rückwärts reichen. Schon die verhältnismäßig einfachen Übungen auf dem Pferd verlangen durchgymnastizierte Körper, manche Figuren in der Kür, insbesondere Stütz- und Hebefiguren bei den Zweier- und Dreierübungen, setzen geradezu akrobatisches Können voraus. Gleichzeitig ist aber das Voltigieren zweifellos eine ausgezeichnete Vorbereitung zum Reiten. Der Voltigierer wird mit den charakterlichen und körperlichen Eigenschaften des Pferdes vertraut. Er bekommt ein sicheres Gefühl für die Bewegung und eine ausgezeichnete Balance.

Obschon ein Voltigierpferd eigentlich nichts anderes machen muß, als an der Longe gleichmäßig im Kreis zu galoppieren, hat es doch eine ganze Reihe von Voraussetzungen zu erfüllen. Es muß kraftvoll gebaut, darf aber keinesfalls zu schwer sein, denn es muß bis zu 150 Kilogramm tragen können und gleichzeitig genügend Ausdauer für einen viertelstündigen Galopp haben. Dieser Galopp, insbesondere auf dem engen Zirkel, und die Belastung durch die auf- und abspringenden Voltigierer setzen korrekt gestellte, kräftige, äußerst widerstandsfähige Beine voraus. Die Sattellage soll schön abgerundet und die Kruppe breit und nicht stark abfallend sein. Der Rücken darf nicht zu lang und damit ungeeignet für schwere Belastung, aber auch nicht zu kurz sein, denn immerhin müssen bis drei Voltigierer darauf noch Platz zum Turnen haben. Eher kurze Beine sind normalerweise widerstandsfähiger und bedeuten gleichzeitig kein sehr hohes Stockmaß, was natürlich das Auf- und Abspringen erleichtert. Das Pferd braucht genügend Temperament, um gerne und ohne ständiges Antreiben vorwärtszugaloppieren. Gleichzeitig aber muß es frei von Nervosität und Schreckhaftigkeit und selbstverständlich darf es nicht kitzlig sein. Allerwichtigste Voraussetzung aber ist ein ausgeglichener, freundlicher, ehrlicher Charakter, denn nur ein Pferd mit diesen Eigenschaften gehört in die Nähe von Kindern.

Ein Pferd vom Typ eines amerikanischen Quarter Horse wäre eigentlich auf der ganzen Linie ein ideales Voltigierpferd (wie auch ein ideales Geländepferd), aber leider ist die Reitpferdezucht, besonders auf dem europäischen Kontinent, beinahe ausschließlich auf Springfähigkeit ausgerichtet.

POLO

Polo ist eines der ältesten Mannschaftsballspiele der Welt. Es entstand wahrscheinlich schon vor Christi Geburt in Persien und erfreute sich schon sehr früh auch in Indien und China großer Beliebtheit. Unbestritten ist es eines der hinreißendsten Mannschaftsspiele überhaupt. Es gehörte zu den Höhepunkten der modernen Olympischen Spiele, mußte aber nach 1936 aus dem Programm gestrichen werden, weil nur wenige Nationen genügend gute Mannschaften stellen konnten. Nur in pferdereichen Ländern mit finanzkräftiger Oberschicht konnte Polo richtig Fuß fassen. Zwar kam das Spiel schon um 1200 mit Kreuzrittern nach Frankreich, aber eingebürgert hat es sich in Europa erst 1872 mit der Gründung des Monmouthshire Polo Club durch englische Husarenoffiziere, die diesen Sport in Indien entdeckt hatten. Außer in England fand das Spiel nur noch in den USA und vor allem in Argentinien eine größere Verbreitung. Der Grund dafür ist einleuchtend: Jedes Polopony braucht außer seiner speziellen Eignung eine zeitraubende Ausbildung, und jeder Spieler braucht mindestens zwei, besser drei oder vier Ponys, denn nach jedem Spielabschnitt sind die Tiere so erschöpft, daß sie ausgewechselt werden müssen.

1 Es geht auch mit einfachen Unterkünften, sogar hier auf einem großen Polomeeting in Maryland, USA.

2 Die wohltuende Dusche nach dem zwar kurzen, aber äußerst harten Einsatz.

3 und 4 Polo: — das ist Sinn für Taktik und Zusammenspiel, das ist Angriffsgeist und blitzschnelles Reaktionsvermögen, das ist höchst präzise Schlagarbeit auch im größten Tumult, vor allem aber ist es völliges Einssein mit dem Pony.

Basketball zu Pferde könnte man das argentinische Nationalspiel «El Pato» nennen. Jede Mannschaft versucht während der sechs Spieletappen zu je sieben Minuten, den Lederball mit den vier Handgriffen möglichst oft ins gegnerische Netz zu werfen.

Polo wird gewöhnlich auf einem Feld von 250 mal 150 Metern Größe gespielt. Jede Mannschaft besteht aus vier Spielern, die versuchen, mit ihren Schlägern den 125 Gramm schweren, weißen Holzball ins 7,50 Meter breite Tor des Gegners zu befördern. In Europa werden normalerweise vier Abschnitte oder Chukkers gespielt, in Südamerika, wo man über mehr Pferde verfügt, spielt man sechs Chukkers. Bei Torgleichheit wird ein zusätzlicher Chukker angehängt.

Polo ist ein harter und durchaus nicht ungefährlicher Sport, der eine gründliche Ausbildung auch des Reiters, viel Geschicklichkeit, Gleichgewichts- und Ballgefühl, blitzschnelle Reaktion und ruhige Nerven sowie eine hervorragende Harmonie zwischen Reiter und Pferd voraussetzt. Bereits die vier Grundschläge — je ein Vorwärts- und ein Rückwärtsschlag auf jeder Körperseite — sind schon schwierig genug, insbesondere, da sie meistens vom galoppierenden Pferd aus auf den bewegten Ball ausgeführt werden. Nur sehr gute Spieler beherrschen die Schläge unter dem Hals oder unter dem Schweif des Pferdes durch sicher, und nur bei den größten Könnern gehört der Schlag unter dem Bauch durch zum Repertoire.

Poloponys sind heute in den wenigsten Fällen Ponys, werden aber traditionsgemäß so genannt. Voraussetzungen an ein Polopony sind Schnelligkeit, Wendigkeit, Ausdauer und Härte, Intelligenz, Lerneifer und gute Nerven, außerdem genügend Temperament. Nur hoch im Blut stehende Pferde stehen einen Chukker ohne größeren Leistungsabfall durch und erholen sich schnell genug, um in einem späteren Spielabschnitt nochmals voll galoppieren zu können.

El Pato

In der alten Form dieses argentinischen Nationalspieles ging es um die Ente, um *El Pato*. Die älteste Beschreibung eines solchen Reitspieles findet man in einer kirchlichen Festschrift aus dem Jahre 1610. Eine größere Zahl junger Burschen soll im Laufe jenes Wettkampfes von Pferden erdrückt oder zertrampelt worden sein. Später wurde das Spiel wegen seiner Gefährlichkeit mehrmals von der Kirche verboten, doch in abgelegenen Gegenden praktizierten es die Gauchos mit Leidenschaft weiter.

Vor Spielbeginn wurde eine Ente in ein Stück Leder eingenäht. Dann wurde sie vor der Kirche über die versammelten Reiter in die Luft geworfen. Jeder versuchte nun, die Ente zu erwischen, um dann zum Haus seiner Angebeteten zu reiten und sie dort vor die Türe zu werfen. An dem Spiel beteiligten sich mindestens mehrere Dutzend, oft sogar mehrere hundert Reiter, und wenn es auch zwei Mannschaften gab, kämpfte doch jeder mit größter Rücksichtslosigkeit gegen jeden; denn der Sieger wurde als Held gefeiert. Das Spiel dauerte gewöhnlich Stunden und erforderte vor allem sattelfeste und verwegene Reiter sowie harte, schnelle, wendige und äußerst ausdauernde Pferde.

1822 wurde *El Pato* vom Staat verboten. Erst ab 1937 durfte es wieder offiziell gespielt werden, allerdings in einer humaneren Form mit festgelegten Spielregeln. Nur noch acht Reiter bestreiten das Spiel, zwei Vierermannschaften. Austragungsort ist gewöhnlich ein Spielfeld von 90 auf 200 Meter Größe. «El Pato» ist kein bedauernswertes Federvieh mehr, sondern ein 1250 Gramm schwerer Ball mit vier Handgriffen aus Leder. Wie beim Basketball muß dieser Ball in den gegnerischen Korb geworfen werden. Das Spiel setzt sich normalerweise aus sechs Spielabschnitten zu je sieben Minuten mit jeweils fünf Minuten Pause zusammen. Gewöhnlich benützt jeder Reiter zwei Pferde, die er abwechselnd einsetzt.

El Pato ist kaum noch lebensgefährlich, aber es erfordert nach wie vor geradezu akrobatische Reiter, die im vollen Galopp den Ball auch vom Boden aufheben, präzise dem Partner zuspielen oder ins Netz werfen können und die völlig mit den Bewegungen des Pferdes harmonieren. Und es verlangt einsatzfreudige, robuste, überaus bewegliche und ausdauernde Tiere mit guter Lernfähigkeit, denn wie beim Polo müssen sie selbst mitspielen.

Gymkhana

Wenn in Griechenland Knaben in Kolonnen oder Gliedern im Kreis ritten, wenn römische Kavalleristen mit dem Schwert auf dem Übungsplatz den «Palus» traktierten, den in den Boden eingelassenen Holzpfahl, wenn mittelalterliche Reiter einander mit der Lanze aus dem Sattel zu heben versuchten oder wenn österreichische Husaren vom Pferderücken aus in voller Karriere künstliche, turbangeschmückte Köpfe aufspießten, förderten sie zuerst ihre Kampftüchtigkeit. Mit Reitkunst aber hatten alle diese Formen militärischer Ertüchtigung erst in zweiter Linie zu tun.

Von einer viel feineren und vielseitigeren Art hingegen waren die Reitübungen indischer Soldaten während der britischen Kolonialzeit. Man nannte sie Gymkhana, was soviel wie Gymnastikschule bedeutet. Sie förderten die Geschicklichkeit und die Reaktionsfähigkeit, die körperliche Leistungsfähigkeit und das gegenseitige Vertrauen. Sie machten die Soldaten zu völlig gelösten und außerordentlich sattelfesten Reitern, die zähen Ponys zu willigen, auf leiseste Hilfegebung reagierenden Reittieren, die auch vor sehr ausgefallenen Aufgaben kaum noch zurückschreckten.

Sehr schnell erkannten die Engländer den großen Wert der Gymkhanaübungen, die außerdem ihrer Spielleidenschaft entgegenkamen. Bald schon gehörte Gymkhana zur Ertüchtigung und sportlichen Betätigung der berittenen Engländer in Indien.

Von Indien gelangten die Übungen auf die Britischen Inseln, wo sie in Form von Reitspielen, vor allem für Jugendliche, heute noch weiterleben. Zu sehr großer Popularität gelangte Gymkhana in den USA, besonders im Westen. Es ist bezeichnend, daß diese Spiele gerade hier so fest Fuß fassen konnten, wo Reiten etwas Selbstverständliches und Natürliches ist und nicht die Anrüchigkeit eines Herrensportes hat und wo man daher auch weiß, daß ein Pferd vor allem «funktionieren» muß. Es muß in erster Linie willig und zuverlässig, frei von Schreckhaftigkeit, beweglich, geschickt, gehorsam und dennoch selbstsicher sein. Alle diese Eigenschaften werden durch Gymkhana gefördert, und ein gutes Gymkhanapony ist daher normalerweise auch ein gutes Reittier für Gelände und Trekking.

Auf dem europäischen Kontinent beginnt sich Gymkhana leider nur ganz langsam einzubürgern. Es gibt erst wenige Fachleute, die imstande sind, Ponys oder Pferde und Reiter zu Gymkhanaspielern auszubilden. Gelegentlich werden an Reitturnieren zur Auflockerung Reitspiele für Kinder ausgeschrieben. Meistens sind die jungen Reiter und ihre Ponys kaum oder gar nicht auf solche Aufgaben vorbereitet. Und so erwekken solche Veranstaltungen nur Gelächter beim Publikum, und die beteiligten Kinder wollen nie mehr etwas von Reitspielen hören. Anderseits werden vor allem der Springsport und der Rennsport für Ponys sehr gefördert, obschon gerade diese beiden Sportarten in der Ponyreiterei sehr viel Schaden anrichten.

Es gibt eine große Zahl verschiedener Gymkhanaspiele. Bei vielen gibt es kurze Galoppstrecken, bei einigen müssen auch kleine Hindernisse übersprungen werden. Dennoch sind alle diese Spiele auf Geschicklichkeit, auf das Harmonieren von Reiter und Pony ausgerichtet, keinesfalls aber auf Renntempo und Springvermögen. Die sich daraus ergebenden Vorteile sind klar: Einerseits sind die Ponys auch im Gelände geschickt und willig, anderseits wird ihr Wert nicht durch den Kaufpreis bestimmt, sondern hauptsächlich durch die Ausbildung, durch das sorgsam aufgebaute, unerschütterliche Vertrauensverhältnis zwischen Kind und Tier.

Aus der Vielfalt von Spielen sollen hier einige Kostproben gegeben werden. Da gibt es zum Beispiel das Schlüssellochrennen, das in den USA kaum an einem Gymkhana fehlt. Es ist ein einfaches Spiel und für die Zuschauer wenig aufregend, aber eine gute Geschicklichkeitsprüfung. 15 bis 25 Meter von der Startlinie entfernt wurde mit Sägespänen eine schlüssellochförmige Figur auf

1 Kaum irgendeine andere reitsportliche Tätigkeit fördert die Sicherheit des Sitzes und das gegenseitige Verständnis zwischen Reiter und Reittier so sehr wie Gymkhana. Diese Aufnahme von einem Faßrennen in Nashville, Tennessee, demonstriert gleichzeitig den vollen Einsatz des Pferdes im Spiel und die absolute Gelöstheit des Mädchens im Sattel.

2 Zweiersackrennen, eine der unzähligen Gymkhana-Spielarten.

3 Um Zentimeter verfehlt. Hier gilt es, vom galoppierenden Pony aus einen Tennisball vom Boden aufzuheben. Anfänger praktizieren dieses Spiel mit einem Jutesack, Könner mit einer Münze, und zwar ohne Sattel, vom blanken Pferderücken aus.

4 Spielkombination für Anfänger. Unter anderem muß sich der Reiter auf dem Pony eine Jacke anziehen und einige Kartoffeln in einen Kessel werfen. Das klingt sehr einfach, aber ein unvorbereitetes Pony wird vor der flatternden Jacke scheuen und bestimmt Schwierigkeiten machen, wenn die Kartoffeln in den Kessel poltern.

5 Zu den Gymkhanaspielen gehören Slalomkurse in den verschiedensten Kombinationen. Das fördert die Wendigkeit, das rasche, sichere Umspringen im Galopp, die Führigkeit des Ponys. Diesen etwas zu weiten Bogen um die letzte Stange eines Slalomkurses reitet Jack Huyler, der mehrfache kalifornische Gymkhanachampion, auf El Paso Gap.

den Boden gezeichnet. Der Reiter galoppiert auf diese Figur zu, reitet im Schritt oder Trab durch den schmalen Hals, wendet in dem Kreis, der für kleinere Ponys zwei Meter, für größere Ponys und Pferde 2,5 Meter Durchmesser hat, verläßt das Schlüsselloch wieder durch den Hals und galoppiert zurück zur Linie. Betreten oder Übertreten der Sägemehllinie bedeutet den Ausschluß. Ein zügiger Galopp ist wichtig, doch viel wichtiger ist, daß sich ein Pony nicht aus dem Häuschen bringen läßt und rasch und sauber sozusagen auf der Stelle wendet.

Viele Gymkhanaspiele sind Slalomläufe. Normalerweise werden sechs Stangen in gerader Linie in Abständen von fünf Metern aufgestellt, und diese Stangenreihe wird hin und zurück in slalomförmiger Linie durchgeritten. Nur ein Pony, das gelernt hat, bei Gewichtsverlagerung des Reiters von Links- auf Rechtsgalopp und umgekehrt umzuspringen, kann einen Slalom flüssig im Galopp gehen. Und ein solches Pony wird auch im Gelände nicht so leicht das Gleichgewicht verlieren. Oft werden zwei oder auch mehr Slalomkurse nebeneinander ausgesteckt und gleichzeitig von mehreren Einzelreitern oder Stafettenmannschaften geritten, was das Spiel natürlich viel spannender macht.

Das beliebteste Gymkhanaspiel in den USA ist das Faßrennen. Drei leere Fässer werden in 30 bis 35 Metern Abstand im Dreieck aufgestellt und müssen in einer kleeblattförmigen Figur umritten werden. Auch das sieht sehr einfach aus, aber nur Reiter und Ponys mit sehr viel Übung sind zu einem guten Faßritt fähig.

Neben vielen weiteren Figurenrennen ähnlicher Art gibt es auch verspieltere Übungen, vor allem für die jüngsten Teilnehmer, wie etwa Kartoffelrennen, bei denen einige Kartoffeln vom Ponyrücken aus in einen am Boden stehenden Eimer geworfen werden müssen, wobei das Pony natürlich nicht gleich wegen des Gepolters durchbrennen sollte, oder Kleiderrennen, bei denen man sich während des Rittes umziehen muß, ohne daß flatternde Kleidungsstücke die Ponys in Panik bringen.

203

Rodeo

Unter dem Begriff Rodeo versteht man in Europa normalerweise wild in einem Korral, einem Gehege herumtobende Pferde, auf deren Rücken sich verzweifelt Cowboys zu halten versuchen. Das Reiten bockender Pferde gehört tatsächlich zu jedem Rodeo, es ist aber nur einer von insgesamt sechs Wettbewerben, aus denen sich eine Rodeoveranstaltung zusammensetzt.

Der Ursprung der Rodeospiele — von denen es heute Weltmeisterschaften gibt und die in Australien und Neuseeland mit ebensolcher Begeisterung betrieben werden wie in den USA und in Kanada — ist in der Arbeit der Cowboys zu finden, zu der das Zureiten von Wildfängen, das Einfangen und Überwältigen fast wild aufwachsender Kälber und Rinder gehört. *Bareback* und *Bronc Riding*, die wilden Ritte auf den bockenden Pferden, sind zwar besonders spektakulär und entsprechend publikumswirksam, doch erfordern sie nicht viel mehr als einen möglichst sicheren Sitz, eine gehörige Portion Mut und eben bockende Pferde. Die «Ropers» jedoch, die mit Lassos Vieh einfangen, haben großartige Reitkunst zu bieten, auch wenn diese mit klassischer Dressur nichts gemeinsam hat, außer daß auch hier jahrelange Ausbildungsarbeit erforderlich ist.

Beim *Calf Roping* muß ein Kalb mit dem Lasso eingefangen und an drei Beinen gefesselt werden. Das Kalb steht in einem Gitterverschlag bereit und hat nur den Wunsch, so schnell als möglich wieder zu seinen Herdengenossen zu gelangen, die am anderen Ende des Stadions eingepfercht sind. Neben dem Verschlag wartet der Cowboy mit dem Lasso in der Hand. Das hintere Ende des Lassos ist am Sattelknauf festgeknüpft. Zwischen den Zähnen hält der Reiter ein kleines Stück Seil zum Fesseln der Beine. Auf ein Signal hin wird das Gitter geöffnet. Das Kalb stürmt mit erstaunlicher Geschwindigkeit ins Stadion. Der Cowboy prescht hinterher, wobei ihm das fabelhafte Beschleunigungsvermögen des Quarter Horse oder Appaloosas sehr zugute kommt. Er schwingt das Lasso, wirft dem Kalb die Schlinge über den Kopf und springt im gleichen Augenblick auch schon vom Pferd. Sofort stoppt das Reittier. Durch das plötzlich straff werdende Seil wird das Kalb zu Boden geworfen. Noch ehe es sich wieder hochrappeln kann, kniet der Reiter auf dem Kalb, packt drei der Beine, fesselt sie blitzschnell und steht auf. Das Kalb zappelt, aber die Fesselung muß mindestens zehn Sekunden lang halten. Dieser ganze Vorgang, vom Startsignal bis zum Aufstehen des Reiters, dauert bei den besten Spielern etwa acht Sekunden!

Etwa für die Hälfte der Teilnehmer läuft das Calf Roping nicht so perfekt ab. Da gelingt beispielsweise der erste Lassowurf nicht, und schon ist das Spiel aus, denn ein zweiter Wurf ist nicht gestattet. Oder das Kalb bricht zur Seite aus und verzögert den Ablauf. Oder es steht schon wieder auf den Beinen, bevor der Reiter bei ihm ist, und muß von diesem zum Fesseln wieder zu Boden geworfen werden. Das ist nicht immer ganz einfach, und die 20 Sekunden, die dem Reiter insgesamt zur Verfügung stehen, sind schnell verstrichen. Erstaunlich ist indes, daß das Pferd praktisch nie versagt. Dabei ist es ganz wesentlich an der Aktion beteiligt. Es verfolgt selbständig das Kalb und braucht dazu weder gelenkt noch angespornt zu werden. Es führt augenblicklich einen «Sliding stop» aus, eine «Vollbremsung» mit weit untergetretenen Hinterbeinen, wie sie für das Westernreiten typisch ist, sobald dem Kalb die Lassoschlinge um den Hals liegt. Und anschließend sorgt das Pferd selbständig und ohne Reiter dafür, daß das Lasso angespannt bleibt. Wenn das Kalb sich hochrappeln will, geht jedes gute Roping Horse rückwärts und hindert damit das Kalb beim Aufstehen. Zu einer solchen Leistung braucht es ein aufgewecktes, lernfreudiges Pferd und einen mit «Pferdeverstand» und großer Geduld gesegneten Trainer. Es überrascht daher auch nicht, daß man junge, rohe, vielversprechende Westernpferde in Amerika zu Preisen kaufen kann, von denen man in Europa nur träumt, während ein fertig ausgebildetes Cowboypferd ein kleines Vermögen wert ist. Denn bis ein Pferd alle Ar-

1 und 2 Beim Team Roping arbeitet ein Zweimannteam. Der erste Reiter fängt das halbwüchsige Rind — wenn möglich — mit dem Lasso am Kopf, sodann wirft der nachfolgende Reiter seine Lassoschlinge um die Hinterbeine und bringt dadurch das Tier zu Fall.

3 Beim Steer Wrestling bemüht sich der Reiter, möglichst dicht neben den halbwüchsigen Stier zu gelangen, wirft sich dann auf dessen Nacken und sucht so das Tier zu Boden zu werfen.

4 bis 11 Calf Roping verlangt vom Pferd besonders viel aktive Mitarbeit. Es verfolgt selbständig das Kalb, stoppt augenblicklich, wenn sich die Lassoschlinge über den Kopf des Kalbes legt, und versucht durch Rückwärtstreten, das Seil gestreckt zu halten. Auf unserer Bildsequenz ist die Aktion mißlungen. Statt des an den Füßen gefesselten Kalbes landet der Reiter im Staub.

205

beiten mit dem Vieh zuverlässig ausführen kann, rechnet man mit fünf bis sechs Jahren Ausbildungszeit.

Ein anderer Lasso-Wettbewerb ist das *Team Roping*. Hier gilt es, ein halbwüchsiges Rind mit dem Lasso zu fangen. Genau wie die kleinen, sehr lebhaften Kälber, haben auch diese Tiere im Verhalten wenig Ähnlichkeit mit europäischem Milchvieh. Es ist Fleischvieh, das auf großen Ranches beinahe wild aufwächst und dementsprechend kräftig, beweglich, menschenscheu und von einer gewissen Größe an auch recht wehrhaft ist. Halbwüchsige Tiere werden daher gewöhnlich von zwei Cowboys eingefangen, und um diese Teamarbeit geht es bei diesem Wettbewerb. Neben dem Gitterverschlag mit dem Rind stehen nun zwei Reiter bereit. Nach dem Signal stürmen sie hintereinander hinter dem Rind her. So schnell als möglich wirft der vordere Reiter seine Lassoschlinge über den Kopf des Rindes oder über die Hörner, stoppt nun aber nicht, sondern reitet seitwärts weg, während der zweite Reiter seine Lassoschlinge um die Hinterbeine des galoppierenden Rindes wirft und zur anderen Seite wegreitet. Nach wenigen Augenblicken sind die beiden Lassoseile straff, und das Rind stürzt wehrlos zu Boden. Wichtig ist hier eine blitzschnelle Reaktionsfähigkeit von Reitern und Pferden, denn man weiß nie sicher, was das Rind im nächsten Augenblick tun wird, obschon es in erster Linie bestrebt ist, rasch zur Gegenseite des Stadions, zu den anderen Rindern zu kommen. Und die größte Schwierigkeit ist natürlich der Lassowurf um ein oder beide Hinterbeine.

Rinderarbeit, wie sie in Wirklichkeit seltener praktiziert wird, ist das *Steer Wrestling*, das «Stierringen». Dazu steht im Verschlag ein halbwüchsiger Stier,

2 Ist die Zeit abgelaufen, versucht sich der Rodeoreiter auf ein herangeführtes Pferd hinüberzuretten.

3 Beim Bronc Riding sitzt der Reiter zwar in einem Sattel, dafür gibt es keinen festen Griff, sondern nur ein Stück Seil am Halfter, an dem er sich mit einer Hand festhalten darf.

1 Bare Back Riding. Unser Reiter hat den Griff an der Brustgurte bereits aus der Hand verloren und hat keine Chance, die geforderten 15 Sekunden auf dem blanken Rücken des wild bockenden Pferdes durchzustehen.

4 Bull Riding. Fünfzehn Sekunden ohne Sattel auf einem halbwilden Stier, der eine erstaunliche Aktivität entwickeln kann — das wird oft gefährlich.

5 und 6 Vorbereitungen zum Bare Back Riding. Behutsam wird dem Pferd im engen Verschlag die Brustgurte umgelegt.

7 Schmerzhafte Stürze sind völlig normal bei jedem Rodeo, ernste Verletzungen jedoch erstaunlich selten.

links und rechts flankiert von einem Cowboy. Nach dem Start hat der Reiter auf der rechten Seite die Aufgabe, den Stier nach Möglichkeit am Ausbrechen nach rechts zu hindern. Der andere Cowboy indessen, meistens ein recht gewichtiger Mensch, ist nach zwei, drei Sekunden auf gleicher Höhe mit dem Stier, wirft sich nun seitlich auf den Nacken des Tieres und reißt es durch den Anprall zu Boden. Nun versucht er Hals und Kopf des Stiers so zu drehen, daß beide Hornspitzen den Boden berühren, und ihn damit, zumindest für einige Sekunden, wehrlos zu machen. Häufig kommt der Reiter dabei unter den Stier zu liegen, und ohne ein paar Quetschungen läuft die Vorstellung selten ab. Außerdem passiert es nicht selten, daß der Stier noch im letzten Augenblick ausweichen kann, so daß der Reiter schwungvoll auf dem Boden landet und vielleicht noch vom Stier überrannt wird.

Nochmals um Stiere geht es beim *Bull Riding*, beim Bullenreiten, dem verrücktesten und gefährlichsten Rodeowettbewerb. Verwendet werden dazu ausgewachsene, muskulöse Stiere, und zwar meistens Buckelrinder asiatischer Herkunft oder Kreuzungsprodukte aus Buckelrindern und anderen Rassen. Der Bulle wird vor dem Start in einen engen Verschlag getrieben. Hier wird ihm ein Seil um den Vorderkörper gebunden, und hier setzt sich der Reiter vorsichtig auf den mächtigen Rücken. Ein wild bockendes, wie ein Wirbelwind herumrasendes Pferd kann man sich vorstellen. Aber wer es nie erlebt hat, kann sich nicht denken, zu welchen Luftsprüngen und blitzschnellen Pirouetten ein ausgewachsener Stier fähig ist. Nur mit der linken Hand dürfen sich die Reiter an dem Seil festhalten, und der größere Teil von ihnen liegt im Sand, ehe die vorgeschriebenen 20 Sekunden vorbei sind. Stürzt ein Rodeoreiter vom bockenden Pferd, muß er sich nur vor den auskeilenden Hufen in acht nehmen. Der Stier indessen keilt nicht nur genauso temperamentvoll aus, sondern greift nicht selten den gestürzten Cowboy an. Schwere Unfälle sind beim Bull Riding nicht selten.

Gleich wie dieser Wettbewerb spielen sich das *Bare Back Riding* und das *Saddle Bronc Riding* ab. Beim Bare Back reitet man ein Pferd ohne Sattel und hält sich nur mit der linken Hand an einem festen Ledergriff, der sich an einer um den Vorderkörper geschnallten Gurte befindet. Beim Bronc Riding hat der Reiter einen Sattel und daher mit Gesäß und Schenkeln einen viel besseren Halt, aber dafür darf er sich nur mit der Linken am Ende eines etwa meterlangen Seiles festhalten, das am Halfter befestigt ist. Bleibt der Reiter 20 Sekunden auf dem Pferd, werden Stil und Schwierigkeitsgrad bewertet, da sich nicht jedes Pferd gleich wild gebärdet. Verwendet werden meistens Mustangs, und damit sie auch wirklich bocken, wird ihnen ein Lederriemen kurz vor den Hinterbeinen um den Bauch geschnallt. Gleich nach dem Ritt wird dieser Gurt von einem anderen Reiter entfernt, worauf sich der eben noch auskeilende Mustang meistens sofort beruhigt und anstandslos zurück in den Pferch zu den Artgenossen trabt.

Die Spiele der Gauchos

Genau wie die Cowboys des amerikanischen Westens haben die berittenen Rinderhirten Mittel- und Südamerikas Spiele, bei denen sie ihre berufliche Geschicklichkeit und ihren Mut unter Beweis stellen. Eine Jineteada, ein südamerikanisches Rodeo, wirkt zwar meistens improvisiert und ist oft nur ein dörfliches Sonntagsvergnügen, von dem man nie recht weiß, ob es überhaupt stattfindet, wann es beginnt und wann es zu Ende sein wird, aber es ist, dem südamerikanischen Temperament entsprechend, ebenfalls sehr abenteuerlich.

Bei den organisierten Jineteadas gibt es gewöhnlich zwei Konkurrenzen, zuerst eine für die Amateure, deren Lohn nur aus Beifall und der Teilnahme am anschließenden Eß- und Trinkgelage besteht, und eine zweite für Professionals, die von Fiesta zu Fiesta reiten und mit dem gewonnenen Geld ihren Lebensunterhalt bestreiten.

Bereits beim Reiten roher Pferde, dem beliebtesten Spiel, gibt es eine Menge von Variationen. Im Nordwesten Argentiniens wird auf blankem Rücken geritten, und der Reiter kann sich nur mit einem Lederriemen festhalten, den er lose um den Pferdehals gelegt hat. Hier sind zehn Sekunden Ritt eine Meisterleistung. In der Pampa Argentiniens und in Uruguay trägt das Pferd als Sitzunterlage eine Art Kissen oder ein Schaffell, festgeschnallt mit einer Brustgurte. Wieder an anderen Orten legt der Gaucho seinen eigenen Sattel auf und hat ein einfaches Kopfzeug mit einem breiten Zügel zur Verfügung.

Auf jedem amerikanischen Rodeoplatz gibt es eine Reihe enger Verschläge, in denen man die Wildfänge aufzäumt und besteigt. In den meisten Gegenden Südamerikas wird das Pferd zu diesem Zweck an einen Pfahl gebunden, und damit es einigermaßen ruhig bleibt, verbindet man ihm die Augen. Sitzt der Reiter, wird das Pferd losgebunden, die Augenbinde wird entfernt, der Höllentanz kann losgehen, begleitet von den temperamentvollen Anfeuerungs-, Beifalls- oder Schmährufen oder vom schadenfrohen Gelächter des Publikums und vom Kommentar des redegewandten Sprechers, der sich oft einen Spaß daraus macht, seinen Bericht in Reimen vorzutragen. An einigen Orten verzichtet man auf den Pfahl. Hier hält ein halbes Dutzend Gauchos das Pferd fest, bis die Augenbinde entfernt wird und sich jeder eilig vor den auskeilenden Hufen des Wildlings in Sicherheit zu bringen sucht.

Den gefährlichsten Augenblick erlebt der Rodeoreiter beim Verlassen des Pferdes: Auskeilende Hufe können ihn zum Krüppel schlagen. Wer vom Pferd

1 bis 3 Die Reitspiele südamerikanischer Viehhirten gleichen dem nordamerikanischen Rodeo. Auf unseren Aufnahmen aus Argentinien wird das rohe Pferd mit verbundenen Augen an einen Pfosten gebunden, damit es gesattelt und bestiegen werden kann.

4 Hier in Brasilien ersetzen ein Dutzend Männerfäuste den Pfosten, bevor der wilde Ritt auf dem ungesattelten Pferd beginnt.

5 Huasos in Chile. Die Reiter müssen den halbwüchsigen Stier an die gepolsterten Planken der Arena drängen.

6 Vorzeitiges Verlassen des ungesattelten Criollos.

7 In vollem Galopp muß dieser argentinische Gaucho einen kaum bleistiftgroßen Stab durch einen winzigen aufgehängten Ring stoßen.

nichts anderes als eine spielerische Form dieser Arbeit mit festgelegten Regeln. Der Gaucho muß, natürlich mit seinem dafür ausgebildeten Pferd und in voller Montur, ein Rind gegen die Bretterwand manövrieren, und das Pferd muß es dort mit seiner Brust und den Vorderbeinen blockieren, eine recht rauh wirkende Angelegenheit, bei der die Teilnehmer schon einmal Schrammen abkriegen können, aber doch selten ernsthaft verletzt werden. Je nach der Körperpartie, an welcher das Rind blockiert wird, gibt es mehr oder weniger Punkte.

Manche Gauchospiele wirken auf den ersten Blick sehr einfach, aber alle erfordern in Wirklichkeit viel Geschick. Bei einem der Spiele gilt es beispielsweise, in vollem Galopp auf ein in Kniehöhe gespanntes Seil loszureiten und möglichst dicht davor zu stoppen. Die besten Reiter berühren dabei gerade eben noch das Seil; mutige, aber weniger geschickte können fürchterlich stürzen.

Sehr beliebt ist die *Carrera de sortijas*, eine Form des in aller Welt verbreiteten Ringstechens. Die Gauchos hängen dazu einen Ring von der Größe eines Fingerrings so hoch auf, daß der Reiter in den Steigbügeln aufstehen und den Arm hochstrecken muß, um ihn zu erreichen. Die «Lanze», mit welcher der Ring vom galoppierenden Pferd aus aufgespießt werden muß, ist hier nur ein etwa bleistiftgroßer Holzstab. Meistens reiten zwei Reiter gleichzeitig auf zwei nebeneinander aufgehängte Ringe los, und gelegentlich hängt einige Meter weiter noch ein zweites Ringpaar, das im selben Durchgang mitgenommen werden muß. Viele Spieler sind so geschickt, daß es oft eine ganze Reihe von Durchgängen braucht, bis der Sieger ermittelt ist.

fällt, ist diesem Risiko immer ausgesetzt. Wer jedoch die vorgeschriebene Zeit auf dem bockenden Pferd durchhält, bekommt Hilfe. Ein oder zwei andere Reiter versuchen so rasch als möglich, an seine Seite zu gelangen, so daß sich der Rodeoreiter hinten auf das zahme Pferd eines Helfers retten kann. Auch das erfordert natürlich einige Geschicklichkeit, doch lohnt es sich, das waghalsige Umsteigen zu üben.

Bull Riding als organisierten Wettbewerb, wie er in den USA üblich ist, gibt es in Südamerika nicht, aber bei dörflichen Fiestas machen sich die vom Wein beschwingten Gauchos gerne ein Vergnügen daraus, ihre Geschicklichkeit auf einem Rind oder auch auf einem Schwein zu beweisen, natürlich zur großen Erheiterung des Publikums. Ein sehr beliebtes Rodeospiel aber hängt mit der Vieharbeit zusammen, nämlich das Blockieren von Rindern. Das Spiel findet auf einem runden Platz statt, der von einer Bretterwand und von einer mehr oder weniger einfachen Tribüne umgeben ist. So eine Anlage findet man auf vielen Estanzias. Sie dient normalerweise dazu, die jungen Rinder, die bis jetzt halbwild gelebt haben, auszusortieren, mit dem Brandzeichen zu versehen oder zu verkaufen. Der Wettbewerb ist

Fantasia

Die heiligen Feste der Marokkaner, die Mussems, sind farbig wie kaum eine andere religiöse Feierlichkeit. Es sind Märkte, und da ist von den geheimnisvollsten Heilmitteln bis zum Reitkamel praktisch alles zu kaufen. Gnaouatänzer und Schleuhmusiker, Wahrsagerinnen, Schlangenbeschwörer und Geschichtenerzähler sorgen für Unterhaltung, und man erfreut sich an Kamelrennen.

Die Höhepunkte jedes großen Mussems aber sind die Fantasias, die Reitspiele, die an die kriegerischen Auseinandersetzungen der Vergangenheit erinnern. Wie aus dem Nichts taucht plötzlich eine Reiterhorde am Horizont auf, prescht herbei, gefolgt von einer mächtigen Staubwolke, und auf ein Signal hin feuern alle Reiter ihre langen, reichbeschlagenen Gewehre ab. Jetzt erst, aus der Nähe, läßt sich erkennen, wie prachtvoll die Pferde herausgeputzt sind, meist Schimmel und Rappen und nicht selten Tiere von bester berberischer Abstammung.

Eigentliche Spiele sind diese Fantasias nicht. Es gibt keine gegnerischen Parteien, die einen Wettkampf austragen. Es sind lediglich gespielte Angriffe, allerdings hinreißend dargestellt.

Der größte Mussem findet alljährlich im August in Moulay-Idriss statt, zu Ehren des Mulay Idriss al-Akbar, des «Vaters der Nation». Idriss I. hat im Jahre 788 in Marokko die erste arabische Dynastie gegründet.

1 Ganze Zeltstädte entstehen an den großen Mussems, Bazare, in denen man fast alles kaufen kann und in denen die verschiedenartigsten Künste zur Schau gestellt werden.

2 Die marokkanischen Sättel sind seit Jahrhunderten unverändert. Die Steigbügel haben eine Auflagefläche für den ganzen Fuß, weil die Stiefel oft dünne Sohlen haben.

3 Eines der bedeutendsten religiösen Feste in Marokko ist der Mussem von Mulay Abdallah.

Rechts: Reine Berberpferde findet man kaum noch. Mit Mohammeds Reiterscharen kamen auch arabische Pferde ins Land und hinterließen Spuren.

Nächste Doppelseite: Schauattacke der Fantasiareiter.

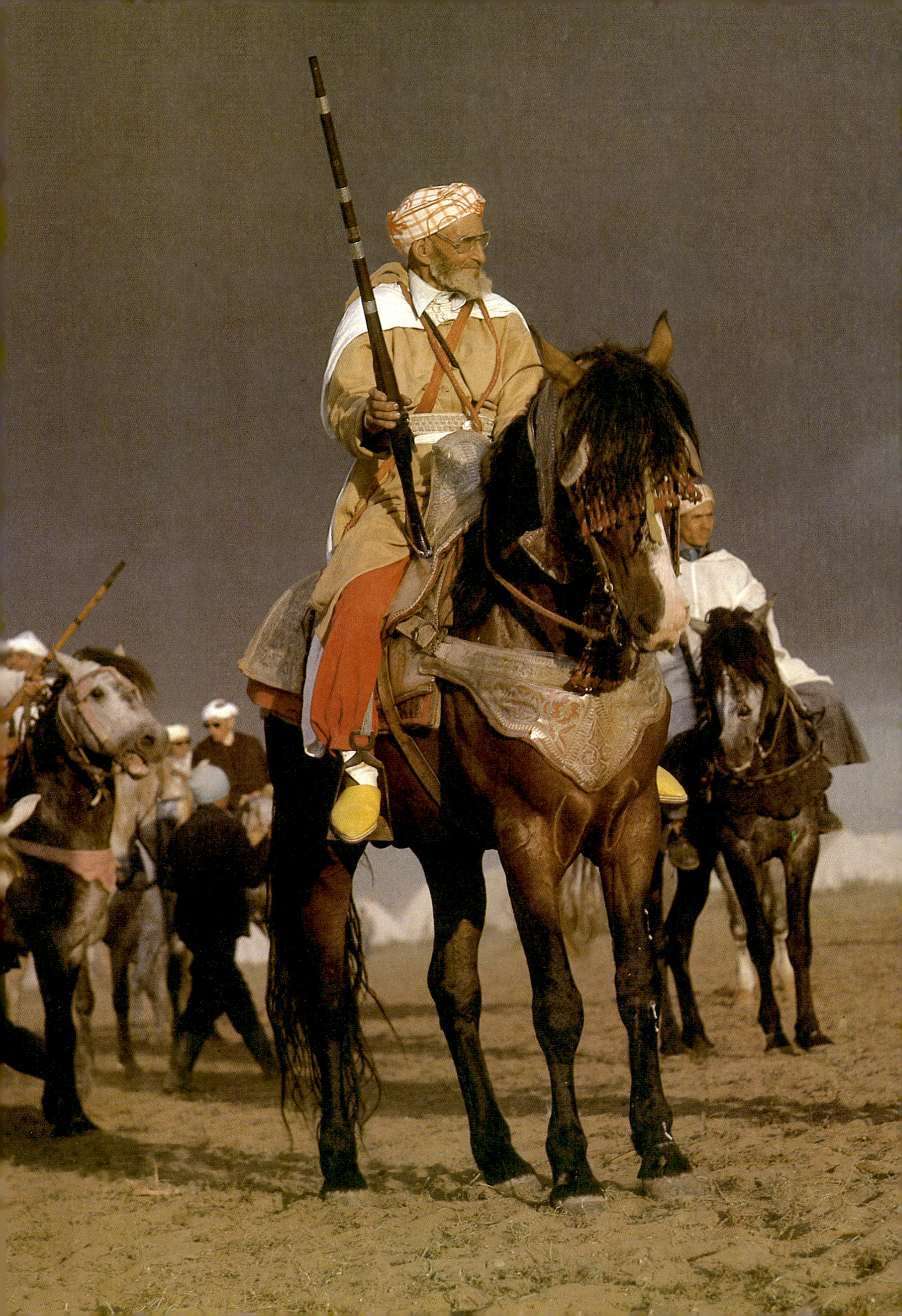

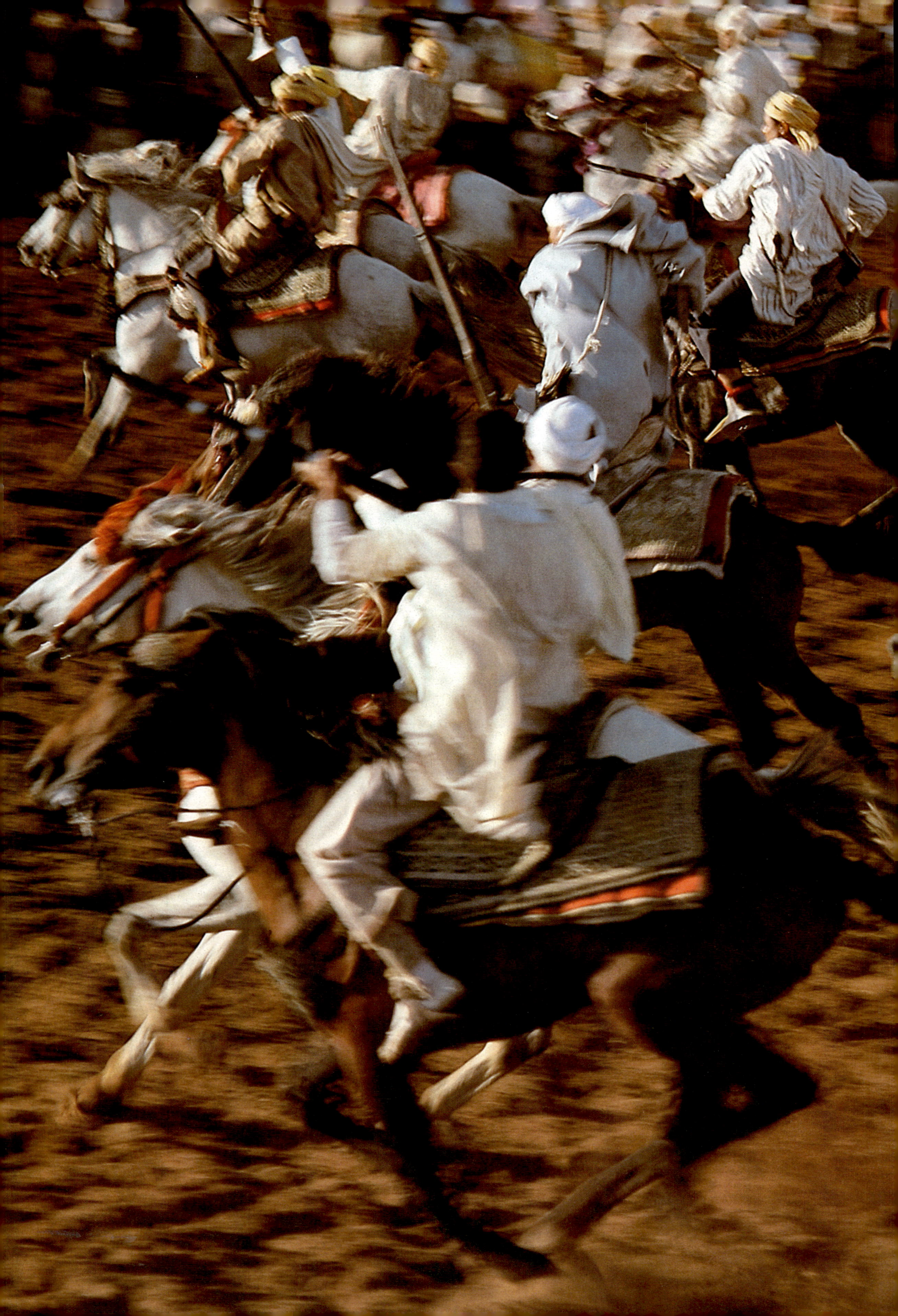

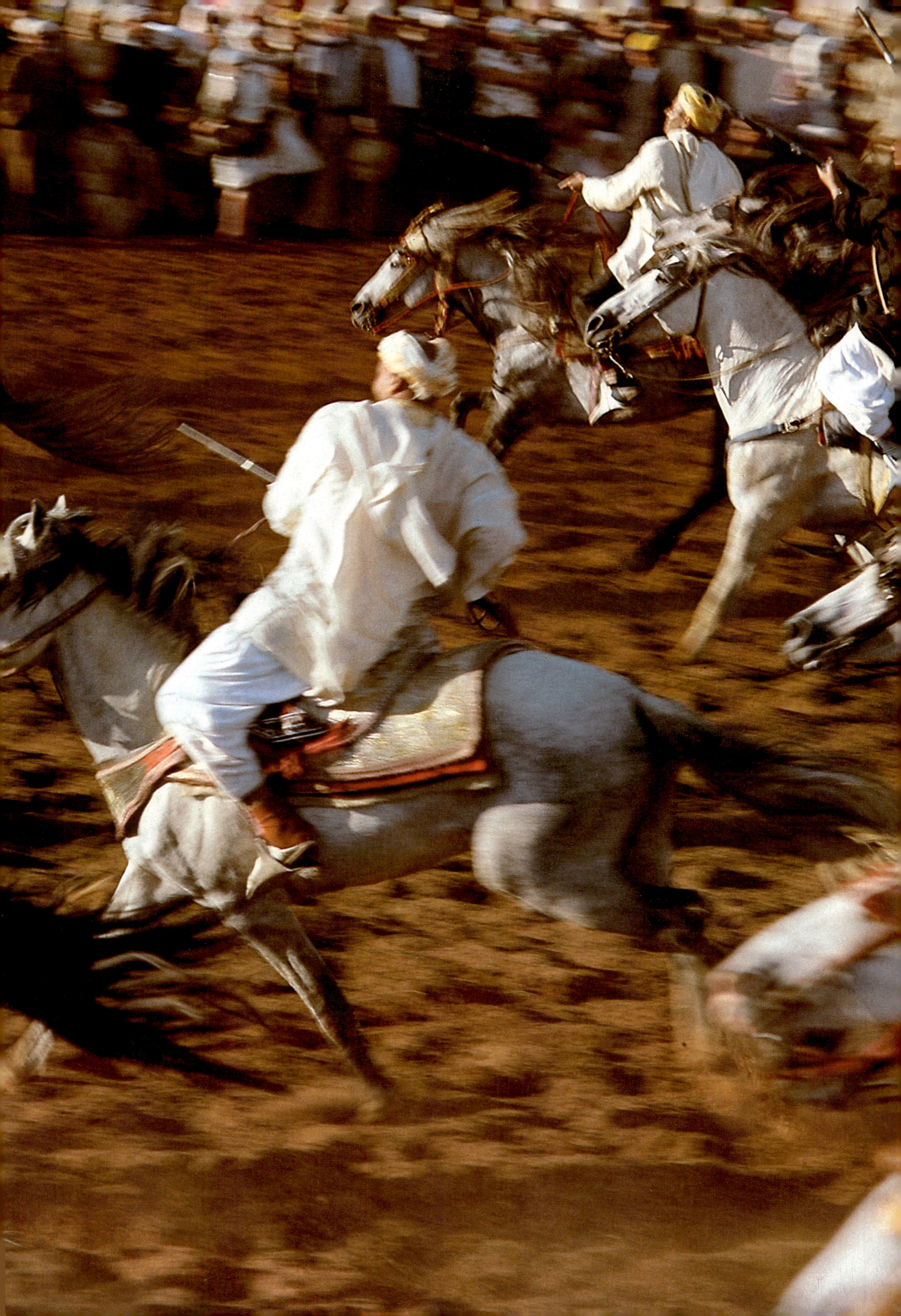

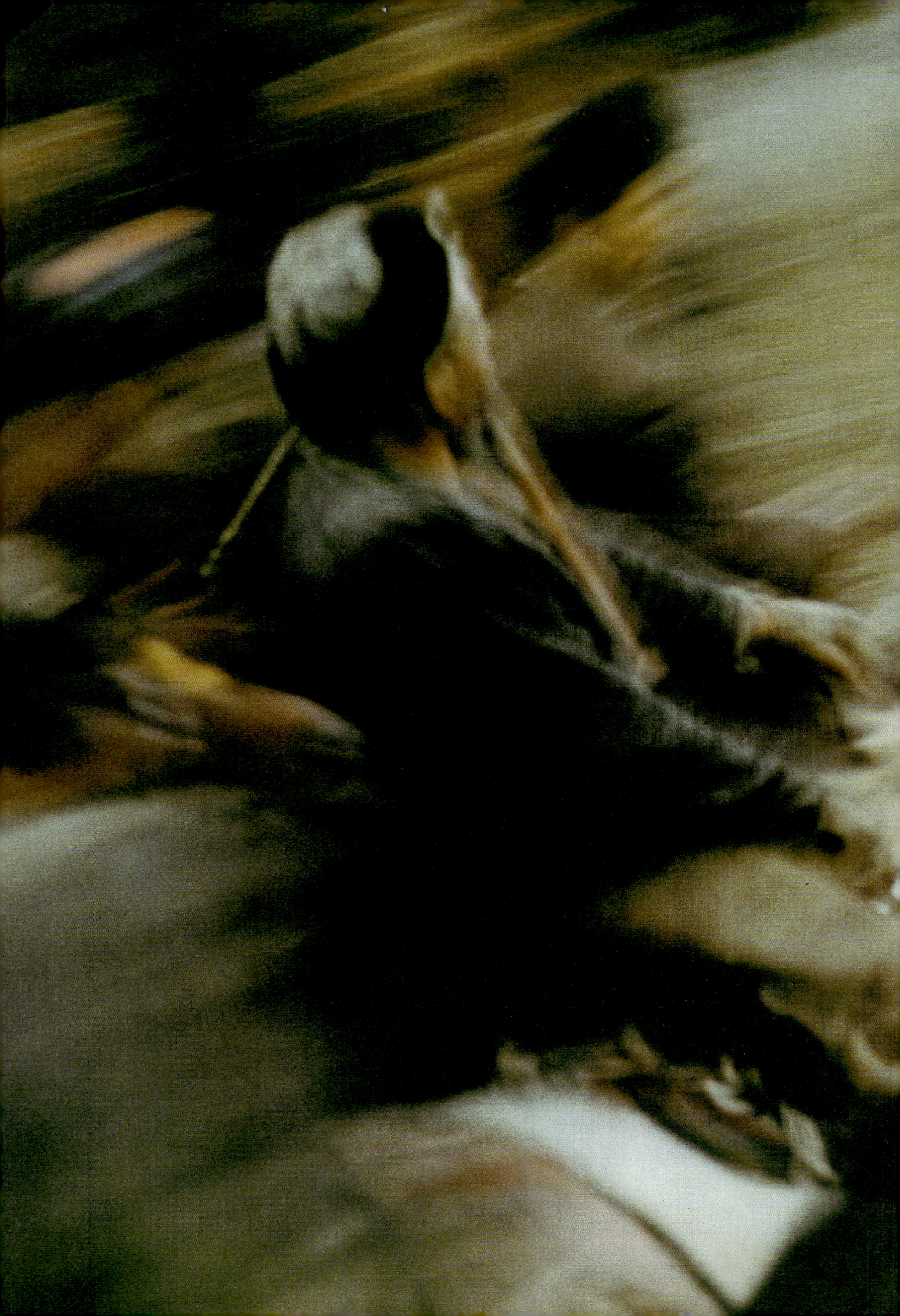

*Buzkashi ist nicht einfach Sport, sondern kultischer Brauch, genau wie viele andere alte Reitspiele auch.
Es wird während der Feiertage des Winters gespielt und ist gewöhnlich mit anderen Vergnügungen verbunden. Der Wunsch, Buzkashireiter zu werden, der vielleicht auf einem hölzernen Karussellpferdchen erwacht, bleibt für die meisten Jungen ein Traum. Buzkashipferde sind so wertvoll, daß sie fast ausschließlich im Besitze reicher Beys stehen, und diese wiederum wählen unter den Reitern nur die besten und unerschrockensten aus.
Für jeden Reiter wird mit großer Sorgfalt das richtige Pferd ausgesucht.
Mit ebensolcher Aufmerksamkeit wird gezüchtet, wird auf Härte und Schnelligkeit, auf Ausdauer und Wendigkeit selektioniert. Trächtigen Stuten flöße man jeden Tag ein Dutzend Eier ein, wird behauptet, und niemals lasse man das Fohlen, aus dem ein Buzkashipferd werden könnte, zu Boden fallen bei der Geburt, damit es «seine Flügel nicht breche».*

Buzkashi

Buzkashi ist das wildeste aller Reitspiele. Es hat lange Tradition und ist bei den Turkvölkern, vor allem in Afghanistan, auch heute noch sehr lebendig. Die «Chapandaz» (Meisterreiter), die sich an winterlichen Sonn- und Feiertagen zum Wettstreit treffen, sind hier so populär wie andernorts Fußballstars.

Buzkashi bedeutet Ziegenrauben. Am Tag vor dem Spiel wird eine Ziege oder ein Kalb getötet und abgehäutet, die Haut wird mit Sand gefüllt, zugenäht und über Nacht ins Wasser gelegt. Am Spieltag liegt der 30 bis 40 Kilogramm schwere Balg im Spielfeld im «Hallal», dem «Kreis der Gerechtigkeit». Beim Spiel geht es darum, den Balg vom Pferderücken aus zu packen, im Galopp um einen draußen in der Steppe stehenden Pfosten zu reiten und den Balg wieder in den Kreis zu werfen. Das hört sich sehr einfach an; aber an dem Spiel beteiligen sich gleichzeitig mindestens zehn, meistens aber noch viel mehr Chapandaz, von denen jeder gegen jeden spielt, und zwar mit äußerster Entschlossenheit. Jeder hat eine Peitsche bei sich, und mit dieser auf den Gegner loszuprügeln liegt im Rahmen der Spielregeln. Ohne Schrammen abzusetzen verläuft das wilde Getümmel nie, und schwerere Verletzungen sind nicht selten, allerdings eher bei Reitern als bei Pferden.

Reitspiele in Russland

Die ältesten Reitspiele waren wahrscheinlich Rennen, und man kann annehmen, daß sie vor rund 5000 Jahren im südlichen Teil des Gebietes der heutigen Sowjetunion stattgefunden haben. Rennen, und zwar mit Vorliebe über größere bis riesige Distanzen, waren immer besonders beliebte und spannende Gelegenheiten, Härte, Schnelligkeit und Ausdauer der Pferde zu prüfen oder zu beweisen. Bereits in der Antike waren die Turkmenenpferde wegen ihrer Qualitäten weiterhin berühmt. Der Perserkönig Darius soll in seinem Heer eine Elitetruppe von 30 000 Reitern auf Turkmenenpferden gehabt haben, und der Hengst Alexanders des Großen, Bukephalos, das berühmteste Pferd der Weltgeschichte, soll ebenfalls von diesem edlen Blut gewesen sein. Besonders schnelle, dem Arabischen und Englischen Vollblut ähnliche und sicher auch nahe verwandte Pferde sind die Achal-Tekkiner, die direkt von den Turkmenen abstammen. Anläßlich eines Distanzrennens haben Achal-Tekkiner die Strecke von ihrer turkmenischen Heimat durch die Karakumwüste bis nach Moskau, rund 4300 Kilometer, in 84 Tagen zurückgelegt. Noch erstaunlicher sind die Distanzrennen, die mit Kabardinern veranstaltet wurden. Obschon diese Tiere im nördlichen Kaukasus beheimatet und als außergewöhnlich trittsichere Gebirgspferde bekannt sind, stehen sie dem Araber verwandtschaftlich sehr nahe und sind ebenso ausdauernd und schnell. Die Rennen mit diesen Tieren, unter tscherkessischen Reitern, fanden im Gebirge statt, und zwar im Winter, und führten über Distanzen von rund 3000 Kilometern. Die Schnellsten sollen die Strecke in 47 Tagen zurückgelegt haben!

Geschichte machte ein Rennen über eine Distanz von 75 Kilometern, das am 4. August 1825 auf öffentlichen Straßen um Petersburg stattfand. Dabei traten zwei Don-Pferde, Angehörige jener Steppenrasse, die unter den Donkosaken berühmt wurde, gegen zwei Englische Vollblüter an. Einer der Vollblüter begann auf halber Strecke zu lahmen und mußte aus dem Rennen gezogen werden. Aber auch eines der Don-Pferde war den Anforderungen nicht gewachsen und mußte total erschöpft aufgeben. Das Rennen gewann der andere Vollblüter trotz seinem bedeutend höheren Gewicht, und zwar mit acht Minuten Vorsprung. Das Ereignis hatte zur Folge, daß zahlreiche Vollblüter aus England importiert wurden und 1836 das erste Vollblutstutbuch in Rußland erschien. Gleichzeitig hielt der Rennsport nach englischer Manier Einzug, in Moskau und in Petersburg wurden die ersten Rennbahnen gebaut.

Neben dem fleißig betriebenen professionellen Rennsport sind in Rußland volkstümliche Distanzrennen auch heute noch sehr beliebt. Im Kaukasus beispielsweise sind solche Wettbewerbe als *Mtidau-daschweba* bekannt. Sie führen über fünf bis sieben Kilometer und werden von erwachsenen «Amateuren», großenteils Hirten und Gestütsarbeitern, auf ungesattelten Pferden geritten. Ebenfalls durch das Gelände, aber über 15 bis 30 Kilometer, gehen die *Baigas*, die besonders in Kasachstan sehr populär sind. Daran nehmen auch Kinder teil, geritten wird ebenfalls ohne Sattel. Diese an verschiedenen Festtagen durchgeführten Rennen locken oft bis über 200 Reiter an. Andere Baigas werden auf der Bahn geritten, wobei höchstens 20 Reiter 15 bis 20 Kilometer zurücklegen.

Außer den Rennen kennt man in der Sowjetunion über 40 verschiedene andere Reitspiele, und viele von ihnen sind sehr beliebte Sonntagsvergnügen auf den Kolchosen. Bei manchen geht es ausgesprochen heiter zu, wie etwa bei der «Brautjagd» der Mongolen, dem *Khis-Kouhou*, bei welchem die Jünglinge den Mädchen nachreiten und diese zu küssen versuchen, was aber mit recht derben Peitschenhieben von seiten der Mädchen quittiert wird. Bei einem andern Spiel, dem *Papach-oinu*, befinden sich zahlreiche Reiter in einem abgegrenzten Spielfeld. Während zehn Minuten versucht jeder, von den Köpfen der anderen möglichst viele Mützen zu stehlen, ohne die eigene einzubüßen.

Ein altes, noch immer sehr beliebtes Spiel berittener Hirten ist das *Sais*, ein Zweikampf, bei dem jeder den Gegner an den Händen oder Armen zu packen

1 Sjurpapach ist ein Mannschaftsspiel ähnlich dem argentinischen Pato. Eine ausgestopfte, langhaarige Schaffellmütze muß durch den gegnerischen, senkrecht an einem hohen Pfosten befestigten Ring geworfen werden.

2 Beim Kabachi wirft der Reiter in vollem Galopp einen Speer durch den 25 Zentimeter messenden Ring.

3 Sais ist ein altes kirgisisches Zweikampfspiel. Man sucht dabei den Gegner vom Pferd herunterzuziehen, wobei man ihn nur an Händen und Armen fassen darf. Im wettkampfmäßigen Sais gibt es verschiedene Gewichtsklassen.

und vom Pferd zu ziehen versucht. Als Wettbewerb veranstaltetes Sais wird in verschiedenen Gewichtsklassen ausgetragen. Kämpferisch ist auch *Abats-le-Sultan*, ein aufwendigeres, darum auch selteneres Reitspiel. Hier trägt jeder Reiter eine Fechtmaske und eine gepolsterte Bluse. Oben auf der Maske ist senkrecht eine Feder angebracht, die der Gegner mit dem scharfgeschliffenen Degen abzuschneiden versucht.

Dem mitteleuropäischen Kopfstechen der Barockzeit ähnlich ist *Nisakinetum*. Auf mehreren hintereinander aufgestellten Holzpfählen liegen kopfgroße Bälle, die in möglichst schnellem Galopp mit einem Speer hinuntergestoßen werden müssen. Eine Art Ringstechen ist das *Kabachi*, bei dem im Galopp ein Speer durch einen in drei Meter Höhe angebrachten Ring geworfen werden muß.

Ein wenig an Polo erinnert *Tschenburti*. Die zweimal sechs Reiter dieses Mannschaftsspieles haben mit Schlägern, die Tennisrackets ähnlich sehen, nur länger sind, den Ball ins gegnerische Tor zu befördern. Ein anderes Mannschaftsspiel ist Pferdefußball, bei dem die Pferde mit den Beinen einen Ball von etwa 1,5 Metern Durchmesser ins Tor stoßen müssen.

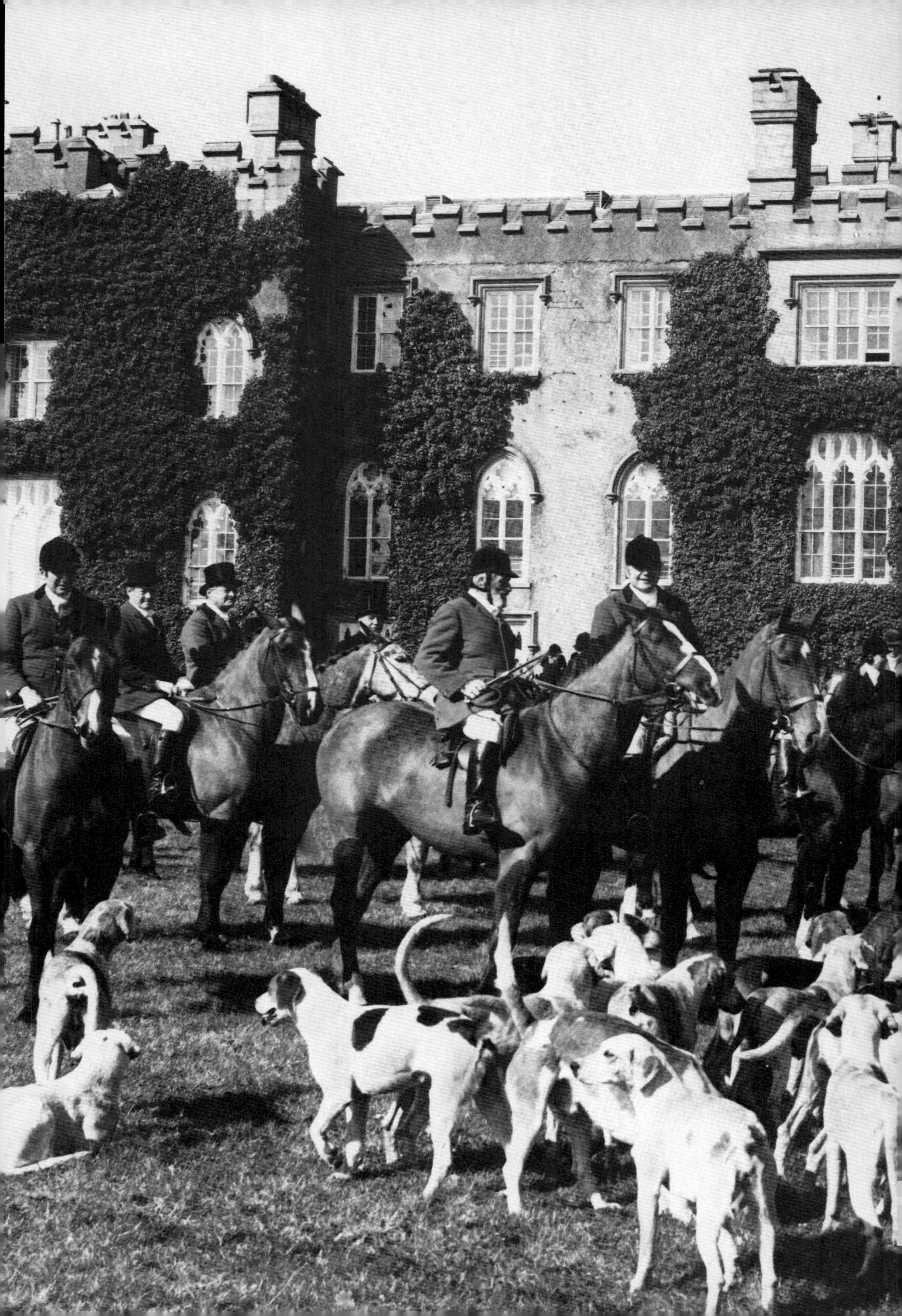

Links:
Master, Huntsmen und Jagdgäste mit Foxhound Pack in Irland, der Grünen Insel, die für Jagden zu Pferde weltweit als einzigartig gilt und wo Jagdreiten nicht Privileg, sondern Volkssport ist.

Unten:
In Persien war die Jagd zu Pferde schon in der Antike eine der Lieblingsbeschäftigungen des Adels. Das Bild zeigt einen bronzenen Jagdteller aus Persien.

JAGD ZU PFERDE

Die Jagd zu Pferde ist uralt, so alt wie das Reiten selbst. Es ist nur eine logische Konsequenz, daß der Mensch die Schnelligkeit und Ausdauer des Pferdes zur Jagd auf flüchtiges Wild nützte, sobald er dazu in der Lage war. Denn soweit die Geschichte des Menschen zurückreicht, war es stets eines seiner wichtigsten Bestreben, die Technik der Jagd zu verbessern. Schließlich hing während Jahrtausenden seine Existenz davon ab, mindestens bis er Vieh züchten und Ackerbau betreiben konnte.

Der Jagdtrieb im Menschen ist so elementar und ursprünglich wie der Fortpflanzungstrieb. Daß er trotz aller Kultivierung selbst nach Jahrhunderten noch nicht aus dem Repertoire unserer Instinkte verschwunden ist, sondern höchstens eingeschlummert, erfährt jeder spätestens dann, wenn er das unvergleichliche Vergnügen hat, mit anderen Reitern hinter den Hunden herzupreschen, über Stock und Stein, über Gräben und Hecken und Wälle, im blinden Vertrauen auf das Pferd, das orgelnde Geläut der Meute, den Hörnerklang und die hellen Rufe, das Schnauben der Pferde und das dumpfe Poltern der Hufe in den Ohren. Selbst wenn diese Jagd, wie in Deutschland, über einen sorgfältig vorbereiteten Kurs mit künstlicher Schleppfährte führt, wird man vom Fieber gepackt, um so mehr bei einer Jagd hinter dem lebenden und mit allen Wassern gewaschenen Fuchs, dessen Fluchtweg nicht voraussehbar ist und bei dessen Verfolgung man Hindernisse überfliegt, bei deren späterer Betrachtung auch ein sattelfester Reiter erblassen kann.

Jagd in der Vergangenheit

In Solutré bei Lyon in Frankreich hat man am Fuß einer Klippe die Gebeine von über 10 000 Wildpferden entdeckt. Wahrscheinlich haben Jäger der Eiszeit immer wieder Herden von Wildpferden oben auf diese Klippe zu und schließlich in den Abgrund getrieben, um sich große Mengen Fleisch zu verschaffen. Aus der gleichen Zeit fand man Pfeifen aus Hirschhorn, die wohl zur Verständigung der Jäger und zum Treiben des Wildes dienten. Außerdem mochten Geschrei, Fackeln und die ersten «Haustiere», gezähmte Wölfe, die Pferde in kopflose Panik getrieben haben.

Dieses Beispiel zeigt einmal mehr, daß Pferde hochbegehrtes Jagdwild waren; aber noch keiner dieser Eiszeitjäger ahnte, daß diese Tiere einmal, nebst den Hunden, die wichtigsten Helfer auf der Jagd sein würden.

Von den ersten Pferdezüchtern, die wahrscheinlich in den riesigen Steppen nördlich des Kaukasus lebten, wissen wir leider nicht einmal, wie sie die Pferde zuerst benützt haben, ob als Reittiere oder, wie es von vielen Fachleuten als Tatsache hingestellt wird, vor dem Wagen. Aber die Vermutung liegt nahe, daß diese Nomaden, die Viehzüchter und Jäger waren, mit Hilfe von Pferden Wild verfolgt haben, auf dem Rücken von Pferden oder im bespannten Zweiradwagen, wie er für Kriegszwecke verwendet wurde.

1 Jagdpause. Persische Miniatur aus dem 15. oder 16. Jahrhundert.

2 Jagddarstellung auf einem Fresko des Palastes «Hair al Gharbi». Syrisches Museum, Damaskus.

3 Fresko an der Piazza Armerina in Florenz.

4 Italienische Buchminiatur: «Ausritt zur Falkenjagd». Aus «Treviarium Grimani», um 1500.

5 Kilorierter Kupferstich von Johann Elias Ridinger, 1698 bis 1767: «Der Zug nach dem Bogen auf den Anjagst Hirschen».

Zeichnungen und Inschriften auf Scherben von Tongefäßen und Schrifttafeln lassen den Schluß zu, daß die Sumerer vor über 4000 Jahren zur Jagd geritten sind. Aber die anscheinend ältesten ausführlichen Schilderungen von Jagden mit Pferden stammen aus dem Ägypten der Pharaonenzeit. Eine der herrlichsten altägyptischen Jagdszenen zeigt ein Wandbild aus dem Grab des Userbet, des Sekretärs des Pharao Amenophis II., das um 1450 v. Chr. entstanden ist. Der Jäger steht mit gespanntem Bogen auf dem zweirädrigen Streitwagen, der von zwei galoppierenden Pferden gezogen wird, und sein Pfeil ist auf flüchtende Gazellen, Hasen und Hyänen gerichtet. Eine ähnliche, wenn auch viel kleinere Jagddarstellung findet sich auf dem Pfeilköcher des Tut-ench-Amun aus der Zeit um 1340 v. Chr. Zum Hetzen des Wildes nahmen die Ägypter auch ihre Hunde zu Hilfe, schlanke und hochbeinig gebaute Windhunde, die offenbar ebenso edel gezogen waren wie die kleinen, sehr feinen Pferde.

Besonders eindrucksvolle Jagdbilder sind die monumentalen Reliefdarstellungen vom Palast des Assyrerkönigs Assubarnipal II. in Ninive, die im

7. Jahrhundert v. Chr. entstanden sind. Sie zeigen den bärtigen König, wie er vom Pferderücken und vom Kampfwagen aus mit Speer und Pfeilbogen Löwen tötet. Die Pferde der Assyrer waren größer und schwerer gebaut als diejenigen der Ägypter. Ebenso waren ihre Hunde keine Windspiele, sondern mächtige, doggenartige Kampfhunde. Die Assyrer waren auf der Jagd offenbar ebenso blutrünstig wie im Krieg. Von Assurbanipal II. wird erzählt, er habe auf einer einzigen Jagd 450 Löwen, 390 Wildrinder, 200 Strauße und 30 Elefanten getötet. Allerdings wissen wir, daß die Assyrer, wie zur gleichen Zeit auch die Perser, Wildtiere verschiedenster Art in großer Zahl einfingen und in Gehegen für königliche «Jagden» bereithielten. Das Abschlachten dieser Tiere, auch wenn es nicht ganz gefahrlos war, kann wohl kaum als edles Weidwerk bezeichnet werden.

Bei den Griechen der Antike waren solche Methoden offenbar verpönt. Sie veranstalteten Hetzjagden zu Pferde und mit Hunden in freier Wildbahn, und gute Jäger wurden ähnlich gefeiert wie Sieger in den olympischen Stadien.

Auch unter den Römern gab es weidgerechte Jäger, von denen ein gewisser Arrian besonders berühmt wurde. Er ließ Windhunde aus England kommen, weil er sie für die besten hielt, und er verfaßte ein erstes Lehrbuch über die Jagd. Aus dem alten Rom sind uns allerdings die sportlichen Jäger weniger bekannt als die Massenabschlachtungen wilder Tiere in den Arenen, an denen sich Adelsstand wie Pöbel ergötzten.

Zur Zeit der Römer gab es bereits eine ganze Anzahl Völker, die reitend zur Jagd zogen, von den Germanen und Kelten bis zu den Mandschuren. Als die Römer zur Zeit des Niedergangs ihres Reiches aus England abzogen, hinterließen sie ein geplündertes und wehrloses Volk, aber immerhin auch ein begehrtes Federwild, den Jagdfasan, den sie hier aus dem südlichen Europa eingeführt hatten. In den folgenden Jahrhunderten setzten Wikinger und Dänen den Engländern immer wieder heftig zu, so daß sich hier die Jagdkultur kaum weiterentwickeln konnte, bis sich endlich der angelsächsische König Alfred der Große (871 bis 899) erfolgreich zur Wehr zu setzen verstand. Derselbe Alfred war wesentlich dafür verantwortlich, daß nun die Jagd zu einem beliebten Sport des Adels wurde, und er rief die jungen Edelleute auf, «alle menschlichen Künste und Fertigkeiten, besonders aber Jagen und Reiten zu üben». Eine gesetzliche Regelung der Jagd freilich gab es in England erst im Jahre 1016 unter dem dänischen König Knut, der das unbefugte Jagen in seinen Revieren mit der Todesstrafe ahndete. Auf dem Kontinent indessen hatte schon der Frankenkönig Dagobert Bestimmungen erlassen, wonach die Jagd ausschließlich dem Adel erlaubt war. Damit begann die Jagd, insbesondere die Jagd zu Pferde, auch in Europa ihren ursprünglichen Charakter des reinen Beutemachens zu verlieren und zeremonielle Formen anzunehmen. Allmählich entwickelten sich aus diesen Formen viele strenge Regeln und Gesetze. Das Weidwerk wurde eine Wissenschaft mit eigenem, umfangreichem Vokabular, unverständlich für Außenstehende. Und bis heute ist die Jagd undenkbar ohne zeremonielles Gepräge.

Jagd in der Gegenwart

Die klassische Parforcejagd, die Hetzjagd zu Pferde, ist in England und Irland ein populärer Sport, an dem sich Leute aus den verschiedensten Bevölkerungsschichten beteiligen, obwohl gerade auf den Britischen Inseln, besonders in Irland, die Jagden sehr hohe Ansprüche an Reiter und Pferde stellen.

Schon seit über 200 Jahren wird hauptsächlich auf den Fuchs gejagt, denn die Bestände an Schalenwild sind mit dem Abbau der großen Wälder stark zurückgegangen. Von den rund 300 Jagdhundemeuten Englands sind etwa 240 Foxhound Packs, gut 50 sind Harrier Packs, also auf Hasen spezialisierte Meuten, und nur sechs Staghound-Meuten stehen für die Rotwildjagd zur Verfügung.

Gezwungenermaßen wurde also der Fuchs zum bevorzugten Jagdwild, und gerade das war für die Entwicklung der sportlichen Jagdreiterei von wesentlicher Bedeutung. Füchse schlagen auf ihrer Flucht oft unglaublich raffinierte Wege ein, setzen über Gräben und Mauern, zwängen sich durch Gestrüpp und Verhaue, und Reiter und Pferde, die ihnen folgen wollen, müssen passierbare Stellen in den unzähligen Hecken und Wällen finden, haarsträubende Hindernisse springen, stets zu blitzschneller Reaktion bereit sein, und das alles während Stunden und oft genug bei fürchterlichem Wetter. Nicht umsonst gehören Reiter von den Britischen Inseln stets zur Weltspitze im Militarysport, denn die meisten von ihnen sind schon in jugendlichem Alter auf Ponys hinter der läutenden Meute geritten. Und nicht umsonst kommen aus England und Irland Pferde, die sich durch ungewöhnliche Härte, Schnelligkeit, Ausdauer und ein enormes Springvermögen auszeichnen.

1 Die «Scarteen Black and Tans», eine hervorragende Meute braunschwarzer Fuchshunde aus der Grafschaft Limerick in Irland.

2 Auch in Deutschland wird hinter Meuten geritten — aber nicht dem Wild nach, sondern auf künstlich gelegter Schleppspur und sorgsam vorbereiteter Strecke. Dessenungeachtet kann auch hier Jagdreiten aufregend und sehr anspruchsvoll sein.

4 Der Fuchs ist in die Röhre gefahren. Die großen Hetzhunde sind machtlos, aber kleine, oft auf Pferden mitgeführte Erdhunde versuchen nun, den Rotrock wieder aus dem Bau zu treiben.

3 Hinter dem Hasen her in Irland. Neben 33 Foxhound Packs gibt es hier immerhin 30 Harrier-Meuten, die auf Hasenjagd spezialisiert sind, und zwei Hirschmeuten, sogenannte Staghounds.

5 Unentbehrlich zur Verständigung bei der Parforcejagd, traditionelles Beiwerk für die Schleppjagd: die Jagdhornbläser, die ein ganzes Repertoire verschiedener klangvoller Signale beherrschen müssen.

Die traditionelle Form der englischen Fuchsjagd mit ihren verhältnismäßig einfachen Regeln — der Master darf niemals überholt werden, aber ansonsten ist es jedem Reiter überlassen, auf seine Weise den Anschluß an die Meute nicht zu verpassen — ist besonders auch in den östlichen USA beliebt. Immerhin gibt es dort etwa 130 Foxhound Packs. Neuseeland hat 17 Meuten, Kanada 11 und Australien 7, von denen jede einem «Master of the Hounds» untersteht, einem Mann, dessen — meist geerbter — Titel mindestens soviel wiegt wie ein Doktorhut. Übrigens: Ein Jagdhund wird im englischen Sprachgebrauch niemals als Dog bezeichnet wie gewöhnliche Hunde, sondern sehr vornehm als «Hound», ein Privileg, das sonst nur noch Windhunde genießen, die ja ursprünglich ebenfalls Jagdhunde waren.

Sehr viel komplizierter als das englische «Hunting» ist die französische Parforcejagd, die «Vénerie», die in ihren Ursprüngen zu den Hofjagden fränkischer Könige zurückreicht. Der grundsätzliche Unterschied zum englischen Stil liegt darin, daß hier im Wald gejagt wird und daß sich die berittenen Jäger nach einer sehr sorgfältig geplanten Strategie in dem maschenreichen Netz der alten Wege bewegen. Viele wohlklingende Hornsignale dienen der Verständigung und sind besonders bei dieser Art von Jagd völlig unentbehrlich. Die mächtigen Hundemeuten werden in Gruppen aufgegliedert, in sogenannte Relais und Harden. Die Hunde sind bedeutend größer als die englischen Foxhounds, besonders der «Blanc et Noir» und der dreifarbige «Français Tricolore», die bis über 70 Zentimeter hoch sind. Sie müssen mächtig und kraftvoll sein, denn ihre Beute sind Hirsch und Wildschwein.

Wie kompliziert die Zeremonien der Vénerie sind, die sich in ihren Grundzügen über die Jahrhunderte nie verändert haben, mag die Tatsache andeuten, daß es allein für den Hirsch 72 verschiedene Zeichen gibt.

Den Parforcejägern stehen in Frankreich noch immer Wälder mit einer Gesamtfläche von rund einer Million Hektar zur Verfügung. Kein Wunder, daß es noch heute fast hundert Jagdgesellschaften mit Meuten gibt, sogenannte Equipagen. Außerhalb Frankreichs ist die Vénerie fast unbekannt. Lediglich in Belgien kennt man noch fünf Equipagen, und im französischen Teil Kanadas gibt es eine, die sich bemerkenswerterweise auf Wolfs- und Kojotenjagd spezialisiert hat.

Die Hetzjagd mit Hunden auf lebendes Wild ist in Deutschland verboten. Dessenungeachtet gibt es 13 Meuten englischer Foxhounds und Beagles, die fleißig durch herbstliche Felder und Wälder preschen, begleitet vom *Master of the Hounds* und seinen Gehilfen, den *Piqueurs* oder *Whippers* mit den langen Hundepeitschen, die für Ordnung zu sorgen haben, und gefolgt von oft umfangreichen Reiterformationen in roten oder schwarzen Röcken oder in Tweedjacken, je nachdem, wie weit sie sich schon hinter der Meute bewährt haben. Unter begeistertem Gebell folgen die Hunde der unsichtbaren Fährte. Doch was hier aussieht wie eine echte Jagd, ist eine sogenannte Schleppjagd. Die Geruchsspur, der die Hunde entlanghetzen, ist künstlich gelegt mit Hilfe von Fuchslosung. Die Jagd verläuft auf einem festgelegten Kurs und über sorgfältig vorbereitete, möglichst gut dem Gelände angepaßte Hindernisse. Der Schwierigkeitsgrad dieser Kurse ist verschieden, so daß jeder Reiter die ihm zusagende Jagd auswählen kann.

Schließlich gibt es in manchen Ländern «Fuchsjagden», die reine Reitspiele sind. Hier wird, zusammen mit Gästen aus der Umgebung, zuerst im lockeren Verband eine Geländestrecke geritten, die wiederum mehr oder weniger anspruchsvoll ist. Anschließend gilt es, in einem Wettbewerb einen Fuchsschwanz zu ergattern.

Ein Reiter mag dabei den Fuchs spielen und sich einen Fuchsschwanz an eine Schulter — nehmen wir an die rechte — heften, worauf ihm alle übrigen Reiter nachsetzen und versuchen, von der linken Seite her die Trophäe abzureißen. Oder der Fuchsschwanz wird in Reichhöhe der Reiter an einer gespannten Schnur aufgehängt, und auf das Hornsignal preschen alle drauflos und suchen den Schwanz zu erhaschen.

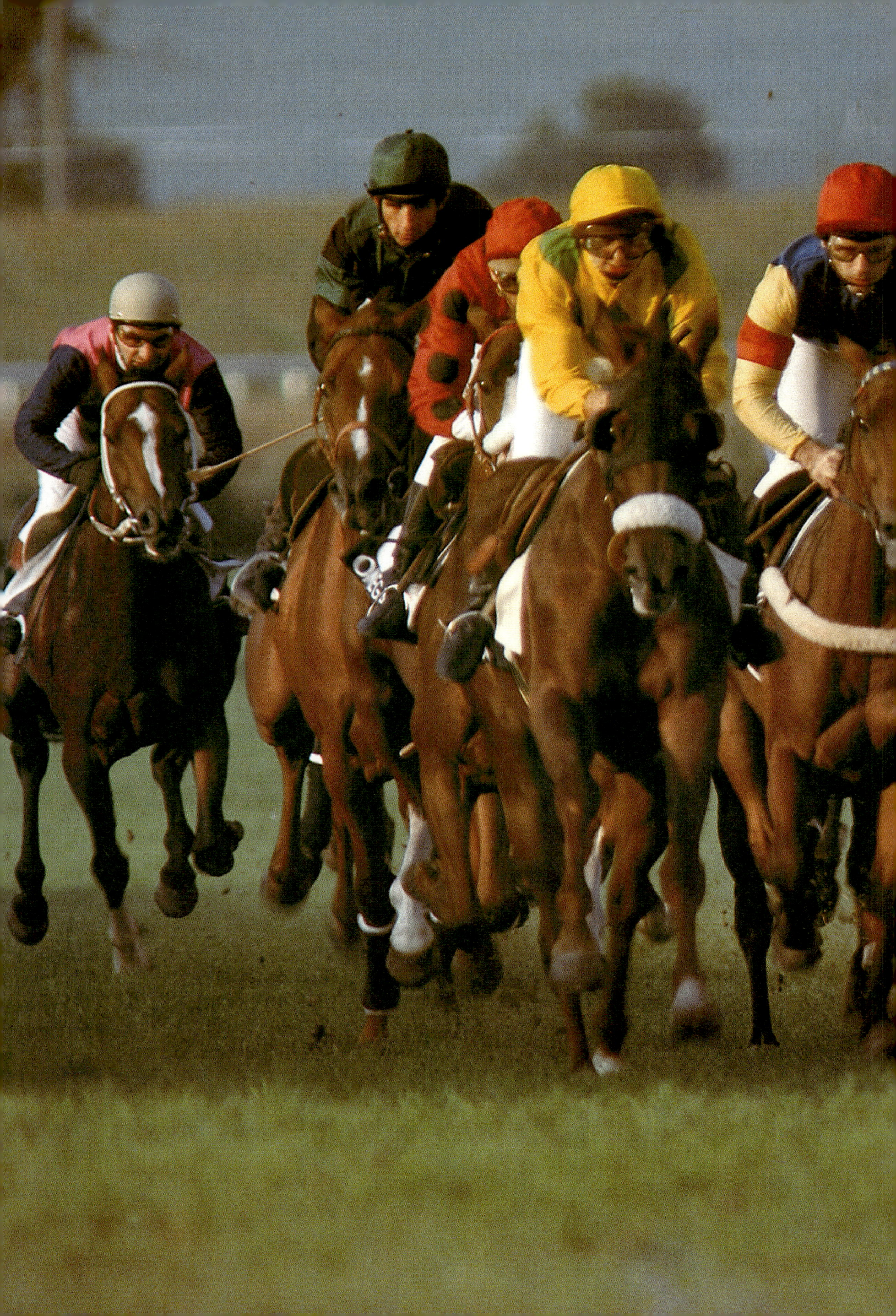

Links:
Jockeys im bunten Dreß, geduckt über den Rücken hochedler Vollblüter schwebend: auf allen Rennbahnen der Welt dasselbe faszinierende Bild.

Unten:
Pferderennen sind wohl so alt wie das Reiten selbst. In der griechischen Antike wurden Rennen sowohl geritten wie auch gefahren. (Bronze, Nationalmuseum Athen)

DER RENNSPORT

Pferderennen: das ist Pferdesport schlechthin. Seit sich das Pferd aus den Ursümpfen auf das offene Grasland herauswagte, ist die Schnelligkeit seine wichtigste Waffe im Kampf ums Überleben. Wohl seit Menschen Pferde besitzen, lassen sie diese sich im Laufen messen, aus Spaß an der Sache, um für die Zucht die Spreu vom Weizen zu trennen — oder schlicht und einfach, um Geld zu verdienen.

Spätestens im alten Griechenland wurden Pferderennen zur echten Sportdisziplin mit exakten Regeln. Vom Jahre 680 v. Chr. an gehörten Wagenrennen zu den Höhepunkten der Olympischen Spiele, und etwa 40 Jahre später wurden auch Rennen unter dem Reiter eingeführt. Es gab Rennen für jüngere und ältere Pferde über verschieden weite Distanzen und spezielle Stutenrennen. Die besten Fahrer und Reiter wurden gefeiert, und die besten Pferde kamen auf die vornehmsten Gestüte und wurden untereinander gepaart, mit dem Ziel, Tiere von höchstem Adel und größter Leistungsfähigkeit zu züchten.

Genau dieselben Zielvorstellungen waren es, die in England vor einem Vierteljahrtausend jenes Pferd hervorbrachten, das nicht nur die Rennbahnen sämtlicher Kontinente beherrscht, sondern das auch aus der modernen Pferdezucht der ganzen Welt nicht wegzudenken ist: das Englische Vollblut.

DIE ANFÄNGE IN ENGLAND

Der römische Kaiser Lucius Septimius Severus (193 bis 211) führte im Jahre 208 einen Feldzug nach Britannien an. In Yorkshire, wo er sich niederließ und wo er schließlich auch starb, ließ er offenbar die erste Rennbahn auf englischem Boden bauen und Pferderennen durchführen. Dieses kaiserliche Vergnügen hatte möglicherweise einen gewissen Einfluß auf den englischen Rennsport. Die Römer sollen nämlich für ihre Rennen arabische, auf jeden Fall aber orientalische Pferde auf die Britischen Inseln gebracht haben. Wenn dies zutrifft, gelangte wahrscheinlich schon damals das Blut der edlen Wüstenrenner in die Zucht der bodenständigen Ponys, die einmal bei der Entstehung des Vollblutes eine Rolle spielen sollten.

Daß bereits in den Jahrhunderten nach der römischen Besatzungszeit Pferderennen in England beliebte, wenn auch wahrscheinlich noch recht seltene Vergnügungen waren, wissen wir aus Aufzeichnungen von Kirchenfürsten, die sich darüber empörten. Genaueres über solche Veranstaltungen berichtet aber erst William Fitzstephen in seiner «Beschreibung der Stadt London» aus dem Jahre 1074. Ihr ist zu entnehmen, daß jeden Freitag Pferde nach Smithfield zum Verkauf gebracht wurden. Sie wurden von professionellen Jockeys an einer stets überfüllten Tribüne vorbei bis zu einem Wendepunkt und wieder zurück geritten, und dies mit der bei Rennen üblichen Schnelligkeit. Interessenten konnten sich auf diese Weise ein Bild von der Qualität der Tiere machen, während die Zuschauer zweifellos untereinander Wetten abschlossen — sie wären sonst keine Engländer gewesen.

Schon wenig später wurden auf dem Markt von Newmarket in der Grafschaft Suffolk, in einer weiten Heidelandschaft, Rennen dieser Art veranstaltet, aber noch ahnte niemand, daß dieser Flecken einmal das Mekka der Vollblutzucht werden sollte.

Eine systematische Zucht von Rennpferden gab es damals noch nicht, obschon gute Züchter sicher mit Vorliebe erprobte, schnelle Pferde auf ihren Gestüten aufstellten und damit eine Selektion betrieben. Orientalisches Blut spielte bei dieser Zucht schon bald eine wichtige Rolle. Die überlegene Schnelligkeit und die Ausdauer der Wüstenpferde waren augenfällig, und vom 14. Jahrhundert an kamen immer öfter arabische und berberische, türkische und persische Pferde auf die Inseln.

Einen Grundstein für die Vollblutzucht legte Thomas Blundeville, ein angesehener Pferdefachmann mit züchterischem Genie. In einer vielbeachteten, im Jahre 1565 erschienenen Schrift setzte er sich für eine konsequente Zucht edler Blutlinien ein — nach dem Rezept, das Mohammed etwa tausend Jahre früher empfohlen hatte.

Beträchtliche Impulse erhielt die Zucht im folgenden Jahrhundert durch die Stuartkönige James I. (1603 bis 1625) und Charles I. (1625 bis 1649), die den Rennsport förderten. Besonders unter Charles entwickelte sich Newmarket zum Zentrum des Rennsportes, und auf den 1627 eingeführten großen Frühjahrs- und Herbstrennen trafen sich stets die schnellsten Pferde des Landes. Hier gab es 1634 auch den ersten vom König gestifteten Gold-Cup zu gewinnen, der bis heute zu den begehrtesten Trophäen zählt.

1 Byerley Turk, *ein orientalischer Hengst aus der Türkei, kam 1691 nach Yorkshire und wurde dort der erste der drei Stammhengste der englischen Vollblutzucht.*

2 Darley Arabian, *von den drei Stammhengsten wahrscheinlich der einzige reingezogene Araber und mit großem Abstand der wichtigste Linienbegründer — etwa 95 Prozent aller Englischen Vollblüter der Welt gehen auf ihn zurück —, begann 1704 seine Decktätigkeit in England.*

3 Godolphin Barb, *auch Godolphin Arabian genannt, obschon er aus Tunis kam und offenbar ein Berber war, begründete 1731 die dritte Hengstlinie.*

4 *Zum wichtigsten jüngeren Stammvater aus der Byerley-Turk-Linie wurde dessen Ururenkel* King Herod, *oft nur* Herod *genannt.*

5 *Der bedeutendste Linienbegründer überhaupt wurde 1764 angeblich während einer Sonnenfinsternis geboren und hieß daher* Eclipse. *Er war ein Ururenkel von Darley Arabian.*

6 *Der als Linienbegründer wichtigste Nachfolger von Godolphin Barb war dessen Enkel* Matchem, *geboren 1748.*

Rechte Seite:
Flying Childers, *ein Sohn von Darley Arabian, wird als das erste große Rennpferd und oft auch als das erste Englische Vollblutpferd bezeichnet. Zu seiner Zeit wurde der unschlagbare Hengst als das «flinkste» Pferd beschrieben, das je auf der Erde gezüchtet worden war.*

Oliver Cromwell (1649 bis 1658) verbot 1654 die öffentlichen Pferderennen, obschon er sich für eine gute Pferdezucht einsetzte und zwölf Jahre zuvor mit den «Ironsides» eine hervorragende Reiterei aufgebaut hatte. Die Entstehung des Vollblutes war aber nicht mehr aufzuhalten. Unter Charles II. (1660 bis 1685) blühte der Rennsport rasch wieder auf. Auf zwölf Bahnen, wurden regelmäßig Rennen gelaufen, auch in Epsom, wo noch heute das englische Derby ausgetragen wird. Die Preise waren die vom König gestifteten, wertvollen silbernen «King's Plates». Aus diesen Rennen sind später die klassischen Prüfungen entstanden.

Immer mehr orientalische Hengste wurden importiert, und ihr Einfluß auf die Rennpferdezucht wuchs. Aber erstaunlicherweise konnten sich nur wenige männliche Blutlinien erhalten. Von 103 im *General Stud Book*, im Allgemeinen Gestütsbuch, aufgeführten Orientalenhengsten, die die Vollblutzucht begründeten, konnten sich nur drei bis heute behaupten. Die Spuren aller anderen waren um 1850 ausgelöscht. Nur diese drei sind damit die echten Stammväter der Vollblutzucht: *Byerley Turk, Darley Arabian* und *Godolphin Barb.*

Wie die meisten orientalischen Hengste jener Zeit trugen auch diese Stammhengste die Namen ihrer Besitzer. «Byerley Turk» war einem Captain Byerley im Jahre 1683 bei der Befreiung der von den Türken belagerten Stadt Wien in die Hände gefallen. Der hellbraune Hengst war, wie viele Pferde der Türken, sehr edel gezogen, vielleicht ein reiner Araber. Wegen seiner eisernen Konstitution blieb er das Dienstpferd des englischen Offiziers und nahm noch 1690 am irischen Feldzug teil, den König William III. veranlaßt hatte. Danach kam er nach England ins Gestüt und deckte eine kleinere Anzahl Stuten, über die leider kaum etwas bekannt ist. In einzelnen von ihnen steckten aber zweifellos ausgezeichnete Qualitäten. *Byerley Turk* hatte hervorragende Nachkommen. Der wichtigste seiner direkten Sprößlinge war *Jigg,* dessen Urenkel *King Herod,* 1758 im Gestüt des Herzogs von Cumberland geboren, zu einem der größten Vererber wurde.

Darley Arabian kaufte der britische Botschafter in Aleppo in Syrien, Thomas Darley, für seinen Bruder Richard (es wird auch erzählt, daß er gegen ein Gewehr eingetauscht wurde). Er gelangte trotz kriegerischer Ereignisse Anfang 1704 wohlbehalten nach England. Der wunderschöne, dunkelbraune, reingezogene Muniqi-Araber wirkte als Deckhengst im Darley-Gestüt in Aldby in Yorkshire bis ins hohe Alter von 30 Jahren. Wie es ohne diesen Hengst um die Vollblutzucht bestellt wäre, kann man sich nur schwer vorstellen, denn gut 90 Prozent aller heute lebenden rund 800 000 Vollblutpferde der Welt gehen auf ihn zurück, und zwar ausnahmslos über den Ururenkel *Eclipse.*

Die erstaunlichste Geschichte hat *Godolphin Barb,* der dritte der Stammväter. Er wird auch *Godolphin Arabian* genannt, doch war er wahrscheinlich ein Berber, wenn auch, wie viele Angehörige seiner Rasse, wohl von Araberblut beeinflußt. Im Gegensatz zu den beiden

227

1 Der Herzog von Cumberland, der in seinem Gestüt Windsor Great Park eines der bemerkenswertesten Pferde aller Zeiten züchtete: Eclipse.

2 Marske war nie ein hervorragendes Rennpferd, aber ein ausgezeichneter Deckhengst: er zeugte Eclipse — zumindest attestierte ihm dies der herzogliche Stallmeister.

3 Eclipse auf der Beacon-Rennbahn.

4 Dungannon gehörte mit Pot-8-Os, Empress, Young Eclipse, Gunpowder und Meteor zu den bedeutendsten Söhnen von Eclipse. Berühmt wurde er nebenbei auch durch seine Freundschaft mit einem Schaf.

5 Hambletonian, über King Fergus ein Enkel von Eclipse, Sieger im St. Leger 1795, erwies sich als einer der ganz großen Vererber in der Vollblutzucht.

anderen Stammvätern konnte dieser Hengst kaum durch Schönheit imponieren, zumindest nicht auf den ersten Blick, denn er hatte winzige Ohren und einen gewaltigen Speckhals, war aber im übrigen prächtig gebaut, wenn man den zeitgenössischen Darstellungen glauben darf. Er kam aus dem Marstall des Beys von Tunis als Geschenk für Ludwig XV. nach Frankreich. Hier aber war das barocke Paradepferd andalusischer und neapolitanischer Fasson groß in Mode, und der Hengst mußte die königlichen Ställe wieder verlassen. Man erzählt, er habe anschließend einen Wasserkarren durch die Straßen von Paris gezogen, doch ist das vermutlich nur eine Ausschmückung seiner Aschenbrödellegende. Sicher aber wurde er von einem Engländer namens Coke entdeckt und mitgenommen. Das war im Jahre 1729. Nun soll der Hengst, der übrigens ursprünglich *Sham* hieß, mit Edward Cokes Tod 1733 an den Kaffeehausbesitzer Roger Williams, der nebenbei mit Rennpferden handelte, vererbt und von diesem an Lord Godolphin nach Cambridgeshire verkauft worden sein. Dort habe er als Probierhengst gedient, bis sich eine Stute namens *Roxana* hartnäckig weigerte, den Deckhengst *Hobglobin* zu empfangen, so daß man sie, in Ermangelung einer besseren Lösung, von *Sham* decken ließ. Tatsache aber ist, daß *Sham* die *Roxana* schon 1731 bei Coke deckte, und wahrscheinlich übte dieser Hengst nie die entwürdigende Tätigkeit eines Probierhengstes aus. Der Paarung entsprang *Lath*, der sich zu einem der größten Rennpferde seiner Zeit entwickelte. Später, bei Lord Godolphin, deckte der Hengst zahlreiche Stuten, bis er im Alter von über 29 Jahren am Weihnachtstag 1753 starb. Sein bedeutendster Nachwuchs war *Cade*, der seinerseits *Matchem* zeugte. Und genau wie *King Herod* und *Eclipse* die einzigen Nachkommen ihrer Stammväter waren, deren Blutlinien sich bis heute erhalten konnten, blieb *Matchem* der einzige Träger der großen Qualitäten *Godolphin Barbs*.

Mindestens soviel Aufmerksamkeit wie die drei Stammhengste verdient ein Pferd, das am 1. April 1764 im Gestüt Windsor Great Park des Herzogs von Cumberland zur Welt kam, angeblich während einer Sonnenfinsternis, weshalb es den Namen *Eclipse* erhielt. *Spiletta*, die Mutter dieses Hengstfohlens, war unglücklicherweise von zwei Hengsten gedeckt worden, von *Shakespeare* und *Marske*. Aber obschon der Stallmeister später öffentlich versicherte, *Marske* sei der Erzeuger von *Eclipse* gewesen, und diese Version im *General Stud Book* eingetragen wurde — völlige Klarheit besteht darüber nicht.

Der Herzog von Cumberland, William Augustus, Sohn König Georges II., war bekannt als glückloser Feldherr, aber hervorragender Pferdezüchter. Aus seinem Stall kam neben vielen anderen guten Pferden auch *King Herod*. Den beispiellosen Erfolg seines größten Zuchtproduktes erlebte er freilich nicht mehr, denn er starb 1765 mit 44 Jahren an einem Hirnschlag. *Eclipse* wurde versteigert und von einem Viehhändler namens William Wildman erworben. Dieser hätte den jungen Hengst beinahe kastrieren lassen, doch zum Segen der ganzen Vollblutzucht fand sich ein Mann, der mit dem ungebärdigen Temperament dieses Tieres fertig wurde.

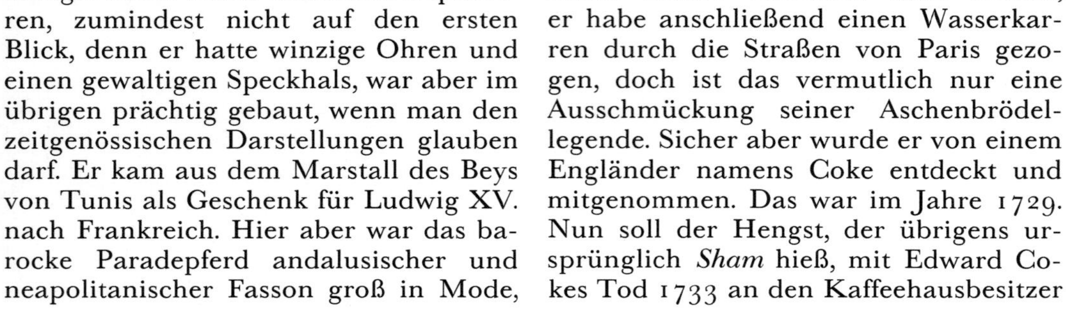

228

6 James Weatherby gründete das «General Stud Book», dessen erster Band 1793 erschien. Es wird heute noch von der Firma Weatherby herausgegeben und verzeichnet die in England und Irland gezüchteten Vollblüter.

7 Richard Tattersall begründete um 1750 die erste und berühmteste Vollblut-Auktionsgesellschaft, die heute noch in Newmarket regelmäßig Pferde versteigert.

8 Voltigeur, Derby- und St.-Leger-Sieger 1850, bot im St. Leger gegen Flying Dutchman ein so hinreißendes Rennen, daß das Publikum anschließend mit Taschentüchern den Schweiß vom Pferd wischte — und die Taschentücher als Souvenirs aufbewahrte.

Dennoch ließ Wildman den Hengst erst mit fünf Jahren auf die Rennbahn. Noch bevor er je bei einem Rennen gestartet war, hatten die Spione beim Training bemerkt, daß es sich hier um ein ganz ungewöhnlich schnelles Pferd handelte, so daß die Wetten schon bei seinem ersten Rennen auf 4:1 für ihn standen. Das Rennen fand am 3. Mai 1769 in Epsom statt und wurde von dem Iren Colonel O'Kelly beobachtet, der direkt an der Rennbahn ein Gestüt mit Rennstall besaß. Der erste Lauf beeindruckte den Iren so sehr, daß er den berühmt gewordenen Ausspruch tat: «Eclipse first — and the rest nowhere.» Das bedeutete, daß *Eclipse* seine Gegner um mindestens 200 Meter distanzieren würde und diese damit nicht mehr in die Plazierung kämen. Er schloß daraufhin für den zweiten Lauf sehr hohe Wetten ab — und gewann. O'Kelly kaufte den Hengst im folgenden Jahr für 1750 Guineas. Sein Vorgänger hatte ihn für 75 Guineas ersteigert. Dennoch machte der Ire das größte Geschäft seines Lebens, denn *Eclipse* brachte ihm als Rennpferd und Deckhengst die damals einzigartige Summe von rund 30 000 Pfund ein.

Von manchen Fachleuten wird der *Darley-Arabian*-Sohn *Flying Childers* als das erste Englische Vollblutpferd bezeichnet. *Eclipse* war ganz sicher der größte Vertreter dieser Rasse und gilt damit als das bedeutendste Pferd überhaupt. Seine Rennkarriere dauerte nur anderthalb Jahre. Er lief 18 der damals wichtigsten Rennen und siegte immer weit überlegen, wobei er von seinem Jockey John Oakley nie angetrieben werden mußte. In sieben Rennen fand er allerdings keinen Gegner und mußte sie mutterseelenallein laufen, denn begreiflicherweise läßt niemand gerne sein Pferd gegen einen haushoch überlegenen Rivalen antreten. Nur ein einziges Pferd kam auf der Bahn mit seiner Nase bis an *Eclipses* Schulter heran, nämlich *Bucephalus*, der bis dahin seinem Namen alle Ehre gemacht und sämtliche Rennen gewonnen hatte. Nach erbittertem Zweikampf distanzierte *Eclipse* von der halben Strecke an den Gegner klar und brach damit *Bucephalus'* Siegeswillen für alle Zeiten.

Noch weit wichtiger war natürlich *Eclipses* einzigartige Vererbungskraft. Von seinen Fohlen gingen 344 als Sieger aus insgesamt 862 Rennen hervor. Die bedeutendsten Nachkommen *Eclipses* waren *King Fergus* und *Pot-8-Os*, deren Blutlinien bis zum heutigen Tag erhalten sind.

Nach dem Tode am 27. Februar 1789 wurde *Eclipse* von dem französischen Anatomen Charles Vial de St. Bel seziert und vermessen. Das Skelett des Wunderpferdes wurde ein begehrtes Objekt für Sammler. Wo sich das echte

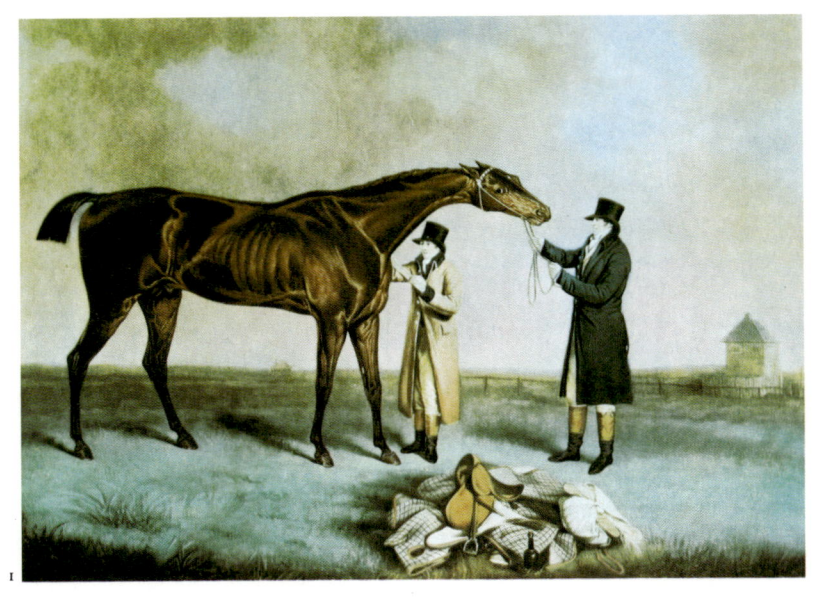

1 Orville, 1799 geboren und St.-Leger-Sieger 1803, war schwer zu reiten, aber dennoch das beste Pferd, das der Jockey Will Edward nach eigener Aussage je unter dem Sattel hatte.

2 Touchstone, St.-Leger-Sieger 1834, wurde zu einem der bedeutendsten Vererber seiner Zeit.

3 Eine Zeichnung der Bahn von Epsom aus dem Jahr 1823. Seit 1780 wird hier jährlich das berühmteste Rennen der Welt, das englische Derby, gelaufen.

4 Das Derby von Epsom nach einer Darstellung von James Pollard aus dem Jahre 1834.

befindet, ist freilich ungewiß, denn bemerkenswerterweise gibt es nicht weniger als sechs Skelette, die *Eclipse* gehört haben sollen! So hohe Verehrung kann einem Pferd zuteil werden!

Über die Stuten, die die Stammütter der Vollblutzucht wurden, ist viel weniger bekannt als über die großen Vaterpferde. Daß die Stammstuten Ponys waren, stimmt wohl ebensowenig wie die Behauptung, es seien fünfzig von König Charles II. eingeführte Orientalenstuten gewesen. Wahrscheinlich waren es bereits seit Generationen auf Schnelligkeit gezüchtete und von orientalischem Blut stark beeinflußte Ponys sowie auch reine Orientalenstuten. Nach Recherchen des Australiers Lowe um 1890 und des Polen Bobinski um 1953 haben von rund 100 Stuten, die den Anfang der Zucht bildeten, 43 bis heute bestehende Mutterfamilien bilden können.

Noch bevor *Eclipse* zur Welt kam, war der Rennsport in England bereits recht gut organisiert. 1752 war der englische «Jockey Club» gegründet worden, mit dem Ziel, die Tätigkeiten von Vollblutzucht und Rennsport durch exakte Vorschriften zu regeln. Rund hundert Jahre später erlangte der «Jockey Club» unter seinem damaligen Präsidenten, dem Admiral Henry John Rous, oft der «Diktator des Turfs» genannt, genügend Einfluß, um das gesamte Vollblutimperium zu führen und zu überwachen.

Zu jener Zeit wurden die meisten Rennen über zwei Meilen (1 engl. Meile = 1609 m) oder noch größere Distanzen ausgetragen. Allerdings waren auch die Pferde normalerweise schon mindestens fünf Jahre alt, wenn sie die Rennbahn betraten. Erst ab 1756 gab es Rennen für Dreijährige und ab 1776 auch für Zweijährige. Um diese jungen Pferde

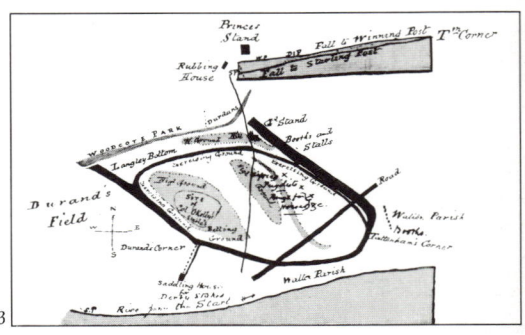

5 Das Derby in Epsom im Jahre 1847. Die kolorierte Radierung von Charles Hunt zeigt in der Mitte den Sieger Cossack, *links den Zweitplazierten,* War Eagle, *und rechts den Dritten,* Van Tromp, *der im selben Jahr das St. Leger und den Ascot Gold Cup gewann.*

6 Persimmon, *Derby-Sieger 1896, produzierte in der Zucht vor allem sehr erfolgreiche Stuten.*

7 Sceptre *gewann 1902 alle klassischen Rennen außer dem Derby und gilt als eine der größten Rennstuten aller Zeiten.*

8 Diamond Jubilee, *Sohn des ungeschlagenen St. Simon, gewann 1900 die Triple Crown: die klassischen Rennen «2000 Guineas», Derby und St. Leger.*

nicht zu überfordern, veranstaltete man Rennen über kürzere Distanzen. So entstanden die sogenannten «Klassischen Rennen», die bis heute bedeutendsten Prüfungen überhaupt. 1776 wurde nach dem gleichnamigen Gründer das «St. Leger» aus der Taufe gehoben, das über eindreiviertel Meilen geht.

Drei Jahre später entstanden die «Oaks», das Einmeilenrennen, benannt nach dem Landhaus des 12. Earl of Derby bei Epsom. Und 1780 schließlich wurde das bis heute begehrteste Rennen gegründet, das «Derby». Um diesem Rennen einen Namen zu geben, warfen Sir Bunbury, der erste Präsident des Jockey Club, und Derby eine Münze in die Luft, und Derby gewann. Als Trost dafür siegte Bunburys Pferd *Diomed* am 4. Mai 1780 beim ersten Derby in Epsom, das damals übrigens noch über eine Distanz von einer Meile ausgetragen wurde. Später hat man die Distanz auf anderthalb Meilen festgelegt.

Die zwei weiteren «Classics», die «2000» und die «1000 Guineas», wurden 1809 bzw. 1814 gegründet. Alle klassischen Rennen sind Prüfungen für Dreijährige, wobei zu den «1000 Guineas» und den Oaks nur Stuten zugelassen sind. Alle Hengste tragen das gleiche Gewicht, die Stuten vier Pfund weniger. Ein Pferd, das über alle drei Distanzen siegreich ist, wird «Triple Crown Winner» genannt, und wenn dies in den Classics von England, Frankreich oder den USA geschieht, geht das Pferd in die Geschichte des Turfs ein.

1791 kam eine weitere bedeutende Regel zu den Vorschriften des Jockey Club hinzu: das Handicap. In den Oatland Stakes in Ascot wurde erstmals ein Rennen gelaufen, bei dem die Pferde unterschiedliche Gewichte tragen mußten, je nach den Erfolgen, die sie bis zu diesem Zeitpunkt aufzuweisen hatten. Mit dem Handicap erhält jedes Pferd genau die gleiche Chance, was die Spannung für die Besitzer und das wettende Publikum gewaltig erhöht. Die Aufgabe des Handicappers freilich ist bis heute eine sehr schwierige und undankbare geblieben.

ENGLAND IN UNSEREM JAHRHUNDERT

Die klingendsten Namen haben zwar Ascot und Epsom, doch das wirkliche Zentrum des Vollblutimperiums ist Newmarket, siebzig Meilen nördlich von London. Nicht daß es dem ursprünglichen Marktflecken an Tradition fehlte: Wir wissen bereits, daß schon James I. zu Beginn des 17. Jahrhunderts hier mit Vorliebe jagte, während sich sein Gefolge an «Matches» zwischen schnellen Pferden ergötzte.

In Newmarket ist der Sitz des fast allmächtigen «Jockey Club», dessen georgeanisches Backsteingebäude an der Hauptstraße des Städtchens nicht zu übersehen ist. Hier ist auch Tattersalls ansässig, das seit 1750 bestehende, berühmteste Vollblut-Auktionszentrum. Züchter aus der ganzen Welt finden sich hier ein, und Jahr für Jahr werden Pferde im Wert von rund acht Millionen Pfund versteigert. Etwa 2000 Pferde, in 35 Rennställen untergebracht, stehen hier im Training und werden in der Morgenfrühe gruppenweise von den Jockeys auf die großzügigen, herrlich gelegenen zwei Trainingsanlagen geritten. Es gibt zwei moderne, erstklassige Rennbahnen, wo neben einer großen Zahl anderer Rennen die «1000» und die «2000 Guineas» ausgetragen werden. Diese Rennen finden auf der sogenannten «Rowley Mile» statt, die an den großen Rennsportförderer um 1660 erinnert, an König Charles II., der selbst gern Rennen ritt und zweimal die «Newmarket Town Plate» gewann.

*Rechts:
England, seinen Traditionen treu, bietet auf seinen Rennbahnen auch in unseren Tagen noch ein Bild wie vor 200 Jahren — abgesehen natürlich von den Kameraleuten. Hier ein Bild des Siegerpaddocks von Ascot.*

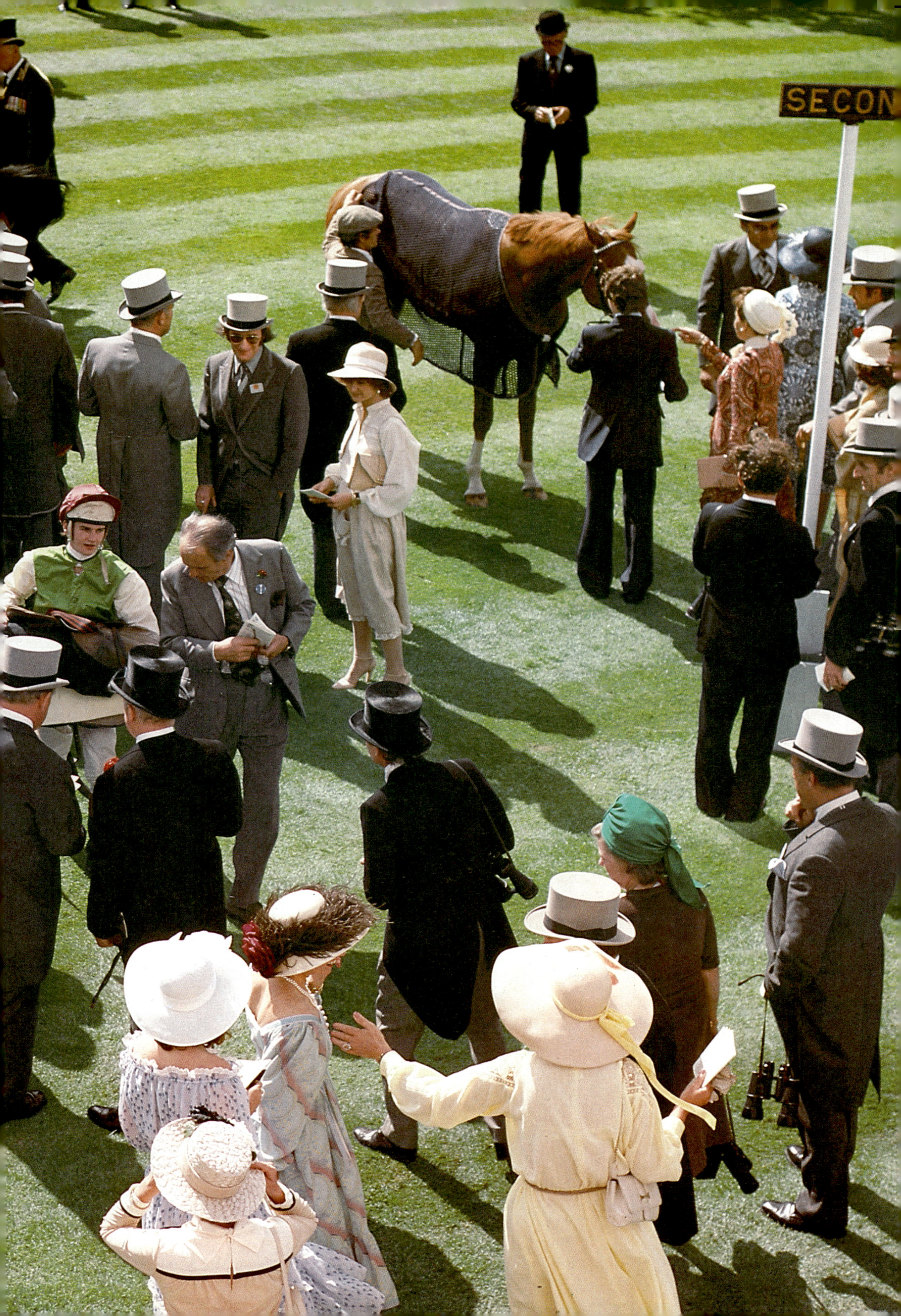
SECON

Charles besaß ein Pferd mit dem Namen *Old Rowley* und erhielt später selbst diesen Spitznamen. Die «Newmarket Town Plate» wird übrigens heute noch durchgeführt.

Die weite, offene Landschaft bietet sich auch zur Zucht an. Nicht weniger als 40 Gestüte sind um Newmarket herum angesiedelt.

England, Schottland und Wales verfügen über insgesamt 63 Rennplätze, und was den Pferdesport hier besonders interessant macht, ist die Verschiedenartigkeit dieser Anlagen. Die einen sind vornehm, wie Ascot, wo vor den großen Rennen die Queen unter Beifall im offenen Landauer einzieht, gezogen von den «Windsor Greys», dem traditionellen Schimmelgespann (obschon die Königin ein eigenes Kutschpferdegestüt, bestehend aus braunen Cleveland Bays, unterhält).

Vornehm, der Umgebung entsprechend, ist auch die Bahn von Windsor, die in eine Biegung der Themse eingebettet ist. Pontefract in Yorkshire dagegen liegt vor der Silhouette von Kohlenhügeln, und hier sind es vorwiegend Bergleute, die hoffen, mit ein paar Pfund ein kleines Vermögen oder wenigstens ein gutes Abendessen zu gewinnen. Auf historischem Boden liegt die Bahn von Chester, denn hier, wie in Wetherby, Yorkshire, sollen schon die Römer Pferderennen ausgetragen haben. Eine große Menschenmenge verfolgt den Verlauf der Rennen von den alten Stadtmauern Chesters aus.

Zur Verschiedenartigkeit der Bahnen trägt auch die Streckenführung bei. Dreiundzwanzig Bahnen, darunter Ascot, sind Rechtskurse, die Pferde galoppieren also im Uhrzeigersinn. Achtunddreißig, darunter Epsom, sind Linkskurse und damit nach Auffassung vieler Fachleute für die Pferde besser geeignet. Zwei Bahnen schließlich, Windsor und Fontwell, sind als Achterfiguren angelegt. Viele Bahnen sind nicht eben, sondern weisen Steigungen und Gefälle auf. Die Bogen können weit oder eng sein, die Bodenbeschaffenheit ist unterschiedlich und obendrein vom Wetter abhängig. Und da nun fast alle Rennpferde ihre besonderen Stärken und Vorlieben haben, sich vielleicht auf einem federnden Geläuf besonders wohl fühlen oder gerade auf einem steigenden Einlauf ihre Stärke zeigen, sind Rennen auf solchen Bahnen immer spannend, weil ihr Ausgang auch vom größten Experten nie mit endgültiger Sicherheit vorausberechnet werden kann.

In ganz England stehen ständig rund 8000 Rennpferde im Training. Sie werden von etwa 400 Lizenztrainern und rund 100 privaten Trainern, die nur familieneigene Pferde ausbilden dürfen, betreut. Insgesamt finden jährlich etwa 850 Renntage statt.

Wie bereits erwähnt, konzentriert sich die Zucht auch um Newmarket. Zu den Gestüten hier gehört das National Stud, das allerdings nur noch dem Namen nach ein Nationalgestüt ist, denn es erhält seit 1963 keine Regierungszuschüsse mehr und ist ein selbständiges Unternehmen. Die Geschichte des englischen Nationalgestütes beginnt bemerkenswerterweise in Irland, in Tully, nahe der berühmten Curragh-Rennbahn, wo heute das irische National Stud ist. Ursprünglich gehörte das Gestüt William Hall Walker, zu seiner Zeit eine der schillerndsten Persönlichkeiten des Turfs. Er schenkte 1915 seinen Bestand von sechs Deckhengsten, 43 Mutterstuten und 29 Jungpferden der englischen Regierung unter der Bedingung, damit ein Nationalgestüt zu gründen. Gleichzeitig konnte die Regierung die ganze Anlage kaufen. In den ersten Jahrzehnten kamen nicht weniger als vier Derbysieger aus dem National Stud: *Trigo*, *Blenheim*, *Windsor Lad* und *Bahram*, außerdem die St.-Leger-Sieger *Royal Lancer* und *Chamossaire*, der 2000-

---

1 Hyperion, obschon als klein, faul und schwierig verrufen, war als Rennpferd ebenso überragend wie als Vererber. Söhne des 1930 geborenen Hengstes wurden nach Amerika, Frankreich, Argentinien, Australien, Neuseeland und Südafrika verkauft.

2 Blakeney, Derbysieger von 1966 und heute Deckhengst im englischen Nationalgestüt, ist eines der sehr selten gewordenen großen Pferde aus der Stammeslinie des Byerley Turk.

3 Grundy, 1972 geboren, siegte zweijährig in vier, dreijährig in fünf Rennen und steht wie Blakeney im Nationalgestüt in Newmarket.

4 Der international wohl bekannteste Jockey der Gegenwart ist der 1935 geborene Lester Piggott. Es gibt keine größere Rennbahn auf der Welt, auf der er nicht schon Sieger geritten hat.

5 Der 1904 geborene Jockey Gordon Richards ritt von 1925 bis 1953 in 23 834 Rennen und siegte 4870mal.

6 Steve Donoghue, 1884 geboren, siegte bis 1937 in nicht weniger als 14 klassischen Rennen.

7 Wolverton, eine der Stallanlagen des königlichen Gestütes. Hier und in Sandringham stehen heute je ein Zuchthengst und die rund 20 Mutterstuten aus dem Besitz der englischen Königin.

8 Um die Jahrhundertwende entstanden in Newmarket die Stallanlagen des 16. Lord Derby, Woodland Stud, wo Hyperion das Licht der Welt erblickte.

9 Die Hengststallung des von 1965 bis 1969 völlig neu errichteten englischen Nationalgestüts in Newmarket.

Guineas-Sieger *Big Game* und *Sun Chariot*, der 1942 die «1000 Guineas», die Oaks und das St. Leger gewann. Während des Krieges verkaufte England die Anlage an die irische Regierung, die nun selbst ein Nationalgestüt dort einrichtete, und nahm die Pferde nach Gillingham in Dorset. Nach Erlangung der Unabhängigkeit errichtete die neue Verwaltung zwischen 1965 und 1969 bei Newmarket das hochmoderne Gestüt, auf dem nun keine eigenen Stuten mehr, sondern nur noch erstklassige Deckhengste gehalten werden. Zum Decken und Abfohlen können Stuten eingestellt werden.

Zu den bemerkenswertesten Gestüten um Newmarket gehört «Dalham Hall». Mit etwa 17 Stuten und nur einem Hengst ist der Bestand zwar klein, aber von exzellenter Qualität. Der Beschäler *Great Nephew* war 1975 bester Hengst des Jahres, und die sieben im selben Jahr verkauften Jährlinge erreichten einen diesseits des Atlantik noch nie dagewesenen Durchschnittspreis von 52 714 Guineas.

Das nahegelegene «Someries Stud», mit 75 Boxen ein mittelgroßes Gestüt, brachte zwei überragende Pferde hervor. *Precipitation*, Gewinner des «Ascot Gold Cup» und sechs weiterer Rennen, produzierte Nachkommen, die in über 500 Rennen gewannen und über 333 000 Pfund zusammengaloppierten. *Meld* war eine der bedeutendsten (und beim Rennpublikum beliebtesten) Vollblutstuten unseres Jahrhunderts, gewann die «1000 Guineas», die Oaks und das St. Leger und produzierte unter anderem den Derbysieger *Charlottown*.

10 Februar 1916. Rechts neben Jockey Bellhouse steht Lord Derbys Trainer George Lambton, der auch Aga Khans erste Rennpferde trainierte, darunter die hervorragende Stute Mumtaz Mahal. Rechts neben Lambton sind die Züchter E. de St. Cebry und Lord Derby zu sehen.

11 Epsom Derby 1930: Aga Khan führt seinen Sieger Blenheim mit Jockey H. Wragg in den Ring.

12 Lord und Lady Astor am Tag der Oaks auf der Bahn von Epsom im Jahre 1925.

Ebenfalls bei Newmarket liegt «Stanley and Woodlands», das kurz vor der Jahrhundertwende vom 16. Grafen von Derby gegründete Gestüt. Hier kam am Karfreitag 1930 ein kleines, schwaches Fohlen zur Welt, das sich zu einem immer noch kleinen, aber alles andere als schwachen Hengst entwickelte: *Hyperion*, einer der einflußreichsten Hengste in der Geschichte der Vollblutzucht. Das faule und schwierige Pferd siegte spielend im Derby und St. Leger und war nach seiner Rennkarriere sechsmal Deckhengst des Jahres. In den Jahren nach dem Zweiten Weltkrieg waren seine Söhne das Kostbarste, was in der Vollblutzucht zu bekommen war, und eine ganze Reihe von ihnen ging in die USA, nach Argentinien, Frankreich, Australien, Neuseeland und Südafrika. Sein derzeit bedeutendster Nachkomme ist wohl der Ururenkel *Vaguely Noble*.

Von den zahlreichen im Land verstreuten Gestüten seien noch die «Royal Studs» erwähnt. Ihre Geschichte reicht bis ins 16. Jahrhundert zurück, als Heinrich VIII. Hampton Court gründete. Den Launen und Liebhabereien der Regenten entsprechend war es eine recht bewegte Geschichte, und mehr als einmal lag «Hampton Court» verlassen da. Schließlich wurde die ehrwürdige Anlage 1894 endgültig geschlossen, doch nun zogen die Pferde in die bis heute bestehenden königlichen Gestüte von «Sandringham» und «Wolverton». Schon in den ersten Jahren wurde Sandringham berühmt durch die Stute *Perdita II*, die, gedeckt von *St. Simon*, so erfolgreiche Pferde wie *Florizel II*, *Persimmon* und *Diamond Jubilee* hervorbrachte. Das bedeutendste königliche Pferd der letzten Jahrzehnte war *Aureole*, der fünf Tage nach der Krönung seiner Besitzerin, Queen Elizabeth, Zweiter im Derby wurde, 1954 als bestes europäisches Rennpferd galt und sich schließlich zweimal den Titel des besten Zuchthengstes holte.

Eines der schönsten und gepflegtesten Gestüte in ganz England ist «Childwick Bury» bei St. Albans, nordöstlich von London. Auf der Anlage, zu der ein herrlicher Park und ein wundervoller Rosengarten gehören, stehen 300 direkt ins Freie führende Pferdeboxen. Zu Anfang unseres Jahrhunderts erlebte das Gestüt einen ersten Höhepunkt. 1903 gewannen *Our Lassie* und 1907 *Glass Doll* die Oaks, 1907 siegte *Sunstar* in den «2000 Guineas» und im Derby, 1912 waren *Jest* und 1913 *Princess Dorrie* die Sieger in den «1000 Guineas» und in den Oaks, und *Humorist* gewann das Derby 1921. Nach einem Tief, das über zwanzig Jahre anhielt, gewann das Gestüt nach dem Zweiten Weltkrieg allmählich wieder seinen guten Ruf zurück. Seither liefen Childwick-Bury-Pferde rund 700 Siege.

235

Champions der Gegenwart

Es gibt kein Rezept, nach dem man Champions züchten kann. Wenn ein Derbysieger eine Derbysiegerin deckt, hat man noch lange keine Garantie, wieder einen Derbysieger zu erhalten, aber man kann immerhin annehmen, daß aus einer solchen Paarung ein gutes Pferd hervorgeht. Manche Züchter neigen zu der Ansicht, daß die Qualitäten der Stute wichtiger seien als die des Hengstes, die meisten aber halten den Hengst für maßgebender. Wahrscheinlich sind die Anlagen beider Partner gleich wichtig. Auch wenn ein Züchter das Rezept gefunden zu haben glaubt und dasselbe Paar, das einen großen Sieger hervorgebracht hat, wieder zusammenführt, wird er wahrscheinlich ein gutes Pferd, aber nur mit sehr viel Glück wieder einen großen Sieger erhalten. Denn es ist das Zusammentreffen sehr vieler verschiedener Faktoren und bei weitem nicht nur das geheimnisvolle Spiel der Gene, der Erbanlagen, durch welche Champions entstehen. Bewährtes mit Bewährtem decken ist in jedem Fall das einzig Richtige. Nur so kann man erwarten, daß jedes hundertste Fohlen ein Crack — und jedes tausendste ein ganz großer Champion wird, wie es die hier gezeigten Tiere sind.

Troy
1976
v. Petingo a. d. La Milo

Der Hengst aus dem Ballymacoll Stud gewann 8 von 11 Rennen, darunter als Dreijähriger das 200. «Derby», das «Irish Sweeps Derby», die «King George VI and Queen Elizabeth Stakes», und war Dritter im «Prix de l'Arc de Triomphe». Insgesamt erhielt Troy 450 494 Pfund. Er kam 1980 auf das Highclere Stud in Newbury, Berkshire, England, als Syndikatshengst.

Sekretariat
1970
v. Bold Ruler a. d. Something Royal

Das populärste Pferd, das je auf Amerikas Rennbahnen lief, war schon als Zweijähriger «Pferd des Jahres» und «Champion der zweijährigen Junghengste», im nächsten Jahr gleich ausgezeichnet, gewann 16 von 21 Rennen in zwei Saisons und war 4mal plaziert. Er war amerikanischer «Triple Crown Winner» und galoppierte 1 316 808 Dollar zusammen. Als Vererber wurde er seinem Namen (und einer anfänglichen Decktaxe von 120 000 Dollar!) noch nicht ganz gerecht. Er ist Syndikatshengst auf der Claiborne Farm in Paris, Kentucky, USA.

Mill Reef
1968
v. Never Bend a. d. Milan Mill

Der in den USA gezogene Hengst gewann als Zweijähriger 5 von 6 Rennen, als Dreijähriger ebenfalls 5 von 6, darunter die «King George VI and Queen Elizabeth Stakes», den «Prix de l'Arc de Triomphe», die «2000 Guineas» und schließlich als Vierjähriger beide gestarteten Rennen, was ihm eine Gewinnsumme von 315 263 Pfund eintrug. Er ist heute Syndikatshengst und steht im National Stud in Newmarket, England.

Alleged
1974
v. Hoist the Flag a. d. Princess Pout

Alleged gewann 9 von 10 Rennen, darunter als Drei- und als Vierjähriger den äußerst schweren «Prix de l'Arc de Triomphe» jeweils vor Klassefeldern, war 1977 «Champion der dreijährigen Junghengste» und 1978 «Champion der über dreijährigen Hengste». Alleged gewann in England und Irland 49 272 Pfund und in Frankreich 2 520 000 Franc. Er steht heute als Syndikatshengst auf dem Walmac-Warnerton Stud in Lexington, Kentucky, USA.

Lyphard
1969
v. Northern Dancer a. d. Goofed

Die Rennleistung von Lyphard lag zwar weit unter derjenigen seines Vaters, aber auf dem Gestüt zeugte er bisher schon viele hervorragende Fohlen. Sein Nachwuchs gewann von 1976 bis 1980 in Frankreich 19 567 620 Franc, in England und Irland 263 548 Pfund, in Italien 4 010 000 Lire. Sein berühmtester Nachwuchs ist die Stute Three Troikas, «Pferd des Jahres» und «Champion der Dreijährigen» in Frankreich und Siegerin im «Prix de l'Arc de Triomphe». Lyphard ist Syndikatshengst auf der Gainesway Farm in Lexington, Kentucky, USA.

AFFIRMED
1975
v. Exclusive Native
a. d. Won't Fell You

Affirmed ist das elfte Pferd in der Geschichte des amerikanischen Pferderennsportes, das die «Triple Crown» erringen konnte. Er lief in insgesamt 29 Rennen, gewann davon 22, war 5mal Zweiter und 1mal Dritter und erreichte eine Gewinnsumme von 2 393 818 Dollar. Der Hengst steht bei seinem Züchter auf der Harbor View Farm in Florida, USA.

VAGUELY NOBLE
1965
v. Vienna a. d. Noble Lassie

Für das Decken durch den «Hyperion»-Urenkel Vaguely Noble muß der Stutenbesitzer mindestens 60 000 Dollar zahlen, aber immerhin gilt der Hengst derzeit zusammen mit «Northern Dancer» als erfolgreichster Produzent klassischer Sieger. Zu seinen bedeutendsten Nachkommen gehören Dahlia, Exceller, Mississipian, Noble Decree und Empery. Der Syndikatshengst steht auf der Gainesway Farm in Lexington, Kentucky, USA.

SPECTACULAR BID
1976
v. Bold Bidder a. d. Spectacular

Der für 37 000 Dollar ersteigerte Jährling war als Zwei-, Drei- und Vierjähriger jeweils Champion seiner Altersklasse und Gesprächsthema Nr. 1 auf Amerikas Rennbahnen. In 30 Starts siegte er 26mal und war 3mal plaziert. Er gewann zwei der amerikanischen Classics und wurde Dritter in den Belmont Stakes. Er galoppierte 2 781 607 Dollar zusammen. Nach seiner äußerst erfolgreichen Rennkarriere wurde er von einem Syndikat für 22 Millionen Dollar gekauft und steht auf der Claiborne Farm in Paris, Kentucky, USA.

NIJINSKY II
1967
v. Northern Dancer
a. d. Flaming Page

In Kanada gezogen, blieb er als Zweijähriger in seinen fünf Rennen ungeschlagen und gewann als Dreijähriger in England die «Triple Crown», wurde Erster in den «King George VI and Queen Elizabeth Stakes» und Zweiter im «Prix de l'Arc de Triomphe». Er war «Champion» als Zweijähriger und dann «Europäisches Pferd des Jahres» als Dreijähriger. Zu seinem ausgezeichneten Nachwuchs gehören Ile de Bourbon, Cherry Hinton und Green Dancer.

HABITAT
1966
v. Sir Gaylord a. d. Little Hut

Habitat lief nur als Dreijähriger in 8 Rennen, von denen er 5 gewann, ohne dabei zu klassischen Ehren zu kommen. Er erwies sich aber auf dem Gestüt als ganz großer Deckhengst. Bis Oktober 1980 gewannen von ihm gezeugte Pferde 250 Rennen. Zu den bedeutendsten Nachkommen zählen Flying Water, Rose Bowl, Habitony und Habat. Habitat steht auf der Grangewilliam Stud in Maynooth, Irland.

DAHLIA
1970
v. Vaguely Noble a. d. Charming Alibi

Die als «meistgereistes» Rennpferd des 20. Jahrhunderts geltende Dahlia bestritt nicht weniger als 35 der größten Rennen in Europa und in den USA und gewann davon 13. Sie holte dabei allein an Sieggeldern, die Preise für zweite und dritte Plätze nicht mitgerechnet, 497 741 Pfund und damit mehr als jedes andere bisher in Europa trainierte Pferd. Lester Piggot, der berühmteste, wenn auch nicht mehr erfolgreichste Jockey der Gegenwart, sagt über Dahlia, er habe noch nie ein Pferd mit einem solchen Beschleunigungsvermögen geritten.

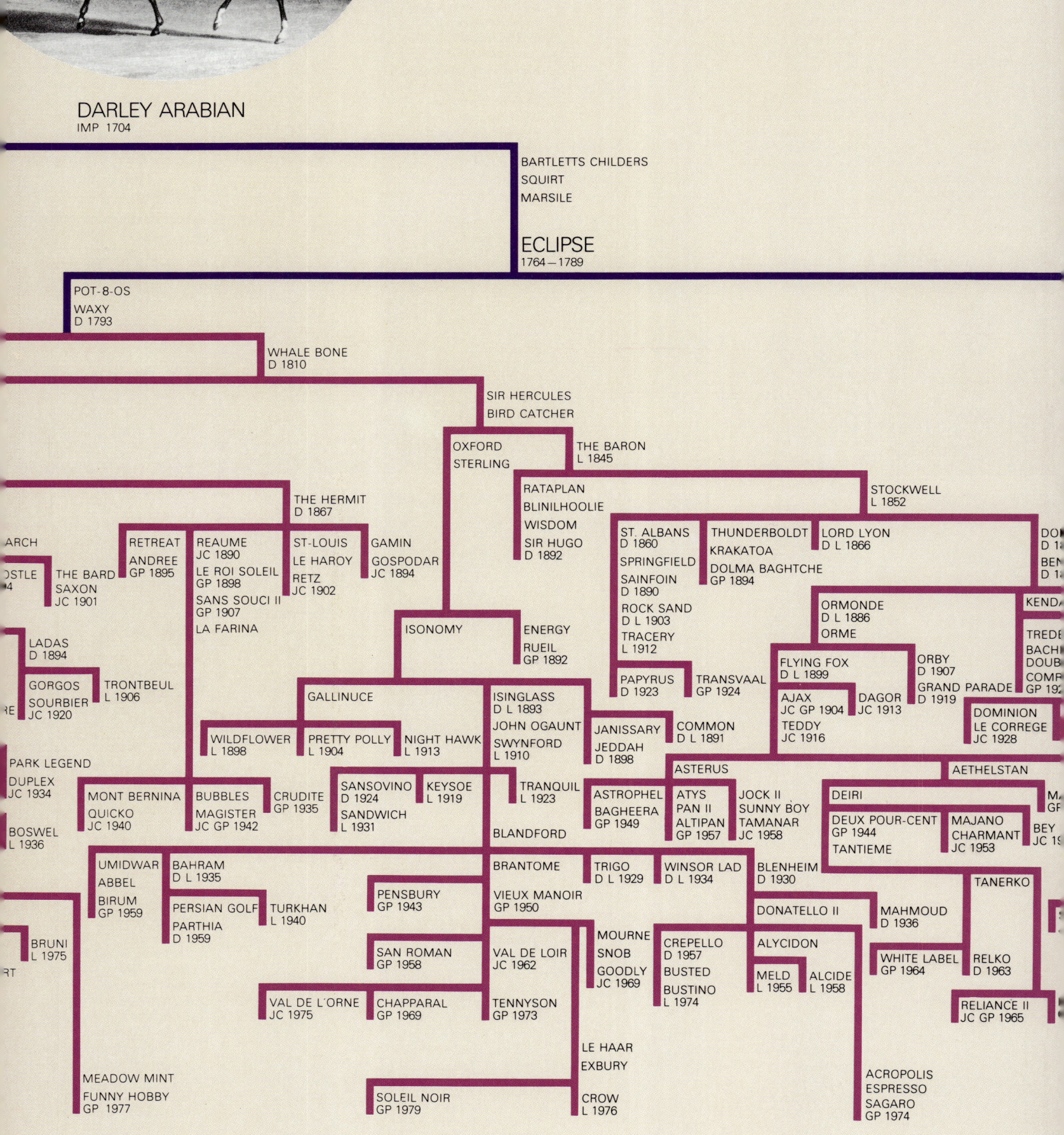

DARLEY ARABIAN
IMP 1704

BARTLETTS CHILDERS
SQUIRT
MARSILE

ECLIPSE
1764 – 1789

POT-8-OS
WAXY
D 1793

WHALE BONE
D 1810

SIR HERCULES
BIRD CATCHER

OXFORD
STERLING

THE BARON
L 1845

RATAPLAN
BLINILHOOLIE
WISDOM
SIR HUGO
D 1892

STOCKWELL
L 1852

THE HERMIT
D 1867

ST. ALBANS
D 1860

SPRINGFIELD
SAINFOIN
D 1890

ROCK SAND
D L 1903
TRACERY
L 1912

THUNDERBOLDT
KRAKATOA
DOLMA BAGHTCHE
GP 1894

LORD LYON
D L 1866

ARCH

RETREAT
ANDREE
GP 1895

REAUME
JC 1890
LE ROI SOLEIL
GP 1898
SANS SOUCI II
GP 1907
LA FARINA

ST-LOUIS
LE HAROY
RETZ
JC 1902

GAMIN
GOSPODAR
JC 1894

DO
D 1
BEN
D 1

OSTLE

THE BARD
SAXON
JC 1901

ISONOMY

ENERGY
RUEIL
GP 1892

ORMONDE
D L 1886
ORME

KENDA

LADAS
D 1894

PAPYRUS
D 1923

TRANSVAAL
GP 1924

FLYING FOX
D L 1899

ORBY
D 1907
GRAND PARADE
D 1919

TREDE
BACH
DOUB
COMP
GP 192

GORGOS
SOURBIER
JC 1920

TRONTBEUL
L 1906

GALLINUCE

ISINGLASS
D L 1893
JOHN OGAUNT
SWYNFORD
L 1910

JANISSARY
JEDDAH
D 1898

COMMON
D L 1891

AJAX
JC GP 1904

DAGOR
JC 1913

DOMINION
LE CORREGE
JC 1928

RE

WILDFLOWER
L 1898

PRETTY POLLY
L 1904

NIGHT HAWK
L 1913

TEDDY
JC 1916

PARK LEGEND
DUPLEX
JC 1934

SANSOVINO
D 1924
SANDWICH
L 1931

KEYSOE
L 1919

TRANQUIL
L 1923

ASTERUS

AETHELSTAN

M
GF

BOSWEL
L 1936

MONT BERNINA
QUICKO
JC 1940

BUBBLES
MAGISTER
JC GP 1942

CRUDITE
GP 1935

ASTROPHEL
BAGHEERA
GP 1949

ATYS
PAN II
ALTIPAN
GP 1957

JOCK II
SUNNY BOY
TAMANAR
JC 1958

DEIRI

DEUX POUR-CENT
GP 1944
TANTIEME

MAJANO
CHARMANT
JC 1953

BEY
JC 19

BLANDFORD

UMIDWAR
ABBEL
BIRUM
GP 1959

BAHRAM
D L 1935

BRANTOME

TRIGO
D L 1929

WINSOR LAD
D L 1934

BLENHEIM
D 1930

TANERKO

PERSIAN GOLF
PARTHIA
D 1959

TURKHAN
L 1940

PENSBURY
GP 1943

VIEUX MANOIR
GP 1950

DONATELLO II

MAHMOUD
D 1936

BRUNI
L 1975

SAN ROMAN
GP 1958

VAL DE LOIR
JC 1962

MOURNE
SNOB
GOODLY
JC 1969

CREPELLO
D 1957
BUSTED
BUSTINO
L 1974

ALYCIDON

WHITE LABEL
GP 1964

RELKO
D 1963

VAL DE L'ORNE
JC 1975

CHAPPARAL
GP 1969

TENNYSON
GP 1973

MELD
L 1955

ALCIDE
L 1958

RELIANCE II
JC GP 1965

LE HAAR
EXBURY

MEADOW MINT
FUNNY HOBBY
GP 1977

SOLEIL NOIR
GP 1979

CROW
L 1976

ACROPOLIS
ESPRESSO
SAGARO
GP 1974

DIE GROSSEN HENGSTLINIEN

Diese Darstellung zeigt erstmals sämtliche Hengstlinien aus dem Stamm Darley Arabians, die von 1890 bis 1980 Sieger in einem oder mehreren der folgenden klassischen Rennen hervorgebracht haben: Derby, St. Leger, Prix du Jockey Club, Grand Prix de Paris.
Die beiden anderen Stämme haben eine weit weniger große Bedeutung in der Vollblutzucht. Der Stamm von Byerley Turk hat bis heute insgesamt 56 Sieger in diesen Rennen gezeugt. Die letzten davon waren Blakeney, der das Derby 1969 gewann, und dessen Sohn Julio Mariner, der St.-Leger-Sieger 1978. Aus dem Godolphin-Barb-Stamm schließlich sind nur 16 Sieger dieser Rennen hervorgegangen. Die letzten sind Sassafras, siegreich im Prix du Jockey Club 1970, und Pleben, Sieger des Grand Prix de Paris 1972.

- D = Sieger im englischen Derby
- L = Sieger im englischen St. Leger
- JC = Sieger im französischen Prix du Jockey Club
- GP = Sieger im französischen Grand Prix de Paris

FLYING CHILDERS
BLAZE
SAMPSON
ALABACULA
ERSTER ST.-LEGER-SIEGER 1776

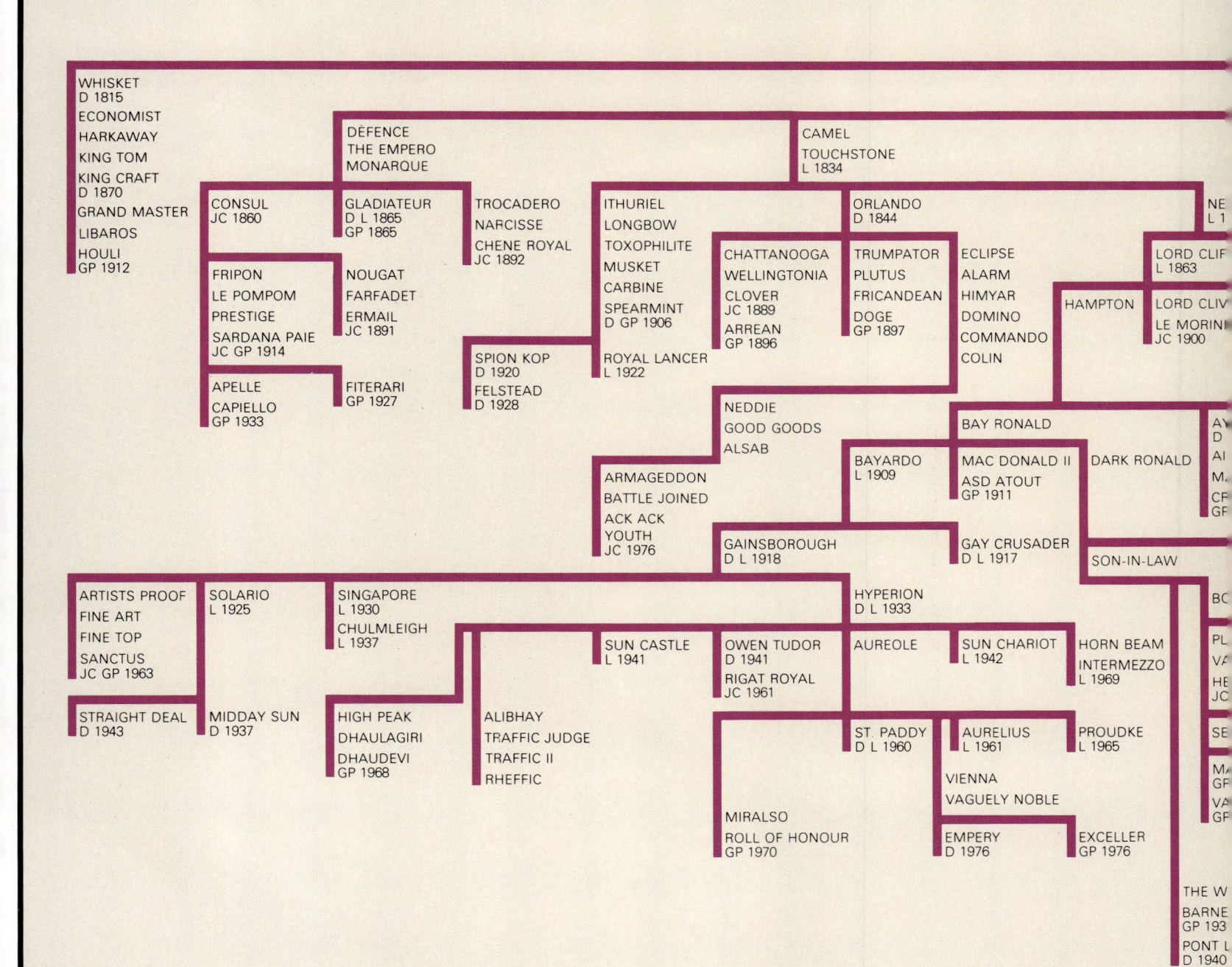

WHISKET D 1815
ECONOMIST
HARKAWAY
KING TOM
KING CRAFT D 1870
GRAND MASTER
LIBAROS
HOULI GP 1912

CONSUL JC 1860
FRIPON
LE POMPOM
PRESTIGE
SARDANA PAIE JC GP 1914
APELLE
CAPIELLO GP 1933

GLADIATEUR D L 1865 GP 1865
NOUGAT
FARFADET
ERMAIL JC 1891
FITERARI GP 1927

DÉFENCE
THE EMPERO
MONARQUE
TROCADERO
NARCISSE
CHENE ROYAL JC 1892
SPION KOP D 1920
FELSTEAD D 1928

ITHURIEL
LONGBOW
TOXOPHILITE
MUSKET
CARBINE
SPEARMINT D GP 1906
ROYAL LANCER L 1922

CHATTANOOGA
WELLINGTONIA
CLOVER
JC 1889
ARREAN GP 1896

CAMEL
TOUCHSTONE L 1834
ORLANDO D 1844
TRUMPATOR
PLUTUS
FRICANDEAN
DOGE GP 1897

ECLIPSE
ALARM
HIMYAR
DOMINO
COMMANDO
COLIN

HAMPTON

LORD CLIF L 1863
LORD CLIV
LE MORIN
JC 1900

NE
L 1

NEDDIE
GOOD GOODS
ALSAB
ARMAGEDDON
BATTLE JOINED
ACK ACK
YOUTH JC 1976

BAYARDO L 1909
MAC DONALD II
ASD ATOUT GP 1911
GAINSBOROUGH D L 1918

BAY RONALD
DARK RONALD
GAY CRUSADER D L 1917

A
D
AI
M
CF
GF

SON-IN-LAW

ARTISTS PROOF
FINE ART
FINE TOP
SANCTUS JC GP 1963
STRAIGHT DEAL D 1943

SOLARIO L 1925
MIDDAY SUN D 1937

SINGAPORE L 1930
CHULMLEIGH L 1937
HIGH PEAK
DHAULAGIRI
DHAUDEVI GP 1968

ALIBHAY
TRAFFIC JUDGE
TRAFFIC II
RHEFFIC

SUN CASTLE L 1941

OWEN TUDOR D 1941
RIGAT ROYAL JC 1961

HYPERION D L 1933
AUREOLE
ST. PADDY D L 1960

SUN CHARIOT L 1942
AURELIUS L 1961
VIENNA
VAGUELY NOBLE

HORN BEAM
INTERMEZZO L 1969
PROUDKE L 1965

MIRALSO
ROLL OF HONOUR GP 1970
EMPERY D 1976
EXCELLER GP 1976

PL
VA
HE
JC

SE

MA
GF
VA
GF

THE W
BARNE GP 193
PONT L
D 1940

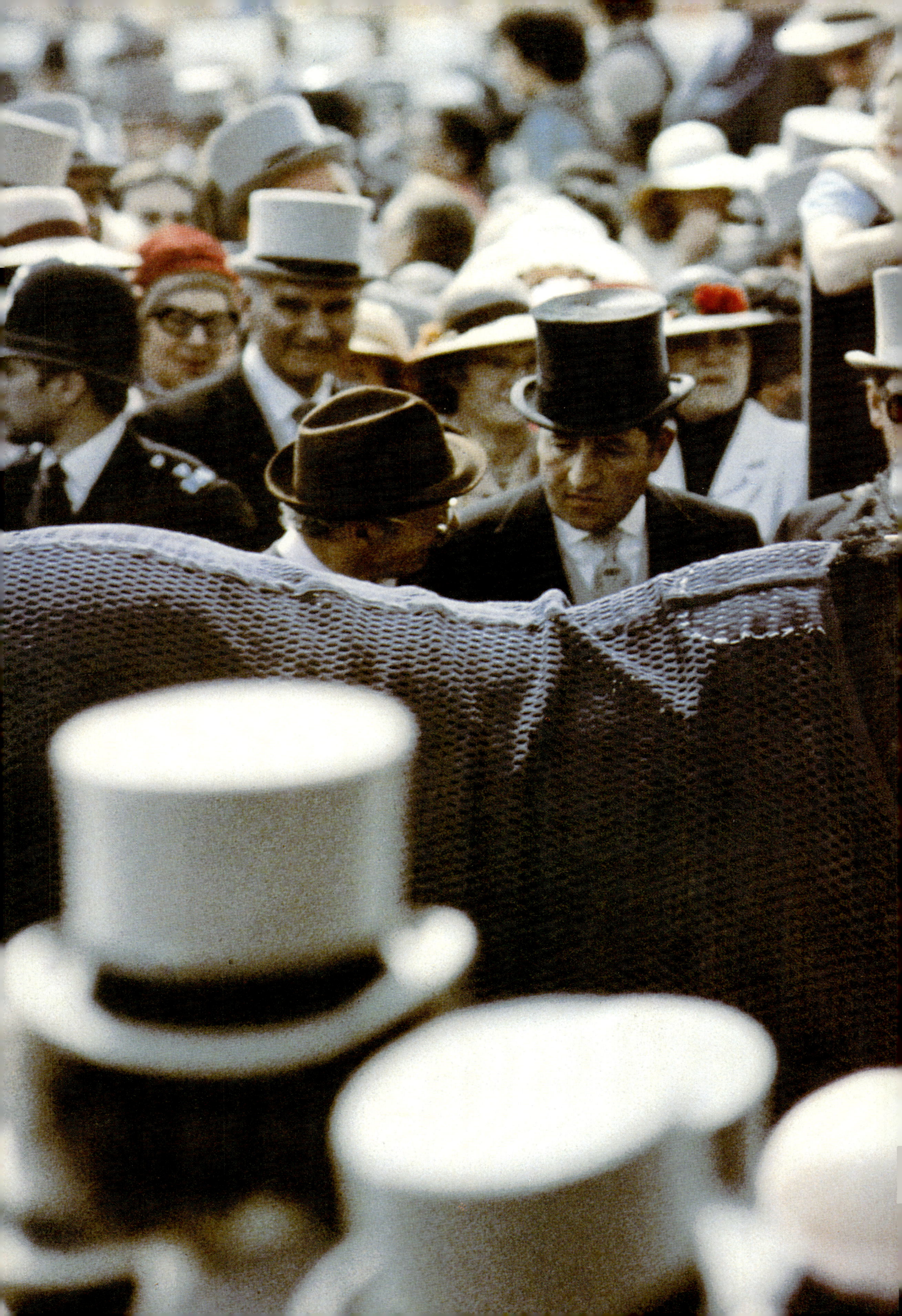

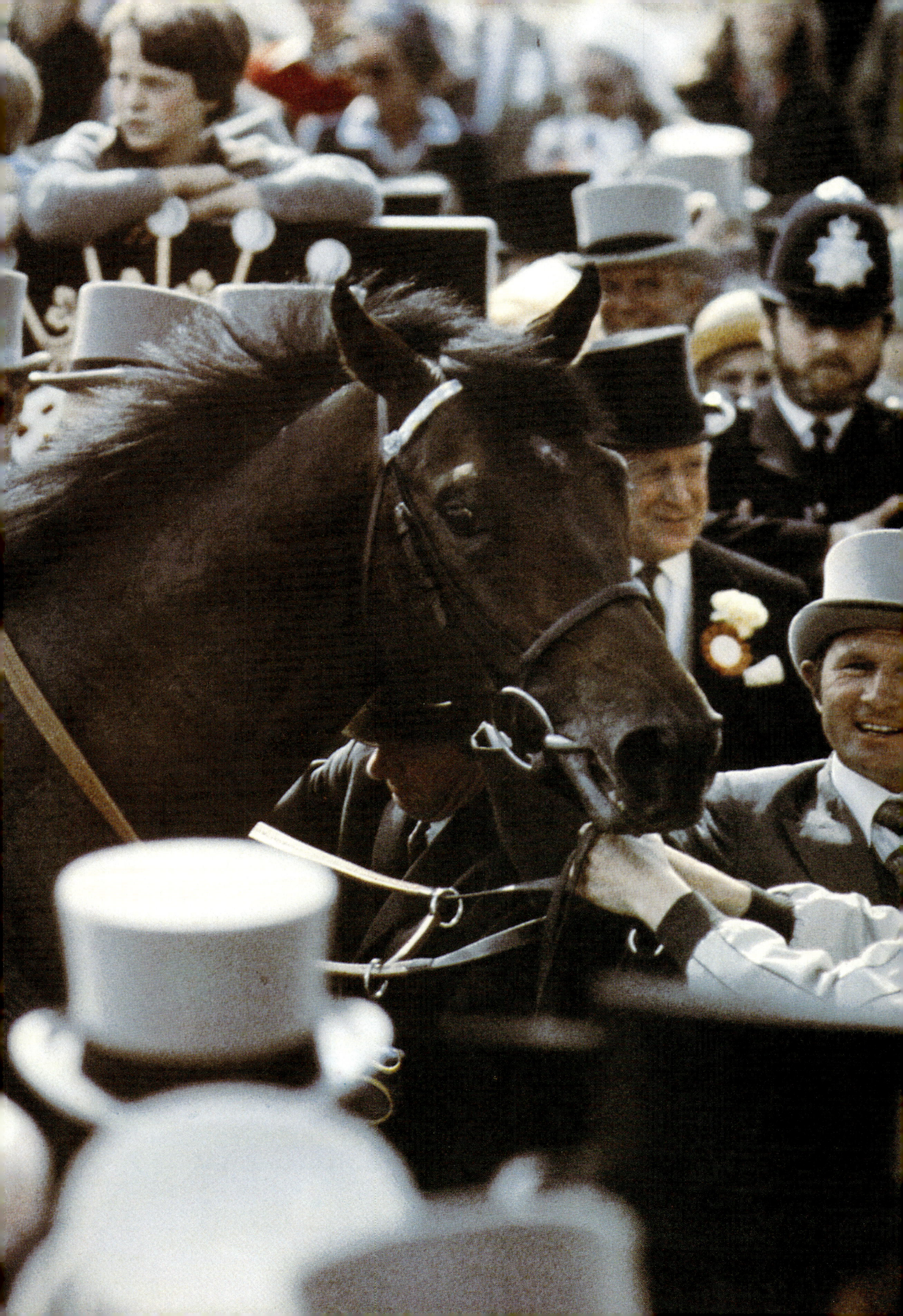

Außenseiten:
TROY, eines der besten Rennpferde der siebziger Jahre, im Siegerring nach dem englischen Derby 1979, das er spielend mit sieben Längen Vorsprung gewann. Am 12. Mai 1983, wenige Monate bevor seine ersten Nachkommen als Zweijährige auf die Rennbahn kamen, starb der erst siebenjährige Troy an einer Darmverwicklung.

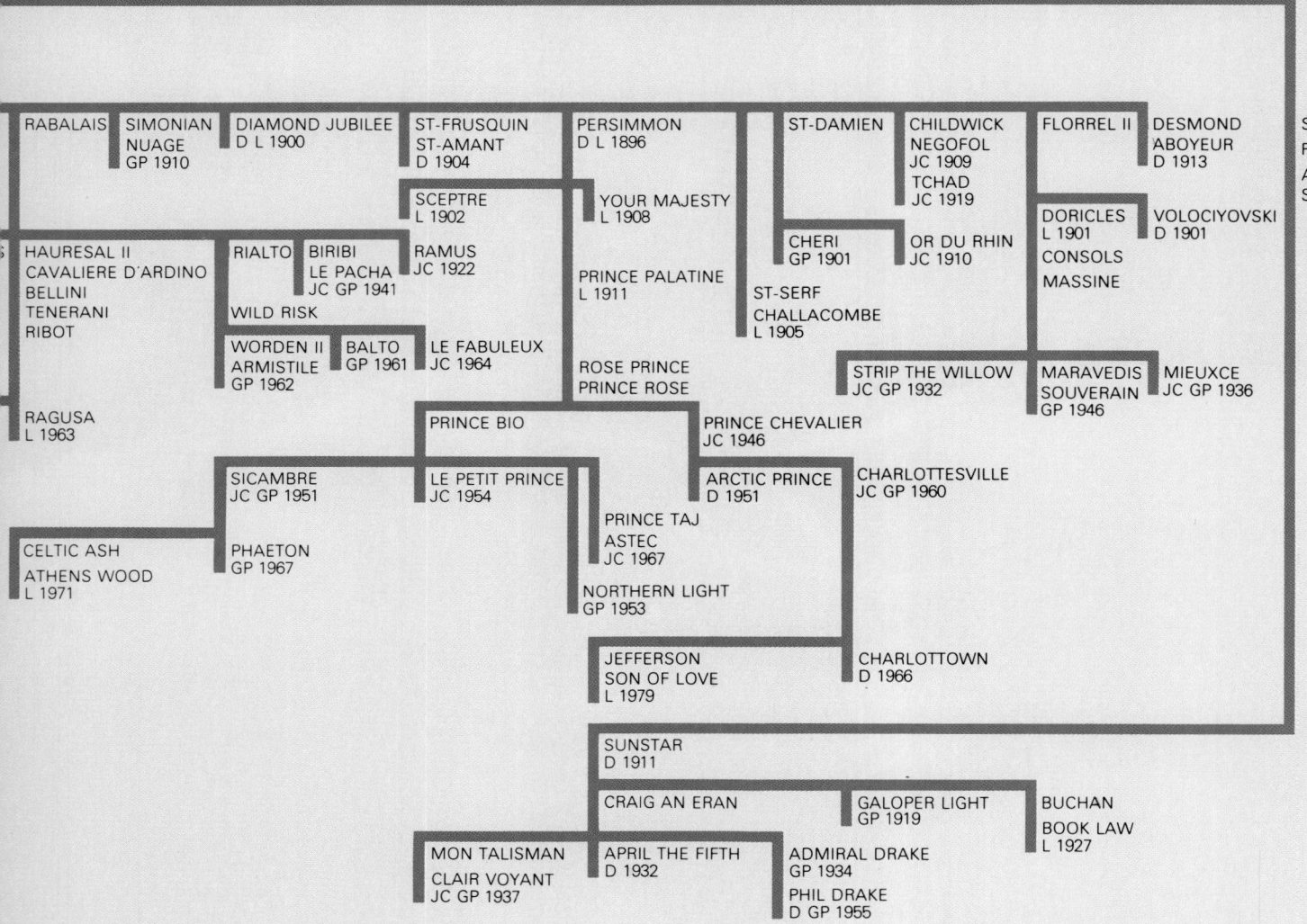

VEDETTE

RABALAIS
SIMONIAN
NUAGE GP 1910
DIAMOND JUBILEE D L 1900
ST-FRUSQUIN
ST-AMANT D 1904
SCEPTRE L 1902
PERSIMMON D L 1896
YOUR MAJESTY L 1908
ST-DAMIEN
CHILDWICK
NEGOFOL JC 1909
TCHAD JC 1919
FLORREL II
DESMOND
ABOYEUR D 1913
SPECULUM
ROSEBERY
AMPHION
SUNDRIDGE

HAURESAL II
CAVALIERE D'ARDINO
BELLINI
TENERANI
RIBOT

RIALTO
BIRIBI
LE PACHA JC GP 1941
WILD RISK
RAMUS JC 1922
PRINCE PALATINE L 1911
CHERI GP 1901
ST-SERF
CHALLACOMBE L 1905
OR DU RHIN JC 1910
DORICLES L 1901
CONSOLS
MASSINE
VOLOCIYOVSKI D 1901

RAGUSA L 1963
WORDEN II
ARMISTILE GP 1962
BALTO GP 1961
LE FABULEUX JC 1964
ROSE PRINCE
PRINCE ROSE
STRIP THE WILLOW JC GP 1932
MARAVEDIS
SOUVERAIN GP 1946
MIEUXCE JC GP 1936

PRINCE BIO
PRINCE CHEVALIER JC 1946

SICAMBRE JC GP 1951
LE PETIT PRINCE JC 1954
ARCTIC PRINCE D 1951
CHARLOTTESVILLE JC GP 1960

CELTIC ASH
ATHENS WOOD L 1971
PHAETON GP 1967
PRINCE TAJ
ASTEC JC 1967
NORTHERN LIGHT GP 1953

JEFFERSON
SON OF LOVE L 1979
CHARLOTTOWN D 1966

SUNSTAR D 1911

CRAIG AN ERAN
GALOPER LIGHT GP 1919
BUCHAN
BOOK LAW L 1927

MON TALISMAN
CLAIR VOYANT JC GP 1937
APRIL THE FIFTH D 1932
ADMIRAL DRAKE GP 1934
PHIL DRAKE D GP 1955

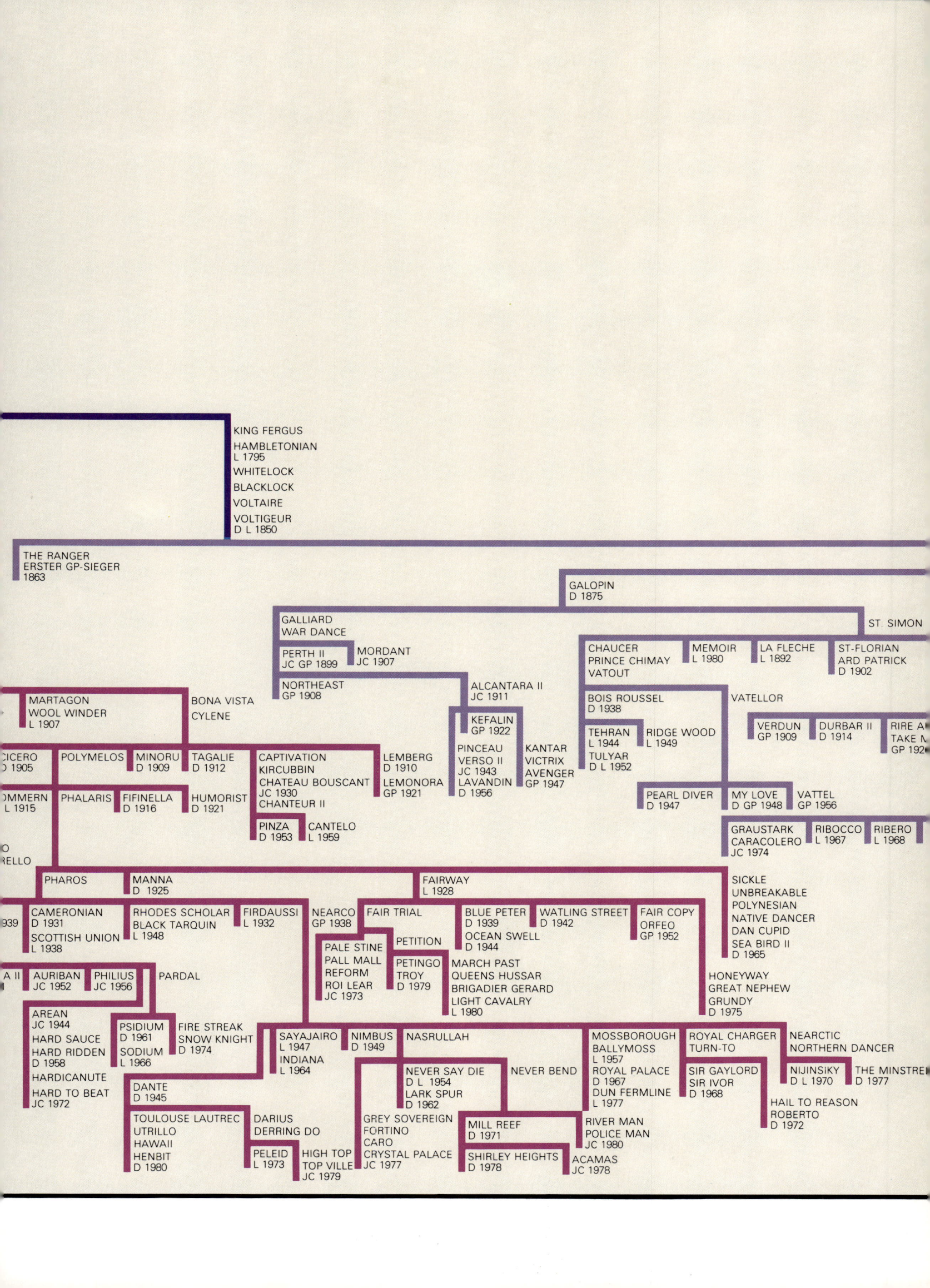

KING FERGUS
HAMBLETONIAN
L 1795
WHITELOCK
BLACKLOCK
VOLTAIRE
VOLTIGEUR
D L 1850

THE RANGER
ERSTER GP-SIEGER
1863

GALOPIN
D 1875

ST. SIMON

GALLIARD
WAR DANCE

PERTH II   MORDANT
JC GP 1899   JC 1907

NORTHEAST
GP 1908

ALCANTARA II
JC 1911

CHAUCER   MEMOIR   LA FLECHE   ST-FLORIAN
PRINCE CHIMAY   L 1980   L 1892   ARD PATRICK
VATOUT   D 1902

MARTAGON   BONA VISTA
WOOL WINDER   CYLENE
L 1907

                                    KEFALIN
                                    GP 1922

BOIS ROUSSEL   VATELLOR
D 1938

                                                        VERDUN   DURBAR II   RIRE A
                                                        GP 1909   D 1914   TAKE M
                                                                                    GP 192

CICERO   POLYMELOS   MINORU   TAGALIE   CAPTIVATION   LEMBERG   PINCEAU   KANTAR
D 1905   D 1909   D 1912   KIRCUBBIN   D 1910   VERSO II   VICTRIX
                                           CHATEAU BOUSCANT   JC 1943   AVENGER
                                           JC 1930   LAVANDIN   GP 1947
                                           CHANTEUR II   LEMONORA   D 1956
                                                             GP 1921

                                                                                    TEHRAN   RIDGE WOOD
                                                                                    L 1944   L 1949
                                                                                    TULYAR
                                                                                    D L 1952

OMMERN   PHALARIS   FIFINELLA HUMORIST
L 1915   D 1916   D 1921

                      PINZA   CANTELO   PEARL DIVER   MY LOVE   VATTEL
                      D 1953   L 1959   D 1947   D GP 1948 GP 1956

O   GRAUSTARK   RIBOCCO   RIBERO
RELLO   CARACOLERO   L 1967   L 1968
                                                                                               JC 1974

        PHAROS   MANNA   FAIRWAY   SICKLE
                   D 1925   L 1928   UNBREAKABLE
                                                                                      POLYNESIAN
                                                                                      NATIVE DANCER
        CAMERONIAN   RHODES SCHOLAR   FIRDAUSSI   NEARCO   FAIR TRIAL   BLUE PETER   WATLING STREET   FAIR COPY   DAN CUPID
1939   D 1931   BLACK TARQUIN   L 1932   GP 1938   D 1939   D 1942   ORFEO   SEA BIRD II
        SCOTTISH UNION L 1948   OCEAN SWELL   GP 1952   D 1965
        L 1938   PALE STINE   PETITION   D 1944
                                                   PALL MALL
                                                   REFORM   PETINGO   MARCH PAST   HONEYWAY
A II   AURIBAN   PHILIUS   PARDAL   ROI LEAR   TROY   QUEENS HUSSAR   GREAT NEPHEW
        JC 1952   JC 1956   JC 1973   D 1979   BRIGADIER GERARD   GRUNDY
                                                                           LIGHT CAVALRY   D 1975
        AREAN   L 1980
        JC 1944   PSIDIUM   FIRE STREAK   SAYAJAIRO   NIMBUS   NASRULLAH   MOSSBOROUGH   ROYAL CHARGER   NEARCTIC
        HARD SAUCE D 1961   SNOW KNIGHT   L 1947   D 1949   BALLYMOSS   TURN-TO   NORTHERN DANCER
        HARD RIDDEN SODIUM   D 1974   INDIANA   L 1957
        D 1958   L 1966   L 1964   NEVER SAY DIE NEVER BEND   ROYAL PALACE SIR GAYLORD   NIJINSIKY   THE MINSTRE
        HARDICANUTE   D L 1954   D 1967   SIR IVOR   D 1970   D 1977
        HARD TO BEAT   LARK SPUR   DUN FERMLINE D 1968
        JC 1972   DANTE   D 1962   L 1977   HAIL TO REASON
                   D 1945   ROBERTO
                   TOULOUSE LAUTREC   DARIUS   GREY SOVEREIGN MILL REEF   RIVER MAN   D 1972
                   UTRILLO   DERRING DO   FORTINO   D 1971   POLICE MAN
                   HAWAII   CARO   JC 1980
                   HENBIT   PELEID   HIGH TOP   CRYSTAL PALACE SHIRLEY HEIGHTS ACAMAS
                   D 1980   L 1973   TOP VILLE   JC 1977   D 1978   JC 1978
                                                   JC 1979

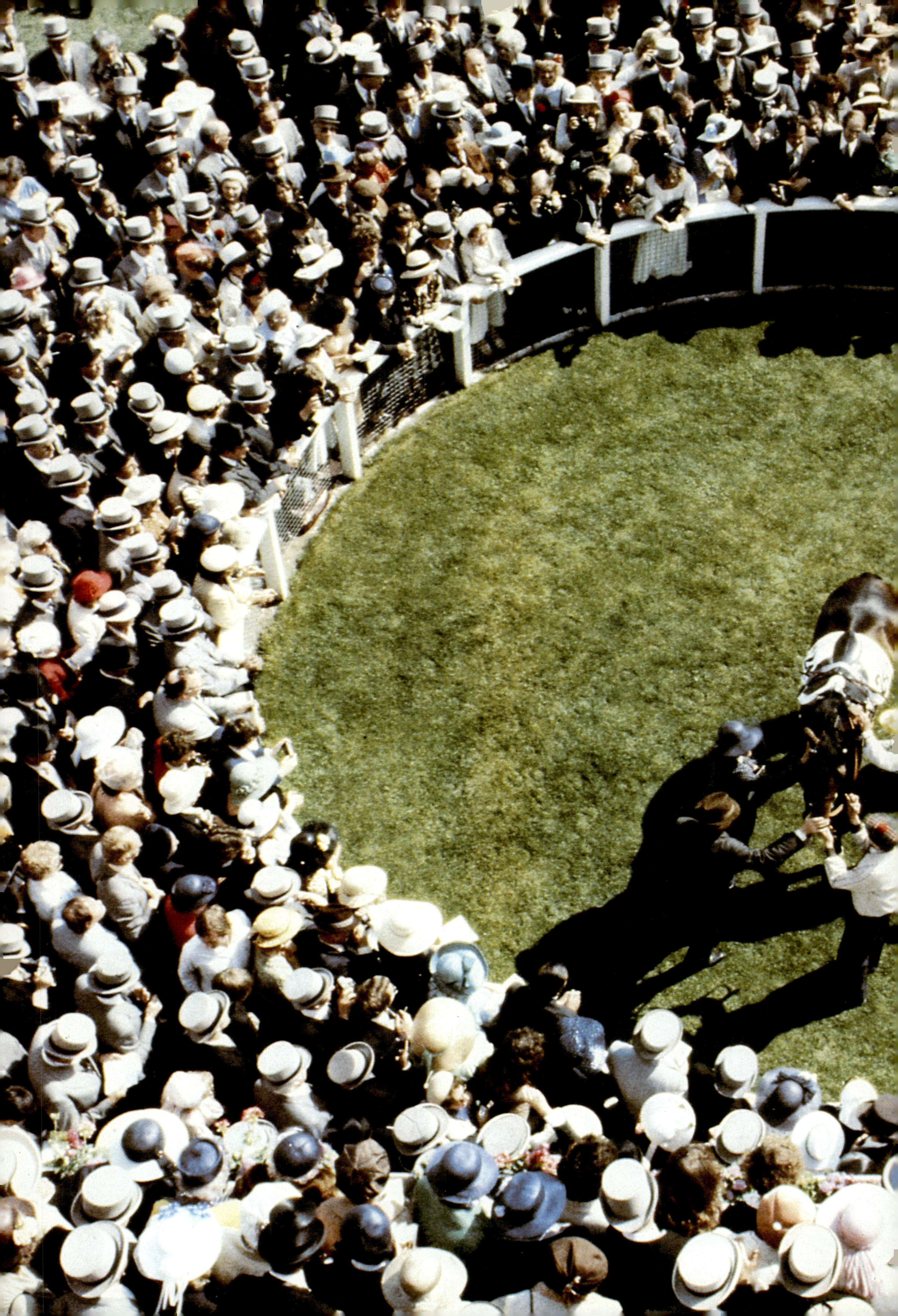

Links: Der Derbysieger von 1979, Troy, im Ring.

Unten: Epsom, der Schauplatz des bedeutendsten klassischen Rennens.

Epsom

Wer uneingeweiht am Derbytag, Ende Mai oder Anfang Juni, nach Espom kommt und einen der Tradition dieses Rennens entsprechenden vornehmen Rahmen erwartet, wird überrascht sein, sich auf einem lärmenden Rummelplatz zu finden. In der Tat hat der Derbytag ausgesprochenen Volksfestcharakter, genießt aber vielleicht gerade deswegen eine ganz ungewöhnliche Popularität. Unter der riesigen Zuschauermenge befinden sich viele Leute, die sich das ganze Jahr hindurch nicht um Rennen kümmern, aber im Besuch des Derbys und im Abschließen von Wetten auf den Ausgang dieses berühmtesten aller Rennen geradezu eine Verpflichtung sehen.

Das wichtigste, wenn auch nicht längste der klassischen Rennen, das seit über 200 Jahren in Epsom, 15 Meilen südwestlich von London, durchgeführt wird, geht seit 1872 über einen recht ungewöhnlichen Kurs. Kurz nach dem Start steigt die Bahn in einem leichten Rechtsbogen bergan, führt nach einer Geraden von etwa einer halben Meile in einen verhältnismäßig steil abfallenden Linksbogen von 180 Grad, zu dem der oft entscheidende Tattenham Corner gehört, und endet dann in der eine halbe Meile langen Zielgeraden.

Kaum ein Jockey gibt zu, daß das Epsom Derby ein außergewöhnliches Rennen ist, aber für jeden *ist* es ein außergewöhnliches Rennen, natürlich ganz besonderes dann, wenn er hinterher in den Siegerpaddock geführt wird. Als erstmals ein Pferd aus Frankreich das Rennen gewann, sprach man von der «Rache für Waterloo», und der erste Epsom-Derby-Sieg eines amerikanischen Pferdes soll sofort die Börse an der Wallstreet angekurbelt haben.

Als großartigste Sieger dieses großartigsten Rennens in unserem Jahrhundert gelten *Diamond Jubilee* (1900), *Spearmint* (1906), *Orby* (1907), *Sunstar* (1911), *Sansovino* (1924), *Hyperion* (1933), *Bahram* (1935), *Pinza* (1953), *Sea Bird II* (1965), *Nijinsky II* (1970), *Mill Reef* (1971) und *Troy* (1979).

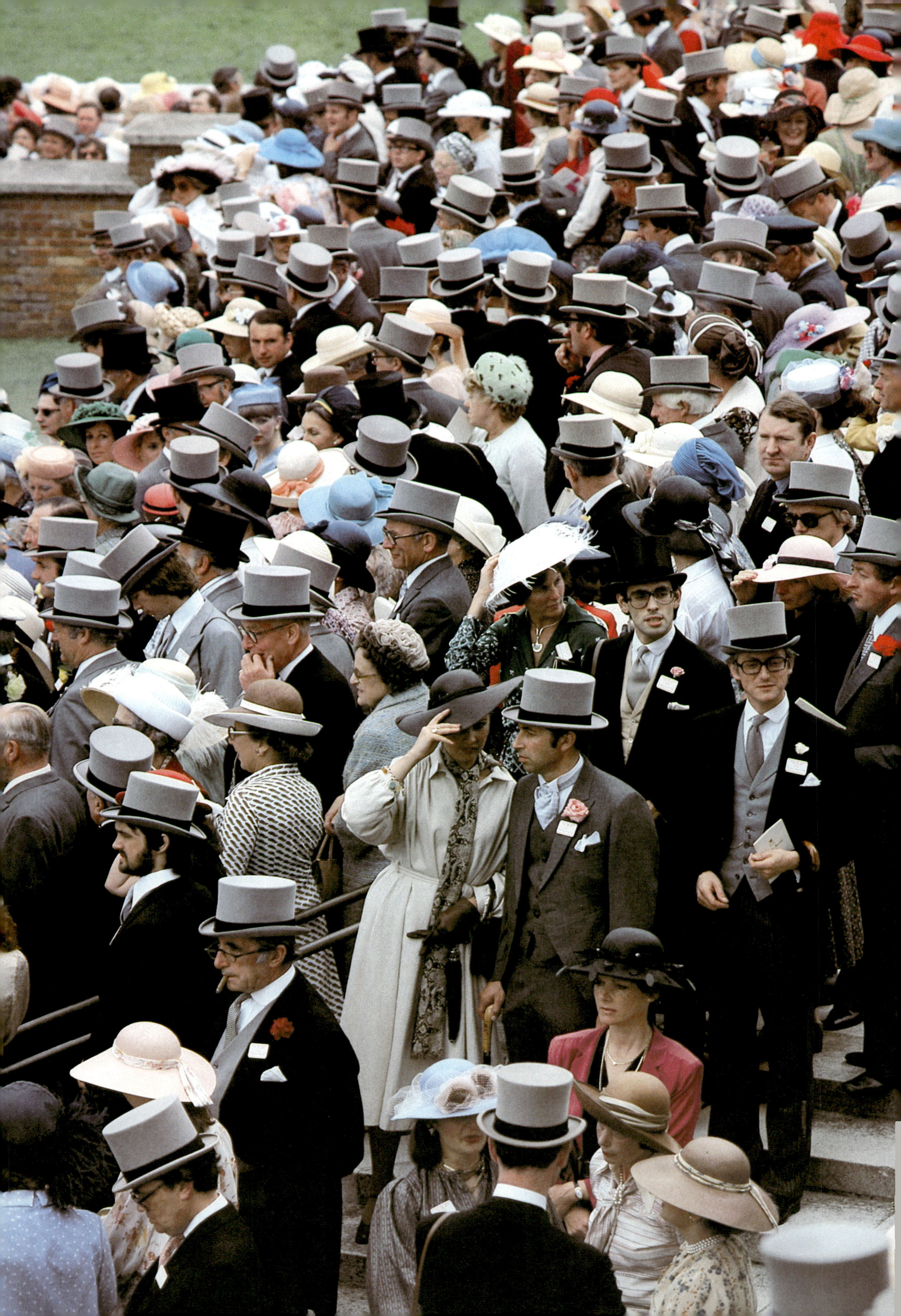

Links: Der königliche Gold Cup von Ascot bietet — neben dem herrlichen Rennen — den Anblick der neusten Damenhutkreationen und der geliehenen Cutaways.

Rechts: Pferde und Jockeys verlassen die Startboxen zum Kampf um den begehrten Pokal von Ascot.

Unten: Ankunft der Königin Elisabeth und des Prinzen Philip in ihrem Vierergespann, das vom Sattel aus gefahren wird.

ASCOT

In einer völlig anderen Atmosphäre als Epsom präsentiert sich Ascot, die königliche Rennbahn, 30 Meilen westlich von London: eben königlich, und dies ganz besonders an den traditionellen vier Royal-Ascot-Tagen. Keines der fünf klassischen Rennen von England wird hier gelaufen («1000» und «2000 Guineas» in Newmarket, Derby und Oaks in Epsom und St. Leger in Doncaster), aber der Ascot Gold Cup, um den hier seit 1807 galoppiert wird, gehört zu den begehrtesten Trophäen. Jeweils in der dritten Juniwoche trifft sich hier ein Feld von Elitepferden zum Kampf um den wertvollen Pokal und die Preissumme von über 10 000 Pfund. Einen Monat später ruft das zweite große Ereignis die Besten der Dreijährigen auf die Bahn, die «King George VI and Queen Elizabeth Stakes». Dieses seit 1946 durchgeführte Rennen gehört zu den besonders wertvollen für die Pferde dieser Altersklasse.

Die Royal-Ascot-Meetings sind nicht einfach Pferderennen, sie gehören zu den größten gesellschaftlichen Ereignissen überhaupt. Wenn hinter den rotberockten Vorreitern die Queen im Schimmelgespann vor der Haupttribüne erscheint, findet sie hier ein durchaus würdiges, hochvornehmes Publikum; Tausende von Damen, in kostbarste Modeschöpfungen gehüllt und insbesondere von den erstaunlichsten Hutkreationen bedeckt; Tausende von Herren in Cutaway und grauem Zylinder; alter Landadel in Menge, neureiche Londoner in Scharen und in noch größerer Zahl Gentlemen, die ihre Cutaways geliehen haben.

Queen Anne, selbst zu beleibt, um eine gute Reiterin zu sein, war dennoch eine begeisterte Anhängerin des Sportes und eröffnete 1711 die auf ihre Veranlassung angelegte Bahn von Ascot. Bis nach dem Zweiten Weltkrieg gab es hier nur die vier königlichen Renntage. Heute sind es jährlich etwa 25 Renntage, und auf einem neuangelegten Kurs werden auch Steeplechases veranstaltet.

1955 trat zu den «King George VI and Queen Elizabeth Stakes» auch «Ribot» an, das größte italienische Rennpferd aller Zeiten. Im Training, zwei Tage vor dem Rennen, verfehlte das von Federico Tesio gezüchtete «Wunderpferd» den Bahnrekord von Ascot um sechs Zehntelssekunden und war danach noch so frisch, wie es ein Pferd nach einem vernünftigen Training zu sein hat. Am nächsten Tag allerdings regnete es. Und Ribot war bekannt dafür, daß er mit einem tiefen, schlammigen Geläuf schlecht fertig wurde. Während der ersten 500 Meter nach dem Start führte «Todrai», das belgische Spitzenpferd, dicht gefolgt von «Ribot». Doch nun überholte unter Riesenjubel «High Veldt», das Pferd der Königin, die beiden, und erstmals in seiner Karriere schien Ribot geschlagen zu sein. Aber in der Zielgeraden überbot er sich selbst und gewann mit fünf Längen Vorsprung.

Nur noch auf einer englischen Bahn geht es ähnlich vornehm zu wie in Ascot, nämlich in Goodwood in den Sussex Downs, 60 Meilen südwestlich von London. Die Bahn liegt im Park des Duke of Richmond and Gordon. Das viertägige Meeting im Juli übt kaum weniger Anziehungskraft aus als Royal Ascot. Der «Goodwood Cup», die «Gordon Stakes» und die «News of the World Stakes» sind Höhepunkte in der britischen Rennszene.

Rennsport in Irland

Ob in Kentucky, Tokio, Paris oder München — Rennplätze sind für die High Society und die Prominenz Treffpunkte, wo man neueste Modeschöpfungen sportlicher Note vorführt und sich mit distinguierten Windhunden und Doggen präsentiert. So zumindest zeigt sich die Szenerie in der Gegend der Haupttribüne — auf dem Sattelplatz und hinter den Wettschaltern mischt sich auch einfaches Volk unter die Nobilitäten, unbeachtet freilich von den Kameras, die das Geschehen festhalten.

Anders in Irland. Auch dort trifft sich zwar, was Rang und Namen hat, insbesondere bei den großen Rennen auf dem Curragh oder im Phoenix Park, aber selbst da ist der volkstümliche Charakter des Rennsportes nicht zu übersehen, erst recht nicht auf den vielen kleineren, über die ganze Insel verstreuten Bahnen. Rennsport ist hier ein Mittel zur Unterhaltung, und zwar ein wichtigeres als anderswo, er ist aber auch ein sehr bedeutender Faktor in der Wirtschaft Irlands und Teil des irischen Alltags. Pferde, die berühmten irischen Hunter und Vollblüter, sind die wichtigsten Exportartikel. Die außergewöhnliche Qualität der satten Weiden auf dem

1 Im Gestüt Balreask werden seit 1837 erfolgreich Vollblüter gezüchtet. Vom Balreask-Hengst Quorum *beispielsweise stammt der phänomenale dreifache Grand-National-Sieger* Red Rum, *und die Enkelin der Balreask-Stute* Kingsworthy, Convenience, *gewann in den USA 11 Rennen, darunter das höchstdotierte Matchrennen (gegen* Typecast), *das je in Amerika gelaufen wurde.*

2 Die architektonisch vielleicht nicht ganz geglückte, von der Einrichtung her aber ausgezeichnete Hengststallung des irischen Nationalgestütes in Tully.

3 Einer der größten Deckhengste des Ardenode-Gestütes war Hardicanute, *1962 geboren. Er lief nur drei Rennen, die er aber alle gewann, und wurde 1972 vor allem dank seines hervorragenden Sohnes* Hard to Beat *erfolgreichster Deckhengst Europas.*

4 In Erinnerung an den St.-Leger- und Irish-Sweeps-Derby-Sieger Ragusa, *dessen Deckhengstkarriere durch einen Hirntumor frühzeitig zu Ende ging, wurde der neue Teil des Ardenode-Gestütes* Ragusa Stud *getauft.*

Kalkboden der Insel ist weltbekannt, weshalb Züchter aus anderen europäischen Ländern und den USA hier Fohlen aufziehen und trainieren lassen, ja ihre ganzen Gestüte hier einrichten, eine nicht unbeträchtliche Einnahmequelle für Irland. Aber natürlich ist Irland nicht nur ein Pferdeland ersten Ranges, weil es hervorragende Weiden und ein ausgezeichnetes Klima für die Pferdezucht hat, sondern vor allem, weil die Iren Pferdeleute sondergleichen sind, ausgestattet mit großem Verständnis für die Tiere, mit einem Instinkt für Pferdequalität und oft mit einem uralten, überlieferten Wissen um geheimnisvolle Blutströme. Die Iren sind zwar die geborenen Spieler, und fast jeder Ire, ob Pastor oder Serviererin, zweigt einen beträchtlichen Teil seines Taschengeldes für Wetten ab, aber sie würden niemals mit dieser Leidenschaft wetten, wenn anstelle der Pferde Maschinen liefen. Spielen ist wichtig, doch die Pferde sind es nicht minder.

In den ersten Jahrzehnten seines Bestehens wachte der englische Jockey Club über Rennsport und Vollblutzucht in Irland. 1790 jedoch gründeten die stets auf Selbständigkeit bedachten Iren den irischen Turf Club. Wie das englische Vorbild, gab auch die irische Organisation einen Rennkalender heraus, der nicht nur die Daten der Rennen, sondern alle Regeln für den Turf und zahlreiche weitere wichtige Informationen für den Rennsport enthielt. Bemerkenswerterweise waren bis 1819 auch die Vorschriften für die Hahnenkämpfe im Rennkalender festgehalten!

Während in England, vor allem Dank der Kolonien, die Wirtschaft blühte und der Rennsport im 19. Jahrhundert den Charakter einer Industrie annahm, blieb der Rennbetrieb in Irland weiterhin begrenzt. Dem irischen Volk fehlten die Mittel zum Wetten, und ohne Geld kann der Rennsport unmöglich gedeihen. Der Turf Club unternahm mancherlei, um den Sportbetrieb anzukurbeln. So gründete er 1866 auch das irische Derby. 38 Pferde wurden genannt, aber es liefen dann nur drei, einfach weil die Preissumme zu niedrig war. Jahrzehnte hindurch blieb das irische Derby ohne Bedeutung.

Erst um 1900 begann sich ein Aufschwung im irischen Vollblutgeschäft abzuzeichnen. In den Jahren davor hatte der Rennsport allgemein sein Gesicht stark verändert und etwa die Form angenommen, die er auch heute noch hat. Das Matchrennen, die früher übliche, nur von zwei Pferden ausgetragene Rennform, verschwand ganz, das Durchschnittsalter der Rennpferde sank, und die Distanzen wurden kürzer. Die irische Wirtschaft erstarkte allmählich, der Turf wurde nicht mehr nur von der Begeisterung des Volkes getragen, sondern konnte auch mit wachsenden Wettgeldern rechnen. Neben dem Curragh entstanden andere große Bahnen, wie

5 Über Mangel an wettlustigem Publikum konnten sich die irischen Rennorganisatoren nie beklagen. Hier werden die Buchmacher in der Curragh belagert, der in der Grafschaft Kildare liegenden wichtigsten Rennbahn des Landes.

Leopardstown (1888) und Phoenix Park (1902) bei Dublin. Zwischen 1895 und 1922 wurden auch die übrigen vier klassischen Rennen eingeführt. Und wer noch immer nicht gemerkt hatte, daß sich etwas tat in der irischen Vollblutindustrie, der nahm es spätestens 1907 wahr, als zum erstenmal ein irisches Pferd, *Orby,* das englische Derby gewann.

In der Folge kamen nun zwar auch englische Pferde zum irischen Derby, aber ein wirklich begehrtes Rennen und damit Anziehungspunkt für die Besitzer ganz großer Pferde wurde es noch nicht. Dies änderte sich erst 1962, und zwar schlagartig.

Schon seit 1930 gab es in den irischen Spitälern eine Selbsthilfeorganisation, die sich durch eine mit Rennen kombinierte Lotterie erstaunliche Mengen Geld beschaffte. 1962 wurde erstmals das irische Derby in dieses Sweepstake-Unternehmen einbezogen. Der Hospital Trust trug 30 000 Pfund zur Dotierung bei, und mit einer Gewinnsumme von 60 000 Pfund wurde nun das «Irish Sweeps Derby», wie es getauft wurde, zum wertvollsten Rennen der Welt. Nicht weniger als 627 Pferde wurden zum ersten Sweeps Derby gemeldet. Nicht zuletzt der Erfolg dieser Idee war dafür verantwortlich, daß Irlands Vollblutgeschäft heute auf einer gesunden finanziellen Basis steht.

Zu den wichtigsten Vollblutgestüten Irlands zählen «Gilltown Stud», «Balreask», «Ardenode», das erst zwanzig Jahre alte «Moyglare» und selbstverständlich das «National Stud». Letzteres hat seit 1943 die Aufgabe, die Vollblutzucht in Irland zu verbessern, und stellt unter anderem den irischen Züchtern erstklassige Vollbluthengste zu sehr günstigen Bedingungen zum Decken zur Verfügung.

6 Rennen im Phoenix-Park auf der Bahn von Dublin.

7 Am Siegerring auf einer der zahlreichen kleinen Bahnen im Westen Irlands.

8 In Laytown, wo die Rennen zwischen zwei Fluten auf dem Sandstrand stattfinden, herrscht neben dem sehr improvisierten, aber durchaus funktionierenden Wettbetrieb stets auch noch Jahrmarktrummel.

249

RENNSPORT IN FRANKREICH

Wenn von Rennsport die Rede ist, so ist vor allem von Pferden die Rede, von Pferdezüchtern und Trainern, aber verhältnismäßig selten von den Jockeys. Dabei sind sie es, die zu einem beträchtlichen Teil den Verlauf eines Rennens bestimmen. Sobald das Pferd den Sattelplatz in Richtung Rennplatz verläßt, trägt der kleine Mann in der bunten Seidenbluse die Verantwortung. Er muß die Eigenheiten des Pferdes, das er reitet, genau kennen und möglichst gut über die anderen Pferde des Feldes, mindestens über die Favoriten, Bescheid wissen, um ihren Stärken begegnen und ihre Schwächen ausnützen zu können. Es gibt Situationen, wo er in Sekundenbruchteilen reagieren muß. Manche Pferde müssen von Anfang an vorne liegen, um ihren Kampfgeist nicht zu verlieren, andere lassen sich unbeirrt im Pulk mittreiben und entfalten erst auf den letzten paar hundert Metern einen Speed, mit dem sie unaufhaltsam Gegner um Gegner niedergaloppieren. Der Jockey muß diese Eigenschaften kennen, aber auch die Bahn muß er kennen, den Verlauf des Kurses, das Geläuf, die Tükken. Er muß Balance und Rhythmus haben, und vor allem braucht er ein außergewöhnliches Gespür für die Stimmung und die augenblickliche Form des Pferdes. Er muß das Maximum aus dem Pferd herausholen können, ohne es zu überfordern. Dazu genügt es nicht, wenig Gewicht auf die Waage zu bringen, obschon dies natürlich eine Grundvoraussetzung ist. Ein schlechter Jockey wird auch auf einem guten Pferd nicht siegen, aber ein mittelmäßiges Pferd kann unter einem guten Jockey über sich hinauswachsen und zum Überraschungssieger werden.

Es gibt viele gute Jockeys, aber nur ganz wenige, die die ihnen anvertrauten Pferde in geradezu genialer Manier von den Startboxen zur Ziellinie reiten können. Zu diesen gehört zweifellos der Franzose Yves Saint-Martin. Viele halten ihn sogar für den besten Jockey aller Zeiten, obschon der Ruhm eines Lester Piggott viel weiter zurückreicht und er etwa doppelt so viele Siege errungen hat, und obschon es in Amerika einen Willie Shoemaker gibt, dem schon über 7000mal der Siegeslorbeer umgehängt wurde!

Zweifellos hat Yves Saint-Martin sein Teil zu dem hervorragenden Ruf des französischen Rennsportes beigetragen. Im Gegensatz zu Lester Piggott, der mit 13 Jahren sein erstes Rennen bestritt und gleich siegte, zeigte sich Saint-Martins Talent erst nach einer eher schwierigen Anlaufzeit. Der 1941 geborene Südfranzose bekam erst mit 14 Jahren in der Reitschule seines Heimatstädtchens Agen Kontakt zu Pferden. Eine Reihe von Zufällen führte ihn noch im selben Jahr, 1955, nach Chantilly, wo ihn der bekannte Trainer François Mathet in die Lehre nahm. Ein halbes Jahr später stürzte Saint-Martin so unglücklich vom Pferd, daß er sich beide Arme brach. Danach wollte er aussteigen, wurde aber schließlich doch zum Weitermachen überredet. Erst am 20. April 1958 stieg Saint-Martin erstmals in einen Sattel, um ein Rennen zu bestreiten. Er siegte nicht im ersten Rennen wie Piggott — sondern stürzte. Auch in den nächsten Rennen hatte er wenig Erfolg, doch am 26. Juli desselben Jahres ritt er in Trembley *Royalic* und siegte. Damit schien der Bann gebrochen zu sein. Schon im übernächsten Jahr, 1960, wurde er dank seiner 107 Siege Champion der französischen Jockeys. Inzwischen ist er in über 10 000 Rennen rund 2500mal Sieger geworden, hat dabei alle wichtigeren Rennen bestritten und die meisten gewonnen. Zu den besten der von ihm gerittenen Pferde gehörten *Relko, Match, Pawneese* und vor allem die Stute *Allez France*, die in ihren Qualitäten nur noch mit *Dahlia* verglichen werden kann.

Als Begründer des französischen Rennsportes kann man den Grafen von Artois bezeichnen, den Bruder König Ludwigs XIV. (1643 bis 1715), der selbst die barocke Dressurschule den ungezügelten Rennen vorzog. Der Graf ließ auf dem Champ-de-Mars eine Rennbahn anlegen, dort, wo später der Eiffelturm gebaut wurde, und kaufte in England Rennpferde, einen *King Pepin* und einen Hengst namens *Sphinx*, Sohn von *Marske* und damit ein Halbbruder des einzigartigen *Eclipse*.

Wie in England, waren auch in Frankreich zu jener Zeit Rennen normalerweise sogenannte Matches, wobei jeweils zwei Pferde gegeneinander liefen, auf welche ihre adligen Besitzer gewöhnlich hohe Wetten abschlossen. Oft waren solche Matches der Öffentlichkeit zugänglich, so daß auch die «kleinen» Leute ein paar Centimes aufs Spiel setzen konnten. Die meisten Matches führten über einige Kilometer, gelegentlich wurden aber auch Rennen über große Distanzen ausgetragen. So schlossen der Herzog von Bourbon und der Markgraf von Stallan für ein Match, bei dem die Pferde zweimal von Paris nach Chantilly und zurück laufen mußten (insgesamt etwa 160 Kilometer) eine hohe Wette miteinander ab. Von Stallans Pferd soll in einer Zeit von fünf Stunden und 33 Minuten gewonnen haben — weshalb man wohl annehmen kann, daß es sich um ein sehr gutes orientalisches Pferd gehandelt hat. Ein Pferd des Barons Pascool soll ein Rennen von Paris nach Fontainebleau über rund 55 Kilometer in einer Stunde und 48 Minuten gewonnen haben.

1 Yves Saint-Martin — sechs von zehn befragten Trainern nennen ihn den größten Jockey aller Zeiten. Daß der 1941 geborene Südfranzose einer der Allerbesten ist, wird niemand bestreiten. In seinem bisher wohl erfolgreichsten Jahr beispielsweise, 1974, ritt er in 609 Rennen 121mal den Sieger und kassierte für sich rund eine Million Schweizer Franken.

2 Sea Bird, 1962, v. Dan Cupid a. d. Sicalade, Sieger im Epsom Derby, im Prix de l'Arc de Triomphe und in fünf weiteren großen Rennen und unter anderem Vater von Gyr *und* Allez France.

3 Le Marmot, 1976, v. Amarko a. d. Molinka, gewann 2 279 000 Francs und 20 000 Dollars.

4 Alamas.

5 Bold Lad, *1962 in den USA geboren, v.* Bold Ruler *a. d.* Misty Morn, *war 14mal siegreich und dreimal plaziert und zeugte im Gestüt Bois Roussel von Margit Batthyany in Frankreich eine Reihe ausgezeichneter Nachkommen, darunter* Marble Arch.

6 *Die Stute* Allez France, *1970 v.* Sea Bird *a. d.* Princelles Gem, *Siegerin im Prix de Diane.*

7 Gazala.

8 Grey Dawn II, *1962, v.* Herbager *a. d.* Polamia, *steht derzeit (1981) im Domino Stud in Lexington, Kentucky, und hat schon zahlreiche ausgezeichnete Pferde gezeugt.*

9 Three Troikas, *1976, v.* Lyphard *a. d.* Three Roses, *in bedeutenden Rennen 7mal siegreiche und 4mal plazierte Stute.*

Unter Ludwig XVI. (1774 bis 1792) wurden offenbar erstmals regelmäßig größere Rennen organisiert, für die es genau festgelegte Regeln, ähnlich denen des englischen Jockey Club, mit Gewichtsnormen und anderen Vorschriften gab. Das erste Meeting fand im November 1777 in den Sablons statt, wobei im ersten Rennen 40 Pferde, im zweiten 40 Esel gelaufen sein sollen.

Sehr früh hatten die Engländer erkannt, daß Rennen nicht nur dem Vergnügen dienten, sondern auch ein unübertreffliches Mittel zur Zuchtauswahl darstellten. Diese Idee wurde in Frankreich bereits 1770 aufgegriffen und von zwei Herren namens Le Boucher und Bourgelat verbreitet. Zur Zeit der Französischen Revolution (1789 bis 1799) geriet sie wieder in Vergessenheit, bis Napoleon, am Aufbau einer hervorragenden Pferdezucht brennend interessiert, durch ein Dekret vom 31. August 1805 die Organisation von Rennen in verschiedenen Teilen des Landes veranlaßte. Diese Rennen, die 1808 erstmals durchgeführt wurden, hatten den Charakter einer Landesmeisterschaft mit Ausscheidungsrennen in den verschiedenen Departements und einem Finale am Ende der Saison, einem Grand Prix, in Paris. Für diese Rennen waren vom Staat Gewinnsummen ausgesetzt, und der Grand Prix war immerhin mit 4000 Franc dotiert.

Durch den Einfluß englischer Adliger, vor allem Henry Seymours, gelangten in den nun folgenden Jahrzehnten die englischen Formen des Rennsportes und der Vollblutzucht nach Frankreich. 1833 wurde das französische Vollblutgestütsbuch und im selben Jahr die Organisation gegründet, die die Funktion des englischen Jockey Club erfüllte und bis heute bestimmend für den Rennsport- und den Vollblutzuchtbetrieb in Frankreich ist: die «Société d'encouragement pour l'amélioration des races de chevaux en France».

In den ersten Jahren freilich stieß diese Organisation in der Öffentlichkeit auf heftige Kritik. Die Einführung englischer Gebräuche, Stile und Techniken, ja der englischen Sprache für alle den Rennsport betreffenden wichtigen Details kränkte die Franzosen in ihrem Nationalstolz, und die Vorschrift, daß nur englische Pferde und Pferde englischer Abstammung, also registrierte Vollblüter, die Rennen bestreiten durften, rief Protestaktionen hervor. Aber die sehr angesehenen Gründungsmitglieder der Organisation, zu denen immerhin Lord Seymour, Graf Demidoff und Charles Laffitte gehörten, blieben unbeirrbar bei ihrem Vorhaben, und als der Herzog von Orléans die Präsidentschaft des Clubs übernahm, war das Prestige endgültig gefestigt.

In der Tat beschränkte sich die Organisation ja keineswegs darauf, nur Vollblutzucht und Rennen zu fördern. Beträchtliche Gelder flossen der Landespferdezucht zu. Außerdem wurde die Qualität der französischen Reitpferde durch starken Vollbluteinfluß gewaltig verbessert.

Der Rennsport florierte, obschon die Wettsummen viele Jahre hindurch limitiert waren. Allerdings konnte man schon bald nicht nur auf der Rennbahn, sondern bei vielen Annahmestellen im Land Wetten abschließen — genau wie man heute noch am Sonntag vormittag in der Bar beim Pastis das Wettformular ausfüllen und dem Agenten hinter der Theke übergeben kann, ein äußerst bewährtes System.

1836 wurde erstmals das französische Derby ausgetragen, der «Prix du Jockey Club», wie es getauft wurde und heute noch heißt. Die Dreijährigenprüfung führte über 2400 Meter und war mit 7500 Franc dotiert. Die Dotierung stieg 1847 auf 10 000 Franc und 1855 auf 20 000 Franc.

Die ersten von der Gesellschaft organisierten Rennen wurden noch auf der alten Bahn auf dem Champ-de-Mars durchgeführt, aber die Anlage war unbefriedigend. Daher wurde die herrlich gelegene Rennbahn von Chantilly gebaut, auf der bereits das erste Derby ausgetragen werden konnte. In den folgenden Jahren zeigte es sich, daß Chantilly, 40 Kilometer von Paris entfernt, nur an großen Renntagen mit vollen Tribünen rechnen konnte, für weniger

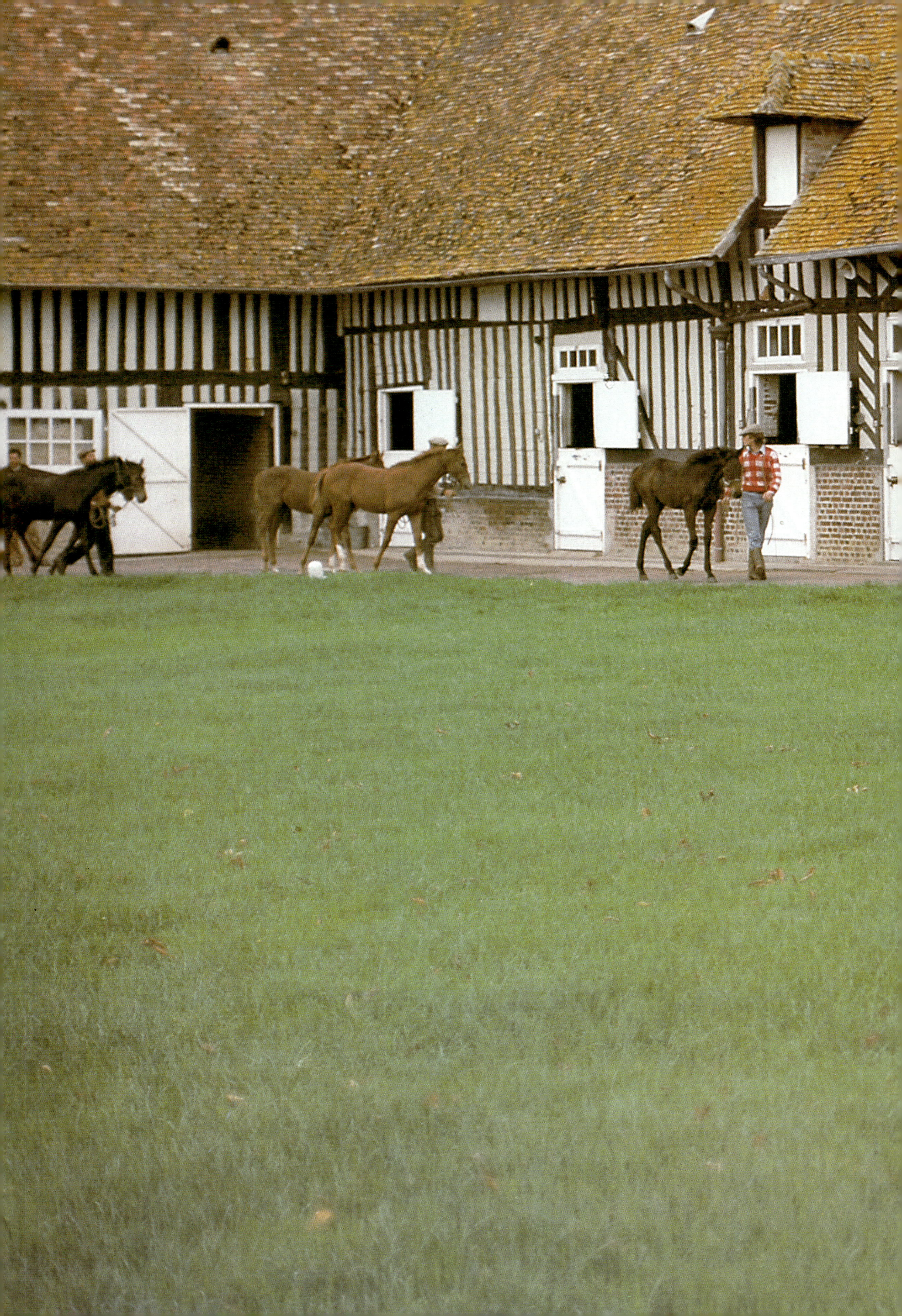

1 Baron Guy de Rothschild, Besitzer von Haras de Meautry und Haras de Reux.

2 Marcel Boussac, hier mit Trainer und Jockey H. Nicolas und Roger Poincelet, war eine große, schillernde Persönlichkeit des französischen Turfs in unserem Jahrhundert.

3 In Touques bei Deauville befindet sich das Rothschildsche Gestüt Haras de Meautry.

*Links:
Im herrlichen Gestüt Victot in der Normandie wurden seit 1838 über 150 Jahre hindurch von der Familie Aumont erfolgreich Rennpferde gezüchtet. Heute hat Daniel Wildenstein die Zuchtanlage für seine Vollblüter gepachtet.*

4 Die in Deutschland vor allem als Besitzerin des Gestütes Erlenhof bekannte Gräfin Margit Batthyany erwarb 1970 mit Bois Roussel nördlich von Alençon eines der größten Vollblutgestüte Frankreichs — und machte es in kurzer Zeit zu einem der erfolgreichsten.

wichtige Meetings war es den Parisern zu weit entfernt. Eine glänzende Lösung dieses Problems bot sich an, als die Société d'encouragement von der Stadtverwaltung die Bewilligung erhielt, auf einer Lichtung des Bois de Boulogne, auf dem Longchamp, und damit in Paris, einen Rennplatz anzulegen. Der 27. April 1857 war der erste Renntag von Longchamp, 12 000 Besucher sollen zu den Rennen gekommen sein.

Schon Jahre vor der Gründung der Société gab es in Frankreich die ersten Vollblutgestüte. Eines der wichtigsten war für lange Zeit — und ist auch wieder gegenwärtig — das Haras de Bois Roussel. Graf Roederer, damals kaiserlicher Minister, erhielt das Landgut 1802 von Napoleon geschenkt. Das Gestüt, auf der Südseite des weiten Sarthe-Tales zwischen Alençon und Argentan gelegen, ist dank dem milden, recht regenreichen Klima und dem Kalkboden ideal für die Vollblutzucht geeignet. Über 105 Jahre züchtete die gräfliche Familie hier Pferde. *Patricien, Bois Roussel* und *Vermouth* aus diesem Gestüt sorgten im vergangenen Jahrhundert für

253

Schlagzeilen in den Rennberichten, und mit dem 1870 geborenen *Boiard* hatte das Gestüt einen der größten Champions seiner Zeit. Er gewann 1873 den Prix du Jockey Club, die Oaks, den Grand Prix de Paris und das Kriterium für dreijährige Hengste und im folgenden Jahr den Prix de Cadran und den Ascot Gold Cup.

Auch heute gibt es wieder Kleinode der Vollblutzucht in den Boxen und auf den riesigen Weiden von Bois Roussel. 1970 konnte die Gräfin Margit Batthyany das Gut kaufen. Mit der Gestütsherrin des deutschen Erlenhofes, aus dem so große Pferde wie *Ticino* und *Nereide* hervorgegangen sind, war eine der international bedeutendsten Züchterinnen mit einem Teil ihres Pferdebestandes nach Bois Roussel gekommen. Bereits 1972 ritten die Jockeys in den blaugelben Farben des Batthyanystalles die zweitmeisten Siege auf Frankreichs Bahnen. Einige der klingendsten Namen aus diesem Gestüt sind *Pia*, unter anderem Oaks-Siegerin, *Samos*, der den Preis der Royal Oaks, des französischen St. Leger, holte und Zweiter im Ascot Gold Cup wurde. *Mata Hari, Filiberto, Arosa, Gift Card* und *No No Nanette*. Ein Beispiel für den sicheren Instinkt der Gräfin für überragende Pferde — und für ihren Geschäftssinn — ist *San San*, eine in den USA gezogene Stute. Sie wurde als Jährling auf den Keeneland Sales in Kentucky für 15 000 Dollar und damit sehr preisgünstig gekauft, in Frankreich aufgezogen und trainiert und siegte im hochdotierten Prix Vermeilles und im Prix de l'Arc de Triomphe, dem wohl begehrtesten Rennen überhaupt. Wie sehr zwei solche Siege den Wert eines Pferdes steigern können, zeigte der Verkauf zum Preis von 600 000 Dollar.

1 Das erste französische Derby, Prix du Jockey Club genannt, wurde 1836 auf der Bahn von Chantilly gelaufen. Zu dieser traditionsreichen Bahn, 50 Kilometer von Paris entfernt, gehört die schönste Trainingsanlage der Welt.

2 Auteuil ist vor allem als die beste Jagdrennbahn Frankreichs bekannt. Hier wird die Grand Steeplechase de Paris gelaufen, die französische «Grand National».

Die dem englischen Klima etwa entsprechenden Wetterverhältnisse in der Normandie veranlassen seit 200 Jahren die meisten größeren Vollblutzüchter, hier ihre Gestüte einzurichten. In dieser nordwestfranzösischen Landschaft stehen die Stallungen der Herren von Rothschild und Marcel Boussacs, der eine der großen Persönlichkeiten in der Welt des Rennsports war. Hier, etwa zwischen Deauville und Caen, liegt auch das Haras de Victot, das mit seiner Fachwerk-Stallanlage und dem kleinen Schloß zu den reizvollsten Gestüten der Welt gehört. Die Geschichte von Victot ist über lange Zeiträume aufs engste

3 Bei Paris, schmal und langgestreckt am Seineufer gelegen, befindet sich die Bahn von Maisons-Laffitte.

4 Im August herrscht auf der Bahn des normannischen Seebades Deauville Hochbetrieb, mit gewöhnlich vier Renntagen pro Woche. Außerdem gibt es hier Jährlingsauktionen.

5 Die bedeutendsten Rennen Frankreichs werden auf der 1857 eröffneten Bahn von Longchamp im Pariser Bois de Boulogne ausgetragen.

verknüpft mit der Geschichte des französischen Rennsportes. Fünf Jahre nach der Gründung der Société, 1838, meldete Eugène Aumont die Stallfarben des Haras de Victot an: rosa Bluse und schwarze Mütze. Schon zwei Jahre später gewann die Aumont-Stute *Toutine* den Prix du Jockey Club, das fünfte französische Derby. Dieser Sieg des Turfneulings soll den Hauptinitianten der Société d'encouragement, Lord Seymour, dermaßen verärgert haben, daß er die Gesellschaft verließ. In den darauffolgenden Jahren schlug der Stall Aumont, nun unter der Verwaltung von Eugènes Bruder Alexandre, mit den Pferden *Cavatine, Fitz-Emilius, Premier Aôut, Liverpool* und *Meudon* alle bisherigen französischen Rekorde. Aber 1854 wurde die Reihe der Triumphe plötzlich unterbrochen. *Blason,* der das Feld im Prix du Jockey Club sicher anführte, brach wenige Meter vor der Ziellinie zur Seite aus. Die Favoriten *Fitz Gladiator, Hervine* und *Aguila* versagten, und ein vielversprechender Zweijähriger, *Monarque,* wurde im Grand Critérium geschlagen. Doch eben dieser *Monarque* sollte noch zu einem besonders bedeutenden Hengst der französischen Vollblutzucht werden — er galt übrigens auch als der schönste. Als Drei-, Vier- und Fünfjähriger gewann er über 20 Rennen und holte noch als Sechsjähriger, unter 55 Kilogramm, den begehrten Goodwood Cup. Als Vererber war er nicht minder groß denn als Rennpferd und hinterließ bleibende Spuren in der französischen Zucht, insbesondere über seinen noch berühmteren Sohn *Gladiateur,* dessen Nachkommen in zwölf Jahren 400 Rennen und rund drei Millionen Francs gewannen.

Die Tradition lebte unter René, dem letzten Aumont, noch in der Nachkriegszeit weiter. Im Grand Prix de Paris von 1946 waren drei Victot-Pferde unter den ersten vier, wenn auch unter anderen Farben, denn René Aumont hatte den Rennstall fast ganz aufgelöst und widmete sich hauptsächlich der Züchtung. Aber er züchtete Pferde wie *Cousine,* die 620 000 Francs gewann, oder *Samaritain,* der von der französischen Regierung für 3 500 000 Francs gekauft wurde.

Der Zweite Weltkrieg fügte der französischen Vollblutzucht schweren Schaden zu. Rund siebenhundert zum Teil erstklassige Hengste und Stuten wurden von der deutschen Besatzungsmacht gegen eine lächerliche Entschädigungssumme beschlagnahmt. Obschon nach dem Krieg eine Anzahl dieser Pferde wieder nach Frankreich kam, darunter die Spitzenhengste *Pharis* und *Brantome,* erholte sich der Rennsport nur sehr langsam. Aber Frankreich hatte einige Persönlichkeiten mit genialen Fähigkeiten an der Spitze der Vollblutzüchter, allen voran Marcel Boussac. Er war übrigens der erste, der Pferde im Flugzeug nach England zum Rennen schickte. Inzwischen fliegen hier während der Saison täglich Pferde hin und zurück. Zu den großen französischen Rennen, die heute die wertvollsten Europas sind, kommen jeweils Pferde aus etwa sieben Ländern, großenteils per Flugzeug.

Das französische Vollblutimperium, das alle anderen europäischen weit überflügelte, wird nur noch vom amerikanischen in den Schatten gestellt. In Chantilly befindet sich das schönste und eines der größten Trainingszentren der Welt, von der Société wie auch von vermögenden Züchtern wie Boussac, den Rothschilds und Aga Khan finanziert. In Longchamps, Saint-Cloud, Tremblay, Maisons-Laffitte und, im August, in Deauville treffen sich die schnellsten Pferde, die größten Züchter, die berühmtesten Trainer und die besten Jokkeys. Aber verstreut über ganz Frankreich gibt es etwa 350 Rennplätze, größtenteils zwar nur mit den allernotwendigsten Einrichtungen versehen, doch sie alle sorgen für die Popularität, und nur von dieser kann der Rennsport leben.

Rennsport in Deutschland

In dem 1722 gegründeten königlich-preußischen Hauptgestüt Graditz, das heute, in der DDR, noch immer als Vollblutgestüt funktioniert, begann man 1833 neben der Produktion von Remonten auch mit der Vollblutzucht. Außer guten Stuten kaufte Graditz ausgezeichnete Hengste aus England und Frankreich, aber erst 1913 kam ein Hengst, der dem in Deutschland sehr renommierten Gestüt auch auf internationalem Feld zu einigem Glanz verhelfen konnte. Es war *Dark Ronald*, der zum phantastischen Preis von 500 000 Goldmark England verließ. Er zeugte so hervorragende Pferde wie *Prunus*, der im Gestüt Schlenderhan Geschichte machte, und *Herold*, der in Graditz blieb und hier Vater von *Alchimist* wurde. Und dieser *Alchimist*, der Derbysieger von 1933, war einer der besten Vererber in der deutschen Vollblutgeschichte. Zu seinen außergewöhnlichen Nachkommen zählten *Birkhahn* und *Schwarzgold*. Ein grausames Ende ereilte den erst 15jährigen «Alchimist» 1945. Russische Besatzungssoldaten wollten die Graditzer Pferde verladen. Der stets kopfscheue *Alchimist* aber machte Schwierigkeiten und wurde mit Stöcken zu Tode geprügelt.

Zu den ganz großen Namen aus deutscher Zucht gehört *Schwarzgold*, die Wunderstute aus Schlenderhan, die 1940 mit zehn Längen Vorsprung das deutsche Derby gewann. Sie siegte in sieben weiteren Rennen so überlegen, daß sie von vielen Fachleuten als bestes deutsches Rennpferd bezeichnet wird, obschon sie drei Rennen verlor. Nach Ansicht des Jockeys Gerhard Streit, der sie in fast allen Rennen ritt, war sie bei ihren Niederlagen jeweils in einer schlechten Konditionsform. Leider war das Galoppierwunder als Zuchtstute wenig wert. Nach dem Wurf von zwei Fohlen, die praktisch erfolglos blieben, erkrankte die einst so gefeierte Stute und mußte getötet werden.

Ebenfalls aus Schlenderhan kam *Oleander*. Von 1927 bis 1929 beherrschte er das Renngeschehen in Deutschland. Siebzehnmal war er als Erster am Zielpfosten, dabei dreimal im Großen Preis von Baden-Baden. Beim schwersten Flachrennen, dem Prix de l'Arc de Triomphe, wurde er einmal Fünfter und einmal Dritter im riesigen Feld der Weltelite. Ebenso groß war er in der Zucht. Neunmal war er der beste Hengst Deutschlands, und Nachkommen des «Königs von Schlenderhan» feierten unter anderem in England, Frankreich, Italien und Argentinien Triumphe.

Noch ein anderes deutsches Pferd erhielt den Titel «Wunderstute», nämlich *Nereide* aus dem Gestüt Erlenhof. Genau wie einst bei *Eclipse* herrschte auch bei *Nereide* Ungewißheit darüber, wer ihr Vater war, denn ihre Mutter war sowohl von *Graf Isolani* wie auch von *Laland* gedeckt worden. Diese Mutter war übrigens *Nella de Gubbio*, eine Stute aus der Blutlinie mit dem Anfangsbuchstaben «N», die unter anderem für den Ruhm des großen italienischen Züchters Federico Tesio verantwortlich war. Auch *Nearco*, einer der weltbesten Vererber seiner Zeit, gehörte dieser Linie an. *Nereide*, 1933 geboren, blieb in zehn Rennen ungeschlagen und stellte im deutschen Derby eine bis heute bestehende Rekordzeit von 2:28,8 Minuten auf. Beim Braunen Band von München traf sie auf *Corrida* aus dem Rennstall von Marcel Boussac, die damals als schnellstes Pferd des Kontinentes galt, und schlug sie.

1 Nereide aus dem Gestüt Erlenhof war eines der wenigen Vollblutpferde, von denen die Abstammung nicht einwandfrei feststeht: Ihr Vater könnte sowohl Laland *wie auch* Graf Isolani *gewesen sein. Dessenungeachtet gewann sie das deutsche Derby 1936 in einer bis heute nicht unterbotenen Rekordzeit von 2:28,8 Minuten.*

2 Schwarzgold, die Derbysiegerin 1940 aus dem Gestüt Schlenderhan, war eine der bedeutendsten Vollblutstuten aus deutscher Zucht. Sie ist hier mit Trainer George Arnull und unter Jockey Gerhard Streit zu sehen.

3 Orsini, vom Gestüt Erlenhof, hier 1956 als Zweijähriger, zeugte nicht weniger als vier Sieger des deutschen Derbys.

4 Star Appeal sorgte für eine der größten Sensationen der deutschen Vollblutzucht, als er 1975 den äußerst begehrten Prix de l'Arc de Triomphe gewann.

5 Kaiseradler, aufgenommen 1968, eines der größten Pferde des Gestütes Zoppenbroich.

6 Königsstuhl aus Zoppenbroich als Sieger im Aral-Pokal 1979 unter Jockey P. Alafi.

7 Otto Schmidt, 1896 geboren, war der bis heute erfolgreichste deutsche Jockey mit 2216 Siegen, darunter 14 Championaten. Das wohl beste Pferd, das er ritt, war Ticino, *Derbysieger 1942 und wichtigster Hengst in der Geschichte des Gestütes Erlenhof.*

8 Fritz Drechsler ritt von 1946 bis 1975 1523mal den Sieger durchs Ziel. Hier hat er den Schlenderhaner Lombard *unter sich, das erste deutsche Pferd, das über eine Million Mark zusammengaloppierte.*

Nächste Doppelseite: Boxenstart.

Der überragende Hengst aus dem Gestüt Erlenhof war *Ticino*, Derbysieger von 1942 und dreifacher Sieger des Großen Preises von Berlin. Seine Qualitäten waren mit denen des großen Schlenderhaners *Oleander* vergleichbar, und wie dieser war er neun Jahre hindurch das beste Vaterpferd Deutschlands. Seine wichtigsten Söhne waren *Neckar* und *Orsini*. Beide waren auf der Rennbahn wie auch im Gestüt gleichermaßen Klassepferde. Mit *Ilix, Don Giovanni, Elviro* und *Marduk* zeugte *Orsini*, genau wie sein Vater, vier Derbysieger.

Die insgesamt erfolgreichste Zuchtlinie des Gestütes Röttgen ist die W-Linie. *Wahnfried*, der bis in die jüngste Zeit als bester Röttgener Hengst galt, ist ein Abkömmling, aber auch *Wacholdis, Wicht, Weltwunder, Widschi, Waldcanter* und *Weltcup*, alles ausgezeichnete Pferde. Sie alle stammen von *Winnica* ab, und diese wiederum hat in ihrer Ahnentafel als Urururgroßmutter den Namen der wohl erstaunlichsten Stute aller Zeiten: *Kincsem*. Dieses einzigartige Pferd entstammte nicht der deutschen Vollblutzucht, hat aber in Deutschland Renngeschichte gemacht und in der deutschen Zucht tiefe Spuren hinterlassen.

Kincsem kam am 17. März 1874 in Ungarn zur Welt, auf dem Gestüt von Ernö Blaskovich in Tapioszentmarton zwischen Donau und Theiß. Ein Jahr später bot der Züchter seine gesamten überzähligen Jährlinge dem Baron Sandor Orzcy zum Kauf an, fünf Hengst- und zwei Stutfohlen. Der Interessent nahm die Hengstjährlinge, die Stuten aber ließ er austauschen, weil sie ihm nicht gut genug schienen. Eine davon war *Kincsem*.

Im Herbst desselben Jahres schickte Blaskovich das Stütchen zu Robert Hesp nach Göd, dem damals bekanntesten Trainer Ungarns, denn inzwischen hatte es sich so weit gemausert, daß einige seiner Qualitäten für den Fachmann schon erkennbar waren. Die meisten überragenden Pferde sind auch schöne Pferde. *Kincsem* war es nie. Sie hatte eine schmutzige Fuchsfarbe und war überbaut (Kruppe höher als Widerrist). Außerdem war sie von einer an Trägheit grenzenden Gelassenheit und verriet im Stall oder auf der Weide nichts von dem Kampfwillen und dem Feuer, die in ihr schlummerten. Aber alle Exterieureigenschaften, die ein Klassepferd haben muß, waren in höchstem Maße vorhanden, von der sehr langen und sehr schräg gelagerten Schulter bis zu den perfekten Fußknochen. Hesp hatte nie ein schnelleres Pferd trainiert und reiste mit der Stute schon zum ersten Rennen ins Ausland. Am 21. Juni 1876 stand *Kincsem* im Berliner Hoppegarten erstmals am Start und gewann mit Leichtigkeit. In den folgenden zwei Monaten lief sie in Hannover, Hamburg, Doberan und Frankfurt und siegte in jedem Rennen. Danach ging es nach Baden-Baden, wo es das wichtigste Rennen für Zweijährige, das Zukunftsrennen, zu bestreiten galt. Und hier ereignete sich die berühmte Geschichte mit dem Trinkwasser. In der Boxe in Iffezheim angekommen, erhielt *Kincsem* von Franzl, ihrem Pfleger, sofort einen Eimer Wasser, aber sie schnupperte nur daran und ließ ihn stehen. Dabei mußte sie durstig sein — schließlich hatte sie einen ganzen Sommertag im Eisenbahnwaggon verbracht. Franzl holte frisches Wasser, aber auch davon wollte *Kincsem* nichts wissen. Natürlich wurden der Trainer und der Pfleger nervös, denn ein Pferd, das nach einer solchen Fahrt nicht trinkt, ist normalerweise krank. Franzl freilich glaubte, daß es nur am Wasser liege, und daher wurde nun aus Brunnen und Quellen der näheren und weiteren Umgebung und aus dem Rhein Wasser herbeigeschafft, doch *Kincsem* rührte es nicht an. Ein englischer Trainer namens John Reeves, der davon hörte, ließ Robert Hesp wissen, er kenne von früher her einen alten, inzwischen eingefallenen Brunnen, dessen Wasser auch heikle Pferde immer gern getrunken hätten. Sofort machte sich Franzl mit dem Jockey Fred Madden auf den Weg. Die beiden schaufelten den Brunnen frei. Obschon das Wasser von einer trüben, gelblichen Färbung war, nahmen sie einige Eimer voll davon mit in den Stall — und siehe da: *Kincsem* trank gleich fast zwei davon leer. Franzl wußte auch warum: Es hatte den gleichen lehmigen Pfützengeschmack wie zu Hause in Gör. Der alte Brunnen im Oostal existiert noch. Er trägt den Namen *Kincsemquelle*.

Dieser Sommer in Deutschland war der Auftakt zu einer unvergleichlichen Karriere. In den folgenden drei Jahren war *Kincsem* jeweils von April bis November unterwegs, in rüttelnden Viehwaggons. Als Vierjährige gewann sie in England den Goodwood Gold Cup und in Frankreich den Großen Preis von Deauville. Anschließend reiste sie zum drittenmal nach Baden-Baden und lief dort mit sieben Kilogramm Mehrgewicht gegen den hervorragenden *Prince Giles the First* auf dem von tagelangem Regen völlig aufgeweichten Geläuf um den Großen Preis. Erstmals schien *Kincsem* ihren Meister gefunden zu haben. Nach einem äußerst spannenden Rennen hatten beide Favoriten ihre Nase genau gleichzeitig an der Ziellinie: ein totes Rennen. Der *Kincsem*-Besitzer Blaskovich wollte den Preis nicht teilen, sondern verlangte eine unverzügliche Wiederholung des Rennens. Und nun gewann seine Wunderstute mit sechs Längen!

Insgesamt lief *Kincsem* 54 Rennen in sieben Ländern und wurde dabei nie ge-

257

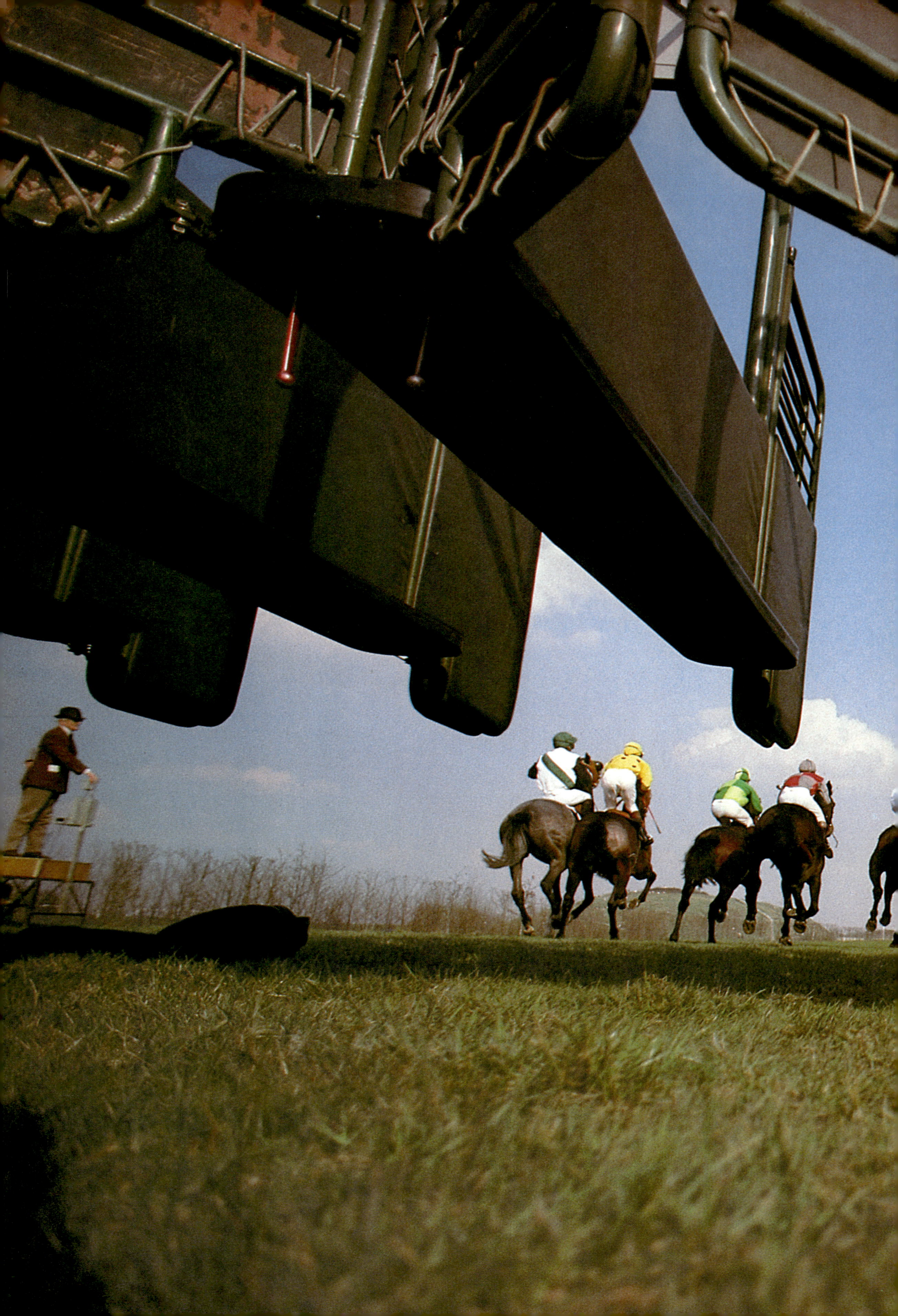

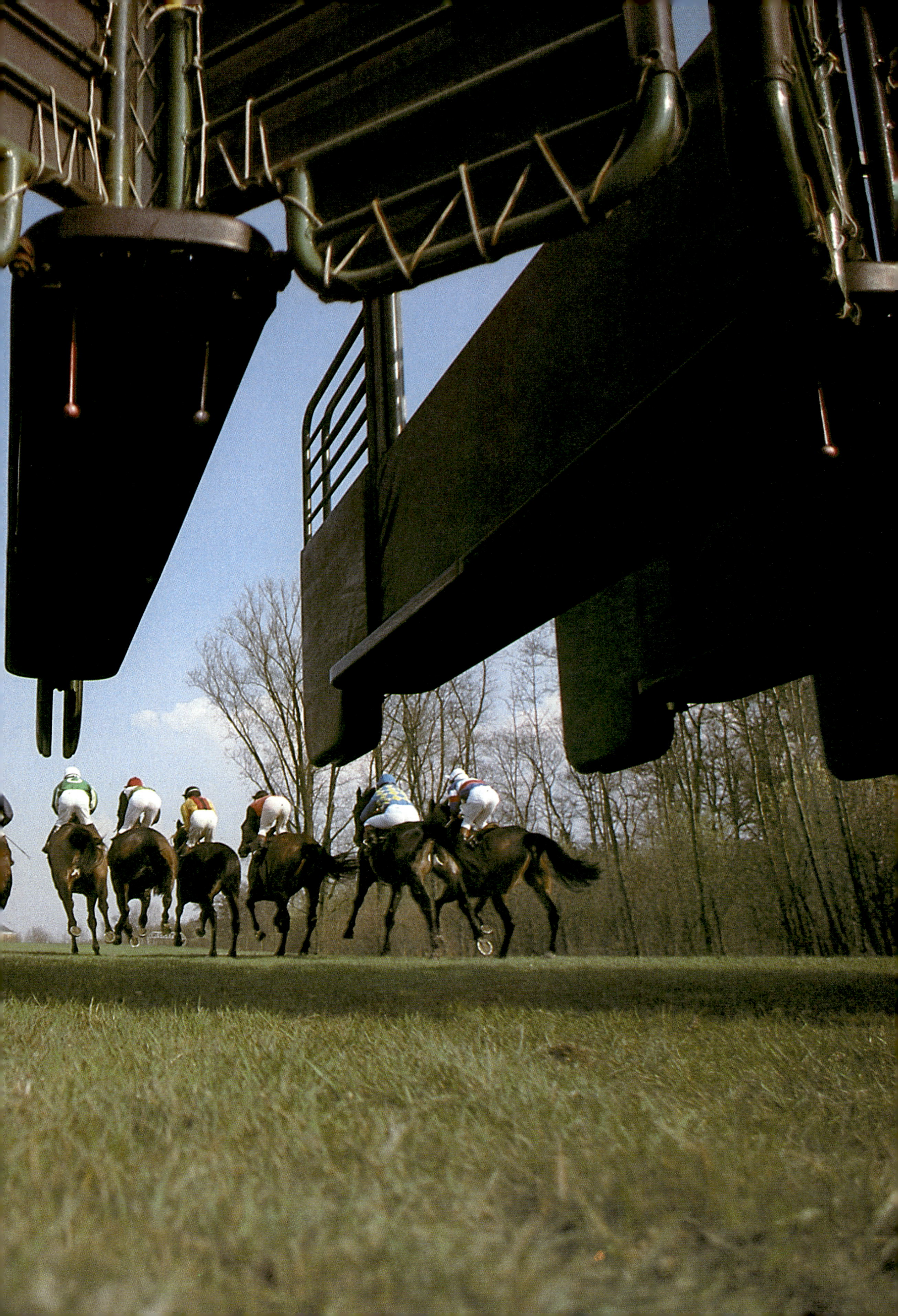

schlagen. Eigentlich wollte Blaskovich die Stute noch eine fünfte Saison laufen lassen, aber im Frühjahrstraining 1880 begann sie zu lahmen. Sie litt an Spat, einer Knochenauftreibung an einem Sprunggelenk, und wurde daher ins Gestüt genommen. Als sie, auf den Tag genau erst 13 Jahre alt, an Kolik und Lungenentzündung einging, hatte sie fünf Fohlen zur Welt gebracht. Keines wurde eine *Kincsem*, aber zusammen mit ihren eigenen Nachkommen gewannen sie immerhin 41 klassische Rennen. Mit der Röttgener-W-Linie hat das «ungarische Wunder» ein bis heute bestehendes beachtenswertes Erbe hinterlassen.

Aus dem Gestüt Röttgen kamen auch die zwei bedeutendsten deutschen Vollblüter des vergangenen Jahrzehnts. Zuerst war es *Prince Ippi*, der für Schlagzeilen sorgte. 1972 holte er den Großen Preis von Europa, das höchstdotierte Rennen Deutschlands, und im darauffolgenden Jahr den Gran Premio d'Italia in Mailand und damit eines der wichtigsten internationalen Rennen. Schon zwei Jahre später aber wurde diese Sensation noch überboten, als ein kaum beachteter Außenseiter namens *Star Appeal* als erstes Pferd aus deutscher Zucht im «Prix de l'Arc de Triomphe» die ganze Weltelite hinter sich ließ. Allerdings lief der Hengst nicht unter den Röttgener Farben. Er war 1973 für 60 000 DM an den Stall Moritzberg verkauft worden und brachte diesem nicht nur Ruhm, sondern auch eine beachtliche Menge Geld ein. Bis Ende 1975, dem letzten Jahr seiner Rennkarriere, hatte *Star Appeal* in Europa und in den USA 1 527 836 DM ergaloppiert, weit mehr als bisher jedes andere Pferd aus deutscher Zucht. Als Abschlußgeschenk erhielt er die Titel «Galopper des Jahres» und «Champion von Europa», und die größte Ehre wurde ihm zuteil, als er zur Zucht im englischen Nationalgestüt in Newmarket aufgestellt wurde.

Star Appeal wurde im Prix de l'Arc de Triomphe von Greville Starkey geritten, einem englischen Jockey. Es ist auch heute üblich, daß ein großer Teil der besseren Pferde Deutschlands — und auch anderer Länder — von englischen, australischen oder amerikanischen Jockeys geritten werden. Bis in unser Jahrhundert hinein war es für fast jeden bedeutenden Stall eine Selbstverständlichkeit, englisch sprechende Jockeys zu verpflichten. Das geradezu abergläubische Vorurteil gegen einheimische Rennreiter wurde erst durch Julius Rastenberger gebrochen. Er war ein überragender Taktiker und hatte ein wunderbares Einfühlungsvermögen für Pferde. Er war einer der ganz wenigen Jockeys, die man als genial bezeichnen kann. Der 1887 geborene Berliner ritt zuerst sehr erfolgreich Hindernisrennen und wechselte 1912 zum Flachrennsport. Hier machte er sich schnell einen Namen. Im Laufe der Jahre setzten ihn die verschiedensten Ställe auf ihre besten Pferde. Er ritt unter anderem für Graditz, Waldfried,

1 Der einzigartige Mutterstutenstall des 1924 gegründeten Gestütes Röttgen bei Köln, das mit Star Appeal *den vielleicht größten Hengst der deutschen Vollblutgeschichte hervorbrachte.*

2 Altefeld wurde 1918 als letztes staatliches preußisches Vollblutgestüt eröffnet. Nach einer bewegten Geschichte wurde die Anlage an das private Vollblutgestüt Waldfried verkauft.

Röttgen, Schlenderhan, Erlenhof, Zoppenbroich und den Wiener Stall der Rothschilds. Zweimal gewann er das Derby, neunmal andere klassische Rennen, und insgesamt brachte er 1148 Sieger über die Ziellinie. Im Juli 1943 stieg er zum letztenmal in den Sattel. Während des Rittes auf *Ovation* machte ein Herzschlag seinem Leben ein Ende.

Kurz nach Julius Rastenbergers Debüt auf der Flachrennbahn sorgte ein weiterer deutscher Jockey für Sensationen: Otto Schmidt. Unter dem Spitznamen «Otto-Otto» wurde er der erfolgreichste und populärste aller deutschen Rennreiter. Er war ganz einfach der geborene Jockey. Am 1. Mai 1912 begann er auf dem Gestüt Waldfried unter dem Trainer Fred Taral seine Lehre. 1915 ritt er seine ersten Rennen, und im Oktober desselben Jahres siegte er auch schon zum erstenmal im Berliner Hoppegarten. Im folgenden Jahr entließ der Stall Waldfried den bisherigen ersten Jockey, einen Amerikaner, und wollte einen anderen erfahrenen Rennreiter einstellen. Der Trainer Taral aber hielt dies angesichts seines Zöglings für überflüssig. Er war so überzeugt von dem kleinen Otto, daß er ihn im Derby mit *Amorino* an den Start schickte. Und zum ersten und wahrscheinlich letzten Mal gewann ein Lehrling das begehrteste aller klassischen Rennen. Zwanzig Jahre ritt Otto Schmidt für Waldfried, weitere zwanzig Jahre lang für Erlenhof, Graditz und Ebbesloh. Seine Siegesliste dürfte in Deutschland kaum je wieder erreicht werden. Er war 2218mal Sieger, 29mal gewann er klassische Rennen, davon siebenmal das Derby. 1952 wurde er Trainer, zuerst im Stall Mydlinghofen, ein paar Jahre später in Ebbesloh. Er starb 1964.

Außer «Otto-Otto» und Julius Rastenberger gab es bisher noch neun Jokkeys mit deutscher Lizenz, die über 1000 Rennen gewinnen konnten. Der 1906 geborene und 1964 gestorbene Hans Zehmisch gewann 1102mal. Kurt Narr, der bis 1963 ritt und die letzten Jahre seiner Rennlaufbahn in Skandinavien verbrachte, war 1012mal Sieger. Ein ähnlich populärer Reiter wie Otto Schmidt war Hein Bollow, der 1033 Rennen gewann. Er wurde danach einer der bedeutendsten Trainer Deutschlands. Micky (Johann) Starosta blieb im Rennsattel, bis er 61 Jahre alt war, und siegte dabei 1320mal. 1106 Siege hat Oskar Langner aufzuweisen, heute ebenfalls ein ausgezeichneter Trainer. Der seit 1957 für Deutschland reitende Ungar Peter Alafi gewann bis 1977 1300 Rennen, der Rumäne Ivan Pall wurde von 1955 bis 1976 1114mal Sieger, und bis heute ebenfalls über 1000 Rennen gewann Peter Remmert. Mit 1523 Siegen war Fritz Drechsler nach «Otto-Otto» der erfolgreichste Jockey mit deutscher Lizenz. Aber trotz seines großen Talentes und der ausgezeichneten Pferde, die er ritt, gewann er nie das Derby, dabei ritt er es 28mal. Auch er ist heute, seit 1975, einer der führenden Trainer. Nicht weniger als achtmal dagegen war Gerhard Streit erfolgreich im Derby, und insgesamt 28mal war er Sieger in klassischen Rennen, aber die magische Zahl von 1000 Siegen hat er nicht erreicht.

Durchaus nicht alle Vollblutpferde kommen aus großen Gestüten. In Irland beispielsweise kann man sehr oft auf der Weide eines Bauern zwischen zwei oder drei Huntern oder neben einer mächtigen Draught-Stute eine Vollblutstute finden, die der Besitzer Jahr für Jahr von einem möglichst guten Hengst decken läßt, in der Hoffnung, eines Tages einen Crack zu ziehen. Ähnlich ist es in vielen anderen Ländern, auch in Deutschland. 1979 hatten 472 Züchter (das sind etwa 60 Prozent) nur eine Stute, und 131 Züchter besaßen zwei Stuten. Nur 33 Züchter hatten mehr als zehn Stuten. Insgesamt gab es in diesem Jahr 1992 Mutterstuten, und sie brachten 972 gesunde Fohlen zur Welt. Der Bestand hat sich übrigens in den letzten 25 Jahren beinahe vervierfacht: 1955 gab es 520 Vollblut-Zuchtstuten in Deutschland. Im gleichen Zeitraum hat sich die Zahl der Besitzer von 649 auf 1376 mehr als verdoppelt.

3 Ravensberg wurde in den zwanziger Jahren zum Vollblutgestüt ausgebaut. Sein bisher bedeutendstes Pferd war der Ticino-Sohn Neckar.

4 Rudi und Maria Mehl-Mühlens, Besitzer des Gestütes Röttgen.

5 Der äußerst erfolgreiche Trainer Heinz Jentzsch, hier mit Stuyvesant.

6 Alexandra Scherping, die Waldfried-Besitzerin, und ihr Vater Graf Spreti führen den Derbysieger 1952 Mangan unter Jockey Gerhard Streit aus der Bahn.

7 Schlenderhan-Besitzerin Baronin Gabrielle von Oppenheim mit dem Derbysieger 1970 Alpenkönig unter Jockey P. Kienzler.

Natürlich kommen auch von kleinen Züchtern gute Pferde, aber die Chancen, einen ganz großen Champion zu ziehen, sind doch äußerst gering. Nicht nur, weil bloß etwa jeder tausendste Vollblüter ein Champion wird, sondern auch, weil normalerweise sämtliche Voraussetzungen auf einem großen, renommierten Gestüt günstiger sind. Den Beweis dafür liefert das runde Dutzend wirklich überragender Pferde, das in unserem Jahrhundert der deutschen Zucht auch international Anerkennung verschafft hat: Sie alle stammen aus großen Gestüten.

Das älteste der privaten Vollblutgestüte Deutschlands ist Schlenderhan in der Nähe von Köln. Es wurde 1869 gegründet, im selben Jahr wie das deutsche Derby. Nicht weniger als 16 Schlenderhaner-Pferde haben dieses Rennen gewonnen. Das Gestüt wurde von Freiherr Eduard von Oppenheim gegründet und ist bis heute im Besitz dieser Familie. Nach dem Tode des Gründers übernahm dessen Sohn Simon Alfred mit seiner Frau Florence das Gestüt, und deren Sohn Waldemar von Oppenheim hatte die Zucht von 1935 an durch die schwere Zeit des Zweiten Weltkrieges zu bringen. Er starb schon 1952, doch seine Gattin, die Baronin Gabrielle von Oppenheim, führt seither das Gestüt mit viel Geschick weiter.

In der über 110jährigen Geschichte Schlenderhans gab es nur drei Gestütsleiter, zuerst den Engländer George Castle, danach Kurt Graf Sponeck und seit 1953 Ewald Meyer zu Düte. Bis heute kamen rund 80 Sieger in klassischen Rennen aus Schlenderhan. Allein in den letzten 25 Jahren gewann das Gestüt acht Besitzer- und zehn Züchterchampionate.

Mit dem Sieg von *Star Appeal* im Prix de l'Arc de Triomphe 1975 stieg der Berühmtheitsgrad des Gestütes Röttgen noch um ein erhebliches Maß. Auch dieses Gestüt, 1924 gegründet, liegt nahe bei Köln. Sein Gründer, Peter Mühlens, war der Besitzer der Firma «4711 Kölnisch Wasser». Nach dem Tod Peter Mühlens während des Krieges übernahm dessen Tochter Maria den Wiederaufbau und die Leitung der Zucht, wobei sie später von ihrem Gatten Rudi Mehl mit großer Passion unterstützt wurde. Die Stallfarben sind die des bekannten Duftwassers aus Köln: Türkis (Bluse), Gold (Ärmel) und Rot (Mütze). Bis in den Krieg wurden die Pferde in Berlin-Hoppegarten, damals Hochburg des Rennsportes, trainiert. Nach dem Krieg baute Röttgen seine eigene Trainingsanlage, die 1952 eröffnet wurde. Am Erfolg des Gestütes wesentlich beteiligt waren die ehemaligen Gestütsleiter Graf Lehndorff-Preye und Adrian von Bordel sowie der gegenwärtige Gestütsleiter Jens Freiherr von Lepel. Mit einer Fläche von 240 Hektar ist Röttgen das größte deutsche Vollblutgestüt, dank seiner harmonischen, stilvollen Stallanlagen ist es außerdem zweifellos das

1 Auf der Bahn München-Riem werden mehr Rennen gelaufen als irgendwo sonst in Deutschland (1980: 34 Renntage). Rund 350 Pferde stehen hier im Training.

2 Die Pferde betreten die Bahn.

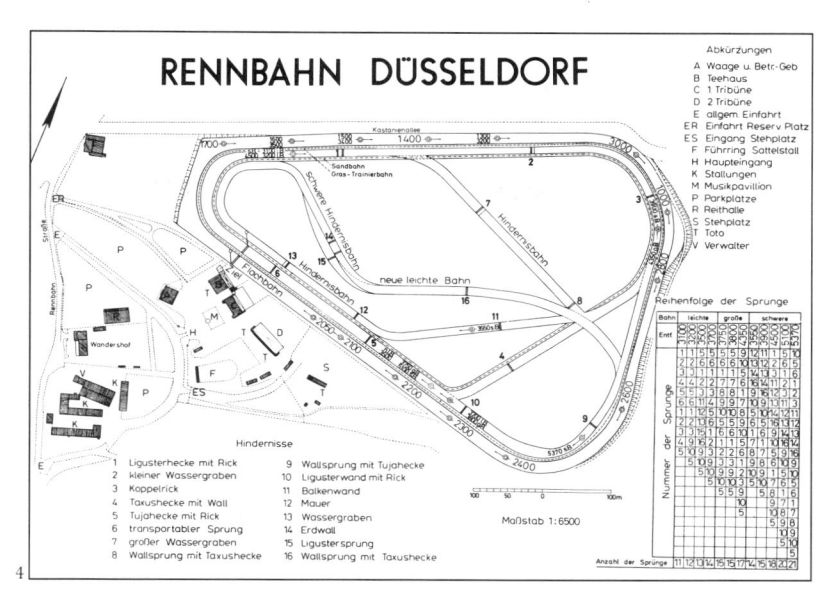

3 Die Iffezheimer Bahn bei Baden-Baden, das «deutsche Ascot», das auf eine 120jährige Tradition zurückblicken kann. Rund 200 Pferde werden hier von 7 Trainern betreut, unter ihnen der berühmte Ex-Jockey Fritz Drechsler.

4 Plan der Düsseldorfer Bahn. Seit 1909 werden auf der wenige Kilometer außerhalb der Stadt in einem Wald gelegenen Bahn Rennen veranstaltet. Derzeit werden von 5 Trainern etwa 130 Pferde trainiert.

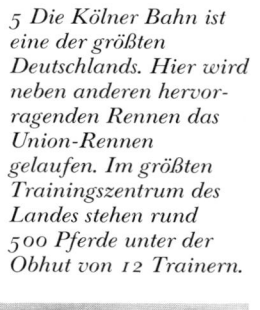

5 Die Kölner Bahn ist eine der größten Deutschlands. Hier wird neben anderen hervorragenden Rennen das Union-Rennen gelaufen. Im größten Trainingszentrum des Landes stehen rund 500 Pferde unter der Obhut von 12 Trainern.

schönste. Das ganze Gut ist von einer zwei Meter hohen und sieben Kilometer langen Mauer eingefaßt.

International bestens bekannt sind die Rennfarben des Gestütes Erlenhof, denn es sind die gelb-blauen Farben der Gräfin Margit Batthyany. Das Gestüt in der Nähe von Bad Homburg im Taunus wurde 1901 von Landgraf Ritter von Marx gegründet, der hier Traber züchtete. 1922 kaufte M. I. Oppenheimer das Gut und stellte die Zucht auf Vollblutpferde um. Wiewohl er darin sehr erfolgreich war und beispielsweise mit dem Derbysieger von 1929, *Graf Isolani*, ganz große Cracks besaß, mußte er das Gestüt 1933 verkaufen. Der neue Besitzer war Baron Heinrich von Thyssen. Weit über die Grenzen hinaus bekannt wurde Erlenhof in den letzten zweieinhalb Jahrzehnten unter der Leitung der Thyssen-Tochter Margit Batthyany. Allerdings züchtete die Gräfin zugleich in Irland und zeitweise auch in den USA Vollbluter und verlegte 1965 fast den ganzen Rennstall in die Nähe von Chantilly bei Paris. 1970 kam dann auch der Hauptbestand der Zuchtpferde nach Frankreich, ins neuerworbene Gestüt Bois Roussel. Erlenhof schien damit einem Dornröschenschlaf entgegenzugehen, doch ein Hengst namens *Marduk* sorgte dafür, daß man auch vom alten Gestüt wieder redete — er siegte im Derby 1974 und ist seit 1977 Deckhengst im Erlenhof.

Am Erfolg des mit nur etwa 15 Mutterstuten sehr viel kleineren Gestütes Ravensberg in Nordrhein-Westfalen ist der *Ticino*-Sohn *Neckar* wesentlich beteiligt. Der Hengst aus der Erlenhofer Zucht war zwanzig Jahre hindurch, von 1954 bis 1974, Deckhengst in Ravensberg. Die Qualität der nur mittelgroßen Zucht beweisen eindrucksvoll acht Sieger in klassischen Rennen, unter ihnen zwei Derbysieger. Das Gestüt wurde 1907 von Paul Niemöller gegründet und wird seit 1946 von dessen passioniertem Enkel Reinhard Delius geleitet.

In der Nähe von Frankfurt gründeten 1895 die Gebrüder von Weinberg das Gestüt Waldfried. Das von der Rennleistung her erfolgreichste Jahr dieses Gestütes war 1921, als die vier ersten Pferde im Ziel nach dem Derby die Farben von Waldfried trugen. Das wichtigste Pferd des Gestütes und gleichzeitig eine der bedeutendsten Mutterstuten in der Vollblutzucht Deutschlands war *Festa*, eine in England erworbene Tochter des fabelhaften *St. Simon*. Sie produzierte erstklassige Fohlen. Immer wieder machte Waldfried von sich reden, zum letztenmal in den sechziger Jahren, als es sieben Sieger in klassischen Rennen stellte. Nach dem Krieg war die Zucht zuerst nach Köln, 1964 nach Altefeld bei Bad Hersfeld verlegt worden. Mit Altefeld konnte die Gestütsbesitzerin Alexandra Scherping die um 1915 gebaute letzte preußische Staatsgestütsanlage kaufen.

Die ältesten Berichte von «Rennen mit laufenden Rossen zu Kurzweil und Gesellligkeit» stammen aus der Zeit um 1400, aber das erste Rennen nach englischem Muster und mit Vollblutpferden fand am 22. August 1822 in Doberan in Mecklenburg statt. Rund zwanzig Jahre zuvor hatte man, ebenfalls in Mecklenburg, auf deutschem Boden mit der Zucht Englischer Vollblüter begonnen. Inzwischen ist der Rennsport zu einer noch immer ständig wachsenden Industrie geworden. 1979 gab es in ganz Deutschland 259 Renntage mit insgesamt 2338 Rennen. Dabei gingen 2909 Pferde 23 037mal an den Start. Im selben Jahr konnte die Vollblutzucht in Deutschland einen Umsatz von rund 180 Millionen DM aufweisen — wobei aber bis zur Rentabilität noch rund 50 Millionen DM fehlten.

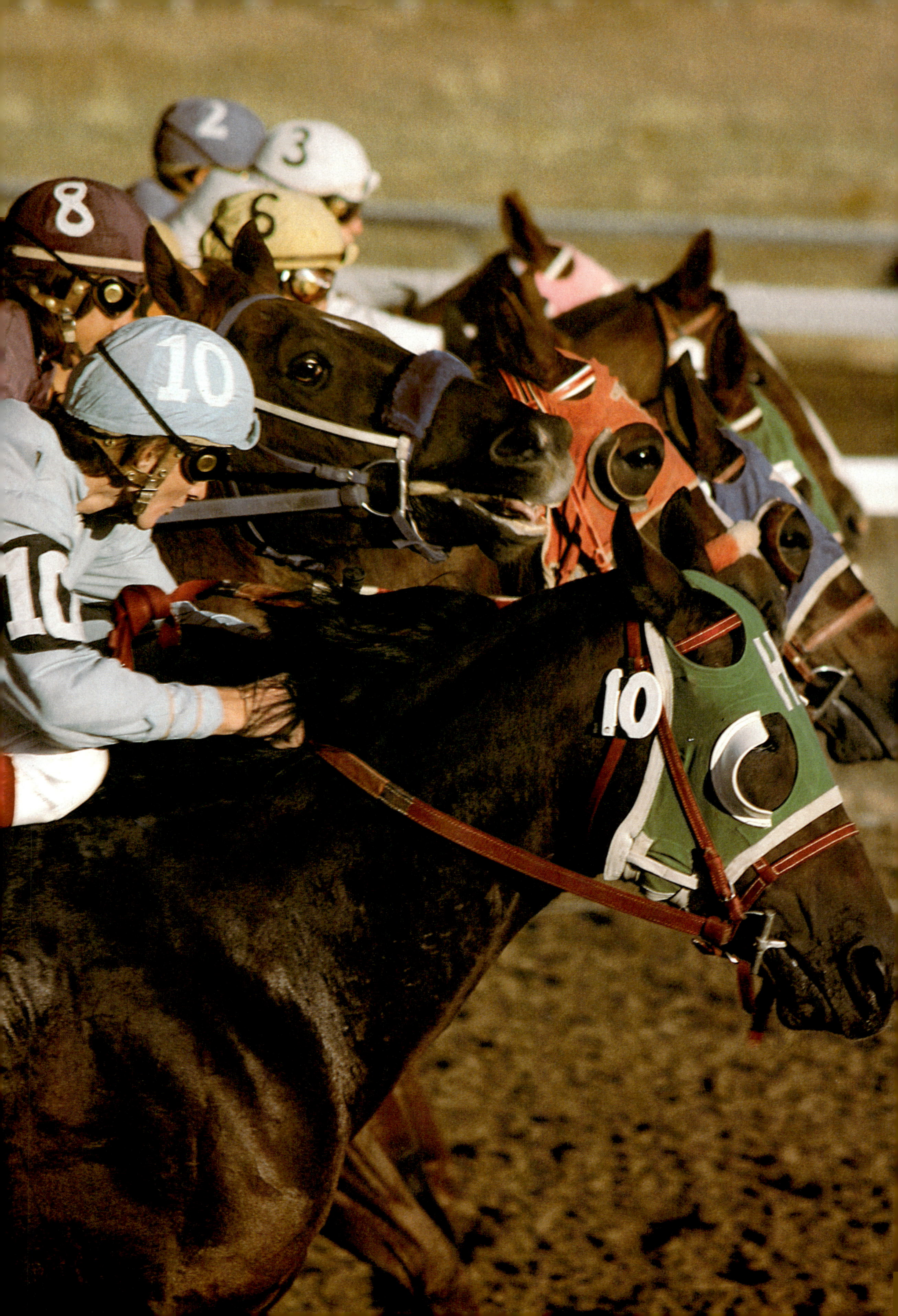
2
3
8
6
10
10
10

Rennsport in den USA

Rund 80 Millionen Zuschauer finden sich jährlich auf den 140 amerikanischen Rennbahnen ein, und sie setzen etwa fünf Milliarden Dollar auf jene Pferde, von denen sie den Sieg erhoffen. Rennsport ist damit sogar populärer als Football, der mit «nur» rund 45 Millionen Besuchern an zweiter Stelle steht. Und solche schwindelerregenden Zahlen sind möglich, obschon es Gruppen religiöser Fanatiker fertiggebracht haben, in 22 Staaten der USA den Rennsport zu verbieten. Selbst in Texas, dessen Geschichte vielleicht noch enger mit dem Pferd verknüpft ist als die der anderen US-Staaten, und auch in Virginia, der Wiege der amerikanischen Vollblutzucht, gibt es zwar auf Landwirtschaftsmessen und bei ähnlichen Veranstaltungen Rennen, aber das Wetten ist verboten, und dem Rennsport ist damit von vornherein jede Existenzgrundlage entzogen. Dennoch ist das amerikanische Vollblutgeschäft eine blühende Industrie, deren Leistungsfähigkeit nur noch mit der Frankreichs verglichen werden kann. Das liegt ganz gewiß zum großen Teil an der Geschäftstüchtigkeit der

Links: Start auf den Santa Fé Downs in New Mexico, USA.

Oben: Man-O-War, *1917 v.* Fair Play *a. d.* Mahubah, *ein Ururenkel von St. Simon, siegte in 20 von 21 Rennen und wurde einmal Zweiter. Er ist einer der größten in den USA gezogenen Vollblüter.*

265

Amerikaner, aber bestimmt zu einem ebenso großen Teil auch an der besonderen Beziehung des Amerikaners zum Pferde.

Im Jahre 1897 löste ein Jockey auf den englischen Rennbahnen durch seinen sehr unkonventionellen Reitstil beträchtliche Heiterkeit aus. Während damals noch alle anderen Reiter im viktorianischen Stil nahezu aufrecht tief im Sattel saßen, die Bügel lang geschnallt und die Beine fast gestreckt, wie wir es etwa vom Westernstil her kennen, hatte dieser Jockey seine Bügel extrem kurz geschnallt und schwebte förmlich, tief geduckt, weit vorn über dem Widerrist des Pferdes. Der Mann kam aus Amerika und hieß James Forman Sloan, bekannt als Tod Sloan oder «The Monkey on the stick», der Affe auf der Stange. Lange Zeit sollte man ihn allerdings nicht belächeln. Sehr bald erkannten Konkurrenten, Publikum und Pferdebesitzer, daß Sloan mit diesem Stil Erfolg hatte und daß die Pferde unter ihm schneller liefen als unter anderen Jockeys. Innerhalb kürzester Zeit gewann er zwanzig Rennen, und für die folgende Saison wurde er von Lord William Beresford verpflichtet und schnitt dabei glänzend ab. Binnen weniger Jahre ritt Sloan rund 2000 Rennen und gewann etwa 700 (!) davon. Obschon er dabei eine Menge Geld verdiente, schloß er mit großen Summen illegale Wetten ab, so daß ihm der Jockey Club Anfang 1901 die Lizenz entzog. Er starb 1933 an den Folgen übermäßigen Alkoholkonsums. Sein Stil hatte indessen längst Furore gemacht und wurde von allen Rennreitern rund um die Welt praktiziert. Erfunden hatte Tod Sloan den Affensitz freilich nicht. Er hatte ihn den farbigen Jockeys abgeschaut, die an ländlichen Viertelmeilenrennen in den Südstaaten ohne Sattel ritten und sich dabei weit vornübergebeugt mit den Knien seitlich am Widerrist festklammerten.

Der berühmteste amerikanische Jockey der Gegenwart heißt Willie Shoemaker und wird «The Shoe» genannt. Bei seiner Geburt am 19. August 1931 nahe der ebenso berühmten wie unattraktiven Grenzstadt El Paso in Texas soll er nur wenig mehr als ein Kilogramm gewogen haben, und sein Leben hat er seiner Großmutter zu verdanken, die ihn in Ermangelung eines Brutapparates in eine Ofenröhre steckte. Auch als Erwachsener ist er, selbst unter Jockeys, mit 1,50 Meter Größe sehr klein. Um so größer ist seine Karriere. Schon im Jahr 1949 ritt er, als 18jähriger Lehrling, 219 Siege und wurde damit gleich amerikanischer Vizechampion hinter Gordon Glisson. Inzwischen hat «The Shoe» in rund 35 000 Rennen rund 8000mal gewonnen. Ein solcher Erfolg ist nur mit außergewöhnlichem Talent, ungeheurem Fleiß und nur im Land der unbegrenzten Möglichkeiten denkbar. Denn nur in den USA gibt es während des ganzen Jahres Rennen, nachmittags und abends. Nur hier ist es möglich, über 30 Jahre hinweg im Durchschnitt drei Rennen pro Tag zu reiten und pro Woche fast fünf Rennen zu gewinnen!

Äußerst erfolgreiche Jockeylaufbahnen hatten auch Eddie Arcaro mit 4779 und John Longden mit 6032 Siegen. Und die zurzeit fleißigsten und besten Jockeys sind Laffit Pincay jr., Angel Cordero und Sandy Hawley. Der Erfolg solcher überragender Leute ist eng ver-

1 Willie Shoemaker «The Shoe», 1931 in El Paso, Texas, geboren, ritt am 20. April 1949 den ersten Sieg und wurde noch im selben Jahr weitere 218mal Erster. Bis 1976 hatte er über 29 000 Rennen bestritten und dabei 7000mal gesiegt.

2 Laffit Pincay jr. aus Panama stellte im Oktober 1979 einen neuen Weltrekord auf: Die von ihm gerittenen Pferde, darunter Affirmed, holten in einer einzigen Saison über 7 Millionen Dollar.

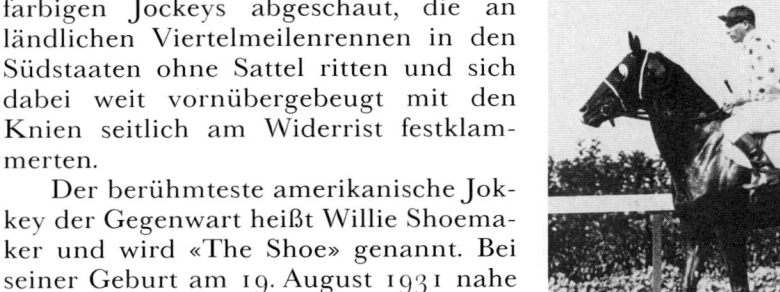

3 Die Statue auf dem Friedhof des Calumet-Gestütes in Lexington, Kentucky, erinnert an Bull Lea, den Vater von drei Kentucky-Derby-Siegern. Seine Söhne und Töchter gewannen über 13 Millionen Dollar auf der Rennbahn.

4 Sir Barton, v. Star Shoot a. d. Lady Sterling, wurde 1919 der erste Triple-Crown-Sieger in der Renngeschichte der USA.

5 Gallant Fox, v. Sir Gallahad III a. d. Marguerite, Triple-Crown-Sieger 1930.

6 Omaha, v. Gallant Fox a. d. Flambino, Triple-Crown-Sieger 1935.

7 War Admiral, v. Man-O-War a. d. Brushup, *Triple-Crown-Sieger 1937*.

8 Whirlaway, v. Blendheim II a. d. Dustwhirl, *Triple-Crown-Sieger 1941*.

9 Count Fleet, v. Reigh Count a. d. Quickly, *Triple-Crown-Sieger 1943*.

10 Assault, v. Bold Venture a. d. Igual, *Triple-Crown-Sieger 1946*.

11 Citation, v. Bull Lea a. d. Hydroplane II, *Triple-Crown-Sieger 1948*.

12 Secretariat, v. Bold Ruler a. d. Something Royal, *Triple-Crown-Sieger 1973*.

13 Seattle Slew, v. Bold Reasoning a. d. My Charmer, *Triple-Crown-Sieger 1977*.

14 Affirmed *wurde in einem dramatischen Kopf-an-Kopf-Rennen gegen Alydar Sieger in den Belmont Stakes und damit Triple-Crown-Sieger des Jahres 1978*.

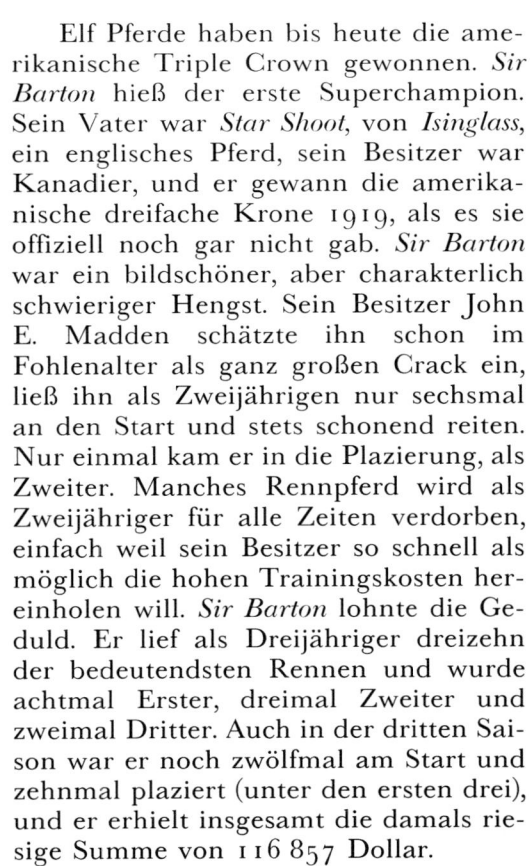

15 Spectacular Bid, *geritten von Willie Shoemaker, in den mit 108 300 Dollar dotierten San-Fernando-Stakes im Santa-Anita-Park in Kalifornien. Zu Beginn der 80er Jahre war «Bid» das großartigste Rennpferd der USA.*

knüpft mit dem Ruhm der größten Pferde, der Champions, die ihren Eigentümern Riesensummen einbringen.

Spectacular Bid, der gewinnreichste unter ihnen, hatte seinem Besitzer am Ende seiner dreijährigen Rennlaufbahn nach 30 Rennen und 26 Siegen die bisherige Rekordsumme von 2 781 607 Dollar gebracht. Ob er jedoch als Zuchthengst dem Syndikat, das ihn erworben hat, den ungewöhnlich hohen Kaufpreis von 22 Millionen Dollar wieder einträgt, hängt allerdings noch von seiner Vererbungskraft ab.

Trotz seiner schwindelerregenden Gewinnsumme und seiner phantastischen Rennleistungen wird *Spectacular Bid* nicht in die kleine Gilde der «Superchampions» aufgenommen, auch wenn er wahrscheinlich besser war als etliche von ihnen. Diese Bezeichnung gebührt in den USA den Triple Crown Winners, den Gewinnern der dreifachen Krone mit den klassischen Rennen Kentucky Derby, Preakness Stakes und Belmont Stakes. *Bid* gewann die ersten beiden, wurde aber im Belmont Park im Staat New York *nur* Dritter.

Elf Pferde haben bis heute die amerikanische Triple Crown gewonnen. *Sir Barton* hieß der erste Superchampion. Sein Vater war *Star Shoot*, von *Isinglass*, ein englisches Pferd, sein Besitzer war Kanadier, und er gewann die amerikanische dreifache Krone 1919, als es sie offiziell noch gar nicht gab. *Sir Barton* war ein bildschöner, aber charakterlich schwieriger Hengst. Sein Besitzer John E. Madden schätzte ihn schon im Fohlenalter als ganz großen Crack ein, ließ ihn als Zweijährigen nur sechsmal an den Start und stets schonend reiten. Nur einmal kam er in die Plazierung, als Zweiter. Manches Rennpferd wird als Zweijähriger für alle Zeiten verdorben, einfach weil sein Besitzer so schnell als möglich die hohen Trainingskosten hereinholen will. *Sir Barton* lohnte die Geduld. Er lief als Dreijähriger dreizehn der bedeutendsten Rennen und wurde achtmal Erster, dreimal Zweiter und zweimal Dritter. Auch in der dritten Saison war er noch zwölfmal am Start und zehnmal plaziert (unter den ersten drei), und er erhielt insgesamt die damals riesige Summe von 116 857 Dollar.

267

Erst 1930 gewann wieder ein Pferd die Triple Crown: *Gallant Fox*. Das Pferd aus der Claiborne Farm bei Lexington in Kentucky, damals schon eines der größten Vollblutgestüte der Welt, war zwar faul und nicht immer zu höchster Leistung zu bewegen, aber wenn es ihm paßte, schlug es jeden Gegner. Allerdings ließ es sich auch leicht von seiner Aufgabe ablenken, und in einem Rennen schaute *Gallant Fox* so fasziniert einem Flugzeug nach, daß er das Rennen vergaß und das einzige Mal in seiner Karriere nicht unter die Plazierten kam. Als Dreijähriger gewann *Gallant Fox* neun von zehn Rennen und wurde einmal Zweiter. *Gallant Fox* war der einzige Triple-Crown-Sieger, der einen Triple-Crown-Sieger zu zeugen vermochte, nämlich *Omaha*, den Superchampion von 1935. Als dieser, ebenfalls aus der Claiborne Farm, zu James Fitzsimmons nach Belmont ins Training kam, nannte ihn der Trainer das reizbarste Pferd, das er kenne, aber der Jockey Smokey Saunders bezeichnete *Omaha* gleichzeitig als das beste Rennpferd seiner Karriere. Und er sollte recht behalten.

Die Popularität, die der 1917 geborene *Man O'War* genoß, wurde erst wieder von *Secretariat* in den siebziger Jahren erreicht. *Man O'War* gewann die Preakness und die Belmont Stakes, startete aber nicht im Derby. Unter seinen vielen erfolgreichen Nachkommen jedoch hatte er den Triple-Crown-Sieger von 1937, *War Admiral*.

Im darauffolgenden Jahrzehnt gab es vier Triple-Crown-Sieger zu verzeichnen: 1941 *Whirlaway*, 1943 *Count Fleet*, 1946 *Assault* und 1948 *Citation*. Danach geschah etwas Merkwürdiges. In den nächsten 25 Jahren gewannen 15 Pferde zwei der drei großen Classics, aber die dreifache Krone schien wie mit einem Bann belegt zu sein. Erst 1973 gewann *Secretariat* das Derby und die Preakness sicher und die Belmont Stakes mit 31 Längen Vorsprung.

Jamestown ist die Wiege des amerikanischen Rennsportes in Virginia, wo bereits um das Jahr 1620 englische Siedler auf der Hauptstraße der Ortschaft Pferderennen durchführten. Etwas später wurden diese Rennen von der Stadtverwaltung verboten und aufs Land verlegt. Die Strecke betrug gewöhnlich eine viertel Meile, wofür Pferde mit einem möglichst raschen Startvermögen und hoher Schnelligkeit auf kurzer Distanz erforderlich waren, also sogenannte «Flieger» (im Gegensatz zu den ausdauernden «Stehern»). Aus Pferden verschiedensten Ursprungs, aber mit der Zeit unter deutlichem Einfluß von englischen und orientalischen Pferden, entstand ein Typ, der sich für die sonntäglichen Kurzstreckenrennen hervorragend eignete und «Quarter Miler» oder auch «Quarter Horse» genannt wurde. Diese Pferde leisteten aber ebensogut auch die harte Plantagen- und Farmarbeit wie

1 Der Eingang zur Spendthrift Farm in Lexington, Kentucky. Hier stehen rund 200 Mutterstuten und 30 Deckhengste. Mit seinen Gewinnsummen und Verkaufszahlen ist Spendthrift ein Gestüt der Superlative.

2 Die Calumet Farm in Lexington hält einen Rekord: Bis 1968 haben nicht weniger als acht Derbysieger in ihren Abfohlboxen das Licht der Welt erblickt.

3 Leslie Combs II gründete 1937 das Spendthrift-Gestüt und entwickelte das Syndikatssystem bei Vollbluthengsten.

4 Helen «Penny» Tweedy, Besitzerin des Gestüts The Meadow in Kentucky und des vielleicht populärsten Pferdes in den USA: Secretariat.

5 Warner L. Jones, Besitzer des Kentucky-Gestütes Hermitage Farm, gewann 1977 mit seinen Pferden über 720 000 Dollar.

6 Die Van Cliefs, Besitzer der Nydrie Farm in Virginia.

7 Die von Trainer Charles Whittingham trainierten Pferde liefen allein im Jahre 1977 362 Siege und holten über 1,5 Millionen Dollar.

8 Grover G. Delp, Trainer in Keeneland, Kentucky, kam 1977 mit 928 Siegen auf eine Gewinnsumme von fast 1,5 Millionen Dollar.

9 Nelson Bunker Hunt und seine Frau, die Besitzer der Bluegrass Farm in Kentucky, die mit den Hunt Sales ihre eigenen Auktionen veranstalten.

10 Das Darby-Dan-Gestüt in Lexington, Kentucky, brachte sechs Kentucky-Derby-Sieger und einen Sieger im Epsom Derby hervor. Sein derzeit berühmtester Deckhengst ist der Ribot-Sohn Graustark, der als schnellstes Pferd Amerikas galt, sieben Rennen unangefochten gewann, sich im achten einen Fußknochen brach — und trotzdem noch Zweiter wurde.

den Kavalleriedienst. Merkwürdigerweise wurde aus diesem vielseitigen und in mancher Beziehung geradezu idealen Pferdetyp erst vor wenigen Jahrzehnten eine eigentliche Rasse gezüchtet, eben das Quarter Horse. Der Zuchterfolg dieser Rasse ist allerdings einmalig. 1940 wurde der Rassenstandard festgelegt und das Zuchtbuch gegründet, 35 Jahre später gab es eine Million eingetragener Quarter Horses, weit mehr als von jeder anderen Pferderasse der Welt. Heute sind Quarter Horses vor allem begehrte Western- und Familienpferde, aber viele von ihnen laufen noch immer Viertelmeilenrennen im Westen der USA, und diese sind zum Teil sehr hoch dotiert. Spitzenhengste können einen Kaufpreis von über einer Million Dollar erreichen. Auch diese Form des Rennsportes hat also in den USA einen blühenden Handel gezeitigt. Obschon Quarter-Horse-Rennen — und auch Araberrennen — zum Teil auf denselben Bahnen gelaufen werden wie Vollblutrennen, spielen sich die Geschäfte für die drei Rassen getrennt voneinander ab.

Der Vollblut-Rennsport begann auf Long Island bei New York im Jahre 1665 mit der Gründung der ersten Rennbahn nach englischem Vorbild — also lange bevor es englische Vollblutpferde gab. Kurz zuvor hatten die Engländer die Holländer aus Neu-Amsterdam vertrieben und die Stadt in New York umgetauft, und es war der erste britische Gouverneur, der den Bau des Rennplatzes anordnete. Schon 1668 wurde bei Hempstead auf der Salisbury Plain der «Newmarket Course» eröffnet.

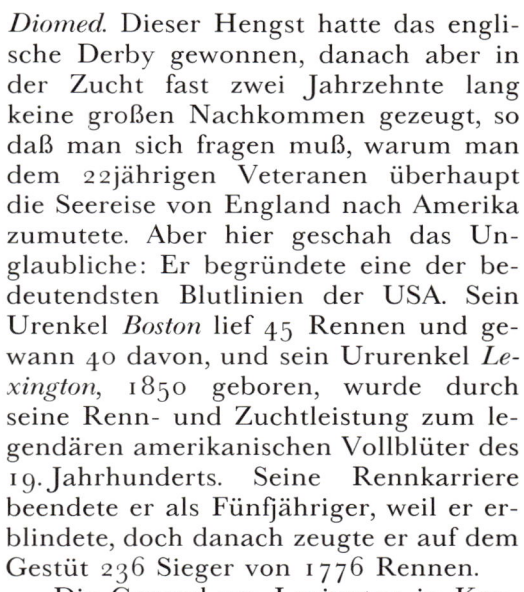

Soweit bekannt, betrat der erste Vollblüter 1730 amerikanischen Boden. Er hieß *Bull Rock*. Er hinterließ keine nennenswerten Spuren in der Zucht. Bemerkenswert jedoch war der Import von *Diomed*. Dieser Hengst hatte das englische Derby gewonnen, danach aber in der Zucht fast zwei Jahrzehnte lang keine großen Nachkommen gezeugt, so daß man sich fragen muß, warum man dem 22jährigen Veteranen überhaupt die Seereise von England nach Amerika zumutete. Aber hier geschah das Unglaubliche: Er begründete eine der bedeutendsten Blutlinien der USA. Sein Urenkel *Boston* lief 45 Rennen und gewann 40 davon, und sein Ururenkel *Lexington*, 1850 geboren, wurde durch seine Renn- und Zuchtleistung zum legendären amerikanischen Vollblüter des 19. Jahrhunderts. Seine Rennkarriere beendete er als Fünfjähriger, weil er erblindete, doch danach zeugte er auf dem Gestüt 236 Sieger von 1776 Rennen.

Die Gegend um Lexington in Kentucky, mitten in jenem Teil der USA gelegen, der wegen seiner saftigen Weiden die «Blue Grass Section» genannt wird, ist heute das Herz der amerikanischen Vollblutzucht. Natürlich gibt es nach wie vor in Virginia sowie in Florida, Kalifornien und in anderen Bundesstaaten ausgezeichnete Gestüte, aber nirgends eine derartige Konzentration hochedler Pferde. Auch einige der besten Traberzüchter sind hier zu Hause.

Das lange Zeit größte Vollblutgestüt ist die Claiborne Farm von A. B. Hancock jr. Gewöhnlich stehen hier über 200 Mutterstuten und etwa 15 Deckhengste, unter denen sich gegenwärtig mit *Secretariat* und *Spectacular Bid* die zwei bedeutendsten Beschäler der USA befinden. *Blenheim II*, *Gallant Fox*, *Sir Gallahad III* und *Johnstown* sind nur einige der klingenden Namen, die Claiborne berühmt gemacht haben.

Ein außerordentlich erfolgreiches Gestüt ist auch die Calumet Farm. 1931 zogen die ersten drei Vollblutjährlinge

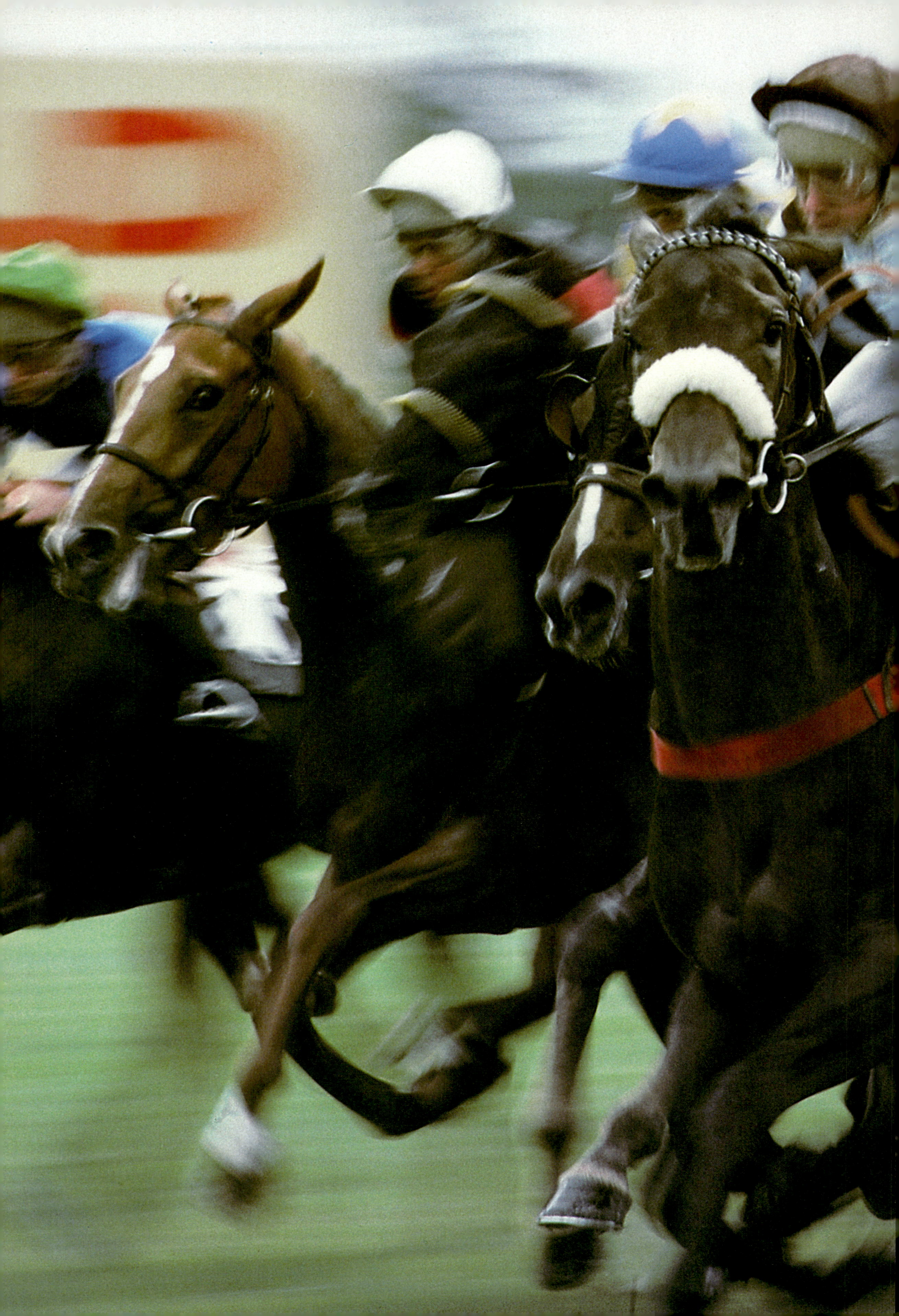

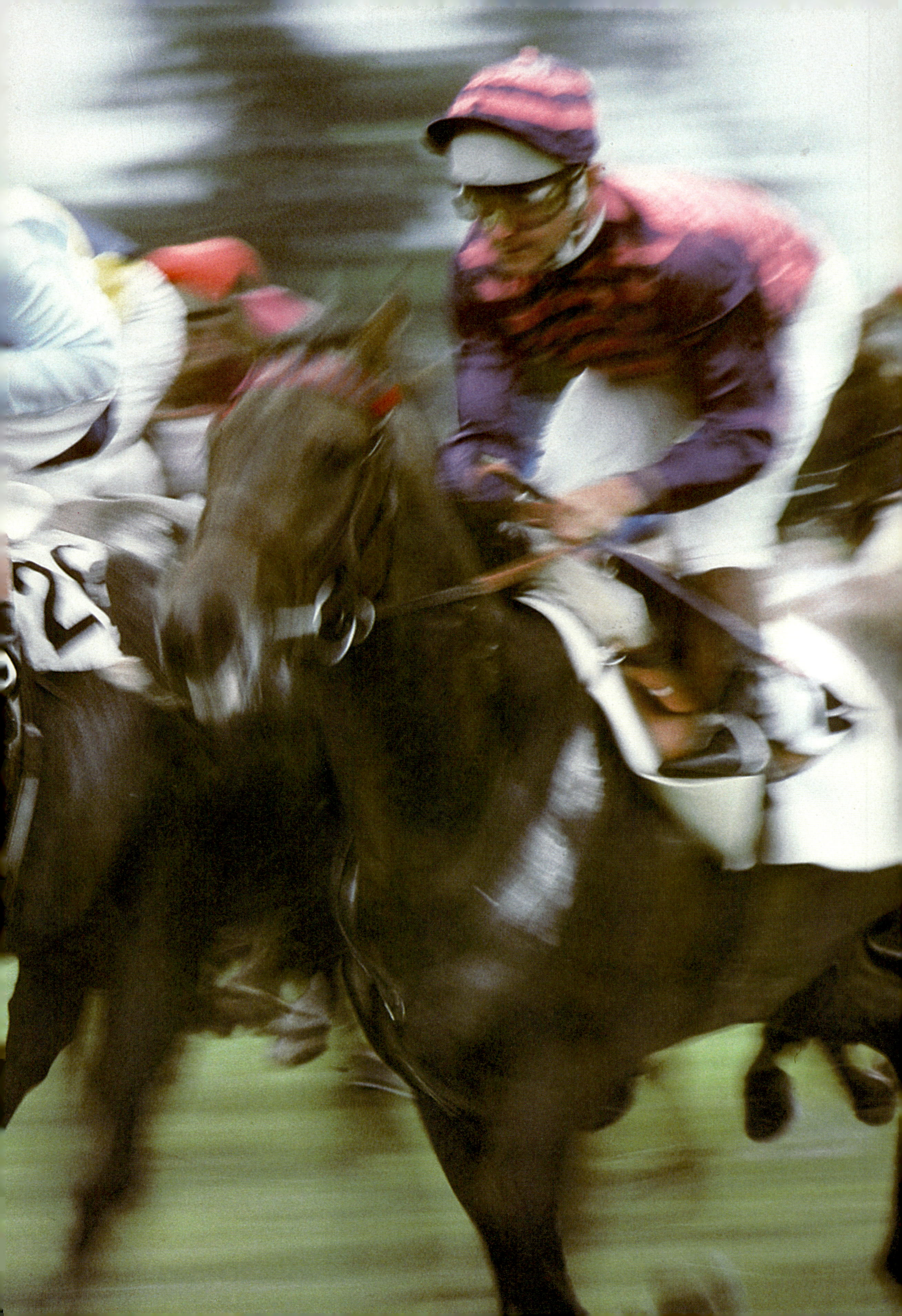

auf dem Gestüt ein. Inzwischen haben Pferde aus dem Calumet-Rennstall über 22 Millionen Dollar eingebracht. 1947 erreichten Calumet-Pferde 100 Siege, 44 zweite, 26 dritte Plätze, eine Gewinnsumme von 1 402 436 Dollar und damit als erster Stall über eine Million Dollar in einem Jahr. Berühmt aber wurde das Gestüt vor allem durch seine Derbysieger. Von 18 Calumet-Pferden, die das Kentucky Derby bestritten, wurden acht Sieger und sechs Zweite oder Dritte. Das sind vier Sieger mehr, als bis jetzt irgendein anderer Züchter zu verzeichnen vermochte. Zu den größten Pferden aus Calumet gehört *Bull Lea*, von 1947 bis 1953 fünfmal bester Deckhengst der USA. Noch mit 28 Jahren zeugte er Sieger, zum Beispiel *Mon Zigue*, mit 29 starb er. Das erfolgreichste Rennpferd war der Triple-Crown-Sieger *Citation*. Heute stehen etwa sechs Deckhengste und 35 Mutterstuten auf dem Gestüt.

Vier Derbysieger kann die Darby Dan Farm aufweisen. Berühmter als diese vier jedoch wurde der *Ribot*-Sohn *Graustark*, der seine ersten sieben Rennen spielend gewann und 1967 das meistgenannte Rennpferd der USA war. In den Blue Grass Stakes, zehn Tage vor dem Derby, brach er sich einen Fußknochen, lief aber das Rennen trotzdem zu Ende und wurde Zweiter. Danach wurde er für die damalige Rekordsumme von 2 400 000 Dollar von einem Syndikat erworben.

Als Leslie Combs II im Jahre 1937 die Spendthrift Farm bei Lexington erwarb, mußte er zuerst einmal feststellen, daß es für einen Neuling fast unmöglich war, an einen wirklichen Spitzenhengst heranzukommen. Ganze zehn Jahre dauerte es, bis man ihm in Kalifornien den hervorragenden *Bean Pere* für 100 000 Dollar anbot. Zusammen mit 19 Bekannten gründete er das erste Hengstsyndikat, dessen Mitglieder je einen Anteilschein im Wert von 5000 Dollar erwarben, kaufte *Bean Pere* und holte ihn nach Lexington — wo der 20jährige Hengst starb, bevor er auch nur eine Stute gedeckt hatte und bevor er versichert war. Ein halbes Jahr nach diesem Mißerfolg erwarb Combs, wiederum mit einem Syndikat, den *Hyperion*-Sohn *Alibhai* für 500 000 Dollar, und mit diesem Pferd begann der glänzende Zuchterfolg der Spendthrift Farm. Rund 20mal hielt Combs auf den berühmten Keeneland-Sommerauktionen den Verkaufsrekord. Heute stehen hier rund 200 Mutterstuten und mit etwa 30 Deckhengsten mehr Vollblutbeschäler als irgendwo sonst.

Zu den bedeutendsten Gestüten außerhalb Kentuckys gehören die Ocala Stud Farm in Ocala, Florida, die riesige King Ranch in Texas, die Blair Farm (von der *Nashua* kam) und die Sagamore Farm (mit *Native Dancer*) in Maryland.

Der amerikanische Jockey Club wurde 1893 gegründet und regelte anfangs, genau wie in England, durch seine eigenen Gesetze sämtliche Belange des Rennsportes und der Vollblutzucht. Später wurde die Allgewalt des Jockey Club wesentlich eingeschränkt. Außer in den Staaten New York und Delaware wurde die Kontrolle über den Rennsport von staatlichen, dem jeweiligen Gouverneur unterstellten Rennsport-

1 Die Churchill Downs in Louisville, Kentucky. Hier wird seit 1875 das Kentucky Derby ausgetragen.

2 Ist im Herbst die Saison an der Ostküste zu Ende, ziehen Pferde, Trainer, Jockeys usw. auf einen der Plätze Südfloridas, von denen der Hialeah Park mit seinem von Flamingos und anderen Wasservögeln bevölkerten See im Innenfeld der berühmteste ist.

3 Auf der New Yorker Riesenrennbahn Aqueduct, auf der allein die Tribünen 28 000 m² Grundfläche bedecken, werden pro Jahr über 2000 Rennen gelaufen und pro Renntag (!) bis etwa 6 Millionen Dollar Wettgeld umgesetzt: ein Supermarkt des Rennsports.

4 In Pimlico in Maryland findet das zweite klassische Rennen zur amerikanischen Triple Crown statt, die Preakness Stakes. Pimlico wurde 1871 eröffnet.

5 Die 1935 eröffnete Keeneland-Bahn in Lexington, Kentucky, dient vor allem als Testbahn für die zahlreichen Vollblutgestüte der Gegend.

6 Idylle bei den September-Jährlingsauktionen in Keeneland.

7 In Santa Anita bei Los Angeles, wo 1947 das erste Hunderttausend-Dollar-Rennen der USA veranstaltet wurde, beginnt jeweils am 26. Dezember die 70 Tage dauernde Rennsaison.

8 Saratoga, im Norden des Staates New York, ist im Hochsommer für 24 Tage Mittelpunkt des New Yorker Rennbetriebes.

9 Im Belmont Park, der dritten großen Bahn des Staates New York, finden neben zahlreichen anderen hochdotierten Rennen die klassischen Belmont Stakes statt, das dritte Rennen für die Triple Crown nach den Preakness Stakes und dem Kentucky Derby.

10 In Saratoga werden im Sommer einige der wichtigsten Vollblut-Auktionen der USA organisiert.

kommissionen übernommen, die wiederum der 1934 entstandenen «National Association of State Racing Commissioners» unterstehen. Trotz dieser nationalen Zusammenfassung sind die Regeln nicht in allen Staaten gleich, sie decken sich aber immerhin in den wesentlichen Punkten. So wurden schon wenige Jahre nach der Gründung der Association überall die Buchmacher verboten, genau wie in Frankreich, so daß sämtliche Wetten über die Totalisatoren der Rennbahn laufen. Diese Maßnahme trug wesentlich zur finanziellen Besserstellung und zum Wachstum des Rennsportes bei. Anderseits hat die Association nicht genügend Einfluß, um die Einführung des Rennsportes in allen Staaten durchzusetzen. In nicht weniger als 22 Bundesstaaten vermochten Gegner, vor allem aus religiösen Gründen, Gesetze zu erwirken, die den Rennsport mit Wettbetrieb verbieten, obschon dieser Sport sehr beträchtliche Steuergelder einbringen kann. Um so erstaunlicher ist es, daß die amerikanische Vollblutindustrie mächtiger ist als irgendwo auf der Welt und, vor allem, daß die Pferderennbahnen rund doppelt so viele Besucher anlocken wie die Football-Stadien, die an Popularität an zweiter Stelle stehen.

Was sich allein auf dem New Yorker Aqueduct abspielt, ist für jeden Nichtamerikaner schlicht unvorstellbar. Zwar werden die klassischen Rennen nicht hier gelaufen, aber es gibt jährlich über 2000 Rennen. Unter ihnen sind die meisten ganz teuren Rennen mit Gewinnsummen von 100 000 Dollar und mehr. Von der Anlage her herrscht eine völlig trockene Geschäftsatmosphäre, doch die Lage auf Long Island direkt bei der Stadt ist so günstig, daß sich an guten Tagen bis etwa 75 000 Besucher einfinden.

Ebenfalls im Staat New York liegen der Belmont Park, wo mit den Belmont Stakes eines der drei großen klassischen Rennen gelaufen wird, und Saratoga, wo im Sommer nach den Rennen die international besuchten Saratoga-Jährlingsauktionen stattfinden. Auch diese beiden Bahnen locken riesige Besuchermengen. Von allen drei Bahnen nimmt der Staat New York jährlich rund 80 Millionen Dollar an Steuern ein.

Einen für Amerika einzigartigen Reiz hat die Rennbahn von Louisville in Kentucky mit seiner weiten, alten Holztribüne und den zwei charakteristischen Türmen. Hier wird seit 1875, jeweils am ersten Sonntag im Mai, das amerikanische Derby ausgetragen, das als nationales Ereignis etwa denselben Stellenwert hat wie das Epsom Derby für England. Schon zwei Wochen später folgt die zweite Prüfung für die dreifache Krone, die Preakness Stakes auf der Bahn von Pimlico in Maryland, die von vielen Fachleuten als das schwerste Rennen der USA bezeichnet wird. Weitere drei Wochen danach folgen die bereits erwähnten Belmont Stakes. Ebenfalls in Maryland findet seit 1952 das wichtigste internationale Rennen der USA und die vielleicht gehrteste Prüfung nach dem französischen Prix de l'Arc de Triomphe statt, das Washington D. C. International auf der Laurel-Rennbahn. Pferde aus rund 17 Nationen kommen zu diesem Rennen in die USA.

273

RENNSPORT IN AUSTRALIEN UND NEUSEELAND

Das erste offizielle Rennen in Australien fand im Jahre 1800 im Hyde Park in Sydney statt, genau zwölf Jahre nach der Landung der ersten Siedlerflotte. Das ist deshalb besonders erstaunlich, weil noch zwei Jahre zuvor in ganz Australien nicht mehr als 117 Pferde gelebt hatten. Allerdings wurde dieses erste Meeting nicht von Vollblutpferden bestritten, sondern von Capers, harten Burenpferden, welche die Siedler aus Südafrika mitgebracht hatten. Bemerkenswerterweise mußten dieselben Pferde in drei aufeinanderfolgenden Läufen über je zwei Meilen starten, und Sieger wurde das Pferd mit dem besten Resultat aus allen drei Läufen.

Ein Jahr zuvor war ein Hengst aus Südafrika nach Australien gekommen, der aus englischer Zucht stammte und wahrscheinlich ein Vollblut war. Ganz sicher ist dies allerdings nicht, denn zur selben Zeit gab es in England einen Vollbluthengst mit demselben Namen, *Rockingham*, und das führte offenbar zu einigen Verwechslungen. 1802 wurde direkt aus England der Vollbluthengst *Northumberland* eingeführt, zusammen mit einer ausgezeichneten Stute, und im selben Jahr kam aus den USA ein weiterer Vollblüter mit dem Namen *Washington*. Damit begann die Vollblutzucht in Australien, vor allem aber wurde der Typ der vielseitigen Gebrauchspferde durch starken Vollbluteinfluß wesentlich verbessert.

Im Jahr 1814 bekamen Maoris, die Ureinwohner Neuseelands, zum erstenmal Pferde zu Gesicht. Ein Missionar hatte sie aus Australien mitgebracht. 1843 holten neuseeländische Rennsportfans aus Australien den Hengst *Hercules*, einen hervorragenden Steher und ausgezeichneten Vererber. Er war der erste einer beträchtlichen Zahl erstklassiger Hengste, die Neuseeland im Laufe der Zeit einführte und die wesentlich zu der sehr guten Rennpferdezucht hier beitrugen. Australien hatte der neuseeländischen Pferdezucht zum Leben verholfen, aber später importierte Australien auch wieder manches Klassepferd aus Neuseeland. Das erste offizielle Rennen in Neuseeland fand 1855 statt, das erste Vollblutrennen 1860. Neben Flachrennen wurden Jagdrennen besonders populär. Die besten Steeplechasers entstehen hier aus der Kreuzung edler Warmblutstuten mit Vollbluthengsten, ein Rezept, das auch Irland und England sehr bekannt ist. *Moifaa*, ein solcher Halbblüter aus Neu-

1 Diese von November 1956 stammende Aufnahme von George Bugden, die Fighting Force *(außen),* Ark Royal *(Mitte) und* Pandie Sun *(innen) im Hotham Handicap in Flemington auf genau gleicher Höhe im Ziel zeigt, gilt als eines der besten Rennfotos Australiens.*

2 Das offizielle Zielfoto desselben Rennens beweist die Sensation: drei Nasen genau gleichzeitig an der Ziellinie, ein dreifach totes Rennen.

3 Die Bahn von Randwick hat Geschichte: 1832 wurde hier das erste Matchrennen, 1833 das erste Meeting organisiert.

seeland, gewann 1904 mit der Grand National Steeplechase in England das schwerste Hindernisrennen der Welt. Von den neuseeländischen Vollblütern machte sich *Grand Canyon* in den USA und in Europa in jüngerer Zeit einen Namen.

Von den Vollblutgestüten Neuseelands ist Trelawney das wichtigste. Es wurde vor rund fünfzig Jahren von Seton Otway gegründet. Den erstaunlichsten Kauf tat der junge Züchter mit der Stute *Persis*, für die er 18 Pfund (!) bezahlte und die eine der bedeutendsten Mutterlinien Neuseelands begründete. Größtes Pferd des Gestütes und zugleich Neuseelands ist *Foxbridge*, der zwölf Jahre führender Deckhengst, sogar zwölf Jahre führender Vater von Zuchtstuten Neuseelands und dreimal Champion-Vaterpferd des Empires war. Noch mit 83 Jahren führte Seton Otway seinen Deckhengst *Alcimedes* selbst vor. Auch dieser Hengst machte in Australien Renngeschichte, besonders mit seinem Sohn *Galilee*, der den begehrten Melbourne Cup gewann.

Wenn der Melbourne Cup ausgetragen wird, sitzt fast ganz Australien vor dem Fernsehgerät oder am Radio, denn mindestens aus der Ferne will das rennsportbegeisterte Volk den Verlauf dieses wichtigsten Rennens des Jahres mit erleben. Im Staat Victoria ist dieser Renntag ein offizieller Feiertag. Daneben hat freilich jedermann noch reichlich Gelegenheit, auf Rennpferde zu setzen, denn wie alle anderen Pferdesportarten, eingeschlossen Rodeo, erfreut sich auch der Rennsport in Australien weit herum großer Beliebtheit. Es gibt rund 500 Rennbahnen, auf denen jährlich über 3000 Meetings stattfinden. Etwa 45 000 Pferde werden von etwa 4000 Trainern auf die Rennen vorbereitet, und bei rund 7500 Züchtern stehen etwa 17 000 Vollblut-Zuchtstuten.

4 Eine bemerkenswerte Art, das Pferd zu verlassen. Nähere Angaben zu dieser Aufnahme liegen leider nicht vor.

5 Bei der letzten Hürde in der Sandhurst Hurdle Race in Sandown im März 1975 flog Jockey Wayne Neville auf den Hals seines Pferdes und brachte das Kunststück fertig, sich aus dieser unglaublichen Situation zurück in den Sattel und korrekt ins Ziel zu retten.

6 Der 1975-Moonle-Valley-Cup-Sieger Holyday Wagon und Jockey Gary Willetts sahen nach dem verregneten Rennen eher wie ein Moto-Cross-Team aus.

Das derzeit erfolgreichste Gestüt Australiens wurde erst 1965 gegründet: Lindsay Park im Barrassa Valley in Südaustralien. Das Hauptverdienst an dem außergewöhnlichen Erfolg des Züchters und Trainers Colin Hayes kommt *Without Fear* zu, dessen Vater der «2000 Guineas»-Sieger *Babric II* und dessen Mutter die Oaks-Siegerin *Never To Look* war, eine Tochter von *Never Say Die*. Bereits die 30 Pferde des ersten Fohlenjahrganges von Without Fear gewannen in ihrer ersten Saison, 1975/76, 49 Rennen und brachen damit einen seit 60 Jahren bestehenden Weltrekord. Allerdings deckte der Hengst auch keine unbekannten Stuten. In den Pedigrees der Zuchtpferde findet man Namen wie *Bold Ruler*, *Buckpasser*, *Star Dust* und *Ribot*.

Gelegentlich gibt es junge Pferde, die niemand kaufen will und die doch später Champions werden. Die ungarische Wunderstute *Kincsem* ist ein Musterbeispiel dafür. Ein anderes Beispiel ist *Tulloch*, der auf der Neuseeland-Jährlingsauktion für 750 Pfund angeboten und erst nach langem Zögern von einem australischen Trainer gekauft wurde. *Tulloch* entwickelte sich zu einem der besten Rennpferde Australiens. Er war das erste, das über 100 000 Pfund gewann. Der Zufall wollte es, daß gleichzeitig mit ihm, im Herbst 1956, ein etwa gleichwertiges Klassenpferd die australischen Rennbahnen betrat: *Todman*. Diese beiden Pferde lieferten sich in einer Reihe von wichtigen Rennen Duelle, von denen auch die Experten nie wußten, wie sie ausgehen würden.

Rennsport in Japan

Noch ist Japan im internationalen Rennsport ohne Bedeutung. Nur ganz selten taucht ein japanisches Pferd in den vorderen Rängen eines wichtigen Rennens auf, wie etwa *Spend Symboli*, der im Washington D.C. International 1967 Fünfter wurde. Aber in Fachkreisen zweifelt niemand daran, daß sich diese geradezu beängstigend tüchtige Nation in naher Zukunft auch auf den Rennbahnen der Welt Achtung verschaffen wird. Die Weichen dazu sind gestellt. Die japanische Vollblutindustrie hat hervorragend eingerichtete und funktionierende Zucht-, Trainings- und Rennanlagen und ein außergewöhnlich rennsportbegeistertes Publikum hinter sich, und seit zwei Jahrzehnten erscheinen potentielle japanische Käufer auf den wichtigsten Auktionen der Welt, um Champions zu ersteigern.

Obschon der Rennsport erst etwa mit der Gründung der Japan Racing Association wirklich zu florieren begann, reicht seine Geschichte viel weiter zurück. Reitspiele, darunter Rennen auf Ponys der uralten japanischen Rassen, von denen das Dosanko-Pony heute noch weit verbreitet ist, wurden im Zusammenhang mit religiösen Festen schon vor über 1000 Jahren veranstaltet.

Nach jahrhundertelanger Isolationspolitik nahm Japan 1858 internationale Handelsbeziehungen auf. Von den verschiedenen Häfen wurde Jokohama der wichtigste, und hier siedelten sich in der Folge auch zahlreiche Engländer an. Schon im Mai 1862 organisierten sie das erste Rennen nach englischem Vorbild. Religiöse Fanatiker freilich wandten sich gegen diese Art des Sportes und ließen durch Samuraikrieger einige berittene Engländer ermorden. Die Regierung wies daraufhin den Engländern am Strand von Negishi bei Jokohama ein Stück Land zu, das nur von englischen Reitern benützt werden durfte. Hier wurde 1868 mit zwei Renntagen die erste richtige Rennbahn in englischem Stil eröffnet. 1880 wurde der Nippon Race

1 Die riesige Trainingsanlage von Miko, 130 km von Tokio entfernt, bedeckt eine Fläche von fast 2 Millionen Quadratmetern, hat sieben Bahnen von 1369 bis 2000 m Länge und Boxen für 2304 Pferde.

2 Der Vorführring auf einer der insgesamt 43 Rennbahnen Japans.

3 Im letzten Bogen beim 49. japanischen Derby auf der Rennbahn von Tokio 1979.

4 Eines der über 2000 Gestüte Japans, auf denen Englische Vollblüter gezüchtet werden. Allerdings beherbergen etwa 70 Prozent dieser Gestüte nur eine bis fünf Mutterstuten. Derzeit stehen etwa 450 Deckhengste in Japan.

5 Die Haupttribüne der Rennbahn von Tokio, auf der das japanische Derby, die Oaks und der Emperor's Cup ausgetragen werden.

6 Die moderne Bahn von Sapporo.

7 Der Derbysieger 1979, Katsurano Haiseiko mit Jockey Matsumato.

letzten Sonntag im Mai, ebenfalls in Tokio; und schließlich das St. Leger (Kikka-Sho Kyoso) in Kyoto. Zu diesen Rennen sind nur in Japan gezüchtete Pferde zugelassen.

Insgesamt werden jährlich etwa 10 000 Rennpferde gezüchtet. Etwa 4000 davon sind keine Vollblüter, sondern Anglo-Araber, die hauptsächlich bei kleinen bäuerlichen Züchtern produziert werden und die für Rennen kaum weniger beliebt sind. Auch die Vollblut-Zuchtstuten stehen größtenteils bei kleinen Züchtern. 70 Prozent der Züchter haben höchstens fünf Stuten, nur ganz wenige besitzen gleichzeitig einen Rennstall. Fast alle verkaufen die Absatzfohlen und kaufen zur Zucht geeignete Tiere nach Abschluß ihrer Rennlaufbahn. Die gesamte Zucht wird von der Japan Lightbreed Horse Association beaufsichtigt. Diese Gesellschaft organisiert unter anderem die Auktio-

Club gegründet, der von Anfang an auch japanische Mitglieder hatte.

Während der ersten Jahre wurden die Rennen hauptsächlich mit chinesischen Pferden bestritten, weil diese bedeutend schneller waren als die japanischen Ponys. 1895 begann der Import hoch im Blut stehender Pferde aus Australien. Von 1902 an kaufte der Nippon Race Club nur noch Fohlen und verloste sie zur Aufzucht an die Clubmitglieder. Nur wenn die Jungpferde in den Rennen gewisse Leistungen zeigten, wurden sie später in der Zucht eingesetzt.

1906 verkaufte der Race Club erstmals Wettscheine vor einem Rennen, das in der neuen Ikegamibahn in Tokio stattfand. Daraus resultierte eine rasch wachsende Rennsportbegeisterung im Volk. Schon 1910 hatte Japan 15 Rennbahnen.

Heute werden auf Japans 41 Rennbahnen jährlich etwa 3000 Rennen durchgeführt. Der jährliche Umsatz beträgt weit über 500 Millionen Yen und ermöglicht der Japan Racing Association den Bau und Unterhalt der modernsten Anlagen. Eine Forschungsanstalt für Pferdekrankheiten, mit Thermalbad und den raffiniertesten technischen Hilfsmitteln ausgerüstet, gehört dazu. Oder die Trainingszentren von Ritto und Miko, wo aus insgesamt 3 350 000 Quadratmetern 12 Trainingsbahnen verschiedener Länge und Bodenbeschaffenheit, Boxen für etwa 4500 Pferde und Wohnungen für nahezu 10 000 Angestellte und deren Familien zur Verfügung stehen.

Nach europäischem Muster, wenn auch über etwas längere Distanzen, werden in Japan fünf klassische Rennen für Dreijährige veranstaltet: die Tausend Guineas (Okha-Sho Kyoso) für Jungstuten auf der Bahn von Hanshin; die Zweitausend Guineas (Satsuki-Sho Kyoso) in Nakayama; die Oaks (Yushum Himba Kyoso) ebenfalls nur für Jungstuten wie die Tausend Guineas, in Tokio; das Derby (Yushum Kyoso) am

nen. Sie besitzt etwa 70 Deckhengste, darunter rund 15 importierte Spitzenvollbluthengste, die während der Decksaison über das ganze Land verteilt sind. Der gesamte Bestand an Vollbluthengsten liegt bei 450. Bezeichnenderweise ist etwa die Hälfte davon importiert, hauptsächlich aus England, Irland, Frankreich, den USA, Australien und Neuseeland. Auch unter den rund 20 000 Zuchtstuten gibt es zahlreiche Importe. Seit dem Zweiten Weltkrieg wurden über 2000 Vollblutstuten eingeführt.

Das Hauptzuchtgebiet für Rennpferde in Japan liegt auf der Insel Hokkaido. Hier befinden sich auch die einzigen drei größeren Vollblutgestüte: «Onward Stud» mit einer Fläche von über 100 Hektar Land und etwa 40 Mutterstuten, «Meiwa Stud» mit 150 Hektar Land und ebenfalls 40 Stuten sowie «Yoshida Farm» mit 330 Hektar und um 35 Stuten. Unter den Hengsten dieser drei Gestüte gibt es Söhne berühmter Pferde, wie «Ribot», «Hardicanute», «Swaps», «Sir Ivor», «No Robbary» und «Never Say Die».

| Stripes | Hoop | Hoops | Halved | Quartered | Sash |

Atkinson, Mrs. P. L. | Berry, Mrs. Claude (CJ) | Block, Mr. Simon | Bloxham, Mr. C. G. | Butler, Mr. P. K. | Butt, Mr

Gerber, Mr. J. S. | Gilbridge, Brig.-Gen. W.P. | Griggs, Mr. A. | Guttridge, Mr. J. D. | Harwood, Mr. Guy | Helbrus

Lydall, Mr. F. B. | McCalmont, Mrs. Victor | McLean, Mr. R. | Manchlen, Mr. J. S. | Mann, Mr. M. T. | Marlbor

Payne, Mr. K. | Pearson, Mr. M. O. W. | Pigott, Mrs. A. R. | Pritchard, Mr. Robert J. | Prout, Mr. D. | Retter,

Spooner, Mr. R. E. | Stebbings, Mr. R. | Steward, Mr. G. | Tapsell, Miss R. | Taylor, Mr. C. Gordon | Tennant

Walpole, Lord | Ward, Mr. P. A. | Warmann, Mrs. Ann | Watson, Mr. A. (Alf) | Watson, Mrs. S. J. | Webb,

Rennfarben

Wenn jemand ein Rennpferd kauft und dieses in offiziellen Rennen starten lassen will, braucht er dazu seine eigenen Rennfarben oder Stallfarben. Der Jockey, der das Pferd reitet, trägt diese Farben mit der Bluse und der Mütze. Diese Farben erleichtern dem Publikum wie auch den Verantwortlichen sehr wesentlich das Verfolgen des Rennverlaufes und schließen Irrtümer im Zieleinlauf praktisch völlig aus. Die vom Besitzer gewählten Farben werden nach Genehmigung eingetragen und sind dann für drei Jahre oder auf Lebenszeit gültig. Bedingung ist, daß sich die neuen Farben von allen bisher existierenden deutlich unterscheiden. Dies wird ermöglicht durch eine ganze Skala von Farben, die beliebig kombiniert und angeordnet werden können, und durch eine Vielzahl von Mustern und Zeichen. Einfach ist das Kreieren neuer Rennfarben trotzdem kaum, denn allein in Deutschland gibt es heute rund 1500, in England und Frankreich je etwa 10 000 und selbst in der Schweiz, die ja gewiß nicht als Rennland bezeichnet werden kann, etwa 350 eingetragene Farben.

Unsere Darstellung zeigt auf der obersten Reihe eine Anzahl möglicher Muster und Abzeichen zusammen mit den gebräuchlichen englischen Bezeichnungen. Darunter ist eine kleine Auswahl aus mehreren Zehntausend heute existierenden Farben zu sehen.

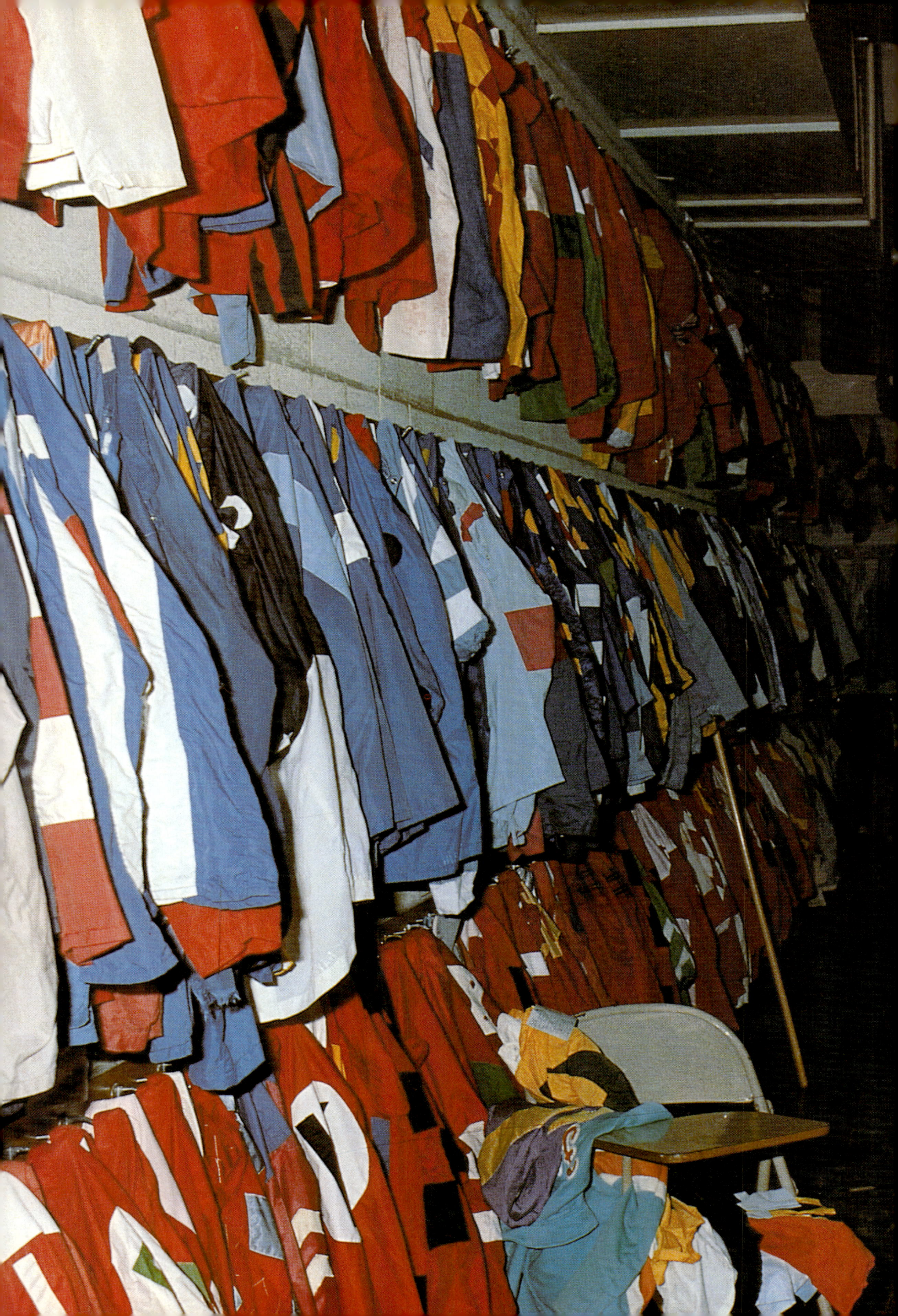

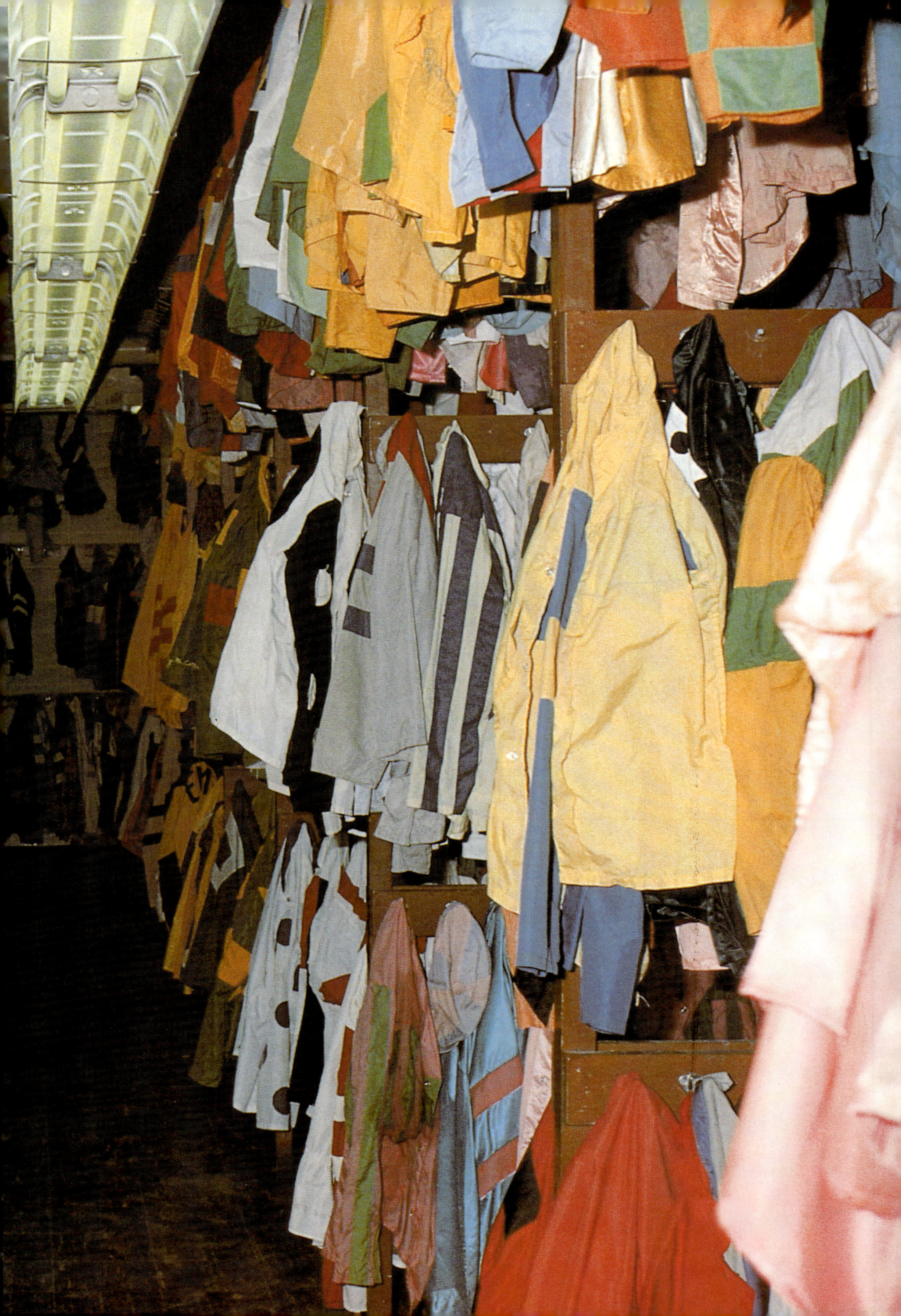

Stars	Cross	Diamond	Star	Disc	Plain

Dunn, Mr. J. | Dyson, Mr. F. B. | Eckess, Mr. Donald E. | Elvin, Mr. J. T. | Ennis, Mrs. P. M. | Erleich, Mr. N.

Joel, Mrs. H. | Joly, Mrs. G. | Jones, Miss V. G. W. | Keel, Mr. R. | Kent, Mrs. George | Kleberg, Mr. K.

Oaksey, Lord | O'Keefe, Mr. C. | Owen, Mr. M. B. | Owens, Mr. I (WI) | Parker, Mr. C. J. | Parsons, Mr.

Saunders, Mr. V. E. G. | Schilizzi, Mr. J. S. | Scotto, Mr. F. T. | Scott, Mr. D. P. W. | Seilem, Count Charles | Sims, Mr. A. K.

Twysden, Lady | Ungaro, Mr. C. | Valentine, Mrs. Miles | Vaughan, Mr. Frankie | Velarde, Mrs. P. | Vigors, Mrs. T.

Williams, Mr. P. G. | Wilson, Mrs. Ralph C. jun. | Winslade, Mr. R. | Wong, Mr. R. B. | Woodard, Mr. R. B. | Worts, Mr. I. C.

| Cross Belts | Chevron | Chevrons | Check/Squares | Diamonds | Spots |

Cann, Mrs. J. F. | Cousins, Mrs. J. | Crank, Mr. D. | Curtis, Mr. D. L. | Davis, Mrs. J. G. | Derby, Lady

Hilditch, Miss A. | Hill, Mrs. Anne (RJ) | Hyndley, Lady | Ingram, Mrs. E. A. | Jackmann, Mrs. E. B. | Jarvis, Mr. A.

Montagu-Evans, Mrs. P. | Moore, Mr. A. P. | Murphy, Mr. Roger | Newall, Miss G. | Nicholson, Mrs. D. | Nutting, Mr. N.

Reynolds, Mrs. V. | Rimell, Mrs. M. T. F. | Robson, Miss J. | Rothschild, Mrs. J. A. de | Rothwell, Mr. J. W. | Ryan, Mr. P.

Terry, Mr. S. | Thompson, Mr. D. B. | Thompson, Mr. V. | Tolaini, Mr. P. A. | Townsend, Mr. J. S. | Turner, Mr. Sa

Young, Mr. John | Webb, Mr. R. D. | Weigan, Mr. E. | Wharton, Mrs. W. | Whitley, Mr. T. J. | Williams, Mr.

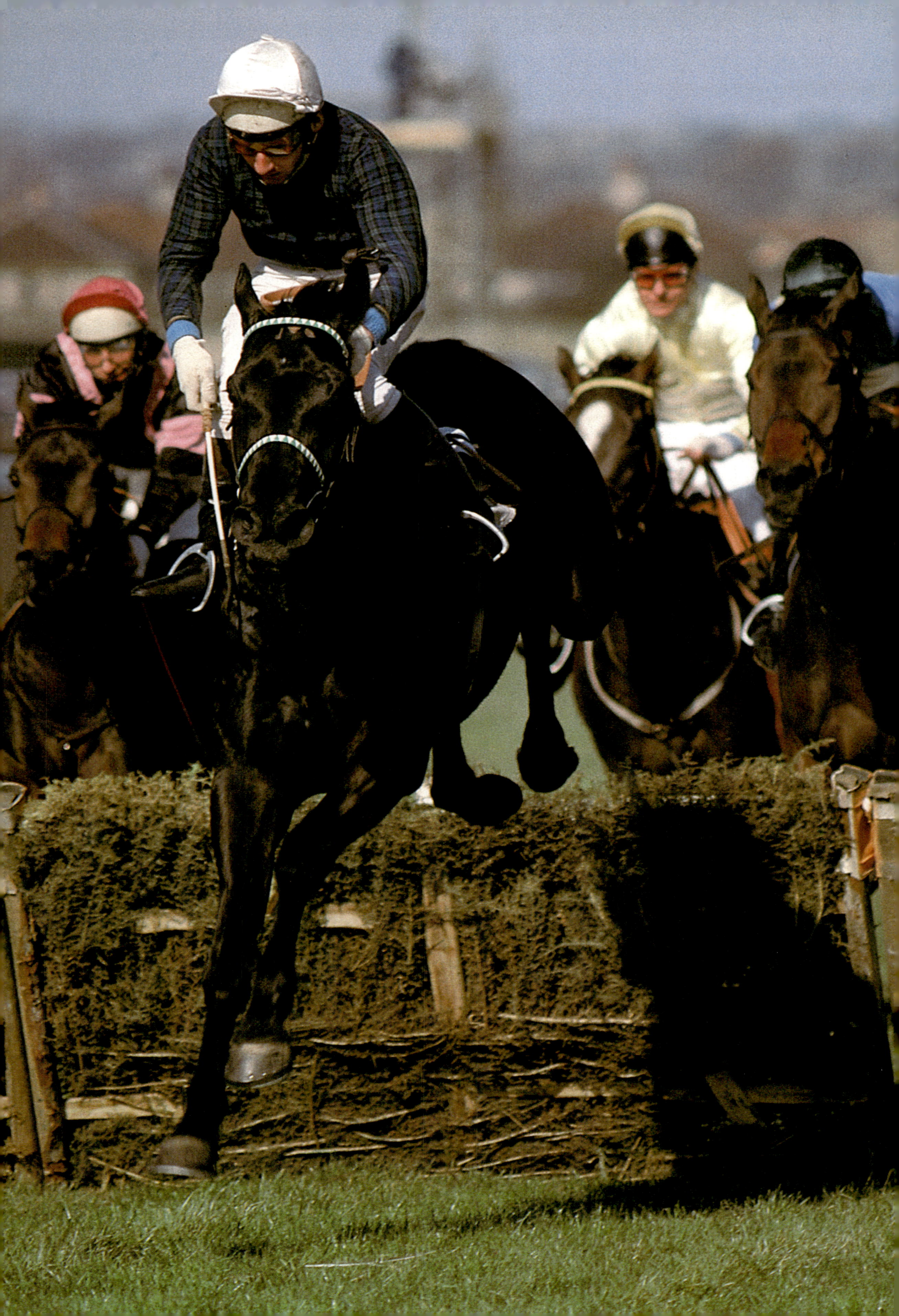

HINDERNISRENNEN

Hürdenrennen heißen die vergleichsweise harmlosen Hindernisrennen, bei denen leichtgebaute, bei einem Aufprall nachgebende oder umstürzende Hindernisse während des Rennens übersprungen werden. Härtester Rennsport dagegen sind die Jagdrennen oder Steeplechases, die von älteren und erfahreneren Pferden bestritten werden, gewöhnlich über größere Distanzen gehen und teilweise feste, gelegentlich sehr schwere und für Reiter und Pferd recht gefährliche Hindernisse aufweisen. Die Länge der Strecke, die bis über 7000 Meter betragen kann, sowie die Schwierigkeit der Sprünge verleihen besonders der Steeplechase eine außergewöhnliche Spannung. Hier kann ein Pferd, das hoffnungslos abgeschlagen zu sein scheint und viele Längen hinter dem Feld galoppiert, noch gewinnen, weil andere Pferde vielleicht «überpaced», überfordert wurden, für die letzten Sprünge und das Finish nicht mehr die erforderliche Kraft haben oder in einen Sturz verwickelt werden. Ein klassisches Beispiel dieser Art ist die Grand National Steeplechase in Aintree von 1967, als es am 23. Hindernis durch ein reiterloses Pferd zu einem Massensturz kam und praktisch das ganze Feld stockte, während sich *Foinavan*, ein hoffnungsloser Außenseiter, von hinten durch das heillose Durcheinander schlängelte und Sieger wurde.

Der Ausdruck Steeplechase rührt von einer vergnüglichen, jedoch nicht ungefährlichen Beschäftigung her, die sich offenbar um die Mitte des 18. Jahrhunderts in Irland beachtlicher Beliebtheit zu erfreuen begann. Zwei Reiter ritten dabei querfeldein auf ein Ziel zu, das sie schon vom Start aus gesehen hatten.

Links: Hürdenrennen, die weniger schwere Form der «Rennen zwischen den Flaggen», die über mit Fähnchen markierte Hindernisse führen. Auf dem europäischen Kontinent geht etwa ein Drittel aller Rennen über Hindernisse. In den USA sind es viel weniger, in England und Irland jedoch, wo sich dieser Sport entwickelte, bedeutend mehr.

Oben: Bei den frühen Jagdrennen in England und Irland ging es darum, auf einer selbstgewählten Geländestrecke möglichst schnell von einem Startpunkt zu einem bestimmten, weithin sichtbaren Zielpunkt zu gelangen. Stich nach einem Gemälde von Henry Algen.

1 Red Rum, der «Nationalheld» Englands (aus irischer Zucht), in seinem Stall.

2 Red Rum bei der Morgenarbeit am Strand bei Southport.

3 Das Jagdrennen von Aylesbury 1836, das Captain Becher als Sieger sah, den berühmten Hindernisreiter, nach dem der schwerste Sprung in der Grand National heute noch benannt ist.

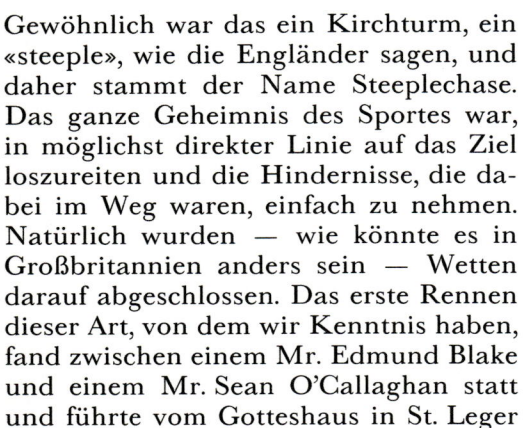

Gewöhnlich war das ein Kirchturm, ein «steeple», wie die Engländer sagen, und daher stammt der Name Steeplechase. Das ganze Geheimnis des Sportes war, in möglichst direkter Linie auf das Ziel loszureiten und die Hindernisse, die dabei im Weg waren, einfach zu nehmen. Natürlich wurden — wie könnte es in Großbritannien anders sein — Wetten darauf abgeschlossen. Das erste Rennen dieser Art, von dem wir Kenntnis haben, fand zwischen einem Mr. Edmund Blake und einem Mr. Sean O'Callaghan statt und führte vom Gotteshaus in St. Leger in der Grafschaft Meath bis zur Kirche von Buttevant. Erst etwa vierzig Jahre später gab es auch in England solche «Kirchturmjagden».

1810 wurde offenbar die erste Jagdrennbahn angelegt, in Bedford. Sie hatte eine Länge von knapp acht Kilometern und wies acht Hindernisse auf. 1830 entstand die Steeplechasebahn von St. Albans. 1837 wurde erstmals die Grand Liverpool Steeplechase ausgetragen. Manchen Berichten zufolge soll sie die ersten zwei Jahre auf der Bahn von Maghull und erst danach im benachbarten Aintree bei Liverpool stattgefunden haben. Jedenfalls wurde sie schon bald als die Grand National Steeplechase weithin berühmt.

Diese Jagdrennen gewannen nun sehr schnell an Popularität. Schon 1842 gab es in England 66 Steeplechases.

Ursprünglich wurden für die Steeplechases gewöhnlich Hunter verwendet, Jagdpferde, die meistens aus der Kreuzung mittelschwerer bis schwerer Warmblutstuten mit Vollbluthengsten entstanden. Als aus dem privaten Querfeldeinvergnügen organisierte Rennen

4 Red Rum nach seinem hinreißenden Sieg in der Grand National 1977. 1973 passierte Red Rum zum erstenmal als Erster die Ziellinie im schwersten Hindernisrennen der Welt, 1974 wiederholte er den Sieg, 1975 und 1976 war er Zweiter, und 1977, bereits 12 Jahre alt, holte er den dritten Sieg und wies sich damit endgültig als der größte Steeplechaser aller Zeiten aus.

5 und 6 Natürlich wird Red Rums ungewöhnliche Popularität ausgenützt. So findet man beispielsweise in Southport ein «Hotel Red Rum» und «Rummie's Bar».

Nächste Doppelseite: Am Beacher's Brook in Aintree, dem berüchtigsten Sprung in der Grand National Steeplechase.

auf Bahnen wurden, wollte man Pferde, welche die Geschwindigkeit und Ausdauer des Vollblüters mitbrachten und gleichzeitig die für die schweren Sprünge erforderliche Kraft und Gelassenheit hatten. Aus diesem Bedürfnis entstand gegen Ende des 19. Jahrhunderts in Irland und in England der «Chaser», das genau für diese Aufgabe gezüchtete und spezialisierte Pferd. Ein Teil dieser Chaser besteht aus sehr edlen, hoch im Blut stehenden, also dem Vollblut sehr ähnlichen Halbblütern, der andere aus Vollblütern, die aber von einem so typischen, kraftvollen Schlag sind, daß man sie fast als eigene Rasse bezeichnen könnte. Etwa 20 Prozent der Vollblutstuten Englands und Irlands stehen in der Chaserzucht, über die Hälfte davon in Irland. Die Iren sind die unbestrittenen Meister der Chaserzucht. Dies zeigt schon sehr deutlich die Tatsache, daß rund 75 Prozent der Siege in der Grand National Steeplechase von Aintree, im schwersten Hindernisrennen der Welt, von irischen Pferden errungen wurden. Auch «Red Rum», dreimal Sieger und zweimal Zweiter in Aintree, kam aus Irland.

Für die schweren Rennen müssen die Pferde mindestens fünf, teilweise sogar sechs Jahre alt sein. Ihre größte Leistungsfähigkeit erreichen die Chaser erst mit acht bis zwölf Jahren. Fast alle Chaser sind Wallache, nur einige wenige sind Stuten.

Das berühmteste Hindernisrennen der Welt ist zweifellos die Grand National von Aintree. Für viele Leute ist sie überhaupt die einzige Steeplechase, die sie kennen. Wir werden auf den folgenden Seiten näher auf sie eingehen. Für Fachleute allerdings ist der Cheltenham Gold Cup mindestens so wichtig, und die Bahn von Cheltenham ist fast genau so anspruchsvoll, dabei aber sehr viel besser und schöner ausgelegt. Sie gilt als das Herz der 46 englischen Steeplechasebahnen.

Irland hat 27 Hindernisbahnen. Die irische Grand National wird in Fairyhouse gelaufen. Weitere große Rennen sind die Galway Plate, die Leopardstown Chase und die Guiness Hurdle in Galway.

Die französischen Hindernisbahnen sind mit im Durchschnitt weniger schweren Hindernissen bestückt und mehr auf Schnelligkeit gebaut als auf Sprungkraft ausgelegt, weshalb die verhältnismäßig schweren irischen und englischen Chaser gegenüber den französischen Vollblütern im Nachteil sind. Das wichtigste Hindernisrennen hier ist die Grand Steeplechase von Paris, die seit 1874 durchgeführt wird und deren erster Sieger bemerkenswerterweise eine englische Stute namens «Miss Hungerford» war.

Das schwerste Hindernisrennen des europäischen Festlandes ist die Pardubitzer Steeplechase in der Tschechoslowakei. Die Ausfälle hier sind ähnlich groß wie in Aintree, mindestens zwei Hindernisse, der Taxusgraben und der Irische Wall, sind größer als jedes Hindernis in Aintree. Außerdem besteht das Geläuf zum Teil aus einem kräfteraubenden, Sehnen und Gelenke gefährdenden Acker.

Es gibt aber einen entscheidenden Unterschied zwischen Pardubitz und Aintree. Pardubitz hat viel mehr schwere Unfälle. Das liegt vor allem an der Qualität der Pferde. Während sich die Pferde für die Grand National qualifizieren müssen und nur Tiere mit überragender Leistungsfähigkeit an den Start kommen können, werden auf die Pardubitzer vor allem Pferde geschickt, um die es nicht schade ist, obschon natürlich auch sie gewisse Qualifikationen mitbringen müssen. Die Grand Nationals sind Sport, wenn auch an der obersten Grenze. Die Pardubitzer sind Spektakel, der schon sehr an die Zirkusse der Römer erinnert.

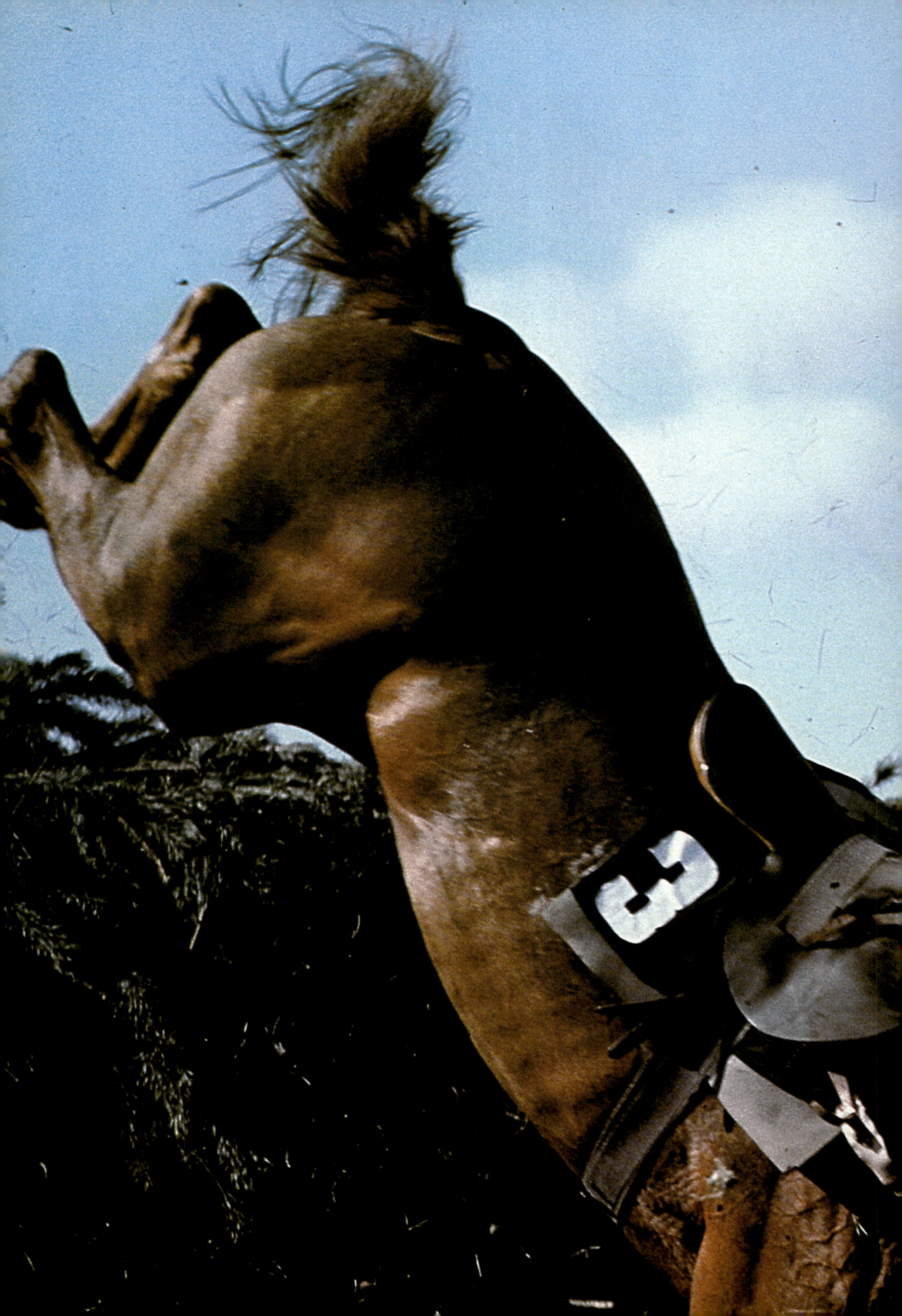

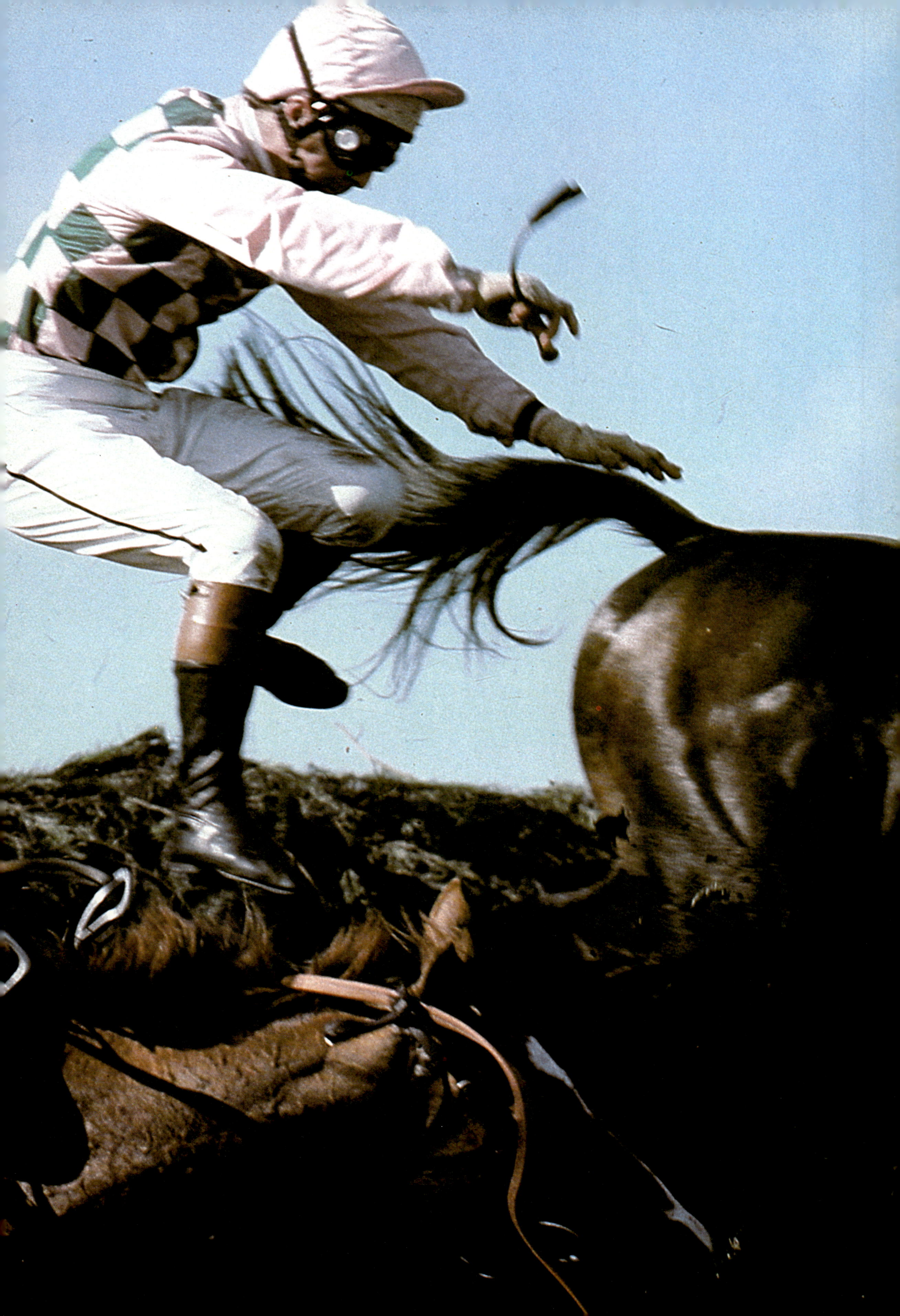

AINTREE

Ein ebenso ehrgeiziger wie pferdesportbegeisterter Gasthausbesitzer namens Lynn kam eines Tages auf die Idee, neben seinem «Waterloo Hotel» auf dem Gelände von Aintree in der Nähe von Liverpool eine Rennbahn zu errichten. Das erste Rennen auf dieser Bahn wurde im Jahr 1829 als Flachrennen gelaufen. Sieben Jahre später schrieb Lynn die Prüfung als die «Grand Liverpool Steeplechase» aus, in welcher Pferde und Reiter insgesamt 42 Hindernisse zu überwinden hatten. Und damit beginnt die eigentliche Geschichte des schwersten Hindernisrennens der Welt. Sieger in diesem Rennen war Captain Becher mit dem Pferd «The Duke». Ein Jahr später siegte das gleiche Pferd, aber unter einem anderen Reiter, denn Becher war erkrankt.

Indessen verlor Mr. Lynn mit seiner Aintree-Bahn sein ganzes Geld, und die Geschichte wäre schon beinahe zu Ende gewesen, wenn sich nicht die wichtigsten Persönlichkeiten des damaligen englischen Turfs, unter ihnen Lord Bentick, für die Erhaltung der Grand Liverpool Steeplechase eingesetzt hätten. Unter der neuen Organisation fanden sich im Frühjahr 1839 17 Reiter am Start. Mit von der Partie war wiederum der Sieger des ersten Rennens, Captain Becher. Im ersten Umgang stürzte er in einen Graben, schwang sich aber kurz entschlossen wieder auf sein Pferd «Conrad». Doch im zweiten Umgang landete Becher erneut im selben Graben und mußte sich nun gefallen lassen, daß das ganze Feld über ihn hinwegsetzte. Dieses Hindernis, Nr. 6 und 22, heißt heute noch «Becher's Brook» und ist der berüchtigste Sprung im ganzen Rennen.

Die «Grand National Steeplechase» oder einfach Grand National, wie das Rennen seit 1847 heißt, wurde weltberühmt, und mit ihr mancher große Sieger und mancher große Verlierer. Ganze Bücher ließen sich mit Storys füllen. Da war zum Beispiel das Pferd «Devon Loch», das unter dem Jockey Dick Francis im Jahr 1956 für seine Besitzerin, die Königinmutter, lief. Nach einem hinreißenden Rennen hatte Devon Loch im Zieleinlauf einen Riesenvorsprung, als er auf der Höhe des Wassergrabens, knapp vor dem Ziel, plötzlich ein Hindernis zu sehen schien, das er überwinden wollte. Bei der Landung nach dem Luftsprung glitt er aus, knickte in den Vorderbeinen ein, und Francis wurde aus dem Sattel auf den Hals des Pferdes geschleudert. Bis sich Devon Loch wieder erhoben hatte, war er vom Pferd E.S.B. (was immer dieser Name bedeutet) unter D. Dick passiert worden und hatte das Rennen verloren. Dessenungeachtet war die große Verliererin die erste, die dem Sieger gratulierte. Aber wie war das Mißgeschick geschehen? Hatte die tobende Menge Devon Loch irritiert? Hatte das Pferd den Schatten der Wassergrabenabschrankung für ein Hindernis gehalten? So mysteriös wie dieser Vorfall sind die Storys, die der Jockey Dick Francis nun zu schreiben begann und mit denen er zum bekanntesten Turf-Kriminalautor wurde.

1967 stand ein Pferd am Start, dessen Chancen so gering eingeschätzt wurden, daß er von den Buchmachern im Falle eines Erfolges zur hundertfachen Quote angeboten wurde: «Foinavon». Vor dem 23. Sprung lief ein reiterloses Pferd quer vor das Feld. Alle Teilnehmer blieben entweder vor dem Hindernis stehen oder stürzten. Foinavon indessen, weit abgeschlagen am Schluß, fand in dem Gewühl einen Durchschlupf, sprang das Hindernis, kam zu einem Vorsprung, der nicht mehr einzuholen war, und siegte.

Um eine Wette um 500 Pfund zu gewinnen, wollte der Amerikaner Tim Durant 1968 die Grand National bis ins Ziel mitreiten. Er stürzte im zweiten Umgang am Becher's Brook, bestieg aber ohne zu zögern «Highlandie» erneut und passierte als Fünfzehnter die Ziellinie. Die 500 Pfund übergab er dem Fonds zur Hilfe verletzter Jockeys.

Das Siegerpferd im gleichen Rennen hiess «Red Alligator». Er ist ein Sohn von «Miss Alligator», die auch die Mutter des Grand-National-Siegers «Anglo» (1966) war. Der Züchter dieser beiden Spitzenpferde war ein Bauer in Nordirland namens William Kennedy. Er hatte Miss Alligator für 70 Pfund gekauft, erhielt aber für das Fohlen Anglo schon 140 Pfund und für Red Alligator als Jährling 400 Pfund. Das war sicher kein schlechtes Geschäft für Kennedy, aber nichts im Vergleich zu den gewaltigen Gewinnsummen, welche die beiden

1 Blick auf die 1829 eröffnete, inzwischen mehrfach abgeänderte Bahn von Aintree.

2 «Cracks» bei der Morgenarbeit vor dem Rennen.

3 Die Grand National ist ein Ereignis, bei dem sich stets auch Vertreter aus den allerobersten Schichten treffen.

4 Das Feld bei der ersten Tribünenpassage.

5 Am Bechers Brook 1982, am ersten von zwei Durchgängen: Stürze sind an diesem Hindernis nahezu unvermeidlich.

6 Geraldine Rees, die auf Cheers *1982 als erste Amazone überhaupt die Grand National bis ins Ziel reiten konnte. Sie belegte den achten Platz.*

7 Dick Saunders, auf Grittar *Sieger von 1982, war mit 48 Jahren der mit Abstand älteste Gewinner einer Grand National.*

8 Hier wird nach dem Rennen abgesattelt und nachgewogen.

Pferde für ihre neuen Besitzer zusammengaloppierten.

Monate vor dem Grand National werden Wetten angelegt. Über die Kandidaten erscheinen Wochen zuvor lange Berichte über Rennen und vorbereitendes Training. Theoretisch hat jedes Pferd in der Grand National die gleichen Chancen, weil von einem Handicapper aufgrund der erbrachten Rennleistungen Gewichte festgelegt werden. Zwischen rund 64 und 80 Kilogramm hat jedes Pferd zu tragen. Große Qualitäten von Pferd und Jockey sind natürlich dennoch Grundvoraussetzungen. Im Feld gilt es, vom Start weg eine gute Position einzunehmen, um möglichst ungestört von stürzenden Konkurrenten die Sprünge überwinden zu können. Die riesigen Hindernisse erfordern ein gewaltiges Springvermögen, die Streckenlänge ein Höchstmaß an Kondition. Reiterliches Können, ja akrobatisches Geschick entscheidet oft darüber, ob der Jockey sich nach einem Fehler des Pferdes noch im Sattel halten kann. Und schließlich braucht es noch eine ganz gehörige Portion Mut — die dramatischen Bilder, besonders am Becher's Brook, machen dies mehr als deutlich. Gefürchtet sind reiterlose Pferde, die, vor dem Hindernis wegschrägend, schon manches hoffnungsvolle Paar zu Fall gebracht haben.

In den sechziger Jahren begann man die Sprünge der Grand National wesentlich zu entschärfen, wohl weniger, um die regelmässig auf die Barrikaden steigenden Tierschutzvereine zu beschwichtigen, als darum, weil seit langen Jahren kein Amateurreiter mehr das Rennen gewonnen hatte. Die Berufsjockeys dominierten die Prüfung eindeutig, und der kommerzielle Hintergrund des Rennens war mächtiger geworden als erwünscht.

1965 erschien in Aintree eine riesige Zuschauerzahl. Ein Jahr zuvor hatte nämlich die Besitzerin von Aintree, Mrs. Topham, beschlossen, das Gelände für eine Überbauung zu verkaufen. Die letzte Grand National schien stattzufinden, aber Lord Sefton vermochte schließlich die traditionsreiche Bahn zu retten. Im selben Jahr machte sich auch die Entschärfung bemerkbar: der Sieger nach einem spannenden Endkampf gegen den großartigen «Freddie» hieß «Jay Drum» unter dem amerikanischen Amateurreiter Tommy Smith. Auch die Ausgabe von 1980 sah wieder einen Amateursieg mit dem Amerikaner C. Fenwick auf «Ben Nevis».

In den siebziger Jahren hatte die Bahn von Aintree wieder einmal große Existenzprobleme. Mehrmals wechselte sie den Besitzer, und erneut war von Überbauungen des Geländes die Rede. Aber einmal mehr zeichnete sich eine Lösung ab, als 1980 Ladbrokes, die größte englische Buchmacherfirma, die Bahn erwarb. Ladbrokes war es auch, der als Organisator des drei Tage dauernden Hindernismeetings der Bahn neuen Aufschwung geben konnte. Der Siegpreis spricht für sich: 1980 betrug er 45 595 Pfund. Probleme bestehen freilich weiterhin. Die Tribünen von Aintree sind alt und baufällig. Der Unterhalt der Bahn, die nur drei Tage im Jahr benützt wird, verschlingt Riesensummen. Und obwohl Grand National genannt, ist zurzeit von der Regierung keine finanzielle Unterstützung zu erwarten. Dennoch und allen Angriffen zum Trotz wird dieses größte Hindernisrennen der Welt, werden die brillantesten Jockeys und die besten Pferde wohl weiterhin während zehn Minuten im Jahr Millionen von Menschen faszinieren.

291

Die Bahn von Aintree, wie sie sich heute präsentiert.

Sprung 1 und 17: Stechginster, 137 cm hoch, 83 cm breit.

Sprung 2 und 18: Stechginster, 139 cm hoch, 106 cm breit.

Sprung 3 und 19: Rottanne mit davorliegendem Graben, 152 cm hoch, 182 cm breit.

Sprung 4 und 20: Rottanne, 147 cm hoch, 91 cm breit.

Sprung 5 und 21: Rottanne, 149 cm hoch, 106 cm breit.

Sprung 6 und 22: «Becher's Brook», Rottanne mit dahinterliegendem Graben, 147 cm hoch, 167 cm breit. Die viel tiefer liegende Landestelle auf der Rückseite des Sprunges macht «Becher's» zum berüchtigsten Sprung des Grand National.

Sprung 7 und 23: Rottanne, 149 cm hoch, 91 cm breit.

Sprung 8 und 24: «Canal Turn», Rottanne, 152 cm hoch, 99 cm breit. Gefürchtet durch die unmittelbar nach dem Sprung folgende Linkswendung um 90 Grad.

Sprung 9 und 25: «Valentin's Brook», Rottanne, 152 cm hoch und mit dem Graben 167 cm breit.

Sprung 10 und 26: Stechginster, 152 cm hoch, 91 cm breit.

Sprung 11 und 27: Rottanne mit Graben, 152 cm hoch, 273 cm breit.

Sprung 12 und 28: Stechginster mit Graben, 152 cm hoch, 167 cm breit.

Sprung 13 und 29: Stechginster, 139 cm hoch, 91 cm breit.

Sprung 14 und 30: Rottanne, 137 cm hoch, 91 cm breit. Ab Sprung 30 bis ins Ziel auf der Flachen 441,70 Meter.

Sprung 15: «Chair», Rottanne mit Graben, 157 cm hoch, 296 cm breit. Wird nur im ersten Umgang gesprungen.

Sprung 16: «Water Jump», Rottanne, 76 cm hoch, 76 cm breit mit dahinterliegendem Wassergraben von 381 cm Breite. Wird nur im ersten Umgang gesprungen.

A: Tribünen
B: Sattelboxen
C: Gewichtskontrolle
D: Sanitätsposten
E: Vorführring
F: Totalisator
G: Jury
H: Stallungen

293

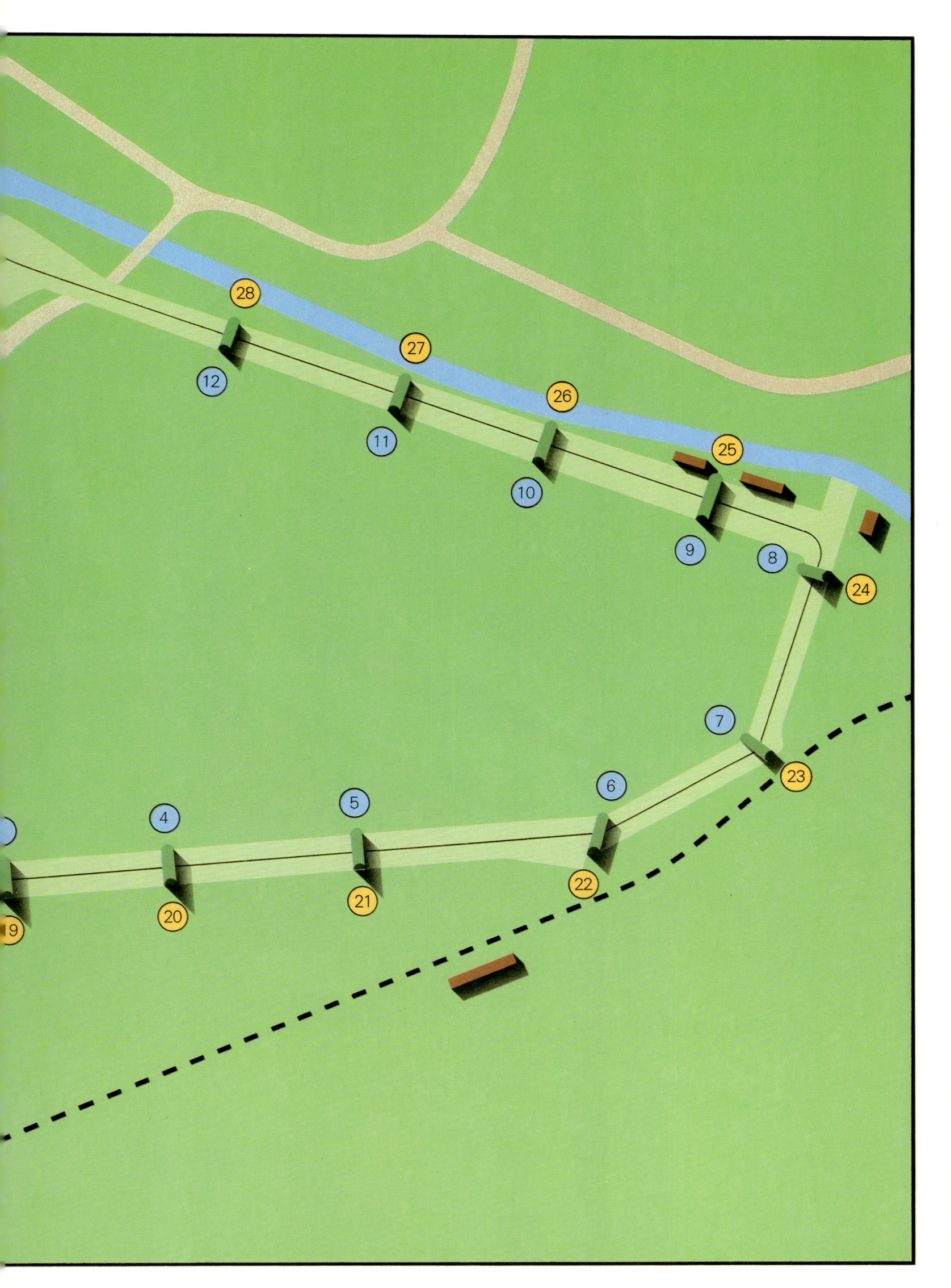

TRABRENNEN

Die Geschichte des modernen Trabrennsportes beginnt zwar schon gegen Ende des 18. Jahrhunderts, aber abgesehen von einigen Regionen fristete er neben dem Galopprennsport lange Zeit ein Mauerblümchendasein. Erst in den letzten Jahrzehnten begannen sich Trabrennen in vielen Ländern einer rasch wachsenden Popularität zu erfreuen. Ganz besonders in Frankreich und in den USA sind Traberzucht und -sport zu höchster Blüte gelangt. Auf dem weltgrößten Trabergestüt, der Hanover Shoe Farm in Pennsylvanien, stehen im Frühling jeweils rund 1700 Pferde. Der amerikanische Hengst *Tar Heel* hat eine Gewinnsumme von 1 684 119 Dollar, die französische Stute *Une de Mai* 8 839 478 Francs zusammengetrabt. Im wichtigsten Trabrennen Frankreichs, dem Prix d'Amérique, steht eine Million Francs als Gewinnsumme zur Verfügung, von welcher der Sieger 580 000 Francs erhält. Und allein in Frankreich werden jährlich rund 7500 Trabrennen gelaufen.

Der grundsätzliche Unterschied zwischen Galopprennen und Trabrennen liegt, wie schon die Bezeichnungen verraten, in der Gangart. Galopprennen werden in der natürlichen Fluchtgangart des Pferdes gelaufen, Trabrennen jedoch im Trab, der langsameren Gangart, in der wildlebende Pferde nur im Übergang vom Schritt zum Galopp und umgekehrt gehen. Durch Zucht, Training und mechanische Hilfsmittel wird der Trab zum Renntempo, das bei 50 Stundenkilometern (!) liegt, gesteigert. Der Geschwindigkeitsweltrekord über eine Meile, seit 1966 vom amerikanischen Hengst *Bret Hanover*, einem Pacer (Paßgänger), gehalten, beträgt 1:53,3

Oben: Smuggler, *1874 in Massachusetts geboren, trabte die Meile in damals sensationellen 2 Minuten, 15 Sekunden. Die Geschichte des Trabrennsportes aber begann schon gut 100 Jahre zuvor.*

Rechts: Trabrennen: die Pferde vor den Sulkys im ersten Bogen.

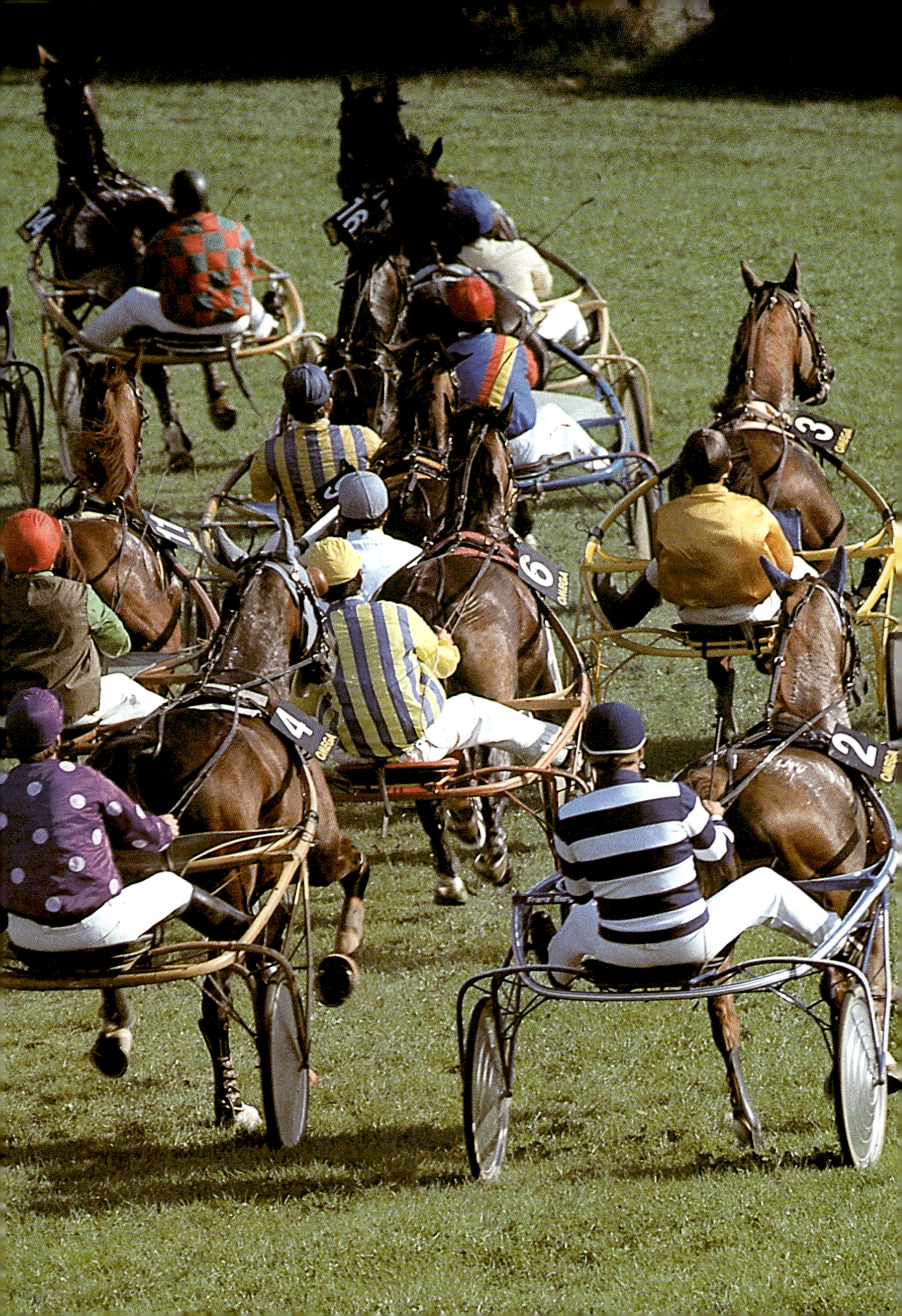
14
16
3
OMEGA
6
OMEGA
4
OMEGA
2
OMEGA

Minuten. Auch im größten Kampfeifer darf ein Pferd während des Rennens nicht mehrmals angaloppieren, nicht über mehr als 30 Meter im Galopp bleiben, dabei seinen Platz nicht verbessern und das Ziel nicht im Galopp passieren, sonst wird es disqualifiziert. In Europa ist bei Trabrennen nur der normale Trab mit diagonaler Fußfolge erlaubt. In Amerika und Australien jedoch gibt es sehr viele Pacers, nämlich etwa 75 Prozent, die im Paßgang (siehe Gangarten Seite 76) traben, im Durchschnitt etwas schneller sind als die Normaltraber und in gesonderten Rennen starten. Die Darstellung auf der folgenden Seite zeigt einen solchen Pacer in Aktion. In Frankreich gibt es noch Trabrennen unter dem Sattel, sonst werden fast alle Trabrennen vor dem Sulky, dem nur um 20 Kilogramm schweren Zweiradrennwagen, durchgeführt.

Archäologische Funde deuten darauf hin, daß bereits um 1300 v. Chr. in Kleinasien Rennen mit trabenden Pferden veranstaltet wurden. Offenbar geriet dieser Sport darauf wieder für sehr lange Zeit in Vergessenheit. Er war bei den Griechen und Römern unbekannt. Erst aus dem 12. Jahrhundert n. Chr. gibt es eine Nachricht aus Norfolk in England, wonach ein Hengst durch seinen auffallend schönen und unerhört schnellen Trab Aufsehen erregte. Dieser Hengst soll Stammvater der Norfolk Trotter gewesen sein, einer Rasse, die um 1750 für ihre Trabaktion und Eleganz berühmt war und in vielen Zuchten eine wichtige Rolle spielte. Etwa zur gleichen Zeit hatte auch Holland eine schnelle, ausdauernde Pferderasse mit besonderer Begabung zum Trab, den Harddraver. Auch unter den dänischen Frederiksborgern gab es gute, besonders kräftige Traber. In Schweden und Norwegen, Österreich und Niederbayern wurden damals Schlittenrennen veranstaltet, bei denen die Pferde hauptsächlich trabten, weil längere Distanzen zurückzulegen waren. Aber merkwürdigerweise entstanden die drei großen Renntraberrassen an keinem dieser Orte, sondern, völlig unabhängig voneinander, in Rußland, Amerika und Frankreich.

1 Graf Alexis Orlow, um 1780, mit Bars I *(oder* Barss) *vor dem Schlitten.*

2 Ein typischer Hengst der einst weltberühmten Orlow-Traber-Rasse auf einem sowjetischen Staatsgestüt.

Dem Grafen Alexei Gregorewitsch Orlow-Tschesmenski ging es dabei offenbar nicht — oder doch nicht in erster Linie — um die Produktion eines Rennpferdes, sondern eines möglichst schnellen, harten, ausdauernden Wagen- und Schlittenpferdes, das traben und daher lange Strecken in gleichmäßig gutem Tempo durchhalten sollte. Orlow war in seinem Bestreben ganz offensichtlich experimentierfreudig, eine Eigenschaft, die damals allerdings in den Zuchten vor allem Europas sehr verbreitet war. Orlow kreuzte alles mögliche. Unter anderem führte er 1773 einen schimmelfarbenen Orientalenhengst namens *Smetanka* aus Persien einer Frederiksborgerstute zu und erhielt aus dieser Paarung den Hengst *Polkan.* Diesen wiederum

3 Bret Hanover, *ein Paßtraber, lief 1966 die Meile in 1:53,3 Minuten. Noch zu Lebzeiten erhielt er sein Denkmal auf der Castleton Farm in Lexington, Kentucky.*

4 *Der 1968 geborene amerikanische Paßtraberhengst Albatross stellte gleich eine ganze Reihe neuer und nie mehr erreichter Rekorde auf.*

5 Bellino II, *1967, v. Boum III a. d. Belle de Jour III, gewann 3mal den hochbegehrten Prix d'Amérique und war vor dem Sulky ebenso erfolgreich wie unter dem Sattel.*

6 Fakir de Vivier, *1971, v. Sabi Pas a. d. Ua Uka, errang zahlreiche Siege und stellte in Frankreich und Italien neue Rekorde auf.*

7 *In Frankreich werden Trabrennen nicht nur am Sulky, sondern auch unter dem Sattel gelaufen, wie hier im Prix du Président de la République.*

paarte er mit einer holländischen Harddraverstute und erhielt dadurch *Bars I*, einen Hengst, der von seinem Großvater die Schimmelfarbe, das Feuer, den Adel und die Ausdauer, von Mutter und Großmutter das Trabvermögen geerbt hatte. *Bars I* vererbte diese Kombination von Eigenschaften und wurde zum Stammvater der Orlowtraberrasse, die bald in ganz Europa berühmt und für lange Zeit das unschlagbare Trabrennpferd war.

Erst rund 100 Jahre später entstand der Französische Traber, eine Rasse, die auf fünf Stammväter zurückgeht. Die wichtigsten zwei sind *Conquérant* und *Normand*, beides Nachkommen des 1811 geborenen Vollblüters *Young Rattler*, der bei der Entstehung der Anglo-Normannen-Rasse eine sehr wichtige Rolle spielte. Von bedeutendem Einfluß war außerdem *The Norfolk Phaenomenon*, ein Norfolk-Trotter-Hengst aus England. Diese neue Traberrasse aus Frankreich erwies sich schon bald als deutlich schneller als der Orlowtraber.

Weltweit gesehen ist die amerikanische Traberrasse heute die wichtigste. Verschiedene Rassen, darunter Norfolk Trotter und Narragansett Pacer, waren an der Entstehung des Standard Bred beteiligt, aber mit Abstand die wichtigste Rolle spielte das Englische Vollblut durch den 1788 nach Amerika eingeführte Hengst *Messenger*. Als eigentlicher Stammvater der amerikanischen Traberzucht gilt *Hambletonian 10*, auf den heute über 90 Prozent aller Standard Breds zurückgehen. Ähnlich dem Englischen Vollblut verdankt das Standard Bred seine große Qualität einer erbarmungslosen Leistungsauslese und konsequenter Reinzucht. Der amerikanische Traber ist etwas kleiner als der französische, auch etwas weniger elegant und im Durchschnitt über längere Distanzen weniger ausdauernd, auf kürzeren Distanzen aber schneller als jede andere Rasse.

Um die Jahrhundertwende entstand aus der Kreuzung amerikanischer Standard Breds mit Orlowtrabern der Russische Traber. Aus Französischen

Das Trabergeschirr

Das Geschirr vor dem
Sulky ist eine ebenso
komplizierte wie sinn-
reiche Konstruktion.
Richtig verpaßt, trägt es
wesentlich zur opti-
malen Trableistung des
Pferdes bei. Unsere Dar-
stellung zeigt ein Pacer-
geschirr, wie es für die
Paßgänger unter den
Trabern vor allem in
den USA üblich ist. Ein
spezielles Beingeschirr
unterstützt die Paß-
gang-Beinbewegung.
(Siehe Gangarten,
Seite 80.)

1 Nasenband
2 Gebiß
3 Nasenband
4 Sprungzügel
5 Brustblatt
6 Kniegamaschen-
  träger
7 Kniegamasche
8 Huf-Gummiglocke
9 Sehnengamasche
10 Bauchgurt
11 Hobbles
12 Lendenriemen
13 Fußraster
14 Fahrleinenschlaufe
15 Fahrleinen
16 Seitenstrang
17 Schweifriemen
18 Geschirr
19 Kopfstange
20 Scheuklappen
21 Overcheck

299

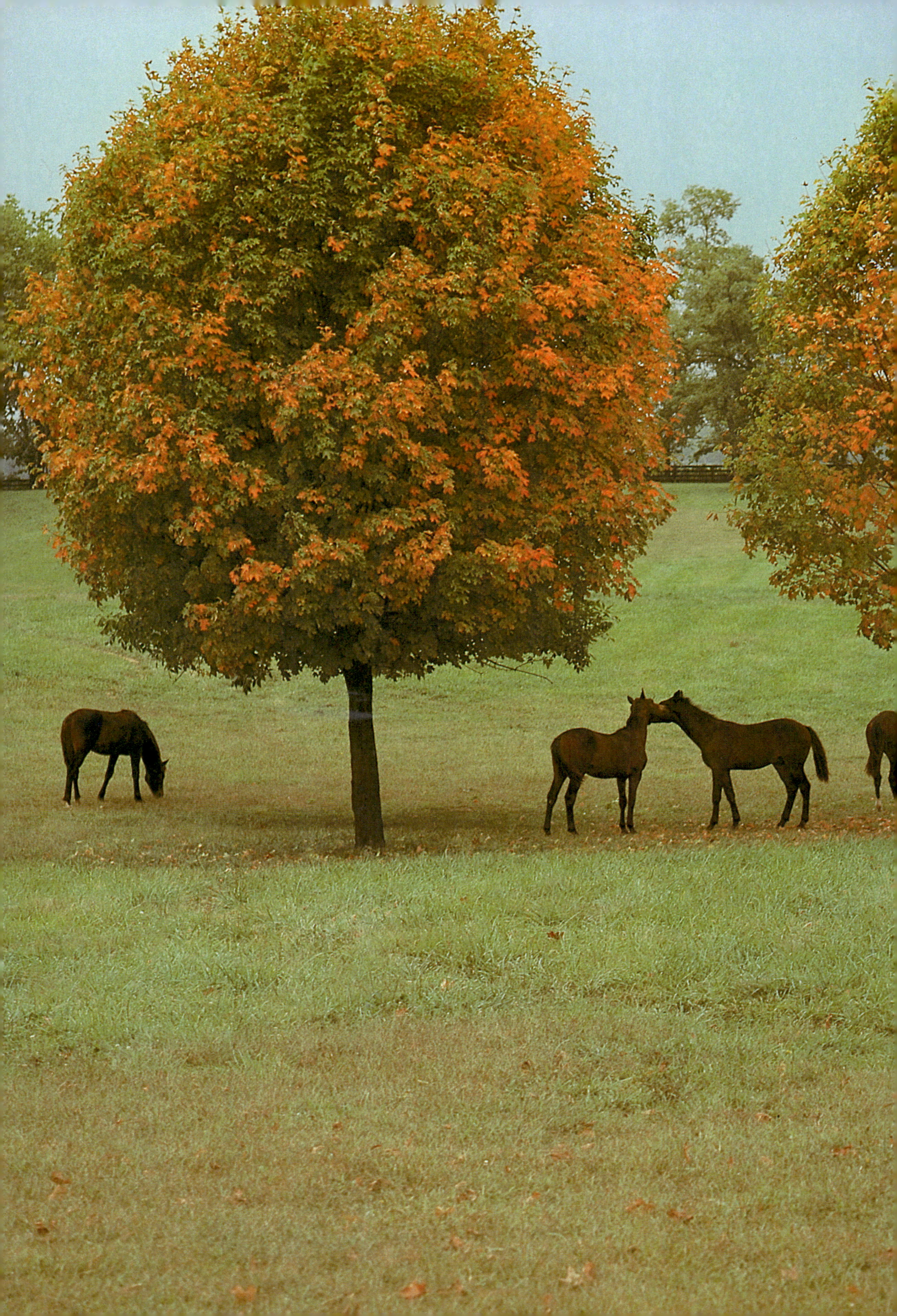

Links: Hengstfohlen auf der riesigen Weide der Castleton Farm in Lexington.

1 Auf der Hanover Shoe Farm in Pennsylvanien, dem größten Trabergestüt der Welt, stehen zeitweise über 1700 Pferde.

2 Das hervorragende Trabergestüt Walnut Hall in Lexington hat für Kentucky sehr typische Ökonomiegebäude.

3 Das Trabergestüt Castleton in Lexington.

und Amerikanischen Trabern wurde in Europa nach dem Zweiten Weltkrieg der Europäische Standardtraber gezüchtet, der heute in den meisten europäischen Ländern verbreitet ist.

Die durch die Zucht angeborene Trabbegabung macht noch lange keinen Renntraber. Ein intensives, fachmännisches Training, das schon sehr früh einsetzt, ist dazu erforderlich, und dieses Training wiederum, wie auch die Rennen selbst, ist nur unter Einsatz verschiedener technischer Hilfsmittel möglich. Dazu gehört das komplizierte Geschirr, das auf der vorangegangenen Doppelseite dargestellt ist. Wegen des unnatürlich langen Schrittes in der Trabgangart sind vor allem die Vorderbeine stark verletzungsgefährdet und müssen durch Hufglocken und verschiedenartige Sehnen- und Knieschoner geschützt werden. Bemerkenswert ist der sogenannte Overcheck. Er besteht aus Riemen, die an der Overchecktrense oder am Nasenriemen befestigt sind und von denen der Headcheck über den Kopf zum Widerrist führt, während der Underdraw oder Sprungzügel zur Gurte an der Unterbrust geht. Diese zwei Riemen halten Kopf und Hals in einer bestimmten, für den Renntrab optimalen Stellung. Die Meinungen, ob solche Hilfsmittel angemessen sind oder die Grenze der Tierquälerei überschreiten, sind geteilt. Die Hobbles, das Beingeschirr auf unserer Darstellung, werden natürlich nur von Pacern getragen, weil sie die Beine im Paßgang halten. Außer dem Geschirr, von dem es unzählige Variationen gibt, ist auch der Hufbeschlag in den seltensten Fällen einfach ein Hufbeschlag. Der Fachmann unterscheidet für Trabrennpferde über zweihundert verschiedene Hufeisentypen, die für jeden einzelnen Huf jedes Pferdes maßgeschmiedet werden. Zusätzlich gibt es vielleicht noch kleine Metallplatten, die auf die Hufwand aufgeschraubt werden, um jedem Fuß das für höchste Trabgeschwindigkeit und perfekte Balance richtige Gewicht zu geben.

Die Zucht von Trabrennpferden liegt heute in fast allen Ländern in den Händen kleiner Züchter, die oft gleichzeitig ihre Pferde selbst trainieren und in den Rennen fahren. Größere Trabergestüte gibt es kaum, außer in der Sowjetunion, in Frankreich und in den USA. Vor allem in Nordamerika, wo in der Traberzucht ähnlich große Gewinnmöglichkeiten bestehen wie im Galoppsport, findet man große, perfekt organisierte Gestüte. Daß sich der Aufwand lohnen kann, geht schon aus den Preisen vielversprechender Jährlinge hervor, die nicht selten bei über 100 000 Dollar liegen.

DER DRESSURSPORT

Links: Um 510 v.Chr. entstandene attische Schale des Euphronios und Kachrylion. Die Kunst der Dressur wurzelt in der griechischen Antike. Dieses Bild freilich entstand hundert Jahre vor Xenophon, der Reiter sitzt noch völlig «unklassisch» in der alten Manier weit hinten, hat die Knie angewinkelt und stört das Pferd im Maul.

Rechts: einer der Großen der Gegenwart, Harry Boldt auf Woyceck.

Im Jahre 1912 wurden in Stockholm erstmals bei den Olympischen Spielen Dressurprüfungen durchgeführt. Die Piaffe und die Passage gehörten noch nicht zu den Aufgaben, dafür aber Sprünge über fünf bis 110 Zentimeter hohe Hindernisse. Das letzte war bemerkenswerterweise eine Walze, die dem Pferd entgegenrollte.

Pferdesportliche Veranstaltungen mit Dressurprüfungen gab es in verschiedenen Ländern schon um 1860. Gewöhnlich handelte es sich dabei um Vielseitigkeitswettbewerbe für Offiziere, die aus einer Kombination von Dressur-, Gelände- und Springprüfungen bestanden und damit Vorläufer der Military waren.

Die Ursprünge des Dressurreitens freilich reichen fast zweieinhalb Jahrtausende zurück, bis zum griechischen Geschichtsschreiber und Reiterführer Xenophon. Seine Erkenntnisse über die dressurmäßige Ausbildung des Pferdes sind in ihren Grundzügen auch heute noch gültig.

Die nächste bedeutende Station in der Entwicklung des Dressurreitens findet sich erst in der Renaissance in Italien. Hier war es vor allem Federigo Grisone, der die wiederentdeckten Bücher Xenophons offenbar sehr gründlich studierte. Als eine der bemerkenswertesten Ergänzungen zu Xenophons Lehre führte der Neapolitaner, der eine Reitschule für Adelige aus ganz Europa betrieb, die Trabarbeit ein. Herr Grisone ging mit den Pferden nicht gerade zart um. Zu seinen Ausbildungsmitteln gehörten neben vielen anderen Gewaltsmaßnahmen wahre Marterinstrumente von Kandarengebissen mit bis zu 40 Zentimeter langen Hebeln sowie Stockschläge zwischen die Ohren.

Sehr viel humaner ging es bei Antoine de Pluvinel in Frankreich zu, dessen berühmtester Schüler Ludwig XIII. war. Dieser herausragende Reitlehrer der Barockzeit war entschieden gegen Gewaltanwendung. In der Ausbildung arbeitete er die Pferde gründlich an der Hand, oft zwischen zwei Pfosten gebunden, den von ihm erfundenen Pilaren. Zu seinen Lektionen gehörten bereits die sogenannten Schulsprünge, wie sie in der Reitschule von Saumur und an der Spanischen Hofreitschule in Wien heute noch zu sehen sind.

Einen ähnlichen Bekanntheitsgrad erreichte der Herzog von Newcastle. Seine Methoden stießen allerdings berechtigterweise auf heftige Kritik. Sie bewiesen in der Tat nicht sehr viel «Pferdeverstand», gehörte doch zu seinen Lektionen neben viel anderem Unfug das Rückwärtsgaloppieren.

Einen sehr wichtigen Schritt auf dem Weg zum modernen Dressurreiten hat jedoch Robichon de la Guérinière getan. Sein literarisches Vermächtnis, das 1733 unter dem Titel «Ecole de la Cavalerie» erschien, verrät ein an Pluvinel erinnerndes Genie. Guérinière gab der Dressur eine Menge wertvoller Impulse, und der moderne Dressursport ist weitgehend auf seiner Lehre aufgebaut.

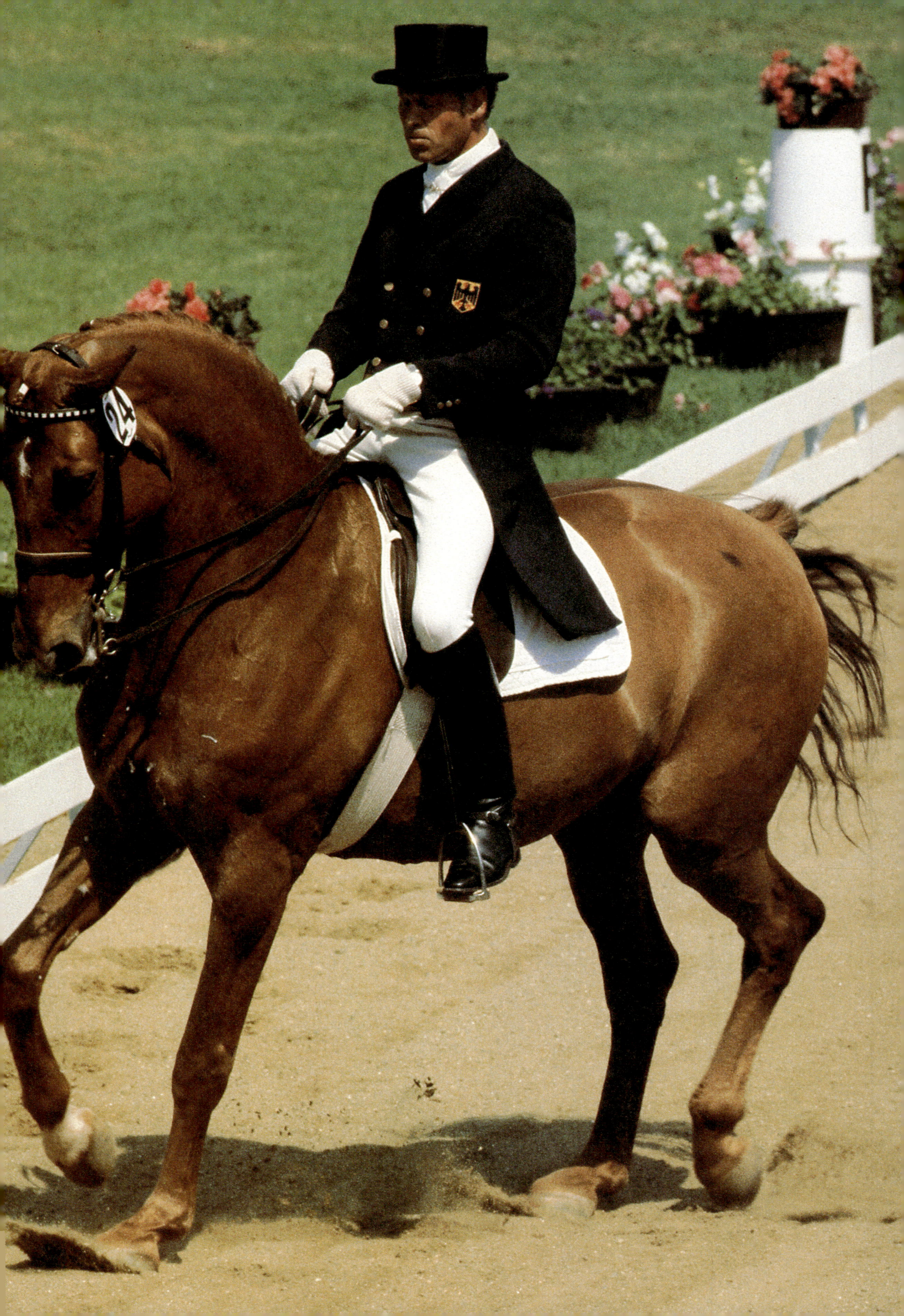
24

Reitkunst im Viereck

Die dressurmäßige Ausbildung ist die Grundlage des Reitens überhaupt. Ob nun diese Ausbildung nach dem klassischen europäischen Muster erfolgt oder — ganz andersartig — im Stil der amerikanischen Rinderhirten, der aus der alten spanischen Reitweise entstanden ist, spielt dabei keine Rolle. Denn welcher Verwendungszweck einem Reitpferd auch immer zugedacht ist, es muß volles Vertrauen zum Menschen fassen, es muß sich dem Willen des Reiters fügen, die Hilfen kennenlernen, die Sprache, mit der sich der Reiter dem Pferd verständlich macht, es muß gymnastiziert werden, damit es sich auch unter dem Gewicht des Reiters so gelöst und im Gleichgewicht bewegen kann wie in der Natur. Nur ein Pferd, das richtig erzogen und ausgebildet ist, ist ein brauchbares Pferd.

Die Grundausbildung ist Mittel zum Zweck. Sie dient dazu, das Pferd auf seine Aufgaben vorzubereiten. Sie ist nicht nur erforderlich, wenn das Pferd einmal Sportler werden soll, sondern auch für ein ganz gewöhnliches Spazierpferd. Man kann ein Fohlen zweieinhalb oder drei Jahre sich selbst überlassen und dann einreiten, aber das ist immer mit Schwierigkeiten und Gefahren verbunden. Es ist für beide Teile viel besser, wenn man schon das ganz kleine Fohlen an den Menschen gewöhnt, ihm gelegentlich ein Halfter anzieht und es führt, ihm die Furcht nimmt und es lehrt, nicht nur der Mutterstute, sondern auch dem Menschen zu gehorchen. Wie nebenbei soll es sich allmählich an die Longe, an den Sattel, an verschiedene kleine Aufgaben gewöhnen, dann wird auch das Einreiten fast spielend und ohne ernste Probleme vor sich gehen.

Im Alter von etwa drei bis fünf Jahren erhält das Pferd die Grundausbildung unter dem Sattel. Es lernt in gleichmäßigem Tempo und gerade zu gehen, den Rücken zu entspannen, die Hinterbeine weit vor zu setzen, sich in den Wendungen zu biegen, sauber anzutraben und anzugaloppieren. Es wird vertraut mit der abgezirkelten Geome-

1 Die normale Reitbahn mißt 20 × 40 Meter und hat nach internationalem Reglement mit bestimmten Buchstaben bezeichnete Richtpunkte, welche ein präzises Reiten der verschiedenen Hufschlagfiguren gestatten. Die schweren Prüfungen finden auf einem 20 × 60 Meter grossen Viereck statt, dessen Schema auf Seite 310 dargestellt ist.

Die Hufschlagfiguren:
2 Durch die Länge der Bahn wechseln
3 Zirkel
4 Aus dem Zirkel wechseln
5 Durch den Zirkel wechseln
6 Acht
7 Durch die ganze Bahn wechseln
8 Durch die halbe Bahn wechseln
9 Volte
10 Kehrtwendung aus der Ecke

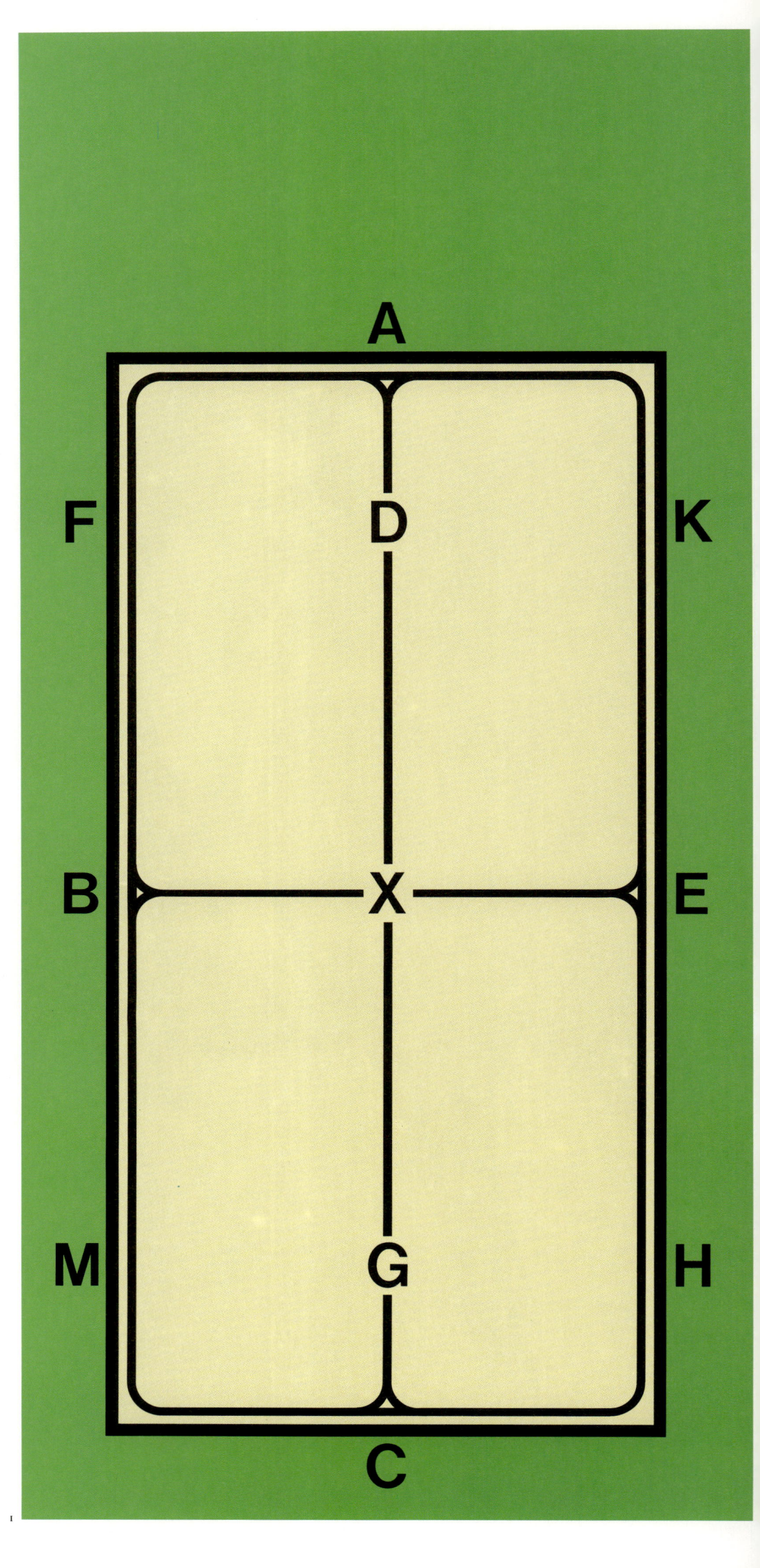

trie der Reitbahn, mit Wendungen auf den Vorder- oder Hinterbeinen (Vorhand- und Nachhandwendungen), mit den Seitwärts- und Rückwärtsbewegungen.

Hat das Pferd mit etwa fünf Jahren diese Grundschule hinter sich, kann der Fachmann normalerweise erkennen, ob es sich für den Spitzensport eignet und ob aus diesem Tier ein erstklassiges Dressurpferd werden könnte, ob es für den Springsport oder die Vielseitigkeitsreiterei taugt oder ob seine Qualitäten «nur» für ein Spazierpferd ausreichen. Zwar kann man schon aus den Stammlinien Schlüsse ziehen. Wenn in beiden Elternfamilien Dressurbegabung vorherrscht, dann kann man auch mit Dressurbegabung rechnen — aber es kann auch ganz anders kommen. Vielleicht langweilen es anhaltende Dressurlektionen, und es könnte am Springparcours oder auf einer Querfeldeinstrecke Gefallen finden. Eines ist gewiß: Ein Pferd, das man zur Dressur zwingen will, ohne daß es Freude an dieser Aufgabe zeigt, wird keinerlei Chance im Spitzensport haben.

Ist die Begabung vorhanden, beim Pferd wie auch beim Reiter, so wird nun die Dressur zum Sport, zum Selbstzweck: Jetzt beginnt die langwierige, fast endlose Geduld und größtes Einfühlungsvermögen erfordernde Periode der Vorbereitung des Pferdes auf die großen Aufgaben. Auf nationaler Ebene gibt es in vielen Ländern leichtere Prüfungen, bei denen sich der Anfänger messen und das Pferd sich an die Wettbewerbsatmosphäre gewöhnen kann. International sind von der FEI (Internationale Reiterliche Vereinigung) die Regeln für drei Prüfungen entwickelt worden: *Prix St-Georges, Intermédiaire* und *Grand Prix.*

Der Prix St-Georges gilt als mittelschwere Prüfung. Hier müssen Taktreinheit und in den verschiedenen Gangmaßen (verschiedene Geschwindigkeiten innerhalb einer Gangart) die drei Grundgangarten sowie das Halten und Rückwärtsrichten sicher beherrscht werden. Dazu kommen die diversen Bahnfiguren wie Volten, Schlangenlinien usw. und als schwierigste Aufgaben die Seitengänge (Seitwärtsgehen) im Trab und Galopp, halbe Pirouetten (Wendungen auf den Hinterbeinen) im Schritt und Galopp sowie fliegende Galoppwechsel (Wechsel vom Rechts- in Linksgalopp und umgekehrt ohne Tempoverminderung) nach jeweils drei Galoppsprüngen.

Der Prix St-Georges besteht aus 31 Lektionen, die in 9,30 Minuten auswendig auf einem 20 × 60 Meter großen Viereck zu reiten sind.

Die Intermédiaire ist eine erschwerte Zwischenprüfung, eine Vorbereitung zur höchsten Stufe sportlicher Dressurkunst, dem Grand Prix. (Siehe auch Seiten 312 bis 315.)

305

Travers, Pirouette, Piaffe, Passage

Nach der Grundausbildung, die jedes Reitpferd erhalten muß, beginnt für das künftige Dressurpferd die «Akademie». Alles bisher Gelernte wird zu höchstmöglicher Vollkommenheit verfeinert, und das Pferd wird physisch und psychisch darauf vorbereitet, nun auch die schwierigsten Lektionen zu erlernen, um sie später in absolut selbstverständlich wirkender Manier auszuführen.

Rechts: Die Galopptraversale, *die von der Mitte aus im Zickzack geritten wird und eine der sehr schwierigen Übungen beim Grand Prix de Dressage darstellt. Mit jeder ganzen Traversale müssen in sechs Galoppsprüngen elf Meter Länge des Dressurvierecks zurückgelegt werden.*

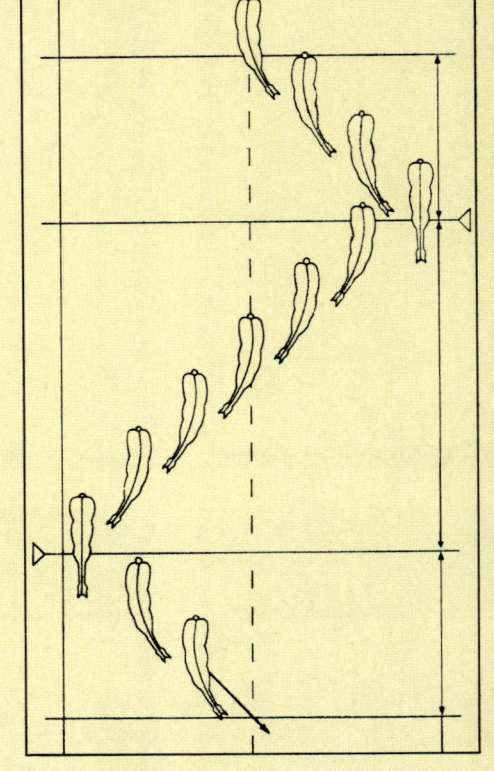

1 Schulterherein. *Bei dieser Lektion wird das Pferd vorn von der Bewegungsrichtung weggebogen und soll dabei mit den inneren Beinen deutlich über die äußeren treten. Die Pfeile deuten die Zügel- und Schenkelhilfen an, die dazu erforderlich sind.*

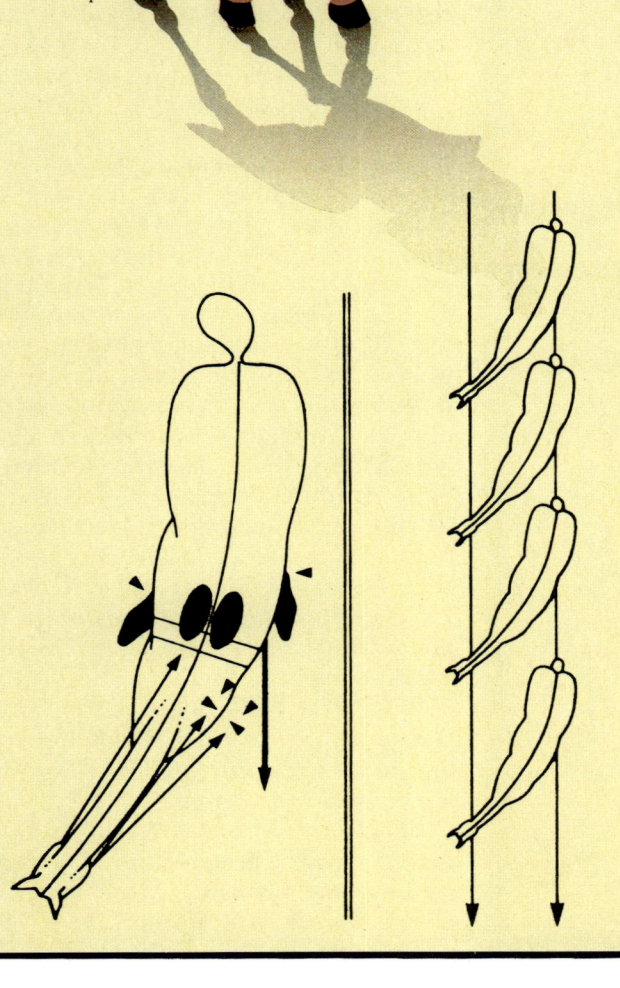

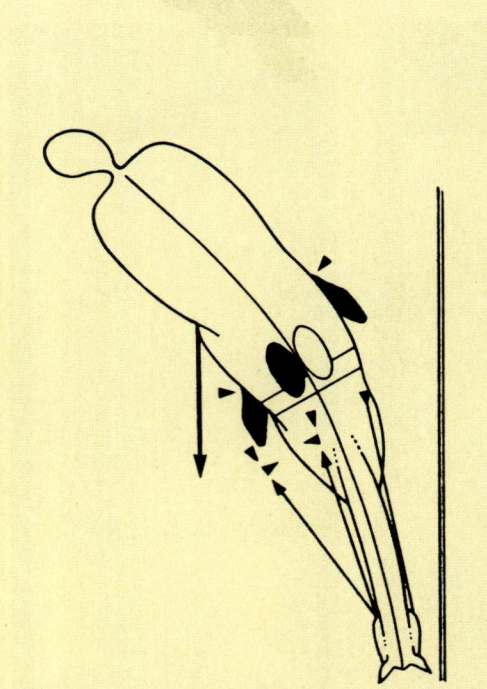

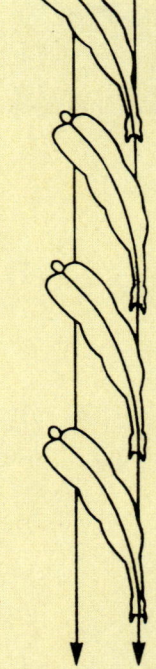

3 Pirouette. *Diese Lektion fordert eine Wendung um 360 Grad auf der Hinterhand. Sie muß in sechs bis acht gleichmäßigen Galoppsprüngen ausgeführt werden, wobei der innere Hinterfuß nach jedem Sprung praktisch auf derselben Stelle wieder aufsetzen soll.*

4 Die Piaffe *bedeutet höchste Versammlung im Trab, nämlich Trab auf der Stelle, und zwar mit kadenziertem Anheben der Beine und in exaktem Rhythmus. Normalerweise ist das Pferd erst etwa im dritten Jahr der Ausbildung genügend vorbereitet, um diese Lektion zu erlernen.*

5 Passage. *Diese Lektion ist ein stark versammelter Trab, bei dem das Pferd nach dem Auffußen jedes der diagonalen Beinpaare jeweils für einen Augenblick verharrt. Zwischen jedem Auffußen liegt eine deutliche Schwebephase.*

307

Berühmtheiten im Dressursattel

Vom idealen Dressurpferd erwartet man, daß es elegant und edel und in seinem ganzen Erscheinungsbild harmonisch wirkt. Es soll einen mittellangen, geraden Kopf mit großen, ruhigen Augen haben, einen langen Hals, eine lange, schräg gelagerte Schulter, einen ziemlich langen, kräftigen Rücken, eine insgesamt gute Bemuskelung und trockene, sehnige, korrekt gestellte Beine. Seine Bewegungen sollen auffallend elegant und kraftvoll sein. Von seinem Wesen her soll es sich gleichzeitig leistungsbereit und arbeitsfreudig, gelassen und feinfühlig zeigen. Es soll Energie ausstrahlen, ohne daß bei jeder Gelegenheit sein Temperament überschäumt.

Jeder Dressurreiter wünscht sich natürlich ein Pferd, das der Idealvorstellung möglichst nahe kommt, auch wenn es das «fehlerlose» Pferd wahrscheinlich nie geben wird. Aber neben den vielen Pferden, die im großen und ganzen dem gefragten Typ entsprechen, gibt es eine ganze Reihe von Ausnahmen, die in gewissen Punkten weit vom Ideal abweichen und dennoch zu Berühmtheiten im Dressurviereck wurden.

Die Westfalenstute *Afrika* beispielsweise, 1945 auf dem Gestüt Vornholz geboren, hatte die verschiedensten Exterieurfehler. Sie hatte einen Hirschhals, eine schwache Nierenpartie und war überbaut (Kruppe höher als Widerrist). Sie lernte nie eine richtige Piaffe, und außerdem fehlte es ihr ganz eindeutig an Gelassenheit, so daß sie nur mit sehr viel Feingefühl gut zu reiten war. Dementsprechend zeigte sie unter Reiterinnen — Baroneß Ida von Nagel und Anneliese Küppers — weit bessere Leistungen als unter männlichen Reitern. Aber trotz allem vermochte die Stute durch ihren Schwung und ihre harmonischen Bewegungsabläufe so zu bestechen, daß sie in 74 schweren Dressurprüfungen plaziert wurde und zwei Grand-Prix-Siege errang.

Daß ein Englisches Vollblut von seinem Temperament her nicht die idealen Voraussetzungen für den Dressursport mitbringt, ist einleuchtend. Dennoch gibt es mehrere Vollblüter, die ganz vorn mit dabei waren. So wurde *Pernod* berühmt, 1939 ebenfalls in Vornholz geboren. Zuerst allerdings lief er Jagdrennen, bis er mit acht Jahren wegen eines Beinschadens diese Karriere abbrechen mußte. Pernod machte am Anfang seiner Dressurausbildung auch erhebliche Schwierigkeiten, aber in seinem Sattel saß einer der talentiertesten Dressurreiter überhaupt, der junge Willi Schult-

1 *Harry Boldt auf Woyceck, BRD*

2 *Reiner Klimke auf Remus, BRD*

3 *Ulrich Lehmann auf Widin, Schweiz*

4 *Das Dressurviereck von Berlin 1979*

5 *Christine Stückelberger auf Cameera, Schweiz*

6 *Irina Karachewa auf Said, Sowjetunion*

7 *Arthur Kottas auf Big Boy, Österreich*

8 *Josef Neckermann auf Sonnyboy, BRD*

9 *Uwe Schulten-Baumer auf Feudal, BRD*

theis, heute Trainer der deutschen Dressurmannschaft. Und tatsächlich errang Pernod nicht weniger als 75 Siege in Dressurprüfungen.

Ebenfalls unter Schultheis wurde der drei Jahre jüngere Vollblüter *Chronist* berühmt, der sich in 99 schweren Dressuren plazieren konnte, 31mal siegte und drei Grand-Prix-Siege holte.

Das vielleicht erstaunlichste Beispiel eines Vollblüters im Dressursport war *Brillant*. Das 1949 geborene Flachrennpferd gewann zweimal das «Silberne Band der Ruhr» und wurde Dritter im Deutschen Derby. Ebenfalls unter Schultheis wurde Brillant in seiner zweiten Karriere zweimal deutscher Dressurmeister und holte sich 104 Plazierungen in S-Dressuren.

Auch Harry Boldt hatte wenigstens zwei Pferde, denen kaum jemand eine große Zukunft prophezeit hätte. Der Schimmel *Remus*, 1955 in Westfalen geboren, hatte einen zu kurzen Hals für ein ideales Dressurpferd, einen zu kurzen Rücken, eine rückbiegige Stellung der Vorderbeine, war zu schmal, in den Bewegungen zu wenig ausdrucksvoll und nicht viel größer als ein großes Pony. In der Ausbildung entwickelte er sich ganz erstaunlich, plazierte sich in 143 schweren Prüfungen und holte sich neben vielen anderen Preisen die olympische Silbermedaille 1964 in Tokio.

Noch erheblichere Exterieurfehler hatte der 1962 geborene Westfale *Golo IV*. Er hatte einen starken Senkrücken, stand hinten säbelbeinig und vorn zeheneng und hatte außerdem ein heftiges, kaum zu zügelndes Temperament. Er kam durch Zufall in Harry Boldts Stall und wurde drei Jahre später, 1973, deutscher Meister, 1974 Dressurderbysieger und Vierter bei der Weltmeisterschaft, fünfmal Grand-Prix-Sieger und hat sich 124mal in S-Dressuren plaziert.

Das berühmteste Beispiel eines «ungeeigneten» Pferdes aber ist zweifellos *Granat*, das erfolgreichste Dressurpferd der letzten Jahre. Unzählige Male trieb er seine Reiterin Christine Stückelberger und den Trainer Georg Wahl zur Verzweiflung. Der 1965 geborene Holsteiner, der eigentlich eher wie ein Wagenpferd aussieht und erst unter dem Reiter eine unerhörte Eleganz entfalten kann, wurde hauptsächlich gekauft, weil er sich in den Gangarten gut präsentierte und preisgünstig war. Zu Hause erwies er sich dann aber als charakterlich äußerst schwierig. Er war unberechenbar, machte, was er wollte, und warf dabei den Reiter ab, wann und wo es ihm paßte. Das Pferd wurde daher bis zur L-Dressur (leichte Prüfung) ausgebildet und dann verkauft, aber weiterhin von Georg Wahl trainiert. Plötzlich aber zeigte sich Granat von einer neuen Seite. Wiewohl immer noch ein schwieriges Pferd, lernte er alle Aufgaben spielend. Granat wurde zurückgekauft und von Christine Stückelberger auf verschiedenen Turnieren geritten. Er konnte seine Aufgaben in bestechender Manier meistern, wenn er wollte — aber oft wollte er eben nicht. Wieder sollte er verkauft werden, aber nun mochte ihn niemand mehr haben. Christine Stückelberger und Georg Wahl arbeiteten weiter mit ihm und brachten es fertig, den Wallach vor den Prüfungen so müde zu reiten, daß er nicht mehr explodierte und dennoch frisch genug für die Aufgaben war. Inzwischen ist Granat Europameister, Olympiasieger und Weltmeister geworden.

Die seit Jahren bedeutendste Nation im Dressursport ist die Bundesrepublik Deutschland, nachdem in den zwanziger und dann wieder in den fünfziger Jahren die Schweden dominiert hatten. Von den Franzosen, die zwischen den Kriegen zur Weltspitze gehört hatten, hört man heute kaum noch etwas. Seit zwanzig Jahren stets vorn mit dabei sind die Schweiz und die Sowjetunion. Zunehmend spielen die USA, Kanada und England eine Rolle im Dressursport, und in den kommenden Jahren dürften auch die Niederlande mehr und mehr von sich reden machen. Zu den klingendsten Namen der letzten Jahre gehören Josef Neckermann mit *Mariano*, *Venetia* und *Van Eick*, Reiner Klimke mit *Dux*, *Mehmed* und *Ahlerich*, Harry Boldt mit *Woyceck* und Uwe Schulten-Baumer mit *Slibovitz* aus Deutschland. Bei den Schweizern hat Henri Chammartin mit *Wolfdietrich* und *Woermann* würdige Nachfolger gefunden in Christine Stückelberger mit *Granat* und Ulrich Lehmann mit *Widin*. Ein außergewöhnliches Talent aus Großbritannien ist Jennie Loriston, die mit *Dutch Courage* Dritte bei der Weltmeisterschaft 1978 wurde. Über noch etwas wenig Routine, dafür aber mit dem Vollblüter *Keen* über ein glänzendes Pferd verfügt die Amerikanerin Hilda Gurney. Das derzeit beste kanadische Pferd heißt *Martyr* und wird von Cynthia Neal geritten. Das erste große Paar aus der Sowjetunion, die überraschenden Olympiasieger von Rom 1960, hieß Sergej Filatow mit *Absent*. In seine Fußstapfen traten Iwan Kizimow mit *Ichor*, Elena Petuschkowa mit *Pepel* und in den letzten Jahren Irina Karacheva mit dem zierlichen *Said*.

12. Versammelter Schritt.

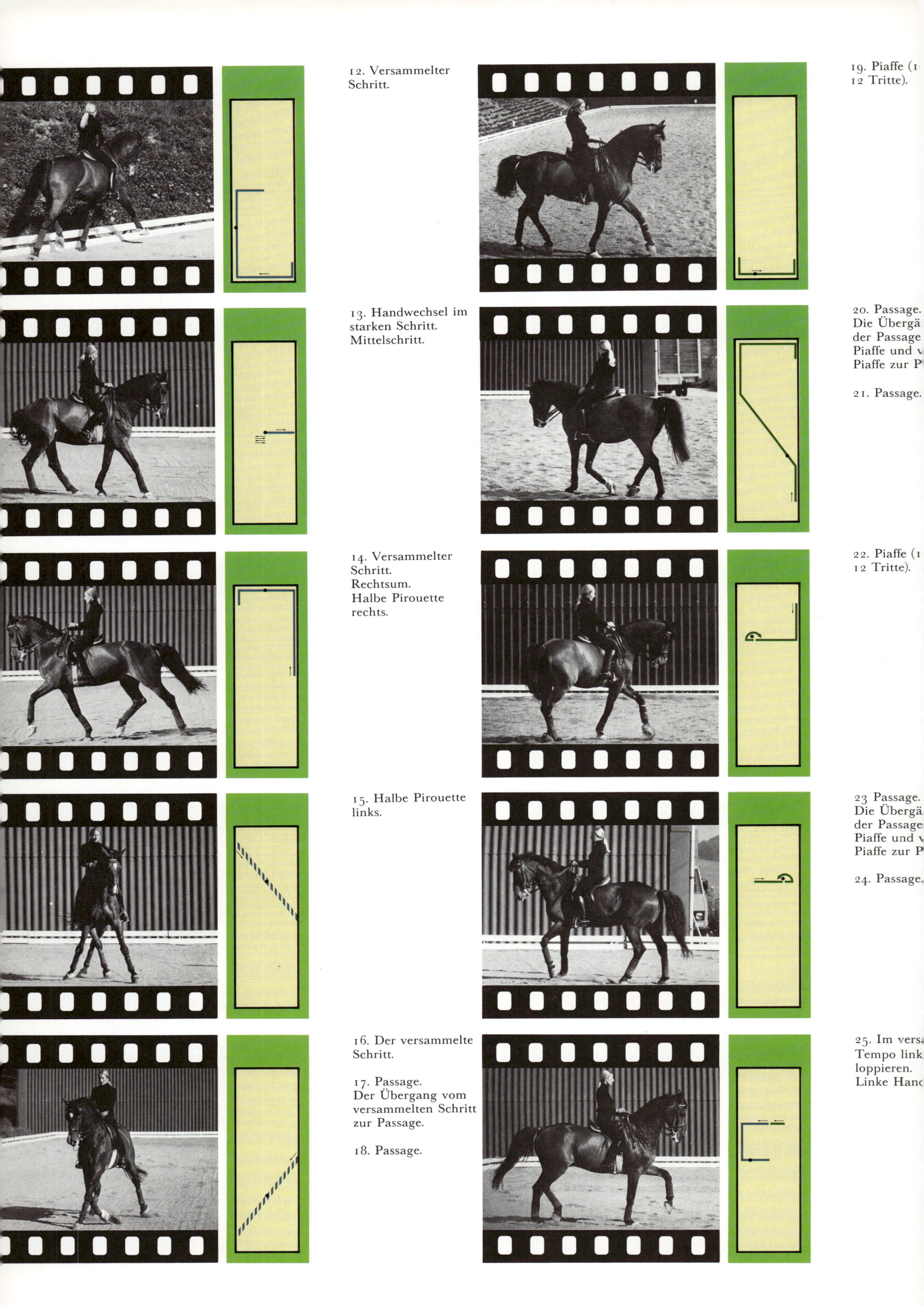

13. Handwechsel im starken Schritt. Mittelschritt.

14. Versammelter Schritt. Rechtsum. Halbe Pirouette rechts.

15. Halbe Pirouette links.

16. Der versammelte Schritt.

17. Passage. Der Übergang vom versammelten Schritt zur Passage.

18. Passage.

19. Piaffe (1 12 Tritte).

20. Passage. Die Übergä der Passage Piaffe und v Piaffe zur P

21. Passage.

22. Piaffe (1 12 Tritte).

23. Passage. Die Übergä der Passage Piaffe und v Piaffe zur P

24. Passage.

25. Im versa Tempo link loppieren. Linke Hand

Grand Prix

Die Kunst des sportlichen Dressurreitens erreicht nach den vorbereitenden Aufgaben des Prix St. Georges und der Intermédiaire im Grand Prix ihren Höhepunkt. Nur hochbegabte Reiter und zu Athleten durchgebildete Pferde, die neben den physischen Qualitäten über außergewöhnliche Lernfähigkeit und Leistungsbereitschaft verfügen, vermögen sich auf dieser Stufe der Reitkunst zu behaupten. Erst nach jahrelanger Aufbauarbeit können die anspruchsvollen Lektionen in der gewünschten Harmonie, Leichtigkeit und Ungezwungenheit der Bewegungen vorgeführt werden. Zahllose Stunden intensivsten Trainings sind erforderlich, bis ein Grand-Prix-Ritt mit jener Ungezwungenheit vorgetragen werden kann, die den Eindruck erweckt, weder Pferd noch Reiter müßten sich dazu anstrengen. Von der ungeheuren Konzentration des Reiters, ohne die ein Grand Prix undenkbar ist, soll der Zuschauer nur gerade etwas ahnen dürfen.

Der Grand Prix besteht aus 39 Einzellektionen, wobei sieben Nummern, nämlich 8, 16, 17, 20, 23, 35 und 38, keine eigentlichen Lektionen sind, son-

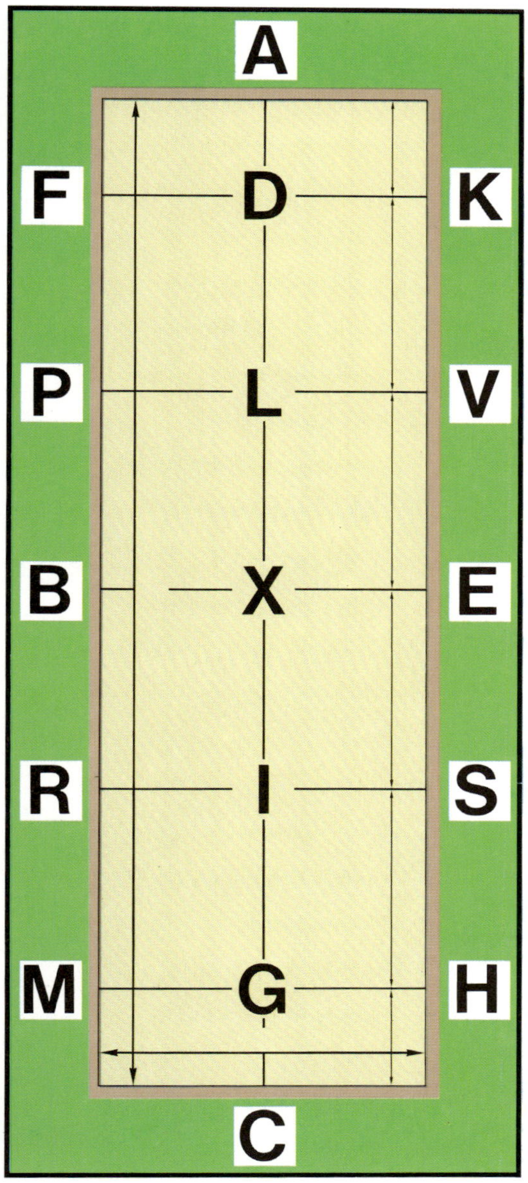

1. Einreiten im versammelten Galopp. Halten — Unbeweglichkeit — Gruß. Anreiten im versammelten Trab.

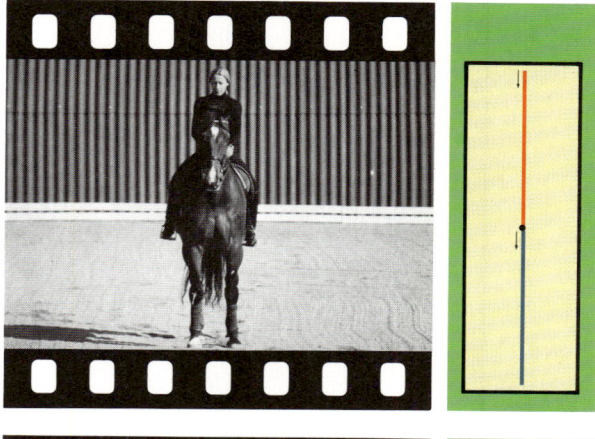

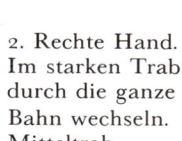

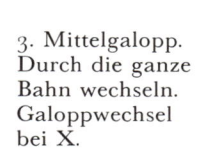

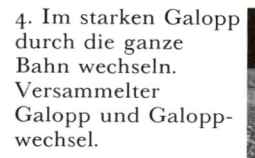

2. Rechte Hand. Im starken Trab durch die ganze Bahn wechseln. Mitteltrab.

3. Mittelgalopp. Durch die ganze Bahn wechseln. Galoppwechsel bei X.

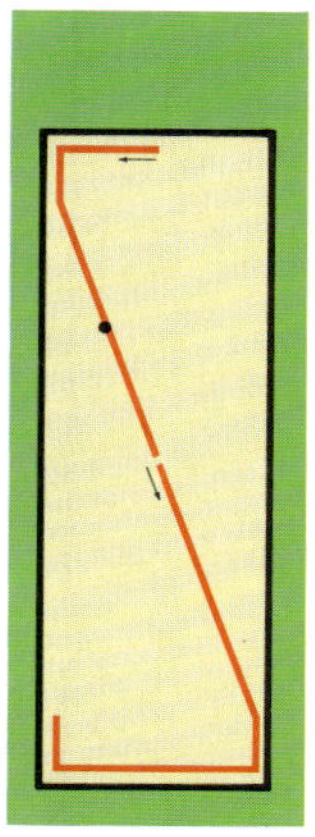

4. Im starken Galopp durch die ganze Bahn wechseln. Versammelter Galopp und Galoppwechsel.

5. Versammelter Trab. Im starken Trab durch die ganze Bahn wechseln. Mitteltrab.

6. Mitteltrab.

7. Halten — 4 T rückwärts richten 4 Schritte vorwä — 6 Tritte rückwärts, sofort anre im Mitteltrab. Linksum.

8. Die Übergäng vom Mitteltrab z Halten (einschl.) vom Rückwärtsrichten zum Mitt trab.

9. Mitteltrab. Versammelter Tr

10. Traversale na links.

11. Traversale na rechts.

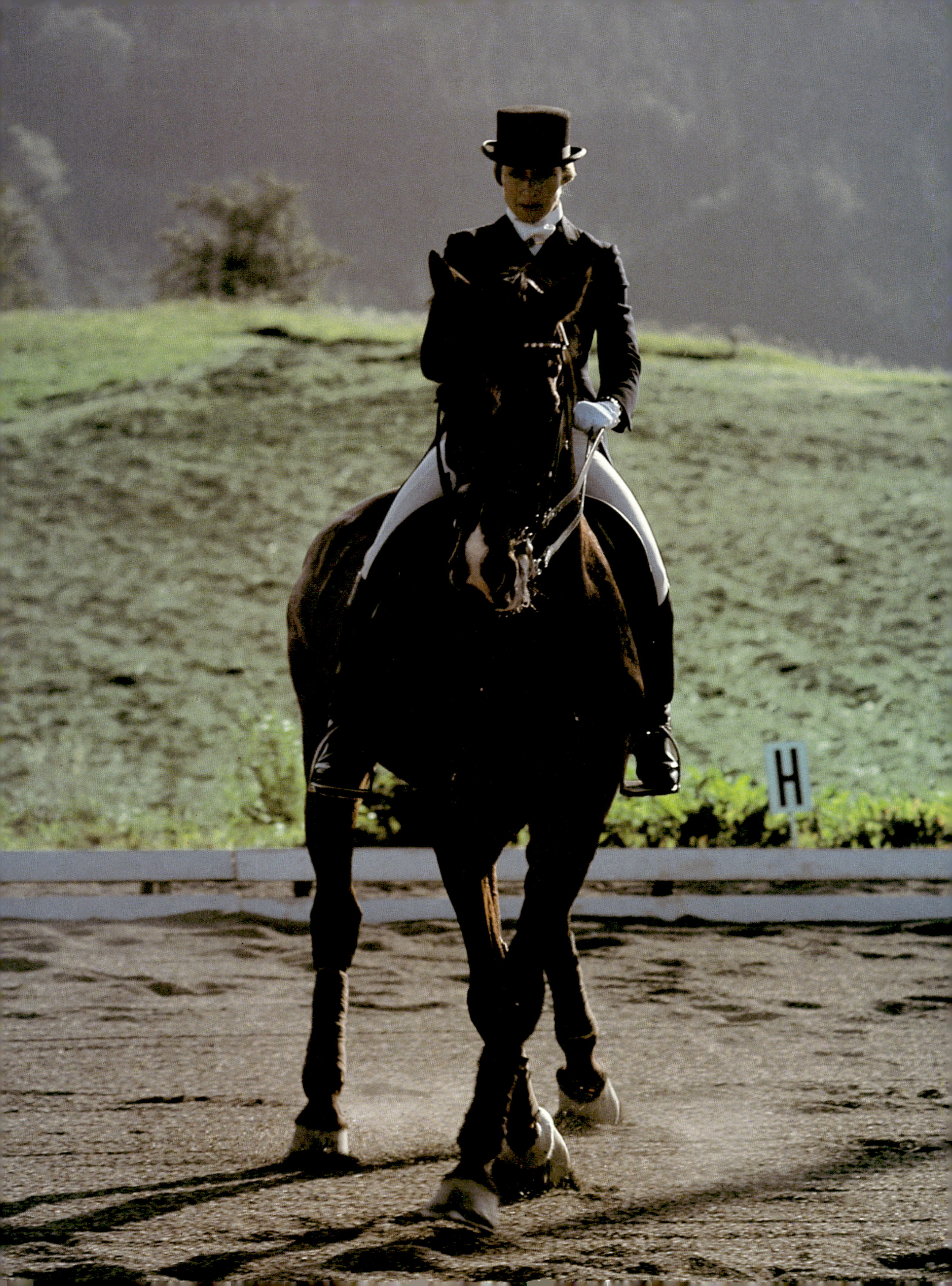
H

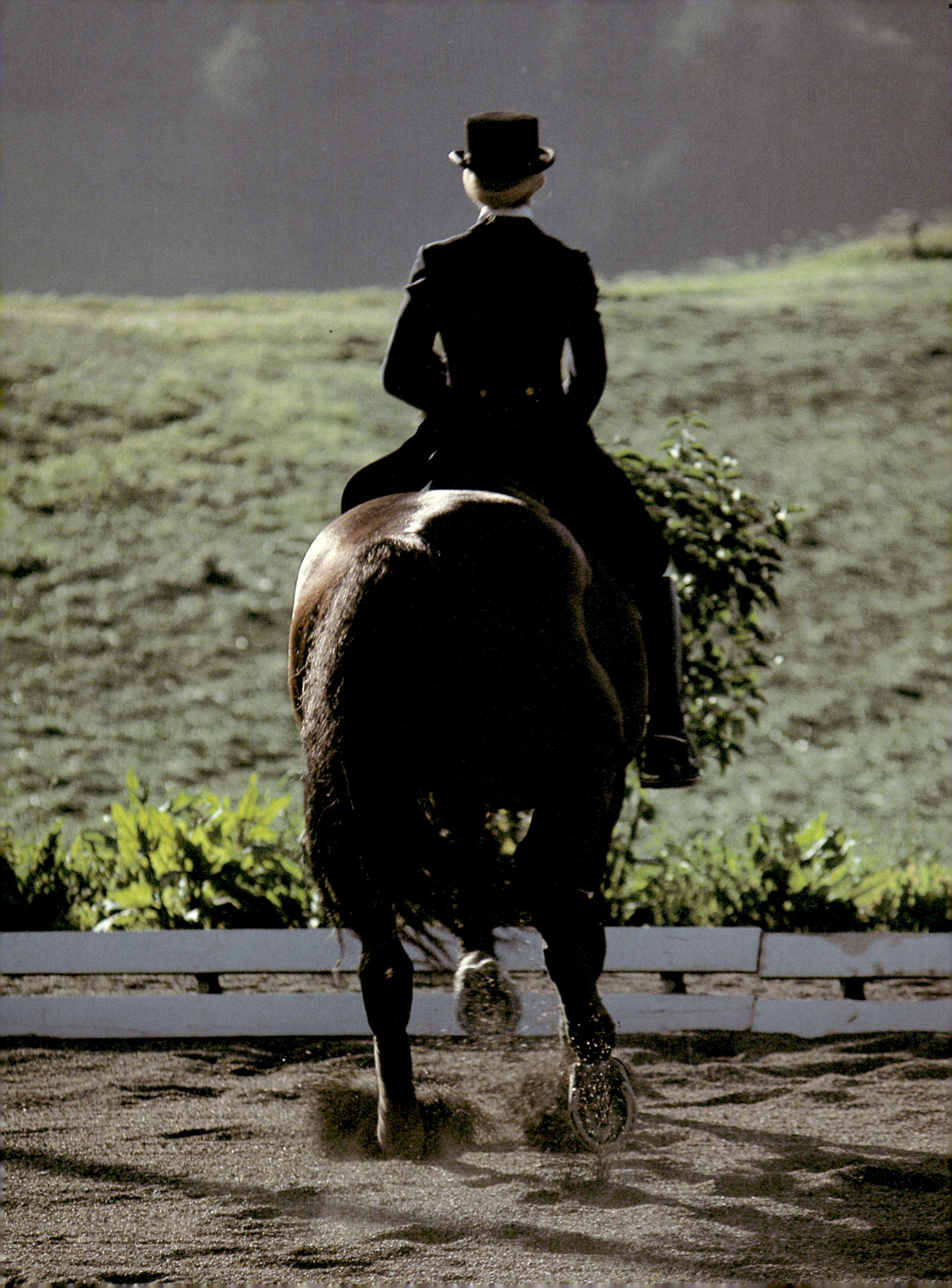

37. Piaffe (10 bis 12 Tritte).

38. Die Übergänge von der Passage zur Piaffe und von der Piaffe zur Passage.

39. Halten — Unbeweglichkeit — Gruß.

Verlassen der Bahn bei A im Schritt am langen Zügel.

dern zur Notenbewertung der Übergänge in den jeweils vorangegangenen Lektionen dienen. Aus jeder der 32 eigentlichen Lektionen haben wir eine typische Phase im Bild festgehalten. Christine Stückelberger hat sich mit ihrem Siegerpferd Granat für diese Aufnahmen in verdankenswerter Weise zur Verfügung gestellt. Der gesamte Ablauf des Grand Prix ist aus den grafischen Darstellungen ersichtlich.

Die Grand-Prix-Lektionen enthalten neben allen Schulgängen die Grundlagen der klassischen Reitkunst. Auf der Hinterhand ausgeführte Übungen wie Levade und Courbette sowie Schulsprünge wie Croupade, Ballotade und Kapriole fehlen freilich in der sportlichen Dressurreiterei. Sie sind wohl nur noch an der Spanischen Hofreitschule in Wien, an der französischen Kavalleriereitschule in Saumur und gelegentlich in Zirkusdressurnummern zu sehen. Aus der klassischen Reitkunst sind unter anderem Pirouette, Piaffe und Passage übernommen. Bei der Pirouette, die bereits in der St.-Georges-Prüfung verlangt wird, macht das Pferd mit etwa sechs Galoppsprüngen eine Drehung um 360° auf der Stelle. Die Piaffe, in einer Vorstufe in der Intermédiaire gefordert, besteht aus zehn bis zwölf erhabenen Trabtritten auf der Stelle. Die Passage schließlich ist ein kadenzierter Trab, bei welchem das sich in der Luft befindende diagonale Beinpaar jeweils für einen Augenblick in der Schwebe verharrt.

Im Grand Prix wird auf saubere Piaffen und Passagen großer Wert gelegt, sind doch in nicht weniger als zwölf Lektionen diese Figuren vorgeschrieben.

Der Grand Prix muß in zehn Minuten auswendig geritten werden. Bei Meisterschaften und Olympischen Spielen dient er hauptsächlich zur Bewertung der Mannschaft. Ab 1968 gab es für die Einzelwertung eine Stechaufgabe, die in sechseinhalb Minuten zu reiten war und in welcher die schwereren Lektionen in viel kürzeren Abständen aufeinanderfolgten. In dieser Form hat sich aber gezeigt, daß Piaffe, Passage, Pirouette und Galoppwechsel gegenüber der Grundrittigkeit, dem Schwung und der Harmonie überbewertet wurden. Die Stechaufgabe wurde daher 1975 in den bis heute gültigen Grand Prix Special umgeändert, in welchem 28 Lektionen in achteinhalb Minuten zu reiten sind. Obschon der Grand Prix Special weniger Lektionen enthält als der Grand Prix, stellt er die schwierigste Aufgabe im modernen Dressursport dar.

26. Starker Galopp. Versammelter Galopp.

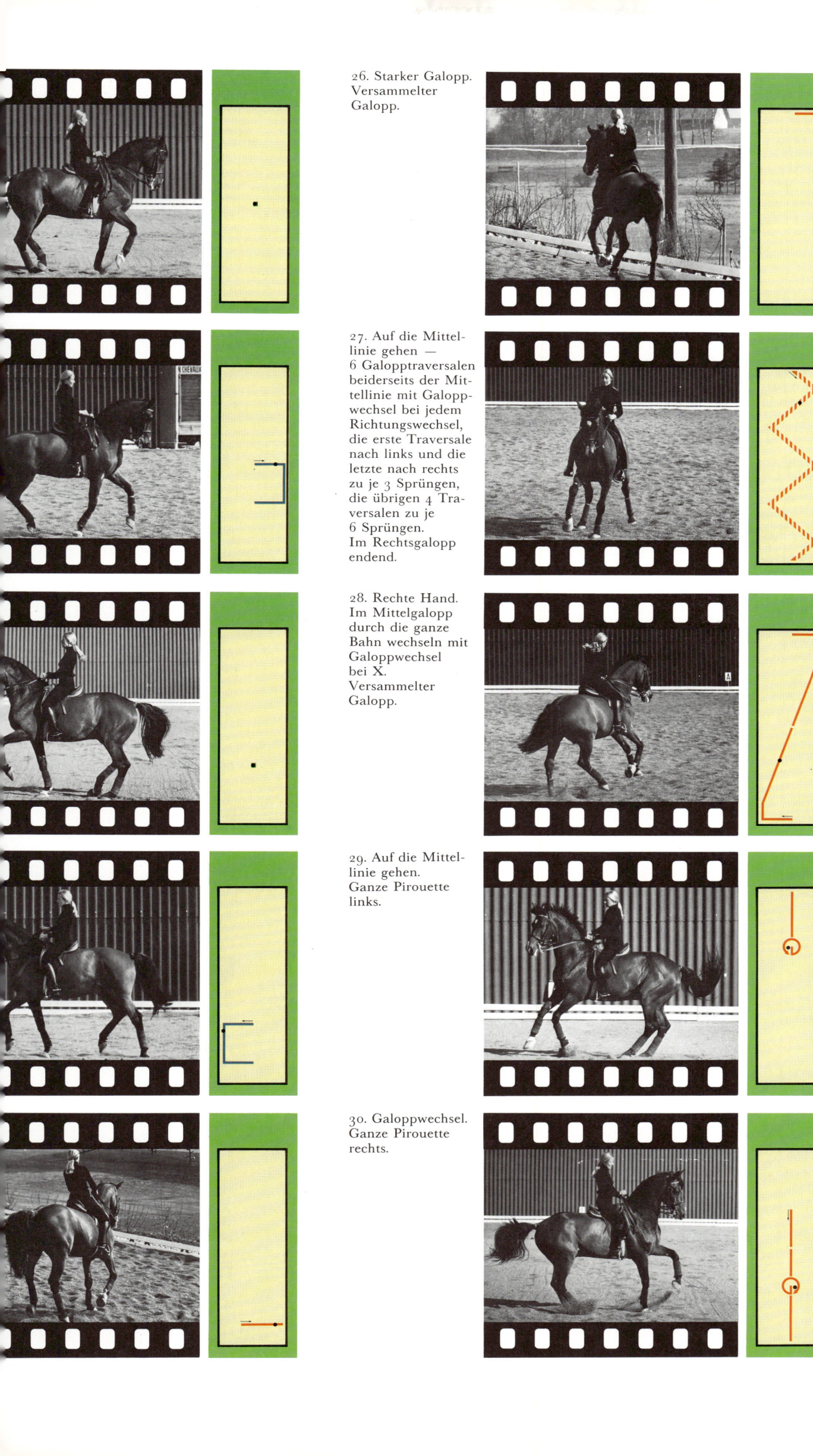

27. Auf die Mittellinie gehen — 6 Galopptraversalen beiderseits der Mittellinie mit Galoppwechsel bei jedem Richtungswechsel, die erste Traversale nach links und die letzte nach rechts zu je 3 Sprüngen, die übrigen 4 Traversalen zu je 6 Sprüngen. Im Rechtsgalopp endend.

28. Rechte Hand. Im Mittelgalopp durch die ganze Bahn wechseln mit Galoppwechsel bei X. Versammelter Galopp.

29. Auf die Mittellinie gehen. Ganze Pirouette links.

30. Galoppwechsel. Ganze Pirouette rechts.

31. Rechte Hand. Auf der Diagona[len] 9 Galoppwechsel 2 Sprüngen (link[s] endend).

32. Auf der Diag[o]nalen 15 Galopp[]wechsel von Spr[ung] zu Sprung (recht[s] endend).

33. Mittelgalopp. Versammelter Galopp.

34. Auf die Mitte[l]linie gehen. Halten — 4 Tritt[e] rückwärtsrichten, daraus sofort anp[as]sagieren.

35. Die Übergäng[e] vom versammelte[n] Galopp zum Hal[t] (einschl.) und vor[m] Rückwärtsrichten zur Passage.

36. Volte nach re[chts] 8 m Durchmesser[,] anschließend Vol[te] nach links 8 m Durchmesser.

Die Olympiasieger

Die Goldmedaille an der ersten olympischen Dressurprüfung errang der schwedische Rittmeister Graf Carl Bonde auf Emperor. Es gab noch keine Mannschaftswertung.

1912 Stockholm

Bei der ersten olympischen Dressurprüfung mußten die Teilnehmer während 10 Minuten die drei Grundgangarten zeigen, wobei die Zügelhaltung frei war, einhändiges Reiten jedoch Gutpunkte einbrachte. Piaffe und Passage gehörten noch nicht zu den vorgeschriebenen Lektionen, hingegen galt es fünf bis 1,1 m hohe Sprünge zu bewältigen. Besonders bemerkenswert ist, daß am Schluß der Prüfung eine Walze zu überspringen war, die dem Pferd entgegenrollte! Mit 1 bis 10 Punkten bewertet wurden Haltung; Beweglichkeit und Wendigkeit des Pferdes; Reinheit der Gänge in Schritt, Trab und Galopp; Sitz, Zügelhaltung und -führung des Reiters; Einwirkung auf das Pferd; Vorführung und Beherrschung des Pferdes.

Diese Prüfung wurde von den Schweden und Deutschen absolut dominiert, weil die im Dressurreiten ebenfalls sehr guten Franzosen ihre Dressurpferde zugunsten ihrer Militarypferde zu Hause gelassen hatten und weil Österreich-Ungarn nicht zu den Spielen erschienen war.

Die Sieger

1. Rittmeister Graf Carl Bonde auf Emperor, *Schweden*

2. Major Gustav A. Boltenstern auf Neptun, *Schweden*

3. Lt. Frh. H. v. Blixen-Finecke auf Maggie, *Schweden*

Wiederum waren die Schweden in der Dressur hoch überlegen. Erster wurde Rittmeister Jaune Lundblad auf Uno. *Keine Mannschaftswertung.*

1920 Antwerpen

Bei den ersten Spielen nach Kriegsende blieben so wichtige Nationen wie Deutschland, Großbritannien, Rußland, Dänemark sowie auch Chile aus. Wiederum dabei waren Mannschaften aus Schweden, Frankreich, Belgien, Norwegen und den USA, als neue Teilnehmer meldeten sich die Italiener. Außerdem erschien je ein Einzelreiter aus Holland und Finnland.

In der großen Dressurprüfung waren wiederum die Schweden hoch überlegen und belegten die ersten drei Plätze. Allerdings gab es Unstimmigkeiten unter den vier Richtern, die aus Schweden, Frankreich, Belgien und Norwegen kamen, aus Ländern also, die Dressurreiter gestellt hatten. Lediglich die Amerikaner hatten keinen Vertreter in der Jury — und wurden prompt als mit großem Abstand Letzte plaziert.

Die Sprünge, auch die rollende Walze, wurden diesmal weggelassen. Als Neuerung wurden dafür Galoppwechsel verlangt.

Die Sieger

1. Rittm. Jaune Lundblad auf Uno, *Schweden*

2. Lt. Bertil Sandström auf Sabel, *Schweden*

3. Lt. Graf Hans von Rosen auf Running Sister, *Schweden*

Erstmals schoben sich die Franzosen in die Medaillenränge, doch die Schweden dominierten nach wie vor. Gold erreichte der General a. D. Ernst von Linder auf Piccolomini. *Keine Mannschaftswertung.*

1924 Paris

24 Reiter aus neun Nationen stellten sich zur großen Dressurprüfung in Paris, eine erfreulich angewachsene Zahl. Dem Publikum freilich war der Dressursport nach wie vor zuwenig spannend. In dem riesigen «Stade de Colombe» fanden sich am ersten Vormittag lediglich 51, am Nachmittag 634 zahlende Besucher ein.

Den Organisatoren unterlief ein schwerer Fehler. Sie setzten für das Programm eine Höchstzeit von 10 1/2 Minuten ein, obschon für ein sauberes Reiten aller vorgeschriebenen Lektionen etwa 12 Minuten erforderlich gewesen wären. Nachdem die ersten Reiter mit hohen Punktstrafen für Zeitüberschreitung belegt worden waren, ritten die nachfolgenden Teilnehmer durchwegs zu hastig, zu lang in den versammelten Gängen und kürzten Ecken ab.

Die erfolgreichsten Nationen waren Schweden, Frankreich, die Tschechoslowakei, die Schweiz und Belgien. Die Prüfung entsprach etwa derjenigen von 1920.

Die Sieger

1. Gen. Ernst von Linder auf Piccolomini, *Schweden*

2. Lt. Bertil Sandström auf Sabel, *Schweden*

3. Capt. Xavier Lesage auf Plumarol, *Frankreich*

Deutschland und Frankreich vertrieben erstmals Schweden von der Spitzenposition. Erstmals fand auch ein Mannschaftsbewerb statt. Das Bild zeigt die deutsche Mannschaft mit Linkenbach, von Langen und Lotzbeck. Freiherr C. F. von Langen errang auch die Einzel-Goldmedaille.

Mit dem Beginn der dreißiger Jahre entwikkelte sich Frankreich zur Dressurnation Nummer eins. Xavier Lesage wurde Einzelsieger.

Auch das Mannschaftsgold holten sich die Franzosen mit Cmdt. Pierre Marion auf Linon, Cmdt. Xavier Lesage auf Taine und Capt. André Jousseaume auf Sorelta.

Die deutsche Siegermannschaft bestand aus Oblt. Heinz Pollay, der auf dem achtjährigen Trakehner-Rappwallach Kronos gleichzeitig Einzel-Goldmedaillengewinner war, Maj. Friedrich Gerhard auf Absinth und Rittm. Hermann von Oppeln-Bronikowski auf Gimpel.

1928 Amsterdam

Erstmals seit dem Krieg wurde auch Deutschland wieder zu den Olympischen Spielen eingeladen. «Die deutschen Reiter vermochten auch gleich die siegesgewohnten Schweden von der Spitzenposition zu vertreiben, und zwar in der großen Dressur-Einzelprüfung wie auch in der erstmals durchgeführten Mannschaftswertung.

Das Programm war, bis auf ein paar kleine Details, dasselbe wie vier Jahre zuvor in Paris, aber die Zeit wurde auf 13 Minuten erhöht. Das Interesse für den Dressursport war nicht nur bei den Reitern, sondern offensichtlich auch beim Publikum größer geworden. Im Stadion von Hilversum, wo die Dressurprüfungen — auch diejenigen der Military — stattfanden, bewunderten rund 3000 Zuschauer die 29 Reiter aus 12 Nationen. Ähnlich wie in den vergangenen Jahren waren auch diesmal die Richter keineswegs «Unparteiische». Die Juroren aus Schweden, Frankreich und Holland gaben in aller Selbstverständlichkeit ihren Landsleuten die höchsten Punktzahlen, nur der deutsche und der belgische Richter punkteten korrekt.

Die Sieger

Einzel

1. Frh. C. F. von Langen auf Draufgänger, Deutschland

2. Cmdt. Pierre Marion auf Linon, Frankreich

3. Ragnar Olson auf Günstling, Schweden

Mannschaft

1. Deutschland

2. Schweden

3. Niederlande

1932 Los Angeles

Die weltweite Wirtschaftskrise wie auch der weite Weg zum Austragungsort der Spiele von 1932 bewirkten, daß insgesamt nur sechs Nationen zu den Reitwettkämpfen antraten. Zur Dressurprüfung erschienen nur zehn Reiter aus Schweden, Frankreich, den USA und Mexiko (ein Reiter). Trotz dieser wenigen Teilnehmer wurde die Dressur ein unvorstellbarer Publikumserfolg: über 25 000 Zuschauer verfolgten die Wettkämpfe.

Das Programm war gegenüber den letzten Olympischen Spielen wesentlich geändert worden. Es mußte in 16 Minuten geritten werden. Als wichtigste Neuerungen wurden nun die Piaffe und die Passage verlangt. Die Franzosen waren nun in ihrer bemerkenswert feinen Reitweise den Schweden eindeutig überlegen, auch wenn der Schwede Bertil Sandström, der Olympiazweite von 1924, angeblich wegen Zungenschnalzens in nicht korrekter Weise disqualifiziert wurde.

Die Sieger

Einzel

1. Cmdt. Xavier Lesage auf Taine, Frankreich

2. Cmdt. Pierre Marion auf Linon, Frankreich

3. Capt. Hiram E. Tuttle auf Olympic, USA

Mannschaft

1. Frankreich

2. Schweden

3. USA

1936 Berlin

Der große Hippologe Gustav Rau, seines Zeichens Oberlandstallmeister, war mit der Organisation der Reitwettkämpfe der XI. Olympischen Spiele betraut und bewältigte seine Aufgabe glänzend. Waren auch diese Spiele bereits beschattet vom militaristischen Einfluß des nationalsozialistischen Regimes, fehlten auch Spanien und sämtliche amerikanischen Nationen außer den USA, wurde die Veranstaltung dennoch zu einem nie dagewesenen Erfolg. 127 Reiter aus 21 Nationen traten an. Unter den 29 Reitern aus 11 Ländern, die zur Dressurprüfung erschienen, war die gesamte Weltspitze zu finden. Obschon auch diesmal — schon bald traditionsgemäß — das Richtergremium absolut parteiisch punktete, waren die ersten beiden Plätze der Deutschen durch hervorragend saubere Ritte wohl gerechtfertigt. Das Programm, das in 17 Minuten geritten werden mußte, umfaßte 39 Lektionen und entsprach bis auf wenige Abänderungen demjenigen von Los Angeles.

Die Sieger

Einzel

1. Oblt. Heinz Pollay auf Kronos, Deutschland

2. Maj. Alois Friedrich Gerhard auf Absinth, Deutschland

3. Maj. Alois Podhajsky auf Nero, Österreich

Mannschaft

1. Deutschland

2. Frankreich

3. Schweden

317

Die Schweiz konnte nur einen Dressurreiter nach London schicken, den 47jährigen Hans Moser mit dem zwölfjährigen Ungarn-Wallach Hummer. Er holte die Einzel-Goldmedaille.

Mannschaftssieger wurde Frankreich mit Maurice Buret, Jean Paillard und André Jousseaume. Auf dem Podest stehen allerdings die Schweden auf Platz eins, doch wurden sie nachträglich disqualifiziert.

Von den 27 Dressurreitern in Helsinki, unter denen sich erstmals auch Amazonen und Unteroffiziere befanden, erwies sich der Schwede Henri St. Cyr auf Master Rufus als der Beste.

Ebenfalls siegreich und diesmal ohne Disqualifikation war die schwedische Mannschaft mit Boltenstern auf Krest, St. Cyr auf Master Rufus und Persson auf Knaust.

Der Schwede Henri St. Cyr, diesmal auf Juli, wiederholte in Stockholm seinen Sieg von Helsinki. Schon 1936 hatte er an den Olympischen Spielen teilgenommen, aber als Militaryreiter.

Ebenfalls wiederum Mannschaftssieger wurde Schweden mit Boltenstern, St. Cyr und Persson, derselben Mannschaft wie vier Jahre zuvor.

1948 London

Bei den ersten Spielen nach dem Zweiten Weltkrieg fehlten sämtliche Vertreter der Ostblockstaaten sowie auch Deutschland, das von der FEI ausgeschlossen worden war und erst drei Jahre später wieder aufgenommen wurde. 19 Reiter aus neun Nationen traten zur Dressurprüfung an.

Wie schon bisher üblich, waren auch hier zur Dressur nur Offiziere und Herrenreiter, aber keine Unteroffiziere und Amazonen zugelassen — eine heute absurd erscheinende Bestimmung. Mannschaftssieger wurde Schweden, doch ein halbes Jahr später erfuhr das Olympische Komitee, daß Gehnäll Persson ein Unteroffizier war, der nur für die Spiele eine Leutnantsuniform erhalten hatte. Daraufhin wurde die schwedische Mannschaft disqualifiziert, wodurch die Franzosen und Amerikaner einen Medaillenrang höher rückten und die Portugiesen noch in die Medaillenränge kamen. Überraschungssieger in der Einzelwertung wurde die Schweiz mit Hans Moser auf dem ungarischen Wallach Hummer.

Die Sieger

Einzel

1. Hptm. Hans Moser auf Hummer, Schweiz

2. Col. André Jousseaume auf Harpagon, Frankreich

3. Rittm. G. A. Boltenstein auf Trumpf, Schweden

Mannschaft

1. Frankreich

2. USA

3. Portugal

1952 Helsinki

27 Reiter aus zehn Nationen traten zur Dressurprüfung bei den XV. Olympischen Spielen an. Die sprunghaft angestiegene Teilnehmerzahl war darauf zurückzuführen, daß nach den neuen Bestimmungen endlich auch Amazonen und Unteroffiziere an der Dressur teilnehmen durften. Die Amazonen und die diesmal auch zahlreich erschienenen Zivilreiter in roten Röcken — darunter die deutsche Mannschaft — nahmen der Veranstaltung ihren bisher militärischen Charakter. Seit 40 Jahren erstmals wieder dabei war die Sowjetunion, die in der Mannschaftswertung von acht kompletten Equipen nur Siebte wurde. Die Glanzzeit der Franzosen war vorbei. Ihr bester Einzelreiter holte noch die Bronzemedaille, die Mannschaft kam auf den undankbaren vierten Rang. Schweden lag wieder ganz vorne, und drei noch unbekannte Schweizer Unteroffiziere sicherten sich das Mannschaftssilber.

Die Sieger

Einzel

1. Maj. Henri St. Cyr auf Master Rufus, Schweden

2. Lis Hartel auf Jubilee, Dänemark

3. André Jousseaume auf Harpagon, Frankreich

Mannschaft

1. Schweden

2. Schweiz

3. Deutschland

1956 Stockholm

Mit 36 Reitern aus 17 Nationen war die Teilnehmerzahl an der Dressurprüfung erneut stark angewachsen. Bemerkenswerterweise waren 11 der Teilnehmer Amazonen. Daß sie vollwertige Gegner der Herren waren, bewiesen sie sehr eindrücklich: Lis Hartel aus Dänemark wurde im Einzelbewerb Zweite, die Deutsche Liselott Linsenhoff Dritte; in der Mannschaftswertung belegten die deutschen Amazonen Liselott Linsenhoff, Annelies Küppers und Hannelore Weygand den zweiten Rang. Die drei Schweizer, die vier Jahre zuvor Silber geholt hatten, lagen in der Mannschaftswertung punktgleich mit den deutschen Amazonen, hatten aber in der Einzelwertung weniger Punkte als diese und mußten sich daher mit der Mannschafts-Bronzemedaille zufriedengeben.

Nach wie vor fielen die Richter durch ihr unkorrektes, nationalistisches Punkten auf, wobei es zwei derart auf die Spitze trieben, daß sie von der FEI ihres Amtes enthoben wurden.

Die Sieger

Einzel

1. Henri St. Cyr auf Juli, Schweden

2. Lis Hartel auf Jubilee, Dänemark

3. Liselott Linsenhoff auf Adular, Deutschland

Mannschaft

1. Schweden

2. Deutschland

3. Schweiz

Erstmals vermochte die Sowjetunion in die Dressur-Medaillenränge zu gelangen. Sergej Filatow holte sich mit seinem Achal-Tekkiner Absent *durch eine brillante Vorstellung olympisches Gold.*

Eine Mannschaftswertung fand in Rom nicht statt.

1960 Rom

Merkwürdigerweise traten in Rom nur 17 Reiter aus zehn Nationen zur olympischen Dressurprüfung an, und dies, obschon diese Spiele ein hervorragend organisiertes Riesenspektakel waren, die mit 120 Millionen Franken zehnmal mehr gekostet hatten als diejenigen von 1956. Den skandalösen Vorfällen im Dressurrichtergremium vergangener Spiele wurde endlich ein Riegel geschoben. Statt fünf bildeten nur noch drei Richter die Jury, und sie kamen aus Nationen ohne Spitzendressurreiter. Die besten Reiter mußten das Programm wiederholen, und dieser zweite Durchgang wurde gefilmt. Die Richter brauchten nach Beendigung der Prüfung noch keine Entscheidung zu fällen, sondern konnten sich in aller Ruhe den Film ansehen. Dadurch wurden zwar die Resultate erst nach zwei Tagen bekannt — aber nach menschlichem Ermessen waren sie dafür endlich korrekt.

Die Sieger

Einzel

Keine Mannschaftswertung

1. Sergei Filatow auf Absent, *Sowjetunion*

2. Gustav Fischer auf Wald, *Schweiz*

3. Josef Neckermann auf Asbach, Deutschland

Auf seinem Ersatzpferd Woerman *holte Henri Chammartin als zweiter Schweizer Dressurreiter olympisches Gold.*

In der Mannschaft kamen die Deutschen mit Josef Neckermann, Reiner Klimke und Harry Boldt auf den ersten Rang.

1964 Tokio

Die zweiten olympischen Reiterspiele, die nicht in Europa stattfanden und daher beachtliche Transportprobleme stellten, lockten immerhin 22 Reiter aus 9 Nationen ins Dressurviereck des Equestrian Park in Tokio, und unter ihnen waren alle, die Medaillenchancen hatten. Wie in Rom, mußten auch diesmal die Besten das Programm ein zweites Mal reiten. Diese Regelung brachte Harry Boldt um Haaresbreite um die Goldmedaille. Nach dem ersten Durchgang lag er mit 19 Punkten Vorsprung vor dem Schweizer Henri Chammartin, der mit seinem Ersatzpferd *Woerman* antreten mußte, weil *Wolfdietrich* lahmte. Im zweiten Durchgang schnitt Chammartin jedoch besser ab und erreichte insgesamt 1504 Punkte — einen Punkt mehr als Boldt! Die Schweden mußten ohne Medaillen nach Hause. Die Überraschung bot die aus drei Amazonen bestehende amerikanische Mannschaft mit dem vierten Rang.

Die Sieger

Einzel

1. Henri Chammartin auf Woermann, *Schweiz*

2. Harry Boldt auf Remus, *Deutschland*

3. Sergej Filatow auf Absent, *Sowjetunion*

Mannschaft

1. Deutschland

2. Schweiz

3. Sowjetunion

Erneut lag die Sowjetunion in der Dressur ganz vorne. Iwan Kizimow holte mit dem zehnjährigen Wallach Ichor *die Einzel-Goldmedaille.*

In der Mannschaftswertung wiederholten die Deutschen ihren Erfolg von 1964. Allerdings ritt diesmal neben Josef Neckermann und Reiner Klimke die Amazone Liselott Linsenhoff anstelle von Harry Boldt.

1968 Mexiko-City

24 Dressurreiter aus acht Nationen traten die lange Reise nach Mexiko an, zwei weitere Reiter stellte das Gastgeberland. Wie in Tokio, teilten sich auch diesmal die Deutschen, die Schweizer und die Sowjetrussen in die Medaillen, wobei die Schweizer diesmal keine Einzelmedaille, sondern nur gerade noch Mannschaftsbronze erreichten. Überraschungsvierte in der Mannschaftswertung wurden diesmal die drei nahezu unbekannten Reiter aus der DDR, die damit allerdings nur einen kurzen Höhenflug genossen. Die große Dressurprüfung bestand aus 33 Lektionen, die mit Punkten bewertet wurden. Dazu kamen vier weitere Noten für: die Reinheit der Gänge; den Schwung; Losgelassenheit, Durchlässigkeit und Gehorsam des Pferdes; Sitz und Einwirkung sowie Korrektheit der Hilfengebung des Reiters. Wiederum mußten die besten zu einem zweiten Durchgang antreten. Diesmal überholte im Stechen der Sowjetrusse Iwan Kizimow den nach dem ersten Durchgang noch hoch überlegenen Josef Neckermann.

Die Sieger

Einzel

1. Iwan Kizimow auf Ichor, *Sowjetunion*

2. Josef Neckermann auf Mariano, Deutschland

3. Reiner Klimke auf Dux, *Deutschland*

Mannschaft

1. BR Deutschland

2. Sowjetunion

3. Schweiz

319

Liselott Linsenhoff und Piaff waren das Favoritenpaar in der Dressur-Einzelprüfung in München und holten tatsächlich auch Gold. Erstmals wurden nicht die Punkte aus beiden Prüfungen, sondern nur diejenigen aus dem Stechen gewertet.

Mit nur 12 Punkten Verlust mußten sich diesmal die Deutschen von der sowjetischen Mannschaft geschlagen geben. Die Reiter waren Iwan Kalita auf Tarif, Elena Petuschkowa auf Pepel und Iwan Kizimow auf Ichor.

Mit Granat, auf den sich die Reiterin wegen seines schwierigen Temperamentes nie wirklich verlassen konnte, gewann die Schweizerin Christine Stückelberger alles, was in der Dressur zu gewinnen war, in Montreal auch olympisches Einzel-Gold.

Mit einem Vorsprung von 471 Punkten errang das bundesdeutsche Trio Harry Boldt mit Woyceck, Gabriele Grillo mit Ultimo und Reiner Klimke mit Mehmed Mannschafts-Gold.

In Goodwood gewann Christine Stückelberger auf Granat beide schweren Dressurprüfungen. Nebenbei entschied sie mit ihrem Nachwuchspferd, dem Vollblüter Turmalin, gleich auch noch den Prix St-Georges und die Intermédiaire I für sich.

Die siegreiche Mannschaft kam erneut aus der BRD: Uwe Sauer mit Hirtentraum, Uwe Schulten-Baumer mit Slibowitz, Reiner Klimke mit Ahlerich.

1972 München

Die Anlage, die in München für die XX. Olympischen Spiele bereitgestellt wurde, überbot an Zweckmäßigkeit und Großzügigkeit alles bisher Dagewesene. Die Reiter hatten in München-Riem Stallungen für 400 Pferde, ein Pferdekrankenhaus, zehn Springplätze, sechs Dressurvierecke, zwei Abreiteplätze, 160 Doppelzimmer für die Betreuer der Pferde und ein Stadion, das 20 000 Zuschauer aufnehmen konnte, zur Verfügung. Beim Barockschloß von Nymphenburg hatte man außerdem eine herrliche Anlage für die großen Dressurprüfungen eingerichtet.

Die Amazonen hatten sich nun im Dressursport endgültig etabliert. Die Einzel-Gold- und -Silbermedaillen gingen an Liselott Linsenhof und die Sowjetrussin Elena Petuschkowa, und in allen drei Medaillenmannschaften waren Damen vertreten. Die endlich wieder einmal erfolgreiche schwedische Mannschaft (Bronze) bestand ausschließlich aus Amazonen.

Leider überschattete der grauenhafte Überfall arabischer Terroristen auf die Unterkunft der israelischen Sportler diese ausgezeichneten Spiele.

Die Sieger

Einzel

🇩🇪 1. Liselott Linsenhoff auf Piaff, BR Deutschland

🇷🇺 2. Elena Petuschkowa auf Pepel, Sowjetunion

🇩🇪 3. Josef Neckermann auf Venetia, BR Deutschland

Mannschaft

🇷🇺 1. Sowjetunion

🇩🇪 2. BR Deutschland

🇸🇪 3. Schweden

1976 Montreal

Im Gegensatz zu München gab es bei der Errichtung der Olympia-Anlagen von Montreal riesige organisatorische, politische und finanzielle Probleme. Bis wenige Wochen vor Beginn der Spiele war es völlig unsicher, ob die Veranstaltung überhaupt stattfinden konnte. Tierärztliche Vorschriften erschwerten, ja verunmöglichten sogar die Einreise mancher Pferde. Glücklicherweise erschienen wenigstens fast alle Spitzenpferde in der schließlich doch noch gut angelegten Reitsportanlage von Bromont.

Zur großen Dressurprüfung traten 27 Reiter an, und zwar acht vollständige Dreiermannschaften und drei Einzelreiter. Der Mannschaftswettbewerb, der Grand Prix, bestand aus 39 Lektionen, die in zehn Minuten zu reiten waren. Die 12 Besten traten am nächsten Tag für die Einzelbewertung im Grand Prix Spécial an, der auf 28 Lektionen und eine Zeit von 8 Minuten 45 Sekunden reduziert war. Fünf der sechs Medaillen gingen an die Schweiz und an Deutschland, die Mannschaftsbronze an die USA, die überraschenderweise die sowjetische Mannschaft zu schlagen vermochte.

Die Sieger

Einzel

🇨🇭 1. Christine Stückelberger auf Granat, Schweiz

🇩🇪 2. Harry Boldt auf Woyceck, BR Deutschland

🇩🇪 3. Reiner Klimke auf Mehmed, Deutschland

Mannschaft

🇩🇪 1. BR Deutschland

🇨🇭 2. Schweiz

🇺🇸 3. USA

1980 Goodwood

Der Einmarsch der sowjetischen Truppen in Afghanistan hatte zur Folge, daß zahlreiche Nationen ihre Spitzensportler nicht zu den Olympischen Spielen nach Moskau entsandten. Auch die Reiterverbände vornehmlich der westlichen Staaten entschlossen sich größtenteils für den Boykott und boten ihren Reitern eine sogenannte Ersatzolympiade an, ähnlich wie sie in Stockholm 1956 stattgefunden hatte, als es durch die Einreisebestimmungen nahezu unmöglich war, die Pferde nach Australien, dem damaligen Austragungsland der Olympischen Spiele, zu bringen. Allerdings fanden die Wettkämpfe diesmal nicht an einem gemeinsamen Ort statt. Die Dressurelite traf sich im Schloßpark zu Goodwood in England, die Springreiter reisten nach Rotterdam und die Militaryreiter nach Fontainebleau in Frankreich.

Abgesehen natürlich von der sowjetischen Mannschaft waren alle wichtigen Dressurnationen vertreten. Überraschungsdritte in der Mannschaft wurden die Dänen, während sich die USA diesmal mit dem siebten Rang begnügen mußten.

Die Sieger

Einzel

🇨🇭 1. Christine Stückelberger auf Granat, Schweiz

🇩🇪 2. Uwe Schulten-Baumer auf Slibowitz, BR Deutschland

🇩🇪 3. Reiner Klimke auf Ahlerich, BR Deutschland

Mannschaft

🇩🇪 1. BR Deutschland

🇨🇭 2. Schweiz

🇩🇰 3. Dänemark

Die Österreicherin Elisabeth «Sissy» Theurer, die als einzige westeuropäische Dressurreiterin in Moskau startete und dort überlegen Gold gewann.

Die Sowjetunion mit Viktor Ugriumow, Vera Misewitch und Yuri Kovschow wurde gegen schwache Gegner Mannschaftsolympiasieger in Moskau.

Reiner Klimke holte beim fünften Olympiastart endlich Einzelgold; dazu, zum viertenmal, Mannschaftsgold.

Die deutsche Gold-Equipe mit Anton Fischer (Equipenchef), Herbert Krug, Uwe Sauer, Reiner Klimke und Harry Boldt (Nationaltrainer).

Mit 1521 Punkten und einem klaren Vorsprung auf die zweitplazierte Margit Otto-Crepin (1462 Punkte) holte sich die junge Nicole Uphoff auf Rembrandt die Einzel-Goldmedaille.

Ebenfalls deutlich überlegen und verdiente Goldmedaillengewinner waren die Deutschen in der Mannschaft mit Monica Theodorescu, Ann-Kathrin Linsenhoff, Nicole Uphoff und Reiner Klimke.

1980 Moskau

Auch wenn die reitsportlichen Wettbewerbe der Ersatzolympiade, die sogenannten Festivals, weit besser besetzt waren als die olympischen Reitwettbewerbe von Moskau, so ging es in der sowjetischen Hauptstadt eben doch um Olympiamedaillen. Deren absoluter Wert überstrahlt — auf lange Sicht — selbst wesentliche Besetzungslücken.

Die Teilnahme in Moskau war allerdings noch bescheidener als 1932 in Los Angeles. Aus den beiden international Pferdesport dominierenden Blöcken Westeuropa und Nordamerika kamen nur gerade eine österreichische Dressurdame und eine italienische Military-Equipe. Aber selbst diese Minivertretung genügte, um die Grenzen der osteuropäischen Reiterei aufzuzeigen.

In der Dressur traten 14 Reiter aus sechs Ländern an; vier davon mit vollen Equipen. Die amtierende Europameisterin aus Österreich, Elisabeth Theurer, holte sich mit Mon Chéri überlegen Einzelgold. In der Mannschaftswertung gingen die drei Medaillen — vergeben von einem internationalen Richtergremium — mit Punktzahlen von 4383, 3580 und 3346 an die Sowjetunion, an Bulgarien und an Rumänien. (Im Vergleich dazu erreichten die drei Spitzenequipen beim Festival in Goodwood 1980 4967, 4838 und 4573 Punkte.)

Die Sieger

Einzel

1. *Elisabeth Theurer auf Mon Chéri, Österreich*

2. *Yuri Kovschow auf Igrok, Sowjetunion*

3. *Viktor Ugriumow auf Shkval, Sowjetunion*

Mannschaft

1. *Sowjetunion*

2. *Bulgarien*

3. *Rumänien*

1984 Los Angeles

Eine Rekordzahl von 43 Reitern bestritt auf der Pferderennbahn Santa Anita in Arcadia/Los Angeles den Grand Prix de Dressage, der gleichzeitig über die Vergebung der Mannschaftsmedaillen wie über die Qualifikation für den Grand Prix Spécial um die Einzelmedaillen entschied. Der von der Sowjetunion angeführte Boykott hatte — auf den Pferdesport bezogen — nur gerade hier einige Bedeutung: die sowjetische Dressurequipe hätte, aufgrund ihrer kurz zuvor in Aachen erzielten Resultate, zweifellos zu den Medaillenanwärtern gehört. Interessant die Teilnahme der in den letzten Jahren international hervorgetretenen Jugoslawen auf ihren Lipizzanern.

Das bundesdeutsche Trio Krug, Sauer und Klimke holte sich erwartungsgemäß Mannschaftsgold. Nach den eher enttäuschenden Ritten von Krug und Sauer konnte allerdings erst ein Meisterritt von Reiner Klimke auf Ahlerich die schweizerische Herausforderung abwehren. Bei den letzteren erlebten sowohl Otto Hofer wie Christine Stückelberger Sternstunden.

Im Grand Prix Special blieb die Reihenfolge auf den drei ersten Plätzen unverändert: Der Weltmeister von 1982, Klimke, holte sich Einzelgold vor der Europameisterin von 1983, Anne Grethe Jensen, und Otto Hofer gewann die Bronzemedaille.

Die Sieger

Einzel

1. *Reiner Klimke auf Ahlerich, BR Deutschland*

2. *Anne Grethe Jensen auf Marzog, Dänemark*

3. *Otto Hofer auf Limandus, Schweiz*

Mannschaft

1. *BR Deutschland*

2. *Schweiz*

3. *Schweden*

1988 Seoul

Ein Rekordfeld von 53 Reitern aus 18 Nationen — elf mit mindestens drei Reitern — startete im Grand Prix de Dressage vor der Haupttribüne der neuerbauten Rennbahn von Kwachon. Die gegenüber Los Angeles erneut größere Zahl Starter (dort waren es 43) kann man allerdings ausschließlich der vom IOK bewilligten Erhöhung der Starter pro Nation von drei auf vier zuschreiben. Die Zahl der teilnehmenden Nationen blieb denn auch mit 18 stabil. Erstmals dauerten die Wettkämpfe vier Tage (nach zwei GP-Tagen folgte vor dem Spécial ein Ruhetag). Kurzfristig beschloß das Bureau der FEI am Vorabend der Dressurprüfungen, im Spécial nicht nur zwölf, sondern 18 Reiter, allerdings nur drei pro Nation, zuzulassen. Da sich aber den 19. Platz zwei Reiter teilten, nahmen schließlich auch 19 am Spécial teil. Im Einzelwettkampf ergab sich ein ganz eindeutiges Resultat: Die junge Nicole Uphoff kam mit Rembrandt auf 1521 Punkte, 59 Punkte vor Margit Otto-Crepin mit Corlandus und massive 104 Punkte vor Christine Stückelberger mit Gaugin de Lully CH. In der Mannschaftswertung siegten die Bundesdeutschen mit 4302 Punkten vor der Schweiz mit 4164 Punkten und den überraschenden Kanadiern mit 3969 Punkten.

Die Sieger

Einzel

1. *Nicole Uphoff auf Rembrandt, BR Deutschland*

2. *Margit Otto-Crepin auf Corlandus, Frankreich*

3. *Christine Stückelberger auf Gaugin de Lully, Schweiz*

Mannschaft

1. *BR Deutschland*

2. *Schweiz*

3. *Kanada*

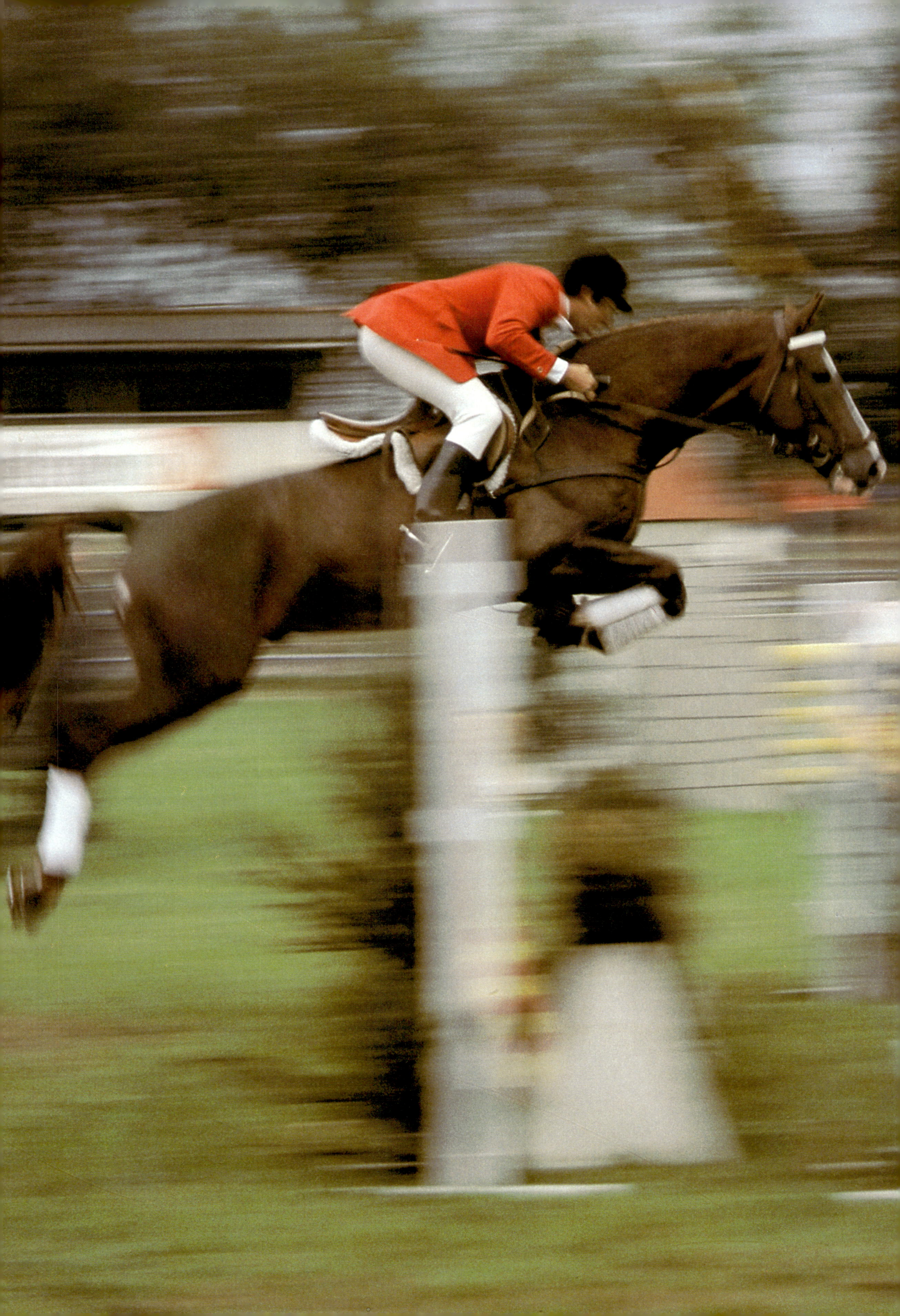

Links: Der Springsport, in früheren Jahren fast ausschließlich höheren Militärs vorbehalten, hat sich seit dem Zweiten Weltkrieg zur weitaus populärsten Pferdesportart entwickelt und übt seit über zwei Jahrzehnten entscheidenden Einfluß auf die Warmblutzucht aus.

Rechts: Die ersten Springprüfungen waren Eignungstests für Jagdpferde in Irland und wurden ab 1864 veranstaltet.

DER SPRINGSPORT

Im Jahre 1864 veranstaltete die irische «Royal Dublin Society» in Dublin die erste Pferdeausstellung. Zu dieser Show gehörten Leistungsprüfungen für Jagdpferde. Sie bestanden aus drei Springwettbewerben, die aber alle nur je ein Hindernis enthielten. Der erste war eine Hochsprungprüfung über ein mit Stechginster geschmücktes Hindernis, das aus drei Stangen bestand und dessen Höhe leider nicht mehr bekannt ist. Dann gab es einen Weitsprung über einige aneinandergereihte Hürden von ebenfalls unbekannten Abmessungen. Die ersten Preise für diese Prüfungen betrugen fünf Pfund, für die zweiten zwei Pfund. Mit einem Pokal im Wert von zehn Pfund und einer Peitsche für fünf Pfund wurden die Besten in der dritten Prüfung, einem Sprung über eine Steinmauer, belohnt. Für diese Prüfung mußten sich die Reiter am Vortag über ein Holzhindernis von 135 Zentimeter Höhe qualifizieren.

Soweit bekannt ist, war dieser Wettbewerb die erste jemals organisierte Springkonkurrenz. In der Folge gewannen Springprüfungen sehr schnell an Popularität und fanden über England bald auch den Weg auf den Kontinent. Obschon eine der jüngsten Pferdesportarten, ist das Springreiten inzwischen die weitaus beliebteste geworden. Neben dem volkstümlichen Charakter, den die Springreiterei in unzähligen ländlichen Veranstaltungen hat, ist sie in den oberen Rängen zu einem absoluten Hochleistungssport geworden, in dem es um Zentimeter, um Sekundenbruchteile und beträchtliche Geldbeträge geht. Spitzenspringreiter und ihre Pferde sind heute gefeierte Stars.

Übertriebener Ehrgeiz freilich, gepaart mit mangelnder Geduld oder mangelndem Pferdeverständnis, führt aber leider gerade in dieser Sportart zu unschönen Auswüchsen und verwerflichen Methoden. Zu früh und häufig zu oft werden junge Springtalente eingesetzt, um möglichst schnell Lorbeeren zu ernten — und um dann schon nach ein, zwei Jahren mit unheilbaren Beinschäden im Schlachthaus zu enden. Zu einseitig und oft mit brutalen Maßnahmen werden Pferde lediglich auf das Springen ausgebildet, ohne eine solide Dressurgrundlage. So kommt es, selbst unter bekanntesten Reitern, zu unerfreulichen Zweikämpfen im Parcours, die dann auch noch als besondere Leistungen mit Applaus quittiert werden, weil der Kommentator nicht von schlecht erzogenen, sondern von schwierigen Pferden spricht. Daß man mit einer sorgfältigen Ausbildung und mit dosiertem, kräftesparendem Einsatz besser beraten ist, beweisen zwei der erfolgreichsten Springpferde aller Zeiten: Hans Günter Winklers *Halla*, die über rund zehn Jahre ganz vorn dabei war, und Fritz Thiedemanns *Meteor*, der bei drei Olympischen Spielen eingesetzt werden konnte.

Die Anfänge und die italienische Schule

Schon zwei Jahre nach der ersten Springprüfung für Jagdpferde in Dublin fand in Paris ein großer Concours Hippique statt, der anschließend eine rege Turniertätigkeit in ganz Frankreich auslöste. 1875 gab es Springprüfungen in Wien, wenige Jahre später auch in Holland, Belgien und Italien, und in den letzten Jahren des vergangenen Jahrhunderts fand das Springreiten auch in Deutschland Verbreitung. Im Jahre 1900 wurde im Rahmen der Pariser Weltausstellung die erste internationale Springkonkurrenz ausgetragen. Schon beim nächsten größeren internationalen Turnier, das 1902 in Turin veranstaltet wurde und zehn Tage dauerte, kamen 147 Reiter aus sechs Nationen an den Start. Als weit überlegen erwiesen sich dabei die Italiener. So erreichte beispielsweise ein gewisser Federico Caprilli im Rekordhochspringen die für die damalige Zeit unglaubliche Höhe von 2,08 Metern und im Rekordweitspringen 7,40 Meter. Die deutschen Reiter schnitten so schlecht ab, daß der Kaiser jede weitere Teilnahme an internationalen Konkurrenzen verbot.

Federico Caprilli brachte mit seinen Glanzleistungen in Turin einiges in Gang. Sein Superhochsprung auf *Melopo* löste ein allgemeines Hochsprungfieber aus. Vor allem in Italien, Frankreich, Belgien und den USA wurden Pferde speziell auf hohe Sprünge trainiert und boten dem rasch zahlreicher werdenden Publikum den begehrten Nervenkitzel. Die belgische Kavallerieschule soll bald über 20 Pferde verfügt haben, die zwei Meter übersprangen.

Der Franzose Georges Crousse sprang in Paris im Jahre 1906 über 2,35. Die sensationellste Meldung freilich kam aus den USA, wo der Vollblüter *Haetherbloom* mit Dick Donelly 2,40 Meter überwand, und zwar bereits im Jahre 1902. Eine etwas spätere Meldung, wonach Heatherbloom sogar 2,51 Meter übersprungen haben soll, konnte nicht bestätigt werden. Der bis heute bestehende, offiziell anerkannte Weltrekord beträgt 2,49 Meter. Er wurde von Alberto Larraguibel auf *Huaso* im Jahre 1949 in Chile aufgestellt. Etwas weniger beliebt, weil weniger spektakulär, war das Rekordweitspringen. Hier lagen die Ergebnisse lange Zeit bei 7,50 Metern. Erst 1948 wurde von Nogueras Marquez auf *Balcamo* die Achtmetergrenze erreicht. Der heute gültige Rekord beträgt 8,40 Meter und wurde von André Ferreira auf *Something* in Johannesburg aufgestellt.

1 bis 3 Die Dublin Horse Show, 1864 erstmals veranstaltet, hatte von Anfang an Springprüfungen für Jagdpferde auf ihrem Programm. Die drei Bilder, um die Jahrhundertwende entstanden, vermitteln etwas von der Atmosphäre dieser schon bald sehr populär gewordenen Pferdeschau.

4 So sprang man früher: die Beine vorgestreckt, den Oberkörper zurückgelehnt, das Pferd in seiner Sprungbewegung hindernd und oft auch noch im Maul reißend. Diese Aufnahme zeigt Federico Caprilli, den italienischen Rittmeister, der den modernen Springstil entwickelte, welcher als «Sistema Caprilli» bald in aller Welt übernommen wurde.

5 Die hervorragenden italienischen Offiziere der Jahrhundertwende machten sich oft einen Spaß daraus, alle möglichen Hindernisse zu springen.

6 Beim italienischen Springstil, von Federico Caprilli kurz vor der Jahrhundertwende entwickelt, machte der Reiter geschmeidig den Bewegungsablauf des Pferdes mit.

7 Rekordhochspringen war in den Anfängen des Springsportes sehr populär. Den ersten registrierten Rekord sprang Federico Caprilli auf Melopo im Jahre 1902: 2,08 m. Noch im selben Jahr übersprang der Vollblüter Heatherbloom unter Dick Donelly in den USA 2,40 m. Der noch heute bestehende Weltrekord wurde von Alberto Larraguibel auf Huaso 1949 in Chile über 2,47 m aufgestellt.

Eigentlich aber war es nicht Federico Caprillis sensationeller Hochsprung, der den Offizier aus der Kavallerieschule von Pinerolo bei Turin weltberühmt machte, sondern sein Springstil. Er bewirkte eine Formüberlegenheit der ganzen italienischen Mannschaft, breitete sich nach 1902 rasch in der ganzen Welt des Springsportes aus und wurde als Caprilli-Revolution bekannt.

Auf Jagden und Steeplechases in Irland und England saß man seit eh und je senkrecht im Sattel wie ein Dressurreiter. Über den Sprüngen wurden die Beine nach vorn gestreckt und der Oberkörper zurückgebogen, damit man bei der Landung nicht aus dem Sattel flog. Derselbe Stil wurde dann auch für den Springsport übernommen. Caprilli stellte fest, daß man mit diesem Stil eindeutig den Sprungablauf des Pferdes störte. Die Gewichtsverlagerung nach hinten war genau verkehrt. Außerdem fiel man bei der Landung dem Pferd in den Rücken und zerrte es obendrein noch im Maul. Also schnallte Caprilli die Steigbügel kürzer, lehnte sich im Sprung weit nach vorn, hob das Gesäß aus dem Sattel, machte den ganzen Bewegungsablauf des Pferdes geschmeidig mit und gab dem Pferd die Zügel hin, damit es Kopf und Hals nach Belieben strecken und sich damit viel sicherer ausbalancieren konnte.

Der neue Stil war organisch, und die Erfolge der italienischen Offiziere bestätigten seine Richtigkeit. Er wurde daher auch rasch von den Franzosen und Belgiern, wenig später auch von den Engländern, den Schweden und den Amerikanern übernommen. Lediglich Deutschlands hohe Reiteroffiziere wehrten sich vehement gegen diese neue Mode aus Italien. Erst Jahre nach dem Mißerfolg der deutschen Mannschaft von 1902 in Turin wagte Rittmeister Arnold von Günther das Experiment und wurde damit 1910 mit einem Schlag der erfolgreichste Springreiter Deutschlands.

Aber auch er vermochte vorerst nur einen kleinen Kreis zu überzeugen, noch in ihrer neuen Reitvorschrift von 1912 hielt die Armee am senkrechten Sitz fest. Erst nach der Olympiade von 1928 in Amsterdam, bei der sich die Deutschen in der Dressur die Einzel- und Mannschaftsgoldmedaillen holten, im Springen aber unter «ferner liefen» genannt wurden, forderte der große Hippologe Gustav Rau die einheitliche Einführung des neuen Stils und dazu die Gründung einer speziellen Reitschule.

325

DAS SPRINGPFERD

Die ersten «Springpferde» wurden in Irland gezüchtet, und zwar lange bevor es den Springsport gab. Es waren Hunter, die auf den vielen Jagden vom Herbst bis in den Frühling unzählige Hindernisse überwinden mußten. Sie hatten die nötige Ausdauer, um einen langen irischen Jagdtag durchzustehen und tags darauf schon wieder fit für die nächste Jagd zu sein. Und sie hatten das Springvermögen und den Mut, um mit den gewaltigen Wällen, Gräben, Hecken und Steinmauern fertig zu werden.

Die großartige Springfähigkeit der irischen Pferde machte sie schon vor der Jahrhundertwende zu einem begehrten Exportartikel. Inzwischen sind aus Irland mehr Spitzenspringpferde gekommen als aus irgendeinem anderen Land. Diese Tatsache ist besonders interessant, weil der irische Hunter bis heute keine Rasse, sondern ein Halbblutpferd ist, das aus der Kreuzung zweier Rassen entsteht. Als Vater wird fast immer ein Vollbluthengst verwendet, als Mutter eine Draught-Stute, ein sehr kraftvolles Arbeitspferd, das aber nicht zu den Kaltblutpferden, sondern zu den Warmblütern gehört. Aus solcher Paarung hervorgehende, sogenannte schwere Hunter werden meist als Jagdpferde eingesetzt. Solche Stuten werden aber wiederum mit Vollbluthengsten gepaart und bringen dann den Typ des leichten Hunters. Dieser Typ ist es, der besonders gut für den Springsport geeignet ist. Darüber hinaus werden oft auch Connemarapony-Stuten mit Vollbluthengsten gekreuzt — das Produkt ist der kleine Hunter. Er ist ein ganz ausgezeichnetes Jagd- und Sportpferd für größere Jugendliche und leichtgewichtige Erwachsene. Schon mehrere dieser kleinen, weniger als 150 Zentimeter hohen Pferdchen gehörten zu den weltbesten Sportpferden, zum Beispiel *Stroller,* der unter Marion Coakes bei den Olympischen Spielen von Mexiko die Silbermedaille holte, *Dundrum,* der spielend zwei Meter hohe Hindernisse sprang, oder *Little Blue Haven, Smokey Joy* und *Errigal,* die den besten der Großpferde das Fürchten beibrachten.

In allen Ländern des europäischen Kontinentes ist man seit zwei bis drei Jahrzehnten bemüht, vielseitige, sportliche Reitpferde mit hoher Springbegabung zu züchten. In Deutschland sind vor allem die Holsteiner und Hannoveraner für ihr enormes Springvermögen bekannt. Der Holsteiner ist eine sehr alte und wirksame Rasse, die nach dem Krieg vor allem mit englischem Vollblut veredelt wurde. Großen Einfluß auf die sportlichen Qualitäten dieser Rasse hatte der polnische Anglo-Araber *Ramzes.* Auf Holsteinerbasis ist mit der Gründung des Landgestütes Celle in Niedersachsen im Jahre 1735 der Hannoveraner entstanden. Unter den verschiedenen Rassen, die dort eingekreuzt wurden, gab es wiederum vor allem viel Vollblut. Der Hannoveraner wird auch in anderen deutschen Zuchtgebieten und in verschiedenen anderen Ländern in der Sportpferdezucht eingesetzt.

Außerordentlich erfolgreiche Sportpferde sind auch die Anglo-Normannen. Sie sind in Nordfrankreich aus den alten Normannenpferden unter starkem Einfluß englischer Vollblut- und Halbblutpferde entstanden. Auch die Anglo-Normannen wirken in verschiedenen anderen europäischen Sportpferdezuchten.

In Südfrankreich ist der französische Anglo-Araber entstanden, ebenfalls ein hervorragendes Sportpferd, das sich unter anderem durch besonders große Feinfühligkeit auszeichnet.

Aus Holland kommen der Groninger und das Niederländische Warmblut, Rassen, die immer mehr Spitzenpferde liefern. Ausgezeichnet sind die Schwedischen Warmblüter, von denen sich die Besten allerdings vor allem im Dressursport bewährt haben.

Polen hat hauptsächlich mit dem Malopolska, dem polnischen Anglo-Araber, ein Pferd mit großer Springbegabung.

Auch in allen anderen Ostblockstaaten ist man heute sehr bemüht, vielseitige, leistungsfähige sportliche Reitpferde zu züchten.

Englische Vollblüter haben oft ein hervorragendes Springvermögen wie auch den Mut und die für Spitzenspringpferde erforderliche Leistungsbereitschaft, doch sind sie wegen ihres Temperamentes nicht immer einfach unter Kontrolle zu halten und brauchen im allgemeinen Reiter mit viel Feingefühl.

Spitzenspringpferde sind immer auch gut gebaute Pferde, wenngleich oft einige Exterieurmängel festzustellen sind. Ein schlecht gebautes Pferd kann zwar dank besonderer Springfreude und durch gutes Muskeltraining zu erstaunlichen Leistungen fähig sein, nie aber zu wirklichen Spitzenleistungen. Das optimale Exterieur ist durch lange Linien, lange, schräge Schulter, ausgeprägten Widerrist, lange, schräge Kruppe, sehnige, korrekt gestellte Beine mit starken, günstig gewinkelten Gelenken gekennzeichnet. Genauso wichtig sind die Bewegungsmechanik, ein langer Schritt, ein schwungvoller Trab und ein weit ausgreifender Galopp, alles in regelmäßigen, gut ausbalancierten Bewegungen. Von großer Wichtigkeit ist ferner die Springmanier. Das Pferd muß im Sprung natürlich und locker wirken, es muß die Beine gut anwinkeln und über dem Sprung von der Nase bis zum Schwanzansatz einen nach oben gewölbten Bogen, die sogenannte Bascule, bilden. Aber auch das alles nützt nichts, wenn das Pferd nicht zugleich die inneren Voraussetzungen mitbringt, nämlich Springfreude und Mut, Lern- und Leistungsfähigkeit, Gelassenheit, Geschicklichkeit und das richtige Maß an Vorsicht und Empfindlichkeit.

1 Der Ablauf eines optimalen Sprunges.

2 Das Pferd in perfekter Springmanier.

3 Drei der wichtigsten Fehler: Links ein Sprung ohne Bascule, ohne die Wölbung der gesamten Oberlinie des Pferdes. In der Mitte ein sehr gefährlicher Fehler: das Pferd zieht die Vorderbeine unter den Bauch. Rechts zieht das Pferd die Hinterbeine unter den Bauch.

4 Hannoveraner Alfa, *1970, v. Absatz a. d. Wolgaheldin. Das ideale Exterieur eines Springpferdes.*

327

Berühmtheiten im Springsattel

In der obersten Region wird der Springsport heute genauso mit der Werbung verbunden und professionell betrieben wie andere Sportarten. Die Spitzenspringreiter und ihre Pferde sind gefeierte Stars, und ihre Terminkalender sind Sommer und Winter ausgebucht.

1 Der Brasilianer Nelson Pessoa, hier auf Moët et Chandon Fan Rouge, *wurde vor allem auf seinem unvergleichlichen Schimmel* Gran Geste *berühmt.*

2 Raimondo D'Inzeo, 1925 geboren, 1948 als Militaryreiter erstmals in Italiens Olympiaequipe, wurde 1956 Weltmeister der Springreiter — und ist heute noch aktiv auf den großen Parcours der Welt. Das Bild zeigt ihn auf Posillipo.

3 Alwin Schockemöhle, hier auf Warwick Rex *bei seinem Einzel-Goldmedaillen-Ritt in Montreal 1976.*

4 Piero D'Inzeo, hier auf Easter Light, *stand immer etwas im Schatten seines Bruders Raimondo, obschon auch er zur Weltelite gehörte und mehr als einmal als der Bessere den Parcours verließ.*

5 Der Ire Con Power stellt hier (1978) während der Dublin Horse Show einen Stadionrekord auf: Rock Barton *überspringt sauber die 220 cm messende Mauer.*

6 Der Amerikaner Frank Chapot, zusammen mit Simon Dritter der Weltmeisterschaft 1974, hier auf San Lucas, *mit dem er 1966 den «Preis des Wiesbadener Casinos» gewann.*

7 Harvey Smith aus England auf Sanyo San Mar *war unter anderem 1970 Weltmeisterschafts-Dritter in La Baule, Frankreich.*

8 Die Engländerin Marion Mould auf Stroller, *einem irischen Pony, das die weltbesten Großpferde zu schlagen vermochte und jedes Concourspublikum zu begeisterten Ovationen hinriß.*

9 Der Italiener V. Orlandi auf Fiorello *im Einzelspringen der Olympischen Spiele in Montreal 1976.*

10 David Broom aus England, hier auf Jägermeister, *war Einzel-Olympia-Dritter in Mexiko 1968 und in Rom 1960 und Weltmeisterschafts-Erster 1970 in Frankreich.*

11 Eddie Macken aus Irland, 1974 und 1978 Weltmeisterschafts-Zweiter.

12 Der Schweizer Max Hauri auf Woody Woodpecker. Mit Millview wurde er Olympia-Zehnter in Tokio 1964.

13 Die Engländerin Caroline Bradley, hier auf Marius, gilt derzeit als weltbeste Springreiterin.

14 Zu den gegenwärtig besten Schweizer Springreitern gehört Walter Gabathuler, der auf Harley schon mehrfach international erfolgreich war.

15 Hubert Parot aus Frankreich auf Moët et Chandon.

16 Der Deutsche Hartwig Steenken, Olympia-Vierter in München 1972 und Weltmeister 1974 in England, beide Male auf Simona. Hier ist er über dem Olympiator bei der Europameisterschaft in München 1975 auf Erle.

17 Sönke Sönksen, auf Kwept, wurde 1978 Meister der Deutschen Springreiter.

18 Weit über dem Hals von Copper Royal: der sympathische Australier Jeff McVean.

19 Pech für den Österreicher Hugo Simon, den Weltmeisterschafts-Dritten 1974 auf Lavendel. Derselbe Schimmel scheiterte bei der Saisoneröffnung 1977.

20 Der Deutsche Hans Günter Winkler auf Torphy. Er war 1952 in Stockholm Olympiasieger und 1954 und 1955 Weltmeister.

21 Graziano Mancinelli aus Italien, Einzel-Olympiasieger in München 1972 und Weltmeisterschafts-Zweiter 1970 in Frankreich.

329

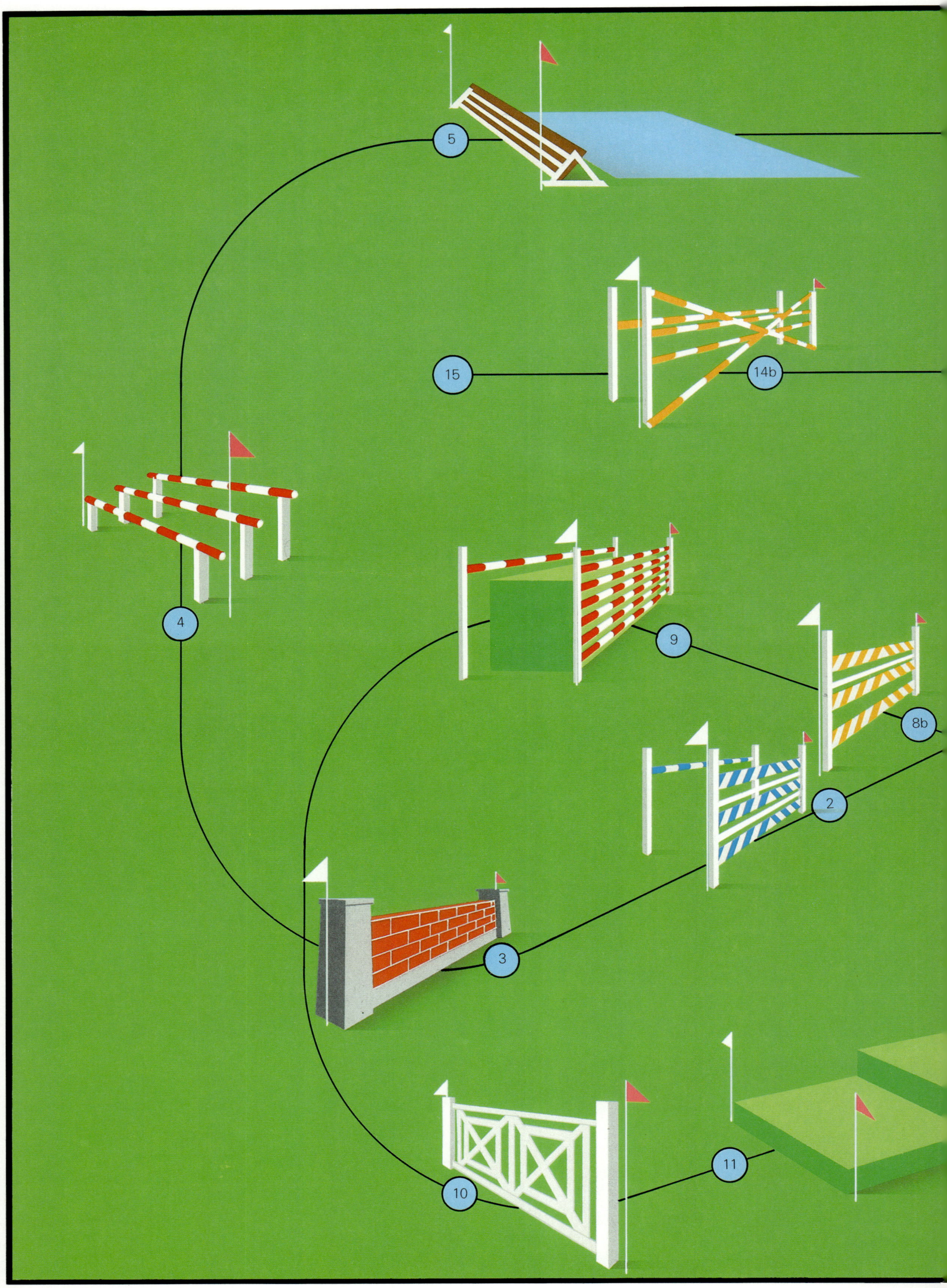
5
15
14b
4
9
8b
2
3
11
10

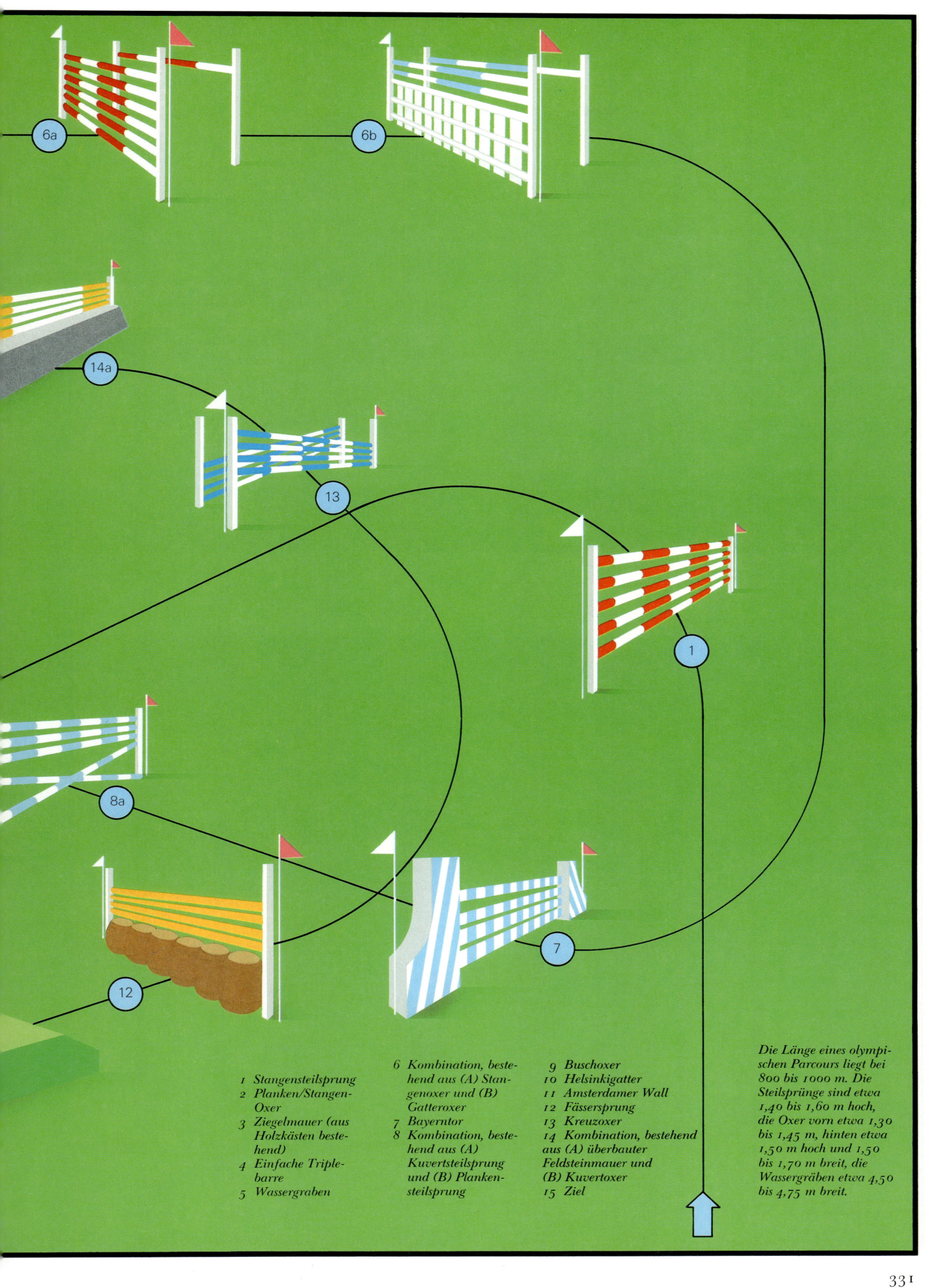

1 Stangensteilsprung
2 Planken/Stangen-Oxer
3 Ziegelmauer (aus Holzkästen bestehend)
4 Einfache Triplebarre
5 Wassergraben
6 Kombination, bestehend aus (A) Stangenoxer und (B) Gatteroxer
7 Bayerntor
8 Kombination, bestehend aus (A) Kuvertsteilsprung und (B) Plankensteilsprung
9 Buschoxer
10 Helsinkigatter
11 Amsterdamer Wall
12 Fässersprung
13 Kreuzoxer
14 Kombination, bestehend aus (A) überbauter Feldsteinmauer und (B) Kuvertoxer
15 Ziel

Die Länge eines olympischen Parcours liegt bei 800 bis 1000 m. Die Steilsprünge sind etwa 1,40 bis 1,60 m hoch, die Oxer vorn etwa 1,30 bis 1,45 m, hinten etwa 1,50 m hoch und 1,50 bis 1,70 m breit, die Wassergräben etwa 4,50 bis 4,75 m breit.

33 I

Die Olympiasieger

Erst nach einem Stechen gegen den Deutschen Rabod von Kröcher stand die erste olympische Goldmedaille im Einzelspringen für Jean Cariou aus Frankreich auf Mignon fest.

Die überlegenen Sieger des Nationenpreises, die Schweden Gustaf Kilman auf Gätan, Frederik Rosencrantz auf Drabant, C. Gustaf Lewenhaupt auf Medusa und Hans von Rosen auf Lord Iron.

Dank der zahlenmäßigen Überlegenheit guter Pferde wurde Schweden wieder Mannschaftssieger mit Hans von Rosen auf Poor Boy, Frank H. Martin auf Kohort, Daniel Norling auf Eros und Claes König auf Trésor.

Die überlegenen Springreiter in Antwerpen waren die Italiener, auch wenn sie im Nationenpreis nur Bronze holten. Gold im Einzelspringen errang Lt. T. Lequio di Assaba auf Trebecco.

Gold in der Einzelwertung holte der Schweizer Alphonse Gemuseus auf Lucette, obschon auch ihm kein fehlerfreier Ritt gelang.

Die schwedische Mannschaft war zum drittenmal hintereinander siegreich, diesmal mit einer völlig neuen Equipe: Lt. Axel Stahle auf Zephir, Rittm. Georg von Braun auf Tropp, Lt. Age Lundström auf Anvers und Lt. Ake Thelning auf Loke.

1912 Stockholm

Zu den ersten Olympischen Reiterspielen meldeten sich zehn Nationen, und 62 Reiter mit 70 Pferden erschienen in Stockholm. Nur Deutschland und Schweden brachten vollständige Teams an den Start. Für die Einzelprüfungen stellten sich Reiter aus Schweden, Dänemark, Norwegen, Frankreich, Belgien, Rußland, Chile, Großbritannien und den USA. Obschon Zivilreiter zu den Dressur- und Springprüfungen, nicht aber zur Military zugelassen waren, nahmen nur Uniformierte teil.

Sechs Reiter pro Nation durften an der ersten Springprüfung, dem Einzelspringen, teilnehmen. 31 Reiter aus acht Nationen kamen an den Start — die Amerikaner verzichteten, um die Pferde für den Nationenpreis zu schonen. Es gab 15 Hindernisse, von denen einige Kombinationen waren und von denen vier zweimal gesprungen werden mußten. Die insgesamt 29 Sprünge waren maximal 1,40 m hoch oder 4 m breit. Der Parcours, der mit einer Geschwindigkeit von 400 m/min bewältigt werden mußte, blieb für die Nationenprüfung unverändert.

Die Sieger

Einzelspringen

🇫🇷 1. Capt. Jean Cariou auf Mignon, Frankreich

🇩🇪 2. Oblt. Rabod von Kröcher auf Dohna, Deutschland

🇧🇪 3. Capt. Baron E. de Blommaert auf Clonmore, Belgien

Nationenpreis

🇸🇪 1. Schweden

🇫🇷 2. Frankreich

🇩🇪 3. Deutschland

1920 Antwerpen

Trotz großer Probleme, die so kurz nach dem Krieg den schwergeschädigten Belgiern zu schaffen machten, gelang die Durchführung der Olympischen Reiterspiele in Antwerpen. Allerdings fehlten die Reiter aus Deutschland, Großbritannien, Dänemark, Rußland und Chile. Erschienen waren Equipen aus Frankreich, Schweden, Belgien, Norwegen, Italien und den USA sowie je ein Reiter aus Holland und Finnland. Den gut vorbereiteten Schweizern wurde die Teilnahme im letzten Moment vom Bundesrat verboten, weil es in Belgien Maul- und Klauenseuche gab.

Wiederum mußte im Einzelspringen und im Nationenpreis derselbe Parcours bewältigt werden, der eine Länge von 800 m und 14 Hindernisse von höchstens 1,40 m Höhe hatte. Es gab eine sehr merkwürdige Vorschrift: Reiter und Pferde, die im Nationenpreis starteten, durften in der folgenden Einzelprüfung nicht mehr teilnehmen. Durch diese unsinnige Regelung konnten nur Schweden und Italien mit vollständigen Equipen in beiden Springen antreten, was sich natürlich in den Endergebnissen auswirkte.

Die Sieger

Einzelspringen

🇮🇹 1. Lt. T. Lequio di Assaba auf Trebecco, Italien

🇮🇹 2. Maj. Allessandro Valerio auf Cento, Italien

🇸🇪 3. Rittm. C. G. Lewenhaupt auf Mon Cœur, Schweden

Nationenpreis

🇸🇪 1. Schweden

🇧🇪 2. Belgien

🇮🇹 3. Italien

1924 Paris

Nach den Erfahrungen, die man in den ersten zwei olympischen Reiterwettkämpfen gewonnen hatte, konnte man schon 1924 in Paris ein Springprogramm aufstellen, das mit wenigen Änderungen bis heute gültig geblieben ist. Begrüßenswert war unter anderem die neue Vorschrift, daß pro Nation nicht mehr als vier Reiter zur Konkurrenz antreten durften. Unglücklich war eigentlich nur eine Regelung: Die Einzel- und die Mannschaftswertung wurden nur aus einem Springen ermittelt. Das Ergebnis der drei Besten von vier startberechtigten Springern einer Nation galt als Mannschaftsresultat.

Im ungewöhnlich schweren Parcours fanden sich 43 Reiter aus 11 Nationen. Nur die Tschechoslowakei vermochte lediglich drei Reiter zu schiken. Alle wichtigen Reiternationen jener Zeit waren vertreten, mit Ausnahme von Deutschland, das, sechs Jahre nach Kriegsende, in Frankreich noch immer nicht erwünscht war. Im 1060 m langen Parcours standen 16 Hindernisse von durchschnittlich 1,40 m Höhe. Vorgeschriebene Geschwindigkeit war 400 m/min. Ein Durchgang ohne Zeit- oder Abwurffehler war fast nicht möglich.

Die Sieger

Einzelspringen

🇨🇭 1. Lt. Alphonse Gemuseus auf Lucette, Schweiz

🇮🇹 2. Lt. T. Lequio di Assaba auf Trebecco, Italien

🇵🇱 3. Lt. Adam Krolikiewicz auf Picador, Polen

Nationenpreis

🇸🇪 1. Schweden

🇨🇭 2. Schweiz

🇵🇹 3. Portugal

Erst in einem zweiten Stechen wurde die Goldmedaille im Einzelspringen vergeben: an den Tschechen Frantisek Ventura auf Eliot.

Überraschend war auch der Sieg im Nationenpreis durch die spanische Mannschaft mit dem Marquis von Trujillos, Navarro Morenes und Garcia Fernandes.

Auf Uranus, einem in Frankreich gezogenen und in Italien gekauften Anglonormannen, wurde der Japaner Takeichi Einzelsieger. Bemerkenswerterweise stammten alle Goldmedaillenpferde in Los Angeles aus Frankreich.

In Los Angeles fand keine Mannschaftswertung statt, weil es keine vollständige Equipe gab.

Kurt Hasse, der sieben Jahre später als Reiter-Oberleutnant in Rußland fallen sollte, errang in Berlin auf Tora die Einzel-Goldmedaille.

Um Haaresbreite holte sich die deutsche Equipe mit Kurt Hasse, Marten von Barnekow und Heinz Brandt Mannschaftsgold.

1928 Amsterdam

46 Reiter aus 16 Nationen trafen sich zu den olympischen Springbewerben in Amsterdam. Der Parcours bestand aus 16 Hindernissen, die zwischen 1,25 und 1,40 m hoch waren. Der Parcoursbauer hatte offensichtlich übersehen, daß in den meisten Ländern die Teilnehmer mit großer Sorgfalt auf die IX. Olympischen Spiele vorbereitet worden waren. Die Aufgabe war eindeutig zu wenig anspruchsvoll. Sieben Reiter kamen beim ersten Durchgang fehlerfrei ins Ziel, 21 weitere hatten nur zwischen 2 und 8 Fehlerpunkte. Nach dem ersten Stechen blieben noch drei Reiter fehlerfrei. Ein zweites Stechen, diesmal über einen verkürzten Parcours und über bis 1,60 m hohe Hindernisse, brachte die überraschende Entscheidung: Der tschechische Hauptmann Frantisek Ventura, Reitlehrer an der Kavallerieschule von Pardubitz und danach Offizier an der französischen Kavallerieschule von Saumur, schaffte als einziger erneut einen Nullfehlerritt und schlug damit seine Rivalen aus Frankreich und aus der Schweiz.

Die Sieger

Einzel

1. Capt. Frantisek Ventura auf Eliot, *Tschechoslowakei*

2. Lt. P. Bertran de Balanda auf Papillon XIV, *Frankreich*

3. Maj. Charles Kuhn auf Pepita, *Schweiz*

Mannschaft

1. Spanien

2. Polen

3. Schweden

1932 Los Angeles

Bloß 11 Reiter aus vier Nationen nahmen an der Springprüfung der Spiele in Los Angeles teil. Aus Europa kamen nur die schwedischen Springreiter mit einer vollständigen Equipe, die aber gleichzeitig auch die Military bestritt. Der Parcours bestand aus 18 Hindernissen mit insgesamt 20 Sprüngen, von denen zwei 1,60 m, die übrigen zwischen 1,30 und 1,40 m hoch waren. Erstmals gab es einen 5 m breiten Wassergraben. Sicher wäre dieser Parcours ausgezeichnet gewesen — wenn nicht nahezu die gesamte Springreiterelite gefehlt hätte. So war die Aufgabe für die meisten Teilnehmer zu schwierig. Hohe Favoriten waren die sorgfältig vorbereiteten Amerikaner. Unerwartet schied dann aber John W. Wofford aus, und Harry Chamberlin wurde völlig überraschend durch einen japanischen Offizier, Baron Takeichi Nishi, um die Goldmedaille gebracht.

Die Sieger

Einzel

1. Lt. Baron Takeichi Nishi auf Uranus, *Japan*

2. Maj. Harry D. Chamberlin auf Show Girl, *USA*

3. Lt. Graf C. von Rosen jr. auf Empire, *Schweden*

Keine Mannschaftswertung

1936 Berlin

Die XI. Olympischen Spiele wurden zum bisher größten sportlichen Anlaß überhaupt. Am großen Jagdspringen durften Einzelreiter nicht teilnehmen, aber es waren vollständige Mannschaften aus nicht weniger als 18 Nationen am Start im Stadion, das mit 120 000 Zuschauern gefüllt war. Im 1050 m langen Parcours standen 17 Hindernisse mit insgesamt 20 Sprüngen. Das höchste Hindernis maß 1,60 m, der Wassergraben 3 m, was in Anbetracht der Pferde- und Reiterqualität sicher nicht übertrieben war. Die Streckenführung und die Abstände zwischen den Hindernissen waren aber teilweise so schwierig, daß kein einziger der 54 Reiter ohne Fehler durchkam. Von den 18 Equipen fielen 11 aus, unter ihnen die ausgezeichneten Belgier und Italiener. Durch den sehr schlechten Ritt eines Franzosen (51 1/4 Fehlerpunkte) fiel dessen sonst sehr gute Mannschaft weit zurück, weshalb die Plätze hinter den Deutschen überraschend von den Holländern und Portugiesen belegt wurden.

Die Sieger

Einzel

1. Oblt. Kurt Hasse auf Tora, *Deutschland*

2. Oblt. Henri Rang auf Delfis, *Rumänien*

3. Rittm. Josef von Platthy auf Sellö, *Ungarn*

Mannschaft

1. Deutschland

2. Niederlande

3. Portugal

Die großen Sieger bei den ersten Olympischen Spielen nach dem Zweiten Weltkrieg waren die Mexikaner. Einzelgold errang Humberto Mariles auf Arete.

Nach Nationenpreissiegen in den USA und in Kanada 1946 und 1947 holte die mexikanische Equipe mit Alberto Valdes, Ruben Uriza und Humberto Mariles in London auch olympisches Gold.

Pierre Jonquères d'Oriola, der auf Ali Baba nach dem ersten Durchgang mit 8 Fehlerpunkten auf Platz 11 lag, sicherte sich im zweiten Durchgang und in einem fehlerfreien Stechen die Einzel-Goldmedaille.

Gold im Nationenpreis errang Großbritannien mit Stewart, Llewellyn und White (in der Mitte). Links die zweitklassierten Chilenen Cristi, Echeverria und Mendoza, rechts die Amerikaner Russel, Steinkraus und McCashin.

Hans Günter Winkler, einer der erfolgreichsten Springreiter überhaupt, während 18 Jahren Teilnehmer an rund hundert Nationenpreisen, holte auf seinem berühmtesten Pferd, Halla, Einzelgold in Stockholm.

Die siegreiche deutsche Mannschaft bestand aus Alfons Lütke-Westhues, Hans Günter Winkler (mit Halla) und Fritz Thiedemann.

1948 LONDON

44 Springreiter aus 15 Nationen, 14 davon mit vollständigen Mannschaften, trafen sich im Empire-Stadion in Wembley zum ersten olympischen Jagdspringen nach dem Zweiten Weltkrieg. Die Deutschen und die Reiter aus allen osteuropäischen Ländern fehlten. Die Prüfung bestand aus 15 Hindernissen mit insgesamt 19 Sprüngen und entsprach in ihrem Schwierigkeitsgrad den Besseren der Reiter und Pferde. Sehr viele Paare scheiterten am letzten Hindernis, einer 1,60 m hohen Mauer, die, weil in der Schlußphase, oft zu schnell angeritten und zu flach gesprungen wurde. Für Spannung bis zum letzten Augenblick und für die perfekte Überraschung sorgten die Mexikaner. Als letzter der 44 Reiter kam Humberto Mariles mit seinem einäugigen Pferd Arete ins Stadion. Machte er weniger als 28½ Fehlerpunkte, hatte die mexikanische Mannschaft die Goldmedaille. Schaffte er es mit weniger als 8 Punkten, war ihm sogar die Einzel-Goldmedaille sicher. Er kam mit sensationellen 6½ Punkten ins Ziel.

DIE SIEGER

Einzel

1. Col. Humberto Mariles auf Arete, *Mexiko*

2. Capt. Ruben Uriza auf Hatuey, *Mexiko*

3. Chevalier Jean F. d'Orgeix auf Sucre-de-Pomme, *Frankreich*

Mannschaft

1. Mexiko

2. Spanien

3. Großbritannien

1952 HELSINKI

Für die XV. Olympischen Spiele gab es zahlreiche Neuregelungen durch die FEI. Erstmals waren an den Reitwettbewerben auch Unteroffiziere zugelassen, und als weitere Neuerung wurde das Jagdspringen in zwei Umläufen entschieden. Zum erstenmal seit dem Krieg wieder dabei waren die Deutschen. Unter ihnen befand sich Fritz Thiedemann, der erst ein halbes Jahr zuvor in Rom zu seinem ersten internationalen Start angetreten war. Er war der einzige Reiter, der im ersten Durchgang einen Nullfehlerritt schaffte. Der favorisierte Franzose d'Oriola lag auf dem elften Platz. Als Mannschaft führten die USA vor Portugal und Argentinien. Der zweite Umlauf veränderte die Resultate völlig. Es gab drei Nullfehlerritte, wodurch ein Stechen — über sechs bis 1,80 m hohe Hindernisse — erforderlich wurde. Durch seinen Nullfehlerritt im zweiten Umgang und im Stechen wurde d'Oriola schließlich überlegener Einzelsieger, während sich der Chilene Oscar Cristi überraschend durch nur einen Abwurf im Stechen an die zweite Stelle vor Thiedemann schieben konnte.

DIE SIEGER

Einzel

1. Pierre Jonquères d'Oriola auf Ali Baba, *Frankreich*

2. Oscar Cristi auf Bambi, *Chile*

3. Fritz Thiedemann auf Meteor, *BR Deutschland*

Mannschaft

1. Großbritannien

2. Chile

3. USA

1956 STOCKHOLM

Australien hat sehr strenge Quarantänevorschriften für Pferde und wollte diese auch nicht für die Dauer der Olympischen Spiele, die 1956 in Melbourne stattfanden, lockern. Die Australier schlugen vor, aus dem eigenen Land genügend olympiareife Pferde für alle Teilnehmer zur Verfügung zu stellen — natürlich eine völlig unrealistische Idee. Das Internationale Olympische Komitee beschloß daher 1954, die Reitwettbewerbe separat von den übrigen Olympischen Spielen in Stockholm durchzuführen, was für die meisten Teilnehmer wegen der kürzeren Anfahrtstrecke angenehmer war. Eine neue Rekordzahl von 66 Reitern aus 24 Nationen, darunter 20 komplette Mannschaften, erschienen zu der großen Springprüfung. Der Parcours bestand aus 14 Hindernissen mit insgesamt 17 Sprüngen. Durch die stellenweise zu nahe beieinander stehenden Hindernisse wurde dieser Parcours zu einem der schwierigsten überhaupt. Im ersten Durchgang gab es keinen Nullfehlerritt. Der bereits zweimalige Weltmeister Hans Günter Winkler schaffte es als einziger mit nur einem Abwurf. Den zweiten Umgang absolvierte er sogar fehlerfrei.

DIE SIEGER

Einzel

1. Hans Günter Winkler auf Halla, *BR Deutschland*

2. Raimondo d'Inzeo auf Merano, *Italien*

3. Piero d'Inzeo auf Uruguay, *Italien*

Mannschaft

1. BR Deutschland

2. Italien

3. Großbritannien

Auf Posillipo vermochte Raimondo d'Inzeo aus Italien seine außerordentlich erfolgreiche Springreiterlaufbahn in seiner Heimat mit olympischem Gold zu krönen. Vier Jahre zuvor hatte er den ersten, 1960 den zweiten Weltmeisterschaftstitel geholt.

Mannschaftsgold errang Deutschland mit Alwin Schockemöhle, Hans Günter Winkler und Fritz Thiedemann, Silber die Amerikaner mit George Morris, Frank Chapot und William Steinkraus (rechts) und Bronze die Italiener mit Raimondo und Piero d'Inzeo sowie Antonio Oppes.

Nach einem vierten Platz nach dem ersten Durchgang sicherte sich d'Oriola auf Lutteur B durch einen fehlerfreien zweiten Lauf die Einzel-Goldmedaille.

Mannschaftsgold holten sich zum drittenmal hintereinander die Deutschen, diesmal mit Hans Günter Winkler, Herrmann Schridde und Kurt Jarasinski.

In Mexiko holte sich der im typisch bestechenden Stil der Amerikaner reitende William C. Steinkraus auf Snowbound bei seiner vierten Olympiateilnahme verdient die Einzel-Goldmedaille.

Die überraschende Siegermannschaft im Nationenpreis hieß Kanada mit den Reitern Jim Elder auf The Immigrant, Jim Day auf Canadian Club und Tom Gayford auf Big Dee.

1960 Rom

Die XVII. Olympischen Spiele wurden mit einem Riesenbudget auf die Beine gestellt und erstmals zu einem großen Teil international am Fernsehen übertragen. Seit 1924 waren im olympischen Springwettbewerb die Einzelreiter und Mannschaften jeweils in derselben Prüfung ermittelt worden. In Rom wurden das Einzelspringen und der Nationenpreis als gesonderte Prüfung ausgeschrieben. Beide Parcours waren schwer, durch die Abmessungen der Hindernisse und vor allem die zum Teil schwierigen Distanzen zwischen den Sprüngen. Nicht weniger als 26 von 60 Reitern schieden beispielsweise im Einzelspringen aus. Alle bekannt guten Reiter freilich kamen durch, so daß sich keine großen Überraschungen einstellten. Die Favoriten waren Italien und die USA. In der Einzelprüfung schafften die Brüder d'Inzeo unter unbeschreiblichem Jubel einen Doppelsieg. Von den Deutschen mit den bewährten Reitern und Pferden Winkler auf *Hella*, Thiedemann auf *Meteor* und dem noch wenig bekannten Alwin Schockemöhle auf *Ferdl* erwartete man zwar eine gute Leistung, aber nicht, daß sie Mannschaftsgold holen würden.

Die Sieger

Einzelspringen

1. Raimondo d'Inzeo auf Posillipo, Italien

2. Piero d'Inzeo auf The Rock, Italien

3. David Broom auf Sunsalve, Großbritannien

Nationenpreis

1. BR Deutschland

2. USA

3. Italien

1964 Tokio

Der großen Anreisestrecke zum Trotz versammelten sich Reiter aus 21 Nationen in Japan zu den XVIII. Olympischen Spielen. Der in Rom eingeführte Modus, die Einzel- und Mannschaftswertung in zwei verschiedenen Prüfungen zu ermitteln, wurde wieder aufgegeben. Es fand also nur eine Prüfung mit zwei Durchgängen statt. Der 780 m lange Parcours mit 14 Hindernissen und 17 Sprüngen war sehr schwer, aber fair gebaut. Der japanische Parcoursbauer Shunzo Kido hatte sich offensichtlich gut bei den Besten seiner europäischen Kollegen orientiert. Nach dem ersten Durchgang lag der bekannte Engländer Peter Robeson an erster Stelle vor dem Australier Fahey und dem Portugiesen Duarte Silva, zwei Außenseitern, und d'Oriola, dem Olympiasieger von Helsinki 1952. Im zweiten Umlauf vermochte sich aber d'Oriola durch einen glänzenden Nullfehlerritt an die Spitze zu schieben, gefolgt vom Deutschen Schridde. Robeson und Fahey lagen punktgleich dahinter, so daß ein Stechen um die Bronzemedaille erforderlich wurde.

Die Sieger

Einzelspringen

1. Pierre Jonquères d'Oriola auf Lutteur B, Frankreich

2. Herrmann Schridde auf Dozent II, BR Deutschland

3. Peter Robeson auf Firecrest, Großbritannien

Nationenpreis

1. BR Deutschland

2. Frankreich

3. Italien

1968 Mexiko-City

Wie vor acht Jahren in Rom, so wurden auch in Mexiko-City die Einzel- und die Mannschaftssieger in zwei getrennten Prüfungen ermittelt. Die Einzelprüfung fand auf dem Campo Marte statt, beim Chapultepec-Park, wo sich die Stallungen der Pferde befanden. Der Nationenpreis wurde im Olympiastadion ausgetragen. Der erste Parcours entsprach dem Können der besseren Paare, der Mannschaftspreis-Parcours jedoch war eindeutig zu schwer und wurde von vielen Seiten kritisiert. Im Einzelspringen blieben im ersten Durchgang zwei Reiter fehlerfrei, und sie holten sich dann auch Gold und Silber. Besonderen Applaus erntete sich dabei William Steinkraus, der Sieger aus den USA, denn er feierte am gleichen Tag seinen 43. Geburtstag. Das unumschränkte Lieblingspaar des Publikums aber war Marion Coakes und *Stroller*. Das Reittier der Engländerin, das fast die ganze Weltelite geschlagen hatte, war nämlich ein kaum 148 m hohes irisches Pony. Im zu anspruchsvollen Nationenpreis-Parcours, den kein einziger Reiter fehlerfrei schaffte, mußte Stroller nach einem Sturz im zweiten Durchgang aufgeben.

Die Sieger

Einzelspringen

1. William C. Steinkraus auf Snowbound, USA

2. Marion Coakes auf Stroller, Großbritannien

3. David Brown auf Sunsalve, Großbritannien

Nationenpreis

1. Kanada

2. Frankreich

3. BR Deutschland

Graziano Mancinelli, Europameister von 1968, Weltmeisterschafts-Zweiter von 1970 und Olympiateilnehmer von 1964 und 1968, wurde auf Ambassador *Einzelsieger in München.*

Die deutsche Equipe, diesmal mit Hans Günter Winkler auf Torphy, *Gerd Wiltfang auf* Askan, *Fritz Ligges auf* Robin *und Hartwig Steenken auf* Simona *holte seit 1956 zum viertenmal Mannschaftsgold.*

Auf Warwick Rex *erkämpfte sich der amtierende Europameister Alwin Schockemöhle überlegen die Goldmedaille im Einzelspringen.*

Nach drei Mannschafts-Silbermedaillen seit 1912 siegte Frankreich im Nationenpreis mit Marcel Rozier, Michel Roche, Marc Roguet und Hubert Parot. Links im Bild steht Alwin Schockemöhle.

In zwar alles andere als hinreißendem Stil und in zwei Durchgängen und einem Stechen, die eher Zweikämpfen mit dem Pferd Gladstone *glichen, gewann Hugo Simon den «International Gold Cup».*

Zum zweitenmal seit 1968 wurde die kanadische Equipe, diesmal mit Michel Vaillancourt, Mark Laskin, Ian Millar und James Elder, Sieger im Nationenpreis.

1972 München

München hatte das großartigste Reitzentrum bereitgestellt, das man je gesehen hatte. 54 Reiter starteten am 3. September an der Einzelprüfung auf einem Parcours von 760 m Länge mit 14 Hindernissen, die 17 Sprünge erforderten. Die schwersten Hindernisse waren der 5 m breite Wassergraben, wo 33 Pferde Fehler machten, und das letzte Hindernis, ein Buschoxer, der vorn 1,48 m und hinten 1,52 m hoch und 2,20 m breit war und an dem 20 Pferde Abwürfe verzeichneten. Die 20 Besten aus dem ersten Durchgang starteten erneut, diesmal über 660 m mit 10 bis 1,70 m hohen Hindernissen. Mancher prominente Reiter scheiterte an der anspruchsvollen Aufgabe, unter ihnen der Hauptfavorit Gerd Wiltfang — der eine Woche später mit einem glänzenden Ritt wesentlich zur Mannschafts-Goldmedaille beitrug. Die Deutschen, die in der ersten Prüfung keinen Spitzenplatz erreichen konnten, wurden im Nationenpreis ihrer Favoritenrolle gerecht und vermochten nach einem außerordentlich spannenden Verlauf die USA um Haaresbreite zu schlagen.

Die Sieger

Einzelspringen

🇮🇪 *1. Graziano Mancinelli auf* Ambassador, *Italien*

🇬🇧 *2. Ann Moor auf* Psalm, *Großbritannien*

🇺🇸 *3. Neal Shapiro auf* Sloopy, *USA*

Nationenpreis

🇩🇪 *1. BR Deutschland*

🇺🇸 *2. USA*

🇮🇪 *3. Italien*

1976 Montreal

Trotz großer Schwierigkeiten in organisatorischer, finanzieller und politischer Hinsicht, welche die XXI. Olympischen Spiele überschatteten, konnten die Reiterwettkämpfe in dem 90 km südlich von Montreal liegenden Reitzentrum Bromont ohne größere Probleme abgewickelt werden. Der Parcours für das Einzelspringen im Springstadion von Bromont war gut gebaut und fand außerdem auf einem vorzüglich präparierten, durchlässigen Boden statt. Trotz schwerer Regenfälle an den Vortagen und eines heftigen Wolkenbruches während der Prüfung blieben die Bedingungen durchaus verantwortbar. Hingegen bereitete den Organisatoren der Nationenpreis, für dessen Austragung das Olympiastadion vorgesehen war, einiges Kopfzerbrechen. Der Rasen mit der dünnen Humusschicht auf der Betonunterlage war alles andere als ein Allwetterboden. Glücklicherweise fiel während des letzten Tages vor der Prüfung kein Regen mehr, so daß diese nicht nach Bromont verlegt werden mußte.

Die Sieger

Einzelspringen

🇩🇪 *1. Alwin Schockemöhle auf* Warwick Rex, *BR Deutschland*

🇨🇦 *2. Michel Vaillancourt auf* Branch County, *Kanada*

🇧🇪 *3. François Mathy auf* Gai Luron, *Belgien*

Nationenpreis

🇫🇷 *1. Frankreich*

🇩🇪 *2. BR Deutschland*

🇧🇪 *3. Belgien*

1980 Rotterdam

Obschon ja bekanntlich die Olympischen Spiele 1980 in Moskau stattfanden, waren diese für den Reitsport durch den Boykott, an dem praktisch alle wichtigen Reiternationen teilnahmen, völlig unbedeutend. Durchaus olympischen Charakter hingegen hatte die sogenannte Ersatzolympiade der Reiter, die an drei verschiedenen Orten durchgeführt wurde. Die Springreiter trafen sich in Rotterdam, und alle, die Rang und Namen hatten, waren vertreten. Aus 13 Nationen trafen vollständige Mannschaften ein, aus fünf weiteren Einzelreiter. Wie vor zwölf Jahren in Mexiko und dennoch einigermaßen überraschend gewannen die Kanadier den Nationenpreis. Weit überraschender jedoch war die Bronzemedaille für Österreich, für die nicht etwa Hugo Simon verantwortlich war — er hatte zwei Abwürfe im zweiten Durchgang —, sondern Thomas Frühmann mit seinen zwei Nullfehlerritten. Zwei Tage nach dem Nationenpreis fand der «International Gold Cup» statt, zu welchem aus jeder Nation höchstens drei Reiter zugelassen wurden und der dem olympischen Einzelspringen entsprach.

Die Sieger

Einzelspringen
(International Gold Cup)

🇦🇹 *1. Hugo Simon auf* Gladstone, *Österreich*

🇬🇧 *2. John Whitaker auf* Ryan's Son, *Großbritannien*

🇺🇸 *3. Melanie Smith auf* Calypso, *USA*

Nationenpreis

🇨🇦 *1. Kanada*

🇬🇧 *2. Großbritannien*

🇦🇹 *3. Österreich*

Jan Kowalczyk, ein auch im Westen bekannter und erfolgreicher polnischer Unteroffizier, wurde im Leninstadion Einzelolympiasieger.

Wjatschelaw Chukanow, Viktor Asmaew, Nikolai Korolkow und Viktor Poganowsky gewannen für die Sowjetunion Mannschaftsgold.

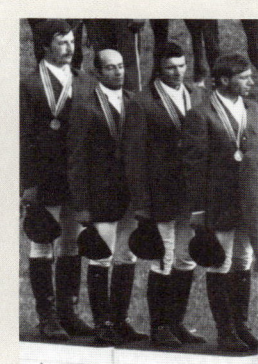

Joe Fargis, mit Touch of Class überragender Einzelolympiasieger.

Erstmals Mannschaftsgold für die USA-Equipe mit Joe Fargis, Leslie Burr, Conrad Homfeld und Melanie Smith.

Unter den 20 Paaren, die im zweiten Umgang zur Entscheidung antraten, erwies sich der Franzose Pierre Durand auf einem glänzenden Jappeloup überzeugend als der Beste.

Wie in der Dressur und in der Military überzeugte auch in der Springprüfung die deutsche Mannschaft. Franke Sloothaak, Ludger Beerbaum, Wolfgang Brinkmann und Dirk Hafemeister holten das Gold.

1980 Moskau

Kein einziger westeuropäischer oder nordamerikanischer Springreiter war in Moskau am Start. So kam die Konkurrenz für die Sowjetrussen von der seit Jahren stärksten Ostblockequipe, Polen, sowie aus Mexiko. Die beiden holten sich denn auch hinter den überlegenen Russen Silber und Bronze — mit einem Klassenunterschied zum restlichen Oststaatenfeld, das selbst bei den reduzierten Abmessungen des Moskauer Parcours überfordert war.

Der Wert der mexikanischen Bronzemedaille wurde dann drei Wochen später beim Festival in Rotterdam relativiert, als Mexiko mit den gleichen vier Reitern und Pferden von sämtlichen westeuropäischen und nordamerikanischen Equipen geschlagen und nur Elfte wurde.

Das Einzelspringen, erstmals zum Abschluß der Spiele anstelle des Nationenpreises im Olympiastadion ausgetragen, sah den auch auf Westeuropas Turnierplätzen seit zwei Jahrzehnten bekannten Polen Jan Kowalczyk als Sieger. Nur 16 Reiter aus sieben Nationen waren am Start, darunter auch ein Einzelreiter aus Guatemala, der die Bronzemedaille erst im Stechen gegen den Mexikaner Joaquin Perez de las Heras verlor. Silber ging an den Sowjetrussen Korolkow.

Die Sieger

Einzelspringen

1. *Jan Kowalczyk auf* Artemor, *Polen*

2. *Nikolai Korolkow auf* Espadron, *Sowjetunion*

3. *Joaquin Perez de las Heras auf* Alymony, *Mexiko*

Nationenpreis

1. *Sowjetunion*

2. *Polen*

3. *Mexiko*

1984 Los Angeles

Die US-Amerikaner waren die großen Sieger der Springprüfungen der XXIII. Olympischen Spiele. Infrastrukturelle Probleme beim Olympiastadion hatten die FEI gezwungen, das olympische Einzelspringen ebenfalls in Santa Anita austragen zu lassen. So ritt man, fünf Tage auseinander, um die beiden Medaillensätze im Springen im ausverkauften Reiterstadion, jedesmal vor 32 000 Zuschauern.

Der Oststaatenboykott hatte keinen Einfluß auf den Ausgang. Polen und die Sowjetunion hätten bei der Medaillenverteilung nicht mitreden können. Von den westeuropäischen Springnationen entsandten Holland, Österreich, Irland und Schweden nur je einen Einzelreiter.

Sechs der 15 Länder gab man Medaillenchancen, und sie belegten im Nationenpreis denn auch die ersten sechs Plätze. Überlegen die Amerikaner, die gleich mehrere «Rekorde» aufstellten. Sie erreichten das tiefste Siegesscore in der Geschichte des olympischen Mannschaftsspringens, der erste Doppelnuller (durch Joe Fargis) wurde Tatsache, und erstmals mußte der letzte Reiter nicht mehr antreten. Trotzdem war der Abstand der USA zu den Zweitbis Sechstplazierten erdrückend.

Das Einzelspringen, von 51 Reitern aus 21 Nationen bestritten, endete mit einem doppelten Stechen: um Bronze, dann um die beiden ersten Plätze.

Die Sieger

Einzelspringen

1. *Joe Fargis auf* Touch of Class, *USA*

2. *Conrad Homfeld auf* Abdullah, *USA*

3. *Heidi Robbiani auf* Jessica V, *Schweiz*

Nationenpreis

1. *USA*

2. *Großbritannien*

3. *BR Deutschland*

1988 Seoul

In drei Kategorien konnten die 16 Nationen unterteilt werden, die am Mannschaftsspringen der 24. Olympischen Spiele in Seoul teilnahmen. Erstens waren da die sieben Nationen, die für eine Medaille in Frage kamen, zweitens konnten die fünf Mannschaften ausgemacht werden, die zum zweiten Umgang zugelassen wurden, und drittens war jene Gruppe Länder am Start, die in dieser Prüfung überfordert waren. Das waren nebst den asiatischen Ländern Korea und Japan auch die Sowjetunion sowie Mexiko. Zur zweiten Gruppe gehörten Spanien, Irland, Brasilien, Australien und Neuseeland. Wie in den anderen Reiterwettbewerben, waren die Reiter aus der Bundesrepublik Deutschland auch im Springen nicht zu schlagen. Silber holte sich das US-Team vor den Franzosen. Das Einzelspringen nahmen 74 Reiter aus 24 Nationen in Angriff. Das große Teilnehmerfeld hatte die FEI gezwungen, zwei Qualifikationen ins Programm aufzunehmen — ein Modus, der nicht befriedigte und sehr belastend für die Pferde war. Den Einzelsieg holte sich im zweiten Umgang der 20 Besten klar der Franzose Pierre Durand mit dem brillanten Jappeloup. Zweiter wurde der Amerikaner Greg Best mit Gem Twist.

Die Sieger

Einzel

1. *Pierre Durand auf* Jappeloup, *Frankreich*

2. *Greg Best auf* Gem Twist, *USA*

3. *Karsten Huck auf* Nepomuk, *BR Deutschland*

Mannschaft

1. *BR Deutschland*

2. *USA*

3. *Frankreich*

Unten: Ihren Ursprung hat die Military in Leistungsprüfungen für Kavalleriepferde, wie sie schon früh bei den verschiedensten Völkern üblich waren. Militarys im heutigen Sinn wurden erstmals zu Beginn unseres Jahrhunderts durchgeführt und blieben bis nach dem Zweiten Weltkrieg hauptsächlich Kavallerieoffizieren vorbehalten.

Rechts: Heute ist die Military ein Hochleistungssport, der nichts mehr mit Militär zu tun hat, aber von Reiter und Pferd noch genauso großen Einsatz erfordert.

Die Military

Die Military wird als «Krone der Reiterei» bezeichnet. Zweifellos hat dieser Ausdruck seine Berechtigung. Diese Sportart stellt an Reiter und Pferd die größten Anforderungen, sie verlangt von beiden Partnern vielseitiges Können und darüber hinaus höchste Leistungsbereitschaft und größte Leistungsfähigkeit.

  Die sogenannte Vollmilitary ist eine umfassende Prüfung, die sich über drei Tage erstreckt. Am ersten Tag wird eine Dressur verlangt, in welcher der Reiter durch fein abgestimmte Hilfen sein Pferd in natürlicher Selbsthaltung, gehorsam, aber mit Schwung dem Richter präsentieren muß. Am zweiten Tag folgt die schwerste und entscheidende Aufgabe mit dem Geländeritt, der aus Wegstrecken, einem Rennbahngalopp und einer Querfeldeinstrecke mit großenteils sehr anspruchsvollen und viel Mut erfordernden Hindernissen besteht. Am dritten Tag müssen Pferd und Reiter in einem Springparcours beweisen, wie gut sie mit den gewaltigen Strapazen des Vortages fertig geworden sind.

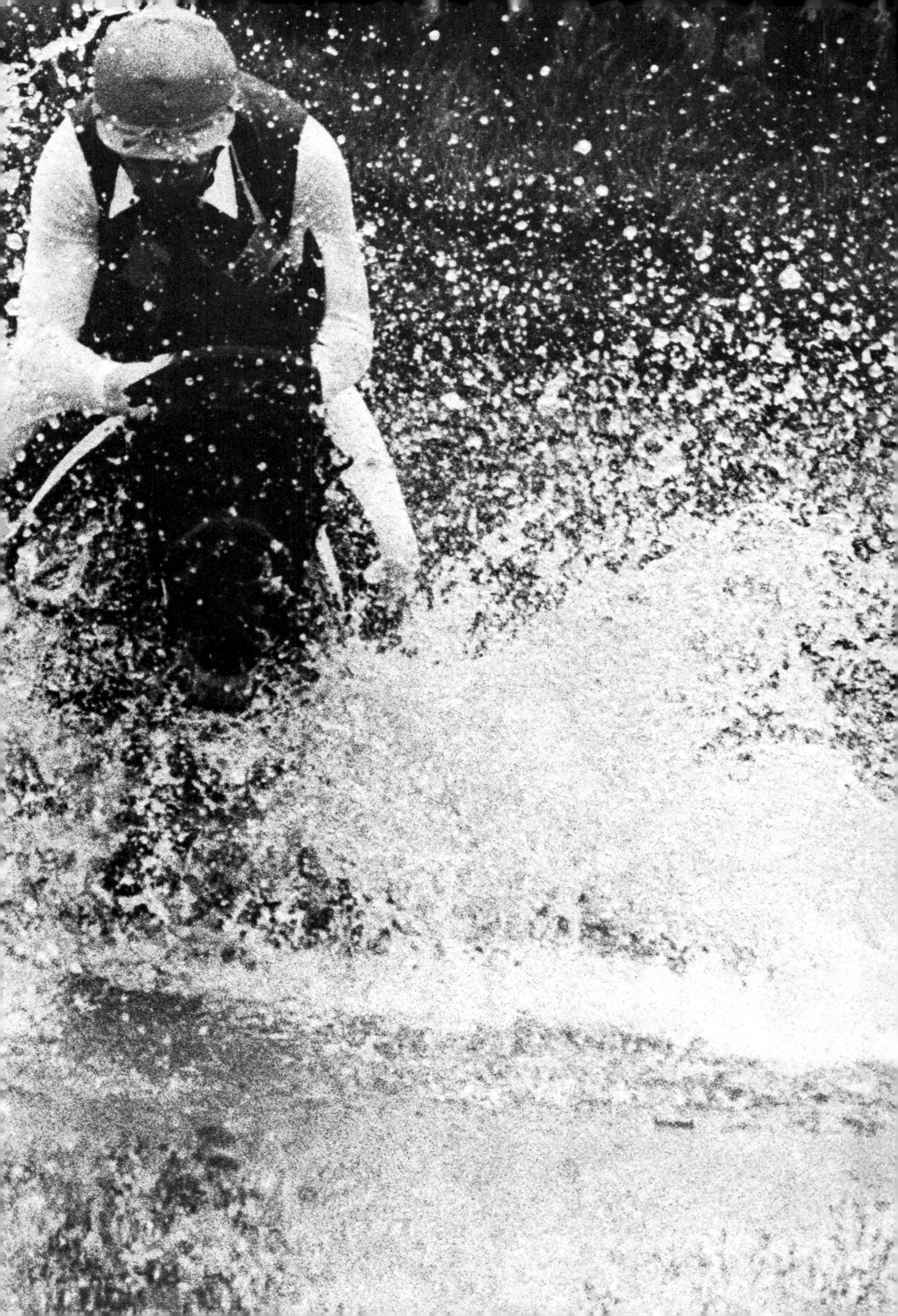

Von der Kavallerie- remonte zum Sportpferd

Militarys sind ursprünglich wettkampfmäßige Tests von Armeepferden. Übungen, welche die Tauglichkeit von Kavalleriepferden förderten, und Wettkämpfe, in denen die Tauglichkeit geprüft wurde, gab es schon bei den Reitervölkern der Antike. Eigentlich sind sie bereits die Vorläufer der Militarys. Bis nach dem Zweiten Weltkrieg nämlich wurden Militarys fast ausschließlich von Offizieren auf Armeepferden bestritten, obschon diese Prüfungen seit 1912 auch zum olympischen Programm gehören.

Im letzten Jahrhundert hatten viele Kavallerieschulen Geländestrecken, auf denen Reiter und Pferde schwierige Hindernisse zu überwinden lernten und auf denen auch interne Wettkämpfe stattfanden. Zu ihnen gehörte beispielsweise die «Escuela de Equitación Militar» in Zarzuela bei Madrid mit einem Steilhang, der für ein Pferd mit Reiter absolut unüberwindbar zu sein scheint. Er ist insgesamt 15 Meter hoch, und die oberen 11 Meter fallen fast senkrecht ab. Geländestrecken mit außerordentlich vielfältigen Hindernissen gab es in den berühmten Kavalleriereitschulen von Pinerolo bei Turin und Tor di Quinto bei Rom. Vor allem gegen Ende des vergangenen Jahrhunderts, unter Rittmeister Federico Caprilli, der durch seinen neuen Springstil in die Geschichte des Pferdesportes einging, wurde in der italienischen Armee größter Wert auf die Geländetauglichkeit des Pferdes gelegt, während in anderen Ländern, vor allem in Deutschland, der Dressur weit größere Wichtigkeit beigemessen wurde.

Die Concours Hippiques mit ihren Spring- und Dressurprüfungen, die im letzten Viertel des vergangenen Jahrhunderts rasch sehr populär waren, wurden, jedenfalls auf dem europäischen Kontinent, fast ausschließlich von Militärs bestritten. Außer diesen Prüfungen erfreuten sich nun Distanzritte wachsender Beliebtheit. Bei diesen Härtetests starteten größtenteils dieselben Offiziere, die man auch auf den Concoursplätzen sah. In Rußland waren Ritte über teilweise riesige Distanzen schon längere Zeit bekannt. Dort bewiesen vor allem die hochedlen Achal-Tekkiner-Pferde immer wieder ihre unglaubliche Ausdauer. In Mitteleuropa fand der wahrscheinlich erste größere Distanzritt 1892 statt. 115 deutsche Offiziere starteten von Berlin nach Wien, 93 österreichisch-ungarische Offiziere begaben sich gleichzeitig in umgekehrter Richtung auf denselben Weg. Der österreichische Graf von Starhemberg erreichte nach 71 Stunden und 26 Minuten als erster das Ziel. Allerdings brach dort sein Pferd mit einem Herzschlag zusammen. Das Pferd des Deutschen von Reitzenstein, das etwa anderthalb Stunden mehr benötigte, starb zwei Tage später ebenfalls an Erschöpfung. Insgesamt schafften nur 66 Deutsche und 36 Österreicher die rund 600 Kilometer lange Strecke.

Berühmt wurde auch der Ritt Brüssel—Ostende im Jahre 1902. Er führte über 132 Kilometer. Auch hier wieder wurde allgemein auf ungenügend konditionierten Pferden in zu hohem Tempo geritten, so daß von den 60 gestarteten Pferden 31 vorzeitig aufgeben mußten. Nicht weniger als 16 Pferde starben an Erschöpfung!

Hatten sich Tierschutzorganisationen bis dahin umsonst bemüht, Regelungen zu erreichen, um die Distanzritte aus reiner Pferdeschinderei zu sinnvollen Prüfungen werden zu lassen, so dämmerte es nun nach dem Brüssel—Ostende-Ritt auch bei den Verantwortlichen, daß solche Prüfungen überhaupt nichts brachten. Bereits für den nächsten «Raid militaire» gab es Regelungen zur Schonung der Pferde. Die Strecke führte diesmal über rund 230 Kilometer von Paris nach Deauville in der Normandie. Für die ersten 130 Kilometer bis nach Rouen war eine Zeit vorgeschrieben, die nicht unterschritten werden durfte. Erst im zweiten Teil war das Tempo frei. Außerdem wurde am Tag nach dem Wettbewerb der Zustand der Pferde geprüft.

Einer der Teilnehmer an diesem Rennen hieß Paul Bausil. Er war anscheinend der erste, der mit größter Sorgfalt ein exakt aufgebautes Kondi-

1 + 2 Auf manchen Kavallerieschulen, vor allem in Mexiko, Spanien und Italien, gab es äußerst schwierige Geländetests. Der haarsträubendste von ihnen ist sicher der Steilhang der spanischen Militärreitschule von Zarzuela bei Madrid. Der Hang hat eine Gesamthöhe von 15 Metern, von denen die ersten 11 Meter beinahe senkrecht abfallen. Wer diesen Hang betrachtet, wird kaum glauben können, daß hier ein Pferd mit einem Reiter heil herunterkommen kann.

3 Von den sehr vielseitigen Geländehindernissen in der Kavallerieschule von Tor di Quinto bei Rom war der Caprilli-Steilhang der gefürchtetste. Hier wird er von Leutnant Acerbo in perfekter Manier überwunden (1902).

4 Absprung aus einem der Hänge von Tor di Quinto. Geländetauglichkeit war in der italienischen Kavallerieschule oberstes Gebot, Dressur wurde auf das absolute Minimum beschränkt.

tionstraining entwickelte und nach einem genau eingehaltenen Plan ritt. Er veröffentlichte seine Erkenntnisse in einem Buch, das große Verbreitung fand und die Distanzreiterei beeinflußte.

Derselbe Bausil regte auch dazu an, Distanzritte nicht mehr als reine Straßenrennen durchzuführen, sondern sie mit Geländeprüfungen zu verbinden. So gab es im Ritt Lyon—Aix im Jahre 1905 am zweiten Tag eine Querfeldeinstrecke über 65 Kilometer mit zahlreichen natürlichen Hindernissen. Wenig später gehörte zu den Prüfungen auch noch jeweils ein Rennbahngalopp. Die meisten Prüfungen dauerten nun drei Tage mit Tagesdurchschnittleistungen von rund 65 Kilometern. Diese französische Form der Tauglichkeitsprüfungen wurde von anderen Ländern übernommen. Bald gab es auf den Strecken auch Posten, wo Tierärzte den Zustand der Pferde prüften und erschöpfte oder lahmende Tiere vom Wettbewerb ausschlossen.

Die erste Military im heutigen Sinn fand unter der Bezeichnung «Championnat du cheval d'armes» 1902 in Paris statt. Sie dauerte zwei Tage. Am ersten Tag war eine Dressurprüfung abzulegen, und zwar eine Kür, bei der also jeder Reiter ein eigenes, seinen Fähigkeiten entsprechendes Programm reiten konnte. Danach war ein Jagdrennen über vier Kilometer mit 14 Sprüngen in höchstens 9 Minuten zu absolvieren, und anschließend folgte ein 60-Kilometer-Querfeldeinritt mit einem Zeitlimit von 3 Stunden und 45 Minuten. Das Programm des zweiten Tages bestand aus einer Springprüfung. Bei dieser Veranstaltung wurde die Dressur noch am höchsten bewertet. Bereits im folgenden Jahr aber war im selben Wettbewerb die Leistung im Springen wichtiger. Erst später trat dann die Bedeutung der Geländeprüfung in den Vordergrund. Das Pariser Championat wurde, mit Ausnahme der Kriegsjahre, bis 1939 alljährlich durchgeführt. Gleichzeitig gab es auch in anderen Ländern ähnliche Prüfungen.

In Brüssel wurde erstmals 1905 die «Military Internationale» durchgeführt, mit 37 Reitern aus vier Ländern. Sie bestand aus einer Dressurkür, einem Geländeritt über 15 Kilometer, einer anschließenden Springprüfung, einem weiteren Geländeritt über 9 Kilometer wiederum mit darauffolgendem Springen und schließlich einem Rennbahngalopp über 3500 Meter.

Die erste Konkurrenz nach diesem Muster, aber ohne Dressurprüfung fand als nationale Veranstaltung in Italien 1907 statt und wurde von Federico Caprilli gewonnen. Bereits 1908 wurde die italienische Military international ausgeschrieben. Sie wurde in Tor di Quinto durchgeführt und von 103 Offizieren aus Italien, Frankreich, Spanien, Belgien, Rumänien, Rußland und Argentinien bestritten.

Military-Hindernisse

Herzstück jeder Military ist der Querfeldeinritt in der Geländeprüfung am zweiten Tag. Hier stößt das Pferd auf eine Vielzahl von Hindernissen und muß allein schon dadurch großes Selbstvertrauen beweisen, daß es unerschütterlich an Sprünge herangeht, die ihm in ihrer Art völlig neu sind. Während das Springpferd im Parcours zwar schwere Hindernisse bewältigen muß, aber eigentlich immer wieder die gleichen oder doch sehr ähnliche Steilsprünge, Oxer, Triplebarren und Wassergräben vor sich hat, wartet die Querfeldeinstrecke der Military mit immer wieder neuartigen Hindernissen und Kombinationen auf. Hinzu kommt, daß diese Geländehindernisse fast durchweg fest gebaut sind. Hier fallen keine Stangen oder Holzkästen rumpelnd zu Boden, wenn das Pferd nicht hoch oder weit genug springt, sondern hier stößt sich das Pferd schmerzhaft die Beine oder stürzt, wenn es sich verschätzt oder die Kräfte für den Sprung nicht mehr ausreichen. Hinzu kommt außerdem, daß diese Hindernisse nicht auf einem hübsch ebenen Springplatz aufgebaut sind, sondern im kupierten Gelände stehen, oft mitten an Steilhängen oder kombiniert mit Wällen, Sandgruben oder Wasserein- und -aussprüngen. Und alles wird zusätzlich dadurch erschwert, daß der Querfeldeinstrecke bereits ein Dauerritt über 16 bis 22 Kilometer und ein Rennbahngalopp über 3500 bis 4000 Meter vorausgegangen sind und die Strecke selbst noch einmal rund acht Kilometer lang ist.

Grundsätzlich sollen Militaryhindernisse so beschaffen sein, daß sie natürlich wirken, so als wären sie zufällig hier und nicht eigens gebaut worden, obschon die meisten nur zu diesem Zweck konstruiert werden, und zwar bei großen Konkurrenzen gelegentlich unter beträchtlichem Aufwand. So ein Hindernis kann lediglich aus einem dicken, am Boden liegenden Baumstamm bestehen oder ein einfacher Zaun sein. Es kann aber auch ein tückisches, aus Holzstangen konstruiertes Zickzackgebilde sein, bei dem sich der Reiter vorher haargenau überlegen muß, wie er es mit seinem Pferd anzugehen und zu springen hat. In den großen Prüfungen sind viele Sprünge schwer, manche nicht ungefährlich und oft so gebaut, daß sie neben dem eigentlichen Springvermögen viel Mut, Geschicklichkeit und Erfahrung beider Partner voraussetzen. Nur selten allerdings sind sie so gefährlich wie etwa die berüchtigten Betonröhren bei den Olympischen Spielen von Rom 1960. Sie waren 1,15 Meter hoch und 1,10 Meter lang, und die Tücke dabei war, daß sie der Länge nach übersprungen werden mußten. Außerdem irritierte die unmittelbar nach den Röhren abfallende Landestelle viele Pferde im letzten Augenblick, so daß sie den genauen Absprung verpaßten und sich an den scharfkantigen Röhren die Beine verletzten. Militaryhindernisse dürfen schwer, doch auf keinen Fall so unfair sein.

Ein Trakehnergraben beispielsweise, bei dem sich ein Stangensteilsprung in der tiefsten Stelle einer Senke befindet und bei dem das Pferd Absprung- und Landestelle sehr genau finden muß, wenn es nicht in den Graben fallen will, ist ein schwerer Sprung. Aber auch wenn auf der olympischen Military von Stockholm 1956 das schwedische Pferd Iller bei einem solchen Sprung ein Bein brach und auf der Stelle erschossen werden mußte, handelte es sich doch nicht um ein unfaires Hindernis, weil die Abmessungen den Fähigkeiten der Pferde entsprachen. Stimmen diese Maße jedoch nicht, wie zum Beispiel bei dem im Prinzip gleich gebauten Stangenoxer in der Senke bei den Europameisterschaften von 1973 in Kiew in der Sowjetunion, dann ist das Hindernis von nicht mehr zu rechtfertigender Gefährlichkeit. 17 von 43 Pferden stürzten an diesem Hindernis, und daß es dabei keine Todesfälle gab, ist ein wahres Wunder.

Wassereinsprünge gehören zu jeder Military. Sie wirken spektakulär, sind aber in der Regel verhältnismäßig nicht sehr schwierig, sofern das Pferd nicht wasserscheu ist — und ein Militarypferd ist natürlich nicht wasserscheu. Zu den schwierigsten der immer wieder benützten Wasserpassagen gehört die

1 Weitsprung auf der hervorragend angelegten olympischen Querfeldeinstrecke von Helsinki 1952. Der Reiter ist Piero d'Inzeo auf Pagore.

2 Wassereinsprung beim Alpencup in Rom 1979. Der Schweizer Ernst Baumann auf Baron, der hier zu sehen ist, verunglückte auf demselben Pferd an der Weltmeisterschaft 1982 in Luhmühlen tödlich.

3 Sprung von einer Bank über einen festen Zaun auf eine tieferliegende Landestelle auf dem Olympiacross von München. Hier stürzte unter anderem der vorne liegende Horst Karsten auf Sioux und schied aus.

4 Die «Theke», der letzte Geländesprung an der Europameisterschaft 1979 in Luhmühlen.

5 Hochsprung in Walldorf.

6 Tiefsprung in Badminton. Hugh Thomas wurde 1976 auf dieser unvergleichlichen Geländestrecke Zweiter.

7 Eines der heimtückischsten Militaryhindernisse überhaupt war die Nr. 2 an der Europameisterschaft 1973 in Kiew, an dem 14 von 43 Reitern stürzten (siehe auch Bild 13).

8 Bewachsener Graben mit Koppelrick an der Olympiaausscheidung in Warendorf 1972. Der Reiter ist Otto Rothe auf Trux von Kamax.

9 Die «Normandy Bank» in Badminton. Marjorie Comerford auf The Ghillie lag nach dem Cross an zweiter Stelle, fiel aber im Springen auf Platz sieben zurück.

10 Respektheischender, aber fairer Hochweitsprung in Walldorf 1979. Der Reiter ist der Sieger der Klasse S, R. Schwarz auf Power Game.

11 Der olympische «Trakehnergraben» von Stockholm 1956, wo das schwedische Pferd Iller so unglücklich stürzte, daß es auf der Stelle getötet werden mußte. Albert Hill's Countryman III schafft das Hindernis gerade noch, obwohl er zu tief im Graben abspringen muß.

12 Sprung ins Leere auf der schweren, aber fairen Geländestrecke von Luhmühlen, 1968.

13 Horst Karsten auf Sioux war einer der glücklichen Reiter, die die sehr gefährliche Grabenüberbauung, Hindernis 2, an der Europameisterschaft 1973 in Kiew schafften.

14 Etwa gleich berüchtigt wie Hindernis 2 in Kiew waren die «Betonröhren» auf der olympischen Crossstrecke von Rom, 1960.

«Trout Hatchery» auf dem herrlichen Querfeldeinkurs des Schlosses *Burghley* in England, bei dem über ein ansehnliches Stangenrick ins Wasser und wiederum über einen Steilsprung aus dem Wasser gesprungen werden muß. Hier scheitern viele Reiter, aber als gefährlich kann man es dennoch nicht bezeichnen. Lebensgefährlich jedoch wurde die Wasserdurchquerung bei den Olympischen Spielen in Mexiko 1968. Hier mußte über ein Doppelrick in einen etwa 40 Zentimeter tiefen, zunächst recht harmlosen Bach gesprungen werden. Ein Gewitter verwandelte dieses friedliche Gewässer jedoch mitten in der Veranstaltung in ein reißendes, kaum zu durchquerendes Wildwasser.

Berühmtheiten im Militarysattel

Bis nach dem Zweiten Weltkrieg beteiligten sich an den Militaryprüfungen fast ausschließlich Offiziere. Unter den wenigen Ausnahmen gab es bereits einige Amazonen, von denen aber nur eine Erfolg hatte: Irmgard von Opel. Sie gewann 1932 sogar die Military von Wien auf *Nanuk*.

An der olympischen Military 1952 von Helsinki nahmen neben 43 Offizieren 16 Zivilreiter teil. Von den 19 vollständigen Mannschaften waren 6 Zivilequipen. Zwei davon, Deutschland und die USA, gewannen hinter den schwedischen Offizieren Mannschaftssilber und -bronze.

Inzwischen ist die Military ein größtenteils ziviler Sport geworden. Die Amazonen sind verständlicherweise in diesem harten Sport zwar weit in der Minderzahl, doch bringen die besten von ihnen, vor allem die Engländerinnen, ihren männlichen Kollegen immer wieder das Fürchten bei und belegen vorderste Ränge bei den wichtigsten Prüfungen.

Die Besten der Militarysportler müssen, nicht nur weil sie Dressur-, Spring- und schwierige Geländeprüfungen absolvieren, sondern weil sie meistens auch noch schwierige Pferde unter dem Sattel haben, hervorragende Reiter sein. Ein gutes Militarypferd ist immer eine Kämpfernatur mit viel Persönlichkeit, denn nur dann besteht es den wichtigsten Teil der Military, die Geländeprüfung. Außerdem stehen gute Militarypferde immer hoch im Blut. Sie haben höchst selten weniger als 50 Prozent Vollblutanteil, meistens wesentlich mehr, und manche sind reine Vollblüter.

Eines der erstaunlichsten Militarypferde der Nachkriegszeit war *High and Mighty*, der von 1955 bis 1958 unter der Engländerin Sheila Willcox 17mal als Sieger aus schweren Prüfungen hervorging. Herkunftsmäßig war er eine Mischung, wie sie auf dem europäischen Kontinent kaum denkbar wäre, in England aber durchaus üblich ist. Der Vater war ein Vollblüter, die Mutter ein Halbblutpony aus einer Highlandpony-Stute und von einem Araberhengst. High and Mighty hatte die Klugheit, die Geschicklichkeit und den Mut des Ponys, die Ausdauer des Arabers und die Härte und Schnelligkeit des Vollblüters. Obschon er nur 161 Zentimeter hoch war, schreckte er vor keinem Hindernis zurück und stürzte während seiner ganzen Karriere nicht ein einziges Mal! Nach seiner Militarylaufbahn war er noch elf Jahre lang ein erstklassiges Jagdpferd.

Noch fast zehn Zentimeter kleiner war *Our Solo*, und unter seinem australischen Reiter Bill Roycroft, der stolze 1,87 Meter mißt, wirkte sich dies beson-

1 Bill Roycroft, Australien, eine der markantesten Persönlichkeiten im Militarysport überhaupt, eisenhart und nicht unterzukriegen. Seit Rom 1960 an sämtlichen OS dabei, letztmals 1976 in Montreal als 61jähriger.

2 Princess Anne von England. Seit 1970 im Militarysattel, bewies sie ihr reiterliches Können durch viele Siege und Klassierungen in namhaften Prüfungen (EM, WM, OS). Unter anderem war sie 1971 Europameisterin und 1975 Vizeeuropameisterin.

3 Sheila Willcox, die dominierende britische Reiterin von 1955 bis 1968. Als erster Frau gelang es ihr, 1957 in Kopenhagen den Europameistertitel zu erringen. In den Annalen Badmintons steht sie als Seriensiegerin (1957/58/59) verzeichnet.

4 Lucinda Prior-Palmer, GBR, ritt seit 1971 (Team-Goldmedaille EM Junioren) von Erfolg zu Erfolg und gehört heute zur absoluten Weltspitze: Vier Badmintonsiege auf vier verschiedenen Pferden, zwei EM-Goldmedaillen sowie unzählige weitere Siege.

ders aus. Our Solo war trotz seiner geringen Größe ein Vollblüter. Er sollte ein Kinderpony werden, gebärdete sich dafür aber viel zu wild und wurde daher von Roycroft billig als Polopony gekauft. Zwei Jahre später, 1957, begann Roycroft Military zu reiten und stieß sehr schnell zu den besten Australiern vor. Schon 1960 gehörte er zur Olympiamannschaft, gewann zur allgemeinen Überraschung vor der Olympiade mit Our Solo die berühmten englischen «Badminton Horse Trials» und wurde zur Sensation von Rom. Our Solo stürzte an den berüchtigten Betonröhren, Roycroft brach dabei ein Schlüsselbein und ritt die Geländeprüfung einhändig zu Ende. Er wurde mit dem Hubschrauber ins Spital gebracht, riß aber am nächsten Morgen trotz des Reitverbotes der Ärzte aus, absolvierte einen fehlerfreien Ritt über den Springparcours und verhalf damit seiner Mannschaft zur Goldmedaille.

Wenn reine Vollblüter für die Military eingesetzt werden, dann wünscht man sich den kraftvollen, starkgliedrigen Steeplechasetyp, wie er hauptsächlich in Irland gezüchtet wird. Daß ausnahmsweise aber auch sehr leichte und feingliedrige Vollblüter hervorragend werden können, bewies *Doublet* unter Prinzessin Anne.

Auch mit *Goodwill* hatte Prinzessin Anne ein ausgezeichnetes Pferd, das in sieben Jahren erfolgreich vierzehn schwere Militarys durchstand und 1975 in Luhmühlen Europameisterschaftszweiter wurde. Siegerin dieser Konkurrenz wurde die Engländerin Lucinda Prior-Palmer auf *Be Fair*, dieselbe Reiterin, die auf *George* auch die nächste Europameisterschaft, 1977 in Burghley, gewann. Be Fair war insofern ein typisches Militarypferd, als er seiner jungen Reiterin erhebliche Schwierigkeiten machte und sie in den ersten Jahren unzählige Male aus dem Sattel beförderte.

5 Otto Ammermann gehört seit Jahren zur deutschen Militaryspitze. Zwei deutsche Meistertitel sowie viele brillante Plazierungen bestätigen sein Können.

6 Klaus Wagner, der große alte Mann des deutschen Militarysportes. Seit 1950 (erste Nachkriegsmilitary) bestritt er zahllose Prüfungen, u. a. vier OS.

7 Thierry (Bild) und Jean-Yves Touzaint, Frankreich. Teilnehmer an den OS 1976. Bisher größter Erfolg: Mannschaftsgold am Militaryfestival Fonainebleau 1980.

8 Karl Schultz, BRD. Sieger vieler internationaler Militarys (dreimal Achselschwang, zweimal Walldorf, Wylye) und mehrfacher Medaillengewinner an EM, WM und OS.

9 Mark Phillips, GBR. Erfolgreich in allen großen Prüfungen Englands (Wylye, Burghley, dreimal Badminton) und vielen anderen. Mannschaftsgold OS München 1982.

10 Horst Karsten, einer der dienstältesten Spitzenreiter Deutschlands. Bronzemedaille Mannschaft 1964 in Tokio, weitere Einzel- und Mannschaftserfolge in Moskau, München, Kiew, Burghley.

11 Richard Meade, GBR. Vizeweltmeister 1966 und 1970, Olympiasieger 1972 (Einzel und Mannschaft), ist seit langen Jahren eine zuverlässige Stütze des britischen Teams, das ihm etliche Medaillen an EM, WM und OS verdankt.

12 Bruce Davidson, USA. Schüler des berühmten Le Goff. Zweifacher Weltmeister 1974 und 1978.

13 Frank Weldon, GBR. Technischer Delegierter der FEI, internationaler Richter und Konstrukteur der Geländestrecke von Badminton, war einmal Europameister, dreimal Vizeeuropameister und holte 1956 an den OS Stockholm Einzelbronze und Teamgold.

Anton Bühler, CH. Weltweit gefragter Militaryrichter und technischer Experte, blickt auf eine lange Reiterkarriere zurück: fünfmal Schweizer Meister, vorderste Plazierungen an den EM in Basel 54 und Windsor 55, Teilnehmer an drei OS (Rom 1960: Einzelbronze, Mannschaftssilber).

14 Herbert Blöcker, BRD. Klein, aber zäh. Legendär ist sein Ritt an den OS in Montreal 1976 geworden, wo ihm mit nur einem Bügelriemen eine fehllose Geländerunde gelang; damit verhalf er seiner Mannschaft zu Silber.

15 Michael Plumb, herausragender Reiter des amerikanischen Teams. Fünf OS (einmal Teamgold, einmal Einzelsilber, dreimal Teamsilber). Dazu kommen Einzelsilber und Teamgold an der WM 1974 in Burghley. Jüngster Sieg: CCI Luhmühlen 1980.

16 Niels Haagensen, DK, ritt an den OS 1976 noch in der Dressurequipe mit und wechselte danach ins Militarylager, wo ihm ein kometenhafter Aufstieg beschieden war. EM 1979 und Sieger des Militaryfestivals Fontainebleau 1980.

Eine Ausnahme in dieser Beziehung war George, den Lucinda Prior-Palmer als einen «englischen Gentleman im besten Sinne des Wortes» bezeichnete. Ohne sich zu widersetzen, tat er einfach alles, was die Reiterin von ihm verlangte.

Als das statistisch erfolgreichste Militarypferd gilt *Sioux*, ein westfälischer Halbblutschimmel, der unter Horst Karsten von 1971 bis 1977 immer wieder vorn dabei war. Typischerweise war er das schwierigste Pferd, das Karsten je geritten hatte.

Trotz der harten Geländeprüfungen, bei denen es nicht selten auch zu Verletzungen kommt, zeigen gute und gutgerittene Militarypferde oft erstaunlich geringe Verschleißerscheinungen und werden bei großer Leistungsfähigkeit sehr alt. Das berühmteste Beispiel dafür ist *Fortunat*, den sein Reiter Reiner Klimke einen «mit 35 Jahren immer noch rüstigen alten Herrn» nannte.

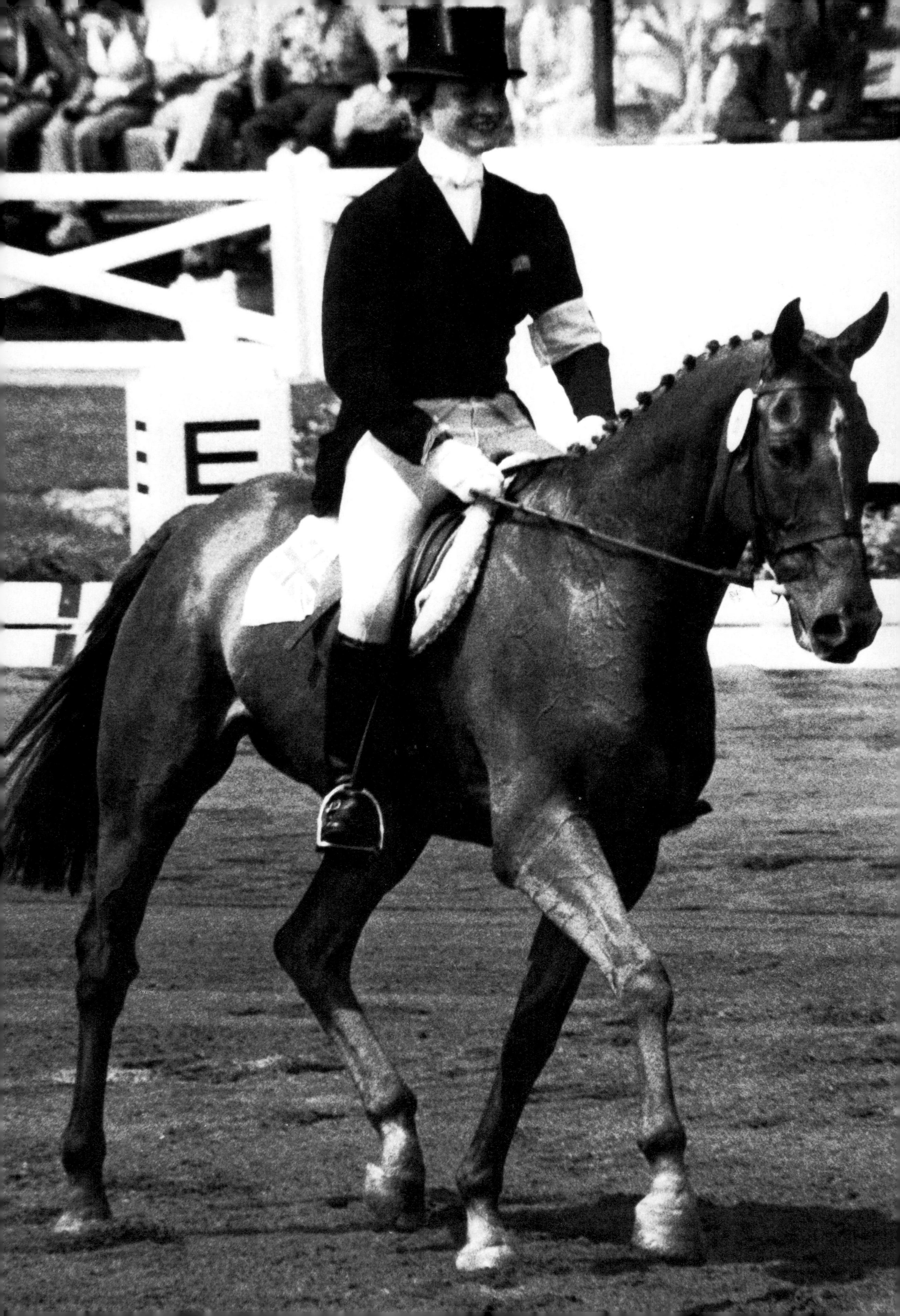
E

Der erste Tag

Eine Military beginnt mit der Dressurprüfung. Geritten wird sie auf einem 20 × 60-m-Viereck im Freien. Das Programm schreibt 20 Lektionen vor, die mit Noten von 0 (nicht ausgeführt) bis 6 (sehr gut) bewertet werden. Geprüft werden die drei Grundgangarten; häufige Tempo- und Gangartwechsel sowie Trabtraversalen und Kontergalopp bilden die Hauptschwierigkeiten. Am Schluß des Programms kommen noch vier Gesamtnoten dazu, in denen Reinheit und Regelmäßigkeit der Gänge, Schwung, Gehorsam und der Sitz des Reiters zusätzlich beurteilt werden. Die erlaubte Zeit beträgt 7 Min. 30 Sek.

Programmfehler oder Zeitüberschreitungen werden mit Punktabzügen bestraft.

Alles zusammengezählt, wären im Idealfall 144 Punkte möglich. Die Differenz zwischen dieser maximal erreichbaren und der tatsächlich errittenen Punktzahl ergibt das Resultat der ersten Teilprüfung in Minuspunkten.

Ziel der Militarydressur ist es, ein leicht reitbares Pferd zu haben, das im Gelände auf leiseste Einwirkungen des Reiters reagiert und seine Kräfte für ihn einsetzt, statt sie im nutzlosen Kampf gegen ihn zu verpuffen.

Die Dressurprüfung unterscheidet sich von den anderen Teilprüfungen, in denen nach Fehlern und Zeit gewertet wird, darin, daß sie nach menschlichem Ermessen gerichtet wird und daß deshalb die Beurteilung von einer gewissen Subjektivität nie ganz frei ist. Eine gute Präsentation von Pferd und Reiter macht, auch wenn sie mit Dressur direkt nichts zu tun hat, auch auf den objektivsten Richter einen positiven Eindruck.

Das Pferd mit eingeflochtener Mähne, den Schweif sorgfältig gekämmt, das Fell seidig schimmernd; sauber geputzt das Sattel- und Zaumzeug; der Reiter im feiertäglichen Frack und Zylinder mit Halsbinde und weißen Handschuhen – welches Auge könnte sich einem solchen Eindruck verschließen!

Links: Die zweifache Military-Europameisterin Lucinda Prior-Palmer aus England besticht bereits in der Dressurprüfung durch vollkommene Harmonie mit ihrem in den ersten Jahren sehr schwierig zu reitenden Fuchs Be Fair.

Rechts: Im 20 × 60 m großen Dressurviereck wird keine Military gewonnen; aber ein gutes Ergebnis ist beruhigend. Der Sinn der Dressur in der Military besteht ja darin, ein gut zu reitendes, williges Pferd fürs Gelände heranzubilden.

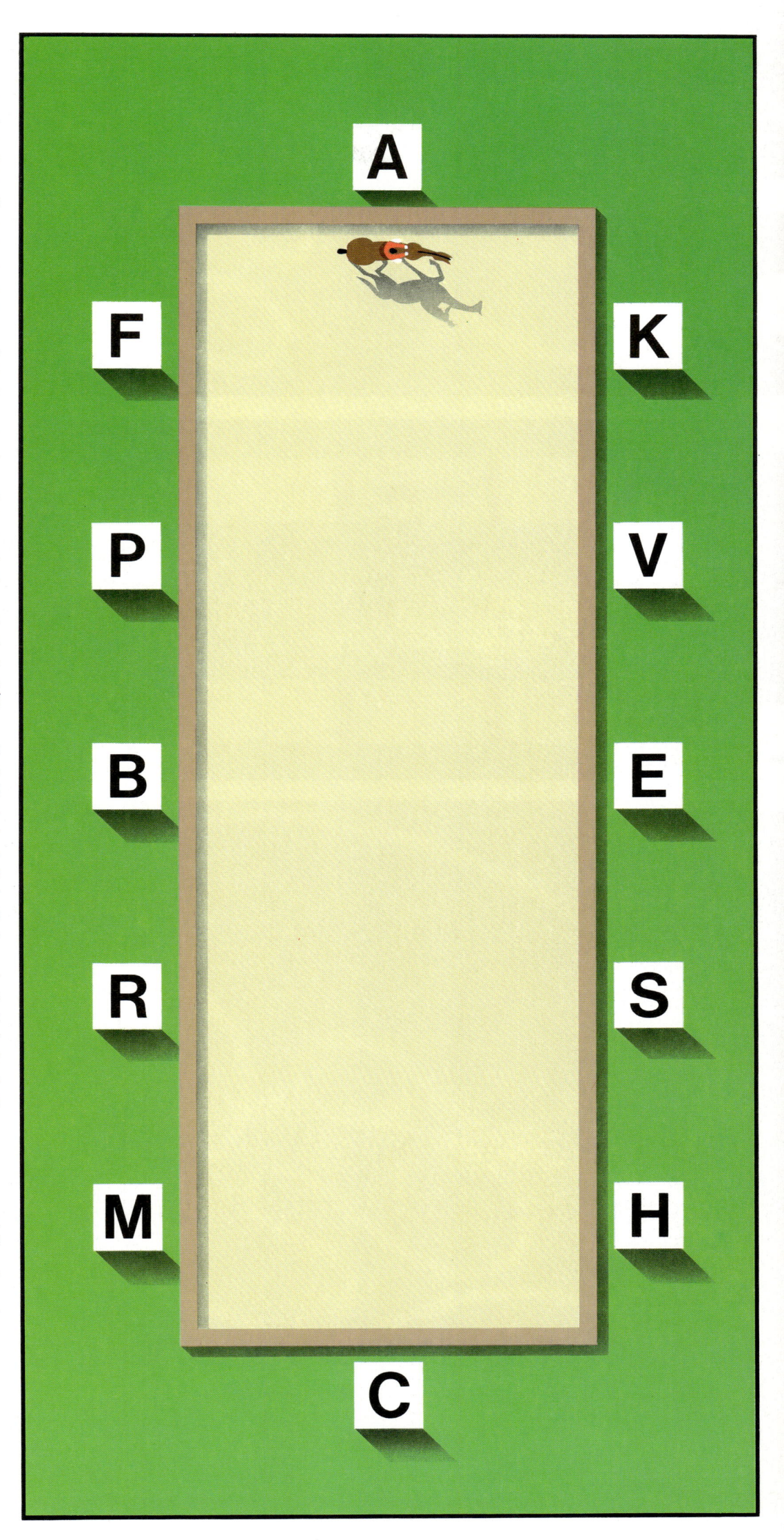

348

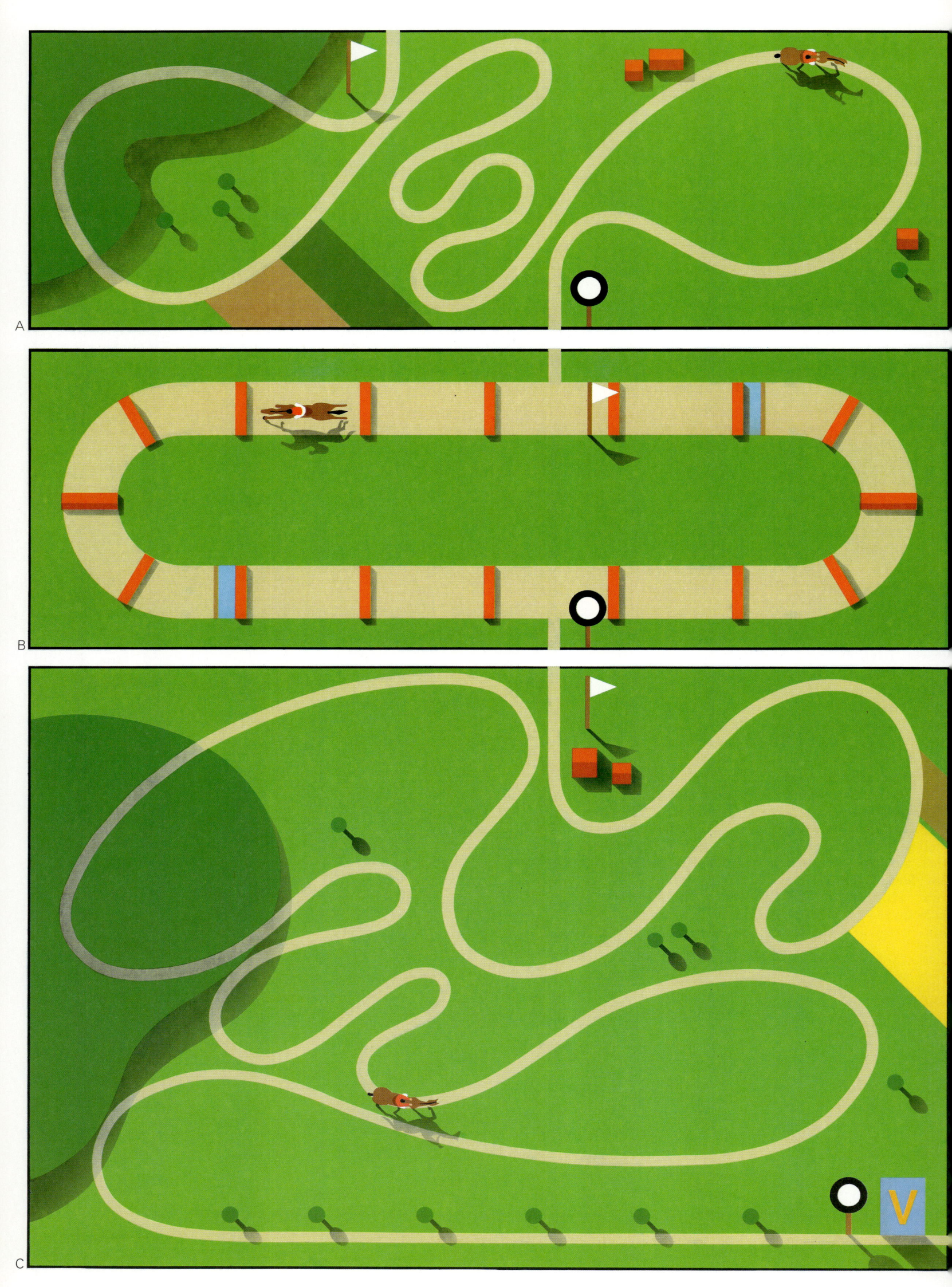

DER ZWEITE TAG

Am zweiten Tag folgt der Dauerritt, das Kernstück der Military. Er steht ganz unter dem Zeichen der Uhr. An diesem Tag scheidet sich die Spreu vom Weizen, nun zeigt sich, ob die Vorbereitungen richtig waren.

Das erfahrene Militarypferd weiß bereits bei den Vorbereitungen im Stall ganz genau, was jetzt folgt. Heute muß es nicht wohlgesittet in verkürzter Gangart Figuren drehen, heute darf es sich nach Herzenslust austoben. Schon beim sorgfältigen Bandagieren der Beine kann es vor Erwartung fast nicht still stehen, und wenn es erst den leichten Sattel auf seinem Rücken spürt, ist es kaum mehr zu halten: Jetzt wird es ernst!

Der Dauerritt ist in vier Phasen — A, B, C und D — eingeteilt. Er beginnt mit der Phase A, einem vier bis sechs Kilometer langen Wegeritt, im Tempo 240 m/min zu reiten. Schnelleres Reiten gibt keine Gutpunkte, Zeitüberschreitungen dagegen kosten einen Minuspunkt pro Sekunde.

Die Trabstrecken, wie A und C auch genannt werden, führen größtenteils über Straßen und Wege durch oft sehr reizvolle ländliche Gegenden. Da ist zum Beispiel der wunderbare Park des Duke of Beaufort in Badminton mit den prächtigen, über 100jährigen Bäumen. Oder Maienfeld in der Schweiz, wo die Wegstrecke sich, hoch über dem Dorf, mitten durch die Weinhänge zieht, im Hintergrund die herrlichen Alpen.

Der erste Abschnitt des Dauerrittes (A) bildet den Auftakt zu dem gleich anschließenden Rennbahngalopp (B). Wo das Gelände, etwa eine Wegkante, es erlaubt, läßt man sein Pferd einen ruhigen Kanter galoppieren, wie es auf dem oberen Bild auf dieser Seite Ottokar Polmann auf *Polarfuchs* tut. Wenn sich Gelegenheit ergibt, springt mancher Reiter auch gern ein kleines Hindernis, um das Pferd optimal vorbereitet auf die Rennbahn zu bringen.

Unmittelbar am Ende des Abschnittes A folgt der Rennbahngalopp. Die Strecke geht über 3500 bis 4000 Meter, wobei ein Tempo von 690 m/min verlangt wird. Auf der Strecke verteilt stehen zwölf Hindernisse, bis 1,40 Meter hoch, wobei aber der feste Hindernisteil nicht höher als ein Meter oder nicht breiter als vier Meter sein darf. Die meisten Pferde kennen diese Hindernisse so genau, daß sie sie «wischen», wie es routinierte Steeplechaser tun, daß sie also die nachgiebigen Reisigbüschel am oberen Teil des Hindernisses nicht über-, sondern durchspringen. Ein Pferd, der Badminton- und Europameisterschaftssieger 1977, *George* unter Lucinda Prior-Palmer, allerdings war dafür bekannt, daß er nicht bloß den Reisigaufsatz wischte, sondern den leichten Rennbahnhindernissen keinerlei Respekt zollte und einfach durch sie hindurchgaloppierte. Der sonst so zuverlässig springende George jagte damit seiner Reiterin auf der Rennbahn stets weit mehr Angst ein als danach auf der Querfeldeinstrecke.

In der Phase B heißt es für den Reiter erstmals, die Kräfte seines Pferdes richtig einzuteilen, damit es für die Querfeldeinstrecke noch genügend Reserven hat. Da lohnt es sich, ein paar Strafpunkte hinzunehmen. Schneller zu reiten als vorgeschrieben wäre unnötiger Kräfteverschleiß, weil es keine Gutpunkte einbringt.

Links: Der hochedle Fuchswallach «Polarfuchs» unter Ottokar Polman, unter anderem Siegerpaar an der Internationalen Military 1958 in Harewood, England, auf der Wegestrecke.

Unten: Veterinärkontrolle nach der zweiten Wegestrecke. Nur Pferde, die sich während der Zehnminutenpause deutlich erholen und keinerlei Lahmheit zeigen, sind zum schwersten Teil der Prüfung, zum Geländeritt, zugelassen.

Ein sicheres Tempogefühl ist wesentlich. Bei jedem erfahrenen Militaryreiter sind die drei verlangten Geschwindigkeiten, 240 m/min für die Phasen A und C, 690 m/min für die Phase B und 570 m/min für die Phase D, sozusagen eingebaut.

Das Ziel des Rennbahngalopps ist zugleich der Start für Phase C, einen Wegeritt über 12 bis 16 Kilometer. Das gut trainierte Pferd erholt sich in dieser Phase, im Trab und im verhaltenen Kanter, von der Strapaze des schnellen Rennbahngalopps. Obschon auch auf dieser Strecke keine Zeit zum Bummeln bleibt, hat der Reiter doch genügend Muße, in Gedanken noch einmal den bereits mehrfach zu Fuß abgeschrittenen Querfeldeinkurs durchzugehen, sich die Schwierigkeiten des Geländes und der Hindernisse vor Augen zu führen.

Am Ziel der Wegstrecke C wird eine zehnminütige Zwangspause eingeschaltet. Hier wird die körperliche Verfassung des Pferdes nochmals eingehend vom Tierarzt untersucht. Nur Pferde, die diesen strengen Test bestehen, werden zum Start C zugelassen.

In der noch verbleibenden Zeit wird das verschwitzte Pferd gewaschen, abgekühlt, getrocknet, getränkt, wird der Sitz der Beinbandagen und der Hufeisen geprüft. Dann beginnt die alles entscheidende Aufgabe, Phase D, die Querfeldeinstrecke.

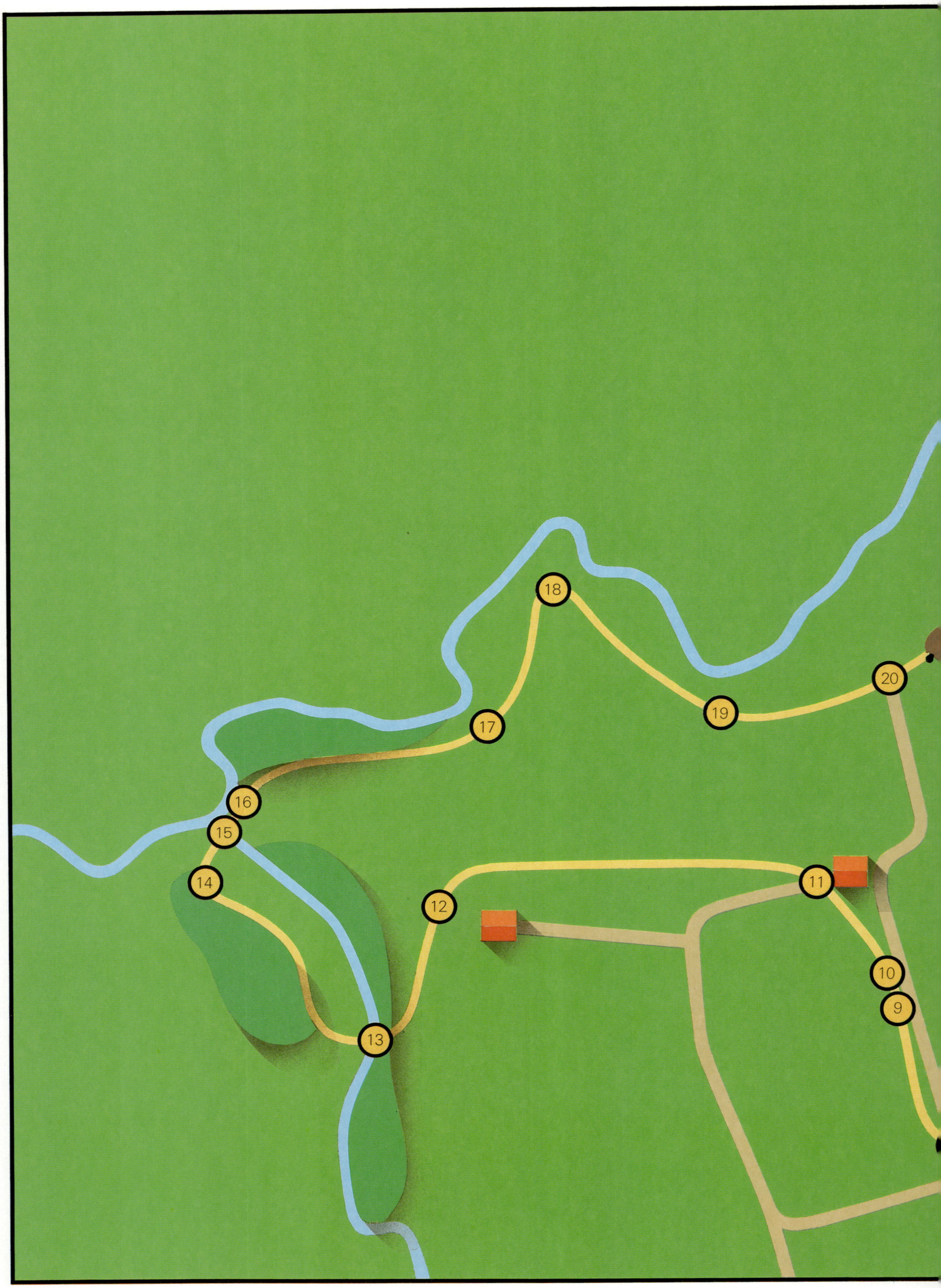

18
17
19
20
16
15
14
12
11
10
9
13

Unsere Darstellung des gesamten Cross-Country-Parcours entspricht den Plänen, nach denen der Kurs von Horsens in Dänemark für die Europameisterschaft 1981 gebaut wurde. Von den 30 Hindernissen haben wir 12 besonders interessante ausgewählt.

1 Hindernis 1: Der gut markierende Oxer über einem kleinen Graben ist mit seiner breiten Front sehr fair gebaut. Das erste Hindernis einer Geländestrecke soll keine besonderen Schwierigkeiten enthalten, damit die Pferde vertrauensvoll an die weitere Aufgabe herangehen.

2 Die Passage durch den Garten eines Bauernhauses: Einsprung über die Mauer oder das Gartentor und Aussprung über die Hecke. Ein gutgelungenes Beispiel für das Bestreben, die Hindernisse möglichst gut den natürlichen Gegebenheiten anzupassen.

3 Diesen zwei Meter breiten Wagen überspringen die Pferde entweder zeitsparend mit einem einzigen Satz, oder sie fußen mit der Hinterhand kurz auf der Ladefläche auf. Das Hindernis ist durch die Scheune auf der einen und die Hecke auf der andern Seite gut eingerahmt.

4 Hindernis 13 in Horsens: Der Sprung über den breiten Graben ist zusätzlich erschwert, weil die Pferde nach steilem Abrutsch durch den Wald am rechten Bildrand nur wenig Platz haben, um genügend Schwung zur Bewältigung des Hindernisses zu entwickeln.

Eines der heikelsten Probleme der EM 1981: eine Birkenstationata vor dem Steilhang. Die Schwierigkeit für den Reiter besteht einerseits darin, daß er sein Pferd nach einer längeren, leicht abfallenden Galoppierstrecke so genau dosiert an den Sprung heranführt, um bei genügender Aktion der Hinterhand eine Verweigerung zu vermeiden, anderseits das Pferd aber nicht zu weit in den Hang hineinspringen zu lassen und somit einen Sturz zu riskieren.

QUERFELDEIN

Das Herz der ganzen Military ist die Querfeldeinstrecke, der Cross Country oder Que-Ritt. Hier fällt die Entscheidung. Hier zeigt es sich unweigerlich, was wirklich im Pferd steckt — und im Reiter. Hat das Pferd nach den zwei Wegestrecken und dem scharfen Rennbahngalopp mit Jagdhindernissen tatsächlich noch die Kraft, sieben Kilometer zurückzulegen, sieben Kilometer Härteprüfung, im Galopp, bei einer Durchschnittsgeschwindigkeit von 570 Metern pro Minute, durch hügeliges Gelände mit kräfteraubenden Steigungen, über steile Abhänge hinunter, durch Wasser, vielleicht durch nassen, schweren Boden — und vor allem über mehr als 30 oder mehr Hindernisse, von denen jedes einzelne dem Anfänger Herzklopfen und manches selbst dem alten Fuchs ein flaues Gefühl im Magen verursacht. Denn bei diesen Hindernissen fliegen keine Stangen, Bretter oder Holzkasten, wenn ein Sprung verschätzt wird. Sie sind solide gebaut, und wenn das Pferd nicht exakt springt, kommt es zu schmerzhaften Rumplern oder auch zu schweren Stürzen.

Vom Reiter verlangt die Querfeldeinstrecke nicht nur Mut und eine beachtliche Kondition, sondern außergewöhnliches reiterliches Fingerspitzengefühl. Während des ganzen Rittes muß er den physischen und psychischen Zustand des Tieres genau erkennen. Er muß spüren, wenn Kampfgeist oder Aufmerksamkeit nachlassen, und muß das Pferd ermuntern — auf die seinem Charakter angepaßte Weise. Er muß aber auch ganz genau spüren, weshalb das Pferd in seiner Leistung nachläßt, ob aus Bequemlichkeit oder wegen beginnender Erschöpfung. Und im zweiten Fall zeigt derjenige Reiter Größe — und Klugheit —, der nun seinen Ehrgeiz unterdrückt und schonend zum Ziel reitet oder auch aufgibt.

Sehr oft haben Militarypferde etwa in der Mitte der Que-Strecke eine Krise. Der Schwung der Galoppbewegung läßt nach, und die Hindernisse werden nur noch mit offensichtlicher Mühe überwunden. Der erfahrene Reiter kennt das und reitet etwas langsamer. Meistens in ganz kurzer Zeit erholt sich das Pferd wieder, mobilisiert nochmals seine Kräfte, wird wieder lebhaft und aufmerksam und beweist auch über den letzten Sprüngen noch die große Leistungsbereitschaft, den Mut und die eiserne Härte, die jedes gute Militarypferd auszeichnen.

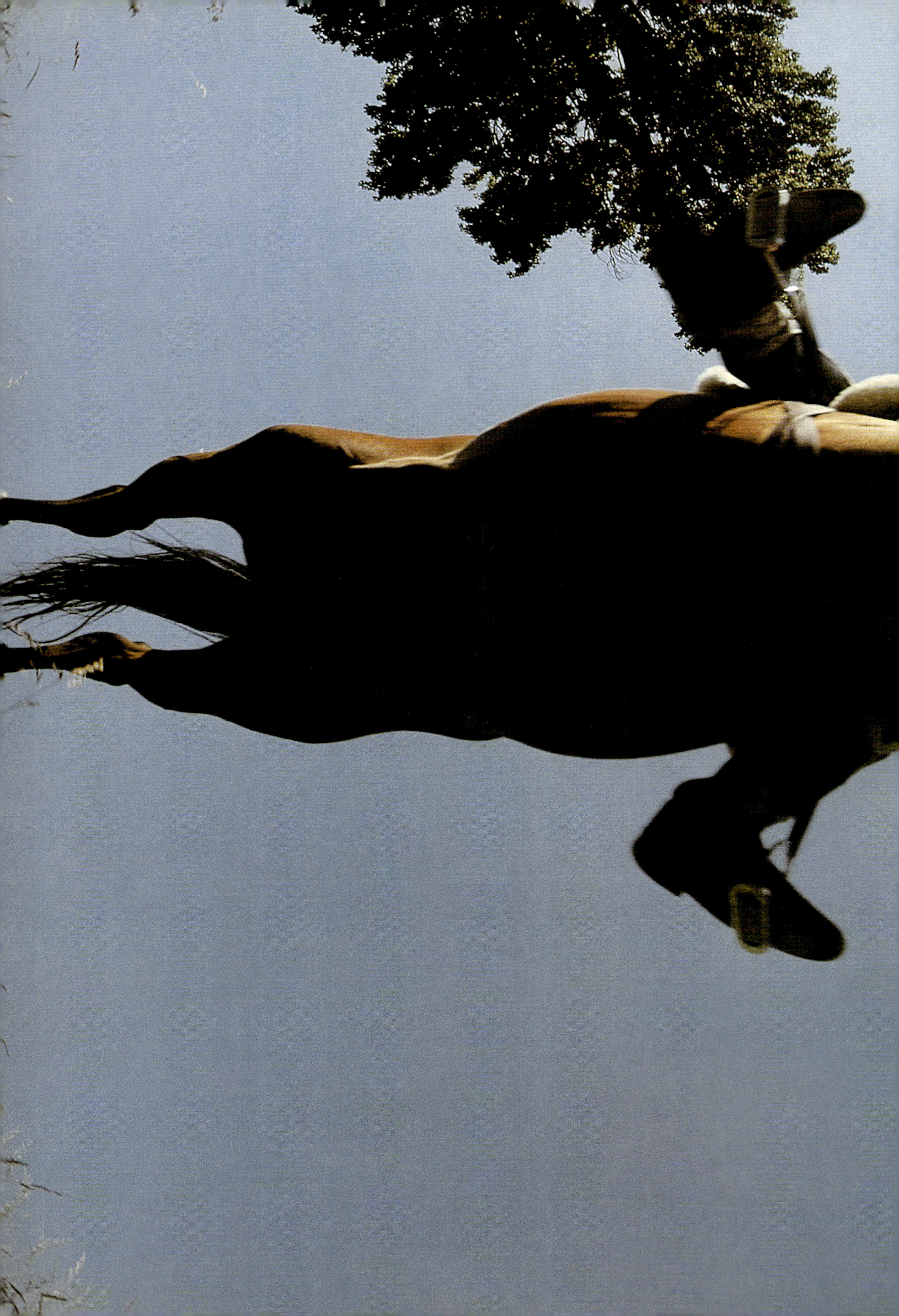

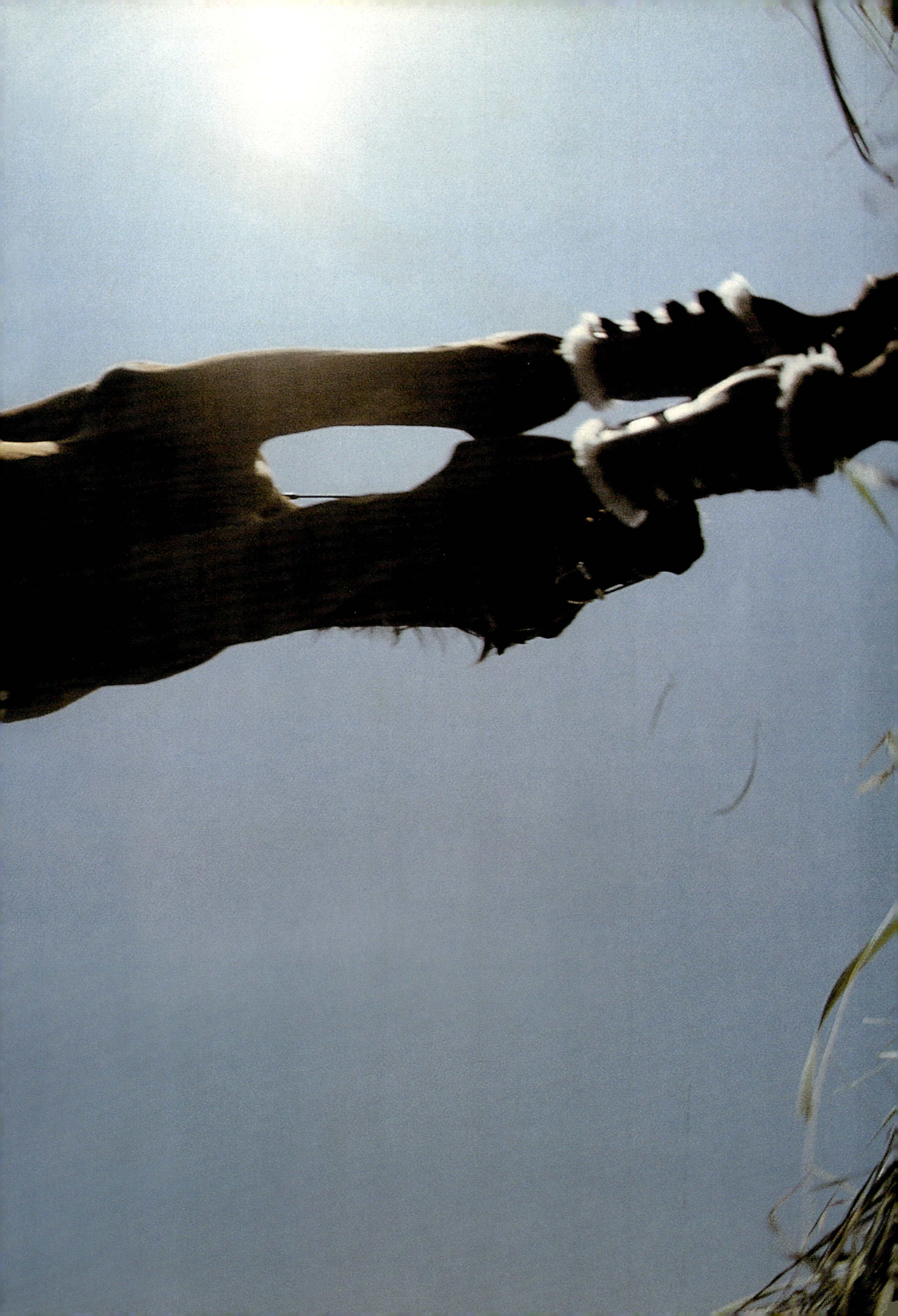

6 Eine immer wieder gern gestellte Aufgabe auf Geländestrecken und in Springparcours: ein Weitsprung und dahinter, auf kurze Distanz, ein Hochsprung. Der Reiter muß sein Pferd nach der Streckung über den vier Meter breiten Graben während weniger Galoppsprünge wieder gut versammeln können, um an der Wegesperre nicht in Schwierigkeiten zu geraten. Das Hindernis 16 wurde nach der ersten offiziellen Streckenbesichtigung auf Intervention der Equipenchefs hin noch weiß gestrichen, weil die ursprüngliche naturfarbene Version auf dunklem Waldweg nur schlecht zu sehen war.

7 Ein Strohrollensprung, mit wenig Aufwand schön aufgebaut. Solche Hindernisse werden in der Regel problemlos gesprungen.

8 Beispiel für eine klassische Alternative am Fuß des Steilhangs: Risikoreiche, aber zeitsparende Variante über den Oxer oder Überwinden des Hindernisses mit zwei Sprüngen über die Stationata und, im rechten Winkel dazu, die Hecke.

9 Betonröhren in einer Bodensenke, früher ein sehr beliebtes Hindernis, heute wegen der Verletzungsgefahr der Pferde eher selten geworden.

10 Hindernis 23: Steilsprung vor oder nach Sumpfgraben. Bei dieser Alternative sind sich die besten Reiter nicht einig, welches die leichtere Lösung sei.

11 Dieser Aufsprung gegen eine steile Böschung mit dem Graben davor kostet gegen Ende der Prüfung noch viel Kraft und erfordert genaues Anreiten.

12 Die berühmte «Horsens Bridge», ein in dieser Form erstmals an der EM 1981 gebautes Hindernis. Verschiedene Favoriten mußten ihre Medaillenträume am schrägen Bachufer hinter der unvollendeten Brücke begraben. Das Hindernis wurde später von verschiedenen Organisatoren in modifizierter Form nachgebaut, so zum Beispiel im Jahre 1982 in Badminton, dem «Mekka» der Militaryreiterei.

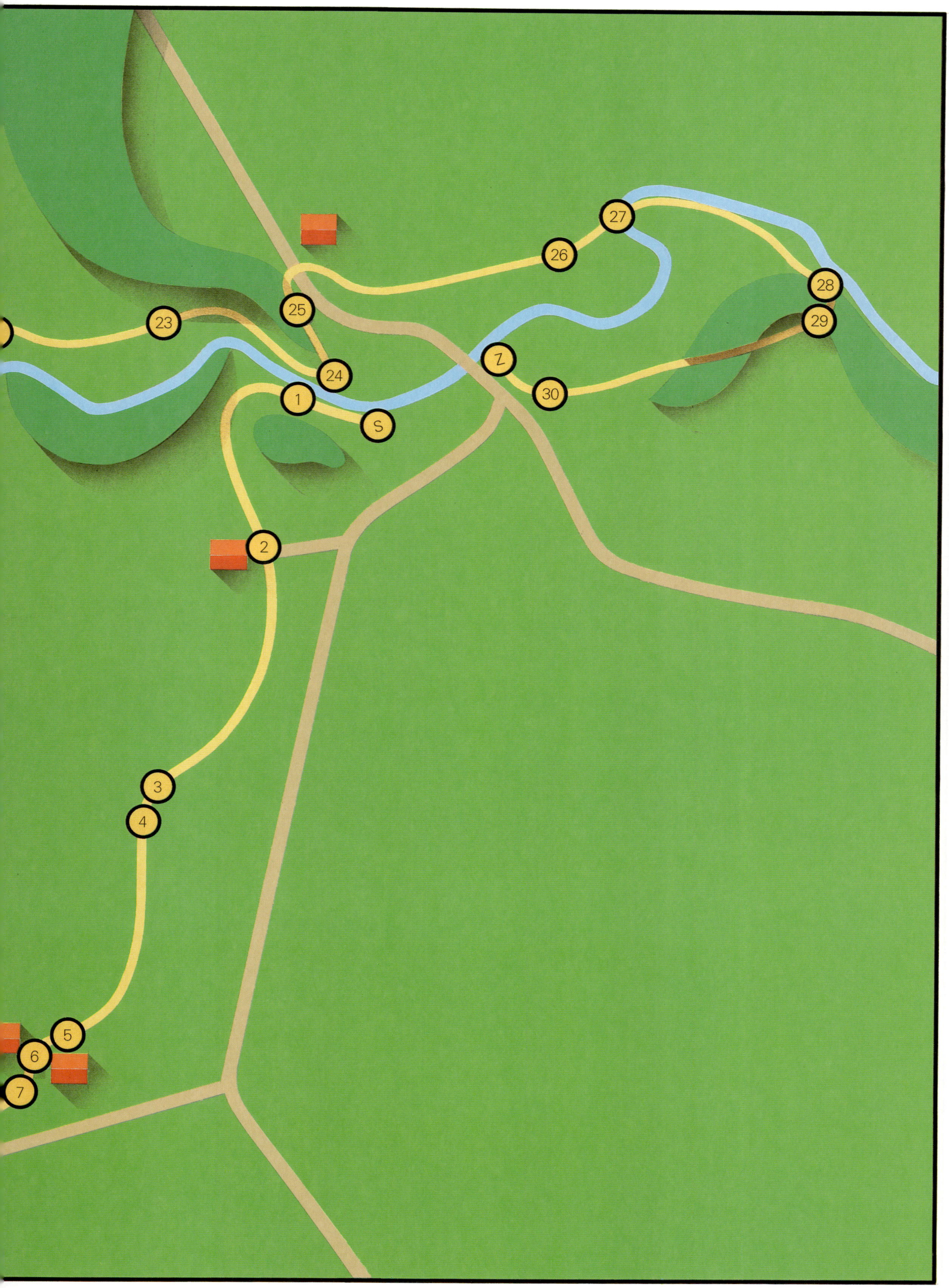

S
1
2
3
4
5
6
7
23
24
25
26
27
28
29
30
Z

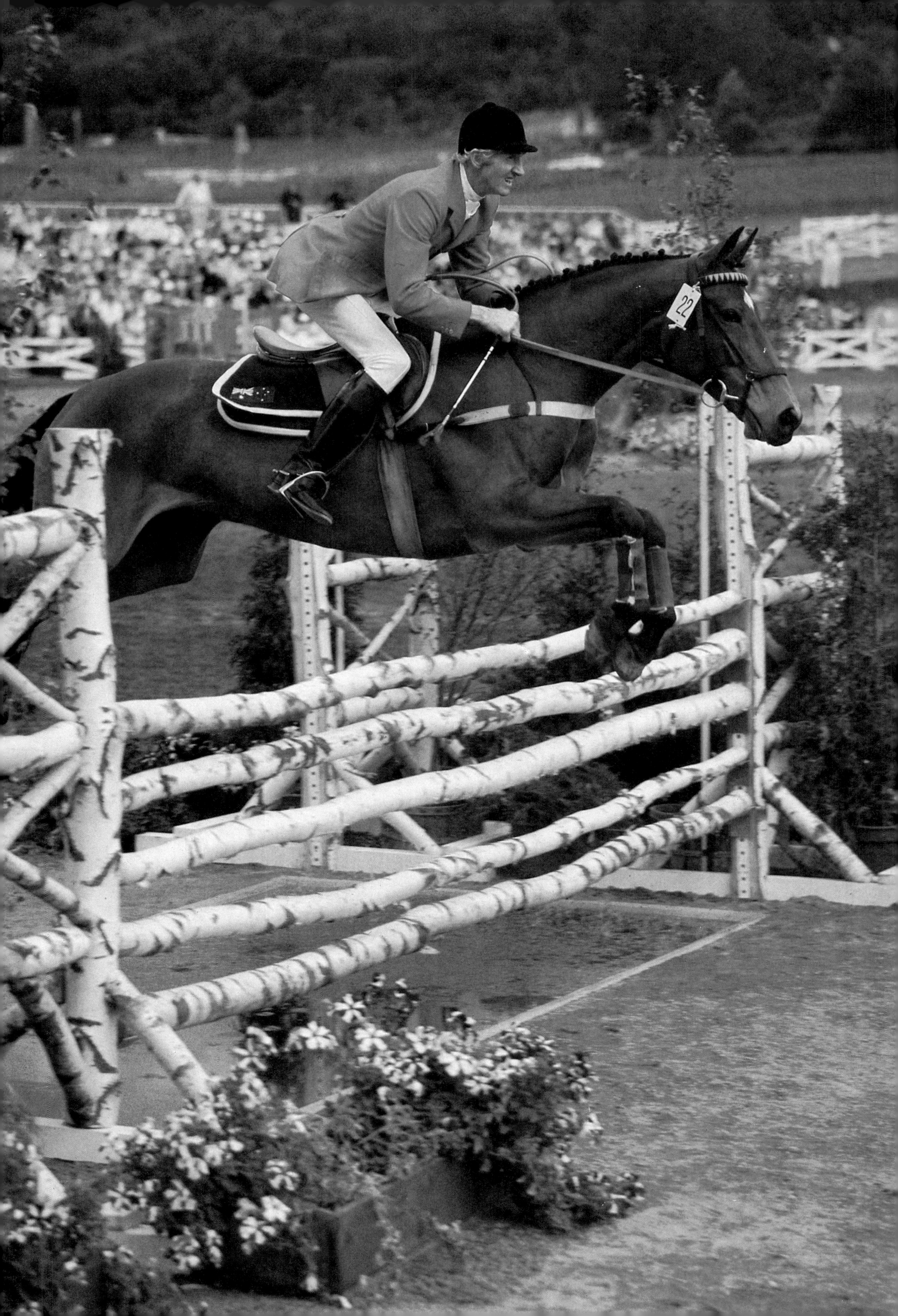
22

Der dritte Tag

Eigentlich bringt der dritte Tag mit seiner abschließenden Springprüfung nur noch einen Konditions- und Gehorsamkeitstest. Der Springparcours hat eine Länge von 750 bis 900 Metern und muß mit Tempo 400 m/min geritten werden. Es sind 10 bis 12 Hindernisse zu springen, von denen die höchsten 1,20 Meter hoch, die Hochweitsprünge maximal zwei Meter breit und die Weitsprünge nicht über 3,50 Meter breit sein dürfen. Gemessen an dem großen Springvermögen, über das jedes gute Militarypferd verfügt, ist dieser Parcours alles andere als eindrucksvoll. Dennoch gibt es verhältnismäßig wenig fehlerfreie Ritte, weil jedes Pferd noch deutlich von den Anstrengungen des Vortages gezeichnet ist.

Entschieden wird die Military im Gelände. Hier gibt fast ausschließlich die Qualität den Ausschlag. Natürlich kann ein gutes Pferd Pech haben, aber auch mit allem Glück der Welt kann ein Pferd mit mangelhaften Fähigkeiten nicht in die vordersten Ränge kommen. Denn selbst wenn es einmal über sich selbst hinauswächst, die letzten Reserven und den höchsten Kampfwillen mobilisiert und gut durch das Gelände kommt, wird es hinterher so erschöpft sein, daß es die Veterinärkontrolle am nächsten Morgen nicht mehr besteht und von der Springprüfung ausgeschlossen wird oder den Springparcours ganz einfach nicht mehr schafft.

Nicht selten allerdings liegen die Besten nach den ersten Teilprüfungen in ihren Resultaten so dicht beisammen, daß die allerletzte Entscheidung schließlich doch noch im Springparcours fällt. Ein Musterbeispiel dafür war die Europameisterschaft von 1975 im norddeutschen Luhmühlen. Der allgemein als ganz hervorragend bezeichnete Geländekurs hatte keine heimtückischen, aber genügend schwere Hindernisse, um die guten von den weniger guten Pferden zu trennen. Die insgesamt gute Qualität der Konkurrenten kam

Linke Seite: William Roycroft *bei der Springprüfung am dritten Tag der olympischen Military in Montreal 1976.*

Rechts: Bevor die Pferde den letzten Teil, die Springprüfung, in Angriff nehmen, werden sie nochmals einer strengen Veterinärkontrolle unterzogen.

darin zum Ausdruck, daß von 50 gestarteten Paaren nur sieben die Querfeldeinstrecke nicht schafften und 40 Pferde zur Springprüfung zugelassen wurden. Nach der Geländeprüfung lag die Mannschaft aus Großbritannien in Führung, obschon Janet Hodgeson auf *Larkspur* nach dem Geländeritt ausschied. Auch der Rest der Mannschaft, die am nächsten Tag zur Springprüfung antrat, bestand ausschließlich aus Amazonen: Prinzessin Anne, Lucinda Prior-Palmer und Susan Hatherley. Hinter den Britinnen standen die Mannschaften aus der Sowjetunion und aus der Bundesrepublik Deutschland. Prinzessin Anne ritt auf *Goodwill* problemlos ohne Fehler durch den Parcours, und jedermann war überzeugt, daß die Engländerinnen das Mannschaftsgold nach Hause nehmen würden. Aber Susan Hatherleys Pferd hatte sich offensichtlich von den Strapazen des Vortages noch nicht genügend erholt und beendete die Springprüfung mit 42 Fehlerpunkten. Als nun alle vier sowjetischen Reiter den Parcours fehlerfrei absolvierten, waren sie die überraschenden Mannschaftssieger in dieser großartigen Prüfung. In den Einzelwertungen freilich vermochten die Britinnen die Ehre ihres Landes zu retten. Die junge Lucinda Prior-Palmer auf *Be Fair* holte Gold, Prinzessin Anne Silber. Schließlich wurde auch der dritte Platz im Springen entschieden. Der ausgezeichnete Bundesdeutsche Helmut Rethemeier auf *Pauline* mußte wegen eines einzigen Abwurfes die Bronzemedaille dem Sowjetrussen Peter Gornuschko mit *Gusar* überlassen. Immerhin holten sich die Reiter aus der Bundesrepublik die Mannschaftsbronzemedaille.

Im Prinzip beginnt die Vorbereitung des Pferdes auf die Springprüfung unmittelbar nach der Geländestrecke. Denn nur wenn jetzt gleich eine intensive Pflege des Pferdes einsetzt, wird es sich am nächsten Tag nicht hoffnungslos steif und von Muskelkater geplagt präsentieren. Für diese Behandlung vor der letzten Teilprüfung haben die Militaryreiter die verschiedensten Methoden entwickelt — die Engländer verwenden beispielsweise elektrische Massageapparate, die amerikanische Mannschaft hat auf großen Prüfungen einen Berufsmasseur bei sich. In folgender Weise etwa kann das Pferd gepflegt und vorbereitet werden. Zuerst wird der ganze Pferdekörper mit einer Mischung aus lauwarmem Wasser und Spiritus abgewaschen und mit dem Schweißblatt abgezogen. Mit Wundspray werden kleine Wunden behandelt, bei größeren Verletzungen wird der Venerinär gerufen. Danach wird das Pferd zugedeckt und eine Stunde lang im Schritt geführt, damit sich die Muskeln lockern können. Nun werden die Gamaschen entfernt, die Beine kalt abgespritzt, einige Minuten lang massiert und anschließend in einen Schwitzverband gepackt, der in der Folge alle drei Stunden gewechselt wird. Jetzt darf das Pferd Wasser trinken, soviel es will, und erhält zu fressen, wobei es nach den Anstrengungen wenig Appetit zeigen wird. Bis zum Abend läßt man es im Stall in Ruhe, dann wird es etwa eine halbe Stunde lang massiert und eine weitere halbe Stunde im Schritt geführt. Besonders steife Pferde werden gelegentlich die ganze Nacht hindurch bewegt. Am Morgen wird das Pferd etwa zwei Stunden im Schritt geritten, danach sauber geputzt und wiederum massiert. Etwa eine Stunde vor Beginn der Springprüfung findet die Veterinärkontrolle statt, bei der lahmgehende, schwerer verletzte und ungewöhnlich stark erschöpfte Pferde ausgeschlossen werden. Vor dem Springen ist ein ausgiebiges, lösendes Abreiten erforderlich, zu dem dann einige kleinere und erst ganz am Schluß auch zwei, drei größere Sprünge gehören. Erst nach einer sehr sorgfältigen und aufwendigen Vorbereitung ist das Pferd in der Lage, das Springen mit dem erforderlichen Schwung in Angriff zu nehmen.

Die Olympiasieger

Auf der siebenjährigen Vollblutstute Lady Artist *wurde der schwedische Husarenleutnant Axel Nordlander der erste Einzelsieger in der Geschichte der olympischen Military.*

Die in allen Disziplinen hervorragenden Schweden holen mit Nordlander, Adlercreutz und Casparsson auch in der Military die Mannschafts-Goldmedaille.

Nach den ersten vier Tagen noch an sechster Stelle liegend, konnte der Schwede Helmer Mörner mit dem zwölfjährigen Fuchswallach Geria *(früher* Germania*) dank seines Resultates im abschließenden Springen die Goldmedaille erringen.*

Mit insgesamt sechs Einzel- und zwei Mannschaftsmedaillen, wobei es in der Dressur keine Mannschaftswertung gab, waren die Schweden wiederum hoch überlegen. In der Military und im Springen errangen sie Mannschaftsgold.

Einzelsieger der Military von Paris wurde ein pensionierter holländischer General im roten Rock, Adolph D. C. van der Voort van Zijp auf Silver Piece.

Auch in der Mannschaft vermochten die bisher unbedeutenden Holländer zur allgemeinen Überraschung selbst die sieggewohnten Schweden zu schlagen.

1912 Stockholm

In Stockholm, an den V. modernen Olympischen Spielen, gehörte der Reitsport erstmals zu den Disziplinen, und zwar mit Einzel- und Mannschaftswertungen in Military und Springen und mit Einzelwertung in der Dressur. Schon die erste olympische Military war eine anspruchsvolle Vielseitigkeitsprüfung, deren Aufgaben der heutigen Military bereits sehr ähnlich waren. Bezeichnend für jene Zeit war allerdings, daß nur Militärs, und zwar nur aktive Offiziere, teilnahmeberechtigt waren. Das Programm setzte sich aus fünf Teilen zusammen: Am ersten Tag gab es einen Dauerritt über 55 km (A), zu reiten in vier Stunden, zu welchem ein Cross Country (B) mit 12 Hindernissen, verteilt über 5 km, zu reiten in 15 Minuten, gehörte. Darauf folgte ein Ruhetag. Am dritten Tag war ein Jagdrennen (C) über 3500 m mit zehn Hindernissen in einer Zeit von 5 Minuten 15 Sekunden zu absolvieren. Am vierten Tag gab es eine Springprüfung (D) über fünfzehn Hindernissen, die bis 1,30 m hoch und 3 m breit waren. Am fünften Tag schließlich fand eine Dressurprüfung (E) statt. 27 Reiter aus sieben Nationen waren am Start.

Die Sieger

Einzel

1. Lt. Axel Nordlander auf Lady Artist, *Schweden*

2. Oblt. Harry von Rochow auf Idealist, *Deutschland*

3. Capt. Jean Cariou auf Cocotte, *Frankreich*

Mannschaft

1. *Schweden*

2. *Deutschland*

3. *USA*

1920 Antwerpen

Die VI. Olympischen Spiele waren für 1916 in Berlin vorgesehen. Der große Hippologe Gustav Rau hatte für die Reiterwettkämpfe bereits ein neues, auf sieben Disziplinen erweitertes Programm zusammengestellt, doch der Erste Weltkrieg verhinderte diesen Anlaß.

In Antwerpen, dem ersten Austragungsort nach dem Krieg, fehlten die Reiter aus Deutschland, England, Rußland, Chile und Dänemark. Dennoch bestritten 25 Reiter aus acht Nationen die Military. Wiederum bestand die Prüfung aus fünf Teilen. Am ersten Tag war der Dauerritt (A) über 50 km in 3 Stunden 30 Minuten vorgeschrieben, darin eingeschlossen ein Cross Country (B) über achtzehn bis 1,5 m hohe Hindernisse, zu reiten in 12 Minuten (was für zwölf Reiter zu knapp war). Nach einem Ruhetag folgten am dritten Tag ein 20-km-Straßenritt (C) mit einer erlaubten Zeit von einer Stunde und ein Rennbahngalopp (D) über 4000 m, zu reiten in 7 Minuten 16 Sekunden. Nach einem weiteren Ruhetag mußte am fünften Tag eine Springprüfung (E) absolviert werden, über achtzehn bis 1,25 m hohe Hindernisse. Bemerkenswerterweise verzichtete man auf eine Dressurprüfung.

Die Sieger

Einzel

1. Lt. Graf Helmer Mörner auf Geria, *Schweden*

2. Lt. Age Lundström auf Yrsa, *Schweden*

3. Maj. Ettore Caffaratti auf Caniche, *Italien*

Mannschaft

1. *Schweden*

2. *Italien*

3. *Belgien*

1924 Paris

1921 war die Fédération Equestre Internationale (FEI) gegründet worden, welche nun die Aufsicht über den internationalen Pferdesport und damit auch über die Reiterwettkämpfe an den Olympischen Spielen hatte. Diese Organisation arbeitete ein neues olympisches Programm aus, das so gut war, daß es bis heute nur geringfügig verändert wurde. Zu den wichtigen allgemeinen Neuerungen gehörte, daß pro Nation nur noch höchstens vier Teilnehmer in jeder Disziplin starten durften. Wichtig für die Military war die Wiedereinführung der Dressurprüfung. Das Military-Programm war im Prinzip so, wie es heute noch ist: am ersten Tag die Dressurprüfung als Gehorsamkeitstest, am zweiten Tag die Geländeprüfung mit Wegstrecken, Steeple Chase und Cross Country als Leistungstest und am dritten Tag die Springprüfung als Konditionstest. Von den 44 gestarteten Reitern boten die Holländer die große Überraschung. Hatte der einzige Holländer vor vier Jahren gerade noch den letzten Platz erreicht, holten seine Landsleute diesmal Einzel- und Mannschaftsgold und blieben während drei Olympischen Spielen die Spitzenreiter.

Die Sieger

Einzel

1. Gen. A. D. C. van der Voort van Zijn auf Silver Piece, *Niederlande*

2. Lt. Frode Kirkebøierg auf Metoo, *Dänemark*

3. Maj. Sloan Doak auf Pathfinder, *USA*

Mannschaft

1. *Niederlande*

2. *Schweden*

3. *Italien*

Charles F. Pahud de Mortanges, der Einzel-Goldmedaillengewinner von Amsterdam, hatte schon vor vier Jahren zum Sieg der holländischen Mannschaft beigetragen.

Die siegreiche holländische Mannschaft mit G. P. de Kruijff auf Va-t'en, C. P. de Mortanges auf Macroix und A. van der Voort van Zijp auf Silver Piece.

Bei seiner dritten Teilnahme an den Olympischen Spielen wurde Charles Ferdinand Pahud de Mortanges, erneut auf Marcroix, zum zweitenmal Einzel-Olympiasieger.

Die siegreiche amerikanische Mannschaft mit Harry D. Chamberlin auf Pleasant Smiles, Edwin Y. Argo auf Honolulu Tom Boy und Earl F. Thomson auf Jenny Camp.

Ludwig Stubbendorff auf Nurmi, der bereits die internationale Military von Döberitz 1935 gewonnen hatte, wurde Einzel-Olympiasieger.

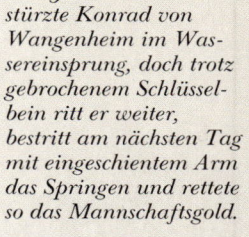

Wie 31 andere Reiter stürzte Konrad von Wangenheim im Wassereinsprung, doch trotz gebrochenem Schlüsselbein ritt er weiter, bestritt am nächsten Tag mit eingeschientem Arm das Springen und rettete so das Mannschaftsgold.

1928 Amsterdam

Für die IX. Olympischen Spiele war das Militaryprogramm gegenüber demjenigen von 1924 nur geringfügig geändert worden. Die Reiter hatten jetzt für ihre Dressuraufgabe 11 statt 10 Minuten Zeit, dafür war die Mindestgeschwindigkeit für den Rennbahngalopp von 550 auf 600 m/Min. erhöht worden. Leider war der Geländeritt mit den Zeitlimiten für die Wegstrecken zu wenig anspruchsvoll, so daß es hier zu keiner der Leistung entsprechenden Selektion kam. Außerdem gab es Unklarheiten bei der Streckenmarkierung, weshalb acht Reiter wegen Auslassens von Markierungsflaggen disqualifiziert wurden. Schließlich wurde die Dressur gegenüber dem Springen zu hoch bewertet. Aus diesen Gründen fiel erstens die Entscheidung in der Dressur, was in einer Military sicher falsch ist, und zweitens waren am zweiten Abend wegen der Disqualifizierung nur noch fünf ganze Mannschaften übrig. Als am nächsten Morgen bei den Deutschen und Schweden auch noch Pferde lahm gingen und ausgeschieden wurden, konnten nur noch drei Mannschaften zur abschließenden Springprüfung antreten.

Die Sieger

Einzel

1. Lt. Ch. F. Pahud de Mortanges auf Macroix, *Niederlande*

2. Cpt. Gerard P. de Kruiff auf Va-t'en, *Niederlande*

3. Maj. Bruno Neumann auf Ilia, *Deutschland*

Mannschaft

1. *Niederlande*

2. *Norwegen*

3. *Polen*

1932 Los Angeles

Die Spiele in Los Angeles waren zwar publikumsmäßig ein Riesenerfolg, doch die Wirtschaftskrise und die weite Reisestrecke verhinderten einen Großaufmarsch der europäischen Reiter. Nur fünf Nationen schickten Reiter und Pferde in die USA. Aus Europa erschienen lediglich zwei Military-Mannschaften, die medaillenverdächtigen Holländer und die Schweden, wobei die skandinavischen Reiter gleichzeitig auch die Springprüfung bestritten. Ebenso ausgezeichnet vorbereitet wie die ganze Anlage war die amerikanische Military-Mannschaft, die sogar die Holländer in der Mannschaftswertung zu schlagen vermochte. Ihr überragender Reiter war Earl F. Thomson, der mit nur 2,833 Punkten Rückstand um Haaresbreite die Goldmedaille an den Holländer Pahud de Mortanges verlor. Thomson sollte übrigens noch zweimal olympische Silbermedaillen gewinnen, 1936 ebenfalls in der Military und 1948 in der Dressur.

Die Sieger

Einzel

1. Lt. Ch. F. Pahud de Mortanges auf Macroix, *Niederlande*

2. Lt. Earl F. Thomson auf Jenny Camp, *USA*

3. Lt. Graf C. von Rosen jr. auf Sunnyside Maid, *Schweden*

Mannschaft

1. *USA*

2. *Niederlande*

Es gab nur zwei komplette Mannschaften

1936 Berlin

Berlin erlebte nicht nur einen riesigen Publikumsaufmarsch — allein rund 60 000 Zuschauer säumten die Geländestrecke am zweiten Military-Tag —, sondern vermochte auch praktisch die Reitsportelite der ganzen Welt zu versammeln. Nicht weniger als 50 Reiter starteten in der Military, die zu einem Markstein in der Geschichte dieses Sportes werden sollte. Die Geländestrecke von Döberitz war das Schwerste, was Military-Reiter je in einer olympischen Prüfung gesehen hatten. Nicht weniger als 32 Pferde stürzten im etwa einen Meter tiefen Teich oder verweigerten den Einsprung. Neun Paare schieden am außerordentlich schwer zu springenden Faschinengraben aus. Drei der besten Pferde verunglückten tödlich oder mußten abgetan werden. Der Deutsche Freiherr von Wangenheim sorgte für Schlagzeilen: Beim Sturz an Hindernis 7 im Cross Country brach er das linke Schlüsselbein und ritt hinterher nicht nur die Geländeprüfung zu Ende, sondern bestritt am letzten Tag mit eingeschientem Arm auch noch die abschließende Springprüfung.

Die Sieger

Einzel

1. Capt. Ludwig Stubbendorff auf Nurmi, *Deutschland*

2. Capt. Earl F. Thomson auf Jenny Camp, *USA*

3. Capt. Hans Mathiesen Lunding auf Jason, *Dänemark*

Mannschaft

1. *Deutschland*

2. *Polen*

3. *Großbritannien*

Bernard Chevallier (Mitte) aus Frankreich empfängt die Goldmedaille von FEI-Präsident Baron de Trannoy. Links von ihm Frank S. Henry, USA, rechts J. Robert Selfelt, Schweden.

Die Olympiareiter-Mannschaft aus den USA. Stehend: F. S. Henry, F. F. Wing, J. T. Cole, G. V. Henry, E. F. Thomson, A. A. Frierson, H. R. Ellis (Veterinär); kniend: C. A. Symroski, J. R. Burton, C. H. Anderson, J. W. Russel und R. J. Borg.

Bei der Siegerehrung der Zweitplazierte Guy Lefrant aus Frankreich, der Goldmedaillengewinner Hans von Blixen-Finecke aus Schweden und der Dritte Willi Büsing aus Deutschland.

Die siegreiche schwedische Mannschaft mit Karl Folke Frolen, Nils O. Stahre und Hans von Blixen-Finecke. Links im Bild der Deutsche Willi Büsing.

Petrus Kastenmann auf Illuster hatte nach der Dressur nur auf Platz 12 gelegen, war aber neben dem Deutschen August Lütke-Westhues im sehr schweren Geländeritt der Beste und erreichte verdient die Goldmedaille.

Von der siegreichen britischen Mannschaft war Frank W. C. Weldon auf Kilbarry, der Europameister von 1955 und Einzel-Dritte in Stockholm, der überragende Reiter.

1948 London

Obschon in den ersten Olympischen Spielen nach dem Zweiten Weltkrieg die Deutschen und sämtliche osteuropäischen Nationen fehlten, wurde die Military-Prüfung in jeder Hinsicht zu einem großen Erfolg. 45 Reiter aus 16 Nationen kamen an den Start. Lediglich in der abschließenden Springprüfung geschah ein unverzeihliches Mißgeschick: Unmittelbar vor der Prüfung wurde im Parcours ein Wendezeichen verschoben und dann prompt von vier Reitern übersehen. Sie — und damit vier Mannschaften — wurden disqualifiziert, und unter ihnen befand sich Dänemark, dem sonst die Goldmedaille sicher gewesen wäre. Die Hindernisse im Cross Country wurden zwar von maximal 1,15 auf 1,20 m erhöht, aber dennoch war diese Strecke weit weniger gefährlich als diejenige von Berlin-Döberitz. Außerdem waren die Pferde in dieser Teilprüfung noch frischer, weil der Rennbahngalopp und die Gesamtstrecke kürzer waren. 41 Pferde schafften diese Geländeprüfung.

Die Sieger

Einzel

🇫🇷 *1. Capt. Bernard Chevallier auf Aiglonne, Frankreich*

🇺🇸 *2. Lt. Col. Frank S. Henry auf Swing Low, USA*

🇸🇪 *3. Capt. J. Robert Selfelt auf Claque, Schweden*

Mannschaft

🇺🇸 *1. USA*

🇸🇪 *2. Schweden*

🇲🇽 *3. Mexiko*

1952 Helsinki

An den XV. Olympischen Spielen erlebte der Reitsport erneut einen großen Aufschwung. Von den Militärs durften endlich nicht nur Offiziere, sondern auch Unteroffiziere starten. Vor allem aber begann aus einem fast rein militärischen ein vorwiegend ziviler Sport zu entstehen. Zu den neuerdings schwarze oder rote Röcke tragenden Mannschaften gehörten die USA und Deutschland. Mit einer Rekordbeteiligung von 59 Reitern aus 21 Nationen wurde die Military gestartet. Von den 19 vollständigen Equipen waren vier rein zivil und drei aus Offizieren und Zivilreitern zusammengesetzt. Bemerkenswerterweise errangen zivile Reiter zwei Mannschafts- und eine Einzelmedaille. Die acht Kilometer lange Querfeldeinstrecke mit ihren 34 Hindernissen war durchaus fair gebaut, aber schwer genug, um zu selektieren. Die Hauptschwierigkeiten bestanden in der ständig von morastig bis steinig wechselnden Bodenbeschaffenheit und in der anspruchsvollen Kombination dicht aufeinanderfolgender, verschiedenartiger Hindernisse. 23 Pferde schieden hier aus, die meisten durch Verweigern.

Die Sieger

Einzel

🇸🇪 *1. Hand von Blixen-Finecke auf Jubal, Schweden*

🇫🇷 *2. Guy Lefrant auf Verdun, Frankreich*

🇩🇪 *3. Willi Büsing auf Hubertus, BR Deutschland*

Mannschaft

🇸🇪 *1. Schweden*

🇩🇪 *2. BR Deutschland*

🇺🇸 *3. USA*

1956 Stockholm

Gesondert von den übrigen Disziplinen der XVI. Olympischen Spiele, die in Melbourne stattfanden, wurden alle Reitwettbewerbe wegen Einreiseproblemen der Pferde in Australien in Stockholm durchgeführt. Die Verlegung nach Europa hatte sich auf jeden Fall gelohnt. Aus nicht weniger als 29 Nationen kamen Reiter und Pferde nach Schweden. 57 Reiter, darunter 19 vollständige Mannschaften, erschienen zur Dressurprüfung, welche die Military eröffnete. Guy Lefrant freilich, der Silbermedaillengewinner von Helsinki, erschien zu spät am Start und wurde disqualifiziert, was das Ende der hoffnungsvollen französischen Mannschaft bedeutete. Die Querfeldeinstrecke war sehr schwer. Die Hauptschwierigkeit bestand in dem anhaltenden Regengüssen aufgeweichten Boden. Besonders schwer zu springen war der Trakehnergraben mit schräger Absprung- und Landestelle, und zwar wiederum insbesondere wegen des Morastes. 28 Pferde verweigerten denn auch prompt dieses Hindernis, und 12 Pferde stürzten hier, unter ihnen das schwedische Pferd *Iller*, das sich dabei ein Bein brach und auf der Stelle getötet werden mußte.

Die Sieger

Einzel

🇸🇪 *1. Petrus Kastenmann auf Illuster, Schweden*

🇩🇪 *2. August Lütke-Westhues auf Trux von Kamax, BR Deutschland*

🇬🇧 *3. Frank Weldon auf Kilbarry, Großbritannien*

Mannschaft

🇬🇧 *1. Großbritannien*

🇩🇪 *2. BR Deutschland*

🇨🇦 *3. Kanada*

Der 46jährige, außerordentlich vielseitige Australier Lawrence R. Morgan war der große Überraschungssieger von Rom. Links von ihm sein Landsmann N. J. Lavis, rechts der Schweizer Anton Bühler.

Siegerehrung der Mannschaften. In der Mitte die hoch überlegenen Australier mit Lawrence R. Morgan, Neale J. Lavis und William Roycroft. Links die Franzosen und rechts die Schweizer.

Der siegreiche Italiener Mauro Checcoli auf dem neunjährigen Irländer Surbean in der Military-Dressurprüfung.

Siegerehrung der Mannschaften. In der Mitte die Italiener mit Angioni, Checcoli, Argenton und Ravanno. Links die Amerikaner. Rechts die gemischte Equipe aus der BRD und der DDR.

Der Goldmedaillengewinner von Mexiko, der 36jährige Jean-Jacques Guyon auf dem Anglonormannen-Wallach Pitou, war von 1954 bis 1964 an der Kavallerieschule Saumur und 1965 französischer Military-Meister.

Die drei siegreichen Mannschaften: in der Mitte Großbritannien mit Derek Allhusen, Jane Bullen, Richard Meade und Ben Jones; links die Amerikaner mit Plumb, Freeman, Wofford und Page; rechts die Australier mit Will. Roycroft, Cobcroft, Scanlon und Wayne Roycroft.

1960 Rom

In Rom begann gewissermaßen ein neues Zeitalter der Olympischen Spiele. Zum erstenmal wurden die Veranstaltungen zu einem großen Teil vom Fernsehen international übertragen, was eine ungeheure Popularisierung des olympischen Sportes zur Folge hatte. Auch in der Military der XVII. Olympischen Spiele war das Herzstück der Prüfung, die Querfeldeinstrecke, sehr schwer. Besonders gefährlich waren die berüchtigten und noch lange diskutierten, bereits mehrfach erwähnten Betonröhren. Diese Röhren waren 1,15 m hoch und 1,10 m lang und mußten in Längsrichtung übersprungen werden. An den scharfen, harten Kanten verletzten sich viele Pferde, unter ihnen so prominente wie *Polarfuchs* von Ottokar Pohlmann und *Burn Trout* von Europameister Hans Schwarzenbach. Von den 73 Reitern beendeten, zur Hauptsache wegen dieser Röhren, 41 den Geländeritt. Für die abschließende Springprüfung bestanden nur noch 35 Pferde, weniger als die Hälfte der Starter, die Veterinärkontrolle.

Die Sieger

Einzel

1. Lawrence R. Morgan auf Salad Days, *Australien*

2. Neale J. Lavis auf Mirrabooka, *Australien*

3. Anton Bühler auf Gay Spark, *Schweiz*

Mannschaft

1. Australien

2. Schweiz

3. Frankreich

1964 Tokio

Verständlicherweise war die Teilnehmerzahl wegen der rund 8000 Kilometer Anreisestrecke aus Europa und Amerika bedeutend geringer als in Rom. Ein chilenisches, ein amerikanisches und ein argentinisches Pferd starben denn auch an den Folgen der Flugreise. 48 Reiter, darunter 12 vollständige Mannschaften, starteten zur Military, die 130 Kilometer von Tokio entfernt am Fuß des noch aktiven Vulkanes Asama stattfand. Die Japaner hatten ihre Querfeldeinstrecke sehr sorgfältig vorbereitet, obschon die Hindernisse schwer dem Lavagelände anzupassen waren und kaum natürlich wirkten, wie es in der Military gewünscht ist. Die Hindernisse waren großenteils Hochweitsprünge. Es gab keinen Wassereinsprung, keinen Tiefsprung und kein einziges Hindernis, das man als sehr schwer hätte bezeichnen können. Die Wegstrecke zwischen dem Rennbahngalopp und dem Cross Country war durch den dort klebrig-morastigen Boden kräfteraubender als der Cross selbst. Die Geländestrecke selektionierte denn auch kaum. Die meisten Paare konnten noch zum Springen antreten, das schließlich auch die Entscheidung brachte.

Die Sieger

Einzel

1. Mauro Checcoli auf Surbean, *Italien*

2. Carlos Moratorio auf Chalan, *Argentinien*

3. Fritz Ligges auf Donkosak, *BR Deutschland*

Mannschaft

1. Italien

2. USA

3. Beide Deutschland

1968 Mexiko-City

Die Crossstrecke, welche die Mexikaner im Valle de Bravo, rund 150 Kilometer westlich von Mexiko-City, gebaut hatten, war respektabel, konnte aber an sich nicht als übermäßig schwer bezeichnet werden. Einer der schwierigsten Sprünge war der Trakehnergraben, an dem es auch mehrere Stürze gab, aber ohne ernste Folgen. Unverständlicherweise stürzte der routinierte irische Wallach *Loughlin* an einem kaum beachteten Hindernis von nur 1,10 m Höhe und knapp 1,50 m Breite tödlich. An einem ebenfalls fairen Hindernis, einem 3 m breiten und gut markierten Wasserlauf, starb die russische Stute *Ballerina*. Sie war allerdings im verhältnismäßig schweren Rennbahngalopp, den nur neun Reiter ohne Zeitverlust schafften, eindeutig überfordert worden. Ein gravierender Fehler aber war den Parcoursbauern unterlaufen. Sie hatten nicht bedacht, daß das hier im Sommer tägliche heftige Gewitter regelmäßig die Bäche für kurze Zeit in reißende Fluten verwandelte. Beim Start des 30. von 49 Reitern setzte das Gewitter ein, in Minutenschnelle waren alle Hindernisse in Wassernähe überflutet und wurden problematisch, einige wurden fast unpassierbar. Es grenzte an ein Wunder, daß hier noch 14 von 19 Pferden durchkamen.

Die Sieger

Einzel

1. Jean-Jacques Guyon auf Pitou, *Frankreich*

2. Derek Allhusen auf Lochinvar, *Großbritannien*

3. Michael Page auf Foster, *USA*

Mannschaft

1. Großbritannien

2. USA

3. Australien

361

Richard Meade auf Laurieston, Einzelsieger und Mitglied der Goldmedaillenmannschaft, war zweimal WM-Zweiter und einer der erfolgreichsten englischen Military-Reiter.

Die Siegermannschaft aus Großbritannien: Mary Gordon-Watson auf Cornishman V., *Briget Parker auf* Cornish Gold, *Mark Phillips auf* Great Ovation *und Richard Meade auf* Laurieston.

Der erst 21jährige Edmund «Tad» Coffin auf Nally Cor, bereits 1975 Military-Sieger an den Panamerikanischen Spielen, hier über Sprung 30 in Bromont-Montreal.

Die amerikanische Mannschaft mit Mary-Anne Tauskey, Bruce Davidson, Michael Plumb und Tad Coffin.

Der EM-Sieger des Vorjahres, der Däne Nils Haagensen auf Monaco, über dem Hindernis 19 im Wald von Fantainebleau.

Die siegreiche französische Mannschaft mit Joël Pons auf Ensorcellense II, *Jean-Yves Touzaint auf* Flipper I, *Tierry Touzaint auf* Gribouille C *und Armand Bigot auf* Gamin du Bois.

1972 München

Der große Militaryreiter Ottokar Pohlmann hatte es verstanden, in dem ausgezeichnet geeigneten Gelände von München-Poing eine Querfeldeinstrecke zu bauen, die man als nahezu ideal bezeichnen kann. Wie schon in Tokio und Mexiko war der Schwierigkeitsgrad der Hindernisse gegenüber Stockholm und Rom gemindert worden. Es gab kein sehr schweres oder gar gefährliches Hindernis — wobei die Bezeichnung gefährlich natürlich immer relativ ist. Durch den Einbezug eines Hügelrückens entstanden mehrere Bergauf- und Bergabpassagen, in welche die Hindernisse vortrefflich eingepaßt waren. Dadurch erforderte die Strecke jene Geschicklichkeit und Erfahrung, jenen Mut und Leistungswillen, jene Kraft, Schnelligkeit und Kondition, über die ein gutes Militarypferd verfügen muß, ohne daß sie lebensgefährlich war. Eine neue Rekordzahl von 70 000 Zuschauern säumte diese Strecke und erlebte die vielleicht vorbildlichste olympische Military überhaupt. Natürlich gab es auch Stürze, aber keinen einzigen schweren Unfall.

Die Sieger

Einzel

1. Richard Meade auf Laurieston, *Großbritannien*

2. Alessandro Argenton auf Woodland, *Italien*

3. Jan Jonsson auf Sarajewo, *Schweden*

Mannschaft

1. Großbritannien

2. USA

3. BR Deutschland

1976 Montreal

Die Military an den XXI. Olympischen Spielen, die im herrlichen Reitsportzentrum von Bromont ausgetragen wurde, erwartete man mit besonderer Spannung, weil eigentlich nicht weniger als sieben Mannschaften — Deutschland, USA, England, Australien, Kanada und die Sowjetunion — gut genug für eine Goldmedaille waren. Die Geländestrecke mit dem Cross Country wurde diesmal unter Leitung einer Frau, der Kanadierin Barbara Kemp, gebaut. Miss Kemp erntete mit ihrer Leistung allerhöchste Achtung. Der Kurs wurde allgemein als ebensogut wie derjenige von München, von manchen Teilnehmern sogar als noch besser bezeichnet. Er war etwas schwerer, aber kein Hindernis war übertrieben gefährlich. Er war abwechslungsreicher und hatte vor allem den Vorteil, daß die kniffligen Hindernisse, die Überlegung und Erfahrung verlangten, über die ganze Strecke verteilt und nicht auf dem mittleren Abschnitt konzentriert waren wie in München-Poing. Von den 49 Startern kamen 15 fehlerfrei über die Crossstrecke, während 14 ausschieden, ein Ergebnis, das sehr gut die Qualität des Kurses widerspiegelt.

Die Sieger

Einzel

1. Tad Coffin auf Bally Cor, *USA*

2. J. Michael Plumb auf Better-and-Better, *USA*

3. Karl Schultz auf Madrigal, *BR Deutschland*

Mannschaft

1. USA

2. BR Deutschland

3. Australien

1980 Fontainebleau

Die «Ersatzolympiade» der Military-Reiter, das «Festival International de Concours Complet d'Equitation», fand im französischen Fontainebleau statt. Die Anforderungen, welche die Querfeldeinstrecke an Pferde und Reiter stellte, hatten absolut Olympiaklasse. Daß es hinterher zu bösen Kritiken kam, weil ein Pferd tödlich verunglückte und mehrere Reiter zum Teil erheblich verletzt wurden, lag weder am Parcoursbauer noch an den Organisatoren. Im Gegensatz zu den Olympischen Spielen war an diesem Anlaß die Teilnehmerzahl nicht auf vier pro Nation beschränkt. Das hatte zur Folge, daß manche der Verantwortlichen Reiter und Pferde zu wenig konsequent selektionierten. Dadurch hatte es unter den 69 Startern eine ganze Anzahl Reiter, die lediglich den «Mut», nicht aber das Können und das genügend leistungsfähige Pferd für eine Prüfung dieser Klasse hatten. Abgesehen von dieser unerfreulichen und natürlich der Military nicht schadenden Tatsache war Fontainebleau ein rundum großartiger Anlaß, der von 50 000 Besuchern miterlebt wurde.

Die Sieger

Einzel

1. Nils Haagensen auf Monaco, *Dänemark*

2. James Wofford auf Carawich, *USA*

3. Torrance Watkins auf Poltroon, *USA*

Mannschaft

1. Frankreich

2. BR Deutschland

3. Australien

Euro Federico Roman auf dem Schimmel Rossinan, Military-Olympiasieger in Moskau.

Der erfahrenste der sowjetischen Equipe, die in Moskau Mannschaftsgold gewann: Yuri Salnikow, bereits in Montreal dabei, diesmal Einzelbronze.

Mark Todd, gefeierter Olympiasieger aus Neuseeland, holte die erste Goldmedaille im Reiten für unsere Antipoden.

Nach 1932, 1948 und 1976 zum vierten Male Mannschaftsgold für die USA: Mike Plumb, Karen Stives, Torrance Fleischmann und Bruce Davidson.

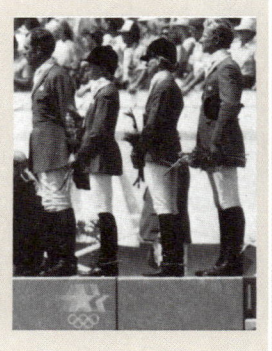

Nach seinem Sieg in Los Angeles 1984 auf Charisma sicherte sich der Neuseeländer Mark Todd auf demselben Pferd zum zweitenmal das olympische Einzel-Gold.

Obschon sie nicht eine Einzelmedaille holten, schafften die Deutschen mit Claus Erhorn, Matthias Baumann, Thies Kaspareit und Ralf Ehrenbrink dank ihrer Ausgeglichenheit das Mannschafts-Gold.

1980 Moskau

Auch in der Military war das Moskauer Teilnehmerfeld qualitativ wie quantitativ nur ein Schatten der brillanten Starterzahl beim Festival in Fontainebleau. Im Walde unweit der französischen Hauptstadt starteten 69 Pferde aus 16 Nationen, darunter die gesamte Weltspitzenklasse. In Moskau waren es 28 Reiter aus 7 Nationen, darunter als Favoriten die Sowjetunion, Polen und Italien, die man zur internationalen Mittelklasse zählen konnte. Erstmals olympisch am Start waren vier indische Offiziere. Sie konnten aber den auf sie zugeschnittenen Glücksfall, als Folge des westlichen Boykotts reduzierte Anforderungen vorzufinden, nicht ausnützen. Sie schieden allesamt im Gelände aus.

Die Sowjetrussen holten sich auch hier die Mannschaftsgoldmedaille, womit sie den gesamten Dreiersatz im Lande behalten konnten. Sie verloren aber Einzelgold, wie auch in Dressur und Springen, an einen stärkeren Einzelreiter: Der Italiener Federico Roman siegte mit Rossinan vor drei Russen. Wie mittelmäßig und unausgeglichen das Starterfeld war, zeigen die Geländeresultate: Kein Pferd kam ohne Zeitfehler durch, und nur drei waren ohne Hindernisfehler im Cross Country. Auch in der abschließenden Springprüfung gab es nur drei Nullfehlerritte.

Die Sieger

Einzel

1. Euro Federico Roman auf Rossinan, *Italien*

2. Alexander Blinow auf Galzun, *Sowjetunion*

3. Yuri Salnikow auf Pintset, *Sowjetunion*

Mannschaft

1. Sowjetunion

2. Italien

3. Mexiko

1984 Los Angeles

Der Geländekurs der Olympischen Spiele 1984, der, obwohl an der unteren Anforderungsgrenze gebaut, die Spreu vom Weizen trennte, war beste Reklame für die Militaryreiterei, die in den letzten Jahren immer wieder ins Schußfeld der Kritik geraten war. 40 der 48 Starter beendeten die Prüfung, Stürze waren selten, und weder bei den Reitern noch bei den Pferden verzeichnete man wesentliche Verletzungen.

Die klimatischen Bedingungen von Los Angeles hatten die FEI bewogen, für den Geländeritt einen andern Austragungsort zu suchen. Man fand ihn 180 Kilometer südlich von Santa Anita, auf dem Gelände der einstigen Fairbanks Ranch.

Da man Dressur und Springen in Santa Anita durchführen wollte, schob man vor und nach dem Geländeritt je einen Ruhe- und Reisetag ein, wodurch die olympische Military von 1984 sechs Tage in Anspruch nahm.

Auch hier hatte der Oststaatenboykott wenig Einfluß: Polen wie die Sowjetunion gehören international nur zum Mittelfeld. Die Resultate von Los Angeles bestätigen die Prognosen: Dominanz der USA und Großbritanniens, Stärke der BR Deutschland und Frankreichs sowie Australiens und Neuseelands. Einzig Schweden, 1983 überraschend Europameister, enttäuschte.

Die Sieger

Einzel

1. Mark Todd auf Charisma, *Neuseeland*

2. Karen Stives auf Ben Arthur, *USA*

3. Virginia Holgate auf Priceless, *Großbritannien*

Mannschaft

1. USA

2. Großbritannien

3. BR Deutschland

1988 Seoul

Die eigentliche Überraschung der 17. Olympischen Military war der Sieg der Mannschaft aus der Bundesrepublik Deutschland. Ein weiterer Höhepunkt war das Paar Mark Todd und Charisma, konnten sie doch nach ihrem Sieg in Los Angeles 1984 zum zweitenmal olympisches Gold in Empfang nehmen. Die Ausgeglichenheit der Deutschen fehlte bei den andern Mannschaften, denn mit den Rängen vier, sechs und neun reichte es ihnen zwar nicht zu einer Medaille im Einzelwettkampf, dafür aber mit Vorsprung zu Gold in der Mannschaft. Die Briten errangen mit Ian Stark/Sir Wattie und Virginia Leng/Master Craftsman Silber und Bronze, in der Mannschaft reichte es zu Silber. Den Grundstein für die Bronzemedaille in der Mannschaft für Neuseeland legte Mark Todd.

Nach Seoul waren 61 Militaryreiter mit 78 Pferden gekommen. Am Start waren schließlich zehn Viererequipen sowie zehn Einzelreiter aus sechs Ländern. Die olympische Military war allerdings nicht frei von Kontroversen. Beanstandet wurden unter anderem die Fitneßkontrollen der Pferde sowie die Nichtzulassung des Dänen Nils Haagensen. Nicht zu befriedigen wußte auch der Geländekurs in Wondong.

Die Sieger

Einzel

1. Mark Todd auf Charisma, *Neuseeland*

2. Ian Stark auf Sir Wattie, *Großbritannien*

3. Virginia Leng auf Master Craftsman, *Großbritannien*

Mannschaft

1. BR Deutschland

2. Großbritannien

3. Neuseeland

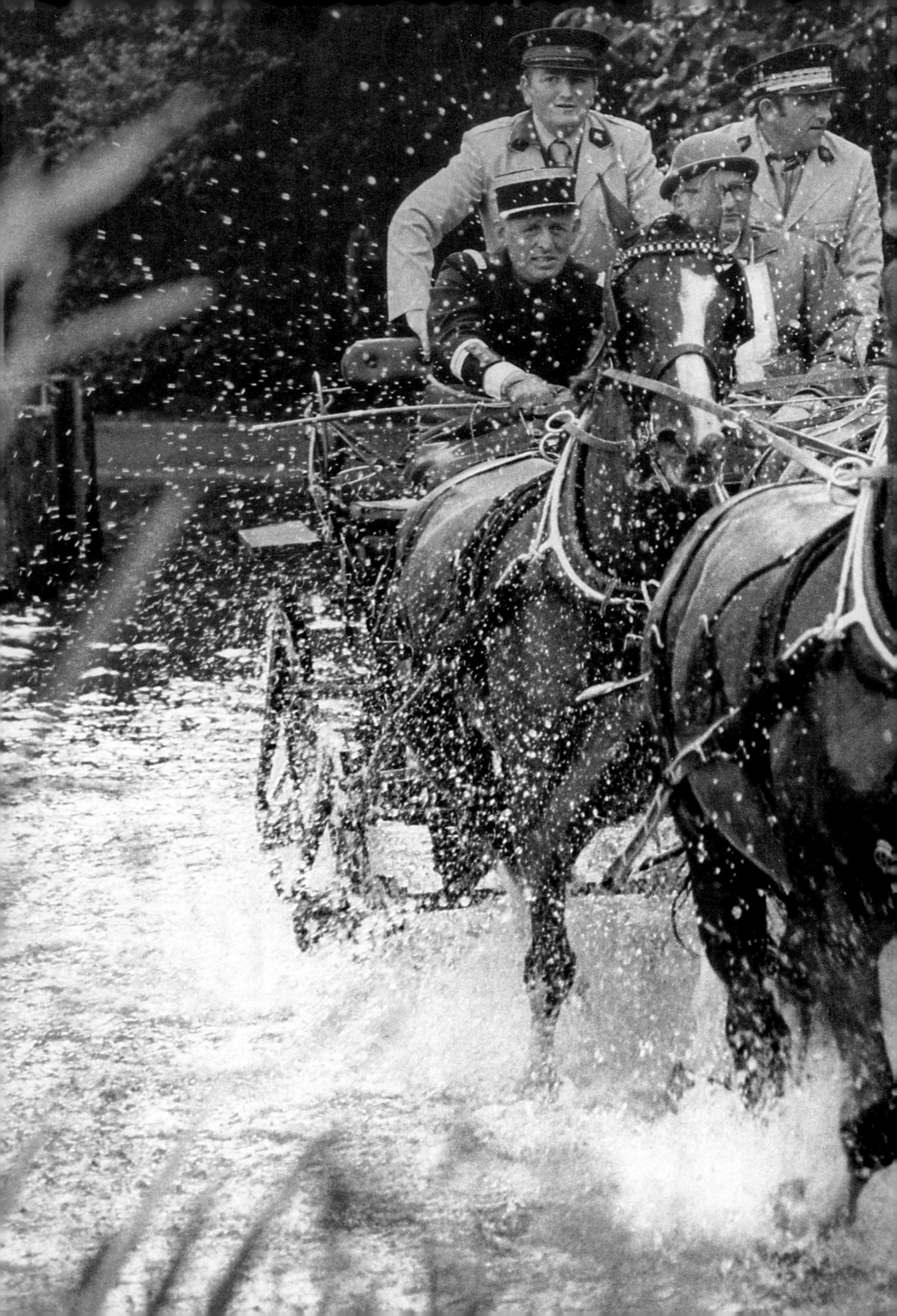

Links: Viererzugfahren hat sich in den vergangenen Jahren zum Leistungssport entwickelt, bei dem die Anforderungen an Fahrer und Pferde gleichermaßen anwuchsen. Die Gespanne haben längst die einmal für sie gebauten Wege und Straßen verlassen, um ihre Geländetüchtigkeit in schmalen Waldpassagen oder flachen Gewässern zu beweisen. Unser Bild zeigt den französischen Gestütsdirektor Jacques Jourdanne bei der Weltmeisterschaft 1980 in Windsor.

Unten: Mit vier nebeneinander vor den Zweiradwagen gespannten Pferden wurden in der Antike Rennen gelaufen und Schlachten geschlagen. Man kann nur staunen, wie dies mit den primitiven Halsgeschirren überhaupt möglich war.

DER FAHRSPORT

Der Fahrsport hat schon die alten Römer in seinen Bann gezogen. Zeitgenössische Geschichtsschreiber wissen zu berichten, daß damals bis zu 250 000 Schaulustige den Wagenrennen zugesehen hatten. Nun, der Fahrsport von heute ist nicht mehr vergleichbar mit den Wettkämpfen der todesmutigen Wagenlenker Roms. Man vergiftet auch die Pferde nicht mehr gegenseitig oder läßt seinen Widersacher meuchlings ermorden. Große Faszination übt der moderne Fahrsport dennoch auf jung und alt aus: ob im Westen oder Osten, bei großen Fahrturnieren pilgern die Zuschauer zu Tausenden auf die Plätze.

Grenzenlose Begeisterung vermögen vor allem die Viererzüge zu erwecken. Tatsächlich ist es immer wieder imposant, einem Viererzugfahrer zuschauen zu dürfen. Stellt er nun seine vier Pferde erhaben im Dressurviereck vor oder führt er sie gekonnt und in schnellem Tempo durch enge Hindernispassagen, das Wort Fahrkünstler liegt sehr nahe. Wie nur, fragt man sich, ist es ihm möglich, weit weg von seinen Pferden, allein mit Stimme, Peitsche und Leinen seine vier Tiere zu lenken? Erst hier wird uns voll bewußt, weshalb man in England dem traditionellen Fahrsportland, beim Vierspänner von einem «Team» spricht.

Das Fahren

Ausgrabungen im Vorderen Orient lassen vermuten, daß Pferde zuerst angespannt und erst später geritten wurden. Endgültige Beweise für diese Theorie wird es allerdings wohl nie geben. Früheste domestizierte Pferde hatten Kriegswagen zu ziehen oder wurden bei zeremoniellen Anlässen eingeschirrt. Was wir heute unter Fahrsport verstehen, nahm seinen Anfang erst kurz vor dem Aufkommen von Eisenbahn und Automobil. Bis dahin hatten die auf schlechten Straßen verkehrenden Gespanne vorwiegend gewerblichen Charakter: Neben wenigen Reisenden waren es Lasten und Güter, die mit Pferdegespannen transportiert wurden. Der große Aufschwung kam, als die Straßen besser wurden und der Besitzer eines Gespannes sich nicht mehr vom Kutscher durch die Welt fahren lassen wollte, sondern selbst am Halten der Leinen Freude fand. Wer von der damaligen Schickeria etwas auf sich gab, stellte seine Pferde selbst vor, sei es auf Spazierfahrten im Park, auf der Jagd oder auf dem Weg ins Büro. Es war deshalb nur ein kleiner Schritt, bis man sich in Distanzfahrten und Fahrprüfungen maß und dem Gespannfahren eine sportliche Note verlieh.

Wurde die Reiterei mit dem Verschwinden des Pferdes aus Armee, Transportwesen und Landwirtschaft nur wenig betroffen, geriet der Fahrsport jahrelang ins Abseits. Einst gepflegte Geschirrkammern wurden zu Rumpelkammern, Wagenremisen zu Autogaragen. Was hatte ein Pferdefuhrwerk schließlich im modernen Straßenverkehr noch verloren! Nur an wenigen Orten hütete man sich, die kostbaren Geschirre und klassischen Wagen zu Spottpreisen wegzugeben oder gar zu verbrennen. Einige wenige Enthusiasten pflegten die Fahrerei über all die Jahre weiter und verhalfen ihr damit zu einer kaum mehr erhofften Renaissance: Was noch an Geschirren und Wagen vorhanden war, wurde wieder hervorgeholt, restauriert und aufgerüstet. Und 1971 kam es in Budapest zur ersten Europameisterschaft im Viererzugfahren. Das Fahren wurde zu einer vom Internationalen Pferdesport-Verband (FEI) offiziell anerkannten Pferdesportdisziplin. Bei den Meisterschaften von Kecskemet, Windsor, Zug und Apeldoorn nahm der damalige amtierende FEI-Präsident Prinz Philip gar selber aktiv an den Wettkämpfen teil.

1 Etruskisches Vierergespann, Wandmalerei aus dem Tomba di Fancinello aus dem 2. Jahrhundert v.Chr.

2 Um 1840 entstandenes Gemälde des Engländers John Frederick Herring: «Changing the horses outside the Red Lion.»

3 Dreiradkutsche in Paris, 1824 bis 1828.

4 Bayerische Expreßkutsche, 1825.

5 Gemälde von C. Maggs aus dem 19. Jahrhundert: «Abfahrt der Postkutsche vor dem Kopenhagen House in London.»

Die Leinen haben im Fahrsport einen systematischen Aufbau. Beim Einspänner (6) hält der Fahrer eine Leine in der Hand, wobei ein Ende zum rechten, das andere zum linken Teil des Pferdemauls führt. Vom Zweispänner (7) an wird mit Kreuzleinen gefahren. Hier wird sowohl an der rechten wie an der linken Leine eine zweite, kürzere Leine angeschnallt. Dadurch erreicht man, daß der Fahrer mit einer Leine allein gleichzeitig auf beide Pferde einwirken kann. Die Verstellbarkeit der Leine ermöglicht es zudem, auf das verschiedene Temperament der Pferde Rücksicht zu nehmen. Das System der Kreuzleine bleibt auch beim Dreispänner (8) gleich, wo noch eine zweite Leine eingeschnallt wird. Beim Vierspänner (9) hält der Fahrer zwei Kreuzleinen in den Händen: eine für die Stangenpferde, die andere für die Vorderpferde.

Wenn man vom Fahrsport spricht, darf auf keinen Fall der Deutsche Benno von Achenbach (1861–1936) unerwähnt bleiben. Sein Name wird für immer verbunden sein mit der Forderung nach höchstem künstlerischem Ausdruck beim Fahren. Mit deutscher Gründlichkeit machte er sich daran, den ohnehin schon hochstehenden englischen Fahrstil zu verbessern. Mit kleinen Änderungen an Geschirren und Wagen wollte er um die Jahrhundertwende, zu einer Zeit, als das Pferd das Straßenbild noch beherrschte, das harte Los der Pferde in der Arbeit erleichtern. Unübertroffen sind schließlich seine Methoden in der Leinenhaltung: Ein wohldurchdachtes System, auf der englischen Fahrweise basierend, bringt einen logischen Aufbau der Leinengriffe.

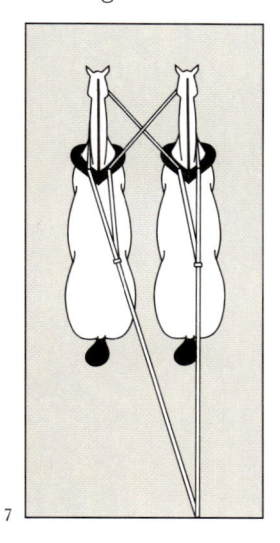

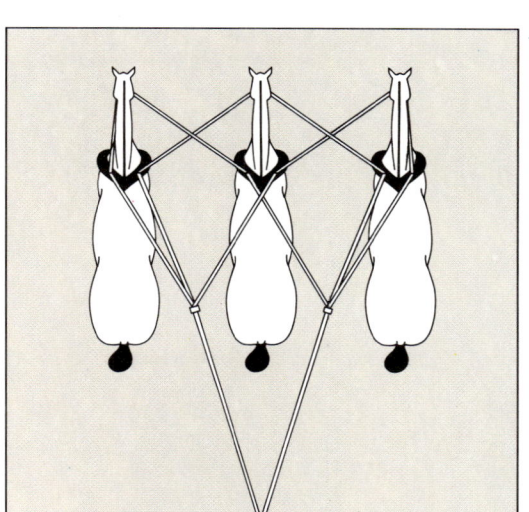

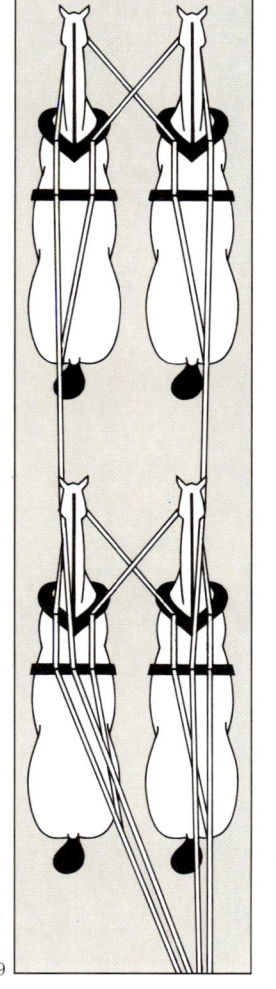

Das Achenbachsche System ermöglicht es, die Pferde dressurmäßig korrekter zu fahren. Das gilt für den Einspänner ebenso wie für das Tandem oder den Vierspänner. Grundsätzlich lassen sich beliebig viele Pferde vor einen Wagen anspannen.

Der Fahrsport nimmt viel mehr Zeit in Anspruch als die Reiterei. Zur Pflege und zum täglichen Bewegen eines Pferdes kommen Geschirre und Wagen hinzu: Das Leder muß gefettet, Metallteile müssen auf Hochglanz poliert werden, die fein säuberlich lackierten Wagen verlangen ein schonungsvolles Waschen nach jedem Gebrauch. Der Zeitaufwand, um an einem solchen Fahrturnier teilzunehmen, ist vielen zu groß. Manch einer spannt deshalb sein Pferdchen lieber zu einer Ausfahrt ein, wo es keine Richter gibt, die Wagen und Geschirre nach Sauberkeit und Beschaffenheit beurteilen. Auch das ist Fahrsport, wenn man mit Familie oder Freunden eine Spazierfahrt über Land genießt. Das gemütliche Tempo erlaubt es noch, all die kleinen Schönheiten am Wegrand zu entdecken. Mit zehn Kilometern in einer Stunde bleiben weder prachtvolle alte Häuserfassaden noch in allen Farben leuchtende Blumengärten verborgen. Ihre Freude über den nostalgischen Anblick eines vorbeifahrenden Gespannes zeigen ebenfalls die am Straßenrand stehenden Fußgänger: Für die älteren ist es eine Erinnerung an die Jugendzeit, für die jüngeren ein Stück der guten, alten Zeit, als das Leben mit Pferd und Kutsche noch in ruhigeren Bahnen ablief.

ANSPANNUNGSARTEN

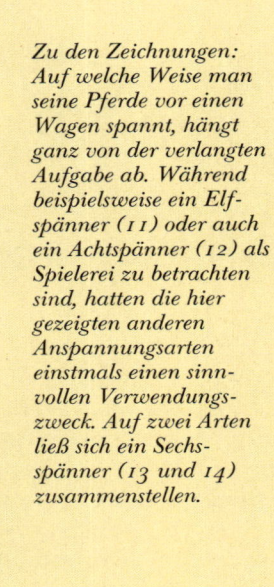

Zu den Zeichnungen: Auf welche Weise man seine Pferde vor einen Wagen spannt, hängt ganz von der verlangten Aufgabe ab. Während beispielsweise ein Elfspänner (11) oder auch ein Achtspänner (12) als Spielerei zu betrachten sind, hatten die hier gezeigten anderen Anspannungsarten einstmals einen sinnvollen Verwendungszweck. Auf zwei Arten ließ sich ein Sechsspänner (13 und 14) zusammenstellen.

Großen praktischen Nutzen hatten die hier gezeigten Fünf- (15), Vier- (16) und Dreispänner (17). Das Einhorn (18) galt als der «Vierspänner des armen Mannes». Zweispänner (19) und Einspänner (21) waren die meistverbreiteten Gespanne. Das Tandem (20) kommt aus England, wo man damit auf die Jagd fuhr. Am Meet wurde der Leader (Vorderpferd) ausgespannt und für die Jagd gesattelt.

1 und 2 Mehrspänner sind stets willkommene Schaueinlagen bei Pferdesportveranstaltungen. Auf Bild 1 ist ein Siebenerzug stolzer Schimmel zu sehen. Einen Sechsspänner in englischer Anspannung vor einer Coach der Eidgenössischen Militärpferdeanstalt Bern zeigt Bild 2.

3 Ein klassischer Einspänner vor einem Phaeton in englischer Anspannung.

368

*auernpferde-
sind die vier
nander galoppie-
vor einen Land-
aftswagen
ten Pferde
ine große
on.*

*5 und 6 Eine gute Fahr-
technik verlangen das
Random mit drei sowie
das Tandem mit zwei
voreinander gespannten
Pferden. Besonders das
vorderste Pferd muß
sehr zuverlässig gehen,
da es auf sich allein
angewiesen ist.*

*7 Theoretisch sind der
Zahl vorgespannter
Pferde keine, in der
Praxis jedoch sehr wohl
Grenzen gesetzt, weil
der Fahrer schließlich
die Leinen noch in
seinen Händen halten
muß. Für eine Geburts-
tagsfahrt wurden hier
13 Pferde zusammen-
gespannt.*

*8 Vielspänner führt vor
allem das tschechische
Gestüt Kladrub vor.
Unser Bild zeigt ein sol-
ches Kladruber Gespann
aus der Sicht des Kut-
schers.*

*9 Ein klassisches
Gespann stellt der unga-
rische Fünferzug dar,
wo zwei Pferde an der
Deichsel, drei davor
laufen.
10 Bei einem religiösen
Fest in Andalusien:
fünf Maultiere hinter-
einander.*

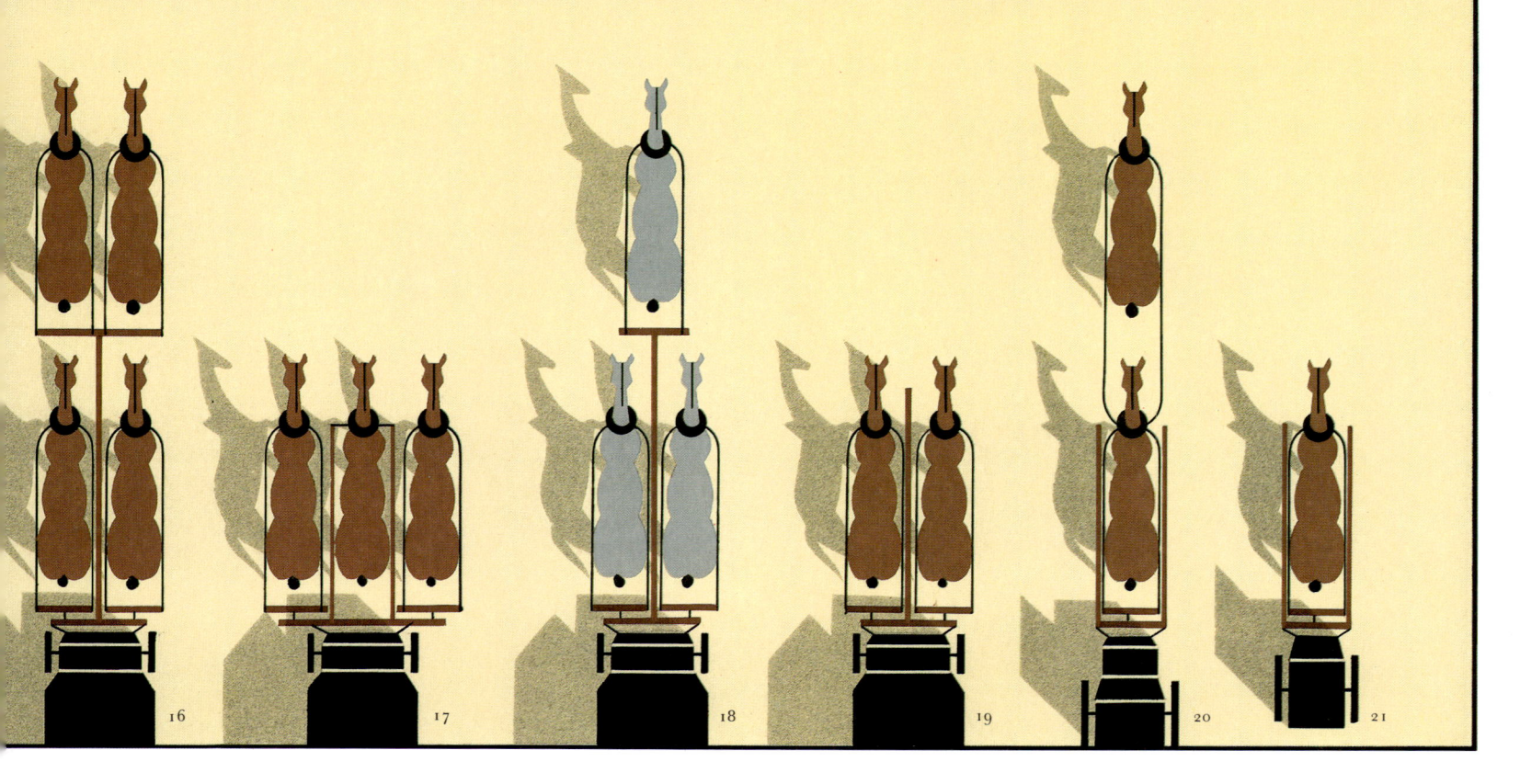

369

Die englische Anspannung

Zweifellos hat die klassische englische Anspannung am Luxus- oder Stadtfahrzeug die höchste Verbreitung gefunden. Mit großem Eifer wurde die englische Anspannung nach und nach verfeinert, so daß daraus beinahe eine Wissenschaft entstanden ist. Im Laufe der Jahrzehnte hat sich ein Stil entwickelt, der für die gut ausgebauten Straßen Europas hervorragend war.

Der Engländer benutzt für seine Pferde als Zugvorrichtung den Kummet und als Gebiß eine Vielzahl von Kandaren. Während besonders die Ungarn vielfach Pferde mit unterschiedlichem Temperament einspannen, verwendet man im englischen Stil ausgeglichenere Zugtiere. Wagen wie Geschirre lassen keine Wünsche an Zweckmäßigkeit offen. Lederzeug und Schnallen sind dort stark, wo sie zum Ziehen und Aufhalten dienen; die übrigen Geschirrteile sind der verminderten Beanspruchung angepaßt und möglichst fein gearbeitet. Ähnliches läßt sich von den Wagen sagen: Ein Fahrzeug ist dann gut, wenn es so leicht und zugleich so elegant wie möglich gebaut ist.

Links: Der Einfluß des englischen Fahrstils war in allen europäischen Ländern sehr groß. Herrschaftliche Gespanne hatten sich nach seinen Vorschriften auszurichten. Hier ist ein Einspänner zu sehen vor einen 4-Rad-Dog-Cart.

Unten: Für die englische Anspannung wird eine große Anzahl verschiedener Kandaren verwendet. Wir sehen hier (v. l. n. r.) eine gebogene Liverpool-Kandare, eine gebrochene Ellbogen-Kandare (mit Trensenwirkung) sowie eine Buxton-Kandare mit Bügel. Beim Mehrspänner verhindert der Bügel, daß die Vorderleine an den (normalerweise unten freien) Kandarenenden hängenbleiben kann. Obwohl die Engländer ihren Stil fast wissenschaftlich durcharbeiteten, hat alles seinen praktischen Nutzen. Auch die Geschirre zeichnen sich durch große Zweckmäßigkeit aus.

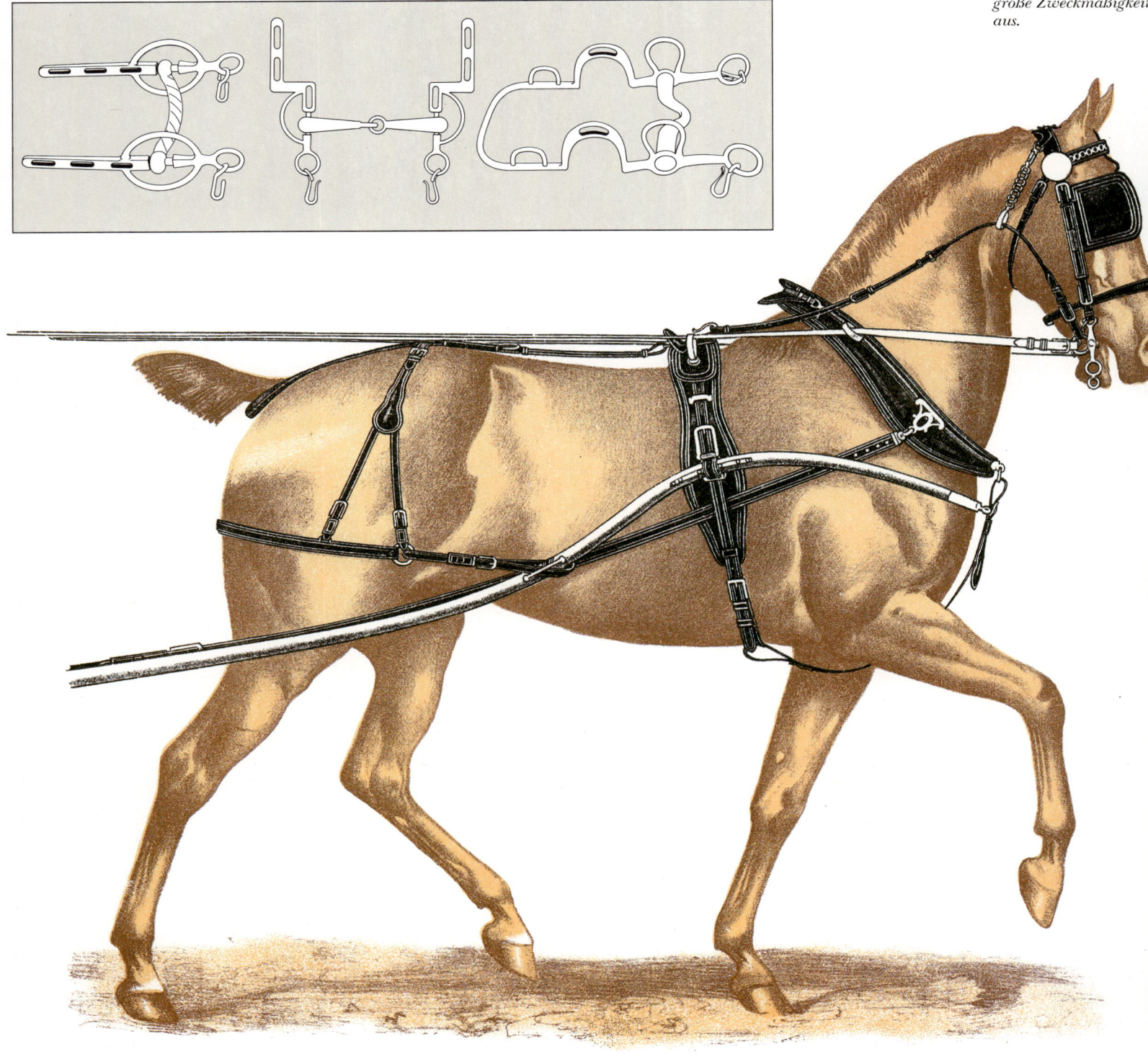

Die ungarische Anspannung

Neben der englischen Anspannung ist die ungarische am meisten verbreitet. Hier kennt man keinen Kummet, die Pferde gehen ausschließlich im Brustblatt. Hat man in England die Grundlagen für das Fahren fast wissenschaftlich erarbeitet, läßt sich in der ungarischen Fahrweise eine geniale Einfühlung in die Natur erkennen.

Den Einspänner kennt man in Ungarn nicht. Die Magyaren betreiben den Fahrsport ausschließlich mit Mehrspännern, wobei besonders der Fünfspänner typisch ist. Weil häufig Pferde mit ganz verschiedenem Temperament zusammengespannt werden, kennt man als Gebiß ausschließlich die feiner wirkende Vierringtrense. Die Leinen werden getrennt in beiden Händen gehalten, weil sich so die temperamentvollen Pferde besser führen lassen. Das gilt für den Zwei- wie für den Vierspänner. Bei beiden Gespannarten hält der Fahrer nur zwei Leinen in seinen Händen, wobei die Vorderleinen des Vierspänners in die Leinen der beiden Deichselpferde geschnallt werden. Als Peitsche dient ein gerader Stock mit langem Schlag.

Eine wahre Augenweide sind die ungarischen Gespanne nicht zuletzt wegen der farbenprächtigen Kleidung der Beifahrer. Die ungarische Galatracht ist an keine Vorschriften gebunden, sie ist dem persönlichen Geschmack des einzelnen überlassen. Reich verziert sind ebenfalls die Geschirre, wobei besonders die mit wundervollen Mustern geschmückten, in Leder gearbeiteten Schalanken alle Blicke auf sich ziehen. Zum Gespann gehört auch eine hell bimmelnde Glocke, die den lebhaften Ausdruck und die Leichtigkeit dieser Gespanne noch zu steigern vermag.

Links: Die ungarischen Gespanne sind nicht zuletzt wegen der farbenprächtigen Kleidung der Beifahrer eine wahre Augenweide.

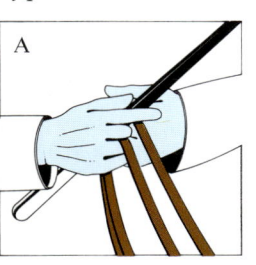

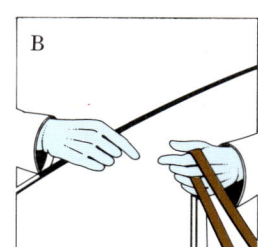

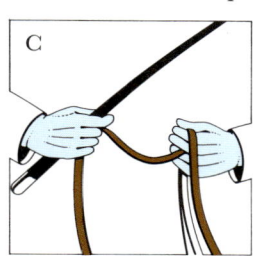

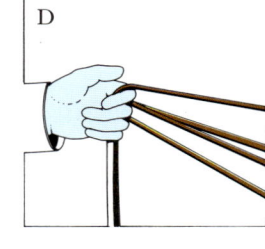

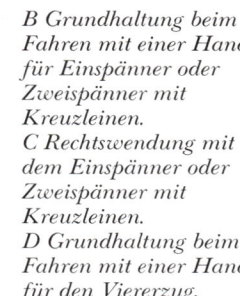

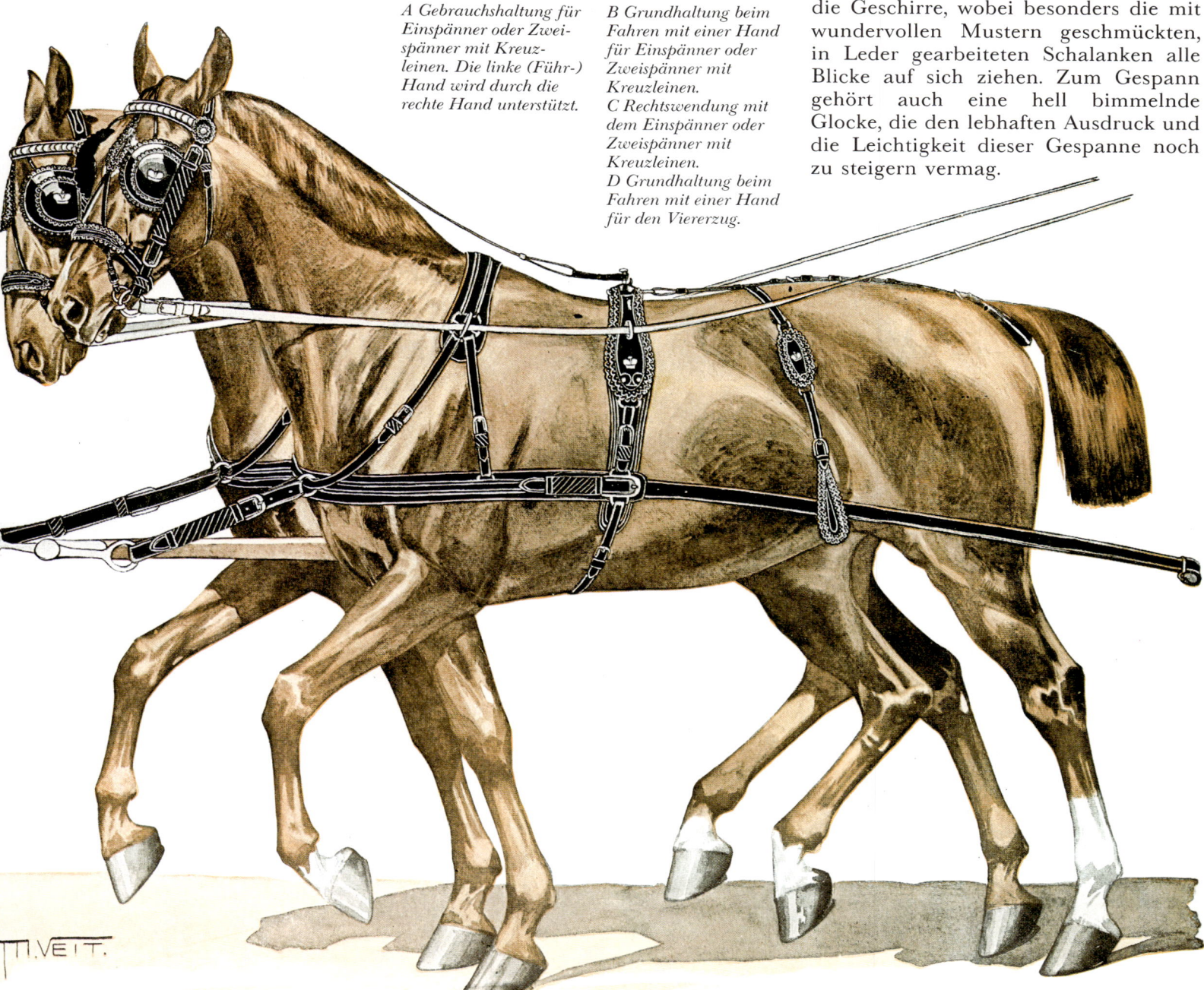

Unten: Typisch für den ungarischen Stil sind Brustblatt und Vierringtrense. Die Geschirre sind leicht und gewöhnlich sehr reich verziert, was im Verein mit den meist hoch im Blut stehenden Pferden ein lebhaftes Bild bietet.

A Gebrauchshaltung für Einspänner oder Zweispänner mit Kreuzleinen. Die linke (Führ-) Hand wird durch die rechte Hand unterstützt.
B Grundhaltung beim Fahren mit einer Hand für Einspänner oder Zweispänner mit Kreuzleinen.
C Rechtswendung mit dem Einspänner oder Zweispänner mit Kreuzleinen.
D Grundhaltung beim Fahren mit einer Hand für den Viererzug.

Die russische Anspannung

Wer kennt sie nicht, die russische Troika, wo das Mittelpferd im Trab geht und die beiden Außenpferde galoppieren. Das uns wohlbekannte Dreiergespann finden wir für Rußland typisch. Eine weit höhere Verbreitung hat in diesem Riesenland jedoch der Einspänner. Außerhalb des Mutterlandes hat die russische Anspannung jedoch nicht Fuß fassen können. Eines ihrer Wahrzeichen ist einmal die Duga, das Krummholz über den Scherbäumen. Diese sind vielfach sehr reich mit Metall beschlagen. Ebenso kostbar verziert sind die russischen Geschirre, die ursprünglich fast ohne Schnallen waren wegen der tiefen Temperaturen im Winter. Im klirrenden Frost vereisen die Eisenschnallen schnell, was das Ein- und Ausspannen stark erschwert. Die russischen Wagen und Schlitten sind klein und leicht.

Bei der Troika hält der Fahrer in seinen Händen vier einzelne Leinen, von denen zwei zum Mittelpferd gehen, je eine führt zum äußeren Trensenring des Galoppers, der zudem mit einem Ausbindezügel an der Duga befestigt ist. Deshalb drehen die Pferde — der rechte Galopper geht im Links-, der linke im Rechtsgalopp — ihre Köpfe nach außen, soweit es die Ausbindezügel zulassen. Gelenkt wird der Traber, die Außenpferde folgen der nachlassenden Anlehnung des Ausbindezügels. Die Leinen hat der Fahrer um seine Hände gewickelt, die Arme weit nach vorne gestreckt. Zum Antreiben der Pferde bedient er sich vorwiegend der Leinen, die im Mittelstück mit Metallknöpfen beschlagen sind. Schritt wird selten gefahren, der Russe liebt seine Pferde feurig zu sehen.

Außer in Rußland selbst konnte der russische Stil keine Verbreitung finden. Die Geschirre waren stets reich mit Metall verziert, denn damit konnte der Besitzer seinen Wohlstand zur Schau stellen. Das Krummholz über dem Mittelpferd ist die «Duga», die auch beim Einspänner verwendet wurde.

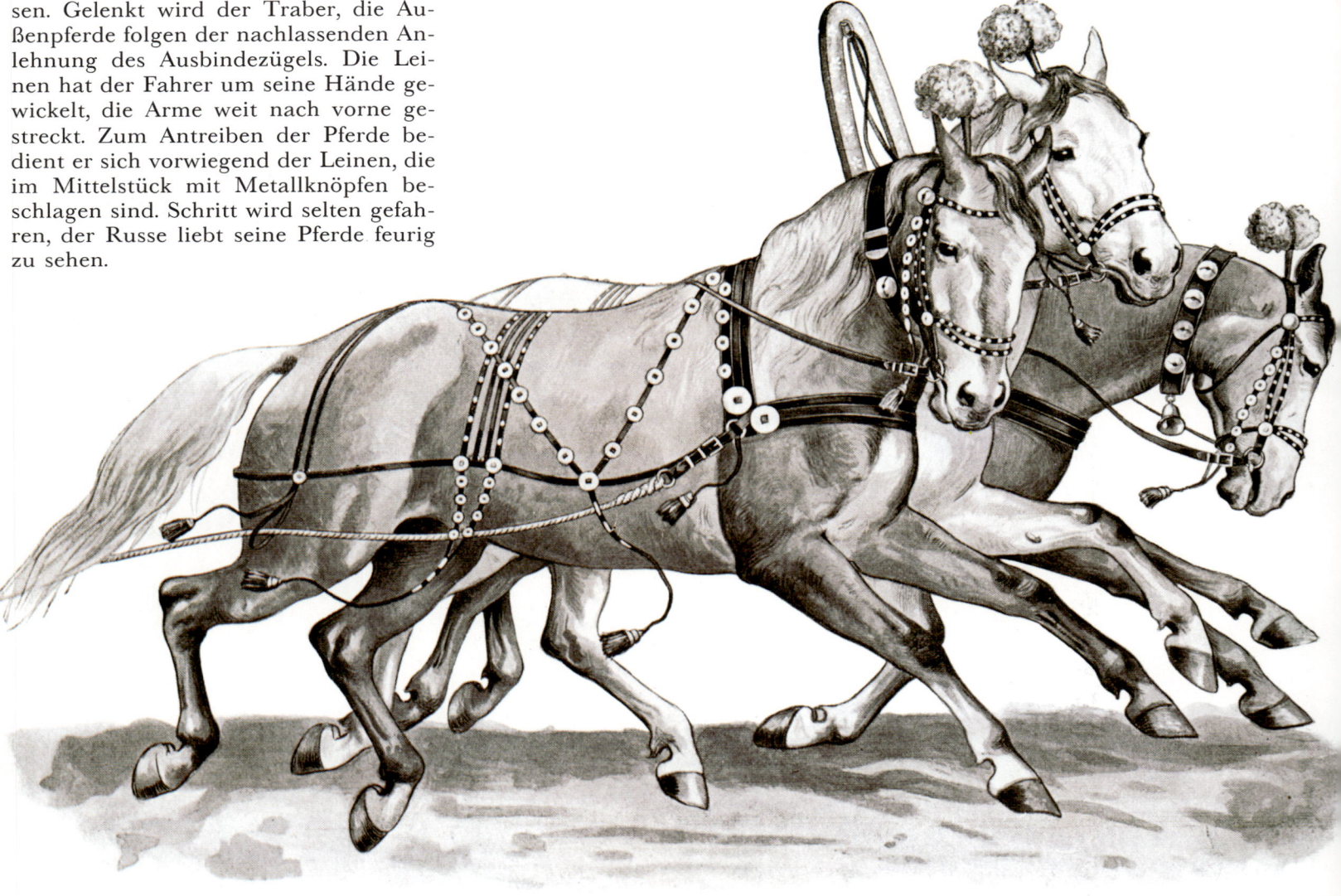

GALA UND HALBGALA

Dem zeremoniellen Pomp eines Königshofes hatten verständlicherweise ebenfalls die Gespanne zu entsprechen. Die Gelegenheiten, um ein Gala- oder Halbgalagespann bewundern zu können, sind heute sehr selten geworden. Sie beschränken sich auf einzelne festliche oder offizielle Ereignisse an den noch existierenden Königshöfen. Man kannte als Anspannungsarten den Zwei-, den Vier-, den Sechs- oder den Achtspänner vom Sattel aus gefahren oder den Zwei- und den Vierspänner vom Bock oder den Sechs- oder den Achtspänner vom Bock mit Vorreiter. Genau protokolliert waren ferner ebenfalls Kleidung und Ausrüstung der Vorreiter (auch Postillone genannt) und der Spitzreiter, die den Gespannen vorauszureiten hatten. Wurde vom Sattel aus gefahren, hieß die Anspannung «à la Daumont».

Oben: Bei keiner andern Anspannungsart kennt man so genaue Vorschriften wie bei Gala und Halbgala. Monarchen wie das wohlhabende Bürgertum schenkten der Etikette besondere Beachtung. Unser Bild stammt aus England, wo Königin Elisabeth II. noch jedes Jahr nach alter Tradition im Landauer à la Daumont bei den Pferderennen in Ascot vorfährt.

Rechts oben: Das Buggy war das typische Einspännergefährt in Amerika. Dieser Wagentyp wurde sogar bereits am Fließband hergestellt.

Unten: Obwohl die Geschirre in Amerika sehr leicht waren und weitgehend vom Trabrennsport beeinflußt wurden, ist der englische Stil nach wie vor deutlich zu erkennen.

DIE AMERIKANISCHE ANSPANNUNG

Freilich weist die amerikanische Anspannung viel Ähnlichkeit mit der englischen auf. Dennoch darf man von einer typisch amerikanischen Anspannung sprechen. Dazu gehören die Stadt- wie die Landgespanne. Alles — Pferde, Wagen und Geschirre — ist in Amerika auf schnelles Fahren ausgerichtet. Bestens bekannt durch die State Coaches in den Western-Filmen. Die Wagen ließen sich dank dem dort wachsenden Hickoryholz extrem leicht bauen. Ohne große Verzierungen fertigten die Geschirrmacher die feinen Geschirre, bei denen die Zweckmäßigkeit an oberster Stelle stand. Gewöhnlich ging der Einspänner im Brustblatt, der Zweispänner im Kummet. Als Peitsche dient dem Amerikaner lediglich eine Gerte ohne Bogen, was den Einfluß des Trabrennsportes noch deutlicher hervortreten läßt.

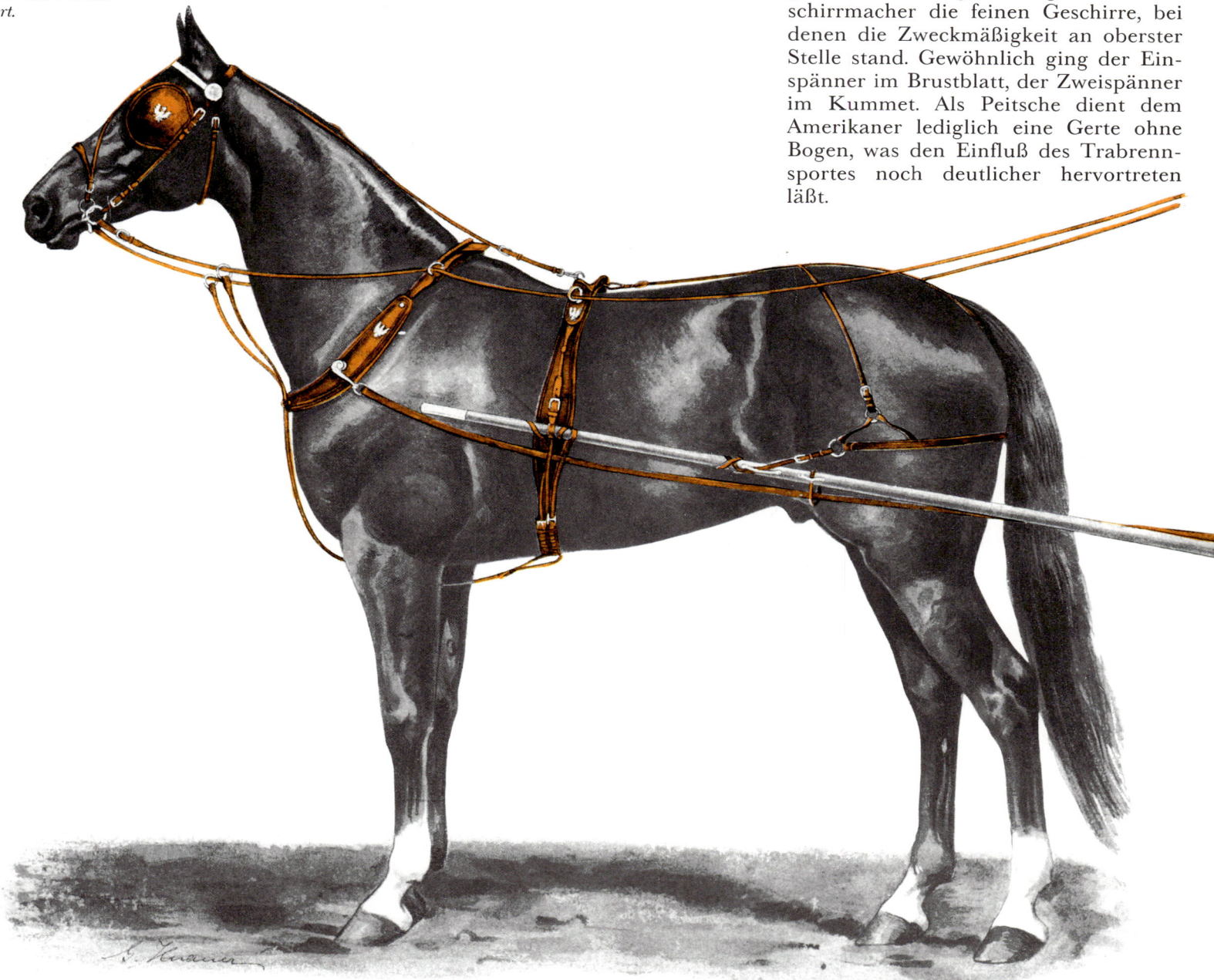

373

Die gewerbliche Anspannung

Unübersehbar ist die Anzahl verschiedener Anspannungen bei den gewerblichen und landwirtschaftlichen Gespannen. Einmal wurde je nach Landesgegend dem Kummet respektive dem Brustblatt der Vorrang gegeben. Doch nicht genug damit, selbst die Verarbeitung der Kummete ist unterschiedlich. Das hatte freilich seinen Grund! Jeder Fuhrmann, ob Landwirt oder Fuhrwerksbesitzer, versuchte mit seiner Anspannung dem Pferd die Arbeit möglichst zu erleichtern. Er erreichte damit zwei Ziele: Verlängerung des wirtschaftlichen Nutzens des Pferdes und Transport von schwereren Lasten. Die zu ziehende Last versuchte man auf eine möglichst große Auflagefläche am Pferdeleib zu verteilen, weshalb größere und stärkere Kummete oder breitere Brustblätter verwendet wurden. Auf dem Land hatte der Luxus der Zweckmäßigkeit zu weichen. Die Sattler bemühten sich jedoch, auch Arbeitsgeschirre mit allerlei Ziernähten und dekorativen Schnallen zu verschönern.

Mehr Beachtung wurde der Schönheit, auch der Geschirre bei Geschäftsfuhrwerken in den Städten geschenkt. Besonders Mühlen und Brauereien — einige halten am Pferd aus Tradition bis in unsere Tage fest — scheuten keine Kosten, ihre Fuhrwerke prächtig herauszuputzen. Aber auch alle andern Unternehmen bedienten sich dieses Werbeträgers: Ein stolzes Gespann war das Aushängeschild eines jeden Betriebes. Freilich wurden die Alltagsgeschirre einfacher gehalten als das Paradelederzeug, das besonderen Anlässen vorbehalten war. Vor reich verzierten Lederriemen und glänzenden Metallteilen waren die Pferde oftmals kaum mehr zu sehen: Alles — Kummet, Schnallen oder Zaumzeug — wurde mit viel Liebe und Mühe so schön wie möglich verfertigt.

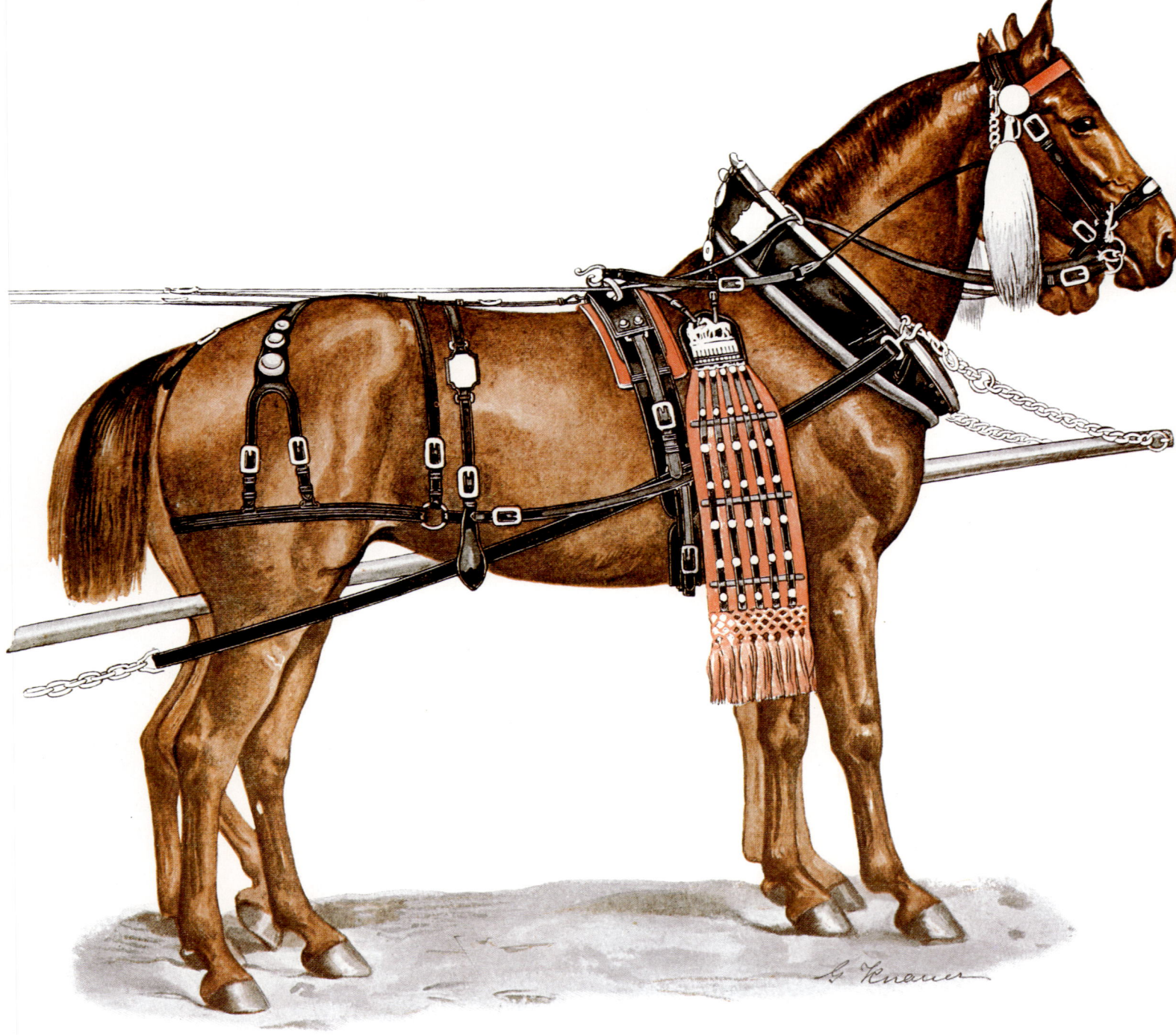

Oben: Noch heute sind die Brauereien stolz auf ihre Gespanne und pflegen sie mit großem Aufwand. Von wirtschaftlichem Nutzen wird zwar nicht mehr gesprochen, dafür werden die prachtvoll hergerichteten Gespanne als idealer Werbeträger angesehen.

Unten: In der gewerblichen Anspannung hat sich kein einheitlicher Geschirrtyp durchsetzen können. Je nach Landesgegend fertigten die Sattler die Geschirre, die sich in der Praxis am besten bewährten. Links sehen wir ein Reklamegeschirr für einen leichten Zweispänner. Hierbei wurde nicht gespart, denn ein stolzes Gespann war das Aushängeschild eines Unternehmens.
Die Abbildung rechts zeigt ein schweres französisches Arbeitsgeschirr für einen Zweiräderkarren.

DIE GESPANNKONTROLLE

Im Ablauf einer Fahrprüfung steht die Gespannkontrolle an erster Stelle. Nicht umsonst, denn noch glänzen die feinlackierten Wagen, das frisch gewichste Lederzeug und die polierten Metallteile, ist doch alles erst kurz vorher sorgfältig eingespannt und ein letztes Mal abgestaubt worden. Man glaubt sich zwar bei der Gespannkontrolle eher in die gute alte Zeit zurückversetzt als an einer modernen Fahrprüfung, denn es haben auch Beifahrerinnen in eleganten Kleidern und breitrandigen Hüten auf den alten klassischen Wagen Platz genommen. Doch das alles hat seinen Grund! Bei der Gespannkontrolle gibt es nämlich nicht nur eine Note — die Skala reicht von 0 (nicht ausgeführt) bis 10 (ausgezeichnet) — für die Pferde, die Geschirre, den Wagen oder den Gesamteindruck, sondern es werden auch die Fahrer, die Grooms und Beifahrer bewertet. Normalerweise wird jedes einzelne Gespann von drei an verschiedenen Orten stehenden Richtern beurteilt; der Durchschnitt ergibt schließlich das Total, das Maximum würde 50 Punkte erreichen.

Bei den Pferden achtet der «Mann mit der schwarzen Melone», wie die Pferde zusammenpassen und ob sie den Namen «Team» — so nennt der Engländer den Vierspänner — wirklich verdienen. Im weiteren beurteilt er ihre Kondition, ihre Beschläge und ob sie sorgfältig frisiert worden sind. Die Geschirre müssen den Pferden gut anliegen, damit sie weder scheuern noch drücken und die Pferde nicht schmerzen. Es liegt auf der Hand, daß nur bestgepflegtes Geschirrzeug verwendet wird.

Nebenbei verfehlt es der Richter nicht, mit Adleraugen festzustellen, wie sauber Pferde und Geschirre geputzt worden sind! Einen Wagen objektiv zu beurteilen ist schon sehr schwer. Aber es gibt auch hier Anhaltspunkte, um einen Wagen höher zu benoten als einen anderen: Ist der Lack noch glänzend und nicht verkratzt oder abgeblättert, paßt das Modell zur Größe der vorgespannten Pferde, entspricht er den Straßenverkehrsgesetzen, oder sitzen Fahrer, Beifahrer und Grooms bequem? Hat sich das Hauptaugenmerk des Richters bis jetzt mehr dem Detail zugewendet, beurteilt er zum Abschluß noch den Gesamteindruck des vor ihm stehenden Gespannes. Diese Note richtet sich danach, wie stilecht das Bild der Pferde, Wagen und Passagiere ist.

Als erstes haben die Gespanne bei einer Fahrprüfung zur Gespannkontrolle zu erscheinen. Es ist mehr als nur eine Schönheitskonkurrenz, denn die Richter beurteilen nicht nur das äußere Bild eines Gespannes, sondern achten auch darauf, ob die Geschirre gut verpaßt sind, damit den Pferden die Arbeit erleichtert wird. Das erklärt, weshalb die Richter stets mit gleicher Sorgfalt vorgehen, ob nun die Sonne scheint wie anläßlich der Vierzug-Weltmeisterschaft 1980 in Windsor (oben) oder Regen fällt, was an der Schweizer Meisterschaft 1978 in Hünenberg (unteres Bild) der Fall war, wo der ehemalige Welt- und Europameister Auguste Dubey (rechts) eben das EMPFA-Gespann von Hermann Mast inspiziert.

DRESSUR

Auf die Gespannkontrolle folgt die Dressur. Mit einem Dressurprogramm unter dem Sattel darf man diese nur bedingt vergleichen, stehen dem Fahrer doch weder Schenkel noch Kreuz zur Verfügung, ebenso kommt es zu einer Verlagerung des Schwerpunktes beim Pferd. Wohl will der Richter auch einen raumgreifenden Schritt oder die Unterschiede zwischen versammeltem, starkem Trab und Arbeitstrab sehen.

Hier zeigt sich, was der Fahrer daheim mit seinen vier Pferden fertiggebracht hat. Haben sie zu ihrem Meister Vertrauen? Werden sie beim Halt und Gruß unbeweglich dastehen und warten, bis das Kommando zum Antraben kommt? Läßt sich eine Schlangenlinie mit fünf Bögen, eine Volte mit einer Hand oder eine Doppelvolte fahren? Herrscht hingegen Unruhe im Gespann, ist nichts von Durchlässigkeit oder Gleichgewicht zu sehen, beginnen die

Auf dem Dressurviereck werden Fahrer und Pferde gleichermaßen geprüft, denn zwischen den Buchstaben zeigt sich nicht nur der Ausbildungsstand der Pferde, sondern auch die Leinentechnik des Fahrers. Bei Fahrprüfungen werden die Gespanne auf einem Dressurviereck von 100 Meter Länge und 40 Meter Breite im Schritt, in den verschiedenen Trabarten sowie nach einfachen Figuren beurteilt. In der Skizze rechts sind weiß eingezeichnet bei A und C die beiden Volten mit Durchmesser 30 Meter, bei A die Doppelvolte mit Durchmesser von je 20 Metern sowie die halben Volten bei B und E mit Durchmesser 20 Meter. Im Fahrsport wird eine objektive Notengebung erschwert durch das unterschiedliche Pferdematerial, das vom Kaltblüter bis zum edlen Warmblüter reicht. Nebst den Dressurlektionen werden auch der Gesamteindruck, die Gänge, der Schwung, der Gehorsam, die Leichtigkeit der Pferde und die Fahrweise des Gespannführers benotet. Unsere Bilder zeigen oben links den Franzosen Frank Deplanche mit vier Freibergern am internationalen Turnier in Windsor 1978. Auf der Doppelvolte befindet sich oben rechts der Brite George Bowman mit seinen Welsh Cobs anläßlich der WM 1978 in Kecskemet (Ungarn). Mit zwei verschiedenen Gespannen ist der Weltmeister von 1982, Tjeerd Velstra, abgebildet: an der WM 1980 in Windsor (links unten) fährt er holländische Warmblüter, im Bild unten rechts sehen wir den Holländer mit vier Friesen im Schatten des Schlosses Windsor.

Schwierigkeiten schon, wenn in das Dressurfeld eingefahren werden muß. Viel über ein Gespann sagt besonders das Rückwärtsrichten aus. Die verschiedenen Lektionen eines Programms zeigen den Richtern den Ausbildungsstand der Pferde, ob sie gehorchen und die verlangten Gangarten korrekt zeigen.

Das Programm ist auswendig zu fahren; die beiden Grooms auf dem Rücksitz haben lediglich auf einen korrekten Sitz zu achten. Sie dürfen in das Geschehen nur dann eingreifen, wenn Gefahr droht. Wie in der Gespannkontrolle reicht die Notenskala von 0 bis 10. Bewertet wird das ganze Gespann, also alle vier Pferde zusammen. Neben den Pferden geht in der Dressurprüfung natürlich auch der Fahrer ins Examen. Es ist die Aufgabe des Richters zu beurteilen, wenn der Fahrer zu brüske Hilfen gibt oder die Pferde zu stark im Zug gehen läßt, so daß Volten oval statt rund werden.

377

MARATHON

Am zweiten Tag einer Fahrprüfung werden die Pferde für die Geländefahrt eingespannt. Sie trägt auch den Namen «Marathon», obwohl die Strecke keineswegs über die wohlbekannten 42 Kilometer führt. Bei einer internationalen Meisterschaft ist die Strecke in fünf Phasen aufgeteilt. Nicht zu Unrecht wird die Geländefahrt mit dem Geländeritt einer Military verglichen mit Wegstrecken, Steeple und Cross.

Diese Teilprüfung verlangt von den Pferden eine Höchstleistung. Jetzt zeigt sich's, ob die über Wochen aufgebaute Kondition ausreicht, um das Ziel heil und mit möglichst wenig Strafpunkten zu erreichen. Ihren Beitrag zu einer erfolgreichen Fahrt haben außerdem Fahrer und Mitfahrer zu leisten. Das Können des Fahrers zeigt sich vor allem in den Hindernissen: Nur ein geübtes Auge, todsichere Leinengriffe und blitzschnelle Entscheidungen lassen ihn erfolgreich bestehen. Zu beachten hat der Fahrer außerdem, daß seine Pferde bis zum Schluß bei Kräften bleiben, damit sie nicht am Ziel erschöpft ankommen. Hier sind ihm die Mitfahrer behilflich: Am Vortag messen sie mit dem Fahrer zusammen die Strecke auf den Meter genau aus und merken sich Fixpunkte. Während der Fahrt geben ihnen ihre Aufzeichnungen Gelegenheit, die gefahrene Zeit mit der zurückgelegten Strecke zu vergleichen. Nur so ist es möglich, die im voraus bekanntgegebene Idealzeit einzuhalten, um keine Strafpunkte für zu schnelles oder zu langsames Fahren zu kassieren. Damit ist die Arbeit der Mitfahrer nicht erledigt: Reflexartig sorgen sie mit Gewichtsverlagerungen dafür, daß der Wagen in unebenen Hindernissen oder Straßenstücken auf den Rädern bleibt, oder sie rufen dem Fahrer zu, wenn auch die Hinterräder das Hindernis passiert haben. Alle Hände voll zu tun haben sie schließlich bei den Zwischenhalten, wo sie mit Wasser und Schwämmen die Pferde erfrischen.

Oben: Viel Popularität hat dem Fahrsport FEI-Präsident Prinz Philip eingetragen, der mit einem Gespann der Königin selbst an Championaten teilgenommen hat.

Zur Bildserie: Höhepunkte einer Geländefahrt sind jeweils die Hindernisse. Nicht selten kommt es vor, daß ein Fahrer dabei zuviel riskiert und sein Gefährt umstürzt.

Unten: Die Geländestrecke setzt sich aus fünf Phasen zusammen: zwei Schrittstrecken, zwei Strecken im Normaltrab sowie einer Schnelltrabstrecke. Während auf den Strecken die Kondition der Pferde geprüft wird, zeigt sich bei den Hindernissen die Leinentechnik des Fahrers. Ihren Beitrag leisten aber auch die Mitfahrer, die zum einen dem Fahrer helfen, die vorgeschriebenen Zeiten einzuhalten, zum andern durch schnelle Gewichtsverlagerungen dafür sorgen, daß der Wagen in kritischen Situationen auf den Rädern bleibt.

Rechts: Wasserhindernisse und Bachdurchfahrten werden gern in einen Geländekurs eingebaut, weil solch natürliche Hindernisse stark klassieren. Um Stürze zu vermeiden, müssen Fahrer und Beifahrer die zu fahrende Strecke vorher genauestens rekognoszieren. Erfolgreich bestehen kann letztlich nur das Gespann, bei dem Pferde, Fahrer und Grooms zu einem Team verschmelzen. Wenn es dann dennoch zum Sturz kommt, muß die Mannschaft des Wagens das Fahrzeug wieder auf die Räder stellen.

Den Anforderungen einer Geländefahrt haben aber auch Wagen und Geschirre zu genügen. Prachtvolle alte Geschirre und klassische Wagen berühmter Wagenbauer sind im Gelände nicht mehr zu sehen. Vielmehr sind praktische, starke Geschirre und Wagen gefragt, an denen sich mit wenigen Handgriffen defekte Teile auswechseln lassen. Es ist deshalb nicht verwunderlich, daß beispielsweise Lederriemen stärkeren Kunstfasergeweben weichen mußten oder Holzwagen immer mehr von den aus Leichtmetall gebauten Fahrzeugen verdrängt werden.

Für die Geländefahrt steigt ein Richter neben den Fahrer auf den Bock. Er achtet darauf, ob die vorgeschriebenen Gangarten eingehalten werden. Ebenfalls notiert er strafbare Vorkommnisse wie Weglegen der Peitsche, Absteigen in einem Hindernis oder Umkippen des Wagens. Kommt es während der Fahrt durch äußere Einwirkung zu einer zeitlichen Benachteiligung des Gespannes, trägt der Richter auch dies auf dem Richterblatt ein.

DAS HINDERNISFAHREN

Nach den drei Teilprüfungen Gespannkontrolle, Dressur und Marathon hat das abschließende Hindernisfahren schon manche Zwischenrangliste umgekrempelt. Hier muß der Fahrer seine Geschicklichkeit unter Beweis stellen und mit seinem Gespann einen Parcours von maximal 20 Hindernissen durchfahren. Nach seinem Gutdünken kann er im Schritt, im Trab oder im Galopp fahren, denn es ist sein Ziel, den Parcours ohne Fehler und in der geforderten Maximalzeit hinter sich zu bringen. Die Weite der Tore wird von seinem Wagen bestimmt: Zur Spurbreite seines Fahrzeuges wird ihm ein Zuschlag von 30 bis 60 Zentimetern gewährt. Wirft er mit seinem Gespann — es kann ein Pferd oder ein Rad sein — einen Kegel um, belasten die Richter sein Strafpunktekonto mit je zehn Zählern. Hat er zudem die erlaubte Zeit noch überschritten, werden pro angebrochene Sekunde 0,5 Punkte dazugezählt.

Das Hindernisfahren sagt sehr viel aus! Eine starke nervliche Belastung hat einmal der Fahrer zu bestehen. So kommt es immer wieder vor, daß Fahrer disqualifiziert werden müssen wegen eines falschen Parcours; denn er hat ihn auswendig zu fahren, die Beifahrer dürfen weder mit Zeichen noch Zurufen helfen. Den Pferden steckt verständlicherweise noch die schwere Geländestrecke vom Vortag in den Beinen. Waren sie allerdings gut trainiert, zeigen sie am Sonntag, was in ihnen steckt. Willig gehen sie auch am letzten Tag in steter Anlehnung vorwärts und warten aufmerksam auf die Befehle ihres Meisters auf dem Bock.

Den Zuschauern bietet das Hindernisfahren am meisten Abwechslung. Für Spannung ist gesorgt; Fällt der Kegel, fällt er nicht? Seinen Beitrag zu einem spannenden Hindernisfahren muß der Parcoursbauer leisten. Ein Turnierplatz hat für das Hindernisfahren keineswegs eben zu sein, denn ein Auf und Ab erhöht den Schwierigkeitsgrad beträchtlich und zeigt das Können des Fahrers und die Durchlässigkeit der Pferde noch deutlicher. Daneben kann er aber mit einer geschickten Linienführung die Fahrer zum Risiko verleiten. Die Gefahr für Fehler wird mit schnellem Fahren freilich erhöht, was indessen das Publikum liebt.

Zum Abschluß eines dreitägigen Fahrturniers wird als vierte Teilprüfung das Hindernisfahren durchgeführt. Hier haben die Gespanne einen Parcours mit rund zwanzig Toren zu durchfahren. Die Hindernisse werden durch Kegel markiert oder mittels Stangen begrenzt. Die Distanz zwischen den Kegeln ist ein wenig größer als die Spurbreite des Wagens. Ziel des Hindernisfahrens ist es vor allem, zu überprüfen, ob die Pferde die Anstrengungen des Vortages gut überstanden haben. Denn wenn sie müde und steif sind, wird es dem Lenker schwerfallen, die Klippen des Parcours sicher zu umfahren.

*Rechte Seite:
Mit ihren wendigen, kurzen Gespannen plazieren sich die ungarischen Konkurrenten beim Hindernisfahren stets in Spitzenrängen. Unser Bild zeigt den mehrfachen Welt- und Europameister György Bardos mit seinen vier Lipizzanern.*

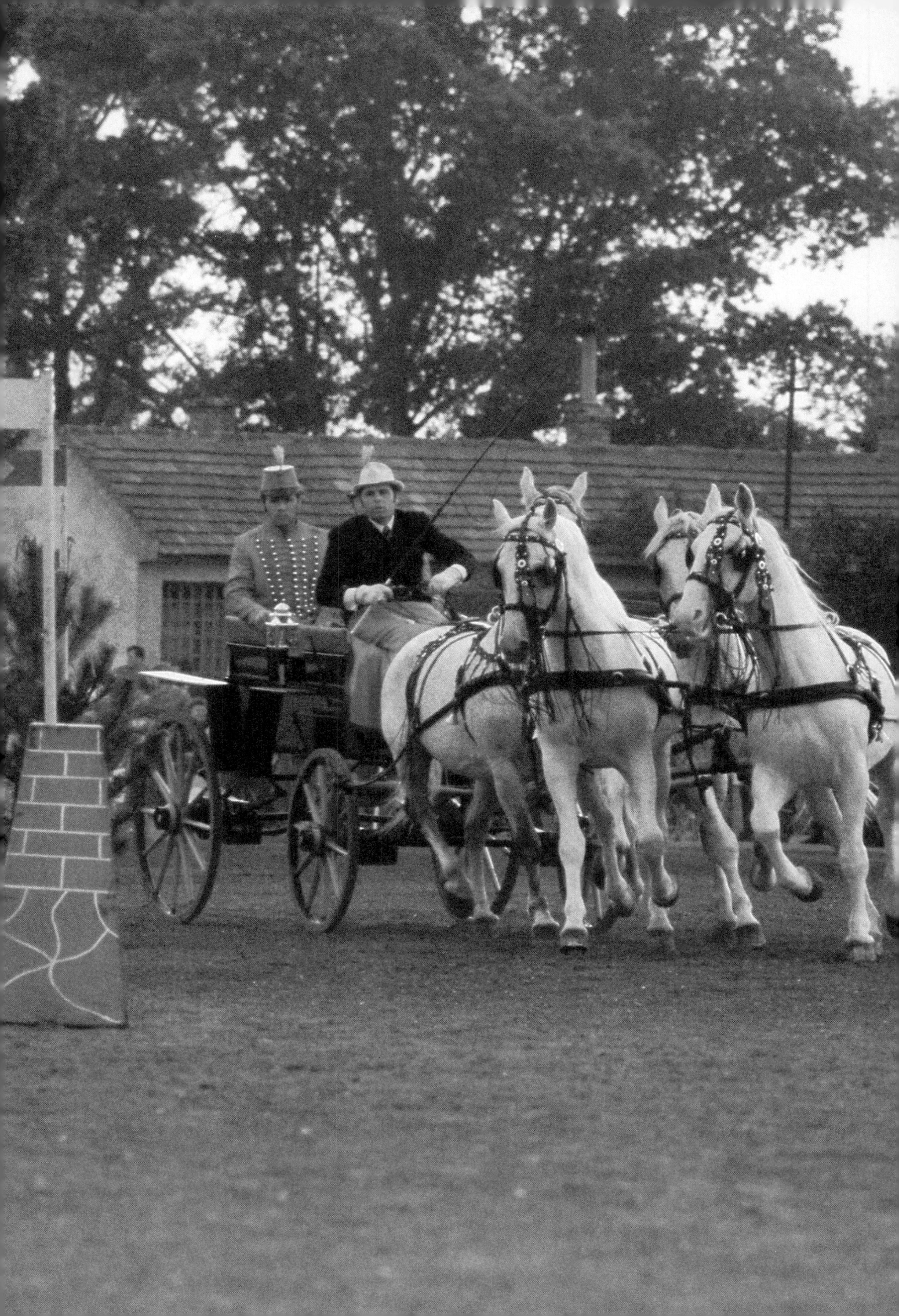

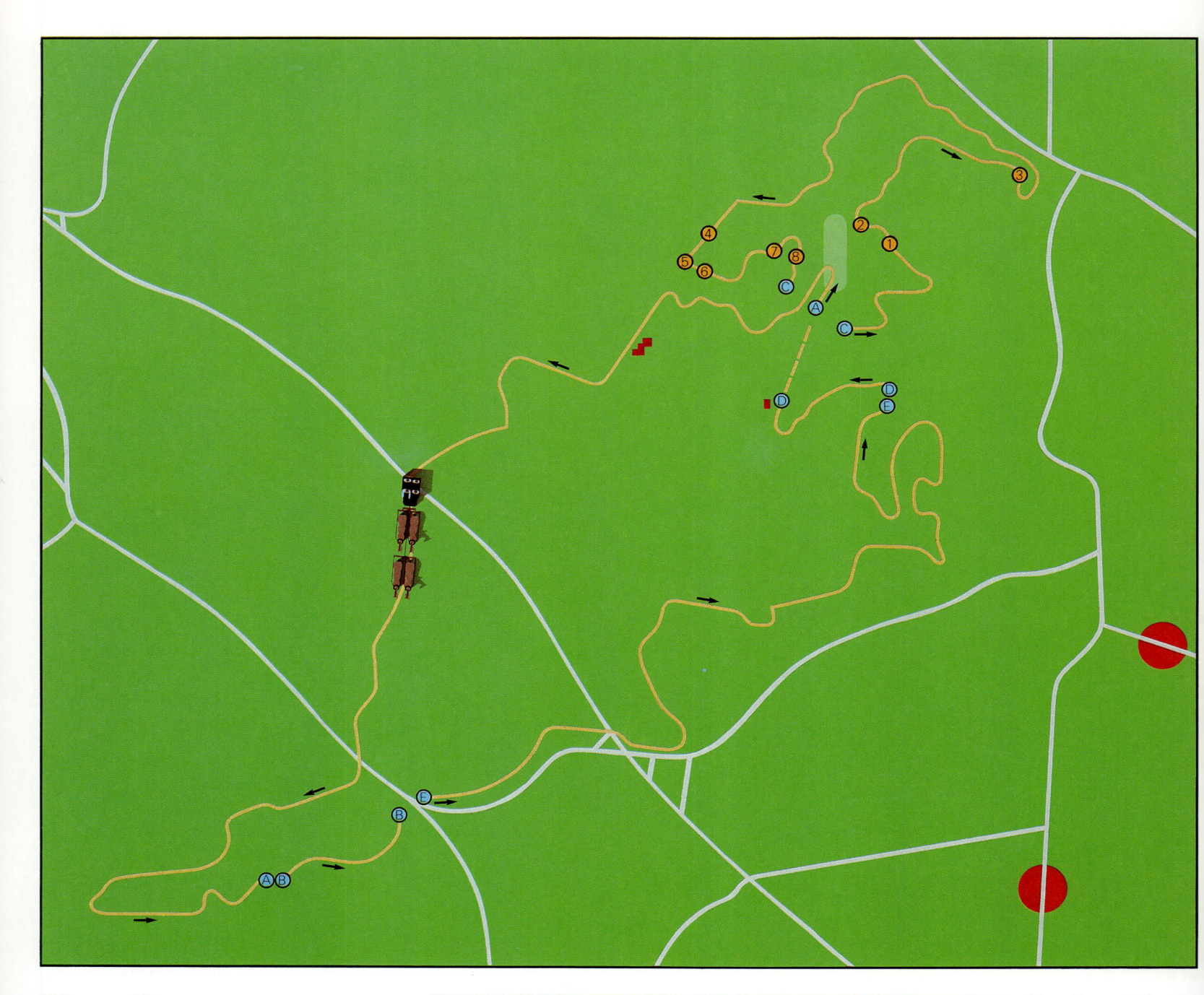

Die Geländestrecke bei der Weltmeisterschaft 1980

Die Geländefahrt der 5. Weltmeisterschaft der Viererzugfahrer — sie fand vom 11. bis 14. September 1980 in Windsor, Großbritannien, statt — führte durch den 2000 Hektar großen «Windsor Great Park».

Die 42 am Start erschienenen Gespanne aus elf Nationen hatten eine 33,583 Kilometer lange Strecke zu absolvieren; Kernstück des Kurses war die knapp zehn Kilometer lange Schnelltrabstrecke mit den acht Hindernissen, deren Schwierigkeitsgrad selbst für eine Weltmeisterschaft sehr hoch war; hinzu kam, daß die Schnelltrabstrecke am Schluß lag, was die Anforderungen zusätzlich erhöhte. Etliche Konkurrenten waren den Anforderungen einer Weltmeisterschaft noch nicht gewachsen.

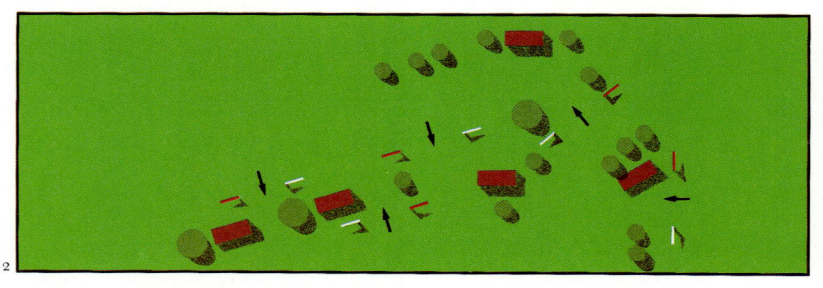

Oben: Gut 33 Kilometer hatten die 42 Gespanne auf der Geländefahrt im Schritt und Trab zurückzulegen. Begonnen wurde mit 12 km Trab, Tempo 15 km/h (A—A); es folgten 1167 m im Schritt, Tempo 7 km/h (B—B), 9,5 km Trab im Tempo 15 km/h (E—E) und nochmals 1050 m Schritt (D—D). Zum Schluß kam die 9866 Meter lange Schnelltrabstrecke (C—C) mit Tempo 16 km/h und acht Hindernissen. Der Schwierigkeitsgrad der Hindernisse lag bei der 5. Weltmeisterschaft sehr hoch. So mußten einige der acht Hindernisse nach der offiziellen Besichtigung entschärft werden. Unter anderem auch Hindernis 1, «The Grouse Barrel Garden» (1), weil der vorgesehene Weg selbst für einen Zweispänner unmöglich zu fahren war. Viel Zeit benötigten die Konkurrenten im zweiten Hindernis, «The Garden Seats» (2), wo der Weg zwischen Bäumen und Sitzbänken gefunden werden mußte, oder bei «Virginia Water» (3). Im «Windsor Great Park» ist man auch von den zahlreichen hohen, alten Bäumen beeindruckt, die in lichtem Bestand zum Teil ganz erstaunliche Formen entwickeln konnten. Diese Besonderheit wurde im vierten Hindernis, «The Obelisk Trees» (4), ausgenützt. Erleichtert werden mußte nachträglich auch «The Wood Yard» (5), das an fünfter Stelle lag. Eng wurde es auch im sechsten Hindernis, «The Garden Pens» (6), das wohl verschiedene Wege offengelassen hat, von denen aber nur einer befahrbar war. Zu Ausfällen kam es vorwiegend im zweitletzten Hindernis, «The Sandpit» (7). Die Pferde waren, bald am Schluß der Strecke, schon ziemlich müde, so daß der tiefe Sand ihre Zugwilligkeit stark forderte. Wer «The Sandpit» auch meisterte, war dennoch nicht am Ziel, weil zuletzt noch «The Maize» (8) wartete. In diesem aus Holzzäunen errichteten Labyrinth zeigte sich die Kondition der Pferde, ob sie auch nach 33 Kilometern willig den Befehlen ihres Meisters gehorchten.

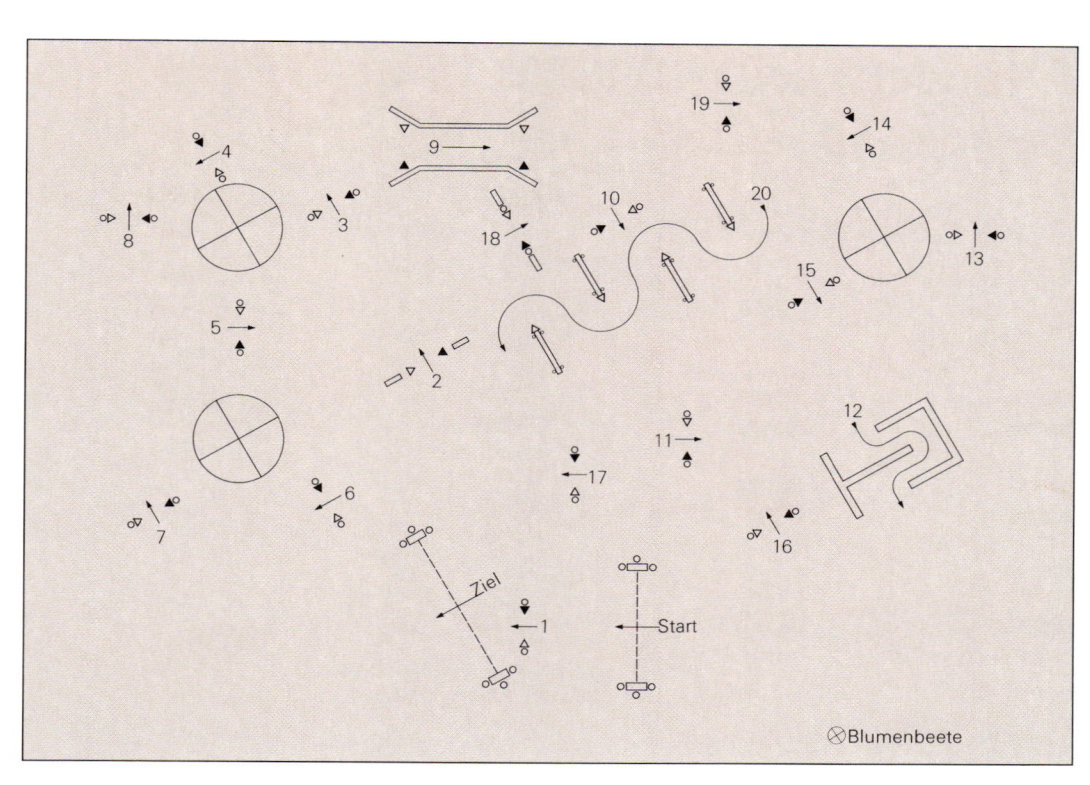

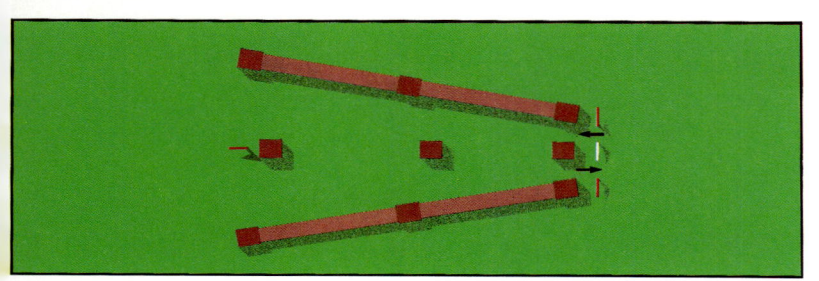

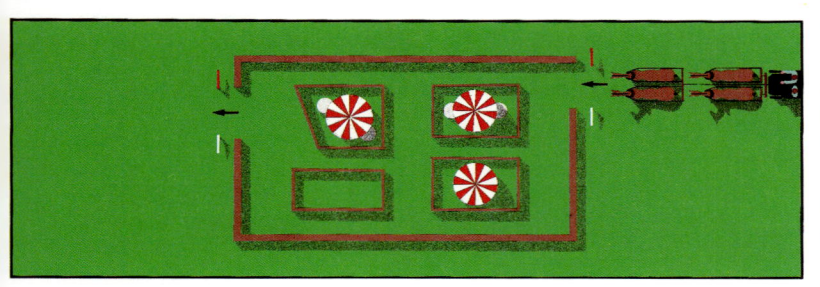

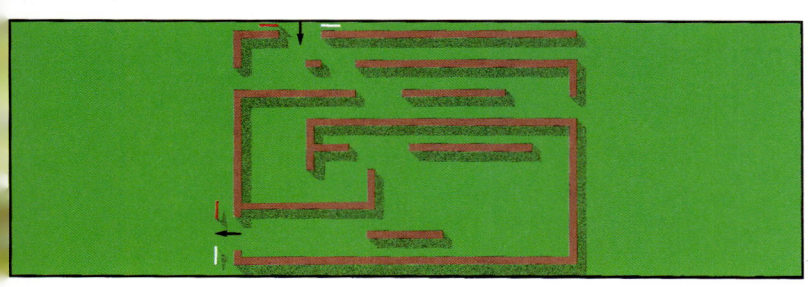

ZUM ABSCHLUSS DAS HINDERNISFAHREN

Der Mittelpunkt der Veranstaltung war «Smith's Lawn», eine große, völlig ebene, ganz kurz geschnittene Wiese, eigentlich mehr ein großer Rasen. Und hier fand zum Abschluß der viertägigen Veranstaltung auch das Hindernisfahren statt. Umgeben war die Wiese von mannigfaltigen Zelten und Tribünen; im nördlichen Teil der Tribünen schlossen sich die Verkaufszelte an, die jede englische Veranstaltung kennzeichnen. Dazwischen befanden sich auch Stände mit Hot dogs und Tee, meistens mit einer langen Schlange wartender Zuschauer davor. Und wie bereits an den Tagen zuvor, strömten die Zuschauer wieder zu Tausenden auf den Platz — schließlich fuhr Prinz Philip selbst mit einem Gespann der Königin in der britischen Mannschaft mit, die nach Dressur und Gelände in Führung lag. Zum 670 Meter langen Hindernisfahren, dessen 20 Tore mit einer mittleren Geschwindigkeit von 200 Metern in der Minute durchfahren werden mußten, erschienen nur zwei Gespanne nicht mehr. Der Kurs erlaubte ein flüssiges Fahren und war mit aufwendig gebauten Hindernissen sowie farbenprächtigen Blumenbeeten abwechslungsreich gestaltet. Fünf Konkurrenten blieben ohne Fehler, vor allem brillierte einmal mehr György Bardos aus Ungarn, der seinen Titel erfolgreich verteidigen konnte.

Oben: 20 Tore auf einer Länge von 670 Metern waren auf «Smith's Lawn», einer ebenen, ganz kurz geschnittenen Wiese, verteilt. Die einzelnen Tore, die durch zwei Kegel begrenzt waren, hatten jeweils eine Breite von Spurbreite Wagen plus 30 cm. Nebst den einfachen Kegelhindernissen brachten eine Brücke (Hindernis 9) sowie das an zwölfter Stelle liegende «The Castle» Abwechslung in den Parcours. Bunte Akzente setzten außerdem die drei farbenprächtigen Blumenbeete.

Die bisherigen Welt- und Europameister

1971 EM Budapest, Ungarn

Die Sieger

Einzel
1. Imre Abonyi, Ungarn
2. Sandor Fülöp, Ungarn
3. Joszef Papp, Ungarn

Mannschaft
1. Ungarn
2. BR Deutschland
3. Großbritannien

1972 WM Münster, BR Deutschland

Die Sieger

Einzel
1. August Dubey, Schweiz
2. John Miller, Großbritannien
3. Douglas Nicholson, Großbritannien

Mannschaft
1. Großbritannien
2. Schweiz
3. BR Deutschland

1973 EM Windsor, Grossbritannien

Die Sieger

Einzel
1. Auguste Dubey, Schweiz
2. Robert Doudin, Schweiz
3. Douglas Nicholson, Großbritannien

Mannschaft
1. Schweiz
2. BR Deutschland
3. Großbritannien

1974 WM Frauenfeld, Schweiz

Die Sieger

Einzel
1. Sandor Fülöp, Ungarn
2. Christian Iseli, Schweiz
3. George Bowman, Großbritannien

Mannschaft
1. Großbritannien
2. Schweiz
3. Polen

1975 EM Zopot, Polen

Die Sieger

Einzel
1. Imre Abonyi, Ungarn
2. György Bardos, Ungarn
3. Ferenc Muity, Ungarn

Mannschaft
1. Ungarn
2. Polen
3. BR Deutschland

1976 WM Apeldoorn, Holland

Die Sieger

Einzel
1. Imre Abonyi, Ungarn
2. Emil Bernhard Jung, BR Deutschland
3. Zygmunt Waliszewski, Polen

Mannschaft
1. Ungarn
2. BR Deutschland
3. Polen

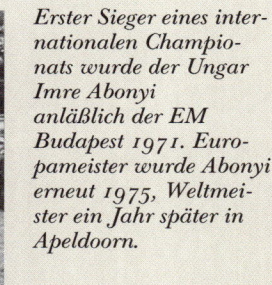

Erster Sieger eines internationalen Championats wurde der Ungar Imre Abonyi anläßlich der EM Budapest 1971. Europameister wurde Abonyi erneut 1975, Weltmeister ein Jahr später in Apeldoorn.

1977 EM Donaueschingen, BR Deutschland

Die Sieger

Einzel
1. György Bardos, Ungarn
2. Tjeerd Velstra, Holland
3. Emil Bernhard Jung, BR Deutschland

Mannschaft
1. Ungarn
2. Polen
3. BR Deutschland

1978 WM Kecskemet, Ungarn

Die Sieger

Einzel
1. György Bardos, Ungarn
2. Sandor Fülöp, Ungarn
3. Ferenc Muity, Ungarn

Mannschaft
1. Ungarn
2. BR Deutschland
3. Großbritannien

1979 EM Haras du Pin, Frankreich

Die Sieger

Einzel
1. György Bardos, Ungarn
2. Mihaly Balint, Ungarn
3. Zygmunt Waliszewski, Polen

Mannschaft
1. Ungarn
2. Großbritannien
3. Polen

1980 WM Windsor, Grossbritannien

Die Sieger

Einzel
1. György Bardos, Ungarn
2. George Bowman, Großbritannien
3. Tjeerd Velstra, Holland

Mannschaft
1. Großbritannien
2. Ungarn
3. Polen

1981 EM Zug, Schweiz

Die Sieger

Einzel
1. György Bardos, Ungarn
2. George Bowman, Großbritannien
3. Wladyslaw Adamczak, Polen

Mannschaft
1. Ungarn
2. Polen
3. Großbritannien

1982 WM Apeldoorn, Holland

Die Sieger

Einzel
1. Tjeerd Velstra, Holland
2. György Bardos, Ungarn
3. Laszlo Juhasz, Ungarn

Mannschaft
1. Holland
2. Ungarn
3. Großbritannien

1983 WM Zweispänner Rom, Italien

Die Sieger

Einzel
1. Paul Gregory, Großbritannien
2. Hans R. Pieper, BR Deutschland
3. Heiner Merk, Schweiz

Mannschaft
1. Niederlande
2. Schweiz
3. BR Deutschland

1984 WM Vierspänner Szilvasvarad, Ungarn

Die Sieger

Einzel
1. Laszlo Juhasz, Ungarn
2. György Bardos, Ungarn
3. Mihaly Balint, Ungarn

Mannschaft
1. Ungarn
2. Schweden
3. Großbritannien

1985 WM Zweispänner Sandringham, Grossbritannien

Die Sieger

Einzel
1. Ekkert Meinecke, BR Deutschland
2. Heiner Merk, Schweiz
3. Art de Leuw, Holland

Mannschaft
1. Schweiz
2. BR Deutschland
3. Großbritannien

1986 WM Vierspänner Ascot, Grossbritannien

Die Sieger

Einzel
1. Tjeerd Velstra, Holland
2. Ysbrand Chardon, Holland
3. Laszlo Juhasz, Ungarn

Mannschaft
1. Holland
2. Ungarn
3. BR Deutschland

1987 WM Zweispänner Riesenbeck, BR Deutschland

Die Sieger

Einzel
1. Laszlo Kesckemeti, Ungarn
2. Rajmond Wodkowski, Polen
3. Ekkert Meinecke, BR Deutschland

Mannschaft
1. BR Deutschland
2. Ungarn
3. Polen

Erster Weltmeister der Fahrer wurde der Schweizer Auguste Dubey in Münster, Europameister war er im folgenden Jahr.

1988 WM Vierspänner Apeldoorn, Holland

Die Sieger

Einzel
1. Ysbrand Chardon, Holland
2. Christer Pahlsson, Schweden
3. Josef Boszik, Ungarn

Mannschaft
1. Holland
2. Ungarn
3. BR Deutschland

1989 WM Zweispänner Balatonfenyves, Ungarn

Die Sieger

Einzel
1. Udo Hochgeschurz, Kanada
2. Werner Ulrich, Schweiz
3. Mihaly Feher, Ungarn

Mannschaft
1. Ungarn
2. Österreich
3. Polen

1990 WM Vierspänner Stockholm, Schweden

Die Sieger

Einzel
1. Ad Arts, Holland
2. Tomas Eriksson, Schweden
3. Josef Boszik, Ungarn

Mannschaft
1. Holland
2. Schweden
3. Ungarn

385

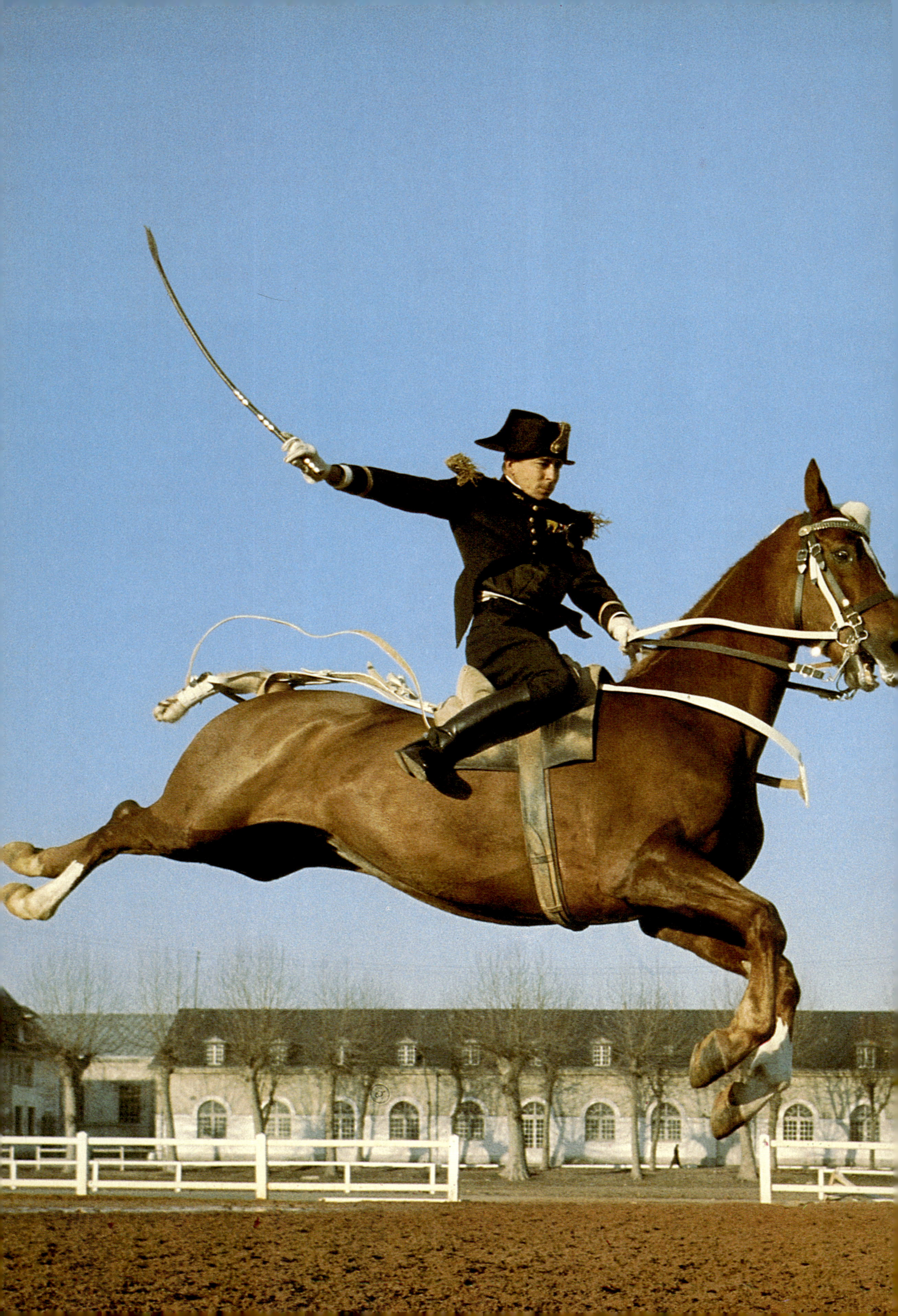

Hohe Schule

Die Hohe Schule ist klassische Reitkunst in höchster Vollendung und zugleich hippologische Wissenschaft in größter Exaktheit. In ihrer reinen Form wird sie nur noch an zwei Stätten der Erde gepflegt: auf der Kavallerieakademie von Saumur in Frankreich und an der Spanischen Hofreitschule in Wien.

Bereits der Ausdruck «klassische Reitkunst» deutet darauf hin, daß diese Form des Umgangs mit Pferden ein Erbe der Antike ist. Wie wir schon im geschichtlichen Teil dieses Buches gesehen haben, hatten die Griechen das Fundament zu dieser besonderen Form der Reitkunst gelegt. Simon von Athen war um 400 v. Chr. offenbar der große Meister dieser Kunst. Der Schriftsteller Xenophon, der eine ganze Reihe philosophischer und politischer Werke geschrieben hat, hielt die Lehren Simons und seine eigenen großen Erfahrungen als Reiterführer in zwei bedeutenden Werken fest. Sein Buch «Peri Hippikes» enthält die Grundlage der klassischen Dressur und machte ihn zum eigentlichen Begründer der Hippologie als Wissenschaft.

Mit dem Niedergang der Griechen verschwanden diese Schriftwerke, gerieten die Lehren für beinahe zwei Jahrtausende in Vergessenheit. Erst in der Renaissance oder kurz davor wurden Xenophons Bücher wiederentdeckt. In Neapel studierte ein Federico Grisone diese Werke sehr gründlich und baute darauf seine eigene Lehre der Reitkunst auf. Sie unterschied sich allerdings in einem Punkt wesentlich vom griechischen Vorbild. Grisone schreckte im Umgang mit Pferden vor keinen Gewaltmaßnahmen zurück, während allein Simons Satz: «Du kannst einen Tänzer nicht mit Peitsche und Sporen tanzen lehren» deutlich genug die Einstellung der Griechen zum Ausdruck bringt.

Grisone gründete 1532 in Neapel eine Akademie für Adelige. Zu seinen bedeutendsten Schülern zählte Giovanni Pignatelli. Dieser wiederum war der Lehrer des Franzosen Antonius de Pluvinel, der die Dressurmethoden Grisones wesentlich verbesserte und humanisierte.

Berühmt wurde auch William Cavendish, Herzog von Newcastle,

Links: Hohe Schule — hier wird vom Pferd verlangt, daß es die schwierigsten, der natürlichen Gangmechanik entsprechenden Übungen in vollem Gleichgewicht ausführen kann. Unser Bild zeigt einen Offizier des Cadre Noir, Saumur, bei der Kapriole.

Unten: Nochmals eine Kapriole, ausgeführt gut 300 Jahre früher von William Cavendish, Herzog von Newcastle.

durch seine Reitschule und sein hippologisches Hauptwerk, das 1658 erschien. Das herrlich illustrierte und für uns oftmals amüsante Buch reicht allerdings in seiner Aussage bei weitem nicht an Pluvinels Werk heran.

Von den Meistern der Reitkunst in Deutschland wurde vor allem Georg Engelhard von Löhneyssen bekannt, dessen Werke um 1600 erschienen. Zu den Großen gehörten auch Louis Seeger, Lehrer an der ersten Privatreitschule in Berlin, und dessen Schüler Gustav Steinbrecht. Beide wandten sich vehement gegen die vom Franzosen François Baucher 1842 veröffentlichte und sehr erfolgreich verkaufte «Méthode d'équitation», die in der Tat zahlreiche grundlegende Fehler enthielt, wie Baucher später selbst zugeben mußte. Immerhin erfand Baucher den fliegenden Galoppwechsel von Sprung zu Sprung, der heute in den schweren sportlichen Dressurprüfungen verlangt wird.

Der vielleicht einflußreichste Lehrer klassischer Reitkunst überhaupt war der Franzose Robichon de la Guérinière, der in der ersten Hälfte des 18. Jahrhunderts wirkte. Mit seinem kristallklaren Geist konnte er in den bis dahin aufgestellten Lehren das Falsche vom Richtigen scheiden und einen präzis formulierten Erziehungsweg zu Losgelassenheit und Gehorsam entwickeln. Auf seinen Erkenntnissen sind sowohl der moderne Dressursport wie auch die Hohe Schule der Gegenwart aufgebaut.

Die Spanische Hofreitschule

Die älteste bekannte Erwähnung eines «Spainischen Reithsalls» findet sich in einem Dokument aus dem Jahre 1572. Die Pferde, die in diesen Marstall bei der Wiener Hofburg einzogen, kamen aus Spanien und waren sicher größtenteils Andalusier mit einem hohen Anteil berberischen und auch arabischen Blutes: edle Tiere, die sich durch jenen geschlossenen Bau mit den abgerundeten Formen, die erhabenen, kraftvollen, dabei tänzerisch anmutigen Bewegungen und die hohe Gelehrigkeit auszeichneten, die in der Barockzeit in ganz Europa so begehrt waren. Der deutsche Reitmeister des 16. Jahrhunderts Georg Engelhard von Löhneyssen nannte sie die «Allerklügsten, Herzhaftesten und Großmütigsten», und ihnen, nicht etwa dem spanischen Reitstil, verdankt die Hofreitschule ihren Namen.

Die berühmte Reithalle der Spanischen Hofreitschule, die als eines der großartigsten Werke barocker Baukunst überhaupt gilt, wurde zwischen den Jahren 1729 und 1735 von Josef E. Fischer von Erlach erbaut. Sie vermittelt einen tiefen Eindruck vom Glanz der Donaumonarchie — zumal wenn während der Vorführungen die goldgezäumten, schneeweißen Hengste und ihre festlich herausgeputzten Reiter sie mit Leben erfüllen. Die Halle ist 55 Meter lang, 18 Meter breit und 17 Meter hoch. Die Galerie wird von 46 Säulen getragen. Auf einer steinernen Tafel ist in lateinischer Sprache festgehalten, welche Aufgabe dieser Reitbahn zugedacht war:

«Diese kaiserliche Reitschule wurde zum Unterricht und zur Übung der adeligen Jugend wie auch zur Ausbildung der Pferde für Kunstritt und Krieg auf Befehl Kaiser Karls VI., des Sohnes von weiland Kaiser Leopold I., und unter Obsorge des Generalbaudirektors und Vorstandes der Hofstallungen Gundaker Graf Althann im Jahre 1735 errichtet.»

Außer für diese Aufgabe wurde die Halle aber auch immer wieder Schauplatz prunkvoller Veranstaltungen, von denen das «Damenkarussell» Maria Theresias wohl die berühmteste war. Die Vorstellung fand am 2. Januar 1743 statt und bestand im wesentlichen aus zwei von adeligen Amazonen gerittenen Quadrillen und zwei mit pompösen, versilberten Phaetons gefahrenen Vorführungen. Die erste Reiterinnen-Quadrille wurde von Maria Theresia persönlich angeführt.

Verschiedenste Feste und Veranstaltungen fanden hier statt, bedeutende Kongresse, Konzerte, Bälle, Turniere, die an die mittelalterlichen Ritterzweikämpfe erinnerten, makabre «Mohrenstechen», bei denen künstliche, turbangeschmückte Köpfe vom galoppierenden Pferd aus mit Lanzen aufgespießt oder mit Schwertern abgeschlagen wurden. Nicht immer spielten Pferde eine Rolle, so beispielsweise bei der Durchführung des ersten österreichischen Reichstages im Jahre 1848 oder, 30 Jahre früher, als der Schweizer Erfinder Jakob Degen seinen Flugapparat vorführte, mit dem er sich mit 34 Flügelschlägen bis knapp unter die Decke erhoben ha-

1 Arbeit am langen Zügel. Sie erfordert vom Reiter höchstes Feingefühl und ein sehr hohes Ausbildungsniveau des Hengstes.

2 Levade an der Hand, im Schloßpark von Schönbrunn, wo ebenfalls Vorführungen der Spanischen Hofreitschule stattfinden.

3 Blick in einen Stallgang der Wiener Stallburg, dieses großartigen Renaissancebaus, der täglich von 14 bis 16 Uhr der Öffentlichkeit zugänglich ist.

4 Schulquadrille in der berühmten Barockreitbahn der Spanischen Hofreitschule.

5 Den Abschluß des Vorführprogrammes bildet die von acht Hengsten und ihren Reitern präsentierte Schulquadrille.

6 Während die Junghengste in Ständen angebunden stehen, können sich die voll ausgebildeten Pferde in Boxen frei bewegen.

7 Kapriole an der Hand.

8 Courbette an der Hand — hier führt das auf den Hinterbeinen stehende Pferd (Levade) mehrere Sprünge nach vorn aus.

ben soll. Das prunkvollste aller Feste in der Reitbahn der Spanischen Reitschule fand am 23. November 1814 statt.

Dieses legendäre Karussell wurde von Kaiser Franz I. veranstaltet und beeindruckte den Adel ganz Europas: Die Könige von Preußen, Bayern, Württemberg und Dänemark, Staatsmänner wie Metternich, Talleyrand, Hardenberg und Lord Castlereagh waren den Einladungen gefolgt.

Bis zum Ende des Ersten Weltkrieges war in der Halle der Adel unter sich. Die Vorführungen waren den Gästen des Kaisers vorbehalten. Mit dem Zusammenbruch der Donaumonarchie schien auch das Ende der Spanischen Hofreitschule nahe. Die Befürchtung jedoch, daß hier eine in ihrer Art einmalige kulturelle Stätte für immer verschwinden könnte, rief Gönner auf den Plan, die dafür sorgten, daß das Institut bestehen blieb und sich mit öffentlichen Vorführungen, mit Reitunterricht und mit Gastspielen finanziell durchbringen konnte. Nach wie vor wird hier die Hohe Schule in ihrer reinsten Form gepflegt, werden Reiter und Pferde in dieser Kunst ausgebildet. Unter den schimmelfarbenen Hengsten befindet sich traditionsgemäß auch ein Brauner, um zu zeigen, daß durchaus nicht alle Lipizzaner Schimmel sind. Täglich können die Besucher die Morgenarbeit beobachten und einen Eindruck vom langwierigen Ausbildungsvorgang gewinnen. Zweimal wöchentlich finden Vorführungen statt, an denen Pferdebegeisterte und Schaulustige aus aller Welt in fast andächtiger Stille einem einzigartigen Programm folgen: der Vorführung der jungen Hengste, die das erste Ausbildungsjahr hinter sich haben, dem «Pas de Deux», einer von zwei Reitern spiegelbildlich ausgeführten Kür, der Arbeit an der Hand und am langen Zügel, bei welcher der Reiter, die langen Zügel in den Händen, dem Pferd zu Fuß folgt, den Schulsprüngen und schließlich der Schulquadrille, dem «Ballett der Weißen Hengste».

Die Pferde, die hier ausgebildet werden, kommen seit 1920 aus dem Staatsgestüt Piber. Entstanden ist die Rasse der Lipizzaner jedoch im Karst, im heutigen Jugoslawien, im Dörfchen Lipica, wo der österreichische Erzherzog Karl 1580 ein Hofgestüt gründete. In den Wirren der Kriege mußten die Lipizzanerpferde mehrmals evakuiert werden. In den alten Gebäuden des Stammgestütes werden seit 1947 wieder Lipizzaner gezüchtet.

Die Kavallerieschule von Saumur

Wenn es irgendwo ein Institut gibt, das einem Vergleich mit der Spanischen Hofreitschule in Wien standhält, so ist es die Kavallerieschule von Saumur in Frankreich, am linken Ufer der Loire gelegen. Hier wurde am 20. Juni 1828 zu Ehren der Herzogin De Berry erstmals von Kavallerieoffizieren eine Schulquadrille geritten, die in ihrer Ausführung der Hohen Schule der französischen Reitmeister der Barockzeit entsprach. Freilich hatte sie gleichzeitig einen deutlich militärischen Charakter.

Die Kavallerieschule von Saumur entstand 1763. Während sich Ludwig XIII. (1610 bis 1643) als Schüler des großen Meisters Pluvinel mit Hingabe der Hohen Schule widmete und der kriegstechnischen Ausbildung seiner Kavallerie nicht allzuviel Bedeutung beimaß, legte sein Ururenkel, Ludwig XV. (1755 bis 1774), größten Wert auf eine bewegliche, schlagkräftige, straff organisierte Reiterei. Er ließ zahlreiche Schulstätten errichten. Die bedeutendste davon war die Kavallerieschule von Saumur, denn hier wurde das königliche «Corps des Carabiniers» ausgebildet. In den folgenden Jahrzehnten wechselte die königliche Kavallerie mehrmals die Ausbildungsstätte. Vorübergehend war sie auch beim Schloß von Versailles untergebracht, wo es ebenfalls große Stallanlagen gab. 1825 aber wurde sie endgültig in Saumur ansässig. Inzwischen hatte Ludwig XVIII. (1814 bis 1824) gleich in seinem Krönungsjahr in Saumur eine Reitakademie eröffnen lassen.

Die Ausbilder an den französischen Kavallerieschulen trugen blaue Uniformen und waren deshalb als «Cadre Bleu» bekannt. Um die königlichen Bereiter in Saumur von den übrigen herauszuheben, erhielten sie einen schwarzen Rock mit Goldschnüren und Goldstickerei und einen schwarzen Zweispitz, «Lampion» genannt. Als «Cadre Noir» sind sie heute weltbekannt.

1969 wurde die französische Kavallerieschule in eine Panzersoldaten-Ausbildungsstätte umgewandelt. Das «Cadre Noir» aber blieb bestehen, es trennte sich von der Kavallerieschule und wurde zum Lehrkörper des Nationalen Reitinstitutes. Aus diesem wiederum ging 1972 die Nationale Reitschule hervor, die ausgezeichnete «Ecole nationale d'équitation». Neben den Ausbildungsaufgaben, die dem «Cadre Noir» vom Staatssekretariat für Jugend und Sport übertragen wurden und die das Unterrichten angehender Dressur-, Spring- und Militaryreiter umfassen, wird als traditionelle Verpflichtung der Dressurstil der alten königlichen Kavallerie gepflegt. Die glanzvollen, stets zahlreich besuchten Vorführungen bestehen aus einer Quadrille im alten französischen Stil und aus den Schulsprüngen.

Die Quadrille wird unter der Leitung des «Ecuyer en chef» (Oberbereiter) von den «Ecuyers» (Bereiter), den «Sous Ecuyers» (Unterbereiter) und den «Maîtres de manège» (Reitmeister) vorgeführt. Verwendet werden dazu stets hoch im Blut stehende Pferde, großenteils reine Vollblüter, die dieser Quadrille ihre unverwechselbare Spritzigkeit verleihen. Die Figuren werden in den drei Grundgangarten geritten. Zur Quadrille gehören Traversalen, bei denen das Pferd gleichzeitig vorwärts und seitwärts geht, im Schritt, Trab oder Galopp, wobei die äußeren Beine bei jedem Schritt über die inneren treten. Die

1 Zu den öffentlichen Vorführungen des «Cadre Noir» an der Kavallerieschule von Saumur gehören auch sogenannte «Schulen über der Erde», die in — nach barockem Muster — tiefgebauten Sätteln und ohne Steigbügel geritten werden. Die hier gezeigte Figur, bei der das stehende Pferd auf Kommando energisch nach hinten ausschlägt, wird in Saumur «Croupade» genannt. Es gibt aber Schulen, in denen ein anderer Schulsprung mit Croupade bezeichnet wird.

2 Saumur mit seinen rund 23 000 Einwohnern liegt idyllisch am linken Ufer der Loire in Westfrankreich und ist nicht nur durch sein «Cadre Noir», sondern auch durch das Schloß aus dem 14. Jahrhundert und den Weißwein bekannt.

3 und 4 Für die sehr tänzerisch wirkende Schulquadrille von Saumur werden größtenteils Vollblüter verwendet.

5 Diese nach klassischen Begriffen als «Pesade» bekannte Figur nennt man in Saumur «Courbette». Bei der echten Courbette vollführt das Pferd aus dieser Stellung heraus lediglich auf den Hinterbeinen mehrere Sprünge vorwärts.

Zickzacktraversalen im Galopp werden mit fliegendem Galoppwechsel ausgeführt. Als schwierigste Lektion dieser Quadrille gilt die Passage, von manchen Fachleuten auch «Spanischer Tritt» genannt, ein versammelter Trab mit regelmäßigen, hohen, sehr kadenzierten Beinbewegungen. Die nächsthöhere Schwierigkeitsstufe, ein erhabener, taktreiner Trab auf der Stelle, Piaffe genannt, der in den schwersten sportlichen Dressurprüfungen verlangt wird, wird in Saumur nicht gezeigt.

Besonders eindrucksvoll sind die Schulsprünge. Für diese sogenannten Schulen über der Erde werden andere Pferde ausgebildet, die «Sauteurs» oder Springer. Meistens sind es kraftvolle, energische Anglo-Normannen. Entwickelt wurden die Schulsprünge von den Reitmeistern der Barockzeit als Lektionen zur klassischen Dressur, aber bis zur Einführung der Handfeuerwaffen wurden auch Kriegspferde in dieser Kunst unterrichtet. Man kann sich gut vorstellen, daß ein auf die Hinterbeine erhobenes, vorwärtsspringendes oder auf Befehl treffsicher und hart nach hinten ausschlagendes Pferd sich beim Fußvolk einigen Respekt verschaffen konnte.

Zu den klassischen Schulen über der Erde, wie sie in der Hofreitschule in Wien gezeigt werden, zählen Pesade, Levade, Courbette, Croupade, Ballotade und Kapriole. In der *Pesade* (hier Courbette genannt) begrüßen die Sauteurs in Saumur das Publikum: Sie stellen sich auf die fast ausgestreckten Hinterbeine, die Vorderbeine angewinkelt, wobei der Körper in einem Winkel von über 45 Grad aufgerichtet ist. In der *Levade,* einer neueren und schwierigeren Form derselben Übung, sind die Hinterbeine viel stärker angewinkelt, der Körper um weniger als 45 Grad. Aus Levade oder Pesade wird die Courbette entwickelt, bei der das Pferd allein auf den Hinterbeinen mehrere Sprünge vorwärts ausübt. Bei *Croupade* und *Ballotade* springt das Pferd gleichzeitig mit allen vier Beinen in die Luft und hält während der kurzen Schwebephase die Beine angewinkelt, wobei die hinteren Röhrbeine in der Croupade waagrecht nach vorn, in der Ballotade senkrecht nach unten gerichtet sind. Aus diesen Sprüngen entsteht die *Kapriole,* bei der das Pferd mitten im Luftsprung beide Hinterbeine energisch nach hinten ausschlägt.

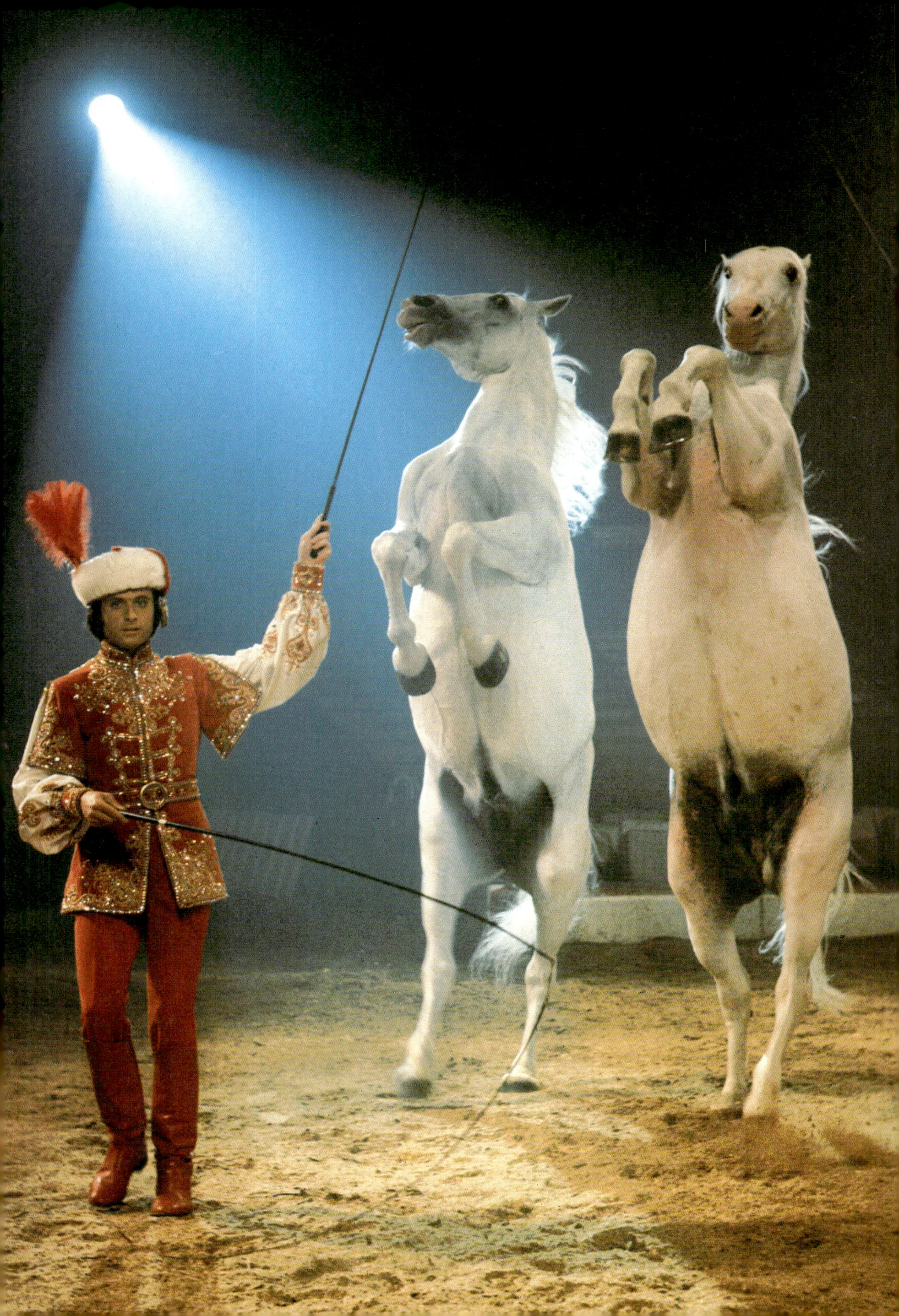

Links: Das Steigen, das beinahe senkrechte Aufrichten auf den Hinterbeinen, wird aus dem natürlichen Kampfverhalten des Hengstes entwickelt. Es erreicht dort höchste Perfektion, wo ein oder gar mehrere Pferde auf den Hinterbeinen gehend dem Dresseur, hier Fredy Knie junior, *rund um die ganze Manege folgen.*

Rechts und unten: Nur größte Konzentration jedes einzelnen Pferdes auf den Dresseur ermöglicht solche Nummern. Andernfalls käme es unweigerlich zu Rangstreitigkeiten, denn hier sind ausschließlich Hengste dabei.

PFERDE IM ZIRKUS

Die Glanzpunkte großer Zirkusvorstellungen sind stets die Raubtiernummern und die Vorführungen dressierter Pferde. Die mit verhaltenem Feuer im Arenarund tänzelnden, auf Kommando steigenden blütenweißen Schimmel, die wie poliert glänzenden Rappen, die prächtig herausgeputzten Füchse, Braunen und Schecken begeistern jedes Zirkuspublikum. Pferdeleute freilich sind über Zirkusdressuren geteilter Meinung. Viele belächeln sie als zwar hübsche, aber doch nicht ernst zu nehmende Angelegenheit, andere verurteilen sie als reine Tierquälerei.

Eine wirklich gute Zirkusdressur ist sicher weder lächerlich noch tierquälerisch. Allerdings gibt es zwei Arten von Dressur, die man grundsätzlich unterscheiden muß. Die Tierbändiger der alten Schule waren — und sind — Dompteure, die sich die Tiere mit schmerzhaften, oft sehr trickreichen Gewaltmethoden gefügig machten und sie buchstäblich das Fürchten lehrten. Man nennt das die «harte Dressur». Sie stand niveaumäßig nicht über den Vorführungen, die römische Kaiser zur Belustigung des Volkes veranstalten ließen, nur wurden in den Manegen unseres Jahrhunderts die Tiere nicht gleich abgeschlachtet.

Im Gegensatz zur «harten Methode» hat sich schon vor Jahrzehnten die moderne, die sogenannte zahme oder weiche Dressur entwickelt. Sie basiert nicht auf Gewalt, sondern auf dem Verstehen der Tierpsyche und gegenseitigem Vertrauen. Der moderne Dresseur kennt sich, intuitiv oder erlernt, sehr gut aus im artgemäßen Schema des Verhaltens und weiß, wie seine Tiere instinktiv auf bestimmte Situationen reagieren. Dank seiner geistigen Überlegenheit ist er imstande, den Tieren ohne Gewaltanwendung seinen Willen aufzuzwingen. Die Tiere betrachten ihn als Herdengenossen, und zwar als den ranghöchsten, als das Leittier. Das ist enorm wichtig. Könnte er diese Position im Verband nicht einnehmen und durch konsequentes, energisches Auftreten festigen, so hätte er keine Chance. So aber ist es möglich, daß ein Dutzend kräftestrotzender, feuriger Hengste sich nach seinem Willen bewegt, dreht, wendet, sich auf die Hinterbeine erhebt oder niederkniet, ohne Zügel oder Longe, geführt nur mit Gesten und akustischen Zeichen. Das ist Dressurkunst.

Die moderne Form der Dressur hat sich weltweit durchgesetzt, nicht zuletzt weil sie viel erfolgreicher ist, als die harte Methode je sein konnte. Die «wilden» Tierbändiger sind selten geworden, ebenso selten aber sind die wirklich großen Dresseure, die mit geradezu genialem Einfühlungsvermögen auch die vielen individuellen Eigenheiten jedes einzelnen Tieres, mit dem sie arbeiten, erfassen, auf sie eingehen und sie für ihren Zweck nutzen. Einer dieser Großen ist zweifellos der Schweizer Fredy Knie. Durch seine einzigartigen Freiheitsdressuren von Pferden ist er weltberühmt geworden. Dabei hatte er als kleiner Junge keinerlei Interesse für Pferde. Er verließ sogar manchmal das Zelt des elterlichen Zirkus, wenn die Schulreiter in die Manege kamen. Mit acht Jahren erhielt er sein eigenes Schulpferd, mit neun war er selbst Schulreiter, doch nach wenigen Jahren hatte er die Freude daran verloren, weil er nicht mehr mit ansehen konnte, wie man die Pferde mit Gewalt dressierte. Etwas später begann er gründlich darüber nachzudenken, wie man Pferde am besten anpackt. Und obschon er eigentlich noch gar nichts davon verstand, fing er an, sich mit Freiheitsdressur zu beschäftigen. In dieser Form der Dressur bewegen sich die Pferde frei in der Manege, ohne mechanische Verbindung zum Menschen und ohne Reiter. Hier entfalten sie die ganze Schönheit der natürlichen Bewegung in kultivierter Form. Hier zeigt es sich, daß echte Dressurkunst ganz auf Vertrauen und Respekt, nie aber auf Angst basiert. Wenn Fredy Knie oder sein ebenfalls hochbegabter Sohn Fredy Knie jr. mit den Pferden arbeitet, ist die Manege stets für jeden Besucher offen. Jedermann kann sich überzeugen, daß die Pferde hier nie geprügelt werden, daß hier nie mit Gewalt, sondern nur mit unendlicher Geduld und mit einer unübersehbaren, tiefen Zuneigung gearbeitet wird. Besseres läßt sich über eine Dressur nicht sagen.

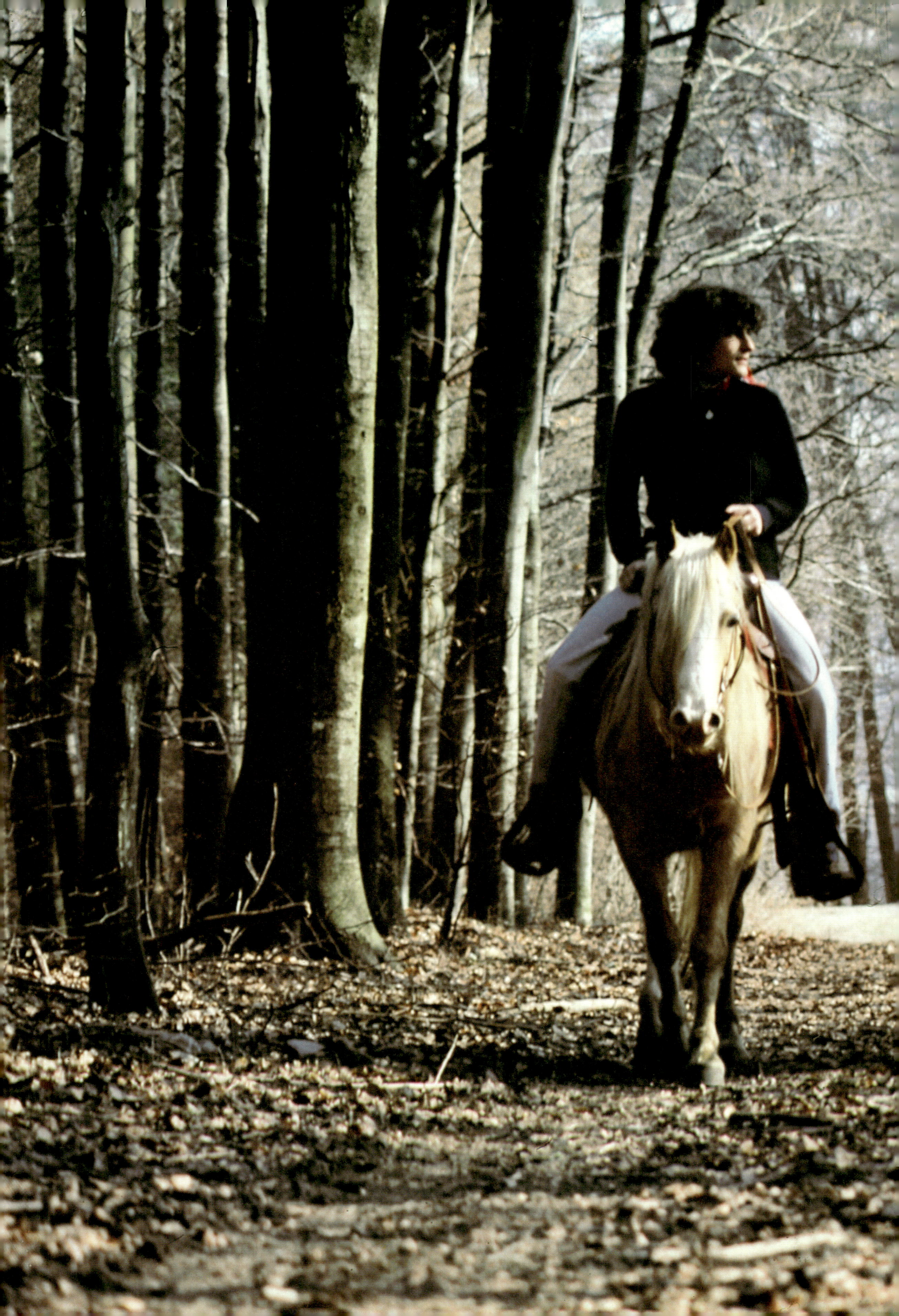

Freizeit mit Pferden

Freizeitreiter nennt man heute eine ganz bestimmte Gruppe von Menschen, die sich in ihren Mußestunden mit Pferden beschäftigen, zum Teil sogar ausgesprochen intensiv, ohne daß sie aber die herkömmlichen Pferdesportarten betreiben. Oft sind ihre Reittiere Ponys, die sie täglich selbst versorgen. Viele wünschen sich gar nichts anderes, als allein oder mit Gleichgesinnten auf dem Rücken dieser Ponys zu wandern. Andere wollen die sportliche Betätigung, aber sie suchen nach alternativen Sportarten, die möglichst dem Wesen der Pferde entsprechen, besonders «pferdegerecht» sind. Sie veranstalten Reitspiele, bereiten ihre Reittiere auf Distanzritte oder Distanzrennen vor, sie bilden spezielle Gangarten aus oder üben sich im Reitstil amerikanischer Cowboys.

Der Trend zu dieser speziellen Form der Reiterei begann sich auf dem europäischen Kontinent vor gut zwanzig Jahren abzuzeichnen. Damals wurde hier mit dem Islandpony eine Pferderasse entdeckt, die sich als außergewöhnlich robust, anspruchslos und unkompliziert erwies, trotz ihrer geringen Größe durchaus für Erwachsene geeignet war und sich dank ihrer unglaublichen Ausdauer, dem natürlichen Vorwärtsdrang und der unerschütterlichen Gelassenheit als Wanderreittier geradezu anbot. Inzwischen hat sich die Gilde der Freizeitreiter gewaltig vergrößert. Die Ansprüche sind vielfältiger geworden, und die Zucht geeigneter Ponys und Pferde hat heute einen bedeutenden Anteil an der gesamten Pferdezucht. Dem Wanderreittier stehen Ponys der verschiedensten Rassen zur Verfügung, die noch vor wenigen Jahren im kontinentalen Europa kaum bekannt waren. Der Distanzreiter findet Pferde mit besonders großer Ausdauer wie etwa Araber, und für den Freund des Westernreiters gibt es immer mehr Züchter, die sich auf Quarter Horses, Appaloosas, Paint Horses usw. spezialisiert haben.

Freizeitreiten ist nicht ein Stil, sondern eine Weltanschauung. Für den echten Freizeitreiter steht nicht das Reiten an sich, sondern das Zusammensein, Zusammenleben mit Pferd oder Pony im Vordergrund.

ROBUSTHALTUNG

Es ist typisch für den Freizeitreiter, daß er nicht an mittelalterlichen Traditionen festhält, wenn ihm diese nicht pferdegerecht erscheinen. Daher ist es nur logisch, daß er die Robusthaltung entdeckt, genauer gesagt wiederentdeckt hat, denn diese Form der Haltung kommt den physischen und psychischen Bedürfnissen von Pferden und Ponys sehr entgegen.

Das Pferd ist ein bewegungsfreudiges, geselliges, furchtsames Tier der offenen Landschaft. Diesen uralten Erbanlagen wird keinerlei Rechnung getragen, wenn man Pferde in einen Stall sperrt und womöglich noch anbindet. Oft werden Pferde gar einzeln in Ställen gehalten und nur eine oder zwei Stunden täglich oder noch viel seltener beschäftigt. Pferde lassen sich zwar viel gefallen, aber solche Tiere müssen abstumpfen, müssen zu seelischen Krüppeln werden. Aus Langeweile suchen sie nach irgendwelchen Beschäftigungen, die wir in unserer Ignoranz dann «Untugenden» nennen. Schließlich können sie zu bösartigen, gefährlichen Schlägern und Beißern werden, die über kurz oder lang im Schlachthaus enden.

Zum psychischen Druck im Stall kommen verweichlichende und gesundheitsschädliche Wirkungen. Pferde, die sich stets frei in einem Auslauf bewegen können, haben normalerweise robustere Sehnen und Gelenke — und mit der Beinqualität steht oder fällt der Wert eines Reittieres. Manche Rassen, insbesondere die Nordponys, sind sehr empfindlich gegen die Ammoniakdünste, die in einem «schön warmen», geschlossenen Stall entstehen. Selbst wenn sie täglich ins Freie kommen, können tödlich endende Erkrankungen der Atemwege die Folge sein.

Im Gegensatz dazu sind Pferde und Ponys, die mindestens zu zweit im Offenstall mit Auslauf leben, normalerweise nie verhaltensgestört, wenn sie nicht durch unsachgemäßen Umgang verdorben werden. Die meisten robust gehaltenen Pferde benötigen über viele Jahre hinweg den Tierarzt nur für die erforderlichen Impfungen.

Noch immer ist die Auffassung verbreitet, man könne nur Nordponys das ganze Jahr im Freien halten. Selbst so widerstandsfähige Gebirgspferde wie etwa Haflinger sperrt man in Ställe. Im Prinzip kann man jedes Pferd, vielleicht mit Ausnahme einiger ausgesprochen tropischer Rassen, robust halten. Wir haben — und das im härtesten Klima Nordamerikas — nicht nur Gebrauchspferde wie Western Horses auch winters im Freien gesehen, sondern sogar hochedle Araber und Englische Vollblüter. In den peruanischen Anden sahen wir Indiopferdchen, die in mehr als 4000 Meter Höhe über dem Meer lebten, wo es tagsüber sehr heiß werden kann, während nachts die Temperatur auf 10 bis 15 Grad unter Null sinkt. Diese Pferdchen haben meistens keinen Unterstand und selbstverständlich keine Bäume, die etwas Schutz bieten könnten, denn Bäume wachsen in dieser Höhe nicht mehr. Und sie sind von ihrem Ursprung her weder Nordponys noch Gebirgspferde, sondern stammen von wärmegewohnten, spanischen Pferden ab.

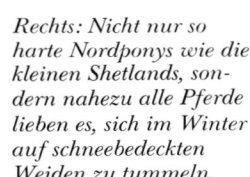

Rechts: Nicht nur so harte Nordponys wie die kleinen Shetlands, sondern nahezu alle Pferde lieben es, sich im Winter auf schneebedeckten Weiden zu tummeln.

Mitte: Ein nach Süden oder Süden und Osten offener Unterstand mit Auslauf ist für Ponys wie für Pferde die Ganzjahresunterkunft, die physische und psychische Gesundheit gewährleistet.

Unten: Mindestens zu zweit im Offenstall gehaltene Ponys und Pferde sind zufriedener und damit auch charakterlich zuverlässiger als die in Einzelboxen.

Rechte Seite: Mit dem besonders kräftigen Islandpony ist auch in Mitteleuropa die Robusthaltung bekanntgeworden.

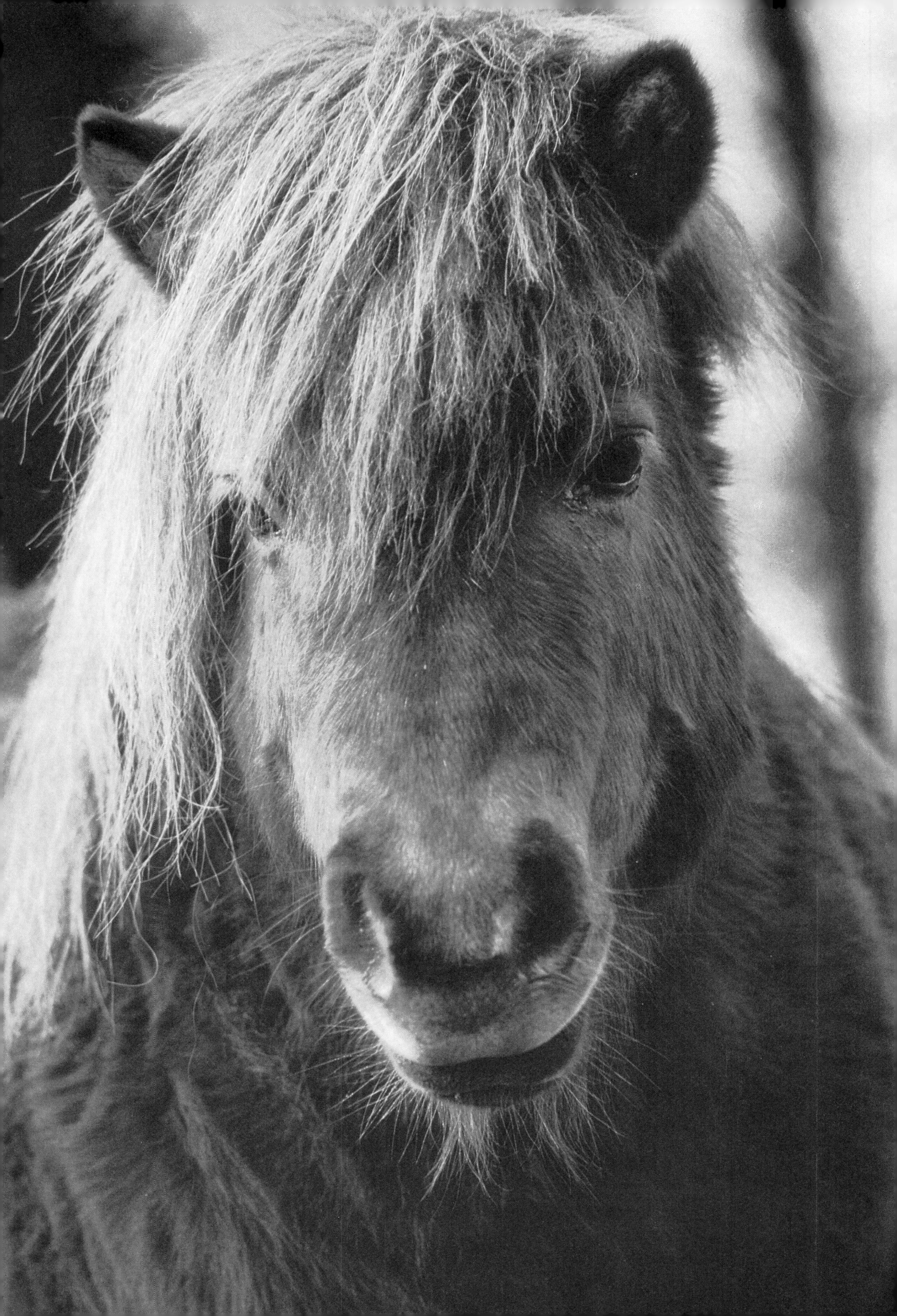

ÜBER REITSTILE

In Europa wird «das Pferd gearbeitet», in Amerika westlich des Mississippi wird «mit dem Pferd gearbeitet». In diesem einen Satz wird der grundlegende Unterschied zwischen der europäischen Reitmethode und dem Reitstil der Cowboys bereits offenbar. Auf die Frage, welcher der beiden Stile denn nun der bessere sei, wird jeder objektive Kenner beider Stile antworten, es gibt keinen «besseren». Beide Stile haben ihre Vorteile innerhalb ihrer eigenen Bereiche. Der europäische Stil — auch englischer Stil genannt — ist in der Reitbahn entstanden und in erster Linie für die Reitbahn geeignet. Der Westernstil wurde bei der Arbeit mit Pferden im Gelände entwickelt, in seinen Grundzügen übrigens schon vor über tausend Jahren von den Spaniern, und es steht einwandfrei fest, daß diese Methode für das Reiten im Gelände zweckmäßiger ist.

Obschon sich das Westernreiten in Europa ständig zunehmender Beliebtheit erfreut, wissen die meisten Leute, darunter selbst passionierte Reiter, nur wenig davon. Sie glauben, wer einen Westernsattel auf den Rücken seines Pferdes legt, eine fransenbesetzte Lederjacke und einen breitkrempigen Hut trägt und in verwegenen Galoppaden Wald und Feld unsicher macht, sei ein Westernreiter. Das ist bestenfalls der Versuch, Westernromantik nachzuerleben. In Wirklichkeit ist nichts von allem, nicht einmal ein Westernsattel erforderlich, obschon er sicher besser geeignet ist als ein europäischer Vielseitigkeitssattel. Obendrein ist er bequemer — für den Reiter, weil er für Viehhirten konstruiert worden ist, die während der wochenlangen Trecks täglich 12, 15 und mehr Stunden auf dem Pferd zubrachten, und für das Pferd, weil er eine sehr große Auflagefläche hat, die das Gewicht günstig verteilt. Satteldruckstellen, wie sie unter europäischen Sätteln sehr häufig entstehen — man erkennt sie leicht an den weißen Haarflecken in der Widerristgegend —, sind bei Pferden unter Westernsätteln nahezu unbekannt.

Die Zielvorstellung des echten Westernreiters ist ein Pferd, das vor allem im Gelände in jeder Situation problemlos «funktioniert», das auf die leiseste Hilfe prompt reagiert und das nicht den geringsten Wunsch verspürt, seinem Reiter gelegentliche Zweikämpfe zu liefern. Ein Pferd, das sich, bei allem Temperament, während des Aufsitzens nicht vom Fleck rührt, bis der Reiter es will, das nicht bei jedem aufliegenden Papierfetzen in Panik gerät und das nach dem Absteigen lediglich mit zu Boden hängenden Zügeln mindestens einige Minuten lang stehen bleibt, ganz gleich, was ringsum geschieht. Ein Pferd aber auch, das sich sicher und geschickt in jedem Gelände bewegt. Zur Ausbildung des Westernpferdes gehört zwar auch das Leistungstraining, doch im Vordergrund steht eine äußerst sorgfältige, solide Erziehung. Man beginnt heute normalerweise nicht mehr mit dem schon dreijährigen Jungpferd, das man auf der Weide einfängt und nach dem Muster gewisser Rodeospiele gewaltsam einbricht, sondern meistens bereits im Fohlenalter und mit sehr viel sanfteren Mitteln. Die Ansicht, daß nur ein gut erzo-

1 Der klassische europäische Stil, hier in höchster Vollendung von der Schweizer Dressurweltmeisterin Christine Stückelberger auf Granat demonstriert. Das Pferd ist versammelt und «steht an den Hilfen», das heißt, mit Schenkeln und Gesäß wird ständig mehr oder weniger stark auf das Pferd eingewirkt, während die Hände über die straffen Zügel in stetem Kontakt mit dem Maul sind. Dieser Stil ist in der Reitbahn entstanden und vor allem für die Reitbahn geeignet.

2 und 3 Zu den in Europa gebräuchlichsten Zäumungen gehören das Zaumzeug mit Trense und Kandare mit Kinnkette und Nasenband, das mit dem Doppelzügel gehandhabt wird und vor allem im Dressurreiten Verwendung findet (2), und die Wassertrense mit gebrochenem Mundstück, hier mit einem deutschen Reithalfter, das sich in einigen Details von den französischen, englischen und mexikanischen Modellen unterscheidet (3).

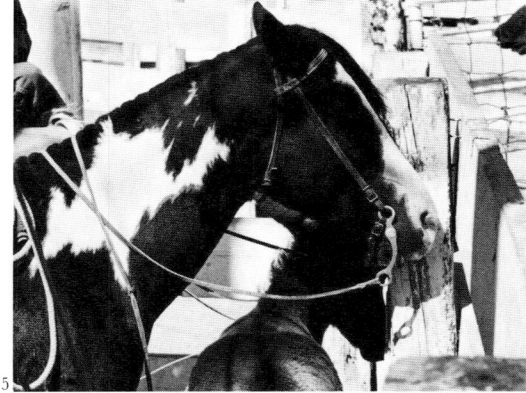

genes Pferd auch ein brauchbares Pferd abgebe, steht im Gegensatz zur Einstellung vieler europäischer Reiter. Hier geht es oft in erster Linie darum, das Pferd möglichst ohne Abwürfe über einen Springparcours zu bringen — selbst wenn der Ritt von der Startlinie bis ins Ziel einer Auseinandersetzung gleichkommt.

Neben der anderen Zielvorstellung gibt es aber auch im eigentlichen Stil grundsätzlich Unterschiede. Im europäischen Stil wird das Pferd versammelt, es «steht am Zügel», das heißt, über die mehr oder weniger stark angezogenen Zügel befindet sich das Pferdemaul in ununterbrochenem Kontakt (Anlehnung) mit den Händen des Reiters. Die Zügel werden in beiden «Fäusten» gehalten. Gleichzeitig wird das Pferd ständig durch Schenkel- und Kreuz- bzw. Gesäßeinwirkung «gestoßen», es «steht an den Hilfen», wie man dies nennt, damit es «nicht auseinanderfällt». Im Gegensatz dazu geht das ausgebildete Westernpferd mit völlig freiem Kopf und Hals. Die stets durchhängenden Zügel können mit zwei Fingerspitzen bedient werden, und zwar nicht nur, wenn das Pferd eine langschenkelige Kandare im Maul trägt, sondern auch, wenn man es mit einem Stallhalfter reitet. Der verhältnismäßig schwere Kopf und der lange Hals spielen in der schnellen Fortbewegung eine wichtige Rolle für die Erhaltung des Gleichgewichtes. Logischerweise kann ein Pferd, das mit freiem Hals geht, sein Gewicht viel besser ausbalancieren und ist damit bedeutend sicherer. Daher stürzen Westernpferde viel seltener. Wie die Zügelhilfen, werden auch Schenkel- und Gesäß- bzw. Gewichtshilfen nur dann gegeben, wenn sie wirklich erforderlich sind. Man nennt das auch Signalreiten. Man läßt das Pferd seine Sache tun, wie es das gelernt hat, und gibt ihm nur dann ein Signal, wenn man dazu einen Grund hat. Eigentlich ist es einleuchtend, daß ein Pferd, das sich in größtmöglicher Freiheit bewegen kann, zufriedener und damit zuverlässiger ist als ein Reittier, das ständig vorn gebremst und hinten getrieben wird, damit es einen hübsch runden Hals macht und eine imposante Figur zeigt.

Westernreiten ist weder besser noch schlechter, es ist anders. Vor allem aber erfordert es genauso viel Erfahrung und eine genauso sorgfältige fachmännische Ausbildung.

4 Cowboy beim Rindertreiben in New Mexiko im perfekten Westernstil. Die fast ausgestreckten Beine berühren nur leicht den Pferdekörper, die Zügel hängen vollkommen durch. Das Pferd erhält lediglich Signale in Form von Zügel-, Schenkel- und Gewichtshilfen oder akustische Zeichen, wenn diese wirklich erforderlich sind.

5 bis 7 Die gebräuchlichsten Westernzäumungsarten. Mit der Kandare oder dem Stangengebiß werden nur fertig ausgebildete Pferde geritten (5). Mechanische Hackamore nennt man diese Zäumung (6). Man würde sie besser als Außenkandare bezeichnen, denn diese scharfe Zäumung, die auf Nasenbein und Unterkiefer wirkt, hat mit der echten Hackamore nur gemeinsam, daß sie ebenfalls kein Gebißstück aufweist. Bei der echten Hackamore (7) ist das Nasenteil (Bosal) aus Rohhaut, der Zügel (Mecate) aus Pferdehaar geflochten. Eine hervorragende, sanfte Ausbildungszäumung. Teilweise werden Westernpferde auch mit Wassertrense ausgebildet.

WANDERREITEN

Von den verschiedenen Alternativen zu den konventionellen Reitsportarten ist das Wanderreiten zweifellos die nächstliegende. Sehr vielen Freizeitreitern genügt es vollkommen, mit Ponys oder Pferden zu wandern. Für viele sind Wochenendausflüge mit der Familie oder mit Freunden die beliebteste Abwechslung, für manche ist ein monatelanger Treck durch eine wilde Landschaft einer der ganz großen Träume. Große Reitkunst ist für diese Form reiterlicher Betätigung sicherlich nicht erforderlich. Ohne Vorbereitung von Reiter und Reittier aber und ohne gute Kenntnis der Bedürfnisse des Ponys oder Pferdes kann schon ein Picknickausflug ein zweifelhaftes Vergnügen sein, ein Ferienritt gar zu einem totalen Fiasko werden.

Zuerst einmal muß — wie bei jeder Form der Reiterei — das Reittier «funktionieren». Es muß gelernt haben, willig die Hilfen des Reiters anzunehmen, ohne ständiges Antreiben zügig vorwärtszugehen, nicht beim Anblick jedes Traktors und jeder herumfliegenden Plastiktüte in Panik zu geraten und auch in ungewohnten Situationen wie auf schmalen Holzstegen oder bei Wasserdurchquerungen gelassen zu bleiben. Auf der anderen Seite braucht der Reiter einige Grundkenntnisse. Er muß wissen, wie und wann er am besten sein Pferd füttert und tränkt, wie man es im Freien anbindet, was man bei Verletzungen, Lahmheit oder einem losen Hufeisen tut, was man alles mitnehmen muß für eine kürzere oder längere Wanderung und wie man diese Dinge verpackt und aufschnallt, wie man mit Kompaß und Karte umgeht, welche Pflanzen giftig sind und wie man einen solchen Ritt überhaupt vorbereitet.

Organisationen für Wanderreiter gibt es in der BRD, der Schweiz, in Frankreich, Belgien, Luxemburg und Italien. In Österreich, England, Irland, Holland und Dänemark werden die Wanderreiter direkt durch die natio-

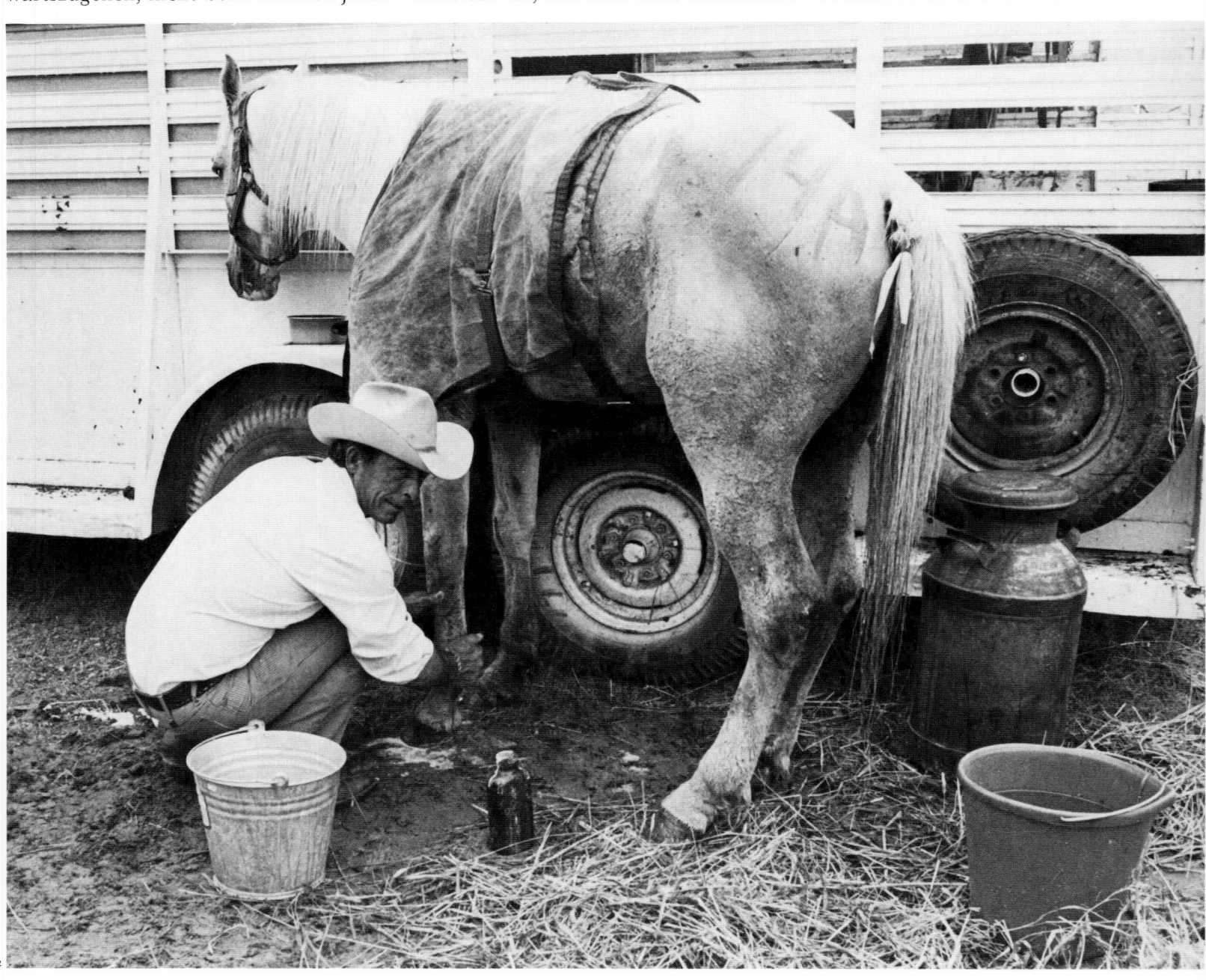

1 Wandern mit Ponys — viele Reiter wollen gar nicht mehr. Allerdings müssen Reiter und Tiere auch dazu richtig vorbereitet sein.

2 Auf einem Wanderritt werden die Beine des Tieres besonders stark beansprucht und müssen entsprechend kontrolliert und notfalls gepflegt werden.

3 Mindestens alle zwei Stunden braucht das Pferd eine Pause, um urinieren zu können, weil es sonst zu Selbstvergiftungen kommen kann. Die meisten Pferde können unter dem Reitergewicht kein Wasser lassen.

4 Ein gut gepackter Westernsattel. Wichtig ist vor allem, daß das Gewicht möglichst genau verteilt wird. Es lohnt sich, vor dem Abritt eine Waage zu Hilfe zu nehmen.

len Pferdesportverbände betreut. Diese Organisationen sind bemüht, ein Netz geeigneter, reizvoller Wanderrouten auszukundschaften und bekanntzugeben, denn in vielen Gegenden unserer hochzivilisierten Länder kann man ja nicht mehr einfach losreiten ohne das Risiko, ständig auf Reitverbote oder Verkehrsstraßen zu stoßen. Diese Verbände haben auch Verzeichnisse von Stützpunkten, wo Reiter und Ponys untergebracht und verpflegt werden können, falls man nicht biwakieren will.

Es gibt Kurse, in denen man die Grundbegriffe erlernen kann. In Wettbewerben, die in manchen Ländern ihren Höhepunkt in Meisterschaften finden und damit bereits einen deutlich sportlichen Charakter haben, kann der Teilnehmer die eigenen Fähigkeiten und diejenigen seines Ponys mit anderen Wanderreitern messen.

Auf einem Wanderritt werden gewöhnlich Tagesstrecken von etwa 30 bis 40 Kilometern zurückgelegt. Wird dabei nicht noch ein Packpferd mitgeführt oder ein Handpferd zum Wechseln, trägt das Pony täglich fünf bis acht Stunden lang ein Gewicht von etwa 70 bis 100 Kilogramm. Dazu braucht es nicht nur Kraft und kerngesunde Beine, sondern auch eine gute Kondition. Wenn das Pony über längere Zeit täglich mindestens zwei Stunden in Schritt, Trab und Galopp im Gelände geritten wird, hat es normalerweise die erforderliche Kondition für einen Wanderritt. Andernfalls muß man es nach einem Trainingsprogramm aufbauen, das etwa zwei Monate dauern sollte. Begonnen wird mit etwa einer Stunde Schritt, zweimal zwei Minuten Trab und zwei Minuten ruhigem Galopp, alles noch ohne Gepäck. Allmählich werden die Anforderungen gesteigert, bis man nach acht Wochen etwa zweieinhalb Stunden Schritt, zweimal fünf Minuten Trab und fünf Minuten ruhigen Galopp geht, und zwar mit vollem Packungsgewicht. Ein so vorbereitetes Pony oder Pferd, das während der Trainingszeit natürlich auch mit Kraftfutter (Hafer) versorgt wird, hält nach menschlichem Ermessen jeden Wanderritt problemlos durch.

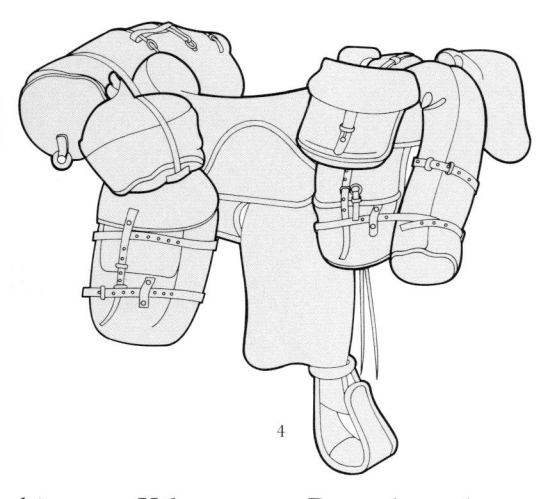

Will man in eine wenig oder gar nicht bekannte Gegend reiten, sollte man bösen Überraschungen vorbeugen, indem man die Strecke nach folgenden Gesichtspunkten auskundschaftet: Gibt es Reitverbote? Wo und wie kann übernachtet werden (Biwak, Heuschober, Gasthaus)? Wo können die Reittiere untergebracht werden? Wo kann man gutes Futter kaufen oder im Auto mitgebrachtes Futter deponieren? Wo gibt es Hufschmiede? Wo gibt es Tierärzte, Ärzte und Apotheken? Wo gibt es Lebensmittel und Wasser? Wo muß man sich zum Übernachten anmelden?

Die Ausrüstung für einen Wanderritt richtet sich zum Teil nach den individuellen Bedürfnissen des Reiters. Sie wird natürlich wesentlich umfangreicher, wenn man unterwegs biwakieren und selber kochen will. Von größter Wichtigkeit ist der Sattel, denn er muß dem Reittier tadellos passen und eine möglichst große Auflagefläche haben, er muß natürlich auch für den Reiter bequem sein und Anschnallmöglichkeiten für die Packtaschen haben. Es gibt heute speziell entwickelte Wandersättel. Sehr gut geeignet sind auch passende Westernsättel, die man mit den erforderlichen Anschnallvorrichtungen versieht.

Grundsätzlich werden Wanderritte wenn immer möglich auf Feld- und Waldwegen ohne Asphaltbelag durchgeführt, und prinzipiell wird nicht über Felder und Wiesen geritten. Mindestens alle zwei Stunden muß man anhalten und absteigen, denn die meisten Pferde und Ponys können unter dem Reitergewicht nicht urinieren und könnten dadurch an einer Selbstvergiftung erkranken. Bei jedem Halt kontrollieren wir den Sitz von Gepäck und Hufeisen, untersuchen die Beine der Reittiere nach Schrammen und desinfizieren diese. Schalten wir eine längere Rast ein, satteln wir natürlich ab. Besser aber ist es, wenn wir die Tagesetappe nur durch kurze Halte unterbrechen. In der warmen Jahreszeit reiten wir möglichst früh am Morgen los, damit wir um die Mittagszeit das Tagesziel erreicht haben. Das bedeutet natürlich sehr frühes Aufstehen, denn etwa zwei Stunden vor dem Aufbrechen sollten wir erstmals füttern. Regelmäßiges Füttern ist während der anstrengenden Tätigkeit eines Wanderrittes besonders wichtig. Folgendes Fütterungsschema hat sich gut bewährt: Zwei Stunden vor Aufbruch die erste Hälfte der Hafertagesration; beim Eintreffen am Ziel einen Drittel der Heutagesration (oder natürlich Weidegang, wo dies möglich ist); gegen Abend den Rest des Hafers und beim Einnachten den Rest des Heues. Getränkt wird immer vor dem Hafer und nach dem Heu sowie ein- bis dreimal unterwegs.

Können wir die Ponys nicht in einer Koppel oder einem luftigen Stall unterbringen, binden wir sie nie an einem Baum fest, weil sie sich dort rasch hoffnungslos verwickeln würden. Wir spannen in mindestens einem Meter Höhe ein Seil zwischen zwei Bäume und knüpfen daran die Anbindeseile fest.

DISTANZREITEN

Distanzreiten ist die sportliche Fortsetzung des Wanderreitens — oder die Wiederentdeckung einer uralten Disziplin. Wettkampfmäßige Ritte über große bis riesige Distanzen gab es schon vor vielen Jahrhunderten. Vor allem im letzten und noch zu Beginn unseres Jahrhunderts gehörten sie häufig zu den Leistungsprüfungen für Offiziere und Kavalleriepferde. Zumindest in Europa geriet aber das Distanzreiten fast völlig in Vergessenheit, bis die Freizeitreiter Geschmack daran fanden.

Heute ist Distanzreiten ein Leistungssport und in seinen Anforderungen, mindestens was die Kondition betrifft, mit der Military vergleichbar. Bei den schweren Prüfungen haben nur topfit trainierte Pferde und Reiter mit großer Erfahrung eine Chance.

In den USA, wo das Distanzreiten von Kalifornien aus schon bald nach dem Zweiten Weltkrieg einen großen Aufschwung erlebte, gibt es seit langem eine gut funktionierende Organisation, die jährlich eine große Zahl von Ritten veranstaltet. Besonders beliebt sind die 100-Meilen-Ritte (160 km), die jeweils innerhalb von 24 Stunden bewältigt werden müssen und sehr hohe Anforderungen an Pferd und Reiter stellen. Der berühmteste dieser Hundertmeiler ist der «Tevis Cup». Er gilt als der härteste Distanzritt der Welt. Er führt teilweise über unglaublich steile, schwindelerregende Fels- und Geröllwege und durch 40 Grad heiße, tiefe Cañons der Sierra Nevada von Squaw Valley nach Buburn in Kalifornien. Dabei müssen 2578 Meter Aufstieg und 4634 Meter Abstieg überwunden werden. Zweifellos ist der Tevis Cup ein außergewöhnlicher Härtetest, aber keine Pferdeschinderei. Nicht weniger als zehnmal kontrollieren Veterinäre die Pferde. Zeigen Puls und Atmung nicht die gewünschten Werte, ist auch nur die geringste Lahmheit festzustellen, so erfolgt unweigerlich das Aus durch den Tierarzt. Die ersten zehn Pferde, als «Top Ten» gefeiert, werden zwölf Stunden nach dem Ritt nochmals vom Veterinär untersucht. Als bestanden gilt der Ritt, wenn er innerhalb von 24 Stunden Reitzeit — die insgesamt dreieinhalb Stunden Zwangspause also nicht mitgerechnet — beendet wird. Wer es unter $20^{1}/_{2}$ Stunden schafft, erhält die begehrte Tevis-Cup-Gürtelschnalle. Die Rekordzeit beträgt 11 Stunden und 33 Minuten.

Ganz besonders bei dieser Prüfung zeigt es sich, daß Araber, und zwar der kleine, drahtige Wüstentyp, im Durchschnitt über weit mehr Ausdauer verfügen als jede andere Pferderasse. 80 Prozent der Starter und 98 Prozent der Sieger sind Vollblut- oder Halbblutaraber. Bemerkenswert ist auch, daß 80 Prozent der Frauen und nur 50 Prozent der Männer das Rennen durchstehen. Als bisher einziger Teilnehmer gewann Donna Fitzgerald auf demselben Araber fünfmal den Tevis Cup. Andere Pferde haben zehnmal hintereinander das Rennen in der geforderten Zeit beendet, was deutlich genug beweist, daß Distanzrennen ein pferdegerechter Sport sind.

In Europa hat sich inzwischen nach amerikanischem Muster eine Organisation gebildet, die «European Long Distant Riding Conference» (ELDRIC), in der die entsprechenden Verbände aus der Bundesrepublik Deutschland, der Schweiz, aus Frankreich, Italien, Belgien, Großbritannien, Spanien und Portugal zusammengefaßt sind. Ihre Reglements entsprechen weitgehend dem amerikanischen «Rule Book».

Im modernen Distanzreiten unterscheidet man zwei Prüfungstypen: Der Distanzritt oder die Kombinierte Langstreckenprüfung führt normalerweise über eine Strecke von 30 bis 80 Kilometern. Wer die vorgeschriebene Zeit überschreitet, erhält Strafpunkte, aber wer sie unterschreitet, gewinnt nichts dabei. Jeder vernünftige Reiter versucht daher, möglichst nahe an die vorgeschriebene Zeit heranzukommen, um sein Pferd zu schonen und es sicher durch die Veterinärkontrollen zu bringen. Bei den Distanzrennen jedoch, die ebenfalls über verschieden lange Strecken gehen, ist der Schnellste Sieger. In beiden Wettbewerben werden die Pferde immer wieder von Tierärzten auf Kondition, Lahmheit, Sattel- und Gurtendrücke untersucht. Außerdem wird das Verhalten des Reiters dem Pferd gegenüber kontrolliert und bewertet.

Als Höhepunkt der Distanzreiterei in Europa gilt das «Europa Championat», das sich aus Rennen in Deutschland, Belgien, Frankreich, der Schweiz, England, Spanien und Portugal zusammensetzt. Diese Rennen gehen über 80 bis 160 Kilometer an einem Tag oder 180 bis 320 Kilometer an mehreren aufeinanderfolgenden Tagen.

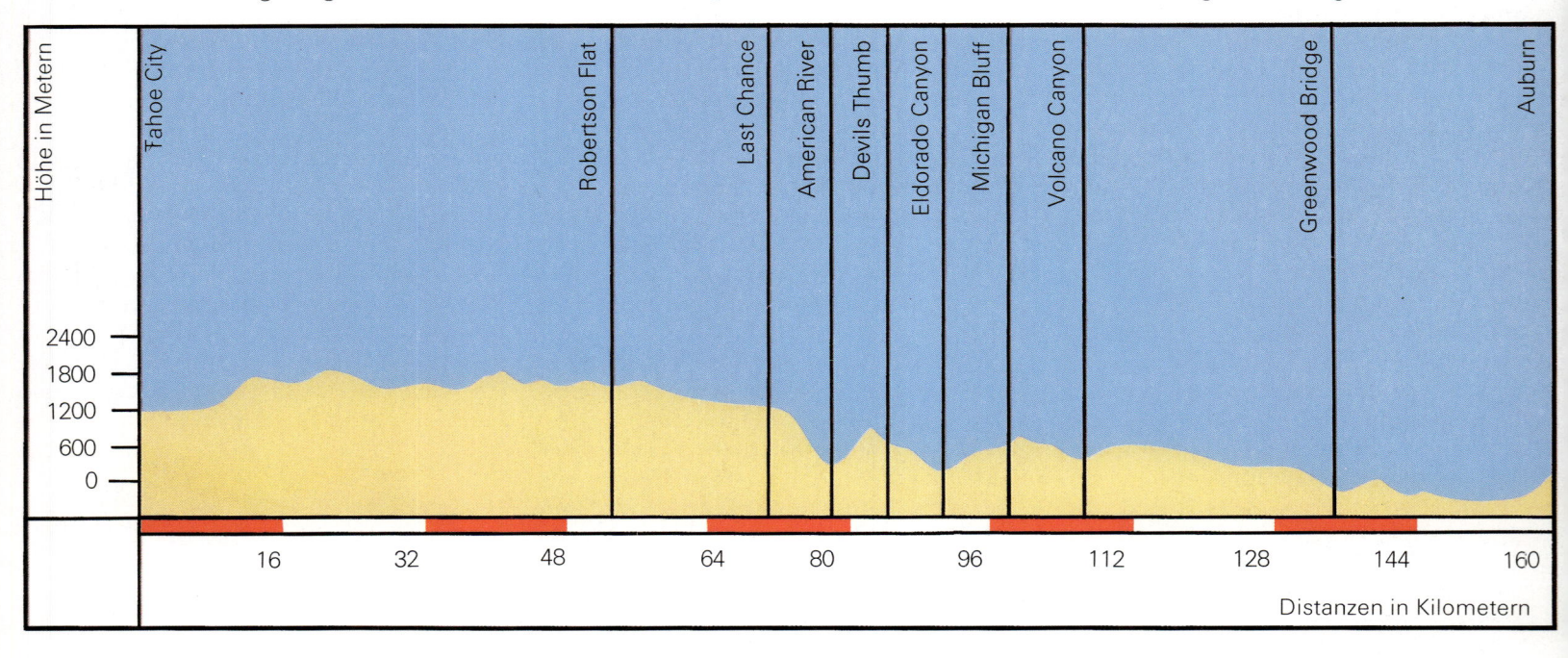

Links: Die Vorbereitung der Pferde vor großen Distanzritten und Distanzrennen ist von ebenso großer Bedeutung wie das Betreuen der Tiere in den Zwangspausen und nach dem Ritt.

Unten: Das Geländeprofil des «Western States Trail», eines der zahlreichen beliebten Hundertmeiler in den westlichen USA, gibt einen Eindruck über die Höhenunterschiede, welche die Pferde in manchen dieser Prüfungen zu überwinden haben.

Rechte Seite: Der 160 Kilometer lange «Tevis Cup» in Kalifornien, als härtestes Distanzrennen der Welt berühmt, geht durch eine außerordentlich strapaziöse Gebirgswüstenlandschaft.

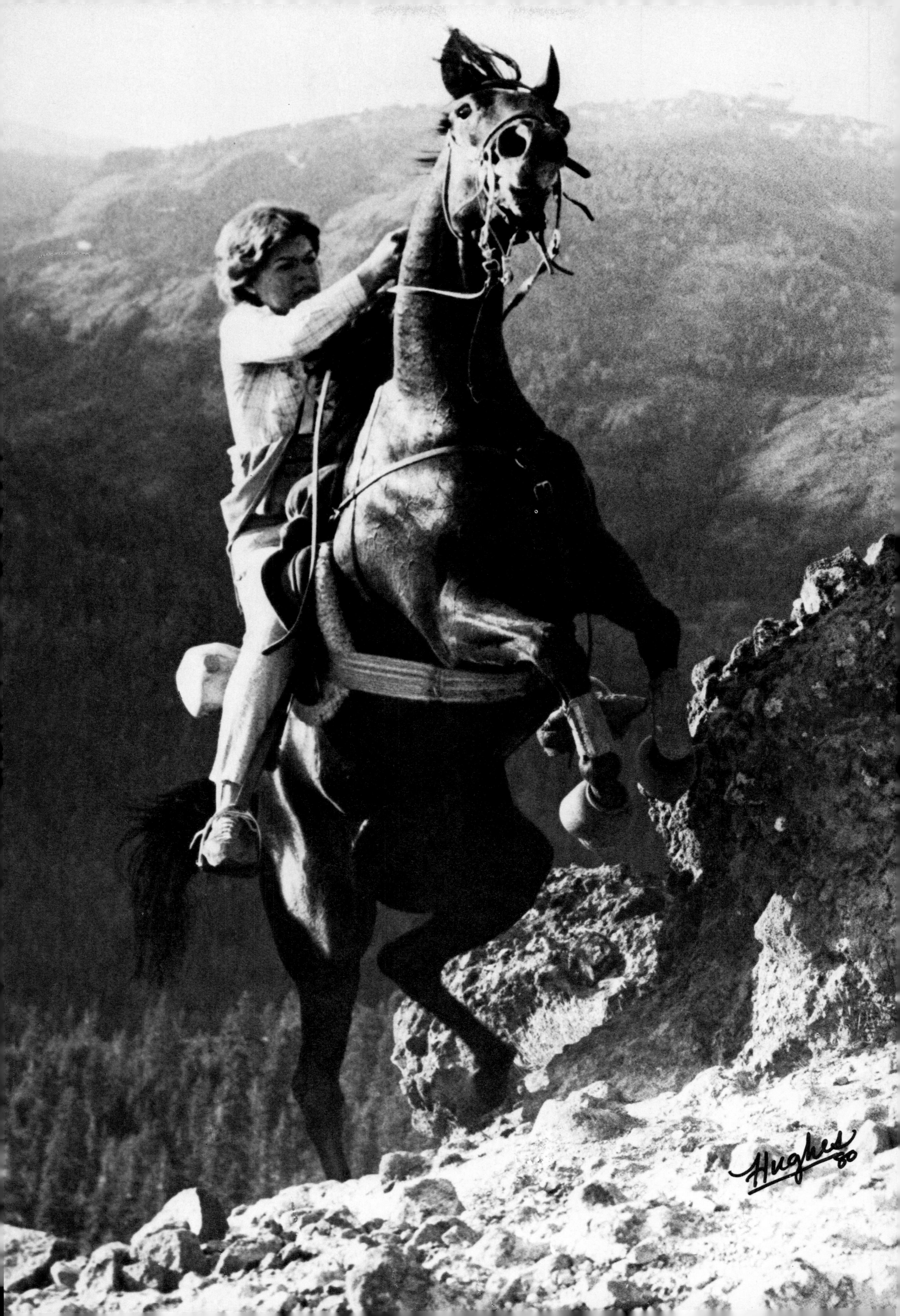
Hughes 80

Das grösste Rennen aller Zeiten

Anläßlich der Zweihundertjahrfeier der Vereinigten Staaten von Amerika im Jahre 1976 wurde das größte Pferderennen aller Zeiten ausgeschrieben: «The Great American Horse Race». Die vorgesehene Strecke für dieses Rennen führte von Frankfort im Bundesstaat New York quer durch den ganzen Kontinent nach Sacramento in Kalifornien, durch 13 Staaten, über eine Distanz von rund 6000 Kilometern!

Der Start erfolgte am 31. Mai 1976, am 6. September war das Rennen zu Ende. Von den insgesamt 99 Tagen waren 23 Ruhetage. Für die Renntage waren Tagesetappen von 60 bis 70 Kilometern Länge vorgesehen. 107 Teilnehmer mit etwa 200 Pferden meldeten sich am Start. Der jüngste Reiter war ein 17jähriges Mädchen, der älteste ein 70jähriger Mann. Rund 300 Personen begleiteten das Rennen als Organisatoren, Tierärzte, Ärzte, Betreuer und Enthusiasten. Die Reiter kamen aus den verschiedensten Gegenden der USA und Kanadas sowie Australien, Frankreich, Deutschland, Österreich und der Schweiz.

Um an dem Rennen teilnehmen zu können, mußten die Pferde mindestens fünf Jahre alt sein und einen hervorragenden Konditions- und Gesundheitszustand aufweisen. Schon vor dem Rennen wurde jedes Pferd einer außerordentlich gründlichen Untersuchung unterzogen und an den Renntagen mehrmals von den Veterinären kontrolliert. Insgesamt fanden 72 960 Veterinärinspektionen statt!

Dem Sieger des Rennens winkten 25 000 Dollar. Für fast alle Teilnehmer jedoch war der Riesenritt ein zwar unvergeßliches, aber auch recht kostspieliges Vergnügen, denn neben den 500 Dollar Nenngeld entstanden erhebliche Unkosten, allein schon durch den in jedem Fall sehr weiten Transport.

Jeder Teilnehmer war berechtigt, ein Handpferd mitzuführen und seine Pferde nach Gutdünken abwechselnd zu reiten. Auch das Führen beider Pferde war gestattet. Viele Reiter marschierten über große Distanzen, um ihre Tiere, insbesondere auf den anfangs sehr häufigen Asphaltstraßen, zu schonen. Fiel ein Pferd durch eine Veterinär- oder Richterentscheidung aus, konnte der Reiter auf dem anderen Pferd allein weiterreiten, doch durfte nach dem Start kein neues Pferd mehr eingesetzt werden.

Die Reiter starteten täglich an einem gemeinsamen Punkt und ritten zum selben Ziel. Die Tageszeiten jedes Reiters wurden zusammengezählt und ergaben am Schluß die Rangfolge.

Wie bei allen schwereren Distanzrennen waren auch im Great American Horse Race die Araber weit in der Mehrzahl. Daneben waren aber die verschiedensten Rassen angetreten: Quarter Horses, Appaloosas, ein Mustang und ein Morgan Horse, ein russischer Orlowtraberhengst, der ohne Handpferd, also allein, von seiner Besitzerin Cathrin Vallet geritten wurde und beim Zwischenklassement am 5. Juli in Hannibal, Missouri, an vierter Stelle lag, ein Pasohengst und zwei Connemaraponys, die sich ausgezeichnet schlugen. Geradezu spektakulär aber war die Teilnahme von einem guten Dutzend Maultieren und 14 Islandponys. Auf die Leistungen der Maultiere war jeder Uneingeweihte gespannt, den Isländern gab man schlichtweg nicht die geringsten Chancen. Allerspätestens in der mörderischen Hitze der endlosen Prärien und Wüsten im Südwesten der USA mußten diese kleinen Pferdchen aus dem Norden versagen. Die Überraschung blieb nicht aus: Virl Norton und Eva Taylor belegten auf ihren Maultieren den ersten und den zehnten Rang am Ende

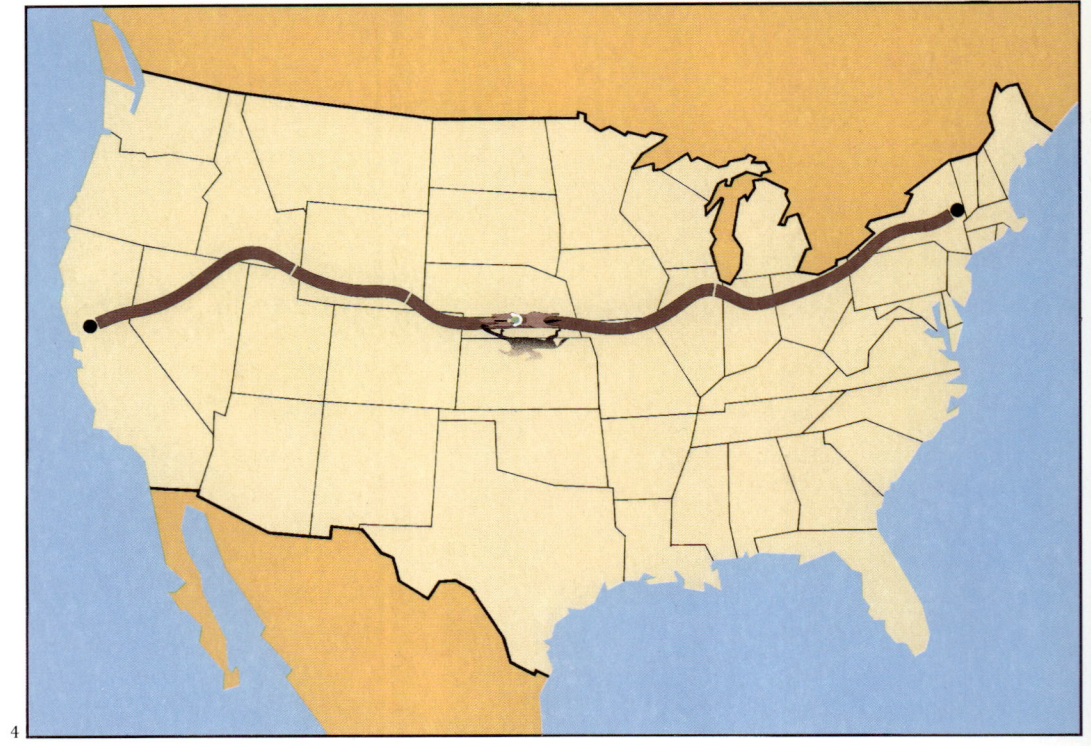

1 Johannes Hoyos belegte mit seinen zwei Islandponys einen erstaunlichen 13. Schlußrang im Great American Horse Race.

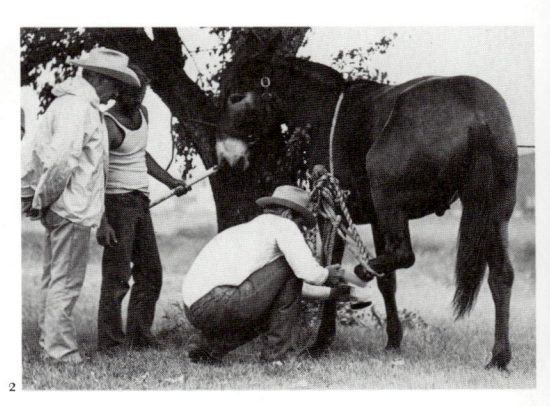

2 Während des ganzen Rennens fanden 72 960 Veterinärinspektionen statt.

3 Virl Norton (rechts) wurde mit seinen zwei Maultieren Sieger im Great American Horse Race.

4 Das Rennen der Superlative: 6000 Kilometer durch den amerikanischen Kontinent, von Frankfort im Bundesstaat New York bis Sacramento in Kalifornien.

5 In Missouri trennten sich die Reiter. Ein Teil von ihnen organisierte für die restlichen 3000 Kilometer ein eigenes Rennen, das Pony Express Race.

6 Ein original Pony-Express-Sattel. Der Pony Express, der zur besonders schnellen Nachrichtenübermittlung diente und um 1862 organisiert wurde, führte über gut 3000 Kilometer, auf denen das Pferd 190mal gewechselt wurde. Dadurch wurde ein Tagesdurchschnitt von 320 Kilometern erreicht. Dieselbe Strecke, von Missouri nach Kalifornien, wurde auch von einem Teil der Reiter des Great American Horse Race geritten, mit einem Tagesdurchschnitt von 58,63 Kilometern, aber nur mit je zwei statt 190 Pferden.

des Great American Horse Race, und sämtliche Isländer kamen durch!

Das Riesenrennen war eine im wahrsten Sinne des Wortes großartige Idee. Die Durchführung allerdings erwies sich als schwieriger, als es sich die Organisatoren vorgestellt hatten. Zu den ganz großen Problemen gehörten die Asphaltstraßen. Im Osten der USA wäre das Reiten auf Naturstraßen mit sehr großen Umwegen verbunden gewesen, weshalb die Strecke zu mehr als 90 Prozent über asphaltierte Nebenstraßen — mit mehr oder weniger Verkehr — führte. Auf die Grünstreifen auszuweichen war gefährlich, weil es hier viele Flaschenscherben gab, die im Gras oft kaum zu sehen waren. Die ersten zwei Tage waren mit je knapp 50 Kilometer Rennstrecke bereits sehr hart. Am dritten Tag aber mußten 75 Kilometer zurückgelegt werden, fast alles auf Teerstraßen und innerhalb von neun Stunden. Nach dieser Strapaze waren bereits die ersten Hufeisen abgelaufen und die ersten 19 Reiter ausgeschieden! Es hagelte Proteste, woraufhin für den nächsten Tag ein 20-Kilometer-Ritt und für den übernächsten ein Ruhetag eingeschaltet wurde. Am vierten Tag erklärte die Organisation, sie sei bankrott, aber natürlich wollten die Reiter nicht schon in Watkins Glen, immer noch im Staat New York, aufgeben, und jeder war bereit, weitere 150 Dollar sofort und fünf Dollar Tagespauschale für das ganze Rennen zu zahlen. Zu allem Unglück stellte man gleichzeitig bei einigen Pferden eine Viruserkrankung fest, die nun den Zeitplan endgültig durcheinanderbrachte. Erst am achten Tag nach dem Start konnte das Rennen wiederaufgenommen werden. Aber die Schwierigkeiten häuften sich, und in Hannibal im Staat Missouri schien das Rennen zu Ende zu sein.

Über ein Drittel der bisherigen Distanz von rund 3000 Kilometern hatten die Pferde aus verschiedenen Gründen transportiert werden müssen, hauptsächlich um den Zeitplan einhalten zu können. Ein großer Teil der Reiter hatte nun die ständig wechselnden Entscheidungen der Organisation satt und veranstaltete für den Rest der Strecke ein eigenes Rennen, das von St. Joseph in Missouri nach Sacramento in Kalifornien über die berühmte «Pony Express Route» ging und «Pony Express Race» genannt wurde. Die Strecke von 3000 Kilometern wurde in 52 Reittagen zurückgelegt, und zwar ohne Transporter. Die ersten 20 Pferde in diesem nun wirklich herrlichen Rennen waren 11 Araber oder Halbblutaraber, ein Appaloosa und 8 Islandponys!

Das Pferd im Dienste des Patienten und des Behinderten

Die medizinische Literatur vergangener Zeiten zeigt, daß die Ärzte bereits damals das Reiten als vorzügliches Exercitium universale zur Erhaltung und Stärkung der Gesundheit empfahlen. Hippokrates erwähnte den «heilsamen Rhythmus des Reitens» und meinte neben den physischen auch die harmonisierenden psychischen Auswirkungen.

Wenn die alte Heilkunde das Reiten als vorbeugendes oder gesundheiterhaltendes Exercitium gepflegt hatte, so ist das Sportreiten heute für den Behinderten von besonderer Bedeutung.

Reiten ist eine Sportart, die auch dem Behinderten zugänglich ist, selbst wenn andere sportliche Betätigungen ihm aufgrund seines körperlichen Schadens versagt bleiben müssen. Als Behinderten-Reiten sind folgende Formen bekannt: der reguläre Reitunterricht; das turnerisch leistungsbetonte Voltigieren; das sogenannte Freizeitreiten.

Voraussetzung für das Behinderten-Reiten sind eine ausreichende Belastungsfähigkeit und Bewegungskontrolle. Die sportliche Betätigung den verbleibenden Funktionen und Leistungsfähigkeiten des Behinderten anzupassen wird Aufgabe des geschulten Übungsleiters sein.

Wenn notwendig, können ohne große Aufwendungen spezielle Abänderungen oder Hilfseinrichtungen, z. B. am Zügel oder Sattel, geschaffen werden. Auf diese Weise wird dem Behinderten, gleich wie dem Gesunden, die Ausübung des Reitens ermöglicht. Das Ziel des Reitunterrichtes ist, unter Abbau der besonderen Hilfen den Behinderten schließlich zur Teilnahme am regulären Schulbetrieb sowie an Ausritten zu befähigen.

Da der Sport gleichzeitig zur körperlichen Ertüchtigung und zur gesellschaftlichen Eingliederung des Behinderten dienen soll, ist Wert darauf zu legen, daß das Behinderten-Reiten in einen allgemeinen Sportverein integriert wird. Das Reiten zieht den Behinderten aus seiner Isolierung heraus; auf dem Pferd ist der behinderte Reiter dem nichtbehinderten gleichwertig.

Unter der Bezeichnung THERAPEUTISCHES REITEN ist eine Form der Rehabilitation zu verstehen. Es können einzelne Elemente des Reitens, wie z. B. Zügel-, Schenkel- und Gewichtshilfen, therapeutisch angewendet werden, um pädagogische, psychologische und allgemein fördernde Effekte zu erzielen.

Bei der sozialen Eingliederung eines verhaltensauffälligen Kindes kann mit dem Pferd geholfen werden: beim Reiten können Widerstand und Ängste überwunden werden; das dadurch entstandene Erfolgserlebnis fördert die Risikobereitschaft, stärkt das Selbstwertgefühl und gibt oft die Grundlage zum Aufbau stabiler sozialer Beziehungen. Auch ein überschießender Antrieb wird kanalisiert, weil das Reiten ein diszipliniertes Verhalten verlangt.

Für Blinde ist es ein einmaliges körperliches und seelisches Erlebnis, das Pferd selbständig zu führen und auf Anweisungen hin leichte Richtungsänderungen vorzunehmen. Ein solches Kind sieht im Pferd einen echten Freund, der ihm neue Umweltkontakte und neue Raum- und Geschwindigkeitserlebnisse vermitteln kann.

Auf dem Pferd ist das therapiemüde haltungsgeschädigte Kind für ein inten-

1 Auf dem Pferd ist der behinderte Reiter, vorausgesetzt, daß er über die nötige Bewegungskontrolle verfügt, dem nichtbehinderten gleichwertig.

2 Das Pferd hilft dem sehbehinderten Kind, seine Erfahrungswelt mit neuen Erlebnissen zu erweitern.

3 In der Hippotherapie werden die Bewegungen des Pferderückens als Gleichgewichtstraining ausgenützt.

4 In der Heilpädagogik dient das Pferd als Medium, um das Kind im emotionalen und im sozialen Bereich zu fördern.

sives Rumpftraining stärker motiviert. Durch den Umgang mit dem Lebewesen Pferd und durch das Reiten erhält es neue Impulse für besseres Balance- und Reaktionsvermögen, was sein Haltungsgefühl positiv beeinflußt.

Durch das Pferd und durch das Reiten sollen Patienten und Behinderte im emotionellen Bereich lernen, Ängste zu überwinden, Vertrauen aufzubauen, die Konzentrationsfähigkeit zu verbessern, physische und psychische Verkrampfungen, Spannungen und Hemmungen zu lösen.

Im sozialen Bereich sollen sie Wege finden, Aggressionen abzubauen, sich in eine Gruppe einzuordnen, das kooperative Verhalten zu verbessern, das Raum- und das Zeitgefühl zu schulen, die Erfahrungswelt zu erweitern, durch Tätigkeiten im Stall den Gegensatz zwischen Arbeit und Spiel zu erleben.

Und im motorischen Bereich sollen sie Geschicklichkeit, Gleichgewicht, Ausdauer und Kraft schulen, Herz und Kreislauf trainieren.

In der Heilpädagogik, bei verhaltensauffälligen, lern- oder geistig behinderten Kindern dient der Begriff «Heilpädagogisches Reiten und Voltigieren».

In der Orthopädie, bei Patienten mit Haltungsschwächen, Wirbelsäulensyndromen und Mißbildungen in den Gliedmaßen, in der Neurologie und Psychiatrie werden die Begriffe «Therapeutisches Reiten», «Therapie-Reiten» und «Reittherapie» verwendet.

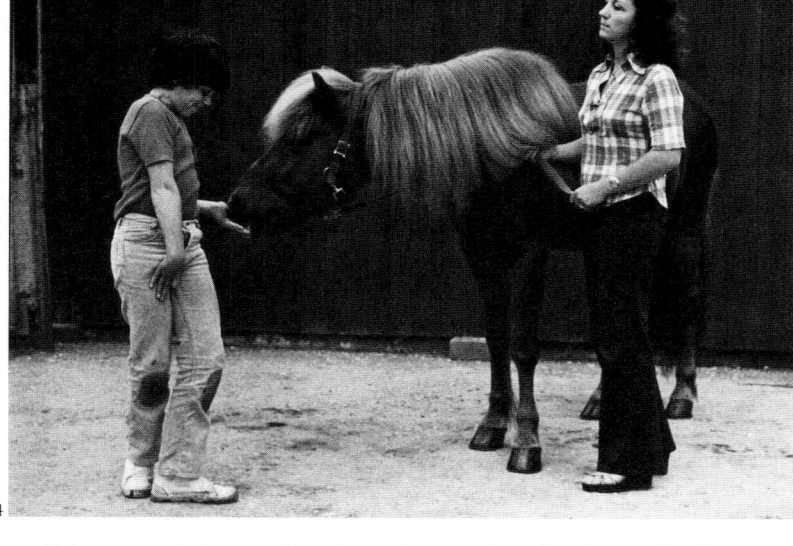

In der Inneren Medizin, bei Patienten mit Herz- und Kreislaufstörungen ist die Bezeichnung «Reiten als Therapie» üblich.

Therapeutisches Reiten ist, wie Schwimmen, eine eigenständige Rehabilitationsmaßnahme, die in Sonderschulen, Kinderheimen und Eingliederungsstätten zur Anwendung gelangt. Therapeutisches Reiten wird abseits von Zuschauern und lebhaften Reitschulbetrieben praktiziert. Dazu werden je nach Fachbereich besonders ausgebildetes Personal (Arzt, Pädagogen, Ergo-, Physio- oder Psychotherapeuten) und geschulte Helfer eingesetzt.

Nicht jedes beliebige Pferd kann für Therapeutisches Reiten eingesetzt werden. Das wesentliche Kriterium ist der Charakter des Pferdes; wichtige Voraussetzungen sind die absolute Zuverlässigkeit und der unbedingte Gehorsam. In der Regel wird ein Pferd benützt, das nicht zu groß und zu breit ist und dessen Gangarten weich sind.

Je nach Arbeitstechnik des Therapeutischen Reitens, z. B. für die Arbeit an der Longe, am Führzügel, am Langzügel oder als Handpferd, muß das Pferd besonders geschult werden. Ferner ist es erforderlich, daß sein natürlicher Bewegungstrieb regelmäßig und ausgiebig befriedigt und daß es stets durch erfahrene Reiter bewegt wird.

HIPPOTHERAPIE bedeutet nicht Therapeutisches Reiten, sondern Physiotherapie oder Krankengymnastik unter Zuhilfenahme des Pferdes. Hippotherapie besteht in der Ausnutzung der Bewegung des Pferdes: Der entscheidende Unterscheidungspunkt zum Therapeutischen Reiten besteht darin, daß der Patient keinen willentlichen Einfluß auf das Pferd ausübt.

In den letzten Jahren hat Hippotherapie als noch junger Zweig der Physiotherapie großen Anklang gefunden und wird heute in Sonderschulen, Kinder- und Rehabilitationskliniken und Behandlungszentren für zerebrale Bewegungsstörungen angewendet.

Hippotherapie ist ein spezielles Gleichgewichtstraining: Das Reagieren auf die vom Pferd vermittelten Bewegungen stellt das eigentliche Therapieprinzip dar. Daraus geht hervor, dass Hippotherapie sich auf spezielle körperliche Behinderungen ausrichtet. Es bedeutet dies auch, daß die Durchführung der Hippotherapie bei den Therapeuten eine Spezialausbildung in Krankengymnastik voraussetzt. Gleichzeitig drückt es aus, daß diese Therapie vom Arzt verordnet wird und in ein umfassendes Behandlungskonzept eingebaut ist.

Das Pferd wird in der Physiotherapie als lebendes Hilfsmittel eingesetzt, weil die im Schritt sich ständig wiederholenden rhythmischen Bewegungen seines Rückens sich sehr gut auf den Körper des Patienten auswirken: der günstige Spreizsitz und die Regelmäßigkeit der feinen Bewegungen wirken lockernd auf die verkrampfte Muskulatur.

Nur die 4-Punkte-Gangarten wie Schritt und Tölt bewirken beim Patienten Mitbewegungen des Beckens und der Wirbelsäule. Aus diesem Grunde wird in der Hippotherapie vorwiegend im Schritt gearbeitet; Trab und Galopp kommen nicht zur Anwendung.

Das Empfinden von entspannten leichten Beinen, die in einem rhythmischen Bewegungsablauf koordiniert mitschwingen (wie beim Gehen), ist für schwer gehbehinderte Patienten einzigartig; die dadurch erreichte Lockerung kann Tage andauern, das verbesserte Gleichgewicht dient weiteren Funktionen, wie dem Stehen und Gehen.

In der Hippotherapie müssen Größe, Körperbau und Bewegungseigenschaften eines Pferdes der Konstitution und Kondition des Patienten entsprechen.

Seit Jahren haben sich Islandpferde bewährt. Dank ihrer günstigen Größe (Stockmaß etwa 135 cm) und ihrem gutmütigen Charakter bringen sie gute Voraussetzungen für ein Therapiepferd mit sich.

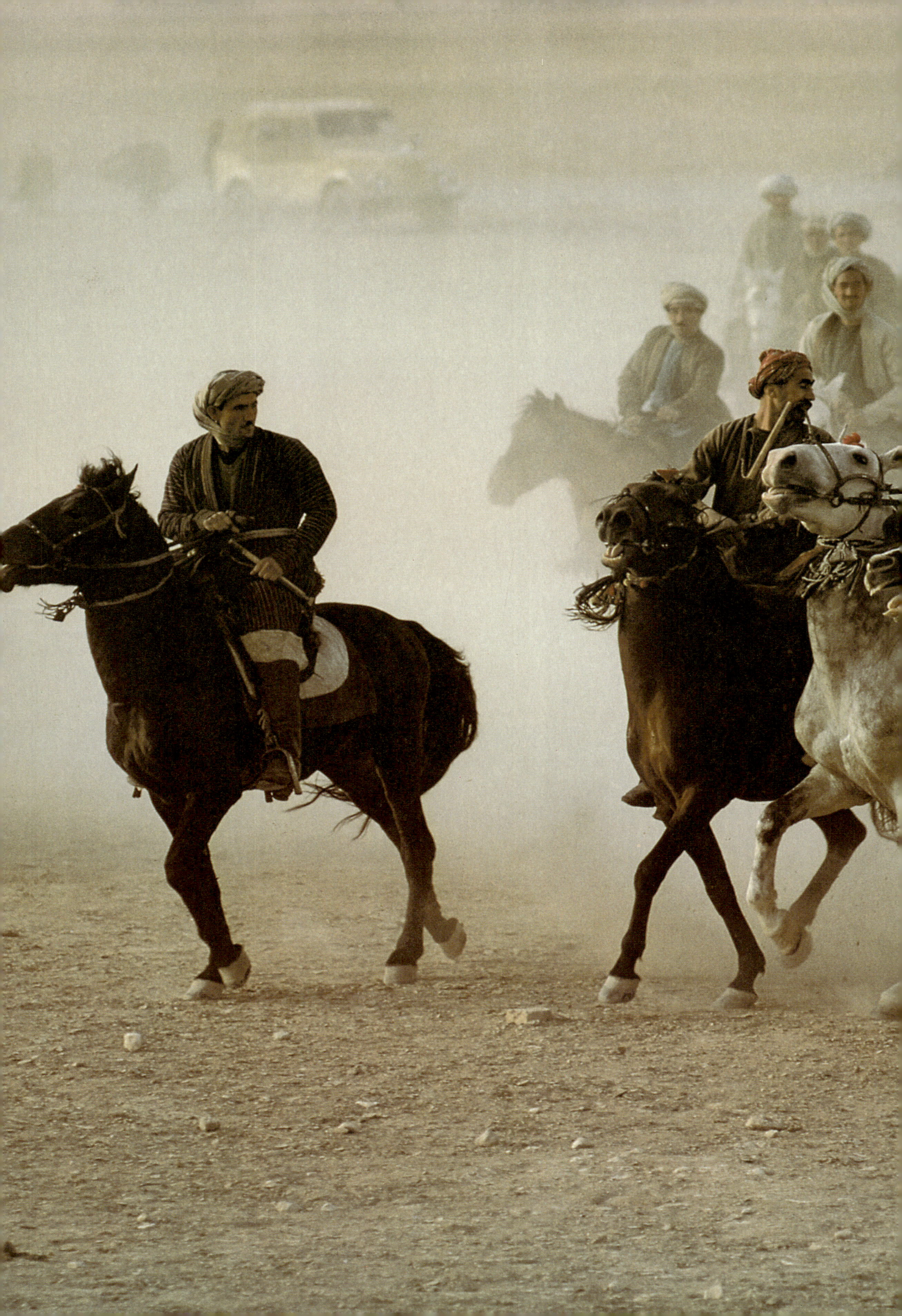

An Festtagen finden sich in Afghanistan die Männer zum Buzkashi, dem verwegenen, wilden Spiel, das in ähnlicher Form auch bei vielen Reitern weit über das südliche Rußland hinaus beliebt ist. Aber nur die besten der Buzkashispieler sind professionelle Sportler und ziehen mit den harten, edlen Pferden von Ort zu Ort, die anderen hüten mit ihren Reittieren das Jahr hindurch Schaf- und Ziegenherden, begleiten Karawanen über den Hindukusch, transportieren Handelsgüter durch das Land. Sie leben von ihren Pferden, und der Umgang mit diesen Tieren liegt ihnen im Blut.

Nächste Doppelseite: Afghanische Reiter unterwegs zum nächsten Markt.

DIE LETZTEN REITERVÖLKER

Gibt es noch Reitervölker? In unserer hochzivilisierten Welt kann man sich das nur schwer vorstellen. Hier ist das Pferd fast ausschließlich zum Begleiter in der Freizeit, zum Partner im Sport geworden. Nur noch vereinzelt findet man Pferde im Arbeitsgeschirr, vor dem Pflug oder Wagen oder beim Schleppen von Baumstämmen in schwer zugänglichen Bergwäldern, wo der Traktor seinen Dienst versagt. Berittene Hirten und Jäger gar sind so gut wie ganz verschwunden.

Und doch gibt es noch Reitervölker oder doch Volksgruppen, für die das Leben ohne Pferd noch lange undenkbar sein wird. In den Steppen und kargen Berggebieten von Afghanistan bis in die Mongolei und in manchen abgelegenen Gegenden Afrikas leben noch Menschen, deren Pferde neben den Hütten und Zelten grasen und deren kleine Fohlen wohlbehütet neben dem eigenen Nachtlager schlafen. In der südamerikanischen Pampa, ja selbst in manchen Gegenden Nordamerikas, ist die Arbeit mit dem Fleischvieh ohne Pferde unvorstellbar.

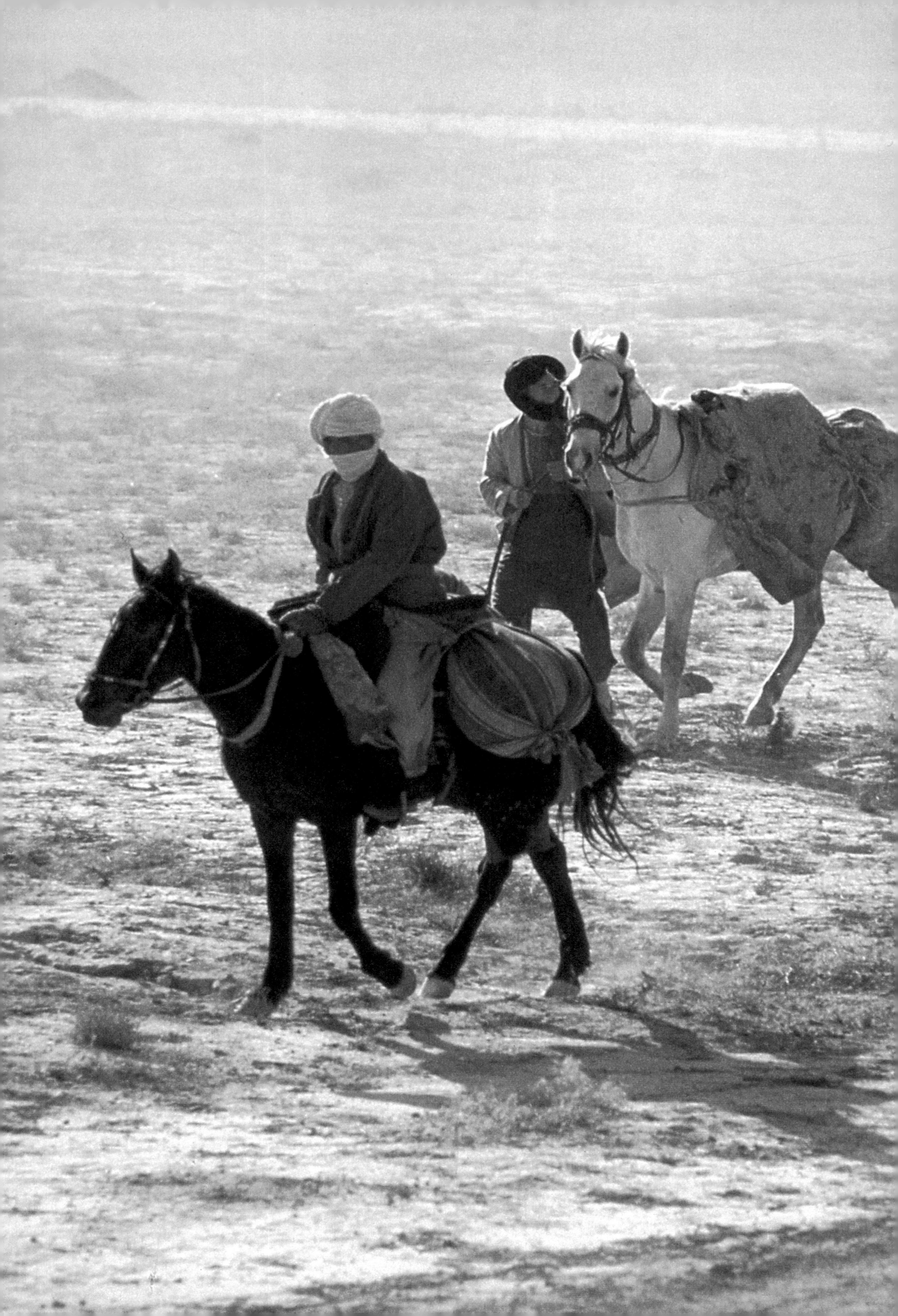

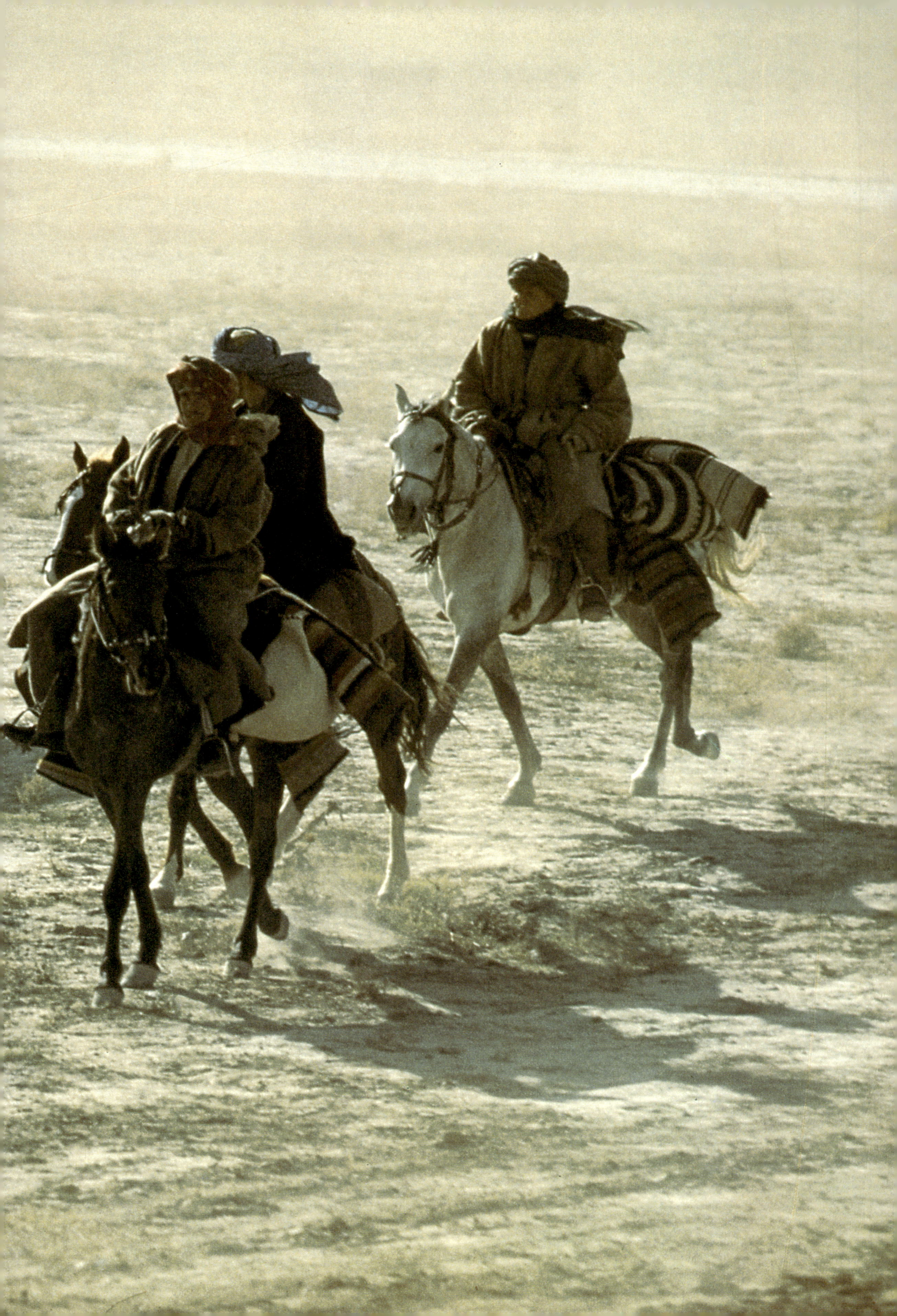

REITER UND PFERDE IN AFRIKA

Die Tsetsefliege, Überträger der Schlafkrankheit, macht in weiten Teilen Afrikas die Haltung von Hauspferden nahezu unmöglich, obschon in manchen verseuchten Gebieten die mit ihnen nahe verwandten Zebras leben, die häufigsten Unpaarhufer der Erde. Das ist wohl einer der Hauptgründe, weshalb man Afrika nicht ein Pferdeland nennen kann. Wo aber Pferde in größerer Zahl vorkommen, zeigen die Leute oft auch ein angeborenes Talent im Umgang mit diesen Tieren und gelegentlich großes Geschick in der Pferdezucht. Viele ausgesprochen edle, schöne und harte Tiere beweisen dies.

Anscheinend gab es in Nordwestafrika in vorgeschichtlicher Zeit eine Wildpferdeform, von der die Berberpferde abstammen könnten. Von dieser möglichen Annahme abgesehen, hatte Afrika mit seinen Zebras und Wildeseln zwar vier Unpaarhuferarten oder Equiden, aber nie eine echte Wildpferdeart. Die ersten Pferde kamen wahrscheinlich um 1650 v. Chr. als Kriegswagenpferde mit den Hyksos aus Vorderasien nach Afrika, nämlich nach Oberägypten, und wurden in der Folge auch dort als Hauspferde gezüchtet. Noch heute ist Ägypten mit Abstand das wichtigste Pferdezuchtland Afrikas. Dank dem ägyptischen Staatsgestüt El Zahraa werden in diesem Land Vollblutaraber gezüchtet, die zu den besten und begehrtesten der Welt gehören. Dennoch wird niemand die Ägypter ein Reitervolk nennen.

Einige Stämme Marokkos, Algeriens und Libyens verdienen noch diese Bezeichnung. Sie leben nicht oder nur teilweise von der Pferdezucht und dem Export, sondern von der Arbeit, die sie als Viehhirten mit ihren Pferden verrichten. Wie sattelfest sie sind, wie spielerisch sie mit ihren feurigen Tieren umgehen können, beweisen sie auf den Fantasias während ihrer religiösen Feste. Das Pferd, das hier gezüchtet wird, ist der Berber, der wegen seiner ganz ausgezeichneten Qualitäten zwar weltbekannt ist, den man aber außerhalb seiner Heimat, im Gegensatz zum Araber, nur selten antrifft. Immerhin gibt es sehr viele Pferde, deren Ursprung auf den Berber zurückgeht. Zu ihnen gehören die wichtigsten spanischen und portugiesischen Rassen und damit alle Prunk- und Paraderassen aus der Barockzeit in Europa, die süd- und mittelamerikanischen Pferde und die amerikanischen Western Horses mit Ausnahme des Quarter Horse. Freilich waren viele Berber, als sie mit den Mauren nach Europa kamen, schon nicht mehr rein, sondern mit Arabern vermischt, welche die Krieger Mohammeds durch ganz Nordafrika getragen haben. Im bedeutendsten Gestüt, im nordalgerischen Constantine, ist man zwar heute noch bemüht, den alten Typ des Berbers zu erhalten, aber viele Berber haben unverkennbar Merkmale des Arabers, und manche sehen fast schon wie reine Araber aus. Berühmt wurden die Berber unter anderem als harte, schnelle und ausdauernde Kavalleriepferde der Spahis, einer 1834 von den Franzosen gegründeten, aus nordafrikanischen Soldaten rekrutierten Reitertruppe, die als beweglich und verwegen gefürchtet war.

In Europa weit weniger bekannt und ohne jede Bedeutung sind die südafrikanischen Pferde, obschon insbesondere das Basutopony im Burenkrieg eine enorm wichtige Rolle gespielt hat und heute noch als äußerst hartes Reittier für jedes Gelände beliebt ist. Es stammt vom Kappferd ab und kam während der Auseinandersetzungen mit den Zulus ins Basutoland, wo es sich zu einer eigenständigen Rasse entwickelte. Die Kappferde wiederum entstanden aus holländischen und portugiesischen Pferden, die im 17. Jahrhundert nach Südafrika kamen.

Zum Teil hochedle Pferde wie auch sehr begabte Reiter findet man in Äthiopien und Somalia. Die sogenannten Dongolapferde, die in diesen beiden Ländern nicht selten sorgfältig gezüchtet werden, stehen im Typ etwa zwischen dem Berber und dem Araber und können von großer Schönheit sein. Aber auch die oft eher kümmerlich wirkenden Tiere, die als Hirten-, Pack- und Zugpferde verwendet werden, sind von guter Qualität und zeichnen sich durch Anspruchslosigkeit, zähe Ausdauer und ein liebenswertes Wesen aus.

Der berberische Ursprung ist bei den Pferden Nigers und Nigerias unverkennbar, auch wenn diese in unterschiedlichen Typen gezüchtet werden. Wie in manchen anderen afrikanischen Staaten gibt es auch hier einen kleinen, wenig ansprechenden, aber zähen Schlag, der für alle erdenklichen Arbeiten verwendet wird und bei manchen Stämmen heute noch praktisch das einzige Transportmittel darstellt, und einen größeren, viel edleren und temperamentvolleren Typ für reichere Leute.

Ein kleines, bemerkenswertes Reitervolk lebt im benachbarten Kamerun, die Fulani. Wie andere Nilotenstämme wanderten auch sie mit ihrem Vieh aus dem Nilgebiet südwärts, und sie ziehen heute noch mit ihren Herden umher. Wahrscheinlich erst im Gebiet von Kamerun kamen sie in den Besitz von Pferden, und seither züchten sie diese und verwenden sie als Pack- und Reittiere. Während der Kolonialzeit waren die Fulanipferde bei den britischen Truppen in jener Gegend besonders als Saumtiere sehr geschätzt.

Links: Der Kopfschmuck dieses festlich herausgeputzten Pferdes in Benin ist, ähnlich den ungarischen Schalanken, gleichzeitig ein guter Fliegenschutz.

Unten: Kriegerisches Schaureiten in Kamerun. Auch hier sind die Pferde kunstvoll geschmückt.

Rechts: Wer einmal in Niger das religiöse Tabaskifest miterlebt hat, wird nie den Zauber vergessen, den die buntgewandeten Menschen und die herausgeputzten edlen und feurigen Pferde ausstrahlen.

Nächste Doppelseite: Fantasiareiter in Marokko.

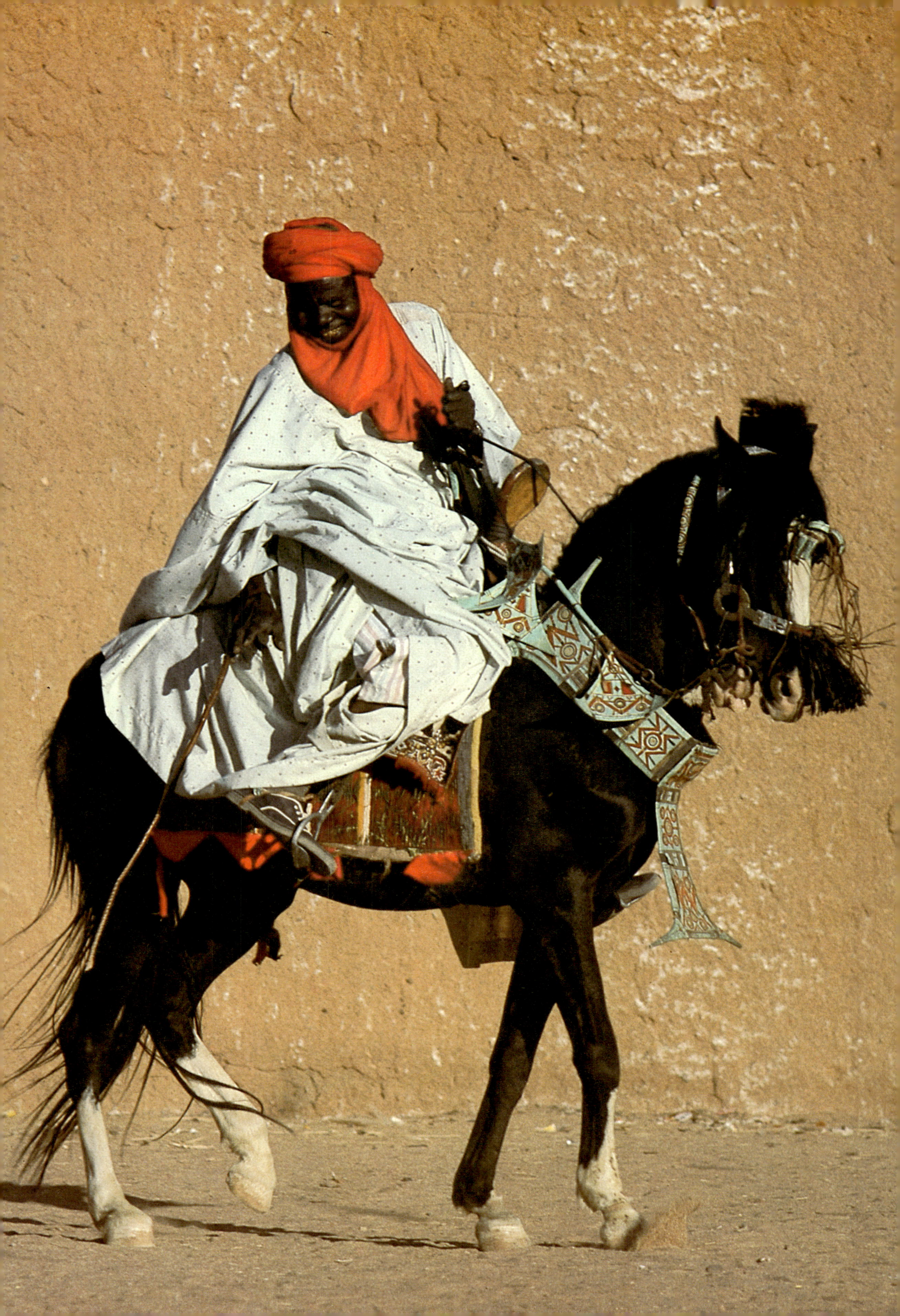

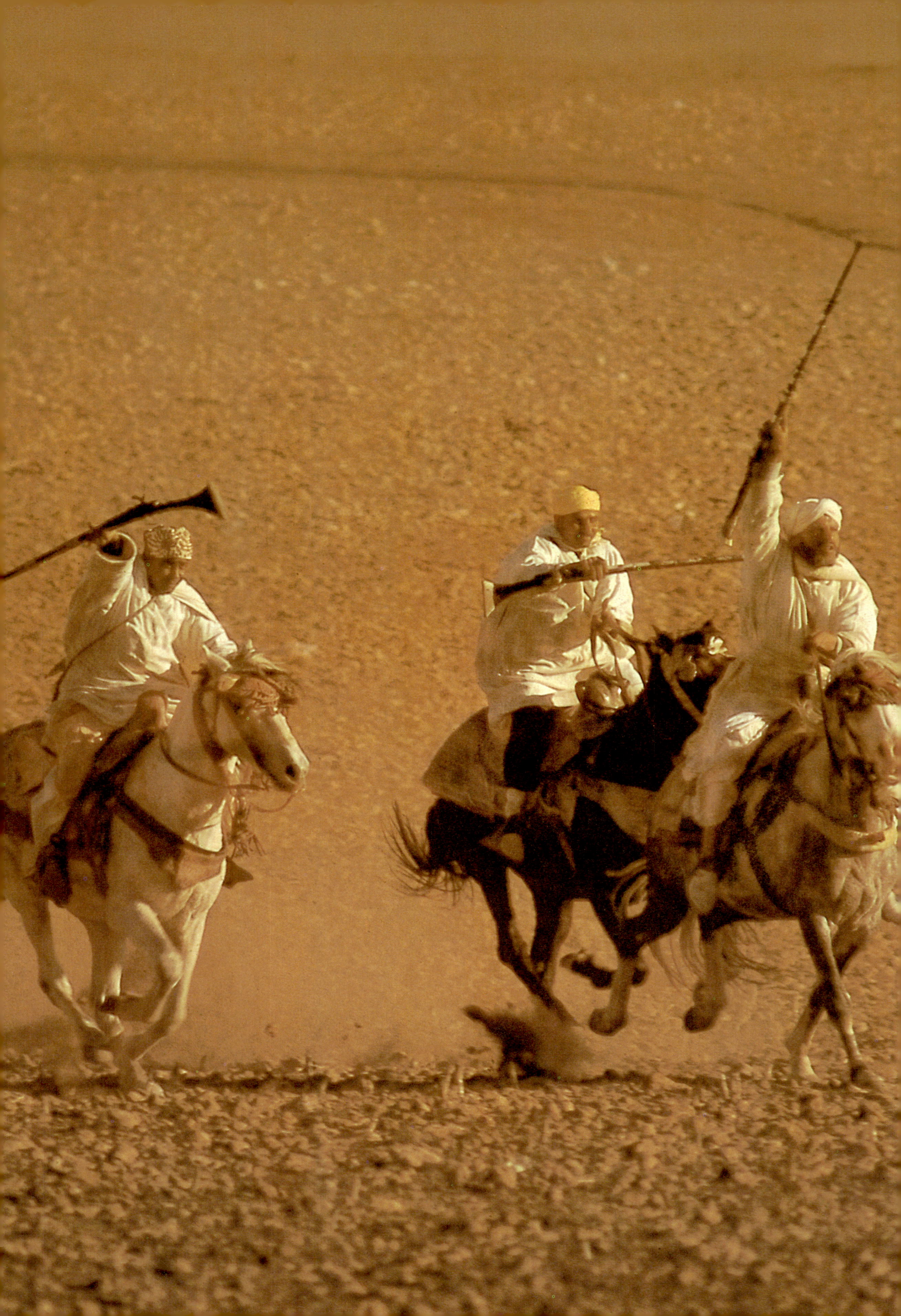

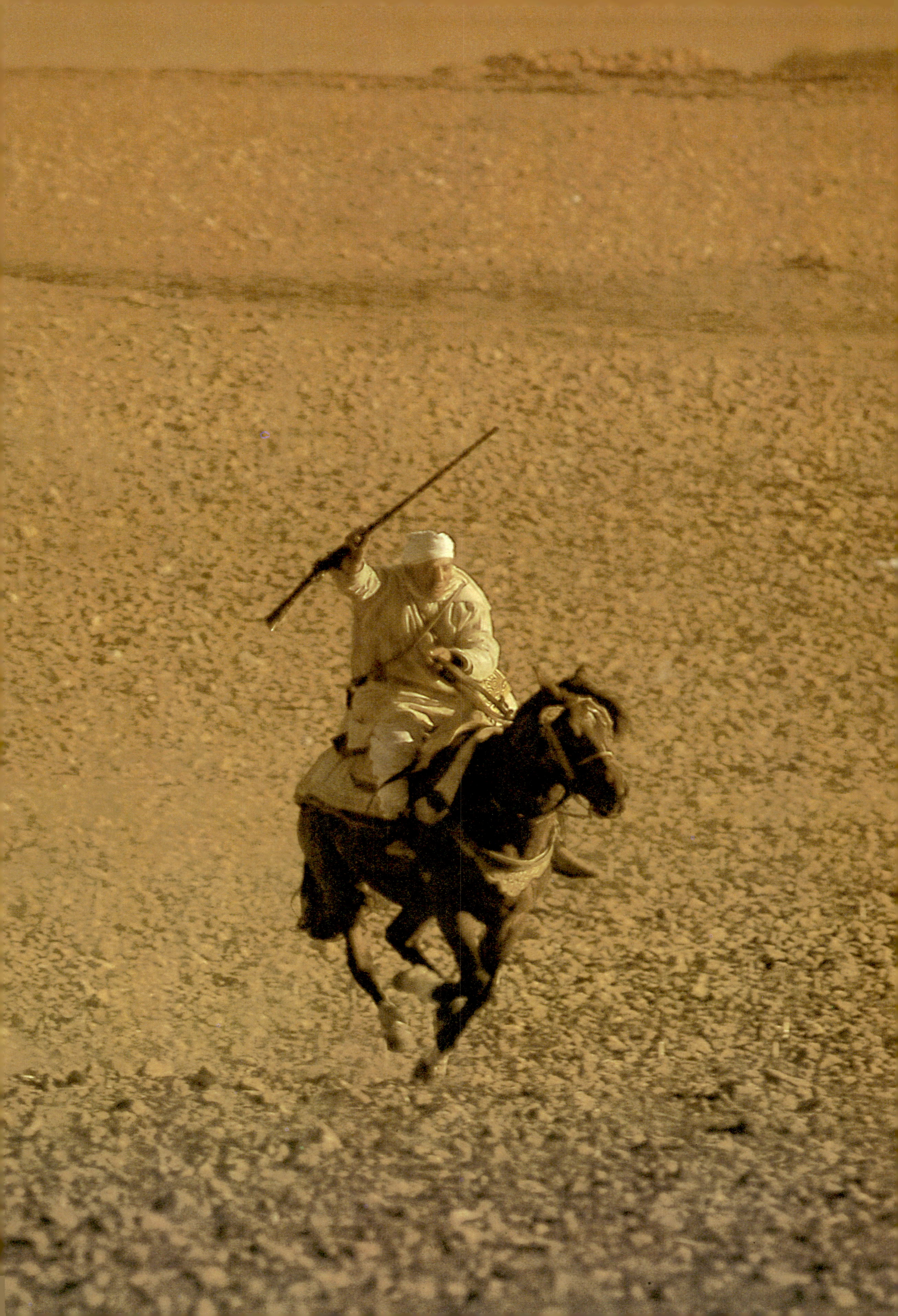

STEPPENREITER

Wir wissen nicht genau, wo die ersten Pferde von Menschen gefangen, gezähmt und gezüchtet wurden, wenn auch vieles für das Steppengebiet nördlich des Kaukasus spricht. Fest steht aber, daß die riesigen Steppen, die sich vom Schwarzen Meer bis in die Mongolei erstrecken, über 4000 Kilometer weit, in der Frühzeit des Menschen die Heimat der größten Pferdeherden der Welt waren und daß irgendwo in diesen Steppen irgendwelche Nomaden das Reiten «erfanden». Sie öffneten sich damit völlig neue Horizonte und müssen von einem unbeschreiblichen Stolz erfüllt gewesen sein, als sie gelernt hatten, die starken, schnellen, ausdauernden Pferde zu beherrschen und auf ihrem Rücken über die Steppen zu jagen. Daß sie mit dieser Entdeckung den Lauf der ganzen Menschheitsgeschichte verändern würden, ahnten sie sicherlich nicht. Selbst als sie ihre Pferde vor Kriegswagen spannten und ausbrachen aus ihren Steppen, um die frühen Kulturvölker zwischen Euphrat und Tigris das Fürchten zu lehren, konnten sie nicht wissen, daß nun durch Jahrtausende das Pferd entscheidend an allen großen Eroberungszügen mitwirken würde.

Aber ganz abgesehen vom kriegerischen Ausbruch der Streitwagenfahrer bewirkte das Pferd eine revolutionäre Veränderung des Nomadenlebens in der Steppe. Das Reitpferd verlieh Hirten und Jägern eine ungleich größere Mobilität und damit auch weitreichenden Einfluß und einen gewissen Wohlstand. Die Verbreitung des Reitens bis zu den Hirtenstämmen der abgelegensten Steppengebiete führte zu einer neuen Gesellschaftsform, die drei Jahrtausende hindurch alle Hochkulturen überdauerte und in Überresten heute noch vorhanden ist. Die Nachfahren der ersten aller Reitervölker, aus denen die mächtigen Skythen, Hunnen, Tataren hervorgegangen sind, die unter Attila Angst und Schrecken verbreiteten und unter Dschingis-Khan das größte Weltreich aller Zeiten eroberten, die Kindeskinder dieser vitalen Völkerstämme kann man heute noch mit großen Pferdeherden über die Steppen ziehen sehen. Manche leben noch fast wie vor Jahrtausenden, ernähren sich von Pferdefleisch und Kumys, sitzen den ganzen Tag im Sattel und schlafen in Jurten, in runden Zelten aus Holzstangen und Filz.

Heute noch ist das Pferd in vielen Gebieten der südlichen Sowjetunion nicht nur Reittier, sondern auch Fleisch- und Milchlieferant. Riesige Gebiete der Steppe sind für die Heugewinnung oder den Getreideanbau kaum oder gar nicht geeignet. Es kann also nur beschränkt Winterfutter auf Vorrat gewonnen werden. Die meisten Tiere müssen sich daher während des ganzen Jahres auf den Naturweiden ernähren. Die Besonderheiten vieler Weidegebiete sind für Pferde besser geeignet als für alle anderen Haustiere, denn sie spielten schon vor Jahrmillionen im Evolutionsprozeß der Unpaarhufer eine wichtige Rolle. So gibt es beispielsweise wüstenähnliche Gegenden, in denen Salzgras und typische Kräuter erst im Spätherbst und während des Winters ein gutes, genügend gehaltvolles Futter abgeben. Die hier meist nur dünne Schneedecke hindert die Pferde nicht am Weiden, und selbst wenn der Schnee einmal 60, 70 Zentimeter hoch liegt, vermögen die außerordentlich zähen Tiere genügend Futter freizuscharren. Zum Schutz gegen die Kälte entwickeln die kleinwüchsigen, bodenständigen Rassen einen bärenhaften Winterpelz mit bis zu 16 Zentimeter langen Deckhaaren über einem dicken, wolligen Unterhaar. Sie sehen nie einen Stall und trotzen den

1 Der typische harte, hinten und vorn steil hochgezogene Mongolensattel ist stets ein Schmuckstück — das ganze übrige Sattel- und Kopfzeug muß lediglich «funktionieren».

2 Reiter beim Nadomfest in der Mongolei. Die mongolischen Frauen gelten seit alters als ebenso sattelfest auf den Rücken der kleinen, harten Ponys wie die Männer.

3 Das «Lasso» der mongolischen Pferdehirten ist eine lange Holzstange mit einer Schlaufe, die über den Kopf des zu fangenden Ponys gestreift wird.

4 Im Galopp steht der Mongole hoch aufgerichtet in den sehr kurz geschnallten Bügeln.

eisigen Winterstürmen, die Minustemperaturen von 40 bis 50 Grad in die Steppen bringen. Wenn im Frühling die Schneemassen in den Berggegenden schmelzen und sich die Steppen in kaum passierbare Morastflächen verwandeln, ziehen die Hirten mit ihren Herden oft viele hundert Kilometer weit auf die Almweiden, um dort den Sommer zu verbringen. Im Hochsommer erreichen sie in einigen Gebirgen Höhen bis zu 4000 Meter über dem Meer.

Viele Herden, die heute noch so leben, bestehen aus 300 bis 500 Pferden. Allerdings gehören sie nicht mehr den Hirten, sondern den Kolchosen. Immerhin ist wenigstens hier in den Steppen die Freiheit der Hirten nicht so drastisch beschnitten worden wie andernorts. Wenn sie unterwegs sind mit ihren Herden, und das sind viele von ihnen die meiste Zeit des Jahres, sind sie wie vor Jahrhunderten auf sich selbst gestellt und leben von der Hand in den Mund. Sie melken säugende Stuten und lassen die Milch in Leder- oder Tongefäßen zum sogenannten Kumys fermentieren. Kumys enthält etwa 0,5 bis 3 Prozent Alkohol, hat einen hohen Nährwert und ist außerordentlich bekömmlich. Das Getränk, das schon den Skythen bekannt war, wird heute in über fünfzig Krankenhäusern der Sowjetunion als fast ausschließliches Heilmittel gegen Magengeschwüre und Tuberkulose verwendet. Die kleinen Stuten der Nomaden und Halbnomaden geben täglich etwa 10 bis 15 Liter Milch ab. Es gibt aber auch eine regelrechte Milchpferdezucht für die Herstellung von Kumys für Spitäler und Gaststätten. Man verwendet dazu größere, schwerere Pferde, oft Kaltblutkreuzungen, die 16 bis 20, gelegentlich sogar bis 28 Liter Milch pro Tag produzieren. Diese Stuten werden mehrmals täglich in Ständen mit Melkmaschinen gemolken. Ihre Fohlen werden mit Kuhmagermilch und speziellen Futtermischungen großgezogen.

Außer mit Kumys ernähren sich die Hirten weitgehend von Pferdefleisch. Zur Fleischgewinnung fangen sie zwei- bis dreijährige Junghengste aus den Herden heraus. Die meisten dieser Herdenpferde sind so scheu, daß man sie nicht anfassen kann. Um sie zu fangen, verwenden manche Stämme, insbesondere die Mongolen, lange Stangen mit Lederschlaufen, die sie den Pferden nach wilder Jagd über den Kopf zu schieben versuchen. Andere bauen Fangzäune mit einem immer enger werdenden Gang, der in einem geschlossenen Gatter endet.

Die meisten Pferde, die von den Kasachen, Kirgisen, Jakuten, Baschkiren, den Mongolen und einigen weiteren Stämmen gezüchtet werden, gehören uralten, kleinwüchsigen Rassen an. Wie die heutigen Mongolenponys haben sicherlich auch die Pferdchen von Dschingis-Khans Streitmacht ausgesehen. Sie sind meistens nur zwischen 125 und 140 Zentimeter hoch und dabei von größter Anspruchslosigkeit, Zähigkeit und Ausdauer. Vom Unterlauf der Wolga bis zum Altaigebirge leben die Kasachenpferde, mit 135 bis 145 Zentimeter Stockmaß etwas höher, aber ebenfalls von sehr altem, derbem, unglaublich hartem Schlag. Untersuchungen von Pferdeskeletten aus Grabhügeln haben ergeben, daß schon vor über 2000 Jahren die Skythen praktisch die genau gleichen Pferde ritten. Eine weitere uralte Rasse, den Karabair, findet man in Usbekistan. Obschon er nicht ausgesprochen edel wirkt, ist er doch bedeutend feiner als die anderen Rassen und verrät deutlich orientalische Ahnen. Er ist im Durchschnitt 150 Zentimeter hoch. Etwa gleich groß und vom selben Typ ist der Kabardiner, das hervorragende Gebirgspferd aus dem Kaukasus. Aus den Steppen am Kaukasus kommt das einzige Pferd, das in Adel und Eleganz an das Arabische und Englische Vollblut heranreicht und im Typ etwa zwischen diesen zwei Rassen steht: der alte Achal-Tekkiner, ein direkter Nachfahre orientalischer Pferde.

417

Cowboys

Die Zeit der großen Cattle Trails ist Vergangenheit. Die Saloons, mit Schwingtüren und elektrischem Klavier ausgestattet, sind den Hamburger-Selbstbedienungsrestaurants gewichen. Cowboylieder werden kaum noch in der Prärie von Cowboys, sondern in den Plattenstudios von Nashville, Tennessee, von größtenteils ältlichen Stars abgesungen, die vielleicht noch nie auf einem Pferd gesessen und sicher nichts mit harter Viehtreibearbeit zu tun haben. Stagecoachüberfälle, am Galgen baumelnde Pferdediebe und rauchende Colts gibt es nur noch auf der Kinoleinwand und in abgedroschenen TV-Serien. Das Vieh schließlich, um das sich im Grunde alles dreht, wird direkt auf der Ranch in ein- und zweistöckige, gewaltige Lastwagenzüge verladen und im Expreßtempo in die Fleischfabrik gebracht.

Trotz allem aber gibt es noch Cowboys. Der größte Teil des Fleischviehs in den westlichen USA wächst nach wie vor in der Open Range auf, in Weidegebieten, die oft Hunderte oder Tausende von Hektar Land umfassen. Diese riesigen Gebiete sind von Stacheldrahtzäunen umgeben. Wie schon vor hundert Jahren müssen diese schier endlosen Zäune regelmässig kontrolliert und repariert werden. Das ist heute noch eine der zeitraubenden, wichtigen — und langweiligen Arbeiten der Cowboys. Fast völlig sich selbst überlassen, führt das Vieh hier ein wildtierähnliches Dasein. Gibt es viel Schnee — und das ist in manchen Berggebieten Winter für Winter der Fall —, muß man die Herden suchen, manche davon in tiefere, geschütztere Lagen treiben, ihnen vielleicht Heu bringen, damit sie die schlimmste Zeit überstehen können. Das kann sehr harte Cowboyarbeit sein. Alljährlich im Herbst müssen die Herden zusammengetrieben und zu den Corrals gebracht werden, wo man das Schlachtvieh aussortiert und die Kälber zum Brennen einfangen muß. Das Zusammentreiben ist noch verhältnismäßig einfach in flachen Präriegegenden. Hier kann man sogar einen schönen Teil der Treibearbeit mit geländegängigen Fahrzeugen erledigen. Aber in den vielen wilden, unwegsamen Busch- und waldbestandenen Berggebieten die scheuen Rinder zu finden, sie einzukesseln, über die oft viele Meilen weite Strecke zu den Pferchen zu treiben, sie dort auszusortieren und zu brennen, diese Arbeit erfordert noch genausoviel Geschick und Können wie früher, vom Reiter wie vom Pferd. Und diese Männer und ihre oft fabelhaft ausgebildeten Pferde wird man noch einige Zeit durch keine Maschine ersetzen können.

Oben: Das Eintreiben, Heraussondern und Einfangen der Kälber und Rinder erfordert viel Geschicklichkeit vom Reiter und Pferde, die «ihren Job verstehen». Für die Ausbildung vom rohen Pferd bis zum perfekten Cowpony, das mit unglaublicher Selbständigkeit mitarbeitet, rechnet man vier bis sechs Jahre.

Links: Das Vieh wird nicht mehr über Tausende von Kilometern zur Bahn getrieben, sondern wartet direkt bei der Ranch auf den Lastwagen. Aber die Tiere in den oft riesigen und wilden Weidegebieten zu suchen (rechts) und zu den Corrals zu bringen bedeutet heute noch harte Cowboyarbeit.

Folgende Doppelseite: Auf einer Ranch in Wyoming.

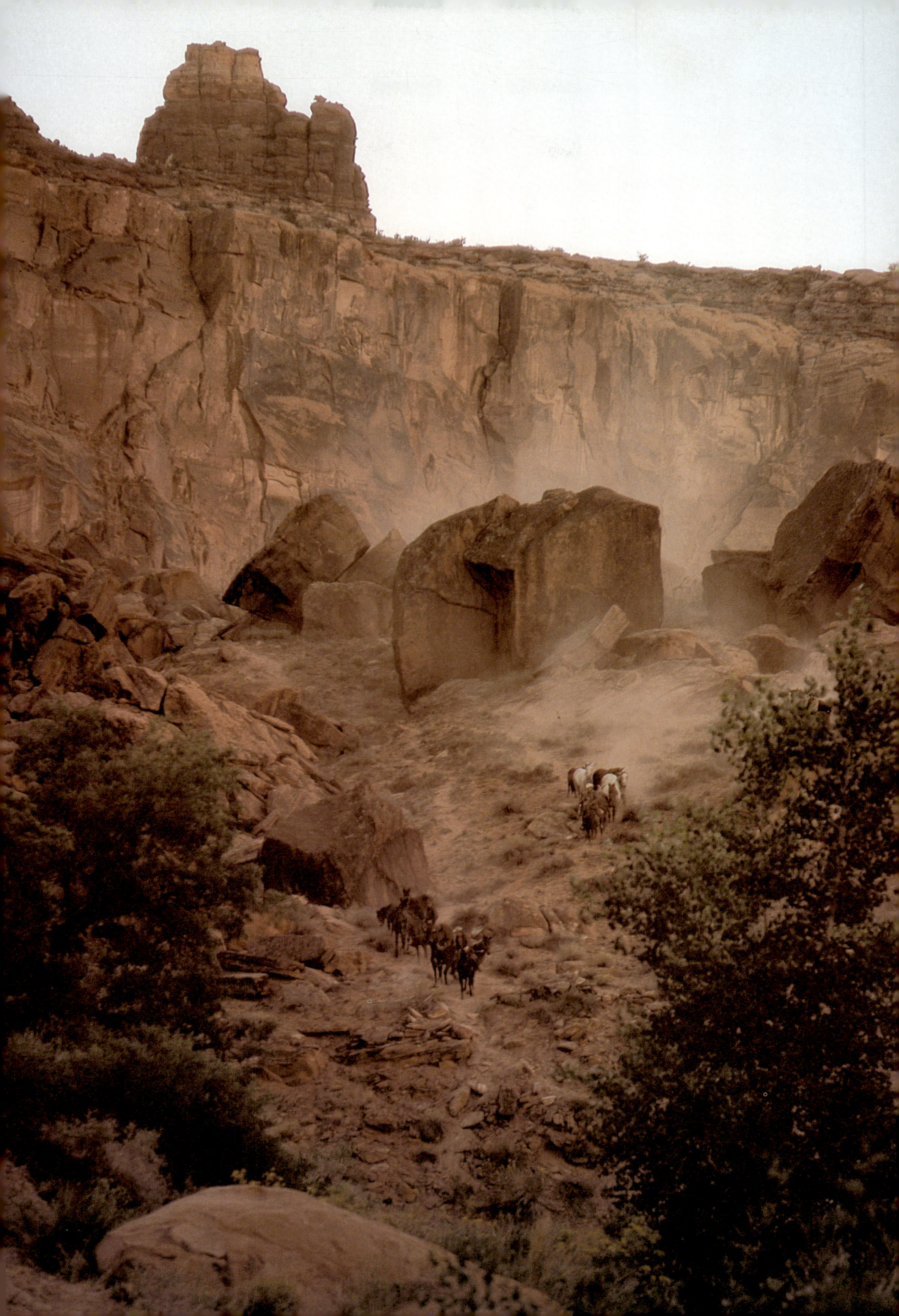

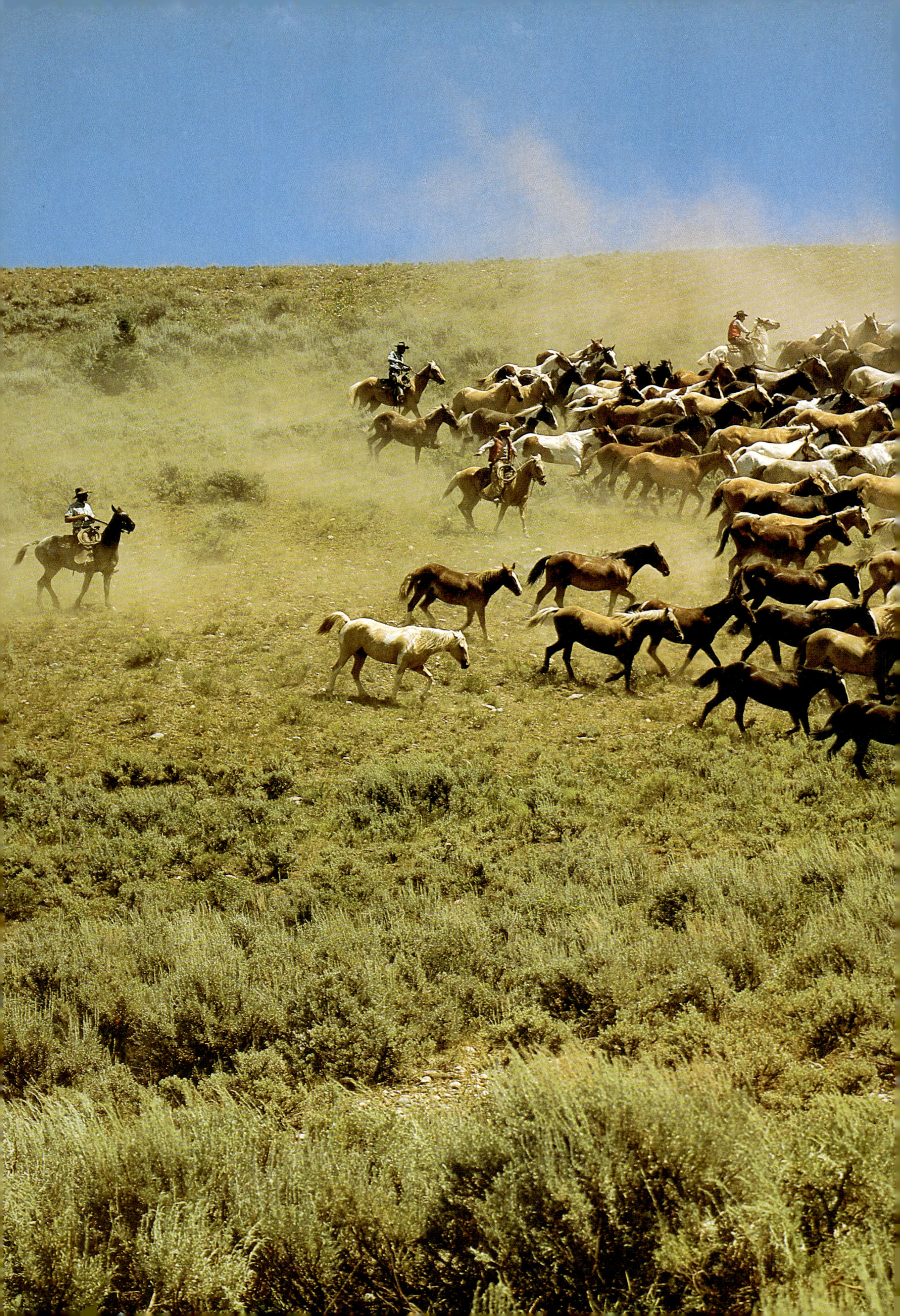

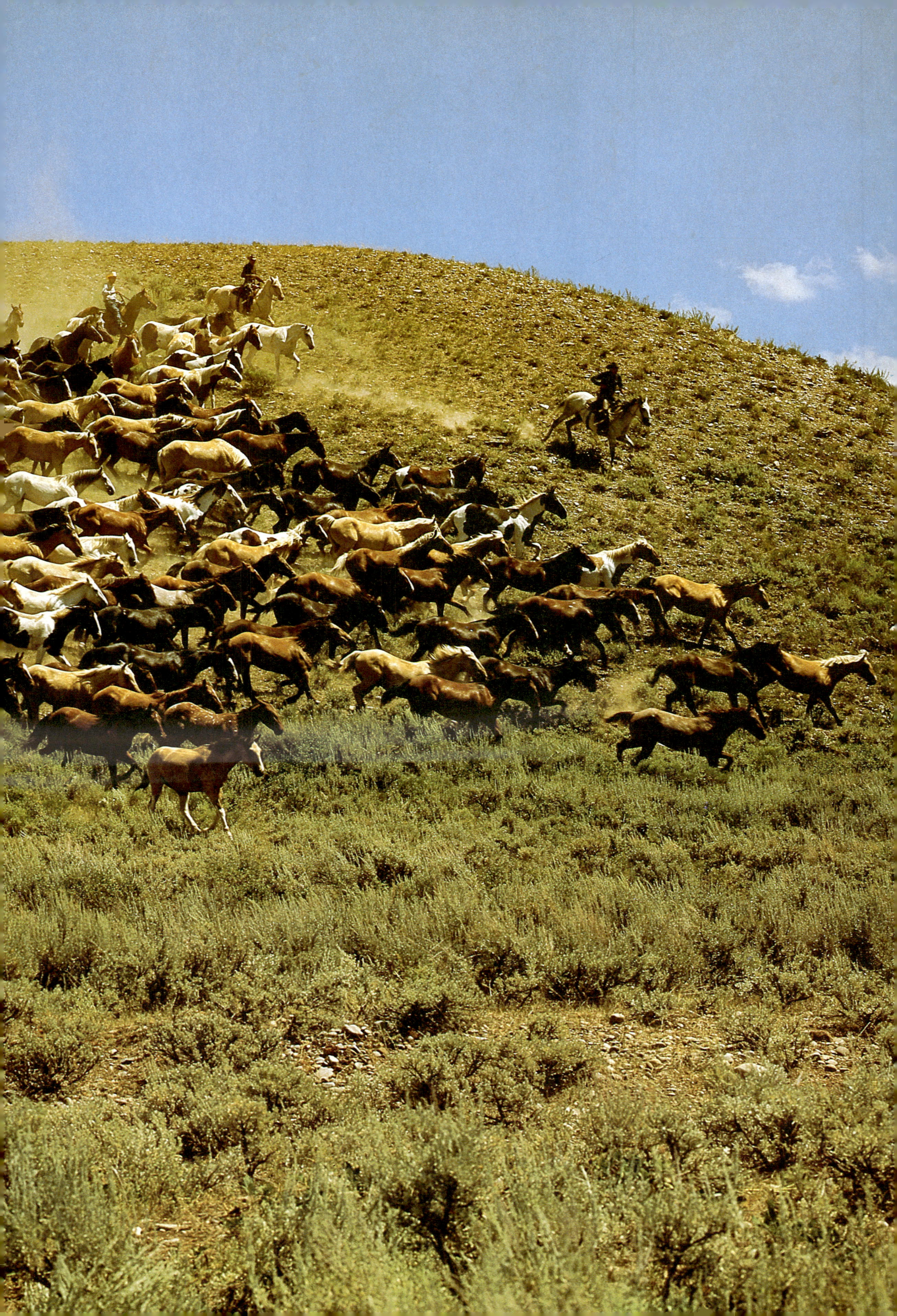

GAUCHOS

«Für manchen Gaucho kommt das Pferd vor den Kindern und der Frau, vor dem Hund und vor der Gitarre» (Alex Décotte).

Sicher ist jedenfalls, daß ein Gaucho ohne Pferd kein Gaucho ist, sondern ein ganz gewöhnlicher, verachteter Landarbeiter. Niemand würde es wagen, auf einen Gaucho herabzusehen. Jedermann respektiert seinen Stolz, wohl nicht zuletzt, weil man weiß, daß dem Gaucho das lange, schmale Messer locker hinten im Gürtel sitzt, besonders wenn er trinkt, und das tut er nicht selten. Ein Stück Wildheit ist bis heute in seinem Herzen geblieben, obwohl vor schon bald 150 Jahren der Stacheldraht seine ursprüngliche Freiheit drastisch beschnitten hat. Nur selten noch schläft er unter freiem Himmel, den Sattel als Kopfkissen, sondern meist schon im Bett. Er reitet nicht mehr jahraus, jahrein durch die endlose Pampa hinter Herden verwilderter oder halbwilder Rinder her, sondern verrichtet seine Arbeit im zwar oft riesigen, aber eben doch eingezäunten Gebiet der Estanzia, auf der er tätig ist. Und oft genug ist diese Arbeit nichts als der eintönige Teil eines mächtigen Fleischproduktionsprozesses und entbehrt weitgehend jeder Romantik. Aber noch lange wird diese Arbeit ohne den Gaucho nicht auszuführen sein. Wie sonst als zu Pferde sollte man die Rinder in den weiten, oft unwegsamen Weidegebieten finden, zusammentreiben und aussortieren: zum Brennen, für die Weiterzucht und für das Schlachthaus? Und dazu werden auch heute noch sowohl vom Gaucho als auch von seinem Pferd die gleiche Geschicklichkeit und Zähigkeit und der gleiche Mut gefordert wie eh und je.

Die Geschichte der Gauchos ist nicht jahrtausendealt wie die der eurasischen Steppenreiter. Im Jahre 1535 brachte der spanische Eroberer Pedro de Mendoza bei seiner Landung in der Mündung des Rio de la Plata die ersten Pferde nach Argentinien. Nach unterschiedlichen Berichten sollen es 72 oder 76 Stuten, Hengste und Fohlen gewesen sein, berberisch-arabisch stark beeinflußte spanische Pferde. Sie erlebten die Gründung von Santa Maria del Buen Ayre, dem späteren Buenos Aires, und sollen sich auf dem Gebiet innerhalb der Stadtmauer, die gegen Indianerangriffe errichtet worden war, rasch vermehrt haben. Gleichzeitig wuchs der Zorn der anfangs friedlichen Indianer gegen die brutalen weißen Eindringlinge, deren Soldaten ihre Frauen schändeten und ihre Siedlungen plünderten. 1541 belagerten sie die Stadt Monate hindurch so hartnäckig und erfolgreich, daß die Spanier einen großen Teil ihrer Pferde schlachten und verzehren mußten und schließlich, am 10. August, den Ort fluchtartig verließen. Die bisher wohlbehüteten restlichen Pferde liefen in die Pampa hinaus. Sie fanden Futter in Hülle und Fülle, kaum natürli-

1 Das Gauchopferd macht während seiner Ausbildung ein paarmal schmerzhafte Bekanntschaft mit den martialischen, oft kunstvoll in Silber gearbeiteten Sporen des Gauchos. Danach weiß es, was es zu tun hat, wenn der Reiter nur die Unterschenkel anlegt oder mit der Zunge schnalzt, und die Sporen dienen weitgehend nur noch zur Zier.

2 Genau wie in den nordamerikanischen Open Ranges ist auch auf den argentinischen, brasilianischen, uruguayischen und chilenischen Estanzias der berittene Rinderhirte unentbehrlich.

3 Der Gaucho liebt es, sich und sein Pferd zur Schau zu stellen. Sattel und Zaumzeug müssen zwar selbstverständlich in erster Linie ihren Zweck erfüllen, doch bringt der Reiter damit gleichzeitig seinen «Reichtum» zum Ausdruck.

che Feinde und verwilderten ebenso rasch wie ihre ebenfalls entlaufenen Verwandten in Mittel- und Nordamerika. Zu diesem ersten Grundstock von «Wildpferden» in Argentinien kamen während späterer Expeditionen weitere spanische Pferde, die sich ebenfalls vorzüglich akklimatisieren und vermehren konnten. Bereits 1580 wurde die Zahl der verwilderten Pferde auf 12 000 geschätzt, und wenn auch diese Schätzung völlig unzuverlässig ist, müssen es doch nach übereinstimmenden Berichten zahlreicher Reisender riesige Mengen gewesen sein.

Als Buenos Aires 1580 endgültig wiedererobert wurde, oder kurz danach, kamen auch die ersten Rinder nach Argentinien. Auch ihnen behagten Klima und Vegetation, so daß sie sich gleichfalls rasch vermehrten. Bald wimmelte es innerhalb der Mauern von Buenos Aires von Rindvieh, und der Stadtrat war genötigt, die Haltung dieser Horntiere auf Stadtgebiet zu verbieten. Das wiederum hatte zur Folge, daß zahlreiche Rinder zu den Pferden in die Pampa entliefen, ebenfalls verwilderten und im Laufe der Jahre zu unübersehbaren Herden anwuchsen.

Während die Indianer verwilderte Pferde einzufangen, zu reiten und zu züchten lernten, kümmerten sich die Weißen kaum um diese Tiere, denn es war äußerst schwierig, ihrer habhaft zu werden und sie zu zähmen. Da war es einfacher, zahme Pferde aus Spanien kommen zu lassen. Hingegen bedeuteten die riesigen Herden verwilderter Rinder auch für die Siedler eine fast unerschöpfliche Nahrungsquelle. Sie veranstalteten Treibjagden auf das Vieh. Und das war die Geburtsstunde des Gauchos.

Die Reiter, die sich für diese viel Geschick erfordernde Arbeit besonders gut eigneten, waren merkwürdigerweise großenteils Mischlinge, die einen frauenhungrigen spanischen Soldaten zum Vater und eine Indianerin zur Mutter hatten. Und bis heute fließt in fast jedem argentinischen Gaucho indianisches Blut. Übrigens gibt es viele brasilianische, aber fast keine argentinischen Gauchos, deren Ahnen mindestens zum Teil aus Afrika eingeführte Sklaven waren.

Immer weiter ins Land hinein verstreut entstanden Estanzias, nachdem man hier um 1800 die Technik des Pökelns, der Fleischkonservierung mit Hilfe von Salz, entdeckt hatte. Die Besitzer der Landgüter ließen von den angeworbenen Rinderhirten das Vieh auf ihrem Grundstück mit Brandzeichen versehen und begannen allmählich mit einer mehr oder weniger systematischen Viehzucht. Die Gauchos, welche die ganze Rinderarbeit machten und dabei ihre besonderen Techniken entwickelten, waren zwar nur Angestellte wie die Landarbeiter auf den Plantagen, aber sie waren von einem ganz anderen Schlag. Nie ließen sie sich die Freiheit nehmen. Sie taten ihre Arbeit gegen Bezahlung, aber wenn es ihnen nicht mehr paßte, ritten sie von einer Stunde zur anderen einfach fort, vielleicht nur bis zur nächsten Estanzia, vielleicht auch 500 Kilometer weit. Niemand hätte gewagt, sie aufzuhalten, denn in der Weite der Pampa waren sie die Könige, auch wenn sie kaum mehr besaßen als ihr Pferd, ihren Sattel und ein paar an den Gürtel genähte Münzen.

Heute sind sie seßhafter geworden, aber sie sind deshalb nicht weniger stolz auf ihren Beruf und vor allem auf ihre Reitkünste. Das wird spätestens dann jedem klar, wenn man sie bei ihren wilden, oft halsbrecherischen Reitspielen beobachtet, bei den Gauchorodeos, die hierzulande so populär sind wie Fußball.

4 bis 7 Früher hängte der Gaucho sein ganzes Bargeld an den breiten Gürtel, in dem stets auch das Messer steckt. Heute wird der Festtagsgürtel mit den verschiedensten Silberarbeiten dekoriert.

8 Zur Ausrüstung gehören Fußfesseln für die Vorderbeine des Pferdes.

9 Allein an den Stiefeln, Sporen und Steigbügeln kann der Eingeweihte erkennen, aus welcher Gegend ein Gaucho kommt.

Nächste Doppelseite: Winzige Überreste von Reitervölkern existieren heute noch in Europa, so die Gardians der Camargue in Südfrankreich. Und noch immer gibt es Gegenden, die nur auf dem Pferderücken erreicht werden können, zum Beispiel manche Vulkan- und Gletscherlandschaften im Inneren von Island. Wer einmal einen Ponymarkt auf Island besucht (Bild), fühlt sich um Jahrhunderte zurückversetzt.

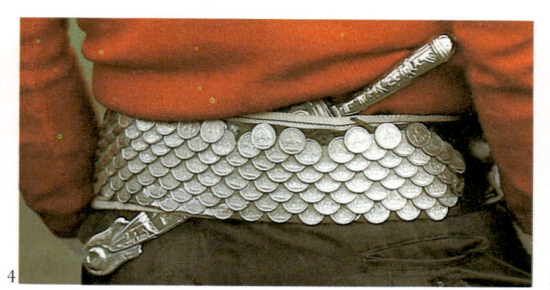

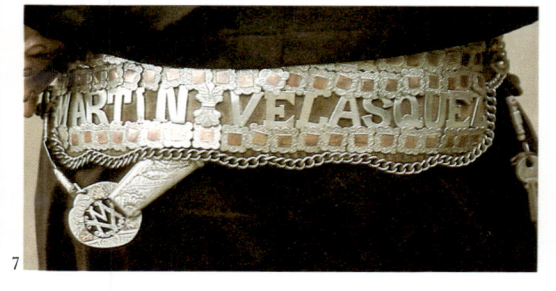

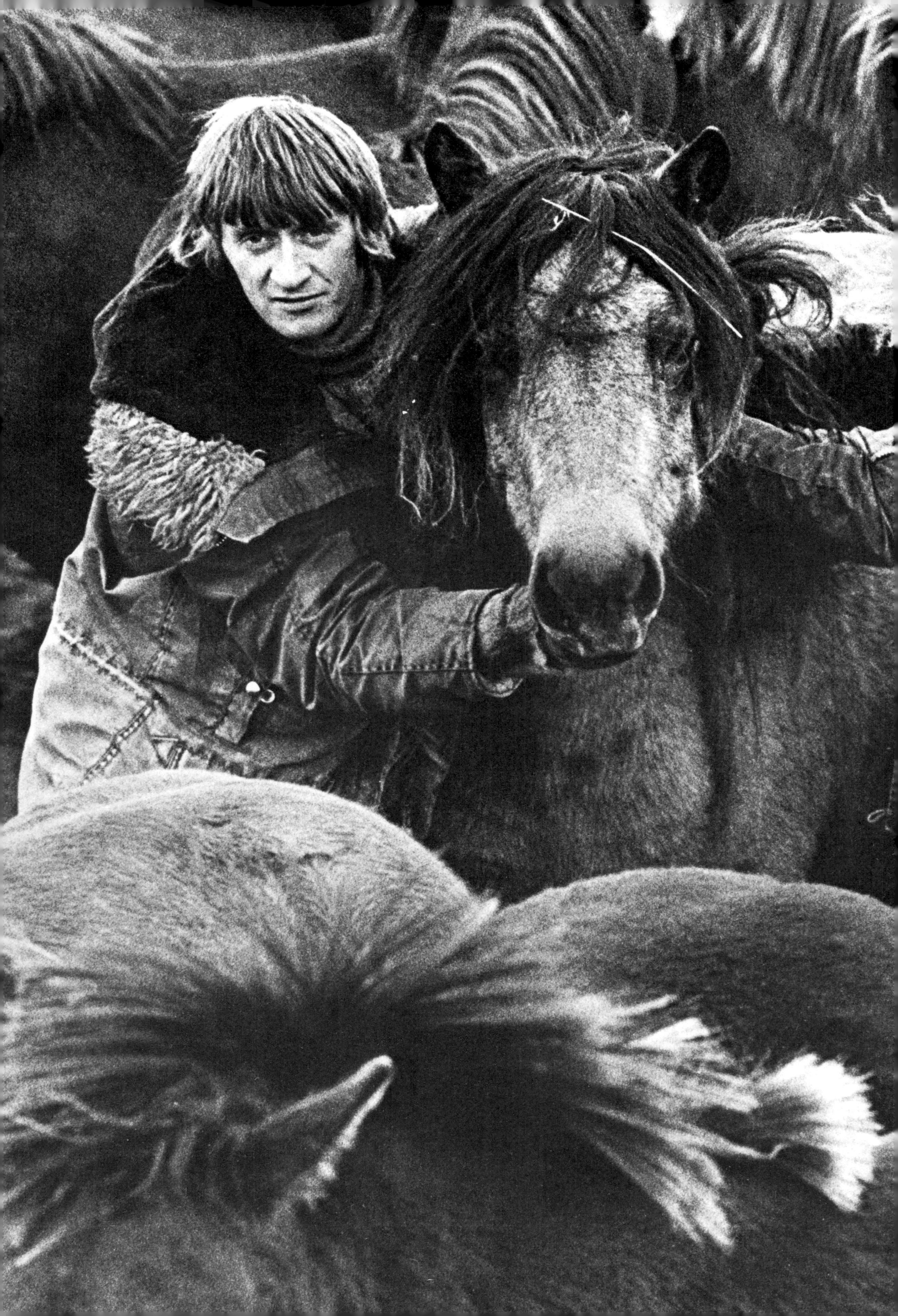

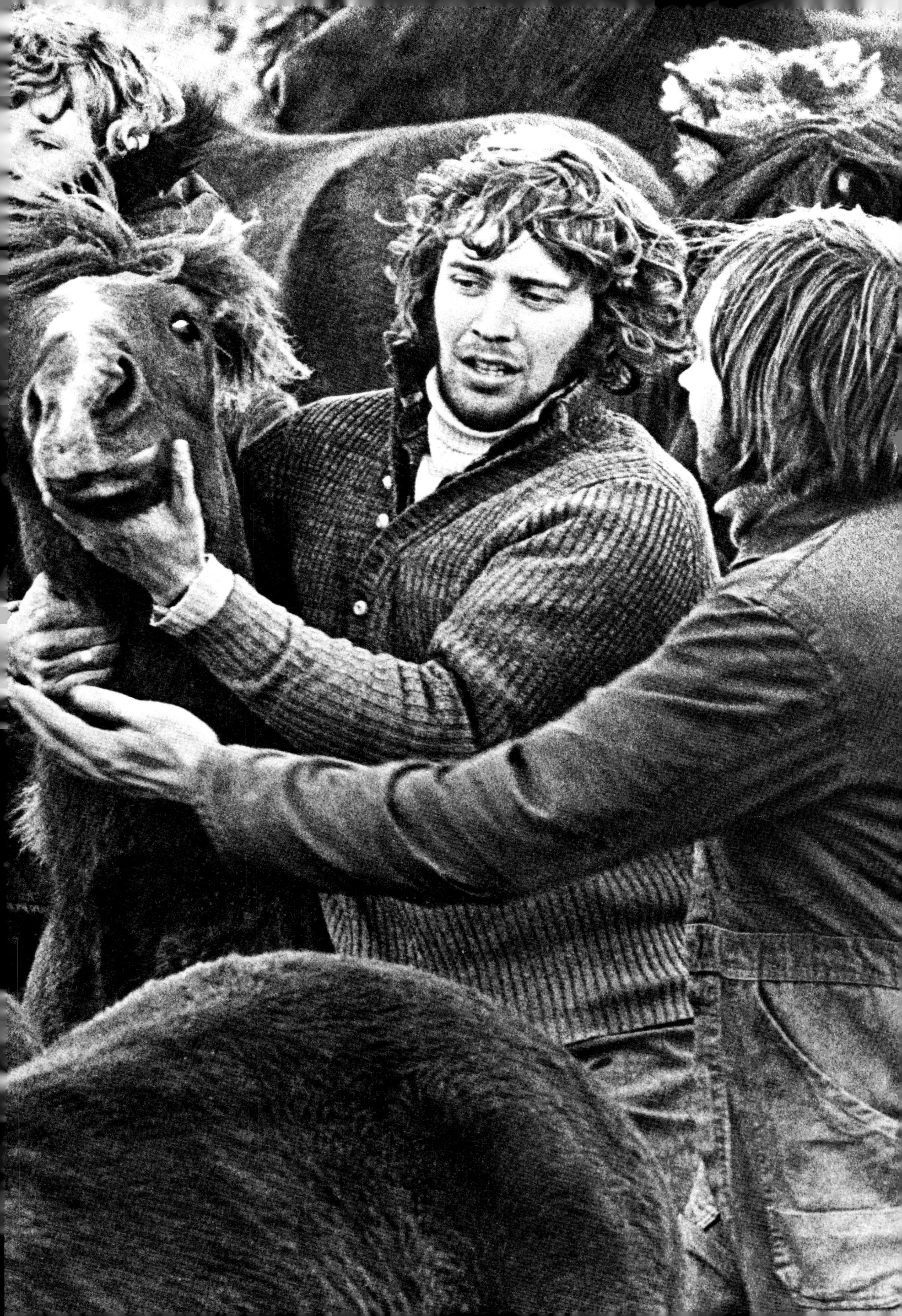

Hippologisches Lexikon

A

Aalstrich
Dunkler, dem Rücken entlang laufender Streifen. Wildpferdemerkmal. Besonders häufig bei Falben und Isabellen.

Abblasen
Hornsignal am Ende der Jagd.

Abbrechen
Von einer breiteren zu einer weniger breiten Formation wechseln, z. B. von Vierer- zu Zweierkolonne.

Abendländisches Pferd
Alte Bezeichnung für Kaltblüter.

Abfahren
Start einer Wagenfahrt. Der Ausdruck wird auch beim Durchbrennen eines Pferdes gebraucht.

Abfohlbox
Möglichst leicht zu reinigende Boxe, in der die Stute das Fohlen zur Welt bringt.

Abfohlen
Gebären eines Fohlens.

Abgeschlagene Kruppe
Schräg abfallende Kruppenlinie, Schönheitsfehler, der meist nicht nachteilig ist.

Abhalftern
Abnehmen des Stallhalfters.

Abkauen
Das Pferd kommt mit gebogenem Hals zur gewünschten Zügelanlehnung und kaut dabei auf dem Gebiß. Abkauen wird oft durch zweifelhafte Ausbindemethoden erreicht.

Abläuten
Im Springsport: Unterbrechung oder vorzeitiger Abbruch des Rittes. Im Rennsport: Zeichen für gültigen Start, nach dem keine Wetten mehr angenommen werden.

Abort
(abortus)
Gebären (Verwerfen) eines noch zuwenig entwickelten, noch nicht lebensfähigen oder toten Fohlens. Häufigste Ursachen sind Zwillingsträchtigkeit oder eine Viruskrankheit (Virusabort), gegen welche aber die Stute vorbeugend geimpft werden kann.

Abreiten
1. Vorbereitendes «Warmreiten» vor einem Wettbewerb. 2. Beginn eines Rittes.

Abreiteplatz
Vorbereitungsplatz in der Turnieranlage.

Absatteln
Sattel abnehmen.

Abschlagen
1. Abwehr des Hengstes durch die noch nicht paarungswillige Stute. 2. Wegtreiben des Fohlens durch die wieder hochträchtige Stute.

Abschirren
Abnehmen des Geschirres.

Abschüssige Kruppe
Schräg abfallende (abgeschlagene) Kruppe.

Absetzen
Entfernen des Fohlens von der Mutter. Wird oft schon im Alter von 4 bis 6 Monaten gemacht, was zu psychischen und physischen Störungen führen kann. Freilebende Stuten «schlagen» die Fohlen erst nach etwa 10 Monaten ab, sofern sie wieder trächtig sind.

Absprung
1. Die Stelle vor einem Hindernis, an der das Pferd abspringt. 2. Sprung von einem Wall oder ähnlichem in die Tiefe.

Abstammung
Herkunft des Pferdes, dargestellt auf der Abstammungs- oder Ahnentafel (Pedigree), auf der die Eltern, Großeltern, Urgroßeltern usw. eingetragen sind.

Abstammungsnachweis
Vom Zuchtverband beglaubigtes Dokument, auf dem Abstammung, Geschlecht, Geburtsdatum, Farben und Abzeichen, Züchter und eventuelle Besitzerwechsel eingetragen sind.

Abwenden
Richtungsänderung gegen das Innere der Bahn.

Abwerfen
Wenn durch Abwerfen von Hindernisteilen Höhe oder Breite des Hindernisses verändert werden, erhält der Reiter normalerweise 4 Strafpunkte.

Abzeichen
Weiße Haarstellen an Kopf und Beinen, die während des ganzen Lebens bleiben und daher als Erkennungsmerkmal im Abstammungsnachweis eingetragen werden. Nicht als Abzeichen gelten weiße Haarstellen, die auf Wundnarben entstehen können, z. B. Satteldruck.

Acchetta
Ponyrasse aus Sardinien.

Achal-Tekkiner
Hochedle, vollblutähnliche russische Pferderasse.

Achenbach
Benno von, 1861 bis 1936, entwickelte in Deutschland aus dem englischen Fahrsystem die Grundlage des modernen internationalen Fahrsportes.

Achillessehne
Sehnenförmige Verlängerung des Wadenmuskels über dem Sprunggelenkshöcker.

Acht
Achtförmige Hufschlagfiguren.

Adel
Von Adel spricht man bei arabischen und englischen Vollblutpferden und bei Pferden, die deutliche Merkmale dieser beiden Rassen tragen.

Ahnentafel
Abstammung, Pedigree.

Aktion
Auffallend hohe und weitausgreifende Bewegung der Vorderbeine im Schritt und Trab. Hohe Knieaktion ist vor allem bei Kutsch- und Paradepferden erwünscht.

Albino
Pferde, die mit weißer Haarfarbe und rosafarbener Haut geboren werden. Reine Albinos haben rote Augen, die meisten Albinos jedoch haben hellblaue «Glasaugen». Schimmel kommen dunkel zur Welt.

Alter
Die Entwicklung des Pferdes ist, je nach Rasse, mit etwa 3 bis 6 Jahren abgeschlossen. Das Durchschnittsalter liegt bei Großpferden bei 20 Jahren, das Höchstalter bei 30. Nordponys werden gelegentlich über 40 Jahre alt. Das Alter erkennt der Fachmann vor allem am Abnützungszustand der Zähne.

Amazone
Einst Angehörige eines Stammes reitender Kriegerinnen der griechischen Mythologie. Heute Pferdesportlerin.

American Saddle Horse
Amerikanisches Reitpferd, das einst zu den begehrtesten Kavalleriepferden gehörte, heute großenteils zum reinen Showhorse degradiert.

American Standardbred
Der Amerikanische Traber, auf kürzere Distanz die schnellste Traberrasse. Wird als Normal- (Trotter) und Paßtraber (Pacer) gezüchtet.

Amerikaner
Sehr leichte Wagen (Buggy und Surrey), die ein- und zweispännig in der speziellen amerikanischen Anspannung gefahren werden.

Ammoniakdunst
Durch Zersetzung des Pferdeharns entstehendes Gas mit beißendem Geruch, das bei schlechtbelüfteten Ställen zu gefährlichen Schäden der Atemwege führen kann.

Anämie
Blutarmut.

Anatomie
Lehre vom Körperbau.

Anblasen
Hornsignal beim Beginn der Jagd.

Andalusier
Elegante Pferderasse aus Südspanien.

Angaloppieren
Beginn eines Galoppes, wird durch bestimmte Hilfen erreicht.

Anglo-Araber
Hochedle, aus der Kreuzung von englischen und arabischen Vollblütern entstandene Pferderasse, die vor allem in Südfrankreich, Polen und Ungarn gezüchtet wird.

Anglo-Normanne
Aus englischen Pferden und dem Landschlag der Normandie entstandene französische Pferderasse, die in verschieden schweren Typen gezüchtet wird, heute vor allem als ausgezeichnetes sportliches Reitpferd.

Anlehnung
Die dauernde sanfte Verbindung zwischen dem Gebiß im Pferdemaul und dem Zügel in der Hand des Reiters, die im europäischen Reitstil, im Gegensatz zum amerikanischen, erwünscht ist.

Anreiten
1. Das Pferd durch Hilfen in Bewegung setzen. 2. Das rohe Pferd an Sattel und Reitergewicht gewöhnen.

Anspannungsarten
Die verschiedenen Methoden zum Einspannen der Pferde vor dem Wagen, z. B. englische, russische, amerikanische, ungarische Anspannung.

Anziehen
1. Starten eines Gespannes. 2. Beherztes Angehen eines Hindernisses durch das Pferd im Springsport.

Apfelschimmel
Schimmel mit dunklen, rundlichen Flecken, am ausgeprägtesten auf der Kruppe.

Appaloosa
Ausgezeichnetes Westernpferd, das in verschiedenen Zeichnungsmustern gezüchtet wird.

Appuyieren
Traversieren.

Araber
Alte, hochedle Pferde aus dem Orient, die die englische Vollblutzucht und die Pferdezucht in der ganzen Welt wesentlich beeinflußt haben.

Assateaguepony
Wildlebende, wahrscheinlich von spanischen Pferden abstammende Ponys auf der Insel Assateague vor der Küste Virginias, USA.

Assyrer
Erste Militärmacht, die nebst Streitwagen auch Reitertruppen aufstellte.

Atmungsstörungen
Verschiedene Formen akuter oder chronischer Erkrankungen der Atemwege, die oft einen langen Heilungsprozeß oder bleibende Schäden zur Folge haben.

Aufgalopp
Vorführgalopp der Rennpferde vor dem Start.

Aufnehmen
1. Durch Paraden wird das Pferd vor dem Hindernis abgebremst, damit es sich besser für den Sprung vorbereiten kann. 2. Wenn die Stute nach der Paarung trächtig wird, hat sie aufgenommen.

Aufrichten
Hochnehmen des Pferdekopfes durch Zügelhilfen.

Aufschirren
Geschirr anlegen bei Wagenpferden.

Aufsetzen
1. «Stalluntugend» durch Langeweile. Das Pferd stützt die oberen Schneidezähne z. B. auf dem Krippenrand auf und schluckt dabei Luft, was zu Kolik führen kann. 2. Auffußen auf festen Hindernissen, z. B. Wall.

Aufspringen
Sprung auf ein erhöhtes Hindernis, z. B. Wall.

Auftrensen
Anlegen eines Zaumes mit Trense.

Aufzäumen
Anlegen des Zaumes.

Aufziehtrense
Spezielle Zäumungsart, die durch mechanischen Zwang das Genick des Pferdes höher bringt. Kann leicht zu bedenklichen Unarten führen.

Aufzucht
Pflege heranwachsender Jungpferde. Fachmännische Aufzucht ist von größter Bedeutung.

Auktion
Versteigerung von Pferden und Ponys.

Ausbildung
1. Die nur durch den Fachmann mögliche Vorbereitung des jungen Pferdes auf seine zukünftigen Aufgaben als Reit- oder Zugtier. 2. Die «Lehre» des zukünftigen Reiters oder Gespannfahrers.

Ausbindezügel
Vor allem beim Longieren verwendeter Hilfszügel, der zur erwünschten Kopf- und Halshaltung des Pferdes führen soll.

Ausbrechen
Seitliches, fluchtartiges Verlassen einer Bahn oder seitliches Umgehen eines Hindernisses.

Auseinanderfallen
Verlieren der im europäischen Reitstil erwünschten versammelten Haltung des Pferdes.

Ausrichten
Bilden geradliniger Kolonnen beim Abteilungsreiten.

Ausschlagen
Kraftvolles Treten gegen (vermeintlichen) Feind, besonders mit den Hinterbeinen. Äußerst gefährliche, meist durch falsche Behandlung hervorgerufene Untugend.

Ausschluss
Wegen bestimmter Fehler muß der Reiter seine Teilnahme an einem Wettbewerb abbrechen.

Aussengalopp
(Kontergalopp) Das Pferd geht auf linker Hand im Rechtsgalopp oder umgekehrt.

Aussenseiter
Rennpferde mit wenig Siegeschancen.

Aussitzen
Gegensatz von Leichttreiten. Der Reiter bleibt auch in Trab und Galopp tief im Sattel sitzen.

Ausspannen
Die Pferde vom Wagen abspannen.

B

Babolna
Vor allem wegen seiner Araberzucht berühmtes ungarisches Staatsgestüt.

Backenstücke
Seitliches Teil am Kopfgeschirr.

Baden-Baden
Austragungsort internationaler Rennen auf der Bahn Iffezheim.

Badminton
Im Park des Herzogs von Beaufort in Badminton (England) wird eine der wichtigsten internationalen Vielseitigkeitsprüfungen ausgetragen.

Bahn
Bestimmter Platz im Freien oder in der Halle zur Ausbildung von Pferd und Reiter und zur Austragung von Wettbewerben.

Bandagieren
Anlegen schützender Binden an den Pferdebeinen.

Bandmass
Senkrechtes Maß vom Boden bis zum Widerrist, mit einem Band der Wölbung des Pferdekörpers entlang gemessen. Häufiger wird die Widerristhöhe mit dem Stockmaß gemessen.

Barrel Racing
(Faßrennen) Sehr beliebtes Reitspiel in den USA.

Barren
Mittels verschiedenartiger Vorrichtungen, gewöhnlich mit einer Eisenstange, wird dem Pferd während des Springens gegen die Beine geschlagen. Diese bedenkliche, heute auf Turnierplätzen verbotene, «hinter den Kulissen» aber noch durchaus gebräuchliche Methode soll durch ihre schmerzhafte Wirkung das Pferd zu höherem Springen veranlassen.

Barrierenspringen
Springen über sechs in gerader Linie hintereinanderstehende und von Sprung zu Sprung höher werdende Hindernisse.

Bascule
Erwünschte Wölbung von Hals und Rücken während des Springens.

Bastard
Kreuzungsprodukt zweier verschiedener, nahe verwandter Tier- oder Pflanzenarten, auch Hybride genannt. Bastarde sind normalerweise nicht fortpflanzungsfähig. Bei den Equiden sind Bastarde vor allem als Maulesel und Maultiere bekannt. Züchterische Spielereien sind Kreuzungen Zebra – Pferd und Zebra – Esel, Zebroide genannt.

Basutopony
Ponyrasse aus Südafrika.

Baum
1. Untergestell des Sattels aus Holz, Metall oder Polyester. 2. Wagendeichsel.

Beagle
Vor allem für die Hasenjagd eingesetzter Jagdhund.

Behang
Fußbehaarung, auch Fesselbehang, Kötenzopf, Kötenschopf oder -behang genannt. Besonders üppig bei Nordponys und vielen Kaltblutpferden, spärlich oder gar nicht vorhanden bei edlen Warmblütern oder Vollblütern.

Beinschutz
Schutzhüllen für die Beingelenke; im einzelnen Kronenschützer, Knieschützer, Springglocken usw. genannt.

Beinstellung
Die Stellung der Gliedmaßen, deren Korrektheit für die natürliche Fortbewegung und vor allem für eine lange Leistungsfähigkeit des Pferdes wichtig ist.

Beisszangengebiss
Steile Schneidezahnstellung bei Jungpferden.

Beizäumung
Durch das Beizäumen soll eine schöne Halshaltung bei hochgetragenem Kopf mittels treibender Hilfen bei anstehendem Zügel erreicht werden. Wird oft unsachgemäß ausgeführt, wodurch der Hals nicht gewölbt, sondern im Genick abgeknickt wird.

Beknabbern
Gegenseitige Hautpflege durch Beknabbern vor allem der Widerristgegend. Gehört zum Sozialverhalten der Pferde.

Belegen
Ein weibliches Tier decken, begatten.

Belgier
Mächtiger, bis über 1000 kg schwerer Kaltblüter.

Bellerophon
Bellerophon ritt Pegasus, das geflügelte Pferd der griechischen Mythologie, und tötete einen Drachen. Darauf gesellte er sich zu den Göttern auf dem Olymp, doch Zeus ließ Pegasus durch eine Hornisse stechen, worauf das Pferd Bellerophon abwarf und zum Krüppel machte.

Belorusse
Recht leichtes, kleines Kaltblutpferd.

Berber
Leichtes, edles, sehr ausdauerndes Warmblutpferd aus Nordafrika. Grundlage des Andalusier und der europäischen Barockpferdezucht.

Bereiter
Der Berufsbereiter muß in der Lage sein, rohe Pferde korrekt zuzureiten und Reitschüler in der Dressur und im Springen bis zur Klasse L auszubilden.

Bergwerkspferde
Meist Ponys, die in Bergwerksstollen arbeiten mußten und oft viele Jahre lang die Sonne nicht sahen.

Berufsreitlehrer
Muß Pferde und Reiter in Dressur, Springen und Military in den Klassen A bis M/S ausbilden können.

Berufsrennreiter
(Berufsjockey) Reitet berufsmäßig Rennpferde.

Beschäler
Zuchthengst, Deckhengst.

Beschälplatte
Alter, kaum noch gebrauchter Ausdruck für Deckstation.

Beschälseuche
Krankheit, die beim Decken übertragen wird. Endet oft tödlich, ist aber heute selten.

Beschlag
1. Hufeisen. 2. Metallverzierungen an Pferdegeschirr.

Beschlagen
Anbringen des Hufeisens.

Beschneiden
Vor dem Neubeschlagen müssen die nachgewachsenen Hufe zurückgeschnitten werden. Ebenso müssen bei Pferden und Ponys, die keine Eisen tragen, die Hufe von Zeit zu Zeit beschnitten werden.

Beugesehne
Sehnen an den Gelenken der Vorder- und Hinterbeine. Sie sind besonders im Springsport sehr verletzungsgefährdet.

Beurteilung
Nach der Beschaffenheit bestimmter Körperstellen, nach der Bewegung des im Schritt gehenden und des trabenden Pferdes und nach dem Gesamteindruck beurteilt der Fachmann die physischen Qualitäten des Tieres.

Biga
Wagen der Antike mit zwei Pferden.

Bläschenausschlag
Beim Decken übertragbare, harmlos verlaufende Krankheit.

Blesse
Weißer Fleck oder Streifen auf dem Vorderkopf.

Blistern
Einreiben der Sehnen mit wärmeerzeugenden Medikamenten gegen Sehnenverletzungen.

Bloodstock
Englische Bezeichnung für Vollblutpferdebestand.

Blume
Kleines weißes Abzeichen auf der Stirn.

Blutlinie
Die in der Ahnentafel (Stammbaum, Pedigree) nachgewiesene Abstammung über mehrere Generationen. Hervorragende Vererber unter den Hengsten können wertvolle Blutlinien begründen. Bei den Nachkommen von Stuten mit großen Vererbungsqualitäten spricht man von Stutenfamilien.

Blutuntersuchung
1. Blutgruppenfeststellung als Abstammungsnachweis. 2. Untersuchung des Blutbildes zur Krankheitsdiagnose. 3. Schwangerschaftstest.

Bock
1. Erhöhter Sitzplatz des Kutschers. 2. Gestell zum Aufbewahren des Sattels.

Bocken
Hochspringen des Pferdes mit allen vier Beinen bei gewölbtem Rücken. Kann sich zu einer gefährlichen Unart entwickeln.

Bockhuf
Steile, fehlerhafte Form des Hufes.

Bocksattel
Hinten und vorn hochgezogener Sattel, gut geeignet als Pack- und Wandersattel. Vor allem in Asien, Spanien, Lateinamerika und im Westen der USA häufig (Westernsattel).

Bodenscheu
Übermäßige Furcht des Pferdes vor ihm nicht vertrauten, auf dem Boden liegenden Dingen.

Bodenständig
Bezeichnung für Pferderassen, die lange Zeit ohne Zufuhr von Fremdblut in ihrem Ursprungsland gezüchtet werden.

Bosal
Aus einem speziell angefertigten Strick bestehender Zaum ohne Gebiß. In der Westernreiterei vor allem beim Zureiten gebräuchlich.

Bosnier
Hartes, anspruchsloses Gebirgspony aus Jugoslawien.

Boulonnais
Recht selten gewordener Kaltblüter aus Nordfrankreich.

Box
Stallabteil für ein Pferd. In der Box wird das Pferd im Unterschied zum Stand nicht angebunden.

Brandenburger
Warmblutrasse, vom Hannoveraner abstammend.

Brandzeichen
Mit einem rotglühenden, speziell geformten Eisen wird das Brandzeichen am Schenkel, Hals oder in der Sattellage der Haut geprägt. Der Brand bezeugt, daß das Pferd in das Stammbuchregister seiner Rasse aufgenommen ist. Es gibt auch Gestüts- und Besitzerbrände.

427

Brauner
Pferd mit schwarzbrauner bis hellbrauner Farbe, wobei Mähne, Schweif und Beine immer schwarz sind.

Brennen
1. Anbringen des Brandzeichens. 2. Tierärztlicher Eingriff bei bestimmten Sehnenerkrankungen. Die kleinen Brandmale verursachen einige Tage lang heftige Schmerzen und bewirken so, daß das Bein geschont und der Heilungsprozeß gefördert wird.

Bretone
Kaltblüter in verschieden schweren Typen aus der Bretagne, Frankreich.

Bronchitis
Recht häufige Erkrankung der Atemorgane.

Bronco
Bezeichnung für verwilderte Pferde in Nordamerika.

Bruch
Neben Leisten-, Hoden- und weiteren Brüchen gibt es vor allem den angeborenen Nabelbruch bei Fohlen.

Brumby
Bezeichnung für verwilderte Pferde in Australien.

Brustblatt
Quer über die Vorderbrust laufender Teil des Brustblatt- oder Sielengeschirrs.

Brusttiefe
Abstand zwischen Widerrist und Brustbein. Ausreichende Brusttiefe bedeutet genügend Raum für die Lungen.

Buchmacher
Privater Unternehmer, der, meist mit amtlicher Bewilligung, Rennwetten annimmt.

Buckskin
In den USA Bezeichnung für ein wildfarbenes Pferd.

Budjonnypferd
Edler Warmblüter in der Sowjetunion, benannt nach dem berühmten Reitergeneral.

Bügel
Steigbügel.

Buggy
Leichter amerikanischer Einspänner.

Bukephalos
Pferd Alexanders des Großen. Dem Hengst zu Ehren gründete Alexander die Stadt Bukephala (Dschalalpur).

Byerley Turk
Einer der drei Stammväter der englischen Vollblutzucht.

C

Cab
Frühes Pferdetaxi in England und den USA.

Cadre Noir
Elitereiter aus der französischen Kavallerieschule in Saumur.

Caio
Abkürzung für: «Concours d'attelage international officiel» = Offizielles Internationales Fahrturnier.

Camarguepferd
Kleine, schimmelfarbene Pferderasse aus dem Rhonedelta.

Caprilli
Der Italiener Federigo Caprilli gilt als der Erfinder des Vorwärtssitzes beim Springreiten.

Cavaletti
Etwa 30 cm hohe, leicht verstellbare Hindernisse, häufig verwendet zur Gymnastizierung und am Anfang des Springunterrichtes.

CCIO
Abkürzung für «Concours complet international officiel = Offizielle Internationale Militaryprüfung.

CDIO
Abkürzung für «Concours de dressage international officiel» = Offizielles internationales Dressurturnier.

Chaise
Kleiner zweirädriger Wagen.

Chinapony
Sammelbegriff für verschiedene Ponyrassen in China.

CHIO
Abkürzung für «Concours hippique international officiel» = Offizielles internationales Reitturnier.

Chuck Wagon
Vorratswagen aus der amerikanischen Pionierzeit.

Chukker
Spielabschnitt im Polo.

Cleveland Bay
Ausgezeichnete braune Warmblutrasse aus England.

Clydesdale
Großer Kaltblüter aus Schottland.

Coach
Kutsche.

Coach Horse
Kutschenpferd.

Cob
Gedrungener, untersetzter Pferdetyp.

Colt
Hengstfohlen.

Comtois
Recht leichter französischer Kaltblüter.

Condé
Lieblingspferd Friedrichs des Großen. Der Fliegenschimmel aus England wurde 42 Jahre alt.

Connemarapony
Hervorragendes Reitpony aus Irland.

Copenhagen
Dienstpferd Wellingtons, Enkel von Eclipse, nahm an der Schlacht bei Waterloo teil.

Costeño
Von spanischen Pferden abstammendes, äußerst zähes Andenpony.

Couloir
Hoch eingezäunter Sprunggarten zum Freispringen junger Pferde.

Coupé
Geschlossener Vierradwagen.

Cowboy
Berittener Rinderhirt in den USA.

Cowpony
Zur Viehhütearbeit abgerichtetes Reittier des Cowboys. Verschiedene Rassen und Schläge.

Criollo
Von spanischen Pferden abstammende, sehr ausdauernde argentinische Pferde.

Cross Country
Querfeldeinstrecke der Military.

Croupade
Sprung der Hohen Schule.

Csikos
Berittener ungarischer Pferdehirt.

CSIO
Abkürzung für «Concours de saut international officiel» = Offizielles internationales Springturnier.

Cup
Pokal als Wettkampfpreis.

Curragh
Berühmte Rennbahn in Irland.

Curricle
Englischer Zweiradwagen für zwei Pferde.

D

Damensattel
Sattel für den Seitwärtssitz (Damensitz), bei dem sich beide Beine auf einer Seite des Pferdes befinden. Von der Barockzeit bis in die zwanziger Jahre unseres Jahrhunderts gebräuchlich.

Dämpfigkeit
Chronische, unheilbare Lungenkrankheit, eine der häufigsten Pferdekrankheiten. Hauptursache dürften schlecht belüftete Stallungen sein, denn bei im Offenstall gehaltenen Pferden ist Dämpfigkeit sehr selten. Mit fortschreitendem Krankheitsverlauf tritt immer stärkere Kurzatmigkeit auf, vor allem bei Bewegung.

Dampfrinne
Längliche Vertiefung an der Flanke. Sie entsteht bei Dämpfigkeit als Folge des ständigen starken Zusammenziehens der Bauchmuskeln, durch das die Luft aus den Lungen gepreßt wird.

Danubier
Recht schwerer Warmblüter, vor allem gängiges Wagenpferd, das in Bulgarien, Jugoslawien, Ungarn und der Tschechoslowakei gezüchtet wird.

Darley Arabian
Wichtigster der drei orientalischen Stammväter der englischen Vollblutzucht. Einer seiner berühmten Nachkommen war Eclipse.

Darmpech
Schwärzlicher, zäher Darminhalt des neugeborenen Fohlens.

Darmverschlingung
Lageveränderung oder Verdrehung der Därme, äußerst gefährlich.

Dartmoorpony
Meist halbwild im Dartmoor, Südwestengland, gezüchtetes, recht kleines Pony, oft als bestes Kinderpony bezeichnet.

Decke
Schutz gegen Kälte, Nässe und Insekten. Pferde, die bei jeder Gelegenheit zugedeckt werden, verweichlichen.

Decken
Deckakt, Begatten der Stute durch den Hengst.

Deckstation
Ort, an dem während der Deckzeit ein oder mehrere Hengste zum Decken von Stuten bereitstehen.

Decktaxe
Betrag, der dem Hengstbesitzer für das Decken der Stute bezahlt werden muß.

Derby
Nach dem 12. Earl of Derby benanntes klassisches, seit 1780 in England, heute in den meisten Vollblutzuchtländern veranstaltetes Flachrennen. Der Ausdruck wird heute auch im Trab- und Springsport gebraucht.

Disqualifikation
Ausschluß von einem Wettbewerb wegen Verstoßes gegen die Wettkampfregeln.

Distanzreiten
Sportlicher Ritt über meistens 50 bis 160 km Distanz mit Veterinärzwischenkontrollen. Für Überschreitung der vorgeschriebenen Zeit gibt es Strafpunkte, für Unterschreitung jedoch keine Gutpunkte.

Distanzrennen
Rennen mit Zeitwertung über große Strecken. Das größte Rennen dieser Art fand 1976 in den USA statt — Distanz rund 6000 km, Dauer rund drei Monate, erster Preis 100 000 Dollar.

Dogcart
Kleiner, niedriger, zwei- oder vierrädriger Wagen für ein oder zwei Pferde.

Dölepferd
Kleiner, leichter Kaltblüter aus Norwegen.

Domestizierung
Haustiere aus Wildtieren züchten.

Donpferd
Harter, mittelgroßer Warmblüter aus Rußland, wurde berühmt durch die Donkosaken.

Doping
Unerlaubte Anwendung von Mitteln zur vorübergehenden Steigerung der sportlichen Leistung.

Doppellonge
Im Prinzip ein Zügel von 7 bis 10 m Länge, mit dessen Hilfe das Pferd vom Boden aus geschult werden kann.

Doppelmähne
Nicht wie üblich einseitig, sondern beiderseits des Halses herabhängende Mähne. Häufig bei Nordponys und Kaltblütern.

Doppelpony
Pony mit über 135 cm Stockmaß, heute meistens als Kleinpferd bezeichnet.

Doppelsprung
Kombination aus zwei Hindernissen.

Dormeuse
Großer, vierspänniger, zum Schlafen eingerichteter Reisewagen.

Draught Horse
Schweres Zugpferd.

Dreiersprung
Kombination aus drei Hindernissen.

Dressur
1. Ausbilden des rohen Pferdes zum Reitpferd.
2. Wettkampfmäßig betriebener Sport. 3. Ausbildung in der klassischen Hohen Schule.
4. Abrichten von Zirkuspferden zur Ausführung von Kunststücken, meistens ohne Reiter (Freiheitsdressur).

Dressursattel
Speziell für den Dressursport entwickelter Sattel.

Dressurviereck
20 × 40 bzw. 20 × 60 m große Bahn zur Ausübung des Dressursportes.

Drop
Hindernis, bei dem die Aufsprungstelle tiefer liegt als die Absprungstelle, vor allem im Militarysport und bei Jagdrennen. Der wohl berühmteste Drop ist «Becker's Brook» in der Grand National Steeple Chase in Aintree bei Liverpool.

Droschke
Pferdetaxi.

Druck
Oberflächenverletzung, durch schlecht sitzenden Sattel oder schlecht sitzendes Geschirrzeug verursacht. Hinterläßt oft weiße Haarstellen, die nicht zu den Abzeichen gehören.

Druse
Gefürchtete, sehr leicht durch Bakterien übertragbare Infektionskrankheit, von der vor allem junge Pferde und Pferde nach einem Klimawechsel befallen werden. Symptome sind hohes Fieber, Anschwellen der Lymphknoten, vor allem an der Kehle. Nach dem Aufbrechen oder Aufschneiden der eitergefüllten Drüsen tritt meistens baldige Besserung ein. Gelegentlich werden Lymphdrüsen an inneren Organen befallen, was oft zum Tod führt. Befallene Tiere müssen sofort gründlich isoliert werden. Nach der Krankheit müssen die Tiere mehrere Wochen geschont werden, da sonst chronische Komplikationen auftreten können.

Duga
Hoher Holzbogen, der über dem Widerrist die beiden Wagendeichseln miteinander verbindet. Üblich bei russischen Einspännern und bei der dreispännigen Troika, wobei nur das mittlere Pferd unter der Duga geht.

Dülmener
In der Wildbahn gehaltene urtümliche Ponys im Merfelder Bruch in Nordrhein-Westfalen, Deutschland.

Dummkoller
Gehirnerkrankung, unheilbar. Bewußtseins- und Gleichgewichtsstörungen, gelegentlich Tobsuchtsanfälle.

Durchgehen
Panikartiges Flüchten unter dem Reiter oder am Wagen, meistens aus Angst oder Erschrecken vor unbekannten Gegenständen oder ungewohnten Geräuschen.

Durchgeritten
Bezeichnung für ein gut ausgebildetes, ohne Widerstand auf die Hilfen eingehendes Pferd.

Durchlässig
Bezeichnung für ein Pferd, dessen Hals- und Rückenmuskeln beim Anziehen der Zügel entspannt bleiben und das sich dem Gebiß nicht widersetzt.

Durchparieren
Durch Zügelanzug das Pferd in eine langsamere Gangart bringen.

E

Eclipse
Einer der größten Vollblutvererber aller Zeiten, 1764 in England geboren. Blieb in allen Rennen weit überlegen, zeugte 335 Siegerpferde und erscheint in rund 90 Prozent aller Vollblutpedigrees.

Ecole de Cavalerie
Französische Kavallerieschule in Saumur.

Edel
Normalerweise Bezeichnung für arabische oder englische Vollblüter oder Pferde, die deutlich von einer dieser beiden Rassen beeinflußt sind, also besonders elegante, schnelle und temperamentvolle Pferde und auch Ponys.

Einbrechen
Zähmen und Anlernen des jungen Pferdes. Veralteter Begriff aus der Zeit, in der dieser Vorgang meistens mit Gewaltanwendung verbunden war.

Einlauf
*1. Die Zielgerade in Rennen.
2. Die Reihenfolge, in der die Rennpferde durchs Ziel gehen.*

Einlaufwette
Bei Pferderennen Wette auf den Einlauf der ersten beiden Pferde in der richtigen Reihenfolge.

Einhufer
Equiden, Unpaarhufer. Alle Angehörigen der zoologischen Familie der Pferde.

Einsatz
Startgeld, das vor der Teilnahme an einem Wettbewerb zu zahlen ist.

Einspänner
Wagen mit einem Pferd.

Einspringen
Anlernen des Pferdes für den Springsport.

Eisen
*1. Hufbeschlag.
2. Eisen zum Anbringen des Brandzeichens.*

Elevatorgebiss
Aufziehtrense. Spezialgebiß mit stärkerer Einwirkung auf die Maulwinkel.

Englische Anspannung
Die verschiedenen Anspannungsarten mit dem Kumtgeschirr, die aus England stammen und als Grundlage für die Anspannungen im modernen Fahrsport dienen.

Englisches Vollblut
Seit 1793 rein gezüchtete Pferderasse, unschlagbar im Rennsport und unentbehrlich für die Zucht edler Warmblutpferde. Wird heute in aller Welt gezüchtet.

Eohippus
Wissenschaftliche Bezeichnung Hyracotherium. Älteste bekannte Urpferdeform aus dem Eozän.

Epona
Pferdegöttin der Kelten.

Epsom
Berühmter Austragungsort des englischen Derbys.

Equiden
Einhufer, Unpaarhufer. Die wissenschaftliche Bezeichnung für die Pferdeartigen.

Equipage
Bezeichnung für ein komplettes, herrschaftliches Gespann mit Kutscher, Pferden und oft mit Reitknecht.

Erbfehler
Körperliche Mängel oder schlechte Eigenschaften, die sich vererben.

Ethologie
Tierpsychologie, Lehre vom Verhalten der Tiere.

Europäischer Traber
Aus russischen Orlowtrabern unter starkem Einfluß von Französischen und Amerikanischen Trabern entstandene Pferderasse, die in verschiedenen Ländern Europas gezüchtet wird.

Evolution
Entwicklungsgeschichte. Von Charles Darwin begründete, heute in der Wissenschaft allgemein anerkannte Lehre von der Entstehung der Tier- und Pflanzenarten.

Ex aequo
Das lateinische «ex aequo» bedeutet wörtlich «gleichermaßen». Zwei oder mehr Pferde mit gleicher Punktzahl liegen «ex aequo» nach einem Wettbewerb.

Exmoorpony
Urtümlichste, halbwild im südwestenglischen Exmoor lebende Ponyrasse.

Exterieur
Äußeres Erscheinungsbild des Pferdes.

F

Fahren
Lenken eines pferdebespannten Wagens.

Fahrkunst
Die Fähigkeit, ein Gespann in vollendeter Harmonie zu lenken.

Fahrlehre
Ausbildung im Anspannen und Lenken von Gespannen.

Fahrlehrgerät
Vorrichtung, auf der man alle für das Fahren erforderlichen Handgriffe ohne Pferde erlernen kann.

Fahrsystem
Art der Anspannung und Handhabung. Aus der englischen Anspannung hat Benno von Achenbach das heute im Turniersport gebräuchliche Fahrsystem entwickelt.

Falabellapony
In Argentinien aus Shetlandponys entstandene kleinste Ponyrasse der Welt mit oft nur um 60 cm Stockmaß.

Falbe
Wildfarbenes Pferd mit gelbbraunem oder mausgrauem (Mausfalbe) Fell, schwarzen Beinen und schwarzem Mähnen- und Schweifhaar, oft mit dunklem Aalstrich dem Rücken entlang und angedeuteter Zebrastreifung an den Beinen.

Familienpferd
Pferd oder Pony mit einwandfreiem Charakter, das von Erwachsenen und Kindern leicht geritten werden kann.

Familienzucht
Inzucht. Paarung von Vater und Tochter, Mutter und Sohn, Bruder und Schwester.

Fantasia
Nordafrikanisches Reiterspiel.

Farben
*1. Haarfarben des Pferdes.
2. Jockeys und Trabfahrer tragen die festgelegten Farbkombinationen des Besitzers (Stallfarben).*

Favorit
Das Pferd mit der größten Siegeschance in einem Wettbewerb.

FEI
Abkürzung für «Fédération équestre internationale». Internationale Vereinigung aller Pferdesportverbände.

Feld
Alle gleichzeitig startenden Teilnehmer eines Rennens, einer Jagd usw.

Fellpony
Große, starke, leider sehr seltene Ponyrasse in Nordengland.

Fessel
Teil des Fußes zwischen Huf und Mittelfuß.

Fiaker
Österreichische Bezeichnung für Pferdedroschke.

Filly
Englisch: weibliches Fohlen.

Finish
Der Endspurt auf der Zielgeraden.

Finnischer Klepper
Gedrungenes, kräftiges, recht kleines und sehr vielseitiges Pferd aus Finnland.

Five-gaited Horse
Bezeichnung für Pferde in Amerika, die auf einer Schau fünf Gangartenvariationen zeigen, z. B. American Saddle Horse, Tennessee Walking Horse usw.

Fjordpony
Im Kaltbluttyp stehendes, großes, kräftiges Pony aus Norwegen.

Fjord-Huzule
Aus dem norwegischen Fjordpony und dem aus den Karpaten stammenden Huzulenpony entstandene neuere Ponyrasse.

Flachrennen
Rennen über eine flache Bahn ohne Hindernisse.

Flankierbaum
Stange zur Abgrenzung der Stände im Pferdestall.

Flehmen
Aufnehmen von Gerüchen aus der Luft mit dem «Jakobsonschen Organ» unter Hochstülpen der Oberlippe. Kann bei allen Pferden, vor allem aber bei Hengsten in der Nähe rossiger Stuten beobachtet werden.

Fliegender Galoppwechsel
Umspringen vom Linksgalopp in den Rechtsgalopp und umgekehrt, ohne dabei anzuhalten.

Flieger
(Sprinter) Sehr schnelle Pferde über kürzere Distanzen, im Gegensatz zu den ausdauernden Stehern.

Fohlen
Junges Pferd. Nach dem ersten Lebensjahr wird es als Jährling, nach dem zweiten als Zweijähriger bezeichnet.

Fohlenlähme
Zwei Formen sehr gefährlicher Infektionskrankheiten des Fohlens, gegen die das Neugeborene innerhalb der ersten 24 Stunden geimpft werden sollte.

Fohlenrosse
Die erste Paarungsbereitschaft der Stute nach dem Werfen des Fohlens (normalerweise am 9. Tag), die gewöhnlich zum Decken benützt wird.

Format
Größenverhältnis des Pferdes nach Länge und Höhe.

Foto Finish
Durch Zielfotografie ermittelter Zieleinlauf.

Four-in-Hand
Vierspänner.

Foxhound
Hetzhund zur berittenen Fuchsjagd. Jagdhunde wie auch Windhunde werden im Englischen niemals Dogs genannt wie andere Hunde, sondern Hounds.

Foxhunting
Fuchsjagd zu Pferd.

Fox Trot
In Amerika gebräuchliche Gangartenvariation.

Französischer Traber
In Nordfrankreich entstandene Traberrasse, die sich vor allem durch große Ausdauer auszeichnet.

Frederiksborger
Ursprünglich Paradepferde des dänischen Hofes auf spanischer Basis, heute zum Sportpferd umgezüchtet.

Freiberger
Eher kleiner, mittelschwerer Kaltblüter aus der Schweiz.

Freiheitsdressur
Abrichten von Pferden zur Ausführung von Kunststücken ohne Reiter, hauptsächlich im Zirkus.

Freispringen
Springübungen ohne Reiter.

Freizeitreiten
Reiten als Freizeitvergnügen ohne größere sportliche Ambitionen.

Friese
Alte holländische Pferderasse, die früher auf viele Pferderassen Einfluß hatte.

429

FRUCHTBARKEIT
Fähigkeit des Hengstes oder der Stute, Fohlen zu produzieren. Die Fruchtbarkeit liegt in der traditionellen Pferdezucht bei nur 60 Prozent, in Wildgestüten bei über 90 Prozent.

FRÜHGEBURT
Zu früh geborenes, noch nicht lebensfähiges Fohlen.

FUCHS
Hellrotbraune bis dunkelbraune Fellfarbe, wobei Mähne und Schweif gleichfarbig oder heller, aber nicht schwarz sind.

FUCHSJAGD
Echte oder simulierte Hetzjagd auf den Fuchs.

FUHRMANN
Fahrer von Arbeitsgespannen.

FÜHRRING
Platz bei der Rennbahn, auf dem die Pferde vor dem Start im Schritt ohne Reiter vorgeführt werden.

FUHRWERK
Arbeitsgespann.

FUNDAMENT
Als Fundament werden meistens die Beine, gelegentlich auch das Skelett des Pferdes bezeichnet.

FURIOSO-NORTH STAR
Vielseitige ungarische Warmblutrasse, deren Stammväter zwei englische Vollbluthengste waren: Furioso und North Star.

FUTTERSACK
Früher häufig verwendeter Sack mit Futter, der am Kopf des Pferdes befestigt wurde.

G

GABELDEICHSEL
Scherbäume. Doppelte Deichsel des Einspänners.

GALLEN
Durch Vermehrung der Sehnen- oder Gelenksflüssigkeit bilden sich an den Gelenken oder Sehnenscheiden Schwellungen, die gelegentlich Lahmheit verursachen, meistens aber nur Schönheitsfehler darstellen. Gallen können durch Eiweißüberschuß, Überanstrengung und andere Ursachen entstehen.

GALOPP
Schnellste der drei Grundgangarten des Pferdes.

GALLOWAY
Große, schnelle, heute nicht mehr vorkommende schottische Ponys, die wesentlich zur Entstehung des Englischen Vollblutes beigetragen haben.

GAMASCHEN
Gliedmaßenschützer, meistens aus Leder oder Filz hergestellt.

GANASCHEN
Bezeichnung für den hinteren, vorgewölbten Teil der Kinnlade.

GANGARTEN
Das Pferd hat drei Grundgangarten: Schritt, Trab und Galopp. Außerdem unterscheidet man etwa zehn Gangartvariationen, z. B. Paß, Tölt, Rack, Fox Trot usw.

GÄNGIG
Als gängig bezeichnet man ein Pferd, das von Natur aus fleißig vorwärtsgeht und über raumgreifende Bewegungen verfügt.

GARDIAN
Berittener Stierhirt in der Camargue, Südfrankreich.

GARRON
Highlandpony, Hochlandpony. Großes, ausgezeichnetes Pony aus Schottland.

GAUCHO
Berittener Viehhirt der südamerikanischen Pampas.

GEBISS
1. Gesamtheit der Zähne. 2. Teil des Zaumes, der sich im Maul des Pferdes befindet.

GEBÄUDE
Körperbau, Exterieur des Pferdes.

GELÄNDEREITEN
1. Ritt in die Natur als Freizeitvergnügen. 2. Querfeldeinritt mit Hindernissen bei der Vielseitigkeitsprüfung.

GELÄUF
Abgegrenzter Teil der Rennbahn, auf dem die Rennen gelaufen werden.

GELENKSCHÄDEN
Häufigste Verletzungen im Pferdesport, besonders im Springsport.

GELDERLÄNDER
Holländischer Pferdeschlag mit vielseitiger Verwendung.

GENERAL STUD BOOK
Stutbuch der in England und Irland geborenen Vollblutpferde. 1793 erstmals und seither in Abständen herausgegeben.

GÉRICAULT
Théodore Géricault (1791–1824). Bedeutender Pferdemaler. Stürzte tödlich mit dem Pferd.

GESAMTEINDRUCK
Bei der Beurteilung des Pferdes ist der Gesamteindruck wichtiger als die Einschätzung der einzelnen Exterieurpartien.

GESCHIRR
Das Lederzeug, das zum Anspannen der Pferde an den Wagen dient.

GESCHIRRBOCK
Gestell in der Geschirrkammer, das zum Aufbewahren des Geschirrs dient.

GESPALTENE KRUPPE
In der Mitte der Längsrichtung eingebuchtete Kruppe. Typisches Kaltblütermerkmal.

GESPANN
Gesamtheit von Wagen und Pferden.

GESTIEFELT
Weißes Abzeichen an den Beinen, das bis oder über das Vorderfußwurzelgelenk bzw. Sprunggelenk reicht.

GESTÜT
Privater oder staatlicher Betrieb, der Pferde züchtet.

GEWÄHRLEISTUNG
In vielen Ländern haftet der Pferdeverkäufer für gesetzlich festgelegte Mängel am Pferd, die beim Kauf nicht bemerkt werden. Die Gewährsfrist beträgt normalerweise 14 Tage.

GEWICHT
1. Rennpferde müssen ein bestimmtes Gesamtgewicht tragen. Um dieses zu erreichen, werden erforderlichenfalls kleine Bleiplatten in einer Decke angebracht. 2. In England und Irland werden die Hunter in Gewichtsklassen eingeteilt.

GEWICHTSTRÄGER
Großes, starkes Pferd.

GIDRAN
Ungarische Pferderasse im Anglo-Araber-Typ.

GIFTPFLANZEN
Sie werden von den Pferden meistens, aber nicht immer gemieden. Besonders gefährlich sind Eiben. Weitere Giftpflanzen sind Herbstzeitlose, Seidelbast, Buchsbaum, Tollkirsche, Wolfsmilch, Hahnenfuß, Lupinen, Fingerhut, Schachtelhalm, Schneeglöckchen, Kartoffelkraut u. a. m.

GIG
Leichter Zweiradwagen für zwei Personen.

GLASAUGE
Fischauge. Hellblaues Auge, kommt hauptsächlich bei Albinos und Schecken vor.

GODOLPHIN BARB
Fälschlich auch Godolphin Arabian genannt. Berberhengst aus Marokko, um 1724 geboren, wurde einer der drei Stammväter der englischen Vollblutzucht.

GOTLANDPONY
Um 120 cm hohe, urtümliche Ponyrasse von der schwedischen Insel Gotland. Wird heute als gutes Kinderpony in verschiedenen Ländern gezüchtet.

GRABEN
Als Hindernis dienende Vertiefung mit oder ohne Wasser.

GRADITZ
1686 gegründetes Vollblutgestüt in der heutigen DDR.

GRAND NATIONAL STEEPLECHASE
Schwerstes Hindernisrennen, wird seit 1839 in Aintree bei Liverpool jährlich ausgetragen.

GRAND PRIX
Großer Preis. 1. Für erstklassige Pferde ausgeschriebene Rennen. 2. Schwierigste Dressurprüfung.

GRIFFELBEIN
Dünner, hinten an den oberen zwei Dritteln des Röhrbeines aller vier Gliedmaßen längsverlaufender Knochen.

GRISONE
Federigo Grisone, um 1550 geboren, begründete die neapolitanische Reitschule auf der Basis der klassischen Reitkunst der Griechen. Bediente sich zum Teil grausamer Methoden.

GRONINGER
Schwerer holländischer Warmblüter.

GROOM
Pferdepfleger, livrierter Begleiter auf dem Gespann.

GROSBOIS
Prächtige Trabertrainingsanlage bei Paris.

GUÉRINIÈRE
François Robichon de la Guérinière, um die Mitte des 18. Jahrhunderts. Begründer der heutigen Dressurreiterei. Er vervollkommnete die Lehren Pluvinels und verfaßte die «Ecole de Cavalerie».

GUMMIGLOCKEN
Werden über dem Huf angebracht, schützen Ballen und Hufkronen vor Verletzungen.

GURTENTIEFE
Die Tiefe des Brustkorbes, der Abstand vom Widerrist zum Brustbein.

GYMNASTIZIERUNG
Die sehr wichtige Ausbildung der Muskulatur, die das Pferd erst zum Tragtier macht, sowie Konditionstraining und andere Körperübungen.

H

HAAR
Das sogenannte Deckhaar bedeckt den ganzen Körper des Pferdes, Mähne und Schweif werden Langhaar genannt. Das Sommerhaar ist fein und kurz, das Winterhaar dichter und länger und wird bei Pferden im Offenstall zu einem warmen Pelz, der sich bei Nordponys besonders üppig entwickelt.

HAARFARBEN
Die Wildfarbe des Pferdes ist gelblich bis braun oder mausgrau mit schwarzem Langhaar und normalerweise dunklem Aalstrich dem Rücken entlang. Diese Falbfarbe gibt es auch bei den Hauspferden. Außerdem gibt es bei diesen Rappen, Braune, Füchse und Schimmel, Gescheckte, Gefleckte und Albinos und dazwischen unzählige Abstufungen.

HACKAMORE
Aus Amerika stammendes Zaumzeug ohne Gebiß, das auf Nasenbein und Kinn wirkt. Die echte Hackamore besteht aus Seil- und Lederteilen, die sogenannte mechanische Hackamore hat Metallstangen und eine Kinnkette ähnlich der Kandare und wird gelegentlich auch Außenkandare genannt.

HACKNEY
Luxuswagenpferd aus England mit sehr betonter Knieaktion, die oft durch unfaire Hilfsmittel erreicht wird.

HAFLINGER
Gebirgspferd aus Tirol, von der Größe her — etwa 135 bis 145 cm — ein Pony, vom Typ her eher leichter Kaltblüter. Beliebtes Freizeitpferd.

HAKENZAHN
Auch Wallach- oder Hengstzahn. Erscheint beim männlichen Pferd mit etwa vier Jahren im Zwischenraum zwischen Schneide- und Bakkenzähnen.

HALALI
Ruf- oder Hornsignal, das das Ende der Jagd anzeigt.

HALBBLUT
Normalerweise versteht man unter einem Halbblut ein Pferd, dessen einer Elternteil ein Englischer oder Arabischer Vollblüter ist.

HALFTER
Kopfzeug aus Leder oder starkem Textilgewebe, das zum Anbinden oder Führen des Pferdes dient.

HALLA
Spitzenspringpferd der fünfziger und sechziger Jahre unter Hans Günter Winkler.

HALS
Länge, Form und Bemuskelung des Halses sowie Ansatz am Rumpf sind wichtig für den Gesamteindruck des Exterieurs wie auch für die Eigenschaften als Reittier.

HAMBLETONIAN
Enkel des Vollblüters Messenger und einer der wichtigsten Stammväter der amerikanischen Traberzucht. Er zeugte in 27 Jahren 1300 Fohlen.

HANDIKAP
Ausgleich im Galopp- und Trabrennen. Je nach den bereits in Rennen gewonnenen Geldpreisen wird das Pferd vom Handikapper eingeteilt. Im Trabsport muß es je nach gezeigter Leistung eine längere oder weniger lange Strecke laufen, im Galoppsport mehr oder weniger Gewicht tragen, so daß theoretisch für jedes Pferd im Rennen die gleichen Chancen bestehen.

HANDPFERD
1. Vom Reiter mitgeführtes Reservepferd. 2. Das rechte Pferd bei einem Zweispänner.

Hanken
Hüft-, Knie- und Sprunggelenk des Hinterbeines.

Hannoveraner
Eher große, vielseitige Reitpferderasse, aus der vor allem zahlreiche Spitzenspringpferde hervorgegangen sind.

Hannoversches Reithalfter
In Deutschland entwickelte Reitzäumungsart.

Haras
Französisch für Gestüt.

Harddraver
Niederländisch für Renntraber.

Harriers
Hunde zur berittenen Hasenjagd.

Hasenhacke
Auswölbung hinten unterhalb des Sprunggelenkes. Meist nur ein angeborener Schönheitsfehler.

Hauptbeschäler
Deckhengst mit erstklassigen Qualitäten in staatlichem Hauptgestüt oder bedeutendem Privatgestüt.

Hauptgestüt
Staatliches Gestüt, auf dem vor allem gute Hengste produziert werden.

Hauptmängel
Gesetzlich festgelegte schwere Fehler, welche die Leistungsfähigkeit des Pferdes stark reduzieren oder es als Reitpferd unbrauchbar machen. Wird ein Hauptfehler innerhalb von 14 Tagen nach dem Kauf erkannt, muß der Verkäufer das Pferd zurücknehmen.

Hechtkopf
Kopf mit eingebuchteter (konkaver) Nasenlinie. Erwünscht bei Arabern und Arabertypen.

Hengst
Nichtkastriertes männliches Pferd.

Hessisches Warmblut
Vielseitiges Reitpferd im Hannoveraner- oder Trakehnertyp.

Hetzjagd
Jagd zu Pferd, bei der Wild mit Hunden gehetzt wird.

Heubauch
Stark vorgewölbter Bauch durch Aufnahme von viel Rauhfutter, besonders häufig bei kleineren Ponys.

Highlandpony
Hochlandpony, Garron, großes Pony aus Schottland mit guten Qualitäten.

Hilfen
Übermittlung der Anweisungen des Reiters oder Fahrers an das Pferd durch Schenkeldruck, Zügel, Gewichtsverlagerung usw.

Hindernis
Natürlicher oder aufgebauter Teil in einer Geländestrecke oder in einem Springparcours, der vom berittenen Pferd springend überwunden werden muß, oder eine Schikane zur Prüfung der Geschicklichkeit in einem Fahrwettbewerb. Zu springende Hindernisse werden oft auch als Sprung bezeichnet.

Hinterhand
Oft werden fälschlicherweise die Hinterbeine als Hinterhand bezeichnet. Unter Hinterhand versteht man jedoch den ganzen Teil des Pferdes, der «hinter der Hand» des Reiters liegt. Auch Nachhand genannt, im Gegensatz zur Vorhand.

Hippodrom
Bezeichnung für Pferde- oder Wagenrennbahn in der Antike.

Hippologie
Die Wissenschaft vom Pferd. Leute mit großen theoretischen und praktischen Kenntnissen über Pferde nennt man Hippologen.

Hipposandale
Hufschutz aus Eisen und Leder der Römer vor der Erfindung des Hufeisens.

Hirschhals
Unerwünschte Halsform.

Hohe Schule
Bestimmte Dressurübungen aus der klassischen Reitkunst, besonders bekannt aus der Spanischen Hofreitschule in Wien, der Kavalleriereitschule in Saumur, Frankreich, und dem Zirkus.

Holsteiner
Durch starken Vollbluteinfluß aus dem schweren Landschlag entstandenes, eher schweres, vielseitiges Reitpferd. Überragende Vertreter sind Christine Stückelbergers «Granat» und Fritz Thiedemanns «Meteor».

Holznagen
Aus Langeweile oder durch bestimmte Mängel entstehende Unart des Pferdes.

Holzteer
Ölige Substanz zum Schutz der Hufe vor Strahlfäule usw.

Hoppegartener Husten
Pferdeinfluenza. Gefährliche, ansteckende Krankheit.

Hornkluft
Waagrechte Spaltung der Hufwand. Oft sehr langwierige Erkrankung.

Hornspalt
Senkrechte Spaltung der Hufwand. Behandlung ähnlich wie bei Hornkluft.

Huf
Der unterste, von einer Hornkapsel umschlossene Teil des Pferdefußes.

Hufbeschlag
Dem Huf angepaßtes Eisen zum Schutz vor zu starker Abnützung. Von den Kelten vermutlich schon vor etwa 2000 Jahren erfunden.

Hufräumer
Gerät zum Reinigen (Ausräumen) der Hufe.

Hufrollenentzündung
Vor allem bei Springpferden häufige Erkrankung.

Hufschlag
1. Die (unsichtbaren) Linien, auf denen das Pferd in der Reitbahn geht (Hufschlagfiguren). 2. Der Klang der Hufe beim Pferd in Bewegung.

Hunter
In Irland und England gezüchtete Pferde, oft mit hervorragendem Springvermögen und großer Ausdauer. Entstehen meistens durch Kreuzung kräftiger bis schwerer Warmblutstuten mit Vollbluthengsten (Halbblüter).

Hürdenrennen
Hindernisrennen mit leicht beweglichen Hürden.

Husten
Oft Anzeichen einer Erkrankung der Atmungsorgane, die verschiedene Ursachen haben kann und immer ernst zu nehmen ist.

Huzule
Hartes, bewegliches, um 130 cm hohes Gebirgspony aus den Karpaten.

I

Impfung
Vorbeugende Schutzmaßnahme gegen verschiedene Krankheiten wie Fohlenlähme, Influenza, Starrkrampf, Virusabort, Tollwut usw.

Indianerponys
Aus spanischen Pferden entstandener harter, ausdauernder, kleiner Pferdeschlag, in Ausnahmefällen sorgfältig gezüchtet (Appaloosa).

Infektiöse Anämie
Blutarmut infolge einer Infektionskrankheit.

Influenza
Hoppegartener Husten. Gefährliche, leicht übertragbare Erkrankung der Atmungsorgane.

Intermédiaire
Prüfungsklasse im internationalen Dressursport vor dem Grand Prix.

Irish Draught
Schwerer, kraftvoller Warmblüter, oft die weibliche Basis in der Zucht von irischen Jagdpferden (Huntern).

Irish Hunter
Irisches Jagdpferd. Kräftiges, sehr springbegabtes Halbblutpferd in verschieden schweren und großen Typen, meistens mit Vollblutvater.

Isabell
Haarfarbe. Braungelb, goldgelb, fuchsfarben oder braun bis grau, aber immer mit hellem Langhaar. Bei goldfarbenem Fell mit flachshellem Langhaar spricht man von Palominofarben.

Isländer
Harte, starke, um 130 cm hohe, seit rund 1000 Jahren rein gezüchtete Ponyrasse aus Island, heute weitverbreitetes Freizeitpferd.

Italienischer Springstil
Von Federigo Caprilli um die Jahrhundertwende entwickelter und heute im Prinzip überall üblicher «Vorwärtssitz» im Springsport.

J

Jagdpferd
Hunter. Zur Jagd verwendetes Pferd, das über große Ausdauer und gutes Springvermögen verfügen muß. In Irland und England meist Halbblut mit Vollblutvater.

Jagdreiten
1. Hetzjagd auf Wild mit Hundemeute, heute in manchen Ländern verboten. 2. Reitspiel im Gelände mit verschiedenen Regeln.

Jagdrennen
Steeplechase. Rennen über eine Strecke mit festen Hindernissen.

Jagdspringen
Zeitspringen. Springprüfungen, bei denen die Zeitwertung eine wichtige Rolle spielt.

Jährling
Einjähriges Pferd.

Jockey
Rennreiter. In manchen Ländern dürfen sich Rennreiter erst nach bestimmten Prüfungen Jockey nennen.

Jockey Club
Institution in Newmarket, England, mit Aufsichtsbefugnis für den gesamten Flachrennsport.

Jodhpur Breeches
Aus Indien stammende, in England sehr gebräuchliche Reithose mit bis an die Knöchel reichenden Beinen, zu der kurze Stiefel getragen werden.

Jucker
Leichtes, elegantes, schnelles Wagenpferd.

Juckergeschirr
Leichtes, oft reichverziertes Brustblattgeschirr, besonders bekannt aus Ungarn.

Juckerwagen
Leichter vierrädriger Wagen, der ursprünglich nicht von einem Kutscher, sondern vom Besitzer selbst gefahren wurde.

Jütländer
Kräftiger, mittelgroßer Kaltblüter aus Süddänemark.

K

Kabardiner
Wichtiger Warmblüter in Rußland.

Kabriolett
Leichtes Zweiradfahrzeug.

Kaliber
Verhältnis der Körperhöhe zum Gewicht.

Kaltblut
Kraftvolle bis sehr schwere Pferderassen mit ruhigem Temperament, Arbeitspferde. Abstammung von schweren nordischen Wildpferden. Die Bezeichnung Kaltblut hat nichts mit der Bluttemperatur zu tun.

Kandare
Gebiß mit mehr oder weniger langen Hebelstangen und Kinnkette. Erfordert wegen der Hebelwirkung von Reiter und Fahrer bedeutend mehr Feingefühl als die weniger scharfe Trensenzäumung.

Kanter
Canter. Ruhiger Galopp.

Kappzaum
Zaum ohne Gebiß mit gepolstertem Nasenriemen, einem Ring vorn in der Mitte und je einem Ring auf jeder Seite zum Anbringen der Longe. Besonders empfehlenswert beim Longieren zu Beginn der Ausbildung.

Kapriole
Schulsprung der Hohen Schule.

Karabagh
Eher kleines, sehr edles und temperamentvolles, heute seltenes Warmblutpferd aus dem östlichen Kaukasus.

Karabaier
Leichter bis recht schwerer Warmblüter aus dem Gebiet südlich des Aralsees.

Karosse
Großer, bedeckter, oft prunkvoller Reise- und vor allem Galawagen.

Karossier
Recht schwerer, kraftvoller, aber eleganter Warmblüter.

Karren
Zweirädriges Fahrzeug mit einem Pferd.

Karpfenrücken
Vor der Kruppe aufgewölbter, fürs Reiten ungeeigneter Rücken.

Kastanie
Horniges Rudiment der ersten oder zweiten Zehe an der Innenseite der Beine.

Kastration
Entfernen der Hoden, wodurch aus dem Hengst ein Wallach wird.

Kavallerie
Zu Pferd kämpfende Truppe.

Kavallerieschule Saumur
1763 gegründete Reitschule in Frankreich zur Ausbildung von Kavalleristen und Kavalleriepferden, heute berühmt durch die Pflege der Hohen Schule.

Kehlkopfpfeifen
Durch Stimmbandlähmung hervorgerufenes, hörbares Geräusch beim Einatmen. Verschiedene Ursachen, oft unheilbar. Einer der gesetzlich festgelegten Hauptmängel (s. d.).

Kennel
Zwinger für die Hundemeute.

Kentucky Saddle Horse
Andere Bezeichnung für das Amerikanische Saddle Horse.

KI
Abkürzung für Künstliche Inseminierung = künstliche Besamung.

Kincsem
Die «Wunderstute» aus Ungarn, die von 1876 bis 1879 in fünf Ländern 54 Rennen lief und alle überlegen gewann.

Kladruber
Großes, ausdrucksvolles Kutschenpferd spanischen Ursprungs am österreichischen Hof, heute nur noch in geringer Zahl im Gestüt Kladrub in der Tschechoslowakei.

Klassische Reitkunst
Die in ihren Grundzügen vom Griechen Xenophon vor rund 2400 Jahren entwickelte, in der Barockzeit verfeinerte und heute vor allem an der Spanischen Hofreitschule in Wien und an der Kavallerieschule in Saumur, Frankreich, gepflegte Form des Reitens. Grundlage des sportlichen Dressurreitens.

Klassische Rennen
100 Guineas, 2000 Guineas, Derby, Oaks und St-Leger. Flachrennen, in England entstanden, werden heute, oft unter anderem Namen, in vielen Ländern gelaufen.

Kleber
Ängstliche Pferde mit besonders starkem Herdentrieb, die man nur schwer von ihren Artgenossen trennen kann.

Kleie
Getreidehüllen, oft Bestandteil des Mischfutters.

Kleinpferd
Bezeichnung für Ponys mit über 130 cm Stockmaß.

Klepper
1. Bezeichnung für abgerakkertes, verbrauchtes Pferd.
2. Gutes, kräftiges, vielseitiges Pferd aus Finnland.

Klopphengst
Hengst, bei dem ein oder beide Hoden bei der Geschlechtsreife in der Bauchhöhle bleiben. Ist gewöhnlich weniger fruchtbar.

Knabstruper
Farbschlag des alten Frederiksborgers aus Dänemark mit Tigerscheckenzeichnung. Heute sehr selten.

Knieschluss
Festhalten mit den Knien an den Sattelseiten. Besonders wichtig beim Springen.

Kolik
Folge einer akuten Magen- oder Darmstörung; von heftigen Schmerzen begleitet. Sofort Tierarzt rufen! Bis zu seiner Ankunft das Pferd im Kreis herumführen, nicht liegen lassen.

Kolostralmilch
Kolostrum, Biestmilch. Die erste Milch nach dem Abfohlen. Enthält sehr wichtige Abwehrstoffe.

Kombination
Meistens zwei oder drei Hindernisse gradlinig hintereinander im Abstand von 6,5 bis 12 m = ein bis drei Galoppsprünge.

Kondition
Ein Pferd, das durch richtiges Training und sorgfältige Fütterung eine körperliche Verfassung erreicht hat, die es zu entsprechenden sportlichen Leistungen befähigt, ist in guter Kondition.

Konik
Slawisches Wort für Pferdchen. Kleine, dem Tarpan sehr ähnliche Pferderasse aus Polen.

Konkav
Nach innen gewölbt. Nasenlinie bei Arabern.

Konstitution
Allgemeine körperliche Verfassung.

Konvex
Nach außen gewölbt. Nasenlinie bei Ramskopfpferden.

Koppel
Eingezäunte Weide.

Koppen
Aufsetzen, Krippensetzen. Einer der Hauptmängel (s. d.). Keine Krankheit, sondern Untugend, die u. a. durch Langeweile entsteht. Das Pferd setzt die Schneidezähne z. B. auf den Krippenrand auf, spannt bestimmte Halsmuskeln an und kann dadurch Luft schlucken. Manche Pferde können auch ohne Aufsetzen koppen. Kann durch angepaßten Halsriemen verhindert werden.

Körung
Beurteilung des Zuchtwertes von Hengsten durch eine Körkommission aufgrund des Exterieurs, oft verbunden mit einer Leistungsprüfung.

Kosaken
Früher selbständige, berittene, kriegerische Volksstämme, später in der zaristischen Armee in Kavallerieverbänden organisiert. Hervorragende Reiter.

Kötenbehang
Kötenzopf. Lange Behaarung am Fesselkopf, manchmal die Hufe fast völlig bedeckend. Besonders üppig bei Kaltblütern und Nordponys, fehlt fast oder ganz bei hoch im Blut stehenden Pferden.

Kraftfutter
Futter mit hohem Nährwert, z. B. Hafer oder Kraftfutterwürfel.

Kreuzleine
Zu einem Paar zusammengestellte Leinenpaare eines Zweispänners.

Kreuzverschlag
Lumbago, Schwarze Hornwinde, Kreuzrehe, Feiertagskrankheit. Zeigt sich in Verkrampfung der Muskeln in der Kreuzgegend und steifem, unsicherem Gang. Entsteht normalerweise durch zu eiweißreiche Fütterung an Ruhetagen und äußert sich meist kurz nach Wiederaufnahme der Arbeit. Sehr gefährlich. Pferde möglichst nicht mehr bewegen, warm zudecken, sofort Tierarzt rufen.

Kronentritt
Verletzung der Hufkrone.

Kruppe
Die Beckengegend.

Kuhaylan
Der männliche Typ der Vollblutaraber.

Kuhhessig
Fehlerhafte Hinterbeinstellung.

Kumis
Getränk aus vergorener Pferdemilch in der Mongolei.

Kumt
Kummet. Vorrichtung aus dick gepolstertem Holz am Pferdehals zum Ziehen von Wagen, Pflug usw.

Kumtanspannung
In England entwickelte Anspannungsart mit dem Kumtgeschirr, im Gegensatz zum Brustblattgeschirr.

Kunden
Kundenspuren. Vertiefung in den Schneidezähnen, aus denen der Fachmann das Alter des Pferdes bestimmen kann.

Kupieren
Verkürzen der Schweifrübe durch Operation, früher vor allem bei Kaltblütern verbreitet, heute in vielen Ländern gesetzlich verboten.

Kustanaier
Schöne, eher kleine Warmblutrasse aus Kasachstan, in einem kräftigen Zugtyp und einem schnellen Reittyp gezüchtet.

Kutsche
Gedeckter vierrädriger Wagen, zwei- oder mehrspännig gefahren.

Kutschpferd
Mittelschwere bis leichte Pferde, die im Gespann verwendet werden. Schwere Gespannpferde nennt man Zugpferde.

L

Lahmheit
Hinkender Gang, entstellt, weil das Pferd in einem Bein Schmerzen hat und die anderen drei Beine stärker belastet. Verschiedene Ursachen.

Landauer
Viersitzige Kutsche mit zurückschlagbarem Verdeck, fand zu Beginn des 19. Jahrhunderts von Landau in der Pfalz aus weite Verbreitung.

Landbeschäler
Deckhengst in einem Landgestüt.

Landgestüt
Staatliches Hengstdepot.

Langeweile
Als von Natur aus sehr soziale Tiere leiden Pferde, die viel allein sind, unter Langeweile, wodurch dann oft die sogenannten Stalluntugenden entstehen.

Lasso
Wurfleine mit Fangschlinge, von berittenen Hirten zum Einfangen von Vieh oder Pferden verwendet.

Laterne
Sehr breites, langes Abzeichen am Pferdekopf.

Laufstall
Großer Stall, in dem sich die Pferde frei bewegen können.

Laxiermittel
Abführmittel, z. B. eingeweichte Leinsamen.

Leckstein
Harter Salzblock für Pferde und Vieh, manchmal mit weiteren Mineralien angereichert.

Lehrpferd
Gut ausgebildetes Pferd für Reitschüler.

Leichter Sitz
Aufrichten aus dem Sattel im Galopp und beim Springen, wobei der Reiter fest in den Bügeln steht und sich mit Knien und Unterschenkeln festhält. Den Gegensatz dazu bildet das Aussitzen.

Leichttraben
Aufrichten aus dem Sattel bei jedem zweiten Trabschritt.

Leine
Fahrzügel bei Wagenpferden.

Leistungsprüfung
In manchen Pferdezuchtgebieten vorgeschriebene Prüfung der Qualitäten, vor allem der Hengste, um die Zuchteignung festzustellen (Körung).

Leittier
Ranghöchster Hengst oder ranghöchste Stute in einer Herde.

Lettländer
Lettisches Warmblut. Kraftvoller, vor allem als Wagenpferd geeigneter Warmblüter.

Levade
Das Sichaufrichten des Pferdes auf die Hinterbeine, wenn es zu einem Sprung (Schule über der Erde) ansetzt. Übung der Hohen Schule.

Light Horse
Englische Bezeichnung für alle Reitpferde außer Vollblüter.

Linienzucht
Familienzucht. Zucht auf bestimmten Stammlinien.

Lipizzaner
In Lipizza (Lipica) im heutigen Jugoslawien entstandene Warmblutrasse mit meist spanischen Stammvätern. Vorwiegend Schimmel. Sie stellen die Pferde der Spanischen Hofreitschule, sind beliebte Zirkuspferde, in Osteuropa auch Landwirtschaftspferde.

Löffelgebiss
Wird bei Pferden mit Zungenfehlern verwendet.

Lokaier
Unverwüstliche, ursprünglich dem Przewalskipferd sehr ähnliche, vor allem durch Araber deutlich veredelte Rasse am Aralsee.

Longe
Rund acht Meter lange Leine, an der das Pferd ohne Reiter im Kreis bewegt (longiert) wird. Nach europäischer Auffassung sehr wichtig für die Vorbereitung junger Pferde auf die eigentliche Ausbildung.

Losgelassenheit
Bedeutet, daß ein Pferd völlig entspannt und gewillt ist, auf die Hilfen des Reiters einzugehen.

Löwenbrust
Zu breite, bei Reittieren unerwünschte, bei Kaltblütern willkommene Brustform.

Lusitano
Dem Andalusier ähnliche, elegante, alte portugiesische Warmblutrasse.

M

Mächtigkeitsspringen
Springen über verhältnismäßig wenige, hohe Hindernisse. Bei Fehlergleichheit ein Stechen über 3 oder 4 erhöhte Hindernisse. Danach höchstens drei Stechen über 2 ständig erhöhte Hindernisse. Bei weiterem Stechen keine Hinderniserhöhung.

Mähne
Langhaar, das an der Oberseite des Halses, am Mähnenkamm, wächst.

Maiden
Englisch für eine Stute, die noch keine Fohlen hatte.

Maiden Race
Rennen für Pferde, die noch nie ein Rennen gewonnen haben.

Mail Coach
Postkutsche.

Malopolska
Die polnische Anglo-Araber-Rasse.

Man'O'War
1917 in den USA geborener fabelhafter Vollbluthengst mit hervorragenden Renn- und Vererberqualitäten.

Marathonfahren
Leistungsprüfung für Wagenpferde über 25 bis 40 km.

Marengo
Araberschimmelhengst. Das berühmteste Pferd Napoleons.

Martingal
Hilfszügel, der vor allem verhindert, daß das Pferd den Kopf höher hebt als erwünscht.

Mash
Futterbrei, meistens aus gekochten Leinsamen und Kleie, wertvoll für kranke und erschöpfte Pferde.

Master
«Master of the Hounds» (MFH). Geachteter Titel in England und Irland. Der Master ist für alles verantwortlich, was mit der berittenen Jagd zu tun hat.

Matratzenstreu
Im Offen- oder Laufstall wird oft täglich frisches Stroh aufgeschüttet, ohne daß der Mist entfernt wird. Nur alle paar Monate wird die ganze Matratze ausgeräumt.

Mauke
Hautentzündung in der Fesselbeuge.

Maulesel
Kreuzung aus Pferdehengst und Eselstute.

Maultiere
Kreuzung aus Eselhengst und Pferdestute. Gewöhnlich größer als Maulesel.

Mazedonier
Eher leichtes, hartes Gebirgspony aus Südjugoslawien.

Mechanik
Das Spiel des Körpers, vor allem der Gliedmaßen in der Bewegung. Ein Pferd mit freien, schwungvollen Gängen hat eine gute Mechanik.

Mecklenburger
Dem Hannoveraner ähnliche Warmblutrasse.

Mehlmaul
Helle Partie um Maul und Nüstern bei einem braunen Pferd. Rassenmerkmal des Exmoorponys.

Messenger
Berühmter Vollblüter, wichtiger Stammvater der amerikanischen Traberzucht.

Meteor
Erfolgreichstes deutsches Springpferd unter Fritz Thiedemann, 1943–1966.

Meute
Bestand eines Jagdhundezwingers. Foxhounds oder Beagles (Bracken). Die Meute wird nach Koppeln (je 2 Stück) gezählt.

Mezöhegyes
Altes, großes ungarisches Gestüt.

Milchmaul
Weißes Abzeichen um Maul und Nüstern.

Military
Aus Dressur, Geländeprüfung und Springen bestehende Vielseitigkeitsprüfung, oft die «Krone der Reiterei» genannt.

Mingpferde
Porzellanpferdchen in verschiedenen typischen Stellungen aus der Zeit der Mingdynastie (1368–1644) in China.

Miohippus
Fossilpferd.

Mischfutter
Kraftfutter aus verschiedenen Futtersorten als Ergänzung zu Heu oder Gras.

Missouri Fox Trotter
Eher kleines, kompaktes Warmblutpferd aus dem US-Bundesstaat Missouri, das oft in einer besonderen Gangartenvariation, dem Fox Trot, vorgeführt wird.

Mittelgalopp
Mittlere Galoppgeschwindigkeit.

Mittelhand
Der Teil des Pferdes unter dem Reiter.

Mittelschritt
Mittleres Schritttempo.

Mitteltrab
Mittleres Trabtempo.

Morgan Horse
Kräftige, eher kleine, edle amerikanische Warmblutrasse mit hervorragenden Reitqualitäten.

Mounties
Die berittene kanadische Polizei (Royal Canadian Mounted Police).

Muniqi
Einer der klassischen Arabertypen.

Muschelgeschirr
In arabischen Ländern, in Tirol und in Holland gibt es mit Muscheln verzierte, festliche Kopfgeschirre.

Mustang
Verwilderte Pferde spanischen Ursprungs im Westen der USA.

Mutterlinie
Die weibliche Abstammungslinie in der Zucht, im Gegensatz zur Hengstlinie.

N

Nachgurten
Festerziehen des Sattelgurtes, nachdem man eine Weile geritten ist.

Nachzuchtgebiet
Gegend, in der eine Rasse aus einer anderen Gegend rein gezüchtet wird.

Nageltritt
Wunde in der Hufsohle durch eingetretenen Nagel oder anderen spitzen Gegenstand. Kann zu gefährlichen Entzündungen führen.

Nasenbremse
Hilfsmittel, mit dem ein Teil der Nüstern in einer Schnurschlinge festgeklemmt wird, wodurch ein Ablenkungsschmerz entsteht, z. B. bei Behandlung von Wunden, beim Beschlagen ungebärdiger Pferde usw.

Nasenriemen
Teil des Zaumes.

Nationenpreis
Prüfung, bei der Mannschaften aus verschiedenen Nationen im Team gegeneinander antreten.

Native Ponies
Die alten Moorland- und Mountainponys in Großbritannien.

Neapolitaner
Alte, nicht mehr existierende, dem Andalusier ähnliche Warmblutpferde.

Nerv
Pferde «mit Nerv» sind temperamentvoll, aber nicht nervös, und verfügen über viel Mut und Leistungsbereitschaft.

Nervenschnitt
Operation bei gewissen Fußerkrankungen. Durch das Durchschneiden bestimmter Nerven an den Füßen werden die Erkrankungen zwar nicht geheilt, verlaufen aber schmerzlos. Solche Pferde kann man gewöhnlich noch etwa zwei Jahre einsetzen. Über den Sinn dieser Operation streiten sich die Fachleute.

Neukirgise
Vor etwa 40 Jahren in Kirgisien, Sowjetunion, aus alten Schlägen durch Vollbluteinfluß entstandene, ziemlich kleine Reitpferderasse mit guten Qualitäten.

Newcastle
William Cavendish, Herzog von Newcastle. Englischer Reitlehrer in Frankreich, verfaßte im 17. Jahrhundert die «Méthode nouvelle et extraordinaire pour dresser les chevaux selon la nature».

New Forest Pony
Südlich von London im New Forest halbwild lebende Ponys, deutlich von Arabern und Englischen Vollblütern beeinflußt.

Newmarket
Sitz des englischen Jockey Club, zahlreicher Vollblutgestüte und zugleich eines der größten Rennsport-Trainingszentren der Welt.

Niederländisches Warmblut
Warmblüter im modernen, vielseitigen Sportpferdetyp.

Nonius
Vor etwa 150 Jahren in Ungarn entstandene Warmblutrasse, die in einem größeren Wagentyp und einem beweglicheren Reitpferdetyp gezüchtet wird.

Nordschwede
Verhältnismäßig sehr leichter, beweglicher Kaltblüter.

Norfolk
Einst berühmte, lebhafte Wagenpferde in England, als Roadster (Straßenpferd) und Trotter (Traber) bekannt. Vor allem der Trotter hatte erheblichen Einfluß auf verschiedene Pferderassen.

Noriker
Süddeutsches Kaltblut, Pinzgauer, Oberländer. Mittelschwerer, kraftvoller Kaltblüter. Kommt unter anderem als Tigerscheck vor.

O

Oaks
1779 eingeführtes Rennen, für dreijährige Stuten über 2400 Meter.

Odds
Die Siegquote eines Pferdes, die in England und Irland vor dem Rennen von Buchmachern angeboten wird.

Offenstall
Auf einer oder zwei Seiten (Südost) offener Stall mit Auslauf. Zweifellos die für das Pferd angenehmste und physisch wie psychisch gesündeste Haltungsweise.

Oldenburger
Ursprünglich Kutschenpferd, heute zum vielseitigen Reitpferd umgezüchtet.

Oleander
Vollbluthengst, 1924 im Gestüt Schlenderhan geboren, war eines der größten Renn- und Zuchtpferde Deutschlands.

Olympiade
Zu den Olympischen Spielen der Antike gehörten verschiedenartige Pferderennen. Die modernen Spiele wurden 1894 erstmals durchgeführt. Seit 1912 (Stockholm) gehören dazu auch die Reiterspiele mit Dressur, Springen und Military.

Onager
Rasse des asiatischen Wildesels.

Orlowtraber
Lange Zeit schnellste Traberrasse der Welt, in Rußland gezüchtet. Heute von anderen Rassen überholt.

Ormonde
Hervorragendes Rennpferd des Herzogs von Windsor, um 1885.

Orohippus
Fossilpferd.

Orthopädischer Beschlag
Spezielle Hufeisen zur Korrektur gewisser Stellungsfehler oder zum Schutz verletzter Hufe.

Ostbulgare
Sehr edles Warmblutpferd.

Ostfriese
Sehr alte, ursprünglich schwere, heute mittelschwere Warmblutrasse.

Ox
Bezeichnung des anerkannten Arabischen Vollblutes, steht hinter dem Pferdenamen (beim Englischen Vollblüter steht XX).

Oxer
Hochweitsprung im Springsport.

P

Paarspringen
Springen, bei dem zwei Reiter nebeneinander den Parcours absolvieren.

Paarung
Deckakt, Begattung.

Pace
Die Geschwindigkeit in einem Rennen. Gute Jockeys sind Taktiker und halten das Tempo möglichst kräfteschonend mit.

Pacer
Die Paßgänger der amerikanischen Traberrasse, im Gegensatz zum Trotter (Normaltraber).

Pack
Englisch für Hundemeute.

Paddock
Mit Holzzaun umgebenes kleines Stück Weideland.

Paint Horse
Als Paint Horses bezeichnet man heute in den USA gescheckte Vollblüter und gescheckte Quarter Horses. Andere Schecken nennt man Pintos.

Palomino
Bildschönes, edles amerikanisches Western Horse, goldfarben, mit fast weißem Langhaar, hervorragender Charakter. Noch keine konsolidierte Rasse, da nur etwa 50 Prozent der Nachkommen die erwünschte Palominofarbe haben.

Parade
Verlangsamen des Pferdes durch Zügelhilfe.

Parcours
Anlage für Spring- oder Fahrprüfung.

Pardubitzer Steeplechase
Sehr schweres Jagdrennen, seit 1875.

Parforcejagd
Hetzjagd zu Pferde mit Hundemeute.

Pari-mutuel
Bezeichnung für Totalisatorwette in Frankreich.

433

Part bred
Ein Warmblutpferd oder ein Pony, dessen einer Elternteil, meistens der Vater, ein Englisches oder Arabisches Vollblutpferd ist.

Pas de deux
Dressurvorführung von zwei Reitern.

Paso
Südamerikanische Paßgängerrassen. Paso fino, Peruvian Paso.

Passage
Form des Trabes, bei der das diagonale Beinpaar jeweils einen Augenblick in der Schwebephase verharrt.

Passgang
Gangart, bei der beide linken und beide rechten Beine jeweils gleichzeitig bewegt werden, im Gegensatz zu den üblichen Gangarten mit diagonaler Beinbewegung.

Pato
Argentinisches Reitspiel.

Pauschen
Polsterung an den Sattelblättern als Kniestützen.

Pedigree
Englische Bezeichnung des Abstammungsnachweises.

Pegasus
Geflügeltes Roß der griechischen Sage.

Pelham
Gebißart, die etwa zwischen Trense und Kandare steht.

Percheron
Kraftvoller und dennoch recht beweglicher Kaltblüter aus Nordfrankreich (Perche).

Periodische Augenentzündung
Einer der Hauptmängel (s. d.). Tritt normalerweise in Abständen von 4 bis 6 Wochen auf. Auch «Mondblindheit» genannt.

Pesade
Figur der Hohen Schule.

Pferdelänge
Der Abstand von einem Pferd zum anderen im Zieleinlauf bei Rennen kann eine Nasenlänge, eine Halslänge, eine halbe, eine ganze oder mehrere Pferdelängen betragen.

Pferdeopfer
Bei vielen alten Kulturvölkern wurden Pferde den Göttern geopfert oder beim Tod ihres Besitzers getötet und ihm mit ins Grab gegeben.

Pferdepest
Sehr gefährliche, durch Insekten übertragene Pferdekrankheit in Afrika und Asien.

Pferdestärke
Leistungseinheit bei Maschinen: die Kraft, die ein Gewicht von 75 kg in einer Sekunde einen Meter hoch zu heben vermag. Ein Pferd ist in Wirklichkeit etwa 10- bis 13mal so stark.

Phaeton
Sportlicher, ein- oder zweispännig gefahrener Vierradwagen in zahlreichen Typen.

Piaffe
Kadenzierter Trab auf der Stelle in der Dressur.

Piber
Österreichisches Lipizzanergestüt, das die Hengste für die Spanische Hofreitschule in Wien liefert.

Pignatelli
Nachfolger Grisones, der Anfang des 16. Jahrhunderts in Neapel eine berühmte Reitschule gründete.

Pilaren
Zwei Holzsäulen, zwischen denen das mit den Zügeln angebundene Pferd bestimmte Lektionen der Hohen Schule erlernt.

Pinerolo
Italienische Reitschule, zwischen 1900 und 1932 von vielen ausländischen Offizieren besucht.

Pinto
Geflecktes amerikanisches Western Horse spanischen Ursprungs.

Pinzgauer
Noriker, süddeutsches Kaltblut, Oberländer. Mittelschwerer Kaltblüter.

Pirouette
Wendung um 360 Grad im Galopp, wobei der innere Hinterfuß möglichst auf der Stelle bleibt.

Pliohippus
Fossile Pferdeform.

Pluvinel
Antoine de Pluvinel, 1555 — 1620. Gründer einer berühmten Reitschule in Paris, Lehrer Ludwigs XIII.

Podhajsky
Alois Podhajsky. 1973 verstorbener Direktor der Spanischen Hofreitschule in Wien.

Points
Die wichtigsten äußerlich sichtbaren Körpermerkmale des Pferdes.

Point-to-Point
Vor allem in England beliebtes Geländejagdrennen über etwa 3 bis 6 km mit Hindernissen.

Poitouesel
Großer Esel, Herkunftsland Frankreich, vor allem beliebt zur Zucht von Maultieren und Mauleseln.

Polo
Sehr altes Reitspiel, aus Persien stammend. Wahrscheinlich das älteste Torspiel.

Ponyexpress
1860 in den USA entstandene Einrichtung zur schnellen Nachrichtenübermittlung über rund 2000 Meilen, wobei die nur im Galopp gehenden Ponys etwa alle 12 Meilen ausgewechselt wurden.

Pony of the Americas
POA. Hervorragende amerikanische Ponyrasse mit der Fellzeichnung des Appaloosapferdes.

Postier-Bretone
Der verhältnismäßig leichte Typ des bretonischen Kaltblüters.

Postreiter
Berittener Postbote.

Preis der Nationen
Internationales Mannschaftsspringen.

Prix St-Georges
Dressurprüfung, deren Schwierigkeitsgrad vor dem der Intermédiare und des Grand Prix liegt.

Przewalskipferd
Die letzte, wahrscheinlich nur noch im Zoo überlebende Wildpferderasse.

Puissance
Mächtigkeitsspringen mit Stechen.

Puller
Ein Pferd, das durch ständiges Vorwärtsziehen der Zügeleinwirkung zu entgehen und durchzubrennen versucht.

Pur Sang
Französisch für Vollblut.

Pushball
Reitspiel zwischen zwei Gruppen, bei dem die Pferde einen großen Ball stoßen.

Q

Quadratpferd
Ein durch das Verhältnis von Höhe zur Länge quadratisch wirkendes Pferd, im Gegensatz zum langrechteckigen Rechteckpferd.

Quadriga
In der Antike zweirädriger Wagen mit vier nebeneinander gespannten Pferden. Daneben gab es Biga (Zweispänner) und Triga (Dreispänner).

Quadrille
Von Gruppen vorgeführtes Figurenreiten, oft mit Musikbegleitung, von einfachen Vorführungen in Reitschulen bis zu anspruchsvollen Darbietungen der Hohen Schule.

Quagga
Deutsche Bezeichnung für eine ausgerottete südafrikanische Zebrarasse, wissenschaftlicher Familienname der Steppenzebras.

Quicksilver S
Traber aus Holland, der, als er 1966 mit 17 Jahren die Rennbahn verließ, 145 Trabrennen gewonnen hatte.

Quote
Das nach dem Rennen vom Totalisator errechnete Verhältnis von bezahlter Wettsumme zu auszuzahlender Gewinnsumme.

R

Rachitis
Knochenerkrankung bei Fohlen infolge Mangels an Phosphor und/oder Kalk und Vitamin D.

Rahmen
Größe eines Pferdes im Verhältnis zur Durchschnittsgröße gleichrassiger Pferde. Normalerweise sind großrahmige Pferde erwünscht.

Rallye
Geländeritt oder -fahrt nach der Karte über eine Strecke von meistens 15 bis 50 km Länge.

Ramskopf
Kopf mit vorgewölbter Profillinie.

Random
Zweirädriger Wagen mit drei hintereinander gespannten Pferden.

Rappe
Schwarzes Pferd.

Rau
Gustav Rau, 1880 — 1954. Bedeutender deutscher Hippologe.

Raufe
An der Stallwand angebrachtes Gestell mit Stäben, zwischen denen das Pferd das Heu herausziehen kann.

Rauhfutter
Das Grundfutter, bestehend aus Heu, Gras und Stroh.

Rechteckpferd
Ein im Verhältnis von Länge zur Höhe langrechteckig wirkendes Pferd.

Redressur
Korrektur eines verrittenen Pferdes; kann bedeutend langwieriger sein als die Ausbildung eines rohen Pferdes.

Rehe
Hufrehe. Sehr gefährliche Erkrankung der Huflederhaut, meistens hervorgerufen durch übermäßige Eiweißfütterung (z. B. bei Umstellung von Heu auf Weidegang). Daneben gibt es andere Ursachen. Symptome sind Lahmheit und auffallendes Nachvornstellen der Vorderbeine. Sofort Tierarzt rufen!

Reitbahn
Abgegrenzter, gewöhnlich 20 × 40 oder 20 × 60 m großer Platz im Freien oder in einer Halle.

Reitkleidung
Die in Europa übliche Reitkleidung besteht aus knielangen Stiefeln, Reithosen, Jacke und fester Reitkappe. Für Reitveranstaltungen gibt es Bekleidungsvorschriften. Zum Freizeitreiten im Westernsattel trägt man meist Jeans und kurze Stiefel.

Reitpferd
Ein Pferd, das unter dieser Bezeichnung angeboten wird, sollte die einfachen Dressurübungen beherrschen, kleine Hindernisse springen, verkehrs- und geländesicher sein und problemlos zu behandeln. Vom Typ her ist das Reitpferd normalerweise ein Warmblüter.

Reitpony
Als Reitpony bezeichnet man meist das Produkt einer Pony—Pferd-Kreuzung. Viele Reitponys, vor allem in England und Irland, stammen von einer Ponystute und einem Vollbluthengst. In manchen Gegenden haben Araberhengste großen Einfluß auf die Reitponyzucht.

Reitschule
Früher meist militärische, heute vorwiegend zivile Anlagen zur Ausbildung im Reiten.

Rejoneador
Berittener spanischer Stierkämpfer.

Remonte
Junges, zur Ausbildung bereites Pferd. Die — heute seltene — Bezeichnung wurde hauptsächlich für Militärpferde verwendet.

Rennbahn
Für Rennen geeignetes Gelände mit Tribünen, Totalisatorschaltern, Paddocks, Führring, Richterturm, Waagraum usw.

Rennen
Allgemein Geschwindigkeitswettkampf uralten Ursprungs. Die wichtigsten Pferderennen sind heute Flach-, Hürden-, Jagd-, Trab- und Distanzrennen.

Rennleitung
Die für die Organisation des Rennens Verantwortlichen.

Rennpferd
Auf Schnelligkeit und Ausdauer gezüchtete Rassen, allen voran das Englische Vollblut, außerdem Araber (vor allem in Distanzrennen unschlagbar); in den USA Quarter Horse (kann auf kurze Distanz das Vollblut schlagen), aber auch Halbblüter, vor allem für schwere Jagdrennen.

Rennsattel
Sehr kleiner, leichter Sattel mit kurzgeschnallten Bügeln.

Rennstall
Rennpferdebestand eines Besitzers.

Rheinisch-Deutsches Kaltblut
Mächtiges, außerordentlich kraftvolles, bis etwa 1000 kg schweres Kaltblutpferd.

Rhinopneumonitis
Erkrankung der Atemwege, die zu einem Virusabort führt (Verwerfen des Fohlens). Impfung vor dem Decken empfehlenswert.

Ribot
1952 von Tesio in Italien gezüchtetes Spitzenrennpferd und außerordentlich erfolgreicher Vererber.

Ridinger
Johann Elias Ridinger, 1698–1767. Berühmter Maler von Pferden und Reiterszenen.

Ringstechen
Altes Reitspiel, bei dem ein aufgehängter Ring vom galoppierenden Pferd aus mit einer Lanze aufgespießt werden muß.

Ritterpferd
Großes, sehr kräftiges, dabei aber noch möglichst bewegliches Pferd, das den Reiter samt der schweren Rüstung zu tragen und mit Schwung den Feind anzugehen vermochte.

Rittig
Bezeichnung für ein mehr oder weniger ausgebildetes Reitpferd, das willig auf die Hilfen eingeht.

Rodeo
Reitspiele aus den USA und Kanada, die sich aus den verschiedenen Arbeiten des Cowboys entwickelt haben. Heute auch in Australien sehr beliebt.

Roh
Als roh bezeichnet man ein junges Pferd oder Pony, bei dem man mit der Ausbildung noch nicht begonnen hat.

Röhre
Der Mittelfußknochen oder Unterarm.

Rohren
Kehlkopfpfeifen. Chronische Kehlkopferkrankung. Einer der Hauptmängel (s. d.).

Rope Horse
Cowboypferd, das vor allem für die Lassoarbeit ausgebildet ist und dabei aktiv mitarbeitet.

Rosinante
Das Pferd Don Quichottes.

Rosse
Die etwa alle 21 Tage wiederkehrende Paarungsbereitschaft der Stute.

Rossharnisch
Ketten- oder Eisenblechpanzer zum Schutz der Kriegspferde im Mittelalter.

Rottaler
Andere Bezeichnung für Oldenburger.

Rotz
Auch auf andere Haustiere und Menschen übertragbare Infektionskrankheit, bei Pferden fast unheilbar. Heute fast verschwunden. Einer der Hauptmängel (s. d.).

Round up
Das Zusammentreiben halbwild lebender Vieh-, Pferde- oder Ponyherden.

Rumpler
Stolpern nach einem Sprung, ohne daß das Pferd dabei ganz stürzt.

Runabout
Leichter amerikanischer Vierradwagen.

Running Walk
Eine durch zweifelhafte Methoden andressierte Gangartvariante des Tennessee Walking Horse.

Russisches Kaltblut
Kraftvoller, recht kleiner, aus der Ukraine stammender Kaltblüter.

Russischer Traber
Durch Kreuzung von Orlowtrabern und amerikanischen Standardtrabern entstandene Traberrasse.

S

Säbelbeinig
Fehlerhafte, übermäßig gewinkelte Stellung der Hinterbeine.

Sandschneider
Andere Bezeichnung für Jucker. Hochrädriger, leichter Vierradwagen.

Saglawi
Einer der Typen des Arabischen Vollblutes.

Sardisches Pony
Acchetta. Kleines Pferd aus Sardinien.

Sattelarten
Sättel werden, je nach Verwendungszweck, verschiedenartig gebaut. Es gibt unter anderem Dressur-, Spring-, Vielseitigkeits- und Rennsättel, Militärsättel sowie verschiedene Arbeitssättel, zu denen die amerikanischen Westernsättel gehören.

Satteldecke
Sattelunterlage, meist aus Filz oder Lammfell, zum Schutz von Sattel und Pferderücken.

Satteldruck
Hautverletzung. Entsteht durch schlecht sitzenden oder schlecht gepolsterten Sattel oder Falten in der Satteldecke. Erfordert oft recht lange Schonzeit. Hinterläßt nicht selten bleibende weiße Haarstellen.

Sattelpferd
Das linke Pferd eines Zweispänners. Das rechte nennt man Handpferd.

Sattelzwang
Bei jungen Pferden kann — meist durch unsachgemäßes Satteln — ein fast neurotischer Angstzustand entstehen, den man nur mit viel Geduld und Einfühlungsvermögen wieder kuriert.

Sauer
Bezeichnung für ein verdorbenes, verrittenes Pferd.

Saugfohlen
Ein noch nicht abgesetztes, noch nicht entwöhntes Fohlen.

Saumur
Standort der berühmten, 1763 gegründeten französischen Kavallerieschule.

Schabracke
Rechteckige, große Satteldecke.

Schabrackenscheck
Eine der Zeichnungsvarianten des Appaloosapferdes.

Schalanke
Verzierung des Kopfzeuges am ungarischen Wagengeschirr, bestehend aus feinen Lederstreifen, die gleichzeitig die Augen vor Fliegen schützen.

Schale
Knochenauftreibung an den Fußgelenken, kann zu Lahmheit führen.

Schaufeln
Abnormale, nach außen bogenförmige Bewegung der Vorderfüße.

Schecke
Pferd mit gefleckten Fell.

Schenkelgänger
Ein Pferd, das die Schenkelhilfen nicht annimmt oder sogar gegen den Schenkel geht.

Schenkelhilfen
Übermittlung eines Befehls an das Pferd durch Schenkeldruck.

Schenkelweichen
Ein Seitwärtsgang, wobei das Pferd einem leicht treibenden Schenkel weicht.

Scherbäume
Die doppelte Deichsel beim Einspänner.

Scheuen
Fluchtreaktion auf plötzlich auftretende optische oder akustische Reize, instinktives Verhalten. Naturgemäß ist das Scheuen bei hoch im Blut stehenden oder jungen Pferden ausgeprägter als bei alten, erfahrenen oder kaltblütigen Pferden.

Scheuklappen
Vorrichtung am Kopfzeug, die den Blick nach den Seiten einschränkt. Hauptsächlich bei Wagenpferden, aber auch bei Rennpferden (Blinkers).

Schiefe
Von Natur aus geht das Pferd nicht ganz gerade, sondern in leicht schräger Körperstellung, in der sogenannten natürlichen Schiefe. Diese Schiefe ist z. B. bei Hunden oft sehr schön zu beobachten.

Schimmel
Pferde mit weißem Haar auf dunkler, pigmentierter Haut. Schimmel kommen dunkel zur Welt und sind erst mit 8 bis 12 Jahren weiß. Im Gegensatz dazu werden die viel selteneren Albinos weiß geboren und haben eine helle, nicht pigmentierte Haut.

Schlauch
Penis des Pferdes.

Schlauchgeräusch
Glucksendes Geräusch beim Wallach, das durch die Bewegung des Schlauches in seiner Hülle gelegentlich zu hören ist.

Schleppjagd
Wo die mit Hunden betriebene, berittene Hetzjagd verboten ist, wird — z. B. mit Anis — eine künstliche Fährte im Gelände so gelegt, wie sie das Wild eingeschlagen haben könnte. Dieser Schleppfährte folgen nun Hunde und Reiter. Die Schleppjagd mit ihren zahlreichen natürlichen Hindernissen kann an Reiter und Pferde recht hohe Anforderungen stellen.

Schleswiger Kaltblut
Sehr alte, mittelgroße, bis etwa 900 kg schwere Kaltblutrasse, dem benachbarten dänischen Jütländer entsprechend.

Schnippe
Kleines weißes Abzeichen zwischen Nüstern und Oberlippe.

Schnitzeljagd
Simulierte Jagd, bei der die Reiter eine aus Papierschnitzeln bestehende Spur verfolgen.

Schritt
Die langsamste der drei Grundgangarten.

Schulpferd
1. Pferde in öffentlichen Reitschulen. Sie sollten gut geritten, erfahren, willig und problemlos im Charakter sein und immer wieder vom Reitlehrer korrigiert werden, denn nur so kann der Reitschüler wirklich etwas lernen. 2. Schulpferde nennt man auch die heute seltenen Pferde, welche die Figuren und Sprünge der klassischen Hohen Schule ausführen können, z. B. die Lipizzanerhengste der Spanischen Hofreitschule in Wien.

Schulsprünge
Die Figuren der Hohen Schule «über der Erde»: Kapriole, Korbette, Mézair, Ballotade und Kruppade.

Schulterherein
Die Grundlektion zum Erlernen der sogenannten Seitengänge.

Schwammig
Gegenteil von trocken. Weiche, fette Partien nennt man schwammig. Die Ursache kann Überfütterung bei unzureichender Muskelarbeit oder Veranlagung, z. B. bei Kaltblütern, sein.

Schwanenhals
Langer, dünner, falsch gebogener Hals.

Schwarzgold
1937 im Gestüt Schlenderhan geborene Stute, oft als bestes deutsches Vollblutpferd bezeichnet.

Schwarzwälder
Eher leichter, kleiner Kaltblüter aus dem Hochschwarzwald.

Schweden-Ardenner
Noch heute häufige, vor rund 100 Jahren aus Ardennern in Schweden entstandene Kaltblutrasse.

Schwedisches Warmblut
Edles, vielseitiges, modernes Reitpferd mit besonders guten Dressuranlagen.

Schweifmuskel-Residion
Um eine hohe Schwanzhaltung zu erreichen, werden nach unten ziehende Muskelstränge an der Schweifrübe durchschnitten, z. B. bei Hackneys, American Saddle Horse, Tennessee Walking Horse usw. Eine der zahlreichen Torheiten im Pferdeschaugeschäft.

Schweifriemen
Speziell gefertigter Riemen, der das Vorwärtsrutschen des Sattels verhindert. Erforderlich bei Pferden mit wenig Widerrist, z. B. bei vielen Ponys.

Schweifrübe
Der aus den Schwanzwirbeln und Muskeln bestehende Teil des Schweifes.

Schweissmesser
Elastisches, messerklingenähnliches Metallinstrument, mit dem man Schweiß oder Wasser vom Fell des Pferdes abzieht.

Schwemme
Wasserstelle, an der man Pferde badet oder ihnen die Beine kühlt.

Schwung
Die natürliche, drängende, raumgreifende Vorwärtsbewegung, die man von jedem guten Pferd erwarten darf.

Sechserzug
Gespann mit drei voreinander gespannten Pferdepaaren.

Sehnenerkrankung
Schäden an den Beinsehnen, meist langwierige Behandlung; besonders häufig bei Spring- und Dressurpferden.

Seitengänge
Dressurgänge, in denen der Körper des Pferdes diagonal zur Gehrichtung steht, z. B. Schulterherein, Travers usw.

Selektion
Zuchtwahl. In der natürlichen Selektion bei wildlebenden Pferden sterben schwache und kranke Tiere, so daß sich nur die gesunden fortpflanzen können. Bei der künstlichen Selektion wählt der Züchter die schnellsten, stärksten oder schönsten Tiere zur Zucht aus, kastriert minderwertige Hengste und läßt minderwertige Stuten ungedeckt.

SENKRÜCKEN
Eingesunkene Rückenlinie. Kann angeboren sein, aber auch durch zu hohes Reitergewicht, vor allem bei jungen Pferden, oder durch Trächtigkeit zu junger Stuten entstehen.

SEYDLITZ
Friedrich Wilhelm Freiherr von Seydlitz, 1721—1773. Berühmter preußischer Reitergeneral.

SHAGYA
In Ungarn entstandene, dem Vollblutaraber sehr ähnliche, hochedle Warmblutrasse.

SHANDERIDAN
Vierrädriger Wagen für zwei Pferde, oft als Reisewagen verwendet.

SHANDRYDAN
Leichter zweirädriger Wagen aus Irland.

SHETLÄNDER
Shetlandpony. Kleine, oft unter 100 cm hohe Ponys von den schottischen Shetlandinseln. Sehr weit verbreitetes, beliebtes Kinderpony.

SHIRE HORSE
Aus England stammende, größte Pferderasse der Welt. Kaltblut. Hengste bis über 2 m Widerristhöhe und bis 1300 kg schwer.

SITZ
Die Haltung des Reiters auf dem Pferd oder die Fähigkeit des Reiters, sich auf einem ungebärdigen, bockenden Pferd halten zu können.

SKELETON BREAK
Vierrädriges Fahrzeug, das außer dem Kutschbock keinen Aufbau hat und zum Einfahren von Zweiergespannen dient.

SKIKJÖRING
Beim Skikjöring läßt sich ein Skifahrer von einem Pferd ziehen. Ein gelegentlich rennmäßig betriebener Sport.

SKOGRUSS
Andere Bezeichnung für das schwedische Gotlandpony.

SLOAN
Tod Sloan. Amerikanischer Jockey. Erfand um 1897 den modernen «schwebenden» Rennsitz.

SNAFFLE BIT
Englisches Trensengebiß.

SOCIABLE
Niedriger, geschlossener, vierrädriger Zweispänner, in dem sich vier Personen gegenübersitzen.

SOWJETISCHES KALTBLUT
Schwerer, mittelgroßer Kaltblüter, um 1940 auf der Basis von Belgierhengsten und anderen Rassen entstanden.

SPANISCHE HOFREITSCHULE
1735 in einem prunkvollen Barockbau Wiens eröffnetes Reitinstitut, in dem bis heute mit Lipizzanerhengsten die klassische Hohe Schule in reinster Form gepflegt wird.

SPAT
Erkrankung des Sprunggelenkes durch Überbeanspruchung, kann im Frühstadium geheilt werden. Tritt hauptsächlich bei Dressurpferden und Trabern auf.

SPECKHALS
Sehr dicker Hals mit meist seitlich hängendem Mähnenkamm, kommt vor allem bei Kaltbluthengsten vor.

SPEICHELPROBE
Gelegentlich werden zu Dopingkontrollen Speichelproben entnommen.

SPITZHENGST
Klopphengst. Hengst, bei dem die Hoden in der Bauchhöhle zurückgeblieben sind. Spitzhengste zeigen die normalen Hengstmanieren, sind aber sehr oft nur beschränkt oder auch gar nicht fruchtbar, es gibt aber auch Ausnahmen mit normaler Fruchtbarkeit.

SPOREN
Hilfsmittel an den Reitstiefeln, die vor allem treibende Wirkung haben.

SPRINGDERBY
Bedeutende internationale Springprüfung.

SPRINGGLOCKEN
Glockenförmige Gummischutzhüllen, die zum Schutz der Kronenränder über die Hufe gestülpt werden; vor allem bei Trabern und Springpferden.

SPRINGREITEN
Wettbewerbsmäßiges Reiten über einen Parcours mit Hindernissen, die übersprungen werden müssen. Erst etwa 100 Jahre alter, in vielen Ländern heute aber populärster Pferdesport.

SPRINGSATTEL
Sattel mit stark aufgepolsterten Pauschen, die den Knien einen guten Halt geben.

SPRINTER
Flieger. Rennpferd, das über kürzere Strecken sehr schnell, im übrigen aber nicht sehr ausdauernd ist. Gegensatz: Steher.

SPRUNG
1. Springhindernis.
2. Deckakt bei Pferden.

ST. GEORG
Seit 300 n. Chr. Schutzheiliger der Reiter.

ST. HUBERTUS
Seit 700 n. Chr. Schutzheiliger der Jäger.

ST. SIMON
Einer der bedeutendsten Englischen Vollblüter, 1881 geboren. Beeinflußte die Zucht in der ganzen Welt.

STAATSGESTÜT
Vom Staat betriebenes Haupt- oder Landgestüt.

STACCIONATA
Zaunähnliches Hochsprunghindernis im Springsport.

STAGE COACH
Große, schwere Reisekutsche.

STAGHOUND
Hund für die Hirschjagd zu Pferd.

STAGHUNTING
Hetzjagd — zu Pferd — auf Hirsche. Stag wird ein mindestens vier Jahre alter Hirschstier genannt.

STAKES
Britische Rennen mit Einsatz.

STALLFARBEN
Jeder Rennstall hat bestimmte Farben, die vom Jockey bei Rennen getragen werden müssen.

STALLHALFTER
Halfter zum Anbinden der Pferde.

STALLÜBERMUT
Stallmut. Temperamentvolle Bewegungslust eines Pferdes, das längere Zeit im Stall gestanden hat.

STALLUNTUGENDEN
Langeweile im Stall kann, vor allem bei einzeln gehaltenen oder zu wenig beschäftigten Pferden, verschiedene «Untugenden» (Unarten) hervorrufen.

STAMMBAUM
Aufstellung der männlichen Nachkommen eines bestimmten Hengstes.

STAMMBUCH
Stutbuch. Register eines Zuchtverbandes, in das die Stuten nach Erfüllung bestimmter Prüfungen eingetragen und damit offiziell zur Zucht zugelassen werden.

STAND
Der Platz eines angebundenen Pferdes im Stall.

STANDARDBRED
Standardtraber. Die amerikanische Traberrasse.

STANGENPFERDE
Die hintersten, an der Deichsel gehenden Pferde eines Vier- oder Mehrspänners.

STAR
Krankhafte Trübung der Augenlinse.

STAR APPEAL
1970 geborener Vollbluthengst, galoppierte für das deutsche Gestüt Röttgen die Rekordsumme von 1,5 Millionen Mark zusammen. Steht heute als Deckhengst im englischen Nationalgestüt in Newmarket.

STARKER GALOPP
Schnellste dressurmäßige Galoppgeschwindigkeit.

STARKER SCHRITT
Schnellste dressurmäßige Schrittgeschwindigkeit.

STARKER TRAB
Schnellste dressurmäßige Trabgeschwindigkeit.

STARTAUTO
Auto mit breitem, aufklappbarem Gatter, hinter dem die Traber hinter der Startlinie aufgestellt werden.

STARTGELD
Vor dem Start zusätzlich zum Nenngeld zu zahlende Summe.

STARTMASCHINE
Fahrbarer Stand mit Boxen, aus denen die Rennpferde auf Knopfdruck des Starters gleichzeitig starten können.

STECHEN
Bei manchen Springprüfungen starten Reiter und Pferde, die im ersten Durchgang die gleiche Punktzahl erreicht haben, zu einer oder mehreren Stichentscheidungen über wenige, erhöhte Hindernisse.

STEEPLECHASE
Jagdrennen. Oft schweres Rennen über feste Hindernisse.

STEHER
Sehr ausdauerndes Rennpferd, im Gegensatz zu dem für kurze Strecken geeigneten, sehr schnellen Sprinter oder Flieger.

STEIGBÜGEL
Metall- oder Holzbügel, der durch den Bügelriemen mit dem Sattel verbunden ist und als Stütze für den Fuß dient.

STEIGEN
Aufrichten auf die Hinterbeine. Gehört zum Verhaltensinventar vor allem der Hengste und wird in der Hohen Schule und im Zirkus genutzt.

STEILE SCHULTER
Im Gegensatz zur schräggelagerten Schulter, die raumgreifende Bewegungen der Vorderbeine erlaubt, ist eine steile Schulter vor allem bei Sportpferden unerwünscht.

STEILSPRUNG
Senkrecht aufgebautes Hochsprunghindernis.

STEINGALLEN
Quetschungen der Lederhaut am Huf mit Bluterguß, führt oft zu vorübergehender Lahmheit.

STELZFUSS
Sehr steile Stellung von Fessel und Huf, kann angeboren oder durch Sehnenverkürzung entstanden sein. Der angeborene Fohlenstelzfuß ist durch Hufkorrektur heilbar, der erworbene Sehnenstelzfuß oft unheilbar.

STERN
Weißes Abzeichen auf der Stirn.

STERNGUCKER
Bezeichnung für ein Pferd, das infolge fehlerhafter Halsform, Rückenschadens oder falschen Reitens den Kopf sehr hoch trägt und dadurch kaum oder gar nicht am Zügel geritten werden kann.

STICHELHAARIG
Fellfarben mit vielen einzelnen weißen Haaren.

STIL
Die Art zu reiten. Der europäische, auf der klassischen Dressur basierende Stil ist vom amerikanischen, aus der praktischen Arbeit entstandenen Westernstil grundverschieden. Es gibt aber auch im Dressur-, Spring-, Rennreiten usw. unterschiedliche Stile.

STOCKMASS
Die Höhe eines Pferdes, mit einem Stock am höchsten Punkt des Widerristes gemessen. Beim Bandmaß dagegen mißt man mit einem Band vom Widerrist aus längs der Körperwölbung und kommt daher bei gleicher Höhe auf ein größeres Maß.

STOLLEN
Am Hufeisen festgeschweißte oder verschraubbare Erhöhungen als Gleitschutz.

STRAHLEN
Urinieren.

STRAHLBEIN
Im Huf eingebettetes, durch einen Schleimbeutel geschütztes, rollenförmiges, kleines Zehenglied, das über dem Hufstrahl liegt. Es dient gewissermaßen als Abrollvorrichtung für die untere Beugesehne.

STRAHLBEINSENKUNG
Auch Hufrollenentzündung oder fälschlich Hufrolle genannt. Eine der gefürchtetsten Erkrankungen bei Sportpferden, vor allem bei Springpferden. Entsteht durch zu frühe und/oder zu intensive Beanspruchung der Vorderbeine. Durch stete Überanspruchung wird die Beugesehne an der Stelle, wo sie das Strahlbein überbrückt, an ihrer Oberfläche rauh, beschädigt den Knorpelüberzug des Strahlbeines und verursacht schmerzhafte, oft chronisch verlaufende Entzündungen. Die Krankheit ist nur heilbar, wenn sie in sehr frühem Stadium erkannt wird.

STRAHLFÄULE
Erkrankung des Hufstrahls. Durch richtige Hufpflege leicht zu vermeiden, aber auch meist einfach zu heilen.

STREICHEN
Unkorrekter Gang, bei dem die Fesselgelenke aneinanderstreifen.

STREICHKAPPEN
Kurze, gepolsterte Gamaschen zum Schutz der Fesselgelenke.

STRENGEL
Druse.

STREU
Das Material, das auf den Stallboden gestreut wird; meist Stroh, gelegentlich auch Torf oder Sägespäne.

436

STROLLER
Irisches Pony, das unter der Engländerin Marion Coakes äußerst erfolgreich gegen die Weltspitzenklasse der Springpferde antrat und bei der Olympiade in Mexiko 1968 die Silbermedaille errang.

STUD
Studfarm. Englisch und amerikanisch für Gestüt.

STUTBUCH
Gestütbuch, Stammbuch. Register des Zuchtverbandes, in dem die Zuchtstuten eingetragen sind.

STUTE
Weibliches Pferd.

SUFFOLK PUNCH
Massiges, kurzbeiniges, bis über 1000 kg schweres, auffallend abgerundetes Kaltblutpferd aus Suffolk in England.

SULKY
Zweirädriger Wagen für Trabrennen.

SUMMERHAYS
R. S. Summerhays, geb. 1881. Britischer Hippologe, Verfasser zahlreicher Pferdebücher.

SUMPFFIEBER
Ansteckende Blutarmut, infektiöse Anämie. Durch Insekten, aber auch auf anderem Wege übertragbare, im Sommer auftretende Infektionskrankheit.

SWEEPSTAKE
Rennen mit oft hohen Geldeinsätzen von Pferdebesitzern. Besonders bekannt ist das irische Sweepstake, das aus vielen Ländern finanziert wird und dessen Reinerlös an die irischen Krankenhäuser geht.

SWEET ITCH
Sommerekzem, Sommerräude. Hautkrankheit, besonders häufig bei Nordponys, tritt nur im Sommer auf und löst starken Juckreiz aus.

SYNDIKAT
Wertvolle Vollbluthengste werden, vornehmlich in den USA, von einer Gruppe von etwa 40 Personen gekauft, die alle den gleichen Betrag bezahlen.

T

TAKT
Die rhythmische Abfolge der Tritte in allen Gangarten, wobei eine möglichst große Regelmäßigkeit erwünscht ist.

TANDEM
Zweirädriger Wagen mit zwei hintereinandergespannten Pferden.

TARPAN
Ausgestorbenes europäisches Wildpferd, das in einer Waldform und einer Steppenform verbreitet war.

TATTERSALL'S
Bekannte Pferde-Auktionsfirma in Newmarket, England.

TAXIEREN
Einschätzen. Ein erfahrenes Springpferd z. B. «taxiert» das Hindernis, es schätzt Höhe und Absprungdistanz richtig ein.

TEMPERAMENT
Kaltblüter haben normalerweise ein ruhiges Temperament. Bei Vollblütern kann sich das Temperament gelegentlich explosionsartig äußern.

TENNESSEE WALKING HORSE
Früher ein ausdauerndes Plantagenpferd, heute fast ausschließlich zum Schaupferd degradiert, dem mit zweifelhaften und oft schmerzhaften Mitteln unnatürliche Gänge andressiert werden.

TEREKER
Edles sowjetisches Reitpferd in einem kräftigen und einem sehr araberähnlichen Typ.

TETANUS
Wundstarrkrampf. Sehr gefährliche Erkrankung, die meist durch Eindringen von Tetanusbazillen in Wunden entsteht. Vorbeugende Impfung empfehlenswert.

THERAPEUTISCHES REITEN
Behandlungsform von Zerebralgeschädigten mit Hilfe geschulten Personals und auf absolut zuverlässigen, ruhigen Pferden oder Ponys. Oft erstaunliche körperliche und vor allem seelische Wirkung.

THOROUGHBRED
Englisch für durchgezüchtet. Internationale Bezeichnung für Vollblutpferde.

TICINO
Hervorragender Vollbluthengst, 1939 im Gestüt Erlenhof gezüchtet.

TICK-TACK
Handzeichensprache der Buchmacher in England und Irland.

TIEFE
Gurtentiefe. Der Abstand zwischen Widerrist und Unterbrust. Genügend Tiefe gewährleistet ausreichenden Raum für leistungsfähige Lungen.

TIERCÉ
Französisch für Dreierwette. Die ersten drei Pferde am Ziel eines Rennens müssen in der richtigen Reihenfolge getippt werden.

TIGERSCHECK
Pferd oder Pony mit hellem Fell und zahlreichen rundlichen schwarzen oder braunen Flecken.

TILBURY
Starker holländischer Zweiradwagen mit Lederverdeck.

TÖLT
Sehr schnelle, für den Reiter bequeme Schrittgangart, die in verschiedenen Ländern Ponys, Pferden und auch Maultieren beigebracht wird. Tölt ist besonders bekannt durch die Islandponys.

TOR DI QUINTO
1891 eröffnete Reitschule in Rom. Sie wurde vor allem durch Federigo Caprilli berühmt, der den modernen Springstil entwickelte. Seit Ende des Zweiten Weltkrieges geschlossen.

TOTALISATOR
In Frankreich entwickeltes, heute in den meisten Ländern eingeführtes Wettsystem bei Pferderennen.

TOTES RENNEN
Wenn zwei oder mehr Pferde genau gleichzeitig die Ziellinie passieren, so daß auf dem Zielfoto kein Sieger zu ermitteln ist, spricht man von einem toten Rennen.

TORIKER
In der Estnischen Sowjetrepublik entstandene Warmblutrasse in araberähnlichem Reittyp und etwas schwererem Wagentyp.

TRAB
Eine der drei Grundgangarten des Pferdes.

TRABER
Pferderassen mit hervorragenden Eigenschaften in der Trabgangart.

TRABRENNEN
Schnelligkeitswettbewerb im Trab, meistens vor dem leichten Zweiradwagen (Sulky), in Frankreich auch unter dem Sattel.

TRÄCHTIGKEIT
Schwangerschaft der Stute, dauert im Durchschnitt 340 Tage.

TRAIL RIDING
Fährtenreiten mit Geschicklichkeitsprüfungen. Sehr gutes, pferdegerechtes Reitspiel, besonders beliebt in den USA.

TRAIT DU NORD
Französischer Kaltblüter, dem Ardenner und Belgier ähnlich.

TRAKEHNER
In dem 1732 gegründeten ostpreußischen Gestüt Trakehnen entstandene, hervorragende Reitpferderasse. Nachzuchten in Polen und Westdeutschland. Der in Polen gezüchtete Trakehner heißt heute Wielkopolska.

TRAKEHNERGRABEN
Beliebtes, anspruchsvolles Hindernis bei Military-Querfeldeinprüfungen.

TRANQUILIZER
Beruhigende Substanzen. Sie werden vor allem nervösen Dressur- und Militarypferden vor Dressurprüfungen verabreicht. Verschiedene Tranquilizer fallen allerdings unter die Doping-Vorschrift, und ihre Anwendung bei Turnieren ist nicht gestattet.

TRAVERSIEREN
Seitengang, bei dem sich das Pferd gleichzeitig vorwärts und seitwärts bewegt.

TREIDELPFERD
Das früher häufig zum Ziehen eines Schiffes verwendete Pferd.

TREKKING
Mehrtägiges oder -wöchiges Wandern mit Pferden oder Ponys.

TRENSE
Die in Europa gebräuchliche Zäumung mit dem gebrochenen Metalltrensengebiß oder dem Gummitrensengebiß.

TREPPE
Abgestuftes Hindernis bei Geländeprüfungen.

TRIGA
Dreigespann in der Antike, meist Streitwagen. Daneben gab es Biga (Zweigespann) und Quadriga (Viergespann).

TRIPLEBARRE
Drei hintereinander aufgestellte Stangenricks im Springparcours, von denen das vordere am niedrigsten, das hintere am höchsten gebaut ist und die in einem Hochweitsprung überwunden werden müssen.

TRIPLE CROWN
Die «dreifache Krone» erringt ein Rennpferd, das in den drei klassischen Rennen Two Thousand Guineas, Derby und St-Leger siegt.

TROCKEN
Edle Pferde haben trockene Gliedmaßen und einen trockenen Kopf, d. h. Sehnen und Knochen zeichnen sich deutlich durch die Haut ab und werden nicht von schwammigen Polstern verdeckt.

TROIKA
Russisches Dreigespann, wobei das mittlere der nebeneinandergespannten Pferde unter der bogenförmigen «Duga» trabt und die äußeren, stark nach außen gestellten Pferde im Galopp gehen.

TROPILLA
Pferdegruppe eines Gauchos.

TROTTER
Trotter heißt in Amerika der Traber, der in normalem Trab geht, im Gegensatz zum Pacer, der im Paßgang trabt.

TURF
Englisch für Rasen. Im Zusammenhang mit Pferden ist Turf der Begriff für den Flachrennsport schlechthin.

TURNIER
Im Mittelalter Kampfspiel der Ritter. Heute werden Dressur-, Spring- und Militaryprüfungen Turniere genannt.

TWO THOUSAND GUINEAS
Eines der klassischen Rennen.

U

ÜBERBAUT
Bezeichnung für ein Pferd, dessen Kruppe höher liegt als der Widerrist. Kommt recht oft bei jungen Pferden und bei Trabern vor.

ÜBERBEINE
Knochenauftreibungen zwischen den Röhren und Griffelbeinen. Verschiedene Ursachen. Nach außen stehend, sind sie normalerweise nur Schönheitsfehler, nach innen können sie die Leistungsfähigkeit wesentlich beeinträchtigen.

ÜBERGÄNGE
Der Wechsel von einer Gangart in die andere, dessen Ausführung im Dressurreiten gesondert bewertet wird.

ÜBERTRAINIERT
Bezeichnung für Pferde, deren Leistung durch zu viel Trainingsarbeit abfällt.

ÜBERTRETEN
Wenn die Hinterhufe über die Spuren der Vorderfüße hinaustreten.

ÜBUNGSHINDERNISSE
Werden zum Einspringen auf dem Abreiteplatz neben dem Springparcours aufgestellt.

UKRAINISCHES WARMBLUT
Edles, modernes Reitpferd, unter starkem Einfluß von Vollblut-, Hannoveraner- und Trakehnerhengsten gezüchtet.

UNGARISCHE ANSPANNUNG
Sielen- oder Brustblattanspannung. Leichte Wagenanspannung ohne Kumt mit dem Sielen- oder Brustblattgeschirr.

UNTERLEGTRENSE
Dünne Trense, die zusätzlich unter dem Kandarengebiß liegt.

UNTERSTÄNDIG
Fehlerhafte Stellung der Vorderbeine.

Untugenden
Unarten. Die meisten Eigenschaften des Pferdes, die wir als Untugenden bezeichnen, sind keine angeborenen Charakterfehler, sondern entstehen durch nichtartgerechte Haltung oder unsachgemäße Behandlung. Zu den Stalluntugenden gehören Koppen, Holzfressen, Scharren usw. Weitere Unarten sind übermäßige Schreckhaftigkeit, Sichwehren gegen Sattel oder Zaum, Kopfhochwerfen, Steigen, Beißen, Schlagen usw. Stalluntugenden entstehen oft aus Langeweile bei Pferden, die einzeln gehalten werden oder zu wenig Beschäftigung haben. Sie sind beinahe unbekannt bei Pferden, die in Gruppen im Offenstall leben. Andere Untugenden entstehen durch Verhätscheln, vor allem im Fohlenalter, Überbeanspruchung beim Zureiten, schlechtsitzendes Sattel- oder Zaumzeug, Fehler beim Reiten usw.

Urinprobe
Urinuntersuchungen werden zur Dopingkontrolle bei Sportpferden oder zur Schwangerschaftskontrolle bei gedeckten Stuten vorgenommen, gelegentlich auch zur Krankheitsdiagnose.

Urpferde
Die wildlebenden Pferdeformen, von denen unsere Hauspferde abstammen. Von den verschiedenen Formen lebt heute nur noch das Przewalskipferd reinblütig, und auch dieses wahrscheinlich nur noch in Gefangenschaft.

V

Vaquero
Berittener mexikanischer Rinderhirt.

Verbandeisen
Speziell konstruiertes Hufeisen, mit dem man bei einer Verletzung der Hufsohle einen Verband festhalten kann.

Verbrecher
Bezeichnung für bösartige Pferde, wobei diese Bösartigkeit meistens durch falsche Behandlung entsteht.

Veredler
Edler Hengst, der zur Verbesserung unbefriedigender Rassen dient, meist Englischer oder Arabischer Vollblüter.

Verfohlen
Abort, Verwerfen, Frühgeburt. Frühzeitiges Gebären eines noch nicht lebensfähigen Fohlens.

Verhalten
Die artgemäße Reaktion auf bestimmte Reize nach einem ererbten Verhaltensmuster. Für uns ist das Sozialverhalten von besonderem Interesse, weil der ganze Umgang mit Pferden auf der Kenntnis der sozialen Verhaltensweisen (Rudelverhalten, Rangordnung, Spielverhalten usw.) beruht. Für den Züchter sind Kenntnisse des Fortpflanzungsverhaltens wichtig. Daneben gibt es das Flucht- und Feindverhalten, stoffwechselbedingtes Verhalten usw.

Vernagelung
Verletzung im Huf durch Eindringen eines falsch eingeschlagenen Nagels.

Verritten
Bezeichnung für ein Pferd, das nicht, nur teilweise oder nur widerwillig auf die Hilfen eingeht. Ursache ist meistens fehlerhaftes Reiten, vor allem bei jüngeren Pferden.

Versammeln
Ein Pferd ist versammelt, wenn es mit korrekter Hals- und Kopfhaltung am Zügel steht, mit unter den Körper gestellten Hinterbeinen die Vorderbeine entlastet und bereit ist, willig die Hilfen des Reiters anzunehmen.

Versammelter Galopp
Langsamste dressurmäßige Galoppgeschwindigkeit.

Versammelter Schritt
Langsamste dressurmäßige Schrittgeschwindigkeit.

Versammelter Trab
Langsamste dressurmäßige Trabgeschwindigkeit.

Verstand
Intelligenz. Als typisches, in Herden lebendes Fluchttier hat das Pferd «viel Gefühl, aber wenig Verstand». Das bedeutet, daß sein Leben weitgehend von angeborenen Instinkten gesteuert wird und Denken eine sehr geringe Rolle spielt. Ein Pferd ist daher weit weniger intelligent als etwa ein Hund. Hingegen haben Pferde ein gutes Erinnerungsvermögen.

Versteigerung
Auktion. Öffentlicher Verkauf von Pferden oder Ponys an die meistbietenden Interessenten.

Verteidigung
1. Normalerweise reagiert ein Pferd auf Gefahr durch Flucht, doch können, vor allem Hengste und Muttertiere, in besonderen Situationen zur Verteidigung durch Hufschläge und Bisse übergehen. 2. Anderer Ausdruck für Ungehorsam, Verweigerung der Hilfen.

Verwilderte Pferde
Alle heute noch wildlebenden Pferde, z. B. in Nord- und Südamerika, Australien, Asien usw., sind keine echten Wildpferde, sondern verwilderte Hauspferde.

Verziehen
Mähne und Schweif von Sportpferden werden durch Ausreißen kleiner Haarbüschel dünner gemacht und verkürzt, ein Vorgang, den man Verziehen nennt.

Vestlandhest
Die norwegische Bezeichnung für das Fjordpony.

Veterinär
Tierarzt.

Victoria
Offener, mit einer Haube überdeckbarer vierrädriger Wagen für zwei Personen.

Vielseitigkeitsprüfung
1. Military, bestehend aus einer Dressur-, einer Gelände- und einer Springprüfung. 2. Prüfung im Fahrsport, bestehend aus einer Dressurprüfung, einer Marathonfahrt und einem Hindernisfahren.

Vielseitigkeitssattel
Durch seine Konstruktion für die Dressur wie für den Springsport geeigneter Sattel.

Viereck
Reitbahn.

Viererzug
Vierergespann. Wagen mit zwei mal zwei hintereinander gespannten Pferden.

Virusabort
Frühzeitiges Gebären des Fohlens in noch nicht lebensfähigem Zustand durch Viruserkrankung. Vorbeugeimpfung möglich.

Vizir
Einer der Araber-Schimmelhengste Napoleons.

Vis-à-vis
Vierradfahrzeug, in dem die Fahrgäste einander gegenübersitzen.

Vollblut
Englisch thoroughbred = durchgezüchtet, französisch pur sang = reines Blut. Als Vollblut gelten die seit langer Zeit rein gezüchteten Rassen Arabisches Vollblut und Englisches Vollblut. Gelegentlich werden die seit rund 1000 Jahren rein gezüchteten Islandponys «Vollblut des Nordens» genannt, aber diese Bezeichnung ist irreführend, weil unter dem Begriff Vollblut eben auch ein hoch im Blut stehendes, hochedles Pferd zu verstehen ist. Manchmal werden auch die Traberrassen als Vollblutrassen bezeichnet, und die Amerikaner zählen ihre edlen Quarter Horses zu den Vollblütern. Im Zuchtregister eingetragene Englische Vollblüter tragen hinter dem Namen die Bezeichnung XX, Araber die Bezeichnung OX.

Volte
Hufschlagfigur. Ein Kreis von 6 bis 8 m Durchmesser.

Voltigieren
Turnen an einem Pferd, das an einer Longe im versammelten Galopp in einem Kreis von etwa 13 bis 14 m Durchmesser geht. Anstelle des Sattels trägt das Voltigierpferd einen Gurt mit zwei Handgriffen.

Vorbereitungsplatz
Abreiteplatz. Übungsplatz in der Turnieranlage.

Vorderfusswurzelgelenk
Das Gelenk am Vorderbein, das oft fälschlich als Knie bezeichnet wird.

Vorderzeug
Riemenzeug um die Vorderbrust, das vorn am Sattel befestigt wird, um zu verhindern, daß der Sattel nach hinten rutscht.

Vorhand
Der Teil des Pferdes, der vor der Hand des Reiters liegt, also Kopf, Hals, Widerrist Brust und Vorderbeine. Oft werden fälschlicherweise die Vorderbeine als Vorhand oder gar Vorderhand bezeichnet.

W

Wagenburg
Verteidigungsanlage aus kreisförmig angeordneten Wagen.

Wagenrennen
Wahrscheinlich schon bei vorgriechischen Kulturen bekannt, in Griechenland und Rom sehr populär, mancherorts als bäuerliches Vergnügen bis heute beliebt.

Waler
Edle, hauptsächlich aus englischen Halbblütern, Vollblütern und Arabern entstandene Warmblutrasse in Australien.

Wall
Natürliches oder künstliches Hindernis auf Springplätzen und im Querfeldeinparcours.

Wallach
Kastriertes männliches Pferd. Zur Zucht ungeeignete Hengste werden kastriert, weil sie dadurch viel umgänglicher werden.

Wanderreiten
Trekking. Mehrtägiger oder mehrwöchiger Ausflug mit Pferden oder Ponys.

Warendorf
Landgestüt in Nordrhein-Westfalen.

Warmblut
Alle edleren Reitpferderassen und alle leichteren Wagenpferde gelten als Warmblutpferde. Sie alle wurden mehr oder weniger von Arabern oder Englischen Vollblütern beeinflußt. Pferde, deren einer Elternteil ein Araber oder Englischer Vollblüter ist, nennt man Halbblüter. Natürlich sind auch sie Warmblüter.

Wassergraben
Natürliches oder künstliches Hindernis.

Weatherby
Englische Firma, die seit 1793 das englische Vollblutregister, das General Stud Book, herausgibt.

Weben
Untugend. Hin- und herpendelnde Bewegung von Kopf und Hals mit wechselnder Gewichtsverlagerung auf den Vorderbeinen. Ursache ist meistens Langeweile. Wird nicht selten von benachbart stehenden Pferden übernommen.

Wechselpunkte
Bestimmte Punkte in der Reitbahn.

Weedon
Englische Militärreitschule, wo noch heute die königliche Kavallerie ausgebildet wird.

Weide
Regelmäßiger Weidegang ist die beste Gewähr für eine gesunde Ernährung, natürliche Bewegung auf weichem Boden und vor allem auch für die psychische Entlastung. Zur Aufzucht gesunder Fohlen ist die Weide unerläßlich.

Weitsprung
Normalerweise ein Wassergraben, der nicht überbaut ist.

Welsh Pony
Hervorragende Ponys aus Wales, die in fünf verschiedenen Typen (Sektionen) gezüchtet werden.

Western Horse
Pferderassen und -schläge spanischen Ursprungs im amerikanischen Westen, z. B. Mustang, Quarter Horse, Appaloosa, Pinto, Palomino usw.

Westernsattel
Aus den Erfordernissen der Viehhütearbeit entwickelter, für Reiter und Pferd sehr bequemer Arbeitssattel, der sich sehr gut für die Freizeitreiterei und für viele Reitspiele eignet.

Westernstil
Aus der Viehhütepraxis entstandener Reitstil, dessen auffallendste Merkmale der lange Zügel und die fast gestreckten Beine sind. Sehr geeignet für Freizeit- und Wanderreiten und viele Reitspiele.

Westfale
Vielseitiger Warmblüter im Typ des Hannoveraners.

Westfriese
Sehr alte Kaltblutrasse, die aber wie eine starke Warmblutrasse aussieht.

Widerrist
Die mehr oder weniger deutlich erhöhte Stelle am Übergang des Halses in den Rücken.

Wiehern
Die weithin hörbaren Kontaktrufe des Pferdes.

Wielkopolska
Polentrakehner. Nach dem Zweiten Weltkrieg aus Trakehner-Restbeständen in Polen entstandene Rasse.

Wiener Hofreitschule
Andere Bezeichnung für die Spanische Hofreitschule in Wien.

Windhundbauch
Hochgezogener Bauch. Meist ein Zeichen von Unterernährung oder zu wenig Ballaststoff im Futter, aber auch bei Rennpferden im Training nicht selten.

Windsor Greys
Das Gala-Schimmelgespann des englischen Königshauses, ursprünglich ein Geschenk der niederländischen Königin Wilhelmina.

Winterbeschlag
Hufbeschlag aus Eisen mit Stollen als Gleitschutz.

Wladimirer
Sehr kraftvolles, tüchtiges Kaltblutpferd, vor rund 100 Jahren östlich von Moskau herausgezüchtet, oft «Traktorenpferd» genannt.

Woilach
Zusammengelegte Decke als Sattelunterlage.

Woronesch
Bitjugpferd. Verhältnismäßig leichter, beweglicher Kaltblüter in Rußland.

Wouwermans
Philips Wouwermans, 1619–1668. Berühmter niederländischer Pferdemaler.

Wundstarrkrampf
Tetanus. Die sehr gefährlichen Tetanusbazillen gelangen meistens durch Wunden, oft auch durch den kleinsten Kratzer, in den Körper. Vorbeugeimpfung empfehlenswert.

Würmer
Heute unterscheidet man rund 70 Arten von Würmern, die bei Pferden als Parasiten auftreten können. Starker Wurmbefall kann zu Schwächung und schließlich zu tödlich endenden Erkrankungen führen. Moderne Medikamente, zweimal jährlich ins Futter gemischt, wirken gegen alle Wurmarten.

Württemberger
Sehr edler, dem Trakehner ähnlicher Warmblüter.

X

X
Ein X hinter dem Pferdenamen besagt, daß es sich bei dem Pferd um einen reinen Anglo-Araber handelt, dessen Vorfahren reine Englische und Arabische Vollblüter waren.

Xenophon
Griechischer Geschichtsschreiber um 430 bis 354 v. Chr. Verfaßte u. a. die ersten ausführlichen Werke über die Reitkunst. Seine Erkenntnisse haben zum Teil noch heute Gültigkeit.

XX
XX hinter dem Pferdenamen bedeutet, daß es sich um ein reines Englisches Vollblut handelt. Das Arabische Vollblut erhält die Bezeichnung OX.

Y

Yorkshire Coach Horse
Sehr edle, aus Cleveland Bays stammende, unter deutlichem Vollbluteinfluß entstandene Kutschenpferderasse mit hervorragenden Reiteigenschaften. Diente zur Verbesserung vieler Pferderassen.

Z

Zähne
Das Gebiß des Pferdes besteht aus 6 oberen und 6 unteren Schneidezähnen und je 12 Backen- oder Mahlzähnen. Am Abnützungszustand der Zähne kann der Fachmann das Alter des Pferdes erkennen.

Zahnhaken
An den Backenzähnen können durch ungleichmäßige Abnützung dornartige Fortsätze entstehen, die oft zu Schmerzen und Freßunlust führen und abgefeilt werden müssen.

Zangen
Bezeichnung für die mittleren Schneidezähne.

Zäumung
Das komplette Kopfzeug des Reitpferdes.

Zebras
Gestreifte afrikanische Einhufer; drei Arten.

Zebroid
Kreuzung aus Zebra und Pferd oder Pony oder Esel. Diese Bastarde sind normalerweise unfruchtbar.

Zehenweit
Fehlerhafte Fußstellung.

Zeitspringen
Jagdspringen. Springprüfung mit Zeitwertung, wobei Springfehler in Sekunden umgerechnet werden.

Zentauren
Fabelwesen der griechischen Mythologie mit menschlichem Oberkörper, Pferdeleib und Pferdebeinen.

Zielfotografie
Mit der Zielkamera wird der Zieleinlauf der Rennpferde fotografiert, so daß auch kleinste Abstände präzise festgestellt werden können.

Zirkel
Kreisförmige Hufschlagfigur in der Reitbahn.

Zirkus
Dressurnummern mit Pferden, mit oder ohne Reiter, zur Belustigung des Volkes waren schon in der Antike sehr beliebt. Im 19. Jahrhundert erlebte der Zirkus seine eigentliche Blütezeit. Für die Dressur von Pferden ist heute der schweizerische Zirkus Knie wohl der berühmteste der Welt.

Zucht
Die Vermehrung von Pferden nach bestimmten Zielvorstellungen. Erfolgreiche Zucht setzt großes Fachwissen voraus.

Zuchthengst
Deckhengst, Beschäler. Zur Zucht geeignetes männliches Pferd.

Zuchtreife
Aufgrund ihrer körperlichen Entwicklung sind Pferdehengste im allgemeinen mit 2 $\frac{1}{2}$ bis 3 Jahren, Stuten mit 3 Jahren, Nordponys und andere spätreife Rassen mit 4 bis 5 Jahren zuchtreif, wobei aber die Geschlechtsreife schon früher einsetzt.

Zuchtrennen
Die Zuchttauglichkeit von Englischen Vollblütern und Trabern, in manchen Ländern auch von Arabern und anderen Rassen, wird in Rennen erprobt.

Zuchtwahl
Selektion. Auslese der zur Zucht geeigneten Pferde.

Zuchtziel
Zielvorstellung des mit der Zucht angestrebten Pferdetyps.

Zügel
Aus Leder oder Textilgewebe bestehende Leine, die als Verbindung des Zaumes mit der Hand des Reiters dient. Bei Gespannen werden diese Verbindungen nicht Zügel, sondern Leinen genannt.

Zugkraft
Die Zugkraft eines Pferdes liegt bei etwa 1000 kg.

Zungenfehler
Pferde, die ihre Zunge über das Gebißstück legen oder seitlich aus dem Maul hängen lassen, haben Zungenfehler. Eine korrekte Zügelführung ist in diesem Fall nicht möglich. Mit Löffelgebissen oder anderen Hilfsmitteln können solche Fehler manchmal korrigiert werden.

Zungenfreiheit
Die Hochwölbung im Mundteil des Kandarengebisses erlaubt eine gewisse Bewegungsfreiheit der Zunge.

Zugpferd
Als Zugpferde werden Kaltblüter bezeichnet. Warmblüter im Geschirr nennt man Wagenpferde.

Zureiten
Die erste Ausbildungsstufe bei jungen, noch rohen Reitpferden. Wurde früher oft als Brechen oder Einbrechen bezeichnet, was auf die oft angewandten Gewaltsmethoden hindeutet.

Zwanghuf
Fehlerhafte, hinten enge Hufform; zur Korrektur ist ein orthopädisches Zwanghufeisen erforderlich.

Zweibrücker
Edles, mittelschweres Araber- oder Trakehnereinfluß verratendes Warmblutpferd aus dem Gestüt Zweibrücken in der Pfalz.

Zweipferdespringen
Springprüfung, bei der jeder Teilnehmer nacheinander zwei Pferde durch den Parcours reiten muß, wobei oft auch das Umsatteln mitgerechnet wird.

Zweispänner
Gespann mit zwei Pferden nebeneinander. Ein Gefährt mit zwei hintereinander gespannten Pferden nennt man Tandem.

Zwerghackney
Aus der Kreuzung eines Hackneyhengstes mit einer Ponystute entstand die etwa 130 cm hohe Zwerghackney, der vor allem als Schaupony für leichte Wagen gezüchtet wird.

Zwillinge
Auf etwa 1500 Pferdegeburten kommt nur ein gesundes, normal entwickeltes Zwillingspaar. Meistens werden Zwillinge schon im Frühstadium als Fehlgeburten abgestoßen. Werden sie ausgetragen, sind meistens beide klein und zu normaler Entwicklung nicht befähigt.

Zyste
Blasenförmiger Auswuchs am Eierstock der Stute.

Register

A
Aalstrich 63
Abats-le-Sultan 217
Abgeschlagene Kruppe 61
Abstammungsnachweis 62
Abzeichen 62
Acchetta 32
Achal-Tekkiner 39, 216, 320, 340, 417
Achenbachsches System 367
Achselschwang 345
Achtspänner 373
Afrikanischer Wildesel 28
Ägypter 42, 106, 220
Aintree 290, 292
Akrobatik 198
Albino 39, 64, 69
Alsacienne 187
Altefeld 260, 263
Altèr Real 39
Amboß 178
Américaine, sièges changeants 187
American Saddle Horse 39, 178
Amerikanische Anspannung 373
Amerikanischer Standardtraber 39
Ammenstute 94
Amsterdamer Wall 331
Amynodontidae 16
Anchitherium 15, 19, 20
Andalusier 31, 39, 132, 147, 388
Anglo-Araber 39, 62, 192, 326
Ango-Argentino 39
Anglo-Normanne 39, 327, 390
Anlehnung 380
Anspannungsarten 368
Apfelschimmel 69
Appaloosa 39, 65, 204
Aqueduct 273
Araber 31, 63, 81, 132, 192, 216, 344, 402
Araberrasse 42
Araberrennen 269
Arabische Pferde 226
Arabischer Sattel 176
Arabisches Vollblut 42, 73, 132, 417
Aral-Pokal 256
Arbeitsgeschirr 375
Arbeitsgespann 192
Arbeitspferd 192
Arbeitstrab 75
Archaeohippus 21
Ardenner 36, 193
Ardenode Stud 249
Ariègepony 32, 64
Arterien 56
Ascot 232, 234, 247, 373
Ascot Gold Cup 231, 235, 247, 254
Asiatischer Wildesel 28, 106
Assateaguepony 32
Assyrer 42, 174, 221
Auteuil 254
Azteken 146

B
Backenstück 107
Backenzähne 58
Badminton 342
Badminton Horse Trials 344
Baigas 216
Bakterien 88
Ballen 60
Ballenpolster 60
Ballotade 154, 315, 390
Ballymacoll Stud 236
Balreask Stud 249
Bardos, György 380
Bareback 204, 207
Baschkiren 417
Bascule 327
Bashkir Curly 39
Bauchgurt 298
Bauernrennen 195
Bayerisches Warmblut 39
Bayerntor 331
Becher's Brook 287, 290, 292
Befruchtung 83, 90
Begrüßungsgesicht 81
Behinderten-Reiten 406
Beifahrer 379
Beine 60
Beinerkrankungen 60
Belgier 36
Belmont Park 273
Belmont Stakes 237, 267, 273
Belorussisches Kaltblut 193
Berber 39
Berberische Pferde 226
Berberpferde 31, 210
Bergzebra 28
Berline 185
Berline à sept glaces 187
Beugesehnen 61
Bewegung 73
Bewegungsapparat 46
Biestmilch 94
Bitjug 193
Blair Farm 272
Blanc et Noir 223
Bluegrass Farm 269
Blue Grass Section 269
Blue Grass Stakes 272
Blutbahnen 56
Bodeneng 61
Bodenweit 61
Bois Roussel 251, 253, 254
Bosnier 32, 192
Boulonnais 36
Brandenburger 39
Braune 62, 64, 69
Braunes Band von München 256
Break 184
Break de chasse 184
Break d'écurie 184
Break-Omnibus 184
Break-Wagonnette 184
Bretone 36
Briefmarken 188
Bronc Riding 204, 207
Brontotheriidae 16
Brougham 185
Brustblatt 298, 371, 373, 374
Brustblattgeschirr 181
Brustgurt 174
Buckskin 39
Budjonny 39
Buggy 187, 373
Buggy à quatre roues 187
Bull Riding 207
Burenpferde 274
Burghley 343, 345
Buschoxer 331
Buschschlüpfer 24
Buxton-Kandare 371
Buzkashi 215

C
Cab 184
Cadre bleu 390
Cadre noir 387, 390
Caleche 187
Calf Roping 204
Calippus 21
Calumet Farm 268, 269
Camarguepony 32
Canal Turn 292
Caninus 59
Capers 274
Caprilli-Revolution 324
Carrera de Sortijas 209
Carrus 181
Castleton Farm 297, 301
Cattle Town 169
Chair 292
Chalicotherien 17
Championnat du cheval d'armes 340
Champion von Europa 260
Chantilly 251, 254
Chapandaz 215
Char à bancs 185, 187
Char à bancs américaine 187
Char à bancs Phaéton 187
Charrette-Tonneau 187
Chaser 286
Chester 234
Childwick Bury 235
Chinapony 32
Chrisholm Trail 169
Chukkers 201
Chlaiborne Farm 236, 268
Cleveland Bay 39, 64, 234
Clydesdale 36, 62, 193
Coach 181
Coche 181
Cochio 181
Concord Coach 181
Combs, Leslie 272
Comtois 36
Concours Hippique 332, 340
Condylarth 20, 24
Condylarthra 16
Condylarthren 15
Connemarapony 32, 326
Corps des Carabiniers 390
Costeño 33, 147
Coupé 184
Coupé-Ambulance 184
Coupé-Mail 184
Courbette 155, 315, 389, 390
Cremealbino 69
Criollo 39, 147, 209
Cross 378
Cross Country 352, 359, 360
Croupade 154, 315, 390
Curragh 234, 248

D
Dalespony 33
Dalham Hall 235
Damenkarussell 388
Damensattel 174, 177
Danloux-Springsattel 176
Darby Dan Farm 269, 272
Darmpech 94
Darius 174
Dartmoorpony 33
Dauerritt 342, 349
Deckakt 88
Derby 230, 231, 236, 240, 247, 277
Derbysieger 245
Derbytag 245
Deutsches Derby 309
Distanzreiten 340, 402
Distanzrennen 216
Distanzritte 340
Dog Cart 185, 187
Dölepferd 36, 193
Domestikation 94
Domino Stud 251
Donkosaken 162, 216
Donpferd 39, 216
Dosanko-Pony 276
Dragoner 197
Drehschemellenkung 180
Dreizehnspänner 367
Dresseur 393
Dressur 75, 338, 380
Dressurkunst 393
Dressurpferde 60, 305, 306, 308, 317
Dressurpfosten 153
Dressurprüfung 302
Dressurprüfung 340, 347, 359
Dressurreiten 75, 308, 316
Dressursport 318, 302
Dressurviereck 347
Drohgebärden 81
Drohmimik 81
Dublin Horse Show 324
Duc 184
Duc à huit ressorts 184
Duga 372
Dülmener 33
Dunkelbraune 62
Dunkelfüchse 64
Durchlässigkeit 380

E
Eckschneidezahn 59
Eckzahn 59
Ecole de la Cavalerie 302
Ecole nationale d'équitation 390
Eierstöcke 84
Eihäute 93
Einhufer 28
Einsiedler 39
Einspänner 367, 368
Eisprung 84
Elfspänner 367
Ellbogengelenk 60
El Zahraa 42
Emryo 88
Englische Anspannung 370
Englisches Vollblut 43, 44, 225, 263, 297, 326, 358, 417
Englischer Sattel 174, 177
Entwicklungsgeschichte 15
Eohippus 15, 19, 20, 58
Eozän 16, 20, 24
Epihippus 20, 25
Epsom 227, 230, 232, 234, 245, 247
Epsom Derby 250
Equiden 28
Equiner Herpesvirus I 88
Equipagen 223
Equus 15, 19, 21, 27, 28, 30
Equus przewalskii 28
Erlenhof 254, 256, 261, 263
Escuela de Equitación Militar 340
Esel 28, 30
Europameister 384
Europäischer Traber 39, 301
Euter 95
Evolutionsforscher 18, 24
Evolutionsreiten 196
Evolutionstheorie 15
Exmoorpony 31, 33, 63
Exterieur 46
Exterieurmängel 61

F
Fahne 198
Fahren 366
Fahrleinen 298
Fahrleinenschlaufe 298
Fahrprüfung 376, 378
Fahrsport 365, 367
Falabellapony 33
Falben 64, 69
Falbfarbe 63
Fantasia 210
Faßbeinig 61
Faßrennen 203
Fässersprung 331
FEI 305
Feldsteinmauer 331
Fellbeknabbern 81
Fellpony 33
Fesselbehang 36
Fesselbein 60
Fesselgelenk 60
Fesseln 60
Fesselringband 60
Fet 90
Figurenreiten 196
Finnischer Klepper 39
Fitzgerald, Donna 402
Fjord-Huzule 34
Fjordpony 31, 34, 64, 193
Flachsattel 174
Flanke 198
Flehmen 81
Fliegenschimmel 69
Flieger 268
Fluchttier 24, 46, 94
Fohlen 94
Fohlenschein 62
Follikelsprung 84
Fortpflanzung 83
Fortpflanzungsverhalten 84
Foxhound 219, 222
Français Tricolore 223
Französischer Traber 39, 297, 301
Frederiksborger 31, 39, 296
Freiberger 36, 193
Freizeitreiten 400, 402, 406
Frostscheck 65
Fruchtflüssigkeit 94
Fruchtwasser 93

Füchse 62, 64, 69
Fuchsjagd 222
Fuhrwerk 374
Furioso-North Star 39
Fußfesseln 423
Fußfolge 75
Fußraster 298

G
Gainesway Farm 237
Galagespann 373
Galiceño 34, 147
Galopp 74, 76
Galopper 372
Galopper des Jahres 260
Galoppiervermögen 74
Galopptraversale 306, 314
Galoppwechsel 75, 312, 314, 317, 387, 390
Galway Plate 286
Gamaschen 357
Gangarten 73, 294
Gardians 423
Garranopony 34
Gatteroxer 331
Gauchos 201, 208, 422
Gauchopferde 60, 422
Gauchorodeos 423
Gebärmutter 88, 91, 93
Gebärmutterwand 91, 93
Gebirgsbeschlag 178
Gebiß 107, 298
Gebrauchswagen 185
Geburt 94, 95
Geburtskanal 93
Geburtsphase 93
Geburtswehen 93
Gehorsamkeitstest 357
Geländefahrt 378, 379
Geländeprüfung 302, 342
Geländeritt 338, 349, 378
Geländestrecke 360, 382
Gelderländer 39
Gelenke 60
Gemeinsame Strecksehne 60
General Stud Book 43, 227, 228, 229
Germanen 221
Geschirr 379, 298
Geschlechtshormon 84
Geschlechtsöffnung 93
Geschlechtstrieb 84
Gespann 365, 366, 373, 374, 375, 380
Gespannkontrolle 376, 380
Gewerbliche Anspannung 374
Gidran 39
Gilltown Stud 249
Gliedmaße 60
Gold Cup 226
Goodwood 247
Goodwood Cup 247, 255, 257
Gordon Stakes 247
Gotländer 34
Graditz 256, 261
Grand Critérum 255
Grand Liverpool Steeplechase 286, 290

440

Grand National
 Steeplechase 275,
 285, 286, 290, 292
Grand Prix de
 Dressage 305, 306,
 312
Grand Prix de
 Paris 240, 254
Grand Prix
 Special 315
Grand
 Steeplechase 287
Grand Steeplechase
 de Paris 254
Grange William
 Stud 237
Gran Premio
 d'Italia 260
Grevyzebra 28
Griechen 221
Gris 69
Groninger 40, 327
Großer Preis von
 Baden-Baden 256
Großer Preis von
 Deauville 257
Großer Preis von
 Europa 260
Grundgangart 73
Grundsitz 198
Guarda Nacional
 Republicana 197
1000 Guineas 231,
 232, 235, 247, 277
2000 Guineas 231,
 232, 236, 247, 277
Guiness Hurdle 287
Gymkhana 195, 202

H
Haarfarben 64, 69
Hackney 40, 73, 178
Haflinger 34, 193
Hakenzahn 59
Halbblüter 38
Halbblutpferde 327
Halbesel 28
Halbgala-
 gespann 373
Halsgeschirr 365
Halsriemen 181
Hampton Court 235
Handicap 231
Handicapper 291
Handwechsel 313
Hannoveraner 40,
 326
Hanover Shoe
 Farm 294, 301
Haras
 Impériaux 160
Harbor View
 Farm 237
Harddraver 296
Harden 223
Harte Dressur 393
Harztropfen 93
Harrier 222
Hauspferd 60, 63
Heilpädagogisches
 Reiten 407
Helaletidae 16
Helsinkigatter 331
Hengstkampf 78
Herdengenossen 393
Herdentier 80
Hermitage Farm 268
Herz 56
Hessisches
 Warmblut 40
Hetzjagd 222
Hialeah Park 272
Highclere Stud 236
Highlandpony 34,
 344
Hindernis 379
Hindernisfahren 380,
 383
Hindernisrennen 285
Hindusattel 177
Hinterzwiesel 177

Hipparchikos 144
Hipparion 15, 19, 21
Hippidion 21
Hippodrom 332
Hippologie 387
Hipposandalen 179
Hippotherapie 407
Hirnanhangdrüse 84
Hirnschädel 59
Hirschhals 308
Hobbles 298
Hochsprung 355
Hohe Schule 387,
 389
Höhlenmalerei 63
Holozän 17, 20, 27
Holsteiner 40, 309,
 326
Hoppegarten 257
Hormon 84
Horsens 352
Horsens Bridge 355
Huasos 209
Huf 60
Hufbein 60
Hufbeschlag 178
Huffehler 61
Hufgrip 178
Huf-Gummi-
 glocke 298
Hufknorpel 60
Hufschlag-
 figuren 304
Hufsohle 60
Hufstrahl 60
Hüftgelenk 60
Hufwand 60
Hunnen 416
Hunter 40, 286, 326
Hunting 223
Huntsmen 219
Hürdenrennen 285
Huzule 34, 192
Hyksos 106
Hypophyse 84
Hyppohippus 15, 21
Hyrachyidae 16
Hyracodontidae 16
Hyracotherium 15,
 18, 20, 24, 28

I
Immunstoffe 94
Imponiergehabe 81,
 84
Incisivi 59
Indianerpony 34
Inkas 147
Innere Organe 47
Intermédiaire 305,
 312
Internationale
 Reiterliche
 Vereinigung 305
Irisches Derby 248
Irische Grand
 National 286
Irischer Wall 287
Irish Draught 40
Irish Sweeps
 Derby 236, 249
Isabell 69
Isectolophidae 16
Islandpferde 407
Islandpony 34
Italienische
 Schule 324

J
Jagd 219, 222
Jagdkultur 221
Jagdpferde 286, 323
Jagdrennen 247, 285,
 286, 340, 359
Jagdsattel 174
Jagdwagen 185
Jährling 95
Jakuten 417
Janow Podlaski 192

Japan Lightbreed
 Horse
 Association 277
Japan Racing
 Association 276
Jineteada 208
Jockey 245
Jockey Club 230, 232,
 248, 251
Jog 76
Jütländer 37

K
Kabachi 217
Kabardiner 40, 216,
 417
Kaltblüter 74
Kaltblutpferde 36,
 192
Kaltblutrassen 42
Kampfverhalten 393
Kampfwagen 106
Kandaren 138, 371
Kapriole 155, 315,
 387, 389, 390
Karabagh 40
Karabaier 40, 417
Karpfenrücken 61
Karren 180
Kartoffel-
 rennen 203
Karussellpferd 172
Karussellpferd-
 chen 215
Karussellreiten 197
Kasachen 417
Kasachen-
 pferde 417
Kauapparat 58
Kaumuskeln 58
Kavallerie 197
Kavallerie-
 attacke 197
Kavalleriereitschule
 von Saumur 160
Kavallerie-
 remonte 340
Kavalleriesattel 177
Kavallerieschule 340
Kavallerieschule von
 Saumur 315, 387,
 390
Keilkopf 61
Kelten 221
Kelteneisen 179
Kentucky Derby 267,
 272
Khis-Kuohou 216
King George VI and
 Queen Elizabeth
 Stakes 236, 247
King Ranch 272
King's Plates 227
Kirgisen 417
Kladrub 368
Kladruber 31, 40
Klassische
 Reitkunst 387
Klassische
 Rennen 231
Kleiderrennen 203
Klostergestüt
 Einsiedeln 160
Knabstruper 31, 40,
 62
Knieaktion 73
Kniegamasche 298
Kniegamaschen-
 träger 298
Kniegelenk 60
Knochenauftreibun-
 gen 61
Knochenbau 56, 58
Knochenhautentzün-
 dung 61
Knochenkrank-
 heiten 61
Koczi 180
Kolibakterien 88
Kolostrum 94
Kombination 331

Konditionstest 357
Königliche
 Reitschuel 153
Konik 28, 192
Konquista-
 doren 146
Kontergalopp 347
Kopfstange 298
Kopfzeug 106
Koppen 80
Koppergebiß 59
Korral 204
Korrektureisen 179
Kosakensattel 176
Kötenbehang 36
Kreisreiten 196
Kreuzleinen 367
Kreuzoxer 331
Kreuzritter 200
Kreuzrad 180
Kriegswagen 366
Kronenrand 60
Krummholz 372
Kufenstechen 195
Kuhaylan 42
Kuhhessig 61
Kummet 370, 373,
 374
Kummet-
 geschirr 181
Kunden 59
Kumys 416
Kustanaier 40
Kutschen 180
Kutschen 185
Kuvertoxer 331
Kuvertsteil-
 sprung 331

L
Lahmheit 60, 61
Landau 187
Landau à cinq
 glaces 187
Landau à huit
 ressorts 187
Landauer 185, 373
Landau-Omni-
 bus 187
Lanzenkämpfer 174
Lauftier 24
Laurel-Renn-
 bahn 273
Laytown 249
Leinen 372
Leistute 81
Leittier 393
Lendenriemen 298
Leopardstown 249
Leopardstown
 Chase 287
Levade 155, 315, 388,
 390
Lindsay Park 275
Linksgalopp 75, 203
L'Instruction du
 Roi 152
Lipizzaner 31, 40,
 192, 380, 389
Liverpool-
 Kandare 371
Lokaier 40
Longchamp 253, 255
Longe 304
Lope 76
Lophiodontidae 16
Luhmühlen 342, 344
Lusitano 40

M
Mail Coach 181
Maisons-Laffitte 255
Malopolska 40, 192,
 327
Mandschuren 221
Maneige Royal 153
Manövrierreiten 196
Marathon 378, 380

Marmorscheck 65,
 69
Marokkaner 210
Marsfeld 198
Massage 357
Master 219
Master of the
 Hounds 222
Matchrennen 248
Maulesel 28
Maultiere 28, 193,
 368
Maultiereisen 178
Mäusetest 88
Mausfalben 63
Mayas 146
Mazedonier 34
Meautry 253
Mecklenburger 40
Megahippus 21
Mehlmaul 63
Mehrspänner 368
Meiwa Stud 277
Melbourne Cup 275
Merychippus 15, 21,
 26
Mesohippus 15, 20,
 25
Méthode
 d'équitation 387
Milchgebiß 59
Milchpferde 417
Milchzitzen 94
Military 302, 338,
 340, 342, 347, 349,
 358, 378
Military-Hinder-
 nisse 342
Military
 Internationale 340
Militarypferde 317,
 344, 349, 357
Militaryprüfung 344
Miohippus 20, 26
Miozän 16, 20, 25
Missouri Fox
 Trotter 40
Mittelschritt 75, 313
Mitteltrab 75, 312
Mittelzahn 59
Mohrenstechen 388
Molaren 59
Mongolen 417
Mongolenponys 31,
 417
Mongolensattel 176
Moonle Valley
 Cup 274
Morgan Horse 40
Moritzberg 260
Moulassier 37
Moyglare Stud 249
Mtidau-
 daschweba 216
Mühle 198
Muniqi-Araber 42,
 227
Muskelkater 46, 357
Mustang 31, 40, 146,
 147
Mutter-Kind-
 Beziehung 94
Mutterkuchen 91
Muttermilch 94
Mylord 184
Mylord Couvert 184

N
Nabelschnur 91
Nachhandwendun-
 gen 305
Nannipus 21
Narraganset
Pacer 297
Nasenband 298
Nasenbremse 83
Nashörner 17
National Army
 Museum 161
National Sud 234,
 236, 249

Neapolitaner 31, 132
Neohipparion 21
Neukirgise 40
Neunspänner 367
New-Forest-Pony 34
Newmarket 42, 161,
 226, 232, 234
Newmarket
 Course 269
Newmarket Town
 Plate 234
News of the World
 Stakes 247
Niederländisches
 Kaltblut 37
Niederländisches
 Warmblut 40, 327
Nippon Race
 Club 276
Nisakinetum 217
Nonius 40, 193
Nordpony 95
Nordschwede 37
Norfolk Trotter 296
Normandy Bank 343
Normannen-
 pferde 327
Noriker 37, 193
Nummernbrände 62
Nydrie Farm 268

O
Oaks 231, 235, 247,
 254, 277
Oberflächliche
 Beugesehne 60
Ocala Stud Farm 272
Offizierssattel 176
Oldenburger 40
Oligozän 16, 20, 25
Olympiade 344
Olympiasieger 316,
 332, 358
Olympischer
 Parcours 331
Olympisches
 Komitee 332
Olympische
 Spiele 225, 302,
 318, 332, 342, 358,
 360
Omnibus 184
Omnibus à
 capucine 184
Omnibus-Break 184
Omnibus
 Char à bancs 184
Onward Stud 277
Open Range 169
Ordini di
 Cavalcare 144
Ordonnanzeisen 178
Orientalen 42
Organe 46
Orlow, Graf
 Alexei 296
Orlowtraber 40, 193,
 297, 301
Orohippus 20, 24
Orthopädische
 Beschläge 179
Ostbulgare 40
Ostfriese 40
Overcheck 298
Oxer 342, 352

P
Paarung 83, 84
Paarungsbereit-
 schaft 88
Paarungszeit 83, 84
Pacers 77
Pacer 294, 296, 298
Packpferde 193
Paint Horse 41
Paläotherium 19, 20
Paleozän 16, 20, 24
Palio di Siena 195
Palomino 41, 64, 69
Palominofarbige 62

Panhandle Trail 169
Panier à deux roues 187
Panier Double Poney 187
Papach-oinu 216
Parahippus 21, 26
Pardubitzer Steeplechase 287
Parforcejagd 222
Pas de Deux 389
Paso 41
Paso Fino 147
Pasopferde 76
Paß 76
Passage 155, 302, 306, 313, 317, 318, 390
Paßgänger 294
Paßgang 145, 296
Paßgänger 76
Paßtölt 77
Patentachse 180
Pato, El 201, 217
Peitsche 373
Percheron 37, 192, 193
Peri Hippikes 144, 387
Perser 42
Peruvian Paso 147
Pesade 390
Pferdeesel 29
Pferdefußball 217
Pferdemumie 107
Pferdepaß 62
Pferderassen 30
Pferderennen 332
Pflanzenfresser 46
Phaecodus 15
Phaeton 185, 187, 368, 388
Phaëton de Dames 187
Phalanx 197
Phoenix Park 248
Piaffe 302, 306, 313, 317, 318, 390
Piber 389
Pilaren 153, 302
Pimlico 273
Pinerolo 324, 340
Pinto 41
Pirouette 155, 306, 313
Piqueurs 223
Planken-Stangen-Oxer 331
Plankensteilsprung 331
Plazenta 91
Plesippus 28
Pleistozän 16, 20, 26
Pliohippus 21, 27
Pliozän 16, 20, 26
Polentrakehner 192
Polo 200
Polopony 200, 344
Poney-Chaise 184
Poney-Parc 184
Pontefract 234
Pony of the Americas (POA) 34
Ponyrassen 42
Ponys 28, 32
Postsattel 174
Prämolaren 58
Preakness Stakes 267, 273
Prix d'Amerique 294, 297
Prix de Cadran 254
Prix de Diane 251
Prix de l'Arc de Triomphe 236, 254, 256, 260, 262, 273
Prix du Jockey Club 240, 251, 254
Prix du Président de la République 297
Prix St. Georges 305, 312
Prix Vermeilles 254
Przewalskipferd 28, 31, 38, 63

Q
Quadrille 388
Quarter Horse 41, 147, 199, 204, 268
Quarter-Horse-Rennen 269
Quarter Miler 268
Querfeldeinritt 342
Querfeldeinstrecke 338, 340, 349, 352

R
Raid militaire 340
Ramskopf 61
Random 368
Rangordnung 80
Rangstreitigkeiten 81
Rappen 62, 64, 69
Ravensberg 261, 263
Rechtsgalopp 75, 203
Reinzucht 132
Reitbahn 305
Reiterhorde 210
Reitkunst 304
Reitschule von Saumur 302
Reitspiele 195, 210, 215, 223, 276, 423
Reittherapie 407
Relais 223
Remise 185
Rennbahngalopp 338, 340, 342, 349
Renneisen 178
Rennen 365
Rennfarben 280
Rennpferd 43
Rennsattel 177
Rennsport 43, 225, 248, 250, 256, 265
Reux 253
Rheinisch-Deutsches Kaltblut 37
Rhinopneumonitisvirus 88
Ringstechen 195, 209
Ritter 138
Rittersattel 174, 176
Rodeo 204, 275
Rodeoreiter 209
Röhrbein 60
Röhre 60
Römer 179, 221
Roper 204
Roping Horse 204
Roßballett 197
Rosse 83, 88
Röttgen 257, 260, 261
Royal Ascot Meetings 247
Royal Dublin Society 323
Royal Studs 235
Russische Anspannung 372
Russischer Traber 301
Russisches Kaltblut 37

S
Saddle Horse 73
Sagamore Farm 272
Saint-Lô 192
Sais 216
Samenzellen 84
Sandhurst Hurdle Race 275
Sandringham 235
Santa Fe Downs 265
Saqlawi 42
Saratoga 273
Sattel 174
Sattelbaum 174
Sattellage 62, 199
Sattlerkunst 174
Sauteurs 390
Schabrackenscheck 65, 69
Schalanken 371
Schaugänge 73
Schaukelpferd 172
Schaureiten 197

Schecken 65, 69
Scheckenzeichnung 62
Scheibenrad 180
Scheinrosse 88
Scherbaum 372
Schere 198
Scheuklappen 298
Schimmel 64, 69
Schimmelfarbe 63
Schlenderhan 256, 261, 262
Schleppfährte 219
Schleswiger 37
Schliefer 18
Schlittenrennen 296
Schlüssellochrennen 202
Schmelzeinstülpungen 59
Schmelzfalten 59
Schmelzleisten 59
Schneeflockenschecken 65, 142
Schneidezähne 59
Schnelltrabstrecke 382
Schönheitsfehler 61
Schritt 74
Schrittpaß 76
Schrittpferde 74
Schulquadrille 388, 389, 390
Schulsprünge 302, 315, 389, 390
Schulterherein 306
Schwammige Gelenke 61
Schwanenhals 61
Schwarzwälder 37
Schwebephase 75, 76
Schweden-Ardenner 37, 192
Schwedisches Warmblut 41, 327
Schweifriemen 298
Schweißblatt 357
Sechsspänner 373
Sehnen 46, 60
Sehnengamasche 298
Sehnenschäden 61
Sehnenzerreißung 61
Sehnenzerrungen 61
Seitenstrang 298
Senkrücken 61
Sesambein 60
Shagya 41
Shetlandpony 35
Shire Horse 37, 62, 193
Silbernes Band der Ruhr 309
Sinnesorgane 46
Sistema Caprilli 324
Sjurpapach 217
Skelett 46, 56
Skythen 107, 174, 180, 416
Slalom 203
Sliding Stop 204
Smetanka 296
Someries Stud 235
Sowjetisches Kaltblut 37, 193
Sozialverhalten 78, 81
Spanische Hofreitschule 153, 197, 302, 315, 387, 388, 389, 390
Spanischer Sattel 176
Spanischer Tritt 390
Spanisch-mexikanischer Sattel 176
Spat 61
Spateisen 178
Speichenrad 180
Spendthrift Farm 268, 272
Spermien 84
Spider 184
Spielzeugpferd 172
Sporen 138, 423
Sporteisen 178
Sportpferdezucht 192
Sportwagen 185

Springen 357
Springkonkurrenz 323
Springmanier 327
Springparcours 338, 357
Springpferd 326
Springprüfung 302, 323, 324, 340, 357
Springsport 323
Sprunggelenk 60
Sprungzügel 298
Stage Coach 373
Staghound 222
Stalldrang 80
Stallfarben 280
Stampede 168
Standard Bred 77, 297, 301
Standardfarben 65
Stangenlasso 142
Stangenoxer 331
Stangenpferde 367
Stangensteilsprung 331
Stanhope 185
Stanley and Woodlands 235
Staphylokokken 88
Starker Galopp 312
Starker Schritt 75
Starker Trab 75, 312
Stationata 355
Stechsattel 174
Steeple 378
Steeplechases 247, 285, 286, 344
Steer Wrestling 204, 206
Steher 268
Stehmähne 63
Steigbügel 174, 423
Steigen 393
Steile Fessel 61
Steile Schulter 61
Steilsprung 342
Stellungsfehler 61
Steppenponys 142
Steppenreiter 416
Steppentarpan 28
Steppenwildpferd 28, 31
Steppenzebra 28
Stepping Pace 76
Stichelhaarig 62, 69
Stiefel 423
St. Leger 231, 235, 240, 247, 277
Strahlbein 60
Strahlpolster 60
Streifeisen 178
Streitwagenfahrer 416
Streptokokken 88
Stübben-Dressursattel 177
Suffolk Punch 37, 64, 193
Sulky 75, 296, 298
Sumerer 220
Sylphide 187

T
Tandem 367
Tapir 17, 78
Tarpane 28, 63
Tataren 416
Tattenham Corner 245
Taxusgraben 287
Team Roping 204, 206
Tennessee Walking Horse 41, 73, 178
Tersker Warmblut 41
Tevis Cup 402
The Meadow 268
Therapeutisches Reiten 406
Tiefe Beugesehne 60
Tigerscheckpony 35
Tigerschecken 63, 65, 69, 142
Tilbury 185, 187
Tölt 76
Tonneau 185
Tor di Quinto 340

Toriker 41
Trab 74, 76
Trabaktion 296
Traber 76, 372
Trabergeschirr 298
Traberrassen 75
Trabrennen 294, 296
Trabstrecken 349
Trabpaß 76
Trabtraversalen 347
Trächtigkeit 88
Trächtigkeitsdauer 93
Tragband 60
Traineau 187
Trainingsprogramm 401
Trait du Nord 37, 193
Trakehner 41
Trakehnergraben 342, 343
Travers 306
Traversale 312, 390
Trelawney Stud 275
Triplebarre 331, 342
Triple Crown 231
Triple Crown Winner 236, 267
Troika 372
Trojaspiel 196
Trout Hatchery 343
Trotter 76
Tschenburti 217
Tundrenpferd 46
Turf Club 248
Turkmenenpferde 216

U
Überbeine 61
Ungarische Anspannung 371
Union Rennen 263
Unterarm 60
Unterständige Stellung 61
Untugenden 81
Urintest 88
Urkaltblut 30
Urpferdchen 58
Urpferd 78
Urponys 46, 63
Urvollblüter 31

V
Valentin's Brook 292
Vaqueros 147
Vaquerosattel 177
Venen 56
Vénerie 223
Verdauungsapparat 46
Verdauungsorgane 46
Verfohlen 88
Verhalten 78
Verhaltensschema 78
Versammelter Galopp 312
Versammelter Schritt 75, 313
Versammelter Trab 75, 312
Verschwommener Widerrist 61
Verwerfen 88
Veterinärkontrolle 349, 357
Victoria 184
Victot 253
Viehtrecks 168
Vielseitigkeitswettbewerbe 302
Viererzug 365
Viererzugfahren 365, 382
Viererzug-Weltmeisterschaft 376
Vierring-Trense 371
Vierspänner 367, 373
Viktoria 185
Vis-à-Vis 187
Vollblutaraber 161
Vollblut, Englisches 216

Vollblüter 44, 60, 286, 344, 390
Vollblutgeschäft 248, 265
Vollblutpferde 227, 274
Vollblutrennen 269
Vollblutzucht 43, 226, 228, 249
Vollmilitary 338
Volltigerscheck 69
Volte 196
Volten 154
Voltigieren 198, 406
Voltigierpferd 198
Vorderfußwurzelgelenk 60
Vorderpferde 367
Vorderzwiesel 177
Vorhandwendungen 305
Vornholz 308
Vorreiter 373
Vorständige Stellung 61

W
Wagen 379
Wagenbauer 185
Wagenpferde 60
Wagenrennen 225, 332, 365
Wagentypen 185
Waldfried 261, 263
Waldtarpen 28
Waler 41
Walldorf 345
Walmac-Warnerton Stud 236
Walnut Hall Farm 301
Wanderreiten 400, 402
Wandersättel 401
Wandgängereisen 178
Warmblutpferde 38, 60
Warmblutrassen 42
Warmblutzucht 323
Washington D. C. International 273, 276
Wassereinsprünge 342
Wassergraben 331, 342
Water Jump 292
Wegstrecken 338, 349, 378
Weiche Dressur 393
Weiche Fessel 61
Weißrussisches Kaltblut 193
Weitsprung 355
Welsh Cob 41
Welshponys 35
Westernhorses 147
Westernpferde 31
Westernsattel 174, 177, 401
Westernstil 147
Westfale 41
Westfriese 37
Wetherby 234
Whippers 223
Wiehern 81
Wielkopolska 41, 192
Wikinger 146, 221
Wildeinhufer 28
Wildgestüt 84
Wildesel 107
Wildpferde 28, 30, 60, 63, 423
Windsor 234
Windsor Great Park 228, 382
Windsor Greys 234
Winterbeschlag 178
Wladimirer 193
Wolverton 253
Woroneschpferd 37, 193
Woodland Stud 232
Württemberger 41
Wüstenaraber 31, 161

Y
Yorkshire Coach Horse 41
Yoshida Farm 277

Z
Zähne 58
Zahnflächen 58
Zahnwurzeln 59
Zangengebiß 59
Zarzuela 340
Zebras 28, 30
Zebrastreifen 63
Zebroid 29
Zeheneng 61
Zehenweit 61
Zehnspänner 367
Zelter 76
Zickzacktraversale 390
Ziegelmauer 331
Zirkusdressur 315, 393
Zirkusreiterei 198
Zoppenbroich 256, 261
Zugpferd 193
Zukunftsrennen 257
Zweibrücker 41
Zweiradwagen 75
Zweispänner 373
Zwerghackney 35
Zwillingsträchtigkeit 88

Personennamen

A
Achenbach, Benno von 367
Abonyi, Imre 384
Adamczak, Wladyslaw 385
Aeneas 196
Aga Khan 235, 255
Alafi, Peter 261
Alexander der Große 161, 179, 216
Alexander I., Zar 161
Alfred der Große 221
Algen, Henry 285
Allhusen, Derek 362
Althann, Gundaker Graf 388
Amenophis II 220
Ammermann, Otto 345
Anderson, C. H. 361
Anjou, Herzog von 152
Anne, Prinzessin 344, 357
Anne, Queen 247
Arcaro, Eddie 266
Argenton, Allessandro 363
Argo, Edwin Y. 360
Arnull, George 256
Arrian 221
Artois, Graf von 250
Ascanius 196
Assaba, Lequio di 333
Assurnipal II 220
Astor, Lord und Lady 235
Attila 416
Aumont, Eugène und Alexandre 255
Aumont, René 255

B
Balanda, Bertran de 334
Balint, Mihaly 385
Bardos, György 383, 385
Barnekow, Marten von 334
Batthyany, Margit 251, 253, 254, 261, 263
Baucher, François 387
Baumann, Ernst 342
Bausil, Paul 340
Becher, Captain 286, 290
Bentick, Lord 290
Beresford, Lord William 266
Berry, Herzogin De 390
Bigot, Armand 363
Blake, Edmund 286
Blascovich, Ernö 257
Blixen-Finecke, H. von 317, 361
Blöcker, Herbert 345
Blommaert, Baron E. de 333
Blundeville, Thomas 226
Boldt, Harry 302, 309, 320, 321
Bollow, Hein 261
Boltenstern, Gustav A. 317, 319
Bonde, Graf Carl 317
Bordel, Adrian von 262
Borg, R. J. 361
Bourbon, Herzog von 250
Boussac, Marcel 253, 254, 256
Bowman, George 377, 384
Bradley, Caroline 329
Brandt, Heinz 334
Braun, Georg von 333
Broom, David 336
Bühler, Anton 345, 362
Bullen, Jane 362
Bunbury, Sir 231
Buret, Maurice 319
Burton, J. R. 361
Büsing, Willi 361
Byerley, Captain 227

C
Caffaratti, Ettore 359
Caprilli, Federico 324, 340
Cariou, Jean 333, 359
Castle, George 262
Cavendish, William 387
Chamberlin, Harry D. 334, 360
Chammartin, Henri 309, 320
Chapot, Frank 328, 336
Charles I., König 226
Charles II, König 227, 230, 232
Charnisay, Menon de 153
Checcoli, Mauro 362
Chevallier, Bernhard 361
Chilperich I. 178
Clouet, François 145
Coakes, Marion 326, 336
Coffin, Tad 363
Cokes, Edward 228
Colchester, William 18
Cole, J. T. 361
Comerford, Marjorie 343
Coms, Leslie 268
Cope, Edward Drinker 19
Cordero, Angel 266
Coronado, De 168
Coronado, Francisco Vasquez 147
Cortez, Hernando 146
Cristi, Oscar 335
Cromwell, Oliver 227
Crousse, Georges 324
Cumberland, Herzog von 227, 228

D
Darley, Richard 227
Darley, Thomas 227
Darwin, Charles 15, 19
David, Jacques-Louis 160
Davidson, Bruce 345, 363
Da Vinci, Leonardo 145
Day, Jim 336
Décotte, Alex 422
Degen, Jakob 388
Delius, Reinhard 263
Delp, Grover G. 269
Demidoff, Graf 251
Deplanche, Frank 377
Derby, Graf von 231, 235
D'Inzeo, Piero 328, 335, 336, 342
D'Inzeo, Raimondo 328, 335, 336
Doak, Sloan 359
Donatello 145
Donelly, Dick 324
Donoghue, Steve 234
Doudin, Robert 384
Drechsler, Fritz 257, 261, 263
Dubey, Auguste 376, 384
Dürer, Albrecht 139
Dschingis-Khan 142, 416

E
Eberhard V., Graf 145
Edward, Will 230
Eisenberg, Baron von 132
Elder, James 337
Elder, Jim 336
Eligius 179
Elisabeth, Königin 247
Elisabeth II., Königin 373
Ellis, H. R. 361

F
Fenwick, C. 291
Fernandes, Garcia 334
Ferreira, André 324
Filatow, Sergej 309, 320
Fischer, Gustav 320
Fischer von Erlach, Josef E. 388
Fitzsimmons, James 268
Fitzstephen, William 226
Francis, Dick 290
Franz I. von Frankreich 145
Friedrich Wilhelm III. 161
Frierson, A. A. 361
Fülöp, Sandor 384

G
Gabathuler, Walter 329
Gattemelata 145
Gayford, Tom 336
Gemuseus, Alphonse 333
George II., König 228
Gerhard, Friedrich 318
Glisson, Gordon 266
Godolphin, Lord 228
Gordon-Watson, Mary 363
Gornuschko, Peter 357
Gosse, F. L. N. 161
Gourgaud, General 163
Gozzoli, Benozzo 144
Grillo, Gabriele 321
Grisone, Federico 144, 152, 302, 387
Groß, J. 160
Guérinière, Robichon de la 302, 387
Günther, Arnold von 325
Gurney, Hilda 309
Guyon, Jean-Jacques 362

H
Haagensen, Nils 363
Hancock, A. B. 269
Harembab 106
Hartel, Lis 319
Hasse, Kurt 334
Hatherley, Susan 357
Hatuey 335
Hauri, Max 329
Hawley, Sandy 266
Hayes, Colin 275
Heinrich VIII., König 235
Henry, Frank S. 361
Henry, G. V. 361
Herring, John Frederick 367
Hesp, Robert 257
Hill, Albert 343
Hippokrates 406
Hodgeson, Janet 357
Hunt, Charles 231
Hunt, Nelson Bunker 269
Huxley, Aldous 19
Huxley, Julian 19
Huxley, Thomas Henry 19
Huyler, Jack 203

I
Idriss al-Akbar, Mulay 210
Isabella von Kastilien 146
Iseli, Christian 384

J
James I., König 226
Jarasinski, Kurt 336
Jentzsch, Heinz 261
Jones, Ben 362
Jones, Warner L. 268
Jonsson, Jan 363
Jourdanne, Jacques 365
Jousseaume, André 318, 319
Juhasz, Laszlo 385
Jung, Emil Bernhard 384

K
Kaiser Franz I. 389
Kaiser Karl VI. 388
Kaiser Leopold I. 388
Kalita, Iwan 321
Karacheva, Irina 309
Karl II. 138
Karl, Erzherzog 389
Kastenmann, Petrus 361
Karsten, Horst 342, 345
Kienzler, P. 261
Kilman, Gustav 333
Kirkebierg, Frode 359
Kizimow, Iwan 309, 320, 321
Klimke, Reiner 309, 320, 321
Knie, Fredy
Knut, König
Kolumbus, Christoph 146
Kottas, Arthur 309
Kowalewsky, Wladimir 19
Kröcher, Rabod von 333
Krolikiewicz, Adam 333
Kruijff, Gerard P. de 360
Kuhn, Charles 334
Küppers, Anneliese 308

L
Laffitte, Charles 251
Lambton, George 235
Langen, C. F. von 318
Langner, Oskar 261
Larraguibel, Alberto 324
Laskin, Mark 337
Lefrant, Guy 361
Lehmann, Ulrich 309
Lehndorff-Preve, Graf 262
Leidy, Joseph 19
Lepel, Jens Freiherr von 262
Lesage, Xavier 317, 318
Lewenhaupt, C. Gustaf 333
Ligges, Fritz 337, 362
Linder, Ernst von 317
Linsenhoff, Liselott 319, 320, 321
Löhneyssen, Georg Engelhard von 387, 388
Longden, John 266
Loriston, Jennie 309
Lucius Septimius Severus, Kaiser 226
Ludwig XIII. 139, 152, 302, 390
Ludwig XIV. 197, 250
Ludwig XV. 228, 390
Ludwig XVI. 251
Ludwig XVIII. 390
Luise, Königin 161
Lundblad, Jaune 317
Lunding, Hans Mathiesen 360
Lundström, Age 333, 359
Lütke-Westhues, Alfons 335
Lütke-Westhues, August 361

M
Macken, Eddie 329
Madden, Fred 257
Madden, John E. 267
Maggs, C. 367
Mancinelli, Graziano 329, 337
Mantegna, Andrea 144
Marie-Louise von Österreich 161
Mariles, Humberto 335
Marion, Pierre 318
Marquez, Nogueras 324
Marsh, Othniel Charles 19
Martell, Karl 132
Mathet, François 250
Mathy, François 337
Matsumato 276
Matthew, William Diller 19
McCoy, Joe G. 168
McVean, Jeff 329
Meade, Richard 345, 362, 363
Mehl-Mühlens, Rudi und Maria 261
Mehl, Rudi 262
Meier zu Düte, Ewald 262
Mendoza, Pedro de 422
Millar, Ian 337
Miller, John 384
Mohammed 42, 132, 179, 226, 358
Möngkö 142
Mongolen 142
Moor, Ann 337
Moratorio, Carlos 362
Morenes, Navarro 334
Morgan, Lawrence R. 362
Mörner, Graf Helmer 359
Morris, George 336
Moser, Hans 319
Mühlens, Peter 262
Muity, Ferenc 384

443

N

Nagel, Baroness Ida von 308
Napoleon 64, 160
Napoleon II. 161
Napoleon 251, 253
Narni, Francesco de 145
Narr, Kurt 261
Neal, Cynthia 309
Neckermann, Josef 309, 320, 321
Neumann, Bruno 360
Neville, Wayne 275
Newcastle, Herzog von 302
Nicholson, Douglas 384
Nicolas, H. 253
Niemöller, Paul 263
Nishi, Baron Takeichi 334
Nordlander, Axel 359

O

Oakley, John 229
O'Callaghan, Sean 286
O'Kelly, Colonel 229
Olson, Rogmar 318
Opel, Irmgard von 344
Oppeln-Bronikowski, Herrmann von 318
Oppenheim, Gabrielle von 261, 262
Oppenheim, Eduard von 262
Oppenheim, Simon von 262
Oppenheim, Waldemar von 262
Oppes, Antonio 336
Orgeix, Jean F. 335
Oriola, Pierre Jonquères d' 335, 336
Orlandi V. 328
Orzcy, Sandor 257
Osborn, Henry Fairfield 19
Otway, Seton 275

P

Page, Michael 362
Pahud de Mortanges, Ch. F. 360
Paillard, Jean 319
Pall, Ivan 261
Papp, Joszef 384
Parker, Briget 363
Parot, Hubert 329, 337
Pascool, Baron 250
Passe, Crispin de 139, 153
Persson, Gehnäll 319
Pesellino, Francesco 144
Pessoa, Nelson 328
Petuschkowa, Elena 309, 321
Philip, Prinz 366
Philipp II. von Makedonien 5
Phillips, Mark 345, 363
Piggott, Lester 234, 237, 250
Pignatelli, Giovanni 144, 152, 387
Pincay, Laffit 266
Pisano, Vittore 144
Pizarro, Francisco 147
Platthy, Josef von 334
Plumb, Michael 345, 363
Pluvinel, Antonius de 139, 144, 153, 302, 387
Podhajsky, Alois 318

Poincelet, Roger 253
Pollard, James 230
Pollay, Heinz 318
Polmann, Ottokar 349
Pons, Joel 363
Power, Con 328
Preully, Geoffroy de 139
Prior-Palmer, Lucinda 344, 347, 349, 357

R

Ramses II. 107
Rang, Henri 334
Rastenberger, Julius 260
Rau, Gustav 318, 325
Rees, Geraldine 291
Remmert, Peter 261
Rethemeier, Helmut 357
Richards, Gordon 234
Richardson, William 18
Ridinger, Johann Elias 220
Robeson, Peter 336
Rocher, Michel 337
Rochow, Harry von 359
Roederer, Graf 253
Roguet, Marc 337
Rothe, Otto 343
Rosencrantz, Frederik 333
Rosen, Graf C. von 332, 334, 360
Rosen, Hans von 317, 333
Rous, Henry John 230
Roycroft, William 344, 357, 362
Rozier, Marcel 337
Russel, J. W. 361

S

Saint-Martin, Yves 250
Sandström, Bertil 317
Sauer, Uwe 321
Saunder, Dick 291
Saunders, Smokey 268
Savelli, Paolo 145
Schäufelein, H. 138
Scherping, Alexandra 261, 263
Schmidt, Otto 256, 261
Schockemöhle, Alwin 328, 336, 337
Schridde, Herrmann 336
Schulten-Baumer, Uwe 309, 321
Schultheis, Willi 308
Schultz, Karl 345, 363
Schwarz, R. 343
Scott, William Berryman 19
Seeger, Louis 387
Sefton, Lord 291
Selfelt, J. Robert 361
Seymour, Henry 251
Shapiro, Neal 337
Shoemaker, Willie 250, 266
Silva, Duarte 336
Simon, Hugo 329, 337
Simon von Athen 144, 387
Sloan, James Forman 266
Sloan, Tod 266

Smith, Harvey 328
Smith, Melanie 337
Smith, Tommy 291
Sönksen, Sönke 329
Soto, Hernando de 147
Sponeck, Kurt Graf 262
Spreti, Graf 261
Stahle, Axel 333
Stallan, Markgraf von 250
Starhemberg, Graf von 340
Starkey, Greville 260
Starosta, Micky (Johann) 261
St. Bel, Charles Vial de 44, 229
St. Cebry, E. de 235
St. Cyr, Henri 319
Steenken, Hartwig 329, 337
Steinbrecht, Gustav 387
Steinkraus, William 336
Streit, Gerhard 256, 261
Stubbendorff, Ludwig 360
Stückelberger, Christine 75, 309, 321
Symroski, C. A. 361

T

Tacher de la Pagerie, Marie-Rose Joséphine 160
Taral, Fred 261
Tattersall 229
Tauskey, Mary-Anne 363
Temüdschin 142
Tesio, Federico 247
Thelning, Ake 333
Theodosius I., Kaiser 332
Theresia, Maria 388
Thiedemann, Fritz 323, 335, 336
Thomas, Hugh 343
Thomson, Earl F. 360, 361
Thyssen, Heinrich von 263
Touzaint, Jean-Yves 363
Touzaint, Thierry und Jean-Yves 345
Touzaint, Tierry 363
Trujillos, Marquis von 334
Tutanchamun 106
Tut-ench-Amun 220
Tuttle, Hiram E. 318
Tweedy, Helen 268

U

Uccello, Paolo 144
Uriza, Ruben 335
Userbet 220

V

Vaillancourt, Michel 337
Valdes, Alberto 335
Valerio, Alessandro 333
Vegetius 198
Velstra, Tjeerd 377, 385
Ventura, Frantisek 334
Villalobes 168
Voort van Zijp, C. van der 359, 360

W

Wagner, Klaus 345
Waliszewski, Zygmunt 384

Walker, William Hall 234
Watkins, Torrance 363
Weatherby, James 228
Weldon, Frank 345, 361
Wellington, Herzog von 163
Whitaker, John 337
Whittingham, Charles 268
Wildenstein, Daniel 253
Wildman, William 228
Willcox, Sheila 344
Willetts, Gary 274
William III., König 227
Williams, Roger 228
Wiltfang, Gerd 337
Wing, F. F. 361
Winkler, Hans Günter 323, 329, 335, 336, 337
Wofford, James 363
Wragg, H. 235

X

Xenophon 144, 152, 302, 316, 387

Z

Zehmisch, Hans 261

Pferdenamen

A

Abbel 241
Aboyeur 243
Absent 309, 320
Absinth 318
Acamas 242
Ack Ack 240
Acropolis 241
Admiral Drake 243
Adular 319
Aethelstan 241
Affirmed 237, 266
Afrika 308
Aguila 255
Ahlerich 309, 321
Airlie 240
Ajax 241
Alabacula 240
Alamas 250
Alarm 240
Albatross 297
Alcantara II 242
Alcide 241
Alcimedes 275
Ali Baba 335
Alibhay 240, 272
Alleged 236
Allez France 250
Alpenkönig 261
Alsab 240
Altipan 241
Alycidon 241
Alydar 267
Amarko 250
Ambassador 337
Amber 242
Amorino 261
Amphion 243
Andree 241
Anglo 290
Anvers 333
Apelle 240
April the Fifth 243
Arctic Prince 243
Ard Patrick 242
Arean 242
Arete 335
Ark Royal 274
Armageddon 240
Armistile 243
Arosa 254
Arrean 240
Artists Proof 240
Asbach 320
Askan 337
ASD Atout 240
Assault 267, 268
Astec 243
Asterus 241
Astrophel 241
Athens Wood 243
Atys 241
Auglonne 361
Aurelius 240
Aureole 235, 240
Auriban 242
Austerlitz 161
Avenger 240
Ayr Shire 240

B

Babric II 275
Bachelor's Double 241
Bagheera 241
Bahram 235, 241, 245
Balcamo 324
Bally Cor 363
Ballymoss 242
Balto 243
Bambi 335
Barneveldt 240
Baron 342
Bars I 297
Bartletts Childers 241
Battle Joined 240
Bayardo 240
Bay Ronald 240
Bean Pere 272

Be Fair 344, 347, 357
Belle de Jour III 297
Bellini 243
Bellino II 297
Bend Or 241
Ben Nevis 291
Better-and-Better 363
Bey 241
Big Boy 309
Big Dee 336
Big Game 235
Bird Catcher 241
Biribi 243
Birkhahn 256
Birum 241
Black Jester 241
Blacklock 242
Black Tarquin 242
Blakeney 234, 240
Blandford 241
Blason 255
Blaze 255
Blenheim 234, 235, 241
Blenheim II 267, 269
Blinilhoolie 241
Blue Peter 242
Boiard 254
Bois Roussel 242, 253
Bold Bidder 237
Bold Lad 251
Bold Reasoning 267
Bold Ruler 236, 251, 267, 275
Bold Venture 267
Bona Vista 242
Book Law 243
Boston 269
Boswel 241
Bosworth 240
Boucher 242
Boum III 297
Branch County 337
Brantome 241, 255
Bret Hanover 294, 297
Brigadier Gerard 242
Brillant 309
Bruni 241
Brushup 267
Bubbles 241
Bucephalus 229
Buchan 243
Buckpasser 275
Bukephalos 161, 216
Bull Lea 266, 267, 272
Bull Rock 269
Busted 241
Bustino 241
Byerley Turk 43, 226, 234, 240

C

Cade 228
Calypso 337
Cameera 309
Camel 240
Cameronian 242
Canadian Club 336
Caniche 359
Cantelo 242
Capiello 240
Captivation 242
Caracolero 242
Carawich 363
Carbine 240
Caro 242
Cavaliere d'Ardino 243
Cavatine 255
Celtic Ash 243
Cento 333
Chalan 362
Challacombe 243
Chamossaire 235
Chanteur II 242
Chapparal 241
Charlottesville 243

444

Charlottown 235, 243
Charmant 241
Charming Alibi 237
Chateau Bouscant 242
Chattanooga 240
Chaucer 242
Cheers 291
Chene Royal 240
Cheri 243
Cherry Hinton 237
Childwick 243
Chronist 309
Chulmleigh 240
Cicero 242
Citation 267, 268, 272
Clair Voyant 243
Claque 361
Clonmore 333
Clover 240
Cocotte 359
Colin 240
Commando 240
Common 241
Comrade 241
Conquérant 297
Conrad 290
Consols 243
Convenience 248
Copper Royal 329
Cornish Gold 363
Cornishman V 363
Corrida 256
Cossack 231
Counsul 240
Count Fleet 267, 268
Countryman III 343
Cousine 255
Craig an Eran 243
Crepello 241
Cri de Guerre 240
Crow 241
Crudite 241
Crystal Palace 242
Cylene 242

D
Dagor 241
Dahlia 237, 250
Dan Cupid 242, 250
Danseur 241
Dante 242
Darius 242
Dark Ronald 240, 256
Darley Arabian 43, 226, 229, 240
Défence 240
Deiri 241
Delphis 334
Derring Do 242
Desmond 243
Deux Pour-Cent 241
Devon Loch 290
Dhaudevi 240
Dhaulagiri 240
Diamond Jubilee 231, 235, 242, 245
Diomed 231, 269
Doge 240
Dohna 333
Dolma Baghtche 241
Dominion 241
Domino 240
Donatello II 241
Doncaster 241
Don Giovanni 257
Donkosak 362
Doricles 243
Doublet 344
Dozent II 336
Drabant 333
Draufgänger 318
Dundrum 326
Dun Fermline 242
Dungannon 228
Duplex 241
Durbar II 242
Dustwhirl 267
Dutch Courage 309
Dux 309, 320

E
Easter Light 328
Eclipse 44, 226, 228, 241, 250, 256
Economist 240
Eliot 334
El Paso Gap 203
Elviro 257
Emperor 317
Empery 237, 240
Empire 334
Empress 228
Energy 241
Ensorcellense II 363
Ermail 240
Espresso 241
Exbury 241
Exceller 240
Exclusive Native 237

F
Fair Copy 242
Fair Play 265
Fair Trial 242
Fairway 242
Fakir de Vivier 297
Farfadet 240
Fayoum 161
Felstead 240
Festa 263
Feudal 309
Fifinella 242
Fighting Force 274
Filiberto 254
Fine Art 240
Fine Top 240
Fiorello 328
Firdaussi 242
Firecrest 336
Fire Streak 242
Fiterari 240
Fitz-Emilius 255
Fitz Gladiator 255
Flambino 266
Flaming Page 237
Flipper I 363
Florizel II 235
Florrell II 243
Flying Childers 226, 229, 240
Flying Dutchman 229
Flying Fox 241
Flying Water 237
Foinavan 285
Fortino 242
Foster 362
Foxbridge 275
Freddie 291
Fricandean 240
Fripon 240
Funny Hobby 241

G
Gai Luron 337
Gainsborough 240
Galilee 275
Gallant Fox 266, 268, 269
Galliard 242
Gallinule 241
Galoper Light 243
Galopin 242
Galteemore 242
Gamin du Bois 363
Gätan 333
Gay Crusader 240
Gay Spark 362
Gazala 251
George 344, 349
Geria 359
Gift Card 254
Gimpel 318
Gladiateur 240, 255
Gladstone 337
Glass Doll 235
Godolphin Barb 43, 226, 240
Golo 309
Good Goods 240
Goodly 241
Goodwill 344, 357
Goofed 236
Gorgos 241
Graf Isolani 256, 263
Granat 309, 321
Grand Master 240
Grand Canyon 275
Grand Parade 241
Graustark 242, 269, 272
Great Nephew 235, 242
Great Ovation 363
Green Dancer 237
Grey Dawn II 251
Grey Sovereign 242
Gribouille C 363
Grittar 291
Grundy 234, 242
Gunpowder 228
Günstling 318
Gusar 357
Gyr 250

H
Habat 237
Habitat 237
Habitony 237
Hail to Reason 242
Halla 323, 335
Hambletonian 228, 242
Hambletonian 10 297
Hampton 240
Hardicanute 277, 242, 248
Hard Ridden 242
Hard Sauce 242
Hard to Beat 242, 248
Harkaway 240
Harley 329
Harpagon 319
Hauresal II 243
Hawaii 242
Heatherbloom 324
Henbit 242
Herbager 240, 251
Hercules 274
Herold 256
Hervine 255
High and Mighty 344
Highlandie 290
High Peak 240
High Top 242
High Veldt 247
Himyar 240
Hirtentraum 321
Hobglobin 267
Hoist the Flag 236
Honeyway 242
Honolulu Tom Boy 360
Horn Beam 240
Houli 240
Huaso 324
Hubertus 361
Hummer 319
Humorist 235, 242
Hydroplane II 267
Hyperion 232, 234, 235, 237, 240, 245, 272

I
Ichor 309, 320, 321
Idealist 359
Igual 267
Ile de Bourbon 237
Ilia 360
Ilix 257
Iller 342
Illuster 61
Indiana 242
Intermezzo 240
Isinglass 241, 267
Isonomy 241
Ithuriel 240

J
Jaffa 161
Jägermeister 328
Janissary 241
Jason 360
Jay Drum 291
Jeddah 241
Jefferson 243
Jenny Camp 360
Jest 235
Jigg 227
Jock II 241
John Oraunt 241
Johnstown 269
Jubal 361
Jubilee 319
Juli 319
Julio Mariner 240

K
Kaiseradler 256
Kantar 242
Katsurano Haiseiko 276
Keen 309
Kefalin 242
Kendal 241
Keysoe 241
Kilbarry 361
Kincsem 257, 275
King Craft 240
King Fergus 228, 229, 241
King Herod 226, 228
King Pepin 250
Kingsworthy 248
King Tom 240
Kircubbin 242
Königsstuhl 256
Krakatoa 241
Kronos 318
Kwept 329

L
Ladas 241
Lady Artist 359
Lady Sterling 266
La Farina 241
La Fleche 242
Laland 256
La Milo 236
Lark Spur 242
Larkspur 357
Lath 228
Laurieston 363
Lavandin 242
Lavendel 329
Le Correge 241
Le Fabuleux 243
Le Haar 241
Le Haroy 241
Le Marmot 250
Lemberg 242
Lemonora 242
Le Moriniere 240
Le Pacha 243
Le Petit Prince 243
Le Pompom 242
Le Roy Soleil 241
Lexington 269
Libaros 240
Light Cavalry 242
Linon 318
Little Blue Haven 326
Little Hut 237
Liverpool 255
Lochinvar 362
Loi Lear 242
Loke 333
Lombard 257
Longbow 240
Lord Clifden 240
Lord Clive 240
Lord Iron 333
Lord Lyon 241
Lucette 333
Lutteur B 336
Lyphard 236, 251

M
MacDonald II 240
Macroix 360
Madrigal 363
Maggie 317
Magister 241
Mahm-ud 241
Mahubah 265
Majano 241
Mangan 261
Manna 242
Man-O-War 265, 267
Maravedis 243
Marble Arch 251
March Past 242
Marduk 257, 263
Marengo 161
Mariano 309, 320
Marius 329
Marsile 241
Marske 228, 250
Martagon 242
Martial II 240
Martyr 309
Massine 243
Master Rufus 319
Mata Hari 254
Matahawil 240
Match 250
Matchem 228
Maurepas 241
Meadow Mint 241
Medusa 333
Mehmed 309, 321
Meld 235, 241
Melopo 324
Memoir 242
Merano 335
Messenger 297
Meteor 228, 323, 335
Metoo 359
Meudon 255
Midday Sun 240
Mieuxce 243
Mignon 333
Milan Mill 236
Mill Reef 236, 242, 245
Minoru 242
Miralso 240
Mirrabooka 362
Miss Alligator 290
Miss Hungerford 287
Mississipian 237
Misty Morn 251
Moët et Chandon 329
Moët et Chandon Fan Rouge 328
Moifaa 274
Molinka 250
Monaco 363
Mon Cœur 333
Mon Talisman 243
Mon Zigue 272
Monarque 255, 240
Mordant 242
Mossborough 242
Mount Bernina 241
Mourne 241
Musket 240
Muntaz Mahal 235
My Charmer 267
My Love 242

N
Nanuk 344
Narcisse 240
Nashua 272
Nasrullah 242
Native Dancer 242, 272
Nearco 242, 256
Nearctic 242
Neckar 257, 263
Neddie 240
Negofol 243
Nella de Gubbio 256
Neptun 317
Nereide 254, 256
Nero 318
Never Bend 236, 242
Never Say Die 242, 275, 277
Never To Look 275
Newminster 240
Night Hawk 241
Nijinsky 242
Nijinsky II 237, 245
Nimbus 242
Noble Decree 237
Noble Lassie 237
Normand 297
No Robbary 277
Northeast 242
Northern Dancer 236, 242
Northern Light 243
Northumberland 274

Nougat 240
Nuage 243
Nurmi 360

O
Ocean Swell 242
Old Rowley 234
Oleander 256
Olympic 318
Omaha 266, 268
Orby 241, 249
Or du Rhin 243
Orfeo 242
Orlando 240
Ormonde 241
Orsini 257
Ortello 242
Orville 230
Our Lassie 235
Our Solo 344
Ovation 261
Owen Tudor 240
Oxford 241

P
Pagore 342
Palestine 242
Pall Mall 242
Pan II 241
Pandle Sun 274
Papillon XIV 334
Papyrus 241
Pardal 242
Park Legend 241
Parthia 241
Pathfinder 359
Patricien 253
Pauline 357
Pawneese 250
Pearl Diver 242
Peleid 242
Pensbury 241
Pepel 309, 321
Pepita 334
Perditta II 235
Pernod 308
Persian Golf 241
Persimmon 231, 235, 243
Persis 275
Perth II 242
Petingo 242, 236
Petition 242
Petrarch 240
Phaeton 243
Phalaris 242
Pharis 242, 255
Pharos 242
Phil Drake 243
Philius 242
Pia 254
Piaff 320
Picador 333
Piccolomini 317
Pinceau 242
Pinza 242, 245
Pitou 362
Plassy 240
Pleasant Smiles 360
Pleben 240
Plumarol 317
Plutus 242
Polamia 251
Polarfuchs 349
Police Man 242
Polkan 297
Poltroon 363
Polymelos 242
Polynesian 242
Pommern 242
Pont l'Eveque 240
Posillipo 328, 336
Pot-8-Os 228, 229, 241
Power Game 343
Precipitation 235
Premier Aôut 255
Prestige 240
Pretty Polly 241
Prince Bio 243
Prince Chevalier 243
Prince Chimay 242
Prince Giles the First 257
Prince Ippi 260
Prince Palatine 243

445

Prince Rose 243
Princess Dorrie 235
Princess Pout 236
Prince Taj 243
Proudke 240
Prunus 256
Psalm 337
Psidium 242
Pyramid 161

Q
Queens Hussar 242
Quickley 267
Quicko 241
Quorum 248

R
Rabalais 243
Ragusa 243, 248
Ramus 243
Ramzes 326
Rataplan 241
Reaume 241
Red Alligator 290
Red Rum 248, 286
Reform 242
Reight Count 267
Reliance II 241
Relko 241, 250
Remus 309
Retreat 241
Retz 241
Rheffic 240
Rhodes Scholar 242
Rialto 243
Ribero 242
Ribocco 242
Ribot 243, 247, 269, 272, 275, 277
Ridge Wood 242
Rigat Royal 240
Rire aux Larmes 242
River Man 242
Roberto 242
Robin 337
Rock Barton 328
Rockingham 274
Rock Sand 241
Roll of Honour 240
Rosebery 243
Rose Bowl 237
Rose Prince 243
Roxana 228
Royal Charger 242
Royalic 250
Royal Lancer 234, 240
Royal Palace 242
Rueil 241
Running Sister 317
Ruyan's Son 337

S
Sabel 317
Sabi Pas 297
Sagaro 241
Said 309
Sainfoin 241
Salad Days 362
Samaritain 255
Samos 254
Sampson 240
Sanctus 240
Sandwich 241
San Lucas 328
San Roman 241
San-San 254
Sans Souci II 241
Sansovino 241, 245
Sanyo San Mar 328
Sarajewo 363
Sardana Paie 240
Sassafras 240
Saxon 241
Sayajairo 242
Sceptre 231, 243
Schwarzgold 256
Scottish Union 242
Scratch 241
Sea Bird II 242, 245
Sea Bird 250
Sea Hawk II 240
Seattle Slew 267
Secretariat 236, 267, 268

Sellö 334
Shakespeare 228
Shirley Heights 242
Show Girl 334
Sicalade 250
Sicambre 243
Sickle 242
Silver Piece 359, 360
Sir Barton 266, 267
Sir Gallahad III 269
Sir Gaylord 237, 242
Sir Hercules 241
Sir Hugo 241
Sir Ivor 242, 277
Simona 337
Simonian 243
Singapore 240
Sioux 342, 345
Slibovitz 309, 321
Sloopy 337
Smuggler 294
Snob 241
Snowbound 336
Snow Knight 242
Sodium 242
Solario 240
Soleil Noir 241
Something 324
Something Royal 236, 267
Somina 329
Son-In-Low 240
Sonnyboy 309
Son of Love 243
Sorelta 318
Sourbier 241
Souverain 243
Spearmint 240, 245
Spectacular 237
Spectacular Bid 237, 267
Speculum 243
Spend Symboli 276
Sphinx 250
Spiletta 228
Spion Kop 240
Springfield 241
Squirt 241
St. Albans 241
St. Amant 243
Star Appeal 256, 260, 262
Star Dust 275
Star Shoot 266, 267
St. Damien 243
Sterling 241
St. Florian 242
St. Frusquin 243
St. Louis 241
Stockwell 241
St. Paddy 240
Straight Deal 240
Strip the Willow 243
Stroller 326, 336
St. Serf 243
St. Simon 231, 235, 242, 263, 265
Stuyvesant 261
Sucre-de-Pomme 335
Sun Castle 240
Sun Chariot 235, 240
Sundridge 243
Sunny Boy 241
Sunnyside Maid 360
Sunsalve 336
Sun Star 235
Sunstar 243, 245
Surbean 362
Swaps 277
Swing Low 361
Swynford 241

T
Tagalie 242
Taine 318
Take my Tip 242
Talma II 242
Tamanar 241
Tanerko 241
Tantieme 241
Tar Heel 294
Tarif 321
Teddy 241
Tehran 242
Tenerani 243
Tennyson 241
The Bard 241

The Baron 241
The Duke 290
The Emperor 240
The Ghillie 343
The Hermit 241
The Immigrant 336
The Minstrel 242
The Norfolk Phaenomenon 297
The Ranger 242
The Rock 336
The Winter King 240
Three Roses 251
Three Troikas 236, 251
Throstle 240
Thunderboldt 241
Ticino 254, 257, 263
Todman 275
Todrai 247
Top Ville 242
Tora 334
Torphy 329, 337
Touchstone 230, 240
Toulouse-Lautrec 242
Toutine 255
Toxophilite 240
Tracery 241
Traffic II 240
Traffic Judge 240
Trancuil 241
Transvaal 241
Trebecco 333
Tredennis 241
Trigo 234, 241
Trocadero 240
Trontbeul 241
Tropp 333
Troy 236, 242, 245
Trumpator 240
Trumpf 319
Trux von Kamax 343, 361
Tschad 243
Tulloch 275
Tulyar 242
Turkhan 241
Turn-To 242
Typecast 248

U
Ua Uka 297
Ultimo 321
Umidwar 241
Unbreakable 242
Une de Mai 294
Uno 317
Uranus 334
Uruguay 335
Utrillo 242

V
Vaguely Noble 235, 237, 240
Val de Loir 241
Val de l'Orne 241
Valiant Heart 240
Vandale 240
Van Eick 309
Van Tromp 231
Vatellor 242
Va-t'en 360
Vatout 242
Vattel 242
Vedette 242
Venetia 309, 321
Verdun 242, 361
Vermouth 253
Verso II 242
Victrix 242
Vienna 237, 240
Vieux Manoir 241
Vizir 161
Volociyovski 243
Voltaire 242
Voltigeur 229, 242

W
Wacholdis 257
Wagram 161
Wahnfried 257
Wald 320
Waldcanter 257

War Admiral 267, 268
War Dance 242
War Eagle 231
Warwick Rex 328, 337
Washington 274
Watling Street 242
Waxy 241
Wellingtonia 240
Weltcup 257
Weltwunder 257
Whale Bone 241
Whirlaway 267, 268
Whisket 240
White Label 241
Whitelock 242
Wicht 257
Widin 309
Widschi 257
Wildflower 241
Wild Risk 243
Windsor Lad 234, 241
Winnica 257
Wisdom 241
Without Fear 275
Woermann 309, 320
Wolfdietrich 309, 320
Won't Fell You 237
Woodland 363
Woody Woodpecker 329
Wool Winder 242
Worden II 243
Woyceck 302, 309, 321

Y
Young Eclipse 228
Young Rattler 297
Your Majesty 243
Youth 240
Yrsa 359

Z
Zephir 333
Zuccarello 242

Literaturverzeichnis

Achenbach, Benno von
Anspannen und Fahren
Georgi Aachen 1978

Ahnert, R. L.
Thoroughbred Breeding of the World
Podzun Dorheim 1970

Alexander der Große
Vollmer Wiesbaden

Amman, Max E.
Buchers Geschichte des Pferde-Sports
Bucher Luzern 1976

Barminzew, J. N.
Rußlands Pferde
Müller Rüschlikon 1977

Basche, Arnim
Turf — Vollblutzucht und Galopprennsport
BLV München 1978

Blendinger, Wilhelm
Psychologie und Verhaltensweisen des Pferdes
Paul Parey Berlin und Hamburg 1980

Boldt, Harry
Das Dressurpferd
Haberbeck Lage-Lippe 1978

Brander, M.
Hunting and Shooting
Weidenfeld & Nicolson London 1971

Brandl, A./Mayer, T.
Das Reitpferd
Haberbeck Lage-Lippe 1977

Brandon, W.
The American Heritage Book of Indians
American Heritage Publishing Co. 1961

Brereton, J. M.
The Horse in War
Arco New York 1976

Browne, N. P.
The Horse in Ireland
Pelham Books London 1967

Bruggmann, M./Décotte, A.
Gauchos
Bucher Luzern 1976

Cameron, N.
China
Schreiber Esslingen 1974

Cavendish, Wilhelm
Neu-eröffnete Reit-Bahn
Olms Presse Hildesheim 1973

Cunliffe, B.
Rom und sein Weltreich
Lübbe Bergisch Gladbach 1979

Dossenbach, Hans D. und Monique/Köhler, H. J.
Die großen Gestüte der Welt
Hallwag Bern 1977

Durant, W. und A.
Die Lehren der Geschichte
Francke Bern 1969

Duval, P.-M.
Die Kelten
Beck München 1978

Ende, H./Isenbügel, E.
Die Stallapotheke
Müller Rüschlikon 1971

Ettinghausen, R.
Les trésors de l'asie — la peinture Arabe
Editions d'Art Genf 1962

Finley, M. J./Pecket, H. W.
Die Olympischen Spiele der Antike
Wunderlich Tübingen 1976

Forbis, J.
The Classic Arabian Horse
Liverigh New York

Gianoli, L.
Horses and Horsemanship Through the Ages
Crown New York 1969

Goldschmit-Jentner R. K.
Goethe
Kindler München 1957

Goodall, D. M.
Pferde der Welt
Hoffmann Heidenheim 1974

Graham, C.
Hyperion
Allan London 1967

Hancar, F.
Das Pferd in prähistorischer und früher historischer Zeit
Herold Wien 1955

Hassrick, R. B.
Cowboys
Octopus Books London 1974

Hedges, D./Mayer, F.
Edle Pferde — Große Rennen
Orell Füssli Zürich 1972

Hodenberg, K. v.
Der Appaloosa
U. Kierdorf Remscheid 1982

Hugot/Bruggmann
Zehntausend Jahre Sahara
Bucher Luzern 1976

Innes, H.
Die Konquistadoren
Hallwag Bern 1970

Isenbart, H.-H./Bührer, E. M.
Das Königreich des Pferdes
Bucher Luzern 1969

Jucker, Ines
Griechische Vasen
Hallwag Bern 1974

Kapitzke, G./Zika, F.
Ponyreiten ernst genommen
Paul Parey Berlin und Hamburg

Kapitzke, G.
Wildlebende Pferde
Parey Hamburg 1973

Karsten, Horst
Das Militarypferd
Haberbeck Lage-Lippe 1980

King of Sports
The Japan Racing Ass. Japan 1979

Klimke, Reiner
Military
Franckh'sche Verlagshandlung Stuttgart 1978

Krüger, W.
Unser Pferd und seine Vorfahren
Springer Berlin 1939

Krumbiegel, J.
Einhufer
1958

Kügler, D.
Die U.S. Kavallerie
Motorbuch Verlag Stuttgart 1979

Kühn, H.
Die Felsbilder Europas
Kohlhammer Stuttgart 1971

Kunstschätze aus China
Kunsthaus Zürich 1980

Lavernder, D.
The American Heritage History of the Great West
American Heritage Publishing Co. New York 1965

Longrigg, R.
The History of Horse Racing
Macmillan London 1972

Löwe/Meyer
Pferdezucht und Pferdefütterung
Ulmer Stuttgart 1974

Mayer, Anton
Das Reiterbuch
Rheinische Verlagsanstalt Wiesbaden

Neumann, S./Buzzi, G.
Caesar
Vollmer Wiesbaden 1967

Oelke, Hardy
Western Training für Freizeitreiter
Selbstverlag des Verfassers 1977

Orlandi, E.
Dschingis Khan
Vollmer Wiesbaden 1968

Pluvinel, A. de
Neu-auffgerichte Teut-Kunst
Oms Presse Hildesheim 1972

Pye, J. K.
A Grand National Commentary
J. A. Allen London 1971

Rivoire, M.
Napoleon
Vollmer Wiesbaden 1965

Rivoire, M.
Friedrich der Große
Vollmer Wiesbaden 1965

Rossdale, P. D.
Das Pferd — Fortpflanzung und Entwicklung
S. Karger, Basel 1975

Ryden, Hope
Mustangs — A Return to the Wild
Viking Press New York 1972

Schaffran, E.
Ägyptische Malerei
Hallwag Bern 1959

Scherbarth, J./Schmitt, U.
Distanzreiten
Selbstverlag von Ursel Schmitt 1977

Schib, K.
Weltgeschichte — von den Anfängen bis 1700
Erlenbach Zürich 1969

Schwyter, H.
Der schweizerische Militär-Hufschmied
Stämpfli Bern 1948

Seth-Smith, M.
International Stallions and Studs
Foulsham Slough 1974

Simpson, G. G.
Horses
Oxford University Press 1951

Steinbach, Gunter
Die Pferde
Deutscher Bücherbund Stuttgart 1979

Story of the Great American West
Reader's Digest 1977

Tarr, Lazlo
Karren, Kutsche, Karosse
Corvina Budapest 1978

Tavard, C.-H.
Sattel und Zaumzeug
Office du Livre Fribourg 1975

The Book of the American West
Bonanza Books New York 1963

Tiedemann, Fritz
Das Springpferd
Haberbeck Lage-Lippe 1979

Toynbee, A.
Menschheit und Mutter Erde
Claassen Düsseldorf 1979

Trench, C. C.
Geschichte der Reitkunst
Nymphenburger München 1970

Trippett, F.
Die ersten Reitervölker
Time Life International 1974

Tylden, M. G.
Horses and Saddlery
J. A. Allen London 1965

Unsere Pferde
Silva Zürich 1978

Wedekind, O.
Brandzeichen bei Pferden
Schlaper Hannover 1975

Wells, H. G.
Die Geschichte unserer Welt
Fischer Frankfurt 1959

Wilding, S./Del Balso, A.
The Triple Crown Winners
Parents' Magazine Press New York 1978

Willett, P.
The Thoroughbred
Weidenfeld & Nicolson London 1970

Zeeb, Klaus
Pferde dressiert von Fredy Knie
Hallwag Bern 1974

Bildnachweis

Die Abbildungen stammen alle von Hans D. Dossenbach, mit Ausnahme der folgenden:

All Sport House Morden, England 43; 232/233; 238/239; 244/45; 245 o; 246; 247 u; 247 o; 270/271; 284/85; 286/1, 2; 287/3, 4, 5; 288/289

M. E. Ammann 316—320; 332—336; 342/1, 2, 4, 5; 343/9, 10; 344/3, 4, 6; 345/11, 12, 13a, 13b, 14, 16; 346; 358—362; 384 l u; 385 o

Archiv für Kunst und Geschichte, Berlin 114/3; 118 o; 119 o; 121/4; 122/2; 132/1; 133; 138/3; 139/7; 140/141; 143/3, 5; 146/4; 148/3; 156/3; 158/2; 159/3, 5; 160/1, 2; 161/4, 7; 162/1; 166/2; 220/1; 221 o, u; 366/2; 367/5

M. Baumann, Schaffhausen, 99 ro; 123/6

Bavaria Bildagentur: 167/4;
  Bahnmüller 128/129;
  Interfoto 156/3;
  R. Jungblut 366/3; 367/4;
  M. Pedone 119/3;
  S. Sammer 158/1;
  D. H. Teuffen 157/4

Ch. R. Bawden, Prof. 416/1; 417/3, 4

BBC Hulton Picture Library 226/1, 2, 3, 6; 228/5; 229/8; 230/2; 231/6, 8; 234/1, 4, 5, 6; 235/10, 11, 12

P. Bencze 400 u; 401 o; 402

Agence P. Bertrand et Fils 250/1, 2; 251/3, 6, 8, 9; 253/1, 2; 254/1, 2; 255/4, 5; 256/5; 297/5, 6, 7

Bild + News Photoservice, Zürich 308/1; 329/12, 14, 16, 19, 20, 21

British Museum London 108/1, 2, 3; 109/4—7; 110/1; 111/4; 112/2, 3; 113/4—12; 114/2; 115/5, 7; 122/1, 3, 4; 124/1; 125/5, 6, 7; 126/2; 127/4, 5, 7; 134/135/1—7; 157/5; 159/4; 163/5

The British Race Horse 231/7

M. Bruggmann 104/1, 2; 105/3; 208/1—4; 209/5, 7; 422/1, 2; 423/3—9;

Editions du Cercle d'Art, Paris 120/1, 2; 121/7

F. Davidson 329/15; 378 u (Bildserie); 384 l o

A. E. Derksen 205/1—8

P. Dettwiler 407/2

Direktorium für Vollblutzucht und Rennen e. V. 260/1, 3; 261/4, 7, 8; 262/1; 263/3, 4, 5

Escuela d'Equitación 340

W. Ernst 302/303; 308/3, 4; 309/5; 316; 321 m 1, 2/r 1, 2; 328/3, 9; 337 m 1, 2; 343/13; 344/2; 356; 363 m 1, r 1, 2

Agence Jacana-Explorer 100/101;
  Dubois 210/3;
  M. Fievet 412 u;
  Frederic 396 o;
  J. Joffre 211; 212/213;
  P. Lorner 192/2;
  Ph. Masse 106/1;
  Michel 99/4;
  R. Sidney 98/1; 99/5;
  J. Valentin 412 o;
  Visage 414/415

H. Farkas 33/2

K. D. Francke 210/1, 2; 424/425

J. Franzen, Dr., Senckenberg Institut 22/23

Film- und Lichtbildstelle des Bundesministeriums für Land- und Forstwirtschaft Wien 197/4; 388/1—4; 389/5—8

Fotostudio 77/Office du livre 175

Archiv T. Frei 370—375 u

T. Frei 178/179/14—27; 364/365; 370 o; 373 or; 374 o; 376—381; 406/2

Editions les Garennes 386; 390/1—4; 391/5

A. Gebs 198/199

G. Gerster, Dr. 10

B. Gourier, Paris 236/um; om; ur; 251/4; 278/279

F. Hack 201 o; 209/6

F. Hemelrijk 328/10

Herald-Sun, Melbourne 274/1; 275/6

Holle Bildarchiv 96/67; 111/5,7; 115/4; 117/5; 120/3; 123/7,8; 124/3; 127/6; 130/2; 145/3; 302 ol

Diaverlag Höss 413; M. Byron-Moore 42

Hughes Photograph 403

Internationale Bildagentur Oberengstringen (IBA) 98—171 (Abb. zu den Marginalien); M. Müller 170

M. Indermaur 404/405

The Irish Horse Board 223/3; 324/1, 2, 3

Keeneland Library Kentucky 266/4—6; 267/7—10; 268/3, 5, 6; 269/8, 9; 272/1, 2, 4, 5

Circus Knie 392; Ch. Krenger 393 ru; Kienzer 38/2

Ch. Küenzi 172/173

Kunitsch, Dr. 12/13

M. Läuchli, Dr. 352; 355

L. Lane 328/4

Foto Löbl-Schreyer 116/1; 124/4; 138/2

H. Mäder 2/3; 102/103; 194/195; 214/215; 408/409; 410/411

T. Mayer 223/4

H. P. Meier 193/5

W. Menzendorf 197/3; 256/4, 6; 257/7; 261/5, 6; 342/3; 343/8; 345/8,11; 349/0; 357

J. Metzger, «Tages-Anzeiger», Zürich 368/3

W. I. Nikiforow, Albert Müller Verlag 37/13; 40/25; 216; 217

New York Racing Ass. 266/1,2; 267/12, 13, 14; 268/4; 273/8

Sammlung der Universität Solo 134/9; 135/14, 17, 18

Okapia Frankfurt 375 or

J. Piekalkiewicz, Südwest Verlag 171

Fotostudio Roulier 188/189

R. Rogers, Ashbourne, Ireland 223/3

Racing Ass. of Japan 276/277

Ringier Dokumentationszentrum, Zürich 308/2; 328/6

Santa Anita Park 267/15; 269/7; 273/7

Bildarchiv Sammer 145/4

Shostal 29/9; 98/2; 126/1; Manley 420/421

Istituto Scala, Florenz 111/8; 112 o; 118/2; 119/4, 5; 125/8; 138/1; 144/1, 2; 145/5; 148/1, 2; 149/6; 219 u; 220/2, 3; 365 r; 366/1

Silvester/Rapho 78/79; 92/93

Skyviews, New York 272/3; 273/9

R. Sallmann 184—187

R. von Siebenthal 321 l 1, 2; 337 l 1, 2; 363 l 1, 2/m 2; 369/6, 9; 384 o

U. Schmidt 257/8

J. Schneeberger, Geographic Magazine 419

Schultze-Naumburg, Dr. 222/2

Bildarchiv K. H. Schuster 193/3; 358;
  Bordis 258/259;
  Hirschmann 225 u;
  Kanne 114/1;
  Reisel 115/6;
  Zeitler 375 ol

Staatliches Historisches Museum Stockholm 134/8, 10, 11, 12, 13; 135/15, 16

Studio Tavera, Pinerolo 341

S. A. Thompson, Albert Müller Verlag 37/9; 40/24; 296/2; 372 o

K. Thiele 416 u

H. Weber 110/2

H. Wettstein, Uster, 197/5; 368/1; 369/7; 385 r

Zefa: K. E. Deckart 375 om;
  G. Heil 107/5;
  K. Helbig 110/3; 111/8; 118/1;
  T. Schneiders 130/1; 131; 139/6; 196/2;
  Dr. F. Sauer 99/3;
  H. Sunak 147/5;
  Starfoto 124/2;
  E. Weiland 86/87

R. Zeller 406/1; 407/3

N. Zalis, Dr. 40/26; 369/8

u: unten; m: Mitte; o: oben; l: links; r: rechts